24 years

24年匠心沉淀，虔诚如一

只 为 您 轻 松 过 关

1998-2022

轻松过关成长史

再升级 2022

《轻一》开创名师「轻一电台」，通栏排版，学习更高效。

飞跃 2016-2021

连续6年蝉联“天猫双11”图书考试行业销量冠军。

2020~2021年，连续2年登顶天猫教育行业榜首，“双11”销量破亿。

驰名 2001-2007

2001年《轻一》发行超千万册，被考生奉为「备考圣经」。

2007年东奥网校上线，书课同频，受百万考生热追。

诞生 1998

东奥诞生。

“轻松过关”品牌图书面世。

历经雕琢，方有绽放

这本《轻一》是如何诞生的？

STEP1

初稿研磨

每年考试结束，名师们就迅速围绕命题和趋势、时事热点，开启为期150余天的研讨，撰写。

STEP2

深度优化

初稿落成后，编著团队结合学员反馈与市场调研，优化内容和体验，迭代超30稿。

STEP3

融入变化

围绕教材变化，名师精解、精编新题。1道紧扣变化的好题，至少需投入6小时。

STEP4

三审三校

融入新变化的书稿，将历经教务团队再次严苛的校对、审核，终成定稿。

翻开这本《轻一》

名师伴您全程备考

名师将多年的教学经验灌注其中，
带您全阶段、全方位高效学习。

「五大模块」

带您跨越沟坎，轻松过关。

1 方法： *学习指南区*

——「开篇」分析最新考纲考情，
梳理框架，明确目标。

2 重点： *考点精讲区*

——「正文」全面渗透考点，
通过图、表、例题等形式，深入解读。

3 点睛： *关键提示区*

——「关键处」精妙点拨，
绘制图解，力破症结，应变自如。

4 做题／巩固／强化： *同步练习区*

——精编「同步练习」，
巩固考点，查漏补缺，高效提升。

5 复盘： *各章小结区*

——每章结尾处，凝练重点，
「知识卡」总结，音频讲解，及时复盘。

轻松过关®1

2022年税务师职业资格考试

应试指导及全真模拟测试

涉税服务相关法律

（上册）

陈小球　主编

东奥会计在线　编

北京科学技术出版社

本书封面具有正版标识，请认真识别

(1) 本书封面附有一枚防伪标签，上有二维码，扫描并激活账户即可获赠正版图书超值专享服务。
(2) 本书防伪标签为正版标识，若无此标识即盗版，请广大读者拒绝购买。
(3) 盗版举报电话：400-627-5599。

"轻松过关"小程序

扫描右侧的二维码进入"图书伴学"小程序，开启名师课堂、精编试题在线学习。更有轻松拍考点、看解析、图书笔记一键收藏，马上扫码开启"轻松过关"图书伴学之旅。

图书在版编目（CIP）数据

2022年税务师职业资格考试应试指导及全真模拟测试．涉税服务相关法律：上下册 / 陈小球主编；东奥会计在线编．—北京：北京科学技术出版社，2022.5
（轻松过关．1）
ISBN 978-7-5714-2280-6

Ⅰ.①2… Ⅱ.①陈… ②东… Ⅲ.①税法—中国—资格考试—自学参考资料 Ⅳ.①F810.42

中国版本图书馆CIP数据核字（2022）第069891号

责任编辑：韩　晖
责任校对：贾　荣
装帧设计：韩文静　晓　莉
责任印制：张　良
出 版 人：曾庆宇
出版发行：北京科学技术出版社
社　　址：北京西直门南大街16号
邮政编码：100035

电　　话：0431-87635566（编辑部）
010-66135495（总编室）
网　　址：www.bkydw.cn
印　　刷：中教科（保定）印刷股份有限公司
开　　本：787 mm×1092 mm　1/16
字　　数：1000千字
印　　张：53
版　　次：2022年5月第1版
印　　次：2022年5月第1次印刷

ISBN 978-7-5714-2280-6

定　价：128.00元（上下册）

编 委 会

主　编：陈小球

编　委：（按姓氏笔画排序）

兰　飞　　刘　畅　　刘红梅

陈　然

目录
CONTENTS

上册

第一部分　命题规律总结及趋势预测

第二部分　考点精讲及同步训练

下册

第三部分 跨章节主观题演练

第四部分 全真模拟测试题及参考答案

第一部分

命题规律总结及趋势预测

命题规律总结及趋势预测

一、2022年考试政策

税务师职业资格实行全国统一大纲、统一命题、统一组织的考试制度。原则上每年举行一次考试。

1. 考试时间安排

<table>
<tr><th>事项</th><th colspan="3">内容</th></tr>
<tr><td>考试科目</td><td colspan="3">《税法（一）》《税法（二）》《涉税服务相关法律》《财务与会计》《涉税服务实务》</td></tr>
<tr><td>考试分值</td><td colspan="3">140分</td></tr>
<tr><td>及格线</td><td colspan="3">84分</td></tr>
<tr><td>考试方式</td><td colspan="3">闭卷、机考（考生在计算机终端获取试题、作答并提交答题结果）</td></tr>
<tr><td rowspan="5">考试时间</td><td rowspan="3">2022年11月19日</td><td>9：00—11：30（2.5h）</td><td>税法（一）</td></tr>
<tr><td>13：00—15：30（2.5h）</td><td>税法（二）</td></tr>
<tr><td>16：30—19：00（2.5h）</td><td>涉税服务相关法律</td></tr>
<tr><td rowspan="2">2022年11月20日</td><td>9：00—11：30（2.5h）</td><td>财务与会计</td></tr>
<tr><td>14：00—16：30（2.5h）</td><td>涉税服务实务</td></tr>
<tr><td>补报名时间</td><td colspan="3">2022年8月5日10：00至8月16日17：00</td></tr>
<tr><td>成绩管理</td><td colspan="3">须在连续5个考试年度内通过全部应试科目的考试；免试人员须在连续4个考试年度内通过应试科目的考试</td></tr>
</table>

2.《涉税服务相关法律》科目考试题型题量

题型	题量	分值
单项选择题[1]	40题	60分
多项选择题[2]	20题	40分
综合分析题[3]	5案例（每案例4小题）	40分
合计	80题	140分（及格线84分）

[1] 每题4个备选项中仅有1个最符合题意。

[2] 每题5个备选项中，2个≤符合题意≤4个。错选，不得分；少选，所选每个选项得0.5分。

[3] 每题5个备选项中，1个≤符合题意≤4个。错选，不得分；少选，所选每个选项得0.5分。

二、2022年教材基本情况

2022年教材分为3篇19章，分别涵盖了行政法律制度、民商法律制度和刑事法律制度三部分内容，覆盖范围广，其中既有实体法也有诸如行政诉讼法、民事诉讼法和刑事诉讼法等程序法相关内容。

2022年教材主要变化

章节	变化情况	调整星级
第1章　行政法基本理论	无实质性变化	★
第2章　行政许可法律制度	1. 部分税务行政许可事项推动调整为其他权力事项 2. 删除税务行政许可实施程序中特别程序的具体内容	★★
第3章　行政处罚法律制度	1. 调整处罚法定原则具体内容 2. 新增税务行政处罚“首违不罚”事项清单 3. 删除财产罚中关于罚款、没收的具体表述	★★
第4章　行政强制法律制度	无实质性变化	★
第5章　行政复议法律制度	无实质性变化	★
第6章　行政诉讼法律制度	1. 委托诉讼代理人将口头委托调整为他人代书 2. 删除农村集体土地使用权人权益受到侵害案件如何确定原告资格 3. 删除审判监督程序中人民法院应当裁定发回重审的情形	★★
第7章　民法总论	1. 调整民法的基本原则相关表述 2. 新增民事法律关系的分类 3. 调整准法律行为相关内容 4. 新增法人具有独立人格 5. 根据《民法典》，新增法人成立、调整法人变更相关内容 6. 新增形成权行使的限制 7. 调整法律行为的分类 8. 新增意思表示的概念与构成要素	★★★

续表1

章节	变化情况	调整星级
第7章　民法总论	9. 调整代理的概念 10. 新增表见代理的类型 11. 新增尚未完全生效的民事法律行为 12. 根据《民法典总则编司法解释》，调整有关内容	★★★
第8章　物权法	1. 新增有体物、无体物的概念 2. 调整物权的特征 3. 新增权利物权 4. 调整物权的效力 5. 新增关于异议登记、预告登记的相关表述 6. 新增相邻权性质的表述 7. 新增三权分置的概念 8. 新增地役权的主体、客体和内容 9. 新增典型担保物权、非典型担保物权的分类 10. 调整抵押权标的物范围 11. 新增两个以上第三人提供担保并存时的效力规则	★★★
第9章　债　法	1. 新增缔约过失之债属于法定之债、单方允诺之债属于意定之债 2. 新增无因管理中负债清偿请求权、不真正无因管理 3. 新增不当得利中给付不当得利的情形、受损人的损失利益返还请求权 4. 调整债的分类中按照债的给付标的分类 5. 新增不真正连带债务与连带债务 6. 新增任意之债与选择之债区别 7. 调整给付义务、附随义务相关表述 8. 新增不真正义务 9. 调整债权人代位权中债务人“怠于行使”的解释 10. 新增保证合同无效的法律后果 11. 新增保证人可拒绝承担保证责任的情形 12. 新增第三人替代履行 13. 新增清偿抵充 14. 新增认定紧急避险采取措施不当或者超过必要的限度应承担责任的考虑因素 15. 新增机动车发生交通事故造成损害责任承担具体规则 16. 新增侵权责任的承担方式 17. 删除自然之债与法定之债	★★★
第10章　婚姻家庭与继承法	根据《民法典婚姻家庭编司法解释（一）》调整相关内容	★★

续表2

章节	变化情况	调整星级
第11章　个人独资企业法	新增个人独资企业的权利和义务	★★
第12章　合伙企业法	删除合伙企业的法律地位相关表述	★★
第13章　公司法	1. 新增公司特征、公司法适用范围 2. 新增公司经营范围的相关表述 3. 新增公司资本制度、调整公司资本原则	★★
第14章　破产法	无实质性变化	★
第15章　电子商务法	1. 调整电子商务合同成立的表述 2. 新增电子商务争议解决	★★
第16章　社会保险法	整章新增	★★★
第17章　民事诉讼法	1. 新增民事诉讼法的共有原则与特有原则 2. 新增民事审判基本制度 3. 新增人民法院应予受理的特殊情形 4. 新增缺席判决 5. 调整第一审普通程序 6. 调整简易程序 7. 删除支持起诉原则 8. 删除反诉 9. 删除小额诉讼程序	★★★
第18章　刑　法	无实质性变化	★
第19章　刑事诉讼法	1. 新增辩护人的责任 2. 调整刑事辩护制度相关内容 3. 调整拘留、取保候审、监视居住、逮捕及强制措施变更相关内容 4. 调整公诉案件第一审程序 5. 调整简易程序 6. 调整速裁程序 7. 删除第二审程序部分内容 8. 删除认罪认罚从宽制度部分内容	★★★

三、近三年命题规律总结

1. 考查全面，重点突出，逢新必考

考试紧贴教材，教材涉及的篇章内容都会有所涉及，而且不存在偏废，合理设置了各个篇的分值占比，从最近三年的考题统计，总体上三篇的分值占比大致呈现 18%∶64%∶18% 的比例，具体见下表。可以看出，对于涉税服务相关法律的备考，得民商者得天下，考生应特别注意第二篇民商法律制度的学习。2021 年考试中，民商法部分的三道综合分析案例中一改往年 2 个民法案例加 1 个商法案例的安排，出现了 1 个民法案例加 2 个商法案例的组合，也值得考生关注。

<table>
<tr><td colspan="2" rowspan="2"></td><td colspan="3">第一篇
行政法律制度</td><td colspan="3">第二篇
民商法律制度</td><td colspan="3">第三篇
刑事法律制度</td></tr>
<tr><td>单选</td><td>多选</td><td>综合</td><td>单选</td><td>多选</td><td>综合</td><td>单选</td><td>多选</td><td>综合</td></tr>
<tr><td rowspan="9">考查题量及分值</td><td rowspan="3">2019 年</td><td>10</td><td>4</td><td>3</td><td>20</td><td>13</td><td>13</td><td>10</td><td>3</td><td>4</td></tr>
<tr><td>15.0 分</td><td>8.0 分</td><td>6.0 分</td><td>30.0 分</td><td>26.0 分</td><td>26.0 分</td><td>15.0 分</td><td>6.0 分</td><td>8.0 分</td></tr>
<tr><td colspan="3">29.0 分</td><td colspan="3">82.0 分</td><td colspan="3">29.0 分</td></tr>
<tr><td rowspan="3">2020 年</td><td>6</td><td>3</td><td>5</td><td>28</td><td>14</td><td>12</td><td>6</td><td>3</td><td>3</td></tr>
<tr><td>9.0 分</td><td>6.0 分</td><td>10.0 分</td><td>42.0 分</td><td>28.0 分</td><td>24.0 分</td><td>9.0 分</td><td>6.0 分</td><td>6.0 分</td></tr>
<tr><td colspan="3">25.0 分</td><td colspan="3">94.0 分</td><td colspan="3">21.0 分</td></tr>
<tr><td rowspan="3">2021 年</td><td>6</td><td>3</td><td>4</td><td>28</td><td>14</td><td>12</td><td>6</td><td>3</td><td>4</td></tr>
<tr><td>9.0 分</td><td>6.0 分</td><td>8.0 分</td><td>42.0 分</td><td>28.0 分</td><td>24.0 分</td><td>9.0 分</td><td>6.0 分</td><td>8.0 分</td></tr>
<tr><td colspan="3">23.0 分</td><td colspan="3">94.0 分</td><td colspan="3">23.0 分</td></tr>
<tr><td colspan="2">占比</td><td colspan="3">18.3%</td><td colspan="3">64.3%</td><td colspan="3">17.4%</td></tr>
</table>

除了考查全面外，考试也呈现出较为明显的“重者恒重”特点：历年考查的重点章节基本保持稳定，且为未来年份考查的重点，这些需要考生重点投入时间和精力的章节包括：行政诉讼法律制度（第 6 章）、民法总论（第 7 章）、物权法（第 8 章）、债法（第 9 章）、破产法（第 14 章）和刑法（第 18 章）。这些章节的学习效果是考生通关的关键。

此外，税务师考试还非常关注每年结合最新政策对教材进行的新增、调整内容，体现“逢新必考”的特点，希望考生能对 2022 年教材的变化内容耳熟能详。

2. 考题设计偏向实务，答案回归教材

近年来《涉税服务相关法律》科目呈现较为明显的特征即为考试面向实务，纯粹死记硬背型的考查越来越少，更多是以案例化方式进行呈现，特别是综合分析题，越来越务实求真。但相关试题可以在教材中找到答题依据，命制规范。这无疑是对于考生复习备考提出了更高要求：学习法律不能死记硬背，要在理解的基础上进行记忆，并尝试在案例中对其进行灵活运用。

3. 个别知识点考查较为冷僻

虽然考试呈现重者恒重的特点，但并不意味着只考查历年考核过的重要知识点，相反，每年都有一些题目令考生感到较为“不适”，不在复习的“舒适区”，所以考生在复习备考过程中，除了注重对于重要知识点的学习外，对于一般性的知识点也不可偏废，要把握好复习的广度和深度。《涉税服务相关法律》科目的特点之一就是考查范围广、覆盖面大，因此考生在复习中要注意覆盖面不可过窄。

此外，综合分析题中的案例也往往给考生惊喜，如2020年的婚姻法律制度案例题，2021年的合伙企业法律制度案例题，都在要求考生复习务必全面、踏实。

4. 部分内容距离工作、生活有一定距离

参加税务师考试的考生大部分为财经背景：学习相关专业或者从事相关工作，因此对于考试中涉及的行政法律制度和刑事法律制度可能不是很熟悉，在日常工作、学习和生活中接触较少，对于相关知识点在初次接触时会有“不适感”，其实相关篇章的考查，特别是刑事法律制度的考查相对简单，只要考生克服刚开始学习的“眩晕感”后，相关章节的得分率还是不错的，也是轻松过关的有效助力。考生切不可对相关章节采取放弃的做法，因为考试在相关篇章的分值占比不低，完全放弃实为不理智。

四、复习备考建议

1. 及时回顾，与自己的遗忘作斗争

由于内容多、覆盖广，考生在复习备考中面临较大记忆压力，可能会有遗忘率偏高的情形，这正是本科目的特点，考生应正视并拿出有效的应对方法——在理解基础上记忆、及时回顾、多重复，和自己的遗忘作斗争。

由于科目特点，法律科目不存在个别知识点超越常人理解范围的情况，这是法律学习的简单之处；但与之对应，法律科目的难点在于学完之后的记忆。希望考生能结合科目特点，搭建章节框架，将知识点梳理、整合，并做到类似内容的对比，提升记忆效率。

2. 学加习，适量做题

部分考生眼高手低，一味贪图学习进度，过程中不做题，没有将相关知识消化吸收。而部分考生做题前忽略了对于知识点的记忆过程，直接上手做题，由于缺乏有效记忆的支撑而导致做题效果不理想。

希望考生能把握住学习——记忆——做题的步骤，在基础阶段稳扎稳打、一步一个脚印地完成基础知识学习和积累。

3. 充分利用历年真题

鉴于考试“重者恒重”的特点，考生不论是在基础阶段、提升阶段，还是最后的冲刺阶段，都应忠于对历年真题的使用，将其中涉及的重要知识点、考核思路等全面掌握，利于今年轻松过关。

02

第二部分

考点精讲及同步训练

第一章　行政法基本理论

本章学习指南

一、考情概况

本章近3年平均考查分值约2分，考查题型通常为单选题、多选题，偶尔涉及到综合分析题。

本章近年考情不稳定，但从2021年考试看来，考核分值较高，同时考虑到本章作为整个行政法律制度的入门章节，建议按照重点章节掌握。本章内容包括行政法基础、行政主体和行政行为的相关知识。本章作为行政法的入门章节，为整个行政法律制度篇夯实基础，明晰基本概念，从构建行政法思维、全面补充行政法知识的角度看，本章对考生学好行政法律制度非常关键。

最近3年题型题量分析表

题型	2021年	2020年	2019年
单项选择题	3.0分	——	——
多项选择题	2.0分	——	——
综合分析题	——	2.0分	——
合计	5.0分	2.0分	——

二、教材变动

本章2022年无实质性变化，仅个别文字调整。

核心考点精讲

第一单元　行政法基础

查看本单元视频，快速 GET 知识点
使用“会计云课堂”App或“微信”扫码

01 行政法的概念和特征（★）❶

行政法的概念	关于行政权力的授予、行使、监督控制，以及对其消极后果予以补救的法律规范的总称	
	（1）设定（创设、规定）行政权力的法 （2）规范行政权力实施的法 （3）监督行政权力的法 （4）对行政权力产生的后果进行补救的法	
行政法的特征	形式特征	（1）行政法没有统一、完整的法典 （2）行政法规范数量多，且具有多种法律渊源
	内容特征	（1）行政法内容广泛 （2）行政法规范易于变动，特别是以行政规章和行政规范性文件形式表现的具体规范，其稳定性相对较差 （3）行政法往往包含实体与程序两种规范

02 行政法的基本原则（★★）

行政合法性原则 （形式合法性原则）	行政权的存在、行使必须依据法律、符合法律规定，不得与法律规定相抵触
	（1）行政权力的存在和行使必须有法律依据 （2）行政权力必须按照法定程序行使

❶ 为方便您在学习中可以快速了解知识点的重要程度，本书中将知识点进行分类。★★★代表重要知识点，★★代表次重要知识点，★代表非重要知识点。

	行政机关必须合理地行使行政自由裁量权，符合社会大多数人的公平正义观念，符合情理、事理、法理
行政合理性原则 （实质合法性原则）	（1）行政行为应符合立法目的 （2）行政行为应建立在考虑相关因素的基础上（不得考虑不相关因素） （3）平等地适用法律规范，符合公正法则 （4）行政行为应保持适度，符合比例原则要求（又称“禁止过分”原则） 【解释】比例原则，是指行政机关在可以采用多种方式实现某一行政目的的情况下，应当采用对当事人权益损害最小的方式 （5）符合自然规律、客观性要求和社会道德观念，符合人类理性和公平正义观念
行政应急性原则	在特殊的紧急情况下，出于国家安全、重大社会公共利益的需要，行政机关可以采取没有明确的现行法律依据的或依据紧急状态法作出与通常状态下的法律规定不同的措施（一般情形下合法性原则的例外）
行政应急权力 行使条件	（1）必须存在明确无误的紧急危险或危害 （2）非法定机关不得行使应急权力，否则无效，除非事后经有权机关作出特别决定予以追认 （3）行政机关作出应急行为应接受有权机关的监督，尤其是权力机关的监督 （4）行政机关行使应急权力应当尊重和保障人权，应当遵循合目的原则、比例原则以及安全原则 【提示】遵循比例原则要求行政应急行为应当适当、适度，尽最大可能将负面损害控制在最小或者最低程度的范围内

经典题解

【真题1·多选题】根据《行政处罚法》和行政法基本理论，下列关于税务机关对纳税人作出行政处罚的要求中，属于行使行政处罚裁量权的合理性要求的有（　　）。（2016年）

A. 处罚应当符合法律设定该处罚的目的

B. 处罚应平等地适用法律，相同情况相同处罚

C. 处罚应有法定依据，不逾越法定权限，遵守法定程序

D. 处罚应全面考虑事实、性质、情节以及危害后果等相关因素

E. 处罚应保持适度适中，符合比例原则，符合情理且具有可行性

【解析】行政合法性原则，是指行政权的存在、行使必须依据法律、符合法律规定，不得与法律规定相抵触，选项C应为行政合法性原则的要求。

【答案】ABDE

【真题2·单选题】行政机关行使法律规定的行政裁量权必须符合合理性原则，作出的行政行为才具有实质合法性。行政机关行使行政裁量权的这种合理性要求之一是（　　）。（2013年）

A. 行政机关行使裁量权作出行政行为时，应当遵循法定程序步骤，不能违反有关法定时限的规定

B. 行政机关行使行政裁量权作出行政行为时，必须平等对待行政相对人，且所作出的行政行为在内容上应当符合比例原则

C. 行政机关行使行政裁量权作出行政行为不得超越法定幅度，且只能在紧急处置情形下行使行政裁量权

D. 行政机关行使行政裁量权作出的行政行为，在内容上既要符合行政实体法规定，又要符合行政程序法规定

【解析】（1）选项AD：行政合法性原则。（2）选项C：表述错误，行政裁量权并非在紧急处置情形下方得以行使，在日常行政管理中也可行使，如确定应纳税所得率、核定应纳税额等。

【答案】B

03 行政法的渊源（★★）

1. 宪法：全国人民代表大会制定（注意制定主体没有全国人大常委会）

国家根本大法，具有最高法律地位和法律效力。

2. 法律：全国人民代表大会制定（基本法律）、全国人民代表大会常务委员会制定（一般法律）

法律保留原则：税种的设立、税率的确定和税收征收管理等税收基本制度，只能由法律规定。

3. 行政法规：国务院制定（行使行政立法权）

（1）效力仅次于法律，高于地方性法规和行政规章。

（2）授权立法：只能由法律规定的事项尚未制定法律的，全国人民代表大会及其常务委员会有权作出决定，授权国务院可以根据实际需要，对部分事项先制定行政法规。授权的期限不得超过5年，但授权决定另有规定的除外。被授权机关应当在授权期限届满的6个月以前，向授权机关报告授权决定实施的情况。

考点提示

有关犯罪和刑罚、对公民政治权利的剥夺和限制人身自由的强制措施和处罚、司法制度等事项不得授权立法。

4. 地方性法规

（1）省、自治区、直辖市的人民代表大会及其常务委员会和省、自治区人民政府所在地的市、经济特区市和国务院已经批准的较大的市的人民代表大会及其常务委员会，根据本地实际需要，在不与宪法、法律、行政法规相抵触的前提下制定地方性法规。

（2）设区的市的人民代表大会及其常务委员会根据本市的具体情况和实际需要，在不同宪法、法律、行政法规和本省、自治区的地方性法规相抵触的前提下，可以对城乡建设与管理、环境保护、历史文化保护等方面的事项制定地方性法规。

5. 部门规章：国务院各部、委员会、中国人民银行、审计署和具有行政管理职能的直属机构制定

（1）效力等级低于宪法、法律和行政法规。

（2）没有法律或者国务院的行政法规、决定、命令的依据，部门规章不得设定减损公民、法人和其他组织权利或者增加其义务的规范，不得增加本部门的权力或者减少本部门的法定职责。

6. 地方规章：省、自治区、直辖市和设区的市、自治州的人民政府制定

7. 民族自治条例、单行条例：民族自治地方的人民代表大会制定

（1）自治区的自治条例和单行条例，报全国人民代表大会常委会批准后生效。

（2）自治州、自治县的自治条例和单行条例，报省或自治区的人民代表大会常委会批准后生效，并报全国人民代表大会常委会和国务院备案。

8. 其他渊源

（1）国际条约、国际协定（涉及国内行政管理的部分）。

（2）对行政活动具有约束力的法律解释。

（3）行政机关制定和经公告发布的规范性文件。

易错易混

<table>
<tr><th colspan="2">法律渊源</th><th>制定主体</th><th>备注</th></tr>
<tr><td colspan="2">宪法</td><td>全国人民代表大会</td><td>根本大法</td></tr>
<tr><td rowspan="2">法律</td><td>基本法律</td><td>全国人民代表大会</td><td rowspan="2">法律保留原则：税种的设立、税率的确定和税收征收管理等税收基本制度，只能由法律规定</td></tr>
<tr><td>一般法律</td><td>全国人民代表大会常务委员会</td></tr>
</table>

法律渊源		制定主体	备注
法规	行政法规	国务院（授权立法：期限不得超过 5 年，另有规定除外，届满 6 个月以前报告实施情况）	有关犯罪和刑罚、对公民政治权利的剥夺和限制人身自由的强制措施和处罚、司法制度等事项不得授权立法
	地方性法规	（1）省级人大及其常委会 （2）省会、特区、国批市人大及其常委会 （3）设区的市人大及其常委会：城乡建设与管理、环境保护、历史文化保护	
规章	部门规章	国务院各部、委员会、中国人民银行、审计署和具有行政管理职能的直属机构	
	地方规章	（1）省级人民政府 （2）设区的市、自治州的人民政府	
民族自治条例、单行条例		民族自治地方的人民代表大会	批准、备案
其他渊源		（1）国际条约、国际协定（涉及国内行政管理的部分） （2）对行政活动具有约束力的法律解释 （3）行政机关制定和经公告发布的规范性文件	

经典题解

【真题·多选题】 根据《立法法》规定，只能由法律规定的税收基本制度包括（　　）。（2017 年）

A. 税种的设立　　　　B. 税率的确定

C. 税收征收管理　　　　D. 税目调整

E. 税款用途

【解析】 税种的设立、税率的确定和税收征收管理等税收基本制度，只能由法律规定，因此本题正确答案为 ABC 选项。

【答案】 ABC

04 行政法渊源中效力冲突的解决（★★）

一般原则	同一机关制定的法律、行政法规、地方性法规、自治条例和单行条例、规章，特别规定与一般规定不一致的，适用特别规定；新的规定与旧的规定不一致的，适用新的规定（特别>一般、新>旧）

特殊规则	法律之间对同一事项的新的一般规定与旧的特别规定不一致，不能确定如何适用	全国人民代表大会常务委员会裁决
	行政法规之间对同一事项的新的一般规定与旧的特别规定不一致，不能确定如何适用	国务院裁决
	根据授权制定的法规与法律规定不一致，不能确定如何适用	全国人民代表大会常务委员会裁决
	地方性法规与部门规章之间对同一事项的规定不一致，不能确定如何适用	国务院提出意见： (1) 国务院认为应当适用地方性法规的，应当决定在该地方适用地方性法规的规定 (2) 国务院认为应当适用部门规章的，应当提请全国人民代表大会常务委员会裁决
	部门规章之间、部门规章与地方政府规章之间对同一事项的规定不一致	国务院裁决

05 行政法律关系（★）

概念	由行政法调整的，在行政主体行使职权时与相对方形成的一种行政法上的权利与义务关系	
特征	(1) 行政法律关系当事人一方必须是行政主体 (2) 行政法律关系具有非对等性，即行政法律关系当事人双方的权利义务不对等 (3) 行政法律关系的内容一般是法定的，即行政法律关系当事人之间通常不能相互约定权利义务，不能自由选择权利和义务，必须依据法律享有权利，承担义务 (4) 行政主体实体上的权力与义务往往是重合的 (5) 行政法律关系争议通过行政程序、准司法程序以及司法程序解决	
要素	主体	又称行政法律关系当事人，是指在行政法律关系中权利与义务的享有者和承担者，包括行政主体和行政相对人
	客体	行政法律关系的客体，是指行政法律关系主体的权利义务所指向的对象，包括物质利益和精神利益 (1) 物质利益：水、土地、大气、矿产、房屋等 (2) 精神利益：人格、文艺创作成果等
	内容	行政法律关系主体在行政法律关系中所享有的权利和所承担的义务

第二单元 行政主体

查看本单元视频，快速 GET 知识点
使用“会计云课堂”App或“微信”扫码

01 行政主体（★）

概念	依法享有行政权力，能以自己的名义行使行政权，作出影响行政相对人权利义务的行政行为，并能独立承担由此产生的相应法律责任的社会组织（权、名、责） 【提示】行政主体，包括行政机关和经法律、法规授权行使一定行政职权的特定社会组织（被授权的组织）
特征	行政主体是社会组织（而非个人） 【提示】任何个人，包括国家机关工作人员，都不能成为行政主体
	行政主体是享有行政权力的组织（权）
	行政主体是能以自己的名义行使行政权的组织（名） 【提示1】行政机关的内部机构一般不是行政主体 【提示2】受委托的组织不是行政主体，因为其只能以委托机关的名义实施行政行为，而不能以自己的名义实施（举例：房屋征收部门委托房屋征收实施单位，承担房屋征收与补偿的具体工作）
	行政主体是能够独立承担法律责任的组织（责）

02 行政主体的行政职权（★）

1. 行政职权的概念与特征

概念	行政职权是国家行政权的转化形式，也是行政主体实施国家行政管理活动的资格及权能	
特征	具有权力的一般属性，如强制性、命令性、执行性等	
	公益性	行政职权的设定与行使不是以行政主体自身的利益为目的，而是以国家和社会的公共利益为目的
	优益性	行政主体行使行政职权时依法享有的优先权和受益权，合称行政优益权 【解释】行政优益权，是国家为确保行政主体有效地行使职权，切实地履行职责，圆满实现公共利益的目标，以法律、法规等形式赋予行政主体享有各种职务上或物质上优益条件的资格
	支配性	行政职权一经行使，在没有被国家有权机关撤销之前，即使违法或不当，也被推定为有效，相对人必须遵守执行。在行政复议和行政诉讼期间，只要没有法律上的特别规定，原则上不停止该行政行为的执行
	不可自由处分性	（1）不得随意转移：只有符合法定条件，行政职权才能转移，如法律法规授权和行政委托 （2）不得随意放弃或抛弃

2. 行政职权的内容

行政立法权	行政主体制定和发布行政法规、行政规章及其他规范性文件的权力 （并不是所有行政主体都享有行政立法权）
行政解释权	行政主体依法对法律、行政法规和规章未明确规定的事项作出具体说明和补充的权力（行政立法权的补充）
行政决定权	行政主体依法对行政管理中的具体事宜的处理权，如市、县级人民政府作出房屋征收决定，以及一定条件下作出房屋征收补偿决定的权力
行政许可权	行政机关根据行政相对人的申请，在法定许可职权范围内，以书面证照或者其他方式允许相对人从事特定活动的权力（行政许可系依申请作出）
行政命令权	行政主体在国家行政管理过程中依法要求特定的人或不特定的人作出一定行为或不作出一定行为，要求相对人必须服从的权力，如行政机关责令当事人改正或限期改正违法行为
行政执行权	行政主体根据有关法律、法规和规章的规定或者有关上级机关的决定和命令等，在其所辖范围内具体执行行政事务的权力 （未经法律规范允许或者无法定依据的行政执行权不得行使）
行政监督检查权	行政主体依法对相对人履行法定义务的情况进行监督检查的权力，如税务机关依法对纳税人的纳税情况进行检查等
行政强制权	行政主体对相对人依法采取行政强制措施或者作出行政强制执行行为的权力，包括采取行政强制措施权和行政强制执行权
行政处罚权	行政主体对其所辖范围内的行政相对人违反有关行政法律规范的行为（包括某些未依法履行义务的行为），依法实施惩戒的权力
行政司法权	行政主体作为第三方，在法定范围内对一定的行政纠纷和民事纠纷进行准司法性裁判处理的权力，包括行政调解权、行政仲裁权、行政裁决权和行政复议处理权等 （本质上仍为行政活动而非司法活动）

03 行政机关（职权行政主体）（★★★）

1. 中央行政机关

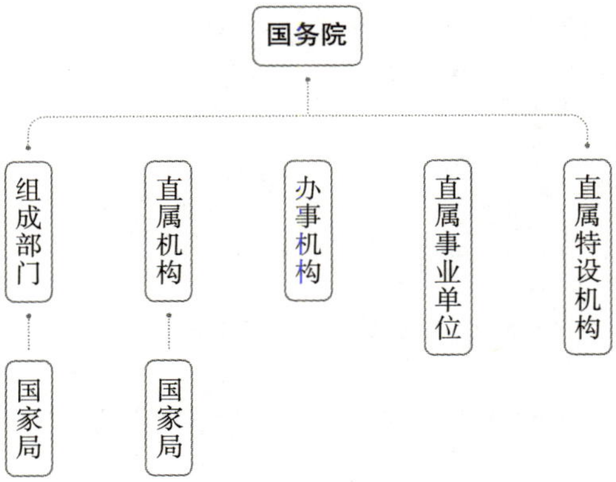

类型	特征、举例
国务院（行政主体）	中央人民政府，最高国家行政机关
国务院组成部门（行政主体）	国务院各部委：自然资源部、人力资源和社会保障部、财政部、司法部、住房和城乡建设部、国家发展和改革委员会、国家卫生健康委员会、中国人民银行和审计署等（部委行署）
国务院直属机构（行政主体）	国家税务总局、国家市场监督管理总局、国家国际发展合作署、国家广播电视总局、海关总署、国家体育总局、国家统计局、国家医疗保障局等
国务院部委管理的国家局（行政主体）	公安部管理的国家移民管理局、交通运输部管理的国家铁路局、中国人民银行管理的国家外汇管理局、文化和旅游部管理的国家文物局、国家发展和改革委员会管理的国家能源局、自然资源部管理的国家林业和草原局、应急管理部管理的国家矿山安全监察局以及国家市场监督管理总局管理的国家知识产权局等
国务院办事机构（不具有行政主体资格）	国务院港澳事务办公室、国务院研究室
国务院直属事业单位[1]（经法律、法规授权，可以成为行政主体）	中国气象局、中国银行保险监督管理委员会、中国证券监督管理委员会、国务院发展研究中心、新华通讯社、中央广播电视总台、中国科学院、中国社会科学院、中国工程院等
国务院直属特设机构[2]（不具有行政主体资格）	国务院国有资产监督管理委员会

2. 地方行政机关（行政主体）

地方各级人民政府及其职能部门、派出机关。

易错易混

派出机关包括：行政公署、区公所、街道办事处、开发区管理机构等。

（1）省、自治区的人民政府在必要的时候，经国务院批准，可以设立若干派出机关。

（2）县、自治县的人民政府在必要的时候，经省、自治区、直辖市的人民政府批准，可以设立若干**区公所**，作为它的派出机关。

（3）市辖区、不设区的市的人民政府，经上一级人民政府批准，可以设立若干**街道办事处**，作为它的派出机关。

---

1 经过特别授权而享有规章制定权的国务院直属事业单位主要是指：中国气象局、中国银行保险监督管理委员会、中国证券监督管理委员会。

2 《企业国有资产监督管理暂行条例》第 7 条规定，国有资产监督管理机构不行使政府的社会公共管理职能。因此通说认为国务院国有资产监督管理机构不属于行政主体。

经典题解

【真题1·多选题】有规章制定权且属于国务院组成部门的行政机关包括（　　）。（2014年）

A. 财政部

B. 国家外汇管理局

C. 中国人民银行

D. 国家税务总局

E. 国务院研究室

【解析】（1）选项AC：属于国务院组成部门。（2）选项B：属于国务院部委管理的国家局。（3）选项D：属于国务院直属机构。（4）选项E：属于国务院办事机构。

【答案】AC

【例题2·单选题】国务院直属机构是由国务院根据工作需要和精简原则设立的主管某项专门业务的机构，这些机构主要是指（　　）。

A. 国家外汇管理局、国家铁路局、国家能源局

B. 司法部、国家发展和改革委员会、自然资源部、住房和城乡建设部

C. 海关总署、国家市场监督管理总局、国家税务总局

D. 中国科学院、中国气象局、中国证券监督管理委员会

【解析】（1）选项A：属于国务院部委管理的国家局。（2）选项B：属于国务院组成部门。（3）选项C：属于国务院直属机构。（4）选项D：属于国务院直属事业单位。

【答案】C

【例题3·单选题】中国证券监督管理委员会由国务院设置。下列有关其法律地位的说法中，正确的是（　　）。

A. 它是国务院组成部门，具有独立的行政主体资格，享有规章制定权

B. 它是国务院议事协调机构，不具有独立的行政主体资格，也不享有规章制定权

C. 它是国务院直属事业单位，经法律、法规授权具有独立的行政主体资格，享有规章制定权

D. 它是国务院直属机构，具有独立的行政主体资格，但不享有规章制定权

【解析】中国证券监督管理委员会为国务院直属事业单位，依照法律、法规的授权成为行政主体，享有规章的制定权。

【答案】C

04 法律、法规授权的组织（授权行政主体）（★★）

类型		特征、举例
行政机构（≠行政机关）	内设机构	县级以上公安机关内设的交通警察大队、省以下税务局设立的稽查局（被法律、法规授予行政主体资格）
	派出机构	审计署驻各地办事处、公安派出所、税务所、财政所等（经过法律、法规授权的派出机构具有行政主体资格，在授权范围内成为行政主体）
事业单位		《高等教育法》授予高等院校学位授予权，被授权的高校因而获得相应的行政主体资格
社会团体		人民群众团体、社会公益团体、学术研究团体以及宗教团体等（《消费者权益保护法》授权消费者协会对商品和服务进行监督、检查，受理消费者投诉并对投诉事项进行调查、调解等）
其他组织		村民委员会、居民委员会

上表中的行政机构、事业单位、社会团体和其他组织并不当然具有行政主体资格，即其不属于职权行政主体；仅在法律、法规授权时方才具有行政主体资格（在授权范围内），即授权行政主体。

易错易混

派出机关 vs 派出机构

	派出机关	派出机构
设立机关	各级人民政府	各级人民政府的职能部门
职能范围	多方面、综合性（相当于一级政府）	管理某项专门的行政事务
主体资格	职权行政主体、地域性行政主体	授权行政主体
举例	行政公署、区公所、街道办事处、开发区管理机构	审计署驻各地办事处、公安派出所、税务所、财政所

考点提示

各级税务局、税务分局、税务所和税务稽查局均具有行政主体资格，其中各级税务局、税务分局属于职权行政主体，税务所、稽查局属于授权行政主体。

（1）税务局：国家税务总局是国务院直属机构，省、市、县三级税务机构。

（2）税务所：《税收征管法》规定的行政处罚，罚款额在2000元以下的，可以由税务所决定。因此，在前述授权范围内，税务所具有行政主体资格。

（3）税务稽查局：《税收征管法》第14条规定，该法所称税务机关是指各级税务局、税务分局、税务所和按照国务院规定设立的并向社会公告的税务机构。《税收征管法实施细则》

第 9 条又进一步明确，《税收征管法》第 14 条所称“按照国务院规定设立的并向社会公告的税务机构”，是指省以下税务局的稽查局。稽查局专司偷税、逃避追缴欠税、骗税、抗税案件的查处。因此，在前述授权范围内，税务稽查局具有行政主体资格。

经典题解

【真题·多选题】 下列有关行政主体的说法中，正确的有（　　）。（2021 年）

A. 高等院校学位授予权来自于《高等教育法》的授权，其可以成为行政主体

B. 财政所作为派出机构，属于行政主体

C. 行政机关的某些内设机构在得到法律、法规授权情况下，可以成为行政主体

D. 村民委员会依法管理本村属于村农民集体所有土地的职权，来自于《村民委员会组织法》的授权，其可以成为行政主体

E. 消费者协会对商品和服务进行监督、检查权，来自于市场监督管理局的委托，其可以成为行政主体

【解析】（1）选项 B：经过法律、法规授权的派出机构具有行政主体资格，在授权范围内成为行政主体；派出机构原则上不是行政主体。（2）选项 E：《消费者权益保护法》授权消费者协会对商品和服务进行监督、检查，受理消费者投诉并对投诉事项进行调查、调解。其本身属于授权行政主体，不需要市场监督管理局委托。

【答案】 ACD

05 行政机关委托的组织（不具有行政主体资格）（★）

行政机关委托社会组织行使行政权的条件及规则：

（1）委托必须有法律依据。

考点提示

没有法律依据的委托是不合法的，也是无效的。

（2）委托必须在法定权限内。

（3）必须委托符合法定条件的组织行使行政职权、实施行政行为。

（4）受委托组织必须在委托范围内行使行政职权，不得再委托其他任何组织或个人行使委托的职权。

（5）必须履行书面委托手续。在书面委托中，明确委托的范围、权限、期限及相应要求。

（6）委托行政机关必须对受委托组织的行为加强监督，并对其行为的后果承担法律责任。（委托行政机关承担法律责任）

考点提示

被委托的组织虽然行使行政权，但却不具有行政主体资格：被委托的组织由于系以委托机关的名义行使行政权（没有“名”），且相应法律责任也是由委托机关承担的（没有“责”），故虽然其行使行政权力，但不具有行政主体资格。

易错易混

被授权的组织 vs 被委托的组织

	被法律、法规授权的组织	被委托的组织
法律地位	行政主体	不具有行政主体资格
权力来源（权）	法律、法规的明文授权规定	行政机关的委托
行使行政权方式（名）	独立行使：以自己的名义行使行政权	不能独立行使：以委托机关的名义行使行政权
行为后果（责）	独立承担法律责任（直接成为行政复议的被申请人和行政诉讼被告）	委托机关承担法律责任（被委托的组织不具有行政复议被申请人或行政诉讼被告资格）

第三单元　行政行为

查看本单元视频，快速 GET 知识点

使用“会计云课堂”App或“微信”扫码

01 行政行为（★★）

1. 行政行为的概念

（1）广义：行政行为，包括行政法律行为和行政事实行为。

（2）狭义：指行政法律行为，是行政主体实施行政管理和服务活动、行使行政职权或履行行政服务职能过程中所作出的具有法律意义的、旨在产生某种行政法律效果的行为。

考点提示

行政事实行为，是指行政主体不以实现某种特定的法律效果为目的，而以影响或者改变事实状态为目的实施的行为（详见本单元考点7）。

2. 行政行为的特征

特征	含义
从属法律性	行政行为是执行法律规范（立法行为是创制法律规范）
裁量性	立法机关在立法时会给行政机关设定裁量空间
单方意志性	行政主体实施行政行为，一般可自行决定和直接实施，无须与行政相对方协商或征得其同意（行政协议行为除外）
效力先定性	行政行为一经作出，就事先假定其符合法律规定，在未被国家有权机关依法宣布为违法无效之前，对行政机关本身和行政相对方以及其他国家机关具有约束力，任何个人或团体都必须遵守和服从
强制性	行政行为以国家强制力作为实施的保障

3. 行政行为的效力

效力	含义
确定力	有效成立的行政行为，具有不可争辩力、不可变更性，即非依法不得随意变更或撤销
拘束力	行政行为成立后，即对行政主体和行政相对人产生法律上的约束力，有关人员或组织必须遵守、服从
公定力	行政主体作出的行政行为，不论合法还是违法，都推定为合法有效，相关当事人都应当先予遵守和服从（行政效率原则的要求）
执行力	行政行为生效后，行政主体依法有权采取一定手段，使行政行为的内容得以实现的效力

4. 行政行为的分类

考点提示

关于行政行为的分类，命题老师较喜欢通过案例化方式进行考查：通过案例给出行政行为，要求考生辨析其具体分类，而且可能涉及多个分类标准。

分类标准	类型	含义
行政行为的适用与效力作用的对象范围	内部行政行为	行政主体在内部行政组织管理过程中所作出的只对行政组织内部产生法律效力的行政行为 【举例】行政处分
	外部行政行为	行政主体在对社会实施行政管理过程中，针对公民、法人或其他组织作出的行政行为 【举例】行政许可、行政处罚、行政强制
行政行为的对象是否特定	抽象行政行为	行政主体以不特定的人或事为管理对象，制定具有普遍约束力的规范性文件的行政行为 【举例】税务机关制定税务规范性文件
	具体行政行为	行政主体在行政管理过程中，针对特定的人或事采取具体措施的行为，其行为的内容和结果将直接影响某一个人或组织的权利或义务（对象的特定化和具体化） 【举例】行政许可行为、行政处罚行为等
行政行为受法律规范拘束程度	羁束行政行为	法律规范对于行政行为的范围、条件、标准、方式、程序等作了较详细、具体、明确规定的行政行为 【举例】税务机关只能根据法律、法规规定的征税范围、征税对象以及税种、税目、税率来进行税收征管
	裁量行政行为	法律规范仅对行为目的、行为范围等作出原则性规定，而将行为的具体条件、标准、幅度、对象、范围、方式等留给行政主体自行选择、决定的行政行为 【举例】税务机关作出行政处罚（特别是罚款）、核定应纳税额、确定应税所得率等

分类标准	类型	含义
行政主体是否可以主动作出行政行为	依职权的行政行为	行政主体依据法律设定或授予的职权，无须相对方的申请而主动实施的行政行为 【举例】税务机关的征税行为
	依申请的行政行为	行政主体必须根据相对方的申请才能实施的行政行为，未经相对方的请求，行政主体不能主动作出行政行为 【举例】颁发营业执照、依申请公开政府信息、行政许可
行政行为成立时参与意思表示的当事人数目	单方行政行为	行政主体通过自己单方意思表示，无须征得相对方同意即可成立的行政行为 【举例】行政强制行为，行政许可行为，行政处罚行为
	双方行政行为	行政主体为实现公务目的，与相对方协商达成一致而成立的行政行为 【举例】行政委托行为、行政协议行为
行政行为是否具备一定的法定形式	要式行政行为	必须具备某种法定形式或遵守法定程序才能成立生效的行政行为 【举例】税务机关作出行政复议决定应当以《行政复议决定书》的形式作出，并加盖该税务机关印章，不得以《行政复议事项告知书》等方式作出或者代替
	非要式行政行为	无须一定方式和程序，无论采取何种形式都可以成立的行政行为 【举例】公安机关对酗酒的人采取强制约束的行为
行政行为作为方式表现	作为行政行为	积极作为的方式表现出来的行政行为 【举例】行政奖励、行政强制、行政许可
	不作为行政行为	消极不作为的方式表现出来的行政行为
行政行为内容对行政相对人是否有利	授益行政行为	行政主体为行政相对人设定权益或免除义务的行为 【举例】行政许可、行政给付、行政奖励、确认或者决定减税免税
	损益行政行为	行政主体对行政相对人实施的对相对人不利或者以某种方式侵夺、减损相对人某种权利或利益的行政行为，又称负担行政行为或不利行政行为、侵益行政行为 【举例】行政处罚、税务机关的征税行为、行政收费行为、行政强制

分类标准	类型	含义
行政权作用的表现方式和实施行政行为所形成的法律关系	行政立法行为	有权行政机关依法定职权和程序制定行政法规、行政规章，以及其他规范性文件的行政行为
	行政执法行为	行政主体依法实施的直接影响相对方权利义务的行为，或者对个人、组织的权利义务的行使与履行情况进行监督检查的行为 **【举例】**行政征收、行政给付、行政许可、行政确认、行政奖励、行政处罚、行政强制、行政监督检查等
	行政司法行为	行政主体作为第三方，按照准司法程序审理特定行政争议或民事争议案件，并作出裁决的行为 **【举例】**行政调解、行政裁决、行政仲裁、行政复议
行政终局裁决行为		（1）法律规定由行政机关最终裁决的具体行政行为 （2）对于行政终局裁决行为，行政相对人不得向法院起诉；法院无权对行政终局裁决行为的合法性予以审查 **【举例】**国家行为，即具有高度政治性的行为，一般与国家的主权有关，如国防、外交行为等

经典题解

【真题 1 · 单选题】公安机关对公民甲交通违法行为依法作出的行政处罚属于（　　）。（2021 年）

A. 双方行政行为、外部行政行为、依职权行政行为

B. 具体行政行为、损益行政行为、非要式行政行为

C. 作为行政行为、羁束行政行为、行政执法行为

D. 外部行政行为、裁量行政行为、损益行政行为

【解析】行政处罚属于典型的外部行政行为、具体行政行为、裁量行政行为、单方行政行为、损益行政行为、要式行政行为。

【答案】D

【例题 2 · 多选题】根据行政法理论和《行政强制法》《行政诉讼法》等法律规定，对逾期不缴纳税款、滞纳金和罚款的纳税人，税务机关可经催告依法作出行政强制决定，拍卖纳税人财物以强制抵缴税款、滞纳金及罚款。税务机关作出上述行政强制决定的行为属于（　　）。

A. 代履行行为　　　　B. 行政事实行为

C. 损益行政行为　　　　D. 行政法律行为

E. 行政司法行为

【解析】（1）题干所述为税务机关决定采取拍卖方式（选项 A 错误）进行行政强制执行，属于损益行政行为（选项 C 正确）、行政法律行为（选项 B 错误，选项 D 正确）、行政

执法行为（选项 E 错误）。（2）税务机关的拍卖决定本身属于行政法律行为，税务机关执行该决定实际将纳税人财物拍卖属于行政事实行为。

【答案】CD

02 行政行为的合法、无效、撤销和废止（★）

<table>
<tr><td>合法</td><td colspan="3">合法要件：主体合法（具备行政主体资格）、在权限范围内实施、内容合法适当（合法性+适当性）、符合法定程序</td></tr>
<tr><td>无效</td><td colspan="3">行政行为存在重大且明显违法
【举例】行政处罚没有依据或者实施主体不具有行政主体资格的，行政处罚无效；违反法定程序构成重大且明显违法的，行政处罚无效</td></tr>
<tr><td rowspan="5">撤销</td><td colspan="3">情形：（1）行政行为合法要件有瑕疵；（2）行政行为明显不当</td></tr>
<tr><td colspan="3">法律后果：行政行为自被撤销之日起失去效力（效力可追溯到行政行为作出之日）</td></tr>
<tr><td rowspan="3">行政行为撤销原因</td><td>行政主体过错+依社会公益撤销
效力必须追溯到行为作出之日</td><td>行政主体予以赔偿</td></tr>
<tr><td>相对方过错</td><td rowspan="2">过错方各依自己的过错程度承担相应的行政法律责任</td></tr>
<tr><td>行政主体+相对方共同过错</td></tr>
<tr><td rowspan="3">废止</td><td colspan="3">情形：（1）所依据的法律、法规、规章等经有权机关依法修改、废止或撤销；（2）行政行为所依据的客观情况发生重大变化；（3）行政行为已完成原定的目标、任务，实现了国家的行政管理目的，从而没有继续存在的必要</td></tr>
<tr><td colspan="3">法律后果：行政行为效力从废止之日起失效（不追溯）</td></tr>
<tr><td colspan="3">因废止给相对方利益造成财产损失的，行政主体应当依法给予补偿</td></tr>
</table>

经典题解

【例题·单选题】下列关于具体行政行为效力的说法中，正确的是（　　）。

A. 相对人申请行政复议的法律效果是导致具体行政行为丧失拘束力

B. 具体行政行为可以被废止，这表明具体行政行为没有确定力

C. 具体行政行为作出后，不论合法与否都推定合法有效，这表明具体行政行为具有公定力

D. 无效具体行政行为与可撤销的具体行政行为只在被撤销后才失去法律效力

【解析】（1）选项 A：单纯的申请行政复议，不会直接导致行政行为丧失拘束力（一般情况下，行政复议期间具体行政行为不停止执行）。但如果复议机关作出撤销该具体行政行为的决定，那么该行政行为将丧失拘束力。（2）选项 B：行政行为具有确定力，一经作出不得随意废止：行政行为即便存在法定情形而废止也不能据此否认其确定力。（3）选项 D：无效行政行为自始无效，而可撤销的行政行为只有在被撤销后才失去效力。

【答案】C

03 抽象行政行为（★）

1. 概念

（1）动态：行政主体针对不特定的人和事制定具有普遍约束力的行为规则的活动。（制定规则这项活动本身）

（2）静态：行政主体针对不特定的人和事制定出来的具有普遍约束力的行为规则。（制定出来的规则）

2. 特征

对象的普遍性	以普遍的、不特定的人或事为行为对象，不针对特定的、具体的人或事
效力的普遍性和持续性	对某一类人或事具有约束力，不仅适用于当时的行为或事件，而且适用于将来发生的同类行为或事件
准立法性	具有普遍性、规范性、强制性
不可诉性	抽象行政行为一般不能成为行政诉讼的直接对象，但某些抽象行政行为（并非全部）依法可以作为行政复议或行政诉讼中的“一并”审查对象

04 具体行政行为（★★）

考点提示

命题老师比较喜欢通过案例化方式考查具体行政行为的认定：通过案例给出行政行为，要求考生辨析其究竟属于哪种具体行政行为。

1. 行政征收

概念	行政主体根据法律规定，以强制方式无偿取得相对方财产所有权的一种具体行政行为
特征	（1）行政主体针对公民、法人或其他组织实施的一种单方具体行政行为 （2）实质在于行政主体以强制方式无偿取得相对方的财产所有权 （3）实施必须以相对方负有行政法上的缴纳义务、财产使用或者国家、社会公共利益的特定需要为前提
分类	（1）因使用权而引起的征收：建设资金的征收 （2）因行政法上的义务而引起的征收：税收、社会保险费与非税收入征收、管理费的征收 （3）因国家或者公共利益的特定需要引起的征收：国有土地上房屋征收、紧急状态下政府及其工作部门作出的财产征收行为

2. 行政确认

概念	行政主体依法对相对方的法律地位、法律关系和法律事实进行甄别，给予确定、认可、证明并予以宣告的具体行政行为

特征	（1）要式行政行为：行政确认必须以书面形式，并按照相应的法律规范和一定的技术规范要求作出 （2）可以依申请作出，也可以依职权作出	
分类	依申请	城市房屋出租登记备案、收养登记、增值税一般纳税人登记
	依职权	道路交通事故责任认定、火灾事故责任认定
	对身份、能力（或资格）、事实、法律关系和权利归属等进行的行政确认	

3. 行政监督

概念	行政主体依法定职权，对相对方遵守法律、法规、规章，执行行政命令、决定的情况进行检查、了解、监督的行政行为
特征	（1）行为主体：享有行政监督权的国家行政机关或法律、法规授权的组织 （2）行为对象：作为行政相对方的公民、法人或其他组织 （3）行为内容：相对方遵守法律、法规、规章；执行行政命令、决定的情况 （4）行为性质：依职权的、单方的、相对独立的具体行政行为 （5）行为目的：防止和纠正行政相对方的违法行为，保障法律、法规、规章的贯彻实施和行政管理目标的具体实现
方法	审计、检查、调查、查验、检验、勘验、鉴定、登记、统计

4. 行政给付

概念	行政主体对公民在年老、疾病或丧失劳动能力或其他特殊情况下，依照法律、法规规定，赋予其一定的物质利益或与物质有关的权益的具体行政行为（不同于行政奖励，不具有精神上和职务上的权益）
特征	（1）行政主体作出的具体行政行为，并且以法律、法规为依据 （2）对象是特定的公民，即特殊困难和特殊情况下的公民个人 （3）内容是赋予被帮助人以一定的物质权益或与物质相关的权益
形式	发放退休金、退职金、失业救济金、社会保险金、最低生活保障费、安置、补助、抚恤、优待、救灾扶贫等

5. 行政裁决

概念	法律授权的特定行政主体对平等主体之间发生的、与行政管理活动密切相关的、特定的民事权利归属或侵权损害纠纷进行审查，并就各方责任的承担作出裁断的具体行政行为
特征	（1）主体是法律授权的特定行政机关（公安机关对公民之间实施人身侵害的治安管理处罚案件没有赔偿数额的裁决权，仅有调解权） （2）对象是特定的民事纠纷 （3）行政裁决是行政主体行使行政裁判权的活动，具有法律权威性 （4）行政裁决是可诉的具体行政行为（可依法申请行政复议或者提起行政诉讼）

举例	著作权侵权损害赔偿纠纷的裁决；专利权许可使用费纠纷的裁决；土地等自然资源使用权侵权损害赔偿纠纷的裁决；国有资产产权纠纷的裁决

6. 行政奖励

概念	行政机关对为国家和社会作出一定贡献的行政相对人给予物质、精神奖励的行政行为，是为行政相对人设定权利、给予利益的行政行为，行政相对人因此而得到一定的权利或利益（行政给付仅为物质或与物质有关的权益）
特征	（1）授益行政行为 （2）主体限于行政机关（企业、学校内部及社会团体等根据有关奖励制度实施的奖励行为，不属于行政奖励）
程序	申请→审查→颁发
举例	税务机关对单位和个人实名向税务机关检举税收违法行为并经查实的，按照规定给予一定的物质奖励；对经纳税人自行申请，符合《纳税信用管理办法（试行）》规定的单位，授予A级纳税人称号

7. 行政协议

概念	行政机关为实现公共利益或者行政管理目标，因行使行政职权或者在行使行政职权过程中，与公民、法人或者其他组织协商订立的具有行政法上权利义务内容的协议，又称为行政契约、行政合同
特征	（1）目的：为了公共利益或者实现行政管理目标 （2）职权职责：与行政职权紧密相连，与履行某种行政职责有关 （3）主体（缔约双方）：行政主体、行政相对人（具有严格法定性） （4）行为：行政机关与相对人协商订立协议 （5）内容：体现或涉及行政法上的权利义务，包括行政主体一方的行政优益权 （6）行政协议属于《行政诉讼法》受案范围

经典题解

【真题·单选题】下列有关具体行政行为认定的说法中，正确的是（　　）。（2021年）

A. 某县税务局为纳税人办理税收优惠属于行政奖励

B. 某区税务局为纳税人办理税收登记属于行政确认

C. 某省公安厅作出的行政复议决定属于行政裁决

D. 某市市场监督管理局对下辖区县市场监督管理局实施执法检查属于行政监督

【解析】（1）选项A：行政奖励是指行政机关对为国家和社会作出一定贡献的行政相对人给予物质、精神奖励的行政行为，是为行政相对人设定权利、给予利益的行政行为，行政相对人因此而得到一定的权利或利益。（2）选项B：行政确认是指行政主体依法对相对方的法律地位、法律关系和法律事实进行甄别，给予确定、认可、证明并予以宣告的具体行政行为。(3) 选项 C：行政裁决的对象是特定的民事纠纷。(4) 选项 D：行政监督的对象是作为行政相对方的公民、法人或其他组织。

【答案】B

05 行政程序法（★★★）

1. 行政程序法的基本原则

基本原则	含义	举例
公开原则	行政主体在实施行政行为过程中，除法律另有规定外，必须将行政行为在事前、事中、事后公开于行政相对人和有关利害关系人（主要体现：行政依据公开、行政程序公开、行政信息公开、行政决定公开）	有关行政处罚、行政许可的规定应当公布，未经公布的不得作为实施行政处罚、行政许可的依据
公正原则	行政主体在作出行政行为时，要平等地对待当事人各方，排除各种可能造成不平等或偏见的因素	《行政处罚法》规定：当事人有权进行陈述和申辩。行政机关必须充分听取当事人的意见，对当事人提出的事实、理由和证据，应当进行复核
参与原则	行政主体在实施行政行为的过程中，行政相对人有权参与行政过程，并有权对行政行为发表意见，而且有权要求行政主体对所发表的意见予以重视和考虑	行政听证程序
效率原则	行政程序要求行为实施的每一环节和整个过程必须有一定的时间限度	时效制度、简易程序、紧急处置程序

2. 行政程序法的基本制度

基本制度	含义	举例
信息公开制度	凡涉及行政相对人权利、义务的行政信息资料，除法律规定应予以保密的以外，行政主体及有关机构依法向社会公开，任何公民或组织均可依法获取	《行政许可法》：行政机关应当将法律、法规、规章规定的有关行政许可的事项、依据、条件、数量、程序、期限以及需要提交的全部材料的目录和申请书示范文本等在办公场所公示（八项公示）
回避制度	行政程序中，同行政相对人或行政管理事项有利害关系的公务员必须避免参与行政管理事项或者作出有关行政行为，以确保行政行为形式上的公正性（回避制度体现了公正原则）	《行政处罚法》：执法人员与案件有直接利害关系或者有其他关系可能影响公正执法的，应当回避

基本制度	含义	举例
行政调查制度	行政主体依法获取公民、法人或其他组织的个人信息、从事生产经营或其他有关活动的信息以及有关证据材料的一种行政程序制度（包括：调查权限、调查程序）	——
告知制度	在作出某项行政行为**之前**就拟作出行政行为所依据的事实、理由、当事人享有的权利及其他有关事项，有**义务告知当事人并加以指导**(与“教示制度”区分)	《行政处罚法》：行政机关在作出行政处罚决定**之前**，应当告知当事人拟作出的行政处罚内容及事实、理由、依据，并告知当事人依法享有的陈述、申辩和要求听证等权利
催告制度	当事人在行政决定作出后不自觉履行义务，行政主体督促当事人在一定期限内履行义务，否则承担被强制执行后果的一种程序（催告是强制执行行政决定的前置程序，是行政强制执行的核心程序）	《行政强制法》：行政机关自行强制执行的催告、代履行的催告、申请人民法院强制执行的催告
听证制度	行政主体在作出影响行政相对人合法权益的决定前，行政主体告知决定理由和听证权利，行政相对人表达意见、提供证据，以及行政主体听取意见、接纳证据的程序等所构成的一项行政程序基本法律制度	《行政处罚法》：行政机关拟作出下列行政处罚决定，应当告知当事人有要求听证的权利，当事人要求听证的，行政机关应当组织听证：（1）较大数额罚款；（2）没收较大数额违法所得、没收较大价值非法财物；（3）降低资质等级、吊销许可证件；（4）责令停产停业、责令关闭、限制从业；（5）其他较重的行政处罚；（6）法律、法规、规章规定的其他情形
行政案卷制度	行政决定**只能**以行政案卷体现的事实作为根据的一种行政程序制度（又称“案卷排他性制度”）	《行政许可法》：行政机关应当根据听证笔录，作出行政许可决定
说明理由制度	行政主体应将作出行政决定所依据的事实上和法律上的理由对行政相对人说明（又称“附加理由制度”）	《行政许可法》：行政机关依法作出不予行政许可的书面决定的，应当说明理由
教示制度	行政机关对行政相对人正式**作出某种不利决定**时，将**有关法律救济权利事项**明确地告知的一种行政程序法律制度（与“告知制度”区分）	行政机关作出的具体行政行为对公民、法人或者其他组织的权利、义务可能产生不利影响的，应当告知其申请行政复议的权利、行政复议机关和行政复议申请期限
时效制度	法律对行政主体的行政行为给予时间上的限制以保证行政效率和有效保障当事人合法权益的程序制度	——

经典题解

【真题 1 · 单选题】《行政许可法》第 48 条第 2 款规定，行政机关应当根据听证笔录，作出行政许可决定。这一规定体现的行政程序法基本制度是（　　）。（2015 年）

A. 教示制度　　B. 说明理由制度

C. 告知制度　　D. 行政案卷制度

【解析】行政机关作出的行政决定应当以行政案卷为根据，行政机关不能在行政案卷以外，以当事人所未知悉的或者未由当事人申辩、质证的事实作为根据来作出行政决定。

【答案】D

【真题 2 · 单选题】甲税务局对某公司作出税收强制执行决定，此决定的执行对该公司可能产生重大不利影响。甲税务局依照《行政复议法实施条例》及《税务行政复议规则》的要求，依法告知其享有申请税务行政复议的权利、税务行政复议机关和申请期限。甲税务局的这一做法，体现了行政程序法中的（　　）。（2018 年）

A. 行政执法公示制度　　B. 说明理由制度

C. 教示制度　　D. 行政执法全过程记录制度

【答案】C

【例题 3 · 单选题】某税务机关决定撤销某项税务行政许可，对当事人的权利、义务可能产生不利影响。按照《行政复议法实施条例》第 17 条规定的要求，该税务机关应当在《撤销税务行政许可决定书》中告知当事人申请复议的权利、行政复议机关和行政复议申请期限。税务机关这一做法所体现的行政程序法基本制度是（　　）。

A. 教示制度　　B. 催告制度

C. 信息公开制度　　D. 案卷排他性制度

【答案】A

【真题 4 · 单选题】根据《行政处罚法》《行政许可法》《行政强制法》及《税收征管法》等法律及行政法基本理论，下列关于税务机关应当遵守的行政程序基本制度要求的说法中，正确的是（　　）。（2013 年）

A. 说明理由制度要求，与纳税人有直接利害关系的税务人员在涉嫌偷税案件调查取证阶段应主动提出回避

B. 行政案卷制度要求，税务机关应将有关税务行政许可的事项、依据、条件、数量、程序、期限以及需要提交的全部材料的目录和申请书示范文本等在办公场所公示

C. 催告制度要求，税务机关在作出税务行政处罚前应充分听取纳税人的陈述申辩意见，并对纳税人提出的事实、理由及证据进行复核

D. 教示制度要求，税务机关作出冻结纳税人存款的决定时应告知其申请复议的权利、复议机关和申请复议的期限

【解析】（1）A 选项：回避制度；（2）B 选项：信息公开制度；（3）C 选项：公正原则。

【答案】D

06 政府信息公开制度（★）

（一）行政机关主动公开

1. 公开的原则性限制

（1）绝对不公开：依法确定为国家秘密的政府信息，法律、行政法规禁止公开的政府信息，以及公开后可能危及国家安全、公共安全、经济安全、社会稳定的政府信息，不予公开。

（2）相对不公开：涉及商业秘密、个人隐私等公开会对第三方合法权益造成损害的政府信息，行政机关不得公开。但是，第三方同意公开或者行政机关认为不公开会对公共利益造成重大影响的，予以公开。

2. 公开形式

通过政府公报、政府网站或者其他互联网政务媒体、新闻发布会以及报刊、广播、电视等途径予以公开。

3. 时限

属于主动公开范围的政府信息，应当自该政府信息形成或者变更之日起20个工作日内及时公开。法律、法规对政府信息公开的期限另有规定的，从其规定。

（二）依申请公开

1. 时限（当场→20+20）

（1）行政机关收到政府信息公开申请，能够当场答复的，应当当场予以答复。

（2）行政机关不能当场答复的，应当自收到申请之日起20个工作日内予以答复；需要延长答复期限的，应当经政府信息公开工作机构负责人同意并告知申请人，延长的期限最长不得超过20个工作日。

2. 公开形式

行政机关依申请公开政府信息，应当根据申请人的要求及行政机关保存政府信息的实际情况，确定提供政府信息的具体形式；按照申请人要求的形式提供政府信息，可能危及政府信息载体安全或者公开成本过高的，可以通过电子数据以及其他适当形式提供，或者安排申请人查阅、抄录相关政府信息。

3. 原则上不收取费用

行政机关依申请提供政府信息，不收取费用。但是，申请人申请公开政府信息的数量、频次明显超过合理范围的，行政机关可以收取信息处理费。

经典题解

【例题·单选题】根据《政府信息公开条例》，下列关于政府信息公开限制的表述中，正确的是（　　）。

A. 行政机关不得公开涉及个人隐私的政府信息，但是经权利人同意公开的，可以予以公开

B. 当事人申请公开依申请公开范围内的政府信息，行政机关应自收到当事人申请之日起60日内作出答复

C. 对于法定的主动公开范围内的政府信息，行政机关应自该政府信息形成或者自变更

之日起 30 个工作日内予以公开

D. 行政机关不得公开涉及国家秘密的政府信息，但上级行政机关同意的除外

【解析】（1）选项 A：涉及商业秘密、个人隐私等公开会对第三方合法权益造成损害的政府信息，行政机关不得公开。但是，第三方同意公开或者行政机关认为不公开会对公共利益造成重大影响的，予以公开。（2）选项 B：行政机关收到政府信息公开申请，能够当场答复的，应当当场予以答复。行政机关不能当场答复的，应当自收到申请之日起 20 个工作日内予以答复；需要延长答复期限的，应当经政府信息公开工作机构负责人同意并告知申请人，延长的期限最长不得超过 20 个工作日。（3）选项 C：属于主动公开范围的政府信息，应当自该政府信息形成或者变更之日起 20 个工作日内及时公开。（4）选项 D：依法确定为国家秘密的政府信息，法律、行政法规禁止公开的政府信息，以及公开后可能危及国家安全、公共安全、经济安全、社会稳定的政府信息，不予公开。

【答案】A

07 行政事实行为（★）

1. 行政事实行为

概念	不以产生、变更或消灭行政的权利义务关系为目的而产生事实上效果的行为 【举例】行政机关发布信息、物价部门对某商店进行物价检查等
特征	（1）公法上的行为 （2）实施行政职权的行为（行政主体应在职权范围内实施，受到行政法原则的约束） （3）不以产生法律效果为目的
分类	（1）执行性行政事实行为（行政机关根据行政处罚决定书所进行的没收物品行为；民政管理部门根据行政给付决定发放特定人生活补助金的行为） （2）通知性行政事实行为（行政机关对相对人提出意见、劝告、提供的咨询服务） （3）协商性行政事实行为
合法要件	主体合法、权限合法、程序合法
救济	对已经作出的违法行使职权且对行政相对人的人身权、财产权造成损害的行政事实行为，行政相对人有权提出国家赔偿（因我国行政诉讼法受案范围限于行政法律行为，行政相对人对于行政事实行为不得提起撤销之诉、给付之诉）

2. 行政指导（行政事实行为）

概念	行政主体为了达到某种行政目的，在其职权范围内采用希望、劝告、建议、指示等非强制性手段谋求行政相对人协助或合作的行政活动
特征	行政性、非强制性
要求	有法律依据、职权范围内、遵守有关程序法的规定
救济	申请国家赔偿，但不得提起行政诉讼（因为行政指导系行政事实行为，不属于《行政诉讼法》受案范围）

本章小结

用“会计云课堂”App 扫码学习

您已成功完成“第一章”的学习，本章共 17 个考点，您都学会了吗？

为了让您对本章有更清晰的理解，加倍巩固。本书作者陈小球老师将通过“电台音频课”的方式，带您回顾重要考点。

名师点拨，高效提分。

※ 欢迎扫码免费学习。

同步强化练习题

使用“会计云课堂”App 或“微信”扫码快速做题、对答案、看解析、掌握解题思路，开启轻松过关之旅。

一、单项选择题

1. 根据行政法基本理论，关于行政合理性原则，下列选项中，错误的是（　　）。
   A. 行政行为应符合立法目的
   B. 行政权力必须按照法定程序行使
   C. 行政行为应建立在考虑相关因素的基础上
   D. 行政行为应保持适度，符合比例原则要求

2. 某市场监督管理部门在例行检查中对个体工商户甲作出行政处罚决定，根据《行政处罚法》和行政法基本理论，下列要求中，属于行使行政处罚裁量权的合法性要求的是（　　）。
   A. 处罚应平等地适用法律，符合公正法则
   B. 处罚应保持适度，符合比例原则要求
   C. 处罚应由行政机关依照《行政处罚法》规定的程序实施
   D. 处罚应全面考虑违法行为的事实、性质、情节以及社会危害程度等相关因素

3. 根据行政法理论，行政机关作出行政行为，有（　　）情形的，属于违反实质合法性原则。
   A. 违反法定程序
   B. 超越行政职权
   C. 考虑不相关因素
   D. 适用法律依据错误

4. 根据行政法基本理论，下列选项中不属于行政法渊源的是（　　）。
   A. 全国人民代表大会常务委员会制定的《税收征管法》

B. 国务院制定的《行政复议法实施条例》
C. 国家税务总局制定的《税务行政复议规则》
D. 最高人民法院发布的指导性案例

5. 根据立法法规定，只能由法律规定的事项中尚未制定法律的，全国人民代表大会及其常务委员会有权作出决定，授权国务院可以根据实际需要，对其中的部分事项先制定行政法规的是（　　）。
A. 犯罪和刑罚
B. 限制人身自由的强制措施和处罚
C. 对非国有财产的征收、征用
D. 司法制度

6. 根据立法法规定，地方性法规与部门规章之间对同一事项的规定不一致，不能确定如何适用时，下列适用规则中，正确的是（　　）。
A. 国务院裁决
B. 全国人民代表大会常务委员会裁决
C. 由国务院提出意见，国务院认为应当适用地方性法规的，应当决定在该地方适用地方性法规的规定
D. 由国务院提出意见，国务院认为应当适用部门规章的，应当决定适用部门规章的规定

7. 下列属于派出机关的是（　　）。
A. 街道办事处
B. 公安派出所
C. 税务所
D. 财政所

8. 根据行政法基本理论，下列主体中不具有行政主体资格的是（　　）。
A. 财政部
B. 国家税务总局
C. 国务院港澳事务办公室
D. 中国证券监督管理委员会

9. 根据行政法原理，行政行为一经作出，就事先假定其符合法律规定，在未被国家有权机关依法宣布为违法无效之前，对行政机关本身和行政相对方以及其他国家机关具有约束力，任何个人或团体都必须遵守和服从，体现了行政行为的（　　）特征。
A. 从属法律性
B. 裁量性
C. 单方意志性
D. 效力先定性

10. 根据行政行为的分类标准，（　　）属于授益行政行为。
A. 行政征收
B. 行政强制
C. 行政许可
D. 行政处罚

11. 根据行政法原理，下列不属于行政征收的是（　　）。
A. 税收
B. 发放社会保险金
C. 国有土地上房屋征收
D. 建设资金的征收

12. 根据行政法理论，关于行政给付，下列选项中，错误的是（　　）。
A. 行政给付是以法律、法规为依据的具体行政行为
B. 行政给付的对象是特定的公民
C. 行政给付的内容是赋予被帮助人以一定的物质权益或精神权益
D. 行政给付的形式包括发放退休金、退职金、失业救济金、社会保险金、最低生活保障费等

13. 《行政处罚法》要求行政机关在作出行政处罚决定之前，应当告知当事人拟作出行政处罚内容及事实、理由、依据，并告知当事人依法享有的陈

述、申辩和要求听证等权利。这一要求所体现的行政程序法基本制度是（　　）。
A. 教示制度
B. 催告制度
C. 说明理由制度
D. 告知制度

14. 根据行政程序法基本制度的要求，行政强制执行的核心程序是（　　）。
A. 回避
B. 告知
C. 催告
D. 行政案卷

15. 根据行政法原则，《行政许可法》的下列要求中，体现了行政案卷制度的是（　　）。
A. 行政机关依法作出不予行政许可的书面决定的，应当说明理由
B. 行政机关应当根据听证笔录，作出行政许可决定
C. 行政机关应当将法律、法规、规章规定的有关行政许可的事项、依据、条件、数量、程序、期限以及需要提交的全部材料的目录和申请书示范文本等在办公场所公示
D. 行政机关应当指定审查该行政许可申请的工作人员以外的人员为听证主持人，申请人、利害关系人认为主持人与该行政许可事项有直接利害关系的，有权申请回避

16. 根据《政府信息公开条例》规定，行政机关收到政府信息公开申请，不能当场答复的，应当自收到申请之日起（　　）个工作日内予以答复。
A. 10　　B. 15
C. 20　　D. 30

17. 根据行政法理论，下列属于行政事实行为的是（　　）。
A. 行政许可
B. 行政处罚
C. 行政指导
D. 行政强制

二、多项选择题

1. 根据行政法基本理论，下列关于行政合理性原则的说法中，正确的有（　　）。
A. 平等地适用法律规范，符合公正法则
B. 行政权力的存在必须有法律依据
C. 行政行为应建立在考虑不相关因素的基础上
D. 行政行为应保持适度，符合比例原则要求
E. 行政权力必须按照法定程序行使

2. 根据立法法规定，下列只能由法律规定的有（　　）。
A. 税种的设立
B. 征税范围
C. 税率的确定
D. 计税依据
E. 税收优惠

3. 根据立法法规定，关于行政法的渊源，下列说法中，正确的有（　　）。
A. 国务院已经批准的较大的市的人民代表大会及其常务委员会仅可就城乡建设与管理、环境保护、历史文化保护等方面的事项制定地方性法规
B. 国务院各部、委员会、中国人民银行、审计署和具有行政管理职能的直属机构，可以根据法律和国务院的行政法

规、决定、命令，在本部门的权限范围内，制定规章

C. 没有法律或者国务院的行政法规、决定、命令的依据，部门规章不得设定减损公民、法人和其他组织权利或者增加其义务的规范，可以适当增加本部门的权力或者减少本部门的法定职责

D. 自治州、自治县的自治条例和单行条例，报全国人民代表大会常委会批准后生效

E. 行政机关制定和经公告发布的规范性文件属于行政法的渊源

4. 根据立法法规定，关于行政法渊源中效力冲突的解决方式，下列说法中，正确的有（　　）。

A. 法律之间对同一事项的新的一般规定与旧的特别规定不一致，不能确定如何适用时，由全国人民代表大会裁决

B. 行政法规之间对同一事项的新的一般规定与旧的特别规定不一致，不能确定如何适用时，由国务院裁决

C. 根据授权制定的法规与法律规定不一致，不能确定如何适用时，由全国人民代表大会常务委员会裁决

D. 地方性法规与部门规章之间对同一事项的规定不一致，不能确定如何适用时，由国务院提出意见，认为应当适用部门规章的，应当提请全国人民代表大会常务委员会裁决

E. 部门规章与地方政府规章之间对同一事项的规定不一致时，由国务院裁决

5. 根据行政法律制度的规定，下列属于国务院组成部门的有（　　）。

A. 人力资源和社会保障部

B. 国家发展和改革委员会

C. 国家税务总局

D. 中国人民银行

E. 审计署

6. 根据行政法律制度的规定，下列属于国务院直属机构的有（　　）。

A. 国家外汇管理局

B. 国家知识产权局

C. 国家国际发展合作署

D. 国家统计局

E. 国家医疗保障局

7. 根据行政法规定，关于行政机关委托社会组织行使行政权的条件及规则，下列说法中，正确的有（　　）。

A. 没有法定依据的委托无效

B. 委托必须在法定权限内

C. 受委托组织必须在委托范围内行使行政职权，经委托机关事先书面同意，可以再委托其他任何组织行使委托的职权

D. 必须履行书面委托手续

E. 委托机关必须对受委托组织的行为加强监督，受委托机关对其行为的后果承担法律责任

8. 根据行政法原理，下列关于行政许可行为属性的说法中，正确的有（　　）。

A. 具体行政行为

B. 依职权的行政行为

C. 授益行政行为

D. 行政执法行为

E. 外部行政行为

9. 根据行政法理论，下列属于依申请作出的行政确认行为有（　　）。

A. 城市房屋出租登记备案

B. 道路交通事故责任认定

C. 火灾事故责任认定

D. 收养登记

E. 增值税一般纳税人登记

10. 根据《行政处罚法》和《行政许可法》等法律及行政法理论，下列关于行政机关应当遵守的行政程序基本制度要求的说法中，正确的有（ ）。
   A. 信息公开制度要求，行政机关应当将法律、法规、规章规定的有关行政许可的事项、依据、条件、数量、程序、期限以及需要提交的全部材料的目录和申请书示范文本等在办公场所公示
   B. 回避制度要求，执法人员与案件有直接利害关系或者有其他关系可能影响公正执法的，应当回避
   C. 说明理由制度要求，行政机关在作出行政处罚决定之前，应当告知当事人拟作出的行政处罚内容及事实、理由、依据，并告知当事人依法享有的陈述、申辩和要求听证等权利
   D. 教示制度要求，行政机关依法作出不予行政许可书面决定的，应当说明理由
   E. 行政案卷制度要求，行政机关应当根据听证笔录，作出行政许可决定

11. 根据行政法律制度的规定，下列关于行政程序法基本制度的说法中，正确的有（ ）。
   A. 教示制度要求行政机关在作出行政处罚决定之前，应当告知当事人拟作出的行政处罚内容及事实、理由、依据，并告知当事人依法享有的陈述、申辩和要求听证等权利
   B. 催告是强制执行行政决定的前置程序，是行政强制执行的核心程序
   C. 行政机关应当根据听证笔录，作出行政许可决定体现了行政案卷制度
   D. 说明理由制度要求行政机关依法作出不予行政许可的书面决定的，应当说明理由
   E. 行政机关在作出行政处罚决定之前，应当告知当事人拟作出的行政处罚内容及事实、理由、依据，并告知当事人依法享有的陈述、申辩和要求听证等权利，体现了告知制度

12. 根据政府信息公开法律制度规定，关于政府信息公开，下列说法中，正确的有（ ）。
   A. 依法确定为国家秘密的政府信息不予公开
   B. 涉及商业秘密的政府信息，一律不予公开
   C. 法律、行政法规禁止公开的政府信息不予公开
   D. 涉及个人隐私，权利人同意公开或者行政机关认为不公开会对公共利益造成重大影响的政府信息，予以公开
   E. 公开后可能危及国家安全的政府信息，行政机关认为不公开会对公共利益造成重大影响的，予以公开

13. 根据政府信息公开法律制度规定，关于政府信息公开，下列说法中，正确的有（ ）。
   A. 行政机关应当主动公开的政府信息，通过政府公报、政府网站或者其他互联网政务媒体、新闻发布会以及报刊、广播、电视等途径予以公开
   B. 属于主动公开范围的政府信息，应当自该政府信息形成或者变更之日起 20 日内及时公开
   C. 行政机关收到政府信息公开申请，能够当场答复的，应当当场予以答复
   D. 行政机关依申请公开政府信息，应当根据申请人的要求及行政机关保存政府信息的实际情况，确定提供政府信息的具体形式
   E. 申请人申请公开政府信息的数量、频次明显超过合理范围的，行政机关可以收取信息处理费

14. 下列选项中，属于行政法律行为的有（　　）。

A. 行政机关根据行政处罚决定书所进行的没收物品行为

B. 建设主管部门依某公司申请而向其颁发民用建筑设计甲级资质行为

C. 民政管理部门根据行政给付决定发放特定人生活补助金行为

D. 中国人民银行对某商业银行进行窗口指导行为

E. 公安机关对某公民的交通违法行为处以200元罚款行为

同步强化练习题参考答案及解析

使用“会计云课堂”App或“微信”扫码对答案、看解析、掌握解题思路，开启轻松过关之旅。

一、单项选择题

1. B　【解析】选项B：行政权力必须按照法定程序行使系行政合法性原则。

2. C　【解析】行政合法性原则是指行政权的存在、行使必须依据法律、符合法律规定，不得与法律规定相抵触。

3. C　【解析】选项ABD：违反行政合法性原则，即违反形式合法性原则。

4. D　【解析】(1) 选项A：一般法律，属于行政法渊源。(2) 选项B：行政法规，属于行政法渊源。(3) 选项C：部门规章，属于行政法渊源。

5. C　【解析】有关犯罪和刑罚、对公民政治权利的剥夺和限制人身自由的强制措施和处罚、司法制度等事项不得授权立法。

6. C　【解析】地方性法规与部门规章之间对同一事项的规定不一致，不能确定如何适用时，由国务院提出意见，国务院认为应当适用地方性法规的，应当决定在该地方适用地方性法规的规定；认为应当适用部门规章的，应当提请全国人民代表大会常务委员会裁决。

7. A　【解析】选项BCD：属于派出机构而非派出机关。

8. C　【解析】选项C：系国务院办事机构，不具有行政主体资格。

9. D

10. C　【解析】典型的授益行政行为包括：行政许可、行政给付、行政奖励等。

11. B 【解析】征收社会保险费属于行政征收，而发放社会保险金属于行政给付。

12. C 【解析】行政给付是赋予被帮助人一定的物质利益或与物质有关的权益的具体行政行为，但不具有精神上和职务上的权益。

13. D 【解析】告知制度，是指行政机关在作出某项行政行为之前就拟作出行政行为所依据的事实、理由、当事人享有的权利及其他有关事项，有义务告知当事人并加以指导。

14. C 【解析】催告是强制执行行政决定的前置程序，行政强制执行的核心程序。

15. B 【解析】（1）选项 A：说明理由制度。（2）选项 C：信息公开制度。（3）选项 D：回避制度。

16. C 【解析】行政机关收到政府信息公开申请，能够当场答复的，应当当场予以答复。行政机关不能当场答复的，应当自收到申请之日起20个工作日内予以答复；需要延长答复期限的，应当经政府信息公开工作机构负责人同意并告知申请人，延长的期限最长不得超过20个工作日。

17. C 【解析】行政许可、行政处罚和行政强制属于行政法律行为。

二、多项选择题

1. AD 【解析】（1）行政合理性原则包括：行政行为应符合立法目的；行政行为应建立在考虑相关因素的基础上（不得考虑不相关因素，C 选项错误）；平等地适用法律规范，符合公正法则；行政行为应保持适度，符合比例原则要求；符合自然规律、客观性要求和社会道德观念，符合人类理性和公平正义观念。（2）行政合法性原则包括：行政权力的存在、行使必须有法律依据（选项 B）；行政权力必须按照法定程序行使（选项 E）。

2. AC 【解析】税种的设立、税率的确定和税收征收管理等税收基本制度，只能由法律规定。

3. BE 【解析】（1）选项 A：国务院已经批准的较大的市的人民代表大会及其常务委员会，根据本地需要，在不与宪法、法律、行政法规相抵触的前提下，可以制定地方性法规。（2）选项 C：没有法律或者国务院的行政法规、决定、命令的依据，部门规章不得设定减损公民、法人和其他组织权利或者增加其义务的规范，不得增加本部门的权力或者减少本部门的法定职责。（3）选项 D：自治州、自治县的自治条例和单行条例，报省或自治区的人民代表大会常委会批准后生效，并报全国人大常委会和国务院备案。

4. BCDE 【解析】选项 A：法律之间对同一事项的新的一般规定与旧的特别规定不一致，不能确定如何适用时，由全国人民代表大会常务委员会裁决。

5. ABDE　【解析】国务院组成部门即国务院职能机关，包括国务院各“部委行署”，如自然资源部、人力资源和社会保障部、财政部、司法部、住房和城乡建设部、国家发展和改革委员会、中国人民银行和审计署等。

6. CDE　【解析】国务院直属机构，是国务院主管某项专门业务的机构。如国家税务总局、国家市场监督管理总局、国家国际发展合作署、国家广播电视总局、海关总署、国家体育总局、国家统计局、国家医疗保障局等。

7. ABD　【解析】（1）选项 C：受委托组织必须在委托范围内行使行政职权，不得再委托其他任何组织或个人行使委托的职权。（2）选项 E：委托机关必须对受委托组织的行为加强监督，并对其行为的后果承担法律责任。

8. ACDE　【解析】选项 B：行政许可是依申请的行政行为。

9. ADE　【解析】行政确认：（1）城市房屋出租登记备案、收养登记、增值税一般纳税人登记等依申请的行政确认；（2）道路交通事故责任认定、火灾事故责任认定等依职权的行政确认。

10. ABE　【解析】（1）选项 C：告知制度。（2）选项 D：说明理由制度。

11. BCDE　【解析】选项 A：教示制度是指行政机关对行政相对人正式作出某种不利决定时，将有关法律救济权利事项明确地告知的一种行政程序法律制度。

12. ACD　【解析】（1）选项 ACE：依法确定为国家秘密的政府信息，法律、行政法规禁止公开的政府信息，以及公开后可能危及国家安全、公共安全、经济安全、社会稳定的政府信息，不予公开。（2）选项 BD：涉及商业秘密、个人隐私等公开会对第三方合法权益造成损害的政府信息，行政机关不得公开。但是，第三方同意公开或者行政机关认为不公开会对公共利益造成重大影响的，予以公开。

13. ACDE　【解析】选项 B：属于主动公开范围的政府信息，应当自该政府信息形成或者变更之日起 20 个工作日（而非“20 日”）内及时公开。

14. BE　【解析】（1）选项 AC：行政机关根据行政处罚决定书所进行的没收物品行为、民政管理部门根据行政给付决定发放特定人生活补助金的行为，属于行政事实行为。（2）选项 B：行政许可属于行政法律行为。（3）选项 D：行政指导属于行政事实行为。（4）选项 E：行政处罚属于行政法律行为。

第二章　行政许可法律制度

本章学习指南

一、考情概况

本章近 3 年平均考查分值约 2.7 分，考查题型通常为单选题、多选题。

本章为非重点章节，内容包括行政许可法基础和税务行政许可的实施。考题较为灵活、综合性强、理解与记忆难度高。

最近 3 年题型题量分析表

题型	2021 年	2020 年	2019 年
单项选择题	1.5 分	1.5 分	3.0 分
多项选择题	——	——	2.0 分
综合分析题	——	——	——
合计	1.5 分	1.5 分	5.0 分

二、教材变动

1. 部分税务行政许可事项推动调整为其他权力事项；
2. 删除税务行政许可实施程序中特别程序的具体内容；
3. 个别文字调整。

核心考点精讲

第一单元　行政许可的设定

查看本单元视频，快速 GET 知识点
使用“会计云课堂”App或“微信”扫码

01 行政许可的概念与特征（★★）

1. 行政许可的概念与特征

行政许可概念	行政机关根据公民、法人或者其他组织的申请，经依法审查，准予其从事特定活动的行为
行政许可特征	（1）行政许可是依申请的行政行为 （2）行政许可是行政机关依照法定职权对社会事务实施的外部管理行为（事前管理行为，不同于行政确认、内部管理审批行为） （3）行政许可是一种经依法审查的行为 （4）行政许可是准予从事特定活动的行为（授益行政行为）

2. 行政许可与相关概念的辨析

（1）行政许可与行政审批

	行政许可	行政审批
内涵	普通许可、特许、认可、核准、登记	许可审批、确认审批、其他类型审批（部分行政审批属于行政许可范畴）
启动	依申请	依职权、依申请
范围	外部管理行为	内部管理行为、外部管理行为
表现	权利赋予、禁止解除	——
举例	企业设立登记许可、出入境许可、持枪许可、渔业捕捞许可	——

（2）行政许可与行政确认

	行政许可	行政确认
启动	依申请	依申请、依职权
相对人权利	产生于行政机关作出决定之后	形成于行政机关作出决定之前
举例	集会游行示威许可、爆炸品生产运输许可、快递业务经营许可、消防验收	道路交通事故责任认定、火灾事故原因和责任认定

（3）行政许可与行政登记

	行政许可	行政登记
裁量权	有	无（符合法律规定的事实，必须登记）
目的	对行政相对人的行为事先加以严格控制	建立一种秩序
对象	法律一般禁止性的行为	法律、法规规定应当由行政机关以书面形式进行记载的事实
结果	被许可人获得从事某种行为的资格和权利	大多数为履行义务（如税务登记）
举例	——	如婚姻登记、收养登记、一般纳税人登记、出口退税资格审核登记、房屋产权登记

3. 行政许可的分类

分类	概念	性质	功能	举例
普通许可	准予符合法定条件的相对人行使某种权利	确定特定相对人行使现有权利的条件	控制危险	集会游行示威许可、爆炸品生产运输许可、商业银行设立许可
特许	行政机关依法向相对人转让某种特定权利或配置有限资源	授予权利	配置有限资源	电信业务经营许可、快递业务经营许可、无线电频率占用许可
认可	对相对人是否具备某种资格资质的认定	确认具备某种能力	提高从业水平、技能，降低行业风险	律师资格、建筑企业的资质
核准	对某些事项或者活动是否达到法定技术标准的核实准许	确定达到特定的经济技术规范、标准	控制该事项或者活动的危险	消防验收、生猪屠宰检疫
登记	对建立特定法律关系的确定	确定特定的主体资格	证明及社会公示	企业设立核准登记、事业单位及社会团体设立登记

经典题解

【真题·单选题】下列有关行政许可的说法中，正确的是（　　）。（2020年）

A. 行政许可是依职权的行政行为

B. 行政许可与行政审批的内涵外延相同

C. 行政许可是准予从事特定活动的行为

D. 行政许可是行政机关依照法定职权对社会事务实施的内部管理行为

【解析】（1）选项AD：行政许可是依申请的外部管理行为。（2）选项B：行政审批可以是许可审批，也可以是确认审批，还可以是其他类型审批，只是其中部分行政审批属于行政许可范畴。

【答案】C

02 行政许可法的基本原则（★★）

基本原则	含义
法定原则	许可设定法定、主体及权限法定、实施程序法定
公开、公平、公正、非歧视原则	（1）有关行政许可的规定应当公布；未经公布的，不得作为实施行政许可的依据 （2）行政许可的实施和结果，除涉及国家秘密、商业秘密或者个人隐私的外，应当公开 （3）未经申请人同意，行政机关及其工作人员、参与专家评审等的人员不得披露申请人提交的商业秘密、未披露信息或者保密商务信息，法律另有规定或者涉及国家安全、重大社会公共利益的除外；行政机关依法公开申请人以上信息的，允许申请人在合理期限内提出异议 （4）符合法定条件、标准的，申请人有依法取得行政许可的平等权利，行政机关不得歧视任何人
便民和效率原则	《行政许可法》规定：公示制度、一次申请制度、当场更正制度、一次告知补正制度、相对集中行政许可权制度、期限时效制度
救济原则	公民、法人或者其他组织对行政机关实施行政许可，享有陈述权、申辩权；有权依法申请行政复议或者提起行政诉讼；其合法权益因行政机关违法实施行政许可受到损害的，有权依法要求赔偿
信赖保护原则	（1）行政机关不得擅自改变已经生效的行政许可 （2）行政许可所依据的法律、法规、规章修改或者废止，或者准予行政许可所依据的客观情况发生重大变化的，为了公共利益的需要，行政机关可以依法变更或者撤回已经生效的行政许可。由此给公民、法人或者其他组织造成财产损失的，行政机关应当依法给予补偿
行政许可不得转让原则	依法取得的行政许可，除法律、法规规定依照法定条件和程序可以转让的外，不得转让
监督原则	（1）县级以上人民政府应当建立健全对行政机关实施行政许可的监督制度，加强对行政机关实施行政许可的监督检查 （2）行政机关应当对公民、法人或者其他组织从事行政许可事项的活动实施有效监督

经典题解

【真题·单选题】行政许可所依据的法律废止，为了公共利益的需要，行政机关可以依法撤回已经生效的行政许可。由此给公民、法人或者其他组织造成财产损失的。行政机关应

当依法给予补偿。该规定体现的原则是（　　）。（2019 年）

A. 法定原则　　B. 信赖保护原则

C. 公开、公平、公正、非歧视原则　　D. 便民和效率原则

【答案】B

03 行政许可事项（★★★）

1. 行政许可事项

	类型	许可事项
可设定行政许可事项	普通许可	直接涉及国家安全、公共安全、经济宏观调控、生态环境保护以及直接关系人身健康、生命财产安全等特定活动
	特许	有限自然资源开发利用、公共资源配置以及直接关系公共利益的特定行业的市场准入
	认可	提供公众服务并且直接关系公共利益的职业、行业，需要确定具备特殊信誉、特殊条件或者特殊技能等资格、资质
	核准	直接关系公共安全、人身健康、生命财产安全的重要设备、设施、产品、物品，需要按照技术标准、技术规范，通过检验、检测、检疫
	登记	企业或者其他组织的设立等，需要确定主体资格
可以不设行政许可的事项	（1）公民、法人或者其他组织能够自主决定的 （2）市场竞争机制能够有效调节的 （3）行业组织或者中介机构能够自律管理的 （4）行政机关采用事后监督等其他行政管理方式能够解决的	

2. 税务行政许可事项

税务行政许可事项	（1）企业印制发票审批 （2）对纳税人延期缴纳税款的核准（推动调整为其他权力事项，2022年调整） （3）对纳税人延期申报的核准（推动调整为其他权力事项，2022年调整） （4）对纳税人变更纳税定额的核准（推动调整为其他权力事项，2022年调整） （5）增值税专用发票（增值税税控系统）最高开票限额审批 （6）对采取实际利润额预缴以外的其他企业所得税预缴方式的核定（推动调整为其他权力事项，2022年调整）
常见迷惑选项	（1）非居民企业选择由其主要机构场所汇总缴纳企业所得税的审批；（2）印花税票代售许可；（3）发票领购资格审核；（4）拆本使用发票审批；（5）使用计算机开具发票审批；（6）跨规定的使用区域携带、邮寄、运输空白发票的审批

经典题解

【真题1·多选题】国家税务总局制定的《关于进一步简化税务行政许可事项办理程序的公告》（国家税务总局公告2019年第34号）明确规定税务行政许可项目有（　　）。（2019年）

A. 印花税票代售许可

B. 对纳税人延期缴纳税款的核准

C. 企业印制发票审批

D. 对采取实际利润额预缴以外的其他企业所得税预缴方式的核定

E. 对纳税人延期申报的核准

【答案】BCDE

【真题2·多选题】根据《行政许可法》和国家税务总局有关公告规定，税务行政许可项目包括（　　）。（2016年）

A. 对采取实际利润额预缴以外的其他企业所得税预缴方式的核定

B. 非居民企业选择由其主要机构场所汇总缴纳企业所得税的审批

C. 对纳税人变更纳税定额的核准

D. 使用计算机开具发票审批

E. 企业印制发票审批

【答案】ACE

04 行政许可的设定（★★）

	设定权限	备注
法律	可以设定	（1）有关国家基本制度的事项，如采矿许可、草原使用许可、伐木许可等只能由法律予以设定 （2）有关公民基本权利的事项，如公民健康权、环境权、劳动权的许可制度，只能由法律予以设定

	设定权限	备注
行政法规	可以设定	必要时，国务院可以采用发布决定的方式设定行政许可
地方性法规	可以设定	（1）不得设定应当由国家统一确定的公民、法人或者其他组织的资格、资质的行政许可 （2）不得设定企业或者其他组织的设立登记及其前置性行政许可 （3）其设定的行政许可，不得限制其他地区的个人或者企业到本地区从事生产经营和提供服务，不得限制其他地区的商品进入本地区市场
省级地方政府规章	可以设定临时性的行政许可（实施满 1 年需要继续实施，应提请本级人大及其常委会制定地方性法规）	
其他规范性文件	一律不得设定行政许可	行政法规、地方性法规和规章，可以在上位法设定的行政许可事项范围内，对实施该行政许可作出具体规定

经典题解

【真题·单选题】根据《行政许可法》规定，下列文件中，可以设定行政许可的是（　　）。（2017 年）

A. 财政部制定的规章　　B. 国务院决定

C. 县级人民政府的决定　　D. 国家税务总局制定的税收规范性文件

【解析】（1）选项 A：部门规章不可设定行政许可。（2）选项 B：尚未制定法律的，行政法规可以设定行政许可。必要时，国务院可以采用发布决定的方式设定行政许可。（3）选项 C：对于可以设定行政许可的事项，尚未制定法律、行政法规和地方性法规的，因行政管理的需要，确需立即实施行政许可的，省、自治区、直辖市人民政府规章可以设定临时性的行政许可，选项 C 中地方政府级别以及规范性文件类型均错误。（4）选项 D：其他规范性文件不可设定行政许可。

【答案】B

第二单元　行政许可的实施与监督检查

查看本单元视频，快速 GET 知识点
使用“会计云课堂”App 或“微信”扫码

01 行政许可实施主体（★★★）

	实施主体	相关规定
行政许可	行政机关（行政主体）	具有行政许可权的行政机关在其法定职权范围内实施
	被授权组织（行政主体）	法律、法规授权的具有管理公共事务职能的组织，在法定授权范围内，以自己的名义实施行政许可

	实施主体	相关规定
行政许可	被委托的行政机关（不具有行政主体资格）	（1）行政机关在其法定职权范围内，依照法律、法规、规章的规定，可以委托其他行政机关实施行政许可（委托机关应当将受委托行政机关和受委托实施行政许可的内容予以公告）（被委托的只能是“行政机关”） （2）委托行政机关对受委托行政机关实施行政许可的行为应当负责监督，并对该行为的后果承担法律责任 （3）受委托行政机关在委托范围内，以委托行政机关名义实施行政许可；不得再委托其他组织或者个人实施行政许可
	相对集中实施（职权转移）	经国务院批准，省、自治区、直辖市人民政府可以决定一个行政机关行使有关行政机关的行政许可权
	一个窗口对外、统一办理或联合办理、集中办理	（1）行政许可需要行政机关内设的多个机构办理的，该行政机关应当确定一个机构统一受理行政许可申请，统一送达行政许可决定 （2）行政许可依法由地方人民政府两个以上部门分别实施的，本级人民政府可以确定一个部门受理行政许可申请并转告有关部门分别提出意见后统一办理，或者组织有关部门联合办理、集中办理
税务行政许可	具有行政许可权的税务机关，具体见下表	（1）各级税务机关下属的事业单位一律不得实施行政许可 （2）除法律、法规、规章另有规定外，税务机关不得委托其他行政机关实施税务行政许可

税务行政许可事项		实施机关
企业印制发票审批	增值税专用发票	国家税务总局
	其他发票	各省、自治区、直辖市税务局
对纳税人延期缴纳税款的核准（推动调整为其他权力事项）		各省、自治区、直辖市和计划单列市税务局
对纳税人延期申报的核准（推动调整为其他权力事项）		主管税务机关
对纳税人变更纳税定额的核准（推动调整为其他权力事项）		主管税务机关
增值税专用发票（增值税税控系统）最高开票限额审批		区县税务机关
对采取实际利润额预缴以外的其他企业所得税预缴方式的核定（推动调整为其他权力事项）		主管税务机关

经典题解

【真题1·多选题】根据法律及有关规定，可以实施行政许可的主体包括（　　）。（2017年）

A. 司法机关

B. 税务机关下属的事业单位

C. 法律、法规授权的具有管理公共事务职能的组织

D. 依法受委托的行政机关

E. 具有行政许可权的行政机关

【解析】（1）选项ACDE：可以实施行政许可的主体包括行政机关、被授权的组织和受委托的行政机关，故CDE选项正确，A选项错误。（2）选项B：税务行政许可由具有行政许可权的税务机关在法定权限内实施；各级税务机关下属的事业单位一律不得实施行政许可。

【答案】CDE

【真题2·单选题】下列税务行政许可事项中，应当由主管税务机关实施的是（　　）。（2021年）

A. 对纳税人延期缴纳税款的核准

B. 对纳税人申报方式的核准

C. 对纳税人变更纳税定额的核准

D. 对企业印制发票的审批

【答案】C

02 行政许可实施程序（★★★）

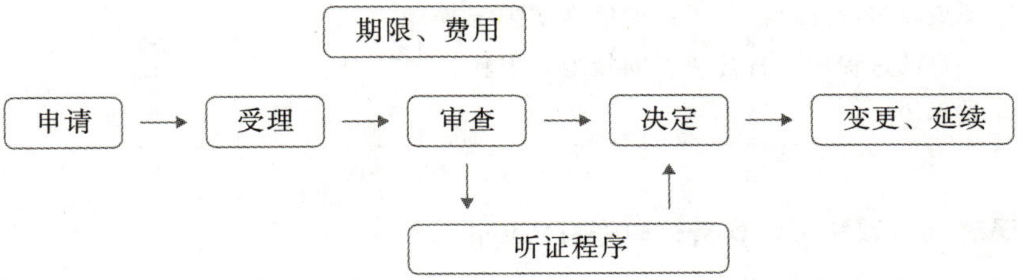

（一）申请

	行政许可	税务行政许可
公示	行政机关应当将法律、法规、规章规定的有关行政许可的**事项、依据、条件、数量、程序、期限**以及需要提交的**全部材料的目录**和**申请书示范文本**等在办公场所公示（8项公示）	税务机关应当将税务行政许可的**事项、依据、条件、数量、程序、期限**以及需要提交的**全部材料的目录、申请书示范文本**和**服务指南**等在办税服务厅或者其他办公场所以及税务机关门户网站予以公示（8+1）
说明	申请人要求行政机关对公示内容予以说明、解释的，行政机关应当说明、解释，提供准确、可靠的信息	——

	行政许可	税务行政许可
委托	申请人可以委托代理人提出行政许可申请。但是，依法应当由申请人到行政机关办公场所提出行政许可申请的除外	申请人可以委托代理人提出申请，税务机关不得拒绝受理，代理人办理受托事项时，应当出具有效身份证件和委托证明
形式	(1) 申请书需要采用格式文本的，行政机关应当向申请人提供行政许可申请书格式文本 (2) 行政许可申请可以通过信函、电报、电传、传真、电子数据交换和电子邮件等方式提出	具备条件的地方，申请人可以通过信函、电报、电传、传真、电子数据交换、电子邮件和网上办理平台等方式提出申请
代办转报	——	(1) 税务行政许可实施机关与申请人不在同一县（市、区、旗）的，申请人可在规定的申请期限内，选择由其主管税务机关代为转报申请材料 (2) 代办转报一般应当在5个工作日内完成；有条件的税务机关可以通过信息化手段实现申请资料网上传递
真实性	申请人申请行政许可，应当如实向行政机关提交有关材料和反映真实情况，并对其申请材料实质内容的真实性负责	——
不得要求技术转让	行政机关及其工作人员不得以转让技术作为取得行政许可的条件；不得在实施行政许可的过程中，直接或者间接地要求转让技术	——

（二）受理（行政许可、税务行政许可均适用）

情形	处理
申请事项依法不需要取得行政许可	即时告知申请人不受理
申请事项依法不属于本行政机关职权范围	即时作出不予受理的决定，并告知申请人向有关行政机关申请
申请材料存在可以当场更正的错误	允许申请人当场更正
申请材料不齐全或者不符合法定形式	当场或者在5日内一次告知申请人需要补正的全部内容，逾期不告知的，自收到申请材料之日起即为受理
申请事项属于本行政机关职权范围，申请材料齐全、符合法定形式，或者申请人按照本行政机关的要求提交全部补正申请材料	受理行政许可申请（税务行政许可：对能够当即办理的税务行政许可事项，直接出具和送达《准予税务行政许可决定书》，不再出具《税务行政许可受理通知书》）

经典题解

【真题 1 · 单选题】 白云公司向甲税务局提出某项税务行政许可申请。甲税务局发现，该公司提交的申请资料不齐全。根据《行政许可法》规定，若甲税务局不能当场告知需要补正的全部内容，则应当在法律规定的时限内一次性告知需要补正的全部内容。该法定时限是（　　）。（2018 年）

A. 5 日内　　B. 7 日内　　C. 15 日内　　D. 3 日内

【答案】 A

【真题 2 · 多选题】 下列关于行政许可实施程序的说法中，正确的有（　　）。（2014 年）

A. 申请人要求行政机关对公示内容予以说明、解释的，行政机关可以根据具体情况决定是否做出解释、说明

B. 申请人申请行政许可应当对其申请材料实质内容的真实性负责，行政机关无须对此进行核查或者履行义务

C. 申请事项依法不属于本行政机关职权范围的，应制作并送达《不予行政许可决定书》

D. 申请材料不齐全或者不符合法定形式的，应当当场或 5 日内一次告知申请人需要补正的全部内容

E. 行政机关提供行政许可申请书格式文本不得收费，申请人对此无须缴纳费用

【解析】（1）A 选项：申请人要求行政机关对公示内容予以说明、解释的，行政机关"应当"说明、解释，提供准确、可靠的信息。（2）B 选项：申请人申请行政许可，应当如实向行政机关提交有关材料和反映真实情况，并对其申请材料实质内容的真实性负责。行政机关应当对申请人提交的申请材料进行审查。（3）C 选项：申请事项依法不属于本行政机关职权范围的，应当即时作出不予受理的决定，并告知申请人向有关行政机关申请。

【答案】 DE

（三）审查、决定

	行政许可	税务行政许可
审查	（1）申请人提交的申请材料齐全、符合法定形式，行政机关能够当场作出决定的，应当当场作出书面的行政许可决定 （2）根据法定条件和程序，需要对申请材料的实质内容进行核实的，行政机关应当指派 2 名以上工作人员进行核查	税务机关审查税务行政许可申请，应当以书面审查为原则；根据法定条件和程序，需要对申请材料的实质内容进行实地核实的，应当指派 2 名以上税务人员进行核查
上级决定	（1）依法应当先经下级行政机关审查后报上级行政机关决定的行政许可，下级行政机关应当在法定期限内将初步审查意见和全部申请材料直接报送上级行政机关 （2）上级行政机关可以要求申请人补充材料，但不得要求申请人重复提供申请材料	——

		行政许可	税务行政许可
利害关系人		（1）对行政许可申请进行审查时，发现行政许可事项直接关系他人重大利益的，应当告知该利害关系人 （2）申请人、利害关系人有权进行陈述和申辩。相关机关应当听取申请人、利害关系人的意见	
决定	集体讨论	——	存在争议的或者重大的税务行政许可事项，应当进行合法性审查，并经集体讨论决定
	准予许可	（1）申请人的申请符合法定条件、标准的，行政机关应当依法作出准予行政许可的书面决定 （2）行政机关作出的准予行政许可决定，应当予以公开，公众有权查阅	作出准予税务行政许可的决定，应当制作并送达加盖本税务机关印章（或者许可专用章）的《准予税务行政许可决定书》，并在作出准予税务行政许可决定之日起7 日内，在办税服务厅或者其他办公场所以及税务机关门户网站上公开税务行政许可决定
	不予许可	行政机关依法作出不予行政许可的书面决定的，应当说明理由，并告知申请人享有依法申请行政复议或者提起行政诉讼的权利	作出不予税务行政许可的决定，应当制作并送达加盖本税务机关印章（或者许可专用章）的《不予税务行政许可决定书》，并应当说明理由，告知申请人享有申请行政复议或者提起行政诉讼的权利

经典题解

【真题·多选题】根据《行政许可法》及国家税务总局有关公告规定，下列关于税务行政许可申请、受理、审查及决定程序事项的说法中，正确的有（　　）。（2018 年）

A. 对能够当即办理的税务行政许可事项，税务行政许可实施机关仍应出具《税务行政许可受理通知书》，不得直接出具和送达《准予税务行政许可决定书》

B. 具备条件的地方，申请人可以通过电子数据交换、电子邮件和网上办理平台提出申请

C. 税务行政许可实施机关审查许可申请，以书面审查为原则；对申请材料的实质内容进行实地核实的，由 2 名以上税务人员进行核查

D. 税务行政许可实施机关与申请人不在同一县（市、区、旗）的，申请人可在规定期限内选择由其主管税务机关代为转报申请材料，代办转报一般应当在 15 个工作日内完成

E. 申请人可以委托代理人提出申请，税务机关不得拒绝受理；申请人报送的材料应包括代理人身份证件复印件

【解析】（1）选项 A：对能够当即办理的税务行政许可事项，直接出具和送达《准予税务行政许可决定书》，不再出具《税务行政许可受理通知书》。（2）选项 D：税务行政许可实

施机关与申请人不在同一县（市、区、旗）的，申请人可在规定的申请期限内选择由其主管税务机关代为转报申请材料，代办转报一般应当在5个工作日内完成。（3）选项E：申请人可以委托代理人提出申请，税务机关不得拒绝受理；代理人办理受托事项时，应当出具有效身份证件和委托证明。

【答案】BC

（四）期限

情形	期限
行政许可	除可以当场作出行政许可决定的外，行政机关应当自受理行政许可申请之日起20日内作出行政许可决定。20日内不能作出决定的，经本行政机关负责人批准，可以延长10日，并应当将延长期限的理由告知申请人。但是，法律、法规另有规定的，依照其规定
集中办理	行政许可采取统一办理或者联合办理、集中办理的，办理的时间不得超过45日；45日内不能办结的，经本级人民政府负责人批准，可以延长15日，并应当将延长期限的理由告知申请人
上级审批	依法应当先经下级行政机关审查后报上级行政机关决定的行政许可，下级行政机关应当自其受理行政许可申请之日起20日内审查完毕。但是，法律、法规另有规定的，依照其规定
颁发证照	行政机关作出准予行政许可的决定，应当自作出决定之日起10日内向申请人颁发、送达行政许可证件，或者加贴标签、加盖检验、检测、检疫印章
	需要颁发税务行政许可证件的，应当自作出决定之日起10日内向申请人颁发加盖本税务机关印章的税务行政许可证件

考点提示

需要听证、招标、拍卖、检验、检测、检疫、鉴定和专家评审的，所需时间不计算在规定的期限内。

（五）费用

原则上不收费	行政机关实施行政许可和对行政许可事项进行监督检查，不得收取任何费用。但是，法律、行政法规另有规定的，依照其规定
	行政机关实施行政许可，依照法律、行政法规收取费用的，应当按照公布的法定项目和标准收费；所收取的费用必须全部上缴国库，任何机关或者个人不得以任何形式截留、挪用、私分或者变相私分。财政部门不得以任何形式向行政机关返还或变相返还实施行政许可所收取的费用
申请书格式文本	行政机关提供行政许可申请书格式文本，不得收费

（六）变更、延续

行政许可变更	被许可人要求变更行政许可事项的，应当向作出行政许可决定的行政机关提出申请；符合法定条件、标准的，行政机关应当依法办理变更手续
行政许可延续	（1）被许可人需要延续依法取得的行政许可的有效期的，应当在该行政许可有效期届满30 日前向作出行政许可决定的行政机关提出申请。但是，法律、法规、规章另有规定的，依照其规定 （2）行政机关应当根据被许可人的申请，在该行政许可有效期届满前作出是否准予延续的决定；逾期未作决定的，视为准予延续

03 行政许可听证程序（★★★）

		行政许可听证程序	税务行政许可听证程序
启动	依职权	法律、法规、规章规定实施行政许可应当听证的事项，或者行政机关认为需要听证的其他涉及公共利益的重大行政许可事项，行政机关应当向社会公告，并举行听证	（1）法律、法规规定实施税务行政许可应当听证的事项 （2）税务机关认为需要听证的其他涉及公共利益的税务行政许可事项
	依申请	行政许可直接涉及申请人与他人之间重大利益关系的，行政机关在作出行政许可决定前，应当告知申请人、利害关系人享有要求听证的权利	税务行政许可直接涉及申请人与他人之间重大利益关系，应当告知申请人、利害关系人有权提出听证申请
举行期限		申请人、利害关系人在被告知听证权利之日起 5 日内提出听证申请的，行政机关应当在 20 日内组织听证	申请人、利害关系人在被告知听证权利之日起 5 日内提出听证申请的事项（并未规定组织听证期限）
通知、公告		行政机关应当于举行听证的 7 日前将举行听证的时间、地点通知申请人、利害关系人，必要时予以公告	税务机关应当于举行听证的 7 日前将举行听证的时间、地点通知申请人、利害关系人，必要时予以公告
费用		申请人、利害关系人不承担行政机关组织听证的费用	——
公开举行		应当公开举行	
主持人		行政机关应当指定审查该行政许可申请的工作人员以外的人员为听证主持人	指定审查该税务行政许可申请的税务人员以外的人员为听证主持人
回避		申请人、利害关系人认为主持人与该行政许可事项有直接利害关系的，有权申请回避	申请人、利害关系人认为主持人与该税务行政许可事项有直接利害关系的，有权申请回避

	行政许可听证程序	税务行政许可听证程序
听证	举行听证时，审查该行政许可申请的工作人员应当提供审查意见的证据、理由，申请人、利害关系人可以提出证据，并进行申辩和质证	举行听证时，审查该税务行政许可申请的税务人员应当提供审查意见的证据、理由，申请人、利害关系人可以提出证据，并进行申辩和质证
听证笔录	听证应当制作笔录，听证笔录应当交听证参加人确认无误后签字或者盖章	
案卷排他	行政机关应当根据听证笔录，作出行政许可决定	税务机关应当根据听证笔录，作出税务行政许可决定

经典题解

【例题 1 · 多选题】 根据行政许可法律制度的规定，下列关于行政许可听证程序的说法中，正确的有（　　）。

A. 申请人、利害关系人应当在被告知听证权利之日起 5 日内提出听证申请

B. 提出听证申请的，行政机关应当在 15 日内组织听证

C. 行政机关应当于举行听证的 7 日前将举行听证的时间、地点通知申请人、利害关系人，必要时予以公告

D. 行政机关应当指定审查该行政许可申请的工作人员为听证主持人

E. 行政机关可以根据听证笔录和其他案卷材料，作出行政许可决定

【解析】（1）选项 B：行政机关应当在 20 日内组织听证。（2）选项 D：行政机关应当指定审查该行政许可申请的工作人员以外的人员为听证主持人。（3）选项 E：行政机关应当根据听证笔录，作出行政许可决定。

【答案】 AC

【例题 2 · 多选题】 关于行政许可实施程序听证规定的说法，正确的有（　　）。

A. 行政机关一般可视具体情况自由裁量决定是否公开举行听证会

B. 组织听证的行政机关应当根据听证笔录作出行政许可决定

C. 申请人、利害关系人可以依照规定提出听证主持人回避的申请

D. 行政机关必须在举行听证 5 日前将时间、地点通知申请人、利害关系人

E. 行政机关举行听证应当制作听证笔录，笔录应当交听证参与人确认无误后签字或者盖章

【解析】（1）选项 A：行政许可听证程序的启动包括行政机关依法主动举行听证和依申请人、利害关系人申请举行听证，行政机关对此并不享有自由裁量权，且听证应当公开举行。（2）选项 B：行政机关应当根据听证笔录，作出行政许可决定（案卷排他性制度）。（3）选项 D：行政机关应当在举行听证“7 日前”通知申请人或利害关系人有关听证时间、地点，必要时予以公告。

【答案】 BCE

【例题3·单选题】根据行政许可法律制度规定，下列关于税务行政许可听证程序的说法中，不正确的是（　　）。

A. 税务机关应当于举行听证的7日前将举行听证的时间、地点通知申请人、利害关系人，必要时予以公告

B. 听证应当公开举行

C. 申请人、利害关系人在被告知听证权利之日起5日内提出听证申请的，税务行政机关应当在20日内组织听证

D. 税务机关应当根据听证笔录，作出税务行政许可决定

【解析】税务行政许可直接涉及申请人与他人之间重大利益关系，申请人、利害关系人在被告知听证权利之日起5日内提出听证申请的事项，但并未明确规定税务机关组织听证的期限。

【答案】C

04 行政许可撤销、撤回、吊销与注销（★★★）

<table>
<tr><th>类型</th><th colspan="2">情形</th></tr>
<tr><td rowspan="3">撤销
（纠错）</td><td>可以撤销</td><td>（1）行政机关工作人员滥用职权、玩忽职守作出准予行政许可决定
（2）超越法定职权作出准予行政许可决定
（3）违反法定程序作出准予行政许可决定
（4）对不具备申请资格或者不符合法定条件的申请人准予行政许可
（5）依法可以撤销行政许可的其他情形</td></tr>
<tr><td>应当撤销</td><td>被许可人以欺骗、贿赂等不正当手段取得行政许可</td></tr>
<tr><td colspan="2">依照规定撤销行政许可，可能对公共利益造成重大损害的，不予撤销</td></tr>
<tr><td>撤回</td><td colspan="2">行政许可所依据的法律、法规、规章修改或者废止，或者准予行政许可所依据的客观情况发生重大变化的，为了公共利益的需要，行政机关可以依法变更或者撤回已经生效的行政许可。由此给公民、法人或者其他组织造成财产损失的，行政机关应当依法给予补偿</td></tr>
<tr><td>吊销</td><td colspan="2">行政处罚</td></tr>
<tr><td>注销
（程序动作）</td><td colspan="2">（1）行政许可有效期届满未延续
（2）赋予公民特定资格的行政许可，该公民死亡或者丧失行为能力
（3）法人或者其他组织依法终止
（4）行政许可依法被撤销、撤回，或者行政许可证件依法被吊销
（5）因不可抗力导致行政许可事项无法实施
（6）法律、法规规定的应当注销行政许可的其他情形</td></tr>
</table>

考点提示

撤销是纠正行政许可的违法发放（纠错），吊销是对相对人违法行为的行政制裁。

经典题解

【真题 1 · 单选题】 下列有关行政许可撤销制度的说法中，正确的是（　　）。（2019 年）

A. 行政许可有效期届满未延续的，行政机关应当撤销该许可

B. 因不可抗力导致行政许可事项无法实施的，行政机关应当撤销该许可

C. 被撤销的行政许可自成立时起丧失效力

D. 被撤销的行政许可一般不存在瑕疵

【解析】（1）选项 AB：属于注销的情形而非撤销。（2）选项 D：撤销与许可行为合法有效相对应，针对许可有瑕疵的情形。

【答案】 C

【真题 2 · 单选题】 某公司依法取得印制发票许可，税务机关无须办理许可注销手续的情形是（　　）。（2016 年）

A. 该公司印制发票许可被依法撤回

B. 该公司印制发票许可被依法撤销

C. 该公司登记事项依法变更

D. 该公司发票准印证被依法吊销

【答案】 C

【例题 3 · 单选题】 根据行政许可法律制度规定，下列情形中作出行政许可决定的行政机关应当撤销行政许可的是（　　）。

A. 行政机关工作人员滥用职权、玩忽职守作出准予行政许可决定

B. 作出行政许可决定的行政机关对不具备申请资格或者不符合法定条件的申请人准予行政许可

C. 作出行政许可决定的行政机关超越法定职权作出准予行政许可决定

D. 被许可人以欺骗、贿赂等不正当手段取得行政许可

【解析】 选项 ABC：属于"可以"撤销行政许可的情形。

【答案】 D

【例题 4 · 多选题】 根据行政许可法律制度的规定，下列关于行政许可撤销、撤回、吊销与注销的说法中，正确的有（　　）。

A. 行政机关工作人员甲滥用职权、玩忽职守作出准予行政许可决定，应当注销

B. 被许可人乙以欺骗、贿赂等不正当手段取得行政许可，可以撤销

C. 对不具备申请资格或者不符合法定条件的申请人丙准予行政许可，应当吊销

D. 准予行政许可所依据的客观情况发生重大变化的，为了公共利益的需要，行政机关可以依法变更或者撤回已经生效的行政许可

E. 因车祸丧失民事行为能力的丁律师，其律师执业资格应当注销

【解析】（1）选项 AC：属于可以撤销行政许可的情形。（2）选项 B：属于应当撤销的情形。

【答案】 DE

05　违反行政许可法的法律责任（★）

1. 行政许可申请人隐瞒有关情况或者提供虚假材料申请行政许可的，行政机关不予受理或者不予行政许可，并给予警告；行政许可申请属于直接关系公共安全、人身健康、生命财产安全事项的，申请人在1 年内不得再次申请该行政许可。

2. 被许可人以欺骗、贿赂等不正当手段取得行政许可的，行政机关应当依法给予行政处罚；取得的行政许可属于直接关系公共安全、人身健康、生命财产安全事项的，申请人在3 年内不得再次申请该行政许可；构成犯罪的，依法追究刑事责任。

本章小结

用“会计云课堂”App 扫码学习

您已成功完成“第二章”的学习，本章共 9 个考点，您都学会了吗？

为了让您对本章有更清晰的理解，加倍巩固。本书作者陈小球老师将通过“电台音频课”的方式，带您回顾重要考点。

名师点拨，高效提分。

※ 欢迎扫码免费学习。

同步强化练习题

使用“会计云课堂”App 或“微信”扫码快速做题、对答案、看解析、掌握解题思路，开启轻松过关之旅。

一、单项选择题

1. 下列关于行政许可的说法中，正确的是（　　）。
   A. 行政许可可以是依申请的行政行为，也可以由行政主体依职权主动作出
   B. 行政许可是行政机关依照法定职权对社会事务实施的外部管理行为，个别情况下也可以是内部管理行为
   C. 行政许可是准予从事特定活动的行为
   D. 行政许可是损益行政行为

2. 下列关于行政许可的说法中，正确的是（　　）。
   A. 部分行政审批属于行政许可范畴
   B. 部分行政许可的相对人权利产生于行政机关作出决定之前
   C. 行政许可可以是依职权进行的，也可以是依申请进行的
   D. 行政机关在行政许可程序中没有裁量权

3. 未经申请人同意，行政机关及其工作人员、参与专家评审等的人员不得披露申请人提交的商业秘密、未披露信息或者保密商务信息，法律另有规定或者涉及国家安全、重大社会公共利益的除外。该规定体现的原则是（　　）。
A. 法定原则
B. 信赖保护原则
C. 公开、公平、公正、非歧视原则
D. 便民和效率原则

4. 公民、法人或者其他组织的合法权益因行政机关违法实施行政许可受到损害的，有权依法要求赔偿。该规定体现的原则是（　　）。
A. 法定原则
B. 信赖保护原则
C. 公开、公平、公正、非歧视原则
D. 救济原则

5. 下列选项中不属于行政许可法基本原则的是（　　）。
A. 法定原则
B. 行政许可可以转让原则
C. 便民和效率原则
D. 信赖保护原则

6. 根据行政许可法律制度的规定，下列各项中，可以不设行政许可事项的是（　　）。
A. 有限自然资源开发利用、公共资源配置以及直接关系公共利益的特定行业的市场准入等，需要赋予特定权利的事项
B. 提供公众服务并且直接关系公共利益的职业、行业，需要确定具备特殊信誉、特殊条件或者特殊技能等资格、资质的事项
C. 行业组织或者中介机构能够自律管理的事项
D. 直接关系公共安全、人身健康、生命财产安全的重要设备、设施、产品、物品，需要按照技术标准、技术规范，通过检验、检测、检疫等方式进行审定的事项

7. 根据行政许可法律制度的规定，下列各项中不属于税务行政许可事项的是（　　）。
A. 发票领购资格审核
B. 对纳税人延期缴纳税款的核准
C. 对纳税人延期申报的核准
D. 增值税专用发票（增值税税控系统）最高开票限额审批

8. 根据行政许可法律制度的规定，下列各项中属于税务行政许可事项的是（　　）。
A. 非居民企业选择由其主要机构场所汇总缴纳企业所得税的审批
B. 发票领购资格审核
C. 拆本使用发票审批
D. 对采取实际利润额预缴以外的其他企业所得税预缴方式的核定

9. 根据行政许可法律制度的规定，下列关于行政许可设定权限的说法中，错误的是（　　）。
A. 有关公民基本权利的事项，如公民健康权、环境权、劳动权的许可制度，只能由法律予以设定
B. 必要时，国务院可以采用发布决定的方式设定行政许可
C. 对于可以设定行政许可的事项，尚未制定法律、行政法规的，地方性法规可以设定行政许可
D. 尚未制定法律、行政法规和地方性法规的，因行政管理的需要，确需立即实施行政许可的，地方人民政府规章可以设定临时性的行政许可

10. 根据行政许可法律制度规定，下列关于行政许可委托实施的说法中，正确的是（　　）。
A. 行政机关在其法定职权范围内，仅依照法律、法规的规定，才可以委托其他行政机关实施行政许可
B. 委托机关可以将受委托行政机关和受委托实施行政许可的内容予以公告
C. 委托行政机关对受委托行政机关实施行政许可的行为应当负责监督，并对该行为的后果承担法律责任
D. 受委托行政机关在委托范围内，以委托行政机关名义实施行政许可；必要时，在征得委托行政机关书面同意的情况下，可以再委托其他组织或者个人实施行政许可

11. 根据行政许可法律制度规定，下列行政机关对申请人提出的行政许可申请的处理中，不正确的是（　　）。
A. 申请事项依法不需要取得行政许可的，应当即时作出不予行政许可决定
B. 申请材料存在可以当场更正的错误的，应当允许申请人当场更正
C. 申请材料不齐全或者不符合法定形式的，应当当场或者在5日内一次告知申请人需要补正的全部内容
D. 申请事项属于本行政机关职权范围，申请材料齐全、符合法定形式，应当受理行政许可申请

12. 根据行政许可法律制度规定，申请人提出的行政许可申请，其申请材料不齐全或者不符合法定形式的，行政机关应当当场或在（　　）内一次性告知申请人需要补正的全部内容，逾期不告知的，自收到申请材料之日起即为受理。
A. 5日　　B. 7日
C. 10日　　D. 15日

13. 根据行政许可法律制度的规定，下列情形中，应当撤销行政许可的是（　　）。
A. 行政机关工作人员滥用职权、玩忽职守作出准予行政许可决定
B. 对不具备申请资格或者不符合法定条件的申请人准予行政许可
C. 被许可人以欺骗、贿赂等不正当手段取得行政许可
D. 超越法定职权作出准予行政许可决定

二、多项选择题

1. 根据行政许可法基本原则，下列体现了便民和效率原则的有（　　）。
A. 公示制度
B. 一次申请制度
C. 相对集中行政许可权制度
D. 对行政机关实施行政许可，享有陈述权、申辩权
E. 有权依法申请行政复议或者提起行政诉讼

2. 根据行政许可法律制度的规定，下列选项中，体现公开、公平、公正、非歧视原则的有（　　）。
A. 行政许可的实施和结果，除涉及国家秘密、商业秘密或者个人隐私的外，应当公开
B. 有关行政许可的规定应当公布；未经公布的，不得作为实施行政许可的依据
C. 行政许可实施程序法定

D. 未经申请人同意，行政机关及其工作人员、参与专家评审等的人员不得披露申请人提交的商业秘密、未披露信息或者保密商务信息，法律另有规定或者涉及国家安全、重大社会公共利益的除外

E. 公民、法人或者其他组织对行政机关实施行政许可，享有陈述权、申辩权

3. 下列行政行为中，属于行政许可的有（　　）。

A. 火灾事故原因和责任认定

B. 消防验收

C. 一般纳税人登记

D. 出口退税登记

E. 生猪屠宰检疫

4. 根据行政许可法律制度规定，下列属于税务行政许可事项的有（　　）。

A. 非居民企业选择由其主要机构场所汇总缴纳企业所得税的审批

B. 企业印制发票审批

C. 对纳税人延期缴纳税款的核准

D. 对采取实际利润额预缴以外的其他企业所得税预缴方式的核定

E. 增值税专用发票（增值税税控系统）最高开票限额审批

5. 根据国家税务总局发布的规定，我国明确规定的税务行政许可项目包括（　　）。

A. 企业印制发票审批

B. 增值税专用发票（增值税税控系统）最高开票限额审批

C. 印花税票代售许可

D. 拆本使用发票审批

E. 对采取实际利润额预缴企业所得税方式的核定

6. 根据行政许可法律制度的规定，下列事项中，可以设定行政许可的有（　　）。

A. 有限自然资源开发利用、公共资源配置以及直接关系公共利益的特定行业的市场准入等，需要赋予特定权利的事项

B. 公民、法人或者其他组织能够自主决定的

C. 提供公众服务并且直接关系公共利益的职业、行业，需要确定具备特殊信誉、特殊条件或者特殊技能等资格、资质的事项

D. 市场竞争机制能够有效调节的

E. 行业组织或者中介机构能够自律管理的

7. 根据行政许可法律制度规定，下列关于行政许可设定权限的说法中，正确的有（　　）。

A. 有关公民基本权利事项的行政许可，如公民健康权、环境权、劳动权的许可制度，只能由法律予以设定

B. 必要时，国务院可以采用发布决定的方式设定行政许可

C. 地方政府规章可以设定临时性行政许可

D. 地方性法规可以结合本地区实际情况设定企业或者其他组织的设立登记及其前置性行政许可

E. 行政法规、地方性法规和规章，可以在上位法设定的行政许可事项范围外，对实施该行政许可作出具体规定

8. 根据行政许可法律制度规定，可以设定行政许可的有（　　）。

A. 国务院决定

B. 地方政府规章

C. 部门规章

D. 国家税务总局制定的规范性文件

E. 地方性法规

9. 根据行政许可法律制度规定，下列关于地方性法规和地方政府规章设定行政许

可的表述中，正确的有（　　）。

A. 省、自治区、直辖市人民政府规章可以设定临时性的行政许可；临时性的行政许可实施满 1 年需要继续实施的，应当提请本级人民代表大会及其常务委员会制定地方性法规

B. 地方性法规和省、自治区、直辖市人民政府规章，不得设定应当由国家统一确定的公民、法人或者其他组织的资格、资质的行政许可

C. 地方性法规和省、自治区、直辖市人民政府规章，不得设定企业或者其他组织的设立登记及其前置性行政许可

D. 地方政府规章和省、自治区、直辖市人大常委会地方性法规设定的行政许可，不得限制其他地区的个人或者企业到本地区从事生产经营和提供服务

E. 地方性法规和省、自治区、直辖市人民政府规章设定的行政许可，不得限制其他地区的个人或者企业到本地区从事生产经营和提供服务

10. 根据行政许可法律制度规定，下列关于行政许可实施主体的说法中，正确的有（　　）。

A. 行政机关在其法定职权范围内，依照法律、法规、规章的规定，可以委托其他符合条件的法人或组织实施行政许可

B. 委托机关应当将受委托行政机关和受委托实施行政许可的内容予以公告

C. 省、自治区、直辖市人民政府可以自行决定一个行政机关行使有关行政机关的行政许可权

D. 行政许可需要行政机关内设的多个机构办理的，该行政机关可以确定一个机构统一受理行政许可申请，统一送达行政许可决定

E. 除法律、法规、规章另有规定外，税务机关不得委托其他行政机关实施税务行政许可，各级税务机关下属的事业单位一律不得实施行政许可

11. 根据行政许可法律制度的规定，下列关于行政许可实施的表述中，正确的有（　　）。

A. 行政机关及其工作人员不得以转让技术作为取得行政许可的条件；不得在实施行政许可的过程中，直接或者间接地要求转让技术

B. 行政机关应当将法律、法规、规章规定的有关行政许可的事项、依据、条件、数量、程序、期限以及需要提交的全部材料的目录和申请书示范文本等在办公场所公示

C. 申请材料不齐全或者不符合法定形式的，应当当场或者在 3 日内一次告知申请人需要补正的全部内容

D. 行政机关作出的准予行政许可决定，可以予以公开，公众可以进行查阅

E. 行政机关对行政许可申请进行审查时，发现行政许可事项直接关系他人重大利益的，应当告知该利害关系人

12. 根据行政许可法律制度规定，下列关于税务行政许可实施的说法中，正确的有（　　）。

A. 申请人委托代理人提出税务行政许可申请的，代理人办理受托事项时，应当出具有效身份证件和委托证明

B. 税务机关只需将税务行政许可的事项、依据、条件、数量、程序、期限以及需要提交的全部材料的目录、申请书示范文本在办税服务厅或者其他办公场所以及税务机关门户网站予以公示

C. 税务行政许可实施机关与申请人不在同一县（市、区、旗）的，申请人可在规定的申请期限内，选择由其主管税务机关代为转报申请材料

D. 代办转报一般应当在5个工作日内完成

E. 具备条件的地方，申请人可以通过信函、电报、电传、传真、电子数据交换、电子邮件和网上办理平台等方式提出申请

13. 根据行政许可法律制度的规定，下列关于行政许可实施期限的说法中，正确的有（　　）。

A. 除可以当场作出行政许可决定的外，行政机关应当自受理行政许可申请之日起15日内作出行政许可决定

B. 对能够当即办理的税务行政许可事项，直接出具和送达《准予税务行政许可决定书》，不再出具《税务行政许可受理通知书》

C. 行政许可采取统一办理或者联合办理、集中办理的，办理的时间不得超过45日

D. 依法应当先经下级行政机关审查后报上级行政机关决定的行政许可，下级行政机关应当自其受理行政许可申请之日起15日内审查完毕

E. 需要颁发税务行政许可证件的，应当自作出决定之日起10日内向申请人颁发加盖本税务机关印章的税务行政许可证件

14. 根据行政许可法律制度的规定，下列关于行政许可听证程序的表述中，正确的有（　　）。

A. 行政许可直接涉及申请人与他人之间重大利益关系的，行政机关在作出行政许可决定前，可以告知申请人、利害关系人享有要求听证的权利

B. 申请人、利害关系人在被告知听证权利之日起5日内提出听证申请的，行政机关应当在20日内组织听证

C. 申请人、利害关系人承担行政机关组织听证的费用

D. 行政机关应当指定审查该行政许可申请的工作人员以外的人员为听证主持人，申请人、利害关系人认为主持人与该行政许可事项有直接利害关系的，有权申请回避

E. 行政机关应当根据听证笔录，作出行政许可决定

15. 根据行政许可法律制度的规定，下列关于税务行政许可听证程序的表述中，正确的有（　　）。

A. 税务行政许可直接涉及申请人与他人之间重大利益关系，申请人、利害关系人在被告知听证权利之日起5日内提出听证申请的事项，税务行政机关应当在收到听证申请后20日内组织听证

B. 税务机关应当于举行听证的7日前将举行听证的时间、地点通知申请人、利害关系人，必要时予以公告

C. 税务机关应当指定审查该税务行政许可申请的税务人员以外的人员为听证主持人，申请人、利害关系人认为主持人与该税务行政许可事项有直接利害关系的，有权申请回避

D. 听证可以制作笔录

E. 税务机关应当根据听证笔录，作出税务行政许可决定

16. 根据行政许可法律制度的规定，下列情形中可以撤销行政许可的有（　　）。

A. 行政机关工作人员滥用职权、玩忽职守作出准予行政许可决定

B. 可能对公共利益造成重大损害

C. 对不具备申请资格或者不符合法定条件的申请人准予行政许可
D. 被许可人以欺骗、贿赂等不正当手段取得行政许可
E. 超越法定职权作出准予行政许可决定

17. 根据行政许可法律制度规定，下列关于行政许可注销和吊销的说法中，正确的有（　　）。
A. 行政机关工作人员滥用职权、玩忽职守作出准予行政许可决定的，行政机关应当依法办理有关行政许可的注销手续
B. 行政许可有效期届满未延续的，行政机关应当依法办理有关行政许可的注销手续
C. 行政许可所依据的法律、法规、规章修改或者废止，或者准予行政许可所依据的客观情况发生重大变化的，为了公共利益的需要，行政机关应当依法办理有关行政许可的注销手续
D. 法人或者其他组织依法终止的，行政机关应当依法办理有关行政许可的注销手续
E. 赋予公民特定资格的行政许可，该公民死亡或者丧失行为能力的，行政机关应当吊销该行政许可

同步强化练习题参考答案及解析

使用“会计云课堂”App或“微信”扫码对答案、看解析、掌握解题思路，开启轻松过关之旅。

一、单项选择题

1. C　【解析】（1）选项A：行政许可是依申请的行政行为。（2）选项B：行政许可是行政机关依照法定职权对社会事务实施的外部管理行为。（3）选项D：行政许可是授益行政行为。

2. A　【解析】（1）选项B：行政许可中行政相对人的权利产生于行政机关作出行政许可决定之后。（2）选项C：行政许可是**依申请**的外部管理行为。（3）选项D：行政机关在行政许可程序中拥有一定的裁量权。

3. C

4. D

5. B　【解析】选项B：依法取得的行政许可，除法律、法规规定依照法定条件和程序可以转让的外，不得转让。

6. C　【解析】相关事项通过下列方式能够予以规范的，可以不设行政许可：（1）公民、法人或者其他组织能够自主决定的；（2）市场竞争机制能够有效调节的；（3）行业组织或者中介机构能够自律管理的；（4）行政机关采用事后监督等其他行政管理方式能够解决的。

7. A　【解析】税务行政许可事项：（1）企业印制发票审批；（2）对纳税人延期缴纳税款的核准；（3）对纳税人延期申报的核准；（4）对纳税人变更纳税定额的核准；（5）增值税专用发票（增值税税控系统）最高开票限额审批；（6）对采取实际利润额预缴以外的其他企业所得税预缴方式的核定。

8. D　【解析】税务行政许可事项：（1）企业印制发票审批；（2）对纳税人延期缴纳税款的核准；（3）对纳税人延期申报的核准；（4）对纳税人变更纳税定额的核准；（5）增值税专用发票（增值税税控系统）最高开票限额审批；（6）对采取实际利润额预缴以外的其他企业所得税预缴方式的核定。

9. D　【解析】选项D：尚未制定法律、行政法规和地方性法规的，因行政管理的需要，确需立即实施行政许可的，省、自治区、直辖市人民政府规章可以设定临时性的行政许可。

10. C　【解析】（1）选项A：行政机关在其法定职权范围内，依照法律、法规、规章的规定，可以委托其他行政机关实施行政许可。（2）选项B：委托机关应当将受委托行政机关和受委托实施行政许可的内容予以公告。（3）选项D：受委托行政机关在委托范围内，以委托行政机关名义实施行政许可；不得再委托其他组织或者个人实施行政许可。

11. A　【解析】申请事项依法不需要取得行政许可的，应当即时告知申请人不受理。

12. A　【解析】申请材料不齐全或者不符合法定形式的，应当当场或者在5日内一次告知申请人需要补正的全部内容，逾期不告知的，自收到申请材料之日起即为受理。

13. C　【解析】（1）选项ABD：有下列情形之一的，作出行政许可决定的行政机关或者其上级行政机关，根据利害关系人的请求或者依据职权，可以撤销行政许可：①行政机关工作人员滥用职权、玩忽职守作出准予行政许可决定的；②超越法定职权作出准予行政许可决定的；③违反法定程序作出准予行政许可决定的；④对不具备申请资格或者不符合法定条件的申请人准予行政许可的；⑤依法可以撤销行政许可的其他情形。（2）选项C：被许可人以欺骗、贿赂等不正当手段取得行政许可的，应当予以撤销。

二、多项选择题

1. ABC　【解析】（1）选项ABC：《行政许可法》规定了公示制度、一次申请制度、当场更正制度、一次告知补正制度、相对集中行政许可权制度、期限时效制度等均体现了便民和效率原则。（2）选项DE：体现的是救济原则。

2. ABD　【解析】（1）选项C：属于法定原则。（2）选项E：属于救济原则。

3. BE　【解析】（1）选项A：行政确认。（2）选项CD：行政登记。（3）选项BE：属于行政许可中的核准。

4. BCDE　【解析】税务行政许可事项包括：（1）企业印制发票审批；（2）对纳税人延期缴纳税款的核准；（3）对纳税人延期申报的核准；（4）对纳税人变更纳税定额的核准；（5）增值税专用发票（增值税税控系统）最高开票限额审批；（6）对采取实际利润额预缴以外的其他企业所得税预缴方式的核定。

5. AB　【解析】税务行政许可事项：（1）企业印制发票审批；（2）对纳税人延期缴纳税款的核准；（3）对纳税人延期申报的核准；（4）对纳税人变更纳税定额的核准；（5）增值税专用发票（增值税税控系统）最高开票限额审批；（6）对采取实际利润额预缴以外的其他企业所得税预缴方式的核定。

6. AC　【解析】选项BDE：属于可以不设行政许可事项。

7. AB　【解析】（1）选项C：省级地方政府规章（并非全部的地方政府规章）可以设定临时性的行政许可。（2）选项D：地方性法规和省级地方政府规章不得设定企业或者其他组织的设立登记及其前置性行政许可。（3）选项E：行政法规、地方性法规和规章，可以在上位法设定的行政许可事项范围内，对实施该行政许可作出具体规定。

8. AE　【解析】（1）选项B：尚未制定法律、行政法规和地方性法规的，因行政管理的需要，确需立即实施行政许可的，省、自治区、直辖市人民政府规章可以设定临时性的行政许可。（2）选项CD：除行政许可法明确规定外，其他规范性文件一律不得设定行政许可。

9. ABCE　【解析】选项D：可以设定行政许可的是地方性法规和省级地方政府规章。

10. BE　【解析】（1）选项A：行政机关在其法定职权范围内，依照法律、法规、规章的规定，可以委托其他行政机关实施行政许可。（2）选项C：经国务院批准，省、自治区、直辖市人民政府可以决定一个行政机关行使有关行政机关的行政许可权。（3）选项D：行政许可需要行政机关内设的多个机构办理的，该行政机关“应当”确定一个机构统一受理行政许可申请，统一送达行政许可决定。

11. ABE　【解析】（1）选项C：申请材料不齐全或者不符合法定形式的，应当当场或者在5日内一次告知申请人需要补正的全部内容。（2）选项D：行政机关作出的准予行政许可决定，应当予以公开，公众有权查阅。

12. ACDE　【解析】选项B：税务机关应当将税务行政许可的事项、依据、条件、数量、程序、期限以及需要提交的全部材料的目录、申请书示范文本和“服务指南”等在办税服务厅或者其他办公场所以及税务机关门户网站予以公示。

13. BCE　【解析】（1）选项A：除可以当场作出行政许可决定的外，行政机关应当自受理行政许可申请之日起20日内作出行政许可决定。（2）选项D：依法应当先经下级行政机关审查后报上级行政机关决定的行政许可，下级行政机关应当自其受理行政许可申请之日起20日内审查完毕。法律、法规另有规定的，依照其规定。

14. BDE　【解析】（1）选项A：行政许可直接涉及申请人与他人之间重大利益关系的，行政机关在作出行政许可决定前，应当告知申请人、利害关系人享有要求听证的权利。（2）选项C：申请人、利害关系人不承担行政机关组织听证的费用。

15. BCE　【解析】（1）选项A：税务行政许可直接涉及申请人与他人之间重大利益关系，申请人、利害关系人在被告知听证权利之日起5日内提出听证申请的事项。（2）选项D：听证应当制作笔录，听证笔录应当交听证参加人确认无误后签字或者盖章。

16. ACE　【解析】（1）有下列情形之一的，作出行政许可决定的行政机关或者其上级行政机关，根据利害关系人的请求或者依据职权，可以撤销行政许可：①行政机关工作人员滥用职权、玩忽职守作出准予行政许可决定的（选项A）；②超越法定职权作出准予行政许可决定的（选项E）；③违反法定程序作出准予行政许可决定的；④对不具备申请资格或者不符合法定条件的申请人准予行政许可的（选项C）；⑤依法可以撤销行政许可的其他情形。（2）选项B：可能对公共利益造成重大损害的，不予撤销。（3）选项D：被许可人以欺骗、贿赂等不正当手段取得行政许可的，应当予以撤销。

17. BD　【解析】（1）有下列情形之一的，行政机关应当依法办理有关行政许可的注销手续：①行政许可有效期届满未延续的（选项B）；②赋予公民特定资格的行政许可，该公民死亡或者丧失行为能力的；③法人或者其他组织依法终止的（选项D）；④行政许可依法被撤销、撤回，或者行政许可证件依法被吊销的；⑤因不可抗力导致行政许可事项无法实施的；⑥法律、法规规定的应当注销行政许可的其他情形。（2）选项A：属于可以撤销的情形，而非注销。（3）选项C：属于撤回的情形，而非注销。（4）选项E：属于注销的情形，而非吊销。

第三章　行政处罚法律制度

本章学习指南

一、考情概况

本章近3年平均考查分值约5.7分，考查题型通常为单选题、多选题，偶尔涉及综合分析题。

本章为重点章节，内容包括行政处罚法基础，行政处罚的种类和设定，行政处罚实施主体、管辖及适用，行政处罚程序和税务行政处罚的相关知识。本章今年涉及较大调整，因此相关知识点涉考可能性较高；此外，行政执法机关移送涉嫌犯罪案件相关内容还可能在综合分析题中进行考查。

最近3年题型题量分析表

题型	2021年	2020年	2019年
单项选择题	1.5分	3.0分	4.5分
多项选择题	2.0分	2.0分	2.0分
综合分析题	——	2.0分	——
合计	3.5分	7.0分	6.5分

二、教材变动

1. 调整处罚法定原则具体内容；
2. 新增税务行政处罚“首违不罚”事项清单；
3. 删除财产罚中关于罚款、没收的具体表述；
4. 个别文字调整。

核心考点精讲

第一单元　行政处罚的种类和设定

查看本单元视频，快速 GET 知识点
使用"会计云课堂"App或"微信"扫码

01 行政处罚的概念与基本原则（★★）

行政处罚的概念	行政机关依法对违反行政管理秩序的公民、法人或者其他组织，以减损权益或者增加义务的方式予以惩戒的行为	
行政处罚的基本原则	处罚法定原则	（1）公民、法人或者其他组织违反行政管理秩序的行为，应当给予行政处罚的，依照《行政处罚法》由法律、法规、规章规定，并由行政机关依照《行政处罚法》规定的程序实施 （2）行政处罚没有依据或者实施主体不具有行政主体资格的，行政处罚无效 （3）违反法定程序构成重大且明显违法的，行政处罚无效 （4）行政机关作出的行政处罚决定违反法定程序的，人民法院判决撤销并可以责令被告行政机关重新作出行政处罚决定（2022年新增）
	处罚公开、公正、过罚相当原则	（1）处罚公开：行政处罚依据公开、实施行政处罚的执法过程公开；行政处罚的实施机关、立案依据、实施程序和救济渠道等信息应当公示 （2）处罚公正：重点关注查处分开、审执分开制度 （3）过罚相当：作出的处罚符合设定该处罚的目的，相同情况相同处罚；处罚应采用最必要的方式，处罚应当符合比例原则、合乎情理且有可行性、符合客观规律
	处罚与教育相结合原则	（1）行政机关在实施行政处罚时，应当责令当事人改正或者限期改正违法行为，对情节轻微的违法行为也不一定都要实施行政处罚 （2）行政机关未责令当事人改正或者限期改正违法行为即作出行政处罚的，虽然违反行政处罚的法律原则，但并不直接导致行政处罚程序违法，不会导致行政处罚行为的无效或撤销 （3）当事人有违法所得，除依法应当退赔的外，应当予以没收。违法所得，是指实施违法行为所取得的款项。法律、行政法规、部门规章对违法所得的计算另有规定的，从其规定
	保障相对人权益原则	保障相对人权益原则（"无救济即无处罚"原则）是指公民、法人或者其他组织对行政机关所给予的行政处罚，享有陈述权、申辩权；对行政处罚不服的，有权依法申请行政复议或者提起行政诉讼；因行政机关违法给予行政处罚受到损害的，有权依法提出赔偿要求

行政处罚的基本原则	监督制约、职能分离原则	调查与审理分离、作出罚款决定的机关与收缴罚款的机构分离、听证主持人与调查检查人员分离，行政机关执法人员当场作出的处罚决定向所属行政机关备案
	一事不二罚（款）原则	对当事人的同一个违法行为，不得给予两次以上罚款的行政处罚：同一个违法行为违反多个法律规范应当给予罚款处罚的，按照罚款数额高的规定处罚 【解释】（1）如果是两个违法行为，可以分别处以罚款 （2）如针对同一个违法行为，给予的是某类型的行政处罚并处罚款（如暂扣许可证与罚款可并处、吊销许可证与罚款可并处），并不违反本原则

经典题解

【真题·单选题】下列行政处罚的基本原则中，被称为“无救济即无处罚”原则的是（　　）。（2020年）

A. 处罚法定原则

B. 处罚公开、公正、过罚相当原则

C. 处罚与教育相结合原则

D. 保障相对人权益原则

【解析】保障相对人权益原则（无救济即无处罚原则）是指公民、法人或者其他组织对行政机关所给予的行政处罚，享有陈述权、申辩权；对行政处罚不服的，有权依法申请行政复议或者提起行政诉讼；因行政机关违法给予行政处罚受到损害的，有权依法提出赔偿要求。

【答案】D

02 行政处罚的种类（★★★）

1. 法定种类

行政处罚	（1）警告、通报批评；（2）罚款、没收违法所得、没收非法财物；（3）暂扣许可证件、降低资质等级、吊销许可证件；（4）限制开展生产经营活动、责令停产停业、责令关闭、限制从业；（5）行政拘留；（6）法律、行政法规规定的其他行政处罚
税务行政处罚	（1）罚款；（2）没收违法所得；（3）停止出口退税权；（4）吊销税务行政许可证件 【迷惑选项】责令限期改正（系行政命令）、收缴或者停售发票（系执行罚性质的间接强制执行措施）、通知有关部门阻止出境（系具体行政行为）、取消一般纳税人资格登记（系具体行政行为）、收缴税务登记证（系具体行政行为）、停止抵扣（系具体行政行为）

2. 理论分类

	行政处罚	税务行政处罚
精神罚	警告、通报批评	——
财产罚	罚款、没收违法所得、没收非法财物	罚款、没收违法所得
行为罚	限制开展生产经营活动、责令停产停业、责令关闭、限制从业；暂扣许可证件、降低资质等级、吊销许可证件	停止出口退税权、吊销税务行政许可证件
人身自由罚	行政拘留	——

经典题解

【真题·多选题】下列税务机关作出的行政行为中，属于税务行政处罚的有（　　）。（2020年）

A. 停止出口退税权　　B. 没收违法所得

C. 罚款　　D. 吊销税务行政许可证件

E. 通知有关部门阻止出境

【解析】税务行政处罚包括：停止出口退税权、吊销税务行政许可证件、罚款、没收违法所得。

【答案】ABCD

03 行政处罚的设定（★★）

	设定权限	备注
法律	可以设定各种行政处罚	限制人身自由的行政处罚，只能由法律设定
行政法规	可以设定除限制人身自由以外的行政处罚	（1）法律对违法行为已经作出行政处罚规定，行政法规需要作出具体规定的，必须在法律规定的给予行政处罚的行为、种类和幅度的范围内规定 （2）法律对违法行为未作出行政处罚规定，行政法规为实施法律，可以补充设定行政处罚。拟补充设定行政处罚的，应当通过听证会、论证会等形式广泛听取意见，并向制定机关作出书面说明。行政法规报送备案时，应当说明补充设定行政处罚的情况

	设定权限	备注
地方性法规	可以设定除限制人身自由、吊销营业执照以外的行政处罚	(1) 法律、行政法规对违法行为已经作出行政处罚规定，地方性法规需要作出具体规定的，必须在法律、行政法规规定的给予行政处罚的行为、种类和幅度的范围内规定 (2) 法律、行政法规对违法行为未作出行政处罚规定，地方性法规为实施法律、行政法规，可以补充设定行政处罚。拟补充设定行政处罚的，应当通过听证会、论证会等形式广泛听取意见，并向制定机关作出书面说明。地方性法规报送备案时，应当说明补充设定行政处罚的情况
部门规章	可以设定警告、通报批评或者一定数额罚款的行政处罚	(1) 国务院部门规章可以在法律、行政法规规定的给予行政处罚的行为、种类和幅度的范围内作出具体规定 (2) 罚款的限额由国务院规定：部门规章对非经营活动中的违法行为设定罚款不得超过1000元；对经营活动中的违法行为，有违法所得的，设定罚款不得超过违法所得的3倍，但是最高不得超过30000元，没有违法所得的，设定罚款不得超过10000元；超过上述限额的，应当报国务院批准
地方政府规章	可以设定警告、通报批评或者一定数额罚款的行政处罚	(1) 地方政府规章可以在法律、法规规定的给予行政处罚的行为、种类和幅度的范围内作出具体规定 (2) 罚款的限额由省级人大常委会规定
其他规范性文件	不得设定行政处罚	——

【总结】

	警告、通报批评	罚款	没收	限制开展生产经营活动、责令停产停业、责令关闭、限制从业	暂扣、吊销许可证件，降低资质等级	行政拘留
法律	√	√	√	√	√	√
行政法规	√	√	√	√	√	×
地方性法规	√	√	√	√	√，不得吊销营业执照	×
部门规章	√	√，限额	×	×	×	×
地方政府规章	√	√，限额	×	×	×	×
其他规范性文件	×	×	×	×	×	×

经典题解

【例题·单选题】 根据《行政处罚法》规定，只能由法律设定的行政处罚是（ ）。

A. 没收违法所得　　B. 责令停产停业

C. 吊销许可证　　D. 行政拘留

【解析】 限制人身自由的行政处罚，只能由法律设定。

【答案】 D

第二单元 行政处罚的实施

查看本单元视频，快速 GET 知识点

使用“会计云课堂”App 或“微信”扫码

01 行政处罚的实施主体（★）

行政处罚实施主体	相关规定
行政机关 （行政主体）	行政处罚由具有行政处罚权的行政机关在法定职权范围内实施 【提示】限制人身自由的行政处罚权只能由公安机关和法律规定的其他机关行使
法律、法规授权组织 （行政主体）	法律、法规授权的具有管理公共事务职能的组织，可以在法定授权范围内实施行政处罚
受委托的组织 （不具有行政主体资格）	（1）行政机关依照法律、法规、规章的规定，可以在其法定权限内书面委托符合法定条件的组织实施行政处罚（对比行政许可：委托的是“其他行政机关”），行政机关不得委托其他组织或者个人实施行政处罚 （2）委托书应当载明委托的具体事项、权限、期限等内容。委托行政机关和受委托组织应当将委托书向社会公布 （3）委托行政机关对受委托的组织实施行政处罚的行为应当负责监督，并对该行为的后果承担法律责任 （4）受委托组织在委托范围内，以委托行政机关名义实施行政处罚；不得再委托其他组织或者个人实施行政处罚
	受委托组织必须符合以下条件： （1）依法成立并具有管理公共事务职能 （2）有熟悉有关法律、法规、规章和业务并取得行政执法资格的工作人员 （3）需要进行技术检查或者技术鉴定的，应当有条件组织进行相应的技术检查或者技术鉴定

行政处罚实施主体	相关规定
相对集中实施（职权转移）	（1）国家在城市管理、市场监管、生态环境、文化市场、交通运输、应急管理、农业等领域推行建立综合行政执法制度，相对集中行政处罚权 （2）国务院或者省、自治区、直辖市人民政府可以决定一个行政机关行使有关行政机关的行政处罚权（对比行政许可：经国务院批准，省级人民政府可以决定）

02 行政处罚的管辖、适用（★★★）

1. 行政处罚的管辖

管辖分类	具体规定
地域管辖	行政处罚由违法行为发生地的行政机关管辖，法律、行政法规、部门规章另有规定的，从其规定 **【举例】**《中华人民共和国海关行政处罚实施条例》：海关行政处罚由发现违法行为的海关管辖，也可以由违法行为发生地海关管辖
级别管辖	行政处罚由县级以上地方人民政府具有行政处罚权的行政机关管辖，法律、行政法规另有规定的，从其规定
管辖权下移	（1）省、自治区、直辖市根据当地实际情况，可以决定将基层管理迫切需要的县级人民政府部门的行政处罚权交由能够有效承接的乡镇人民政府、街道办事处行使，并定期组织评估。决定应当公布 （2）承接行政处罚权的乡镇人民政府、街道办事处应当加强执法能力建设，按照规定范围、依照法定程序实施行政处罚 （3）有关地方人民政府及其部门应当加强组织协调、业务指导、执法监督，建立健全行政处罚协调配合机制，完善评议、考核制度
共同管辖	两个以上行政机关都有管辖权的，由最先立案的行政机关管辖
指定管辖	对管辖发生争议的，应当协商解决，协商不成的，报请共同的上一级行政机关指定管辖；也可以直接由共同的上一级行政机关指定管辖
协助	行政机关因实施行政处罚的需要，可以向有关机关提出协助请求。协助事项属于被请求机关职权范围内的，应当依法予以协助
移送	（1）违法行为涉嫌犯罪的，行政机关应当及时将案件移送司法机关，依法追究刑事责任 （2）对依法不需要追究刑事责任或者免予刑事处罚，但应当给予行政处罚的，司法机关应当及时将案件移送有关行政机关
税务行政处罚	由税收违法行为发生地的具有行政处罚权的主管税务机关（包括稽查局）实施

2. 行政处罚的适用

不予处罚	（1）不满14周岁的未成年人（Y<14）有违法行为的，不予行政处罚 （2）精神病人、智力残疾人在不能辨认或者不能控制自己行为时有违法行为的，不予行政处罚（对比：间歇性精神病人在精神正常时有违法行为的，应当给予行政处罚） （3）违法行为轻微并及时改正，没有造成危害后果的，不予行政处罚 （4）当事人有证据足以证明没有主观过错的，不予行政处罚。法律、行政法规另有规定的，从其规定
可以不予行政处罚	初次违法且危害后果轻微并及时改正
从轻、减轻处罚	（1）已满14周岁不满18周岁的未成年人（14≤Y<18）有违法行为的，应当从轻或者减轻行政处罚 （2）尚未完全丧失辨认或者控制自己行为能力的精神病人、智力残疾人有违法行为的，可以从轻或者减轻行政处罚 （3）当事人有下列情形之一，应当从轻或者减轻行政处罚： ①主动消除或者减轻违法行为危害后果的 ②受他人胁迫或者诱骗实施违法行为的 ③主动供述行政机关尚未掌握的违法行为的 ④配合行政机关查处违法行为有立功表现的 ⑤法律、法规、规章规定其他应当从轻或者减轻行政处罚的
行政处罚裁量权基准	行政机关可以依法制定行政处罚裁量基准，规范行使行政处罚裁量权。行政处罚裁量基准应当向社会公布
违法行为构成犯罪	（1）违法行为构成犯罪，人民法院判处拘役或者有期徒刑时，行政机关已经给予当事人行政拘留的，应当依法折抵相应刑期 （2）违法行为构成犯罪，人民法院判处罚金时，行政机关已经给予当事人罚款的，应当折抵相应罚金；行政机关尚未给予当事人罚款的，不再给予罚款

经典题解

【真题·多选题】下列违法行为中，对行为人不给予行政处罚的有（　　）。（2021年）

A. 不满14周岁的人实施的违法行为

B. 初次违法且危害后果轻微并及时改正的违法行为

C. 主动消除危害后果的违法行为

D. 受他人胁迫的违法行为

E. 当事人有证据足以证明没有主观过错的违法行为

【解析】（1）选项B：系“可以不予处罚”而非“不予处罚”。（2）选项CD：属于应当从轻或者减轻行政处罚的情形。

【答案】AE

03 行政处罚的追究时效（★★★）

一般违法行为	违法行为在2年内未被发现的，不再给予行政处罚；涉及公民生命健康安全、金融安全且有危害后果的，上述期限延长至5年。法律另有规定的除外
起算时点	规定期限，从违法行为发生之日起计算；违法行为有连续或者继续状态的，从行为终了之日起计算
从旧兼从轻	实施行政处罚，适用违法行为发生时的法律、法规、规章的规定。但是，作出行政处罚决定时，法律、法规、规章已被修改或者废止，且新的规定处罚较轻或者不认为是违法的，适用新的规定
税收违法行为	《税收征收管理法》：违反税收法律、行政法规应当给予行政处罚的行为在5年内未被发现的，不再给予行政处罚
治安管理违法行为	《治安管理处罚法》：违反治安管理行为在6个月内没有被公安机关发现的，不再处罚

【解释1】连续状态，是指行为人基于同一个违法故意，连续实施数个独立的同一种类的行政违法行为。

【解释2】继续状态，是指一个违法行为在时间上的延续。

经典题解

【真题1·单选题】下列有关行政处罚追究时效的说法中，正确的是（　　）。（2019年）

A. 行政处罚的追究时效为2年，法律、行政法规另有规定的除外

B. 对违反税收法律、法规行为的行政处罚追究时效为2年

C. 违法行为有连续状态的，行政处罚的追究时效从行为终了之日起计算

D. 行政处罚的追究时效，从违法行为被发现之日起计算

【解析】（1）选项A：违法行为在2年内未被发现的，不再给予行政处罚；涉及公民生命健康安全、金融安全且有危害后果的，上述期限延长至5年；法律另有规定的除外。（2）选项B：违反税收法律、行政法规应当给予行政处罚的行为在5年内未被发现的，不再给予行政处罚。（3）选项C：违法行为有连续或者继续状态的，行政处罚的追究时效从行为终了之日起计算。（4）选项D：行政处罚的追究时效，从违法行为发生之日起计算。

【答案】C

【真题2·单选题】行政处罚的追究时效从违法行为发生之日起计算；违法行为有连续或者继续状态的，从行为终了之日起计算。下列关于连续状态的说法中，正确的是（　　）。（2018年）

A. 连续状态是指行为人基于不同的违法故意，连续实施数个独立的行政违法行为

B. 连续状态是指行为人基于同一个违法故意，连续实施数个独立的不同种类的行政违法行为

C. 连续状态是指行为人基于不同的违法故意，连续实施数个不同种类的行政违法行为

D. 连续状态是指行为人基于同一个违法故意，连续实施数个独立的同一种类的行政违法行为

【答案】 D

【真题 3·单选题】 根据《税收征收管理法》的规定，下列关于税务行政处罚追究时效的说法中，正确的是（　　）。（2015 年）

A. 违反税收法律、行政法规应当给予行政处罚的行为，在 5 年内未被发现的，不再给予行政处罚

B. 违反税收规章应当给予行政处罚的行为，在 3 年内未被发现的，不再给予行政处罚

C. 违反税收规章应当给予行政处罚的行为，在 5 年内未被发现的，不再给予行政处罚

D. 违反税收法律、行政法规应当给予行政处罚的行为，在 2 年内未被发现的，不再给予行政处罚

【解析】 违反税收法律、行政法规应当给予行政处罚的行为在 5 年内未被发现的，不再给予行政处罚。

【答案】 A

04 行政处罚决定程序（★★★）

（一）行政处罚决定的一般规定

项目	相关规定
查明事实	公民、法人或者其他组织违反行政管理秩序的行为，依法应当给予行政处罚的，行政机关必须查明事实；违法事实不清、证据不足的，不得给予行政处罚
执法人员	行政处罚应当由具有行政执法资格的执法人员实施。执法人员不得少于 2 人，法律另有规定的除外。执法人员应当文明执法，尊重和保护当事人合法权益
回避	（1）主动回避：执法人员与案件有直接利害关系或者有其他关系可能影响公正执法的，应当回避 （2）依申请回避：当事人认为执法人员与案件有直接利害关系或者有其他关系可能影响公正执法的，有权申请回避；当事人提出回避申请的，行政机关应当依法审查，由行政机关负责人决定。决定作出之前，不停止调查
告知	行政机关在作出行政处罚决定之前，应当告知当事人拟作出的行政处罚内容及事实、理由、依据，并告知当事人依法享有的陈述、申辩、要求听证等权利
陈述、申辩	（1）当事人有权进行陈述和申辩。行政机关必须充分听取当事人的意见，对当事人提出的事实、理由和证据，应当进行复核；当事人提出的事实、理由或者证据成立的，行政机关应当采纳 （2）行政机关不得因当事人陈述、申辩而给予更重的处罚
证据类型	（1）书证；（2）物证；（3）视听资料；（4）电子数据；（5）证人证言；（6）当事人的陈述；（7）鉴定意见；（8）勘验笔录、现场笔录

项目	相关规定
定案依据	（1）证据必须经查证属实，方可作为认定案件事实的根据 （2）以非法手段取得的证据，不得作为认定案件事实的根据
处罚决定公开	（1）具有一定社会影响的行政处罚决定应当依法公开 （2）公开的行政处罚决定被依法变更、撤销、确认违法或者确认无效的，行政机关应当在3日内撤回行政处罚决定信息并公开说明理由
电子技术监控设备	（1）行政机关依照法律、行政法规规定利用电子技术监控设备收集、固定违法事实的，应当经过法制和技术审核，确保电子技术监控设备符合标准、设置合理、标志明显，设置地点应当向社会公布 （2）电子技术监控设备记录违法事实应当真实、清晰、完整、准确。行政机关应当审核记录内容是否符合要求；未经审核或者经审核不符合要求的，不得作为行政处罚的证据 （3）行政机关应当及时告知当事人违法事实，并采取信息化手段或者其他措施，为当事人查询、陈述和申辩提供便利。不得限制或者变相限制当事人享有的陈述权、申辩权
归档	行政机关应当依法以文字、音像等形式，对行政处罚的启动、调查取证、审核、决定、送达、执行等进行全过程记录，归档保存
突发事件	发生重大传染病疫情等突发事件，为了控制、减轻和消除突发事件引起的社会危害，行政机关对违反突发事件应对措施的行为，依法快速、从重处罚
保密	行政机关及其工作人员对实施行政处罚过程中知悉的国家秘密、商业秘密或者个人隐私，应当依法予以保密

（二）简易程序（当场处罚程序）

1. 适用条件

违法事实确凿并有法定依据，对公民处以200元以下、对法人或者其他组织处以3000元以下罚款或者警告的行政处罚的，可以当场作出行政处罚决定（≠当场收缴罚款）。法律另有规定的，从其规定。

2. 行政处罚决定书

（1）执法人员当场作出行政处罚决定的，应当向当事人出示执法证件，填写预定格式、编有号码的行政处罚决定书，并当场交付当事人。当事人拒绝签收的，应当在行政处罚决定书上注明。

（2）行政处罚决定书，应当载明当事人的违法行为，行政处罚的种类和依据、罚款数额、时间、地点，申请行政复议、提起行政诉讼的途径和期限以及行政机关名称，并由执法人员签名或者盖章。

（3）执法人员当场作出的行政处罚决定，应当报所属行政机关备案。

经典题解

【真题·单选题】 下列有关行政处罚简易程序的说法中，正确的是（　　）。（2021 年）

A. 对公民处 1000 元以下罚款的行政处罚，应当适用简易程序

B. 对法人或者其他组织处 20000 元以下罚款的行政处罚，应当适用简易程序

C. 执法人员适用简易程序当场作出的行政处罚决定，必须报所属行政机关备案

D. 税务机关适用简易程序作出行政处罚的，执法文书须由税务机关负责人签字

【解析】（1）选项 AB：违法事实确凿并有法定依据，对公民处以 200 元以下、对法人或者其他组织处以 3000 元以下罚款或者警告的行政处罚的，可以当场作出行政处罚决定。法律另有规定的，从其规定。（2）选项 D：简易程序制作的行政处罚决定书由执法人员签名或者盖章。

【答案】 C

（三）普通程序

1. 立案

立案是行政处罚普通程序的开始，应填写立案审批表或立案决定书，由行政首长批准，并指派专人承办。

2. 调查

（1）执法人员在调查或者进行检查时，应当主动向当事人或者有关人员出示执法证件。当事人或者有关人员有权要求执法人员出示执法证件。执法人员不出示执法证件的，当事人或者有关人员有权拒绝接受调查或者检查。

当事人或者有关人员应当如实回答询问，并协助调查或者检查，不得拒绝或者阻挠。询问或者检查应当制作笔录。

（2）行政机关在收集证据时，可以采取抽样取证的方法；在证据可能灭失或者以后难以取得的情况下，经行政机关负责人批准，可以先行登记保存，并应当在 7 日内及时作出处理决定，在此期间，当事人或者有关人员不得销毁或者转移证据。

考点提示

证据先行登记保存，并非行政处罚而是行政强制措施，即行政机关在特定情形下对当事人财产暂时予以控制。

3. 告知、说明理由。

4. 陈述、申辩

行政机关及其执法人员在作出行政处罚决定之前，未依照《行政处罚法》的规定向当事人告知拟作出的行政处罚内容及事实、理由、依据，或者拒绝听取当事人的陈述、申辩，不

得作出行政处罚决定；当事人明确放弃陈述或者申辩权利的除外。

5. 审查、决定

（1）调查终结，行政机关负责人应当对调查结果进行审查，根据不同情况，分别作出决定。

（2）对情节复杂或者重大违法行为给予行政处罚，行政机关负责人应当集体讨论决定。

（3）有下列情形之一，在行政机关负责人作出行政处罚的决定之前，应当由从事行政处罚决定法制审核的人员进行法制审核；未经法制审核或者审核未通过的，不得作出决定：①涉及重大公共利益的；②直接关系当事人或者第三人重大权益，经过听证程序的；③案件情况疑难复杂、涉及多个法律关系的；④法律、法规规定应当进行法制审核的其他情形。

（4）行政机关中初次从事行政处罚决定法制审核的人员，应当通过国家统一法律职业资格考试取得法律职业资格。

6. 处罚决定书

行政处罚决定书必须盖有作出行政处罚决定的行政机关的印章。

7. 期限

行政机关应当自行政处罚案件立案之日起90 日内作出行政处罚决定。法律、法规、规章另有规定的，从其规定。

8. 送达

行政处罚决定书应当在宣告后当场交付当事人；当事人不在场的，行政机关应当在7 日内依照民事诉讼法的有关规定，将行政处罚决定书送达当事人。当事人同意并签订确认书的，行政机关可以采用传真、电子邮件等方式，将行政处罚决定书等送达当事人。

经典题解

【真题·单选题】某市质量技术监督管理局发现，该市宜林食品工业有限公司生产销售的一批薯片涉嫌违法使用大量添加剂。遂将该批薯片先行登记保存，期限为 15 日。根据《行政处罚法》《行政强制法》，关于将薯片先行登记保存的行为性质、适用条件、程序与期限的说法，正确的是（　　）。（2012 年）

A. 将薯片先行登记保存的行为性质上不属于行政强制行为，理由是《行政强制法》对这种行为没有作出规定

B. 将薯片先行登记保存的行为性质上属于不可诉行政行为，理由是该行为对宜林食品工业有限公司的权利义务不产生实质影响

C. 将薯片先行登记保存的适用条件是该批薯片作为证据可能灭失或者以后难以取得

D. 将薯片先行登记保存在程序上可以由 2 名执法人员现场直接作出，登记保存期限 15 日符合法律规定

【解析】（1）选项 A：证据先行登记保存属于行政强制措施中的“其他行政强制措施”。（2）选项 B：该行为限制了宜林食品工业有限公司对薯片的使用、处分，属于对法人的财产权利有实质影响的具体行政行为，可以提起行政诉讼。（3）选项 CD：行政机关在收集证据时，在证据可能灭失或以后难以取证的情况下，经行政机关负责人“批准”，可以先行登记保存，并应当在“7 日内”及时作出处理决定。

【答案】C

（四）听证程序

听证程序系普通程序中的特殊环节，并非一种独立的行政处罚程序。

	行政处罚听证程序	税务行政处罚听证程序
适用范围	行政机关拟作出下列行政处罚决定，应当告知当事人有要求听证的权利，当事人要求听证的，行政机关应当组织听证： （1）较大数额罚款 （2）没收较大数额违法所得、没收较大价值非法财物 （3）降低资质等级、吊销许可证件 （4）责令停产停业、责令关闭、限制从业 （5）其他较重的行政处罚 （6）法律、法规、规章规定的其他情形	（1）税务机关对公民作出2000元以上（含本数）罚款或者对法人或者其他组织作出1万元以上（含本数）罚款；没收较大数额违法所得案件；吊销税务行政许可证件之前，应当向当事人送达《税务行政处罚事项告知书》，告知当事人已经查明的违法事实、证据、行政处罚的法律依据和拟将给予的行政处罚，并告知有要求举行听证的权利 （2）对应当听证的案件，税务机关不组织听证，行政处罚决定不能成立；当事人放弃听证权利或者被正当取消听证权利的除外
费用	当事人不承担行政机关组织听证的费用	（未明确规定）
提出	当事人要求听证的，应当在行政机关告知后5日内提出	要求听证的当事人，应当在《税务行政处罚事项告知书》送达后5日内向税务机关书面提出听证；逾期不提出的，视为放弃听证权利
举行期限	（未明确规定）	税务机关应当在收到当事人听证要求后15日内举行听证
通知	行政机关应当在举行听证的7日前，通知当事人及有关人员听证的时间、地点	税务机关应当在举行听证的7日前将《税务行政处罚听证通知书》送达当事人，通知当事人及有关人员举行听证的时间、地点
公开举行	除涉及国家秘密、商业秘密或者个人隐私依法予以保密外，听证公开举行	应当公开进行。但是涉及国家秘密、商业秘密或者个人隐私的，听证不公开进行
主持	听证由行政机关指定的非本案调查人员主持；当事人认为主持人与本案有直接利害关系的，有权申请回避	税务机关负责人指定的非本案调查机构的人员主持；当事人认为听证主持人与本案有直接利害关系的，有权申请回避
当事人	当事人可以亲自参加听证，也可以委托1~2人代理（仅当事人可以委托）	当事人可以亲自参加听证，也可以委托1~2人代理
放弃听证权利	当事人及其代理人无正当理由拒不出席听证或者未经许可中途退出听证的，视为放弃听证权利，行政机关终止听证	当事人及其代理人应当按照税务机关的通知参加听证，无正当理由拒不出席听证或者中途退出听证的，视为放弃听证权利，税务机关依法终止听证

	行政处罚听证程序	税务行政处罚听证程序
申辩和质证	举行听证时，调查人员提出当事人违法的事实、证据和行政处罚建议，当事人进行申辩和质证	听证过程中，由本案调查人员就当事人的违法行为予以指控，并出示事实证据材料，提出行政处罚建议。当事人或者其代理人可以就所指控的事实及相关问题进行申辩和质证
笔录	听证应当制作笔录；笔录应当交当事人或者其代理人核对无误后签字或者盖章。当事人或者其代理人拒绝签字或者盖章的，由听证主持人在笔录中注明	（1）听证的全部活动，应当由记录员写成笔录，经听证主持人审阅并由听证主持人和记录员签名后，封卷上交税务机关负责人审阅 （2）听证笔录应交当事人或者其代理人、本案调查人员、证人及其他有关人员阅读或者向他们宣读，他们认为有遗漏或者有差错的，可以请求补充或者改正。他们在承认没有错误后，应当签字或者盖章。拒绝签字或者盖章的，记明情况附卷
作出决定	听证结束后，行政机关应当根据听证笔录，依照规定，作出决定	（未明确规定）

考点提示

当事人在听证程序中享有的权利包括：①使用本民族的语言文字参加听证；②申请或者放弃听证；③申请不公开听证；④委托律师或者其他人员为听证代理人参加听证；⑤进行陈述、申辩、举证和质证；⑥查阅听证笔录，并进行修改和签字确认；⑦依法申请听证主持人、听证员、记录员回避。

经典题解

【真题 1 · 单选题】根据我国法律规定，下列情形中，适用行政处罚听证程序的是（　　）。（2011 年）

A. 交警部门因王某严重违章驾车而吊销其驾驶执照

B. 邮政局因某快递公司经营许可有效期届满未申请延续而将其许可证予以注销

C. 食品药品监督管理局因某食品公司销售不符合安全标准的食品而责令其召回已上市食品

D. 卫生局因孙某患流行性传染病而将其强制隔离

【解析】行政处罚听证程序的适用范围包括：（1）较大数额罚款；（2）没收较大数额违法所得、没收较大价值非法财物；（3）降低资质等级、吊销许可证件（选项 A）；（4）责令停产停业、责令关闭、限制从业；（5）其他较重的行政处罚；（6）法律、法规、规章规定的其他情形。

【答案】A

【真题 2 · 单选题】根据《行政处罚法》和国家税务总局有关文件的规定，税务机关实施下列处罚，不适用税务行政处罚听证程序的是（　　）。（2016 年）

A. 税务机关决定对某企业停止办理出口退税

B. 税务机关对某一人有限公司罚款 10000 元

C. 税务机关对纳税人张某罚款 2000 元

D. 税务机关吊销某股份有限公司的税务行政许可证件

【解析】 选项 BCD：税务行政处罚听证程序适用范围一般限于较大数额的罚款案件［指对公民作出 2000 元以上（含本数）罚款或者对法人或者其他组织作出 1 万元以上（含本数）罚款］、没收较大数额违法所得案件以及吊销税务行政许可证件的案件。

【答案】 A

【真题 3 · 单选题】 税务机关作出的下列行政行为中，属于行政处罚但不适用处罚听证程序的是（　　）。（2017 年）

A. 吊销税务行政许可证件

B. 停止出口退税权

C. 通知有关部门阻止出境

D. 取消一般纳税人资格登记

【解析】（1）选项 A：税务行政处罚听证程序适用范围一般限于较大数额的罚款案件、没收较大数额违法所得案件以及吊销税务行政许可证件的案件。（2）选项 B：停止出口退税权属于税务行政处罚但不适用处罚听证程序。（3）选项 CD：通知有关部门阻止出境、取消一般纳税人资格登记均不属于税务行政处罚行为。

【答案】 B

【真题 4 · 单选题】 根据《行政处罚法》规定，下列关于听证程序的说法中，正确的是（　　）。（2017 年）

A. 当事人可以申辩和质证

B. 听证应由行政机关指定本案调查人员主持

C. 听证程序适用于所有行政案件

D. 行政机关在作出任何没收违法所得的行政决定之前，均应先行告知当事人享有听证的权利

【解析】（1）选项 A：举行听证时，调查人员提出当事人违法的事实、证据和行政处罚建议；当事人进行申辩和质证。（2）选项 B：听证由行政机关指定的非本案调查人员主持。（3）选项 CD：行政机关拟作出下列行政处罚决定，应当告知当事人有要求听证的权利，当事人要求听证的，行政机关应当组织听证：①较大数额罚款；②没收较大数额违法所得、没收较大价值非法财物；③降低资质等级、吊销许可证件；④责令停产停业、责令关闭、限制从业；⑤其他较重的行政处罚；⑥法律、法规、规章规定的其他情形。

【答案】 A

05 行政处罚执行程序（★★）

1. 延期、分期缴纳罚款

当事人确有经济困难，需要延期或者分期缴纳罚款的，经当事人申请和行政机关批准，可以暂缓或者分期缴纳。

2. 作出罚款决定的行政机关应当与收缴罚款的机构分离

（1）除依行政处罚法的规定当场收缴的罚款外，作出行政处罚决定的行政机关及其执法

人员不得自行收缴罚款。

（2）当事人应当自收到行政处罚决定书之日起15日内，到指定的银行或者通过电子支付系统缴纳罚款。银行应当收受罚款，并将罚款直接上缴国库。

3. 当场收缴罚款（≠当场作出行政处罚决定）

（1）依照规定当场作出行政处罚决定，有下列情形之一的，执法人员可以当场收缴罚款：①依法给予100元以下的罚款的；②不当场收缴事后难以执行的。

（2）在边远、水上、交通不便地区，行政机关及其执法人员依照行政处罚法的规定作出罚款决定后，当事人到指定的银行或者通过电子支付系统缴纳罚款确有困难，经当事人提出，行政机关及其执法人员可以当场收缴罚款。

（3）行政机关及其执法人员当场收缴罚款的，必须向当事人出具国务院财政部门或者省、自治区、直辖市人民政府财政部门统一制发的专用票据；不出具财政部门统一制发的专用票据的，当事人有权拒绝缴纳罚款。

（4）执法人员当场收缴的罚款，应当自收缴罚款之日起2日内，交至行政机关；在水上当场收缴的罚款，应当自抵岸之日起2日内交至行政机关；行政机关应当在2日内将罚款缴付指定的银行。

4. 行政处罚的强制执行措施

（1）当事人逾期不履行行政处罚决定的，作出行政处罚决定的行政机关可以采取下列措施：①到期不缴纳罚款的，每日按罚款数额的3%加处罚款，加处罚款的数额不得超出罚款的数额；②根据法律规定，将查封、扣押的财物拍卖、依法处理或者将冻结的存款、汇款划拨抵缴罚款；③根据法律规定，采取其他行政强制执行方式；④依照《中华人民共和国行政强制法》的规定申请人民法院强制执行。

考点提示

行政机关批准延期、分期缴纳罚款的，申请人民法院强制执行的期限，自暂缓或者分期缴纳罚款期限结束之日起计算。

（2）《税收征收管理法》：当事人对税务机关的处罚决定逾期不申请行政复议也不向人民法院起诉、又不履行的，作出处罚决定的税务机关可以采取规定的强制执行措施，或者申请人民法院强制执行。

5. 行政复议或行政诉讼

（1）当事人对行政处罚决定不服，申请行政复议或者提起行政诉讼的，行政处罚不停止执行，法律另有规定的除外。

（2）当事人对限制人身自由的行政处罚决定不服，申请行政复议或者提起行政诉讼的，可以向作出决定的机关提出暂缓执行申请。符合法律规定情形的，应当暂缓执行。

（3）当事人申请行政复议或者提起行政诉讼的，加处罚款的数额在行政复议或者行政诉讼期间不予计算。

6. 收支两条线

罚款、没收的违法所得或者没收非法财物拍卖的款项，必须全部上缴国库，任何行政机关或者个人不得以任何形式截留、私分或者变相私分。

经典题解

【真题1·单选题】 下列有关行政处罚程序的说法中，正确的是（　　）。（2020年）

A. 当事人对吊销许可证件的行政处罚有权要求听证

B. 适用简易程序的行政处罚也应当经过立案阶段

C. 当事人对适用一般程序作出行政处罚的案件均有权申请听证

D. 财政部门可以向作出行政处罚决定的行政机关返还罚款

【解析】（1）选项AC：行政机关作出较大数额罚款、没收较大数额违法所得、没收较大价值非法财物、降低资质等级、吊销许可证件、责令停产停业、责令关闭、限制从业等行政处罚决定之前，应当告知当事人有要求听证的权利；当事人要求听证的，行政机关应当组织听证。（2）选项B：立案是行政处罚一般程序的开始，不是简易程序的必经阶段。（3）选项D：财政部门不得以任何形式向作出行政处罚决定的行政机关返还罚款、没收的违法所得或者没收非法财物拍卖的款项。

【答案】 A

【真题2·单选题】 根据法律规定，下列有关行政处罚执行程序的说法中，正确的是（　　）。（2019年）

A. 行政机关及其执法人员当场收缴罚款的，必须向当事人出具地级市财政部门统一制发的专用票据

B. 纳税人不履行税务行政处罚决定，在法定的申请复议和起诉期限内依法申请复议或起诉的，税务机关不得对处罚决定实施强制执行

C. 当事人对行政处罚决定不服，申请行政复议或提起行政诉讼的，原则上该行政处罚决定应当停止执行

D. 当事人到期不缴纳罚款的，行政机关应当每日按照罚款数额的2%加处罚款

【解析】（1）选项A：行政机关及其执法人员当场收缴罚款的，必须向当事人出具国务院财政部门或者省、自治区、直辖市人民政府财政部门统一制发的专用票据。（2）选项B：在法定的复议和诉讼期内，税务机关不得对处罚决定实施强制执行。（3）选项C：当事人对行政处罚决定不服，申请行政复议或者提起行政诉讼的，行政处罚不停止执行，法律另有规定的除外。（4）选项D：当事人到期不缴纳罚款的，每日按罚款数额的3%加处罚款。

【答案】 B

【真题3·单选题】 税务行政处罚决定依法作出后，当事人逾期既不申请行政复议也不向法院起诉、又不履行的，税务机关依法可以采取的措施是（　　）。（2014年）

A. 将查封、扣押的财物拍卖以抵缴罚款

B. 每日按罚款数额的5%加处罚款

C. 申请公安机关强制执行

D. 与当事人达成执行和解协议，约定分阶段履行或者减免罚款

【解析】（1）选项A：税务机关的强制执行，既可以书面通知被处罚人开户银行或者其他金融机构从被处罚人存款中扣缴税款；又可以拍卖、变卖财物，以拍卖或者变卖所得抵缴税款。（2）选项B：即使加处罚款也应按“3%”的比例，“5%”错误。（3）选项C：税务

机关自己没有强制执行权的，可申请“法院”强制执行。（4）选项D：在强制执行阶段，罚款本金、税款本金、行政性收费本金不适用执行和解的减免规定。减免的对象是“加处的罚款和滞纳金”。

【答案】A

06 涉嫌犯罪案件移送程序（★★）

不得以罚代移	行政执法机关对应当向公安机关移送的涉嫌犯罪案件，不得以行政处罚代替移送
行政执法机关内部决策	行政执法机关对应当向公安机关移送的涉嫌犯罪案件，应当立即指定2名或者2名以上行政执法人员组成专案组专门负责，核实情况后提出移送涉嫌犯罪案件的书面报告，报经本机关正职负责人或者主持工作的负责人审批
	行政执法机关正职负责人或者主持工作的负责人应当自接到报告之日起3日内作出批准移送或者不批准移送的决定：（1）决定批准的，应当在24小时内向同级公安机关移送（应当移交案件的全部材料，同时将案件移送书及有关材料目录抄送人民检察院）；（2）决定不批准的，应当将不予批准的理由记录在案
公安机关接受	公安机关对行政执法机关移送的涉嫌犯罪案件，应当在涉嫌犯罪案件移送书的回执上签字（书面形式受理）；其中，不属于本机关管辖的，应当在24小时内转送有管辖权的机关，并书面告知移送案件的行政执法机关 【提示】税务行政执法实践中，移送书中应载明案件移送的法律依据（2022年新增）
公安机关审查	对材料不全的，应当在接受案件的24小时内书面告知移送的行政执法机关在3日内补正；但不得以材料不全为由，不接受移送案件
	公安机关应当自接受行政执法机关移送的涉嫌犯罪案件之日起3日内，依照相关规定对所移送的案件进行审查：（1）认为有犯罪事实，需要追究刑事责任，依法决定立案的，应当书面通知移送案件的行政执法机关；（2）认为没有犯罪事实，或者犯罪事实显著轻微，不需要追究刑事责任，依法不予立案的，应当说明理由，并书面通知移送案件的行政执法机关，相应退回案卷材料
异议解决	【第一次不服】行政执法机关接到公安机关不予立案的通知书后，认为依法应当由公安机关决定立案的，可以自接到不予立案通知书之日起3日内，提请作出不予立案决定的公安机关复议，也可以建议人民检察院依法进行立案监督
	【第二次不服】作出不予立案决定的公安机关应当自收到行政执法机关提请复议的文件之日起3日内作出立案或者不予立案的决定，并书面通知移送案件的行政执法机关。移送案件的行政执法机关对公安机关不予立案的复议决定仍有异议的，应当自收到复议决定通知书之日起3日内建议人民检察院依法进行立案监督
交接	行政执法机关对公安机关决定立案的案件，应当自接到立案通知书之日起3日内将涉案物品以及与案件有关的其他材料移交公安机关，并办结交接手续；法律、行政法规另有规定的，依照其规定

衔接	（1）行政执法机关在移送案件时已经作出行政处罚决定的，应当将行政处罚决定书一并抄送公安机关、人民检察院；（2）未作出行政处罚决定的，原则上应当在公安机关决定不予立案或者撤销案件、人民检察院作出不起诉决定、人民法院作出无罪判决或者免予刑事处罚后，再决定是否给予行政处罚

经典题解

【真题·单选题】根据《行政执法机关移送涉嫌犯罪案件的规定》，下列关于移送案件的说法中，错误的是（　　）。（2017 年）

A. 对于不属于本机关管辖的，公安机关在 24 小时内告知移送机关不接受移送，无须转送其他机关

B. 公安机关工作人员应当在涉嫌犯罪案件移送书的回执上签字

C. 公安机关不能以材料不全为理由不接受移送

D. 对移送材料不全的，公安机关应当在接受案件的 24 小时内书面告知移送机关在 3 日内补正

【解析】（1）公安机关对行政执法机关移送的涉嫌犯罪案件，应当在涉嫌犯罪案件移送书的回执上签字；其中，不属于本机关管辖的，应当在 24 小时内转送有管辖权的机关，并书面告知移送案件的行政执法机关，故 A 选项错误、B 选项正确。（2）对材料不全的，公安机关应当在接受案件的 24 小时内书面告知移送的行政执法机关在 3 日内补正，但不得以材料不全为由，不接受移送案件，故 C、D 选项正确。

【答案】A

第三单元　税务行政处罚

查看本单元视频，快速 GET 知识点

使用“会计云课堂”App或“微信”扫码

01 税收违法行为及其处罚规定（★★）

1. 违反日常税收管理的违法行为及其处罚规定

纳税人有下列行为之一的，由税务机关责令限期改正，可以处 2000 元以下的罚款；情节严重的，处 2000 元以上 10000 元以下的罚款：

（1）未按照规定的期限申报办理税务登记、变更或者注销登记的；

（2）未按照规定设置、保管账簿或者保管记账凭证和有关资料的；

（3）未按照规定将财务、会计制度或者财务、会计处理办法和会计核算软件报送税务机关备查的；

（4）未按照规定将其全部银行账号向税务机关报告的；

（5）未按照规定安装、使用税控装置，或者损毁或者擅自改动税控装置的。

2. 直接妨害税款征收的违法行为及其处罚规定

违法行为	具体规定	处罚规定
偷税	【纳税人】伪造、变造、隐匿、擅自销毁账簿、记账凭证，或者在账簿上多列支出或者不列、少列收入，或者经税务机关通知申报而拒不申报或者进行虚假的纳税申报，不缴或者少缴应纳税款	税务机关追缴其不缴或者少缴的税款、滞纳金，并处不缴或者少缴的税款50%以上5倍以下的罚款；构成犯罪的，依法追究刑事责任
	【扣缴义务人】采取上述所列手段，不缴或者少缴已扣、已收税款	
虚假申报	【纳税人、扣缴义务人】编造虚假计税依据（但没有“不缴或者少缴应纳税款”后果）	税务机关责令限期改正，并处5万元以下的罚款
不申报	【纳税人】不进行纳税申报，不缴或者少缴应纳税款（不进行纳税申报≠经通知拒不申报）	税务机关追缴其不缴或者少缴的税款、滞纳金，并处不缴或者少缴的税款50%以上5倍以下的罚款
逃避追缴欠税	【纳税人】欠缴应纳税款，采取转移或者隐匿财产的手段，妨碍税务机关追缴欠缴的税款（欠缴+转移/隐匿，单纯欠缴行为不构成）	税务机关追缴欠缴的税款、滞纳金，并处欠缴税款50%以上5倍以下的罚款；构成犯罪的，依法追究刑事责任
骗税	以假报出口或者其他欺骗手段，骗取国家出口退税款	税务机关追缴其骗取的退税款，并处骗取税款1倍以上5倍以下的罚款；构成犯罪的，依法追究刑事责任
	骗取国家出口退税款	税务机关可以在规定期间内停止为其办理出口退税
抗税	【纳税人】以暴力、威胁方法拒不缴纳税款	除由税务机关追缴其拒缴的税款、滞纳金外，依法追究刑事责任；情节轻微，未构成犯罪的，由税务机关追缴其拒缴的税款、滞纳金，并处拒缴税款1倍以上5倍以下的罚款

3. 税务行政处罚“首违不罚”事项清单（2022年新增）

对于首次发生下列清单中所列事项且危害后果轻微，在税务机关发现前主动改正或者在税务机关责令限期改正的期限内改正的，不予行政处罚。对适用税务行政处罚“首违不罚”的当事人，主管税务机关应采取签订承诺书等方式教育、引导、督促其自觉守法，对再次违反的当事人应严格按照规定予以行政处罚。

考点提示

税务违法行为造成不可挽回的税费损失或者较大社会影响的，不能认定为“危害后果轻微”。

序号	事项
1	纳税人未按照税收征收管理法及实施细则等有关规定将其全部银行账号向税务机关报送
2	纳税人未按照税收征收管理法及实施细则等有关规定设置、保管账簿或者保管记账凭证和有关资料
3	纳税人未按照税收征收管理法及实施细则等有关规定的期限办理纳税申报和报送纳税资料
4	纳税人使用税控装置开具发票，未按照税收征收管理法及实施细则、发票管理办法等有关规定的期限向主管税务机关报送开具发票的数据且没有违法所得
5	纳税人未按照税收征收管理法及实施细则、发票管理办法等有关规定取得发票，以其他凭证代替发票使用且没有违法所得
6	纳税人未按照税收征收管理法及实施细则、发票管理办法等有关规定缴销发票且没有违法所得
7	扣缴义务人未按照税收征收管理法及实施细则等有关规定设置、保管代扣代缴、代收代缴税款账簿或者保管代扣代缴、代收代缴税款记账凭证及有关资料
8	扣缴义务人未按照税收征收管理法及实施细则等有关规定的期限报送代扣代缴、代收代缴税款有关资料
9	扣缴义务人未按照《税收票证管理办法》的规定开具税收票证
10	境内机构或个人向非居民发包工程作业或劳务项目，未按照《非居民承包工程作业和提供劳务税收管理暂行办法》的规定向主管税务机关报告有关事项
11	纳税人使用非税控电子器具开具发票，未按照税收征收管理法及实施细则、发票管理办法等有关规定将非税控电子器具使用的软件程序说明资料报主管税务机关备案且没有违法所得
12	纳税人未按照税收征收管理法及实施细则、税务登记管理办法等有关规定办理税务登记证件验证或者换证手续
13	纳税人未按照税收征收管理法及实施细则、发票管理办法等有关规定加盖发票专用章且没有违法所得
14	纳税人未按照税收征收管理法及实施细则等有关规定将财务、会计制度或者财务、会计处理办法和会计核算软件报送税务机关备查

经典题解

【真题·多选题】下列有关税收违法行为及其处罚的说法中，正确的有（　　）。（2019年）

A. 对纳税人不进行纳税申报，不缴或者少缴应纳税款，应按偷税行为进行处罚

B. 纳税人编造虚假计税依据，税务机关应责令限期改正，并处1万元以上3万元以下罚款

C. 纳税人未按照规定设置、保管账簿，由税务机关责令限期改正，可以处2000元以下罚款；情节严重的，处2000元以上1万元以下罚款

D. 对纳税人以暴力、威胁方法拒不缴纳税款的行为，情节轻微，未构成犯罪的，税务机关有权处拒缴税款1倍以上5倍以下的罚款

E. 对骗取国家出口退税款，税务机关有权在规定期间内停止为其办理出口退税

【解析】（1）选项A：偷税是指纳税人伪造、变造、隐匿、擅自销毁账簿、记账凭证，或者在账簿上多列支出或者不列、少列收入，或者经税务机关通知申报而拒不申报或者进行虚假的纳税申报，不缴或者少缴应纳税款。（2）选项B：纳税人、扣缴义务人编造虚假计税依据，由税务机关责令限期改正，并处5万元以下的罚款。

【答案】CDE

02 税务行政处罚裁量权行使规则（★★★）

1. 税务行政处罚裁量基准制定

（1）税务行政处罚裁量基准，是税务机关为规范行使行政处罚裁量权而制定的细化量化标准。税务行政处罚裁量基准应当以税务规范性文件形式发布。

（2）税务机关在实施行政处罚时，应当以法律、法规、规章为依据，并在裁量基准范围内作出相应的行政处罚决定，不得单独引用税务行政处罚裁量基准作为依据。

2. 税务行政处罚裁量规则适用

首违可不罚	税务机关对于当事人首次违反且危害后果轻微，并在税务机关发现前主动改正的或者在税务机关责令限期改正的期限内改正的，可以不予行政处罚
责令限期改正	税务机关实施行政处罚应当责令当事人改正或者限期改正违法行为的，除法律、法规、规章另有规定外，责令限期改正的期限一般不超过30日
一事不二罚（款）	（1）对当事人的同一个税收违法行为不得给予两次以上罚款的行政处罚 （2）当事人同一个税收违法行为违反不同行政处罚规定且均应处以罚款的，应当选择适用处罚较重的条款
追究时效	违反税收法律、行政法规应当给予行政处罚的行为在5年内未被发现的，不再给予行政处罚
告知义务	行使税务行政处罚裁量权应当依法履行告知义务：在作出行政处罚决定前，应当告知当事人作出行政处罚决定的事实、理由、依据及拟处理结果，并告知当事人依法享有的权利

回避	税务机关行使税务行政处罚裁量权涉及法定回避情形的，应当依法告知当事人享有申请回避的权利；税务人员存在法定回避情形的，应当自行回避或者由税务机关决定回避
陈述、申辩	当事人有权进行陈述和申辩。税务机关应当充分听取当事人的意见，对其提出的事实、理由或者证据进行复核，陈述申辩事由成立的，税务机关应当采纳；不采纳的，应予说明理由。税务机关不得因当事人的申辩而加重处罚
集体决策	对情节复杂、争议较大、处罚较重、影响较广或者拟减轻处罚等税务行政处罚案件，应当经过集体审议决定
说明理由	税务机关按照一般程序实施行政处罚，应当在执法文书中对事实认定、法律适用、基准适用等说明理由

经典题解

【真题1·单选题】下列有关税务行政处罚裁量权的说法中，正确的是（　　）。（2019年）

A. 税务行政处罚裁量基准应当以部门规章形式发布

B. 税务机关在实施行政处罚时，可以单独引用税务行政处罚裁量基准作为依据

C. 当事人同一个税收违法行为违反不同行政处罚规定且均应处以罚款的，应当选择适用处罚较重的条款

D. 对当事人的同一个税收违法行为不得给予两次以上行政处罚

【解析】（1）选项AB：税务机关在实施行政处罚时，应当以法律、法规、规章为依据，并在裁量基准范围内作出相应的行政处罚决定，不得单独引用税务行政处罚裁量基准作为依据；税务行政处罚裁量基准应当以税务规范性文件形式发布。（2）选项D：对当事人的同一个税收违法行为，不得给予两次以上“罚款”的行政处罚。

【答案】C

【真题2·多选题】下列关于税务行政处罚裁量规则适用的说法中，正确的有（　　）。（2017年）

A. 对情节复杂、争议较大、处罚较重、影响较广的处罚案件，税务机关应当经过集体审议决定

B. 对拟减轻处罚的处罚案件，税务机关应当经过集体审议决定

C. 当事人同一个税收违法行为违反不同行政处罚规定且均应处以罚款的，应当选择适用处罚较重的条款

D. 行使税务行政处罚裁量权，税务机关应当依法履行告知义务

E. 对当事人的同一个税收违法行为不得给予两次以上的处罚

【解析】（1）对情节复杂、争议较大、处罚较重、影响较广或者拟减轻处罚等税务行政处罚案件，应当经过集体审议决定，A、B选项正确。（2）当事人同一个税收违法行为违反不同行政处罚规定且均应处以罚款的，应当选择适用处罚较重的条款，C选项正确。（3）行使税务行政处罚裁量权应当依法履行告知义务。在作出行政处罚决定前，应当告知当事人作

同步强化练习题参考答案及解析

使用“会计云课堂”App或“微信”扫码对答案、看解析、掌握解题思路，开启轻松过关之旅。

一、单项选择题

1. A

2. B

3. B 【解析】(1) 选项A：针对两个违法行为分别作出罚款行政处罚，并未违反“一事不二罚（款）”原则。(2) 选项B：针对同一个违法行为作出两次罚款的行政处罚，违反“一事不二罚（款）”原则。(3) 选项C：针对同一个违法行为分别作出罚款和责令停产停业行政处罚，并未违反“一事不二罚（款）”原则。(4) 选项D：两个行政机关针对同一个违法行为共同作出一项罚款行政处罚，并未违反“一事不二罚（款）”原则。

4. D 【解析】行政处罚的种类包括：(1) 警告、通报批评；(2) 罚款、没收违法所得、没收非法财物；(3) 暂扣许可证件、降低资质等级、吊销许可证件；(4) 限制开展生产经营活动、责令停产停业、责令关闭、限制从业；(5) 行政拘留；(6) 法律、行政法规规定的其他行政处罚。

5. B 【解析】税务行政处罚包括：(1) 罚款；(2) 没收违法所得；(3) 停止出口退税权；(4) 吊销税务行政许可证件。

6. C 【解析】(1) 选项A：违法行为轻微并及时改正，没有造成危害后果的，不予行政处罚。(2) 选项B：当事人有证据足以证明没有主观过错的，不予行政处罚。法律、行政法规另有规定的，从其规定。(3) 选项C：初次违法且危害后果轻微并及时改正的，可以不予行政处罚。(4) 选项D：不满14周岁的未成年人有违法行为的，不予行政处罚；已满14周岁不满18周岁的未成年人有违法行为的，应当从轻或者减轻行政处罚。

7. C

8. C 【解析】(1) 选项A：行政法规可以设定除限制人身自由以外的行政处罚。(2) 选项B：法规、规章对实施上位法设定的行政许可作出的具体规定，不得增设行政许可；对行政许可条件作出的具体规定，不得增设违反上位法的出行政处罚决定的事实、理由、依据及拟处理结果，并告知当事人依法享有的权利，D 选项正确。（4）对当事人的同一个税收违法行为不得给予 2 次以上罚款的行政处罚，而非不得给予两次以上的处罚，E 选项错误。

【答案】ABCD

03 税收违法案件审理程序（★★）

审理机构	（1）省以下各级税务局设立重大税务案件审理委员会（以下简称“审理委员会”），审理重大税务案件 （2）审理委员会由主任、副主任和成员单位组成，实行主任负责制 （3）审理委员会主任由税务局局长担任，副主任由税务局其他领导担任 （4）审理委员会下设办公室，办公室设在政策法规部门，办公室主任由政策法规部门负责人兼任
职责	（1）稽查局负责提交重大税务案件证据材料、拟作税务处理处罚意见、举行听证；稽查局对其提交的案件材料的真实性、合法性、准确性负责 （2）审理委员会成员单位根据部门职责参加案件审理，提出审理意见
回避	重大税务案件审理参与人员的回避，由其所在部门的负责人决定；审理委员会成员单位负责人的回避，由审理委员会主任或其授权的副主任决定
提请	稽查局应当在内部审理程序终结后 5 日内，将重大税务案件提请审理委员会审理；当事人按照法律、法规、规章有关规定要求听证的，由稽查局组织听证
书面审理	（1）审理委员会办公室自批准受理重大税务案件之日起 5 日内，将重大税务案件审理提请书及必要的案件材料分送审理委员会成员单位 （2）审理委员会成员单位自收到审理委员会办公室分送的案件材料之日起 10 日内，提出书面审理意见送审理委员会办公室 （3）审理委员会成员单位书面审理意见一致，或者经审理委员会办公室协调后达成一致意见的，由审理委员会办公室起草审理意见书，报审理委员会主任批准
会议审理	（1）审理委员会成员单位书面审理意见存在较大分歧，经审理委员会办公室协调仍不能达成一致意见的，由审理委员会办公室向审理委员会主任或其授权的副主任报告，提请审理委员会会议审理 （2）成员单位应当派员参加会议，2/3 以上成员单位到会方可开会 （3）审理委员会会议由审理委员会主任或其授权的副主任主持：首先由稽查局汇报案情及拟处理意见；审理委员会办公室汇报初审意见后，各成员单位发表意见并陈述理由 （4）审理委员会办公室根据会议审理情况制作审理纪要和审理意见书：审理纪要由审理委员会主任或其授权的副主任签发；审理意见书由审理委员会主任签发（注意 2 个文件签发主体不同）

补充调查	（1）稽查局补充调查不应超过30日，有特殊情况的，经稽查局局长批准可以适当延长，但延长期限最多不超过30日 （2）稽查局不能在规定期限内完成补充调查的，或者补充调查后仍然事实不清、证据不足的，由审理委员会办公室报请审理委员会主任或其授权的副主任批准，终止审理
审理期限	（1）重大税务案件应当自批准受理之日起30日内作出审理决定，不能在规定期限内作出审理决定的，经审理委员会主任或其授权的副主任批准，可以适当延长，但延长期限最多不超过15日 （2）补充调查、请示上级机关或征求有权机关意见、拟处理意见报上一级税务局审理委员会备案的时间不计入审理期限
执行	（1）稽查局应当按照重大税务案件审理意见书制作税务处理处罚决定等相关文书，加盖稽查局印章后送达执行 （2）文书送达后5日内，由稽查局送审理委员会办公室备案

经典题解

【真题·单选题】根据《重大税务案件审理办法》规定，下列关于重大税务案件审理程序要求的说法中，错误的是（　　）。（2018年）

A. 重大税务案件一般应当自批准受理之日起30日内作出审理决定

B. 重大税务案件审理期间，稽查局补充调查一般不应超过30日

C. 审理意见书应由审理委员会主任或其授权的副主任签发

D. 重大税务案件审理采取书面审理和会议审理相结合的方式

【解析】重大税务案件审理意见书由审理委员会“主任”签发。审理纪要由审理委员会主任或其授权的副主任签发。

【答案】C

本章小结

用“会计云课堂”App扫码学习

您已成功完成“第三章”的学习，本章共12个考点，您都学会了吗？

为了让您对本章有更清晰的理解，加倍巩固。本书作者陈小球老师将通过“电台音频课”的方式，带您回顾重要考点。

名师点拨，高效提分。

※ 欢迎扫码免费学习。

同步强化练习题

使用“会计云课堂”App或“微信”扫码快速做题、对答案、看解析、掌握解题思路，开启轻松过关之旅。

一、单项选择题

1. 根据行政处罚法律制度的规定，行政处罚没有依据或者实施主体不具有行政主体资格的，行政处罚无效，该规定体现的行政处罚基本原则是（　　）。
A. 处罚法定原则
B. 处罚公开、公正、过罚相当原则
C. 处罚与教育相结合原则
D. 保障相对人权益原则

2. 根据行政处罚法律制度的规定，作出罚款决定的行政机关应当与收缴罚款的机构分离，该规定体现的行政处罚的基本原则是（　　）。
A. 处罚法定原则
B. 监督制约、职能分离原则
C. 处罚与教育相结合原则
D. 保障相对人权益原则

3. 甲无证经营某矿泉水加工厂，因生产过程不规范，造成生产的某批矿泉水存在问题，导致数名消费者饮用后住院治疗。当地卫生局、市场监督管理局闻讯赶到，下列选项中，违反行政处罚基本原则的是（　　）。
A. 卫生局对甲生产不合格矿泉水行为作出罚款5000元行政处罚，市场监督管理局对甲无证经营行为作出罚款10000元行政处罚
B. 卫生局对甲生产不合格矿泉水行为作出罚款5000元行政处罚，市场监督管理局对甲生产不合格矿泉水行为作出罚款10000元行政处罚
C. 卫生局对甲生产不合格矿泉水行为作出罚款5000元行政处罚，市场监督管理局对甲生产不合格矿泉水行为作出责令停产停业行政处罚
D. 卫生局联合市场监督管理局对甲生产不合格矿泉水行为共同作出罚款5000元的行政处罚

4. 根据行政处罚法律制度的规定，下列各项中不属于行政处罚的是（　　）。
A. 行政拘留
B. 降低资质等级
C. 通报批评
D. 政务处分

5. 根据行政处罚法律制度规定，下列各项中，属于税务行政处罚的是（　　）。
A. 取消一般纳税人资格登记
B. 停止出口退税权
C. 停售发票
D. 停止抵扣

6. 根据行政处罚法律制度的规定，下列各项中，可以不予行政处罚的是（　　）。
A. 违法行为轻微
B. 当事人有证据足以证明有主观过错
C. 初次违法且危害后果轻微并及时改正

D. 已满14周岁不满18周岁的未成年人有违法行为

7. 根据行政处罚法律制度规定，下列各项中，属于地方政府规章不得设定的行政处罚是（　　）。

A. 所在省人民代表大会常务委员会规定限额内的一定数额罚款

B. 通报批评

C. 限制开展生产经营活动

D. 警告

8. 根据行政法律制度的规定，下列关于行政法规的说法中，正确的是（　　）。

A. 行政法规可以设定行政拘留处罚

B. 行政法规对实施法律设定的行政许可作出具体规定时，可以增设行政许可

C. 行政法规可以设定除限制公民人身自由，冻结存款、汇款和应当由法律规定的行政强制措施以外的其他行政强制措施

D. 行政法规之间对同一事项的新的一般规定与旧的特别规定不一致，不能确定如何适用时，由司法部裁决

9. 根据行政法律制度规定，关于追究时效，下列说法中，不正确的是（　　）。

A. 一般违法行为在2年内未被发现的，不再给予行政处罚；法律另有规定的除外

B. 涉及公民生命健康安全、金融安全且有危害后果的，违法行为在5年内未被发现的，不再给予行政处罚；法律另有规定的除外

C. 违反税收法律、行政法规应当给予行政处罚的行为在5年内未被发现的，不再给予行政处罚

D. 违反治安管理行为在1年内没有被公安机关发现的，不再处罚

10. 根据行政处罚法律制度规定，关于行政处罚决定的规定，下列说法中，错误的是（　　）。

A. 公民、法人或者其他组织违反行政管理秩序的行为，违法事实不清、证据不足的，不得给予行政处罚

B. 行政机关在作出行政处罚决定之前，无须告知当事人作出行政处罚决定的事实、理由，只需告知当事人依法享有的权利

C. 行政机关必须充分听取当事人的意见，对当事人提出的事实、理由和证据，应当进行复核

D. 行政机关不得因当事人陈述、申辩而给予更重的处罚

11. 甲县税务局对乙公司提出的陈述和申辩未进行复核并拒绝听取其陈述和申辩意见，违反法定程序构成重大且明显违法，根据行政处罚法律制度的规定，甲县税务局作出的行政处罚决定（　　）。

A. 不成立　　B. 无效

C. 可撤销　　D. 效力待定

12. 根据行政处罚法律制度规定，违法事实确凿并有法定依据，行政机关作出的下列决定中，在法律无特别规定的情况下，不可以当场作出的是（　　）。

A. 对公民甲作出的罚款200元的行政处罚决定

B. 对乙个人独资企业作出的罚款5000元的行政处罚决定

C. 对公民丙作出警告的行政处罚决定

D. 对丁有限责任公司作出的罚款2000元的行政处罚决定

13. 根据行政处罚法律制度规定，关于行政处罚普通程序，下列说法中，正确的是（　　）。

A. 对情节复杂或者重大违法行为给予的行政处罚应当先由从事行政处罚

决定审核的人员进行法制审核，之后由行政机关负责人单独作出决定

B. 行政机关应当自行政处罚案件立案之日起60日内作出行政处罚决定，法律、法规、规章另有规定的，从其规定

C. 行政处罚决定书必须盖有作出行政处罚决定的行政机关的印章

D. 行政处罚决定书应当在宣告后当场交付当事人；当事人不在场的，行政机关应当在2日内依照民事诉讼法的有关规定，将行政处罚决定书送达当事人

14. 根据行政处罚法律制度的规定，下列关于行政处罚执行的说法中，正确的是（　　）。

A. 当事人确有经济困难，需要延期或者分期缴纳罚款的，只要经当事人申请，就可以暂缓或者分期缴纳

B. 行政机关及其执法人员当场收缴罚款的，必须向当事人出具国务院财政部门统一制发的专用票据；不出具财政部门统一制发的专用票据的，当事人有权拒绝缴纳罚款

C. 当事人到期不缴纳罚款的，作出行政处罚决定的行政机关可以每日按罚款数额的3%加处罚款，加处罚款的数额不得超出罚款的数额

D. 当事人申请行政复议或者提起行政诉讼的，加处罚款的数额在行政复议或者行政诉讼期间不停止计算

15. 根据行政处罚法律制度规定，行政机关作出的下列行政处罚决定中，不适用行政处罚听证程序的是（　　）。

A. 责令停产停业

B. 吊销许可证件

C. 行政拘留

D. 较大数额罚款

16. 根据行政处罚法律制度规定，关于行政处罚听证程序，下列说法中，错误的是（　　）。

A. 当事人要求听证的，应当在行政机关告知后5日内提出

B. 行政机关应当在收到当事人听证要求后15日内举行听证

C. 行政机关应当在举行听证的7日前，通知当事人及有关人员听证的时间、地点

D. 除涉及国家秘密、商业秘密或者个人隐私依法予以保密外，听证公开举行

17. 根据行政处罚法律制度规定，下列各项中，不属于执法人员可以当场收缴罚款情形的是（　　）。

A. 行政执法人员依规定当场作出给予50元的罚款的行政处罚决定

B. 行政执法人员依规定当场作出行政处罚决定，不当场收缴事后难以执行

C. 在边远、水上、交通不便地区，行政机关及其执法人员依照规定作出罚款决定后，当事人到指定的银行或者通过电子支付系统缴纳罚款确有困难，经当事人提出

D. 行政执法人员依规定当场作出给予200元的罚款的行政处罚决定

18. 根据行政处罚法律制度的规定，关于行政机关委托相关组织实施行政处罚的表述中，正确的是（　　）。

A. 行政机关依照法律、行政法规的规定，可以在其法定权限内书面委托符合法定条件的其他行政机关实施行政处罚，行政机关不得委托其他组织或者个人实施行政处罚

B. 委托书应当载明委托的具体事项、

权限、期限等内容，委托行政机关和受委托组织可以将委托书向社会公布

C. 受委托组织应当有熟悉有关法律、法规、规章和业务并取得行政执法资格的工作人员

D. 受委托组织在必要时可以再委托其他组织或者个人实施行政处罚

19. 根据行政处罚法律制度规定，税务行政处罚裁量基准属于（　　）。

A. 法律

B. 行政法规

C. 部门规章

D. 规范性文件

20. 根据行政处罚法律制度规定，关于涉嫌犯罪案件移送程序，下列选项中，错误的是（　　）。

A. 行政执法机关对应当向公安机关移送的涉嫌犯罪案件，不得以行政处罚代替移送

B. 行政执法机关正职负责人或者主持工作的负责人应当自接到报告之日起 3 日内作出批准移送或者不批准移送的决定

C. 决定批准的，应当在 24 小时内向上一级公安机关移送

D. 公安机关对行政执法机关移送的涉嫌犯罪案件，不属于本机关管辖的，应当在 24 小时内转送有管辖权的机关，并书面告知移送案件的行政执法机关

21. 根据《税收征管法》规定，纳税人的下列行为中，属于偷税的是（　　）。

A. 欠缴应纳税款，采取转移或者隐匿财产的手段，妨碍税务机关追缴欠缴的税款

B. 伪造、变造、隐匿、擅自销毁账簿、记账凭证，或者在账簿上多列支出或者不列、少列收入，或者经税务机关通知申报而拒不申报或者进行虚假的纳税申报，不缴或者少缴应纳税款

C. 以暴力、威胁方法拒不缴纳税款

D. 不进行纳税申报，不缴或者少缴应纳税款

22. 根据《重大税务案件审理办法》规定，下列关于重大税务案件审理程序要求的说法中，正确的是（　　）。

A. 稽查局补充调查不应超过 30 日，有特殊情况的，经稽查局局长批准可以适当延长，但延长期限最多不超过 15 日

B. 稽查局按照重大税务案件审理意见书制作税务处理处罚决定等相关文书，送达执行后可以补充加盖稽查局印章

C. 审理委员会办公室根据会议审理情况制作审理意见书，审理意见书由审理委员会主任或其授权的副主任签发

D. 审理委员会成员单位负责人的回避，由审理委员会主任或其授权的副主任决定

二、多项选择题

1. 行政机关在实施行政处罚时应做到过罚相当，即作出的行政处罚应符合（　　）。
   A. 设定该处罚的目的
   B. 相同情况相同处罚
   C. 比例原则
   D. 合乎情理且有可行性
   E. 实行查处分开

2. 根据行政处罚法律制度规定，下列关于行政处罚基本原则的表述中，正确的有（　　）。
   A. 行政机关未责令当事人改正或者限期改正违法行为即作出行政处罚的，行政处罚行为无效
   B. 公民、法人或者其他组织对行政机关所给予的行政处罚，享有陈述权、申辩权
   C. 对违法行为人的违法行为，不得以同一事实和同一依据给予两个（次）以上的同类处罚
   D. 行政机关执法人员当场作出的处罚决定向所属行政机关备案，体现了职能分离原则
   E. 行政机关在实施行政处罚时，应当责令当事人改正或者限期改正违法行为，对情节轻微的违法行为也不一定都要实施行政处罚

3. 某行政机关工作人员甲根据行政处罚法律制度的规定，针对乙的违法行为当场作出处罚决定，根据行政法理论，甲当场作出行政处罚决定的行为属于（　　）。
   A. 要式行政行为
   B. 损益行政行为
   C. 行政终局裁决行为
   D. 行政强制行为
   E. 负担行政行为

4. 根据行政法理论和法律、行政法规规定，行政处罚的种类包括（　　）。
   A. 划拨存款、汇款
   B. 罚款
   C. 征收国有土地上房屋
   D. 加处罚款或者滞纳金
   E. 吊销律师执业证

5. 根据行政处罚法律制度规定，地方性法规可以设定的行政处罚有（　　）。
   A. 暂扣许可证件
   B. 责令关闭
   C. 降低资质等级
   D. 行政拘留
   E. 限制从业

6. 根据行政处罚法律制度规定，下列各项中，可以设定限制从业行政处罚的有（　　）。
   A. 法律
   B. 行政法规
   C. 地方性法规
   D. 部门规章
   E. 地方政府规章

7. 根据行政处罚法律制度规定，下列关于行政处罚设定的表述中，正确的有（　　）。
   A. 行政法规可以设定各种类型的行政处罚
   B. 限制人身自由的行政处罚，只能由法律设定
   C. 地方性法规可以设定除限制人身自由、吊销营业执照以外的行政处罚
   D. 尚未制定法律、法规的，地方政府规章可以设定警告或者一定数量罚款的行政处罚，罚款的限额由本级人民代表大会规定

E. 尚未制定法律、行政法规的，国务院部门规章对违反行政管理秩序的行为，可以设定警告、通报批评或者一定数额罚款的行政处罚

8. 根据行政处罚法律制度规定，下列关于行政处罚实施的表述中，不正确的有（　　）。

A. 行政处罚由具有行政处罚权的行政机关在法定职权范围内实施

B. 国家在城市管理、市场监管、生态环境、文化市场、交通运输、应急管理、农业等领域推行建立综合行政执法制度，相对集中行政处罚权

C. 国务院或者省、自治区、直辖市人民政府可以决定一个行政机关行使有关行政机关的行政处罚权

D. 限制人身自由的行政处罚权只能由公安机关行使，其他机关一律不得行使

E. 法律、行政法规授权的具有管理公共事务职能的组织可以超越法定授权范围实施行政处罚

9. 根据行政处罚法律制度规定，下列关于行政处罚实施的表述中，正确的有（　　）。

A. 行政机关依照法律、法规、规章的规定，应当在其法定权限内书面委托符合规定条件的组织实施行政处罚

B. 经上一级机关事先书面批准，行政机关可以委托个人实施行政处罚

C. 委托书应当载明委托的具体事项、权限、期限等内容，委托行政机关和受委托组织应当将委托书向社会公布

D. 委托行政机关对受委托组织实施行政处罚的行为应当负责监督，但委托机关对该行为的后果不承担法律责任

E. 受委托组织在委托范围内，以委托行政机关名义实施行政处罚；不得再委托其他组织或者个人实施行政处罚

10. 根据行政处罚法律制度规定，下列属于行政处罚证据类型的有（　　）。

A. 现场笔录

B. 鉴定意见

C. 当事人的陈述

D. 勘验笔录

E. 专家意见

11. 根据行政处罚法律制度规定，行政机关依照法律、法规、规章的规定，可以在其法定权限内书面委托符合规定条件的组织实施行政处罚，该条件包括（　　）。

A. 依法成立并具有管理公共事务职能

B. 有熟悉有关法律、法规、规章和业务并取得行政执法资格的工作人员

C. 需要进行技术检查或者技术鉴定的，应当有条件组织进行相应的技术检查或者技术鉴定

D. 依法成立并具有相关履行行政处罚职能所需的资质

E. 具备相应的设备、材料、器具以及管理规程、内部控制制度和组织机构

12. 根据行政处罚法律制度的规定，下列情形中，不予行政处罚的有（　　）。

A. 配合行政机关查处违法行为有立功表现的

B. 精神病人在不能辨认或者不能控制自己行为时有违法行为的

C. 不满 14 周岁的人有违法行为的

D. 违法行为轻微并及时纠正，没有造成危害后果的

E. 受他人胁迫实施违法行为的

13. 根据行政处罚法律制度的规定，下列情形中，应当从轻或减轻行政处罚的有（　　）。

A. 当事人主动消除或者减轻违法行为危害后果

B. 当事人配合行政机关查处违法行为有立功表现

C. 尚未完全丧失辨认或者控制自己行为能力的精神病人、智力残疾人有违法行为

D. 当事人受他人胁迫或者诱骗实施违法行为

E. 当事人主动供述行政机关尚未掌握的违法行为

14. 根据行政处罚法律制度规定，关于行政处罚简易程序，下列选项中，正确的有（　　）。

A. 执法人员当场作出行政处罚决定，应当向当事人出示执法证件

B. 执法人员当场作出行政处罚决定，应当填写预定格式、编有号码的行政处罚决定书

C. 执法人员当场作出行政处罚决定的，行政处罚决定书应当当场交付当事人

D. 行政处罚决定书应当载明当事人的违法行为，行政处罚的种类和依据、罚款数额、时间、地点，申请行政复议、提起行政诉讼的途径和期限以及行政机关名称，并由执法人员签名并盖章

E. 执法人员当场作出的行政处罚决定，必须报所属行政机关审批

15. 根据行政处罚法律制度规定，关于行政处罚普通程序，下列选项中，正确的有（　　）。

A. 立案是行政处罚一般程序的开始，应填写立案审批表或立案决定书，由行政首长批准，并指派专人承办

B. 执法人员在调查或者进行检查时，应当主动向当事人或者有关人员出示执法证件

C. 行政机关在收集关键证据时，不得采取抽样取证的方法

D. 在证据可能灭失或者以后难以取得的情况下，经行政机关负责人批准，可以先行登记保存，并应当在5日内及时作出处理决定，在此期间，当事人或者有关人员不得销毁或者转移证据

E. 对情节复杂或者重大违法行为给予行政处罚，行政机关的负责人应当集体讨论决定

16. 根据行政处罚法律制度规定，关于行政处罚决定程序的规定，下列选项中，说法正确的有（　　）。

A. 行政处罚应当由行政机关工作人员实施

B. 行政机关依照法律、行政法规规定利用电子技术监控设备收集、固定违法事实的，应当经过法制和技术审核，确保电子技术监控设备符合标准、设置合理、标志明显，但是设置地点不得向社会公布

C. 电子技术监控设备记录违法事实未经审核或者经审核不符合要求的，不得作为行政处罚的证据

D. 行政机关应当及时告知当事人违法事实，并采取信息化手段或者其他措施，为当事人查询、陈述和申辩提供便利，不得限制或者变相限制当事人享有的陈述权、申辩权

E. 执法人员不得少于2人，法律、行政法规另有规定的除外

17. 根据行政处罚法律制度规定，行政机关拟作出相关行政处罚决定前应当告知当事人有要求听证的权利的事项有（　　）。

A. 较大数额罚款

B. 没收较大价值非法财物

C. 降低资质等级

D. 责令停产停业、限制从业

E. 警告

18. 根据行政处罚法律制度规定，关于行政处罚听证程序，下列说法中，正确的有（　　）。
A. 听证由行政机关指定的非本案调查人员主持；当事人认为主持人与本案有直接利害关系的，有权申请回避
B. 当事人应当亲自参加听证，不得委托代理人
C. 听证程序中，当事人或其代理人可以进行申辩和质证
D. 听证应当制作笔录，笔录应当交当事人或其代理人审核无误后签字并盖章
E. 听证结束后，行政机关应当根据听证笔录，依照规定，作出决定

19. 根据行政处罚法律制度规定，下列各项中，适用行政处罚听证程序的有（　　）。
A. 住建局因甲公司在施工中偷工减料而降低其施工资质等级
B. 卫生局因重大医疗事故吊销了赵医生的医师执业资格
C. 税务局对演员范某处以 8.4 亿罚款的行政处罚
D. 公安机关对孙某处以警告处罚
E. 广电总局对某知名艺人郑某予以通报批评

20. 根据行政法律制度规定，税务机关作出的下列决定，当事人可以要求听证的有（　　）。
A. 税务机关决定对公民甲罚款 1000 元
B. 税务机关决定对乙个人独资企业罚款 10000 元
C. 税务机关决定停止丙股份有限公司出口退税权
D. 税务机关决定吊销丁有限责任公司税务行政许可证件
E. 税务机关决定通知有关部门阻止公民戊出境

21. 根据行政处罚法律制度规定，关于当场收缴罚款，下列说法中，正确的有（　　）。
A. 行政执法人员依法当场作出行政处罚决定的，执法人员就应当当场收缴罚款
B. 执法人员当场收缴的罚款，应当自收缴罚款之日起 2 日内，交至行政机关；在水上当场收缴的罚款，应当自抵岸之日起 2 日内交至行政机关
C. 行政机关应当在 5 日内将罚款缴付指定的银行
D. 必须向当事人出具所属行政机关统一制发的专用票据
E. 不出具财政部门统一制发的专用票据的，当事人有权拒绝缴纳罚款

22. 根据行政处罚法律制度规定，关于行政处罚执行程序，下列说法中，正确的有（　　）。
A. 当事人对行政处罚决定不服，申请行政复议或者提起行政诉讼的，行政处罚不停止执行，法律、行政法规另有规定的除外
B. 除依行政处罚法的规定当场收缴的罚款外，作出行政处罚决定的行政机关及其执法人员不得自行收缴罚款
C. 当事人到期不缴纳罚款的，行政机关每日按罚款数额的 3% 加处罚款，加处罚款的数额不得超出罚款的数额
D. 当事人对税务机关的处罚决定逾期不申请行政复议也不向人民法院起诉、又不履行的，作出处罚决定的税务机关不得申请人民法院强制执行
E. 罚款、没收的违法所得或者没收非法财物拍卖的款项，必须全部上缴

国库，任何行政机关或者个人不得以任何形式截留、私分或者变相私分

23. 根据行政处罚法律制度规定，关于涉嫌犯罪案件移送程序，下列选项中，正确的有（　　）。
   A. 公安机关对行政执法机关移送案件，可以以材料不全为由，不接受移送案件
   B. 公安机关应当自接受行政执法机关移送的涉嫌犯罪案件之日起3日内，依照规定对所移送的案件进行审查
   C. 行政执法机关接到公安机关不予立案的通知书后，认为依法应当由公安机关决定立案的，应当自接到不予立案通知书之日起3日内，提请作出不予立案决定的公安机关复议，且应当建议人民检察院依法进行立案监督
   D. 行政执法机关在移送案件时已经作出行政处罚决定的，应当将行政处罚决定书一并抄送公安机关、人民检察院
   E. 行政执法机关在移送案件时未作出行政处罚决定的，原则上应当在公安机关决定不予立案或者撤销案件、人民检察院作出不起诉决定、人民法院作出无罪判决或者免予刑事处罚后，再决定是否给予行政处罚

24. 根据《税收征收管理法》规定，假定不考虑“首违不罚”，纳税人有特定行为之一的，由税务机关责令限期改正，可以处2000元以下的罚款；情节严重的，处2000元以上10000元以下的罚款，属于该特定行为的有（　　）。
   A. 未按照规定保管账簿或者保管记账凭证和有关资料
   B. 未按照规定的期限申报办理税务登记
   C. 在账簿上多列支出或者不列、少列收入，不缴或者少缴应纳税款
   D. 未按照规定将其全部银行账号向税务机关报告
   E. 不进行纳税申报，不缴或者少缴应纳税款

25. 下列有关税务行政处罚裁量权的说法中，正确的有（　　）。
   A. 对情节复杂、争议较大、处罚较重、影响较广或者拟减轻处罚等税务行政处罚案件，应当经过集体审议决定
   B. 当事人同一个税收违法行为违反不同行政处罚规定且均应处以罚款的，应当选择适用处罚较轻的条款
   C. 税务机关按照一般程序实施行政处罚，应当在执法文书中对事实认定、法律适用、基准适用等说明理由
   D. 税务机关在作出行政处罚决定前，应当告知当事人作出行政处罚决定的事实、理由、依据及拟处理结果，并告知当事人依法享有的权利
   E. 税务机关应当责令当事人改正或者限期改正违法行为的，除法律、法规、规章另有规定外，责令限期改正的期限一般不超过60日

其他条件。(3) 选项D：行政法规之间对同一事项的新的一般规定与旧的特别规定不一致，不能确定如何适用时，由国务院裁决。

9. D　【解析】违反治安管理行为在6个月内没有被公安机关发现的，不再处罚。

10. B　【解析】选项B：行政机关在作出行政处罚决定之前，应当告知当事人拟作出的行政处罚内容及事实、理由、依据，并告知当事人依法享有的陈述、申辩、要求听证等权利。

11. B　【解析】行政处罚没有依据或者实施主体不具有行政主体资格的，行政处罚无效。违反法定程序构成重大且明显违法的，行政处罚无效。

12. B　【解析】违法事实确凿并有法定依据，对公民处以200元以下、对法人或者其他组织处以3000元以下罚款或者警告的行政处罚的，可以当场作出行政处罚决定。法律另有规定的，从其规定。

13. C　【解析】(1) 选项A：对情节复杂或者重大违法行为给予行政处罚，行政机关负责人应当集体讨论决定。(2) 选项B：行政机关应当自行政处罚案件立案之日起90日内作出行政处罚决定。法律、法规、规章另有规定的，从其规定。(3) 选项D：行政处罚决定书应当在宣告后当场交付当事人；当事人不在场的，行政机关应当在7日内依照民事诉讼法的有关规定，将行政处罚决定书送达当事人。

14. C　【解析】(1) 选项A：当事人确有经济困难，需要延期或者分期缴纳罚款的，经当事人申请和行政机关批准，可以暂缓或者分期缴纳。(2) 选项B：行政机关及其执法人员当场收缴罚款的，必须向当事人出具国务院财政部门或者省、自治区、直辖市人民政府财政部门统一制发的专用票据；不出具财政部门统一制发的专用票据的，当事人有权拒绝缴纳罚款。(3) 选项D：当事人申请行政复议或者提起行政诉讼的，加处罚款的数额在行政复议或者行政诉讼期间不予计算。

15. C　【解析】行政机关拟作出下列行政处罚决定，应当告知当事人有要求听证的权利，当事人要求听证的，行政机关应当组织听证：(1) 较大数额罚款(选项D)；(2) 没收较大数额违法所得、没收较大价值非法财物；(3) 降低资质等级、吊销许可证件(选项B)；(4) 责令停产停业、责令关闭、限制从业(选项A)；(5) 其他较重的行政处罚；(6) 法律、法规、规章规定的其他情形。

16. B　【解析】《行政处罚法》并未就行政机关举行听证作出时限方面的规定。

17. D　【解析】(1) 选项ABD：依照《行政处罚法》规定当场作出行政处罚决定，有下列情形之一，执法人员可以当场收缴罚款：①依法给予100元以下罚款的；②不当场收缴事后难以执行的。(2) 选项C：在边远、水上、交通不便地区，行政机关及其执法人员依照规定作出罚款决定后，当事人到指定的银行或者通过电子支付系统缴纳罚款确有困难，经当事人提出，行政机关及其执法人员可以当场收缴罚款。

18. C　【解析】(1) 选项 A：行政机关依照“法律、法规、规章”的规定，可以在其法定权限内书面委托“符合法定条件的组织”实施行政处罚，行政机关不得委托其他组织或者个人实施行政处罚。(2) 选项 B：委托书应当载明委托的具体事项、权限、期限等内容。委托行政机关和受委托组织“应当”将委托书向社会公布。(3) 选项 D：受委托组织在委托范围内，以委托行政机关名义实施行政处罚；“不得”再委托其他组织或者个人实施行政处罚。

19. D　【解析】税务行政处罚裁量基准，是税务机关为规范行使行政处罚裁量权而制定的细化量化标准。税务行政处罚裁量基准应当以税务规范性文件形式发布。

20. C　【解析】决定批准的，应当在24 小时内向同级公安机关移送。

21. B　【解析】(1) 选项 A：逃避追缴欠税行为。(2) 选项 C：抗税行为。(3) 选项 D：不进行纳税申报行为。

22. D　【解析】(1) 选项 A：稽查局补充调查不应超过 30 日，有特殊情况的，经稽查局局长批准可以适当延长，但延长期限最多不超过 30 日。(2) 选项 B：稽查局应当按照重大税务案件审理意见书制作税务处理处罚决定等相关文书，加盖稽查局印章后送达执行。(3) 选项 C：审理委员会办公室根据会议审理情况制作审理纪要和审理意见书，审理意见书由审理委员会主任签发。

二、多项选择题

1. ABCD　【解析】(1) 选项 ABCD：过罚相当原则要求作出的处罚符合设定该处罚的目的，相同情况相同处罚；处罚应采用最必要的方式，处罚应当符合比例原则、合乎情理且有可行性、符合客观规律。(2) 选项 E：处罚公正原则。

2. BE　【解析】(1) 选项 A：行政机关未责令当事人改正或者限期改正违法行为即作出行政处罚的，虽然违反行政处罚的法律原则，但并不直接导致行政处罚程序违法，不会导致行政处罚行为的无效或撤销。(2) 选项 C：对当事人的同一个违法行为，不得给予两次以上罚款的行政处罚。同一个违法行为违反多个法律规范应当给予罚款处罚的，按照罚款数额高的规定处罚。(3) 选项 D：行政机关执法人员当场作出的处罚决定向所属行政机关备案，体现了监督制约原则。

3. ABE　【解析】(1) 选项 A：执法人员当场作出行政处罚决定的，应当向当事人出示执法证件，填写预定格式、编有号码的行政处罚决定书，因此，当场作出行政处罚决定属于要式行政行为。(2) 选项BE：行政处罚系损益行政行为，又称负担行政行为。(3) 选项C：行政处罚不属于行政终局裁决行为。(4) 选项D：行政处罚不是行政强制行为。

4. BE / 【解析】(1) 选项AD：属于行政强制执行。(2) 选项C：属于行政征收。

5. ABCE / 【解析】地方性法规可以设定除限制人身自由、吊销营业执照以外的行政处罚。

6. ABC / 【解析】部门规章和地方政府规章只可以设定警告、通报批评或者一定数额罚款的行政处罚。

7. BCE / 【解析】(1) 选项A：行政法规可以设定除限制人身自由以外的行政处罚。(2) 选项D：尚未制定法律、法规的，地方政府规章对违反行政管理秩序的行为，可以设定警告、通报批评或者一定数额罚款的行政处罚。罚款的限额由省、自治区、直辖市人民代表大会常务委员会规定。

8. DE / 【解析】(1) 选项D：限制人身自由的行政处罚权只能由公安机关和法律规定的其他机关行使。(2) 选项E：法律、法规授权的具有管理公共事务职能的组织可以在法定授权范围内实施行政处罚。

9. CE / 【解析】(1) 选项AB：行政机关依照法律、法规、规章的规定，"可以"在其法定权限内书面委托符合规定条件的组织实施行政处罚，行政机关不得委托其他组织或者个人实施行政处罚。(2) 选项D：委托行政机关对受委托组织实施行政处罚的行为应当负责监督，并对该行为的后果承担法律责任。

10. ABCD / 【解析】行政处罚证据类型包括：(1) 书证；(2) 物证；(3) 视听资料；(4) 电子数据；(5) 证人证言；(6) 当事人的陈述；(7) 鉴定意见；(8) 勘验笔录、现场笔录。

11. ABC / 【解析】受委托组织必须符合以下条件：(1) 依法成立并具有管理公共事务职能；(2) 有熟悉有关法律、法规、规章和业务并取得行政执法资格的工作人员；(3) 需要进行技术检查或者技术鉴定的，应当有条件组织进行相应的技术检查或者技术鉴定。

12. BCD / 【解析】(1) 选项AE：当事人有下列情形之一，应当从轻或者减轻行政处罚：①主动消除或者减轻违法行为危害后果的；②受他人胁迫或者诱骗实施违法行为的；③主动供述行政机关尚未掌握的违法行为的；④配合行政机关查处违法行为有立功表现的；⑤法律、法规、规章规定其他应当从轻或者减轻行政处罚的。(2) 选项B：精神病人、智力残疾人在不能辨认或者不能控制自己行为时有违法行为的，不予行政处罚。(3) 选项C：不满14周岁的未成年人有违法行为的，不予行政处罚；已满14周岁不满18周岁的未成年人有违法行为的，应当从轻或者减轻行政处罚。(4) 选项D：违法行为轻微并及时改正，没有造成危害后果的，不予行政处罚。

13. ABDE 【解析】选项C：尚未完全丧失辨认或者控制自己行为能力的精神病人、智力残疾人有违法行为的，可以从轻或者减轻行政处罚。

14. ABC 【解析】（1）选项D：行政处罚决定书应当载明当事人的违法行为，行政处罚的种类和依据、罚款数额、时间、地点，申请行政复议、提起行政诉讼的途径和期限以及行政机关名称，并由执法人员签名或者盖章。（2）选项E：执法人员当场作出的行政处罚决定，必须报所属行政机关备案。

15. ABE 【解析】（1）选项C：行政机关在收集证据时，可以采取抽样取证的方法。（2）选项D：在证据可能灭失或者以后难以取得的情况下，经行政机关负责人批准，可以先行登记保存，并应当在7日内及时作出处理决定，在此期间，当事人或者有关人员不得销毁或者转移证据。

16. CD 【解析】（1）选项A：行政处罚应当由具有行政执法资格的执法人员实施。（2）选项B：行政机关依照法律、行政法规规定利用电子技术监控设备收集、固定违法事实的，应当经过法制和技术审核，确保电子技术监控设备符合标准、设置合理、标志明显，设置地点应当向社会公布。（3）选项E：执法人员不得少于2人，法律另有规定的除外。

17. ABCD 【解析】行政机关拟作出下列行政处罚决定，应当告知当事人有要求听证的权利，当事人要求听证的，行政机关应当组织听证：（1）较大数额罚款；（2）没收较大数额违法所得、没收较大价值非法财物；（3）降低资质等级、吊销许可证件；（4）责令停产停业、责令关闭、限制从业；（5）其他较重的行政处罚；（6）法律、法规、规章规定的其他情形。

18. ACE 【解析】（1）选项B：当事人可以亲自参加听证，也可以委托1~2人代理。（2）选项D：笔录应当交当事人或其代理人核对无误后签字或者盖章。

19. ABC 【解析】行政机关拟作出下列行政处罚决定，应当告知当事人有要求听证的权利，当事人要求听证的，行政机关应当组织听证：（1）较大数额罚款（选项C）；（2）没收较大数额违法所得、没收较大价值非法财物；（3）降低资质等级、吊销许可证件（选项AB）；（4）责令停产停业、责令关闭、限制从业；（5）其他较重的行政处罚；（6）法律、法规、规章规定的其他情形。

20. BD 【解析】税务机关作出行政处罚中适用听证程序包括：（1）税务机关对公民作出2000元以上（含本数）罚款或者对法人或者其他组织作出1万元以上（含本数）罚款；（2）没收较大数额违法所得案件；（3）吊销税务行政许可证件。

21. BE 【解析】（1）选项A：依规定当场作出行政处罚决定，有下列情形之一，执法人员可以当场收缴罚款：①依法给予100元以下罚款的；②不当场收缴事后难以执行的。（2）选项BC：执法人员当场收缴的罚款，应当自收缴罚款之日起2日内，交至行政机关；在水上当场收缴的罚款，应当自抵岸之日起

2日内交至行政机关；行政机关应当在2日内将罚款缴付指定的银行。(3) 选项DE：行政机关及其执法人员当场收缴罚款的，必须向当事人出具国务院财政部门或者省、自治区、直辖市人民政府财政部门统一制发的专用票据；不出具财政部门统一制发的专用票据的，当事人有权拒绝缴纳罚款。

22. BCE 【解析】(1) 选项A：当事人对行政处罚决定不服，申请行政复议或者提起行政诉讼的，行政处罚不停止执行，法律另有规定的除外。(2) 选项D：当事人对税务机关的处罚决定逾期不申请行政复议也不向人民法院起诉、又不履行的，作出处罚决定的税务机关可以采取规定的强制执行措施，或者申请人民法院强制执行。

23. BDE 【解析】(1) 选项A：公安机关对材料不全的，应当在接受案件的24小时内书面告知移送的行政执法机关在3日内补正；但不得以材料不全为由，不接受移送案件。(2) 选项C：行政执法机关接到公安机关不予立案的通知书后，认为依法应当由公安机关决定立案的，可以自接到不予立案通知书之日起3日内，提请作出不予立案决定的公安机关复议，也可以建议人民检察院依法进行立案监督。

24. ABD 【解析】(1) 选项C：纳税人伪造、变造、隐匿、擅自销毁账簿、记账凭证，或者在账簿上多列支出或者不列、少列收入，或者经税务机关通知申报而拒不申报或者进行虚假的纳税申报，不缴或者少缴应纳税款，税务机关追缴其不缴或者少缴的税款、滞纳金，并处不缴或者少缴的税款50%以上5倍以下的罚款；构成犯罪的，依法追究刑事责任。(2) 选项E：纳税人不进行纳税申报，不缴或者少缴应纳税款的，由税务机关追缴其不缴或者少缴的税款、滞纳金，并处不缴或者少缴的税款50%以上5倍以下的罚款。

25. ACD 【解析】(1) 选项B：对当事人的同一个税收违法行为不得给予两次以上罚款的行政处罚；当事人同一个税收违法行为违反不同行政处罚规定且均应处以罚款的，应当选择适用处罚较重的条款。(2) 选项E：税务机关应当责令当事人改正或者限期改正违法行为的，除法律、法规、规章另有规定外，责令限期改正的期限一般不超过30日。

第四章　行政强制法律制度

本章学习指南

一、考情概况

本章近 3 年平均考查分值约 4.7 分，考查题型通常为单选题、多选题，但也会涉及综合分析题，近年考核分值有所上涨。

本章为非重点章节，内容包括行政强制法基础、行政强制措施的实施、行政强制执行的实施等相关知识。

最近 3 年题型题量分析表

题型	2021 年	2020 年	2019 年
单项选择题	1.5 分	1.5 分	3.0 分
多项选择题	——	——	——
综合分析题	6.0 分	2.0 分	——
合计	7.5 分	3.5 分	3.0 分

二、教材变动

本章 2022 年无实质性变化，仅个别文字调整。

核心考点精讲

第一单元　行政强制法基础

查看本单元视频，快速 GET 知识点
使用“会计云课堂”App或“微信”扫码

01 行政强制的概念与基本原则（★）

行政强制	行政强制措施	行政机关在行政管理过程中，为制止违法行为、防止证据损毁、避免危害发生、控制危险扩大等情形，依法对公民的人身自由实施暂时性限制，或者对公民、法人或者其他组织的财物实施暂时性控制的行为（强调“暂时性”）
	行政强制执行	行政机关或者行政机关申请人民法院，对不履行行政决定的公民、法人或者其他组织，依法强制履行义务的行为 【提示】有行政强制执行权的行政机关在权限范围内依法实施行政强制执行；无行政强制执行权的行政机关申请人民法院强制执行（有例外）
行政强制法的基本原则	（1）行政强制合法性原则（设定合法、实施合法） （2）行政强制适当原则（合理性原则）：当多种行政强制手段都可以实现行政目的时，应选择对当事人权益损害最小的方式 （3）教育与强制相结合原则 （4）禁止利用行政强制权谋取利益原则 （5）保障当事人程序权利和法律救济权利原则 ①陈述权、申辩权是基本程序权利 ②法律救济途径：行政复议、行政诉讼和国家赔偿	

02 行政强制的种类（★★）

1. 行政强制的种类

行政强制措施	（1）限制公民人身自由；（2）查封场所、设施或者财物；（3）扣押财物；（4）冻结存款、汇款；（5）其他行政强制措施
行政强制执行	（1）加处罚款或者滞纳金；（2）划拨存款、汇款；（3）拍卖或者依法处理查封、扣押的场所、设施或者财物；（4）排除妨碍、恢复原状；（5）代履行；（6）其他强制执行方式

考点提示

1. 其他行政强制措施，如：证据先行登记保存（《行政处罚法》）、交通管制（《道路交通安全法》）、交通管制、隔离（《突发事件应对法》）、强制进入场所（《食品安全法》）、通信管制（《无线电管理条例》）。

2. 其他强制执行方式，如：强制履行兵役义务、强制收购、强制教育等。

2. 税务行政强制（包括行政强制措施、行政强制执行）

（1）收缴或者停止发售发票；（2）税收保全；（3）税收强制执行；（4）申请人民法院强制执行。

考点提示

责令提供纳税担保、通知阻止出境、行使代位权或者撤销权、行使税收优先权不属于税务行政强制。

经典题解

【真题1·多选题】根据《行政强制法》规定，行政强制措施包括（　　）。（2017年）

A. 代履行

B. 税务机关强制执行税款

C. 查封、扣押

D. 税务机关申请法院强制执行罚款

E. 冻结存款账户

【解析】行政强制措施包括：（1）限制公民人身自由；（2）查封场所、设施或者财物（选项C）；（3）扣押财物（选项C）；（4）冻结存款、汇款（选项E）；（5）其他行政强制措施。

【答案】CE

【真题2·单选题】根据行政法理论和《行政强制法》的规定，下列行政行为中，性质上属于行政强制措施的是（　　）。（2013年）

A. 有权行政机关依法强制拆除当事人违法的建筑物、构筑物

B. 市场监督管理机关依照法律规定将当事人的有关物品予以扣押

C. 有权行政机关强行清除当事人不能清除而又需要立即清除的道路、河道或者公共场所障碍物

D. 税务机关对逾期不履行缴纳罚款义务的纳税人加处罚款

【解析】选项ACD：属于行政强制执行。

【答案】B

【真题3·多选题】根据《行政强制法》的规定，下列属于行政强制执行的方式有（　　）。（2012年）

A. 冻结存款、汇款

B. 排除妨碍、恢复原状

C. 加处罚款或者滞纳金

D. 查封场所、设施或者财物

E. 拍卖或者依法处理查封、扣押的场所、设施或者财物

【解析】选项AD：属于行政强制措施。

【答案】BCE

03 行政强制的设定（★★★）

	设定权限		备注
	行政强制措施	行政强制执行	
法律	可以设定	只能由法律设定	——
行政法规	尚未制定法律，且属于国务院行政管理职权事项的，可以设定除限制公民人身自由，冻结存款、汇款和应当由法律规定的行政强制措施以外的其他行政强制措施	不得设定	法律对行政强制措施的对象、条件、种类作了规定的，行政法规、地方性法规不得作出扩大规定
地方性法规	尚未制定法律、行政法规，且属于地方性事务的，可以设定查封场所、设施或者财物以及扣押财物的行政强制措施	不得设定	
其他规范性文件	不得设定	不得设定	——

易错易混

1. 行政强制措施、行政强制执行的设定权

	行政强制措施					行政强制执行
	扣押财物	查封场所、设施或者财物	其他	冻结存款、汇款	限制公民人身自由	
法律	√	√	√	√	√	√
行政法规	√	√	√	×	×	×
地方性法规	√	√	×	×	×	×
地方政府规章	×	×	×	×	×	×
部门规章	×	×	×	×	×	×
其他规范性文件	×	×	×	×	×	×

2. 行政处罚、行政许可和行政强制设定权

	行政处罚	行政许可	行政强制措施	行政强制执行
法律	√	√	√	√
行政法规	√（除限制人身自由）	√（可采用发布决定的方式）	√（除限制公民人身自由，冻结存款、汇款和应当由法律规定的行政强制措施）	×

	行政处罚	行政许可	行政强制措施	行政强制执行
地方性法规	√（除限制人身自由、吊销营业执照）	√	√（限于查封、扣押）	×
地方政府规章	√（警告、通报批评或者一定数额罚款）	√（仅省级、临时性）	×	×
部门规章	√（警告、通报批评或者一定数额罚款）	×	×	×
其他规范性文件	×	×	×	×

经典题解

【真题1·单选题】根据《行政强制法》规定，下列关于行政强制设定的说法中，正确的是（　　）。（2017年）

A. 法律可以设定行政强制措施

B. 行政法规可以设定冻结存款、汇款的行政强制措施

C. 行政强制执行由行政法规设定

D. 行政法规可以设定划拨存款的行政强制执行

【解析】（1）选项B：限制公民人身自由，冻结存款、汇款的行政强制措施只能由法律设定。（2）选项CD：行政强制执行只能由法律设定。

【答案】A

【真题2·单选题】下列有关设定行政强制的说法中，正确的是（　　）。（2019年）

A. 尚未制定法律的，行政法规可以设定限制公民人身自由的行政强制措施

B. 尚未制定法律、行政法规的，地方性法规可以设定冻结存款汇款的行政强制措施

C. 行政法规不得设定行政强制执行

D. 一定条件下，行政规章也可以设定行政强制措施

【解析】（1）选项A：尚未制定法律，且属于国务院行政管理职权事项的，行政法规可以设定除限制公民人身自由、冻结存款汇款和应当由法律规定的行政强制措施以外的其他行政强制措施。（2）选项B：尚未制定法律、行政法规，且属于地方性事务的，地方性法规可以设定查封场所、设施或者财务以及扣押财物的行政强制措施。（3）选项C：行政强制执行只能由法律设定。（4）选项D：法律、法规以外的其他规范性文件不得设定行政强制措施。

【答案】C

【真题3·单选题】下列有关行政强制设定的说法中，正确的是（　　）。（2021年）

A. 行政规章不得设定行政强制执行

B. 行政规章可以设定行政强制措施

C. 行政强制措施由法律设定，行政强制执行由行政法规设定

D. 行政法规可以设定冻结存款、汇款的行政强制措施

【解析】（1）选项AC：行政强制执行只能由法律设定。（2）选项BD：法律、法规以外的其他规范性文件不得设定行政强制措施。尚未制定法律，且属于国务院行政管理职权事项的，行政法规可以设定除限制公民人身自由，冻结存款、汇款和应当由法律规定的行政强制措施以外的其他行政强制措施。

【答案】 A

第二单元　行政强制措施的实施

查看本单元视频，快速GET知识点
使用"会计云课堂"App或"微信"扫码

01　行政强制措施的实施主体（★）

	相关规定
行政机关（行政主体）	（1）法律、法规规定的行政机关在法定职权范围内实施（冻结存款、汇款应当由法律规定的行政机关实施） （2）违法行为情节显著轻微或者没有明显社会危害的，可以不采取行政强制措施（不是"应当"不采取） （3）行政强制措施应当由行政机关具备资格的行政执法人员实施，其他人员不得实施
被授权组织（行政主体）	法律、行政法规授权的具有管理公共事务职能的组织在法定授权范围内，以自己的名义实施行政强制措施（对比：行政许可、行政处罚均为"法律、法规授权的具有管理公共事务职能的组织"）
不得委托	行政强制措施权不得委托
相对集中行使	依据《行政处罚法》的规定行使相对集中行政处罚权的行政机关，可以实施法律、法规规定的与行政处罚权有关的行政强制措施

经典题解

【真题·单选题】 根据《行政强制法》规定，下列关于行政强制措施实施的说法中，错误的是（　　）。（2018年）

A. 冻结存款、汇款应当由法律规定的行政机关实施，其他任何行政机关或者组织不得实施

B. 行政强制措施可以委托给其他行政机关实施，其他任何组织不得实施

C. 法律、行政法规授权的具有管理公共事务职能的组织可以在法定授权范围内以自己的名义实施行政强制措施

D. 查封、扣押应当由法律、法规规定的行政机关实施，其他任何行政机关或者组织不得实施

【解析】（1）选项 A：冻结存款、汇款应当由法律规定的行政机关实施，不得委托给其他行政机关或者组织；其他任何行政机关或者组织不得冻结存款、汇款。（2）选项 B：行政强制措施由法律、法规规定的行政机关在法定职权范围内实施。行政强制措施不得委托。（3）选项 C：法律、行政法规授权的具有管理公共事务职能的组织在法定授权范围内，以自己的名义实施行政强制措施，适用《行政强制法》有关行政机关的规定。（4）选项 D：查封、扣押应当由法律、法规规定的行政机关实施，其他任何行政机关或者组织不得实施。

【答案】B

02 行政强制措施实施的一般规定（★）

1. 一般规定

事先批准	实施前须向行政机关负责人报告并经批准
实施人员	由 2 名以上行政执法人员实施
出示证件	出示执法身份证件
通知	通知当事人到场
告知	当场告知当事人采取行政强制措施的理由、依据以及当事人依法享有的权利、救济途径
陈述申辩	听取当事人的陈述和申辩
现场笔录	制作现场笔录，并由当事人和行政执法人员签名或者盖章，当事人拒绝的，在笔录中予以注明
见证人	当事人不到场的，邀请见证人到场，由见证人和行政执法人员在现场笔录上签名或者盖章

2. 当场实施行政强制措施

情况紧急，需要当场实施行政强制措施的，行政执法人员应当在24 小时内向行政机关负责人报告，并补办批准手续。行政机关负责人认为不应当采取行政强制措施的，应当立即解除。

03 限制公民人身自由（★）

1. 依照法律规定实施限制公民人身自由的行政强制措施，除应当履行上述一般规定外，还应当遵守下列规定：

（1）当场告知或者实施行政强制措施后立即通知当事人家属实施行政强制措施的行政机关、地点和期限；

（2）在紧急情况下当场实施行政强制措施的，在返回行政机关后，立即向行政机关负责人报告并补办批准手续（对比：其他当场实施的行政强制措施为 24 小时内）。

2. 实施限制人身自由的行政强制措施不得超过法定期限。实施行政强制措施的目的已经达到或者条件已经消失，应当立即解除。

04 查封、扣押（★★★）

1. 相关规定

标的	限于涉案的场所、设施或者财物，不得查封、扣押与违法行为无关的场所、设施或者财物；不得查封、扣押公民个人及其所扶养家属的生活必需品；当事人的场所、设施或者财物已被其他国家机关依法查封的，不得重复查封
文件	（1）制作并当场交付查封、扣押决定书和清单 （2）查封、扣押清单一式二份，由当事人和行政机关分别保存
期限	（1）查封、扣押的期限不得超过30日；情况复杂的，经行政机关负责人批准，可以延长，但是延长期限不得超过30日。法律、行政法规另有规定的除外 （2）延长查封、扣押的决定应当及时书面告知当事人，并说明理由
妥善保管	（1）对查封、扣押的场所、设施或者财物，行政机关应当妥善保管，不得使用或者损毁；造成损失的，应当承担赔偿责任 （2）对查封的场所、设施或者财物，行政机关可以委托第三人保管，第三人不得损毁或者擅自转移、处置。因第三人的原因造成的损失，行政机关先行赔付后，有权向第三人追偿 （3）因查封、扣押发生的保管费用由行政机关承担
解除情形	（1）当事人没有违法行为 （2）查封、扣押的场所、设施或者财物与违法行为无关 （3）行政机关对违法行为已经作出处理决定，不再需要查封、扣押 （4）查封、扣押期限已经届满 （5）其他不再需要采取查封、扣押措施的情形
解除后退还	（1）行政机关解除查封、扣押应当立即退还财物；已将鲜活物品或者其他不易保管的财物拍卖或者变卖的，行政机关退还拍卖或者变卖所得款项 （2）变卖价格明显低于市场价格，给当事人造成损失的，应当给予补偿

2. 查封、扣押决定书

决定书应当载明下列事项：（1）当事人的姓名或者名称、地址；（2）查封、扣押的理由、依据和期限；（3）查封、扣押场所、设施或者财物的名称、数量等；（4）申请行政复议或者提起行政诉讼的途径和期限；（5）行政机关的名称、印章和日期。

经典题解

【真题1·单选题】 根据《行政强制法》的规定，下列关于查封扣押权及其实施程序和人员的说法中，正确的是（　　）。（2013年）

A. 若当事人的违法行为情节轻微或者社会危害性小，则行政机关不得行使查封扣押权

B. 事先向行政机关负责人报告并经批准是查封扣押的法定必经程序

C. 行政机关可以委托其他行政机关或者社会组织行使查封扣押权

D. 查封扣押不得由行政机关以外的人员实施，但是行政机关工作人员均可实施

【解析】(1) 选项 A：对于违法行为情节“显著”轻微或者没有“明显”社会危害的情况，行政机关“可以”不采取行政强制措施。(2) 选项 B：行政机关决定实施查封、扣押的，应当依照“实施行政强制措施的一般程序”（第 1 步就是在实施前向行政机关负责人报告并经批准）进行，制作并当场交付查封、扣押决定书和清单；情况紧急，需要当场实施行政强制措施的，行政执法人员应当在 24 小时内向行政机关负责人报告，并“补办”批准手续（说明：请勿误读“补办”二字，并非表明可以事后批准，法律的本意在于即使迫不得已“先斩后奏”，也必须及时补正）。(3) 选项 C：行政强制措施权不得委托。(4) 选项 D：行政强制措施应当由行政机关具备资格（如取得《行政执法资格证》）的行政执法人员实施，其他人员不得实施。

【答案】B

【真题 2 · 多选题】根据《行政强制法》的规定，行政机关应当及时作出解除查封、扣押决定的法定情形包括（　　）。(2013 年)

A. 当事人违法行为情节显著轻微

B. 查封、扣押的场所、设施或者财物与违法行为无关

C. 查封、扣押期限已经届满

D. 作为当事人的法人解散

E. 当事人没有违法行为

【解析】有下列情形之一的，行政机关应当及时作出解除查封、扣押决定：(1) 当事人没有违法行为（选项 E）；(2) 查封、扣押的场所、设施或者财物与违法行为无关（选项 B）；(3) 行政机关对违法行为已经作出处理决定，不再需要查封、扣押；(4) 查封、扣押期限已经届满（选项 C）；(5) 其他不再需要采取查封、扣押措施的情形。

【答案】BCE

05 冻结（★★★）

1. 相关规定

实施主体	应当由法律规定的行政机关实施，不得委托给其他行政机关或者组织；其他任何行政机关或者组织不得冻结存款、汇款
标的	冻结存款、汇款的数额应当与违法行为涉及的金额相当；已被其他国家机关依法冻结的，不得重复冻结
程序	(1) 行政机关依照法律规定决定实施冻结存款、汇款的，应当履行规定的程序，并向金融机构交付冻结通知书 (2) 金融机构接到行政机关依法作出的冻结通知书后，应当立即予以冻结，不得拖延，不得在冻结前向当事人泄露信息；法律规定以外的行政机关或者组织要求冻结当事人存款、汇款的，金融机构应当拒绝 (3) 依照法律规定冻结存款、汇款的，作出决定的行政机关应当在 3 日内向当事人交付冻结决定书

期限	（1）自冻结存款、汇款之日起30日内，行政机关应当作出处理决定或者作出解除冻结决定；情况复杂的，经行政机关负责人批准，可以延长，但是延长期限不得超过30日。法律另有规定的除外 （2）延长冻结的决定应当及时书面告知当事人，并说明理由
解除情形	（1）当事人没有违法行为 （2）冻结的存款、汇款与违法行为无关 （3）行政机关对违法行为已经作出处理决定，不再需要冻结 （4）冻结期限已经届满 （5）其他不再需要采取冻结措施的情形
解除后果	（1）行政机关作出解除冻结决定的，应当及时通知金融机构和当事人。金融机构接到通知后，应当立即解除冻结 （2）行政机关逾期未作出处理决定或者解除冻结决定的，金融机构应当自冻结期满之日起解除冻结

2. 冻结决定书

决定书应当载明下列事项：（1）当事人的姓名或者名称、地址；（2）冻结的理由、依据和期限；（3）冻结的账号和数额；（4）申请行政复议或者提起行政诉讼的途径和期限；（5）行政机关的名称、印章和日期。

经典题解

【真题1·单选题】根据《行政强制法》规定，下列有关冻结的说法中，正确的是（　　）。（2019年）

A. 冻结存款、汇款应当由法律规定的行政机关实施，行政机关不得委托给其他行政机关或者组织

B. 已被其他国家机关依法冻结的存款、汇款，行政机关可以重复冻结

C. 行政法规可以对冻结期限作出特别规定

D. 依照法律规定冻结存款、汇款的，作出决定的行政机关应于当日向当事人交付冻结决定书

【解析】（1）选项B：已被其他国家机关依法冻结的，“不得”重复冻结。（2）选项C：自冻结存款、汇款之日起30日内，行政机关应当作出处理决定或者作出解除冻结决定；情况复杂的，经行政机关负责人批准，可以延长，但是延长的期限不得超过30日；“法律”另有规定的除外。（3）选项D：依照法律规定冻结存款、汇款的，作出决定的行政机关应当在“3日内”向当事人交付冻结决定书。

【答案】A

【真题2·单选题】根据《行政强制法》规定，下列关于实施冻结存款、汇款强制措施的说法中，错误的是（　　）。（2017年）

A. 已被其他国家机关依法冻结的，可以重复冻结

B. 冻结存款、汇款的数额应当与违法行为涉及的金额相当

C. 依照法律规定冻结存款、汇款的，作出决定的行政机关应当在3日内向当事人交付冻结决定书

D. 冻结存款、汇款应当由法律规定的行政机关实施，不得委托其他行政机关或组织实施

【解析】选项A：已被其他国家机关依法冻结的，不得重复冻结。

【答案】A

【真题3·多选题】根据《行政强制法》规定，下列关于查封、扣押及冻结的说法中，正确的有（　　）。（2018年）

A. 行政机关实施查封、扣押应当遵守《行政强制法》一般期限和延长期限的规定，但法律、行政法规另有规定的除外

B. 当事人的场所、设施或者财物已被其他国家机关依法查封的，不得重复查封

C. 冻结存款的数额应当与违法行为涉及的金额相当

D. 行政机关实施冻结应当遵守《行政强制法》一般期限和延长期限的规定，但法律、行政法规另有规定的除外

E. 行政机关不得查封、扣押公民个人及其所扶养家属的生活必需品

【解析】（1）选项A：查封、扣押的期限不得超过30日；情况复杂的，经行政机关负责人批准，可以延长，但是延长期限不得超过30日。法律、行政法规另有规定的除外。（2）选项B：当事人的场所、设施或者财物已被其他国家机关依法查封的，不得重复查封。（3）选项C：冻结存款、汇款的数额应当与违法行为涉及的金额相当。（4）选项D：自冻结存款、汇款之日起30日内，行政机关应当作出处理决定或者作出解除冻结决定；情况复杂的，经行政机关负责人批准，可以延长，但是延长期限不得超过30日。法律另有规定的除外。（5）选项E：不得查封、扣押公民个人及其所扶养家属的生活必需品。

【答案】ABCE

【真题4·多选题】根据《行政强制法》的规定，行政机关作出的冻结决定书应当载明的事项有（　　）。（2012年）

A. 提出陈述和申辩意见的权利、途径和期限

B. 冻结决定书交付的期限

C. 冻结的账号和数额

D. 冻结的理由和依据

E. 冻结的期限

【解析】冻结决定书应当载明下列事项：（1）当事人的姓名或者名称、地址；（2）冻结的理由、依据和期限；（3）冻结的账号和数额；（4）申请行政复议或者提起行政诉讼的途径和期限；（5）行政机关的名称、印章和日期。

【答案】CDE

第三单元　行政强制执行的实施

01 行政强制执行的实施主体（★★）

行政机关依法作出行政决定后，当事人在行政机关决定的期限内不履行义务的，具有行政强制执行权的行政机关依照规定强制执行。

【总结】

	行政处罚	行政许可	行政强制措施	行政强制执行
行政机关	在法定职权范围内	在法定职权范围内	法律、法规规定（冻结仅法律规定）	具有行政强制执行权的
被授权组织	法律、法规授权	法律、法规授权	法律、行政法规授权	法律、行政法规授权
被委托组织	依照法律、法规、规章的规定，可以在其法定权限内书面委托符合法定条件的组织	依照法律、法规、规章的规定，委托其他行政机关	不得委托	不得委托
相对集中行使	国家在城市管理、市场监管、生态环境、文化市场、交通运输、应急管理、农业等领域推行建立综合行政执法制度，相对集中行政处罚权；国务院或者省、自治区、直辖市人民政府可以决定一个行政机关行使有关行政机关的行政处罚权（限制人身自由的行政处罚权只能由公安机关和法律规定的其他机关行使）	经国务院批准，省、自治区、直辖市人民政府可以决定	依据《行政处罚法》规定行使相对集中行政处罚权的行政机关可以实施	——

02 行政强制执行实施的一般规定（★★★）

1. 一般规定

催告	行政机关作出强制执行决定前，应当事先催告当事人履行义务
	催告书应以书面形式，并载明：（1）履行义务的期限；（2）履行义务的方式；（3）涉及金钱给付的，应当有明确的金额和给付方式；（4）当事人依法享有的陈述权和申辩权

陈述、申辩	当事人收到催告书后有权进行陈述和申辩。行政机关应当充分听取当事人的意见，对当事人提出的事实、理由和证据，应当进行记录、复核。当事人提出的事实、理由或者证据成立的，行政机关应当采纳
强制执行决定	（1）经催告，当事人逾期仍不履行行政决定，且无正当理由的，行政机关可以作出强制执行决定 （2）在催告期间，对有证据证明有转移或者隐匿财物迹象的，行政机关可以作出立即强制执行决定
	强制执行决定书应载明：（1）当事人的姓名或者名称、地址；（2）强制执行的理由和依据；（3）强制执行的方式和时间；（4）申请行政复议或者提起行政诉讼的途径和期限；（5）行政机关的名称、印章和日期
送达	催告书、行政强制执行决定书应当直接送达当事人。当事人拒绝接收或者无法直接送达当事人的，应当依照《民事诉讼法》的有关规定送达
执行协议	（1）实施行政强制执行，行政机关可以在不损害公共利益和他人合法权益的情况下，与当事人达成执行协议：执行协议可以约定分阶段履行；当事人采取补救措施的，可以减免加处的罚款或者滞纳金（罚款本金、税款本金、行政性收费本金不适用执行和解的减免规定） （2）当事人不履行执行协议的，行政机关应当恢复强制执行
文明执法	（1）行政机关不得在夜间或者法定节假日实施行政强制执行。但是，情况紧急的除外 （2）行政机关不得对居民生活采取停止供水、供电、供热、供燃气等方式迫使当事人履行相关行政决定（对企业生产可以采用）
强拆	对违法的建筑物、构筑物、设施等需要强制拆除的，应当由行政机关予以公告，限期当事人自行拆除。当事人在法定期限内不申请行政复议或者提起行政诉讼，又不拆除的，行政机关可以依法强制拆除

2. 中止执行与终结执行

中止执行	终结执行
（1）当事人履行行政决定确有困难或者暂无履行能力的 （2）第三人对执行标的主张权利，确有理由的 （3）执行可能造成难以弥补的损失，且中止执行不损害公共利益的 （4）行政机关认为需要中止执行的其他情形	（1）公民死亡，无遗产可供执行，又无义务承受人的 （2）法人或者其他组织终止，无财产可供执行，又无义务承受人的 （3）执行标的灭失的 （4）据以执行的行政决定被撤销的 （5）行政机关认为需要终结执行的其他情形
中止执行的情形消失后，行政机关应当恢复执行。对没有明显社会危害，当事人确无能力履行，中止执行满 3 年未恢复执行的，行政机关不再执行	——

经典题解

【真题1·单选题】下列有关行政强制执行的说法中，正确的是（　　）。(2020年)

A. 在强制执行阶段，罚款本金、税款本金不适用执行和解的减免规定

B. 行政机关作出强制执行决定前，应当事先采取书面或者口头形式催告当事人履行义务

C. 据以执行的行政决定被撤销的，行政机关应中止执行

D. 行政强制执行一律不得在夜间或者法定节假日实施

【解析】(1) 选项B：行政机关作出强制执行决定前，应当事先采取书面形式催告当事人履行义务。(2) 选项C：属于终结执行的情形。(3) 选项D：行政机关实施行政强制执行，不得在夜间或者法定节假日实施，但是情况紧急的除外。

【答案】A

【真题2·单选题】根据《行政强制法》规定，下列关于行政强制执行实施的说法中，正确的是（　　）。(2017年)

A. 实施行政强制执行时，行政机关不可以与当事人达成执行协议

B. 作出行政强制执行决定前，行政机关无须事先催告当事人履行

C. 实施行政强制执行，可以适用执行和解程序

D. 行政强制执行不可以由法律、行政法规授权的组织实施

【解析】(1) 选项AC：实施行政强制执行，行政机关可以在不损害公共利益和他人合法权益的情况下，与当事人达成执行协议。(2) 选项B：行政机关作出强制执行决定前，应当事先催告当事人履行义务。(3) 选项D：法律、行政法规授权的具有管理公共事务职能的组织在法定授权范围内，以自己的名义实施行政强制执行，适用《行政强制法》有关行政机关的规定。

【答案】C

【真题3·多选题】根据《行政强制法》规定，下列事项中，属于催告书应当载明的事项有（　　）。(2016年)

A. 履行义务的方式和期限

B. 当事人依法享有的陈述权和申辩权

C. 强制执行的方式和开始时间

D. 当事人申请行政复议或者提起行政诉讼的途径和期限

E. 当事人拖延履行或者拒绝履行所应承担的不利法律后果及行政机关依法可以采取的具体补救措施

【解析】催告应当以书面形式作出，并载明下列事项：(1) 履行义务的期限（A选项）；(2) 履行义务的方式（A选项）；(3) 涉及金钱给付的，应当有明确的金额和给付方式；(4) 当事人依法享有的陈述权和申辩权（B选项）。

【答案】AB

【真题4·单选题】根据《行政强制法》的规定，下列关于行政强制执行的说法中，正确的是（　　）。(2013年)

A. 行政机关不得对公民、法人或者其他组织采取停止供水、供电、供热、供燃气等方式迫使其履行相关行政决定

B. 执行协议可以约定分阶段履行；当事人采取补救措施的，应当减免加处的罚款或者滞纳金

C. 对违法的建筑物、构筑物、设施等需要强制拆除的，经行政机关予以公告并限期当事人自行拆除后，当事人在法定期限内不申请行政复议或者提起行政诉讼，又不拆除的，行政机关可以依法强制拆除

D. 行政机关一律不得在夜间或者法定节假日实施行政强制执行

【解析】（1）选项A：行政机关不得对“居民生活”采取停止供水、供电、供热、供燃气等方式迫使当事人履行相关行政决定。（2）选项B：执行协议可以约定分阶段履行；当事人采取补救措施的，“可以”减免加处的罚款或者滞纳金。（3）选项D：行政机关实施行政强制执行，不得在夜间或者法定节假日实施，但情况紧急的除外。

【答案】 C

03 金钱给付义务的执行（★）

加处罚款、滞纳金	（1）行政机关依法作出金钱给付义务的行政决定，当事人逾期不履行的，行政机关可以依法加处罚款或者滞纳金（罚款系行政处罚、加处罚款或滞纳金系间接的行政强制执行） （2）加处罚款或者滞纳金的标准应当告知当事人 （3）加处罚款或者滞纳金的数额不得超出金钱给付义务的数额
强制执行	（1）行政机关依照规定实施加处罚款或者滞纳金超过30日，经催告当事人仍不履行的，具有行政强制执行权的行政机关可以强制执行 （2）没有行政强制执行权的行政机关应当申请人民法院强制执行。但是，当事人在法定期限内不申请行政复议或者提起行政诉讼，经催告仍不履行的，在实施行政管理过程中已经采取查封、扣押措施的行政机关，可以将查封、扣押的财物依法拍卖抵缴罚款（不具有行政强制执行权的行政机关可自行强制执行的特例）
划拨存款、汇款	（1）划拨存款、汇款应当由法律规定的行政机关决定，并书面通知金融机构；金融机构接到行政机关依法作出划拨存款、汇款的决定后，应当立即划拨 （2）法律规定以外的行政机关或者组织要求划拨当事人存款、汇款的，金融机构应当拒绝
拍卖	依法拍卖财物，由行政机关委托拍卖机构依照《拍卖法》的规定办理
上缴国库、划入专户	划拨的存款、汇款以及拍卖和依法处理所得的款项应当上缴国库或者划入财政专户；任何行政机关或者个人不得以任何形式截留、私分或者变相私分

04 代履行（★★）

1. 代履行的概念

行政机关依法作出要求当事人履行排除妨碍、恢复原状等义务的行政决定，当事人逾期不履行，经催告仍不履行，其后果已经或者将危害交通安全、造成环境污染或者破坏自然资源的，行政机关可以代履行，或者委托没有利害关系的第三人代履行。

考点提示

代履行并非一定由行政机关实施，可以委托没有利害关系的第三人代履行。

2. 代履行规定

送达决定书	代履行前送达决定书，代履行决定书应当载明当事人的姓名或者名称、地址，代履行的理由和依据、方式和时间、标的、费用预算以及代履行人
催告	代履行3 日前，催告当事人履行，当事人履行的，停止代履行
到场监督	代履行时，作出决定的行政机关应当派员到场监督
签名盖章	代履行完毕，行政机关到场监督的工作人员、代履行人和当事人或者见证人应当在执行文书上签名或者盖章
费用承担	代履行的费用按照成本合理确定，由当事人承担，但法律另有规定的除外
方式	代履行不得采用暴力、胁迫以及其他非法方式
立即实施	需要立即清除道路、河道、航道或者公共场所的遗洒物、障碍物或者污染物，当事人不能清除的，行政机关可以决定立即实施代履行；当事人不在场的，行政机关应当在事后立即通知当事人，并依法作出处理

经典题解

【真题 1 · 多选题】根据《行政强制法》的规定，代履行应当遵循的规则有（　　）。（2013 年）

A. 代履行前应送达代履行决定书

B. 实施代履行应事先经过公证机关公证或者有关机构鉴证

C. 代履行的费用由行政机关承担

D. 行政机关必须亲自代履行，不得委托第三人代履行

E. 代履行时，作出决定的行政机关应派员到场监督

【解析】（1）选项 B：法律未要求实施代履行应经公证或鉴证。（2）选项 C：代履行的费用按照成本合理确定，由当事人承担，但是，法律另有规定的除外。（3）选项 D：行政机关可以代履行，或者委托没有利害关系的第三人代履行。

【答案】AE

【真题 2 · 单选题】根据《行政强制法》的规定，下列有关代履行的表述中，正确的是（　　）。（2012 年）

A. 行政机关可以代履行，但是不得采用暴力、胁迫或者其他非法方式，且不可以委托第三人代履行

B. 代履行主要适用于行政机关依法作出要求当事人履行给付金钱或财物等义务的行政决定而当事人到期仍未履行的情形

C. 代履行的费用按照成本合理确定，由行政机关、代履行人以及当事人共同分担，但是法律另有规定的除外

D. 代履行 3 日前，行政机关应当催告当事人履行，且实施代履行前行政机关应送达代履行决定书

【解析】（1）选项 AB：行政机关依法作出要求当事人履行排除妨碍、恢复原状等义务的行政决定，当事人逾期不履行，经催告仍不履行，其后果已经或者将危害交通安全、造成环境污染或者破坏自然资源的，行政机关可以代履行，或者委托没有利害关系的第三人代履行。（2）选项 C：代履行的费用按照成本合理确定，由当事人承担，但法律另有规定的除外。

【答案】 D

05 申请人民法院强制执行（★★）

1. 申请

（1）当事人在法定期限内不申请行政复议或者提起行政诉讼，又不履行行政决定的，没有行政强制执行权的行政机关可以自期限届满之日起3个月内，依照规定申请人民法院强制执行。

（2）行政机关申请人民法院强制执行前，应当催告当事人履行义务。催告书送达10日后当事人仍未履行义务的，行政机关可以向所在地有管辖权的人民法院申请强制执行；执行对象是不动产的，向不动产所在地有管辖权的人民法院申请强制执行。

（3）行政机关向人民法院申请强制执行，应当提供下列材料：①强制执行申请书（由行政机关负责人签名，加盖行政机关的印章，并注明日期）；②行政决定书及作出决定的事实、理由和依据；③当事人的意见及行政机关催告情况；④申请强制执行标的情况；⑤法律、行政法规规定的其他材料。

2. 受理

（1）人民法院接到行政机关强制执行的申请，应当在 5 日内受理。

（2）行政机关对人民法院不予受理的裁定有异议的，可以在 15 日内向上一级人民法院申请复议，上一级人民法院应当自收到复议申请之日起 15 日内作出是否受理的裁定。

3. 审查

（1）人民法院对行政机关强制执行的申请进行书面审查，对符合规定，且行政决定具备法定执行效力的，除下述（2）规定的情形外，人民法院应当自受理之日起 7 日内作出执行裁定。

（2）人民法院发现有下列情形之一的，在作出裁定前可以听取被执行人和行政机关的意见：①明显缺乏事实根据的；②明显缺乏法律、法规依据的；③其他明显违法并损害被执行人合法权益的。

人民法院应当自受理之日起 30 日内作出是否执行的裁定。裁定不予执行的，应当说明理由，并在 5 日内将不予执行的裁定送达行政机关。

（3）行政机关对人民法院不予执行的裁定有异议的，可以自收到裁定之日起15日内向上一级人民法院申请复议，上一级人民法院应当自收到复议申请之日起30日内作出是否执行的裁定。

4. 立即执行

因情况紧急，为保障公共安全，行政机关可以申请人民法院立即执行。经人民法院院长批准，人民法院应当自作出执行裁定之日起5日内执行。

5. 执行费用

（1）行政机关申请人民法院强制执行，不缴纳申请费。强制执行的费用由被执行人承担。

（2）人民法院以划拨、拍卖方式强制执行的，可以在划拨、拍卖后将强制执行的费用扣除。

6. 具体应用

（1）对税务局稽查局作出的税务行政处罚决定，被执行人在法定期限内不申请行政复议或者提起行政诉讼，又无正当理由不履行税务行政处罚决定，经税务局稽查局催告仍未履行的，税务局稽查局可以向所在地有管辖权的人民法院申请强制执行。

（2）《国有土地上房屋征收与补偿条例》：被征收人在法定期限内不申请行政复议或者不提起行政诉讼，在补偿决定规定的期限内又不搬迁的，由作出房屋征收决定的市、县人民政府依法申请人民法院强制执行。

经典题解

【真题1·单选题】 根据《行政强制法》《国有土地上房屋征收与补偿条例》规定，对被征收人在法定期限内不申请复议或者不提起行政诉讼，在补偿决定规定的期限内又不搬迁的，正确的执行措施是（　　）。（2016年）

A. 由作出房屋征收决定的市、县级人民政府依法申请强制执行

B. 由房屋征收实施单位依法申请法院强制执行

C. 由房屋征收部门依法申请法院强制执行

D. 由房屋所在地基层法院直接依职权强制执行

【答案】 A

【真题2·单选题】 根据《行政强制法》的规定，下列关于行政机关申请人民法院强制执行的表述中，正确的是（　　）。（2012年）

A. 强制执行的费用由行政机关缴纳和承担

B. 行政机关申请人民法院强制执行前应当书面催告当事人履行义务

C. 行政机关申请人民法院强制执行无须提供关于执行标的情况的材料

D. 人民法院以拍卖方式强制执行，不可以在拍卖后将强制执行的费用扣除

【解析】（1）选项A：强制执行的费用由被执行人承担。（2）选项C：行政机关申请人民法院强制执行应当提供下列材料：①强制执行申请书；②行政决定书及作出决定的事实、理由和依据；③当事人的意见及行政机关催告情况；④申请强制执行标的情况；⑤法律、行政法规规定的其他材料。（3）选项D：人民法院以划拨、拍卖方式强制执行的，可以在划拨、拍卖后将强制执行的费用扣除。

【答案】 B

本章小结

您已成功完成“第四章”的学习，本章共13个考点，您都学会了吗？

为了让您对本章有更清晰的理解，加倍巩固。本书作者陈小球老师将通过“电台音频课”的方式，带您回顾重要考点。

名师点拨，高效提分。

※ 欢迎扫码免费学习。

用“会计云课堂”App扫码学习

同步强化练习题

使用“会计云课堂”App或“微信”扫码快速做题、对答案、看解析、掌握解题思路，开启轻松过关之旅。

一、单项选择题

1. 根据《行政强制法》规定，下列选项中，属于行政强制措施的是（　　）。
   A. 划拨存款、汇款
   B. 加处罚款
   C. 查封场所、设施或者财物
   D. 排除妨碍

2. 根据行政强制法律制度规定，下列选项中，不属于税务行政强制的是（　　）。
   A. 收缴或者停止发售发票
   B. 税收保全
   C. 税收强制执行
   D. 通知阻止出境

3. 根据《行政强制法》规定，下列关于行政强制设定的说法中，不正确的是（　　）。
   A. 行政法规可以设定冻结存款、汇款的行政强制措施
   B. 行政强制执行只能由法律设定
   C. 法律、法规以外的其他规范性文件不得设定行政强制措施
   D. 地方性法规可以设定查封场所、设施或者财物和扣押财物的行政强制措施

4. 根据行政强制法律制度规定，下列关于行政强制措施的说法中，正确的是（　　）。
   A. 违法行为情节显著轻微或者没有明显社会危害的，不得采取行政强制措施
   B. 行政强制措施只能由法律、行政法规规定的行政机关在法定职权范围内实施
   C. 行政强制措施权不得委托

D. 行政强制措施应当由行政机关工作人员实施，其他人员不得实施

5. 根据行政强制法律制度规定，下列关于行政机关实施行政强制措施的说法中，正确的是（　　）。

A. 行政机关可以在实施行政强制措施前向行政机关负责人报告并经批准，或在实施后向行政机关负责人报告并备案

B. 行政机关实施行政强制措施由2名以上行政执法人员实施

C. 行政机关实施行政强制措施应当当场或在3日内书面告知当事人采取行政强制措施的理由、依据以及当事人依法享有的权利、救济途径

D. 行政机关实施行政强制措施时，当事人不到场的，应当邀请见证人到场，并由其在现场笔录上签名且盖章

6. 根据行政强制法律制度规定，下列关于查封、扣押的说法中，正确的是（　　）。

A. 当场或7日内按照民事诉讼法规定交付查封、扣押决定书和清单

B. 不得查封、扣押公民个人及其所扶养家属的生活必需品

C. 当事人的场所、设施或者财物已被其他国家机关依法查封的，可以重复查封

D. 因查封、扣押发生的保管费用由行政相对人承担

7. 根据《行政强制法》的规定，下列不属于行政机关应当及时作出解除查封、扣押决定的法定情形的是（　　）。

A. 行政机关对违法行为已经作出处理决定，不再需要查封、扣押

B. 查封、扣押的场所、设施或者财物与违法行为无关

C. 当事人违法行为情节显著轻微，危害后果不大

D. 查封、扣押期限已经届满

8. 根据行政强制法律制度规定，下列关于冻结存款、汇款的说法中，错误的是（　　）。

A. 自冻结存款、汇款之日起30日内，行政机关应当作出处理决定或者作出解除冻结决定

B. 已被其他国家机关依法冻结的，可以重复冻结

C. 行政机关逾期未作出处理决定或者解除冻结决定的，金融机构应当自冻结期满之日起解除冻结

D. 依照法律规定冻结存款、汇款的，作出决定的行政机关应当在3日内向当事人交付冻结决定书

9. 根据行政强制法律制度规定，行政机关作出强制执行决定前，应当事先催告当事人履行义务。下列各项中，书面的催告书应当载明的事项不包括的是（　　）。

A. 履行义务的期限

B. 履行义务的方式

C. 涉及金钱给付的，应当有明确的金额和给付方式

D. 申请行政复议或者提起行政诉讼的途径和期限

10. 根据《行政强制法》的规定，下列关于金钱给付义务的执行的说法中，不正确的是（　　）。

A. 行政机关依法作出金钱给付义务的行政决定，当事人逾期不履行的，行政机关可以依法加处罚款或者滞纳金

B. 加处罚款或者滞纳金的标准应当告知当事人，加处罚款或者滞纳金的数额不得超出金钱给付义务的数额

C. 行政机关依照规定实施加处罚款或者滞纳金超过60日，经催告当事人仍不履行的，具有行政强制执行权的行政机关可以强制执行

D. 当事人在法定期限内不申请行政复议或者提起行政诉讼，经催告仍不履行的，在实施行政管理过程中已经采取查封、扣押措施的行政机关，可以将查封、扣押的财物依法拍卖抵缴罚款

11. 根据行政强制法律制度规定，下列关于代履行的说法中，不正确的是（　　）。

A. 需要立即清除道路、河道、航道或者公共场所的遗洒物、障碍物或者污染物，当事人不能清除的，行政机关可以决定立即实施代履行

B. 代履行 3 日前，催告当事人履行，当事人履行的，停止代履行

C. 代履行时，作出决定的行政机关应当派员到场监督

D. 代履行的费用按照成本合理确定，由行政机关承担；但是，法律、行政法规另有规定的除外

12. 根据《行政强制法》的规定，下列关于行政机关申请人民法院强制执行的表述中，不正确的是（　　）。

A. 当事人在法定期限内不申请行政复议或者提起行政诉讼，又不履行行政决定的，没有行政强制执行权的行政机关可以自期限届满之日起 3 个月内，依照规定申请人民法院强制执行

B. 行政机关申请人民法院强制执行前，应当催告当事人履行义务

C. 催告书送达 15 日后当事人仍未履行义务的，行政机关可以向所在地有管辖权的人民法院申请强制执行；执行对象是不动产的，向不动产所在地有管辖权的人民法院申请强制执行

D. 人民法院接到行政机关强制执行的申请，应当在 5 日内受理

二、多项选择题

1. 根据行政强制法律制度的规定，下列关于行政强制措施设定的说法中，正确的有（　　）。

A. 尚未制定法律，且属于国务院行政管理职权事项的，行政法规可以设定冻结存款汇款的行政强制措施

B. 尚未制定法律、行政法规，且属于地方性事务的，地方性法规可以设定查封场所、设施或者财物以及扣押财物的行政强制措施

C. 法律对行政强制措施的对象、条件、种类作了规定的，行政法规、地方性法规不得作出扩大规定

D. 限制公民人身自由的行政强制措施可由行政法规设定

E. 法律、法规以外的其他规范性文件不得设定行政强制措施

2. 根据行政强制法律制度的规定，行政法规可以设定的行政强制措施有（　　）。

A. 限制公民人身自由

B. 冻结存款、汇款

C. 查封场所、设施或者财物

D. 排除妨碍、恢复原状

E. 扣押财物

3. 根据行政强制法律制度规定，关于实施限制公民人身自由的行政强制措施，下列说法中，正确的有（　　）。

A. 行政机关应当当场告知或者实施行政强制措施后立即通知当事人家属实施行政强制措施的行政机关、地点和期限

B. 在紧急情况下当场实施行政强制措施的，行政执法人员应当在 24 小时内向

行政机关负责人报告，并补办批准手续

C. 实施行政强制措施的目的已经达到或者条件已经消失，应当立即解除

D. 行政机关应当当场告知或者实施行政强制措施后 24 小时内通知当事人家属实施行政强制措施的行政机关、地点和期限

E. 实施行政强制措施的目的已经达到或者条件已经消失，应当 24 小时内解除

4. 根据《行政强制法》的规定，下列关于查封、扣押实施机关和实施程序的说法中，正确的有（　　）。

A. 因查封、扣押发生的保管费用由当事人承担

B. 查封、扣押的期限不得超过 60 日；情况复杂的，经行政机关负责人批准，可以延长，但是延长期限不得超过 90 日

C. 不得查封、扣押公民个人及其所扶养家属的生活必需品

D. 查封、扣押应当由法律、法规规定的行政机关实施，其他任何行政机关或者组织不得实施

E. 当事人的场所、设施或者财物已被其他国家机关依法查封的，可以重复查封

5. 根据《行政强制法》的规定，下列关于冻结实施机关和实施程序的说法中，正确的有（　　）。

A. 冻结存款、汇款应当由法律、法规规定的行政机关实施，不得委托给其他行政机关或者组织

B. 已被其他国家机关依法冻结的，不得重复冻结

C. 依照法律规定冻结存款、汇款的，作出决定的行政机关应当立即向当事人交付冻结决定书

D. 自冻结存款、汇款之日起 60 日内，行政机关应当作出处理决定或者作出解除冻结决定

E. 行政机关逾期未作出处理决定或者解除冻结决定的，金融机构应当自冻结期满之日起解除冻结

6. 根据行政强制法律制度规定，下列情形中，应当解除冻结的有（　　）。

A. 冻结期限尚未届满

B. 冻结的存款、汇款与违法行为无关

C. 行政机关对违法行为已经作出处理决定，需要继续冻结

D. 当事人没有违法行为

E. 当事人依法申请行政复议或者提起行政诉讼

7. 根据行政强制法律制度规定，下列关于行政强制执行的说法中，不正确的有（　　）。

A. 行政机关一律不得在夜间或者法定节假日实施行政强制执行

B. 行政机关不得对居民生活采取停止供水、供电、供热、供燃气等方式迫使当事人履行相关行政决定

C. 对违法的建筑物、构筑物、设施等需要强制拆除的，应当由行政机关以书面形式进行催告，当事人在法定期限内不申请行政复议或者提起行政诉讼，又不拆除的，行政机关可以依法强制拆除

D. 实施行政强制执行，行政机关可以在不损害公共利益和他人合法权益的情况下，与当事人达成执行协议

E. 执行协议可以约定分阶段履行；当事人采取补救措施的，应当减免加处的罚款或者滞纳金

8. 根据《行政强制法》的规定，下列关于代履行的说法中，正确的有（　　）。

A. 行政机关可以代履行，但不得委托第三人代履行
B. 代履行 3 日前，催告当事人履行，当事人履行的，停止代履行
C. 代履行时，作出决定的行政机关应当派员到场监督
D. 代履行的费用按照成本合理确定，一律由作出决定的行政机关承担
E. 代履行不得采用暴力、胁迫以及其他非法方式

9. 根据《行政强制法》的规定，下列属于行政机关向人民法院申请强制执行时应当提供的材料的有（　　）。
A. 由行政机关负责人签名的强制执行申请书，加盖行政机关的印章，但不需注明日期
B. 行政决定书及作出决定的事实、理由和依据
C. 当事人的意见
D. 行政机关催告情况
E. 申请强制执行标的情况

10. 根据行政强制法律制度规定，下列关于申请人民法院强制执行的说法中，正确的有（　　）。
A. 当事人在法定期限内不申请行政复议或者提起行政诉讼，又不履行行政决定的，没有行政强制执行权的行政机关应当自期限届满之日起 6 个月内，依照《行政强制法》规定申请人民法院强制执行
B. 行政机关申请人民法院强制执行前，应当催告当事人履行义务。催告书送达 7 日后当事人仍未履行义务的，行政机关可以向所在地有管辖权的人民法院申请强制执行
C. 人民法院接到行政机关强制执行的申请，应当在 5 日内受理
D. 行政机关申请人民法院强制执行，不缴纳申请费，强制执行的费用由被执行人承担
E. 人民法院以划拨、拍卖方式强制执行的，应当在划拨、拍卖后将强制执行的费用扣除

同步强化练习题参考答案及解析

使用“会计云课堂”App 或“微信”扫码对答案、看解析、掌握解题思路，开启轻松过关之旅。

一、单项选择题

1. C　【解析】行政强制措施包括：（1）限制公民人身自由；（2）查封场所、设施或者财物（选项 C）；（3）扣押财物；（4）冻结存款、汇款；（5）其他行政强制措施。选项 ABD 均为行政强制执行。

2. D　【解析】税务行政强制包括：（1）收缴或者停止发售发票；（2）税收保全；（3）税收强制执行；（4）申请人民法院强制执行。

3. A　【解析】行政法规可以设定除限制公民人身自由，冻结存款、汇款和应当由法律规定的行政强制措施以外的其他行政强制措施。

4. C　【解析】(1) 选项A：违法行为情节显著轻微或者没有明显社会危害的，可以不采取行政强制措施。(2) 选项B：行政强制措施由法律、法规规定的行政机关在法定职权范围内实施。(3) 选项D：行政强制措施应当由行政机关具备资格的行政执法人员实施，其他人员不得实施。

5. B　【解析】(1) 选项A：行政机关实施行政强制措施前须向行政机关负责人报告并经批准。(2) 选项C：行政机关实施行政强制措施当场告知当事人采取行政强制措施的理由、依据以及当事人依法享有的权利、救济途径。(3) 选项D：当事人不到场的，邀请见证人到场，由见证人和行政执法人员在现场笔录上签名或者盖章。

6. B　【解析】(1) 选项A：制作并当场交付查封、扣押决定书和清单。(2) 选项C：当事人的场所、设施或者财物已被其他国家机关依法查封的，不得重复查封。(3) 选项D：因查封、扣押发生的保管费用由行政机关承担。

7. C　【解析】有下列情形之一的，行政机关应当及时作出解除查封、扣押决定：(1) 当事人没有违法行为；(2) 查封、扣押的场所、设施或者财物与违法行为无关；(3) 行政机关对违法行为已经作出处理决定，不再需要查封、扣押；(4) 查封、扣押期限已经届满；(5) 其他不再需要采取查封、扣押措施的情形。

8. B　【解析】已被其他国家机关依法冻结的，不得重复冻结。

9. D　【解析】行政机关作出强制执行决定前，应当事先催告当事人履行义务。催告应当以书面形式作出，并载明下列事项：(1) 履行义务的期限；(2) 履行义务的方式；(3) 涉及金钱给付的，应当有明确的金额和给付方式；(4) 当事人依法享有的陈述权和申辩权。

10. C　【解析】行政机关依照规定实施加处罚款或者滞纳金超过30日，经催告当事人仍不履行的，具有行政强制执行权的行政机关可以强制执行。

11. D　【解析】代履行的费用按照成本合理确定，由当事人承担。但是，法律另有规定的除外。

12. C　【解析】选项C：行政机关申请人民法院强制执行前，应当催告当事人履行义务。催告书送达10日后当事人仍未履行义务的，行政机关可以向所在地有管辖权的人民法院申请强制执行；执行对象是不动产的，向不动产所在地有管辖权的人民法院申请强制执行。

二、多项选择题

1. BCE 【解析】选项AD：尚未制定法律，且属于国务院行政管理职权事项的，行政法规可以设定除限制公民人身自由、冻结存款汇款和应当由法律规定的行政强制措施以外的其他行政强制措施。

2. CE 【解析】（1）选项AB：尚未制定法律，且属于国务院行政管理职权事项的，行政法规可以设定除限制公民人身自由，冻结存款、汇款和应当由法律规定的行政强制措施以外的其他行政强制措施。（2）选项D：排除妨碍、恢复原状属于行政强制执行而非行政强制措施，此外，行政法规不得设定行政强制执行。

3. AC 【解析】（1）选项AD：行政机关应当当场告知或者实施行政强制措施后立即通知当事人家属实施行政强制措施的行政机关、地点和期限。（2）选项B：在紧急情况下当场实施行政强制措施的，在返回行政机关后，立即向行政机关负责人报告并补办批准手续。（3）选项CE：实施限制人身自由的行政强制措施不得超过法定期限。实施行政强制措施的目的已经达到或者条件已经消失，应当立即解除。

4. CD 【解析】（1）选项A：因查封、扣押发生的保管费用由行政机关承担。（2）选项B：查封、扣押的期限不得超过30日；情况复杂的，经行政机关负责人批准，可以延长，但是延长期限不得超过30日。法律、行政法规另有规定的除外。（3）选项C：查封、扣押限于涉案的场所、设施或者财物，不得查封、扣押与违法行为无关的场所、设施或者财物；不得查封、扣押公民个人及其所扶养家属的生活必需品。（4）选项D：查封、扣押应当由法律、法规规定的行政机关实施，其他任何行政机关或者组织不得实施。（5）选项E：当事人的场所、设施或者财物已被其他国家机关依法查封的，不得重复查封。

5. BE 【解析】（1）选项A：冻结存款、汇款应当由法律规定的行政机关实施，不得委托给其他行政机关或者组织；其他任何行政机关或者组织不得冻结存款、汇款。（2）选项B：冻结存款、汇款的数额应当与违法行为涉及的金额相当；已被其他国家机关依法冻结的，不得重复冻结。（3）选项C：依照法律规定冻结存款、汇款的，作出决定的行政机关应当在3日内向当事人交付冻结决定书。（4）选项D：自冻结存款、汇款之日起30日内，行政机关应当作出处理决定或者作出解除冻结决定；情况复杂的，经行政机关负责人批准，可以延长，但是延长期限不得超过30日。法律另有规定的除外。（5）选项E：行政机关逾期未作出处理决定或者解除冻结决定的，金融机构应当自冻结期满之日起解除冻结。

6. BD 【解析】有下列情形之一的，行政机关应当及时作出解除冻结决定：（1）当事人没有违法行为；（2）冻结的存款、汇款与违法行为无关；（3）行政机关对违法行为已经作出处理决定，不再需要冻结；（4）冻结期限已经届满；（5）其他不再需要采取冻结措施的情形。

7. ACE　【解析】（1）选项A：行政机关不得在夜间或者法定节假日实施行政强制执行。但是，情况紧急的除外。（2）选项C：对违法的建筑物、构筑物、设施等需要强制拆除的，应当由行政机关予以公告，限期当事人自行拆除。当事人在法定期限内不申请行政复议或者提起行政诉讼，又不拆除的，行政机关可以依法强制拆除。（3）选项DE：实施行政强制执行，行政机关可以在不损害公共利益和他人合法权益的情况下，与当事人达成执行协议。执行协议可以约定分阶段履行；当事人采取补救措施的，可以减免加处的罚款或者滞纳金。

8. BCE　【解析】（1）选项A：行政机关依法作出要求当事人履行排除妨碍、恢复原状等义务的行政决定，当事人逾期不履行，经催告仍不履行，其后果已经或者将危害交通安全、造成环境污染或者破坏自然资源的，行政机关可以代履行，或者委托没有利害关系的第三人代履行。（2）选项D：代履行的费用按照成本合理确定，由当事人承担。但是，法律另有规定的除外。

9. BCDE　【解析】行政机关向人民法院申请强制执行，应当提供下列材料：（1）强制执行申请书；（2）行政决定书及作出决定的事实、理由和依据；（3）当事人的意见及行政机关催告情况；（4）申请强制执行标的情况；（5）法律、行政法规规定的其他材料。强制执行申请书应当由行政机关负责人签名，加盖行政机关的印章，并注明日期。

10. CD　【解析】（1）选项A：当事人在法定期限内不申请行政复议或者提起行政诉讼，又不履行行政决定的，没有行政强制执行权的行政机关可以自期限届满之日起3个月内，依照《行政强制法》规定申请人民法院强制执行。（2）选项B：行政机关申请人民法院强制执行前，应当催告当事人履行义务。催告书送达10日后当事人仍未履行义务的，行政机关可以向所在地有管辖权的人民法院申请强制执行。（3）选项E：人民法院以划拨、拍卖方式强制执行的，可以在划拨、拍卖后将强制执行的费用扣除。

第五章　行政复议法律制度

本章学习指南

一、考情概况

本章近 3 年平均考查分值约 4.2 分，考查题型通常为单选题、多选题，偶尔涉及到综合分析题的考查。

本章为非重点章节，内容包括行政复议法基础、行政复议受案范围、行政复议参加人、行政复议机关与行政复议管辖、行政复议程序和税务行政复议的相关知识，考题较为侧重记忆。

最近 3 年题型题量分析表

题型	2021 年	2020 年	2019 年
单项选择题	1.5 分	1.5 分	1.5 分
多项选择题	——	2.0 分	2.0 分
综合分析题	2.0 分	——	2.0 分
合计	3.5 分	3.5 分	5.5 分

二、教材变动

本章 2022 年无实质性变化，仅个别文字调整。

核心考点精讲

第一单元　行政复议法基础

查看本单元视频，快速 GET 知识点
使用“会计云课堂”App或“微信”扫码

01 行政复议概述（★）

1. 行政复议概述

概念	公民、法人或者其他组织认为行政主体的具体行政行为侵犯其合法权益，依法向行政复议机关提出复查该具体行政行为的申请，行政复议机关依照法定程序对被申请复议的具体行政行为进行审查并作出行政复议决定的活动
性质	一种行政权利救济手段，同时它本身也是一种准司法的行政行为 【提示】行政复议是一种监督救济方式和准司法程序
目的	监督行政主体的行政活动，纠正行政主体作出的违法或者不当的具体行政行为，以保护行政相对人的合法权益
特征	（1）行政复议以当事人提出复议申请为前提 （2）行政复议权只能由法定机关行使 （3）行政复议的审查对象是行政主体作出的具体行政行为，复议机关同时可以一并审查部分抽象行政行为

2. 行政复议的基本原则

合法原则	履行行政复议职责的行政机关、审理复议案件的依据以及审理复议案件的程序应当合法
公正原则	行政复议机关应当从合法性和适当性（也可称为“合理性”）两方面审查被申请的具体行政行为；行政复议机关应当正当、合理地行使复议裁量权
公开原则	行政复议过程公开、依据公开、结果和作出决定的理由公开
及时原则	受理及时、审理遵守审限、及时作出复议决定、及时处理不履行复议决定的情况
便民原则	行政复议机关在行政复议程序中，应当尽可能为行政复议申请人提供必要的便利，从而确保公民、法人或其他组织充分行使复议救济权
禁止不利变更原则	行政复议机关在申请人的行政复议请求范围内，不得作出对申请人更为不利的行政复议决定（也称“复议不加重原则”）

经典题解

【真题 1 · 多选题】下列有关行政复议的说法中，正确的有（　　）。（2020 年）

A. 行政复议要求过程公开和依据公开

B. 对认定事实清楚、证据确凿、程序合法，但是明显不当的具体行政行为，复议机关可以决定变更

C. 行政复议是一种司法行为

D. 复议机关应当从合法性和适当性两方面审查被申请的具体行政行为

E. 行政复议的目的是限制行政相对人的合法权益

【解析】（1）选项 A：行政复议的公开原则要求过程公开、依据公开，复议的结果和作出决定的理由公开。（2）选项 B：对认定事实清楚，证据确凿，程序合法，但是明显不当或者适用依据错误的具体行政行为，行政复议机关可以决定变更。（3）选项 C：行政复议是一种监督救济方式和准司法程序。（4）选项 D：行政复议机关应当从合法性和适当性两方面审查被申请的具体行政行为。（5）选项 E：行政复议的目的是监督行政主体的行政活动，纠正行政主体作出的违法或者不当的具体行政行为，以保护行政相对人的合法权益。

【答案】ABD

【真题 2 · 单选题】根据行政复议法律制度的规定，“禁止不利变更原则”要求税务行政复议机关（　　）。（2011 年）

A. 原则上，在申请人的行政复议请求范围内不得作出对申请人更加不利的行政复议决定

B. 在申请人的行政复议请求范围内不得作出责令被申请人重新作出税务具体行政行为的行政复议决定

C. 在申请人的行政复议请求范围内不得作出驳回行政复议请求的行政复议决定

D. 不论是否在申请人的行政复议请求范围内，均不得作出对申请人更加不利的行政复议决定

【答案】A

02 行政复议与行政诉讼（★）

行政复议与行政诉讼的关系，可以分为以下 3 类：自由选择、复议前置和复议终局 3 种类型。

1. 自由选择

（1）自由选择：在行政复议和行政诉讼之间自由选择；选择行政复议的，对复议结果不服还可以选择提起行政诉讼（复议终局除外）。但提起行政诉讼之后，不得再申请行政复议。

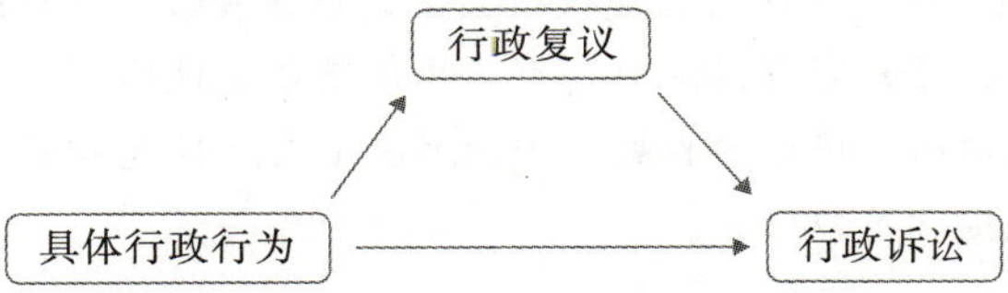

①对属于人民法院受案范围的行政案件，公民、法人或者其他组织可以先向行政机关申请行政复议，对复议决定不服的，再向人民法院提起诉讼；也可以直接向人民法院提起诉讼。

②公民、法人或者其他组织对行政复议决定不服的，可以依照《行政诉讼法》的规定向人民法院提起行政诉讼，但是法律规定行政复议决定为最终裁决的除外。

③公民、法人或者其他组织申请行政复议，行政复议机关已经依法受理的，在法定行政复议期限内不得向人民法院提起行政诉讼。

④公民、法人或者其他组织向人民法院提起行政诉讼，人民法院已经依法受理的，不得申请行政复议。

【举例】《税收征管法》：当事人对税务机关的处罚决定、强制执行措施或者税收保全措施不服的，可以依法申请行政复议，也可以依法向人民法院起诉。

（2）特例：对行政复议结果不服，可选择国务院裁决（该裁决为最终裁决）或提起行政诉讼。

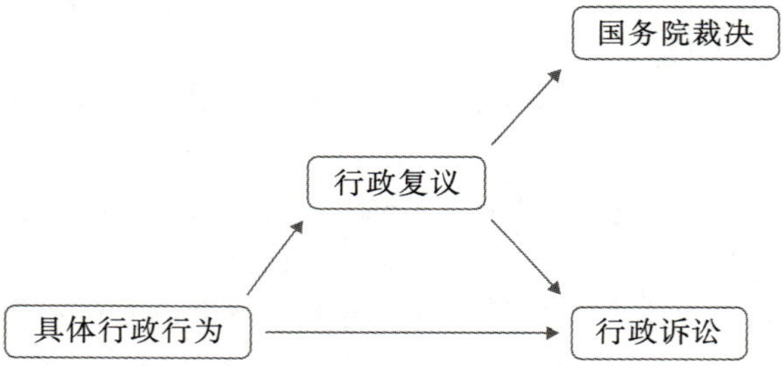

对国务院部门或者省、自治区、直辖市人民政府的具体行政行为不服的，向作出该具体行政行为的国务院部门或者省、自治区、直辖市人民政府申请行政复议。对行政复议决定不服的，可以向人民法院提起行政诉讼；也可以向国务院申请裁决，国务院依法作出最终裁决。

2. 复议前置

（1）法律、法规规定应当先向行政机关申请复议，对复议决定不服再向人民法院提起诉讼的，依照法律、法规的规定。

（2）法律、法规规定应当先向行政复议机关申请行政复议、对行政复议决定不服再向人民法院提起行政诉讼的，在法定行政复议期限内不得向人民法院提起行政诉讼。

（3）法律、法规规定应当先向行政复议机关申请行政复议、对行政复议决定不服再向人民法院提起行政诉讼的，行政复议机关决定不予受理或者受理后超过行政复议期限不作答复的，公民、法人或者其他组织可以自收到不予受理决定书之日起或者行政复议期满之日起15日内，依法向人民法院提起行政诉讼。

考点提示

《税收征管法》：纳税人、扣缴义务人、纳税担保人同税务机关在纳税上发生争议时，必须先依照税务机关的纳税决定缴纳或者解缴税款及滞纳金或者提供相应的担保，然后可以依法申请行政复议；对行政复议决定不服的，可以依法向人民法院起诉。

3. 复议终局

具体行政行为 → 行政复议

法律规定行政复议决定为最终裁决。

考点提示

《行政复议法》：根据国务院或者省、自治区、直辖市人民政府对行政区划的勘定、调整或者征收土地的决定，省、自治区、直辖市人民政府确认土地、矿藏、水流、森林、山岭、草原、荒地、滩涂、海域等自然资源的所有权或者使用权的行政复议决定为最终裁决。

03 行政复议受案范围（★★）

（一）行政复议受案范围

1. 行政复议受案范围

有下列情形之一的，公民、法人或者其他组织可以依照行政复议法申请行政复议：

（1）对行政机关作出的警告、罚款、没收违法所得、没收非法财物、责令停产停业、暂扣或者吊销许可证、暂扣或者吊销执照、行政拘留等行政处罚决定不服的；

（2）对行政机关作出的限制人身自由或者查封、扣押、冻结财产等行政强制措施决定不服的；

（3）对行政机关作出的有关许可证、执照、资质证、资格证等证书变更、中止、撤销的决定不服的；

（4）对行政机关作出的关于确认土地、矿藏、水流、森林、山岭、草原、荒地、滩涂、海域等自然资源的所有权或者使用权的决定不服的；

（5）认为行政机关侵犯合法的经营自主权的；

（6）认为行政机关变更或者废止农业承包合同，侵犯其合法权益的；

（7）认为行政机关违法集资、征收财物、摊派费用或者违法要求履行其他义务的；

（8）认为符合法定条件，申请行政机关颁发许可证、执照、资质证、资格证等证书，或者申请行政机关审批、登记有关事项，行政机关没有依法办理的；

（9）申请行政机关履行保护人身权利、财产权利、受教育权利的法定职责，行政机关没有依法履行的；

（10）申请行政机关依法发放抚恤金、社会保险金或者最低生活保障费，行政机关没有依法发放的；

（11）认为行政机关的其他具体行政行为侵犯其合法权益的。

考点提示

（1）不服行政机关作出的行政处分或者其他人事处理决定的，依照有关法律、行政法规的规定提出申诉。

（2）不服行政机关对民事纠纷作出的调解或者其他处理，依法申请仲裁或者向人民法院提起诉讼。

2. 抽象行政行为附带审查

公民、法人或者其他组织认为行政机关的具体行政行为所依据的下列规定不合法，在对具体行政行为申请行政复议时，可以一并向行政复议机关提出对该规定的审查申请：

（1）国务院部门的规定；

（2）县级以上地方各级人民政府及其工作部门的规定；

（3）乡、镇人民政府的规定。

考点提示

上述所列规定不含国务院部、委员会规章和地方人民政府规章。

经典题解

【真题1·单选题】根据《行政复议法》《行政复议法实施条例》规定，申请人可依法一并提出对具体行政行为所依据的有关规定的审查申请。下列文件中，属于可以审查的规定的是（　　）。（2018年）

A. 县级人民政府的规定　　B. 设区的市人民政府规章

C. 省级人民政府规章　　D. 县人大常委会的规定

【答案】A

【真题2·单选题】根据《行政复议法》规定，公民、法人或者其他组织申请行政复议时，可一并提出对具体行政行为所依据的有关规定的审查申请。在此，可以对其进行审查的“规定”包含（　　）。（2017年）

A. 国务院部门规定　　B. 国务院部门规章

C. 地方人民政府规章　　D. 行政法规

【解析】（1）选项A：公民、法人或者其他组织认为行政机关的具体行政行为所依据的下列规定不合法，在对具体行政行为申请行政复议时，可以一并向行政复议机关提出对该规定的审查申请：①国务院部门的规定；②县级以上地方各级人民政府及其工作部门的规定；③乡、镇人民政府的规定。（2）选项BC：一并审查的“规定”不含国务院部、委员会规章和地方人民政府规章。

【答案】A

（二）税务行政复议范围

1. 税务行政复议范围

行政复议机关受理申请人对税务机关下列具体行政行为不服提出的行政复议申请：

（1）征税行为，包括确认纳税主体、征税对象、征税范围、减税、免税、退税、抵扣税款、适用税率、计税依据、纳税环节、纳税期限、纳税地点和税款征收方式等具体行政行为，征收税款、加收滞纳金，扣缴义务人、受税务机关委托的单位和个人作出的代扣代缴、代收代缴、代征行为等。

（2）行政许可、行政审批行为。

（3）发票管理行为，包括发售、收缴、代开发票等。

（4）税收保全措施、强制执行措施。

（5）行政处罚行为：①罚款；②没收财物和违法所得；③停止出口退税权。

（6）不依法履行下列职责的行为：①颁发税务登记；②开具、出具完税凭证、外出经营活动税收管理证明；③行政赔偿；④行政奖励；⑤其他不依法履行职责的行为。

（7）资格认定行为。

（8）不依法确认纳税担保行为。

（9）政府信息公开工作中的具体行政行为。

（10）纳税信用等级评定行为。

（11）通知出入境管理机关阻止出境行为。

（12）其他具体行政行为。

2. 抽象行政行为附带审查

申请人认为税务机关作出的具体行政行为所依据的下列规定不合法，对具体行政行为申请行政复议时，可以一并向行政复议机关提出对该规定的审查申请；申请人对具体行政行为提出行政复议申请时不知道该具体行政行为所依据的规定的，可以在行政复议机关作出行政复议决定以前提出对该规定的审查申请：

（1）国家税务总局和国务院其他部门的规定。

（2）其他各级税务机关的规定。

（3）地方各级人民政府的规定。

（4）地方人民政府工作部门的规定。

考点提示

上述规定不包括规章。

经典题解

【真题·单选题】纳税人对法定受案范围内的税务具体行政行为不服，可以依法申请复议。下列税务具体行政行为中，纳税人不服，依法不可以申请复议的是（　　）。（2015年）

A. 税务机关拒绝给予举报人一定金额的奖励

B. 税务机关不依当事人申请公开有关政府信息

C. 税务机关作出的行政指导行为

D. 税务机关不公开依法应主动公开的有关政府信息

【解析】选项C：行政指导行为属于行政事实行为，对行政相对人的权利义务没有实质影响，不属于行政复议和行政诉讼的范围。

【答案】C

第二单元　行政复议申请与受理

查看本单元视频，快速 GET 知识点
使用"会计云课堂"App或"微信"扫码

01 行政复议的申请人（★★）

（一）行政复议的申请人

1. 申请人

一般规定	依照《行政复议法》申请行政复议的公民、法人或者其他组织
申请人资格转移	（1）有权申请行政复议的公民死亡的，其近亲属可以申请行政复议 （2）有权申请行政复议的公民为无民事行为能力人或者限制民事行为能力人的，其法定代理人可以代为申请行政复议 （3）有权申请行政复议的法人或者其他组织终止的，承受其权利的法人或者其他组织可以申请行政复议
委托代理人	申请人、第三人可以委托代理人代为参加行政复议

2. 申请人特殊规定

申请复议主体		申请人
合伙	合伙企业	核准登记的企业为申请人，由执行合伙事务的合伙人代表该企业参加行政复议
	其他合伙组织	合伙人共同申请行政复议
不具备法人资格的其他组织	有主要负责人	由该组织的主要负责人代表该组织参加行政复议
	没有主要负责人	由共同推选的其他成员代表该组织参加行政复议
股份制企业股东大会、股东代表大会、董事会认为行政机关作出的具体行政行为侵犯企业合法权益		股东大会、股东代表大会、董事会可以以企业的名义申请行政复议
同一行政复议案件申请人超过5人		推选1~5名代表参加行政复议

（二）税务行政复议申请人的特殊规定

1. 税务行政复议申请人是纳税人、扣缴义务人、纳税担保人以及其他税务当事人。

2. 虽非具体行政行为的行政管理相对人，但其权利直接被该具体行政行为所剥夺、限制或者被赋予义务的公民、法人或其他组织，在行政管理相对人没有申请行政复议时，可以单独申请行政复议。

3. 申请人、第三人可以委托1~2名代理人参加行政复议。

（1）申请人、第三人委托代理人的，应当向行政复议机构提交授权委托书。授权委托书应当载明委托事项、权限和期限。

（2）公民在特殊情况下无法书面委托的，可以口头委托。口头委托的，行政复议机构应当核实并记录在卷。

（3）申请人、第三人解除或者变更委托的，应当书面告知行政复议机构。

02 行政复议的被申请人（★★）

（一）行政复议的被申请人

1. 被申请人

公民、法人或者其他组织对行政机关的具体行政行为不服，依法申请行政复议的，作出具体行政行为的行政机关是被申请人。

考点提示

被申请人不得委托本机关以外人员参加行政复议。

2. 被申请人特殊规定

行政行为	被申请人
法律、法规授权的组织	法律、法规授权的组织
行政机关委托的组织	委托的行政机关
被撤销的行政机关	继续行使其职权的行政机关
行政机关+行政机关（2个以上行政机关）共同作出	共同作出具体行政行为的行政机关（共同被申请人）
行政机关+法律、法规授权的组织共同作出	行政机关+法律、法规授权的组织（共同被申请人）
行政机关+其他组织共同作出	行政机关
下级机关作出，上级机关批准	上级机关（否则变成自我复议）
县级以上人民政府依法设立的派出机关	派出机关（相当于一级政府）
派出机构依照法律、法规或规章，以自己名义作出	派出机构
派出机构、内设机构、其他组织，未经法律、法规授权，以自己名义作出	行政机关

（二）税务行政复议的被申请人

行政行为	被申请人
具体行政行为	作出该具体行政行为的税务机关
扣缴义务人的扣缴税款行为	主管该扣缴义务人的税务机关

行政行为	被申请人
税务机关委托的单位和个人的代征行为	委托税务机关
税务机关+法律、法规授权的组织，共同的名义作出	税务机关和法律、法规授权的组织（共同被申请人）
税务机关+其他组织，共同名义作出	税务机关
经上级税务机关批准作出具体行政行为	批准机关
经重大税务案件审理程序作出的决定	审理委员会所在税务机关
派出机构、内设机构或者其他组织，未经法律、法规授权，以自己名义对外作出具体行政行为	税务机关

03 行政复议的第三人（★）

1. 第三人

（1）同申请行政复议的具体行政行为有利害关系的其他公民、法人或者其他组织，可以作为第三人参加行政复议。

（2）委托代理人：第三人可以委托代理人代为参加行政复议。

2. 参加行政复议的方式

（1）通知（被动）：行政复议期间，行政复议机构认为申请人以外的公民、法人或者其他组织与被审查的具体行政行为有利害关系的，可以通知其作为第三人参加行政复议。

（2）申请（主动）：行政复议期间，申请人以外的公民、法人或者其他组织与被审查的具体行政行为有利害关系的，可以向行政复议机构申请作为第三人参加行政复议。

3. 第三人不参加行政复议，不影响行政复议案件的审理。

04 行政复议机关与行政复议管辖（★★★）

（一）行政复议机关

主体	规定
行政复议机关	依法履行行政复议职责的行政机关
行政复议机构	行政复议机关内部具体办理行政复议事项的办事机构，通常由复议机关负责法制工作的机构担任 【提示】行政复议机关与行政复议机构之间存在领导与被领导的关系
行政复议人员	行政机关中初次从事行政复议的人员，应当通过国家统一法律职业资格考试取得法律职业资格
行政复议委员会	（1）各级行政复议机关可以成立行政复议委员会，研究重大、疑难案件，提出处理建议 （2）行政复议委员会可以邀请本机关以外的具有相关专业知识的人员参加

经典题解

【真题·单选题】下列有关行政复议机关的说法中，正确的是（　　）。（2020 年）

A. 行政复议委员会不得邀请行政复议机关以外的人员参加

B. 行政复议机关中从事行政复议工作的人员，均应当取得法律职业资格

C. 行政复议机关和行政复议机构均有作出行政复议决定的职权

D. 行政复议机关与行政复议机构之间存在领导与被领导的关系

【解析】(1) 选项 A：行政复议委员会可以邀请本机关以外的具有相关专业知识人员参加。(2) 选项 B：对于行政机关中初次从事行政复议的人员，应当通过国家统一法律职业资格考试取得法律职业资格。(3) 选项 C：行政复议机关有权作出行政复议决定；行政复议机构是行政复议机关内部设立的专门负责办理行政复议案件的办事机构，不是行政主体，不能以自己的名义对外行使职权。

【答案】D

(二) 行政复议管辖

1. 一般管辖

选择管辖	对县级以上地方各级人民政府工作部门的具体行政行为不服的，由申请人选择，可以向该部门的本级人民政府申请行政复议，也可以向上一级主管部门申请行政复议
上级管辖	(1) 对海关、金融、外汇管理等实行垂直领导的行政机关和国家安全机关的具体行政行为不服的，向上一级主管部门申请行政复议 (2) 对地方各级人民政府的具体行政行为不服的，向上一级地方人民政府申请行政复议
自我管辖	对国务院部门或者省、自治区、直辖市人民政府的具体行政行为不服的，向作出该具体行政行为的国务院部门或者省、自治区、直辖市人民政府申请行政复议 【提示】对行政复议决定不服的，可以向人民法院提起行政诉讼；也可以向国务院申请裁决，国务院依照规定作出最终裁决
	申请人对两个以上国务院部门共同作出的具体行政行为不服的，可以向其中任何一个国务院部门提出行政复议申请，由作出具体行政行为的国务院部门共同作出行政复议决定

经典题解

【真题 1·单选题】根据行政复议管辖的规定，应当向上一级主管部门申请行政复议的情形是（　　）。（2019 年）

A. 对国家安全机关作出的具体行政行为不服申请复议的

B. 对自然资源部门作出的具体行政行为不服申请复议的

C. 对公安机关作出的具体行政行为不服申请复议的

D. 对生态环境部门作出的具体行政行为不服申请复议的

【解析】对海关、金融、外汇管理等实行垂直领导的行政机关和国家安全机关的具体行政行为不服的，向上一级主管部门申请行政复议。

【答案】A

【真题2·单选题】 根据《行政复议法》《行政复议法实施条例》规定，下列当事人对行政处罚不服申请行政复议的案件中，当事人应当向该部门的上一级主管部门申请行政复议的案件是（　　）。（2018年）

A. 对外汇管理部门作出的行政处罚不服申请复议的案件

B. 对环境保护部门作出的行政处罚不服申请复议的案件

C. 对自然资源部门作出的行政处罚不服申请复议的案件

D. 对交通运输部门作出的行政处罚不服申请复议的案件

【解析】 选项BCD：（1）对县级以上地方各级人民政府工作部门的具体行政行为不服的：由申请人选择，可以向该部门的本级人民政府申请行政复议，也可以向上一级主管部门申请行政复议；（2）对国务院部门的具体行政行为不服的：向作出该具体行政行为的国务院部门申请行政复议。

【答案】 A

2. 特殊管辖

行政行为作出主体	复议机关
县级以上地方人民政府依法设立的派出机关作出	设立该派出机关的人民政府
政府工作部门依法设立的派出机构依照法律、法规或者规章规定，以自己的名义作出	设立该派出机构的部门或者该部门的本级地方人民政府
法律、法规授权的组织作出	直接管理该组织的地方人民政府、地方人民政府工作部门或者国务院部门
两个或者两个以上行政机关以共同的名义作出	其共同上一级行政机关
被撤销的行政机关在撤销前作出	继续行使其职权的行政机关的上一级行政机关

考点提示

对于特殊管辖，申请人也可以向具体行政行为发生地的县级地方人民政府提出行政复议申请，由接受申请的县级地方人民政府依法办理。

3. 转送管辖

依规定接受特殊管辖的行政复议申请的县级地方人民政府，对不属于本机关受理范围的行政复议申请，应当自接到该行政复议申请之日起7日内，转送有关行政复议机关，并告知申请人。

考点提示

转送管辖必须同时满足3个条件：（1）必须属于特殊管辖的复议案件；（2）转送机关是县级人民政府，且对该案件没有管辖权；（3）受转送的复议机关对该案件有管辖权。

经典题解

【真题·多选题】行政复议转送管辖必须具备的条件有（　　）。（2018 年）

A. 受转送机关必须是转送机关的上一级行政机关，且对该案件有管辖权

B. 转送机关必须是受转送机关的下一级行政机关，且对该案件没有管辖权

C. 转送的案件必须属于选择管辖的复议案件

D. 转送的案件必须属于特殊管辖的复议案件

E. 转送机关是县级地方人民政府，且对该案件没有管辖权

【答案】DE

4. 共同管辖、指定管辖

申请人就同一事项向两个或者两个以上有权受理的行政机关申请行政复议的，由最先收到行政复议申请的行政机关受理；同时收到行政复议申请的，由收到行政复议申请的行政机关在 10 日内协商确定；协商不成的，由其共同上一级行政机关在 10 日内指定受理机关。协商确定或者指定受理机关所用时间不计入行政复议审理期限。

易错易混

		作出具体行政行为	复议机关
一般管辖	选择管辖	县级以上地方各级人民政府工作部门	本级人民政府/上一级主管部门
	上级管辖	海关、金融、外汇管理、国安	上一级主管部门
		地方各级人民政府	上一级地方人民政府
	自我管辖	国务院部门、省级人民政府	国务院部门、省级人民政府
特殊管辖		县级以上地方人民政府派出机关	设立该派出机关人民政府
		政府工作部门设立的派出机构	设立该派出机构的部门或该部门本级地方人民政府
		法律、法规授权的组织	直接管理该组织的地方人民政府、地方人民政府工作部门或者国务院部门
		两个或两个以上行政机关共同名义作出	共同的上一级行政机关
		被撤销的行政机关在撤销前作出	继续行使其职权的行政机关的上一级行政机关
转送管辖		接受属于特殊管辖的行政复议案件的县级地方人民政府，对不属于自己受理范围的行政复议申请，应当自接到该行政复议申请之日起 7 日内转送	
共同管辖 指定管辖		（1）由最先收到行政复议申请的行政机关受理 （2）同时收到，10 日内协商确定；协商不成的，由其共同上一级行政机关在 10 日内指定	

05 行政复议的申请（★★★）

（一）行政复议的申请

1. 公民、法人或者其他组织认为具体行政行为侵犯其合法权益的，可以自知道该具体行政行为之日起60日内提出行政复议申请；但是法律规定的申请期限超过60日的除外。

考点提示

如果法律规定的申请期限短于60日，则提出行政复议申请的期限仍为60日。

因不可抗力或者其他正当理由耽误法定申请期限的，申请期限自障碍消除之日起继续计算。

2. 申请期限的特殊规定

情形		行政复议申请期限起算
当场作出具体行政行为		具体行政行为作出之日
法律文书直接送达		受送达人签收之日
法律文书邮寄送达		受送达人在邮件签收单上签收之日起计算；没有邮件签收单的，自受送达人在送达回执上签名之日起计算（邮件签收单上签收之日→送达回执上签名之日）
公告形式告知受送达人		公告规定的期限届满之日
作出具体行政行为时未告知公民、法人或者其他组织，事后补充告知		该公民、法人或者其他组织收到行政机关补充告知的通知之日
被申请人能够证明公民、法人或者其他组织知道具体行政行为		证据材料证明其知道具体行政行为之日
请求履行法定职责，行政机关未履行	有履行期限规定	履行期限届满之日
	没有履行期限规定	行政机关收到申请满60日

考点提示

（1）行政机关作出具体行政行为，依法应当向有关公民、法人或者其他组织送达法律文书而未送达的，视为该公民、法人或者其他组织不知道该具体行政行为。

（2）公民、法人或者其他组织在紧急情况下请求行政机关履行保护人身权、财产权的法定职责，行政机关不履行的，行政复议申请期限不受规定的限制。

经典题解

【真题1·单选题】下列有关行政复议申请的说法中，正确的是（　　）。（2021年）

A. 具体行政行为依法通过公告形式告知受送达人的，自公告发布之日起计算复议申请期限

B. 行政机关作出具体行政行为，依法应当向公民、法人或者其他组织送达法律文书而未送达的，视为该公民、法人或者其他组织不知道该具体行政行为

C. 公民、法人或者其他组织可以自知道或者应当知道具体行政行为之日起 60 日内提出行政复议申请

D. 公民、法人或者其他组织可以自知道或者应当知道具体行政行为之日起 90 日内提出行政复议申请

【解析】（1）选项 A：具体行政行为依法通过公告形式告知受送达人的，自公告规定的期限届满之日起计算行政复议申请期限。（2）选项 CD：公民、法人或者其他组织认为具体行政行为侵犯其合法权益的，可以自“知道”该具体行政行为之日起 60 日内提出行政复议申请；但是法律规定的申请期限超过 60 日的除外。

【答案】 B

【真题 2 · 单选题】 根据《行政复议法实施条例》，下列关于行政复议申请期限计算方法的说法中，错误的是（　　）。（2014 年）

A. 当场作出具体行政行为的，自具体行政行为作出之日起计算

B. 具体行政行为依法通过公告形式告知受送达人的，自公告规定的期限届满之日起计算

C. 载明具体行政行为的法律文书直接送达的，自受送达人签收之日起计算

D. 行政机关作出具体行政行为时未告知当事人，事后补充告知的，自行政机关发出补充告知的通知之日起计算

【解析】 选项 D：行政机关作出具体行政行为时未告知公民、法人或者其他组织，事后补充告知的，自该公民、法人或者其他组织收到行政机关补充告知的通知之日起计算。

【答案】 D

【真题 3 · 多选题】 根据《行政复议法实施条例》的规定，下列有关行政复议申请期限的表述中，正确的有（　　）。（2012 年）

A. 行政机关作出具体行政行为时未告知公民、法人或者其他组织，事后补充告知的，自该公民、法人或者其他组织收到行政机关补充告知的通知之日起计算

B. 被申请人能够证明公民、法人或者其他组织知道具体行政行为的，自证据材料证明其知道具体行政行为之日起计算

C. 载明具体行政行为的法律文书邮寄送达的，自法律文书交邮之日起计算

D. 具体行政行为依法通过公告形式告知受送达人的，自公告对外发出之日起计算

E. 载明具体行政行为的法律文书直接送达的，自受送达人签收之日起计算

【解析】（1）选项 C：载明具体行政行为的法律文书邮寄送达的，自“受送达人在邮件签收单上签收之日”起计算；没有邮件签收单的，自“受送达人在送达回执上签名之日”起计算。（2）选项 D：具体行政行为依法通过公告形式告知受送达人的，自“公告规定的期限届满之日”起计算。

【答案】 ABE

3. 申请方式

（1）申请人申请行政复议，可以书面申请，也可以口头申请；口头申请的，行政复议机关应当当场记录申请人的基本情况、行政复议请求、申请行政复议的主要事实、理由和时间。

（2）申请人书面申请行政复议的，可以采取当面递交、邮寄或者传真等方式提出行政复议申请。有条件的行政复议机构可以接受以电子邮件形式提出的行政复议申请。

（3）申请人口头申请行政复议的，行政复议机构应当依照规定的事项，当场制作行政复议申请笔录交申请人核对或者向申请人宣读，并由申请人签字确认。

（二）税务行政复议申请

申请期限	申请人可以在知道税务机关作出具体行政行为之日起60日内提出行政复议申请。因不可抗力或者被申请人设置障碍等原因耽误法定申请期限的，申请期限的计算应当扣除被耽误时间
复议前置型	申请人对规定的征税行为不服的，应当先向行政复议机关申请行政复议；对行政复议决定不服的，可以向人民法院提起行政诉讼 【解释】征税行为，包括确认纳税主体、征税对象、征税范围、减税、免税、退税、抵扣税款、适用税率、计税依据、纳税环节、纳税期限、纳税地点和税款征收方式等具体行政行为，征收税款、加收滞纳金，扣缴义务人、受税务机关委托的单位和个人作出的代扣代缴、代收代缴、代征行为等
	（1）申请人申请行政复议的，必须依照税务机关根据法律、法规确定的税额、期限，先行缴纳或者解缴税款和滞纳金，或者提供相应的担保，才可以在缴清税款和滞纳金以后或者所提供的担保得到作出具体行政行为的税务机关确认之日起60日内提出行政复议申请 （2）申请人提供担保的方式包括保证、抵押和质押。作出具体行政行为的税务机关应当对保证人的资格、资信进行审查，对不具备法律规定资格或者没有能力保证的，有权拒绝。作出具体行政行为的税务机关应当对抵押人、出质人提供的抵押担保、质押担保进行审查，对不符合法律规定的抵押担保、质押担保，不予确认
自由选择	申请人对其他具体行政行为不服，可以申请行政复议，也可以直接向人民法院提起行政诉讼
“加处罚款”不服	申请人对税务机关作出逾期不缴纳罚款“加处罚款的决定”不服的，应当先缴纳罚款和加处罚款，再申请行政复议（此处不包含“提供相应的担保”） 【提示】如相对人仅对罚款不服，可以直接申请行政复议或提起行政诉讼

经典题解

【例题1·多选题】根据行政复议法律制度的规定，纳税人对税务机关作出的下列行政决议不服的，应当先向行政复议机关申请行政复议的有（　　）。

A. 确认征税范围　　B. 征收税款

C. 确认适用税率　　D. 加收滞纳金

E. 罚款

【解析】选项E：申请人对其他具体行政行为不服，可以申请行政复议，也可以直接向人民法院提起行政诉讼。

【答案】ABCD

【例题 2 · 多选题】税务局稽查局对某纳税人作出罚款 10 万元的处罚决定，该纳税人对罚款决定不服，向稽查局的主管税务局申请复议。稽查局依法向复议机关提交了据以作出处罚决定的证据、依据和其他有关材料，并提出了书面答复。复议机关审理后决定，变更罚款为 5 万元。《税务行政复议决定书》送达后，该纳税人逾期未向人民法院提起诉讼。根据税务行政复议法律制度的规定，下列说法中，正确的有（　　）。

A. 如果该纳税人不能按规定缴清 10 万元罚款，则应当提供相应的担保才能申请复议

B. 该纳税人可以查阅稽查局提交的证据、依据和其他有关材料，但不得查阅书面答复

C. 该纳税人在复议决定作出前，经行政复议机构同意，可以撤回申请

D. 该纳税人应当在接到《税务行政处罚决定书》之日起 3 个月内提出复议申请

E. 如果该纳税人逾期不起诉又不履行罚款 5 万元的复议决定，由主管税务局依法强制执行或者申请人民法院强制执行

【解析】（1）选项 A：申请人对其他具体行政行为不服，可以申请行政复议，也可以直接向人民法院提起行政诉讼。（2）选项 B：申请人、第三人可以查阅被申请人提出的书面答复、作出具体行政行为的证据、依据和其他有关材料，除涉及国家秘密、商业秘密或者个人隐私外，行政复议机关不得拒绝。（3）选项 C：申请人在行政复议决定作出前自愿撤回行政复议申请的，经行政复议机构同意，可以撤回。（4）选项 D：申请人可以在知道税务机关作出具体行政行为之日起 60 日内提出行政复议申请。（5）选项 E：变更具体行政行为的行政复议决定，由行政复议机关依法强制执行，或者申请人民法院强制执行。

【答案】CE

06 行政复议的受理（★）

审查	行政复议机关收到行政复议申请后，应当在5 日内进行审查 （1）对不符合规定的行政复议申请，决定不予受理，并书面告知申请人 （2）对符合规定，但是不属于本机关受理的行政复议申请，应当告知申请人向有关行政复议机关提出 （3）对符合法定条件的行政复议申请，行政复议申请自行政复议机关负责法制工作的机构收到之日起即为受理 （4）公民、法人或者其他组织依法提出行政复议申请，行政复议机关无正当理由不予受理的，上级行政机关应当责令其受理；必要时，上级行政机关也可以直接受理
受理条件	（1）有明确的申请人和符合规定的被申请人 （2）申请人与具体行政行为有利害关系 （3）有具体的行政复议请求和理由 （4）在法定申请期限内提出 （5）属于行政复议法规定的行政复议范围 （6）属于收到行政复议申请的行政复议机构的职责范围 （7）其他行政复议机关尚未受理同一行政复议申请，人民法院尚未受理同一主体就同一事实提起的行政诉讼

告知补正	行政复议申请材料不齐全或者表述不清楚的，行政复议机构可以自收到该行政复议申请之日起5日内书面通知申请人补正。补正通知应当载明需要补正的事项和合理的补正期限。无正当理由逾期不补正的，视为申请人放弃行政复议申请。补正申请材料所用时间不计入行政复议审理期限

第三单元　行政复议程序

查看本单元视频，快速GET知识点
使用"会计云课堂"App或"微信"扫码

01 行政复议的审理（★★★）

（一）行政复议的审理

1. 审理方式

（1）行政复议机构审理行政复议案件，应当由2名以上行政复议人员参加。

（2）行政复议原则上采取书面审查的办法，但是申请人提出要求或者行政复议机关负责法制工作的机构认为有必要时，可以向有关组织和人员调查情况，听取申请人、被申请人和第三人的意见。行政复议机构认为必要时，可以实地调查核实证据。

考点提示

行政复议人员向有关组织和人员调查取证时，可以查阅、复制、调取有关文件和资料，向有关人员进行询问。调查取证时，行政复议人员不得少于2人，并应当向当事人或者有关人员出示证件。被调查单位和人员应当配合行政复议人员的工作，不得拒绝或者阻挠。

（3）对重大、复杂的案件，申请人提出要求或者行政复议机构认为必要时，可以采取听证的方式审理。

2. 审理依据

行政复议机关审理复议案件，以法律、法规、规章，以及有关行政机关制定和发布的具有普遍约束力的决定、命令为依据。

3. 审理程序

（1）行政复议机关负责法制工作的机构应当自行政复议申请受理之日起7日内，将行政复议申请书副本或者行政复议申请笔录复印件发送被申请人。

（2）被申请人应当自收到申请书副本或者申请笔录复印件之日起10日内，提出书面答复，并提交当初作出具体行政行为的证据、依据和其他有关材料。

4. 抽象行政行为附带审查

申请人在申请行政复议时，一并提出对有关规定的审查申请的，行政复议机关对该规定有权处理的，应当在30日内依法处理；无权处理的，应当在7日内按照法定程序转送有权处理的行政机关依法处理，有权处理的行政机关应当在60日内依法处理。处理期间，中止对具体行政行为的审查。

5. 行政复议期间具体行政行为原则上不停止执行

有下列情形之一的，可以停止执行：

（1）被申请人认为需要停止执行的；

（2）行政复议机关认为需要停止执行的；

（3）申请人申请停止执行，行政复议机关认为其要求合理，决定停止执行的；

（4）法律规定停止执行的。

6. 被申请人复议期间不得收集证据

在行政复议过程中，被申请人不得自行向申请人和其他有关组织或者个人收集证据。

7. 查阅权

申请人、第三人可以查阅被申请人提出的书面答复、作出具体行政行为的证据、依据和其他有关材料，除涉及国家秘密、商业秘密或者个人隐私外，行政复议机关不得拒绝。行政复议机关应当为申请人、第三人查阅有关材料提供必要条件。

8. 复议申请的撤回

（1）行政复议决定作出前，申请人要求撤回行政复议申请的，经说明理由，可以撤回；撤回行政复议申请的，行政复议终止。

（2）申请人在行政复议决定作出前自愿撤回行政复议申请的，经行政复议机构同意，可以撤回。申请人撤回行政复议申请的，不得再以同一事实和理由提出行政复议申请。但是，申请人能够证明撤回行政复议申请违背其真实意思表示的除外。

考点提示

如果符合法定条件（如自由选择型争议），撤回后可以依法提起行政诉讼。法律、法规规定应当先申请复议，公民、法人或者其他组织向复议机关申请行政复议后，又经复议机关同意撤回复议申请，行政复议终止，当事人不得向人民法院提起行政诉讼。

9. 复议期间改变具体行政行为

行政复议期间被申请人改变原具体行政行为的，不影响行政复议案件的审理。但是，申请人依法撤回行政复议申请的除外。

经典题解

【真题·多选题】根据《行政复议法》及其《实施条例》的规定，申请人在行政复议期间的法定权利有（　　）。（2015 年）

A. 查阅被申请人的书面答复、作出具体行政行为的证据及依据等有关材料的权利

B. 委托律师作为代理人参加复议的权利

C. 要求依法撤回行政复议申请的权利

D. 要求停止执行被申请复议的行政行为所确定的给付义务的权利

E. 复议期间对被申请行政复议的行政行为提起诉讼

【解析】（1）选项 D：复议期间具体行政行为原则上不停止执行，申请人在特殊情况下可申请停止执行，但是否停止须由行政复议机关决定。（2）选项 E：已经选择行政复议，对复议决定不服的，仍可以提起行政诉讼；但在法定行政复议期限内不得向人民法院提起行政诉讼。

【答案】ABC

（二）税务行政复议的审理

1. 税务行政复议机关应当对被申请人作出的税务具体行政行为所依据的事实及证据、法律程序、法律依据和设定的权利义务内容是否具备合法性、适当性进行全面审查。

2. 税务行政复议审理依据：税收法律、税收法规、税务部门规章和合法有效的税务规范性文件。

3. 税务行政复议的听证程序

（1）行政复议机构决定举行听证的，应当将举行听证的时间、地点和具体要求等事项通知申请人、被申请人和第三人。

（2）第三人不参加听证的，不影响听证的举行。

（3）听证应当公开举行，但是涉及国家秘密、商业秘密或者个人隐私的除外。

（4）行政复议听证人员不得少于 2 人，听证主持人由行政复议机构指定。

（5）听证应当制作笔录。申请人、被申请人和第三人应当确认听证笔录内容。

（6）行政复议听证笔录应当附卷，作为行政复议机构审理案件的依据之一（并非唯一依据）。

经典题解

【真题 1 · 多选题】根据《行政复议法》《行政复议法实施条例》《税务行政复议规则》规定，下列关于税务行政复议审查的说法中，正确的有（　　）。（2018 年）

A. 税务行政复议审查既涉及合法性审查，也涉及适当性审查

B. 税务行政复议审查既涉及事实审，也涉及法律审

C. 税务行政复议审查的依据包括税收法律、法规及税务部门规章，不包括税务规范性文件

D. 税务行政复议一律采取书面审查的办法，不采用听证的方式

E. 重大、疑难税务行政案件的复议审查，可以由税务行政复议机关成立的行政复议委员会研究，并提出处理建议

【解析】（1）选项 C：税务行政复议机关判断税务具体行政行为合法性和适当性的依据就是复议审查的依据，包括税收法律、税收法规、税务部门规章和合法有效的税务规范性文件。（2）选项 D：对重大、复杂的案件，申请人提出要求或者行政复议机构认为必要时，可以采取听证的方式审理。

【答案】ABE

【真题 2 · 多选题】某税务机关依法查处一起重大税收违法案件，对被查对象运林公司作出税务行政处罚决定。运林公司认为，该税务机关在作出处罚决定前未依法举行听证，处罚决定违反法定程序，遂向上一级税务机关提出行政复议申请。复议机关认为，该案案情比较复杂。根据《行政复议法》《行政复议法实施条例》及《税务行政复议规则》的规定，下列关于复议审理、复议撤回事项的说法中，正确的有（　　）。（2016 年）

A. 上一级税务机关不得采取书面审查以外的方式审理该复议案件

B. 若运林公司提出要求，上一级税务机关可以采取听证方式审理该复议案件

C. 只有被申请人和复议机关均认为申请人撤回复议申请合法，同意申请人撤回复议申请，申请人才能撤回复议申请

D. 本案中作出处罚决定的税务机关若在复议期间改变处罚决定，而运林公司没有因此撤回复议申请，则该复议案件的审理不受影响

E. 无论何种情形，只要运林公司在复议期间撤回复议申请，上一级税务机关即应当终止复议审理，运林公司不得再以同一事实和理由提出行政复议申请

【解析】（1）选项 AB：对重大、复杂的案件，申请人提出要求或者行政复议机构认为必要时，可以采取听证的方式审理。（2）选项 C：申请人在行政复议决定作出以前撤回行政复议申请的，经行政复议机构同意，可以撤回，不需要被申请人同意。（3）选项 D：行政复议期间被申请人改变原具体行政行为的，不影响行政复议案件的审理。但是，申请人依法撤回行政复议申请的除外。（4）选项 E：申请人撤回行政复议申请的，不得再以同一事实和理由提出行政复议申请。但是，申请人能够证明撤回行政复议申请违背其真实意思表示的除外。

【答案】 BD

【例题 3·单选题】 根据《税务行政复议规则》，关于税务行政复议听证程序，下列说法中，不正确的是（　　）。

A. 行政复议机构决定举行听证的，应当将举行听证的时间、地点和具体要求等事项通知申请人、被申请人和第三人

B. 听证应当公开举行，但是涉及国家秘密、商业秘密或者个人隐私的除外

C. 行政复议听证人员不得少于 2 人，听证主持人由行政复议机构指定

D. 行政复议听证笔录应当附卷，作为行政复议机构审理案件的唯一依据

【解析】 行政复议听证笔录应当附卷，作为行政复议机构审理案件的依据之一。

【答案】 D

02 税务行政复议的证据（★）

证据类型	（1）书证；（2）物证；（3）视听资料；（4）电子数据；（5）证人证言；（6）当事人的陈述；（7）鉴定意见；（8）勘验笔录、现场笔录
举证责任	被申请人对其作出的具体行政行为负有举证责任
证据规则	（1）在行政复议过程中，被申请人不得自行向申请人和其他有关组织或者个人收集证据 （2）行政复议机构依据规定职责所取得的有关材料，不得作为支持被申请人具体行政行为的证据

03 行政复议的中止与终止（★）

行政复议中止的情形	行政复议终止的情形
（1）作为申请人的自然人死亡，其近亲属尚未确定是否参加行政复议 （2）作为申请人的自然人丧失参加行政复议的能力，尚未确定法定代理人参加行政复议 （3）作为申请人的法人或者其他组织终止，尚未确定权利义务承受人 （4）作为申请人的自然人下落不明或者被宣告失踪 （5）申请人、被申请人因不可抗力，不能参加行政复议 （6）案件涉及法律适用问题，需要有权机关作出解释或者确认 （7）案件审理需要以其他案件的审理结果为依据，而其他案件尚未审结 （8）其他需要中止行政复议的情形	（1）申请人要求撤回行政复议申请，行政复议机构准予撤回 （2）作为申请人的自然人死亡，没有近亲属或者其近亲属放弃行政复议权利 （3）作为申请人的法人或者其他组织终止，其权利义务的承受人放弃行政复议权利 （4）申请人与被申请人依照规定，经行政复议机构准许达成和解 （5）申请人对行政拘留或者限制人身自由的行政强制措施不服申请行政复议后，因申请人同一违法行为涉嫌犯罪，该行政拘留或者限制人身自由的行政强制措施变更为刑事拘留 （6）因左述（1）~（3）项中止行政复议，满60日行政复议中止的原因仍未消除
（1）行政复议中止的原因消除后，应当及时恢复行政复议案件的审理 （2）行政复议机构中止、恢复行政复议案件的审理，应当告知有关当事人	—

04 行政复议和解与调解（★★）

（一）行政复议和解与调解

和解范围	公民、法人或者其他组织对行政机关行使法律、法规规定的自由裁量权作出的具体行政行为不服申请行政复议
和解规定	申请人与被申请人在行政复议决定作出前自愿达成和解的，应当向行政复议机构提交书面和解协议；和解内容不损害社会公共利益和他人合法权益的，行政复议机构应当准许
调解范围	（1）公民、法人或者其他组织对行政机关行使法律、法规规定的自由裁量权作出的具体行政行为不服申请行政复议 （2）当事人之间的行政赔偿或者行政补偿纠纷
调解规定	（1）当事人经调解达成协议的，行政复议机关应当制作行政复议调解书 （2）调解书应当载明行政复议请求、事实、理由和调解结果，并加盖行政复议机关印章 【提示】行政复议调解书经双方当事人签字，即具有法律效力 （3）调解未达成协议或者调解书生效前一方反悔的，行政复议机关应当及时作出行政复议决定

经典题解

【真题·多选题】 根据《行政复议法实施条例》规定，行政复议机关可以按照自愿、合法原则进行调解的有（ ）。(2015 年)

A. 对确定税率引起的行政复议案件

B. 因房屋拆迁引起的行政补偿争议案件

C. 因确认不动产物权无效的争议案件

D. 因人身权受到侵害请求支付精神损害抚慰金引起的争议案件

E. 因违法扣押造成损失引起行政赔偿争议案件

【解析】 有下列情形之一的，行政复议机关可以按照自愿、合法的原则进行调解：(1) 公民、法人或者其他组织对行政机关行使法律、法规规定的自由裁量权作出的具体行政行为不服申请行政复议的。税务机关可行使自由裁量权的行政行为，如行政处罚、核定税额、确定“应税所得率”（而非税率）等，选项 A 错误。(2) 当事人之间的行政赔偿（选项 DE）或者行政补偿纠纷（选项 B）。

【答案】 BDE

（二）税务行政复议和解与调解

和解、调解适用范围	对下列行政复议事项，按照自愿、合法的原则，申请人和被申请人在行政复议机关作出行政复议决定以前可以达成和解，行政复议机关也可以调解： (1) 行使自由裁量权作出的具体行政行为，如行政处罚、核定税额、确定应税所得率等 (2) 行政赔偿 (3) 行政奖励 (4) 存在其他合理性问题的具体行政行为
和解后果	经行政复议机构准许和解终止行政复议的，申请人不得以同一事实和理由再次申请行政复议
调解后果	申请人不履行行政复议调解书的，由被申请人依法强制执行，或者申请人民法院强制执行

经典题解

【真题·单选题】 根据《行政复议法实施条例》和《税务行政复议规则》，在复议机关作出复议决定前，申请人与被申请人可以自愿达成和解，税务行政复议机关也可以调解。但这种和解与调解程序不适用于（ ）的税务行政复议案件。(2011 年)

A. 确定适用税率

B. 核定税额

C. 确定应税所得率

D. 行政赔偿

【答案】 A

05 行政复议决定（★★★）

（一）审理期限

行政复议机关应当自受理申请之日起60日内作出行政复议决定；但是法律规定的行政复议期限少于60日的除外。情况复杂，不能在规定期限内作出行政复议决定的，经行政复议机关的负责人批准，可以适当延长，并告知申请人和被申请人；但是延长期限最多不超过30日。

考点提示

补正申请材料所用时间、协商确定或者指定受理机关所用时间、复议期间专门事项鉴定所用时间以及现场勘验所用时间均不计入行政复议审理期限。

（二）复议决定

<table>
<tr><th>决定类型</th><th colspan="2">适用情形</th></tr>
<tr><td>维持决定</td><td colspan="2">具体行政行为认定事实清楚、证据确凿、适用依据正确、程序合法、内容适当的，决定维持</td></tr>
<tr><td>履行决定</td><td colspan="2">被申请人不履行法定职责的，决定其在一定期限内履行</td></tr>
<tr><td rowspan="4">撤销、变更或确认违法</td><td>决定撤销、变更或者确认违法</td><td>（1）主要事实不清、证据不足
（2）适用依据错误
（3）违反法定程序
（4）超越或者滥用职权
（5）具体行政行为明显不当</td></tr>
<tr><td>决定撤销</td><td>被申请人未依照规定提出书面答复、提交当初作出具体行政行为的证据、依据和其他有关材料的，视为该具体行政行为没有证据、依据，决定撤销该具体行政行为</td></tr>
<tr><td>决定变更</td><td>（1）认定事实清楚，证据确凿，程序合法，但是明显不当或者适用依据错误
（2）认定事实不清，证据不足，但是经行政复议机关审理查明事实清楚，证据确凿</td></tr>
<tr><td colspan="2">决定撤销或者确认该具体行政行为违法的，可以责令被申请人在一定期限内重新作出具体行政行为；行政复议机关责令被申请人重新作出具体行政行为的，被申请人不得以同一事实和理由作出与原具体行政行为相同或者基本相同的具体行政行为</td></tr>
<tr><td rowspan="2">重新作出行政行为</td><td>期限</td><td>行政复议机关依照规定责令被申请人重新作出具体行政行为的，被申请人应当在法律、法规、规章规定的期限内重新作出具体行政行为；法律、法规、规章未规定期限的，重新作出具体行政行为的期限为60日</td></tr>
<tr><td>救济</td><td>公民、法人或者其他组织对被申请人重新作出的具体行政行为不服，可以依法申请行政复议或者提起行政诉讼</td></tr>
</table>

决定类型	适用情形
行政赔偿	（1）申请人在申请行政复议时可以一并提出行政赔偿请求，行政复议机关对符合《国家赔偿法》的有关规定应当给予赔偿的，在决定撤销、变更具体行政行为或者确认具体行政行为违法时，应当同时决定被申请人依法给予赔偿 （2）申请人在申请行政复议时没有提出行政赔偿请求的，行政复议机关在依法决定撤销或者变更罚款，撤销违法集资、没收财物、征收财物、摊派费用以及对财产的查封、扣押、冻结等具体行政行为时，应当同时责令被申请人返还财产，解除对财产的查封、扣押、冻结措施，或者赔偿相应的价款
驳回复议申请	（1）申请人认为行政机关不履行法定职责申请行政复议，行政复议机关受理后发现该行政机关没有相应法定职责或者在受理前已经履行法定职责 （2）受理行政复议申请后，发现该行政复议申请不符合规定的受理条件
	上级行政机关认为行政复议机关驳回行政复议申请的理由不成立的，应当责令其恢复审理

经典题解

【真题·单选题】国务院某部以违法从事生产经营为由对某省某上市公司作出罚款100万元的处罚。该公司不服，向该部申请行政复议。公司对该部作出的复议决定不服，向国务院申请裁决。根据《行政诉讼法》《行政复议法》及《行政复议法实施条例》的规定，下列关于本案中复议机关和法院处理的说法中，正确的是（　　）。（2013年）

A. 若该部经复议审理后发现，其作出的罚款处罚决定适用依据错误，可以决定变更

B. 若公司在复议期间撤回复议申请，之后又以同一事实和理由提出复议申请或者向法院起诉该部，则复议机关和法院均不应受理

C. 若公司委托代理人参加行政复议，则该部作为复议机关应允许代理人查阅该部提出的书面答复，但是对查阅该部作出罚款决定的证据、依据和其他材料的请求可以拒绝

D. 若公司对国务院的裁决仍不服向法院起诉，法院应予以受理

【解析】（1）选项A：具体行政行为认定事实清楚，证据确凿，程序合法，但是明显不当或者适用依据错误的，行政复议机关可以决定变更。（2）选项B：申请人撤回行政复议申请的，不得再以同一事实和理由提出行政复议申请，但申请人能够证明撤回行政复议申请违背其真实意思表示的除外；对于非复议前置案件，行政复议机构准予撤回行政复议申请，申请人在法定起诉期限内对原行政行为提起诉讼的，人民法院应当受理。（3）选项C：申请人、第三人可以查阅被申请人提出的书面答复、作出具体行政行为的证据、依据和其他有关材料，除涉及国家秘密、商业秘密或者个人隐私外，行政复议机关不得拒绝；法律未禁止申请人将该项权利委托代理人行使。（4）选项D：国务院裁决是终局裁决，不得再申请复议，也不得再提起诉讼。

【答案】A

（三）复议决定书

1. 行政复议机关作出行政复议决定，应当制作行政复议决定书，并加盖印章。

2. 行政复议决定书一经送达，即发生法律效力。

（四）税务行政复议决定特殊规定

1. 行政复议机关责令被申请人重新作出具体行政行为的，被申请人不得作出对申请人更为不利的决定；但是行政复议机关以原具体行政行为主要事实不清、证据不足或适用依据错误决定撤销的，被申请人重新作出具体行政行为的除外。

2. 行政复议机关责令被申请人重新作出具体行政行为的，被申请人应当在60 日内重新作出具体行政行为；情况复杂，不能在规定期限内重新作出具体行政行为的，经行政复议机关批准，可以适当延期，但是延期不得超过 30 日。

3. 申请人在申请行政复议时没有提出行政赔偿请求的，行政复议机关在依法决定撤销、变更原具体行政行为确定的税款、滞纳金、罚款和对财产的扣押、查封等强制措施时，应当同时责令被申请人退还税款、滞纳金和罚款，解除对财产的扣押、查封等强制措施，或者赔偿相应的价款。

经典题解

【真题·单选题】根据《税务行政复议规则》规定，下列关于税务行政复议期间和期限的说法中，正确的是（　　）。（2016 年）

A. 税务行政复议机关收到复议申请后应当在 5 日内进行审查决定是否受理，该期间含法定节假日

B. 案情复杂，不能在规定期限内作出复议决定的，可以适当延长期限，但延长期限不得超过 60 日

C. 复议机关责令被申请人重新作出行政行为的，被申请人一般应当在 30 日内重新作出行政行为

D. 税务行政复议审理期限在和解、调解期间中止计算

【解析】（1）选项 A：行政复议机关收到行政复议申请以后，应当在 5 日内审查，决定是否受理，该期间指的是工作日，不含法定节假日。（2）选项 B：行政复议机关应当自受理申请之日起 60 日内作出行政复议决定。情况复杂，不能在规定期限内作出行政复议决定的，经行政复议机关负责人批准，可以适当延期，并告知申请人和被申请人；但是延期不得超过“30 日”。（3）选项 C：行政复议机关责令被申请人重新作出具体行政行为的，被申请人应当在“60 日”内重新作出具体行政行为；情况复杂，不能在规定期限内重新作出具体行政行为的，经行政复议机关批准，可以适当延期，但是延期不得超过 30 日。

【答案】D

06 行政复议决定的执行（★）

1. 被申请人

被申请人应当履行行政复议决定。被申请人不履行或者无正当理由拖延履行行政复议决定的，行政复议机关或者有关上级行政机关应当责令其限期履行。

2. 申请人

申请人逾期不起诉又不履行行政复议决定的，或者不履行最终裁决的行政复议决定的，按照下列规定分别处理：

（1）维持具体行政行为的行政复议决定，由作出具体行政行为的行政机关依法强制执行，或者申请人民法院强制执行；

（2）变更具体行政行为的行政复议决定，由行政复议机关依法强制执行，或者申请人民法院强制执行。

本章小结

用“会计云课堂”App 扫码学习

您已成功完成“第五章”的学习，本章共 15 个考点，您都学会了吗？

为了让您对本章有更清晰的理解，加倍巩固。本书作者陈小球老师将通过“电台音频课”的方式，带您回顾重要考点。

名师点拨，高效提分。

※ 欢迎扫码免费学习。

同步强化练习题

使用“会计云课堂”App 或“微信”扫码快速做题、对答案、看解析、掌握解题思路，开启轻松过关之旅。

一、单项选择题

1. 根据行政复议法律制度的规定，下列选项中，不属于税务行政复议受案范围的是（　　）。

A. 税务机关通知出入境管理机关阻止出境行为

B. 税务机关不依法确认纳税担保行为

C. 税务机关作出的行政指导行为

D. 税务机关不依法开具、出具完税凭证、外出经营活动税收管理证明

2. 根据行政复议法律制度的规定，下列关于行政复议被申请人的表述中，错误的是（　　）。

A. 行政机关与法律、法规授权的组织以共同的名义作出具体行政行为的，行政机关和法律、法规授权的组织为共同被申请人

B. 行政机关与其他组织以共同名义作出具体行政行为的，行政机关为被申请人

C. 下级行政机关依照法律、法规、规章规定，经上级行政机关批准作出具体行政行为的，批准机关为被申请人

D. 行政机关设立的派出机构未经法律、法规授权，对外以自己名义作出具体行政行为的，该派出机构为被申请人

3. 根据《行政复议法》规定，因不可抗力或者其他正当理由耽误法定申请期限的，申请期限的计算规则是（　　）。

A. 自障碍消除之日起继续计算

B. 自障碍消除之日起重新计算

C. 自障碍发生之日起继续计算

D. 自障碍发生之日起重新计算

4. 根据行政复议法律制度的规定，行政复议期间，行政复议机构认为申请人以外的公民、法人或者其他组织与被审查的具体行政行为有利害关系的，可以通知其作为（　　）参加行政复议。

A. 案外人　　B. 共同被申请人

C. 共同申请人　　D. 第三人

5. 根据行政复议管辖的规定，应当向上一级主管部门申请行政复议的情形是（　　）。

A. 对外汇管理部门作出的具体行政行为不服申请复议的

B. 对财政部门作出的具体行政行为不服申请复议的

C. 对市场监督管理部门作出的具体行政行为不服申请复议的

D. 对发展与改革部门作出的具体行政行为不服申请复议的

6. 根据行政复议法律制度规定，下列关于税务行政复议申请的说法中，正确的是（　　）。

A. 申请人对税务机关适用税率不服的，应当先申请行政复议

B. 申请人对税务机关作出逾期不缴纳罚款加处罚款的决定不服的，应当先提供相应的担保，再申请行政复议

C. 申请人对税务机关作出征收税款、加收滞纳金决定不服的，可以申请行政复议，也可以直接向人民法院提起行政诉讼

D. 申请人可以在知道税务机关作出具体行政行为之日起90日内提出税务行政复议申请

7. 根据《行政复议法实施条例》，下列时间中，应计入行政复议审理期限的是（　　）。

A. 复议期间专门事项鉴定或者现场勘验所用时间

B. 复议机关审查具体行政行为是否明显不当所用时间

C. 补正申请材料所用时间

D. 协商确定或者指定受理机关所用时间

8. 根据行政复议法律制度的规定，关于行政复议机关责令被申请人重新作出具体行政行为的下列说法中，不正确的是（　　）。

A. 行政复议机关以原具体行政行为主要事实不清、证据不足决定撤销的，被申请人不得作出对申请人更为不利的决定

B. 行政复议机关以原具体行政行为适用依据错误决定撤销的，被申请人可依法作出对申请人更为不利的决定

C. 行政复议机关责令被申请人重新作出具体行政行为的，被申请人原则上不得作出对申请人更为不利的决定

D. 行政复议机关责令被申请人重新作出具体行政行为的，被申请人应当在60日内重新作出具体行政行为；情况复杂，不能在规定期限内重新作出具体行政行为的，经行政复议机关批准，可以适当延期，但是延期不得超过30日

二、多项选择题

1. 根据行政复议法律制度规定，下列属于行政复议受案范围的有（　　）。
   A. 甲公司对当地市场监督管理局作出的罚款20000元的行政处罚决定不服
   B. 乙公司对当地税务机关作出的查封、扣押、冻结财产等行政强制措施决定不服
   C. 丙公司对主管部门作出的撤销有关许可证决定不服
   D. 公务员丁对其所任职的行政机关作出的行政处分决定不服
   E. 戊认为行政机关侵犯了其合法的经营自主权

2. 根据行政复议法律制度的规定，申请人在对具体行政行为申请行政复议时，可以一并向行政复议机关提出附带审查申请的规定有（　　）。
   A. 国务院发展和改革委员会的规定
   B. 县级人民政府财政部门的规定
   C. 省级人民政府规章
   D. 乡人民政府的规定
   E. 设区的市人民代表大会常务委员会的规定

3. 根据行政复议法律制度的规定，下列当事人对行政处罚不服申请行政复议的案件中，当事人应当向该部门的上一级主管部门申请行政复议的案件有（　　）。
   A. 对海关作出的具体行政行为不服申请复议的案件
   B. 对人力资源与社会保障部门作出的具体行政行为不服申请复议的案件
   C. 对教育部门作出的具体行政行为不服申请复议的案件
   D. 对商务部门作出的具体行政行为不服申请复议的案件
   E. 对金融部门作出的行政处罚不服申请复议的案件

4. 根据行政复议法律制度规定，下列关于行政复议管辖的表述中，正确的有（　　）。
   A. 对县级以上地方人民政府依法设立的派出机关的具体行政行为不服的，向设立该派出机关的人民政府申请行政复议
   B. 对政府工作部门依法设立的派出机构依照法律、法规或者规章规定，以自己的名义作出的具体行政行为不服的，向设立该派出机构的部门或者该部门的本级地方人民政府申请行政复议
   C. 对法律、法规授权的组织的具体行政行为不服的，分别向直接管理该组织的地方人民政府、地方人民政府工作部门或者国务院部门申请行政复议
   D. 对两个或者两个以上行政机关以共同的名义作出的具体行政行为不服的，向其中任何一个行政机关的上一级行政机关申请行政复议
   E. 对被撤销的行政机关在撤销前所作出的具体行政行为不服的，向继续行使其职权的行政机关申请行政复议

5. 根据行政复议法律制度规定，下列关于行政复议申请人的说法中，正确的有（　　）。
   A. 合伙企业申请行政复议的，应当以核准登记的企业为申请人，由执行合伙事务的合伙人代表该企业参加行政复议
   B. 不具备法人资格的其他组织申请行政复议的，由该组织的主要负责人代表该组织参加行政复议

C. 股份制企业的股东大会、股东代表大会、董事会认为行政机关作出的具体行政行为侵犯企业合法权益的，可以以自己的名义申请行政复议
D. 同一行政复议案件申请人超过5人的，推选2~5名代表参加行政复议
E. 不具备法人资格的其他组织申请行政复议，没有主要负责人的，由共同推选的其他成员代表该组织参加行政复议

6. 根据行政复议法律制度的规定，行政复议期间具体行政行为不停止执行；但是，属于法定情形的除外。下列选项中，属于该法定情形的有（　　）。
A. 行政复议机关认为需要停止执行
B. 法律规定停止执行
C. 重大、复杂的案件
D. 被申请人认为需要停止执行
E. 申请人申请停止执行

7. 根据行政复议法律制度的规定，下列关于行政复议审理的说法中，正确的有（　　）。
A. 行政复议机构审理行政复议案件，应当由2名以上行政复议人员参加
B. 调查取证时，行政复议人员不得少于2人，并应当向当事人或者有关人员出示证件
C. 行政复议一律采取书面审查方法
D. 对重大、复杂的案件，申请人提出要求或者行政复议机构认为必要时，可以采取听证的方式审理
E. 申请人、第三人可以查阅被申请人提出的书面答复、作出具体行政行为的证据、依据和其他有关材料，除涉及国家秘密、商业秘密或者个人隐私外，行政复议机关不得拒绝

8. 根据行政复议法律制度的规定，关于行政复议的审理，下列说法中，不正确的有（　　）。
A. 行政复议期间被申请人改变原具体行政行为的，原则上不影响行政复议案件的审理
B. 行政复议原则上采取书面审查的办法，但对重大、复杂的案件，申请人提出要求或者行政复议机构认为必要时，可以采取听证的方式审理
C. 行政复议机关审理复议案件，只能以法律、法规、规章为依据
D. 在行政复议过程中，被申请人不得自行向申请人和其他有关组织或者个人收集证据
E. 申请人、第三人可以查阅被申请人提出的书面答复、作出具体行政行为的证据、依据和其他有关材料，行政复议机关一律不得拒绝

9. 根据《行政复议法实施条例》的规定，下列关于复议申请依法撤回的法律效果的说法中，错误的有（　　）。
A. 行政复议决定作出后，申请人要求撤回行政复议申请的，可以撤回
B. 申请人不得再以同一事实和理由提出行政复议申请
C. 申请人不得再以同一事实和理由向法院提起行政诉讼
D. 申请人在行政复议决定作出前自愿撤回行政复议申请的，可以直接撤回
E. 行政复议机构准予撤回的，行政复议终止

10. 根据《税务行政复议规则》，下列各项中，属于税务行政复议证据类型的有（　　）。
A. 电子数据　　B. 书证
C. 专家意见　　D. 物证
E. 视听资料

11. 根据税务行政复议法律制度规定，在复议机关作出复议决定前，申请人与被申

请人可以自愿达成和解，税务行政复议机关也可以调解。下列选项中，适用该和解和调解的有（　　）。

A. 行政奖励
B. 核定税额
C. 确定适用税率
D. 行政处罚
E. 行政赔偿

12. 根据行政复议法律制度规定，下列关于行政复议和解与调解的说法中，正确的有（　　）。

A. 公民、法人或者其他组织对行政机关行使法律、法规规定的自由裁量权作出的具体行政行为不服申请行政复议的案件，既适用和解也适用调解
B. 调解未达成协议或者调解书生效前一方反悔的，行政复议机关应当及时作出行政复议决定
C. 当事人经调解达成协议的，行政复议机关应当制作行政复议调解书
D. 只要申请人与被申请人在行政复议决定作出前自愿达成和解的，行政复议机构就应当准许
E. 行政复议调解书送达当事人，即具有法律效力

13. 根据行政复议法律制度规定，下列各项中，属于行政复议终止情形的有（　　）。

A. 申请人与被申请人依照规定，经行政复议机构准许达成和解
B. 作为申请人的自然人下落不明或者被宣告失踪
C. 申请人对行政拘留或者限制人身自由的行政强制措施不服申请行政复议后，因申请人同一违法行为涉嫌犯罪，该行政拘留或者限制人身自由的行政强制措施变更为刑事拘留
D. 作为申请人的自然人死亡，其近亲属尚未确定是否参加行政复议满 45 日，原因仍未消除的
E. 作为申请人的法人或者其他组织终止，其权利义务的承受人放弃行政复议权利

14. 根据行政复议法律制度规定，下列关于行政复议决定的说法中，正确的有（　　）。

A. 具体行政行为认定事实清楚，证据确凿，适用依据正确，程序合法，内容适当的，决定维持
B. 具体行政行为明显不当的，决定撤销、变更或者确认该具体行政行为违法
C. 被申请人未依照行政复议法的规定提出书面答复、未提交当初作出具体行政行为的证据、依据和其他有关材料的，视为该具体行政行为没有证据、依据，行政复议机关应当确认该具体行政行为违法
D. 行政复议机关决定撤销该具体行政行为或者确认该具体行政行为违法的，可以责令被申请人在一定期限内重新作出具体行政行为
E. 被申请人不履行法定职责的，决定其在一定期限内履行

15. 根据行政复议法律制度规定，下列关于行政复议期间和期限的说法中，正确的有（　　）。

A. 行政复议机关收到行政复议申请后，应当在 5 日内进行审查
B. 行政复议机关应当自受理申请之日起 60 日内作出行政复议决定；但是法律规定的行政复议期限少于 60 日的除外
C. 行政复议机关依照规定责令被申请人重新作出具体行政行为的，被申请人

应当在法律、法规、规章规定的期限内重新作出具体行政行为；法律、法规、规章未规定期限的，重新作出具体行政行为的期限为 60 日

D. 行政复议机关负责法制工作的机构应当自行政复议申请受理之日起 5 日内，将行政复议申请书副本或者行政复议申请笔录复印件发送被申请人

E. 被申请人应当自收到申请书副本或者申请笔录复印件之日起 10 日内，提出书面答复，并提交当初作出具体行政行为的证据、依据和其他有关材料

同步强化练习题参考答案及解析

使用“会计云课堂”App 或“微信”扫码对答案、看解析、掌握解题思路，开启轻松过关之旅。

一、单项选择题

1. C　【解析】选项 C：行政指导行为属于行政事实行为，对行政相对人的权利义务没有实质影响，不属于行政复议的范围。

2. D　【解析】选项 D：行政机关设立的派出机构、内设机构或者其他组织，未经法律、法规授权，对外以自己名义作出具体行政行为的，该行政机关为被申请人。

3. A　【解析】因不可抗力或者其他正当理由耽误法定申请期限的，申请期限自障碍消除之日起继续计算。

4. D　【解析】行政复议期间，行政复议机构认为申请人以外的公民、法人或者其他组织与被审查的具体行政行为有利害关系的，可以通知其作为第三人参加行政复议。

5. A　【解析】对海关、金融、外汇管理等实行垂直领导的行政机关和国家安全机关的具体行政行为不服的，向上一级主管部门申请行政复议。

6. A　【解析】（1）选项 B：申请人对税务机关作出逾期不缴纳罚款加处罚款的决定不服的，应当先缴纳罚款和加处罚款，再申请行政复议，此处不包含提供相应的担保。（2）选项 C：申请人对征税行为不服的，应当先向行政复议机关申请行政复议；对行政复议决定不服的，可以向人民法院提起行政诉讼。（3）选项 D：申请人可以在知道税务机关作出具体行政行为之日起 60 日内提出税务行政复议申请。

7. B 【解析】补正申请材料所用时间、协商确定或者指定受理机关所用时间、复议期间专门事项鉴定所用时间以及现场勘验所用时间均不计入行政复议审理期限。

8. A 【解析】选项ABC：行政复议机关责令被申请人重新作出具体行政行为的，被申请人不得作出对申请人更为不利的决定；但是行政复议机关以原具体行政行为主要事实不清、证据不足或适用依据错误决定撤销的，被申请人重新作出具体行政行为的除外。

二、多项选择题

1. ABCE 【解析】选项D：不服行政机关作出的行政处分或者其他人事处理决定的，依照有关法律、行政法规的规定提出申诉。

2. ABD 【解析】公民、法人或者其他组织认为行政机关的具体行政行为所依据的下列规定不合法，在对具体行政行为申请行政复议时，可以一并向行政复议机关提出对该规定的附带审查申请：（1）国务院部门的规定（选项A）；（2）县级以上地方各级人民政府及其工作部门的规定（选项B）；（3）乡、镇人民政府的规定（选项D）。

3. AE 【解析】对海关、金融、外汇管理等实行垂直领导的行政机关和国家安全机关的具体行政行为不服的，向上一级主管部门申请行政复议。

4. ABC 【解析】（1）选项D：对两个或者两个以上行政机关以共同的名义作出的具体行政行为不服的，向其共同上一级行政机关申请行政复议。（2）选项E：对被撤销的行政机关在撤销前所作出的具体行政行为不服的，向继续行使其职权的行政机关的上一级行政机关申请行政复议。

5. ABE 【解析】（1）选项C：股份制企业的股东大会、股东代表大会、董事会认为行政机关作出的具体行政行为侵犯企业合法权益的，可以以企业的名义申请行政复议。（2）选项D：同一行政复议案件申请人超过5人的，推选1~5名代表参加行政复议。

6. ABD 【解析】行政复议期间具体行政行为不停止执行；但是，有下列情形之一的，可以停止执行：（1）被申请人认为需要停止执行的；（2）行政复议机关认为需要停止执行的；（3）申请人申请停止执行，行政复议机关认为其要求合理，决定停止执行的；（4）法律规定停止执行的。

7. ABDE 【解析】选项C：行政复议原则上采取书面审查方法，但是申请人提出要求或者行政复议机关负责法制工作的机构认为有必要时，可以向有关组织和人员调查情况，听取申请人、被申请人和第三人的意见。

8. CE 【解析】（1）选项C：行政复议机关审理复议案件，以法律、法规、规章，以及有关行政机关制定和发布的具有普遍约束力的决定、命令为依据。（2）选项E：申请人、第三人可以查阅被申请人提出的书面答复、作出具体行政行为的证据、依据和其他有关材料，除涉及国家秘密、商业秘密或者个人隐私外，行政复议机关不得拒绝。

9. ABCD 【解析】（1）选项A：行政复议决定作出前，申请人要求撤回行政复议申请的，经说明理由，可以撤回。（2）选项B：申请人撤回行政复议申请的，不得再以同一事实和理由提出行政复议申请。但是，申请人能够证明撤回行政复议申请违背其真实意思表示的除外。（3）选项C：对于非复议前置案件，申请人依法撤回复议申请后，在法定起诉期限内对原行政行为提起诉讼的，人民法院应当受理。（4）选项D：申请人在行政复议决定作出前自愿撤回行政复议申请的，经行政复议机构同意，可以撤回。（5）选项E：申请人要求撤回行政复议申请，行政复议机构准予撤回的，行政复议终止。

10. ABDE 【解析】税务行政复议证据类型：（1）书证；（2）物证；（3）视听资料；（4）电子数据；（5）证人证言；（6）当事人的陈述；（7）鉴定意见；（8）勘验笔录、现场笔录。

11. ABDE 【解析】对下列行政复议事项，按照自愿、合法的原则，申请人和被申请人在税务行政复议机关作出行政复议决定以前可以达成和解，税务行政复议机关也可以调解：（1）行使自由裁量权作出的税务具体行政行为，如行政处罚、核定税额、确定应税所得率等。（2）行政赔偿。（3）行政奖励。（4）存在其他合理性问题的具体行政行为。

12. ABC 【解析】（1）选项D：公民、法人或者其他组织对行政机关行使法律、法规规定的自由裁量权作出的具体行政行为不服申请行政复议，申请人与被申请人在行政复议决定作出前自愿达成和解的，应当向行政复议机构提交书面和解协议；和解内容不损害社会公共利益和他人合法权益的，行政复议机构应当准许。（2）选项E：行政复议调解书经双方当事人签字，即具有法律效力

13. ACE 【解析】（1）选项B：行政复议中止的情形。（2）选项D：作为申请人的自然人死亡，其近亲属尚未确定是否参加行政复议满60日，行政复议中止的原因仍未消除的，行政复议终止。

14. ABDE 【解析】选项C：被申请人未依照行政复议法的规定提出书面答复、未提交当初作出具体行政行为的证据、依据和其他有关材料的，视为该具体行政行为没有证据、依据，行政复议机关应当决定撤销该具体行政行为。

15. ABCE 【解析】选项D：行政复议机关负责法制工作的机构应当自行政复议申请受理之日起7日内，将行政复议申请书副本或者行政复议申请笔录复印件发送被申请人。

第六章　行政诉讼法律制度

本章学习指南

一、考情概况

本章近 3 年平均考查分值约 6.2 分，考查题型通常为单选题、多选题、综合分析题。

本章为重点章节，内容包括行政诉讼法基础、行政诉讼受案范围、行政诉讼管辖、行政诉讼参加人、行政诉讼证据、行政诉讼程序和行政诉讼的执行与非诉行政案件的执行相关知识；考题较为灵活、综合性强、理解与记忆难度高，在行政法综合分析题中往往涉及本章内容，综合分析题得分需要考生对于每个选项都有比较精准的判断。

最近 3 年题型题量分析表

题型	2021 年	2020 年	2019 年
单项选择题	——	1.5 分	3.0 分
多项选择题	2.0 分	2.0 分	2.0 分
综合分析题	——	4.0 分	4.0 分
合计	2.0 分	7.5 分	9.0 分

二、教材变动

1. 委托诉讼代理人将口头委托调整为他人代书；
2. 删除农村集体土地使用权人权益受到侵害案件如何确定原告资格；
3. 删除审判监督程序中人民法院应当裁定发回重审的情形；
4. 个别文字调整。

核心考点精讲

第一单元　行政诉讼法基础

查看本单元视频，快速 GET 知识点
使用“会计云课堂”App或“微信”扫码

01 行政诉讼的概念、特征和基本原则（★）

1. 行政诉讼的概念

行政行为的相对人或者其他与行政行为有利害关系的其他公民、法人或者其他组织认为行政主体作出的行政行为侵犯其合法权益，依法向人民法院提起诉讼，请求法院对被诉的行政行为进行审查，法院在诉讼当事人和其他诉讼参与人的参加下对行政案件进行审理并作出裁判的活动。

2. 行政诉讼的特征

（1）行政诉讼处理的是一定范围内的行政争议，即审理裁判对象是被诉行政行为。

（2）行政诉讼是人民法院运用国家审判权来监督行政机关依法行使职权和履行职责，保护公民、法人或其他组织合法权益不受行政主体作出违法或者明显不当职权行为侵害的一种司法活动。

（3）行政诉讼是以不服行政行为的公民、法人或其他组织为原告，以作出该行政行为的行政主体为被告的诉讼。

考点提示

行政诉讼不实行反诉制度，被告具有恒定性。

【解释】反诉，是指在已经开始的本诉的民事诉讼程序中，本诉的被告以其原告为被告，向受诉法院提出与本诉有牵连的独立的反请求。

（4）行政诉讼实行被告对行政行为合法性负举证责任原则。

3. 行政诉讼的基本原则

（1）被告对行政行为合法性负举证责任原则（倒置举证）

作为行政诉讼被告的主体，应当提供作出该行政行为的证据和所依据的规范性文件。

（2）诉讼期间行政行为不停止执行原则

被诉行政行为原则上不因原告提起诉讼而停止执行。但有下列情形之一的，裁定停止执行：①被告认为需要停止执行的；②原告或者利害关系人申请停止执行，人民法院认为该行政行为的执行会造成难以弥补的损失，并且停止执行不损害国家利益、社会公共利益的；③人民法院认为该行政行为的执行会给国家利益、社会公共利益造成重大损害的；④法律、法规规定停止执行的。

（3）司法依法变更原则（司法变更有限原则）

人民法院通常情况下不得变更被诉行政行为，但是在特殊的条件和情形下可以变更。

考点提示

1. 行政裁量权的问题，司法机关一般不予审查，但是对于行政处罚行为明显不当的，以及涉及款额确定、认定错误的情形，人民法院可以判决变更。

2. 人民法院判决变更，不得加重原告的义务或者减损原告的权益。但利害关系人同为原告，且诉讼请求相反的除外。

（4）对行政行为合法性审查原则

行政行为是否合法、是否明显不当，都是诉讼审查的具体标准。

考点提示

行政诉讼仅审查其合法性（形式合法性和实质合法性），通常不审查合理性。

经典题解

【真题·多选题】下列有关行政诉讼的说法中，正确的有（　　）。（2020年）

A. 行政诉讼实行被告对行政行为合法性负举证责任原则

B. 抽象行政行为不能成为行政诉讼一并审查的对象

C. 若被告认为需要停止执行行政行为的，则可以在行政诉讼期间停止执行行政行为

D. 法院判决变更行政行为，任何情况下不得加重原告的义务或者减损原告的权益

E. 没有原告或者利害关系人的申请，法院不得依职权在行政诉讼期间裁定停止执行行政行为

【解析】（1）选项B：部分抽象行政行为可以成为一并审查的对象。根据《行政诉讼法》规定：公民、法人或者其他组织认为行政行为所依据的国务院部门和地方人民政府及其部门制定的“规范性文件不合法”，在对行政行为提起诉讼时，可以“一并”请求对该规范性文件进行审查。该规范性文件“不含规章”。（2）选项D：人民法院判决变更，不得加重原告的义务或者减损原告的权益。但利害关系人同为原告，且诉讼请求相反的除外。（3）选项E：人民法院认为该行政行为的执行会给国家利益、社会公共利益造成重大损害的，可以裁定停止执行。

【答案】AC

02 行政诉讼受案范围（★★★）

1. 行政诉讼受案范围

（1）对行政拘留、暂扣或者吊销许可证和执照、责令停产停业、没收违法所得、没收非法财物、罚款、警告等行政处罚不服；

（2）对限制人身自由或者对财产的查封、扣押、冻结等行政强制措施和行政强制执行不服；

（3）申请行政许可，行政机关拒绝或者在法定期限内不予答复，或者对行政机关作出的有关行政许可的其他决定不服；

（4）对行政机关作出的关于确认土地、矿藏、水流、森林、山岭、草原、荒地、滩涂、

海域等自然资源的所有权或者使用权的决定不服；

（5）对征收、征用决定及其补偿决定不服；

（6）申请行政机关履行保护人身权、财产权等合法权益的法定职责，行政机关拒绝履行或者不予答复；

（7）认为行政机关侵犯其经营自主权或者农村土地承包经营权、农村土地经营权；

（8）认为行政机关滥用行政权力排除或者限制竞争；

（9）认为行政机关违法集资、摊派费用或者违法要求履行其他义务；

（10）认为行政机关没有依法支付抚恤金、最低生活保障待遇或者社会保险待遇；

（11）认为行政机关不依法履行、未按照约定履行或者违法变更、解除政府特许经营协议、土地房屋征收补偿协议等协议；

（12）认为行政机关侵犯其他人身权、财产权等合法权益。

除上述规定外，人民法院受理法律、法规规定可以提起诉讼的其他行政案件。

2. 规范性文件附带审查

公民、法人或者其他组织认为行政行为所依据的国务院部门和地方人民政府及其部门制定的规范性文件不合法，在对行政行为提起诉讼时，可以一并请求对该规范性文件进行审查。前述规定的规范性文件不含规章。

3. 不受理的案件范围

（1）国防、外交等国家行为。

（2）行政法规、规章或者行政机关制定、发布的具有普遍约束力的决定、命令。（抽象行政行为）

（3）行政机关对行政机关工作人员的奖惩、任免等决定。（内部行为）

（4）法律规定由行政机关最终裁决的行政行为。（终局裁决）

（5）公安、国家安全等机关依照刑事诉讼法的明确授权实施的行为。

（6）调解行为以及法律规定的仲裁行为。

（7）行政指导行为。

（8）驳回当事人对行政行为提起申诉的重复处理行为。

（9）行政机关作出的不产生外部法律效力的行为。

（10）行政机关为作出行政行为而实施的准备、论证、研究、层报、咨询等过程性行政行为。

（11）行政机关根据人民法院的生效裁判、协助执行通知书作出的执行行为，但行政机关扩大执行范围或者采取违法方式实施的除外。

（12）上级行政机关基于内部层级监督关系对下级行政机关作出的听取报告、执法检查、督促履责等行为。

（13）行政机关针对信访事项作出的登记、受理、交办、转送、复查、复核意见等行为。

（14）对公民、法人或者其他组织权利义务不产生实际影响的行为。

经典题解

【真题1·单选题】根据《行政诉讼法》及司法解释规定，下列属于行政诉讼受案范围的是（　　）。（2019年）

A. 行政机关为作出行政行为而实施的层报、咨询等过程性行政行为

B. 行政机关协助法院执行时采取违法方式作出的执行行为

C. 上级行政机关基于内部层级监督关系对下级行政机关作出的执法检查、督促履责行为

D. 行政机关作出的对公民权利义务不产生实际影响的行为

【解析】（1）选项 A：行政机关为作出行政行为而实施的准备、论证、研究、层报、咨询等过程性行政行为，不属于行政诉讼受案范围。（2）选项 C：上级行政机关基于内部层级监督关系对下级行政机关作出的听取报告、执法检查、督促履责等行为，不属于行政诉讼受案范围。（3）选项 D：对公民、法人或者其他组织权利义务不产生实际影响的行为，不属于行政诉讼受案范围。

【答案】 B

【真题 2·单选题】 根据《行政诉讼法》及司法解释规定，下列行政行为中，属于行政诉讼受案范围的是（　　）。（2018 年）

A. 税务行政处罚事项告知行为

B. 层报、咨询、论证等过程性行政行为

C. 解除政府特许经营协议行为

D. 税务行政指导行为

【答案】 C

【真题 3·单选题】 根据《行政诉讼法》规定，下列案件中，属于行政诉讼受案范围的是（　　）。（2017 年）

A. 对行政机关暂扣许可证不服提起诉讼的案件

B. 对行政机关作出人事任免、奖惩决定不服提起诉讼的案件

C. 对仲裁委员会就劳动争议作出的仲裁裁决不服提起诉讼的案件

D. 对行政机关作出的行政指导行为不服提起诉讼的案件

【答案】 A

【例题 4·多选题】 根据法律、法规规定，当事人可以依法申请复议也可以依法提起行政诉讼的事项包括（　　）。

A. 行政机关辞退公务员或者取消录用

B. 税务机关作出行政奖励侵犯相对人合法权益

C. 林业部门推广林业科技成果的行政指导活动

D. 建设主管部门对某设计公司建筑设计甲级资质申请的不予许可的决定

E. 市、县级人民政府作出国有土地上房屋征收决定

【解析】（1）选项 A：行政机关对行政机关工作人员的奖惩、任免等决定属于内部行政行为，不可以申请行政复议或者提起行政诉讼。（2）选项 B：行政相对人认为行政机关作出的奖励行为侵犯其合法权益的，可以依法申请行政复议或者提起行政诉讼。（3）选项 C：不具有强制力的行政指导行为不可以作为申请行政复议或者提起行政诉讼的对象。（4）选项 D：行政相对人对行政许可决定不服的，可以申请行政复议或者提起行政诉讼。（5）选项 E：被征收人对市、县级人民政府作出的房屋征收决定不服的，可以依法申请行政复议，也可以依法提起行政诉讼。

【答案】 BDE

【真题5·单选题】2013年6月，有人向某市林业局举报某地村民高某毁林采矿。3日后，市林业局致函当地县政府，要求县政府调查，县政府接函后当日召开专题会议，形成会议纪要：由县林业局、县矿产资源管理局和县安监局三部门共同负责调查处理此事。三部门遂展开调查，并与高某沟通后形成处理意见：要求高某合法开采。2013年9月，又有人举报高某，称高某又在非法采矿，不少林木被毁，当地生态遭到破坏。2013年10月，三部门经调查，向高某共同发出通知：责令高某立即停止违法开采并限期采取相应补救措施，对被破坏的生态进行整治。高某不服，认为自己采矿前履行了必要的许可程序，采矿手续合法、齐全，三部门的调查工作不充分，说其毁林缺乏事实依据，于是决定向法院提起行政诉讼。下列有关行为是否具有可诉性的说法中，正确的是（ ）。（2014年）

A. 三部门的通知行为不具有可诉性

B. 三部门作出相关处理意见的行为具有可诉性

C. 市林业局致函县政府的行为不具有可诉性

D. 县政府专题会议形成的会议纪要具有可诉性

【解析】（1）选项A：三部门的通知对高某的权利义务产生直接影响，故具有可诉性。（2）选项BCD：均未对高某的权利义务产生直接影响，不具有可诉性。

【答案】C

【真题6·多选题】某市规划局认定刘某所建房屋违反规划，向刘某送达《拆除所建房屋通知》，要求刘某在15日内拆除房屋。到期后，刘某未拆除所建房屋，市规划局送达《关于限期拆除所建房屋的通知》，要求刘某在10日内自行拆除，否则将依法强制拆除所建房屋。根据行政法理论和有关法律、法规规定，下列关于本案市规划局通知行为的法律性质和程序要求的说法中，正确的有（ ）。（2013年）

A.《拆除所建房屋通知》属于行政强制措施，具有可诉性

B.《拆除所建房屋通知》属于行政处罚决定，具有可诉性

C.《拆除所建房屋通知》属于行政征收决定，不具有可诉性

D.《关于限期拆除所建房屋的通知》属于强制执行前的催告行为，不具有可诉性

E.《拆除所建房屋通知》属于行政强制执行决定，具有可诉性

【解析】（1）《拆除所建房屋通知》属于行政处罚，是对违章建筑行为的制裁，具有可诉性；（2）《关于限期拆除所建房屋的通知》属于行政强制执行前的催告，是行政事实行为，一般不具有可诉性。

【答案】BD

03 行政诉讼管辖（★）

（一）级别管辖

1. 基层人民法院：基层人民法院管辖第一审行政案件（级别管辖的一般原则）。

2. 中级人民法院

中级人民法院管辖下列第一审行政案件：

（1）对国务院部门或者县级以上地方人民政府所作的行政行为提起诉讼的案件；

（2）海关处理的案件；

（3）本辖区内重大、复杂的案件；

（4）其他法律规定由中级人民法院管辖的案件。

【解释】本辖区内重大、复杂的案件：（1）社会影响重大的共同诉讼案件；（2）涉外或者涉及香港特别行政区、澳门特别行政区、台湾地区的案件；（3）其他重大、复杂案件。

考点提示

1. 作出原行政行为的行政机关和复议机关为共同被告的，以作出原行政行为的行政机关确定案件的级别管辖。（“父随子”）

2. 第一审国际贸易行政案件由具有管辖权的中级以上人民法院管辖，具体包括：（1）有关国际货物贸易的行政案件；（2）有关国际服务贸易的行政案件；（3）与国际贸易有关的知识产权行政案件；（4）其他国际贸易行政案件。

3. 高级人民法院：管辖本辖区内重大、复杂的第一审行政案件。

4. 最高人民法院：管辖全国范围内重大、复杂的第一审行政案件。

（二）地域管辖

1. 一般地域管辖

（1）行政案件由最初作出行政行为的行政机关所在地人民法院管辖。

（2）经复议的案件，可由最初作出行政行为的行政机关所在地人民法院管辖，也可以由复议机关所在地人民法院管辖。

2. 特殊地域管辖

（1）对限制人身自由的行政强制措施不服提起的诉讼，由被告所在地或者原告所在地人民法院管辖。

【解释1】被告所在地，是指被诉行政机关主要办事机构所在地。

【解释2】原告所在地，是指原告的户籍所在地、经常居住地和被限制人身自由地。

【解释3】经常居住地，是指公民离开户籍所在地起至提起诉讼时已连续居住满1年以上的地方，但公民住院就医的地方除外。

（2）因不动产提起的行政诉讼，即因行政行为导致不动产物权变动发生争议而提起的诉讼，由不动产所在地人民法院管辖。

【解释】不动产已登记的，以不动产登记簿记载的所在地为不动产所在地；不动产未登记的，以不动产实际所在地为不动产所在地。

3. 共同地域管辖

两个以上人民法院都有管辖权的案件，原告可以选择其中一个人民法院提起诉讼。原告向两个以上有管辖权的人民法院提起诉讼的，由最先立案的人民法院管辖。

（1）经复议改变原行政行为，当事人提起行政诉讼的案件，由最初作出行政行为的行政机关所在地人民法院和复议机关所在地人民法院共同管辖。

（2）对行政机关基于同一事实，既采取限制公民人身自由的行政强制措施，又采取其他行政强制措施或者行政处罚不服的案件，由被告所在地或者原告所在地的人民法院管辖。

（3）因不动产提起行政诉讼的案件，如该不动产涉及两个以上的人民法院管辖，由该两个以上的人民法院共同管辖。

（三）裁定管辖

移送管辖	人民法院发现受理的行政案件不属于本院管辖的，应当移送有管辖权的人民法院，受移送的人民法院不得再行移送
指定管辖	（1）有管辖权的人民法院由于特殊原因不能行使管辖权的，由上级人民法院指定管辖 （2）人民法院对管辖权发生争议，由争议双方协商解决。协商不成的，报其共同上级人民法院指定管辖
管辖权转移	（1）上级人民法院有权审理下级人民法院管辖的第一审行政案件 （2）下级人民法院对其管辖的第一审行政案件以及认为需要由上级人民法院审判的案件，可以报请上级人民法院决定

第二单元　行政诉讼参加人

查看本单元视频，快速GET知识点
使用“会计云课堂”App或“微信”扫码

01 行政诉讼原告（★★）

1. 原告资格

（1）行政行为的相对人以及其他与被诉行政行为有利害关系的公民、法人或者其他组织，有权提起诉讼。（行政相对人，行政相关人都具有原告资格）

（2）有权提起诉讼的公民死亡，其近亲属可以提起诉讼。有权提起诉讼的法人或者其他组织终止，承受其权利的法人或者其他组织可以提起诉讼。

2. 原告资格特殊规定

提起诉讼		原告
合伙	合伙企业	核准登记的字号
	未依法登记领取营业执照的个人合伙	全体合伙人为共同原告；全体合伙人可以推选代表人，被推选的代表人，应当由全体合伙人出具推选书
个体工商户	有字号	登记的字号
	没有字号	登记的经营者
行政机关作出的行政行为侵犯股份制企业经营自主权		股份制企业的股东大会、股东会、董事会可以企业名义提起诉讼（股份制企业当然具有原告资格）
联营企业、中外合资或者合作企业的联营、合资、合作各方，认为联营、合资、合作企业权益或者自己一方合法权益受行政行为侵害		联营企业、中外合资或者合作企业的联营、合资、合作各方可以自己的名义提起诉讼

提起诉讼	原告
非国有企业被行政机关注销、撤销、合并、强令兼并、出售、分立或者改变企业隶属关系	企业或者其法定代表人可以提起诉讼
事业单位、社会团体、基金会、社会服务机构等非营利法人的出资人、设立人认为行政机关作出的行政行为损害法人合法权益	非营利法人的出资人、设立人可以自己的名义提起诉讼
业主委员会对于行政机关作出的涉及业主共有利益的行政行为	业主委员会可以自己的名义提起诉讼

经典题解

【真题 1·单选题】中外合资企业 W 公司由中方甲公司与外方乙公司共同投资设立。外方乙公司认为，某税务局对 W 公司作出的停止办理出口退税行政处罚决定侵害其合法权益，遂以乙公司的名义向法院提起行政诉讼。对此，法院的正确做法是（　　）。（2016 年）

A. 不受理，因为乙公司不是行政行为的相对人

B. 受理，因为乙公司依法享有单独提起行政诉讼的权利

C. 不受理，因为乙公司不是独立的法人

D. 受理，应当同时列甲公司为共同原告，因为甲公司与被诉行政处罚决定有法律上的利害关系

【解析】联营企业、中外合资或者合作企业的联营、合资、合作各方，认为联营、合资、合作企业权益或者自己一方合法权益受行政行为侵害的，可以自己的名义提起诉讼。

【答案】B

【真题 2·多选题】股份制上市企业旭日公司认为某商务局作出的决定侵犯其经营自主权。根据行政诉讼法律制度的规定，无权以该公司的名义提起行政诉讼的主体有（　　）。（2014 年，改编）

A. 股东　　B. 股东大会

C. 董事会　　D. 独立董事

E. 监事会

【解析】（1）选项 AD：当行政行为侵犯其合法权益时，企业本身自然具有原告资格，企业的法定代表人可以企业的名义向人民法院起诉。根据公司法律制度的规定，公司法定代表人依照公司章程的规定，由董事长、执行董事或者经理担任。（2）选项 BCE：股份制企业的股东大会、股东会、董事会等认为行政机关作出的行政行为侵犯企业经营自主权的，可以企业名义提起诉讼。

【答案】ADE

02 行政诉讼被告（★★★）

行政诉讼被告（不是国家，也不是行政机关工作人员）须具有行政主体资格，对原告的诉

讼请求没有反诉权，承担被诉行政行为合法性的举证责任，有权执行或者改变被诉的行政行为。

1. 具体情形下被告资格确定

（1）一般性规定

行政行为不服	被告
行政机关作出行政行为	行政机关
法律、法规、规章授权的组织作出行政行为	该组织
行政机关委托的组织所作的行政行为	委托的行政机关
经上级行政机关批准的行政行为	在对外发生法律效力的文书上署名的机关
两个以上行政机关作出同一行政行为	共同作出行政行为的行政机关是共同被告

（2）行政机关组建机关、内设机构、派出机构等

行政行为不服	被告
行政机关组建并被赋予行政管理职能但不具有独立承担法律责任能力的机构，以自己的名义作出行政行为	组建该机构的行政机关
法律、法规或者规章授权行使行政职权的行政机关内设机构、派出机构或者其他组织，超出法定授权范围实施行政行为（幅度越权）	实施该行为的机构或者组织
行政机关的内设机构或者派出机构在没有法律、法规或者规章的授权下，以自己的名义作出行政行为（种类越权）	该行政机关
没有法律、法规或者规章规定，行政机关授权其内设机构、派出机构或者其他组织行使行政职权（属于行政诉讼法规定的委托）	该行政机关

（3）开发区管理机构

<table>
<tr><th colspan="2">行政行为不服</th><th>被告</th></tr>
<tr><td rowspan="2">国务院、省级人民政府批准设立的开发区管理机构</td><td>开发区管理机构作出的行政行为</td><td>该开发区管理机构</td></tr>
<tr><td>所属职能部门作出的行政行为</td><td>其职能部门</td></tr>
<tr><td rowspan="2">其他开发区管理机构所属职能部门作出的行政行为</td><td>开发区管理机构具有行政主体资格</td><td>开发区管理机构</td></tr>
<tr><td>开发区管理机构没有行政主体资格</td><td>设立该机构的地方人民政府</td></tr>
</table>

（4）其他

<table>
<tr><td rowspan="3">行政机关被撤销或者职权变更</td><td>有继续行使其职权的行政机关</td><td colspan="2">继续行使其职权的行政机关是被告</td></tr>
<tr><td rowspan="2">没有继续行使其职权的行政机关</td><td>非垂直领导</td><td>所属的人民政府为被告</td></tr>
<tr><td>垂直领导</td><td>垂直领导的上一级行政机关为被告</td></tr>
</table>

村民委员会或者居民委员会	依据授权履行行政管理职责的行为	村民委员会或者居民委员会为被告
	受行政机关委托作出的行为	委托的行政机关为被告
高等学校等事业单位以及律师协会、注册会计师协会等行业协会	依据授权实施的行政行为	该事业单位、行业协会为被告
	受行政机关委托作出的行为	委托的行政机关为被告
房屋征收	市、县级人民政府确定的房屋征收部门组织实施房屋征收与补偿工作过程中作出行政行为	房屋征收部门为被告
	征收实施单位受房屋征收部门委托，在委托范围内从事的行为	

2. 经复议案件被告资格的确定

（1）经复议的案件，复议机关决定维持原行政行为的，作出原行政行为的行政机关和复议机关是共同被告；复议机关改变原行政行为的，复议机关是被告。（复议维持共同告，复议改变告复议）

【解释】“复议机关改变原行政行为”，是指复议机关改变原行政行为的处理结果。复议机关改变原行政行为所认定的主要事实和证据、改变原行政行为所适用的规范依据，但未改变原行政行为处理结果的，视为复议机关维持原行政行为。

考点提示

1. 复议机关确认原行政行为无效，属于改变原行政行为。

2. 复议机关确认原行政行为违法，属于改变原行政行为，但复议机关以违反法定程序为由确认原行政行为违法的除外。（以违反法定程序为由确认原行政行为违法视为复议机关维持原行政行为）

3. 行政复议决定既有维持原行政行为内容，又有改变原行政行为内容或者不予受理申请内容的，作出原行政行为的行政机关和复议机关为共同被告。

易错易混

复议机关作共同被告的案件，以作出原行政行为的行政机关确定案件的级别管辖。

（2）复议机关在法定期限内未作出复议决定，公民、法人或者其他组织起诉原行政行为的，作出原行政行为的行政机关是被告；起诉复议机关不作为的，复议机关是被告。

考点提示

不服原行政行为，告作出原行政行为的行政机关；不服复议机关不作为，告复议机关。

3. 行政许可案件被告资格的确定

行政许可决定	当事人不服行政许可决定提起诉讼的，以作出行政许可决定的机关为被告
经上级机关批准	行政许可依法须经上级行政机关批准，当事人对批准或者不批准行为不服一并提起诉讼的，以上级行政机关为共同被告
下级不上报	行政许可依法须经下级行政机关或者管理公共事务的组织初步审查并上报，当事人对不予初步审查或者不予上报不服提起诉讼的，以下级行政机关或者管理公共事务的组织为被告
统一办理	行政机关依据行政许可法规定统一办理行政许可的，当事人对行政许可行为不服提起诉讼，以对当事人作出具有实质影响的不利行为的机关为被告

4. 被告不适格

原告所起诉的被告不适格，人民法院应当告知原告变更被告；原告不同意变更的，裁定驳回起诉。

经典题解

【真题1·单选题】下列有关行政诉讼被告的说法中，正确的是（　　）。(2020年)

A. 复议机关改变原行政行为的，由作出原行政行为的行政机关和复议机关作为共同被告

B. 行政诉讼被告对原告的诉讼请求具有反诉权

C. 行政诉讼被告可以是行政机关工作人员

D. 当事人不服经上级行政机关批准的行政行为而向法院提起诉讼的，应当以在对外发生法律效力的文书上署名的行政机关为被告

【解析】(1) 选项A：经复议的案件，复议机关决定维持原行政行为的，作出原行政行为的行政机关和复议机关为共同被告；复议机关改变原行政行为的，复议机关为被告。(2) 选项B：行政诉讼被告对原告的诉讼请求没有反诉权。(3) 选项C：行政诉讼被告只能是行政主体（包括行政机关和法律、法规授权的组织），行政机关工作人员不能成为行政诉讼被告。

【答案】D

【真题2·单选题】根据《行政诉讼法》及司法解释规定，对复议机关决定维持原行政行为而当事人不服提起行政诉讼的案件，确定被告的规则是（　　）。(2018年)

A. 以作出原行政行为的行政机关为被告，复议机关作为第三人

B. 以作出原行政行为的行政机关和复议机关为共同被告

C. 由当事人选择作出原行政行为的行政机关和复议机关二者之一作为被告

D. 以复议机关为被告，以作出原行政行为的行政机关为第三人

【答案】B

【真题3·单选题】根据《行政诉讼法》及相关规定，复议机关决定维持原行政行为，当事人不服，向法院提起行政诉讼，法院确定诉讼被告的规则是（　　）。(2015年)

A. 复议机关为被告

B. 作出原行政行为的行政机关为被告

C. 由原告在作出原行政行为的行政机关与作出维持决定的复议机关中任选一个为被告

D. 作出原行政行为的行政机关和复议机关为共同被告

【答案】 D

【真题 4·多选题】 根据有关司法解释，下列关于行政许可案件被告确定的表述中，正确的有（　　）。(2011 年)

A. 当事人不服行政许可决定提起行政诉讼的，以作出行政许可决定的机关为被告

B. 行政许可依法须经上级行政机关批准，当事人对批准或者不批准行为不服一并提起行政诉讼的，以上级行政机关为共同被告

C. 行政许可依法须经下级行政机关初步审查并上报，当事人对不予初步审查或者不予上报的行为不服提起行政诉讼的，以下级行政机关为被告

D. 行政机关按规定统一办理行政许可的，若当事人对行政许可行为不服提起行政诉讼，以对当事人作出具有实质影响的不利行为的机关为被告

E. 行政机关按规定统一办理行政许可的，若当事人对行政许可行为不服提起行政诉讼，以实施行政许可的所有行政机关为共同被告

【答案】 ABCD

【真题 5·多选题】 某县计生委认定蔡某违反规定生育第二胎，决定对其征收社会抚养费 35000 元。蔡某不服，向县政府申请复议，要求撤销该决定。经复议，县政府决定在征收数额中补充列入 2000 元未婚生育社会抚养费。蔡某认为复议决定错误，遂向法院起诉。根据《行政诉讼法》及司法解释的规定，下列关于本案诉讼被告、管辖法院以及法院处理的说法中，正确的有（　　）。(2011 年)

A. 被告应为县计生委

B. 被告应为县政府

C. 被告应为县计生委与县政府（共同被告）

D. 此案应由中级人民法院管辖

E. 法院应认定复议决定违法

【解析】（1）选项 ABC：经复议的案件，复议机关改变原行政行为的，复议机关是被告。本案中，县政府在征收总额中补充列入遗漏的 2000 元未婚生育社会抚养费，属于对原行政行为的改变，此案应以复议机关即县政府为被告。(2) 选项 D：被告为县级以上地方人民政府的案件，属于应当由中级人民法院管辖的第一审行政案件。(3) 选项 E：行政复议机关在申请人的行政复议请求范围内，不得作出对申请人更为不利的行政复议决定。本题中，县政府在征收总额中补充列入遗漏的费用，作出了对申请人更为不利的行政复议决定，故该复议决定违法。

【答案】 BDE

03 行政诉讼第三人（★）

1. 公民、法人或者其他组织同被诉行政行为有利害关系但没有提起诉讼，或者同案件处理结果有利害关系的，可以作为第三人申请参加诉讼，或者由人民法院通知参加诉讼。

2. 行政机关的同一行政行为涉及两个以上利害关系人，其中一部分利害关系人对行政行为不服提起诉讼，人民法院应当通知没有起诉的其他利害关系人作为第三人参加诉讼。

3. 应当追加被告而原告不同意追加的，人民法院应当通知其以第三人的身份参加诉讼，但行政复议机关作共同被告的除外。

4. 行政诉讼法规定的第三人，因不能归责于本人的事由未参加诉讼，但有证据证明发生法律效力的判决、裁定、调解书损害其合法权益的，可以依照行政诉讼法的规定，自知道或者应当知道其合法权益受到损害之日起6个月内，向上一级人民法院申请再审。

经典题解

【真题·单选题】某区房产管理局向郭某发放了一份房屋产权证书，郭某系房屋产权人。李某知道此事后非常气愤，声称自己几年前就从该区房产管理局领到了所涉房产的产权证书。因交涉没有结果，李某遂以房屋产权人的名义向区政府申请复议，请求撤销区房产管理局向郭某发放的房屋产权证书。经复议审理，区政府决定撤销向郭某发放的房屋产权证书。郭某接到决定书后没几天即遇交通事故死亡。郭某的妻子对该决定不服，以自己的名义直接向法院提起行政诉讼。根据《行政诉讼法》及司法解释的规定，下列关于本案当事人起诉的效力以及法院处理的说法中，正确的是（　　）。（2013年）

A. 本案起诉不成立，理由是本案不属于法定受案范围

B. 本案起诉不成立，理由是原告没有先申请复议处理

C. 本案起诉不成立，法院应当裁定不予受理，理由是郭某的妻子没有原告资格，应以郭某代理人身份起诉

D. 本案起诉成立，法院应当通知李某作为第三人参加诉讼

【解析】（1）选项A：撤销房产证的复议决定对郭某或其妻子的合法权益造成损害，可依法提起行政诉讼。（2）选项B：对房屋产权登记行为不服，法律并未要求复议前置。（3）选项C：有权提起诉讼的公民死亡，其近亲属可以提起诉讼；在本题中，郭某的房屋产权证被撤销，郭某本人有权提起行政诉讼，郭某死亡，其妻作为近亲属有权提起行政诉讼（或者，从郭某妻子作为产权共有人、继承人的角度，属于利害关系人，亦有权提起行政诉讼）。（4）选项D：本题是一个房屋有两本房产证、分属两个不同的人，两个持证人属于有利害关系的人，其中一人起诉的，法院应当通知另一人（李某）作为第三人参加诉讼。

【答案】D

04 行政诉讼代表人（★★★）

1. 当事人一方人数众多（一般指10人以上）的共同诉讼的诉讼代表人

当事人一方人数众多的案件必须适用代表人诉讼，因此，在指定期限内诉讼代表人未选定的，人民法院可以依职权指定。代表人为2~5人。代表人可以委托1~2人作为诉讼代理人。

考点提示

1. 诉讼代表人是由法律规定或当事人推选或法院指定产生的，如果放弃或变更诉讼请求，须经过被代表的其他当事人的同意。

2. 诉讼代表人属于本案的当事人，与本案的诉讼标的有法律上的利害关系，其参加诉讼的目的是保护自己和全体当事人的权益，并且要受人民法院判决的约束。

易错易混

同一行政复议案件申请人超过5人的，推选1~5名代表参加行政复议。

2. 不具备法人资格组织的诉讼代表人

（1）合伙企业向人民法院提起诉讼的，应当以核准登记的字号为原告，诉讼代表人是执行合伙企业事务的合伙人。

（2）不具备法人资格的其他组织起诉时，该组织的主要负责人是诉讼代表人；没有主要负责人的，由推选的负责人作为诉讼代表人。

经典题解

【真题1·单选题】根据《行政诉讼法》及司法解释规定，由推选产生的2~5名当事人作为诉讼代表人参加诉讼的适用情形是（ ）。（2018年）

A. 同案原告至少10人以上
B. 同案原告至少15人以上
C. 同案原告至少30人以上
D. 同案原告至少5人以上

【答案】A

【真题2·单选题】下列关于行政诉讼中的诉讼代表人的说法中，错误的是（ ）。（2016年）

A. 诉讼代表人与本案的诉讼标的没有法律上的利害关系
B. 诉讼代表人是由法律规定、当事人推选或者法院指定产生的
C. 诉讼代表人属于本案的当事人
D. 诉讼代表人放弃或者变更诉讼请求，须经过被代表的其他当事人的同意

【解析】（1）选项AC：诉讼代表人属于本案的当事人，与本案的诉讼标的有法律上的利害关系，其参加诉讼的目的是为了保护自己和全体当事人的权益，并且要受人民法院判决的约束。（2）选项BD：诉讼代表人是由法律规定或当事人推选或法院指定产生的，如果放弃或变更诉讼请求，须经过被代表的其他当事人的同意。

【答案】A

【真题3·多选题】根据《行政诉讼法》及司法解释规定，下列关于诉讼代表人的说法中，正确的有（ ）。（2016年）

A. 诉讼代表人是诉讼当事人，其参加诉讼的目的是为了维护自己和全体当事人的合法权益

B. 同案原告为10人以上的，即可适用代表人诉讼，由诉讼代表人参加诉讼

C. 诉讼代表人代表“被代表人”参加诉讼，不是诉讼当事人

D. 诉讼代表人必须由当事人推选产生

E. 诉讼代表人至多为3人

【解析】(1) 选项AC：诉讼代表人属于本案的当事人，其参加诉讼的目的是为了保护自己和全体当事人的合法权益。(2) 选项BE：同案原告为10人以上，则推选2~5名诉讼代表人参加诉讼。(3) 选项D：诉讼代表人是由法律规定或当事人推选或由法院指定产生的。

【答案】AB

【真题4·多选题】江平县政府设立的临时机构基础设施建设指挥部认定，该县川口镇陈某等10户居民自建的附属房及围墙系违法建筑，决定强制拆除，并委托该县川口镇政府负责强制拆除有关事宜，陈某等10户居民对该决定不服而起诉。关于复议机关、诉讼参加人及诉讼管辖的说法，正确的有（　　）。(2012年)

A. 本案被告为川口镇政府

B. 本案应由江平县人民法院管辖

C. 若仅陈某起诉，则没有起诉的其他9户居民为第三人

D. 若10户居民对该决定不服申请复议，复议机关为江平县政府

E. 若10户居民在指定期限内未选定诉讼代表人，法院可以依职权指定

【解析】(1) 选项AD："基础设施建设指挥部"属于临时机构，应当以设立该临时机构的江平县政府为被告或被申请人，以江平县政府的上一级人民政府为复议机关。(2) 选项B：被告为县级以上人民政府的案件应由中级人民法院管辖，在本题中，江平县人民法院为基层人民法院，无权管辖本案。(3) 选项C：公民、法人或者其他组织同被诉行政行为有利害关系但没有提起诉讼，或者同案件处理结果有利害关系的，可以作为第三人申请参加诉讼，或者由人民法院通知参加诉讼。(4) 选项E：同案原告为10人以上，应当推选2~5名诉讼代表人参加诉讼；在指定期限内未选定的，人民法院可以依职权指定。

【答案】CE

05 行政诉讼代理人（≠行政诉讼当事人）(★)

1. 法定诉讼代理人（法律直接规定）

没有诉讼行为能力或限制诉讼行为能力的公民（未成年人和精神病人），由其法定代理人代为诉讼。

考点提示

法人、组织、行政机关不适用法定诉讼代理人制度。

2. 指定诉讼代理人（人民法院指定）

没有诉讼行为能力的公民，由其法定代理人代为诉讼。法定代理人互相推诿代理责任的，由人民法院指定其中1人代为诉讼。

3. 委托诉讼代理人（委托授权）

(1) 当事人、法定代理人，可以委托1~2人作为诉讼代理人。

(2) 下列人员可以被委托为诉讼代理人：①律师、基层法律服务工作者；②当事人的近

亲属或者工作人员；③当事人所在社区、单位以及有关社会团体推荐的公民。

（3）当事人委托诉讼代理人，应当向人民法院提交由委托人签名或者盖章的授权委托书。委托书应当载明委托事项和具体权限。公民在特殊情况下无法书面委托的，也可以由他人代书，并由自己捺印等方式确认，人民法院应当核实并记录在卷；被诉行政机关或者其他有义务协助的机关拒绝人民法院向被限制人身自由的公民核实的，视为委托成立。当事人解除或者变更委托的，应当书面报告人民法院。

06 行政机关负责人出庭应诉制度（★★）

1. 被诉行政机关负责人应当出庭应诉。不能出庭的，应当委托行政机关相应的工作人员出庭。（不得仅委托律师出庭）

【解释】被诉行政机关负责人，包括行政机关的正职、副职负责人、参与分管被诉行政行为实施工作的副职级别的负责人以及其他参与分管的负责人。被诉行政机关委托的组织或者下级行政机关的负责人，不能作为被诉行政机关负责人出庭。

2. 涉及重大公共利益、社会高度关注或者可能引发群体性事件等案件以及人民法院书面建议行政机关负责人出庭的案件，被诉行政机关负责人应当出庭。

考点提示

行政机关负责人有正当理由不能出庭应诉的，应当向人民法院提交情况说明。行政机关拒绝说明理由的，不发生阻止案件审理的效果，人民法院可以向监察机关、上一级行政机关提出司法建议。

第三单元　行政诉讼证据

查看本单元视频，快速 GET 知识点
使用“会计云课堂”App或“微信”扫码

01 行政诉讼的证据类型（★）

行政诉讼的法定证据包括：书证、物证、视听资料、电子数据、证人证言、当事人的陈述、鉴定意见、勘验笔录和现场笔录。

1. 书证

【解释】书证，是指以其内容、文字、符号、图画等来表达一定的思想并用以证明案件事实的材料。

（1）提供书证的原件，原本、正本和副本均属于书证的原件。提供原件确有困难的，可以提供与原件核对无误的复印件、照片、节录本；

（2）提供由有关部门保管的书证原件的复制件、影印件或者抄录件的，应当注明出处，经该部门核对无异后加盖其印章；

（3）提供报表、图纸、会计账册、专业技术资料、科技文献等书证的，应当附有说明材料；

（4）被告提供的被诉行政行为所依据的询问、陈述、谈话类笔录，应当有行政执法人员、被询问人、陈述人、谈话人签名或者盖章。

2. 物证

【解释】物证，是指能通过其存在的外形、规格、质量、特征等形式来证明案件事实的物品。

（1）提供原物。提供原物确有困难的，可以提供与原物核对无误的复制件或者证明该物证的照片、录像等其他证据；

（2）原物为数量较多的种类物的，提供其中的一部分。

3. 视听资料

【解释】视听资料，是指能通过录音、录像、计算机储存等反映出的声音、影像或其他信息证明案件事实的资料。

（1）提供有关资料的原始载体。提供原始载体确有困难的，可以提供复制件；

（2）注明制作方法、制作时间、制作人和证明对象等；

（3）声音资料应当附有该声音内容的文字记录。

4. 电子数据

【解释】电子数据，是指电子邮件、电子数据交换、网上聊天记录、网络博客、手机短信、电子签名、域名等证据形式。

以有形载体固定或者显示的电子数据交换、电子邮件以及其他数据资料，其制作情况和真实性经对方当事人确认，或者以公证等其他有效方式予以证明的，与原件具有同等的证明效力。

5. 证人证言

【解释】证人证言，是指了解案件情况的人以口头或书面的方式就其亲历的真实情况向人民法院所作的与案件有关的事实表达。

证人根据其经历所作的判断、推测或者评论，不能作为定案的依据。

6. 当事人的陈述

【解释】当事人陈述，是指当事人在行政诉讼中就其所经历的案件事实，向人民法院所作的口头或者书面叙述、说明或解释。

作为证据的当事人陈述是当事人对案件事实的陈述，包括承认、反驳等内容。

7. 鉴定意见

【解释】鉴定意见，是指由鉴定部门指派具有专门知识和专门技能的人对某些专门性问题进行分析、鉴别和判断，从而形成的能够证明案件事实的书面意见。

（1）鉴定意见可以由当事人提供，也可以由人民法院依职权指定或委托法定鉴定部门提供。

（2）被告向人民法院提供的在行政程序中采用的鉴定意见，应当载明委托人和委托鉴定的事项、向鉴定部门提交的相关材料、鉴定的依据和使用的科学技术手段、鉴定部门和鉴定人鉴定资格的说明，并应有鉴定人的签名和鉴定部门的盖章。通过分析获得的鉴定意见，应当说明分析过程。

（3）当事人对人民法院委托的鉴定部门作出的鉴定意见有异议申请重新鉴定，提出证据证明存在下列情形之一的，人民法院应予准许：①鉴定部门或者鉴定人不具有相应的鉴定资格的；②鉴定程序严重违法的；③鉴定意见明显依据不足的；④经过质证不能作为证据使用的其他情形。对有缺陷的鉴定意见，可以通过补充鉴定、重新质证或者补充质证等方式解决。

8. 勘验笔录

【解释】勘验笔录，是指人民法院或者行政机关对物品、现场等进行查看、检验后所作的能够证明案件事实情况的记录。

人民法院勘验现场，可以依当事人申请或者依职权进行。

9. 现场笔录（行政诉讼中特有的法定证据）

【解释】现场笔录，是指行政机关工作人员在实施行政行为时对现场情况所做的书面记录。

被告向人民法院提供的现场笔录，应当载明时间、地点和事件等内容，并由执法人员和当事人签名。当事人拒绝签名或者不能签名的，应当注明原因。有其他人在现场的，可由其他人签名。法律、法规和规章对现场笔录的制作形式另有规定的，从其规定。

考点提示

现场笔录应当由行政执法人员在现场制作，不能事后补作，并应当由当事人签名或盖章。在可能的情况下，还应当由在场证人签名或盖章。

经典题解

【真题·单选题】根据《行政诉讼法》及有关规定，行政诉讼法定证据种类的形式不包括（　　）。（2015 年）

A. 网上聊天记录、网络博客　　B. 电子邮件、电子签名

C. 手机短信　　D. 评论性证言

【解析】选项 D：证人根据其经历所作的判断、推测或者评论，不能作为定案的依据。

【答案】D

02 举证责任与证据规则（★★）

（一）被告的举证责任与规则

1. 被告举证责任

（1）被告对作出的行政行为负有举证责任，应当提供作出该行政行为的证据和所依据的

规范性文件。被告不提供或者无正当理由逾期提供证据，视为没有相应证据。但是，被诉行政行为涉及第三人合法权益，第三人提供证据的除外。

（2）被告认为原告起诉超过法定期限的，由被告承担举证责任。

2. 诉讼过程中不得自行收集证据

在诉讼过程中，被告及其诉讼代理人不得自行向原告、第三人和证人收集证据。

3. 延期提供证据

（1）被告在作出行政行为时已经收集了证据，但因不可抗力等正当事由不能提供的，经人民法院准许，可以延期提供。

（2）被告申请延期提供证据的，应当在收到起诉状副本之日起 15 日内以书面方式向人民法院提出。人民法院准许延期提供的，被告应当在正当事由消除后 15 日内提供证据。逾期提供的，视为被诉行政行为没有相应的证据。

4. 补充证据

原告或者第三人提出了其在行政处理程序中没有提出的理由或者证据的，经人民法院准许，被告可以补充相关的证据。

5. 原告或者第三人确有证据证明被告持有的证据对原告或者第三人有利的，可以在开庭审理前书面申请人民法院责令行政机关提交。行政机关无正当理由拒不提交的，人民法院可以推定原告或者第三人基于该证据主张的事实成立。

6. 经过复议案件的举证责任

（1）复议机关决定维持原行政行为的，人民法院应当在审查原行政行为合法性的同时，一并审查复议决定的合法性。

（2）作出原行政行为的行政机关和复议机关对原行政行为合法性共同承担举证责任，可以由其中一个机关实施举证行为。复议机关对复议决定的合法性承担举证责任。

（3）复议机关作共同被告的案件，复议机关在复议程序中依法收集和补充的证据，可以作为人民法院认定复议决定和原行政行为合法的依据。

经典题解

【真题·单选题】根据《行政诉讼法》及有关规定，若原告确有证据证明被告持有的证据对原告有利，被告无正当理由拒不提供，则法院的正确做法是（　　）。（2015 年）

A. 直接认定被告主张的事实存在

B. 责令被告退出法庭并缺席审判

C. 推定原告基于该证据主张的事实成立

D. 直接判决撤销被诉行政行为

【答案】C

（二）原告的举证规则

1. 原告举证规则

（1）公民、法人或者其他组织向人民法院起诉时，应当提供其符合法定条件的相应证据材料。但被告认为原告起诉超过起诉期限的除外。

考点提示

原告**可以**提供证明被诉行政行为违法的证据。原告提供的证据不成立的，**不免除**被告对被诉行政行为合法性的举证责任。

（2）在起诉被告不作为的案件中，原告应当提供其在行政程序中曾经向被告提出申请的证据材料。但有下列情形之一的除外：①被告应当依职权主动履行法定职责的；②原告因被告受理申请的登记制度不完备等正当事由不能提供相关证据材料并能够作出合理说明的。

（3）在行政赔偿、补偿的案件中，原告应当对行政行为造成的损害提供证据。因被告的原因导致原告无法举证的，由被告承担举证责任。

2. 举证期限

（1）原告或者第三人应当在开庭审理前或者人民法院指定的交换证据清单之日提供证据。因正当事由申请延期提供证据的，经人民法院准许，可以在法庭调查中提供。逾期提供证据的，人民法院应当责令其说明理由；拒不说明理由或者理由不成立的，视为放弃举证权利。

（2）原告或者第三人在第一审程序中无正当事由未提供而在第二审程序中提供的证据，人民法院不予采纳。

经典题解

【真题1·多选题】下列有关行政诉讼证据规则的说法中，正确的有（　　）。（2021年）

A. 人民法院不得主动收集证据

B. 原告请求行政赔偿的，应当对被诉行政行为造成损害的事实提供证据

C. 原告对被诉行政行为的违法性负有举证责任

D. 被告对被诉行政行为的合法性负有举证责任

E. 进入行政诉讼程序后，被告不得向原告收集证据

【解析】选项A：特定情况下，人民法院有权主动调取证据。

【答案】BDE

【真题2·单选题】某市政府征收辖区内某村的部分集体土地用于建造港口。该村村民孙某因对补偿款数额不满，到港口施工现场进行阻挠。市公安局派警察到现场处理，警察将孙某强行带离并进行了询问。经调查后，市公安局决定对孙某处以10日拘留，孙某不服，向市法院提起行政诉讼，市法院受理。根据《行政诉讼法》及司法解释的规定，下列关于本案涉及的审查对象和举证责任及其规则的说法中，正确的是（　　）。（2013年）

A. 市法院对市政府征收土地的行为是否合法应予以审查，理由是该行为是本案的附带审查对象

B. 市法院对市政府征收土地的行为是否合法应予以审查，理由是该行为是本案的主要审查对象

C. 若市公安局提出孙某的起诉超过法定期限，则市公安局应提供证据对此加以证明

D. 若孙某提供的证明市公安局拘留决定违法的证据不成立，则市公安局对拘留决定合法性的举证责任依法免除

【解析】（1）选项AB：孙某是对市公安局的拘留决定不服，公安局的拘留决定是否合

法，关键取决于孙某的阻挠行为是否违反《治安管理处罚法》的规定、公安局执行拘留的程序是否合法，与市政府征收土地的行为不具有牵连关系（即使征收补偿决定违法，瞎闹腾也得逮起来），因此，市政府征收土地的行为并非本案审查对象。（2）选项C：公民、法人或者其他组织向人民法院起诉时，应当提供其符合法定条件的相应的证据材料，但被告认为原告起诉超过起诉期限的除外（原告起诉超过起诉期限的证据由被告提供）。（3）选项D：原告可以提供证明被诉行政行为违法的证据；原告提供的证据不成立的，"不免除"被告对被诉行政行为合法性的举证责任。

【答案】 C

【例题3·多选题】 袁某认为中川区房产管理局对他的房产信息记载有误，要求更正，该局在其符合法定条件的情况下仍拒绝。袁某向法院起诉该局不作为，请求法院判决该局在一定期限内更正，法院予以受理。该局认为，袁某的起诉超过法定期限。下列关于本案受理和举证责任的说法中，正确的有（　　）。

A. 法院受理本案错误，理由是袁某的起诉不属于行政诉讼受案范围，袁某应向上一级房产管理局投诉

B. 法院受理本案正确，中川区房产管理局应当对拒绝更正的理由进行举证

C. 法院受理本案错误，理由是袁某错列被告，袁某应起诉中川区人民政府

D. 法院受理本案错误，理由是袁某没有提供充分的证明中川区房产管理局所记载房产信息有误且拒绝予以更正的证据

E. 法院受理本案正确，中川区房产管理局应当对原告的起诉超过法定期限进行举证

【解析】（1）选项A：袁某起诉被告不作为，不予以更正错误登记信息，被告的不作为可能对袁某的合法权益造成损害，该案属于行政诉讼的受案范围。（2）选项B：行政诉讼被告对作出的行政行为负有举证责任，应当提供作出该行政行为的证据和所依据的规范性文件。（3）选项C：区房产管理局属于县级以上人民政府工作部门，具有行政主体资格，可以作为行政诉讼被告，袁某直接起诉中川区房产管理局即可。（4）选项DE：公民、法人或者其他组织向人民法院起诉时，应当提供其符合法定（起诉）条件的相应的证据材料；但被告认为原告起诉超过起诉期限的除外（被告认为原告起诉超过法定期限的，由被告举证）。

【答案】 BE

（三）人民法院调取证据

1. 人民法院调取证据

人民法院在调取证据时不得为证明被诉行政行为的合法性调取被告作出行政行为时未收集的证据。

2. 申请人民法院调取证据

原告或者第三人不能自行收集的，但能够提供确切线索的，可以申请人民法院调取：（1）由国家机关保存而须由人民法院调取的证据；（2）涉及国家秘密、商业秘密和个人隐私的证据；（3）确因客观原因不能自行收集的其他证据。

3. 证据保全

在证据可能灭失或者以后难以取得的情况下，诉讼参加人可以向人民法院申请保全证据，人民法院也可以主动采取保全措施。

（四）证据适用规则

1. 证据应当在法庭上出示，并由当事人互相质证。对涉及国家秘密、商业秘密和个人隐私的证据，不得在公开开庭时出示。

2. 以非法手段取得的证据，不得作为认定案件事实的根据。

第四单元　行政诉讼程序

查看本单元视频，快速 GET 知识点
使用“会计云课堂”App 或“微信”扫码

01 起诉（★★）

（一）起诉的期限

1. 经过行政复议案件的起诉期限

公民、法人或者其他组织不服复议决定的，可以在收到复议决定书之日起 15 日内向人民法院提起诉讼。复议机关逾期不作决定的，申请人可以在复议期满之日起 15 日内向人民法院提起诉讼。法律另有规定的除外。

2. 直接提起行政诉讼的起诉期限

（1）公民、法人或者其他组织直接向人民法院提起诉讼的，应当自知道或者应当知道作出行政行为之日起 6 个月内提出，法律另有规定的除外。（知道行政行为，知道起诉期限）

（2）因不动产提起诉讼的案件自行政行为作出之日起超过 20 年，其他案件自行政行为作出之日起超过 5 年提起诉讼的，人民法院不予受理。

（3）行政机关作出行政行为时，未告知公民、法人或者其他组织起诉期限的，起诉期限从公民、法人或者其他组织知道或者应当知道起诉期限之日起计算，但从知道或者应当知道行政行为内容之日起最长不得超过 1 年。（知道行政行为，但不知道起诉期限）

（4）公民、法人或者其他组织不知道行政机关作出的行政行为内容的，其起诉期限从知道或者应当知道该行政行为内容之日起计算，但最长不得超过（2）规定的起诉期限。（不知道行政行为，不知道起诉期限）

3. 起诉行政机关不作为案件的起诉期限

对行政机关不履行保护其人身权、财产权等合法权益的法定职责提起诉讼的，应当在行政机关履行法定职责期限届满之日起 6 个月内提出。

4. 起诉期限延长

公民、法人或者其他组织因不可抗力或者其他不属于其自身的原因耽误起诉期限的，被耽误的时间不计算在起诉期限内。公民、法人或者其他组织因前述规定以外的其他特殊情况耽误起诉期限的，在障碍消除后 10 日内，可以申请延长期限，是否准许由人民法院决定。

经典题解

【真题·单选题】根据《行政诉讼法》的规定，关于行政诉讼起诉期限的说法，正确的是（　　）。（2012 年）

A. 公民、法人或者其他组织直接向人民法院提起诉讼的，应当自知道或者应当知道作出行政行为之日起 6 个月内提出，法律另有规定的除外

B. 公民、法人或者其他组织直接向人民法院提起诉讼的，应当自知道或者应当知道作出行政行为之日起 6 个月内提出，法律、行政法规另有规定的除外

C. 公民、法人或者其他组织直接向人民法院提起诉讼的，应当自知道或者应当知道作出行政行为之日起 6 个月内提出，《行政诉讼法》不允许适用其他单行法律特别规定的起诉期限

D. 复议机关逾期不作决定的，申请人可以在复议期满之日起 15 日内向人民法院提起诉讼，法律、行政法规另有规定的除外

【解析】 选项 D：复议机关逾期不作决定的，申请人可以在复议期满之日起 15 日内向人民法院提起诉讼，法律另有规定的除外。

【答案】 A

（二）起诉的条件与方式

1. 起诉的一般条件

提起诉讼应当符合下列条件：（1）原告是符合行政诉讼法规定的公民、法人或者其他组织；（2）有明确的被告；（3）有具体的诉讼请求和事实根据；（4）属于人民法院受案范围和受诉人民法院管辖。

2. 起诉方式

起诉应当向人民法院递交起诉状，并按照被告人数提出副本。书写起诉状确有困难的，可以口头起诉，由人民法院记入笔录，出具注明日期的书面凭证，并告知对方当事人。

（三）行政复议与行政诉讼

1. 法律、法规规定应当先申请复议，公民、法人或者其他组织未申请复议直接提起诉讼的，人民法院裁定不予立案。

依照行政诉讼法规定，复议机关不受理复议申请或者在法定期限内不作出复议决定，公民、法人或者其他组织不服，依法向人民法院提起诉讼的，人民法院应当受理。

2. 法律、法规未规定行政复议为提起行政诉讼必经程序，公民、法人或者其他组织既提起诉讼又申请行政复议的，由先立案的机关管辖；同时立案的，由公民、法人或者其他组织选择。公民、法人或者其他组织已经申请行政复议，在法定复议期间内又向人民法院提起诉讼的，人民法院不予立案。

3. 法律、法规未规定行政复议为提起行政诉讼必经程序，公民、法人或者其他组织向复议机关申请行政复议，在复议机关受理后，行政复议决定作出前，申请人要求撤回行政复议申请，行政复议机构准予撤回行政复议申请，申请人在法定起诉期限内对原行政行为提起诉讼的，人民法院应当受理。

易错易混

法律、法规规定应当先申请复议，公民、法人或者其他组织向复议机关申请行政复议后，又经复议机关同意撤回复议申请，行政复议终止，当事人不得向人民法院提起行政诉讼。

02 立案（★）

1. 立案

（1）人民法院对符合起诉条件的案件应当立案，依法保障当事人行使诉讼权利。

（2）能够判断符合起诉条件的，应当当场登记立案；当场不能判断是否符合起诉条件的，应当在接收起诉状后 7 日内决定是否立案；7 日内仍不能作出判断的，应当先予立案。

考点提示

立案的期限，从受诉人民法院收到起诉状之日起计算；因起诉状内容欠缺而责令原告补正的，从人民法院收到补正材料之日起计算。

2. 一次性告知补正

起诉状内容欠缺或者有其他错误的，应当给予指导和释明，并一次性告知当事人需要补正的内容。不得未经指导和释明即以起诉不符合条件为由不接收起诉状。

3. 不接收起诉状

对于不接收起诉状、接收起诉状后不出具书面凭证，以及不一次性告知当事人需要补正的起诉状内容的，当事人可以向上级人民法院投诉。

4. 裁定不予立案

（1）不符合起诉条件的，作出不予立案的裁定。裁定书应当载明不予立案的理由。原告对裁定不服的，可以提起上诉。

（2）人民法院裁定准许原告撤诉后，原告以同一事实和理由重新起诉的，人民法院不予立案。准予撤诉的裁定确有错误，原告申请再审的，人民法院应当通过审判监督程序撤销原准予撤诉的裁定，重新对案件进行审理。

5. 不裁不立，飞跃起诉

受诉人民法院自收到起诉状之日起 7 日内既不立案，又不作出不予立案裁定的，当事人可以向上一级人民法院起诉。上一级人民法院认为符合起诉条件的，应当立案、审理，也可以指定其他下级人民法院立案、审理。

6. 裁定驳回起诉（不符合法定起诉条件却予以立案，纠错）

有下列情形之一，已经立案的，裁定驳回起诉：（1）不符合行政诉讼法规定的起诉条件的；（2）超过法定起诉期限且无行政诉讼法规定情形的；（3）错列被告且拒绝变更的；（4）未按照法律规定由法定代理人、指定代理人、代表人为诉讼行为的；（5）未按照法律、法规规定先向行政机关申请复议的；（6）重复起诉的；（7）撤回起诉后无正当理由再行起诉的；（8）行政行为对其合法权益明显不产生实际影响的；（9）诉讼标的已为生效裁判或者调解书所羁束的；（10）其他不符合法定起诉条件的情形。

03 第一审普通程序（★★★）

（一）审理前的准备

1. 提交答辩状

（1）人民法院应当在立案之日起 5 日内，将起诉状副本和应诉通知书发送被告。被告应当在收到起诉状副本之日起15日内向人民法院提交作出行政行为的证据和所依据的规范性文件，并提出答辩状。人民法院应当在收到答辩状之日起5日内，将答辩状副本发送原告。

（2）被告不提出答辩状的，不影响人民法院审理。

2. 组成合议庭（不可以审判员独任审理）

人民法院审理行政案件，由审判员组成合议庭，或者由审判员、陪审员组成合议庭。合议庭的成员，应当是3人以上的单数。

3. 审核诉讼材料，调查收集证据。

4. 确定开庭审理的时间、地点，并通知当事人和其他诉讼参与人

人民法院应当在开庭3日前用传票传唤当事人。对证人、鉴定人、勘验人、翻译人员，应当用通知书通知其到庭。

经典题解

【例题·多选题】根据《行政诉讼法》规定，下列关于起诉事项的说法中正确的有（　　）。

A. 认为国务院部门、地方人民政府及其部门制定的规范性文件不合法，当事人可以单独就规范性文件提起诉讼

B. 起诉状内容欠缺或者有其他错误的，应当给予指导和释明，并一次性告知当事人需补正的内容

C. 受诉法院自收到起诉状之日起7日内既不立案，又不作出不予立案裁定的，当事人可以向上一级人民法院起诉

D. 不经行政复议而直接向人民法院提起行政诉讼的，当事人应当自知道或应当知道作出行政行为之日起6个月内起诉，法律另有规定除外

E. 被告应当在收到起诉状副本之日起10日内向人民法院提交作出行政行为的证据

【解析】（1）选项A：对抽象行政行为不可单独提起行政诉讼。（2）选项E：被告应当在收到起诉状副本之日起15日内向人民法院提交作出行政行为的证据和所依据的规范性文件，并提出答辩状。

【答案】BCD

（二）开庭审理（第一审程序一律实行开庭审理，不得书面审理）

1. 人民法院公开审理行政案件，但涉及国家秘密、个人隐私和法律另有规定的除外。（应当不公开）

2. 涉及商业秘密的案件，当事人申请不公开审理的，可以不公开审理。（可以不公开）

（三）判决

1. 驳回原告的诉讼请求

行政行为证据确凿，适用法律、法规正确，符合法定程序的，人民法院判决驳回原告的诉讼请求。

易错易混

行政复议中具体行政行为认定事实清楚，证据确凿，适用依据正确，程序合法，内容适当的，决定维持。

2. 撤销判决

行政行为有下列情形之一的，人民法院应当作出撤销判决，并可以判决被告重新作出行政行为：（1）主要证据不足的；（2）适用法律、法规错误的；（3）违反法定程序的；（4）超越职权的；（5）滥用职权的；（6）明显不当的。

人民法院判决被告重新作出行政行为的，被告不得以同一的事实和理由作出与原行政行为基本相同的行政行为，但被诉行政行为因违反法定程序被人民法院判决撤销，被告重新作出行政行为不受此限。

行政行为有下列情形之一的，人民法院判决确认违法，但不撤销行政行为：（1）行政行为依法应当撤销，但撤销会给国家利益、社会公共利益造成重大损害的；（2）行政行为程序轻微违法（如处理期限轻微违法、通知或送达等程序轻微违法情形），但是对原告依法享有的听证、陈述、申辩等重要程序性权利不产生实质损害的。

3. 履行判决

（1）原告请求被告履行法定职责的理由成立，被告违法拒绝履行或者无正当理由逾期不予答复的，人民法院可以判决被告在一定期限内依法履行原告请求的法定职责；尚需被告调查或者裁量的，应当判决被告针对原告的请求重新作出处理。

（2）原告申请被告依法履行支付抚恤金、最低生活保障待遇或者社会保险待遇等给付义务的理由成立，被告依法负有给付义务而拒绝或者拖延履行义务的，人民法院可以根据行政诉讼法的规定，判决被告在一定期限内履行相应的给付义务。

易错易混

原告请求被告履行法定职责或者依法履行支付抚恤金、最低生活保障待遇或者社会保险待遇等给付义务，原告未先向行政机关提出请求或者申请的，人民法院裁定驳回起诉。

（3）人民法院经审理认为原告所请求履行的法定职责或者给付义务明显不属于行政机关权限范围的，可以裁定驳回起诉。

4. 变更判决

行政处罚明显不当，或者其他行政行为涉及对款额的确定、认定确有错误的，人民法院可以判决变更。法院审理行政处罚案件时不得变更行政行为，加重对原告的处罚，包括加重处罚幅度或增加处罚内容；对行政机关未处罚的相对人，法院不得判决直接给予处罚。

考点提示

人民法院判决变更，不得加重原告的义务或者减损原告的权益。但利害关系人同为原告，且诉讼请求相反的除外。

5. 确认违法判决

（1）行政行为有下列情形之一，不需要撤销或者判决履行的，人民法院判决确认违法：①行政行为违法，但不具有可撤销内容的；②被告改变原违法行政行为，原告仍要求确认原行政行为违法的；③被告不履行或者拖延履行法定职责，判决履行没有意义的。

（2）原告起诉被告不作为，在诉讼中被告作出行政行为，原告不撤诉的，人民法院应当继续审查被告的不作为是否合法。

6. 确认无效判决

（1）行政行为有实施主体不具有行政主体资格或者没有依据等重大且明显违法情形，原告申请确认行政行为无效的，人民法院判决确认无效。

【解释】有下列情形之一的，属于“重大且明显违法”：①行政行为实施主体不具有行政主体资格；②减损权利或者增加义务的行政行为没有法律规范依据；③行政行为的内容客观上不可能实施；④其他重大且明显违法的情形。

（2）对于原告起诉请求确认无效或撤销行政行为，人民法院经审查认为行政行为无效的，人民法院均应作出确认无效判决。

经典题解

【真题1·单选题】行政行为存在重大且明显违法情形，人民法院应判决确认该行政行为无效。根据《行政诉讼法》及司法解释规定，该情形不包括（　　）。（2019年）

A. 行政行为明显不当

B. 行政行为的内容客观上不可能实施

C. 减损权利或者增加义务的行政行为没有法律规范依据

D. 行政行为实施主体不具有行政主体资格

【答案】A

【真题2·单选题】原告认为被告行政机关作出的行政行为违法侵害其合法权益而请求法院撤销。法院通过审理查清案件全部事实后，认为被诉行政行为合法。根据《行政诉讼法》及司法解释规定，法院应当判决（　　）。（2016年）

A. 变更或废止被诉行政行为

B. 维持被诉行政行为

C. 驳回原告诉讼请求

D. 撤销被诉行政行为或者确认被诉行政行为违法

【答案】C

7. 复议决定维持原行政行为（共同被告）

人民法院对原行政行为作出判决的同时，应当对复议决定一并作出相应判决：

（1）人民法院判决撤销原行政行为和复议决定的，可以判决作出原行政行为的行政机关重新作出行政行为。

（2）人民法院判决作出原行政行为的行政机关履行法定职责或者给付义务的，应当同时判决撤销复议决定。

（3）原行政行为合法、复议决定违法的，人民法院可以判决撤销复议决定或者确认复议决定违法，同时判决驳回原告针对原行政行为的诉讼请求。

8. 复议决定改变原行政行为

复议决定改变原行政行为错误，人民法院判决撤销复议决定时，可以一并责令复议机关重新作出复议决定或者判决恢复原行政行为的法律效力。（2022 年调整）

9. 审限

人民法院应当在立案之日起6 个月内作出第一审判决。有特殊情况需要延长的，由高级人民法院批准，高级人民法院审理第一审案件需要延长的，由最高人民法院批准。

易错易混

经复议的行政诉讼案件

被告	复议维持	作出原行政行为的行政机关和复议机关是共同被告	
	复议改变	复议机关	
	复议机关在法定期限内未作出复议决定	起诉原行政行为	作出原行政行为的行政机关
		起诉复议机关不作为	复议机关
地域管辖	行政案件由最初作出行政行为的行政机关所在地人民法院管辖 经复议的案件，也可以由复议机关所在地人民法院管辖		
级别管辖	作出原行政行为的行政机关和复议机关是共同被告的，以作出原行政行为的行政机关确定案件的级别管辖		
起诉期限	（1）公民、法人或者其他组织不服复议决定的，可以在收到复议决定书之日起 15 日内向人民法院提起诉讼 （2）复议机关逾期不作决定的，申请人可以在复议期满之日起 15 日内向人民法院提起诉讼 （3）法律另有规定的除外		

（四）宣告判决

1. 人民法院对公开审理和不公开审理的案件，一律公开宣告判决。当庭宣判的，应当在 10 日内发送判决书；定期宣判的，宣判后立即发给判决书。

2. 宣告判决时，必须告知当事人上诉权利、上诉期限和上诉的人民法院。

（五）审理、判决的一般规定

1. 先予执行（只能依申请）

人民法院对起诉行政机关没有依法支付抚恤金、最低生活保障金和工伤、医疗社会保险金的案件，权利义务关系明确、不先予执行将严重影响原告生活的，可以根据原告的申请，裁定先予执行。

2. 拒不到庭、未经许可中途退庭

经人民法院传票传唤，原告无正当理由拒不到庭，或者未经法庭许可中途退庭的，可以按照撤诉处理；被告无正当理由拒不到庭，或者未经法庭许可中途退庭的，可以缺席判决。

3. 调解

（1）人民法院审理行政案件，不适用调解。但是，行政赔偿、补偿以及行政机关行使法律、法规规定的自由裁量权的案件可以调解。

（2）调解达成协议，人民法院应当制作调解书。调解书经双方当事人签收后，即具有法律效力。调解书生效日期根据最后收到调解书的当事人签收的日期确定。

（3）人民法院审理行政案件，调解过程不公开，但当事人同意公开的除外。

易错易混

	和解	调解
行政复议	自由裁量权作出的具体行政行为	自由裁量权作出的具体行政行为、行政赔偿、行政补偿
税务行政复议	（1）行使自由裁量权作出的税务具体行政行为，如行政处罚、核定税额、确定应税所得率等；（2）行政赔偿；（3）行政奖励；（4）存在其他合理性问题的具体行政行为	
行政诉讼	——	行政赔偿、行政补偿、行政机关行使法律、法规规定的自由裁量权的案件

4. 撤诉

（1）原告在提起行政诉讼法院依法立案后，法院宣告判决或者裁定前，可以向人民法院提出撤回起诉的请求。

（2）人民法院裁定准许原告撤诉后，原告以同一事实和理由重新起诉的，人民法院不予立案。

考点提示

准予撤诉的裁定确有错误，原告申请再审的，人民法院应当通过审判监督程序撤销原准予撤诉的裁定，重新对案件进行审理。

5. 诉讼中止

在诉讼过程中，有下列情形之一的，中止诉讼：（1）原告死亡，须等待其近亲属表明是否参加诉讼的；（2）原告丧失诉讼行为能力，尚未确定法定代理人的；（3）作为一方当事人的行政机关、法人或者其他组织终止，尚未确定权利义务承受人的；（4）一方当事人因不可抗力的事由不能参加诉讼的；（5）案件涉及法律适用问题，需要送请有权机关作出解释或者确认的；（6）案件的审判须以相关民事、刑事或者其他行政案件的审理结果为依据，而相关案件尚未审结的；（7）其他应当中止诉讼的情形。中止诉讼的原因消除后，恢复诉讼。

6. 诉讼终结

在诉讼过程中，有下列情形之一的，终结诉讼：（1）原告死亡，没有近亲属或者近亲属放弃诉讼权利的；（2）作为原告的法人或者其他组织终止后，其权利义务的承受人放弃诉讼权利的。

因诉讼中止（1）~（3）项原因诉讼满90日仍无人继续诉讼的，裁定终结诉讼，但有特殊情况的除外。

7. 审理依据

(1) 人民法院审理行政案件，以法律和行政法规、地方性法规、自治条例和单行条例为依据，并参照规章。

(2) 适用最高人民法院司法解释的，应当在裁判文书中援引。

(3) 人民法院审理行政案件，可以在裁判文书中引用规章及其他规范性文件。

8. 规范性文件审查

人民法院在审理行政案件中，经审查认为有关规范性文件不合法的，不作为认定行政行为合法的依据，并向制定机关提出处理建议。

9. 保全措施

人民法院对于因一方当事人的行为或者其他原因，可能使行政行为或者人民法院生效裁判不能或者难以执行的案件，根据对方当事人的申请，可以裁定对其财产进行保全、责令其作出一定行为或者禁止其作出一定行为；当事人没有提出申请的，人民法院在必要时也可以裁定采取财产保全措施。当事人对财产保全的裁定不服的，可以申请复议；复议期间不停止裁定的执行。

04 简易程序（★★）

1. 简易程序适用范围

人民法院审理下列第一审行政案件，认为事实清楚、权利义务关系明确、争议不大的，可以适用简易程序：(1) 被诉行政行为是依法当场作出的；(2) 案件涉及款额 2000 元以下的；(3) 属于政府信息公开案件的。

除前述规定以外的第一审行政案件，当事人各方同意适用简易程序的，可以适用简易程序。

【解释】事实清楚，是指当事人对争议的事实陈述基本一致，并能提供相应的证据，无须人民法院调查收集证据即可查明事实；权利义务关系明确，是指行政法律关系中权利和义务能够明确区分；争议不大，是指当事人对行政行为的合法性、责任承担等没有实质分歧。

2. 适用简易程序审理的行政案件，由审判员 1 人独任审理，并应当在立案之日起 45 日内审结。

易错易混

普通程序中必须组成合议庭；审限为立案之日起 6 个月内作出一审判决。

3. 人民法院在审理过程中，发现案情复杂不宜适用简易程序的，裁定转为普通程序。(只能简易转普通，不得普通转简易)

4. 适用简易程序案件的举证期限由人民法院确定，也可以由当事人协商一致并经人民法院准许，但不得超过 15 日。

经典题解

【真题1·多选题】根据《行政诉讼法》规定，人民法院审理第一审行政案件，认为事实清楚、权利义务关系明确、争议不大的，可以适用简易程序。具备该前提条件，可以适用简易程序的案件包括（　　）。（2019年）

A. 行政机关不履行行政协议的案件

B. 行政机关不履行法定职责的案件

C. 被诉行政行为是依法当场作出的案件

D. 政府信息公开案件

E. 被诉行政行为涉及款额10000元以下的所有行政案件

【解析】人民法院审理下列第一审行政案件，认为事实清楚、权利义务关系明确、争议不大的，可以适用简易程序：（1）被诉行政行为是依法当场作出的（选项C）；（2）案件涉及款额2000元以下的；（3）属于政府信息公开案件的（选项D）。除前述规定以外的第一审行政案件，当事人各方同意适用简易程序的，可以适用简易程序。

【答案】CD

【真题2·多选题】根据《行政诉讼法》及司法解释规定，除当事人各方同意适用简易程序的案件可以适用简易程序外，一审法院认为事实清楚、权利义务关系明确、争议不大的特定案件，同样可以适用简易程序。这些案件包括（　　）。（2016年）

A. 被告行使行政裁量权作出被诉行政行为的案件

B. 案件涉及款额5000元以下的案件

C. 被诉行政行为是依法当场作出的案件

D. 政府信息公开案件

E. 被告是乡镇人民政府、街道办事处的案件

【答案】CD

05 第二审程序（★）

（一）上诉及受理

1. 当事人不服人民法院第一审判决的，有权在判决书送达之日起15日内向上一级人民法院提起上诉。当事人不服人民法院第一审裁定的，有权在裁定书送达之日起10日内向上一级人民法院提起上诉。逾期不提起上诉的，人民法院的第一审判决或者裁定发生法律效力。

2. 上诉既可以通过原审法院提出，也可以直接向二审法院提出。

考点提示

1. 可以提出上诉的裁定仅包括：不予立案、驳回起诉、管辖异议。

2. 一审人民法院作出的调解书，法律没有规定当事人的上诉权。但是，当事人在调解书发生法律效力后6个月内可以向上一级人民法院申请再审。

（二）上诉案件的审理

1. 人民法院对上诉案件，应当组成合议庭，开庭审理。经过阅卷、调查和询问当事人，对没有提出新的事实、证据或者理由，合议庭认为不需要开庭审理的，也可以不开庭审理。

考点提示

（1）当事人对原审人民法院认定的事实有争议的，或者第二审人民法院认为原审人民法院认定事实不清楚的案件，必须开庭审理。

（2）对事实清楚的上诉案件，二审人民法院可以实行书面审理。

2. 人民法院审理上诉案件，应当对原审人民法院的判决、裁定和被诉行政行为进行全面审查。

3. 审限：人民法院审理上诉案件，应当在收到上诉状之日起3个月内作出终审判决。有特殊情况需要延长的，由高级人民法院批准，高级人民法院审理上诉案件需要延长的，由最高人民法院批准。

4. 人民法院审理上诉案件，按照下列情形，分别处理：

（1）原判决、裁定认定事实清楚，适用法律、法规正确的，判决或者裁定驳回上诉，维持原判决、裁定；

（2）原判决、裁定认定事实错误或者适用法律、法规错误的，依法改判、撤销或者变更；

（3）原判决认定基本事实不清、证据不足的，发回原审人民法院重审，或者查清事实后改判；

（4）原判决遗漏当事人或者违法缺席判决等严重违反法定程序的，裁定撤销原判决，发回原审人民法院重审。

原审人民法院对发回重审的案件作出判决后，当事人提起上诉的，第二审人民法院不得再次发回重审。

经典题解

【真题·单选题】根据《行政诉讼法》规定，下列关于行政诉讼二审程序的说法中，错误的是（　　）。（2016年）

A. 若当事人对原审法院认定的事实有争议，则二审法院必须开庭审理

B. 二审法院审理上诉案件，一般应当在收到上诉状之日起3个月内作出终审判决

C. 当事人不服一审判决提起上诉的，应当在判决书送达之日起10日内提起

D. 二审法院审理上诉案件时，应当对原审法院的裁判和被诉行政行为进行全面审查

【解析】当事人不服人民法院第一审判决的，有权在判决书送达之日起15日内向上一级人民法院提起上诉，C选项错误。

【答案】C

06 审判监督程序（再审程序）（★）

二审针对的是未发生法律效力的判决、裁定；再审针对的是已经生效的裁判文书。

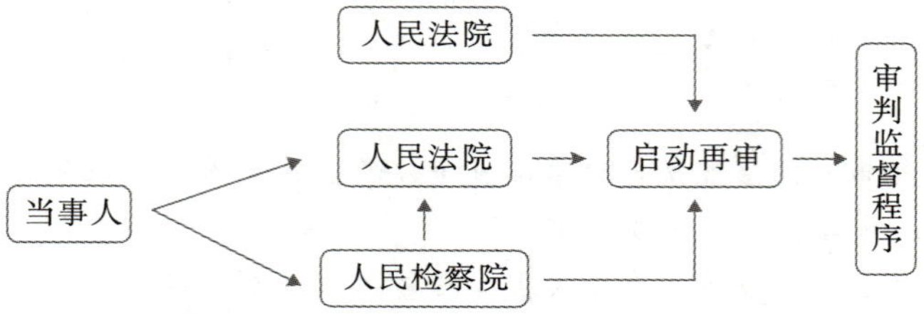

（一）审判监督程序的启动

1. 当事人对已经发生法律效力的判决、裁定或者调解书，认为确有错误的，可以向上一级人民法院申请再审，但判决、裁定不停止执行。

2. 当事人向上一级人民法院申请再审，应当在判决、裁定或者调解书发生法律效力后6个月内提出。有下列情形之一的，自知道或者应当知道之日起6个月内提出：（1）有新的证据，足以推翻原判决、裁定的；（2）原判决、裁定认定事实的主要证据是伪造的；（3）据以作出原判决、裁定的法律文书被撤销或者变更的；（4）审判人员审理该案件时有贪污受贿、徇私舞弊、枉法裁判行为的。

3. 当事人主张的再审事由不成立，或者当事人申请再审超过法定申请再审期限、超出法定再审事由范围等不符合行政诉讼法和司法解释规定的申请再审条件的，人民法院应当裁定驳回再审申请。

4. 有下列情形之一的，当事人可以向人民检察院申请抗诉或者检察建议：（1）人民法院驳回再审申请的；（2）人民法院逾期未对再审申请作出裁定的；（3）再审判决、裁定有明显错误的。

人民法院基于抗诉或者检察建议作出再审判决、裁定后，当事人申请再审的，人民法院不予立案。

（二）再审案件的审理及裁判

1. 人民法院审理再审案件，应当另行组成合议庭。人民法院应当自再审申请案件立案之日起6个月内审查，有特殊情况需要延长的，由本院院长批准。

2. 按照审判监督程序决定再审的案件，裁定中止原判决、裁定、调解书的执行，但支付抚恤金、最低生活保障费或者社会保险待遇的案件，可以不中止执行。

3. 人民法院审理再审案件，认为原生效判决、裁定确有错误，在撤销原生效判决或者裁定的同时，可以对生效判决、裁定的内容作出相应裁判，也可以裁定撤销生效判决或者裁定，发回作出生效判决、裁定的人民法院重新审判。

4. 人民法院审理再审案件应当围绕再审请求和被诉行政行为合法性进行。当事人的再审请求超出原审诉讼请求，符合另案诉讼条件的，告知当事人可以另行起诉。

07 行政诉讼的执行（★★★）

1. 执行根据：行政判决书、行政裁定书、行政赔偿判决书和行政调解书。

2. 公民、法人或者其他组织拒绝履行判决、裁定、调解书的，行政机关或者第三人可以向第一审人民法院申请强制执行，或者由行政机关依法强制执行。

3. 行政机关拒绝履行判决、裁定、调解书的，第一审人民法院可以采取下列措施：

（1）对应当归还的罚款或者应当给付的款额，通知银行从该行政机关的账户内划拨；

（2）在规定期限内不履行的，从期满之日起，对该行政机关负责人按日处 50~100 元的罚款；

（3）将行政机关拒绝履行的情况予以公告；

（4）向监察机关或者该行政机关的上一级行政机关提出司法建议。接受司法建议的机关，根据有关规定进行处理，并将处理情况告知人民法院；

（5）拒不履行判决、裁定、调解书，社会影响恶劣的，可以对该行政机关直接负责的主管人员和其他直接责任人员予以拘留；情节严重，构成犯罪的，依法追究刑事责任。

4. 申请强制执行的期限

（1）申请执行的期限为 2 年。申请执行时效的中止、中断，适用法律有关规定。

（2）申请执行的期限从法律文书规定的履行期间最后一日起计算；法律文书规定分期履行的，从规定的每次履行期间的最后一日起计算；法律文书中没有规定履行期限的，从该法律文书送达当事人之日起计算。

（3）逾期申请的，除有正当理由外，人民法院不予受理。

经典题解

【真题·多选题】 根据《行政诉讼法》规定，行政机关拒绝履行判决、裁定的，第一审法院可以采取的措施有（　　）。（2017 年）

A. 在规定期间内不履行的，从期满之日起，对该行政机关负责人按日处以 50~100 元的罚款

B. 向该行政机关的上一级行政机关提出司法建议

C. 对应当给付的款项，通知银行从该行政机关的账户内划拨

D. 提请人民检察院对该行政机关提起公益诉讼

E. 将该行政机关拒绝履行的情况予以公告

【答案】 ABCE

本章小结

用“会计云课堂”App 扫码学习

您已成功完成“第六章”的学习，本章共 18 个考点，您都学会了吗？

为了让您对本章有更清晰的理解，加倍巩固。本书作者陈小球老师将通过“电台音频课”的方式，带您回顾重要考点。

名师点拨，高效提分。

※ 欢迎扫码免费学习。

同步强化练习题

使用“会计云课堂”App或“微信”扫码快速做题、对答案、看解析、掌握解题思路，开启轻松过关之旅。

一、单项选择题

1. 根据行政诉讼法律制度的规定，下列关于行政诉讼的说法中，不正确的是（　　）。
   A. 原告对作出的行政行为负有举证责任
   B. 审理裁判对象是被诉行政行为
   C. 诉讼期间，一般不停止行政行为的执行
   D. 行政诉讼仅审查行政行为合法性，通常不审查合理性

2. 下列关于行政诉讼的说法中，不正确的是（　　）。
   A. 原告应当提供证明行政行为违法的证据
   B. 通常情况下，人民法院不得变更原行政决定
   C. 行政行为是否合法、是否明显不当，都是诉讼审查的具体标准
   D. 行政诉讼是人民法院运用国家审判权来监督行政机关依法行使职权和履行职责的一种司法活动

3. 根据行政诉讼法律制度规定，诉讼期间存在法定情形，裁定停止行政行为的执行，下列各项中，不属于该法定情形的是（　　）。
   A. 被告认为需要停止执行
   B. 原告或者利害关系人申请停止执行
   C. 人民法院认为该行政行为的执行会给国家利益、社会公共利益造成重大损害
   D. 法律、法规规定停止执行

4. 根据行政诉讼法律制度规定，关于地域管辖，下列说法中不正确的是（　　）。
   A. 行政案件由最初作出行政行为的行政机关所在地人民法院管辖
   B. 经复议的案件，应当由复议机关所在地人民法院管辖
   C. 对限制人身自由的行政强制措施不服提起的诉讼，由被告所在地或者原告所在地人民法院管辖
   D. 因不动产提起的行政诉讼由不动产所在地人民法院管辖

5. 根据行政诉讼法律制度规定，关于行政诉讼原告，下列说法中正确的是（　　）。
   A. 事业单位、社会团体、基金会、社会服务机构等非营利法人的出资人、设立人认为行政行为损害法人合法权益的，可以非营利法人的名义提起诉讼
   B. 股份制企业的股东大会、股东会、董事会等认为行政机关作出的行政行为侵犯企业经营自主权的，可以股东大会、股东会、董事会的名义提起诉讼
   C. 联营企业、中外合资或者合作企业的联营、合资、合作各方，认为联营、合资、合作企业权益或者自己一方合法权益受行政行为侵害的，可以企业的名义提起诉讼
   D. 非国有企业被行政机关注销、撤销、

合并、强令兼并、出售、分立或者改变企业隶属关系的，该企业或者其法定代表人可以提起诉讼

6. 根据行政诉讼法律制度规定，关于行政诉讼被告，下列说法中不正确的是（　　）。
   A. 行政诉讼被告系行政机关作出具体行政决定的工作人员
   B. 对原告的诉讼请求没有反诉权
   C. 承担被诉行政行为合法性的举证责任
   D. 有权执行或者改变被诉的行政行为

7. 根据行政诉讼法律制度规定，关于行政诉讼被告，下列说法中不正确的是（　　）。
   A. 当事人不服经上级行政机关批准的行政行为，向人民法院提起诉讼的，以在对外发生法律效力的文书上署名的机关为被告
   B. 行政机关组建并被赋予行政管理职能但不具有独立承担法律责任能力的机构，以自己的名义作出行政行为，当事人不服提起诉讼的，应当以组建该机构的行政机关为被告
   C. 没有法律、法规或者规章规定，行政机关授权其内设机构、派出机构或者其他组织行使行政职权，当事人不服提起诉讼的，应当以内设机构、派出机构或者其他组织为被告
   D. 法律、法规或者规章授权行使行政职权的行政机关内设机构、派出机构或者其他组织，超出法定授权范围实施行政行为，当事人不服提起诉讼的，应当以实施该行为的机构或者组织为被告

8. 根据行政诉讼法律制度规定，关于涉及开发区管理机构行政诉讼的被告规则，下列选项中说法不正确的是（　　）。
   A. 当事人对由国务院、省级人民政府批准设立的开发区管理机构作出的行政行为不服提起诉讼的，以该开发区管理机构为被告
   B. 当事人对由国务院、省级人民政府批准设立的开发区管理机构所属职能部门作出的行政行为不服提起诉讼的，以其职能部门为被告
   C. 当事人对其他开发区管理机构所属职能部门作出的行政行为不服提起诉讼的，开发区管理机构有行政主体资格的，以该职能部门为被告
   D. 当事人对其他开发区管理机构所属职能部门作出的行政行为不服提起诉讼的，开发区管理机构没有行政主体资格的，以设立该机构的地方人民政府为被告

9. 根据行政诉讼法律制度规定，经复议的案件，关于被告确定规则，下列说法中不正确的是（　　）。
   A. 复议机关改变原行政行为所认定的主要事实和证据、改变原行政行为所适用的规范依据，但未改变原行政行为处理结果的，以作出原行政行为的行政机关和复议机关作为共同被告
   B. 复议机关确认原行政行为无效，以复议机关为被告
   C. 复议机关确认原行政行为违法，以作出原行政行为的行政机关和复议机关作为共同被告
   D. 复议机关以违反法定程序为由确认原行政行为违法，以作出原行政行为的行政机关和复议机关作为共同被告

10. 甲因不服当地行政机关对其搭建违法建筑作出的行政处罚决定，向人民法院提起行政诉讼，被该违章建筑遮挡采光的邻居乙没有提起诉讼，根据行政诉讼法律制度规定，乙可以作为（　　）申请参加诉讼。
   A. 原告　　B. 被告
   C. 第三人　　D. 证人

11. 根据行政诉讼法律制度的规定，关于起诉期限，下列说法中不正确的是（　　）。
A. 公民、法人或者其他组织不服复议决定的，可以在收到复议决定书之日起 15 日内向人民法院提起诉讼，法律另有规定的除外
B. 因不动产提起诉讼的案件自行政行为作出之日起超过 20 年，其他案件自行政行为作出之日起超过 5 年提起诉讼的，人民法院不予受理
C. 对行政机关不履行保护其人身权的法定职责提起诉讼的，应当在行政机关履行法定职责期限届满之日起 6 个月内提出
D. 公民、法人或者其他组织直接向人民法院提起诉讼的，应当自知道或者应当知道作出行政行为之日起 6 个月内提出，法律、行政法规另有规定的除外

12. 根据行政诉讼法律制度规定，关于行政诉讼第一审程序，下列说法中不正确的是（　　）。
A. 人民法院对起诉行政机关没有依法支付抚恤金、最低生活保障金和工伤、医疗社会保险金的案件，权利义务关系明确、不先予执行将严重影响原告生活的，可以根据原告的申请，裁定先予执行
B. 人民法院公开审理行政案件，但涉及国家秘密、商业秘密和个人隐私的，当事人申请不公开审理的，可以不公开审理
C. 人民法院应当在立案之日起 6 个月内作出第一审判决
D. 人民法院对公开审理和不公开审理的案件，一律公开宣告判决

13. 根据行政诉讼法律制度规定，下列案件中不适用调解的是（　　）。
A. 甲与行政机关关于行政赔偿的案件
B. 乙与行政机关关于行使法律、法规规定的自由裁量权的案件
C. 丙与行政机关关于行政补偿的案件
D. 丁与税务机关关于确定适用税率提起的行政诉讼案件

14. 根据行政诉讼法律制度规定，关于人民法院审理行政诉讼案件依据，下列说法中不正确的是（　　）。
A. 人民法院审理民族自治地方的行政案件，以该民族自治地方的自治条例和单行条例为依据
B. 人民法院审理行政案件，以法律和行政法规为依据
C. 人民法院在审理行政案件中，经审查认为有关规范性文件不合法的，不作为认定行政行为合法的依据，并向制定机关提出处理建议
D. 人民法院审理行政案件，参照规章

15. 根据行政诉讼法律制度的规定，税务机关在税收征管过程中涉及对款额的确定、认定确有错误的，人民法院可以判决（　　）。
A. 确认违法　　B. 撤销
C. 变更　　D. 确认无效

16. 根据行政诉讼法律制度规定，下列关于行政诉讼二审程序的说法中，错误的是（　　）。
A. 人民法院审理上诉案件，原则上应当在收到上诉状之日起 6 个月内作出终审判决
B. 原判决、裁定认定事实错误或者适用法律、法规错误的，依法改判、撤销或者变更
C. 原判决认定基本事实不清、证据不足的，发回原审人民法院重审，或者查清事实后改判

D. 原审人民法院对发回重审的案件作出判决后，当事人提起上诉的，第二审人民法院不得再次发回重审

17. 根据行政诉讼法律制度规定，关于行政机关拒绝履行判决、裁定、调解书第一审人民法院可以采取的措施，下列说法中正确的是（　　）。

A. 对应当归还的罚款或者应当给付的款额，通知银行从该行政机关的账户内划拨

B. 在规定期限内不履行的，从期满之日起，对该行政机关负责人按日处200元以下的罚款

C. 将行政机关拒绝履行的情况在人民法院系统内部通报

D. 向人民检察院或者该行政机关的上一级行政机关提出司法建议

二、多项选择题

1. 根据行政诉讼法律制度规定，下列各项中属于行政诉讼受案范围的有（　　）。

A. 公务员张某对其所在行政机关对其给予的记过处分决定不服

B. 某区政府未按照约定履行与赵某签订的房屋征收补偿协议

C. 中国人民银行对某商业银行进行窗口指导

D. 某建筑公司对当地建设主管部门在法定期限内对其行政许可申请不予答复不服

E. 某药店对当地市场监督管理部门作出罚款的行政处罚不服

2. 根据《行政诉讼法》规定，下列属于行政诉讼受案范围的有（　　）。

A. 对行政拘留、暂扣或者吊销许可证和执照、责令停产停业、没收违法所得、没收非法财物、罚款、警告等行政处罚不服的

B. 行政机关对行政机关工作人员的奖惩、任免等决定

C. 对限制人身自由或者对财产的查封、扣押、冻结等行政强制措施不服的

D. 上级行政机关基于内部层级监督关系对下级行政机关作出的听取报告、执法检查、督促履责等行为

E. 申请行政机关履行保护人身权、财产权等合法权益的法定职责，行政机关拒绝履行或者不予答复

3. 根据行政诉讼法律制度规定，下列第一审行政案件中应由中级人民法院管辖的有（　　）。

A. 海关处理的案件

B. 涉外的案件

C. 社会影响重大的共同诉讼案件

D. 本辖区内重大、复杂的案件

E. 对省级人民政府公安部门作出的行政处罚决定不服提起诉讼的案件

4. 根据行政诉讼法律制度规定，关于行政诉讼被告，下列说法中正确的有（　　）。

A. 甲对某区公安局对其作出罚款200元的行政处罚决定不服，经市公安局复议决定维持，以区公安局和市公安局为共同被告

B. 乙对某区市场监督管理局对其作出罚款200元的行政处罚决定不服，经区人民政府复议改变原行政行为所适用的规范依据，但未改变原行政行为处

理结果，以区市场监督管理局和区人民政府为共同被告

C. 丙因对区税务局对其作出行政处罚决定不服，向市税务局申请行政复议，复议期满市税务局未作出复议决定，丙对市税务局不作为不服，提起行政诉讼的，以区税务局和市税务局作为共同被告

D. 丁因对区税务局对其作出行政处罚决定不服，向市税务局申请行政复议，复议期满市税务局未作出复议决定，丁对区税务局的行政处罚决定不服，提起行政诉讼的，以区税务局为被告

E. 戊因不服区卫生局行政处罚决定向市卫生局提起行政复议，市卫生局以违反法定程序为由确认原行政行为违法，戊对行政复议决定不服提起行政诉讼，以区卫生局和市卫生局为共同被告

5. 根据行政诉讼法律制度的规定，下列关于行政诉讼被告的说法中，正确的有（　　）。

A. 复议机关确认原行政行为违法，复议机关是被告

B. 复议机关确认原行政行为无效，作出原行政行为的行政机关和复议机关是共同被告

C. 行政复议决定既有维持原行政行为内容，又有改变原行政行为内容或者不予受理申请内容的，作出原行政行为的行政机关和复议机关为共同被告

D. 复议机关以违反法定程序为由确认原行政行为违法，复议机关是被告

E. 经复议的案件，复议机关决定维持原行政行为的，作出原行政行为的行政机关和复议机关是共同被告

6. 根据行政诉讼法律制度的规定，下列关于行政诉讼代表人的说法中，正确的有（　　）。

A. 诉讼代表人不是本案的当事人，与本案的诉讼标的没有法律上的利害关系

B. 当事人一方10人以上的，由当事人推选代表人。当事人推选不出的，可以由人民法院在起诉的当事人中指定代表人

C. 行政诉讼法规定的共同诉讼代表人为1~5人

D. 代表人变更、放弃诉讼请求或者承认对方当事人的诉讼请求，应当经被代表的当事人同意

E. 代表人的诉讼行为对其所代表的当事人发生效力

7. 根据行政诉讼法律制度规定，下列案件中人民法院应当通知行政机关负责人出庭应诉的有（　　）。

A. 某食品安全的案件，社会高度关注

B. 某药品安全案件，社会高度关注

C. 某涉及生态环境和资源保护的案件，社会高度关注

D. 某涉及公共卫生安全的案件，社会高度关注

E. 被诉行政行为涉及公民、法人或者其他组织重大人身、财产权益的案件

8. 根据行政诉讼法律制度规定，关于行政诉讼举证责任与规则，下列说法中正确的有（　　）。

A. 在诉讼过程中，被告及其诉讼代理人不得自行向原告、第三人和证人收集证据

B. 被告对作出的行政行为负有举证责任，被告不提供或者无正当理由逾期提供证据，视为没有相应证据；但是被诉行政行为涉及第三人合法权益，第三人提供证据的除外

C. 原告可以提供证明行政行为违法的证据。原告提供的证据不成立的，免除被告的举证责任

D. 原告或者第三人确有证据证明被告持有的证据对原告或者第三人有利的，可以在开庭审理前书面申请人民法院责令行政机关提交；行政机关无正当理由拒不提交的，人民法院可以推定原告或者第三人基于该证据主张的事实成立

E. 被告认为原告起诉超过法定期限的，由被告承担举证责任

9. 某区城管执法局负责对某历史文化古迹区域进行城管执法。区城管执法局接到举报并经现场勘验，认定黄某在古迹区域擅自建房，遂决定拆除该房屋并组织强制拆除。黄某的父亲称，房屋系自己所建，拆除行为侵犯其合法权益，遂以自己的名义向法院起诉，法院予以受理。根据行政诉讼法律制度的规定，下列关于黄某父亲和区城管执法局提供证据的说法中，正确的有（　　）。

A. 黄某的父亲应当提供证据证明区城管执法局决定拆除房屋和强制拆除的行为没有事实和法律依据

B. 黄某的父亲应当提供证据证明区城管执法局决定拆除房屋和强制拆除的行为超越其法定权限或者违反法定程序

C. 黄某的父亲应当提供证据证明房屋系自己所建或者自己与拆除行为有利害关系

D. 区城管执法局应当在开庭审理前向法院提供证据

E. 区城管执法局应当提供证据和依据证明有拆除房屋的决定权和强制执行的权利

10. 根据行政诉讼法律制度规定，关于行政诉讼立案，下列说法中正确的有（　　）。

A. 起诉状内容欠缺或者有其他错误的，应当给予指导和释明，并一次性告知当事人需要补正的内容

B. 人民法院裁定准许原告撤诉后，原告以同一事实和理由重新起诉的，人民法院不予立案

C. 未按照法律、法规规定先向行政机关申请复议但已经立案的，应当裁定不予立案

D. 受诉人民法院自收到起诉状之日起 7 日内既不立案，又不作出不予立案裁定的，当事人可以向上一级人民法院起诉

E. 对当事人依法提起的诉讼，当场不能判断是否符合起诉条件的，应当在接收起诉状后 7 日内决定是否立案；7 日内仍不能作出判断的，经上一级人民法院院长批准，在 30 日决定立案或不予立案

11. 根据行政法律制度规定，下列各项行政行为中人民法院判决确认违法的有（　　）。

A. 行政行为违法，但不具有可撤销内容

B. 行政行为程序轻微违法，但对原告重要性程序权利不产生实质损害

C. 被告改变原违法行政行为，原告仍要求确认原行政行为违法

D. 被告不履行或者拖延履行法定职责，判决履行没有意义

E. 行政行为依法应当撤销，且撤销不会给国家利益、社会公共利益造成重大损害

12. 根据行政诉讼法律制度规定，关于人民法院对经过复议案件判决，下列说法中正确的有（　　）。

A. 复议决定维持原行政行为，人民法院对原行政行为作出判决的同时，应当对复议决定一并作出相应判决

B. 复议决定改变原行政行为错误，人民法院判决撤销复议决定时，应当一并责令复议机关重新作出复议决定或者

判决恢复原行政行为的法律效力

C. 复议决定维持原行政行为，人民法院判决撤销原行政行为和复议决定的，应当判决作出原行政行为的行政机关重新作出行政行为

D. 复议决定维持原行政行为，原行政行为合法、复议决定违法的，人民法院可以判决撤销复议决定或者确认复议决定违法，同时判决驳回原告针对原行政行为的诉讼请求

E. 复议决定维持原行政行为，人民法院判决作出原行政行为的行政机关履行法定职责或者给付义务的，可以同时判决撤销复议决定

13. 根据行政诉讼法律制度的规定，下列关于行政诉讼第一审简易程序的说法中，正确的有（　　）。

A. 人民法院审理涉及款额2000元以下的第一审行政案件，认为事实清楚、权利义务关系明确、争议不大的，可以适用简易程序

B. 适用简易程序案件的举证期限由人民法院确定，也可以由当事人协商一致并经人民法院准许，但不得超过15日

C. 适用简易程序审理的行政案件，应当在立案之日起3个月内审结

D. 适用简易程序审理的行政案件，由审判员1人独任审理

E. 发回重审、按照审判监督程序再审的案件不适用简易程序

14. 根据行政诉讼法律制度规定，下列关于行政诉讼二审程序的说法中，不正确的有（　　）。

A. 经过阅卷、调查和询问当事人，当事人对原审人民法院认定的事实有争议的，二审人民法院可以实行书面审理

B. 人民法院审理上诉案件，应当对原审人民法院的判决、裁定和被诉行政行为进行全面审查

C. 当事人不服人民法院第一审判决的，有权在判决书送达之日起10日内向上一级人民法院提起上诉

D. 上诉既可以通过原审法院提出，也可以直接向二审法院提出

E. 人民法院对上诉案件，经过阅卷、调查和询问当事人，即使没有提出新的事实、证据或者理由，也必须组成合议庭，开庭审理

三、综合分析题

陈某和谢某住对门，素有矛盾。某日夜里，陈某酒后猛撞谢某家屋门，持械闯入谢某家并猛砸谢某家电器等物品，谢某夫妇即上前阻止，双方发生推搡，此时，隔壁邻居张某也被惊醒，并去谢某家劝阻双方。谢某夫妇当即报案，县公安局派民警姜某、石某立即进入现场调查，对现场物品、痕迹等进行拍照，制作现场笔录，调取谢某儿子（12周岁）用手机录下的陈某猛砸谢家物品的录音资料。向陈某邻居张某了解事发起因和过程，并请县价格鉴证中心作价格鉴定意见，之后县公安局决定对陈某作出行政拘留10日的处罚。陈某对拘留决定不服，向法院起诉。法院依法审理，县公安局向法院提交了照片、现场笔录、鉴定意见以及录音资料，陈某要求隔壁邻居张某作证。法院审理期间认定，张某的相关证言系推断性证言。

请根据上述案情，回答下列问题：

1. 根据《行政诉讼法》的规定，本案中，可以作为诉讼证据使用的有（　　）。

A. 陈某向法院当庭所作的真实陈述

B. 物品被砸坏的照片
C. 谢某儿子的录音证据
D. 县价格鉴证中心所作价格鉴定意见
E. 隔壁邻居张某所作的推断性证言

2. 下列与诉讼证据有关的说法中，正确的有（　　）。
A. 县公安局提交的鉴定意见应有县价格鉴证中心盖章和鉴定人签名
B. 陈某在诉讼中可以对现场笔录的合法性提出异议
C. 现场笔录可以由公安局事后补作，当事人签名或盖章即可
D. 某县公安局提交的现场笔录没有执法人员和当事人之外的其他在场人签名，则没有法律效力
E. 若陈某当时拒绝在现场笔录上签名，县公安局执法人员写明原因，法院仍应认定现场笔录没有法律效力

3. 下列关于本案证据收集与补充、证据提供、证据调取与审核的说法中，符合《行政诉讼法》规定的有（　　）。
A. 法院应当按照法定程序，全面、客观地审查核实证据，对未采纳的证据应当在裁判文书中说明理由
B. 法院不得为证明公安局处罚决定的合法性调取被告在作出处罚时未收集的证据
C. 诉讼期间，县公安局不得自行向原告和证人收集证据，但作为其诉讼律师可以
D. 陈某可以提供证明县公安局处罚决定违法的证据，其提供的证据若不成立，则县公安局证明处罚决定合法性的举证责任依法免除
E. 若陈某提出了在行政处罚程序中没有提出的理由或证据，经法院准许，县公安局可以补充相关证据

4. 若本案县公安局对陈某作出的处罚决定是罚款 1000 元，陈某不服，向法院起诉，则下列关于适用简易程序的说法中，正确的有（　　）。
A. 若一审法院适用简易程序审理此案，则应由审判员 1 人独任审理，并应当当庭宣判
B. 若一审法院认为本案事实清楚，权利义务关系明确，争议不大，则可以适用简易程序审理
C. 本案中，仅被告同意适用简易程序，一审法院就可以适用简易程序审理
D. 二审法院审理本案也可以适用简易程序
E. 若一审法院适用简易程序审理此案，则应在立案之日起 15 日内审结

同步强化练习题参考答案及解析

使用“会计云课堂”App 或“微信”扫码对答案、看解析、掌握解题思路，开启轻松过关之旅。

一、单项选择题

1. A　【解析】选项 A：被告对作出的行政行为负有举证责任，应当提供作出该行政行为的证据和所依据的规范性文件。

2. A　　【解析】选项A：被告对作出的行政行为负有举证责任。原告可以提供证明行政行为违法的证据。原告提供的证据不成立的，不免除被告的举证责任。

3. B　　【解析】被诉行政行为原则上不因原告提起诉讼而停止执行。但有下列情形之一的，裁定停止执行：（1）被告认为需要停止执行的（选项A）；（2）原告或者利害关系人申请停止执行，人民法院认为该行政行为的执行会造成难以弥补的损失，并且停止执行不损害国家利益、社会公共利益的；（3）人民法院认为该行政行为的执行会给国家利益、社会公共利益造成重大损害的（选项C）；（4）法律、法规规定停止执行的（选项D）。

4. B　　【解析】选项B：经复议的案件，可由最初作出行政行为的行政机关所在地人民法院管辖，也可以由复议机关所在地人民法院管辖。

5. D　　【解析】（1）选项A：事业单位、社会团体、基金会、社会服务机构等非营利法人的出资人、设立人认为行政行为损害法人合法权益的，可以自己的名义提起诉讼。（2）选项B：股份制企业的股东大会、股东会、董事会等认为行政机关作出的行政行为侵犯企业经营自主权的，可以企业名义提起诉讼。（3）选项C：联营企业、中外合资或者合作企业的联营、合资、合作各方，认为联营、合资、合作企业权益或者自己一方合法权益受行政行为侵害的，可以自己的名义提起诉讼。

6. A　　【解析】行政诉讼被告须具有行政主体资格（不是国家，也不是行政机关工作人员），对原告的诉讼请求没有反诉权，承担被诉行政行为合法性的举证责任，有权执行或者改变被诉的行政行为。

7. C　　【解析】选项C：没有法律、法规或者规章规定，行政机关授权其内设机构、派出机构或者其他组织行使行政职权的，属于行政诉讼法规定的委托。当事人不服提起诉讼的，应当以该行政机关为被告。

8. C　　【解析】选项CD：当事人对其他开发区管理机构所属职能部门作出的行政行为不服提起诉讼的，以开发区管理机构为被告；开发区管理机构没有行政主体资格的，以设立该机构的地方人民政府为被告。

9. C　　【解析】（1）选项A：复议机关改变原行政行为所认定的主要事实和证据、改变原行政行为所适用的规范依据，但未改变原行政行为处理结果的，视为复议机关维持原行政行为。（2）选项B：复议机关确认原行政行为无效，属于改变原行政行为。（3）选项CD：复议机关确认原行政行为违法，属于改变原行政行为，但复议机关以违反法定程序为由确认原行政行为违法的除外。（4）经复议的案件，复议机关决定维持原行政行为的，作出原行政行为的行政机关和复议机关是共同被告；复议机关改变原行政行为的，复议机关是被告。

10. C

11. D 【解析】选项D：公民、法人或者其他组织直接向人民法院提起诉讼的，应当自知道或者应当知道作出行政行为之日起6个月内提出，法律另有规定的除外。

12. B 【解析】选项B：人民法院公开审理行政案件，但涉及国家秘密、个人隐私和法律另有规定的除外。

13. D 【解析】人民法院审理行政案件，不适用调解。但是，行政赔偿、补偿以及行政机关行使法律、法规规定的自由裁量权的案件可以调解。

14. B 【解析】选项AB：人民法院审理行政案件，以法律和行政法规、地方性法规为依据。人民法院审理民族自治地方的行政案件，并以该民族自治地方的自治条例和单行条例为依据。

15. C

16. A 【解析】选项A：人民法院审理上诉案件，应当在收到上诉状之日起3个月内作出终审判决。有特殊情况需要延长的，由高级人民法院批准，高级人民法院审理上诉案件需要延长的，由最高人民法院批准。

17. A 【解析】（1）选项B：在规定期限内不履行的，从期满之日起，对该行政机关负责人按日处50~100元的罚款。（2）选项C：将行政机关拒绝履行的情况予以公告。（3）选项D：向监察机关或者该行政机关的上一级行政机关提出司法建议。

二、多项选择题

1. BDE 【解析】（1）选项A：行政机关对行政机关工作人员的奖惩、任免等决定不属于行政诉讼受案范围。（2）选项C：行政指导行为不属于行政诉讼受案范围。

2. ACE

3. ABCD 【解析】选项E：对国务院部门或者县级以上地方人民政府所作的行政行为提起诉讼的案件，由中级人民法院管辖。

4. ABDE 【解析】选项CD：复议机关在法定期限内未作出复议决定，公民、法人或者其他组织起诉原行政行为的，作出原行政行为的行政机关是被告；起诉复议机关不作为的，复议机关是被告。

5. ACE 【解析】（1）选项AD：复议机关确认原行政行为违法，属于改变原行政行为，但复议机关以违反法定程序为由确认原行政行为违法的除外。（2）选项B：复议机关确认原行政行为无效，属于改变原行政行为，复议机关改变原行政行为的，复议机关为被告。

6. BDE 【解析】（1）选项A：诉讼代表人属于本案的当事人，与本案的诉讼标的有法律上的利害关系。（2）选项C：行政诉讼法规定的共同诉讼代表人为2~5人。

7. ABCD 【解析】对于涉及食品药品安全（选项A、选项B）、生态环境和资源保护（选项C）、公共卫生安全（选项D）等重大公共利益，社会高度关注或者可能引发群体性事件等的案件，人民法院应当通知行政机关负责人出庭应诉。

8. ABDE 【解析】选项C：原告可以提供证明行政行为违法的证据。原告提供的证据不成立的，不免除被告的举证责任。

9. CE 【解析】（1）选项ABE：被告对作出的行政行为负有举证责任，应当提供作出该行政行为的证据和所依据的规范性文件。（2）选项C：公民、法人和其他组织向人民法院起诉时，应当提供其符合法定条件的相应的证据材料；但被告认为原告起诉超过起诉期限的除外。（3）选项D：被告应当在收到起诉状副本之日起15日内提交答辩状，并提供据以作出行政行为的证据和所依据的规范性文件。

10. ABD 【解析】（1）选项C：未按照法律、法规规定先向行政机关申请复议但已经立案的，应当裁定驳回起诉。（2）选项E：对当事人依法提起的诉讼，当场不能判断是否符合起诉条件的，应当在接收起诉状后7日内决定是否立案；7日内仍不能作出判断的，应当先予立案。

11. ABCD 【解析】（1）选项ACD：行政行为有下列情形之一，不需要撤销或者判决履行的，人民法院判决确认违法：①行政行为违法，但不具有可撤销内容的；②被告改变原违法行政行为，原告仍要求确认原行政行为违法的；③被告不履行或者拖延履行法定职责，判决履行没有意义的。（2）选项BE：行政行为有下列情形之一的，人民法院判决确认违法，但不撤销行政行为：①行政行为依法应当撤销，但撤销会给国家利益、社会公共利益造成重大损害的；②行政行为程序轻微违法，但对原告依法享有的听证、陈述、申辩等重要程序性权利不产生实质损害的。

12. AD 【解析】（1）选项B：复议决定改变原行政行为错误，人民法院判决撤销复议决定时，可以一并责令复议机关重新作出复议决定或者判决恢复原行政行为的法律效力。（2）选项C：复议决定维持原行政行为，人民法院判决撤销原行政行为和复议决定的，可以判决作出原行政行为的行政机关重新作出行政行为。（3）选项E：复议决定维持原行政行为，人民法院判决作出原行政行为的行政机关履行法定职责或者给付义务的，应当同时判决撤销复议决定。

13. ABDE 【解析】选项CD：适用简易程序审理的行政案件，由审判员1人独任审理，并应当在立案之日起45日内审结。

14. ACE 【解析】（1）选项A：当事人对原审人民法院认定的事实有争议的，或者第二审人民法院认为原审人民法院认定事实不清楚的案件，必须开庭审理。

（2）选项 C：当事人不服人民法院第一审判决的，有权在判决书送达之日起15日内向上一级人民法院提起上诉。（3）选项 E：人民法院对上诉案件，应当组成合议庭，开庭审理。经过阅卷、调查和询问当事人，对没有提出新的事实、证据或者理由，合议庭认为不需要开庭审理的，也可以不开庭审理。

三、综合分析题

1. ABCD　【解析】（1）行政诉讼证据包括书证、物证（选项 B）、视听资料（选项 C）、电子数据、证人证言、当事人的陈述（选项 A）、鉴定意见（选项 D）、勘验笔录和现场笔录。（2）选项 E：证人证言是指了解案件情况的人以口头或书面的方式就其亲身经历的真实情况向人民法院所作的与案件有关的“事实表述”。推断性证言不能作为诉讼证据使用。

2. AB　【解析】（1）选项 A：被告提交的鉴定意见应当有鉴定人的签名和鉴定部门的盖章。（2）选项 B：现场笔录作为证据之一，对其合法性进行质证，是证据质证的重要内容。（3）选项 C：现场笔录应当在现场制作，不能事后补作，并应当由当事人签名或盖章。（4）选项 DE：被告向人民法院提供的现场笔录，应当载明时间、地点和事件等内容，并由执法人员和当事人签名。当事人拒绝签名或者不能签名的，应当注明原因（不直接导致现场笔录无效）；有其他人在现场的，可由其他人签名。法律、法规和规章对现场笔录的制作形式另有规定的，从其规定。

3. ABE　【解析】（1）选项 C：行政机关向法院提交的证据原则上应当在“作出行政行为之前”收集。在诉讼过程中，被告及其诉讼代理人（包括律师与非律师代理人）不得自行向原告、第三人和证人收集证据。（2）选项 D：原告可以提供证明被诉行政行为违法的证据，原告提供的证据不成立的，“不免除”被告对被诉行政行为的举证责任。（3）选项 E：原告或者第三人提出了其在行政处理程序中没有提出的理由或者证据的，经人民法院准许，被告可以补充证据。

4. B　【解析】（1）选项 A：适用简易程序审理的行政案件，由审判员1人独任审理，但不要求当庭宣判。（2）选项 BCD：人民法院审理下列“第一审”（二审不适用）行政案件，认为事实清楚、权利义务关系明确、争议不大的，可以适用简易程序：①被诉行政行为是依法当场作出的；②案件涉及款额2000元以下的；③属于政府信息公开案件的。除前述以外的第一审行政案件，当事人各方同意（只被告同意不行）适用简易程序的，可以适用简易程序。（3）选项 E：适用简易程序审理的行政案件，应当在立案之日起45日内审结。

第七章　民法总论

本章学习指南

一、考情概况

本章近 3 年平均考查分值约 11.8 分，考查题型通常为单选题、多选题。

本章为重点章节，内容包括民法概述、民事主体、民事权利、民事法律行为和代理、诉讼时效和除斥期间的相关知识点；考题较为灵活，综合性强，理解与记忆难度高。

最近 3 年题型题量分析表

题型	2021 年	2020 年	2019 年
单项选择题	7.5 分	7.5 分	4.5 分
多项选择题	6.0 分	6.0 分	2.0 分
综合分析题	——	2.0 分	——
合计	13.5 分	15.5 分	6.5 分

二、教材变动

1. 调整民法的基本原则相关表述；
2. 新增民事法律关系的分类；
3. 调整准法律行为相关内容；
4. 新增法人具有独立人格；
5. 根据《民法典》，新增法人成立、调整法人变更相关内容；
6. 新增形成权行使的限制；
7. 调整法律行为的分类；
8. 新增意思表示的概念与构成要素；
9. 调整代理的概念；
10. 新增表见代理的类型；
11. 新增尚未完全生效的民事法律行为；
12. 根据《民法典总则编司法解释》，调整有关内容；
13. 个别文字调整。

核心考点精讲

第一单元　民法概述

查看本单元视频，快速 GET 知识点
使用“会计云课堂”App或“微信”扫码

01　民法的基本原则（★★）

权益保护原则	民事主体的人身权利、财产权利以及其他合法权益受法律充分保护，任何组织或者个人不得侵犯，且非依法律程序不得限制和剥夺
平等原则	民事主体在民事活动中法律资格、法律地位一律平等，任何一方不得将自己的意志强加于对方；民事主体具有“三位一体”性，既可以是权利的享有者，也可以是义务的履行者，还可以是民事责任的承担者 【提示】此处所谓平等是指形式平等、机会平等，而非实质平等、结果平等（2022 年新增）
自愿原则（意思自治原则）	（1）在法律允许的范围内，民事主体可以依其自由意思从事民事活动，为自己创设权利和义务 （2）意思自治原则是民法的核心理念 【提示】自愿原则以平等原则为前提和基础（2022 年新增）
公平原则	民事主体从事民事活动及法官审理民事纠纷案件，应当遵循公平理念，公正、合理地确定各方的权利和义务（2022 年调整） 【提示】此处的公平，是指实质平等、结果平等。与平等原则中的平等含义相区分（2022 年新增）
诚实信用原则	民事主体在民事活动中应当秉持诚实、善意，信守承诺，以期维持双方当事人之间利益平衡，以及当事人利益与社会利益平衡
公序良俗原则	民事主体所从事的民事活动，不违反我国社会公认的一般道德规范和公共利益（2022 年调整）
生态保护原则（绿色原则）	民事主体从事民事活动，应当有利于节约有限资源、保护生态环境

经典题解

【真题·单选题】下列法律原则中，属于民法基本原则的是（　　）。（2018 年）

A. 公信原则　　　　B. 公序良俗原则

C. 等价有偿原则　　D. 公示原则

【解析】民法基本原则包括：权益保护原则、平等原则、自愿原则、公平原则、诚实信用原则、公序良俗原则和生态保护原则。

【答案】B

02 民事法律关系的构成要素及分类（★）

主体	自然人	基于自然规律出生并因出生的事实而取得民事主体资格的人
	法人	法人是具有民事权利能力和民事行为能力，依法独立享有民事权利和承担民事义务的组织（法人以其全部财产独立对外承担民事责任）
	非法人组织	不具有法人资格，但是能够依法以自己的名义从事民事活动的组织（属于民事法律关系主体）（如个人独资企业、合伙企业、不具有法人资格的专业服务机构等）
	国家	国家仅在特定情况下才以民事主体的身份出现，如发行国债
内容	民事主体在民事法律关系中享有的民事权利和承担的民事义务	
客体	民事权利和民事义务共同指向的对象，即权利、义务的载体	
	民事法律关系的客体主要包括物、行为、智慧产品、人格利益和身份利益等。其中，物是物权关系的客体；行为是债权关系的客体；智慧产品是知识产权关系的客体；人格利益和身份利益则是人身关系的客体。另外，在法律特别规定情形下，“权利”也可以成为某些民事法律关系的客体，如权利抵押、权利质押等	
分类	人身法律关系	基于主体的人格和身份而发生、不具有直接财产利益的民事法律关系，包括人格法律关系和身份法律关系（2022年新增）
	财产法律关系	具有直接财产利益的民事法律关系，如物权关系、债权关系、继承关系等（2022年新增）

03 民事义务（★）

民事义务	民事法律关系的当事人一方，为了满足他方利益所应实施行为的约束；民事义务具有强制性和限定性（源于法律规定或当事人合意）	
根据义务发生的依据划分	法定义务	直接根据法律规定而产生的义务，如不得侵害他人人身和财产的义务
	约定义务	当事人基于意思自治协商确定的义务，如合同义务
根据义务与其主体的关系划分	专属义务	不得与义务主体发生分离的义务，须由义务主体亲自履行的义务
	非专属义务	可以同义务主体发生分离的义务，如金钱给付义务
根据相关联义务之间的地位划分	主义务	在两个相关联的义务中，能够独立存在的义务
	从义务	在两个相关联的义务中，不能独立存在，须以其他义务的存在为存在前提的义务，如抵押人担保借款人偿还借款的义务
根据义务人行为方式或者内容划分	积极义务	以特定作为为内容的义务，如交付货物、支付金钱、交付工作成果、移转权利
	消极义务	以特定不作为为内容的义务，如保密义务、不妨害他人所有权的义务

04 民事责任（★★★）

1. 民事责任的概念与特征

概念	民事主体因违反法定或者约定的民事义务，依法应当承担的民事法律后果
特征	（1）民事责任是违反民事义务的法律后果 （2）民事责任具有直接救济性：填补受害人所受到的损害，其补偿范围与加害人所造成的损害大致相当（填平原则） （3）民事责任具有强制性

2. 民事责任的分类

根据民事责任的产生原因划分	侵权责任		因违反法律规定的义务致使他人损害，依法所应承担的民事责任
	违约责任		因违反合同当事人约定的义务所应承担的民事责任
	缔约过失责任		违反先合同义务致他人信赖利益损失所应承担的民事责任
根据民事责任的内容划分	财产责任		支付违约金、赔偿损失
	非财产责任		赔礼道歉、恢复名誉、消除影响
根据复数责任人之间的对外关系划分	按份责任	对外	复数责任人中的任何一个人仅按其确定份额对外承担责任，对超出其份额的部分不承担责任
		对内	二人以上依法承担按份责任，能够确定责任大小的，各自承担相应的责任；难以确定责任大小的，平均承担责任
	连带责任	对外	复数责任人中的任何一个人均有义务应权利主体的请求而承担部分或者全部的多数主体民事责任；二人以上依法承担连带责任的，权利人有权请求部分或者全部连带责任人承担责任
		对内	连带责任人的责任份额根据各自责任大小确定；难以确定责任大小的，平均承担责任；实际承担责任超过自己责任份额的连带责任人，有权向其他连带责任人**追偿**
		连带责任，由法律规定或者当事人约定	
根据侵权责任的构成要件和举证方式划分	过错责任		以过错作为主观要件的侵权责任（加害人的过错须由受害人举证证明）（法律若无特别规定，侵权责任皆为过错责任）
	推定过错责任		以法律推定的过错作为主观要件的侵权责任（举证责任倒置：加害人须自证无过错方能免责，加害人若不能自证无过错，法律即推定其有过错）（适用须有法律的特别规定）
	无过错责任（不问过错责任）		不以过错作为主观要件的侵权责任（免除了受害人对加害人过错的举证责任，同时，加害人也不得以自证无过错而免责）（适用须有法律的特别规定）

根据出资人承担责任的财产范围划分	有限责任	出资人仅以其出资财产为限对企业债务所承担的责任，如有限责任公司和股份有限公司股东对公司债务所承担的责任、有限合伙人对合伙企业债务所承担的责任
	无限责任	出资人须以其包括出资财产在内的全部财产对企业债务所承担的责任，如普通合伙人对合伙企业债务所承担的责任（法律另有规定除外）

3. 民事责任的承担方式和免责事由

承担方式	(1) 停止侵害；(2) 排除妨碍；(3) 消除危险；(4) 返还财产；(5) 恢复原状；(6) 修理、重作、更换；(7) 继续履行；(8) 赔偿损失；(9) 支付违约金；(10) 消除影响、恢复名誉；(11) 赔礼道歉 【提示】承担民事责任的方式，可以单独适用，也可以合并适用；法律规定惩罚性赔偿的，依照其规定	
免责事由	不可抗力	(1) 不可抗力，是指不能预见、不能避免且不能克服的客观情况 (2) 因不可抗力不能履行民事义务的，不承担民事责任（法律另有规定的，依照其规定）
	正当防卫	(1) 因正当防卫造成损害的，不承担民事责任 (2) 防卫过当：正当防卫超过必要的限度，造成不应有的损害的，正当防卫人应当承担适当的民事责任
	紧急避险	(1) 因紧急避险造成损害的，由引起险情发生的人承担民事责任 (2) 危险由自然原因引起的，紧急避险人不承担民事责任，可以给予适当补偿（并非“赔偿”）
	紧急救助行为	因自愿实施紧急救助行为造成受助人损害的，救助人不承担民事责任
	受害人故意	损害是因受害人故意造成的，行为人不承担责任
	第三人行为	损害是因第三人造成的，第三人应当承担侵权责任
	自甘冒险	自愿参加具有一定风险的文体活动，因其他参加者的行为受到损害的，受害人不得请求其他参加者承担侵权责任；但是，其他参加者对损害的发生有故意或者重大过失的除外
	自助行为	合法权益受到侵害，情况紧迫且不能及时获得国家机关保护，不立即采取措施将使其合法权益受到难以弥补的损害的，受害人可以在保护自己合法权益的必要范围内采取扣留侵权人的财物等合理措施；但是，应当立即请求有关国家机关处理

经典题解

【真题 1 · 单选题】下列责任中，属于民法意义上的有限责任的是（　　）。（2011 年）

A. 有限责任公司以其注册资本为限对外承担的责任

B. 股份有限责任公司的股东以其出资为限对公司债务承担的责任

C. 合伙人以其全部财产对合伙债务所承担的责任

D. 公司出资人以其全部财产对公司债务承担的责任

【解析】（1）根据出资人承担责任的财产范围划分，出资人的责任分为有限责任和无限责任。（2）有限责任，是指出资人仅以其“出资财产”为限对企业债务所承担的责任。（3）无限责任，是指出资人须以其包括出资财产在内的“全部财产”对企业债务所承担的责任。

【答案】B

【真题 2 · 单选题】我国《民法典》规定了承担民事责任的方式，其中不包括（　　）。（2013 年）

A. 赔礼道歉　　B. 消除危险

C. 吊销许可证件　　D. 修理、重作、更换

【解析】选项 C：属于行政处罚。

【答案】C

05 民事法律事实（★★★）

<table>
<tr><td>概念</td><td colspan="5">符合民法规范，能够引起民事法律关系发生、变更和消灭的客观事实</td></tr>
<tr><td rowspan="6">按照是否与当事人的意志有关分类</td><td>自然事实</td><td colspan="4">如人的出生与死亡、自然灾害的发生、时间的经过</td></tr>
<tr><td rowspan="5">行为</td><td rowspan="2">根据行为内容和形式是否符合法律规定划分</td><td colspan="2">合法行为</td><td>符合法律规定、受法律确认和保护的行为，如生效法律行为、正当防卫、紧急避险</td></tr>
<tr><td colspan="2">不法行为</td><td>不符合法律要求或者违反法律规定的行为，如无效法律行为、违约行为、侵权行为</td></tr>
<tr><td rowspan="3">根据行为是否以行为人意思表示为要件划分</td><td rowspan="2">表意行为</td><td>法律行为</td><td>以意思表示为核心要素，如订立合同、立遗嘱</td></tr>
<tr><td>准法律行为</td><td>由法律直接规定民法效果的行为人的表意行为，包括意思通知、观念通知和情感表示。如债权人的履行催告、承诺迟到通知、被继承人的宽恕（2022 年调整）</td></tr>
<tr><td colspan="2">非表意行为</td><td>即事实行为，无须表示内心意思即依法发生民法效果的行为，如建造房屋、创作作品、拾得遗失物、先占、无因管理、侵权行为</td></tr>
<tr><td>法律事实构成</td><td colspan="5">引起某一民事法律关系发生、变更或消灭的几个法律事实的总和（有些情况下，须同时具备几个法律事实才能引起一个民事法律关系发生、变更或者消灭）。如有效遗嘱与遗嘱人死亡两个法律事实结合，系引起遗嘱继承关系发生的法律事实构成</td></tr>
</table>

经典题解

【真题1·单选题】根据民法理论，下列属于民事法律行为的是（　　）。（2021年）

A. 甲拒绝他人向其发出的要约　　B. 丁免除其债务人的5万元货款债务

C. 丙将债权让与的事实通知其债务人　　D. 乙催告其债务人按时还款

【解析】民事法律行为是民事主体通过意思表示设立、变更、终止民事法律关系的行为。

【答案】B

【真题2·单选题】甲因病去世，留有遗嘱。甲的儿子乙依照甲的遗嘱继承了甲的一套房产。乙取得该套房产所有权的法律原因属于（　　）。（2016年）

A. 法律事实构成　　B. 事实行为　　C. 法律行为　　D. 事件

【解析】甲有效的遗嘱和甲死亡两个法律事实，为乙取得房产所有权的法律事实构成。

【答案】A

查看本单元视频，快速GET知识点

使用“会计云课堂”App或“微信”扫码

第二单元　民事主体

01 自然人的民事权利能力与民事行为能力（★★）

自然人的民事权利能力	（1）自然人从出生时起到死亡时止，具有民事权利能力，依法享有民事权利，承担民事义务；自然人的民事权利能力一律平等 （2）涉及遗产继承、接受赠与等胎儿利益保护的，胎儿视为具有民事权利能力。但是，胎儿娩出时为死体的，其民事权利能力自始不存在	
自然人的民事行为能力	完全民事行为能力人	（1）成年人（Y≥18周岁） （2）16周岁以上的未成年人（16周岁≤Y<18周岁），以自己的劳动收入为主要生活来源的，视为完全民事行为能力人
	限制民事行为能力人	（1）8周岁以上的未成年人（8周岁≤Y<18周岁） （2）不能完全辨认自己行为的成年人
	无民事行为能力人	（1）不满8周岁的未成年人（Y<8周岁） （2）不能辨认自己行为的自然人

经典题解

【真题·单选题】下列关于自然人民事权利能力与民事行为能力的说法中，正确的是（　　）。（2016年）

A. 自然人的民事权利能力与民事行为能力同时产生

B. 自然人的民事权利能力与民事行为能力同时消灭

C. 自然人的民事权利能力始于出生，终于死亡

D. 自然人之间民事行为能力人人平等，不存在差异

【解析】自然人从出生时起到死亡时止，具有民事权利能力，依法享有民事权利，承担民事义务。自然人的民事权利能力一律平等。

【答案】C

02 宣告失踪和宣告死亡（★★）

1. 宣告失踪

申请宣告失踪	自然人下落不明满2年的，利害关系人可以向人民法院申请宣告该自然人为失踪人 【解释】人民法院审理宣告失踪案件时，下列人员应当认定为民法典规定的利害关系人：（1）被申请人的近亲属；（2）依据民法典规定对被申请人有继承权的亲属；（3）债权人、债务人、合伙人等与被申请人有民事权利义务关系的民事主体，但是不申请宣告失踪不影响其权利行使、义务履行的除外（2022年新增） 【提示】税务机关可以作为利害关系人申请宣告失踪
下落不明起算时间	自然人下落不明的时间自其失去音讯之日起计算；战争期间下落不明的，下落不明的时间自战争结束之日或者有关机关确定的下落不明之日起计算
财产代管人	（1）失踪人的财产由其配偶、成年子女、父母或者其他愿意担任财产代管人的人代管 （2）代管有争议，没有上述规定的人，或者上述规定的人无代管能力的，由人民法院指定的人代管
财产代管人的职责	（1）财产代管人应当妥善管理失踪人的财产，维护其财产权益 （2）失踪人所欠税款、债务和应付的其他费用，由财产代管人从失踪人的财产中支付 （3）财产代管人因故意或者重大过失造成失踪人财产损失的，应当承担赔偿责任
撤销失踪宣告	（1）失踪人重新出现，经本人或者利害关系人申请，人民法院应当撤销失踪宣告 （2）失踪人重新出现，有权请求财产代管人及时移交有关财产并报告财产代管情况

2. 宣告死亡

条件	（1）自然人有下列情形之一的，利害关系人可以向人民法院申请宣告该自然人死亡：①下落不明满4年；②因意外事件，下落不明满2年 （2）因意外事件下落不明，经有关机关证明该自然人不可能生存的，申请宣告死亡不受2年时间的限制 【解释1】人民法院审理宣告死亡案件时，被申请人的配偶、父母、子女，以及依据民法典规定对被申请人有继承权的亲属应当认定为民法典规定的利害关系人（2022年新增） 【解释2】符合下列情形之一的，被申请人的其他近亲属，以及依据民法典规定对被申请人有继承权的亲属应当认定为民法典规定的利害关系人：（1）被申请人的配偶、父母、子女均已死亡或者下落不明的；（2）不申请宣告死亡不能保护其相应合法权益的（2022年新增） 【解释3】被申请人的债权人、债务人、合伙人等民事主体不能认定为民法典规定的利害关系人，但是不申请宣告死亡不能保护其相应合法权益的除外（2022年新增） 【提示】符合规定情况下，税务机关可以作为利害关系人申请宣告死亡（2022年新增）

优先适用	对同一自然人，有的利害关系人申请宣告死亡，有的利害关系人申请宣告失踪，符合《民法典》规定的宣告死亡条件的，人民法院应当宣告死亡
死亡日期	被宣告死亡的人，人民法院宣告死亡的判决作出之日视为其死亡的日期；因意外事件下落不明宣告死亡的，意外事件发生之日视为其死亡的日期
民事法律行为效力	自然人被宣告死亡但是并未死亡的，不影响该自然人在被宣告死亡期间实施的民事法律行为的效力
撤销	被宣告死亡的人重新出现，经本人或者利害关系人申请，人民法院应当撤销死亡宣告
婚姻关系	（1）被宣告死亡的人的婚姻关系，自死亡宣告之日起消除 （2）死亡宣告被撤销的，婚姻关系自撤销死亡宣告之日起自行恢复。但是，其配偶再婚或者向婚姻登记机关书面声明不愿意恢复的除外
子女收养	被宣告死亡的人在被宣告死亡期间，其子女被他人依法收养的，在死亡宣告被撤销后，不得以未经本人同意为由主张收养行为无效
财产返还	（1）被撤销死亡宣告的人有权请求依法取得其财产的民事主体返还财产；无法返还的，应当给予适当补偿 （2）利害关系人隐瞒真实情况，致使他人被宣告死亡而取得其财产的，除应当返还财产外，还应当对由此造成的损失承担赔偿责任

经典题解

【真题·单选题】根据《民法典》规定，死亡宣告被撤销后，被宣告死亡的人的婚姻关系可以自行恢复的情形是（　　）。（2020年）

A. 其配偶虽再婚但再婚配偶失踪　　B. 其配偶已经与他人同居

C. 其配偶虽再婚但再婚配偶已去世　　D. 其配偶虽再婚但已离婚

【解析】死亡宣告被撤销的，婚姻关系自撤销死亡宣告之日起自行恢复。但是，其配偶再婚或者向婚姻登记机关书面声明不愿意恢复的除外。

【答案】B

03 个体工商户和农村承包经营户（★）

个体工商户和农村承包经营户并非新的民事主体，只是自然人主体的两种特殊形态，属于商自然人。

个体工商户	（1）自然人从事工商业经营，经依法登记，为个体工商户；个体工商户可以起字号 （2）个体工商户的债务，包括应缴税款，个人经营的，以个人财产承担；家庭经营的，以家庭财产承担；无法区分的，以家庭财产承担
农村承包经营户	（1）农村集体经济组织的成员，依法取得农村土地承包经营权，从事家庭承包经营的，为农村承包经营户 （2）农村承包经营户的债务，包括应缴税款，以从事农村土地承包经营的农户财产承担；事实上由农户部分成员经营的，以该部分成员的财产承担

04 法人（★★★）

1. 法人的概念与特征

概念	由民法赋予其民事权利能力和民事行为能力，能以自己的名义独立享有民事权利和承担民事义务的团体		
特征	法人是团体	社团法人	有限责任公司、股份有限公司
		财团法人	基金会
	法人是民法赋予民事权利能力和民事行为能力的团体		
	法人具有独立人格：法人人格独立是法人财产独立和责任独立的基础（2022 年新增）		
	法人拥有独立的财产：法人的财产属于法人所有，法人财产独立是其责任独立的物质保障（2022 年新增）		
	法人以自己的名义参加民事活动：法人能够为自己设定权利、承担义务		
	法人独立承担民事责任：法人以其全部财产独立对外承担民事责任；出资人对法人债务仅以其出资额为限，承担有限责任		

易错易混

	社团法人	**财团法人**
成立基础	必须有社员，社员享有社员权	以财产为基础，没有社员（财团法人有管理人，但不属于社员）
性质	人的集合（一人有限责任公司是例外）	财产的集合
目的	营利/公益	公益
设立程序	符合法定条件即可，通常不需批准	一般需要经过主管机关许可
设立人地位	取得社员资格（如设立人成为股东，享有股东权利）	设立人或出资人不因捐赠或遗赠而取得社员权

经典题解

【真题·单选题】 下列有关法人特征的说法中，正确的是（　　）。（2019 年）

A. 法人的财产属于法人出资人共有

B. 法人民事权利能力受法人财产范围制约

C. 法人独立承担民事责任

D. 法人的人格与其创立人的人格不能分离

【解析】（1）选项 A：法人的财产属于法人所有。（2）选项 B：法人一经成立，法律即赋予其民事权利能力和民事行为能力，使其取得享有民事权利和承担民事义务的法律资格，不受法人财产范围制约。（3）选项 D：法人的人格与其创立人和成员的人格是分离的，法人具有独立的人格。

【答案】 C

2. 法人的类型

<table>
<tr><td rowspan="2">营利法人</td><td colspan="3">以取得利润并分配给股东等出资人为目的成立的法人，为营利法人；营利法人包括：有限责任公司、股份有限公司和其他企业法人等</td></tr>
<tr><td colspan="3">营利法人依法应当设立权力机构和执行机构，可以设监事会或者监事等监督机构</td></tr>
<tr><td rowspan="15">非营利法人</td><td colspan="3">为公益目的或者其他非营利目的而成立，不向出资人、设立人或者会员分配所取得利润的法人，为非营利法人；非营利法人包括：事业单位、社会团体、基金会、社会服务机构等</td></tr>
<tr><td rowspan="4">事业单位法人</td><td>概念</td><td>指由政府利用国有资产设立的，从事教育、科技、文化、卫生等活动的社会服务组织。如政府举办的学校、医院、科研机构等。事业单位分为公益一类事业单位和公益二类事业单位两类</td></tr>
<tr><td>资格取得</td><td>具备法人条件，为适应经济社会发展需要，提供公益服务设立的事业单位，经依法登记成立，取得事业单位法人资格；依法不需要办理法人登记的，从成立之日起，具有事业单位法人资格</td></tr>
<tr><td>组织机构</td><td>事业单位法人设理事会的，除法律另有规定外，理事会为其决策机构</td></tr>
<tr><td>法定代表人</td><td>事业单位法人的法定代表人依照法律、行政法规或者法人章程的规定产生</td></tr>
<tr><td rowspan="4">社会团体法人</td><td>概念</td><td>指中国公民自愿组成，为实现会员共同意愿，按照其章程开展活动的非营利性社会组织。包括行业协会以及科技、文化、艺术、慈善事业等社会群众团体</td></tr>
<tr><td>资格取得</td><td>具备法人条件，基于会员共同意愿，为公益目的或者会员共同利益等非营利目的设立的社会团体，经依法登记成立，取得社会团体法人资格；依法不需要办理法人登记的，从成立之日起，具有社会团体法人资格</td></tr>
<tr><td>章程</td><td>设立社会团体法人应当依法制定法人章程</td></tr>
<tr><td>组织机构</td><td>（1）社会团体法人应当设会员大会或者会员代表大会等权力机构
（2）社会团体法人应当设理事会等执行机构</td></tr>
<tr><td rowspan="5">捐助法人</td><td>基金会</td><td>指利用自然人、法人或者非法人组织捐赠的财产，以从事公益事业为目的，依法成立的非营利性法人。如中国扶贫基金会、中国青少年发展基金会等</td></tr>
<tr><td>社会服务机构</td><td>指自然人、法人或者非法人组织为提供社会服务，利用非国有资产设立的非营利性法人。如民办非营利学校、民办非营利医院等</td></tr>
<tr><td>资格取得</td><td>（1）具备法人条件，为公益目的以捐助财产设立的基金会、社会服务机构等，经依法登记成立，取得捐助法人资格
（2）依法设立的宗教活动场所，具备法人条件的，可以申请法人登记，取得捐助法人资格</td></tr>
<tr><td>章程</td><td>设立捐助法人应当依法制定法人章程</td></tr>
<tr><td>组织机构</td><td>捐助法人应当设理事会、民主管理组织等决策机构，并设执行机构；捐助法人应当设监事会等监督机构</td></tr>
</table>

非营利法人	剩余财产处置	为公益目的成立的非营利法人终止时，不得向出资人、设立人或者会员分配剩余财产。剩余财产应当按照法人章程的规定或者权力机构的决议用于公益目的；无法按照法人章程的规定或者权力机构的决议处理的，由主管机关主持转给宗旨相同或者相近的法人，并向社会公告
特别法人	指机关法人、农村集体经济组织法人、城镇农村的合作经济组织法人、基层群众性自治组织法人（居民委员会、村民委员会）	
	机关法人	有独立经费的机关和承担行政职能的法定机构从成立之日起，具有机关法人资格，可以从事为履行职能所需要的民事活动

易错易混

	营利法人	非营利法人
设立依据	通常需要特别法规定（如《公司法》）	大多依据民法的规则设立
设立目的	实现社员本身的利益	满足社会公共利益
法人的能力	广泛从事各种营利活动	只能从事非营利活动
组织形态	原则上只能采取社团形式（但存在一人有限责任公司等特例）	社团形式、财团形式

经典题解

【真题 1 · 多选题】 下列民事主体中，属于《民法典》规定的特别法人的有（　　）。（2020 年）

A. 合伙企业　　B. 居民委员会

C. 村民委员会　　D. 宗教活动场所

E. 农村集体经济组织

【解析】（1）选项 A：属于非法人组织。（2）选项 D：依法设立的宗教活动场所，具备法人条件的，可以申请法人登记，取得捐助法人资格（非营利法人）。

【答案】 BCE

【真题 2 · 单选题】 下列民事主体中，属于特别法人的是（　　）。（2018 年）

A. 特殊的普通合伙企业　　B. 有限合伙企业

C. 个人独资企业　　D. 村民委员会

【答案】 D

【真题 3 · 多选题】 根据《民法典》规定，特别法人包括（　　）。（2017 年）

A. 捐助法人　　B. 国家机关

C. 农村集体经济组织　　D. 居民委员会

E. 村民委员会

【答案】 BCDE

3. 法人的成立

成立条件	（1）法人应当依法成立：法人成立的具体条件和程序，依照相关法律、行政法规的规定；法律、行政法规规定设立法人须经有关机关批准的，依照其规定 【提示】营利法人经依法登记成立，取得法人资格。营利法人的成立日期为营业执照的签发日期。非营利法人经依法登记成立，依法不需要办理法人登记的，自成立之日起具有法人资格（2022 年新增） （2）法人应当有自己的名称、组织机构、住所、财产或者经费 【提示 1】法人名称通常应当包含：法人所在地省或者市或者县行政区划的名称、字号、行业或者经营特点、法人的组织形式（2022 年新增） 【提示 2】法人以其主要办事机构所在地为住所；依法需要办理法人登记的，应当将主要办事机构所在地登记为住所
分支机构	（1）法人可以依法设立分支机构 （2）分支机构以自己的名义从事民事活动，产生的民事责任由法人承担；也可以先以该分支机构管理的财产承担，不足以承担的，由法人承担

经典题解

【真题·多选题】根据《民法典》规定，法人成立须具备的条件有（　　）。（2018 年）

A. 有自己的名称、组织机构、住所　　B. 有自己的财产或者经费

C. 有自己的分支机构　　D. 能独立承担民事责任

E. 依法成立

【解析】（1）法人成立的条件：①法人应当依法成立。②法人应当有自己的财产或者经费。③法人应当有自己的名称、组织机构、住所。（2）法人独立承担民事责任属于法人的特征，而非成立条件。

【答案】ABE

4. 法人的民事权利能力与民事行为能力

法人的民事权利能力	从法人成立时产生，到法人终止时消灭（始于成立，终于终止）
法人的民事行为能力	从法人成立时产生，到法人终止时消灭（始于成立，终于终止）

经典题解

【真题·多选题】根据《民法典》规定，下列关于法人的说法中，正确的有（　　）。（2021 年）

A. 法人以其全部财产独立对外承担民事责任

B. 法人的民事权利能力和民事行为能力，自法人成立时产生

C. 法人成立必须经有关机关批准

D. 法人应对法定代表人的职务侵权行为与法定代表人连带承担民事责任

E. 法人须承受法定代表人以法人名义所从事民事活动的法律后果

【解析】(1) 选项 C：法律、行政法规规定设立法人须经有关机关批准的，依照其规定。(2) 选项 D：法定代表人因执行职务造成他人损害的，由法人承担民事责任。法人承担民事责任后，依照法律或者法人章程的规定，可以向有过错的法定代表人追偿。

【答案】ABE

5. 法人的变更

登记事项变更	法人在存续期间登记事项（如经营范围、法定代表人、住所等）发生变化的，应当依法向登记机关申请变更登记；法人的实际情况与登记的事项不一致的，不得对抗善意第三人（2022 年新增）	
组织形式变更	法人成立后组织类型发生变化，如有限责任公司变为股份有限公司（2022 年新增）	
法人合并	新设合并	原法人资格消灭，新法人资格确立（A+B=C）
	吸收合并	一个或者数个法人归并到另一个现存法人中，被归并的法人资格消灭，吸收法人的主体资格仍然存续（A+B=A）
	法人合并的，其权利和义务由合并后的法人享有和承担	
法人分立	新设分立	原法人分立为两个或者两个以上新的法人，原法人不复存在（A=B+C）
	派生分立	从原法人中分立出一个新的法人，原法人的资格仍然存在（A=A+B）
	法人分立的，其权利和义务由分立后的法人享有连带债权，承担连带债务，但是债权人和债务人另有约定的除外	

6. 法人的终止

终止原因	有下列原因之一的，法人终止： (1) 法人解散；(2) 法人被宣告破产；(3) 法律规定的其他原因
	法律、行政法规规定法人终止须经有关机关批准的，依照其规定
解散情形	(1) 法人章程规定的存续期间届满或者法人章程规定的其他解散事由出现 (2) 法人的权力机构决议解散 (3) 因法人合并或者分立需要解散 (4) 法人依法被吊销营业执照、登记证书，被责令关闭或者被撤销 (5) 法律规定的其他情形
解散清算	法人解散的，除合并或者分立的情形外，清算义务人应当及时组成清算组进行清算
清算义务人	法人的董事、理事等执行机构或者决策机构的成员为清算义务人
清算期间	清算期间法人存续，但是不得从事与清算无关的活动
法人终止	清算结束并完成法人注销登记时，法人终止；依法不需要办理法人登记的，清算结束时，法人终止

05 非法人组织（★）

概念	非法人组织是不具有法人资格，但是能够依法以自己的名义从事民事活动的组织
类型	个人独资企业、合伙企业、不具有法人资格的专业服务机构等
设立	非法人组织应当依照法律规定登记；法律、行政法规规定须经有关机关批准的，依照其规定
解散情形	（1）章程规定的存续期间届满或者章程规定的其他解散事由出现；（2）出资人或者设立人决定解散；（3）法律规定的其他情形
清算	非法人组织解散的，应当依法进行清算

第三单元　民事权利

查看本单元视频，快速 GET 知识点
使用“会计云课堂”App或“微信”扫码

01 民事权利的概念与分类（★★★）

民事权利	民事主体实现其正当利益的行为依据 【提示】法人、非法人组织只享有名称权、名誉权、荣誉权和其他财产权利		
根据民事权利客体所体现的利益性质划分	人身权	人格权	生命权、身体权、健康权、姓名权、肖像权、名誉权、荣誉权、隐私权、婚姻自主权等
		身份权	配偶权、亲权、亲属权
	财产权	物权、准物权、债权和继承权	
	知识产权	兼具人身性和财产性，如著作权、专利权、商标权等	
	成员权	股权，表决权，对业务的知悉权、执行权、监督权，盈利分配权，团体终止时的剩余财产分配权等	
根据民事权利的作用方式划分	支配权	对客体直接支配并享受其利益的排他性权利，如人格权、身份权、物权、知识产权	
	请求权	可以请求他人为一定行为或者不为一定行为的权利，如债权、返还原物请求权、恢复原状请求权、损害赔偿请求权等	
	形成权	权利人依其单方意思表示，就能使既存的法律关系发生变化的权利，如承认权、同意权、选择权、撤销权、解除权、抵销权、终止权 【提示】形成权行使的限制：除斥期间、行使原则上不得附条件或期限（2022年新增）	
	抗辩权	能够阻止相对人所行使的请求权的效力发生的权利（抗辩权的效力在于暂时或永久地阻止请求权效力的发生，从而使抗辩权人能够拒绝对相对人履行义务，而不在于否认相对人请求权的存在，也不在于变更或者消灭相对人的权利）	

根据权利实现方式划分	绝对权	无须借助他人协助，即可行使、实现的权利，如人格权、身份权、物权、知识产权
	相对权	须借助他人的协助，方可实现的权利，如债权
根据权利效力所及范围划分	对世权	能够请求不特定的一般人为一定行为的权利，如人格权、身份权、物权、知识产权
	对人权	仅能请求特定的人为一定行为的权利，如债权
根据权利是否可与其主体分离划分	专属权	只能由权利主体享有或者行使的权利，如人格权、身份权、居住权
	非专属权	可以与权利主体分离的权利，可以让与和继承，如物权、债权
根据权利相互间的依存关系划分	主权利	不依赖其他权利而独立存在的权利
	从权利	须以其他权利的存在为其存在前提的权利
根据权利相互间地位划分	原权	原生性权利
	救济权	原权受到侵害或者有被侵害的危险时产生的援救原权的权利（救济权通常处于潜在且停止的状态，只有当原权受到侵害或者有被侵害的危险时，救济权方启动以救济原权）
根据权利要件是否全部具备划分	既得权	又称“完整权”，是指全部法律要件齐备，权利人可以现实享有和行使的权利
	期待权	又称“形成中的权利”，是指具备部分法律要件，须待其余要件具备时权利人方能现实享有和行使的权利，如清偿期届至之前的债权

易错易混

	支配权	请求权	绝对权	相对权	对世权	对人权	专属权	非专属权
人格权	√	×	√	×	√	×	√	×
身份权	√	×	√	×	√	×	√	×
物权	√	×	√	×	√	×	×	√
债权	×	√	×	√	×	√	×	√
知识产权	√	×	√	×	√	×	——	——

经典题解

【真题 1 · 单选题】 根据《民法典》规定，下列人格权中，自然人和非法人组织均享有的是（　　）。（2020 年）

A. 名称权　　B. 荣誉权　　C. 隐私权　　D. 肖像权

【解析】（1）自然人享有人格权（包括：生命权、身体权、健康权、姓名权、肖像权、名誉权、荣誉权、隐私权、婚姻自主权等权利）、身份权（包括：配偶权、亲权、亲属权）、物权、债权、知识产权、继承权、股权和其他成员权。（2）法人、非法人组织享有名称权、名誉权和荣誉权等权利。

【答案】B

【真题 2·多选题】下列民事权利中，属于支配权的有（　　）。（2017 年）

A. 债权　B. 物权

C. 人身权　D. 抗辩权

E. 知识产权

【解析】（1）选项 A：属于请求权。（2）选项 D：属于形成权。

【答案】BCE

【真题 3·单选题】下列民事权利中，既属于财产权又属于请求权的是（　　）。（2017 年）

A. 名誉权　B. 配偶权　C. 亲属权　D. 债权

【解析】名誉权、配偶权、亲属权都属于人身权而非财产权。

【答案】D

【真题 4·多选题】下列关于民事权利属性的说法中，正确的有（　　）。（2016 年）

A. 债权属于请求权　B. 物权属于相对权

C. 人格权属于对人权　D. 著作权属于支配权

E. 承认权属于形成权

【解析】（1）选项 B：物权属于绝对权。（2）选项 C：人格权属于对世权。

【答案】ADE

【真题 5·单选题】甲擅自将乙委托其保管的一幅字画卖给了丙。事后，乙追认甲的行为有效。根据民事权利理论，乙行使的权利属于（　　）。（2015 年）

A. 支配权　B. 请求权　C. 抗辩权　D. 形成权

【解析】形成权，是指依权利人的单方意思表示，就能使既存的法律关系发生变化的权利；如承认权、同意权、撤销权、解除权、抵销权等。

【答案】D

02 民事权利的取得、变更和消灭（★★★）

	分类	原因	举例
取得	原始取得	法律直接规定	（1）善意取得动产、不动产物权 （2）无主物的法定归属
		事实行为	（1）基于先占而取得无主动产的所有权 （2）基于添附而取得添附物的所有权 （3）基于建造而取得不动产的所有权 （4）基于无因管理而取得必要费用的返还请求权 （5）基于侵权行为而取得损害赔偿请求权
		事件	基于不当得利而取得不当利益的返还请求权
		民事法律行为	基于合同而取得合同债权

	分类	原因		举例
取得	继受取得	原因	法律行为	（1）基于交付而受让或者设定动产物权 （2）基于登记而受让或者设定不动产物权 （3）基于合同而设定用益物权或者担保物权
			其他法律事实	基于继承而取得遗产的所有权
		方式	移转型	受让赠与物所有权
			创设型	取得他人在其房屋上为自己设立的居住权；以自己财产向他人设立抵押权、质权
变更	内容	权利量变		所有权因添附而扩大、所有权因标的物部分灭失而缩小、债权因部分清偿而缩小
		权利部分质变		所有权因标的物的出租或者抵押而产生负担从而变得不再圆满、无息债权变为有息债权
	效力	源自法律所赋之强制性作用力的增、减变化		
消灭	绝对消灭	权利本身不复存在，如所有权因标的物灭失而消灭、知识产权因保护期间届满而消灭、债权因全部清偿而消灭、形成权因除斥期间届满而消灭		
	相对消灭	权利由前手转移至后手，本身并不消灭，如赠与物所有权因交付而自赠与方转移至受赠方（对赠与方系权利的相对消灭，对受赠方系权利继受取得）		

经典题解

【真题 1 · 单选题】甲以其“爱彼”手表质押向乙借款。质押期间，乙将该手表卖给不知情的丙。后丙不慎将手表遗失，被人捡到后交给失物招领机关。失物招领公告发布 1 年后，无人认领。失物招领机关遂依法拍卖该手表，丁拍得该手表。根据民法相关理论，下列关于“爱彼”手表物权变动方式的说法中，正确的是（　　）。（2021 年）

A. 乙继受取得对“爱彼”手表的质权

B. 甲对“爱彼”手表的所有权绝对消灭

C. 丁原始取得“爱彼”手表的所有权

D. 丙继受取得“爱彼”手表的所有权

【解析】（1）选项 B：权利的绝对消灭，即权利本身不复存在，如所有权因标的物灭失而消灭、知识产权因保护期间届满而消灭、债权因全部清偿而消灭、形成权因除斥期间届满而消灭等。（2）选项 CD：继受取得，是指基于他人既存的权利而取得所有权，如买受人自出卖人处受让标的物所有权，丁是继受取得；丙是善意取得，属于原始取得。

【答案】A

【真题 2 · 单选题】下列民事权利的原始取得方式中，基于法律行为取得的是（　　）。（2018 年）

A. 乙基于先占取得无主动产所有权

B. 丙基于善意取得而取得动产质权

C. 丁基于无因管理取得必要费用的返还请求权

D. 甲基于合同取得合同债权

【解析】（1）选项AC：基于先占、无因管理取得权利系基于事实行为原始取得权利。（2）选项B：基于善意取得而取得动产质权，系基于法律的直接规定原始取得权利。

【答案】D

第四单元 民事法律行为和代理

查看本单元视频，快速GET知识点

使用“会计云课堂”App或“微信”扫码

01 法律行为的概念与特征（★★★）

概念	民事法律行为是民事主体通过意思表示设立、变更、终止民事法律关系的行为
特征	（1）法律行为属于人为的法律事实（法律事实包括：事件、行为） （2）法律行为属于表意行为（行为包括：表意行为、非表意行为；表意行为进一步分为法律行为与准法律行为） （3）法律行为是旨在发生一定民事法律效果的行为（法律行为的效果内容预设在行为人的意思表示中） （4）法律行为的效果取决于国家法律的评价

经典题解

【真题1·单选题】下列法律事实中，属于法律行为的是（　　）。（2019年）

A. 张某高楼抛物

B. 李某拾得他人手机占为己有

C. 李某施救落水儿童

D. 王某立遗嘱

【解析】选项ABC：欠缺意思表示不属于民事法律行为，属于事实行为。

【答案】D

【真题2·单选题】下列民事法律事实中，属于法律行为的是（　　）。（2016年）

A. 甲将购物卡8折卖给其同事

B. 乙将路边晕倒的陌生人送到医院并垫付医药费

C. 丙因债务纠纷将债权人戊打伤

D. 丁海边游玩时拾得用于赏玩的奇石和贝壳若干

【解析】选项BCD：无因管理、侵权行为、先占均为事实行为。

【答案】A

02 民事法律行为的分类（★★）

根据法律行为成立中意思表示的构成特点划分（2022 年调整）	单方法律行为	仅由行为人一方意思表示构成的民事法律行为，如行使追认权、行使撤销权、行使抵销权、立遗嘱、抛弃所有权
	双方法律行为	双方行为人内容相向的意思表示达成一致方可成立的法律行为，如合同行为、收养协议、委托监护协议
	共同法律行为	两个以上行为人相同方向的意思表示平行融合地互相结合，达成一致方可成立的民事法律行为，如合伙合同（2022 年新增）
	决议行为	基于多个行为人的意思表示，根据法律或者章程规定的议事方式和表决程序形成团体意思的民事法律行为（2022 年新增）
根据法律行为的效果领域划分	财产法律行为	发生财产关系变动效果的法律行为，如设立抵押权、订立合同
	身份法律行为	发生身份关系变动效果的法律行为，如结婚、离婚、收养
根据法律行为成立是否必须践行特定形式划分	要式法律行为	必须采取法律规定的特定形式才能成立的法律行为，如抵押合同、保证合同、建设工程合同，法律均要求采用书面形式
	不要式法律行为	法律不要求采用特定方式，当事人可以自由选择行为方式的法律行为
根据彼此关联的法律行为相互间依从关系划分	主法律行为	彼此关联的法律行为中，无须相关法律行为的存在即成立的法律行为
	从法律行为	彼此关联的法律行为中，须以相关法律行为的存在为前提方成立的法律行为
根据彼此关联的法律行为有无独立的实质内容划分	基本法律行为	相关联法律行为中，具有独立实质内容但却以相关法律行为作为生效要件的法律行为，如需法定代理人同意方能生效的、限制民事行为能力人依法不能独立实施的法律行为
	补助法律行为	相关联法律行为中，不具有独立的实质内容、仅作为基本法律行为生效要件的法律行为，如法定代理人对限制民事行为能力人依法不能独立实施的法律行为的追认
根据法律行为的生效发生于行为人生前或死后划分	生存法律行为	生效发生于行为人生前的法律行为，也称生前行为
	死因法律行为	以行为人死亡为生效要件的法律行为，也称死后行为，如遗嘱
根据法律行为的成立是否于意思表示之外尚须交付实物划分	诺成法律行为	仅以意思表示为成立要件的法律行为，如买卖合同、租赁合同
	践成法律行为	除意思表示外，尚须交付实物才能成立的法律行为，如保管合同、定金合同
根据当事人之间有无给付对价划分	有偿法律行为	当事人双方互为对待给付义务的行为，如买卖合同、租赁合同
	无偿法律行为	当事人一方负给付义务，另一方无对待给付义务的法律行为，如赠与合同，借用合同

经典题解

【真题·多选题】下列合同中，属于要式法律行为的有（　　）。（2016年）

A. 买卖合同　　B. 赠与合同

C. 借用合同　　D. 保证合同

E. 抵押合同

【解析】（1）选项D：保证合同可以是单独订立的书面合同，也可以是主债权债务合同中的保证条款。（2）选项E：设立抵押权，当事人应当采用书面形式订立抵押合同。

【答案】DE

03 法律行为的形式（★）

明示形式	口头形式	以谈话的形式进行的意思表示，包括：当面交谈、电话交谈、托人带口信等
	书面形式	书面形式是合同书、信件、电报、电传、传真等可以有形地表现所载内容的形式；以电子数据交换、电子邮件等方式能够有形地表现所载内容，并可以随时调取查用的数据电文，视为书面形式
默示形式	推定的默示	行为人通过有目的、有意义的积极作为将其内在的意思表现于外部，使相对人可以根据常识、交易习惯或者相互间的默契，推知行为人已作某种意思表示，从而使法律行为成立的默示形式
	特定沉默	沉默只有在有法律规定、当事人约定或者符合当事人之间的交易习惯时，才可以视为意思表示

经典题解

【真题·单选题】民事法律行为是以意思表示为核心要素，旨在依意思表示的内容发生相应私法效果的表意行为，法律行为的形式其实就是意思表示的方式。下列意思表示的方式中，仅在有法律规定、当事人约定或者符合当事人之间的交易习惯情况下，才可以视为意思表示的是（　　）。（2014年）

A. 沉默形式　　B. 口头形式　　C. 书面形式　　D. 推定形式

【答案】A

04 民事法律行为的效力样态（★★★）

1. 民事法律行为的成立要件

一般成立要件	意思表示	单方法律行为	当事人意思表示完成，民事法律行为成立
		双方或多方法律行为	双方或者多方意思表示达成一致，民事法律行为成立
特别成立要件	要物法律行为	标的物交付，如保管合同、定金合同	
	要式法律行为	书面或者公证形式的制作，如抵押合同须以书面形式	

2. 意思表示的概念与构成要素（2022 年新增）

<table>
<tr><td>概念</td><td colspan="2">民事主体将欲产生一定民事法律效果的内心意思，通过适当方式的对外表示</td></tr>
<tr><td rowspan="2">构成要素</td><td>主观要素</td><td>行为意思、表示意识、效果意思</td></tr>
<tr><td>客观要素</td><td>表示行为</td></tr>
</table>

3. 意思表示生效的时间

<table>
<tr><td rowspan="4">有相对人的意思表示</td><td colspan="2">对话方式</td><td>以对话方式作出的意思表示，相对人知道其内容时生效</td></tr>
<tr><td rowspan="2">非对话方式</td><td>数据电文</td><td>以非对话方式作出的采用数据电文形式的意思表示，相对人指定特定系统接收数据电文的，该数据电文进入该特定系统时生效；未指定特定系统的，相对人知道或者应当知道该数据电文进入其系统时生效。当事人对采用数据电文形式的意思表示的生效时间另有约定的，按照其约定</td></tr>
<tr><td>其他</td><td>以非对话方式作出的意思表示，到达相对人时生效</td></tr>
<tr><td colspan="2">公告方式</td><td>以公告方式作出的意思表示，公告发布时生效</td></tr>
<tr><td>无相对人的意思表示</td><td colspan="3">无相对人的意思表示，表示完成时生效；法律另有规定的，依照其规定</td></tr>
</table>

经典题解

【真题·单选题】下列关于意思表示生效时间的说法中，符合《民法典》规定的是（　　）。（2020 年）

A. 以对话方式作出的意思表示，到达相对人时生效

B. 采用数据电文形式的非对话意思表示，进入相对人任一系统时生效

C. 以非对话方式作出的意思表示，相对人知道其内容时生效

D. 以公告方式作出的意思表示，公告发布时生效

【解析】（1）选项 A：以对话方式作出的意思表示，相对人知道其内容时生效。（2）选项 B：以非对话方式作出的采用数据电文形式的意思表示，相对人指定特定系统接收数据电文的，该数据电文进入该特定系统时生效；未指定特定系统的，相对人知道或者应当知道该数据电文进入其系统时生效；当事人对生效时间另有约定的，按照其约定。（3）选项 C：以非对话方式作出的意思表示，到达相对人时生效。

【答案】D

4. 民事法律行为的生效要件

<table>
<tr><td rowspan="3">一般生效要件</td><td>行为人具有相应的民事行为能力</td></tr>
<tr><td>意思表示真实</td></tr>
<tr><td>不违反法律、行政法规的强制性规定（限于“效力性强制规定”），不违背公序良俗</td></tr>
</table>

特别生效要件	附停止条件法律行为	所附条件成就
	附始期法律行为	所附期限届至
	公示行为	采行法定公示方式
	效力待定行为	第三人同意
	遗嘱	立遗嘱人死亡
	法律规定须经批准	获得批准

5. 完全生效民事法律行为vs尚未完全生效民事法律行为（也称“待生效民事法律行为”）

完全生效民事法律行为	完全具备法律规定和当事人约定的生效要件的民事法律行为
尚未完全生效民事法律行为（2022年新增）	（1）该民事法律行为已成立、且具备一般生效要件；但存在法定或约定的特别生效要件，而该特别生效要件尚未成就的民事法律行为 （2）其效力状态属于待生效（非终局的效力状态，而是过渡性、暂时性效力状态） （3）由于具备一般生效要件，因此具有一定拘束力，任何一方不得擅自撤回、解除或者变更 （4）如特别生效要件确定不能成就，即转化为“确定不生效民事法律行为”

6. 无效的民事法律行为

情形	（1）无民事行为能力人实施的民事法律行为 （2）行为人与相对人恶意串通，损害他人合法权益的民事法律行为 （3）行为人与相对人以虚假的意思表示实施的民事法律行为 （4）违反法律、行政法规的强制性规定的民事法律行为，但该强制性规定不导致该民事法律行为无效的除外 【解释】“强制性规定”限于“效力性强制性规定”。效力性强制性规定主要包括：涉及金融安全、市场秩序、国家宏观政策的；交易标的禁止买卖的，如禁止人体器官、毒品、枪支等买卖；违反特许经营规定的，如场外配资合同；交易方式严重违法的，如违反招投标等竞争性缔约方式订立的合同；交易场所违法的，如在批准的交易场所之外进行期货交易（2022年新增） （5）违背公序良俗的民事法律行为 【解释】根据裁判实务归纳的违背公序良俗的行为类型主要包括：危害国家政治、经济、财政、税收、金融、治安等秩序类型；危害家庭关系行为类型；违反性道德行为类型；违反人权和人格尊重行为类型；限制经济自由行为类型；违反公平竞争行为类型；违反消费者保护行为类型；违反劳动者保护行为类型等（2022年新增）
后果	（1）无效的民事法律行为自始没有法律约束力（自始无效） （2）民事法律行为部分无效，不影响其他部分效力的，其他部分仍然有效

经典题解

【真题·多选题】根据《民法典》规定，下列各项中属于无效民事法律行为的有（　　）。（2021年）

A. 以虚假的意思表示实施的民事法律行为
B. 违背公序良俗的民事法律行为
C. 受第三人欺诈所实施的民事法律行为
D. 受第三人胁迫所实施的民事法律行为
E. 无民事行为能力人实施的民事法律行为
【解析】选项 CD：属于可撤销民事法律行为。
【答案】ABE

7. 可撤销的民事法律行为

情形	（1）基于重大误解实施的民事法律行为，行为人有权请求人民法院或者仲裁机构予以撤销（动机错误不属于重大误解） 【解释】①行为人对行为的性质、对方当事人或者标的物的品种、质量、规格、价格、数量等产生错误认识，按照通常理解如果不发生该错误认识行为人就不会作出相应意思表示的，人民法院可以认定为民法典规定的重大误解（2022 年新增） ②行为人以其意思表示存在第三人转达错误为由请求撤销民事法律行为的，适用重大误解的相关规定（2022 年新增） （2）一方以欺诈手段，使对方在违背真实意思的情况下实施的民事法律行为，受欺诈方有权请求人民法院或者仲裁机构予以撤销 （3）第三人实施欺诈行为，使一方在违背真实意思的情况下实施的民事法律行为，对方知道或者应当知道该欺诈行为的，受欺诈方有权请求人民法院或者仲裁机构予以撤销 【解释】故意告知虚假情况，或者负有告知义务的人故意隐瞒真实情况，致使当事人基于错误认识作出意思表示的，人民法院可以认定为民法典规定的欺诈（2022 年新增） （4）一方或者第三人以胁迫手段，使对方在违背真实意思的情况下实施的民事法律行为，受胁迫方有权请求人民法院或者仲裁机构予以撤销 【解释】以给自然人及其近亲属等的人身权利、财产权利以及其他合法权益造成损害或者以给法人、非法人组织的名誉、荣誉、财产权益等造成损害为要挟，迫使其基于恐惧心理作出意思表示的，人民法院可以认定为民法典规定的胁迫（2022 年新增） （5）一方利用对方处于危困状态、缺乏判断能力等情形，致使民事法律行为成立时显失公平的，受损害方有权请求人民法院或者仲裁机构予以撤销
后果	被撤销的民事法律行为自始没有法律约束力

考点提示

撤销权情形	撤销权人	除斥期间
重大误解	行为人	自知道或者应当知道撤销事由之日起 90 日
欺诈	受欺诈方	自知道或者应当知道撤销事由之日起 1 年
胁迫	受胁迫方	自胁迫行为终止之日起 1 年
成立时显失公平	受损害方	自知道或者应当知道撤销事由之日起 1 年
撤销权消灭	（1）当事人自民事法律行为发生之日起 5 年内没有行使撤销权 （2）当事人知道撤销事由后明确表示或者以自己的行为表明放弃撤销权	

经典题解

【真题1·多选题】甲将其房屋卖给乙，房屋买卖合同签订3天后，双方结清房款并办理完过户登记。乙装修过程中，邻居告诉乙，该房屋内之前发生过非正常死亡事件。乙查证属实，遂找甲要求退房并请求赔偿损失，甲拒绝。根据《民法典》规定，下列关于甲乙之间房屋买卖合同生效时间及效力状态的说法中，正确的有（　　）。（2020年）

A. 房屋买卖合同因欺诈而自始无效

B. 房屋买卖合同属于可撤销合同

C. 房屋买卖合同生效与否与登记无关

D. 房屋买卖合同自办理完登记手续时生效

E. 房屋买卖合同自成立时生效

【解析】（1）选项AB：题目已经明确"该房屋内之前发生过非正常死亡事件"，因此构成"凶宅"；由于"凶宅"的观点属于民间普遍存在的民风民俗，不违背法律强制性规定，可以认定为民法上的"善良风俗"，受法律保护；出卖人对其明知且已实际对房屋转让产生足以动摇缔约意思或者缔约条件的"凶宅"信息负有信息披露义务。在订立合同时，单纯沉默不构成欺诈，但若负有信息披露义务，并因沉默未披露获得利益，则构成欺诈。一方以欺诈手段，使对方在违背真实意思的情况下实施的民事法律行为，受欺诈方有权请求人民法院或仲裁机构予以撤销。可撤销民事法律行为在被撤销前有效，撤销后该法律行为自始无效。（2）选项CDE：当事人之间订立有关设立、变更、转让和消灭不动产物权的合同，除法律另有规定或者当事人另有约定外，自合同成立时生效；未办理物权登记的，不影响合同效力。

【答案】BCE

【真题2·多选题】根据民法相关规定，下列法律行为中，可因重大误解而请求撤销的有（　　）。（2017年）

A. 乙误将真画当成赝品而低价出售

B. 丙误将单价1800元的商品以180元的价格售出

C. 甲不知女友已与他人结婚而到商场购买订婚钻戒

D. 丁误认某人为救命恩人而给其5000元以表谢意

E. 戊误以为自己能分到公寓房而按公寓房面积到商场购买地毯

【解析】选项CE：属于"动机错误"，仅是作出意思表示的内心起因发生错误，意思表示的内容并无错误，甲确要购买钻戒，戊确要购买地毯，均不构成重大误解。

【答案】ABD

【真题3·单选题】根据《民法典》规定，因重大误解而请求撤销法律行为的，撤销权的除斥期间为自行为人知道或者应当知道撤销事由之日起（　　）。（2020年）

A. 90日内　　　　B. 1年内

C. 5年内　　　　D. 60日内

【解析】重大误解的当事人自知道或者应当知道撤销事由之日起90日内没有行使撤销权的，撤销权消灭。

【答案】A

【真题 4 · 单选题】甲在乙商场购买一个标明“原装进口”的智能手机配件，拿到专业维修店检测，结果确定所买配件为国产。甲多次与乙商场交涉未果，遂诉至法院，请求法院撤销该手机配件买卖合同。根据《民法典》规定，甲的撤销权的行使期间是（　　）。（2017 年）

A. 2 年　　B. 3 年　　C. 1 年　　D. 4 年

【解析】一方以欺诈手段，使对方在违背真实意思的情况下实施的民事法律行为，受欺诈方有权请求人民法院或者仲裁机构予以撤销。当事人自知道或者应当知道撤销事由之日起 1 年内没有行使撤销权的，撤销权消灭。

【答案】C

8. 效力待定的民事法律行为

情形	（1）无权处分行为 （2）狭义无权代理（不构成表见代理的无权代理） （3）债务承担 （4）限制民事行为能力人实施的与其年龄、智力、精神健康状况不相适应的、有待其法定代理人同意或者追认的法律行为 【解释】限制民事行为能力人实施的民事法律行为是否与其年龄、智力、精神健康状况相适应，人民法院可以从行为与本人生活相关联的程度，本人的智力、精神健康状况能否理解其行为并预见相应的后果，以及标的、数量、价款或者报酬等方面认定（2022 年新增）
限制民事行为能力人	限制民事行为能力人实施的纯获利益的民事法律行为或者与其年龄、智力、精神健康状况相适应的民事法律行为有效；实施的其他民事法律行为经法定代理人同意或者追认后有效
催告	相对人可以催告被代理人、法定代理人自收到通知之日起 30 日内予以追认。被代理人、法定代理人未作表示的，视为拒绝追认
撤销	民事法律行为被追认前，善意相对人有撤销的权利。撤销应当以通知的方式作出 【解释】“善意”，是指相对人实施民事法律行为时，并不知晓对方是限制民事行为能力人，且对此不具有重大过失（2022 年新增）

经典题解

【真题 1 · 多选题】甲有笔记本电脑 1 台，对 15 周岁的乙表达出卖的意愿，限乙 1 周内答复，乙当即拒绝，但乙父次日知悉后表示同意。根据《民法典》相关规定，甲乙间笔记本电脑买卖合同（　　）。（2021 年）

A. 可撤销　　B. 不成立

C. 有效　　D. 效力待定

E. 成立

【解析】15 周岁的乙为限制民事行为能力人，限制民事行为能力人实施的纯获利益的民事法律行为或者与其年龄、智力、精神健康状况相适应的民事法律行为有效；实施的其他民事法律行为经法定代理人同意或者追认后有效。

【答案】CE

【真题2·单选题】根据民事法律及相关规定，下列法律行为中，属于可撤销行为的是（　　）。(2016年)

A. 甲将朋友托其保管的相机卖给他人

B. 乙用其盗取的某公司空白合同与他人签订合同

C. 丙误将混纺面料当成纯毛面料高价购买

D. 丁在醉酒神志不清的状态下将其名贵手表低价卖给他人

【解析】(1) 选项A：构成无权处分，属于效力待定法律行为。(2) 选项B："盗取"违法，该情形下的合同无效。(3) 选项C：构成重大误解，属于可撤销的法律行为。(4) 选项D：属于有效法律行为（行为人应当对醉酒状态下实施的民事行为和后果具有预见性，因此，醉酒后也应当对自己的行为承担责任）。

【答案】C

易错易混

自然人民事行为能力及民事法律行为效力样态

自然人民事行为能力	界定（A：年龄为周岁）	民事法律行为		
		纯获利益	与年龄、智力、精神健康状况相适应	依法不能独立实施
完全民事行为能力人	(1) A≥18 (2) 16≤A<18+以自己劳动收入作为主要生活来源	有效	有效	——
限制民事行为能力人	(1) 8≤A<18 (2) A≥18+不能完全辨认自己行为	有效	有效	效力待定
无民事行为能力人	(1) A<8 (2) A≥8+不能辨认自己行为	无效	无效	无效

05 民事法律行为的附条件与附期限（★★）

附条件的民事法律行为	(1) 民事法律行为可以附条件，但是根据其性质不得附条件的除外 (2) 附生效条件的民事法律行为，自条件成就时生效。附解除条件的民事法律行为，自条件成就时失效 (3) 附条件的民事法律行为，当事人为自己的利益不正当地阻止条件成就的，视为条件已经成就；不正当地促成条件成就的，视为条件不成就 (4) 民事法律行为所附条件不可能发生，当事人约定为生效条件的，人民法院应当认定民事法律行为不发生效力；当事人约定为解除条件的，应当认定未附条件，民事法律行为是否失效，依照民法典和相关法律、行政法规的规定认定(2022年新增)

附期限的民事法律行为	（1）民事法律行为可以附期限，但是根据其性质不得附期限的除外 （2）附生效期限的民事法律行为，自期限届至时生效。附终止期限的民事法律行为，自期限届满时失效

经典题解

【真题1·单选题】奥运会前夕，甲对乒乓球运动员乙说：1个月后的奥运会上，你若获得单打金牌，我即送你1套价值500万元的海景房。根据《民法典》相关规定，该行为属于（　　）。（2021年）

A. 附条件法律行为

B. 有偿法律行为

C. 实践性法律行为

D. 附期限法律行为

【解析】本题的法律事实属于无偿法律行为、诺成法律行为、附条件法律行为。

【答案】A

【真题2·单选题】下列民事法律行为中，属于附期限法律行为的是（　　）。（2014年）

A. 甲对乙承诺，如果明年乙获得博士学位，甲即赠给乙宝马车一辆

B. 甲、乙约定，如果明天下雪，则甲将其滑雪板租给乙

C. 甲、乙约定，若甲的儿子明年大学毕业回到本市工作，则乙将承租的房屋退还给甲

D. 甲对乙承诺，下次下雨时送给乙一把折叠雨伞

【解析】（1）选项ABC：所述事实可能发生，也可能不发生，属于附条件民事法律行为。（2）选项D：所述事实必然能到来，因此属于附期限的民事法律行为。

【答案】D

06 代理（★★★）

1. 代理的概念、特征

概念	行为人在法律规定或者授权的权限范围内，以他人名义向第三人作出意思表示或者自第三人处受领意思表示，而该意思表示所产生的法律后果直接归属于该他人的行为（2022年调整）
适用	依照法律规定、当事人约定或者民事法律行为的性质，应当由本人亲自实施的民事法律行为，不得代理；如结婚、离婚等身份行为不得由他人代理
特征	（1）代理人代他人实施民事法律行为（要求代理人具有相应民事行为能力） （2）代理人以被代理人的名义实施民事法律行为 （3）代理人在代理活动中独立发出或者受领意思表示 （4）代理行为的法律后果直接归属于被代理人

2. 代理的分类

根据代理权来源划分	委托代理	（1）基于被代理人的委托授权而取得代理权所实施的代理（授权系单方民事法律行为） （2）授权可以采用口头形式、书面形式；采用书面形式的，授权委托书应当载明代理人的姓名或者名称、代理事项、权限和期限，并由被代理人签名或者盖章
	法定代理	（1）法定代理人依照法律规定行使代理权 （2）无民事行为能力人、限制民事行为能力人的监护人是其法定代理人
	职务代理	（1）基于职权而实施的代理：执行法人或者非法人组织工作任务的人员，就其职权范围内的事项，以法人或者非法人组织的名义实施的民事法律行为，对法人或者非法人组织发生效力（本质上仍属于委托代理，其代理权源自法人或者非法人组织针对特定工作岗位的概括授权） （2）法人或者非法人组织对执行其工作任务的人员职权范围的限制，不得对抗善意相对人（内不束外）
根据代理权的范围划分	概括代理	代理权范围及于一切民事法律行为的代理（在未指明为特别代理的情形，如果无法确定代理权限范围，推定为概括代理）
	特别代理	代理权被限定在一定范围或者特定事项上的代理
根据代理人的人数划分	单独代理	代理权属于单独一个人的代理
	共同代理	代理权属于数人的代理：数人为同一代理事项的代理人的，应当共同行使代理权，但是当事人另有约定的除外 【提示】数个委托代理人共同行使代理权，其中一人或者数人未与其他委托代理人协商，擅自行使代理权的，依据民法典无权代理、表见代理规定处理（2022年新增）
根据代理人的产生方式划分	本代理	代理人由被代理人选任或者依法律规定而产生的代理
	再代理	代理人为被代理人的利益将其所享有的代理权转托他人而产生的代理
		（1）代理人需要转委托第三人代理的，应当取得被代理人的同意或者追认 （2）转委托代理经被代理人同意或者追认的，被代理人可以就代理事务直接指示转委托的第三人，代理人仅就第三人的选任以及对第三人的指示承担责任 （3）转委托代理未经被代理人同意或者追认的，代理人应当对转委托的第三人的行为承担责任；但是，在紧急情况下代理人为了维护被代理人的利益需要转委托第三人代理的除外 【提示】再代理人不是原代理人的代理人，而是被代理人的代理人 【解释】由于急病、通讯联络中断、疫情防控等特殊原因，委托代理人自己不能办理代理事项，又不能与被代理人及时取得联系，如不及时转委托第三人代理，会给被代理人的利益造成损失或者扩大损失的，人民法院应当认定为民法典规定的紧急情况（2022年新增）

经典题解

【真题·单选题】下列关于代理制度的说法中，正确的是（　　）。（2013 年）

A. 转委托代理未经被代理人同意的，被代理人应当对转委托的第三人的行为承担责任

B. 共同代理是指一个代理人同时为一个民事法律关系中两个委托人所作的代理

C. 法院可以将未成年人的父母指定为代理人

D. 特别代理是指代理权被限定在一定范围或特定事项上的代理

【解析】（1）选项 A：转委托代理未经被代理人同意或者追认的，代理人应当对转委托的第三人的行为承担责任，但是在紧急情况下代理人为了维护被代理人的利益需要转委托第三人代理的除外。（2）选项 B：共同代理是指代理权属于数人的代理。例如，甲委托乙、丙共同为其办理有关事项，乙和丙为甲的共同代理人。（3）选项 C：一般情形下，父母是未成年子女的法定代理人。

【答案】D

3. 违法代理与代理权的滥用

违法代理		代理人知道或者应当知道代理事项违法仍然实施代理行为，或者被代理人知道或者应当知道代理人的代理行为违法未作反对表示的，被代理人和代理人应当承担连带责任
代理权滥用	**自己代理**	代理人不得以被代理人的名义与自己实施民事法律行为，但是被代理人同意或者追认的除外（效力待定的民事法律行为）
	双方代理	代理人不得以被代理人的名义与自己同时代理的其他人实施民事法律行为，但是被代理的双方同意或者追认的除外（效力待定的民事法律行为）
	恶意串通	代理人和相对人恶意串通，损害被代理人合法权益的，代理人和相对人应当承担连带责任（无效的民事法律行为）

经典题解

【真题·单选题】甲授权乙以自己的名义实施合同诈骗，乙明知订立合同是欺诈行为，仍然以甲的名义与相对人丙订立合同，致丙受到损害。根据《民法典》规定，对于丙所受损害的责任承担表述中，正确的是（　　）。（2021 年）

A. 甲和乙根据各自过错大小承担按份赔偿责任

B. 甲和乙承担连带赔偿责任

C. 乙承担赔偿责任

D. 甲承担赔偿责任

【解析】代理人知道或者应当知道代理事项违法仍然实施代理行为，或者被代理人知道或者应当知道代理人的代理行为违法未作反对表示的，被代理人和代理人应当承担连带责任。

【答案】B

4. 无权代理（包括狭义无权代理、表见代理）

<table>
<tr><td>狭义无权代理（效力待定的民事法律行为）</td><td colspan="2">（1）行为人没有代理权、超越代理权或者代理权终止后，仍然实施代理行为，未经被代理人追认的，对被代理人不发生效力
（2）相对人可以催告被代理人自收到通知之日起30日内予以追认。被代理人未作表示的，视为拒绝追认。行为人实施的行为被追认前，善意相对人有撤销的权利。撤销应当以通知的方式作出
（3）行为人实施的行为未被追认的，善意相对人有权请求行为人履行债务或者就其受到的损害请求行为人赔偿。但是，赔偿的范围不得超过被代理人追认时相对人所能获得的利益
（4）相对人知道或者应当知道行为人无权代理的，相对人和行为人按照各自的过错承担责任
（5）无权代理行为未被追认，相对人请求行为人履行债务或者赔偿损失的，由行为人就相对人知道或者应当知道行为人无权代理承担举证责任。行为人不能证明的，人民法院依法支持相对人的相应诉讼请求；行为人能够证明的，人民法院应当按照各自的过错认定行为人与相对人的责任（2022 年新增）</td></tr>
<tr><td rowspan="4">表见代理</td><td colspan="2">行为人没有代理权、超越代理权或者代理权终止后，仍然实施代理行为，相对人有理由相信行为人有代理权的，代理行为有效</td></tr>
<tr><td>授权表示型表见代理（2022 年新增）</td><td>代理人虽事实上未获授权而实施、但存在使相对人善意信赖其具有代理权外观的无权代理</td></tr>
<tr><td>权限逾越型表见代理（2022 年新增）</td><td>代理人超越代理权限范围而实施、且存在使相对人善意信赖其未超越代理权限外观的无权代理</td></tr>
<tr><td>权限延续型表见代理（2022 年新增）</td><td>代理人在代理期限届满后、或者约定的代理事务完成后、或者代理权被撤销后所实施的，且存在使相对人善意信赖其仍具有代理权外观的无权代理</td></tr>
<tr><td>表见代理构成要件</td><td colspan="2">（1）行为人无代理权但以本人（被代理人）名义实施民事法律行为（本质上的无权代理）
（2）须客观上存在使相对人相信行为人有代理权的表征（具有有权代理的“外观”）
（3）相对人须为善意，即无过失地不知行为人无代理权
（4）具备民事法律行为的生效要件</td></tr>
<tr><td>有理由相信（2022 年新增）</td><td colspan="2">同时符合下列条件的，人民法院可以认定为民法典规定的相对人有理由相信行为人有代理权：（1）存在代理权的外观；（2）相对人不知道行为人行为时没有代理权，且无过失</td></tr>
</table>

经典题解

【真题 1 · 单选题】 甲在展销会上看到乙公司展台上有一款进口食品料理机，想起同事丙前几天说想买 1 台料理机，遂自作主张以丙的名义向乙公司订购 1 台该款料理机，约定货到付款。随后，乙公司将料理机快递给丙，丙签收付款。根据《民法典》规定，乙公司与丙

之间买卖合同的效力应为（ ）。（2020 年）

A. 效力待定　　B. 无效　　C. 可撤销　　D. 有效

【解析】行为人没有代理权、超越代理权或者代理权终止后，仍然实施代理行为，未经被代理人追认的，对被代理人不发生效力。本题中，丙签收付款代表对甲行为的追认，故乙公司与丙之间的买卖合同有效。

【答案】D

【真题 2 · 多选题】甲公司委托乙代为购买手机屏幕，乙在考察之后决定从红星公司购进。在与红星公司洽谈过程中，乙发现红星公司生产的手机电池也不错，遂与其签订了购买手机屏幕和电池的合同。事后，红星公司催促甲公司支付货款，甲公司称，仅委托乙购买手机屏幕但未委托其购买手机电池，拒绝支付电池的货款。下列关于乙与红星公司所签购买电池合同是否成立以及效力状态的说法中，正确的有（ ）。（2016 年）

A. 该合同效力待定　　B. 该合同可撤销

C. 该合同有效　　D. 该合同无效

E. 该合同成立

【解析】狭义无权代理属于效力待定法律行为，其有效或者无效取决于被代理人的意思。本题中，甲公司予以拒绝，故合同的效力为无效。

【答案】DE

5. 代理关系的终止

委托代理终止情形	（1）代理期限届满或者代理事务完成 （2）被代理人取消委托或者代理人辞去委托 （3）代理人丧失民事行为能力 （4）代理人或者被代理人死亡 （5）作为代理人或者被代理人的法人、非法人组织终止
委托代理终止例外	被代理人死亡后，有下列情形之一的，委托代理人实施的代理行为有效： （1）代理人不知道且不应当知道被代理人死亡 （2）被代理人的继承人予以承认 （3）授权中明确代理权在代理事务完成时终止 （4）被代理人死亡前已经实施，为了被代理人的继承人的利益继续代理 作为被代理人的法人、非法人组织终止的，参照适用上述规定
法定代理终止情形	（1）被代理人取得或者恢复完全民事行为能力 （2）代理人丧失民事行为能力 （3）代理人或者被代理人死亡 （4）法律规定的其他情形

经典题解

【真题 1 · 多选题】甲委托乙出售房屋，并向乙出具授权委托书。根据《民法典》规定，下列乙的代理行为中，属于效力待定行为的有（ ）。（2020 年）

A. 乙以甲的名义与自己签订房屋买卖合同

B. 乙与丁恶意串通以远低于市场价的价格将房屋卖给丁

C. 乙以甲的名义与委托其买房的丙签订房屋买卖合同

D. 乙不知甲意外去世，以甲的名义将房屋卖给他人

E. 乙在甲取消委托后，仍向他人出示尚未被收回的授权委托书售出房屋

【解析】(1) 选项B：代理人和相对人恶意串通，损害被代理人合法权益的，该民事法律行为无效，代理人和相对人应当承担连带责任。(2) 选项D：被代理人死亡后，代理人不知道并且不应当知道被代理人死亡，代理行为有效。(3) 选项E：表见代理有效。

【答案】AC

【真题2·单选题】下列民事代理行为中，属于表见代理的是（　　）。(2013年)

A. 代理人超越被代理人的委托授权范围所作的代理行为

B. 某公司销售员解除职务后，继续隐瞒该事实与原客户订立销售公司产品的合同

C. 被代理人死亡后，代理人继续实施的代理行为

D. 代理人因突发急病将其代理权转托他人而产生的代理

【解析】(1) 选项A：属于越权代理，离表见代理还有一大步——"善意相对人有理由相信"。(2) 选项C：涉及的是代理是否终止的问题，而非表见代理。如果该代理为委托代理，则"被代理人死亡"原则上属于委托代理终止事由，但存在若干例外情形；如果该代理为法定代理，被代理人死亡，代理即告终止。(3) 选项D：属于再代理。

【答案】B

第五单元　诉讼时效和除斥期间

查看本单元视频，快速GET知识点
使用"会计云课堂"App或"微信"扫码

01 诉讼时效的概念与特征（★★★）

概念	请求权人在法定期间内不行使债权，即导致义务人永久抗辩权发生效果的时效
构成要素	(1) 存在请求权人怠于行使权利的事实状态 (2) 怠于行使权利的状态持续地经过法定期间 (3) 导致债务人永久抗辩权发生的效果
适用对象	请求权，包括债权请求权、物权请求权(2022年新增)
	下列请求权不适用诉讼时效的规定：(1) 请求停止侵害、排除妨碍、消除危险；(2) 不动产物权和登记的动产物权的权利人请求返还财产；(3) 请求支付抚养费、赡养费或者扶养费；(4) 支付存款本金及利息请求权；(5) 兑付国债、金融债券以及向不特定对象发行的企业债券本息请求权；(6) 基于投资关系产生的缴付出资请求权；(7) 依法不适用诉讼时效规定的其他请求权

特征	（1）诉讼时效期间届满的，义务人可以提出不履行义务的抗辩（抗辩产生主义） （2）诉讼时效期间届满后，义务人同意履行的，不得以诉讼时效期间届满为由抗辩；义务人已经自愿履行的，不得请求返还 （3）人民法院不得主动适用诉讼时效的规定 （4）诉讼时效具有法定性：诉讼时效的期间、计算方法以及中止、中断的事由由法律规定，当事人约定无效；当事人对诉讼时效利益的预先放弃无效

经典题解

【真题1·单选题】根据《民法典》相关规定，下列关于诉讼时效期间届满法律效果的说法中，正确的是（　　）。（2021年）

A. 诉讼时效期间届满，权利人丧失实体权利

B. 诉讼时效期间届满，义务人取得一时抗辩权

C. 诉讼时效期间届满后，义务人同意履行义务的，诉讼时效期间重新起算

D. 诉讼时效期间届满后，义务人已经自愿履行义务的，可以主张返还不当得利

【解析】（1）选项A：诉讼时效期间届满则"胜诉权"消灭，除斥期间届满则"实体权利"消灭。（2）选项B：诉讼时效期间届满后，义务人取得永久性抗辩权。（3）选项D：诉讼时效期间届满后，义务人同意履行的，不得以诉讼时效期间届满为由抗辩；义务人已经自愿履行的，不得请求返还。

【答案】C

【真题2·单选题】下列债权请求权中，法院不支持当事人提出诉讼时效抗辩的是（　　）。（2016年）

A. 身体受到伤害的损害赔偿请求权

B. 贷款本金和利息的偿付请求权

C. 存款本金和利息的支付请求权

D. 股息和红利的支付请求权

【答案】C

02　诉讼时效期间的类型与起算（★★）

普通诉讼时效期间	（1）向人民法院请求保护民事权利的诉讼时效期间为3年；法律另有规定的，依照其规定 （2）普通诉讼时效期间自权利人知道或者应当知道权利受到损害以及义务人之日起计算；法律另有规定的，依照其规定
特殊诉讼时效期间	因国际货物买卖合同和技术进出口合同争议提起诉讼或者申请仲裁的时效期间为4年
最长诉讼时效期间	自权利受到损害之日起超过20年的，人民法院不予保护，有特殊情况的，人民法院可以根据权利人的申请决定延长

诉讼时效期间起算细化规定	无民、限民	无民事行为能力人或者限制民事行为能力人的权利受到损害的，诉讼时效期间自其法定代理人知道或者应当知道权利受到损害以及义务人之日起计算，但是法律另有规定的除外（2022年新增）
	分期履行债务	当事人约定同一债务分期履行的，诉讼时效期间自最后一期履行期限届满之日起计算
	对法定代理人请求权	无民事行为能力人或者限制民事行为能力人对其法定代理人的请求权的诉讼时效期间，自该法定代理终止之日起计算
	受性侵未成年人赔偿请求权	未成年人遭受性侵害的损害赔偿请求权的诉讼时效期间，自受害人年满18周岁之日起计算

经典题解

【真题1·单选题】甲公司、乙公司于5月1日签订1份买卖合同。6月1日，甲公司按约定交货。货物存在隐蔽瑕疵，乙公司当初并不知情。直至7月1日，乙公司才发现货物存在瑕疵，当即向甲公司去函，要求对该瑕疵予以补救并赔偿。甲公司于8月1日回函，拒绝了乙公司的要求。根据《民法典》规定，乙公司赔偿请求权的诉讼时效期间的起算时间为（　　）。（2018年）

A. 6月1日　　B. 7月1日

C. 8月1日　　D. 5月1日

【解析】诉讼时效期间自权利人知道或者应当知道权利受到损害以及义务人之日起计算。法律另有规定的，依照其规定。在本题中，乙公司于7月1日发现货物存在瑕疵，要求甲公司补救并赔偿，诉讼时效期间开始起算。

【答案】B

【真题2·多选题】下列关于诉讼时效的适用及期间起算点的说法中，正确的有（　　）。（2016年）

A. 限制民事行为能力人对其法定代理人的请求权的诉讼时效期间，自其知道权利受到侵害之日起算

B. 身体受到伤害要求赔偿的，适用普通诉讼时效

C. 兑付国债本金和利息的请求权不适用诉讼时效

D. 债务人自愿履行债务后又以诉讼时效期间届满为由提出抗辩的，法院不予支持

E. 分期履行的债务，诉讼时效期间从最后一期履行期限届满之日起计算

【解析】选项A：无民事行为能力人或者限制民事行为能力人对其法定代理人的请求权的诉讼时效期间，自该法定代理终止之日起计算。

【答案】BCDE

03 诉讼时效的中止、中断（★★）

	中止	中断
发生	在诉讼时效期间的最后6个月内	在诉讼时效期间内
情形	（1）不可抗力 （2）无民事行为能力人或者限制民事行为能力人没有法定代理人，或者法定代理人死亡、丧失民事行为能力、丧失代理权 （3）继承开始后未确定继承人或者遗产管理人 （4）权利人被义务人或者其他人控制 （5）其他导致权利人不能行使请求权的障碍	（1）权利人向义务人提出履行请求（包括：①当事人一方直接向对方当事人送交主张权利文书，对方当事人在文书上签名、盖章、按指印或者虽未签名、盖章、按指印但能够以其他方式证明该文书到达对方当事人的。②当事人一方以发送信件或者数据电文方式主张权利，信件或者数据电文到达或者应当到达对方当事人的。③当事人一方为金融机构，依照法律规定或者当事人约定从对方当事人账户中扣收欠款本息的。④当事人一方下落不明，对方当事人在国家级或者下落不明的当事人一方住所地的省级有影响的媒体上刊登具有主张权利内容的公告的，但法律和司法解释另有特别规定的，适用其规定。⑤权利人向义务人的代理人、财产代管人或者遗产管理人等提出履行请求）（2022年新增） （2）义务人同意履行义务（包括：义务人作出分期履行、部分履行、提供担保、请求延期履行、制定清偿债务计划等承诺或者行为） （3）权利人提起诉讼或者申请仲裁 （4）与提起诉讼或者申请仲裁具有同等效力的其他情形（如①申请支付令；②申请破产、申报破产债权；③为主张权利而申请宣告义务人失踪或死亡；④申请诉前财产保全、诉前临时禁令等诉前措施；⑤申请强制执行；⑥申请追加当事人或者被通知参加诉讼；⑦在诉讼中主张抵销）
后果	自中止时效的原因消除之日起满6个月，诉讼时效期间届满	从中断、有关程序终结时起，诉讼时效期间重新计算

经典题解

【真题1·多选题】以下属于诉讼时效中断事由的有（　　）。（2015年）

A. 债权人申请支付令

B. 债务人请求延期支付

C. 债权人在诉讼时效期间最后6个月内遇不可抗力

D. 债权人提出清偿请求

E. 债权人出差未回

【解析】（1）选项C：属于诉讼时效中止的法定事由。（2）选项E：债权人出差未回不影响其向债务人主张权利。

【答案】ABD

【真题2·多选题】下列事由中，能够引起诉讼时效中断的有（　　）。（2014年）

A. 债权人提起代位权诉讼

B. 权利被侵害的无民事行为能力人的法定代理人丧失民事行为能力

C. 权利人被义务人控制，无法主张权利

D. 债务人请求延期履行

E. 债务人同意履行债务

【解析】选项BC：属于诉讼时效中止事由。

【答案】ADE

04 诉讼时效期间与除斥期间（★★）

	诉讼时效期间	除斥期间
功能	维持新生秩序	维持原有秩序
适用对象	债权请求权	形成权（依权利人单方意思表示使既存法律关系发生变化的权利，如撤销权、解除权）
性质	可变期间（适用中止、中断、延长）	不变期间
法律效果	期间届满，发生义务人永久性抗辩权	期间届满，实体权利消灭
期间始点	权利人知道或者应当知道权利受损以及义务人之日	权利人知道或者应当知道权利发生之日

经典题解

【真题1·单选题】下列有关诉讼时效期间的说法中，正确的是（　　）。（2019年）

A. 商品“保质期”属于诉讼时效期间

B. 当事人不可以自行约定诉讼时效期间

C. 可撤销民事法律行为中撤销权人的撤销权的行使期限属于诉讼时效期间

D. 合同当事人的法定解除权的行使期限属于诉讼时效期间

【解析】选项CD：诉讼时效期间适用于债权请求权，除斥期间则适用于撤销权、解除权等形成权。

【答案】B

【真题2·单选题】诉讼时效期间与除斥期间是民法上两项权利行使的限制期间，下列关于二者区别的说法中，正确的是（　　）。（2014年）

A. 诉讼时效期间届满则实体权利消灭，除斥期间届满则胜诉权消灭

B. 诉讼时效期间为不变期间，除斥期间为可变期间

C. 诉讼时效期间适用于请求权，除斥期间适用于形成权

D. 除斥期间适用中断、中止、延长，诉讼时效期间并不适用

【解析】（1）选项 A：诉讼时效期间届满则“胜诉权”消灭，除斥期间届满则“实体权利”消灭。（2）选项 B：诉讼时效期间为“可变期间”，除斥期间为“不可变期间”。（3）选项 D：诉讼时效期间适用中断、中止、延长，除斥期间为不变期间。

【答案】C

本章小结

用“会计云课堂”App 扫码学习

您已成功完成“第七章”的学习，本章共 22 个考点，您都学会了吗？

为了让您对本章有更清晰的理解，加倍巩固。本书作者陈小球老师将通过“电台音频课”的方式，带您回顾重要考点。

名师点拨，高效提分。

※ 欢迎扫码免费学习。

同步强化练习题

使用“会计云课堂”App 或“微信”扫码快速做题、对答案、看解析、掌握解题思路，开启轻松过关之旅。

一、单项选择题

1. 我国《民法典》规定了承担民事责任的方式，其中不包括（　　）。
   A. 消除影响、恢复名誉
   B. 消除危险
   C. 赔礼道歉
   D. 责令关闭

2. 根据民事法律制度规定，下列选项中，视为完全民事行为能力人的是（　　）。
   A. 18 周岁的大学生甲，其学费与生活费系父母给予
   B. 17 周岁的富二代乙，依靠其父母房产的租金收入作为主要生活来源
   C. 15 周岁的丙，依靠在餐厅从事服务员工作获取的工资作为主要生活来源
   D. 16 周岁的丁，以送外卖赚取的劳动报酬作为主要生活来源

3. 根据民事法律制度的规定，关于法定代表人，下列说法中，正确的是（　　）。
   A. 法定代表人以自己的名义从事的民事活动，其法律后果由法人承受
   B. 法人章程或者法人权力机构对法定代表人代表权的限制，不得对抗善意相对人
   C. 法定代表人因执行职务造成他人损害的，由法定代表人承担民事责任

D. 代表法人从事民事活动的负责人，为法人的法定代表人

4. 甲基于继承而取得遗产的所有权，属于（　　）。
A. 基于法律的直接规定原始取得民事权利
B. 基于事实行为原始取得民事权利
C. 基于法律行为继受取得民事权利
D. 基于法律行为以外的法律事实继受取得民事权利

5. 根据民事法律制度规定，下列各项中，属于非法人组织的是（　　）。
A. 合伙企业
B. 基金会
C. 社会团体
D. 村民委员会

6. 下列各项属于非营利法人的是（　　）。
A. 事业单位
B. 行政机关
C. 居民委员会
D. 村民委员会

7. 下列人格权中，仅能由自然人享有的是（　　）。
A. 名誉权
B. 隐私权
C. 荣誉权
D. 名称权

8. 下列各项中，不属于对世权的是（　　）。
A. 物权
B. 债权
C. 人格权
D. 知识产权

9. 下列各项中，不属于专属权的是（　　）。
A. 人格权
B. 身份权
C. 居住权
D. 物权

10. 根据民法总论，下列行为中，属于民事法律行为的是（　　）。
A. 侵权行为
B. 先占
C. 代理行为
D. 无因管理

11. 下列民事权利继受取得的方式中，属于非基于法律行为的是（　　）。
A. 基于交付而受让动产所有权
B. 基于登记而设定不动产抵押权
C. 基于合同而设定地役权
D. 基于继承而取得遗产的所有权

12. 单方民事法律行为是根据一方当事人的意思表示而成立的民事法律行为。下列选项中，不属于单方民事法律行为的是（　　）。
A. 立遗嘱
B. 赠与
C. 无权代理的追认
D. 委托代理的撤销

13. 甲与 8 周岁的侄子乙约定，将一张周杰伦签名的 CD 赠送给乙。根据民事法律制度规定，下列关于该约定效力的说法中，正确的是（　　）。
A. 有效，因为限制民事行为能力人可以独立实施纯获利益的民事法律行为
B. 无效，因为无民事行为能力人实施的民事法律行为无效
C. 可撤销，因为该民事法律行为成立时显失公平
D. 效力待定，因为限制民事行为能力人实施的民事法律行为经法定代理人同意或者追认后有效

14. 17 周岁的甲是春风中学的高三学生，利用课余时间从事发明创造，获得了一项实用新型专利。对于甲与某公司就其专

利签署专利实施许可协议（金额50万元）行为的法律效力，下列说法正确的是（　　）。

A. 甲应视为完全民事行为能力人，该协议有效

B. 甲为限制民事行为能力人，该协议效力待定

C. 甲为限制民事行为能力人，该协议使甲纯获利益，因此该协议有效

D. 甲为限制民事行为能力人，该协议可撤销

15. 甲系某商场售货员，某日误将单价18000元的钻戒以1800元的价格售出。下列关于该民事法律行为的说法中，正确的是（　　）。

A. 该民事法律行为有效

B. 该民事法律行为可撤销，撤销权自当事人知道或者应当知道撤销事由之日起90日内行使

C. 该民事法律行为可撤销，撤销权自当事人知道或者应当知道撤销事由之日起6个月内行使

D. 该民事法律行为可撤销，撤销权自当事人知道或者应当知道撤销事由之日起1年内行使

16. 根据《民法典》规定，因受欺诈而请求撤销法律行为的，撤销权的除斥期间为受欺诈方知道或者应当知道撤销事由之日起（　　）。

A. 90日内

B. 1年内

C. 5年内

D. 60日内

17. 关于可撤销的民事法律行为中撤销权行使期限的说法中，正确的是（　　）。

A. 重大误解的当事人自知道或者应当知道撤销事由之日起90日内没有行使撤销权的，撤销权消灭

B. 当事人受胁迫，自知道或者应当知道撤销事由之日起1年内没有行使撤销权的，撤销权消灭

C. 当事人自民事法律行为发生之日起2年内没有行使撤销权的，撤销权消灭

D. 受欺诈的当事人，自民事法律行为发生之日起1年内没有行使撤销权的，撤销权消灭

18. 根据民事法律制度的规定，下列关于代理的说法中，不正确的是（　　）。

A. 代理人可以以被代理人或自己的名义实施法律行为

B. 代理人在代理权限内独立地向第三人进行意思表示

C. 代理人应具有相应的民事行为能力

D. 代理行为的法律后果直接归属于被代理人

19. 甲公司业务经理乙长期在某中餐厅签单招待客户，餐费由甲公司按月结清。后乙因故辞职，月底餐厅前去结账时，甲公司认为，乙当月的几次用餐都是招待私人朋友，因而拒付乙所签单的餐费。根据民事法律制度的规定，下列选项中，正确的是（　　）。

A. 甲公司应当付款

B. 甲公司应当付款，乙承担连带责任

C. 甲公司有权拒绝付款

D. 甲公司应当承担补充责任

20. 根据民事法律制度的规定，下列不属于委托代理终止法定情形的是（　　）。

A. 代理人死亡

B. 被代理人取消委托

C. 代理人丧失民事行为能力

D. 被代理人恢复民事行为能力

21. 根据民事法律制度的规定，下列关于诉讼时效的说法中，不正确的是（　　）。

A. 诉讼时效期间届满，发生义务人永久性抗辩权
B. 人民法院不得主动适用诉讼时效的规定
C. 当事人可就诉讼时效的期间、计算方法及中止、中断的事由进行约定
D. 诉讼时效期间届满后，义务人同意履行的，不受诉讼时效限制；义务人已经自愿履行的，不得请求返还

22. 下列债权请求权中，法院支持当事人提出诉讼时效抗辩的是（　　）。
A. 请求排除妨碍
B. 请求支付抚养费
C. 未登记的动产物权的权利人请求返还财产
D. 请求消除危险

23. 根据民事法律制度的规定，关于诉讼时效期间的类型与起算，下列说法中不正确的是（　　）。
A. 因技术进出口合同争议提起诉讼或者申请仲裁的时效期间为4年
B. 当事人约定同一债务分期履行的，诉讼时效期间自首期履行期限届满之日起计算
C. 无民事行为能力人或者限制民事行为能力人对其法定代理人的请求权的诉讼时效期间，自该法定代理终止之日起计算
D. 未成年人遭受性侵害的损害赔偿请求权的诉讼时效期间，自受害人年满18周岁之日起计算

24. 下列关于除斥期间的表述中，不正确的是（　　）。
A. 除斥期间自权利人知道或者应当知道形成权发生之日起算
B. 除斥期间适用于形成权，如承认权、解除权、债权请求权等
C. 除斥期间届满，实体权利消灭
D. 除斥期间不适用有关诉讼时效中止、中断和延长的规定

二、多项选择题

1. 下列法律原则中，属于民法基本原则的有（　　）。
A. 公示、公信原则
B. 公平原则
C. 生态保护原则
D. 意思自治原则
E. 权益保护原则

2. 根据民法总论，关于民事法律关系构成要素，下列说法正确的有（　　）。
A. 非法人组织不具有法人资格，但是能够依法以自己的名义从事民事活动
B. 民事法律关系的客体有物、行为、智慧产品、人格利益，但不包括身份利益
C. 行为是物权关系的客体
D. 智慧产品是知识产权关系的客体
E. 人格利益是人身关系的客体

3. 下列选项中，属于积极义务的有（　　）。
A. 交付货物
B. 支付金钱
C. 保密
D. 不妨害他人所有权
E. 移转权利

4. 根据民事法律制度规定，下列属于民事责任免责事由的有（　　）。
A. 不可抗力
B. 正当防卫

C. 紧急避险
D. 紧急救助行为
E. 非故意或重大过失

5. 根据民事法律制度的规定，下列选项中，属于承担无限责任的有（　　）。
A. 有限责任公司对公司债务所承担的责任
B. 普通合伙人对普通合伙企业债务所承担的责任
C. 股份有限公司股东对公司债务所承担的责任
D. 有限合伙人对有限合伙企业债务所承担的责任
E. 普通合伙人对有限合伙企业债务所承担的责任

6. 根据《民法典》的规定，下列属于承担民事责任方式的有（　　）。
A. 停止侵害
B. 停业整顿
C. 恢复原状
D. 责令关闭
E. 消除危险

7. 下列各项中，属于民事法律行为的有（　　）。
A. 甲商场与某电视生产企业签订购买一批彩电的合同
B. 乙捡到一台电脑
C. 丙放弃一项债权
D. 丁完成一项发明创造
E. 戊因生活琐事殴打他人致其轻伤

8. 下列属于法律行为的有（　　）。
A. 债权人的催告
B. 订立合同
C. 无因管理
D. 先占
E. 立遗嘱

9. 根据民事法律制度规定，关于自然人宣告失踪，下列说法中，正确的有（　　）。
A. 自然人下落不明满 2 年的，利害关系人可以向人民法院申请宣告该自然人为失踪人
B. 战争期间下落不明的，下落不明的时间应自战争结束之日起计算
C. 失踪人的财产应由其配偶、成年子女、父母代管
D. 失踪人所欠税款、债务和应付的其他费用，由财产代管人从失踪人的财产中支付
E. 财产代管人因故意或者重大过失造成失踪人财产损失的，应当承担赔偿责任

10. 根据民事法律制度规定，关于自然人宣告死亡，下列说法中，正确的有（　　）。
A. 自然人有法定情形的，利害关系人可以向人民法院申请宣告该自然人死亡
B. 因意外事件下落不明，经有关机关证明该自然人不可能生存的，申请宣告死亡不受 2 年时间的限制
C. 对同一自然人，有的利害关系人申请宣告死亡，有的利害关系人申请宣告失踪，人民法院应当宣告失踪
D. 被宣告死亡的人的婚姻关系，自死亡宣告之日起消除
E. 被宣告死亡的人重新出现，人民法院应当直接撤销死亡宣告

11. 下列有关法人特征的说法中，正确的有（　　）。
A. 有限责任公司属于社团法人，股份有限公司属于财团法人
B. 法人拥有独立的财产
C. 法人是民法赋予民事权利能力和民事行为能力的团体

D. 法人的出资人对法人债务承担无限责任

E. 法人有自己的名称，能够以自己的名义参加民事活动，为自己设定权利、承担义务

12. 根据民事法律制度规定，下列关于法人的说法中，正确的有（　　）。

A. 营利法人应当依法设权力机构和执行机构，可以设监事会或者监事等监督机构

B. 机关法人、事业单位法人属于特别法人

C. 为公益目的成立的非营利法人终止时，不得向出资人、设立人或者会员分配剩余财产

D. 居民委员会、村民委员会属于非营利法人

E. 社会团体法人应当设监事会等监督机构

13. 根据民事法律制度规定，下列属于特别法人的有（　　）。

A. 股份有限公司

B. 机关法人

C. 居民委员会

D. 社会团体法人

E. 事业单位法人

14. 根据民事法律制度规定，下列各项中，属于非营利法人的有（　　）。

A. 事业单位

B. 居民委员会

C. 基金会

D. 村民委员会

E. 机关法人

15. 下列属于人格权的有（　　）。

A. 身体权　　B. 配偶权

C. 名誉权　　D. 隐私权

E. 亲属权

16. 下列关于民事权利分类的表述中，正确的有（　　）。

A. 物权属于支配权

B. 债权属于抗辩权

C. 解除权属于形成权

D. 抵销权属于支配权

E. 知识产权属于请求权

17. 根据民事权利理论，物权属于（　　）。

A. 绝对权

B. 相对权

C. 对世权

D. 专属权

E. 非专属权

18. 下列关于民事权利属性的说法中，正确的有（　　）。

A. 人格权属于支配权、绝对权

B. 物权属于支配权、专属权

C. 知识产权属于相对权、对人权

D. 人格权属于专属权

E. 人格权属于对世权

19. 根据民法总论，下列各项中，属于与人的意志无关却能够引起民事法律关系发生、变更和消灭的自然事实的有（　　）。

A. 自然灾害

B. 先占

C. 人的死亡

D. 时间的经过

E. 侵权行为

20. 下列不属于法律行为的有（　　）。

A. 先占　　B. 无因管理

C. 不当得利　　D. 拾得遗失物

E. 订立合同

21. 下列属于践成法律行为的有（　　）。

A. 借用合同　　B. 保管合同

C. 买卖合同　　D. 定金合同

E. 租赁合同

22. 根据民事法律制度的规定，关于意思表示生效，没有特殊约定时，下列说法中，不正确的有（　　）。
A. 以非对话方式作出的采用数据电文形式的意思表示，相对人指定特定系统接收数据电文的，相对人知道或者应当知道该数据电文进入其系统时生效
B. 无相对人的意思表示，通常表示完成时生效
C. 以对话方式作出的意思表示，到达相对人时生效
D. 以公告方式作出的意思表示，公告期限届满时生效
E. 以非对话方式作出的采用数据电文形式的意思表示，未指定特定系统的，相对人知道或者应当知道该数据电文进入其系统时生效

23. 根据民事法律制度规定，下列属于可撤销民事法律行为的有（　　）。
A. 甲公司的委托代理人赵某贪图回扣与乙公司订立的质次价高的原材料采购合同
B. 某超市宣称其促销的牛肉为澳大利亚进口的雪花牛肉，钱某信以为真购买了该牛肉，事后证明该超市明知钱某所购为国产牛肉
C. 孙某误以为卡迪娜牌爱情系列戒指为千足金而购买，事后发现该戒指材质为 18K 玫瑰金
D. 10 周岁的小学生李某将爷爷赠与其价值万元的新款手机赠送给女同桌，李某父母尚未得知该消息
E. 陈某误以为与前妻共同生活的儿子穿 41 码鞋，遂在百货商店购买运动鞋一双作为生日礼物，事后发现其子已经穿 43 码鞋

24. 下列属于效力待定的民事法律行为有（　　）。
A. 无权处分行为
B. 狭义无权代理
C. 债务承担
D. 限制民事行为能力人实施的与其年龄、智力、精神健康状况相适应的、无须其法定代理人同意或者追认的民事法律行为
E. 成立时显失公平的民事法律行为

25. 根据民事法律制度的规定，下列关于代理的说法中，正确的有（　　）。
A. 授予代理权是以发生代理权为目的的单方法律行为
B. 法人或者非法人组织对执行其工作任务的人员职权范围的限制，不得对抗善意相对人
C. 一般情况下，在未指明为特别代理的情形，如果无法确定代理权限范围，推定为概括代理
D. 转委托代理经被代理人同意或者追认的，被代理人可以就代理事务直接指示转委托的第三人，第三人是原代理人的代理人
E. 转委托代理未经被代理人同意或者追认的，代理人应当对转委托的第三人的行为承担责任，但是在紧急情况下代理人为了维护被代理人的利益需要转委托第三人代理的除外

26. 根据民事法律制度规定，下列属于委托代理终止情形的有（　　）。
A. 代理期限届满
B. 代理事务完成
C. 被代理人丧失民事行为能力
D. 被代理人死亡
E. 代理人辞去委托

27. 下列请求权中，法院不支持当事人提出诉讼时效抗辩的有（　　）。
A. 请求停止侵害、排除妨碍
B. 不动产物权的权利人请求返还财产
C. 未登记的动产物权的权利人请求返还财产
D. 请求支付抚养费
E. 请求支付扶养费

28. 根据民事法律制度的规定，可以导致诉讼时效中断的有（　　）。
A. 义务人提供担保
B. 义务人请求延期履行
C. 继承开始后未确定继承人或者遗产管理人
D. 申报破产债权
E. 权利人被义务人或者其他人控制

29. 根据民事法律制度的规定，在诉讼时效期间的最后 6 个月内，下列事由可以导致诉讼时效中止的有（　　）。
A. 在诉讼中主张抵销
B. 权利人被义务人或者其他人控制
C. 义务人作出分期履行的承诺
D. 限制民事行为能力人的法定代理人死亡
E. 不可抗力

30. 根据民事法律制度规定，下列属于诉讼时效中断事由的有（　　）。
A. 无民事行为能力人的法定代理人丧失民事行为能力
B. 债务人制定债务清偿计划
C. 不可抗力
D. 债权人申报破产债权
E. 债务人提供担保

同步强化练习题参考答案及解析

使用“会计云课堂”App 或“微信”扫码对答案、看解析、掌握解题思路，开启轻松过关之旅。

一、单项选择题

1. D　【解析】承担民事责任的方式包括：（1）停止侵害；（2）排除妨碍；（3）消除危险；（4）返还财产；（5）恢复原状；（6）修理、重作、更换；（7）继续履行；（8）赔偿损失；（9）支付违约金；（10）消除影响、恢复名誉；（11）赔礼道歉。

2. D　【解析】16 周岁以上的未成年人，以自己的劳动收入为主要生活来源的，视为完全民事行为能力人。

3. B　【解析】（1）选项 A：法定代表人以法人名义从事的民事活动，其法律后果由法人承受。（2）选项 C：法定代表人因执行职务造成他人损害的，由法人承担民事责任。(3) 选项 D：依照法律或者法人章程的规定，代表法人从事民事活动的负责人，为法人的法定代表人。

4. D

5. A　【解析】(1) 选项 BC：属于非营利法人。(2) 选项 D：属于特别法人。

6. A　【解析】选项 BCD：属于特别法人。

7. B　【解析】法人、非法人组织享有名称权、名誉权、荣誉权。

8. B　【解析】债权属于对人权。

9. D

10. C　【解析】选项 ABD：均属于事实行为，法律后果是由法律直接规定，与当事人的意思表示无关。

11. D　【解析】选项 ABC：系基于法律行为的继受取得。

12. B　【解析】选项 B：属于双方民事法律行为。

13. A　【解析】限制民事行为能力人实施的纯获利益的民事法律行为或者与其年龄、智力、精神健康状况相适应的民事法律行为有效；实施的其他民事法律行为经法定代理人同意或者追认后有效。

14. B　【解析】甲 17 周岁，春风中学的高三学生，说明其没有以劳动收入作为主要生活来源，故其属于限制民事行为能力人；限制民事行为能力人独立实施的纯获利益或与其年龄、智力、精神健康状况相适应的民事法律行为有效；限制民事行为能力人依法不能独立实施的民事法律行为，效力待定；甲与某公司就其专利签署专利实施许可协议（金额 50 万元）行为属于限制民事行为能力人依法不能独立实施的民事法律行为，故该民事法律行为的效力待定。

15. B　【解析】重大误解的当事人自知道或者应当知道撤销事由之日起 90 日内没有行使撤销权，撤销权消灭。

16. B

17. A　【解析】(1) 选项 B：当事人受胁迫，自胁迫行为终止之日起 1 年内没有行使撤销权的，撤销权消灭。(2) 选项 C：当事人自民事法律行为发生之日起 5 年内没有行使撤销权的，撤销权消灭。(3) 选项 D：受欺诈的当事人自知道或者应当知道撤销事由之日起 1 年内没有行使撤销权的，撤销权消灭。

18. A　【解析】选项 A：代理人必须以被代理人名义实施法律行为。

19. A　【解析】行为人没有代理权、超越代理权或者代理权终止后，仍然实施代理行为，相对人有理由相信行为人有代理权的，代理行为有效。

20. D 【解析】有下列情形之一的，委托代理终止：（1）代理期限届满或者代理事务完成；（2）被代理人取消委托或者代理人辞去委托；（3）代理人丧失民事行为能力；（4）代理人或者被代理人死亡；（5）作为代理人或者被代理人的法人、非法人组织终止。

21. C 【解析】诉讼时效的期间、计算方法以及中止、中断的事由均由法律规定，当事人约定无效。

22. C 【解析】下列请求权不适用诉讼时效的规定：（1）请求停止侵害、排除妨碍、消除危险；（2）不动产物权和登记的动产物权的权利人请求返还财产；（3）请求支付抚养费、赡养费或者扶养费；（4）依法不适用诉讼时效的其他请求权。

23. B 【解析】当事人约定同一债务分期履行的，诉讼时效期间自最后一期履行期限届满之日起计算。

24. B 【解析】选项 B：除斥期间适用于形成权，如承认权、解除权、撤销权等；诉讼时效适用于债权请求权。

二、多项选择题

1. BCDE 【解析】民法基本原则包括：权益保护原则（选项 E）、平等原则、自愿原则（意思自治原则）（选项 D）、公平原则（选项 B）、诚实信用原则、公序良俗原则和生态保护原则（选项 C）。

2. ADE 【解析】（1）选项 B：民事法律关系的客体有物、行为、智慧产品、人格利益和身份利益等。（2）选项 C：行为是债权关系的客体。

3. ABE 【解析】（1）选项 ABE：积极义务，是指以特定作为为内容的义务，如交付货物、支付金钱、交付工作成果、移转权利等。（2）选项 CD：消极义务，是指以特定不作为为内容的义务，如保密义务、不妨害他人所有权的义务等。

4. ABCD 【解析】民事责任的免责事由主要有：不可抗力、正当防卫、紧急避险、紧急救助行为、受害人故意、第三人行为、自甘冒险、自助行为等。

5. BE 【解析】无限责任是指出资人须以其包括出资财产在内的全部财产对企业债务所承担的责任，如普通合伙人对合伙债务所承担的责任。

6. ACE 【解析】承担民事责任的方式包括：（1）停止侵害；（2）排除妨碍；（3）消除危险；（4）返还财产；（5）恢复原状；（6）修理、重作、更换；（7）继续履行；（8）赔偿损失；（9）支付违约金；（10）消除影响、恢复名誉；（11）赔礼道歉。

7. AC 【解析】选项 BDE：捡到电脑、完成发明创造、殴打他人（侵权行为）无须意思表示即依法发生民法效果，故不属于民事法律行为，仅为事实行为。

8. BE 【解析】（1）选项 A：准法律行为。（2）选项 CD：非表意行为，无须内心意思表示即依法发生民法效果的行为，如建造房屋、创作作品、拾得遗失物、先占、无因管理、侵权行为。

9. ADE 【解析】（1）选项 B：自然人下落不明的时间自其失去音讯之日起计算；战争期间下落不明的，下落不明的时间自战争结束之日或者有关机关确定的下落不明之日起计算。（2）选项 C：失踪人的财产由其配偶、成年子女、父母或者其他愿意担任财产代管人的人代管。

10. ABD 【解析】（1）选项 C：对同一自然人，有的利害关系人申请宣告死亡，有的利害关系人申请宣告失踪，符合宣告死亡条件的，人民法院应当宣告死亡。（2）选项 E：被宣告死亡的人重新出现，经本人或者利害关系人申请，人民法院应当撤销死亡宣告。

11. BCE 【解析】（1）选项 A：有限责任公司、股份有限公司都属于社团法人，基金会属于财团法人。（2）选项 D：法人独立承担民事责任。出资人对法人债务仅以其出资额为限，承担有限责任。

12. AC 【解析】（1）选项 AE：营利法人依法应当设权力机构和执行机构，可以设监事会或者监事等监督机构；捐助法人应当设监事会等监督机构。社会团体法人应当设会员大会或者会员代表大会等权力机构。（2）选项 B：机关法人为特别法人，事业单位法人为非营利法人。（3）选项 D：居民委员会、村民委员会属于特别法人。

13. BC 【解析】机关法人、农村集体经济组织法人、城镇农村的合作经济组织法人、基层群众性自治组织法人（居民委员会、村民委员会），为特别法人。

14. AC 【解析】选项 BDE：属于特别法人。

15. ACD 【解析】（1）人格权包括：生命权、身体权、健康权、姓名权、肖像权、名誉权、荣誉权、隐私权、婚姻自主权等。（2）身份权包括：配偶权、亲权、亲属权。

16. AC 【解析】（1）选项 B：债权属于请求权。（2）选项 D：抵销权属于形成权。（3）选项 E：知识产权属于支配权。

17. ACE 【解析】物权属于支配权、绝对权、对世权、非专属权。

18. ADE 【解析】（1）选项 B：物权属于支配权、非专属权。（2）选项 C：知识产权属于绝对权、对世权。

19. ACD 【解析】人的出生与死亡、自然灾害的发生、时间的经过属于民事法律事实中的自然事实。

20. ABCD 【解析】选项E：属于双方民事法律行为。

21. ABD 【解析】践成法律行为，是指除意思表示外，尚须交付实物才能成立的法律行为。如借用合同、保管合同、定金合同。

22. ACD 【解析】（1）选项AE：以非对话方式作出的采用数据电文形式的意思表示，相对人指定特定系统接收数据电文的，该数据电文进入该特定系统时生效；未指定特定系统的，相对人知道或者应当知道该数据电文进入其系统时生效。当事人对采用数据电文形式的意思表示的生效时间另有约定的，按照其约定。（2）选项C：以对话方式作出的意思表示，相对人知道其内容时生效。（3）选项D：以公告方式作出的意思表示，公告发布时生效。

23. BC 【解析】（1）选项A：行为人与相对人恶意串通，损害他人合法权益的民事法律行为无效。（2）选项D：限制民事行为能力人实施的纯获利益的民事法律行为或者与其年龄、智力、精神健康状况相适应的民事法律行为有效；实施的其他民事法律行为经法定代理人同意或者追认后有效。在李某法定代理人追认前该民事法律行为系效力待定的民事法律行为。（3）选项E：不属于重大误解，因此不属于可撤销民事法律行为，陈某与百货商店之间的买卖合同成立并生效。

24. ABC 【解析】（1）选项D：限制民事行为能力人实施的与其年龄、智力、精神健康状况不相适应的、有待其法定代理人同意或者追认的民事法律行为，属于效力待定的民事法律行为。（2）选项E：属于可撤销的民事法律行为。

25. ABCE 【解析】选项D：再代理人不是原代理人的代理人，而是被代理人的代理人。

26. ABDE 【解析】有下列情形之一的，委托代理终止：（1）代理期限届满或者代理事务完成；（2）被代理人取消委托或者代理人辞去委托；（3）代理人丧失民事行为能力；（4）代理人或者被代理人死亡；（5）作为代理人或者被代理人的法人、非法人组织终止。

27. ABDE 【解析】下列请求权不适用诉讼时效的规定：（1）请求停止侵害、排除妨碍、消除危险；（2）不动产物权和登记的动产物权的权利人请求返还财产；（3）请求支付抚养费、赡养费或者扶养费；（4）依法不适用诉讼时效的其他请求权。

28. ABD 【解析】有下列情形之一的，诉讼时效中断，从中断、有关程序终结时起，诉讼时效期间重新计算：（1）权利人向义务人提出履行请求；（2）义务人同意履行义务（包括义务人作出分期履行、部分履行、请求延期履行、制定清偿债务计划、提供担保等承诺或者行为）；（3）权利人提起诉讼或者申请仲裁；（4）与提起诉讼或者申请仲裁具有同等效力的其他情形（包括：①申请支付令；②申请破产、申报破产债权；③为主张权利而申请宣告义务人失踪或死亡；④申请诉前财产保全、诉前临时禁令等诉前措施；⑤申请强制执行；⑥申请追加当事人或者被通知参加诉讼；⑦在诉讼中主张抵销）。

29. BDE 【解析】在诉讼时效期间的最后6个月内，因下列障碍，不能行使请求权的，诉讼时效中止：（1）不可抗力；（2）无民事行为能力人或者限制民事行为能力人没有法定代理人，或者法定代理人死亡、丧失民事行为能力、丧失代理权；（3）继承开始后未确定继承人或者遗产管理人；（4）权利人被义务人或者其他人控制；（5）其他导致权利人不能行使请求权的障碍。

30. BDE 【解析】选项AC：如果发生在诉讼时效期间的最后6个月内，属于诉讼时效中止的法定事由。

第八章　物权法

本章学习指南

一、考情概况

本章近3年平均考查分值约17.7分，考查题型通常为单选题、多选题和综合分析题。

本章为重点章节，内容包括物权总论、所有权、用益物权、担保物权和占有的相关知识；本章内容法理性强，考题较为灵活，综合性强，理解与记忆难度适中。

最近3年题型题量分析表

题型	2021年	2020年	2019年
单项选择题	6.0分	10.5分	4.5分
多项选择题	6.0分	6.0分	4.0分
综合分析题	6.0分	2.0分	8.0分
合计	18.0分	18.5分	16.5分

二、教材变动

1. 新增有体物、无体物的概念；
2. 调整物权的特征；
3. 新增权利物权；
4. 调整物权的效力；
5. 新增关于异议登记、预告登记的相关表述；
6. 新增相邻权性质的表述；
7. 新增三权分置的概念；
8. 新增地役权的主体、客体和内容；
9. 新增典型担保物权、非典型担保物权的分类；
10. 调整抵押权标的物范围；
11. 新增两个以上第三人提供担保并存时的效力规则；
12. 个别文字调整。

核心考点精讲

第一单元 物权总论

查看本单元视频，快速 GET 知识点
使用“会计云课堂”App或“微信”扫码

01 物（★）

概念	（1）人们能够支配或者控制的物质实体和自然力（法律规定权利作为物权客体的，依照其规定） （2）民法上作为物权客体的物通常被界定为“有体物”，即占据一定空间、以固态、液态或者气态而有形存在的物质实体。“无体物”，即不能触觉之物，仅在法律特别规定情形下方能成为物权客体（2022 年新增）	
特征	客观物质性	物必须是人身之外、客观存在的物质实体或者自然力
	可支配性	能够被民事主体所支配或者控制
	可使用性	可供民事主体使用，能够满足人们物质生活或精神生活的需要
	特定性	物须能够被特别认定，以使权利人可以对其进行支配
	独立性	物须能够独立地满足人们的生产、生活需要
	稀缺性	物须受稀缺法则规制，不能无限量满足社会成员需要
能否移动（移动后是否损害其价值）	动产	如电脑、汽车、家用电器
	不动产	如土地、海域、附着于土地上的建筑物及其他定着物、建筑物的固定附属设备
是否流通以及流通范围	流通物	法律允许在民事主体之间自由流通的物
	限制流通物	如黄金、白银、外币、文物、麻醉药品、运动枪支
	禁止流通物	如国家专有的物资、土地、矿藏、水流、淫秽出版物
是否有独立特征或被特定化	特定物	具有独立特征或者被权利人指定，不能以其他物替代的物，如齐白石的画
	种类物	具有共同特征和同样经济意义并可以用度量衡计算的可替代之物，如五常大米
在用途上的主从关系	主物	独立存在，在与同属一人所有的其他独立物结合使用中起主要作用的物
	从物	独立存在，在与同属一人所有的其他独立物结合使用中处于附属地位、起辅助和配合作用的物，如电视机与遥控器就是主物与从物的关系

<table>
<tr><td rowspan="2">能否分割</td><td>可分物</td><td colspan="2">可以分割，且分割后不损害其经济用途或者改变其性质的物，如面粉、汽油等</td></tr>
<tr><td>不可分物</td><td colspan="2">按照物的性质不能分割或者分割后将损害其原有用途或者降低其经济价值的物，如手机、汽车等</td></tr>
<tr><td rowspan="4">产出与
被产出关系</td><td>原物</td><td colspan="2">依其自然属性或法律规定产生新物的物，如生蛋的母鸡、产生利息的存款本金</td></tr>
<tr><td rowspan="3">孳息物</td><td colspan="2">原物产生的新物，如母牛生的小牛、本金所产生的利息</td></tr>
<tr><td>天然孳息</td><td>原物依照自然规律产生的新物，如鸡蛋、果实</td></tr>
<tr><td>法定孳息</td><td>原物依照法律规定产生的新物，如利息、租金</td></tr>
<tr><td rowspan="2">能否反复使用</td><td>消耗物</td><td colspan="2">仅能供权利人一次性使用的物，如食品</td></tr>
<tr><td>不消耗物</td><td colspan="2">能够供权利人反复使用的物，如房屋、汽车</td></tr>
<tr><td rowspan="2">在一定期限内
是否有所有人</td><td>有主物</td><td colspan="2">所有权人明确的物</td></tr>
<tr><td>无主物</td><td colspan="2">在一定期限内没有所有权人或者所有权人不明的物</td></tr>
<tr><td rowspan="3">构成</td><td>单一物</td><td colspan="2">指独立成一体的物（可以成为一个交易关系的对象）</td></tr>
<tr><td>合成物</td><td colspan="2">数个单一物结合为一体的物（可以成为一个交易关系的对象）</td></tr>
<tr><td>集合物</td><td colspan="2">多个单一物或者合成物集合在一起构成的聚合体，在交易上和法律上当作一物对待的物的总体（可以成为一个交易关系的对象，所有权仍然存在于构成集合物的每一个物之上），如超市捆绑销售的酸奶，薯片等</td></tr>
<tr><td rowspan="2">粘连程度</td><td>定着物</td><td colspan="2">固定于地上或地下、不能移动的物，定着物不是它所定着之物的一部分，也不是从物，而是独立的物，如房屋等建筑物</td></tr>
<tr><td>附着物</td><td colspan="2">附着于其他物上、可以与所附着之物分离，但分离之后不能正常发挥其用途的物，如室内安装的吊灯</td></tr>
<tr><td rowspan="2">特殊种类物</td><td>货币</td><td colspan="2">货币所有权与占有不能分离，占有货币的人即被推定为货币的所有权人（丧失货币的占有，不存在作为物上请求权的返还请求权，仅存在不当得利返还请求权）</td></tr>
<tr><td>证券</td><td colspan="2">狭义的证券仅指有价证券，包括票据（汇票、本票、支票）、债券、股票、提单</td></tr>
</table>

02 物权（★）

概念	权利人依法直接支配特定物并享有其利益的排他性财产权，包括所有权、用益物权和担保物权

<table>
<tr><td rowspan="6">特征</td><td colspan="2">物权是对物的直接支配权</td><td>（1）支配，是指依权利人的意思，对标的物加以管领和处分
（2）直接，是指物权人对标的物的支配，无须他人行为和意思的介入即可径直实现（2022 年新增）</td></tr>
<tr><td rowspan="2">物权是排他性财产权</td><td>财产性</td><td>物权具有经济价值且可予经济评价，属财产权，在民事主体之间可自由让渡（2022 年新增）</td></tr>
<tr><td>排他性</td><td>（1）物权具有直接排除不法妨碍的效力
（2）一物之上不能同时存在两个以上互不相容的物权，但并不排除：
①多人共享一个物权，如共有
②一物之上所有权和他物权同时存在，如所有权与抵押权
③一物之上有互不影响的数个他物权同时存在，如一个抵押物上同时存在数个抵押权
④法律针对物权所规定的限制，如相邻权的发生</td></tr>
<tr><td colspan="2">物权是对世权</td><td>物权的权利主体是特定的，而义务主体是不特定的</td></tr>
<tr><td colspan="2">物权是绝对权</td><td>物权的实现，无须义务人以积极行为予以协助，仅由权利人对标的物进行直接支配即可（义务人所负担的是不作为的义务）</td></tr>
</table>

03 物权法的基本原则（★★）

<table>
<tr><td rowspan="2">客体特定原则（一物一权原则）</td><td colspan="3">一物之上只能有一个所有权，不允许有互不相容的两个以上的物权同时存在（一物一权原则是物权支配性和排他性的要求）</td></tr>
<tr><td colspan="3">不排除在同一标的物上同时存在所有权和他物权，也不排除在同一标的物上同时存在二个以上不相冲突的他物权</td></tr>
<tr><td rowspan="2">物权法定原则</td><td>种类法定</td><td colspan="2">物权的种类不得创设，当事人不得创设法律所不认可的新类型的物权</td></tr>
<tr><td>内容法定</td><td colspan="2">物权的内容不得创设，当事人不得创设与物权的法定内容相悖的物权内容</td></tr>
<tr><td rowspan="4">公示、公信原则</td><td rowspan="3">公示原则</td><td colspan="2">物权的存在与变动均应具备法定的公示方式的原则</td></tr>
<tr><td>不动产</td><td>不动产物权的设立、变更、转让和消灭，应当依照法律规定登记</td></tr>
<tr><td>动产</td><td>动产物权的设立和转让，应当依照法律规定交付</td></tr>
<tr><td>公信原则</td><td colspan="2">物权的存在与变动因公示而取得法律上的可信赖性（善意取得制度即是公信原则的具体体现）</td></tr>
</table>

经典题解

【真题·单选题】 客体特定原则是物权法的基本原则之一，其含义是（　　）。（2014 年）

A. 一物之上只能成立一个物权

B. 禁止在同一物上同时设立两个以上的抵押权
C. 同一物上不得同时并存所有权和他物权
D. 不得在同一物上同时设立两个以上内容相冲突的物权
【答案】D

04 物权的分类（★★）

谁人之物	自物权	权利人依法对自有物享有的物权，即所有权
	他物权	权利人根据法律的规定或者合同的约定，对他人所有之物享有的物权，如用益物权、担保物权
物权客体	动产物权	物权客体是动产（动产物权的享有和变动的公示方法是占有和交付）
	不动产物权	物权客体是不动产（不动产物权的享有和变动的公示方法为登记）
	权利物权	物权客体是权利（权利作为物权客体须有法律特别规定，其公示方法与变动要件由法律区分权利的不同类型而分别予以特别规定）（2022年新增）
能否独立存在	主物权	指不依赖其他权利而可以独立存在的物权。如所有权、建设用地使用权
	从物权	不能独立存在、须依赖其他权利而存在的物权（从属性：随所依赖权利的移转而移转，随所依赖权利的消灭而消灭）。如担保物权、地役权
是否登记生效	登记物权	物权的设定、变更及终止须经登记机关登记才能产生相应法律效力的物权，如不动产物权（并非所有的不动产物权都是登记物权）
	非登记物权	物权的得丧变更无须登记即可产生相应法律效力的物权（绝大多数动产物权均为非登记物权）
他物权设立目的	用益物权	以实现对标的物的使用和收益为目的而设立的他物权。意在支配标的物的使用价值（用益物权人仅可以对标的物进行使用和收益，不得处分标的物），如建设用地使用权、地役权、土地承包经营权、宅基地使用权、居住权等
	担保物权	为担保债务履行而在债务人或第三人的特定物上设立的他物权。意在支配标的物的交换价值，如抵押权、质权、留置权等
		担保物权人在债务人不履行债务时，可以就担保物折价抵债或者变卖担保物从价款中优先受偿

经典题解

【真题1·多选题】根据物权法律制度的规定，用益物权包括（　　）。（2017年）
A. 宅基地使用权
B. 抵押权
C. 建设用地使用权
D. 质权
E. 土地承包经营权
【解析】选项BD：属于担保物权。
【答案】ACE

【真题2·单选题】下列用益物权中，属于从物权的是（　　）。（2014年）

A. 建设用地使用权　　B. 土地承包经营权

C. 地役权　　D. 宅基地使用权

【解析】担保物权、地役权均属于从物权。

【答案】C

05 物权的效力（★★）

<table>
<tr><td>物权的排他支配力</td><td colspan="2">法律赋予物权的、保障物权人对标的物直接为一定行为并享受其利益的排他性作用力：
（1）自物权具有完全的排他支配力，在合法范围内，自物权人能够依自己的意思自由支配标的物
（2）他物权具有不完全的排他支配力，他物权人只能在法律规定或者合同约定的时空范围内，对他人之物享有一定的排他支配权</td></tr>
<tr><td rowspan="2">物权的优先力</td><td>物权之于债权的优先力</td><td>当债权以某特定物为给付标的物，而同一标的物上又存在他人物权时，无论物权设立先后，其效力通常优于债权（2022年新增）
【例外】（1）买卖不破租赁；（2）经预告登记的债权优于物权</td></tr>
<tr><td>物权相互间的优先力</td><td>当同一物上两个以上潜在地发生冲突的物权并存时，成立在先的物权通常优于成立在后的物权
【限制】（1）基于当事人意思的限制：用益物权或者担保物权优于在先存在的所有权；（2）基于法律规定的价款优先权（购置款超级优先权）的限制；（3）基于法律规定的法定担保物权优于约定担保物权的限制</td></tr>
<tr><td>物权的妨害排除力</td><td colspan="2">法律赋予物权的、排除他人妨害以回复物权人对物正常支配的圆满状态的效力，包括：排除妨碍请求权、消除危险请求权和返还原物请求权</td></tr>
<tr><td>物权的追及效力</td><td colspan="2">物权的标的物无论辗转落入何人之手，物权人皆可追及物的所在并对物的占有人主张物权、请求返还的效力
【限制】善意取得、未按法定方式公示、正常经营买受人特别保护规则</td></tr>
</table>

06 物权变动（★★★）

<table>
<tr><td>概念</td><td colspan="2">物权的设立、变更和终止的变化状态</td></tr>
<tr><td rowspan="2">设立</td><td>原始取得</td><td>权利人不依赖他人既有的权利和意志，而是基于法律规定的特定法律事实而取得物权；如基于法律规定而由国家取得无人认领的遗失物、漂流物、埋藏物或者隐藏物的所有权，因加工、附合、混合而取得加工物或者合成物的所有权，因先占取得无主动产的所有权</td></tr>
<tr><td>继受取得</td><td>基于他人既有的权利而取得物权；如基于买卖合同的履行行为，买受人自出卖人处受让取得标的物所有权</td></tr>
</table>

物权变动原因	民事法律行为		如基于买卖、互易、赠与、遗赠等原因而完成的物权让与行为，抛弃物权及设定或者变更、终止他物权的各种民事法律行为
	民事法律行为之外的法律事实		如房屋建造、先占、添附、继承、无主物的法定取得、天然孳息收取、标的物消费、标的物灭失及混同等
	公法上的原因		如公用征收、没收、罚款等
物权变动立法	不动产	一般规定	不动产物权的设立、变更、转让和消灭，经依法登记，发生效力；未经登记，不发生效力，但法律另有规定的除外 【提示】区分原则：当事人之间订立有关设立、变更、转让和消灭不动产物权的合同，除法律另有规定或者当事人另有约定外，自合同成立时生效；未办理物权登记的，不影响合同效力
		另有规定	依法属于国家所有的自然资源，所有权可以不登记
			因合法建造、拆除房屋等事实行为设立或者消灭物权的，自事实行为成就时发生效力
			土地承包经营权自土地承包经营权合同生效时设立
			地役权自地役权合同生效时设立
	动产	一般规定	动产物权的设立和转让，自交付时发生效力，但法律另有规定的除外
		另有规定	船舶、航空器和机动车等物权的设立、变更、转让和消灭，未经登记，不得对抗善意第三人（登记对抗）
	另有规定		因人民法院、仲裁机构的法律文书或者人民政府的征收决定等，导致物权设立、变更、转让或者消灭的，自法律文书或者征收决定等生效时发生效力 【提示】“导致物权设立、变更、转让或者消灭的人民法院、仲裁机构的法律文书”包括：人民法院、仲裁机构在分割共有不动产或者动产等案件中作出并依法生效的改变原有物权关系的判决书、裁决书、调解书，以及人民法院在执行程序中作出的拍卖成交裁定书、变卖成交裁定书、以物抵债裁定书
			因继承取得物权的，自继承开始时发生效力

经典题解

【真题 1·单选题】下列物权取得方式中，属于继受取得的是（　　）。（2020 年）

A. 甲因建造而取得自建房屋所有权

B. 乙取得其从海中垂钓所得石斑鱼的所有权

C. 丙自土地承包经营权人处受让土地经营权

D. 丁基于添附而取得添附物的所有权

【答案】C

【真题2·单选题】乙与甲公司签订商品房预售合同，预购商品房1套，并向登记机关申请办理了预告登记，房屋建好后，因房价上涨，甲公司遂擅自将乙选购的商品房以更高价格出售给不知情的丙。根据《民法典》规定，下列关于甲公司与丙商品房买卖合同效力的说法中，正确的是（　　）。（2020年）

A. 商品房买卖合同可撤销

B. 商品房买卖合同效力待定

C. 商品房买卖合同有效

D. 商品房买卖合同无效

【答案】C

【真题3·多选题】下列不动产物权登记中，属于发生物权变动效力的登记有（　　）。（2020年）

A. 甲将继承所得房屋登记到自己名下

B. 乙在其房屋上为再婚老伴设立居住权并办理登记

C. 丙将其继承的房屋卖给同事并办理过户登记

D. 丁在自己承包地上为同村村民设立通行地役权并办理登记

E. 戊以其建造中的房屋抵押向银行贷款并办理抵押登记

【解析】（1）选项A：因继承取得物权的，自继承开始时（而非“登记或交付”时）发生效力。（2）选项D：地役权自地役权合同生效时设立。

【答案】BCE

【真题4·单选题】下列物权变动中，未经登记，不得对抗善意第三人的是（　　）。（2019年）

A. 甲将其收藏的字画出售给乙

B. 甲将其新能源汽车赠与好友乙

C. 甲在其宅基地上建成一幢楼房

D. 甲将一套机器设备质押给乙用来作借款合同担保

【答案】B

【真题5·单选题】下列物权变动中，以登记作为对抗要件的是（　　）。（2018年）

A. 以正在建造的建筑物设定抵押权

B. 转让汽车所有权

C. 以建设用地使用权设定抵押权

D. 设立建设用地使用权

【解析】船舶、航空器和机动车等物权的设立、变更、转让和消灭，未经登记，不得对抗善意第三人。

【答案】B

07 不动产登记制度（★★）

不动产登记是不动产物权因法律行为而变动的特别生效要件。

变动登记	登记机关就不动产物权的变动（设立、变更、转让和消灭）所进行的登记
更正登记	更正登记是对原登记权利的涂销登记，同时是对真正权利的初始登记
	权利人、利害关系人认为不动产登记簿记载的事项错误的，可以申请更正登记。不动产登记簿记载的权利人书面同意更正或者有证据证明登记确有错误的，登记机构应当予以更正
异议（抗辩）登记	不动产登记簿记载的权利人不同意更正的，利害关系人可以申请异议登记。登记机构予以异议登记，申请人自异议登记之日起15日内不提起诉讼的，异议登记失效。异议登记不当，造成权利人损害的，权利人可以向申请人请求损害赔偿
	异议登记是一种临时性保护措施，其并不限制登记簿记载的名义权利人对不动产的处分权。只是名义权利人处分不动产的，即便事后证明其确无处分权，因异议登记的存在，受让人也不得主张善意取得（2022年新增）
预告登记	当事人签订买卖房屋的协议或者签订其他不动产物权的协议，为保障将来实现物权，按照约定可以向登记机构申请预告登记。预告登记后，未经预告登记的权利人同意，处分该不动产的，不发生物权效力 【提示】（1）未经预告登记的权利人同意，转让不动产所有权等物权，或者设立建设用地使用权、居住权、地役权、抵押权等其他物权的，应当依照民法典的规定，认定其不发生物权效力；（2）预告登记旨在保全一项将来发生的不动产物权变动；（3）预告登记作为“债权物权化”的体现，使预告登记权利人得以其债权对抗不特定的第三人，同时对义务人的处分权亦构成限制
	预告登记后，债权消灭或者自能够进行不动产登记之日起90日内未申请登记的，预告登记失效 【解释】可认定为“债权消灭”的情形：（1）预告登记的买卖不动产物权的协议被认定无效；（2）预告登记的买卖不动产物权的协议被撤销；（3）预告登记的权利人放弃债权

经典题解

【真题·单选题】物权法律制度规定了不动产登记制度。下列关于各种登记的说法中，正确的是（　　）。（2017年）

A. 预告登记是异议抗辩登记

B. 更正登记是为消除登记内容错误或遗漏的登记

C. 变动登记是对原登记权利的涂销登记

D. 异议登记旨在保全一项将来发生的不动产物权变动

【解析】（1）选项A：异议登记也称异议抗辩登记。（2）选项C：更正登记是对原登记权利的涂销登记。（3）选项D：预告登记旨在保全一项将来发生的不动产物权变动。

【答案】B

08 动产交付（★★★）

现实交付	将物直接交由对方占有（最典型的交付形态）	
观念交付	简易交付	动产物权设立和转让前，权利人已经占有该动产的，物权自民事法律行为生效时发生效力
	指示交付	动产物权设立和转让前，第三人占有该动产的，负有交付义务的人可以通过转让请求第三人返还原物的权利代替交付
	占有改定	动产物权转让时，当事人又约定由出让人继续占有该动产的，物权自该约定生效时发生效力

经典题解

【真题 1 · 单选题】 2017 年 5 月 10 日，甲借用乙的自行车，双方约定借期 1 个月。5 月 19 日，甲决定买下该自行车，于是发微信告知乙。5 月 20 日，乙回复同意。5 月 25 日，甲将自行车款通过微信支付给乙。根据物权法律制度规定，甲取得该自行车所有权的时间是（　　）。（2018 年）

A. 5 月 19 日　　B. 5 月 20 日

C. 5 月 25 日　　D. 5 月 10 日

【答案】 B

【真题 2 · 单选题】 甲将自己电脑出租给乙使用，租赁期间，甲又将电脑卖给丙，并与丙约定于租期届满时由丙直接向乙请求返还电脑。甲与丙之间变动物权的交付方式属于（　　）。（2016 年）

A. 指示交付　　B. 现实交付

C. 占有改定　　D. 简易交付

【答案】 A

第二单元　所有权

查看本单元视频，快速 GET 知识点
使用“会计云课堂”App 或“微信”扫码

01 所有权的取得与消灭（★★★）

1. 所有权的取得

取得方式	原始取得	非依他人既存的权利和意志，而是基于法律规定直接取得所有权。包括先占、生产、收取孳息、添附物的归属、无主物和罚没物的法定归属、善意取得、没收等
	继受取得	基于他人既存的权利和意志而取得所有权。如买卖、赠与

不动产所有权取得原因	民事法律行为	双方法律行为		买卖、赠与、互易
		单方法律行为		受遗赠
	其他法律事实			继承，建造，法院判决、强制执行，公用征收、没收等行政行为，善意取得
动产所有权取得原因	民事法律行为	双方法律行为		买卖、赠与、互易
		单方法律行为		受遗赠
	其他法律事实			继承，法院判决、强制执行，公用征收、没收、罚款等行政行为，善意取得
		收取孳息	天然孳息	由所有权人取得；既有所有权人又有用益物权人的，由用益物权人取得。当事人另有约定的，按照其约定（约定→用益物权人→所有权人）
			法定孳息	当事人有约定的，按照约定取得；没有约定或者约定不明确的，按照交易习惯取得（约定→交易习惯）
		无主物的法定归属		埋藏物、隐藏物、遗失物、漂流物自发布招领公告之日起1年内无人认领的，归国家所有（不适用先占）
				无人继承又无人受遗赠的遗产，归国家所有，用于公益事业；死者生前是集体所有制组织成员的，归所在集体所有制组织所有
		先占		以所有的意思，先于他人占有无主动产（须为非法律禁止占有的无主动产）而取得其所有权的法律事实（不要求行为人具有相应民事行为能力） 【提示】我国《民法典》未规定先占规则
		添附		（1）不同所有人的物因附合、混合、加工而形成不可分割的物或者具有新质的物（添附的发生可基于人的行为，也可基于自然事件） （2）因加工、附合、混合而产生的物的归属，有约定的，按照约定；没有约定或者约定不明确的，依照法律规定；法律没有规定的，按照充分发挥物的效用以及保护无过错当事人的原则确定。因一方当事人的过错或者确定物的归属造成另一方当事人损害的，应当给予赔偿或者补偿

经典题解

【真题1·多选题】甲在山上采到野生蘑菇若干，即可基于先占而取得蘑菇的所有权。根据民法相关理论，下列关于先占的说法中，正确的有（　　）。（2021年）

A. 先占人须具有相应的民事行为能力

B. 先占的成立须先占人具有自主占有的意思

C. 先占是一种非基于法律行为的物权取得方式

D. 先占既适用于动产，亦适用于不动产

E. 我国《民法典》未规定先占规则

【解析】（1）选项 AC：①先占是指以所有的意思，先于他人占有无主动产而取得其所有权的法律事实。②作为事实行为，先占的法律效果由法律直接规定，与行为人意思表示无关。因此法律对行为人的主体资格并无严格要求，即完全民事行为能力人、限制民事行为能力人、无民事行为能力人皆可实施。（2）选项 D：先占只适用于动产。

【答案】 BCE

【真题 2 · 单选题】 下列所有权的取得方式中，属于继受取得的是（　　）。（2015 年）

A. 先占　　B. 建造　　C. 添附　　D. 赠与

【解析】 选项 ABC：属于“原始取得”。

【答案】 D

【真题 3 · 多选题】 原始取得所有权的方式包括（　　）。（2012 年）

A. 动产的善意取得　　B. 继承

C. 受遗赠　　D. 先占

E. 罚没物的法定归属

【解析】 选项 BC：属于继受取得。

【答案】 ADE

【真题 4 · 单选题】 根据民事法律制度的规定，下列的物可以适用先占取得的是（　　）。（2012 年）

A. 遗失的手表　　B. 埋藏物

C. 房屋　　D. 所有人抛弃的动产

【解析】（1）选项 AB：遗失物、埋藏物、隐藏物、漂流物、无人继承又无人受遗赠的遗产是法律有特别规定的无主物，不能先占。（2）选项 C：系不动产，而先占仅适用于动产。

【答案】 D

2. 所有权的消灭

<table>
<tr><td rowspan="2">分类</td><td>绝对消灭</td><td colspan="2">所有权与其主体分离，而他人未取得该权利</td></tr>
<tr><td>相对消灭</td><td colspan="2">所有权与其主体分离，而由他人取得该权利</td></tr>
<tr><td rowspan="6">原因</td><td rowspan="2">民事法律行为</td><td>双方民事法律行为</td><td>所有权出让，如基于赠与、买卖、互易等原因而出让所有权</td></tr>
<tr><td>单方民事法律行为</td><td>所有权抛弃</td></tr>
<tr><td rowspan="4">其他法律事实</td><td colspan="2">作为所有权人的自然人死亡或者法人终止</td></tr>
<tr><td colspan="2">标的物灭失</td></tr>
<tr><td colspan="2">判决、强制执行、罚款、没收、纳税等</td></tr>
<tr><td>添附</td><td>动产因添附于他人的不动产或者动产，而依法由他人取得所有权，原所有权即消灭</td></tr>
</table>

经典题解

【真题1·单选题】根据民事法律制度的规定，下列导致所有权消灭的法律事实中，属于民事法律行为的是（　　）。（2013年）

A. 抛弃所有权　　B. 自然人死亡　　C. 纳税　　D. 标的物灭失

【解析】选项A：所有权因民事法律行为而消灭，包括所有权的抛弃和出让（如赠与、买卖、互易）。

【答案】A

【真题2·多选题】个人独资企业经理王某办公用的一台电脑损坏，王某遂嘱咐秘书张某扔到垃圾站。张某想，与其扔了不如给儿子用，于是，张某便将电脑搬回家，经修理后，电脑可以正常使用，王某得知电脑能正常使用后，遂要求张某返还。下列关于本案中电脑所有权变动的说法中，正确的有（　　）。（2016年）

A. 张某违反委托合同，不能取得电脑的所有权

B. 张某基于先占取得电脑的所有权

C. 王某有权请求返还电脑，但应当对张某予以补偿

D. 因抛弃行为尚未完成，王某可以撤回其意思表示收回对电脑的所有权

E. 王某因抛弃的意思表示而丧失电脑的所有权

【解析】（1）选项CDE：所有权抛弃为单方民事法律行为，仅由行为人一方意思表示即可成立，故当王某作出意思表示时，就丧失了电脑的所有权，无权要求返还。（2）选项AB：张某基于先占取得电脑的所有权。

【答案】BE

02 善意取得制度（★★）

概念	无处分权人将不动产或者动产转让给受让人的，所有权人有权追回；除法律另有规定外，符合下列情形的，受让人取得该不动产或者动产的所有权：（1）受让人受让该不动产或者动产时是善意；（2）以合理的价格转让；（3）转让的不动产或者动产依照法律规定应当登记的已经登记，不需要登记的已经交付给受让人
	受让人依据善意取得制度取得不动产或者动产的所有权的，原所有权人有权向无处分权人请求损害赔偿
善意	受让人受让不动产或者动产时，不知道转让人无处分权，且无重大过失的，应当认定受让人为善意
	举证责任：真实权利人主张受让人不构成善意的，应当承担举证证明责任
知道	具有下列情形之一的，应当认定不动产受让人知道转让人无处分权： （1）登记簿上存在有效的异议登记 （2）预告登记有效期内，未经预告登记的权利人同意 （3）登记簿上已经记载司法机关或者行政机关依法裁定、决定查封或者以其他形式限制不动产权利的有关事项 （4）受让人知道登记簿上记载的权利主体错误 （5）受让人知道他人已经依法享有不动产物权

重大过失	不动产	真实权利人有证据证明不动产受让人应当知道转让人无处分权的，应当认定受让人具有重大过失
	动产	受让人受让动产时，交易的对象、场所或者时机等不符合交易习惯的，应当认定受让人具有重大过失
受让时	指依法完成不动产物权转移登记或者动产交付之时；法律对不动产、动产物权的设立另有规定的，应当按照法律规定的时间认定权利人是否为善意	
观念交付	简易交付	转让动产民事法律行为生效时为动产交付之时
	指示交付	转让人与受让人之间有关转让返还原物请求权的协议生效时为动产交付之时
	占有改定	不适用善意取得制度
合理价格	应当根据转让标的物的性质、数量以及付款方式等具体情况，参考转让时交易地市场价格以及交易习惯等因素综合认定	
特殊动产	转让人将船舶、航空器和机动车等交付给受让人的，应当认定符合《民法典》规定的善意取得的条件之“不需要登记的已经交付给受让人”	
合同效力	具有下列情形之一，受让人主张依据《民法典》善意取得制度取得所有权的，人民法院不予支持：（1）转让合同被认定无效；（2）转让合同被撤销	

03 共有（★★★）

1. 基本规定

共有形态	按份共有	按份共有人对共有的不动产或者动产按照其份额享有所有权
	共同共有	共同共有人对共有的不动产或者动产共同享有所有权（以共同关系的存在为前提），主要类型包括：夫妻财产共有、家庭财产共有和遗产分割前的共有
	共有人对共有的不动产或者动产没有约定为按份共有或者共同共有，或者约定不明确的，除共有人具有家庭关系等外，视为按份共有	
共有份额	按份共有人对共有的不动产或者动产享有的份额，没有约定或者约定不明确的，按照出资额确定；不能确定出资额的，视为等额享有（约定→出资额→等额享有）	
处分、重大修缮共有物	处分共有的不动产或者动产以及对共有的不动产或者动产作重大修缮、变更性质或者用途的，应当经占份额 2/3 以上的按份共有人或者全体共同共有人同意，但是共有人之间另有约定的除外（约定→≥2/3 份额按份共有人/全体共同共有人）	
因共有物产生的债权债务	对外	共有人享有连带债权、承担连带债务，但是法律另有规定或者第三人知道共有人不具有连带债权债务关系的除外
	对内	除共有人另有约定外，按份共有人按照份额享有债权、承担债务，共同共有人共同享有债权、承担债务。偿还债务超过自己应当承担份额的按份共有人，有权向其他共有人追偿（约定→份额/共同）

<table>
<tr><td rowspan="4">分割共有物</td><td>约定不得分割</td><td colspan="2">应当按照约定，但是共有人有重大理由需要分割的，可以请求分割</td></tr>
<tr><td rowspan="2">未约定或者约定不明</td><td>按份共有</td><td>可以随时请求分割</td></tr>
<tr><td>共同共有</td><td>原则上不得请求分割：共同共有人仅在共有的基础丧失（如婚姻关系解除）或者有重大理由需要分割时可以请求分割</td></tr>
<tr><td colspan="3">共有人可以协商确定分割方式。达不成协议，共有的不动产或者动产可以分割且不会因分割减损价值的，应当对实物予以分割；难以分割或者因分割会减损价值的，应当对折价或者拍卖、变卖取得的价款予以分割</td></tr>
<tr><td>设定担保</td><td colspan="3">按份共有人可在其共有份额上设定担保物权</td></tr>
</table>

2. 按份共有人转让共有份额

<table>
<tr><td rowspan="3">优先购买权</td><td>按份共有人可以转让其享有的共有的不动产或者动产份额。其他共有人在同等条件下享有优先购买的权利（不需要征得其他按份共有人同意）
【解释】“同等条件”，应当综合共有份额的转让价格、价款履行方式及期限等因素确定</td></tr>
<tr><td>两个以上其他共有人主张行使优先购买权的，协商确定各自的购买比例；协商不成的，按照转让时各自的共有份额比例行使优先购买权（协商→转让时共有份额比例）</td></tr>
<tr><td>其他按份共有人未在约定或法定的期间内主张优先购买，或者虽主张优先购买，但提出减少转让价款、增加转让人负担等实质性变更要求，人民法院不予支持</td></tr>
<tr><td rowspan="2">优先购买权排除适用</td><td>共有份额的权利主体因继承、遗赠等原因发生变化时，其他按份共有人主张优先购买的，不予支持，但按份共有人之间另有约定的除外（约定→排除适用）</td></tr>
<tr><td>按份共有人之间转让共有份额，其他按份共有人主张依据规定优先购买的，不予支持，但按份共有人之间另有约定的除外（约定→排除适用）</td></tr>
<tr><td>通知</td><td>按份共有人转让其享有的共有的不动产或者动产份额的，应当将转让条件及时通知其他共有人</td></tr>
<tr><td>优先购买权行使期间</td><td>优先购买权的行使期间，按份共有人之间有约定的，按照约定处理；没有约定或者约定不明的，按照下列情形确定：
（1）转让人向其他按份共有人发出的包含同等条件内容的通知中载明行使期间的，以该期间为准
（2）通知中未载明行使期间，或者载明的期间短于通知送达之日起 15 日的，为 15 日
（3）转让人未通知的，为其他按份共有人知道或者应当知道最终确定的同等条件之日起 15 日
（4）转让人未通知，且无法确定其他按份共有人知道或者应当知道最终确定的同等条件的，为共有份额权属转移之日起 6 个月</td></tr>
<tr><td>优先购买权被损害</td><td>其他按份共有人以其优先购买权受到侵害为由，仅请求撤销共有份额转让合同或者认定该合同无效的，人民法院不予支持</td></tr>
</table>

经典题解

【真题 1·单选题】甲、乙、丙按 3∶2∶1 的出资比例共同购买 1 头耕牛，约定 3 人共同饲养管理，轮流使用。在乙使用耕牛期间，耕牛将同村村民丁承包地中的庄稼践踏损毁。根据《民法典》规定，下列关于丁应如何向甲乙丙请求赔偿的说法中，正确的是（　　）。（2020 年）

A. 丁只能请求乙承担全部赔偿责任

B. 丁只能请求乙承担 1/3 的赔偿责任

C. 丁可以请求甲、乙、丙承担连带赔偿责任

D. 丁应当请求甲、乙、丙按各自份额比例承担赔偿责任

【解析】按份共有人对外享有连带债权、承担连带债务。但是法律另有规定或者第三人知道共有人不具有连带债权债务关系的除外。

【答案】C

【真题 2·单选题】甲、乙、丙三人共有一套房屋，分别持 1/3 份额。为提高房屋的价值，甲主张将该房屋地面铺上实木地板，乙表示赞同，但丙反对。根据物权法律制度的规定，下列关于本案是否可以铺实木地板的说法中，正确的是（　　）。（2016 年）

A. 未经全体共有人同意，甲、乙不得铺实木地板

B. 因甲、乙所占份额合计为 2/3，故甲、乙可以铺实木地板

C. 甲、乙只能在自己的应有部分之上铺实木地板

D. 若甲、乙坚持铺实木地板，则须先分割共有房屋

【解析】处分共有的不动产或者动产以及对共有的不动产或者动产作重大修缮的，应当经占份额 2/3 以上的按份共有人同意，但是共有人之间另有约定的除外。本题中，甲、乙、丙分别持有 1/3 的份额，甲、乙同意，份额达到了 2/3，因此可以将该房屋铺上实木地板（进行重大修缮）。

【答案】B

【真题 3·多选题】根据民法上的共有理论，下列有关共有的说法中，正确的有（　　）。（2012 年）

A. 按份共有可以存在于不动产之上，不能存在于动产之上

B. 按份共有的共有人可在其份额上设定担保物权

C. 在共同共有关系存续期间，共有人可随时请求分割共有物

D. 共有是两个以上的人对同一个物拥有数个所有权，它是所有权排他性的一个例外

E. 共有是数人享有同一个所有权

【解析】（1）选项 A：动产和不动产上均可以成立共有（不论是按份共有，还是共同共有）。（2）选项 C：在共同共有关系存续期间，共同共有人原则上无权请求分割共有物。（3）选项 DE：共有是同一个所有权由多人享有，共有的所有权是一个而不是多个，仍然遵守“一物一权”原则，并不违背所有权的排他性。

【答案】BE

04 业主的建筑物区分所有权（★★★）

<table>
<tr><td>概念</td><td colspan="2">业主对建筑物内的住宅、经营性用房等专有部分享有所有权，对专有部分以外的共有部分享有共有和共同管理的权利（专有部分所有权+共有部分共有权+成员权）</td></tr>
<tr><td rowspan="5">特征</td><td>复合性</td><td>三项权利构成的特别不动产所有权</td></tr>
<tr><td>专有部分所有权的主导性</td><td>（1）区分所有人取得专有部分所有权，即取得共有部分共有权及成员权
（2）专有部分所有权的大小决定共有权、成员权大小
（3）区分所有权成立登记时，只登记专有部分所有权，共有权、成员权不单独登记</td></tr>
<tr><td>一体性</td><td>构成建筑物区分所有权的三要素具有一体性，不可分离。业主转让建筑物内的住宅、经营性用房，其对共有部分享有的共有和共同管理的权利一并转让</td></tr>
<tr><td>主体身份多重性</td><td>集所有权人、共有人、成员三重身份于一身</td></tr>
<tr><td colspan="2">客体是兼有独立用途部分和必要共同设施的建筑物</td></tr>
<tr><td>专有部分所有权</td><td colspan="2">区分所有权人对专有部分的占有、使用、收益及处分的权利
【解释】专有部分，是指具有构造上的独立性，能明确区分，具有利用上的独立性，可以排他使用的建筑物部分，包括房屋、车位、摊位等特定空间。该部分能够登记成为特定业主所有权的客体</td></tr>
<tr><td>共有部分共有权</td><td colspan="2">建筑物区分所有权人依照法律或者管理规约的规定，对区分所有建筑物之共有部分所享有的占有、使用及收益的权利：
（1）建筑区划内的道路，属于业主共有，但是属于城镇公共道路的除外
（2）建筑区划内的绿地，属于业主共有，但是属于城镇公共绿地或者明示属于个人的除外
（3）建筑区划内的其他公共场所、公用设施和物业服务用房，属于业主共有
（4）占用业主共有的道路或者其他场地用于停放汽车的车位，属于业主共有
业主对建筑物专有部分以外的共有部分，享有权利，承担义务；不得以放弃权利为由不履行义务（2022 年新增）</td></tr>
<tr><td>业主共同决定事项</td><td>具体事项</td><td>（1）制定和修改业主大会议事规则
（2）制定和修改管理规约
（3）选举业主委员会或者更换业主委员会成员
（4）选聘和解聘物业服务企业或者其他管理人
（5）使用建筑物及其附属设施的维修资金
（6）筹集建筑物及其附属设施的维修资金
（7）改建、重建建筑物及其附属设施
（8）改变共有部分的用途或者利用共有部分从事经营活动
（9）有关共有和共同管理权利的其他重大事项</td></tr>
</table>

<table>
<tr><td rowspan="3">业主共同决定事项</td><td>参与表决</td><td colspan="2">专有部分面积占比 2/3 以上的业主且人数占比 2/3 以上的业主</td></tr>
<tr><td rowspan="2">决议规则</td><td>第（6）~（8）项</td><td>经参与表决专有部分面积 3/4 以上的业主且参与表决人数 3/4 以上的业主同意</td></tr>
<tr><td>其他事项</td><td>经参与表决专有部分面积过半数的业主且参与表决人数过半数的业主同意</td></tr>
<tr><td>业主知情权</td><td colspan="3">业主有权请求公布、查阅应当向业主公开的下列情况和资料：（1）建筑物及其附属设施的维修资金的筹集、使用情况；（2）管理规约、业主大会议事规则，以及业主大会或者业主委员会的决定及会议记录；（3）物业服务合同、共有部分的使用和收益情况；（4）建筑区划内规划用于停放汽车的车位、车库的处分情况；（5）其他应当向业主公开的情况和资料</td></tr>
</table>

经典题解

【真题·多选题】根据《民法典》物权编规定，业主共同决定筹集建筑物及其附属设施的维修资金，须满足的条件有（　　）。（2020 年）

A. 由专有部分面积占比 1/2 以上的业主且人数占比 1/2 以上的业主参与表决

B. 由专有部分面积占比 2/3 以上的业主且人数占比 2/3 以上的业主参与表决

C. 经参与表决专有部分面积过半数的业主且参与表决人数过半数的业主同意

D. 经参与表决的全体业主同意

E. 经参与表决专有部分面积 3/4 以上的业主且参与表决人数 3/4 以上的业主同意

【答案】BE

05 相邻权（★）

性质 （2022 年新增）	（1）相邻权并非独立的物权类型，而是所有权或者使用权在邻人不动产上的延伸和扩张 （2）相邻权依法产生且须"必要"（地役权通常依合同设立且无"必要"之限制）
用水、排水	（1）不动产权利人应当为相邻权利人用水、排水提供必要的便利 （2）对自然流水的利用，应当在不动产的相邻权利人之间合理分配。对自然流水的排放，应当尊重自然流向
通行	不动产权利人对相邻权利人因通行等必须利用其土地的，应当提供必要的便利
土地的利用	不动产权利人因建造、修缮建筑物以及铺设电线、电缆、水管、暖气和燃气管线等必须利用相邻土地、建筑物的，该土地、建筑物的权利人应当提供必要的便利
通风、采光、日照	建造建筑物，不得违反国家有关工程建设标准，不得妨碍相邻建筑物的通风、采光和日照
不可量物侵害	不动产权利人不得违反国家规定弃置固体废物，排放大气污染物、水污染物、土壤污染物、噪声、光辐射、电磁辐射等有害物质

维护安全	不动产权利人挖掘土地、建造建筑物、铺设管线以及安装设备等，不得危及相邻不动产的安全
避免造成损害	不动产权利人因用水、排水、通行、铺设管线等利用相邻不动产的，应当尽量避免对相邻的不动产权利人造成损害

第三单元　用益物权

查看本单元视频，快速 GET 知识点
使用“会计云课堂”App 或“微信”扫码

01 用益物权概述（★★）

概念	对他人所有的不动产或动产，依法享有占有、使用、收益的权利（用益物权的目的在于标的物的使用价值）
特征	（1）用益物权是以使用收益为目的的限定物权 （2）用益物权的享有和行使通常以对物之占有为前提 （3）用益物权是一种独立的物权 （4）用益物权的客体包括不动产和动产
类型	建设用地使用权、宅基地使用权、土地承包经营权、居住权、地役权

经典题解

【真题 1 · 单选题】下列有关用益物权的说法中，正确的是（　　）。(2019 年)

A. 用益物权是完全物权　　B. 用益物权属于对人权

C. 用益物权的客体包括不动产和动产　　D. 用益物权属于价值权

【答案】C

【真题 2 · 单选题】根据物权法律制度的规定，用益物权不包括（　　）。(2010 年)

A. 土地承包经营权　　B. 建设用地使用权

C. 房屋租赁使用权　　D. 宅基地使用权

【解析】用益物权包括：土地承包经营权、建设用地使用权、宅基地使用权、居住权和地役权。

【答案】C

02 建设用地使用权（★★）

概念	建设用地使用权人依法对国家所有的土地享有占有、使用和收益的权利，有权利用该土地建造建筑物、构筑物及其附属设施

主体		自然人、法人和非法人组织
客体		主要是国家所有的土地；在符合土地管理法律规定的特定情形下，集体所有的土地也可以作为建设用地
内容		(1) 建设用地的占有、使用和收益权；(2) 在建设用地上建造建筑物、构筑物及其附属设施的权利；(3) 对建设用地使用权的处分权
设立方式	划拨方式	严格限制以划拨方式设立建设用地使用权，通常仅限于国家机关用地和军事用地、城市基础设施用地和公益事业用地、国家重点扶持的能源、交通、水利等项目用地
	出让方式	(1) 工业、商业、旅游、娱乐和商品住宅等经营性用地以及同一土地有两个以上意向用地者的，应当采取招标、拍卖等公开竞价的方式出让 (2) 通过招标、拍卖、协议等出让方式设立建设用地使用权的，当事人应当采用书面形式订立建设用地使用权出让合同
登记		设立建设用地使用权的，应当向登记机构申请建设用地使用权登记；建设用地使用权自**登记时设立**；登记机构应当向建设用地使用权人发放权属证书
流转		建设用地使用权人有权将建设用地使用权转让、互换、出资、赠与或者抵押，但是法律另有规定的除外
		建设用地使用权转让、互换、出资、赠与或者抵押的，当事人应当采用**书面**形式订立相应的**合同**。使用期限由当事人约定，但是不得超过建设用地使用权的剩余期限
		建设用地使用权转让、互换、出资或者赠与的，应当向登记机构申请**变更登记**
房地一体原则		(1) 建设用地使用权转让、互换、出资或者赠与的，附着于该土地上的建筑物、构筑物及其附属设施一并处分（“房随地走”） (2) 建筑物、构筑物及其附属设施转让、互换、出资或者赠与的，该建筑物、构筑物及其附属设施占用范围内的建设用地使用权一并处分（“地随房走”）
消灭		建设用地使用权消灭的，出让人应当及时办理注销登记；登记机构应当收回权属证书

03 宅基地使用权（★）

概念	宅基地使用权人依法对集体所有的土地享有占有和使用的权利，有权依法利用该土地建造住宅及其附属设施
主体	限于农村集体经济组织成员
客体	限于集体所有的土地
内容	(1) 在宅基地上建造住宅且为保有住宅而长期使用宅基地的权利；(2) 在宅基地空闲处修建其他建筑物及其附属设施的权利；(3) 在宅基地空闲处从事种植以获取收益的权利；(4) 依法转让宅基地使用权的权利

<table>
<tr><td rowspan="3">取得</td><td>一户一宅原则</td><td>一户只能拥有一处宅基地</td></tr>
<tr><td colspan="2">农民基于集体经济组织成员身份而享有的福利保障，依法无偿分配取得</td></tr>
<tr><td>用途唯一</td><td>宅基地使用权人只能在宅基地上建造住宅及其附属设施</td></tr>
<tr><td>消灭</td><td colspan="2">宅基地因自然灾害等原因灭失的，宅基地使用权消灭；对失去宅基地的村民，应当依法重新分配宅基地</td></tr>
</table>

04 土地承包经营权（★）

<table>
<tr><td>概念</td><td>土地承包经营权人依法对其承包经营的耕地、林地、草地等享有占有、使用和收益的权利，有权从事种植业、林业、畜牧业等农业生产
【补充】我国的农村土地承包制度包括“农村集体经济组织内部的家庭承包方式”和“其他方式的承包”，前者取得的是“土地承包经营权”，其主体必须是本集体经济组织成员，而后者取得的是“土地经营权”，主体不限</td></tr>
<tr><td>主体</td><td>通过家庭经营方式承包的，主体限于本集体经济组织的农户；通过招标、拍卖、公开协商等方式承包的，主体可以是本集体经济组织成员，也可以是本集体经济组织以外的单位或者自然人</td></tr>
<tr><td>客体</td><td>农民集体所有或者国家所有由农民集体使用的耕地、林地、草地以及其他用于农业的土地</td></tr>
<tr><td>内容</td><td>依土地承包经营权合同取得的对耕地、林地、草地以及其他用于农业的土地予以占有、使用和收益的权利</td></tr>
<tr><td>设立</td><td>土地承包经营权自土地承包经营权合同生效时设立；登记机构应当向土地承包经营权人发放土地承包经营权证、林权证等证书，并登记造册，确认土地承包经营权</td></tr>
<tr><td>承包期限</td><td>（1）耕地：30 年；（2）草地：30~50 年；（3）林地：30~70 年
【提示】原则上，承包期内发包人不得调整承包地，亦不得收回承包地</td></tr>
<tr><td>三权分置</td><td>土地所有权、土地承包经营权、土地经营权（2022 年新增）</td></tr>
<tr><td rowspan="2">土地承包经营权互换、转让</td><td>土地承包经营权人依照法律规定，有权将土地承包经营权互换、转让；未经依法批准，不得将承包地用于非农建设（转让方为承包方，受让方须是本集体经济组织的其他农户）</td></tr>
<tr><td>土地承包经营权互换、转让的，当事人可以向登记机构申请登记；未经登记，不得对抗善意第三人</td></tr>
<tr><td rowspan="3">土地经营权流转</td><td>土地承包经营权人可以自主决定依法采取出租、入股或者其他方式向他人流转土地经营权；土地经营权人有权在合同约定的期限内占有农村土地，自主开展农业生产经营并取得收益</td></tr>
<tr><td>流转期限为 5 年以上的土地经营权，自流转合同生效时设立。当事人可以向登记机构申请土地经营权登记；未经登记，不得对抗善意第三人</td></tr>
<tr><td>通过招标、拍卖、公开协商等方式承包农村土地（以“其他方式的承包”取得的土地经营权），经依法登记取得权属证书的，可以依法采取出租、入股、抵押或者其他方式流转土地经营权</td></tr>
</table>

05 居住权（★★）

概念	居住权人有权按照合同约定或者遗嘱，为满足生活居住需要对他人的住宅及其附属设施享有占有、使用的用益物权
主体	限于特定的自然人（居住权人）
客体	他人所有的住宅
内容	为满足生活居住需要而占有、使用他人住宅的权利
设立	设立居住权，当事人应当采用书面形式订立居住权合同；以遗嘱方式设立居住权的，参照适用居住权有关规定
	居住权无偿设立，但是当事人另有约定的除外
	设立居住权的，应当向登记机构申请居住权登记；居住权自登记时设立
转让、继承	居住权不得转让、继承
出租	设立居住权的住宅不得出租，但是当事人另有约定的除外
消灭	居住权期限届满或者居住权人死亡的，居住权消灭。居住权消灭的，应当及时办理注销登记

06 地役权（★★）

概念		地役权人有权按照合同约定利用他人的不动产（供役地），以提高自己的不动产（需役地）的效益
主体		需役地的所有权人或者使用权人（2022年新增）
客体		他人所有或者使用的不动产，即供役地（2022年新增）
内容		按合同约定对供役地加以利用或者限制的权利（2022年新增）
设立		设立地役权，当事人应当采用书面形式订立地役权合同；地役权自地役权合同生效时设立
		当事人要求登记的，可以向登记机构申请地役权登记；未经登记，不得对抗善意第三人
特征	从属性	地役权不得单独转让：土地承包经营权、建设用地使用权等转让的，地役权一并转让，但是合同另有约定的除外
		地役权不得单独抵押：土地经营权、建设用地使用权等抵押的，在实现抵押权时，地役权一并转让
	不可分性	需役地以及需役地上的土地承包经营权、建设用地使用权等部分转让时，转让部分涉及地役权的，受让人同时享有地役权
		供役地以及供役地上的土地承包经营权、建设用地使用权等部分转让时，转让部分涉及地役权的，地役权对受让人具有法律约束力
	占有	地役权的享有和行使通常以对不动产的占有为要件，但有例外（如眺望地役权）

经典题解

【真题 1 · 多选题】甲乙的承包地相邻。3 月 8 日，甲与乙签订地役权合同，约定甲在自己承包地上为乙设立取水地役权。3 月 15 日，双方办理了地役权登记。5 月 10 日，甲将自己的土地承包经营权转让于丙。5 月 20 日，乙将自己的土地承包经营权转让于丁。根据《民法典》相关规定，下列关于乙的地役权变动及效力的说法中，正确的有（　　）。（2021 年）

A. 5 月 20 日之后，丙有权拒绝丁在其受让的承包地上行使取水地役权

B. 5 月 20 日之前，乙有权在丙受让的承包地上行使取水地役权

C. 乙的取水地役权于 3 月 8 日地役权合同生效时设立

D. 乙的取水地役权于 3 月 15 日地役权登记完成时设立

E. 5 月 10 日之后，丙有权拒绝乙在其受让的承包地上行使取水地役权

【解析】（1）选项 ABE：土地承包经营权、建设用地使用权等转让的，地役权一并转让，但是合同另有约定的除外。（2）选项 CD：设立地役权，当事人应当采用书面形式订立地役权合同；地役权自地役权合同生效时设立。

【答案】BC

【真题 2 · 多选题】《民法典》规定了地役权制度。下列有关地役权的表述中，正确的有（　　）。（2011 年）

A. 地役权是自物权

B. 设定地役权应当签订书面合同

C. 地役权自地役权合同生效时设立

D. 地役权属于用益物权

E. 地役权是供役地所有人或者使用人享有的权利

【解析】选项 ADE：地役权是用益物权、他物权，是需役地所有人或使用人享有的权利。

【答案】BCD

第四单元　担保物权

查看本单元视频，快速 GET 知识点

使用“会计云课堂”App 或“微信”扫码

01 担保物权概述（★★）

概念	担保物权人在债务人不履行到期债务或者发生当事人约定的实现担保物权的情形，依法享有就担保财产优先受偿的权利，但是法律另有规定的除外
范围	担保物权的担保范围包括主债权及其利息、违约金、损害赔偿金、保管担保财产和实现担保物权的费用。当事人另有约定的，按照其约定（约定→法定）
担保合同	（1）设立担保物权，应当依照《民法典》和其他法律的规定订立担保合同 （2）担保合同包括抵押合同、质押合同和其他具有担保功能的合同 （3）担保合同是主债权债务合同的从合同。主债权债务合同无效的，担保合同无效，但是法律另有规定的除外

特征	从属性、附随性	担保物权是为确保债权实现而设立的，其存在以债权的存在为前提，随债权的转移而转移，并随债权的消灭而消灭（从物权）	
	不可分性	担保物的分割、部分灭失或转让，被担保债权的分割或部分转让，均不影响担保物权，担保物权人仍然能够完整地行使其担保物权	
	物上代位性	担保期间，担保财产毁损、灭失或者被征收等，担保物权人可以就获得的保险金、赔偿金或者补偿金等优先受偿。被担保债权的履行期限未届满的，也可以提存该保险金、赔偿金或者补偿金等	
分类	以发生原因为标准	法定担保物权	留置权
		意定担保物权	抵押权、质权
	以《民法典》物权编是否明确规定（2022年新增）	典型担保物权	抵押权、质权、留置权
		非典型担保物权	所有权保留买卖中出卖人所保留的所有权、融资租赁合同中出租人所保留的所有权、保理合同中保理人的权利、让与担保中受让人的名义所有权

【总结】

	所有权	抵押权	质权	留置权
不动产	√	√	×	×
动产	√	√	√	√

经典题解

【真题1·单选题】 下列有关抵押权的说法中，正确的是（　　）。（2019年）

A. 抵押权属于主物权　　B. 抵押权具有物上代位性

C. 抵押权的客体限于不动产　　D. 抵押权是以使用、收益为目的的物权

【解析】（1）选项A：抵押权属于从物权。（2）选项C：抵押权的客体包括动产、不动产。（3）选项D：抵押权（担保物权）是以取得标的物的交换价值为目的的物权。

【答案】 B

【真题2·单选题】 根据民事法律制度的规定，担保物权的特征之一是（　　）。（2013年）

A. 担保物权的设立以物的利用为目的

B. 担保物权具有不可分性，即可以不依附于债权而单独设立

C. 担保物权具有物上代位性

D. 担保物权是为确保物权的实现而设立

【解析】（1）选项A：担保物权以取得物的"交换价值"为目的。（2）选项B：担保物权是从物权，具有从属性和附随性，以债权的存在为前提，随债权的转移而转移，并随债权的消灭而消灭。（3）选项D：担保物权是为确保"债权实现"而设立的物权。

【答案】 C

【真题3·单选题】根据民事法律制度的规定，（　　）属于法定担保物权。（2010年）

A. 抵押权　　B. 留置权

C. 动产质权　　D. 权利质权

【解析】留置权是直接基于法律规定而发生的，属于法定担保物权；抵押权、动产质权、权利质权一般由当事人自行设定，属于意定担保物权。

【答案】B

02 抵押权（★★★）

1. 抵押财产范围

可以抵押	不得抵押
（1）建筑物和其他土地附着物 （2）建设用地使用权 （3）海域使用权 （4）生产设备、原材料、半成品、产品 （5）正在建造的建筑物、船舶、航空器 （6）交通运输工具 （7）法律、行政法规未禁止抵押的其他财产 【提示】抵押人可以将上述所列财产一并抵押	（1）土地所有权 （2）宅基地、自留地、自留山等集体所有土地的使用权，但是法律规定可以抵押的除外 （3）学校、幼儿园、医疗机构等为公益目的成立的非营利法人的教育设施、医疗卫生设施和其他公益设施 （4）所有权、使用权不明或者有争议的财产 （5）依法被查封、扣押、监管的财产 （6）法律、行政法规规定不得抵押的其他财产
【房地一体原则】 （1）以建筑物抵押的，该建筑物占用范围内的建设用地使用权一并抵押。以建设用地使用权抵押的，该土地上的建筑物一并抵押；抵押人未一并抵押的，未抵押的财产视为一并抵押 （2）乡镇、村企业的建设用地使用权不得单独抵押；以乡镇、村企业的厂房等建筑物抵押的，其占用范围内的建设用地使用权一并抵押 【提示】建设用地使用权抵押后，该土地上新增的建筑物不属于抵押财产。该建设用地使用权实现抵押权时，应当将该土地上新增的建筑物与建设用地使用权一并处分。但是，新增建筑物所得的价款，抵押权人无权优先受偿	

2. 抵押合同与抵押权设立

抵押合同	设立抵押权，当事人应当采用书面形式订立抵押合同 【提示】抵押合同的书面形式，既可以是单独存在的抵押合同，也可以是债权合同中附设的抵押条款
	当事人之间订立有关设立、变更、转让和消灭不动产物权的合同，除法律另有规定或者当事人另有约定外，自合同成立时生效；未办理物权登记的，不影响合同效力
绝押条款	抵押权人在债务履行期限届满前，与抵押人约定债务人不履行到期债务时抵押财产归债权人所有的，只能依法就抵押财产优先受偿（只发生担保物权效力，而不发生抵押财产所有权转移效力）

不动产抵押权设立	不动产抵押权=有效抵押合同+登记
	以建筑物和其他土地附着物、建设用地使用权、海域使用权或者正在建造的建筑物抵押的，应当办理抵押登记；抵押权自登记时设立（登记要件主义）
动产抵押权设立	动产抵押权=有效抵押合同，+登记>善意第三人
	以动产抵押的，抵押权自抵押合同生效时设立；未经登记，不得对抗善意第三人（登记对抗主义）

经典题解

【真题·单选题】下列关于物权设立时间的说法中，符合《民法典》规定的是（　　）。（2020年）

A. 以正在建造的船舶、航空器抵押的，抵押权自完成抵押登记时设立

B. 居住权自居住权合同生效时设立

C. 建设用地使用权自建设用地使用权出让合同生效时设立

D. 地役权自地役权合同生效时设立

【解析】（1）选项A：以动产抵押的，抵押权自抵押合同生效时设立；未经登记，不得对抗善意第三人。（2）选项B：设立居住权，当事人应当采取书面形式订立居住权合同，并向登记机构申请居住权登记。居住权自登记时设立。（3）选项C：建设用地使用权自登记时设立。

【答案】D

3. 抵押权的效力

担保范围	约定→主债权及其利息、违约金、损害赔偿金和实现抵押权的费用
抵押标的物范围	抵押权及于抵押财产本身及其从物、从权利、孳息；及于抵押财产因加工、附合、混合而形成的添附物；及于抵押财产因侵权行为、保险事故、征收、添附等原因毁损、灭失所获得的赔偿金、补偿金、保险金等代位物（2022年调整）
抵押权实现	债务人不履行到期债务或者发生当事人约定的实现抵押权的情形，抵押权人可以与抵押人协议以抵押财产折价或者以拍卖、变卖该抵押财产所得的价款优先受偿；抵押财产折价或者拍卖、变卖后，其价款超过债权数额的部分归抵押人所有，不足部分由债务人清偿
正常经营活动买受人	以动产抵押的，不得对抗正常经营活动中已经支付合理价款并取得抵押财产的买受人 【解释1】出卖人正常经营活动，是指出卖人的经营活动属于其营业执照明确记载的经营范围，且出卖人持续销售同类商品 【解释2】担保物权人，是指已经办理登记的抵押权人、所有权保留买卖的出卖人、融资租赁合同的出租人

<table>
<tr><td>正常经营活动买受人</td><td colspan="3">买受人在出卖人正常经营活动中通过支付合理对价取得已被设立担保物权的动产，担保物权人请求就该动产优先受偿的，人民法院不予支持，但是有下列情形之一的除外：
（1）购买商品的数量明显超过一般买受人
（2）购买出卖人的生产设备
（3）订立买卖合同的目的在于担保出卖人或者第三人履行债务
（4）买受人与出卖人存在直接或者间接的控制关系
（5）买受人应当查询抵押登记而未查询的其他情形</td></tr>
<tr><td rowspan="2">抵押财产转让</td><td colspan="3">抵押期间，抵押人可以转让抵押财产。当事人另有约定的，按照其约定。抵押财产转让的，抵押权不受影响</td></tr>
<tr><td colspan="3">抵押人转让抵押财产的，应当及时通知抵押权人。抵押权人能够证明抵押财产转让可能损害抵押权的，可以请求抵押人将转让所得的价款向抵押权人提前清偿债务或者提存。转让的价款超过债权数额的部分归抵押人所有，不足部分由债务人清偿</td></tr>
<tr><td rowspan="4">约定不得转让抵押财产（补充，建议掌握）</td><td rowspan="2">不得转让约定未登记</td><td>合同效力</td><td>抵押人违反约定转让抵押财产，抵押权人请求确认转让合同无效的，人民法院不予支持（合同效力不受影响）</td></tr>
<tr><td>物权变动</td><td>（1）抵押财产已经交付或者登记，抵押权人请求确认转让不发生物权效力的，人民法院不予支持，但是抵押权人有证据证明受让人知道的除外（该约定不得对抗善意第三人）
（2）抵押权人请求抵押人承担违约责任的，人民法院依法予以支持</td></tr>
<tr><td rowspan="2">不得转让约定已登记</td><td>合同效力</td><td>抵押人违反约定转让抵押财产，抵押权人请求确认转让合同无效的，人民法院不予支持（合同效力不受影响）</td></tr>
<tr><td>物权变动</td><td>抵押财产已经交付或者登记，抵押权人主张转让不发生物权效力的，人民法院应予支持，但是因受让人代替债务人清偿债务导致抵押权消灭的除外（原则上不发生物权变动效力）</td></tr>
<tr><td>动产抵押未办理登记（补充，建议掌握）</td><td colspan="3">（1）抵押人转让抵押财产，受让人占有抵押财产后，抵押权人向受让人请求行使抵押权的，人民法院不予支持，但是抵押权人能够举证证明受让人知道或者应当知道已经订立抵押合同的除外
（2）抵押人将抵押财产出租给他人并移转占有，抵押权人行使抵押权的，租赁关系不受影响，但是抵押权人能够举证证明承租人知道或者应当知道已经订立抵押合同的除外</td></tr>
<tr><td>数个抵押权并存</td><td colspan="3">同一财产向两个以上债权人抵押的，拍卖、变卖抵押财产所得的价款依照下列规定清偿：
（1）抵押权已经登记的，按照登记的时间先后确定清偿顺序
（2）抵押权已经登记的先于未登记的受偿
（3）抵押权未登记的，按照债权比例清偿</td></tr>
</table>

<table>
<tr><td rowspan="3">超级优先抵押权</td><td colspan="2">动产抵押担保的主债权是抵押物的价款，标的物交付后10日内办理抵押登记的，该抵押权人优先于抵押物买受人的其他担保物权人受偿，但是留置权人除外</td></tr>
<tr><td colspan="2">担保人在设立动产浮动抵押并办理抵押登记后又购入或者以融资租赁方式承租新的动产，下列权利人为担保价款债权或者租金的实现而订立担保合同，并在该动产交付后10日内办理登记，主张其权利优先于在先设立的浮动抵押权的，人民法院应予支持：
（1）在该动产上设立抵押权或者保留所有权的出卖人
（2）为价款支付提供融资而在该动产上设立抵押权的债权人
（3）以融资租赁方式出租该动产的出租人</td></tr>
<tr><td colspan="2">买受人取得动产但未付清价款或者承租人以融资租赁方式占有租赁物但是未付清全部租金，又以标的物为他人设立担保物权，上述所列权利人为担保价款债权或者租金的实现而订立担保合同，并在该动产交付后10日内办理登记，主张其权利优先于买受人为他人设立的担保物权的，人民法院应予支持。同一动产上存在多个价款优先权的，人民法院应当按照登记的时间先后确定清偿顺序</td></tr>
<tr><td>抵押权保全</td><td colspan="2">抵押人的行为足以使抵押财产价值减少的，抵押权人有权请求抵押人停止其行为；抵押财产价值减少的，抵押权人有权请求恢复抵押财产的价值，或者提供与减少的价值相应的担保。抵押人不恢复抵押财产的价值，也不提供担保的，抵押权人有权请求债务人提前清偿债务</td></tr>
<tr><td>抵押权的处分</td><td colspan="2">（1）抵押权人可以放弃抵押权或者抵押权的顺位。抵押权人与抵押人可以协议变更抵押权顺位以及被担保的债权数额等内容。但是，抵押权的变更未经其他抵押权人书面同意的，不得对其他抵押权人产生不利影响
（2）债务人以自己的财产设定抵押，抵押权人放弃该抵押权、抵押权顺位或者变更抵押权的，其他担保人在抵押权人丧失优先受偿权益的范围内免除担保责任，但是其他担保人承诺仍然提供担保的除外</td></tr>
<tr><td rowspan="2">抵押人的权利</td><td>抵押财产的用益权</td><td>抵押权设立后，抵押人仍保有对抵押财产的占有，仍可以对抵押财产进行使用和收益</td></tr>
<tr><td>抵押财产的处分权</td><td>抵押权设立后，抵押人作为抵押财产的所有权人，仍可以对抵押财产进行处分。如转让抵押财产、在抵押财产上为他人再行设立抵押权或者质权等</td></tr>
</table>

经典题解

【真题1·单选题】 3月6日，甲向乙借款10万元，借款3个月，以其自有轿车1辆为乙设立抵押权，双方签订抵押合同。3月16日完成抵押登记，且双方约定抵押期间甲不得将轿车让与他人。4月5日，甲将该轿车卖给丙并完成交付。根据《民法典》相关规定，下列关于甲丙间买卖合同效力及轿车物权变动的说法中，正确的是（　　）。（2021年）

A. 因甲乙约定"抵押期间甲不得将轿车让与他人"，故丙不能取得轿车所有权

B. 4月5日，丙受让取得轿车所有权

C. 3月16日，乙对轿车的抵押权设立

D. 甲丙间买卖合同因违反"抵押期间甲不得将轿车让与他人"约定而无效

【解析】(1) 选项AD：抵押期间，抵押人可以转让抵押财产，当事人另有约定的，按照其约定。当事人约定禁止或者限制转让抵押财产但是未将约定登记，抵押人违反约定转让抵押财产，抵押权人请求确认转让合同无效的，人民法院不予支持；抵押财产已经交付或者登记，抵押权人请求确认转让不发生物权效力的，人民法院不予支持，但是抵押权人有证据证明受让人知道的除外；抵押权人请求抵押人承担违约责任的，人民法院依法予以支持。(2) 选项C：以动产抵押的，抵押权自抵押合同生效时设立；未经登记，不得对抗善意第三人。

【答案】B

【真题2·多选题】5月5日，珠宝经销商甲向乙借款5万元，借期2个月，以其店内价值6万元的"海蓝之密珠宝"为乙设定抵押权，并于同日签订书面抵押合同。5月10日办理了抵押登记。6月5日，丙到甲的店铺选购珠宝，看中"海蓝之密珠宝"，并以6万元的价格购得。7月5日，因甲拒绝偿还借款，乙遂向丙主张行使抵押权，被丙拒绝。根据《民法典》相关规定，下列关于乙之抵押权设立及效力的说法中，正确的有（　　）。(2021年)

A. 乙对"海蓝之密珠宝"的抵押权于5月10日完成抵押登记时设立

B. 乙可基于物权的追及效力向丙主张行使对"海蓝之密珠宝"的抵押权

C. 乙对"海蓝之密珠宝"的抵押权不能对抗丙

D. 乙对"海蓝之密珠宝"的抵押权于5月5日抵押合同生效时设立

E. 乙对"海蓝之密珠宝"的抵押权自5月10日起可以对抗善意第三人

【解析】(1) 选项ADE：以动产抵押的，抵押权自抵押合同生效时设立；未经登记，不得对抗善意第三人。(2) 选项B：第三人善意取得抵押财产的，可以阻断抵押权的追及效力。(3) 选项C：以动产抵押的，不得对抗正常经营活动中已经支付合理价款并取得抵押财产的买受人。

【答案】CDE

【真题3·单选题】甲因急需用钱，以其价值15000元的相机作抵押，分别向乙借款6000元、向丙借款4000元。甲与乙于1月8日签订了相机抵押合同，双方未办理抵押物登记；甲与丙于1月9日签订了相机抵押合同，双方亦未办理抵押物登记。后因甲无力偿还借款，乙、丙行使抵押权，依法拍卖甲的相机，拍卖所得款9000元。下列关于乙、丙对相机拍卖所得款的分配方案中，正确的是（　　）。(2016年)

A. 乙分得5400元、丙分得3600元　　B. 乙分得6000元、丙分得3000元

C. 乙分得4500元、丙分得4500元　　D. 乙分得5000元、丙分得4000元

【解析】同一财产向两个以上债权人抵押的，对于拍卖、变卖抵押财产所得的价款，抵押权未登记的，按照债权比例清偿。因乙、丙的抵押权均未登记，故按照债权比例清偿。

【答案】A

【真题4·单选题】甲企业有一幢价值8000万元的办公大楼，甲企业以该大楼作抵押，向乙银行贷款5000万元，后来，甲企业因扩大生产经营需要，再次以该大楼作抵押，向丙银行贷款2000万元，两个抵押均在贷款合同生效时办理了抵押登记，下列关于两个抵押权效力的说法中，正确的是（　　）。(2014年)

A. 丙银行的抵押权无效，因为先设立的乙银行的抵押权具有排他性

B. 两个抵押权都有效，乙银行和丙银行对抵押物享有平等的受偿权

C. 两个抵押权均有效，但乙银行的抵押权优先于丙银行的抵押权

D. 若两个抵押权设立后，该大楼的价值跌到5000万元，则丙银行的抵押权无效

【解析】同一财产向两个以上债权人抵押的，对于拍卖、变卖抵押财产所得的价款，抵押权未登记的，按照债权比例清偿。抵押权已登记的，按照登记的时间先后确定清偿顺序。若两个抵押权设立后，该大楼的价值跌到5000万元，丙银行可能无法就抵押物受偿，但丙银行的抵押权仍有效。

【答案】C

4. 特殊抵押

最高额抵押	为担保债务的履行，债务人或者第三人对一定期间内将要连续发生的债权提供担保财产的，债务人不履行到期债务或者发生当事人约定的实现抵押权的情形，抵押权人有权在最高债权额限度内就该担保财产优先受偿
	最高额抵押权设立前已经存在的债权，经当事人同意，可以转入最高额抵押担保的债权范围
	最高额抵押担保的债权确定前，部分债权转让的，最高额抵押权不得转让，但是当事人另有约定的除外
	有下列情形之一的，抵押权人的债权确定：（1）约定的债权确定期间届满；（2）没有约定债权确定期间或者约定不明确，抵押权人或者抵押人自最高额抵押权设立之日起满2年后请求确定债权；（3）新的债权不可能发生；（4）抵押权人知道或者应当知道抵押财产被查封、扣押；（5）债务人、抵押人被宣告破产或者解散；（6）法律规定债权确定的其他情形
动产浮动抵押	企业、个体工商户、农业生产经营者可以将现有的以及将有的生产设备、原材料、半成品、产品抵押，债务人不履行到期债务或者发生当事人约定的实现抵押权的情形，债权人有权就抵押财产确定时的动产优先受偿
	抵押财产自下列情形之一发生时确定：（1）债务履行期限届满，债权未实现；（2）抵押人被宣告破产或者解散；（3）当事人约定的实现抵押权的情形；（4）严重影响债权实现的其他情形

经典题解

【真题·多选题】甲公司向乙信用社借款20万元，以甲公司现有的及将有的生产设备、原材料和产品设立抵押。根据《民法典》规定，下列关于该抵押的说法中，正确的有（　　）。（2018年）

A. 抵押合同应当采取书面形式订立

B. 抵押权自抵押登记完成之时设立

C. 抵押权设立后，甲公司不得再使用抵押财产

D. 抵押担保方式属于动产浮动抵押

E. 抵押担保方式不属于动产浮动抵押

【解析】（1）选项A：设立抵押权，当事人应当采用书面形式订立抵押合同。（2）选项B：以动产抵押的，抵押权自抵押合同生效时设立；未经登记，不得对抗善意第三人。

（3）选项C：抵押人在其特定物上为债权人设定抵押权之后，仍可保有抵押物之占有，且可为使用、收益。（4）选项DE：企业、个体工商户、农业生产经营者可以将现有的以及将有的生产设备、原材料、半成品、产品抵押，债务人不履行到期债务或者发生当事人约定的实现抵押权的情形，债权人有权就抵押财产确定时的动产优先受偿。

【答案】AD

03 动产质权（★★★）

概念	为担保债务的履行，债务人或者第三人将其动产出质给债权人占有的，债务人不履行到期债务或者发生当事人约定的实现质权的情形，债权人有权就该动产优先受偿（动产质权成立要件之一系转移占有）
质押合同	设立质权，当事人应当采用书面形式订立质押合同
质权设立	质权自出质人交付质押财产时设立（动产质权=有效的质押合同+交付）
流质条款	质权人在债务履行期限届满前，与出质人约定债务人不履行到期债务时质押财产归债权人所有的，只能依法就质押财产优先受偿（只发生担保物权效力，而不发生质押财产所有权移转效力）
收取孳息	质权人有权收取质押财产的孳息，但是合同另有约定的除外
擅自使用	质权人在质权存续期间，未经出质人同意，擅自使用、处分质押财产，造成出质人损害的，应当承担赔偿责任
妥善保管	质权人负有妥善保管质押财产的义务；因保管不善致使质押财产毁损、灭失的，应当承担赔偿责任
擅自转质	质权人在质权存续期间，未经出质人同意转质，造成质押财产毁损、灭失的，应当承担赔偿责任
抵押权、质权并存	同一财产既设立抵押权又设立质权的，拍卖、变卖该财产所得的价款按照登记、交付的时间先后确定清偿顺序

经典题解

【真题·多选题】甲向乙借款10万元，甲的朋友丙以其价值15万元的轿车提供担保，乙与丙签订了抵押合同，但未办理抵押登记。后丙向丁借款8万元，以该车设定质押。丙与丁签订了质押合同，并于次日向丁交付了轿车。因甲和丙均未清偿各自到期债务，遂发生纠纷。下列关于本案担保物权设立及效力的说法中，正确的有（　　）。（2016年）

A. 丁优先于乙就轿车变价款受偿

B. 乙和丁应当就轿车变价款按照债权比例受偿

C. 丁的质权自丙向其交付轿车时设立

D. 丁的质权自质押合同签订时设立

E. 乙的抵押权自抵押合同生效时设立

【解析】(1) 选项 AB：同一财产既设立抵押权又设立质权的，拍卖、变卖该财产所得的价款按照登记、交付的时间先后确定清偿顺序。(2) 选项 CD：动产质权，自出质人交付质押财产时设立。(3) 选项 E：以动产抵押的，抵押权自抵押合同生效时设立；未经登记，不得对抗善意第三人。

【答案】ACE

04 权利质权（★★★）

权利	设立及相关规定	
汇票、本票、支票、债券、存款单、仓单、提单	有权利凭证	质权自权利凭证交付质权人时设立，法律另有规定除外
	无权利凭证	质权自办理出质登记时设立，法律另有规定除外
	兑现日期或者提货日期先于主债权到期的，质权人可以兑现或者提货，并与出质人协议将兑现的价款或者提取的货物提前清偿债务或者提存	
可以转让的基金份额、股权	(1) 质权自办理出质登记时设立 (2) 出质后，不得转让，但是出质人与质权人协商同意的除外。出质人转让基金份额、股权所得的价款，应当向质权人提前清偿债务或者提存	
可以转让的注册商标专用权、专利权、著作权等知识产权中的财产权	(1) 质权自办理出质登记时设立 (2) 出质后，出质人不得转让或者许可他人使用，但是出质人与质权人协商同意的除外。出质人转让或者许可他人使用出质的知识产权中的财产权所得的价款，应当向质权人提前清偿债务或者提存	
现有的以及将有的应收账款	(1) 质权自办理出质登记时设立 (2) 出质后，不得转让，但是出质人与质权人协商同意的除外。出质人转让应收账款所得的价款，应当向质权人提前清偿债务或者提存	

经典题解

【真题1·多选题】根据《民法典》规定，下列财产权利中，可以出质的有（ ）。(2020年)

A. 建设用地使用权　　B. 可以转让的股权

C. 土地经营权　　D. 将有的应收账款

E. 现有的应收账款

【答案】BDE

【真题2·单选题】甲为顺利向乙借款，拟向乙提供质押担保。根据《民法典》相关规定，下列甲拟设立质押担保的财产或权利中，须经登记才能设立质权的是（ ）。(2021年)

A. 单反相机　　B. 家用轿车

C. 提单　　D. 应收账款

【解析】（1）选项AB：动产质权，自出质人交付质押财产时设立。（2）选项C：以汇票、本票、支票、债券、存款单、仓单、提单出质的，质权自权利凭证交付质权人时设立；没有权利凭证的，质权自办理出质登记时设立。法律另有规定的，依照其规定。

【答案】D

【真题3·单选题】根据《民法典》规定，下列财产权利中，设立权利质权需要办理出质登记的是（　　）。（2020年）

A. 提单　　B. 支票

C. 可以转让的基金份额　　D. 存款单

【解析】（1）选项ABD：以汇票、本票、支票、债券、存款单、仓单、提单出质的，质权自权利凭证交付质权人时设立；没有权利凭证的，质权自办理出质登记时设立。法律另有规定的，依照其规定。（2）选项C：以可以转让的基金份额、股权出质的，质权自办理出质登记时设立。

【答案】C

【真题4·单选题】根据《民法典》规定，设立权利质权时，不属于只能办理出质登记才能设立的财产权利是（　　）。（2018年）

A. 专利权中的财产权　　B. 现有的以及将有的应收账款

C. 债券　　D. 可以转让的基金份额

【答案】C

【真题5·单选题】甲公司为生产经营需要向乙合伙企业借款300万元，由丙个人独资企业提供价值200万元的房屋作抵押。乙合伙企业、丙个人独资企业签订了房屋抵押合同，但未办理抵押登记。另外，甲公司又以一张汇票出质，与乙合伙企业签订了质押合同。甲公司将汇票交付给乙合伙企业，但未办理出质登记。根据《民法典》规定，下列关于本案合同效力和担保物权设立效力的说法中，正确的是（　　）。（2018年）

A. 质押合同无效　　B. 抵押权未设立

C. 质权未设立　　D. 抵押合同无效

【解析】选项B：以建筑物和其他土地附着物、建设用地使用权、海域使用权、正在建造的建筑物抵押的，应当办理抵押登记；抵押权自登记时设立。

【答案】B

05 留置权（★★★）

留置权	债务人不履行到期债务，债权人可以留置已经合法占有的债务人的动产，并有权就该动产优先受偿（留置权以“合法占有财产”为前提）
	债权人留置的动产，应当与债权属于同一法律关系，但是企业之间留置的除外
	法律规定或者当事人约定不得留置的动产，不得留置
	留置财产为可分物的，留置财产的价值应当相当于债务的金额

孳息收取权	留置权人有权收取留置财产的孳息。收取孳息应当先充抵收取孳息的费用
妥善保管	留置权人负有妥善保管留置财产的义务；因保管不善致使留置财产毁损、灭失的，应当承担赔偿责任
债务履行期限	留置权人与债务人应当约定留置财产后的债务履行期限；没有约定或者约定不明确的，留置权人应当给债务人60日以上履行债务的期限，但是鲜活易腐等不易保管的动产除外。债务人逾期未履行的，留置权人可以与债务人协议以留置财产折价，也可以就拍卖、变卖留置财产所得的价款优先受偿
留置权人优先受偿	同一动产上已经设立抵押权或者质权，该动产又被留置的，留置权人优先受偿
消灭	留置权人对留置财产丧失占有或者留置权人接受债务人另行提供担保的，留置权消灭

经典题解

【真题·单选题】甲将其电动自行车借给乙使用，乙在使用时发生故障，遂将电动自行车交给丙修理中心修理。丙修理中心将电动自行车修好后，乙却以电动自行车非其所有为由拒付维修费。因乙在催告期内仍未支付维修费，丙修理中心遂变卖该电动自行车以实现其维修费债权。根据《民法典》规定，下列关于丙修理中心权利行使及行为效力的说法中，正确的是（　　）。（2020年）

A. 丙修理中心不能对电动自行车行使留置权，因乙对电动自行车无处分权

B. 丙修理中心变卖电动自行车的行为效力待定

C. 丙修理中心变卖电动自行车的行为对甲构成侵权

D. 丙修理中心可以对电动自行车行使留置权

【解析】债务人不履行到期债务，债权人可以留置已经合法占有的债务人的动产，并有权就该动产优先受偿。

【答案】D

06 数种担保并存时的效力规则（★★）

意定担保物权并存于同一担保财产	同一财产既设立抵押权又设立质权的，拍卖、变卖该财产所得的价款按照登记、交付的时间先后确定清偿顺序
	动产抵押担保的主债权是抵押物的价款，标的物交付后10日内办理抵押登记的，该抵押权人优先于抵押物买受人的其他担保物权人受偿，但是留置权人除外（购置款超级优先权）
意定担保物权和法定担保物权并存于同一担保财产	同一动产上已经设立抵押权或者质权，该动产又被留置的，留置权人优先受偿

<table>
<tr><td rowspan="1">同一债务之意定担保物权和保证担保并存</td><td colspan="2">（1）被担保的债权既有物的担保又有人的担保的，债务人不履行到期债务或者发生当事人约定的实现担保物权的情形，债权人应当按照约定实现债权
（2）没有约定或者约定不明确，债务人自己提供物的担保的，债权人应当先就该物的担保实现债权；第三人提供物的担保的，债权人可以就物的担保实现债权，也可以请求保证人承担保证责任。提供担保的第三人承担担保责任后，有权向债务人追偿（根据物的担保的提供人的不同，而适用不同的效力规则）</td></tr>
<tr><td rowspan="3">同一债务之两个以上第三人提供担保并存</td><td>担保人之间可以相互追偿</td><td>（1）担保人之间约定相互追偿及分担份额，承担了担保责任的担保人可以请求其他担保人按照约定分担份额
（2）担保人之间约定承担连带共同担保，或者约定相互追偿但是未约定分担份额的，各担保人按照比例分担向债务人不能追偿的部分
（3）担保人之间未对相互追偿作出约定且未约定承担连带共同担保，但是各担保人在同一份合同书上签字、盖章或者按指印，承担了担保责任的担保人可以请求其他担保人按照比例分担向债务人不能追偿部分</td></tr>
<tr><td>担保人之间不得相互追偿</td><td>除上述规定的情形外，承担了担保责任的担保人请求其他担保人分担向债务人不能追偿部分的，人民法院不予支持</td></tr>
<tr><td colspan="2">同一债务有两个以上第三人提供担保，担保人受让债权的，人民法院应当认定该行为系承担担保责任。受让债权的担保人作为债权人请求其他担保人承担担保责任的，人民法院不予支持；该担保人请求其他担保人分担相应份额的，依照上述的规定处理（2022年新增）</td></tr>
</table>

第五单元　占　有

查看本单元视频，快速GET知识点
使用“会计云课堂”App或“微信”扫码

占有（★★★）

<table>
<tr><td colspan="2">概念</td><td colspan="2">人对物进行管领与控制的事实</td></tr>
<tr><td rowspan="8">分类</td><td rowspan="2">有无占有权源</td><td>有权占有</td><td>基于法律上的原因而为的占有</td></tr>
<tr><td>无权占有</td><td>欠缺法律上的原因的占有</td></tr>
<tr><td rowspan="2">是否知其无权占有</td><td>善意占有</td><td>占有人不知无占有的权源，而误信有正当权源且无怀疑地占有</td></tr>
<tr><td>恶意占有</td><td>占有人明知无占有的权源，或对是否有权源虽怀疑而仍为占有</td></tr>
<tr><td rowspan="2">是否具有所有的意思</td><td>自主占有</td><td>以所有的意思为占有</td></tr>
<tr><td>他主占有</td><td>不以所有的意思为占有</td></tr>
<tr><td rowspan="2">是否直接占有</td><td>直接占有</td><td>占有人事实上占有物，直接对物有事实上的管领力</td></tr>
<tr><td>间接占有</td><td>基于一定法律关系而对事实上占有其物之人有返还请求权的占有</td></tr>
</table>

占有取得原因	民事法律行为	如保管合同、租赁合同
	事实行为	如建造房屋、先占、无因管理、侵权行为
	自然事件	如树上果实落入邻人院内
	占有推定	
占有效力	返还原物请求权	不动产或者动产被占有人占有的，权利人可以请求返还原物及其孳息，但应当支付善意占有人因维护该不动产或者动产支出的必要费用
	损害赔偿请求权	占有人因使用占有的不动产或者动产，致使该不动产或者动产受到损害的，恶意占有人应当承担赔偿责任
	占有返还请求权	占有的不动产或者动产被侵占的，占有人有权请求返还原物；占有人返还原物的请求权，自侵占发生之日起 1 年内未行使的，该请求权消灭（该 1 年为除斥期间）
	物上代位性	占有的不动产或者动产毁损、灭失，该不动产或者动产的权利人请求赔偿的，占有人应当将因毁损、灭失取得的保险金、赔偿金或者补偿金等返还给权利人；权利人的损害未得到足够弥补的，恶意占有人还应当赔偿损失
	排除妨害请求权	对妨害占有的行为，占有人有权请求排除妨害或者消除危险；因侵占或者妨害造成损害的，占有人有权依法请求损害赔偿

经典题解

【真题 1 · 单选题】甲将 1 幅山水画交乙保管。保管期间乙将山水画送交丙装裱。装裱期间甲将该山水画出售于丁，双方约定待装裱完毕由丁直接向丙请求返还山水画。根据民法相关理论，下列关于甲丁约定完成之时各当事人对山水画占有状态的说法中，正确的是（　　）。(2021 年)

A. 甲无权占有　　B. 乙自主占有

C. 丙善意占有　　D. 丁间接占有

【解析】间接占有：基于一定法律关系而对事实上占有其物之人有返还请求权的占有。

【答案】D

【真题 2 · 多选题】甲、乙签订合同，甲承租乙的房屋。租期届满后，甲拒绝退出房屋。这种情形下，甲对该房屋的占有属于（　　）。(2016 年)

A. 善意占有　　B. 恶意占有

C. 直接占有　　D. 无权占有

E. 有权占有

【解析】（1）选项 DE：租期届满后，甲拒绝退出房屋，甲属于无权占有。（2）选项 AB：甲对于自己无权占有属于明知，故甲属于恶意占有。（3）选项 C：甲属于直接占有。

【答案】BCD

【真题3·多选题】 甲向乙借款，并将其1辆电动三轮车出质给乙。在质押期间，为向丙借款，乙擅自将该三轮车出质给不知情的丙，丙欠丁借款到期，丁多次催讨未果。某日，丁趁丙不在家，将该三轮车偷偷骑走。之后向丙声称："如不还借款，就以三轮车抵债"。下列有关三轮车占有的性质及效力的说法中，符合《民法典》规定的有（　　）。（2019年）

A. 丙可基于占有返还请求权请求丁返还三轮车

B. 丙可基于物权请求权请求丁返还三轮车

C. 乙因甲的出质而善意占有三轮车

D. 丁对三轮车的占有属于恶意占有

E. 丁基于对三轮车的占有而取得留置权

【解析】（1）选项A：占有的不动产或者动产被侵占的，占有人有权请求返还原物。（2）选项B：丙基于善意取得制度取得了对该电动三轮车的质权，故丙可基于物权请求权请求丁返还三轮车。（3）选项C：乙因甲的出质对三轮车的占有为有权占有，而善意占有属无权占有。（4）选项D：丁对自己无权占有属于明知，故丁为恶意占有。（5）选项E：留置权要求留置权人合法占有债务人的动产。

【答案】 ABD

【真题4·单选题】 甲75岁，拥有一套住房。甲计划周游世界，遂于2021年3月1日与乙签订房屋买卖合同和居住权合同，双方约定：甲将其住房以市价80%的价格卖给乙；乙在其受让的住房上为甲设立居住权，期限为甲的余生。同年5月1日，甲乙双方办理了住房所有权转移登记和居住权登记。根据《民法典》相关规定，下列关于住房物权变动及占有性质的说法中，正确的是（　　）。（2021年）

A. 3月1日，乙取得对住房的间接占有

B. 5月1日，乙取得对住房的直接占有

C. 5月1日，甲取得对住房的居住权

D. 3月1日，甲丧失其住房的所有权

【解析】（1）关于所有权：不动产物权的设立、变更、转让和消灭，经依法登记，发生效力；未经登记，不发生效力，但是法律另有规定的除外。所以所有权变动发生在5月1日。（2）关于居住权：居住权自登记时设立。所以甲的居住权在5月1日设立。

【答案】 C

本章小结

用"会计云课堂"App扫码学习

您已成功完成"第八章"的学习，本章共26个考点，您都学会了吗？

为了让您对本章有更清晰的理解，加倍巩固。本书作者陈小球老师将通过"电台音频课"的方式，带您回顾重要考点。

名师点拨，高效提分。

※ 欢迎扫码免费学习。

同步强化练习题

使用“会计云课堂”App 或“微信”扫码快速做题、对答案、看解析、掌握解题思路，开启轻松过关之旅。

一、单项选择题

1. 根据物权法律制度的规定，当事人之间订立有关设立不动产物权的合同，除法律另有规定或者合同另有约定外，自合同成立时生效；未办理物权登记的，其产生的效果是（　　）。
A. 不影响合同效力
B. 合同无效
C. 合同待生效
D. 合同可撤销

2. 根据民事法律制度的规定，下列属于主物权的是（　　）。
A. 地役权
B. 抵押权
C. 建设用地使用权
D. 权利质权

3. 根据物权法律制度规定，下列属于物权的继受取得的是（　　）。
A. 甲在海边游玩捡到一枚贝壳
B. 乙接受赠与获得了一幅字画
C. 丙误将邻居丁的油漆刷在自己家墙上
D. 戊合法建造房屋

4. 根据物权法律制度规定，下列物权变动中，未经登记，不得对抗善意第三人的是（　　）。
A. 甲以自有住房为某商业银行设定抵押权
B. 乙以自有小汽车为银行设定抵押权
C. 丙将自有手机卖给戊
D. 丁以建设用地使用权为某商业银行设立抵押权

5. 下列物权变动中，以登记作为对抗要件的是（　　）。
A. 设立建设用地使用权
B. 以建设用地使用权设立抵押权
C. 设立地役权
D. 设立动产质权

6. 甲乙二人系好友，3 月 8 日，甲借乙的单反相机外出旅游，3 月 20 日，归来后甲通过微信向乙表示愿意以 5000 元价格购买该相机。3 月 21 日，乙通过微信表示同意，甲于 3 月 22 日通过微信向乙转账 5000 元。根据物权法律制度的规定，下列说法中，正确的是（　　）。
A. 该交付属于现实交付，甲于 3 月 8 日取得该相机的所有权
B. 该交付属于简易交付，甲于 3 月 21 日取得该相机的所有权
C. 该交付属于现实交付，甲于 3 月 20 日取得该相机的所有权
D. 该交付属于简易交付，甲与 3 月 22 日取得该相机的所有权

7. 甲借乙的帐篷郊游，同行的丙见该帐篷后十分喜欢，遂向乙发微信表示愿意以 500 元价格购买该帐篷。乙表示同意，随

后乙在微信上将三人拉群并通知甲该帐篷已经卖给丙的事实，并请甲郊游结束后直接将该帐篷交付给丙。根据物权法律制度的规定，该交付属于（ ）。

A. 现实交付
B. 指示交付
C. 简易交付
D. 占有改定

8. 甲改装了自己的山地车，邻居乙见后异常喜欢，表示愿意高价买下，为防止乙事后反悔，甲立即同意，并收取了价款。双方约定由甲继续用该车训练，待其周末参加完自行车赛后再向乙返还车辆。根据物权法律制度规定，山地车的交付方式是（ ）。

A. 现实交付
B. 简易交付
C. 指示交付
D. 占有改定

9. 甲因即将赴国外出差一年而委托乙代为保管其祖传的青花瓷并交付至乙家；某日丙到乙家做客看到该青花瓷，十分喜欢，丙向乙表示愿意以20万元市场价格购买该青花瓷，乙欣然同意。丙当场转账20万元至乙账户，随后在离开时将该青花瓷带走。已知，丙对该青花瓷系乙帮甲保管一事并不知情。甲出差回国，方知该青花瓷已经被丙买走，遂联系丙要求返还该青花瓷。根据物权法律制度的规定，下列说法中，不正确的是（ ）。

A. 甲为青花瓷所有权人，因此有权请求丙返还该青花瓷
B. 丙有权拒绝甲返还青花瓷的请求
C. 丙依据善意取得制度取得该青花瓷的所有权
D. 甲有权向乙请求损害赔偿

10. 甲、乙二人按份共有一台挖掘机，下列关于共有的表述中，不正确的是（ ）。

A. 如甲、乙二人没有约定共有份额，则按照出资额确定共有份额
B. 如因挖掘机致人伤害，在对受害人赔偿责任承担上，甲、乙二人承担连带债务
C. 未经按份共有人乙同意，甲不得转让其持有的份额
D. 如甲欲转让自己的共有份额，乙享有在同等条件下的优先购买权

11. 甲、乙、丙三人共有一辆挖掘机，每人份额为1/3。由于挖掘机故障，甲在乙、丙不知情的情况下将挖掘机送至丁处维修，发生维修费5000元。根据物权法律制度规定，关于5000元维修费负担的说法中，正确的是（ ）。

A. 丁可以要求甲、乙、丙三人中的任何一人、二人或全部承担全部5000元的维修费
B. 丁只能要求甲承担全部5000元的维修费
C. 丁只能分别向甲、乙、丙各主张1/3的维修费
D. 丁应先向甲主张5000元维修费，不能主张的部分再向乙、丙主张

12. 甲、乙、丙三人按份共有一件青花瓷花瓶（每人享有1/3的份额），现甲欲转让其共有份额，在甲、乙、丙三人未作特别约定的情况下，根据物权法律制度规定，下列说法中，正确的是（ ）。

A. 甲应事先征得乙、丙中至少一人的同意，方能将共有份额转让给丁
B. 如甲欲转让共有份额给丙，乙可主张优先购买权
C. 如甲因车祸死亡，甲的合法继承人依法继承该共有份额时，乙、丙可主张优先购买权
D. 不论甲欲转让共有份额给丙还是丁，均无须征得其他按份共有人的同意

13. 我国《民法典》第 271 条规定："业主对建筑物内的住宅、经营性用房等专有部分享有所有权，对专有部分以外的共有部分享有共有和共同管理的权利。"下列表述中，符合物权法律制度的是（　　）。

A. 建筑物区分所有权中业主对共有部分享有的是所有权

B. 业主办理产权登记时需要对共有权作单独登记

C. 建筑物区分所有权中的专有部分所有权、共有部分共有权及成员权是一体的，不可分离

D. 建筑物区分所有权的各部分权利可以分别变动或者转移

14. 根据物权法律制度的规定，下列关于居住权的说法中，正确的是（　　）。

A. 居住权人死亡，住宅的继承人表示继续承受的，则该居住权继续存续

B. 居住权可以约定有偿设立

C. 居住权自居住权合同生效时设立，未经登记，不得对抗善意第三人

D. 设立居住权的住宅一律不得出租

15. 根据物权法律制度规定，下列关于用益物权的表述中，错误的是（　　）。

A. 用益物权是以使用、收益为目的的限定物权

B. 用益物权的享有和行使均须以对物之占有为前提

C. 用益物权是一种独立的物权

D. 用益物权的客体包括不动产和动产

16. 根据物权法律制度规定，可以设立抵押权的是（　　）。

A. 土地所有权

B. 公立大学的教学楼

C. 海域使用权

D. 被依法查封的写字楼

17. 甲因急需用钱，以其价值 1 万元的相机作抵押，先向乙借款 6000 元，后向丙借款 4000 元。后因甲无力偿还借款，乙、丙行使抵押权，依法拍卖甲的相机，拍卖所得款 9000 元。下列关于乙、丙对相机拍卖所得款的分配方案中，不正确的是（　　）。

A. 如乙、丙二人的抵押权均已登记，且乙的登记时间先于丙，则乙分得 6000 元，丙分得 3000 元

B. 如仅乙的抵押权登记，则乙分得 6000 元，丙分得 3000 元

C. 如仅丙的抵押权登记，则乙分得 5000 元，丙分得 4000 元

D. 如乙、丙二人的抵押权均未登记，则乙分得 6000 元，丙分得 3000 元

18. 甲地产公司（以下简称"甲公司"）取得某地块的建设用地使用权，随后进行开发建设。一年后某商场在该地块落成，因缺乏后续投资资金，甲公司以该建设用地使用权向 A 银行设立抵押权，贷款 3000 万元，双方订立了书面抵押合同并办理了抵押登记；半年后甲公司资金再度紧张，遂以该地块上的商场为抵押物向 B 银行设立抵押权，贷款 2000 万元，双方订立了书面抵押合同并办理了抵押登记。还款期限届满后，甲公司无力向 A 银行和 B 银行还款。根据民事法律制度规定，下列说法中，正确的是（　　）。

A. A 银行仅有权就该地块优先 B 银行受偿

B. B 银行仅有权就该商场优先 A 银行受偿

C. A 银行有权就该地块和商场优先 B 银行受偿

D. B 银行有权就该地块和商场优先 A 银行受偿

19. 李某向陈某借款10万元，将一辆卡车抵押给陈某。抵押期间，卡车因车祸严重受损，李某将卡车送到某修理厂大修。后李某无力支付2万元修理费，修理厂遂将卡车留置。此时，李某亦无法偿还欠陈某的到期借款，陈某要求修理厂将卡车交给自己依法进行拍卖，修理厂拒绝。下列关于该争议如何处理的表述中，符合物权法律制度规定的是（　　）。
A. 修理厂应将卡车交给陈某依法拍卖，修理费只能向李某主张
B. 陈某应当向修理厂支付修理费，其后修理厂应向陈某交付卡车
C. 修理厂应将卡车交给陈某依法拍卖，拍卖所得资金优先偿付借款，剩余部分修理厂有受偿权
D. 修理厂可将卡车依法拍卖，所得价款优先偿付修理费，剩余部分陈某有优先受偿权

20. 甲、乙签订保管合同，双方约定由甲保管乙祖传的青花瓷1年，乙支付报酬1万元。保管期限届满后，甲拒绝向乙返还该青花瓷。根据物权法律制度的规定，下列关于甲对该青花瓷的占有属性的说法中，不正确的是（　　）。
A. 善意占有
B. 恶意占有
C. 直接占有
D. 无权占有

21. 甲家的牛从院子里走到马路上，被乙牵回自己家意欲占为己有。根据物权法律制度的规定，下列说法中，不正确的是（　　）。
A. 甲可以请求乙返还该牛，但应支付乙占有期间的饲料费等必要费用
B. 如乙疯狂让该牛犁地，导致该牛累病，乙应当承担赔偿责任
C. 如丙听说后，趁乙不备将该牛牵回自己家，则乙有权请求丙返还该牛
D. 如丙听说后，趁乙不备将该牛牵回自己家，则乙返还原物的请求权，自侵占发生之日起1年内未行使的，该请求权消灭

二、多项选择题

1. 下列属于限制流通物的有（　　）。
A. 土地
B. 黄金
C. 淫秽出版物
D. 麻醉药品
E. 文物

2. 关于物的分类，下列说法中，正确的有（　　）。
A. 租金属于法定孳息
B. 汽车属于消耗物
C. 超市捆绑销售的薯片属于合成物
D. 汽油属于可分物
E. 室内安装的吊灯属于定着物

3. 下列选项中，属于物权法基本原则的有（　　）。
A. 一物一权原则
B. 物权法定原则
C. 公示公信原则
D. 诚实信用原则
E. 公序良俗原则

4. 根据物权法律制度的规定，关于不动产登记，下列说法中，正确的有（　　）。
A. 登记机构予以异议登记的，申请人在异议登记之日起15日内不起诉，异议登记失效

B. 异议登记不当，造成权利人损害的，权利人可以向登记机关请求损害赔偿
C. 预告登记后，未经预告登记的权利人同意，处分该不动产的，不发生物权效力
D. 预告登记后，债权消灭或者自能够进行不动产登记之日起90日内未申请登记的，预告登记失效
E. 当事人签订买卖房屋的协议或者签订其他不动产物权的协议，为保障将来实现物权，按照约定可以向登记机构申请预告登记

5. 下列所有权的取得方式中，属于原始取得的有（　　）。
A. 先占　　B. 没收
C. 买卖　　D. 赠与
E. 善意取得

6. 根据物权法律制度的规定，关于共有，下列说法中，正确的有（　　）。
A. 共有人对共有的不动产或者动产没有约定为按份共有或者共同共有，或者约定不明确的，一律视为共同共有
B. 处分共有的不动产或者动产，应当经占份额2/3以上的按份共有人或者全体共同共有人同意，但是共有人之间另有约定的除外
C. 对共有的不动产或者动产作重大修缮，应当经占份额2/3以上的按份共有人或者全体共同共有人同意，但是共有人之间另有约定的除外
D. 变更共有的不动产或者动产的性质或者用途，一律应当经占份额2/3以上的按份共有人或者全体共同共有人同意
E. 按份共有人经全体按份共有人过半数同意可以对外转让其享有的共有的不动产或者动产份额；其他共有人在同等条件下享有优先购买的权利

7. 甲、乙、丙三人按份共有一青花瓷器，三人订立的共有协议中仅约定了三人的份额均为1/3，其余事项均未约定。现甲拟转让其共有份额，根据物权法律制度规定，下列说法中正确的有（　　）。
A. 如甲拟将其共有份额转让给乙，则丙有权主张行使同等条件下的优先购买权
B. 如甲拟将其共有份额转让给丁，则丙有权主张行使同等条件下的优先购买权
C. 如甲向乙、丙发出的包含同等条件内容的通知中未载明优先购买权的行使期间，则乙、丙优先购买权的行使期间为通知送达之日起15日
D. 如甲未就其转让共有份额通知乙、丙，则乙、丙优先购买权的行使期间为其知道或者应当知道最终确定的同等条件之日起15日
E. 如甲未就其转让共有份额通知乙、丙，则乙、丙有权以其优先购买权受到侵害为由，请求撤销共有份额转让合同

8. 根据物权法律制度规定，关于业主共同决定筹集建筑物及其附属设施的维修资金，下列说法中正确的有（　　）。
A. 应当由专有部分面积占比过半数的业主且人数占比过半数的业主参与表决
B. 应当由专有部分面积占比2/3以上的业主且人数占比2/3以上的业主参与表决
C. 应当经参与表决专有部分面积过半数的业主且参与表决人数过半数的业主同意
D. 应当经参与表决专有部分面积2/3以上的业主且参与表决人数2/3以上的业主同意
E. 应当经参与表决专有部分面积3/4以上的业主且参与表决人数3/4以上的业主同意

9. 根据物权法律制度规定，下列各项中，属于用益物权的有（　　）。
A. 居住权　　B. 留置权
C. 地役权　　D. 所有权
E. 相邻权

10. 根据物权法律制度规定，关于建设用地使用权，下列说法中，正确的有（　　）。
A. 设立建设用地使用权，应当采取出让方式
B. 设立建设用地使用权的，应当向登记机构申请建设用地使用权登记，建设用地使用权自登记时设立
C. 建设用地使用权转让、互换、出资、赠与或者抵押的，当事人可以采用书面形式订立相应的合同
D. 建设用地使用权转让、互换、出资或者赠与的，应当向登记机构申请更正登记
E. 建设用地使用权转让、互换、出资或者赠与的，附着于该土地上的建筑物、构筑物及其附属设施一并处分

11. 根据物权法律制度规定，关于土地承包经营权，下列说法中正确的有（　　）。
A. 土地承包经营权自土地承包经营权合同成立时设立
B. 耕地的承包期为 30~50 年
C. 土地承包经营权人有权将土地承包经营权互换、转让
D. 土地承包经营权互换、转让的，当事人可以向登记机构申请登记；未经登记，不得对抗善意第三人
E. 通过招标、拍卖、公开协商等方式承包农村土地，经依法登记取得权属证书的，可以依法采取出租、入股、抵押或者其他方式流转土地经营权

12. 根据物权法律制度的规定，下列关于居住权的说法中，正确的有（　　）。
A. 设立居住权，当事人应当采用书面形式订立居住权合同
B. 设立居住权的，居住权自居住权合同生效时设立
C. 居住权一律无偿设立
D. 居住权不得转让、继承，但是当事人另有约定的除外
E. 居住权期限届满或者居住权人死亡的，居住权消灭

13. 根据物权法律制度的规定，下列关于地役权的说法中，正确的有（　　）。
A. 地役权以需役地的所有权或使用权的存在为前提，可以与需役地分离而单独让与
B. 设立地役权，当事人应当采取书面形式订立地役权合同，地役权自地役权合同生效时设立
C. 设立地役权，当事人要求登记的，可以向登记机构申请地役权登记；未经登记，不得对抗善意第三人
D. 地役权是存在于他人不动产上的物权
E. 供役地以及供役地上的土地承包经营权、建设用地使用权部分转让时，转让部分涉及地役权的，地役权对受让人不具有约束力

14. 下列属于意定担保物权的有（　　）。
A. 抵押权
B. 质权
C. 定金
D. 留置权
E. 所有权

15. 根据物权法律制度规定，下列财产中可以设定抵押权的有（　　）。
A. 土地所有权
B. 海域使用权

C. 生产设备、原材料、半成品、产品

D. 学校、幼儿园、医疗机构等为公益目的成立的非营利法人的教育设施、医疗卫生设施和其他公益设施

E. 交通运输工具

16. 根据物权法律制度规定，关于抵押合同与抵押权设立的说法中，正确的有（　　）。

A. 设立抵押权，当事人可以采用书面形式订立抵押合同

B. 抵押权人在债务履行期限届满前，与抵押人约定债务人不履行到期债务时抵押财产归债权人所有的，该条款无效

C. 以建筑物和其他土地附着物、建设用地使用权、海域使用权、正在建造的建筑物抵押的，应当办理抵押登记，抵押权自登记时设立

D. 以动产抵押的，抵押权自抵押合同生效时设立

E. 动产抵押权未经登记，不得对抗善意第三人

17. 根据物权法律制度的规定，下列权利中可以出质的有（　　）。

A. 汇票、本票、支票

B. 债券、存款单

C. 仓单、提单

D. 不得转让的基金份额、股权

E. 现有的以及将有的应收账款

18. 根据物权法律制度规定，下列权利质权自权利凭证交付质权人时设立的有（　　）。

A. 汇票、本票、支票

B. 可以转让的基金份额

C. 仓单、提单

D. 著作权

E. 现有的以及将有的应收账款

19. 甲在路边拾得乙丢失的手机欲占为己有，甲对该手机的占有属于（　　）。

A. 善意占有

B. 恶意占有

C. 直接占有

D. 无权占有

E. 有权占有

同步强化练习题参考答案及解析

使用“会计云课堂”App或“微信”扫码对答案、看解析、掌握解题思路，开启轻松过关之旅。

一、单项选择题

1. A　【解析】当事人之间订立有关设立、变更、转让和消灭不动产物权的合同，除法律另有规定或者合同另有约定外，自合同成立时生效；未办理物权登记的，不影响合同效力。

2. C　【解析】担保物权、地役权属于从物权。

3. B　　【解析】（1）选项 ACD：物权的原始取得，是指权利人不依赖他人既有的权利和意志，而是基于法律规定的特定法律事实而取得物权。（2）选项 B：物权的继受取得，是指基于他人既有的权利而取得物权。

4. B　　【解析】船舶、航空器和机动车等的物权的设立、变更、转让和消灭，未经登记，不得对抗善意第三人。

5. C　　【解析】地役权自地役权合同生效时设立。当事人要求登记的，可以向登记机构申请地役权登记；未经登记，不得对抗善意第三人。

6. B　　【解析】简易交付是指动产物权设立和转让前，权利人已经占有该动产的，物权自民事法律行为生效时发生效力。甲在相机买卖合同生效前已经依法占有该相机，因此甲于二人买卖合同生效时（乙 3 月 21 日表示同意，二人之间的买卖合同成立并生效）取得该相机的所有权。

7. B　　【解析】指示交付是指动产物权设立和转让前，第三人占有该动产的，负有交付义务的人可以通过转让请求第三人返还原物的权利代替交付。

8. D　　【解析】占有改定：动产物权转让时，当事人又约定由出让人继续占有该动产的，物权自该约定生效时发生效力。

9. A　　【解析】本题中丙符合善意取得条件（善意、合理价格、交付），因此丙基于善意取得制度取得该标的物青花瓷的所有权，因此，甲无权请求丙返还该青花瓷。

10. C　　【解析】按份共有人可以转让其享有的共有的不动产或者动产份额，无须经其他按份共有人同意。

11. A　　【解析】按份共有人对外享有连带债权、承担连带债务。

12. D　　【解析】（1）选项 AD：按份共有人可以转让其享有的共有的不动产或者动产份额，无须经其他按份共有人同意。（2）选项 B：按份共有人之间转让共有份额，其他按份共有人主张优先购买的，不予支持，但按份共有人之间另有约定的除外。（3）选项 C：共有份额的权利主体因继承、遗赠等原因发生变化时，其他按份共有人主张优先购买的，不予支持，但按份共有人之间另有约定的除外。

13. C　　【解析】（1）选项 A：业主对建筑物的共有部分享有的是共有权。（2）选项 B：建筑物区分所有权成立登记时，只登记专有部分所有权，而共有权及成员权并不单独登记。（3）选项 D：建筑物区分所有权的各部分权利变动时，须一体变动。

14. B　　【解析】（1）选项 A：居住权期限届满或者居住权人死亡的，居住权消灭。居住权消灭的，应当及时办理注销登记。（2）选项 B：居住权无偿设立，但是当事人另有约定的除外。(3) 选项 C：设立居住权的，应当向登记机构申请居住权登记，居住权自登记时设立。(4) 选项 D：设立居住权的住宅不得出租，但是当事人另有约定的除外。

15. B　|　【解析】并非所有的用益物权的享有和行使都以对物之占有为前提，如眺望地役权。

16. C　|　【解析】选项 ABD：属于不得抵押财产的范围。

17. D　|　【解析】同一财产向两个以上债权人抵押的，拍卖、变卖抵押财产所得的价款依照下列规定清偿：(1) 抵押权已经登记的，按照登记的时间先后确定清偿顺序；(2) 抵押权已经登记的先于未登记的受偿；(3) 抵押权未登记的，按照债权比例清偿。

18. C　|　【解析】(1) 房地一体原则：以建筑物抵押的，该建筑物占用范围内的建设用地使用权一并抵押。以建设用地使用权抵押的，该土地上的建筑物一并抵押；抵押人未一并抵押的，未抵押的财产视为一并抵押。(2) 数个抵押权并存：抵押权已经登记的，按照登记的时间先后确定清偿顺序。

19. D　|　【解析】同一动产上已设立抵押权或者质权，该动产又被留置的，留置权人优先受偿。

20. A　|　【解析】(1) 该青花瓷的所有权人是乙。(2) 保管期限届满后，甲拒绝返还，甲属于无权占有；甲对于自己无权占有属于明知，故甲属于恶意占有；甲属于直接占有。

21. A　|　【解析】(1) 选项 A：不动产或者动产被占有人占有的，权利人可以请求返还原物及其孳息，但应当支付善意占有人因维护该不动产或者动产支出的必要费用。(2) 选项 B：占有人因使用占有的不动产或者动产，致使该不动产或者动产受到损害的，恶意占有人应当承担赔偿责任。(3) 选项 C：占有的不动产或者动产被侵占的，占有人有权请求返还原物；对妨害占有的行为，占有人有权请求排除妨害或者消除危险；因侵占或者妨害造成损害的，占有人有权依法请求损害赔偿。(4) 选项 D：占有人返还原物的请求权，自侵占发生之日起 1 年内未行使的，该请求权消灭。

二、多项选择题

1. BDE　|　【解析】(1) 选项 BDE：限制流通物包括黄金、白银、外币、文物、麻醉药品、运动枪支等。(2) 选项 AC：禁止流通物包括国家专有的物资、土地、矿藏、水流、淫秽出版物等。

2. AD　|　【解析】(1) 选项 B：汽车属于不消耗物。(2) 选项 C：超市捆绑销售的薯片属于集合物。(3) 选项 E：室内安装的吊灯属于附着物。

3. ABC 【解析】选项DE：属于民法的基本原则。

4. ACDE 【解析】选项B：异议登记不当，造成权利人损害的，权利人可以向申请人请求损害赔偿。

5. ABE 【解析】选项CD：属于继受取得。

6. BC 【解析】(1) 选项A：共有人对共有的不动产或者动产没有约定为按份共有或者共同共有，或者约定不明确的，除共有人具有家庭关系等外，视为按份共有。(2) 选项BCD：处分共有的不动产或者动产以及对共有的不动产或者动产作重大修缮、变更性质或者用途的，应当经占份额2/3以上的按份共有人或者全体共同共有人同意，但是共有人之间另有约定的除外。(3) 选项E：按份共有人可以转让其享有的共有的不动产或者动产份额；其他共有人在同等条件下享有优先购买的权利。

7. BCD 【解析】(1) 选项A：按份共有人之间转让共有份额，其他按份共有人主张优先购买的，不予支持，但按份共有人之间另有约定的除外。(2) 选项B：按份共有人可以转让其享有的共有的不动产或者动产份额。其他共有人在同等条件下享有优先购买的权利。(3) 选项CD：优先购买权的行使期间，按份共有人之间有约定的，按照约定处理；没有约定或者约定不明的，按照下列情形确定：①转让人向其他按份共有人发出的包含同等条件内容的通知中载明行使期间的，以该期间为准；②通知中未载明行使期间，或者载明的期间短于通知送达之日起15日的，为15日；③转让人未通知的，为其他按份共有人知道或者应当知道最终确定的同等条件之日起15日；④转让人未通知，且无法确定其他按份共有人知道或者应当知道最终确定的同等条件的，为共有份额权属转移之日起6个月。(4) 选项E：其他按份共有人的请求具有下列情形之一的，不予支持：①未在约定或者法定的期间内主张优先购买，或者虽主张优先购买，但提出减少转让价款、增加转让人负担等实质性变更要求；②以其优先购买权受到侵害为由，仅请求撤销共有份额转让合同或者认定该合同无效。

8. BE 【解析】(1) 选项AB：业主共同决定事项，应当由专有部分面积占比2/3以上的业主且人数占比2/3以上的业主参与表决。(2) 选项CDE：业主共同决定筹集建筑物及其附属设施的维修资金，应当经参与表决专有部分面积3/4以上的业主且参与表决人数3/4以上的业主同意。

9. AC 【解析】用益物权包括建设用地使用权、宅基地使用权、土地承包经营权、居住权、地役权。

10. BE 【解析】(1) 选项A：设立建设用地使用权，可以采取出让或者划拨等方式。(2) 选项C：建设用地使用权转让、互换、出资、赠与或者抵押的，当事人应当采用书面形式订立相应的合同。(3) 选项D：建设用地使用权转让、互换、出资或者赠与的，应当向登记机构申请变更登记。

11. CDE 【解析】(1) 选项 A：土地承包经营权自土地承包经营权合同生效时设立。(2) 选项 B：耕地的承包期为 30 年。草地的承包期为 30~50 年。林地的承包期为 30~70 年。

12. AE 【解析】(1) 设立居住权，当事人应当采用书面形式订立居住权合同，A 选项正确；(2) 设立居住权的，应当向登记机构申请居住权登记，居住权自登记时设立，B 选项错误；(3) 居住权无偿设立，但是当事人另有约定的除外，C 选项错误；(4) 居住权不得转让、继承，D 选项错误；(5) 居住权期限届满或者居住权人死亡的，居住权消灭，E 选项正确。

13. BCD 【解析】(1) 选项 A：地役权以需役地的所有权或使用权的存在为前提，不得与需役地分离而单独让与。(2) 选项 E：供役地以及供役地上的土地承包经营权、建设用地使用权部分转让时，转让部分涉及地役权的，地役权对受让人具有约束力。

14. AB 【解析】(1) 选项 D：留置权系法定担保物权。(2) 选项 CE：定金和所有权不属于担保物权。

15. BCE 【解析】债务人或者第三人有权处分的下列财产可以抵押：(1) 建筑物和其他土地附着物；(2) 建设用地使用权；(3) 海域使用权；(4) 生产设备、原材料、半成品、产品；(5) 正在建造的建筑物、船舶、航空器；(6) 交通运输工具；(7) 法律、行政法规未禁止抵押的其他财产。

16. CDE 【解析】(1) 选项 A：设立抵押权，当事人应当采用书面形式订立抵押合同。(2) 选项 B：抵押权人在债务履行期限届满前，与抵押人约定债务人不履行到期债务时抵押财产归债权人所有的，只能依法就抵押财产优先受偿。

17. ABCE 【解析】债务人或者第三人有权处分的下列权利可以出质：(1) 汇票、本票、支票；(2) 债券、存款单；(3) 仓单、提单；(4) 可以转让的基金份额、股权；(5) 可以转让的注册商标专用权、专利权、著作权等知识产权中的财产权；(6) 现有的以及将有的应收账款；(7) 法律、行政法规规定可以出质的其他财产权利。

18. AC 【解析】以汇票、本票、支票、债券、存款单、仓单、提单出质的，质权自权利凭证交付质权人时设立；没有权利凭证的，质权自办理出质登记时设立。法律另有规定的，依照其规定。

19. BCD 【解析】(1) 选项 DE：拾得遗失物，甲属于无权占有。(2) 选项 AB：甲对于自己无权占有属于明知，故甲属于恶意占有。(3) 选项 C：甲属于直接占有。

第九章　债　法

本章学习指南

一、考情概况

本章近 3 年平均考查分值约 19.7 分，考查题型通常为单选题、多选题和综合分析题。

本章为重点章节，内容包括债法总论、合同编通则、典型合同和侵权责任法相关知识；考题较为灵活、综合性强、理解与记忆难度高。

最近 3 年题型题量分析表

题型	2021 年	2020 年	2019 年
单项选择题	12.0 分	9.0 分	6.0 分
多项选择题	6.0 分	6.0 分	4.0 分
综合分析题	2.0 分	4.0 分	10.0 分
合计	20.0 分	19.0 分	20.0 分

二、教材变动

1. 新增缔约过失之债属于法定之债、单方允诺之债属于意定之债；
2. 新增无因管理中负债清偿请求权、不真正无因管理；
3. 新增不当得利中给付不当得利的情形、受损人的损失利益返还请求权；
4. 调整债的分类中按照债的给付标的分类；
5. 新增不真正连带债务与连带债务；
6. 新增任意之债与选择之债区别；
7. 调整给付义务、附随义务相关表述；
8. 新增不真正义务；
9. 调整债权人代位权中债务人“怠于行使”的解释；
10. 新增保证合同无效的法律后果；
11. 新增保证人可拒绝承担保证责任的情形；
12. 新增第三人替代履行；
13. 新增清偿抵充；
14. 新增认定紧急避险采取措施不当或者超过必要的限度应承担责任的考虑因素；
15. 新增机动车发生交通事故造成损害责任承担具体规则；

16. 新增侵权责任的承担方式；
17. 删除自然之债与法定之债；
18. 个别文字调整。

核心考点精讲

第一单元 债法总论

查看本单元视频，快速 GET 知识点
使用“会计云课堂”App或“微信”扫码

01 债的发生原因（★★★）

发生原因	合同、缔约过失、单方允诺、侵权行为、无因管理、不当得利	
合同（任意性）	合同是民事主体之间设立、变更、终止民事法律关系的协议	
缔约过失（法定之债）	当事人在订立合同过程中有下列情形之一，造成对方损失的，应当承担赔偿责任： （1）假借订立合同，恶意进行磋商 （2）故意隐瞒与订立合同有关的重要事实或者提供虚假情况 （3）泄露或者不正当地使用在订立合同过程中知悉的商业秘密或者其他应当保密的信息 （4）有其他违背诚信原则的行为	
单方允诺（意定之债）	单方允诺，是指表意人向相对人作出的，为自己设定某种义务，使相对人取得某种权利的意思表示，如悬赏广告	
	悬赏人以公开方式声明对完成特定行为的人支付报酬的，完成该行为的人可以请求其支付	
	单方允诺是表意人向不特定相对人发出的要约，相对人践行允诺内容则构成承诺，表意人与相对人之间的债权债务关系于相对人践行允诺内容之时发生	
侵权行为（法定之债）	侵权行为，是指不法侵害他人民事权益造成损害，依法应当承担民事责任的致害行为。被侵权人有权请求侵权人予以赔偿，侵权人也应当向被侵权人进行赔偿，双方因此形成以损害赔偿为主要内容的债权债务关系	

考点提示

好意施惠，又称情谊行为或君子协议，是指当事人之间无意设定法律上的权利义务关系，而由当事人一方基于良好的道德风尚实施的使另一方受恩惠的关系，旨在增进情谊的行为。好意施惠关系主要因为缺乏意思表示中的意思要素，因此，不能产生法律效果，不受民法调整。（补充）

经典题解

【真题1·多选题】在民法上，能引起债发生的法律事实有（　　）。（2013年）

A. 侵权行为　　B. 纳税

C. 不当得利　　D. 生产

E. 先占

【答案】AC

【真题2·单选题】甲公司得知乙公司正在与丙公司进行商务谈判，甲公司本无意与丙公司签约合作，但为排挤竞争对手乙公司，就向丙公司提出了更好的交易条件。乙公司退出后，甲公司借故中止谈判，未与丙公司签约，给丙公司造成了经济损失。甲公司对丙公司依法应承担的民事责任是（　　）。（2016年）

A. 缔约过失责任　　B. 违约责任

C. 公平责任　　D. 侵权责任

【解析】本题所述情形属于"假借订立合同，恶意进行磋商"，因此在订立合同过程中造成对方当事人损失的，应当承担缔约过失责任。

【答案】A

【真题3·多选题】根据《民法典》规定，承担缔约过失责任的情形有（　　）。（2016年）

A. 合同订立后，违反约定向他人泄露合同中的商业秘密的

B. 订立合同时，故意提供虚假情况的

C. 履行合同时，不适当履行损害合同相对方利益的

D. 假借订立合同，恶意进行磋商的

E. 订立合同时，故意隐瞒与订立合同有关的重要真实情况的

【解析】（1）选项BDE：根据《民法典》的规定，当事人"在订立合同过程中"有下列情形之一，给对方造成损失的，应当承担赔偿责任：①假借订立合同，恶意进行磋商（选项D）；②故意隐瞒与订立合同有关的重要事实（选项E）或者提供虚假情况（选项B）；③泄露或者不正当地使用在订立合同过程中知悉的商业秘密或者其他应当保密的信息；④有其他违背诚信原则的行为。（2）选项AC：履行合同过程中的违约行为应追究违约责任。

【答案】BDE

【真题4·单选题】根据《民法典》相关规定，下列生活事实中，能够在甲乙之间产生债权债务关系的是（　　）。（2021年）

A. 甲同意乙于3日后搭乘其车去郊区开会，因当天甲临时有事，致乙自费打车前往郊区

B. 甲同意火车到南京时叫醒乙，因甲专注玩手机忘记叫醒乙，致乙过站到达上海

C. 甲搭乘同事乙的车上班，乙违章导致所驾汽车不慎撞树，致甲受伤

D. 甲答应好友乙周末在米其林三星餐厅的宴请，后甲爽约

【解析】选项C：非营运机动车发生交通事故造成无偿搭乘人损害，属于该机动车一方责任的，应当减轻其赔偿责任，但是机动车使用人有故意或者重大过失的除外。

【答案】C

02 无因管理（★★）

<table>
<tr><td rowspan="2">无因管理</td><td colspan="2">管理人没有法定的或者约定的义务，为避免他人利益受损失而管理他人事务的，可以请求受益人偿还因管理事务而支出的必要费用；管理人因管理事务受到损失的，可以请求受益人给予适当补偿；管理人因管理事务负担必要债务的，有权请求被管理人清偿</td></tr>
<tr><td colspan="2">管理事务不符合受益人真实意思的，管理人不享有必要费用偿还请求权；但是，受益人的真实意思违反法律或者违背公序良俗的除外</td></tr>
<tr><td>构成要件</td><td colspan="2">（1）管理人管理他人事务；（2）管理人具有为他人利益而管理的意思；（3）管理人对本人无法定或约定的义务</td></tr>
<tr><td>适当管理义务</td><td colspan="2">管理人管理他人事务，应当采取有利于受益人的方法。中断管理对受益人不利的，无正当理由不得中断</td></tr>
<tr><td>通知义务</td><td colspan="2">管理人管理他人事务，能够通知受益人的，应当及时通知受益人。管理的事务不需要紧急处理的，应当等待受益人的指示</td></tr>
<tr><td>报告和交付义务</td><td colspan="2">管理结束后，管理人应当向受益人报告管理事务的情况。管理人管理事务取得的财产，应当及时转交给受益人</td></tr>
<tr><td>准合同效力转换</td><td colspan="2">管理人管理事务经受益人事后追认的，从管理事务开始时起，适用委托合同的有关规定，但是管理人另有意思表示的除外（效力追溯至管理事务开始时）</td></tr>
<tr><td rowspan="3">不真正无因管理（2022 年新增）</td><td>误信管理</td><td>误将他人事务当作自己事务进行管理（欠缺“为他人管理”主观要件，不成立无因管理，可能成立不当得利或侵权行为）</td></tr>
<tr><td>不法管理</td><td>明知是他人事务，却为自己利益进行管理（欠缺“为他人管理”主观要件，不成立无因管理）</td></tr>
<tr><td>幻想管理</td><td>误将自己事务当作他人事务进行管理（欠缺“管理他人事物”客观要件，不成立无因管理）</td></tr>
</table>

经典题解

【真题·多选题】根据《民法典》规定，下列法律事实中，能够引起无因管理之债发生的有（　　）。（2020 年）

A. 邻居赡养被子女遗弃的老人

B. 抢险队员奋力抢救被洪水围困的群众

C. 路人将晕倒的伤者送医并垫付医药费

D. 居民委员会照料父母因疫情被隔离的幼童

E. 承揽人为定作人保管其提供的原材料

【解析】选项 BDE：无因管理要求管理人没有法定的或者约定的义务，选项 BDE 有法定或约定的义务。

【答案】AC

03 不当得利（★★）

不当得利	得利人没有法律根据取得不当利益的，受损失的人可以请求得利人返还取得的利益，但是有下列情形之一的除外：（1）为履行道德义务进行的给付；（2）债务到期之前的清偿；（3）明知无给付义务而进行的债务清偿
构成要件	（1）一方取得财产利益；（2）他方受有损失；（3）取得利益与受有损失之间存在因果关系；（4）一方取得利益没有合法根据
给付不当得利	（1）因法律行为无效、不成立、被撤销、不被追认而发生的不当得利；（2）因合同解除而发生的不当得利；（3）因非债清偿而发生的不当得利；（4）因合同所附解除条件成就而发生的不当得利；（5）因合同所附终期届至而发生的不当得利
非给付不当得利	（1）受益人的行为（如税务机关多收税款）；（2）受损人的行为（如纳税人多缴税款）；（3）第三人的行为（如送报员将甲订的报纸投入乙的报箱）；（4）自然事件（如因连降暴雨致鱼塘水位升高，甲鱼塘中的鱼跃入相邻的乙鱼塘中）；（5）法律的直接规定（如基于添附、善意取得而发生的不当得利）
受损人的损失利益返还请求权	受损人有权请求得利人返还其所取得的不当利益（2022年新增）
善意得利人返还义务及其免除	得利人不知道且不应当知道取得的利益没有法律根据，仅返还现存利益。取得的利益已经不存在的，不承担返还该利益的义务
恶意得利人返还义务及赔偿义务	得利人知道或者应当知道取得的利益没有法律根据的，受损失的人可以请求得利人返还其取得的利益并依法赔偿损失
第三人返还义务	得利人已经将取得的利益无偿转让给第三人的，受损失的人可以请求第三人在相应范围内承担返还义务

经典题解

【真题·单选题】根据民法相关规定，下列给付中，能够引起不当得利之债发生的是（ ）。（2017年）

A. 非债清偿给付
B. 债务清偿期届至前的清偿
C. 履行道德义务而为的给付
D. 明知无债务的给付

【答案】A

04 债的分类（★★）

发生原因	意定之债	合同（双方法律行为）、遗赠（单方法律行为）
	法定之债	侵权行为之债、无因管理之债、不当得利之债
给付标的	实物之债、货币之债、利息之债、劳务之债、权利之债、损害赔偿之债（2022年调整）	

债的双方主体人数	单数主体之债	债权人和债务人均为一人的债
	复数主体之债	债的当事人一方或双方为两人以上的债
复数主体之债中多数债权人、债务人的对外关系	按份之债	(1) 债权人为 2 人以上，标的可分，按照份额各自享有债权的，为按份债权 (2) 债务人为 2 人以上，标的可分，按照份额各自负担债务的，为按份债务
		按份债权人或者按份债务人的份额难以确定的，视为份额相同
	连带之债	(1) 债权人为 2 人以上，部分或者全部债权人均可以请求债务人履行债务的，为连带债权 (2) 债务人为 2 人以上，债权人可以请求部分或全部债务人履行全部债务的，为连带债务
		连带债权或者连带债务的发生，由法律规定或者当事人约定
复数主体之债的标的是否可分	可分之债	以同一可分给付为标的的复数主体之债，可分之债可以分割履行
	不可分之债	以同一不可分给付为标的的复数主体之债，不可分之债不能分割履行
标的是否可选择	简单之债	债的标的只有一宗，当事人只能按该宗标的履行的债
	选择之债	债的标的有数宗，当事人可以选择其中之一为履行标的的债
		(1) 标的有多项而债务人只需履行其中一项的，债务人享有选择权；但是，法律另有规定、当事人另有约定或者另有交易习惯的除外 (2) 享有选择权的当事人在约定期限内或者履行期限届满未作选择，经催告后在合理期限内仍未选择的，选择权转移至对方 (3) 成立时给付标的有待确定、在选定前地位平等（2022 年新增）
	任意之债	(1) 债权人或债务人可以约定用原定给付之外的其他给付（代用给付）来代替原定给付的债 (2) 成立时给付标的确定，原定给付与代用给付在代用给付发生前有主次之分（2022 年新增）
主从关系	主债	能够独立存在的债（如借款合同）
	从债	从属于主债并且效力受主债影响的债；从债以主债的存在为前提，没有主债就没有从债，主债消灭，从债也随之消灭（如借款的担保合同）
给付方式	一时之债	债的内容只须一次给付或分期给付即可完成之债（如买卖合同）
	持续之债	债的内容须以持续性给付予以完成的债（如租赁合同、保管合同）

05 连带之债的细化规定（★★★）

连带债务人内部效力	（1）连带债务人之间的份额难以确定的，视为份额相同 （2）实际承担债务超过自己份额的连带债务人，有权就超出部分在其他连带债务人未履行的份额范围内向其追偿，并相应地享有债权人的权利，但是不得损害债权人的利益。其他连带债务人对债权人的抗辩，可以向该债务人主张（追偿权、代位权） （3）被追偿的连带债务人不能履行其应分担份额的，其他连带债务人应当在相应范围内按比例分担
连带债务涉他效力	（1）部分连带债务人履行、抵销债务或者提存标的物的，其他债务人对债权人的债务在相应范围内消灭 （2）部分连带债务人的债务被债权人免除的，在该连带债务人应当承担的份额范围内，其他债务人对债权人的债务消灭 （3）部分连带债务人的债务与债权人的债权同归于一人的，在扣除该债务人应当承担的份额后，债权人对其他债务人的债权继续存在 （4）债权人对部分连带债务人的给付受领迟延的，对其他连带债务人也发生受领迟延效力
连带债权内部关系	（1）连带债权人之间的份额难以确定的，视为份额相同 （2）实际受领债权的连带债权人，应当按比例向其他连带债权人返还

经典题解

【真题1·单选题】属于连带之债的特征的是（　　）。（2018年）

A. 债权人之间约定按照份额享有权利

B. 债权人可以依法或依约请求任一债务人履行全部债务

C. 各债务人仅负有履行部分债务的义务

D. 债务人之间约定按照一定的比例负担债务

【解析】选项ACD：均为按份之债的特征。

【答案】B

【真题2·单选题】甲乙因侵权致行人丙受伤，须连带赔偿丙6万元。后丙了解到乙家庭生活困难，遂免除了乙的赔偿债务。根据《民法典》相关规定，丙免除乙赔偿债务的法律后果是（　　）。（2021年）

A. 甲须一次性向丙支付医药费

B. 甲作为连带债务人，也无须再向丙赔偿6万元医药费

C. 甲应单独向丙赔偿6万元医药费

D. 甲只须向丙赔偿3万元医药费

【解析】（1）连带债务人之间的份额难以确定的，视为份额相同。（2）部分连带债务人的债务被债权人免除的，在该连带债务人应当承担的份额范围内，其他债务人对债权人的债务消灭。

【答案】D

06 不真正连带债务与连带债务（2022年新增）（★★）

	不真正连带债务	连带债务
相同之处	债务人均为多数、给付的内容相同、各债务人均负全部给付的义务，债务人之一的给付而使全体债务归于消灭	
产生原因	基于不同的原因发生：债务人的债务各有其发生的独立原因	基于共同原因产生
目的	不具有共同性，只有各自单一的目的	具有共同性
发生的法律要求	并非法律规定，亦不是各债务人约定，而是不同法律关系偶然竞合所致	法律规定、当事人约定
内部求偿性质	非基于分担关系，而是基于终局的责任承担	基于内部分担关系，产生内部求偿权

07 债的效力（★★★）

1. 债权的效力

债权的请求力	债权人依其债权请求债务人履行债务以实现债权的效力
债权的执行力	债务人不履行依给付之诉判决所确定的债务时，债权人可以请求法院通过执行程序强制债务人履行以实现其债权的效力
债权的保持力	债权人可以永久保持所受领债务人给付的效力 【举例】诉讼时效期间届满且债务人提出时效抗辩的债权——不具有请求力，但仍具有保持力（债务人一旦履行，债权人即有权受领并得永久保持）

2. 债权人受领迟延

概念	债权人对债务人已提出的给付，未受领或者未为给付完成提供必要协助的事实（受领迟延是债权人对协助义务的违反）
构成要件	（1）须有履行上需要债权人协助的债务 （2）须债务人已按债的内容提出给付，使债权人处于可予受领的状态 （3）须债权人未予受领，包括不能受领和拒绝受领两种情况
法律后果	（1）减免债务人的责任 （2）使债权人承受不利益

经典题解

【真题·多选题】下列关于债权人受领迟延及其构成要件的说法中，正确的有（　　）。（2017年）

A. 受领迟延是指债务人违反诚信原则

B. 构成受领迟延须债务人已按债的内容提出给付，使债权人处于可受领状态

C. 受领迟延是债权人对协助义务的违反

D. 构成受领迟延须债权人未予受领，包括不能受领和拒绝受领

E. 受领迟延是指债务人超过时间未予给付

【解析】(1) 选项 A：受领迟延是“债权人”违反诚信原则。(2) 选项 E：受领迟延是债权人对债务人已提出的给付，未受领或未为给付完成提供必要协助的事实。债务人超过时间未予给付可能构成给付迟延。

【答案】BCD

3. 债务的效力

给付义务	是否决定债的关系类型	主给付义务	债的关系所固有的、必备的并决定债的关系类型的基本义务
		从给付义务	辅助主给付义务的义务，它并不决定债的关系类型，但债权人可以就从给付义务独立诉请履行，如自行车买卖中交付文件资料（从给付义务可基于当事人的约定、法律规定以及诚信原则而发生）
	给付义务的产生	原给付义务	债原本存在的给付义务
		次给付义务	当原给付义务在履行过程中，因特定事由发生变化而产生的义务；如因合同解除而产生的恢复原状的义务
附随义务	(1) 根据诚实信用原则，依债的关系发展情形所发生的对相对人的告知、照顾、保护等义务；附随义务并非自始确定，而是随着债的关系的发展，于个别情形要求当事人有所作为或者不作为，以此维护对方的固有利益不受损害 (2) 附随义务不得独立诉请履行。附随义务的不履行，债权人原则上不得解除合同，仅能基于债务违反而请求违约损害赔偿(2022 年新增) 【举例 1】承运人对遇险的旅客的救助义务 【举例 2】宾馆对旅客财产的安全保障义务		
前合同义务	当事人为订立合同而进行接触、磋商时所负担的说明、告知、保护、注意等义务		
	法定义务，对前合同义务的违反可能构成缔约过失责任		
后合同义务	(1) 合同之债消灭后，当事人为了维护给付效果或者为了协助相对方终了善后事务所负担的作为或者不作为义务；如劳动者离职后不得泄露用人单位的商业秘密 (2) 债权债务终止后，当事人应当遵循诚信等原则，根据交易习惯履行通知、协助、保密、旧物回收等义务		
不真正义务 (2022 年新增)	(1) 在债的关系中，为使己方权利或利益完全实现，而由债权人负担的义务或风险 (2) 不真正义务的承担人为债权人 (3) 通常不得请求履行，违反亦不发生损害赔偿责任，仅使债权人遭受权利减损或者丧失的不利益		
	当事人一方违约后，对方应当采取适当措施防止损失的扩大；没有采取适当措施致使损失扩大的，不得就扩大的损失请求赔偿		

经典题解

【真题 1 · 多选题】 甲公司将一艘货船卖给乙公司。下列关于给付义务类型的说法中，正确的有（　　）。（2016 年）

A. 甲、乙完成交易后对交易所涉商业秘密的保密义务属于后合同义务

B. 甲在订立合同前将货船有关情况向乙如实告知的义务属于合同的从给付义务

C. 乙公司支付货款的义务属于合同的主给付义务

D. 甲将货船的有关文件或者资料交与乙的义务属于合同的附随义务

E. 甲公司交付货船的义务属于合同的主给付义务

【解析】（1）选项 B：甲在订立合同前将货船有关情况向乙如实告知的义务属于前合同义务。（2）选项 D：甲将货船的有关文件或者资料交与乙的义务属于从给付义务，而非附随义务。

【答案】 ACE

【真题 2 · 单选题】 下列有关给付义务类型的说法中，正确的是（　　）。（2019 年）

A. 买卖合同中出卖人交付标的物使用说明书的义务是附随义务

B. 宾馆对旅客财产的安全保障义务是从给付义务

C. 因合同解除而产生的恢复原状义务是次给付义务

D. 租赁合同订立后出租人交付租赁物的义务是后合同义务

【解析】（1）选项 A：买卖合同中出卖人交付标的物使用说明书的义务是从给付义务。（2）选项 B：宾馆对旅客财产的安全保障义务是附随义务。（3）选项 D：租赁合同订立后出租人交付租赁物的义务是给付义务（主给付义务），而非后合同义务。

【答案】 C

4. 债务违反及其效力

给付不能	指实现给付的内容成为不可能	
	因不可归责于债务人的事由所致	（1）免除债务人的给付义务，且不承担债务违反的责任。全部不能的，免除全部给付义务；部分不能的，免除部分给付义务 （2）债务人应及时向债权人告知给付不能或者需要延期给付或者部分给付的理由，并取得有关证明。否则，使债权人因此受到损失或者使损失扩大的，债务人仍应负赔偿责任 （3）给付不能系由第三人的行为造成或者灭失的标的物已经加入保险的，债权人可以请求债务人让与对第三人的损害赔偿请求权或者对保险人的保险金给付请求权，也可以请求债务人交付所受领的赔偿物 （4）在双务合同中，债权人得以免除对待给付义务
	因可归责于债务人的事由所致	（1）对于全部给付不能，债务人无须履行原定给付义务，但须负损害赔偿责任；对于部分给付不能的，债务人对不能履行的部分负损害赔偿责任，对其他部分仍应按原定的给付履行；但其他部分的履行，对债权人因无利益而成为不必要时，债权人可拒绝受领该部分给付，而请求全部不履行的损害赔偿 （2）债权因合同而发生的，债权人可因债务人的给付不能而行使解除权解除合同，并请求损害赔偿

<table>
<tr><td rowspan="3">给付拒绝</td><td colspan="2">指债务人在债成立后履行期届满之前，能为给付而明确地表示不为给付的意思表示</td></tr>
<tr><td>构成要件</td><td>（1）须存在合法的债务
（2）须给付尚可能
（3）须债务人有拒绝给付的表示
（4）拒绝给付须无合法理由</td></tr>
<tr><td>效力</td><td>（1）履行期已届至但尚未届满前的给付拒绝，债权人有选择权，可以请求债务人继续履行，也可以请求债务人承担不履行债务的责任，后者包括支付违约金、损害赔偿等
（2）履行期届至前的给付拒绝，债权人可以拒绝受领债务人的拒绝表示，亦可直接行使解除权而解除合同</td></tr>
<tr><td rowspan="3">不完全给付</td><td colspan="2">指债务人没有完全按债务的内容所为的给付，包括瑕疵给付和加害给付</td></tr>
<tr><td>构成要件</td><td>（1）须债务人虽然已为给付，但给付不完全，即给付没有完全按债务的内容进行
（2）须可归责于债务人，即造成不完全给付的原因在于债务人</td></tr>
<tr><td>效力</td><td>（1）尚可补正的不完全给付，债务人须将其补正为完全给付，如更换、重作、修理。如补正之给付已过清偿期，债务人就补正之给付，尚须承担给付迟延的责任。对于加害给付，债务人除须补正外，还须负损害赔偿的责任。补正的给付对债权人已无利益时，债权人可拒绝受领，改由债务人承担损害赔偿责任
（2）不能补正的不完全给付，债务人应负损害赔偿责任</td></tr>
<tr><td rowspan="3">给付迟延</td><td colspan="2">指对已届满履行期且能给付的债务，因可归责于债务人的事由而未为给付所致的迟延</td></tr>
<tr><td>构成要件</td><td>（1）债务已届满履行期
（2）给付须为可能
（3）须有可归责于债务人的事由
（4）债务人未为给付（2022年新增）</td></tr>
<tr><td>效力</td><td>（1）债务人须对因迟延所造成的损害予以赔偿
（2）债务人须对迟延中所发生的不可抗力所造成的损害予以赔偿
（3）债务人须对原定给付予以赔偿，也称“替补赔偿”
（4）债务人在赔偿迟延所造成的损失后，尚须接受强制履行
（5）对金钱债务的特殊效力：金钱债务的迟延给付所造成的损失，由债务人偿付迟延利息；在给付迟延中，如逢货币贬值，债务人应赔偿此损失
（6）执行政府定价或者政府指导价的，在合同约定的交付期限内政府价格调整时，按照交付时的价格计价。逾期交付标的物的，遇价格上涨时，按照原价格执行；价格下降时，按照新价格执行。逾期提取标的物或者逾期付款的，遇价格上涨时，按照新价格执行；价格下降时，按照原价格执行</td></tr>
</table>

经典题解

【真题·单选题】给付迟延的构成要件之一是（　　）。（2017 年）

A. 给付须为可能　　B. 债务人有拒绝给付的意思表示

C. 债务未届履行期　　D. 给付标的物已经灭失

【答案】A

08 债权人代位权（★★）

概念	因债务人怠于行使其债权或者与该债权有关的从权利，影响债权人的到期债权实现的，债权人可以向人民法院请求以自己的名义代位行使债务人对相对人的权利，但是该权利专属于债务人自身的除外
行使条件	（1）债权人对债务人的债权合法 （2）债务人怠于行使其到期债权，影响债权人的到期债权实现的 【解释】"怠于行使"指债务人应当行使，且能够行使而不行使其债权或者与该债权有关的从权利（2022 年调整） （3）债务人的债权已到期（债权人的债权也应到期） （4）债务人的债权不是专属于债务人自身的权利 【解释】专属于债务人自身的权利，是指基于扶养关系、抚养关系、赡养关系、继承关系产生的给付请求权和劳动报酬、退休金、养老金、抚恤金、安置费、人寿保险、人身伤害赔偿请求权等权利
行使范围	代位权的行使范围以债权人的到期债权为限
费用负担	债权人行使代位权的必要费用，由债务人负担
抗辩权	相对人对债务人的抗辩，可以向债权人主张
行使效力	人民法院认定代位权成立的，由债务人的相对人向债权人履行义务，债权人接受履行后，债权人与债务人、债务人与相对人之间相应的权利义务终止
代位保存权	债权人的债权到期前，债务人的债权或者与该债权有关的从权利存在诉讼时效期间即将届满或者未及时申报破产债权等情形，影响债权人的债权实现的，债权人可以代位向债务人的相对人请求其向债务人履行、向破产管理人申报或者作出其他必要的行为（诉讼或非诉行使）

经典题解

【真题 1·多选题】债务人对第三人享有的下列权利中，债权人可以代位行使的有（　　）。（2014 年）

A. 人身伤害赔偿请求权　　B. 贷款给付请求权

C. 扶养费请求权　　D. 租金给付请求权

E. 运费给付请求权

【答案】BDE

【真题2·单选题】根据《民法典》规定，债权人行使代位权（　　）。（2012年）

A. 可以采取私力救济方式　　B. 必须通过诉讼方式

C. 可以通过申请支付令方式　　D. 可以通过仲裁方式

【解析】根据《民法典》的规定，债权人行使代位权、撤销权应当通过人民法院提起诉讼。

【答案】B

09 债权人撤销权（★★★）

债权人撤销权	债务人以放弃其债权、放弃债权担保、无偿转让财产等方式无偿处分财产权益，或者恶意延长其到期债权的履行期限，影响债权人的债权实现的，债权人可以请求人民法院撤销债务人的行为
	债务人以明显不合理的低价转让财产、以明显不合理的高价受让他人财产或者为他人的债务提供担保，影响债权人的债权实现，债务人的相对人知道或者应当知道该情形的，债权人可以请求人民法院撤销债务人的行为
行使范围	撤销权的行使范围以债权人的债权为限
费用负担	债权人行使撤销权的必要费用，由债务人负担
除斥期间	（1）撤销权自债权人知道或者应当知道撤销事由之日起1年内行使 （2）自债务人的行为发生之日起5年内没有行使撤销权的，该撤销权消灭
行使效力	债务人影响债权人的债权实现的行为被撤销的，自始没有法律约束力

经典题解

【真题1·多选题】根据《民法典》规定，下列影响债权人债权实现的债务人不当行为中，债权人无须考虑债务人的相对人知道与否即可请求法院予以撤销的有（　　）。（2020年）

A. 债务人放弃其债权担保

B. 债务人以明显不合理的高价受让他人财产

C. 债务人无偿转让财产

D. 债务人放弃其债权

E. 债务人以明显不合理的低价转让财产

【答案】ACD

【真题2·单选题】下列关于撤销权属性、行使期间及适用情形的说法中，正确的是（　　）。（2016年）

A. 撤销权应自债权人知道或者应当知道撤销事由之日起2年内行使

B. 撤销权属于债的担保

C. 撤销权应自危害债权的行为发生之日起1年内行使

D. 撤销权的适用情形包括债务人以明显不合理的低价转让财产

【解析】（1）选项A：撤销权自债权人知道或者应当知道撤销事由之日起1年内行使。（2）选项B：撤销权属于债的保全。（3）选项C：自债务人的行为发生之日起5年内没有行使撤销权的，该撤销权消灭。

【答案】D

【真题3·单选题】《民法典》规定了债权人行使撤销权的规则。下列关于撤销权的说法中，正确的是（ ）。（2013年）

A. 撤销权属于债的保全措施之一

B. 承租人将租赁物私自转让，第三人善意取得的，出租人可以行使撤销权

C. 自债务人的行为发生之日起2年内没有行使撤销权的，该撤销权消灭

D. 因行使撤销权而支付的律师代理费由债权人与第三人共同负担

【解析】（1）选项B：承租人卖掉"出租人"的财产，属于无权处分，并不适用合同保全中的撤销权，但原所有权人有权向无处分权人请求损害赔偿。（2）选项C：合同保全的撤销权自债权人知道或者应当知道撤销事由之日起1年内行使，自债务人的行为发生之日起5年内没有行使的，该撤销权消灭。（3）选项D：债权人行使撤销权的必要费用，由债务人负担。

【答案】A

10 保证（★★★）

1. 债的担保

担保方式	发生原因		担保基础	
	约定担保	法定担保	信用担保	财产担保
保证	√		√	
抵押	√			√
质押	√			√
留置		√		√
定金	√			√

2. 保证基础

保证合同	保证合同是为保障债权的实现，保证人和债权人约定，当债务人不履行到期债务或者发生当事人约定的情形时，保证人履行债务或者承担责任的合同 【提示1】保证是由第三人提供的，债务人自己不能提供；保证人一般以其全部的财产承担保证责任 【提示2】债权人与债务人之间是一种实在的债权债务关系，但保证人与债权人之间是一种预期可能性的债权债务关系，是法律的预设

特征	(1) 单务、无偿、诺成、要式合同 (2) 从合同：主债权债务合同无效的，保证合同无效，但是法律另有规定的除外；保证合同被确认无效后，债务人、保证人、债权人有过错的，应当根据其过错各自承担相应的民事责任（2022年新增）
成立方式	(1) 保证合同可以是单独订立的书面合同，也可以是主债权债务合同中的保证条款 (2) 第三人单方以书面形式向债权人作出保证，债权人接收且未提出异议的，保证合同成立
保证人	(1) 机关法人不得为保证人，但是经国务院批准为使用外国政府或者国际经济组织贷款进行转贷的除外 (2) 以公益为目的的非营利法人、非法人组织不得为保证人
保证方式	一般保证、连带责任保证
	当事人在保证合同中对保证方式没有约定或者约定不明确的，按照一般保证承担保证责任
一般保证	当事人在保证合同中约定，债务人不能履行债务时，由保证人承担保证责任
先诉抗辩权	一般保证的保证人在主合同纠纷未经审判或者仲裁，并就债务人财产依法强制执行仍不能履行债务前，有权拒绝向债权人承担保证责任，但是有下列情形之一的除外： (1) 债务人下落不明，且无财产可供执行 (2) 人民法院已经受理债务人破产案件 (3) 债权人有证据证明债务人的财产不足以履行全部债务或者丧失履行债务能力 (4) 保证人书面表示放弃先诉抗辩权
连带责任保证	当事人在保证合同中约定保证人和债务人对债务承担连带责任的，为连带责任保证
	连带责任保证的债务人不履行到期债务或者发生当事人约定的情形时，债权人可以请求债务人履行债务，也可以请求保证人在其保证范围内承担保证责任

3. 保证合同无效的法律后果（2022年新增）

主合同有效	债权人有过错、保证人有过错	保证人承担的赔偿责任不应超过债务人不能清偿部分的1/2
	（债权人无过错）保证人有过错	保证人对债务人不能清偿的部分承担赔偿责任
	债权人有过错（保证人无过错）	保证人不承担赔偿责任
主合同无效	保证人有过错	保证人承担的赔偿责任不应超过债务人不能清偿部分的1/3
	保证人无过错	保证人不承担赔偿责任

4. 保证责任

保证范围	保证的范围包括主债权及其利息、违约金、损害赔偿金和实现债权的费用；当事人另有约定的，按照其约定（约定→“5 项”）	
保证期间	概念	保证期间是确定保证人承担保证责任的期间，系不变期间，不发生中止、中断和延长
	期间	债权人与保证人可以约定保证期间，但是约定的保证期间早于主债务履行期限或者与主债务履行期限同时届满的，视为没有约定；没有约定或者约定不明确的，保证期间为主债务履行期限届满之日起6个月
	起算	债权人与债务人对主债务履行期限没有约定或者约定不明确的，保证期间自债权人请求债务人履行债务的宽限期届满之日起计算
	保证责任	（1）一般保证的债权人未在保证期间对债务人提起诉讼或者申请仲裁的，保证人不再承担保证责任 （2）连带责任保证的债权人未在保证期间请求保证人承担保证责任的，保证人不再承担保证责任
保证债务诉讼时效	一般保证	一般保证的债权人在保证期间届满前对债务人提起诉讼或者申请仲裁的，从保证人拒绝承担保证责任的权利消灭之日起，开始计算保证债务的诉讼时效
	连带责任保证	连带责任保证的债权人在保证期间届满前请求保证人承担保证责任的，从债权人请求保证人承担保证责任之日起，开始计算保证债务的诉讼时效
主合同变更	（1）债权人和债务人未经保证人书面同意，协商变更主债权债务合同内容，减轻债务的，保证人仍对变更后的债务承担保证责任；加重债务的，保证人对加重的部分不承担保证责任 （2）债权人和债务人变更主债权债务合同的履行期限，未经保证人书面同意的，保证期间不受影响	
债权转让	（1）债权人转让全部或者部分债权，未通知保证人的，该转让对保证人不发生效力 （2）保证人与债权人约定禁止债权转让，债权人未经保证人书面同意转让债权的，保证人对受让人不再承担保证责任	
债务承担	（1）债权人未经保证人书面同意，允许债务人转移全部或者部分债务，保证人对未经其同意转移的债务不再承担保证责任，但是债权人和保证人另有约定的除外 （2）第三人加入债务的，保证人的保证责任不受影响	
抗辩	保证人可以主张债务人对债权人的抗辩。债务人放弃抗辩的，保证人仍有权向债权人主张抗辩	
拒绝承担	债务人对债权人享有抵销权或者撤销权的，保证人可以在相应范围内拒绝承担保证责任（债务人的抵销权、撤销权，保证人不能代位行使）（2022 年新增）	

保证责任免除	一般保证的保证人在主债务履行期限届满后，向债权人提供债务人可供执行财产的真实情况，债权人放弃或者怠于行使权利致使该财产不能被执行的，保证人在其提供可供执行财产的价值范围内不再承担保证责任
共同保证	同一债务有2个以上保证人的，保证人应当按照保证合同约定的保证份额，承担保证责任；没有约定保证份额的，债权人可以请求任何一个保证人在其保证范围内承担保证责任
最高额保证	保证人与债权人可以协商订立最高额保证的合同，约定在最高债权额限度内就一定期间连续发生的债权提供保证

5. 共同担保

（1）共同担保与共同保证

	债权人主张权利（对外）	对债务人追偿（对内）
债务人物保+人保（共同担保）	没有约定或者约定不明确的，债务人自己提供物的担保的，债权人应当先就该物的担保实现债权（有顺序）	提供担保的第三人承担担保责任后，有权向债务人追偿
第三人物保+人保（共同担保）	没有约定或者约定不明确的，第三人提供物的担保的，债权人可以就物的担保实现债权，也可以请求保证人承担保证责任（无顺序）	
人保+人保（共同保证）	同一债务有两个以上保证人的，保证人应当按照保证合同约定的保证份额，承担保证责任；没有约定保证份额的，债权人可以请求任何一个保证人在其保证范围内承担保证责任	保证人承担保证责任后，除当事人另有约定外，有权在其承担保证责任的范围内向债务人追偿，享有债权人对债务人的权利，但是不得损害债权人的利益（追偿权、代位权）

（2）共同担保内部担保人之间的追偿问题

①同一债务有两个以上第三人提供担保，担保人之间约定相互追偿及分担份额，承担了担保责任的担保人请求其他担保人按照约定分担份额的，人民法院应予支持；担保人之间约定承担连带共同担保，或者约定相互追偿但是未约定分担份额的，各担保人按照比例分担向债务人不能追偿的部分。

②同一债务有两个以上第三人提供担保，担保人之间未对相互追偿作出约定且未约定承担连带共同担保，但是各担保人在同一份合同书上签字、盖章或者按指印，承担了担保责任的担保人请求其他担保人按照比例分担向债务人不能追偿部分的，人民法院应予支持。

③除上述规定的情形外，承担了担保责任的担保人请求其他担保人分担向债务人不能追偿部分的，人民法院不予支持。

经典题解

【真题 1 · 多选题】 下列关于保证及保证合同特征的说法中，正确的有（　　）。（2018 年）

A. 保证属于人的担保　　B. 保证合同属于要式合同

C. 保证合同属于要物合同　　D. 保证属于信用担保

E. 保证合同属于从合同

【解析】 选项 C：实践合同，也称要物合同，指除双方当事人的意思表示一致以外，尚须交付标的物或完成其他给付才能成立的合同。保证合同不属于实践合同。

【答案】 ABDE

【真题 2 · 单选题】 保证期间是指保证责任的存续期间，下列关于保证期间的说法中，正确的是（　　）。（2016 年）

A. 保证期间为主债务诉讼时效期间届满之日起 3 个月

B. 保证期间自主债务履行期届满之日起计算

C. 保证期间为可变期间

D. 保证期间适用诉讼时效规则

【解析】 保证期间是指保证责任的存续期间，当事人没有约定或者约定不明确的，保证期间为主债务履行期限届满之日起 6 个月，是一个不变期间，该期间不因任何事由而发生中断、中止、延长的法律后果。

【答案】 B

【真题 3 · 单选题】 甲借款给乙，约定于 2018 年 3 月 1 日前还清本息，丙承担连带责任保证。履行期届满后，乙没有还款，甲也一直没有催乙还款。2021 年 4 月 1 日，因乙一直未还款，甲遂要求丙承担保证责任。根据民法相关规定，下列关于丙保证责任承担的说法中，正确的是（　　）。（2017 年）

A. 甲必须先起诉乙，经强制执行未果后，才能要求丙承担保证责任

B. 乙放弃诉讼时效期间届满的抗辩，丙无权向甲主张该抗辩

C. 丙有权主张乙的诉讼时效抗辩权，拒绝向甲承担保证责任

D. 乙所负债务虽已超过诉讼时效期间，但丙仍应向甲承担保证责任

【解析】 根据规定，向人民法院请求保护民事权利的诉讼时效期间为 3 年，法律另有规定的，依照其规定。本题中，诉讼时效期间为 2018 年 3 月 1 日 ~2021 年 3 月 1 日，该笔债务已经超过了诉讼时效期间。（1）选项 A：在连带责任保证中，保证人不享有先诉抗辩权。（2）选项 BC：保证人可以主张债务人对债权人的抗辩。债务人放弃抗辩的，保证人仍有权向债权人主张抗辩。（3）选项 D：连带责任保证的保证人与债权人未约定保证期间的，债权人有权自主债务履行期届满之日起 6 个月内要求保证人承担保证责任。本案中保证期间为 2018 年 3 月 1 日 ~2018 年 9 月 1 日；截至 2021 年 4 月 1 日，已经过了保证期间，丙的保证责任消灭，有权拒绝向甲承担保证责任。

【答案】 C

11 定金（★★★）

1. 定金

概念	当事人可以约定一方向对方给付定金作为债权的担保
合同类型	实践合同：定金合同自实际交付定金时成立
定金数额	定金的数额由当事人约定；但不得超过主合同标的额的20%，超过部分不产生定金的效力
	实际交付的定金数额多于或者少于约定数额的，视为变更约定的定金数额
定金罚则	债务人履行债务的，定金应当抵作价款或者收回。给付定金的一方不履行债务或者履行债务不符合约定，致使不能实现合同目的的，无权请求返还定金；收受定金的一方不履行债务或者履行债务不符合约定，致使不能实现合同目的的，应当双倍返还定金
定金 vs 违约金	当事人既约定违约金，又约定定金的，一方违约时，对方可以选择适用违约金或者定金条款（定金与违约金不得同时适用）
	定金不足以弥补一方违约造成的损失的，对方可以请求赔偿超过定金数额的损失

2. 定金与预付款

	定金	**预付款**
担保作用	具有担保作用	不具有担保作用
交付的法律效力	交付定金系定金合同成立要件	交付预付款系合同履行的一部分
定金罚则	适用	不适用
适用情形	适用于金钱履行义务合同，也适用于其他合同	仅适用于金钱履行义务合同
交付形式	一般一次性交付	可以分期交付

经典题解

【真题1·多选题】 甲厂购买乙厂价值100万元的原材料，并向乙厂支付了30万元定金。双方在买卖合同中还约定，若一方违约，则需向对方支付20万元违约金。后甲厂违约。下列乙厂针对甲厂违约所采取的做法中，能获法律支持的有（　　）。（2021年）

A. 乙厂仅拒绝返还30万元定金

B. 乙厂拒绝返还20万元定金，并请求甲厂支付20万元违约金

C. 乙厂仅请求甲厂支付20万元违约金

D. 乙厂仅拒绝返还20万元定金

E. 乙厂拒绝返还30万元定金，并请求甲厂支付20万元违约金

【解析】（1）定金的数额不得超过主合同标的额的20%，超过部分不产生定金的效力（选项AE错误）；（2）当事人既约定违约金，又约定定金的，一方违约时，对方可以选择适用违约金或者定金条款（选项B错误，选项CD正确）。

【答案】 CD

【真题 2 · 单选题】 下列关于定金和预付款的说法中，正确的是（　　）。（2017 年）

A. 定金合同自合同订立时成立　　B. 预付款具有担保性质

C. 定金合同是实践合同　　D. 定金等同于预付款

【解析】（1）选项 AC：定金合同属于实践合同，自“实际交付定金之时”成立。（2）选项 BD：定金不同于预付款，单纯的预付款不具有担保性质。

【答案】 C

【真题 3 · 多选题】 根据合同法律制度，定金与预付款的差异主要表现在（　　）。（2012 年）

A. 定金不具有预先支付性，而预付款具有预先支付性

B. 不交付预付款不构成对主合同的违反，但不交付定金构成对主合同的违反

C. 定金是一种担保方式，预付款不是一种担保方式

D. 不交付定金会产生定金罚则，而不交付预付款不发生违约后果

E. 法律对合同约定定金数额占主合同标的数额的比例有明文规定，对预付款数额占主合同标的数额的比例没有规定限制

【解析】（1）选项 A：定金和预付款都具有预先支付性。（2）选项 BD：交付定金的协议是从合同，而交付预付款的协议一般是合同内容的一部分，因此，不交付预付款构成对主合同的违反，不交付定金则定金合同不成立，既不构成对主合同的违反，也不会产生定金罚则。（3）选项 C：定金罚则是定金担保性质的体现，而预付款不存在罚则，不作为担保方式。（4）选项 E：定金的数额应不超过主合同标的额的 20%，超过部分不产生定金的效力。

【答案】 CE

12 债的转移（★★★）

1. 债权让与

债权转让	债权人转让债权，未通知债务人的，该转让对债务人不发生效力	
	债权转让的通知不得撤销，但是经受让人同意的除外	
限制转让	债权人可以将债权的全部或者部分转让给第三人，但是有下列情形之一的除外：（1）根据债权性质不得转让；（2）按照当事人约定不得转让；（3）依照法律规定不得转让	
	当事人约定非金钱债权不得转让的，不得对抗善意第三人	
	当事人约定金钱债权不得转让的，不得对抗第三人	
法律后果	受让人	（1）受让人取得与债权有关的从权利，但是该从权利专属于债权人自身的除外（与债权有关的从权利，如担保物权） （2）受让人取得从权利不因该从权利未办理转移登记手续或者未转移占有而受到影响
	债务人	债务人接到债权转让通知后，债务人对让与人的抗辩，可以向受让人主张

经典题解

【**真题 1·单选题**】甲公司与乙公司订有关于 1 台设备的买卖合同。双方在合同中明确约定买受人甲公司的债权不得转让。根据《民法典》相关规定，下列关于该约定效力的说法中，正确的是（　　）。（2021 年）

A. 该约定因违反法律规定而无效

B. 该约定有效，故甲公司转让其债权的行为一律无效

C. 该约定有效，但不得对抗第三人

D. 该约定有效，但不得对抗善意第三人

【**解析**】选项 D：当事人约定非金钱债权不得转让的，不得对抗善意第三人。

【**答案**】D

【**真题 2·多选题**】晨曦公司向伟东公司出售并交付其生产的残疾人轮椅 20 台，伟东公司未付款。因欠北海公司债务，晨曦公司以协议形式将其对伟东公司的债权转让给北海公司抵债，并通知了伟东公司。下列关于该债权转让事项的表述中，正确的有（　　）。（2011 年）

A. 晨曦公司债权转让通知到达伟东公司时，才对伟东公司发生债权转让效力

B. 晨曦公司与北海公司转让协议生效时，对伟东公司同时发生债权转让效力

C. 晨曦公司移转债权不需征得伟东公司的同意即产生法律上的效力

D. 晨曦公司与北海公司的协议属于待生效合同

E. 晨曦公司与北海公司的协议有效，北海公司可不通过晨曦公司而直接向伟东公司主张债权

【**答案**】ACE

2. 债务承担

债务转移	债务人将债务的全部或者部分转移给第三人的，应当经债权人同意
	债务人或者第三人可以催告债权人在合理期限内予以同意，债权人未作表示的，视为不同意
债务加入	第三人与债务人约定加入债务并通知债权人，或者第三人向债权人表示愿意加入债务，债权人未在合理期限内明确拒绝的，债权人可以请求第三人在其愿意承担的债务范围内和债务人承担连带债务
法律后果	债务人转移债务的，新债务人可以主张原债务人对债权人的抗辩；原债务人对债权人享有债权的，新债务人不得向债权人主张抵销
	债务人转移债务的，新债务人应当承担与主债务有关的从债务，但是该从债务专属于原债务人自身的除外

3. 债权债务的概括转移

当事人一方经对方同意，可以将自己在合同中的权利和义务一并转让给第三人，如法定继承、法人合并。

13 债的消灭（★★）

1. 清偿

<table>
<tr><td rowspan="2">清偿人</td><td colspan="2">债务人、债务人的代理人、第三人（该第三人仅为清偿人，不具有债务人身份）</td></tr>
<tr><td colspan="2">基于法律规定或者合同约定，清偿可以由第三人进行；若第三人的清偿能使债权人得到满足，且对债权人并无不利时，第三人的清偿应为有效，债权人无正当理由不得拒绝
（1）由第三人履行：当事人约定由第三人向债权人履行债务，第三人不履行债务或者履行债务不符合约定的，债务人应当向债权人承担违约责任
（2）第三人代为履行：债务人不履行债务，第三人对履行该债务具有合法利益的，第三人有权向债权人代为履行；但是，根据债务性质、按照当事人约定或者依照法律规定只能由债务人履行的除外。债权人接受第三人履行后，其对债务人的债权转让给第三人，但是债务人和第三人另有约定的除外（2022 年新增）</td></tr>
<tr><td rowspan="2">受领清偿人</td><td colspan="2">债权人、债权人的代理人、债权受领证书的持有人、第三人</td></tr>
<tr><td colspan="2">（1）不真正利他合同：当事人约定由债务人向第三人履行债务，债务人未向第三人履行债务或者履行债务不符合约定的，应当向债权人承担违约责任
（2）真正利他合同：法律规定或者当事人约定第三人可以直接请求债务人向其履行债务，第三人未在合理期限内明确拒绝，债务人未向第三人履行债务或者履行债务不符合约定的，第三人可以请求债务人承担违约责任；债务人对债权人的抗辩，可以向第三人主张</td></tr>
<tr><td>清偿标的</td><td colspan="2">债务人原则上应以债的原定给付为全部清偿以满足债权，不得以他种给付代替；但债务人若以他种给付代替原定给付为清偿，并经债权人同意的，也可以发生债之清偿的效力</td></tr>
<tr><td rowspan="4">清偿地</td><td colspan="2">清偿地可由双方合意选择确定，也可依给付的性质确定；若双方没有约定或者约定不明确的：</td></tr>
<tr><td>给付货币</td><td>在接受货币一方所在地履行</td></tr>
<tr><td>交付不动产</td><td>在不动产所在地履行</td></tr>
<tr><td>其他给付</td><td>在履行义务一方所在地履行</td></tr>
<tr><td>清偿期</td><td colspan="2">当事人有约定的，从其约定，当事人未约定或者约定不明确的：债务人可以随时履行，债权人也可以随时请求履行，但是应当给对方必要的准备时间</td></tr>
<tr><td>清偿费用</td><td colspan="2">除法律有特别规定或者当事人有特别约定外，清偿费用由债务人承担；但因债权人原因增加的清偿费用，由债权人承担</td></tr>
<tr><td rowspan="2">清偿抵充
（2022 年新增）</td><td colspan="2">（1）债务人对同一债权人负担的数项债务种类相同，债务人的给付不足以清偿全部债务的，除当事人另有约定外，由债务人在清偿时指定其履行的债务
（2）债务人未作指定的，应当优先履行已经到期的债务；数项债务均到期的，优先履行对债权人缺乏担保或者担保最少的债务；均无担保或者担保相等的，优先履行债务人负担较重的债务；负担相同的，按照债务到期的先后顺序履行；到期时间相同的，按照债务比例履行</td></tr>
<tr><td colspan="2">债务人在履行主债务外还应当支付利息和实现债权的有关费用，其给付不足以清偿全部债务的，除当事人另有约定外，应当按照下列顺序履行：（1）实现债权的有关费用；（2）利息；（3）主债务</td></tr>
</table>

2. 抵销

法定抵销	（1）当事人互负债务，该债务的标的物种类、品质相同的，任何一方可以将自己的债务与对方的到期债务抵销；但是，根据债务性质、按照当事人约定或者依照法律规定不得抵销的除外 （2）当事人主张抵销的，应当通知对方。通知自到达对方时生效。抵销不得附条件或者附期限
合意抵销	当事人互负债务，标的物种类、品质不相同的，经协商一致，也可以抵销

3. 提存

提存情形	有下列情形之一，难以履行债务的，债务人可以将标的物提存：（1）债权人无正当理由拒绝受领；（2）债权人下落不明；（3）债权人死亡未确定继承人、遗产管理人，或者丧失民事行为能力未确定监护人；（4）法律规定的其他情形
	标的物不适于提存或提存费用过高的，债务人依法可以拍卖或者变卖标的物，提存所得的价款
成立	债务人将标的物或者将标的物依法拍卖、变卖所得价款交付提存部门时，提存成立
提存效力	提存成立的，视为债务人在其提存范围内已经交付标的物
	标的物提存后，毁损、灭失的风险由债权人承担
	提存期间，标的物的孳息归债权人所有
	提存费用由债权人负担
	债权人可以随时领取提存物。但是，债权人对债务人负有到期债务的，在债权人未履行债务或者提供担保之前，提存部门根据债务人的要求应当拒绝其领取提存物。债权人领取提存物的权利，自提存之日起5年内不行使而消灭，提存物扣除提存费用后归国家所有。但是，债权人未履行对债务人的到期债务，或者债权人向提存部门书面表示放弃领取提存物权利的，债务人负担提存费用后有权取回提存物

4. 免除

（1）免除，是指债权人放弃债权的民事法律行为。免除可以附条件、附期限。

（2）债权人免除债务人部分或者全部债务的，债权债务部分或者全部终止，但是债务人在合理期限内拒绝的除外。

5. 混同

（1）混同，是指债权和债务同归于一人的事实。如债权让与、债务承担、企业合并、继承、债权债务的概括承受等。

考点提示

如夫妻双方未进行特别约定，债权债务关系不会因为双方结婚而混同。

（2）债权和债务同归于一人的，债权债务终止，但是损害第三人利益的除外。

第二单元　合同编通则

01 合同的分类（★★★）

是否互负对待给付义务	单务合同	仅一方当事人负担给付义务的合同；如赠与合同、保证合同
	双务合同	双方当事人互负对待给付义务的合同；如买卖合同、租赁合同
是否支付对价	有偿合同	当事人一方取得权益，必须向对方支付相应对价的合同；如买卖合同
	无偿合同	当事人一方取得权益，无须向对方支付对价的合同；如赠与合同
是否以交付标的物或者完成其他给付为成立要件	诺成合同	双方当事人意思表示一致即可成立的合同
	实践合同	也称要物合同、践成合同，是指除双方当事人意思表示一致以外，尚须交付标的物或完成其他给付才能成立的合同。如自然人之间的借款合同、借用合同、保管合同、定金合同
是否予以规定并赋予特定名称	典型合同	也称有名合同，是指法律予以规定并赋予特定名称的合同
	非典型合同	也称无名合同，是指法律未设特别规定，也未赋予特定名称，任由当事人自由创设的合同
合同成立或者生效是否需要具备法定形式和手续	要式合同	法律要求必须具备一定的形式和手续的合同：（1）法律规定应采用书面形式的合同；（2）要求鉴证或者公证的合同；（3）须经有关国家机关审核批准的合同
	不要式合同	法律不要求具备一定形式和手续的合同
合同订立是否以订立另一合同为内容	预约	约定将来订立相关联的另一个合同的合同：当事人约定在将来一定期限内订立合同的认购书、订购书、预订书等，构成预约合同；当事人一方不履行预约合同约定的订立合同义务的，对方可以请求其承担预约合同的违约责任
	本约	履行预约而订立的合同

<table>
<tr><td rowspan="3">是否贯彻执行合同相对性原则</td><td>束己合同</td><td colspan="2">严格遵循合同相对性原则，合同当事人为自己约定并承受权利义务，第三人不能向合同当事人主张权利和追究责任，合同当事人也不得向第三人主张合同权利和合同义务的合同</td></tr>
<tr><td rowspan="2">涉他合同</td><td>利他合同</td><td>（1）当事人约定由债务人向第三人履行债务，债务人未向第三人履行债务或者履行债务不符合约定的，应当向债权人承担违约责任（不真正利他合同）
（2）法律规定或者当事人约定第三人可以直接请求债务人向其履行债务，第三人未在合理期限内明确拒绝，债务人未向第三人履行债务或者履行债务不符合约定的，第三人可以请求债务人承担违约责任；债务人对债权人的抗辩，可以向第三人主张（真正利他合同）</td></tr>
<tr><td>负担合同</td><td>当事人约定由第三人向债权人履行债务，第三人不履行债务或者履行债务不符合约定的，债务人应当向债权人承担违约责任</td></tr>
<tr><td rowspan="2">合同的效果在缔约时是否确定</td><td>确定合同</td><td colspan="2">合同的法律效果在缔约时既已确定的合同；大多数合同都是确定合同</td></tr>
<tr><td>射幸合同</td><td colspan="2">也称机会性合同，是指合同的法律效果在缔约时不能确定的合同，即当事人双方或者一方的给付，以将来不确定事件的发生而决定的合同，如保险合同、博彩合同</td></tr>
<tr><td>格式合同</td><td colspan="3">一方当事人为重复使用而将对所有相对人采用的交易条件预先拟定，由相对人决定是否完全承诺的合同</td></tr>
<tr><td>复合合同</td><td colspan="3">也称混合合同，是指由两个以上的典型合同或者非典型合同的内容复合构成的合同；复合合同虽有多个合同内容，但仍属一个合同，发生单一合同的效力</td></tr>
</table>

经典题解

【真题 1 · 多选题】 根据《民法典》规定，属于实践性合同的有（　　）。（2021 年）

A. 保管合同　　B. 自然人之间借款合同

C. 仓储合同　　D. 定金合同

E. 租赁合同

【答案】 ABD

【真题 2 · 单选题】 下列合同中，属于双务、要式合同的是（　　）。（2017 年）

A. 建设工程合同　　B. 赠与合同

C. 借用合同　　D. 委托合同

【解析】（1）选项 BC：属于单务合同、不要式合同。（2）选项 D：委托合同是不要式合同。

【答案】 A

02 要约（★★）

<table>
<tr><td rowspan="1">要约邀请</td><td colspan="2">要约邀请是希望他人向自己发出要约的表示（≠意思表示）
【举例】拍卖公告、招标公告、招股说明书、债券募集办法、基金招募说明书、商业广告和宣传、寄送的价目表（商业广告和宣传的内容符合要约条件的，构成要约）</td></tr>
<tr><td>要约</td><td colspan="2">要约是希望与他人订立合同的意思表示，该意思表示应当符合下列条件：（1）内容具体确定；（2）表明经受要约人承诺，要约人即受该意思表示约束</td></tr>
<tr><td rowspan="3">要约生效</td><td colspan="2">（1）以对话方式作出的要约，相对人知道其内容时生效（了解生效主义）
（2）以非对话方式作出的要约，到达相对人时生效（到达生效主义）
（3）以非对话方式作出的采用数据电文形式的要约，相对人指定特定系统接收数据电文的，该数据电文进入该特定系统时生效；未指定特定系统的，相对人知道或者应当知道该数据电文进入其系统时生效。当事人对采用数据电文形式的要约的生效时间另有约定的，按照其约定</td></tr>
<tr><td>对要约人的拘束力</td><td>要约生效后，要约人在要约存续期间不得随意变更或撤回</td></tr>
<tr><td>对受要约人的拘束力</td><td>受要约人因要约生效而获得承诺的权利。要约经受要约人承诺，合同即告成立</td></tr>
<tr><td>要约撤回</td><td colspan="2">要约可以撤回；撤回要约的通知应当在要约到达受要约人前或者与要约同时到达受要约人</td></tr>
<tr><td rowspan="3">要约撤销</td><td colspan="2">要约可以撤销，但是有下列情形之一的除外：
（1）要约人以确定承诺期限或者其他形式明示要约不可撤销
（2）受要约人有理由认为要约是不可撤销的，并已经为履行合同做了合理准备工作</td></tr>
<tr><td>对话方式作出</td><td>应当在受要约人作出承诺之前为受要约人所知道</td></tr>
<tr><td>非对话方式作出</td><td>应当在受要约人作出承诺之前到达受要约人</td></tr>
<tr><td>要约失效</td><td colspan="2">（1）要约被拒绝；（2）要约被依法撤销；（3）承诺期限届满，受要约人未作出承诺；（4）受要约人对要约的内容作出实质性变更</td></tr>
<tr><td rowspan="4">特殊要约</td><td>反要约</td><td>受要约人对要约的内容进行扩张、限制或者变更后所作的“承诺”，本质上并非承诺而是新要约</td></tr>
<tr><td>悬赏广告</td><td>以广告的方式，对完成一定行为的人给予报酬的意思表示；悬赏广告是对不特定的人发出的要约，相对人须以完成广告中指定的行为作承诺，方能成立合同</td></tr>
<tr><td>交叉要约</td><td>当事人双方互为意思内容相同的要约。故交叉要约互达于相对人时，合同即成立</td></tr>
<tr><td>现物要约</td><td>未经订购而当事人一方向相对人径寄物品的行为；现物要约的相对人不负有承诺义务，但在要约人领回物品前负有保管义务</td></tr>
</table>

经典题解

【**真题·单选题**】下列有关要约的说法中，正确的是（　　）。（2019 年）

A. 拍卖公告属于要约　　　　B. 要约对受要约人没有拘束力

C. 要约作出后不得撤回　　　D. 要约对要约人具有拘束力

【**解析**】（1）选项 A：拍卖公告属于要约邀请。（2）选项 BD：要约对要约人、受要约人均具有约束力。（3）选项 C：要约可以撤回，撤回要约的通知应在要约到达受要约人之前或者与要约同时到达受要约人。

【**答案**】D

03 承诺（★★★）

<table>
<tr><td>概念</td><td colspan="5">承诺是受要约人同意要约的意思表示</td></tr>
<tr><td>承诺方式</td><td colspan="5">承诺应当以通知的方式作出；但是，根据交易习惯或者要约表明可以通过行为作出承诺的除外</td></tr>
<tr><td rowspan="3">承诺期限</td><td colspan="2">要约确定期限</td><td colspan="3">承诺应当在要约确定的期限内到达要约人</td></tr>
<tr><td colspan="2" rowspan="2">要约未确定期限</td><td colspan="2">要约以对话方式作出</td><td>应当即时作出承诺</td></tr>
<tr><td colspan="2">要约以非对话方式作出</td><td>承诺应当在合理期限内到达</td></tr>
<tr><td>承诺期限起算</td><td colspan="5">（1）要约以信件或者电报作出的，承诺期限自信件载明的日期或者电报交发之日开始计算。信件未载明日期的，自投寄该信件的邮戳日期开始计算
（2）要约以电话、传真、电子邮件等快速通讯方式作出的，承诺期限自要约到达受要约人时开始计算</td></tr>
<tr><td rowspan="7">承诺生效</td><td rowspan="5">通知</td><td>对话</td><td colspan="3">以对话方式作出的承诺，相对人知道其内容时生效</td></tr>
<tr><td rowspan="4">非对话</td><td>其他</td><td colspan="2">以非对话方式作出的承诺，到达相对人时生效</td></tr>
<tr><td rowspan="3">数据电文</td><td colspan="2">当事人对采用数据电文形式的承诺的生效时间有约定的，按照其约定</td></tr>
<tr><td>指定特定系统</td><td>数据电文进入该特定系统时生效</td></tr>
<tr><td>未指定特定系统</td><td>相对人知道或者应当知道该数据电文进入其系统时生效</td></tr>
<tr><td>行为</td><td colspan="4">根据交易习惯或者要约的要求作出承诺的行为时生效</td></tr>
<tr><td colspan="5">承诺生效时合同成立，但是法律另有规定或者当事人另有约定的除外</td></tr>
<tr><td>承诺撤回</td><td colspan="5">承诺可以撤回；撤回的通知应当在承诺到达要约人前或者与承诺同时到达要约人</td></tr>
<tr><td>承诺迟到</td><td colspan="5">受要约人超过承诺期限发出承诺，或者在承诺期限内发出承诺，按照通常情形不能及时到达要约人的，为新要约；但是，要约人及时通知受要约人该承诺有效的除外</td></tr>
</table>

承诺迟延	受要约人在承诺期限内发出承诺，按照通常情形能够及时到达要约人，但是因其他原因致使承诺到达要约人时超过承诺期限的，除要约人及时通知受要约人因承诺超过期限不接受该承诺外，该承诺有效
承诺内容	承诺的内容应当与要约的内容一致；受要约人对要约的内容作出实质性变更的，为新要约 【解释】有关合同标的、数量、质量、价款或者报酬、履行期限、履行地点和方式、违约责任和解决争议方法等的变更，是对要约内容的实质性变更
	承诺对要约的内容作出非实质性变更的，除要约人及时表示反对或者要约表明承诺不得对要约的内容作出任何变更外，该承诺有效，合同的内容以承诺的内容为准

经典题解

【真题 1 · 多选题】根据《民法典》的规定，承诺人可以撤回承诺。关于撤回通知的说法，正确的有（　　）。（2012 年）

A. 撤回的通知先于承诺通知到达要约人的，可以发生撤回效力

B. 撤回的通知与承诺通知同时到达要约人的，可以发生撤回效力

C. 撤回的通知可以后于承诺通知到达，但承诺人应承担缔约过失的损害赔偿责任

D. 撤回的通知可以采取公告送达方式

E. 撤回的通知可以后于承诺通知 3 日到达要约人，但承诺人应承担违约责任

【答案】AB

【真题 2 · 单选题】下列关于承诺的说法中，正确的是（　　）。（2018 年）

A. 承诺由受要约人或第三人向要约人作出

B. 承诺到达要约人时生效

C. 撤回承诺的通知与承诺同时到达要约人的，不发生撤回效力

D. 承诺均须以通知的方式作出

【解析】（1）选项 A：承诺由受要约人向要约人作出。（2）选项 C：撤回承诺的通知应当在承诺到达要约人之前或者与承诺同时到达要约人。（3）选项 D：承诺应当以通知的方式作出；但是，根据交易习惯或者要约表明可以通过行为作出承诺的除外。

【答案】B

【真题 3 · 多选题】下列关于承诺生效要件的说法中，正确的有（　　）。（2017 年）

A. 承诺应当即时作出

B. 要约确定承诺期限的，承诺须在承诺期限内到达要约人

C. 承诺须以书面方式作出

D. 承诺的内容应当与要约的内容一致

E. 承诺须由受要约人向要约人作出

【解析】（1）选项 A：要约以对话方式作出的，应当即时作出承诺；要约以非对话方式

作出的，承诺应当在合理期限内到达。(2) 选项 C：承诺应当以“通知”的方式作出，既可以是口头，也可以是书面。

【答案】BDE

【真题 4·多选题】根据合同理论，下列关于招投标环节的属性说法中，正确的有（　　）。(2016 年)

A. 招标是要约邀请　　B. 投标是要约邀请

C. 招标是要约　　D. 投标是要约

E. 定标是承诺

【解析】(1) 选项 AC：招标是要约邀请。(2) 选项 BD：投标是要约。

【答案】ADE

04 合同成立的时间、地点与合同形式（★★）

合同成立时间	承诺生效时合同成立，但是法律另有规定或者当事人另有约定的除外
	当事人采用合同书形式订立合同的，自当事人均签名、盖章或者按指印时合同成立；在签名、盖章或者按指印之前，当事人一方已经履行主要义务，对方接受时，该合同成立
	法律、行政法规规定或者当事人约定合同应当采用书面形式订立，当事人未采用书面形式但是一方已经履行主要义务，对方接受时，该合同成立
	当事人采用信件、数据电文等形式订立合同要求签订确认书的，签订确认书时合同成立
	当事人一方通过互联网等信息网络发布的商品或者服务信息符合要约条件的，对方选择该商品或者服务并提交订单成功时合同成立，但是当事人另有约定的除外
合同成立地点	承诺生效的地点为合同成立的地点
	采用数据电文形式订立合同的，收件人的主营业地为合同成立的地点；没有主营业地的，其住所地为合同成立的地点。当事人另有约定的，按照其约定
	当事人采用合同书形式订立合同的，最后签名、盖章或者按指印的地点为合同成立的地点，但是当事人另有约定的除外
合同形式	当事人订立合同，可以采用书面形式、口头形式或者其他形式 【提示 1】书面形式是合同书、信件、电报、电传、传真等可以有形地表现所载内容的形式 【提示 2】以电子数据交换、电子邮件等方式能够有形地表现所载内容，并可以随时调取查用的数据电文，视为书面形式

05 格式条款（★★）

概念	格式条款是当事人为了重复使用而预先拟定，并在订立合同时未与对方协商的条款
提示对方注意并应对方要求说明义务	采用格式条款订立合同的，提供格式条款的一方应当遵循公平原则确定当事人之间的权利和义务，并采取合理的方式提示对方注意免除或者减轻其责任等与对方有重大利害关系的条款，按照对方的要求，对该条款予以说明。提供格式条款的一方未履行提示或者说明义务，致使对方没有注意或者理解与其有重大利害关系的条款的，对方可以主张该条款不成为合同的内容
无效的格式条款	（1）提供格式条款一方不合理地免除或者减轻其责任、加重对方责任、限制对方主要权利 （2）提供格式条款一方排除对方主要权利 （3）格式条款具有无效民事法律行为的情形和无效的免责条款情形
无效的免责条款	（1）造成对方人身损害 （2）因故意或者重大过失造成对方财产损失
解释	对格式条款的理解发生争议的，应当按照通常理解予以解释；对格式条款有两种以上解释的，应当作出不利于提供格式条款一方的解释
	格式条款和非格式条款不一致的，应当采用非格式条款

经典题解

【真题·多选题】 下列关于格式条款法律规定的说法中，正确的有（　　）。（2018年）

A. 对格式条款有两种以上解释的，应当作出有利于提供格式条款一方的解释

B. 格式条款的提供者对免责条款负有提请注意义务和说明义务

C. 对格式条款理解发生争议的，应当按照通常理解予以解释

D. 格式条款与非格式条款不一致的，应当采用非格式条款

E. 格式条款排除对方权利的一律无效

【解析】（1）选项AC：对格式条款的理解发生争议的，应当按照通常理解予以解释，对格式条款有两种以上解释的，应当作出不利于提供格式条款一方的解释。（2）选项B：采用格式条款订立合同的，提供格式条款的一方应当遵循公平原则确定当事人之间的权利和义务，并采取合理的方式提示对方注意免除或者减轻其责任等与对方有重大利害关系的条款，按照对方的要求，对该条款予以说明。（3）选项E：提供格式条款一方排除对方“主要”权利的，该格式条款无效。

【答案】 BCD

06 双务合同履行中的抗辩权（★★）

同时履行抗辩权	当事人互负债务，没有先后履行顺序的，应当同时履行。一方在对方履行之前有权拒绝其履行请求。一方在对方履行债务不符合约定时，有权拒绝其相应的履行请求
顺序履行抗辩权	当事人互负债务，有先后履行顺序，应当先履行债务一方未履行的，后履行一方有权拒绝其履行请求。先履行一方履行债务不符合约定的，后履行一方有权拒绝其相应的履行请求
不安抗辩权	应当先履行债务的当事人，有确切证据证明对方有下列情形之一的，可以中止履行： （1）经营状况严重恶化 （2）转移财产、抽逃资金，以逃避债务 （3）丧失商业信誉 （4）有丧失或者可能丧失履行债务能力的其他情形 当事人没有确切证据中止履行的，应当承担违约责任
	（1）当事人依据上述规定中止履行的，应当及时通知对方 （2）对方提供适当担保的，应当恢复履行 （3）中止履行后，对方在合理期限内未恢复履行能力且未提供适当担保的，视为以自己的行为表明不履行主要债务，中止履行的一方可以解除合同并可以请求对方承担违约责任

经典题解

【真题1·单选题】抗辩权是可以阻止请求权效力发生的权利，下列抗辩权中，合同双方当事人均可行使的是（　　）。（2014年）

A. 不安抗辩权　　B. 顺序履行抗辩权

C. 同时履行抗辩权　　D. 先诉抗辩权

【解析】（1）选项A：不安抗辩权由先履行义务的当事人行使。（2）选项B：顺序履行抗辩权由后履行义务一方行使。（3）选项D：先诉抗辩权由一般保证人行使。

【答案】C

【真题2·单选题】《民法典》规定："当事人互负债务，没有先后履行顺序的，应当同时履行。一方在对方履行之前有权拒绝其履行请求。一方在对方履行债务不符合约定时，有权拒绝其相应的履行请求。"该规定中当事人享有的权利是（　　）。（2013年）

A. 同时履行抗辩权　　B. 不安抗辩权

C. 顺序履行抗辩权　　D. 形成权

【答案】A

07 合同的变更和解除（★）

<table>
<tr><td>变更</td><td colspan="2">（1）当事人协商一致，可以变更合同
（2）当事人对合同变更的内容约定不明确的，推定为未变更</td></tr>
<tr><td rowspan="3">解除</td><td>约定解除</td><td>（1）当事人协商一致，可以解除合同
（2）当事人可以约定一方解除合同的事由；解除合同的事由发生时，解除权人可以解除合同</td></tr>
<tr><td rowspan="2">法定解除</td><td>（1）因不可抗力致使不能实现合同目的
（2）在履行期限届满前，当事人一方明确表示或者以自己的行为表明不履行主要债务
（3）当事人一方迟延履行主要债务，经催告后在合理期限内仍未履行
（4）当事人一方迟延履行债务或者有其他违约行为致使不能实现合同目的
（5）法律规定的其他情形</td></tr>
<tr><td>以持续履行的债务为内容的不定期合同，当事人可以随时解除合同，但是应当在合理期限之前通知对方</td></tr>
<tr><td>期限</td><td colspan="2">（1）法律规定或者当事人约定解除权行使期限，期限届满当事人不行使的，该权利消灭
（2）法律没有规定或者当事人没有约定解除权行使期限，自解除权人知道或者应当知道解除事由之日起1年内不行使，或者经对方催告后在合理期限内不行使的，该权利消灭</td></tr>
<tr><td>行使</td><td colspan="2">（1）当事人一方依法主张解除合同的，应当通知对方。合同自通知到达对方时解除；通知载明债务人在一定期限内不履行债务则合同自动解除，债务人在该期限内未履行债务的，合同自通知载明的期限届满时解除。对方对解除合同有异议的，任何一方当事人均可以请求人民法院或者仲裁机构确认解除行为的效力
（2）当事人一方未通知对方，直接以提起诉讼或者申请仲裁的方式依法主张解除合同，人民法院或者仲裁机构确认该主张的，合同自起诉状副本或者仲裁申请书副本送达对方时解除</td></tr>
<tr><td rowspan="2">效力</td><td colspan="2">合同解除后，尚未履行的，终止履行；已经履行的，根据履行情况和合同性质，当事人可以请求恢复原状或者采取其他补救措施，并有权请求赔偿损失</td></tr>
<tr><td colspan="2">合同因违约解除的，解除权人可以请求违约方承担违约责任，但是当事人另有约定的除外</td></tr>
</table>

08 违约责任（★★）

<table>
<tr><td>预期违约</td><td colspan="2">当事人一方明确表示或者以自己的行为表明不履行合同义务的，对方可以在履行期限届满前请求其承担违约责任</td></tr>
<tr><td rowspan="3">继续履行</td><td>金钱债务</td><td>金钱债务均可以直接强制履行</td></tr>
<tr><td>非金钱债务</td><td>非金钱债务也可以直接强制履行，但是有下列情形之一的除外：（1）法律上或者事实上不能履行；（2）债务的标的不适于强制履行或者履行费用过高；（3）债权人在合理期限内未请求履行</td></tr>
<tr><td>替代履行</td><td>当事人一方不履行债务或者履行债务不符合约定，根据债务的性质不得强制履行的，对方可以请求其负担由第三人替代履行的费用</td></tr>
<tr><td>补救措施</td><td colspan="2">可以合理选择请求对方承担：修理、重作、更换、退货、减少价款或者报酬等违约责任</td></tr>
<tr><td rowspan="4">赔偿损失</td><td>赔偿范围</td><td>当事人一方不履行合同义务或者履行合同义务不符合约定，造成对方损失的，损失赔偿额应当相当于因违约所造成的损失，包括合同履行后可以获得的利益；但是，不得超过违约一方订立合同时预见到或者应当预见到的因违约可能造成的损失</td></tr>
<tr><td>减损义务</td><td>当事人一方违约后，对方应当采取适当措施防止损失的扩大；没有采取适当措施致使损失扩大的，不得就扩大的损失请求赔偿</td></tr>
<tr><td>混合过错</td><td>当事人一方违约造成对方损失，对方对损失的发生有过错的，可以减少相应的损失赔偿额</td></tr>
<tr><td>获得利益</td><td>当事人一方因对方违约而获有利益，违约方有权主张从损失赔偿额中扣除该部分利益</td></tr>
<tr><td>支付违约金</td><td colspan="2">（1）当事人可以约定一方违约时应当根据违约情况向对方支付一定数额的违约金，也可以约定因违约产生的损失赔偿额的计算方法
（2）约定的违约金低于造成的损失的，人民法院或者仲裁机构可以根据当事人的请求予以增加；约定的违约金过分高于造成的损失的，人民法院或者仲裁机构可以根据当事人的请求予以适当减少</td></tr>
<tr><td>免责事由</td><td colspan="2">（1）当事人一方因不可抗力不能履行合同的，根据不可抗力的影响，部分或者全部免除责任，但是法律另有规定的除外
（2）当事人迟延履行后发生不可抗力的，不免除其违约责任</td></tr>
</table>

经典题解

【真题·单选题】甲向乙购买一批樱桃，并先行支付了货款。货到后，甲验收发现樱桃品质不佳，遂要求更换。在等待更换期间，甲并未将收到的樱桃放置于保鲜箱中妥善保管，

以致部分樱桃霉烂变质。根据《民法典》相关规定，该变质部分樱桃损失应由甲自己承担，理由是（　　）。（2021 年）

A. 甲违反了从给付义务
B. 甲违反了防止自己损失扩大的义务
C. 甲违反了对待给付义务
D. 甲违反了附随义务

【解析】 当事人一方违约后，对方应当采取适当措施防止损失的扩大；没有采取适当措施致使损失扩大的，不得就扩大的损失请求赔偿。

【答案】 B

查看本单元视频，快速 GET 知识点
使用“会计云课堂”App或“微信”扫码

第三单元　典型合同

01 买卖合同（★★★）

1. 买卖合同

概念	出卖人转移标的物的所有权于买受人，买受人支付价款的合同
特征	诺成、双务、有偿合同
检验	买受人收到标的物时应当在约定的检验期限内检验；没有约定检验期限的，应当及时检验
孳息归属	标的物在交付之前产生的孳息，归出卖人所有；交付之后产生的孳息，归买受人所有。但是，当事人另有约定的除外
从物	主物转让的，从物随主物转让，但是当事人另有约定的除外

经典题解

【真题·单选题】 甲从商场购得一台电视机，发现缺少遥控器，于是向商场索要，商场称：“遥控器需另外购买”。双方因此产生纠纷。下列关于本案纠纷处理及商场行为性质的说法中，正确的是（　　）。（2016 年）

A. 商场的行为构成缔约过失
B. 商场应当在交付电视机的同时交付遥控器
C. 商场拒绝交付遥控器的行为合法，因为遥控器和电视机是两个不同的物
D. 本案中的合同关系属于选择之债，商场有选择交付标的物的权利

【解析】（1）选项 A：买卖合同有效，本题中所述情形属于合同履行阶段，不涉及缔约过失责任。（2）选项 BCD：电视机和遥控器属于主物和从物的关系，主物转让的，从物随主物转让，但是当事人另有约定的除外，即对主物的处分原则上及于从物。因此，商场在交付电视机的时候应当同时交付遥控器。

【答案】 B

2. 风险负担

风险负担规则	标的物毁损、灭失的风险，在标的物交付之前由出卖人承担，交付之后由买受人承担，但是法律另有规定或者当事人另有约定的除外
未按期交付	因买受人的原因致使标的物未按照约定的期限交付的，买受人应当自违反约定时起承担标的物毁损、灭失的风险
在途标的物	出卖人出卖交由承运人运输的在途标的物，除当事人另有约定外，毁损、灭失的风险自合同成立时起由买受人承担
交付承运人	出卖人按照约定将标的物运送至买受人指定地点并交付给承运人后，标的物毁损、灭失的风险由买受人承担
	当事人没有约定交付地点或者约定不明确，依据规定标的物需要运输的，出卖人将标的物交付给第一承运人后，标的物毁损、灭失的风险由买受人承担
买受人违约	出卖人按照约定或者依据规定将标的物置于交付地点，买受人违反约定没有收取的，标的物毁损、灭失的风险自违反约定时起由买受人承担
单证资料	出卖人按照约定未交付有关标的物的单证和资料的，不影响标的物毁损、灭失风险的转移
拒收、解除合同	因标的物不符合质量要求，致使不能实现合同目的的，买受人可以拒绝接受标的物或者解除合同。买受人拒绝接受标的物或者解除合同的，标的物毁损、灭失的风险由出卖人承担

经典题解

【真题·单选题】6月3日，甲演艺公司（以下简称“甲公司”）向乙乐器店购买2架钢琴，约定1周后付款。次日，甲公司运回2架钢琴途中遭遇泥石流，钢琴报废。下列关于甲公司与乙乐器店之间债的类型、买卖合同生效时间及风险负担的说法中，正确的是（　　）。（2021年）

A. 因钢琴已全部报废，故甲公司无须向乙乐器店支付货款

B. 因泥石流属于不可抗力，故乙乐器店无权请求甲公司支付货款

C. 6月3日，甲公司、乙乐器店所签买卖合同于1周后甲公司付清货款时生效

D. 6月3日，甲公司、乙乐器店所签买卖合同属于种类物之债

【解析】（1）选项AB：标的物毁损、灭失的风险，在标的物交付之前由出卖人承担，交付之后由买受人承担，但是法律另有规定或者当事人另有约定的除外。故乙乐器店不承担钢琴报废的风险，其已经履行交货义务，有权要求甲公司支付钢琴的价款。（2）选项C：依法成立的合同，自成立时生效，但是法律另有规定或者当事人另有约定的除外。

【答案】D

3. 买卖合同的特殊解除规则

主物、从物	（1）因标的物的主物不符合约定而解除合同的，解除合同的效力及于从物 （2）因标的物的从物不符合约定被解除的，解除的效力不及于主物
一物、数物	标的物为数物，其中一物不符合约定的，买受人可以就该物解除。但是，该物与他物分离使标的物的价值显受损害的，买受人可以就数物解除合同
分批交付	（1）出卖人分批交付标的物的，出卖人对其中一批标的物不交付或者交付不符合约定，致使该批标的物不能实现合同目的的，买受人可以就该批标的物解除 （2）出卖人不交付其中一批标的物或者交付不符合约定，致使之后其他各批标的物的交付不能实现合同目的的，买受人可以就该批以及之后其他各批标的物解除 （3）买受人如果就其中一批标的物解除，该批标的物与其他各批标的物相互依存的，可以就已经交付和未交付的各批标的物解除
分期付款	（1）分期付款的买受人未支付到期价款的数额达到全部价款的1/5，经催告后在合理期限内仍未支付到期价款的，出卖人可以请求买受人支付全部价款或者解除合同 （2）出卖人解除合同的，可以向买受人请求支付该标的物的使用费

4. 所有权保留买卖合同

概念	当事人可以在买卖合同中约定买受人未履行支付价款或者其他义务的，标的物的所有权属于出卖人
所有权	出卖人对标的物保留的所有权，未经登记，不得对抗善意第三人
出卖人取回权	当事人约定出卖人保留合同标的物的所有权，在标的物所有权转移前，买受人有下列情形之一，造成出卖人损害的，除当事人另有约定外，出卖人有权取回标的物：（1）未按照约定支付价款，经催告后在合理期限内仍未支付；（2）未按照约定完成特定条件；（3）将标的物出卖、出质或者作出其他不当处分

经典题解

【真题·单选题】甲、乙在干洗机买卖合同中约定，在乙付清全部货款之前，干洗机所有权仍属于甲。随后，甲将干洗机交付给乙。根据《民法典》规定，下列关于甲、乙约定的效力及干洗机所有权归属的说法中，正确的是（　　）。（2020年）

A. 甲、乙约定无效，在货款付清之前，干洗机所有权归属于乙

B. 甲、乙约定可撤销，在货款付清之前，乙可以撤销

C. 甲、乙约定效力待定，在货款付清之时确定生效

D. 甲、乙约定有效，在货款付清之前，干洗机所有权归属于甲

【解析】当事人可以在买卖合同中约定买受人未履行支付价款或者其他义务的，标的物所有权属于出卖人。

【答案】D

5. 凭样品买卖合同

样品封存	凭样品买卖的当事人应当封存样品，并可以对样品质量予以说明。出卖人交付的标的物应当与样品及其说明的质量相同
隐蔽瑕疵	凭样品买卖的买受人不知道样品有隐蔽瑕疵的，即使交付的标的物与样品相同，出卖人交付的标的物的质量仍然应当符合同种物的通常标准

6. 试用买卖合同

试用期	（1）试用买卖的当事人可以约定标的物的试用期限 （2）对试用期限没有约定或者约定不明确，依据规定仍不能确定的，由出卖人确定
是否购买	试用买卖的买受人在试用期内可以购买标的物，也可以拒绝购买；试用期限届满，买受人对是否购买标的物未作表示的，视为购买
	试用买卖的买受人在试用期内已经支付部分价款或者对标的物实施出卖、出租、设立担保物权等行为的，视为同意购买
使用费	试用买卖的当事人对标的物使用费没有约定或者约定不明确的，出卖人无权请求买受人支付
风险	标的物在试用期内毁损、灭失的风险由出卖人承担

02 赠与合同（★★）

概念	赠与人将自己的财产无偿给予受赠人，受赠人表示接受赠与的合同
特征	诺成、无偿、单务、不要式合同
瑕疵担保	赠与的财产有瑕疵的，赠与人不承担责任；附义务的赠与，赠与的财产有瑕疵的，赠与人在附义务的限度内承担与出卖人相同的责任
	赠与人故意不告知瑕疵或者保证无瑕疵，造成受赠人损失的，应当承担赔偿责任
赠与人任意撤销权	（1）赠与人在赠与财产的权利转移之前可以撤销赠与 （2）经过公证的赠与合同或者依法不得撤销的具有救灾、扶贫、助残等公益、道德义务性质的赠与合同，不得撤销；赠与人不交付赠与财产的，受赠人可以请求交付（针对不享有任意撤销权的赠与，受赠人享有交付请求权）
	依据上述规定应当交付的赠与财产因赠与人故意或者重大过失致使毁损、灭失的，赠与人应当承担赔偿责任

法定撤销权	(1) 受赠人有下列情形之一的，赠与人可以撤销赠与：①严重侵害赠与人或者赠与人近亲属的合法权益(仅限“近亲属”)；②对赠与人有扶养义务而不履行；③不履行赠与合同约定的义务 (2) 赠与人的撤销权，自知道或者应当知道撤销事由之日起1年内行使
	(1) 因受赠人的违法行为致使赠与人死亡或者丧失民事行为能力的，赠与人的继承人或者法定代理人可以撤销赠与 (2) 赠与人的继承人或者法定代理人的撤销权，自知道或者应当知道撤销事由之日起6个月内行使
撤销后果	撤销权人撤销赠与的，可以向受赠人请求返还赠与的财产
穷困抗辩	赠与人的经济状况显著恶化，严重影响其生产经营或者家庭生活的，可以不再履行赠与义务

经典题解

【真题·单选题】根据合同理论，下列关于赠与合同特征的说法中，正确的是（　　）。（2016年）

A. 赠与合同是要式合同　　B. 赠与合同是无偿合同

C. 赠与合同是单方法律行为　　D. 赠与合同是双务合同

【解析】(1) 选项A：赠与合同属于不要式合同。(2) 选项C：赠与合同属于双方法律行为。(3) 选项D：赠与合同属于单务合同。

【答案】B

03 借款合同（★★★）

概念	借款人向贷款人借款，到期返还借款并支付利息的合同	
特征	商业借贷	诺成合同、要式合同、有偿合同
	民间借贷	实践合同（自然人之间的借贷合同）或者诺成合同（除自然人之间外的借贷合同）、不要式合同、有偿合同或无偿合同
自然人之间借款合同	自然人之间的借款合同，自贷款人提供借款时成立（实践合同）： (1) 以现金支付的，自借款人收到借款时成立 (2) 以银行转账、网上电子汇款等形式支付的，自资金到达借款人账户时成立 (3) 以票据交付的，自借款人依法取得票据权利时成立 (4) 出借人将特定资金账户支配权授权给借款人的，自借款人取得对该账户实际支配权时成立 (5) 出借人以与借款人约定的其他方式提供借款并实际履行完成时成立	

<table>
<tr><td>民间借贷合同无效情形</td><td colspan="3">（1）套取金融机构贷款转贷的
（2）以向其他营利法人借贷、向本单位职工集资，或者以向公众非法吸收存款等方式取得的资金转贷的
（3）未依法取得放贷资格的出借人，以营利为目的向社会不特定对象提供借款的
（4）出借人事先知道或者应当知道借款人借款用于违法犯罪活动仍然提供借款的
（5）违反法律、行政法规强制性规定的
（6）违背公序良俗的</td></tr>
<tr><td>利息不得预先扣除</td><td colspan="3">借款的利息不得预先在本金中扣除。利息预先在本金中扣除的，应当按照实际借款数额返还借款并计算利息</td></tr>
<tr><td rowspan="5">借期利率</td><td>约定</td><td colspan="2">禁止高利放贷，借款的利率不得违反国家有关规定。出借人请求借款人按照合同约定利率支付利息的，人民法院应予支持，但是双方约定的利率超过合同成立时一年期贷款市场报价利率4倍的除外</td></tr>
<tr><td rowspan="2">没有约定</td><td colspan="2">借贷双方没有约定利息的，视为没有利息</td></tr>
<tr><td colspan="2">借贷双方没有约定利息，出借人主张支付利息的，人民法院不予支持</td></tr>
<tr><td rowspan="2">约定不明</td><td>自然人之间</td><td>出借人主张支付利息的，人民法院不予支持</td></tr>
<tr><td>其他</td><td>借贷双方对借贷利息约定不明，出借人主张利息的，人民法院应当结合民间借贷合同的内容，并根据当地或者当事人的交易方式、交易习惯、市场报价利率等因素确定利息</td></tr>
</table>

经典题解

【真题·单选题】下列关于民间借贷合同成立及效力的说法中，正确的是（　　）。（2018年）

A. 自然人之间的借款合同自合同订立时成立

B. 公司之间的借款合同自借款交付时成立

C. 民间借贷合同约定的利率超过合同成立时一年期贷款市场报价利率4倍的，超过部分的利息约定无效

D. 民间借贷合同自借款交付时成立

【解析】选项ABD：自然人之间借款合同自贷款人提供借款时成立。除自然人之间借款合同外的其他民间借贷合同为诺成合同。

【答案】C

04 租赁合同（★★★）

概念	出租人将租赁物交付承租人使用、收益，承租人支付租金的合同	
特征	诺成、双务、有偿合同；具有期限性和持续性	
租赁期限	租赁期限不得超过20年。超过20年的，超过部分无效	
	租赁期限届满，当事人可以续订租赁合同；但是，约定的租赁期限自续订之日起不得超过20年	
合同形式	租赁期限6个月以上的，应当采用书面形式；当事人未采用书面形式，无法确定租赁期限的，视为不定期租赁	
交付	出租人应当按照约定将租赁物交付承租人，并在租赁期限内保持租赁物符合约定的用途	
使用	承租人应当按照约定的方法使用租赁物。对租赁物的使用方法没有约定或者约定不明确，依据《民法典》规定仍不能确定的，应当根据租赁物的性质使用	
	承租人按照约定的方法或者根据租赁物的性质使用租赁物，致使租赁物受到损耗的，不承担赔偿责任	
	承租人未按照约定的方法或者未根据租赁物的性质使用租赁物，致使租赁物受到损失的，出租人可以解除合同并请求赔偿损失	
维修	出租人应当履行租赁物的维修义务，但是当事人另有约定的除外	
	因承租人的过错致使租赁物需要维修的，出租人不承担规定的维修义务	
	承租人在租赁物需要维修时可以请求出租人在合理期限内维修。出租人未履行维修义务的，承租人可以自行维修，维修费用由出租人负担。因维修租赁物影响承租人使用的，应当相应减少租金或者延长租期	
妥善保管	承租人应当妥善保管租赁物，因保管不善造成租赁物毁损、灭失的，应当承担赔偿责任	
改善、增设	承租人经出租人同意，可以对租赁物进行改善或者增设他物	
	承租人未经出租人同意，对租赁物进行改善或者增设他物的，出租人可以请求承租人恢复原状或者赔偿损失	
转租	经出租人同意	承租人经出租人同意，可以将租赁物转租给第三人。承租人转租的，承租人与出租人之间的租赁合同继续有效；第三人造成租赁物损失的，承租人应当赔偿损失
	擅自转租	（1）承租人未经出租人同意转租的，出租人可以解除合同 （2）出租人知道或者应当知道承租人转租，但是在6个月内未提出异议的，视为出租人同意转租
收益	在租赁期限内因占有、使用租赁物获得的收益，归承租人所有，但是当事人另有约定的除外	

<table>
<tr><td rowspan="2">租金支付</td><td colspan="2">承租人应当按照约定的期限支付租金。对支付租金的期限没有约定或者约定不明确，依据民法典规定仍不能确定，租赁期限不满1年的，应当在租赁期限届满时支付；租赁期限1年以上的，应当在每届满1年时支付，剩余期限不满1年的，应当在租赁期限届满时支付</td></tr>
<tr><td colspan="2">承租人无正当理由未支付或者迟延支付租金的，出租人可以请求承租人在合理期限内支付；承租人逾期不支付的，出租人可以解除合同</td></tr>
<tr><td>第三人主张权利</td><td colspan="2">因第三人主张权利，致使承租人不能对租赁物使用、收益的，承租人可以请求减少租金或者不支付租金</td></tr>
<tr><td>承租人解除权</td><td colspan="2">有下列情形之一，非因承租人原因致使租赁物无法使用的，承租人可以解除合同：
(1) 租赁物被司法机关或者行政机关依法查封、扣押
(2) 租赁物权属有争议
(3) 租赁物具有违反法律、行政法规关于使用条件的强制性规定情形</td></tr>
<tr><td>买卖不破租赁</td><td colspan="2">租赁物在承租人按照租赁合同占有期限内发生所有权变动的，不影响租赁合同的效力</td></tr>
<tr><td>风险负担</td><td colspan="2">因不可归责于承租人的事由，致使租赁物部分或者全部毁损、灭失的，承租人可以请求减少租金或者不支付租金；因租赁物部分或者全部毁损、灭失，致使不能实现合同目的的，承租人可以解除合同</td></tr>
<tr><td>不定期租赁</td><td colspan="2">当事人对租赁期限没有约定或者约定不明确，依据《民法典》规定仍不能确定的，视为不定期租赁；当事人可以随时解除合同，但是应当在合理期限之前通知对方</td></tr>
<tr><td>租赁物质量不合格</td><td colspan="2">租赁物危及承租人的安全或者健康的，即使承租人订立合同时明知该租赁物质量不合格，承租人仍然可以随时解除合同</td></tr>
<tr><td rowspan="2">返还租赁物</td><td colspan="2">租赁期限届满，承租人应当返还租赁物。返还的租赁物应当符合按照约定或者根据租赁物的性质使用后的状态</td></tr>
<tr><td colspan="2">租赁期限届满，承租人继续使用租赁物，出租人没有提出异议的，原租赁合同继续有效，但是租赁期限为不定期</td></tr>
<tr><td rowspan="5">房屋租赁</td><td rowspan="3">承租人优先购买权</td><td>出租人出卖租赁房屋的，应当在出卖之前的合理期限内通知承租人，承租人享有以同等条件优先购买的权利；但是，房屋按份共有人行使优先购买权或者出租人将房屋出卖给近亲属的除外</td></tr>
<tr><td>出租人履行通知义务后，承租人在15日内未明确表示购买的，视为承租人放弃优先购买权</td></tr>
<tr><td>出租人委托拍卖人拍卖租赁房屋的，应当在拍卖5日前通知承租人。承租人未参加拍卖的，视为放弃优先购买权</td></tr>
<tr><td>承租人死亡</td><td>承租人在房屋租赁期限内死亡的，与其生前共同居住的人或者共同经营人可以按照原租赁合同租赁该房屋</td></tr>
<tr><td>承租人优先承租权</td><td>租赁期限届满，房屋承租人享有以同等条件优先承租的权利</td></tr>
</table>

经典题解

【真题1·单选题】甲公司租用乙公司的仓库，租期3年，租金月付。租期届满后，甲公司继续缴纳租金，乙公司亦未拒绝。3个月后，乙公司将该仓库出租给丙公司。因丙公司要求甲公司限期腾退仓库而引发纠纷。根据《民法典》规定，下列关于本案租期届满后甲公司、乙公司之间租赁合同效力的说法中，正确的是（　　）。（2020年）

A. 租期届满后甲公司、乙公司租赁合同效力待定，若乙公司事后明确同意续租则有效

B. 租期届满后乙公司仍接受甲公司缴纳的租金，可视为双方租赁合同续订3年

C. 租期届满后甲公司、乙公司租赁合同继续有效，且乙公司有权随时解除租赁合同，但是应当在合理期限之前通知对方

D. 租期届满后因双方并未续订，甲公司、乙公司租赁合同终止

【解析】租赁期限届满，承租人继续使用租赁物，出租人没有提出异议的，原租赁合同继续有效，但是租赁期限为不定期。不定期租赁，当事人可以随时解除合同，但是应当在合理期限之前通知对方。

【答案】C

【真题2·单选题】根据《民法典》规定，下列关于租赁合同的说法中，正确的是（　　）。（2017年）

A. 承租人应当履行租赁物的维修义务

B. 未采用书面形式的租赁合同无效

C. 租赁期限超过20年的，超过部分无效

D. 租赁合同是双务、有偿、实践合同

【解析】（1）选项A：出租人应当履行租赁物的维修义务，但当事人另有约定的除外。（2）选项B：租赁期限6个月以上的，应当采用书面形式；当事人未采用书面形式，无法确定租赁期限的，视为不定期租赁。（3）选项D：租赁合同是双务、有偿、诺成合同。

【答案】C

05 融资租赁合同（★）

概念	出租人根据承租人对出卖人、租赁物的选择，向出卖人购买租赁物，提供给承租人使用，承租人支付租金的合同
特征	诺成、双务、有偿、要式合同
形式	融资租赁合同应当采用书面形式
标的物交付	出租人根据承租人对出卖人、租赁物的选择订立的买卖合同，出卖人应当按照约定向承租人交付标的物，承租人享有与受领标的物有关的买受人的权利
不得擅自变更	出租人根据承租人对出卖人、租赁物的选择订立的买卖合同，未经承租人同意，出租人不得变更与承租人有关的合同内容
索赔	出租人、出卖人、承租人可以约定，出卖人不履行买卖合同义务的，由承租人行使索赔的权利。承租人行使索赔权利的，出租人应当协助

所有权	出租人对租赁物享有的所有权，未经登记，不得对抗善意第三人
瑕疵担保	租赁物不符合约定或者不符合使用目的的，出租人不承担责任。但是，承租人依赖出租人的技能确定租赁物或者出租人干预选择租赁物的除外
保管、使用、维修	承租人应当妥善保管、使用租赁物；承租人应当履行占有租赁物期间的维修义务
租金	融资租赁合同的租金，除当事人另有约定外，应当根据购买租赁物的大部分或者全部成本以及出租人的合理利润确定
	承租人应当按照约定支付租金。承租人经催告后在合理期限内仍不支付租金的，出租人可以请求支付全部租金；也可以解除合同，收回租赁物
期限届满租赁物归属	出租人和承租人可以约定租赁期限届满租赁物的归属；对租赁物的归属没有约定或者约定不明确，依据《民法典》规定仍不能确定的，租赁物的所有权归出租人

06 保理合同（★）

概念	应收账款债权人将现有的或者将有的应收账款转让给保理人，保理人提供资金融通、应收账款管理或者催收、应收账款债务人付款担保等服务的合同 【提示】保理合同是《民法典》合同编新增四种典型合同中，唯一全新增订的典型合同
特征	诺成、要式、双务、有偿合同
形式	保理合同应当采用书面形式
通知	保理人向应收账款债务人发出应收账款转让通知的，应当表明保理人身份并附有必要凭证
有追索权保理	当事人约定有追索权保理的，保理人可以向应收账款债权人主张返还保理融资款本息或者回购应收账款债权，也可以向应收账款债务人主张应收账款债权。保理人向应收账款债务人主张应收账款债权，在扣除保理融资款本息和相关费用后有剩余的，剩余部分应当返还给应收账款债权人
无追索权保理	当事人约定无追索权保理的，保理人应当向应收账款债务人主张应收账款债权，保理人取得超过保理融资款本息和相关费用的部分，无须向应收账款债权人返还
多个保理	应收账款债权人就同一应收账款订立多个保理合同，致使多个保理人主张权利： （1）已经登记的先于未登记的取得应收账款 （2）均已经登记的，按照登记时间的先后顺序取得应收账款 （3）均未登记的，由最先到达应收账款债务人的转让通知中载明的保理人取得应收账款 （4）既未登记也未通知的，按照保理融资款或者服务报酬的比例取得应收账款

07 承揽合同（★★）

概念	承揽人按照定作人的要求完成工作，交付工作成果，定作人支付报酬的合同
特征	诺成、有偿、双务合同，其形式依法律规定或者约定，既可要式亦可不要式
主要工作、辅助工作	（1）承揽人应当以自己的设备、技术和劳力，完成主要工作，但是当事人另有约定的除外 （2）承揽人将其承揽的主要工作交由第三人完成的，应当就该第三人完成的工作成果向定作人负责；未经定作人同意的，定作人也可以解除合同
	承揽人可以将其承揽的辅助工作交由第三人完成。承揽人将其承揽的辅助工作交由第三人完成的，应当就该第三人完成的工作成果向定作人负责
材料	承揽人提供材料的，应当按照约定选用材料，并接受定作人检验
	（1）定作人提供材料的，应当按照约定提供材料。承揽人对定作人提供的材料，应当及时检验，发现不符合约定时，应当及时通知定作人更换、补齐或者采取其他补救措施 （2）承揽人不得擅自更换定作人提供的材料，不得更换不需要修理的零部件
通知	承揽人发现定作人提供的图纸或者技术要求不合理的，应当及时通知定作人。因定作人怠于答复等原因造成承揽人损失的，应当赔偿损失
变更	定作人中途变更承揽工作的要求，造成承揽人损失的，应当赔偿损失
协助	承揽工作需要定作人协助的，定作人有协助的义务
	定作人不履行协助义务致使承揽工作不能完成的，承揽人可以催告定作人在合理期限内履行义务，并可以顺延履行期限；定作人逾期不履行的，承揽人可以解除合同
交付的工作成果	承揽人完成工作的，应当向定作人交付工作成果，并提交必要的技术资料和有关质量证明。定作人应当验收该工作成果
	承揽人交付的工作成果不符合质量要求的，定作人可以合理选择请求承揽人承担修理、重作、减少报酬、赔偿损失等违约责任
留置	定作人未向承揽人支付报酬或者材料费等价款的，承揽人对完成的工作成果享有留置权或者有权拒绝交付，但是当事人另有约定的除外（补充，建议掌握）
保管	承揽人应当妥善保管定作人提供的材料以及完成的工作成果，因保管不善造成毁损、灭失的，应当承担赔偿责任
保密	承揽人应当按照定作人的要求保守秘密，未经定作人许可，不得留存复制品或者技术资料
共同承揽	共同承揽人对定作人承担连带责任，但是当事人另有约定的除外
随时解除权	定作人在承揽人完成工作前可以随时解除合同，造成承揽人损失的，应当赔偿损失

经典题解

【真题·单选题】甲大学与乙公司签订合同，定作70年校庆文化衫5000件，于校庆日前交付。下列关于甲大学与乙公司所签合同特点及效力的说法中，正确的是（　　）。（2021年）

A. 乙公司制作文化衫的原材料应由甲大学提供

B. 乙公司可以自行将文化衫的制作任务交由他人完成

C. 在乙公司交付文化衫之前，甲大学可以随时解除合同

D. 若乙公司违约，甲大学可请求强制履行

【解析】(1) 选项A：定作合同，即承揽人按照定作人的具体指定，用自己的材料制成成品交付定作人，取得定作物价金的合同，故文化衫的材料由乙公司提供。(2) 选项B：制作文化衫属于主要工作，乙公司不得自行交由他人完成。(3) 选项D：承揽人交付的工作成果不符合质量要求的，定作人可以合理选择请求承揽人承担修理、重作、减少报酬、赔偿损失等违约责任（不得请求强制履行）。

【答案】C

08 建设工程合同（★★）

概念	承包人进行工程建设，发包人支付价款的合同
特征	诺成、双务、有偿、要式合同
形式	建设工程合同应当采用书面形式
必须招标	(1) 大型基础设施、公用事业等关系社会公共利益、公众安全的项目 (2) 全部或者部分使用国有资金投资或者国家融资的项目 (3) 使用国际组织或者外国政府贷款、援助资金的项目
禁止	发包人不得将应当由一个承包人完成的建设工程支解成若干部分发包给数个承包人
	承包人不得将其承包的全部建设工程转包给第三人或者将其承包的全部建设工程支解以后以分包的名义分别转包给第三人
	禁止承包人将工程分包给不具备相应资质条件的单位
	禁止分包单位将其承包的工程再分包
主体	建设工程主体结构的施工必须由承包人自行完成
分包	总承包人或者勘察、设计、施工承包人经发包人同意，可以将自己承包的部分工作交由第三人完成。第三人就其完成的工作成果与总承包人或者勘察、设计、施工承包人向发包人承担连带责任
竣工验收	建设工程竣工经验收合格后，方可交付使用；未经验收或者验收不合格的，不得交付使用

工程价款优先受偿权	发包人未按照约定支付价款的，承包人可以催告发包人在合理期限内支付价款。发包人逾期不支付的，除根据建设工程的性质不宜折价、拍卖外，承包人可以与发包人协议将该工程折价，也可以请求人民法院将该工程依法拍卖。建设工程的价款就该工程折价或者拍卖的价款优先受偿

经典题解

【真题·单选题】下列给付义务中，应由债务人亲自履行的是（　　）。（2019 年）

A. 汽车买卖合同的出卖人向买受人交付汽车

B. 建设工程承包人对建设工程主体结构的施工

C. 借款人将借款偿还贷款人

D. 出租人对出租房屋进行维修

【答案】B

09 运输合同（★）

1. 运输合同概述

概念	承运人将旅客或者货物从起运地点运输到约定地点，旅客、托运人或者收货人支付票款或者运输费用的合同	
特征	双务、有偿合同	
	客运合同	诺成或实践合同，以交易惯例确定
	货运合同	通常为诺成合同

2. 一般规定

强制缔约	从事公共运输的承运人不得拒绝旅客、托运人通常、合理的运输要求
安全运输义务	承运人应当在约定期限或者合理期限内将旅客、货物安全运输到约定地点
合理运输义务	承运人应当按照约定的或者通常的运输路线将旅客、货物运输到约定地点
票款、费用	旅客、托运人或者收货人应当支付票款或者运输费用
	承运人未按照约定路线或者通常路线运输增加票款或者运输费用的，旅客、托运人或者收货人可以拒绝支付增加部分的票款或者运输费用

3. 客运合同

成立	客运合同自承运人向旅客出具客票时成立，但是当事人另有约定或者另有交易习惯的除外

旅客义务	(1) 旅客应当按照有效客票记载的时间、班次和座位号乘坐 (2) 旅客无票乘坐、超程乘坐、越级乘坐或者持不符合减价条件的优惠客票乘坐的，应当补交票款(2022 年新增)
一般规定	承运人应当按照有效客票记载的时间、班次和座位号运输旅客
	承运人迟延运输或者有其他不能正常运输情形的，应当及时告知和提醒旅客，采取必要的安置措施，并根据旅客的要求安排改乘其他班次或者退票；由此造成旅客损失的，承运人应当承担赔偿责任，但是不可归责于承运人的除外
擅自更改服务标准	承运人擅自降低服务标准的，应当根据旅客的请求退票或者减收票款；提高服务标准的，不得加收票款
救助	承运人在运输过程中，应当尽力救助患有急病、分娩、遇险的旅客
伤亡	承运人应当对运输过程中旅客的伤亡承担赔偿责任；但是，伤亡是旅客自身健康原因造成的或者承运人证明伤亡是旅客故意、重大过失造成的除外
物品	在运输过程中旅客随身携带物品毁损、灭失，承运人有过错的，应当承担赔偿责任

4. 货运合同

危险品	托运人托运易燃、易爆、有毒、有腐蚀性、有放射性等危险物品的，应当按照国家有关危险物品运输的规定对危险物品妥善包装，做出危险物品标志和标签，并将有关危险物品的名称、性质和防范措施的书面材料提交承运人
	托运人违反上述规定的，承运人可以拒绝运输，也可以采取相应措施以避免损失的发生，因此产生的费用由托运人负担
变更解除	在承运人将货物交付收货人之前，托运人可以要求承运人中止运输、返还货物、变更到达地或者将货物交给其他收货人，但是应当赔偿承运人因此受到的损失
提货	(1) 货物运输到达后，承运人知道收货人的，应当及时通知收货人，收货人应当及时提货 (2) 收货人逾期提货的，应当向承运人支付保管费等费用
责任承担	承运人对运输过程中货物的毁损、灭失承担赔偿责任。但是，承运人证明货物的毁损、灭失是因不可抗力、货物本身的自然性质或者合理损耗以及托运人、收货人的过错造成的，不承担赔偿责任
单式联运	两个以上承运人以同一运输方式联运的，与托运人订立合同的承运人应当对全程运输承担责任；损失发生在某一运输区段的，与托运人订立合同的承运人和该区段的承运人承担连带责任
不可抗力	货物在运输过程中因不可抗力灭失，未收取运费的，承运人不得请求支付运费；已经收取运费的，托运人可以请求返还。法律另有规定的，依照其规定

留置权	托运人或者收货人不支付运费、保管费或者其他费用的，承运人对相应的运输货物享有留置权，但是当事人另有约定的除外
提存	收货人不明或者收货人无正当理由拒绝受领货物的，承运人依法可以提存货物

5. 多式联运

经营人义务	多式联运经营人负责履行或者组织履行多式联运合同，对全程运输享有承运人的权利，承担承运人的义务
	多式联运经营人可以与参加多式联运的各区段承运人就多式联运合同的各区段运输约定相互之间的责任；但是，该约定不影响多式联运经营人对全程运输承担的义务
单据签发	（1）多式联运经营人收到托运人交付的货物时，应当签发多式联运单据 （2）按照托运人的要求，多式联运单据可以是可转让单据，也可以是不可转让单据
托运人责任	因托运人托运货物时的过错造成多式联运经营人损失的，即使托运人已经转让多式联运单据，托运人仍然应当承担赔偿责任
赔偿责任	货物的毁损、灭失发生于多式联运的某一运输区段的，多式联运经营人的赔偿责任和责任限额，适用调整该区段运输方式的有关法律规定；货物毁损、灭失发生的运输区段不能确定的，依照《民法典》相关规定承担赔偿责任

10 保管合同（★★）

概念	保管人保管寄存人交付的保管物，并返还该物的合同
特征	实践合同、有偿或者无偿合同、不要式合同
成立	保管合同自保管物交付时成立，但是当事人另有约定的除外
保管费	寄存人应当按照约定向保管人支付保管费；当事人对保管费没有约定或者约定不明确，依据《民法典》规定仍不能确定的，视为无偿保管
	有偿的保管合同，寄存人应当按照约定的期限向保管人支付保管费；当事人对支付期限没有约定或者约定不明确，依据《民法典》规定仍不能确定的，应当在领取保管物的同时支付
凭证	寄存人向保管人交付保管物的，保管人应当出具保管凭证，但是另有交易习惯的除外
妥善保管	保管人应当妥善保管保管物；当事人可以约定保管场所或者方法。除紧急情况或者为维护寄存人利益外，不得擅自改变保管场所或者方法

告知义务及赔偿义务	寄存人交付的保管物有瑕疵或者根据保管物的性质需要采取特殊保管措施的，寄存人应当将有关情况告知保管人。寄存人未告知，致使保管物受损失的，保管人不承担赔偿责任；保管人因此受损失的，除保管人知道或者应当知道且未采取补救措施外，寄存人应当承担赔偿责任
亲自保管	保管人不得将保管物转交第三人保管，但是当事人另有约定的除外；保管人违反规定，将保管物转交第三人保管，造成保管物损失的，应当承担赔偿责任
使用、许可	保管人不得使用或者许可第三人使用保管物，但是当事人另有约定的除外
返还、通知	（1）第三人对保管物主张权利的，除依法对保管物采取保全或者执行措施外，保管人应当履行向寄存人返还保管物的义务 （2）第三人对保管人提起诉讼或者对保管物申请扣押的，保管人应当及时通知寄存人
赔偿责任	保管期内，因保管人保管不善造成保管物毁损、灭失的，保管人应当承担赔偿责任。但是，无偿保管人证明自己没有故意或者重大过失的，不承担赔偿责任
声明义务	寄存人寄存货币、有价证券或者其他贵重物品的，应当向保管人声明，由保管人验收或者封存；寄存人未声明的，该物品毁损、灭失后，保管人可以按照一般物品予以赔偿
领取	寄存人可以随时领取保管物；当事人对保管期限没有约定或者约定不明确的，保管人可以随时请求寄存人领取保管物；约定保管期限的，保管人无特别事由，不得请求寄存人提前领取保管物
返还	（1）保管期限届满或者寄存人提前领取保管物的，保管人应当将原物及其孳息归还寄存人 （2）保管人保管货币的，可以返还相同种类、数量的货币；保管其他可替代物的，可以按照约定返还相同种类、品质、数量的物品
留置权	寄存人未按照约定支付保管费或者其他费用的，保管人对保管物享有留置权，但是当事人另有约定的除外

经典题解

【真题·单选题】甲委托乙无偿保管沙发，在乙保管沙发期间因丙不慎引起火灾致沙发烧毁。对于该沙发损失，甲（　　）。（2021年）

A. 只能请求侵权人丙赔偿

B. 只能在乙丙2人间任选其一请求赔偿

C. 只能请求保管人乙赔偿

D. 可以既请求乙赔偿，同时又请求丙赔偿

【解析】保管期内，因保管人保管不善造成保管物毁损、灭失的，保管人应当承担赔偿责任。但是，无偿保管人证明自己没有故意或者重大过失的，不承担赔偿责任。

【答案】A

11 仓储合同（★）

概念	保管人储存存货人交付的仓储物，存货人支付仓储费的合同
特征	双务、有偿、诺成合同
成立	自保管人和存货人意思表示一致时成立
危险品和易变质物品的储存	储存易燃、易爆、有毒、有腐蚀性、有放射性等危险物品或者易变质物品的，存货人应当说明该物品的性质，提供有关资料；存货人违反规定的，保管人可以拒收仓储物，也可以采取相应措施以避免损失的发生，因此产生的费用由存货人负担
验收及赔偿	保管人应当按照约定对入库仓储物进行验收。保管人验收时发现入库仓储物与约定不符合的，应当及时通知存货人。保管人验收后，发生仓储物的品种、数量、质量不符合约定的，保管人应当承担赔偿责任
凭证	存货人交付仓储物的，保管人应当出具仓单、入库单等凭证
	仓单是提取仓储物的凭证；存货人或者仓单持有人在仓单上背书并经保管人签名或者盖章的，可以转让提取仓储物的权利
检查、提取	保管人根据存货人或者仓单持有人的要求，应当同意其检查仓储物或者提取样品
通知	保管人发现入库仓储物有变质或者其他损坏的，应当及时通知存货人或者仓单持有人
紧急处置	保管人发现入库仓储物有变质或者其他损坏，危及其他仓储物的安全和正常保管的，应当催告存货人或者仓单持有人作出必要的处置
	因情况紧急，保管人可以作出必要的处置；但是，事后应当将该情况及时通知存货人或者仓单持有人
提取仓储物	储存期限届满，存货人或者仓单持有人应当凭仓单、入库单等提取仓储物。存货人或者仓单持有人逾期提取的，应当加收仓储费；提前提取的，不减收仓储费
	储存期限届满，存货人或者仓单持有人不提取仓储物的，保管人可以催告其在合理期限内提取；逾期不提取的，保管人可以提存仓储物
赔偿责任	储存期内，因保管不善造成仓储物毁损、灭失的，保管人应当承担赔偿责任。因仓储物本身的自然性质、包装不符合约定或者超过有效储存期造成仓储物变质、损坏的，保管人不承担赔偿责任

12 委托合同（★）

概念	委托人和受托人约定，由受托人处理委托人事务的合同
特征	诺成、不要式、有偿或者无偿合同

处理委托事务	受托人应当按照委托人的指示处理委托事务。需要变更委托人指示的，应当经委托人同意；因情况紧急，难以和委托人取得联系的，受托人应当妥善处理委托事务，但是事后应当将该情况及时报告委托人
亲自处理	受托人应当亲自处理委托事务。经委托人同意，受托人可以转委托。转委托经同意或者追认的，委托人可以就委托事务直接指示转委托的第三人，受托人仅就第三人的选任及其对第三人的指示承担责任。转委托未经同意或者追认的，受托人应当对转委托的第三人的行为承担责任；但是，在紧急情况下受托人为了维护委托人的利益需要转委托第三人的除外
委托人对第三人的权利和第三人选择权	受托人以自己的名义与第三人订立合同时，第三人不知道受托人与委托人之间的代理关系的，受托人因第三人的原因对委托人不履行义务，受托人应当向委托人披露第三人，委托人因此可以行使受托人对第三人的权利。但是，第三人与受托人订立合同时如果知道该委托人就不会订立合同的除外
	受托人因委托人的原因对第三人不履行义务，受托人应当向第三人披露委托人，第三人因此可以选择受托人或者委托人作为相对人主张其权利，但是第三人不得变更选定的相对人
赔偿责任	受托人处理委托事务时，因不可归责于自己的事由受到损失的，可以向委托人请求赔偿损失
	（1）有偿的委托合同，因受托人的过错造成委托人损失的，委托人可以请求赔偿损失 （2）无偿的委托合同，因受托人的故意或者重大过失造成委托人损失的，委托人可以请求赔偿损失 （3）受托人超越权限造成委托人损失的，应当赔偿损失
报酬支付	（1）受托人完成委托事务的，委托人应当按照约定向其支付报酬 （2）因不可归责于受托人的事由，委托合同解除或者委托事务不能完成的，委托人应当向受托人支付相应的报酬。当事人另有约定的，按照其约定
共同委托	两个以上的受托人共同处理委托事务的，对委托人承担连带责任

13 物业服务合同（★）

概念	物业服务人（包括物业服务企业和其他管理人）在物业服务区域内，为业主提供建筑物及其附属设施的维修养护、环境卫生和相关秩序的管理维护等物业服务，业主支付物业费的合同
特征	诺成、有偿、双务、要式合同
内容	（1）物业服务合同的内容一般包括服务事项、服务质量、服务费用的标准和收取办法、维修资金的使用、服务用房的管理和使用、服务期限、服务交接等条款 （2）物业服务人公开作出的有利于业主的服务承诺，为物业服务合同的组成部分
形式	物业服务合同应当采用书面形式

<table>
<tr><td rowspan="2">合同类型</td><td>前期物业服务合同</td><td>建设单位依法与物业服务人订立的前期物业服务合同，对业主具有法律约束力</td></tr>
<tr><td>物业服务合同</td><td>业主委员会与业主大会依法选聘的物业服务人订立的物业服务合同，对业主具有法律约束力</td></tr>
<tr><td>前期物业服务合同法定终止</td><td colspan="2">建设单位依法与物业服务人订立的前期物业服务合同约定的服务期限届满前，业主委员会或者业主与新物业服务人订立的物业服务合同生效的，前期物业服务合同终止</td></tr>
<tr><td>转委托</td><td colspan="2">（1）物业服务人不得将其应当提供的全部物业服务转委托给第三人，或者将全部物业服务支解后分别转委托给第三人
（2）物业服务人将物业服务区域内的部分专项服务事项委托给专业性服务组织或者其他第三人的，应当就该部分专项服务事项向业主负责</td></tr>
<tr><td>物业服务人的一般义务</td><td colspan="2">物业服务人应当按照约定和物业的使用性质，妥善维修、养护、清洁、绿化和经营管理物业服务区域内的业主共有部分，维护物业服务区域内的基本秩序，采取合理措施保护业主的人身、财产安全</td></tr>
<tr><td>信息公开</td><td colspan="2">物业服务人应当定期将服务的事项、负责人员、质量要求、收费项目、收费标准、履行情况，以及维修资金使用情况、业主共有部分的经营与收益情况等以合理方式向业主公开并向业主大会、业主委员会报告</td></tr>
<tr><td>业主义务</td><td colspan="2">（1）业主应当按照约定向物业服务人支付物业费。物业服务人已经按照约定和有关规定提供服务的，业主不得以未接受或者无须接受相关物业服务为由拒绝支付物业费
（2）业主违反约定逾期不支付物业费的，物业服务人可以催告其在合理期限内支付；合理期限届满仍不支付的，物业服务人可以提起诉讼或者申请仲裁
（3）物业服务人不得采取停止供电、供水、供热、供燃气等方式催交物业费</td></tr>
<tr><td rowspan="2">告知、协助</td><td colspan="2">业主装饰装修房屋的，应当事先告知物业服务人，遵守物业服务人提示的合理注意事项，并配合其进行必要的现场检查</td></tr>
<tr><td colspan="2">业主转让、出租物业专有部分、设立居住权或者依法改变共有部分用途的，应当及时将相关情况告知物业服务人</td></tr>
<tr><td>单方解除权</td><td colspan="2">业主依照法定程序共同决定解聘物业服务人的，可以解除物业服务合同。决定解聘的，应当提前 60 日书面通知物业服务人，但是合同对通知期限另有约定的除外；依据规定解除合同造成物业服务人损失的，除不可归责于业主的事由外，业主应当赔偿损失</td></tr>
<tr><td>不定期合同</td><td colspan="2">（1）物业服务期限届满后，业主没有依法作出续聘或者另聘物业服务人的决定，物业服务人继续提供物业服务的，原物业服务合同继续有效，但是服务期限为不定期
（2）当事人可以随时解除不定期物业服务合同，但是应当提前 60 日书面通知对方</td></tr>
</table>

移交	（1）物业服务合同终止的，原物业服务人应当在约定期限或者合理期限内退出物业服务区域，将物业服务用房、相关设施、物业服务所必需的相关资料等交还给业主委员会、决定自行管理的业主或者其指定的人，配合新物业服务人做好交接工作，并如实告知物业的使用和管理状况 （2）原物业服务人违反上述规定的，不得请求业主支付物业服务合同终止后的物业费；造成业主损失的，应当赔偿损失
后合同义务	物业服务合同终止后，在业主或者业主大会选聘的新物业服务人或者决定自行管理的业主接管之前，原物业服务人应当继续处理物业服务事项，并可以请求业主支付该期间的物业费

14 行纪合同（★★）

概念	行纪人以自己的名义为委托人从事贸易活动，委托人支付报酬的合同
特征	双务、有偿、诺成、不要式合同
费用负担	行纪人处理委托事务支出的费用，由行纪人负担，但是当事人另有约定的除外
妥善保管	行纪人占有委托物的，应当妥善保管委托物
处分委托物	委托物交付给行纪人时有瑕疵或者容易腐烂、变质的，经委托人同意，行纪人可以处分该物；不能与委托人及时取得联系的，行纪人可以合理处分
未按照委托人指定价格买卖	（1）行纪人低于委托人指定的价格卖出或者高于委托人指定的价格买入的，应当经委托人同意；未经委托人同意，行纪人补偿其差额的，该买卖对委托人发生效力 （2）行纪人高于委托人指定的价格卖出或者低于委托人指定的价格买入的，可以按照约定增加报酬；没有约定或者约定不明确，依据民法典的规定仍不能确定的，该利益属于委托人
介入权	行纪人卖出或者买入具有市场定价的商品，除委托人有相反的意思表示外，行纪人自己可以作为买受人或者出卖人；行纪人有前述情形的，仍然可以请求委托人支付报酬
及时受领、取回、处分、提存	（1）行纪人按照约定买入委托物，委托人应当及时受领。经行纪人催告，委托人无正当理由拒绝受领的，行纪人依法可以提存委托物 （2）委托物不能卖出或者委托人撤回出卖，经行纪人催告，委托人不取回或者不处分该物的，行纪人依法可以提存委托物
行纪人直接履行	（1）行纪人与第三人订立合同的，行纪人对该合同直接享有权利、承担义务 （2）第三人不履行义务致使委托人受到损害的，行纪人应当承担赔偿责任，但是行纪人与委托人另有约定的除外 【提示】行纪合同涉及 2 个法律关系：行纪人与委托人之间的行纪合同关系；行纪人与第三人之间的买卖合同关系
报酬支付	行纪人完成或者部分完成委托事务的，委托人应当向其支付相应的报酬

经典题解

【真题·单选题】受托人以自己的名义为委托人从事贸易活动，委托人支付报酬，这种合同是（ ）。（2016 年）

A. 信托合同　　B. 委托合同

C. 行纪合同　　D. 中介合同

【答案】C

15 中介合同（★★）

考点提示

《民法典》将原《合同法》中"居间合同"修改为"中介合同"。

概念	中介人向委托人报告订立合同的机会或者提供订立合同的媒介服务，委托人支付报酬的合同
特征	双务、有偿、诺成、不要式合同
中介人义务	（1）中介人应当就有关订立合同的事项向委托人如实报告 （2）中介人故意隐瞒与订立合同有关的重要事实或者提供虚假情况，损害委托人利益的，不得请求支付报酬并应当承担赔偿责任
报酬请求权	（1）中介人促成合同成立的，委托人应当按照约定支付报酬。对中介人的报酬没有约定或者约定不明确，依据《民法典》规定仍不能确定的，根据中介人的劳务合理确定。因中介人提供订立合同的媒介服务而促成合同成立的，由该合同的当事人平均负担中介人的报酬 （2）中介人促成合同成立的，中介活动的费用，由中介人负担
必要费用请求权	中介人未促成合同成立的，不得请求支付报酬；但是，可以按照约定请求委托人支付从事中介活动支出的必要费用（此处支付必要费用的前提是中介合同中存在"相关约定"）
跳单	委托人在接受中介人的服务后，利用中介人提供的交易机会或者媒介服务，绕开中介人直接订立合同的，应当向中介人支付报酬

经典题解

【真题·单选题】甲委托乙房产中介公司（以下简称"乙公司"）帮其寻找合适的房源。乙公司经筛选发现丙的待售房屋满足甲的要求，遂向甲报告。之后，甲与丙约定 10 日内签订房屋买卖合同。丙因意外事故未能在 10 日内从国外返回，导致甲丙房屋买卖合同未能签订。根据《民法典》规定，下列关于乙公司报酬及费用请求权的说法中，正确的是（ ）。（2020 年）

A. 乙公司可以请求丙支付其从事中介活动产生的全部必要费用

B. 因未促成甲丙签订房屋买卖合同，乙公司不能请求甲支付报酬

C. 乙公司可以请求甲与丙各支付一半报酬

D. 乙公司可以请求甲支付其从事中介活动的报酬及产生的必要费用

【解析】 中介人未促成合同成立的，不得请求支付报酬；但是，可以按照约定请求委托人支付从事中介活动支出的必要费用（支付必要费用的前提是中介合同中存在“相关约定”）。

【答案】 B

16 合伙合同（★★）

概念	2个以上合伙人为了共同的事业目的，订立的共享利益、共担风险的协议	
特征	诺成、不要式合同	
出资	合伙人应当按照约定的出资方式、数额和缴付期限，履行出资义务	
合伙财产	（1）合伙人的出资、因合伙事务依法取得的收益和其他财产，属于合伙财产 （2）合伙合同终止前，合伙人不得请求分割合伙财产	
合伙事务	决定	合伙人就合伙事务作出决定的，除合伙合同另有约定外，应当经全体合伙人一致同意
	执行	（1）合伙事务由全体合伙人共同执行。按照合伙合同的约定或者全体合伙人的决定，可以委托一个或者数个合伙人执行合伙事务；其他合伙人不再执行合伙事务，但是有权监督执行情况 （2）合伙人分别执行合伙事务的，执行事务合伙人可以对其他合伙人执行的事务提出异议；提出异议后，其他合伙人应当暂停该项事务的执行
损益分配	合伙的利润分配和亏损分担，按照合伙合同的约定办理；合伙合同没有约定或者约定不明确的，由合伙人协商决定；协商不成的，由合伙人按照实缴出资比例分配、分担；无法确定出资比例的，由合伙人平均分配、分担	
债务承担	对外	合伙人对合伙债务承担连带责任
	对内	清偿合伙债务超过自己应当承担份额的合伙人，有权向其他合伙人追偿
对外转让	除合伙合同另有约定外，合伙人向合伙人以外的人转让其全部或者部分财产份额的，须经其他合伙人一致同意	
合伙期限	合伙人对合伙期限没有约定或者约定不明确，依据《民法典》的规定仍不能确定的，视为不定期合伙；合伙人可以随时解除不定期合伙合同，但是应当在合理期限之前通知其他合伙人	
合伙合同终止	合伙人死亡、丧失民事行为能力或者终止的，合伙合同终止；但是，合伙合同另有约定或者根据合伙事务的性质不宜终止的除外	

经典题解

【真题1·单选题】 甲、乙合伙购买1辆卡车从事运输。双方约定，按2∶1的比例分成。某日，乙在为客户丙运送货物途中发生交通事故，造成丙货物损失30万元。根据《民法典》

规定，对于该 30 万元的损失，丙可以向乙请求赔偿的最高数额为（　　）。（2020 年）

A. 15 万元　　B. 20 万元　　C. 10 万元　　D. 30 万元

【解析】合伙人对合伙债务承担连带责任，因此丙可以向乙请求赔偿的最高数额为全部损失 30 万元。

【答案】D

【真题 2 · 单选题】下列合同中，属于《民法典》合同编新增典型合同的是（　　）。（2020 年）

A. 合伙合同　　B. 仓储合同　　C. 中介合同　　D. 行纪合同

【解析】《民法典》新增了 4 种典型合同：保证合同、保理合同、物业服务合同、合伙合同。《民法典》将原《合同法》中“居间合同”修改为“中介合同”。

【答案】A

查看本单元视频，快速 GET 知识点
使用“会计云课堂”App 或“微信”扫码

第四单元　侵权责任法

01　侵权责任的归责原则与构成要件（★★★）

过错责任	行为人因过错侵害他人民事权益造成损害的，应当承担侵权责任（此时过错是侵权责任构成的必备要件）	
	过错推定责任	依照法律规定推定行为人有过错，其不能证明自己没有过错的，应当承担侵权责任（过错责任的特殊类型，关于“过错”的举证责任倒置）
无过错责任	行为人造成他人民事权益损害，不论行为人有无过错，法律规定应当承担侵权责任的，依照其规定	
侵权责任构成要件	过错责任	损害、加害行为违法、加害行为与损害之间存在因果关系、行为人的过错
	无过错责任	损害、加害行为违法、加害行为与损害之间存在因果关系
	损害	被侵权人应当对损害之存在、种类、范围和程度承担举证责任
	加害行为违法	加害行为若不具有违法性则不构成侵权，违法性阻却事由主要包括：（1）依法执行职务；（2）正当防卫；（3）紧急避险；（4）自助行为；（5）权利行使行为；（6）受害人同意；（7）紧急救助；（8）自甘冒险
	过错	指加害人于行为之际主观上具有的可归责的心理状态，包括故意和过失
	因果关系	加害行为与损害事实之间前者引起后者的这种引起与被引起的客观联系

经典题解

【真题1·单选题】下列法律原则中，属于侵权责任的归责原则的是（　　）。（2018年）

A. 诚实信用原则　　B. 公序良俗原则

C. 过错责任原则　　D. 平等原则

【答案】C

【真题2·多选题】根据民事法律制度规定，一般侵权责任的构成要件有（　　）。（2017年）

A. 违反合同义务　　B. 损害

C. 加害行为违法　　D. 过错

E. 因果关系

【答案】BCDE

02 法定免责和减责事由（★★）

依法执行职务	行为人履行法定职责而给他人造成损害，因其行为具有合法性，阻却其违法，故行为人不承担赔偿责任
正当防卫	因正当防卫造成损害的，不承担民事责任；正当防卫超过必要的限度，造成不应有的损害的，正当防卫人应当承担适当的民事责任
紧急避险	（1）因紧急避险造成损害的，由引起险情发生的人承担民事责任；危险由自然原因引起的，紧急避险人不承担民事责任，可以给予适当补偿 （2）紧急避险采取措施不当或者超过必要的限度，造成不应有的损害的，紧急避险人应当承担适当的民事责任 【解释】紧急避险采取措施不当或者超过必要限度的，应当根据紧急避险人的过错程度、避险措施对造成不应有的损害的原因力大小、紧急避险人是否为受益人等因素，认定紧急避险人在其造成的不应有的损害范围内承担相应的责任（2022年新增）
紧急救助	因自愿实施紧急救助行为造成受助人损害的，救助人不承担民事责任
自甘冒险	自愿参加具有一定风险的文体活动，因其他参加者的行为受到损害的，受害人不得请求其他参加者承担侵权责任；但是，其他参加者对损害的发生有故意或者重大过失的除外
自助行为	（1）合法权益受到侵害，情况紧迫且不能及时获得国家机关保护，不立即采取措施将使其合法权益受到难以弥补的损害的，受害人可以在保护自己合法权益的必要范围内采取扣留侵权人的财物等合理措施；但是，应当立即请求有关国家机关处理 （2）受害人采取的措施不当造成他人损害的，应当承担侵权责任
与有过错	被侵权人对同一损害的发生或者扩大有过错的，可以减轻侵权人的责任
受害人故意	损害是因受害人故意造成的，行为人不承担责任
第三人行为	损害是因第三人造成的，第三人应当承担侵权责任
不可抗力	因不可抗力不能履行民事义务的，不承担民事责任；法律另有规定的，依照其规定

经典题解

【真题1·单选题】 甲公司铺设燃气管道，在路中挖一条深沟，设置了明显路障和警示标志。乙驾车撞倒全部标志，致丙骑摩托车路经该地时避让不及而驶向人行道，撞伤行人丁。根据《民法典》规定，丁所受损害应当（　　）。（2020年）

A. 由甲公司和乙共同承担连带赔偿责任

B. 由甲公司、乙、丙共同承担连带赔偿责任

C. 由乙承担赔偿责任

D. 由乙丙共同承担连带赔偿责任

【解析】（1）丙骑摩托车路经该地时避让不及而驶向人行道，撞伤行人丁，丙的行为属于紧急避险；因紧急避险造成损害的，由引起险情发生的人承担民事责任。（2）本案中的险情是由于乙驾车撞倒全部标志所致，因此由乙承担赔偿责任。（3）在公共场所或者道路上挖掘、修缮安装地下设施等造成他人损害，施工人不能证明已经设置明显标志和采取安全措施的，应当承担侵权责任（过错推定责任）。本案中甲公司设置了明显路障和警示标志，因此，甲公司不需要承担侵权责任。

【答案】 C

【真题2·单选题】 甲、乙各自赶一头牛，同乘一条船过河。当时天下着大雨，船被洪水冲下来的石头击中，危及到人与船的安全。甲急中生智，将自己的牛推至河中，接着又将乙的牛推至河中，甲、乙才得以安全渡河，但两头牛均被大水冲走。乙提出，甲只能将自己的牛推下河，不应该将乙的牛也推下河，要求甲赔偿损失。甲不承担赔偿责任的抗辩事由是（　　）。（2012年）

A. 甲的行为属于正当防卫

B. 甲的行为属于紧急避险

C. 甲的行为与损害结果没有因果关系

D. 本案属于意外事件

【解析】（1）危险由自然原因引起的，紧急避险人不承担民事责任，可以给予适当补偿。紧急避险采取措施不当或者超过必要的限度，造成不应有的损害的，紧急避险人应当承担适当的民事责任。（2）紧急避险属于免除侵权责任的正当理由。

【答案】 B

03 数人侵权责任（★）

共同侵权	二人以上共同实施侵权行为，造成他人损害的，应当承担连带责任
教唆、帮助	教唆、帮助完全民事行为能力人实施侵权行为的，应当与行为人承担连带责任（2022年调整）
	教唆、帮助无民事行为能力人、限制民事行为能力人实施侵权行为的，应当承担侵权责任；该无民事行为能力人、限制民事行为能力人的监护人未尽到监护职责的，应当承担相应的责任

共同危险行为（准共同侵权）	二人以上实施危及他人人身、财产安全的行为，其中一人或者数人的行为造成他人损害，能够确定具体侵权人的，由侵权人承担责任；不能确定具体侵权人的，行为人承担连带责任（强调“时空上的共同性”，行为主体之间没有意思联络）
分别侵权（无意思联络）	二人以上分别实施侵权行为造成同一损害，每个人的侵权行为都足以造成全部损害的，行为人承担连带责任
	二人以上分别实施侵权行为造成同一损害，能够确定责任大小的，各自承担相应的责任；难以确定责任大小的，平均承担责任

04 责任主体的特殊规定（★★）

监护人责任	法定监护	（1）无民事行为能力人、限制民事行为能力人造成他人损害的，由监护人承担侵权责任（监护人责任适用无过错责任原则）。监护人尽到监护职责的，可以减轻其侵权责任 （2）有财产的无民事行为能力人、限制民事行为能力人造成他人损害的，从本人财产中支付赔偿费用；不足部分，由监护人赔偿
	委托监护	无民事行为能力人、限制民事行为能力人造成他人损害，监护人将监护职责委托给他人的，监护人应当承担侵权责任；受托人有过错的，承担相应的责任（受托监护人所承担的侵权责任性质上属于过错责任）
暂时丧失意识	（1）完全民事行为能力人对自己的行为暂时没有意识或者失去控制造成他人损害有过错的，应当承担侵权责任；没有过错的，根据行为人的经济状况对受害人适当补偿（没有过错，可能承担补偿责任，考虑的是行为人的经济状况） （2）完全民事行为能力人因醉酒、滥用麻醉药品或者精神药品对自己的行为暂时没有意识或者失去控制造成他人损害的，应当承担侵权责任（行为人有过错情形的具体表述）	
雇主责任	用人单位的工作人员因执行工作任务造成他人损害的，由用人单位承担侵权责任。用人单位承担侵权责任后，可以向有故意或者重大过失的工作人员追偿（用人单位：无过错责任、单独责任；但承担责任后享有追偿权）	
劳务派遣	劳务派遣期间，被派遣的工作人员因执行工作任务造成他人损害的，由接受劳务派遣的用工单位承担侵权责任；劳务派遣单位有过错的，承担相应的责任（用工单位：无过错责任；劳务派遣单位：过错责任）	
个人帮工	个人之间形成劳务关系，提供劳务一方因劳务造成他人损害的，由接受劳务一方承担侵权责任。接受劳务一方承担侵权责任后，可以向有故意或者重大过失的提供劳务一方追偿（接受劳务一方：无过错责任）	
	提供劳务期间，因第三人的行为造成提供劳务一方损害的，提供劳务一方有权请求第三人承担侵权责任，也有权请求接受劳务一方给予补偿。接受劳务一方补偿后，可以向第三人追偿	

<table>
<tr><td rowspan="4">网络侵权责任</td><td colspan="2">网络用户、网络服务提供者利用网络侵害他人民事权益的，应当承担侵权责任。法律另有规定的，依照其规定（强调单独侵权责任）</td></tr>
<tr><td colspan="2">网络用户利用网络服务实施侵权行为的，权利人有权通知网络服务提供者采取删除、屏蔽、断开链接等必要措施。通知应当包括构成侵权的初步证据及权利人的真实身份信息</td></tr>
<tr><td colspan="2">网络服务提供者接到通知后，应当及时将该通知转送相关网络用户，并根据构成侵权的初步证据和服务类型采取必要措施；未及时采取必要措施的，对损害的扩大部分与该网络用户承担连带责任（避风港制度）</td></tr>
<tr><td colspan="2">网络服务提供者知道或者应当知道网络用户利用其网络服务侵害他人民事权益，未采取必要措施的，与该网络用户承担连带责任</td></tr>
<tr><td rowspan="2">安全保障义务人责任</td><td colspan="2">宾馆、商场、银行、车站、机场、体育场馆、娱乐场所等经营场所、公共场所的经营者、管理者或者群众性活动的组织者，未尽到安全保障义务，造成他人损害的，应当承担侵权责任（直接责任、过错责任；安全保障义务主体尽到了安全保障义务，可以免除责任）</td></tr>
<tr><td colspan="2">因第三人的行为造成他人损害的，由第三人承担侵权责任；经营者、管理者或者组织者未尽到安全保障义务的，承担相应的补充责任。经营者、管理者或者组织者承担补充责任后，可以向第三人追偿（过错责任、补充责任）</td></tr>
<tr><td rowspan="3">教育机构责任</td><td>过错推定责任</td><td>无民事行为能力人在幼儿园、学校或者其他教育机构学习、生活期间受到人身损害的，幼儿园、学校或者其他教育机构应当承担侵权责任；但是，能够证明尽到教育、管理职责的，不承担侵权责任</td></tr>
<tr><td>过错责任</td><td>限制民事行为能力人在学校或者其他教育机构学习、生活期间受到人身损害，学校或者其他教育机构未尽到教育、管理职责的，应当承担侵权责任</td></tr>
<tr><td>第三人侵权</td><td>无民事行为能力人或者限制民事行为能力人在幼儿园、学校或者其他教育机构学习、生活期间，受到幼儿园、学校或者其他教育机构以外的第三人人身损害的，由第三人承担侵权责任；幼儿园、学校或者其他教育机构未尽到管理职责的，承担相应的补充责任。幼儿园、学校或者其他教育机构承担补充责任后，可以向第三人追偿（“补充责任”意味着首先应当由实施了直接侵权行为的第三人承担责任；如果教育机构没有尽到管理职责，应承担相应的补充责任；“相应的”意味着教育机构补充责任比例应根据其过错程度确定，在该比例范围内，最终确定补充责任的范围）</td></tr>
</table>

经典题解

【真题·单选题】旅游公司司机简某在送旅客前往旅游景点途中违章行驶，发生交通事故，致使游客张某受伤。下列关于旅游公司与简某对张某的责任承担的说法中，正确的是（　　）。（2016 年）

A. 由旅游公司对张某承担赔偿责任

B. 由旅游公司与简某对张某承担按份赔偿责任

C. 由简某对张某承担赔偿责任

D. 由旅游公司与简某对张某承担连带赔偿责任

【解析】用人单位的工作人员因执行工作任务造成他人损害的，由用人单位承担侵权责任。

【答案】A

05 产品责任（★★）

产品生产者	因产品存在缺陷造成他人损害的，生产者应当承担侵权责任（无过错责任）
被侵权人损害赔偿请求权	因产品存在缺陷造成他人损害的，被侵权人可以向产品的生产者请求赔偿，也可以向产品的销售者请求赔偿（不真正连带责任）
生产者、销售者追偿权	（1）产品缺陷由生产者造成的，销售者赔偿后，有权向生产者追偿 （2）因销售者的过错使产品存在缺陷的，生产者赔偿后，有权向销售者追偿
	因运输者、仓储者等第三人的过错使产品存在缺陷，造成他人损害的，产品的生产者、销售者赔偿后，有权向第三人追偿（追偿对象为有过错的运输者、仓储者）
责任承担方式	因产品缺陷危及他人人身、财产安全的，被侵权人有权请求生产者、销售者承担停止侵害、排除妨碍、消除危险等侵权责任
生产者、销售者跟踪观察义务	产品投入流通后发现存在缺陷的，生产者、销售者应当及时采取停止销售、警示、召回等补救措施；未及时采取补救措施或者补救措施不力造成损害扩大的，对扩大的损害也应当承担侵权责任
产品责任惩罚性赔偿	明知产品存在缺陷仍然生产、销售，或者没有依据规定采取有效补救措施，造成他人死亡或者健康严重损害的，被侵权人有权请求相应的惩罚性赔偿

经典题解

【真题·单选题】根据《民法典》相关规定，下列侵权行为中，受害人可以请求惩罚性赔偿的是（　　）。（2021年）

A. 丙造纸厂违反污染物排放标准排放生产废水，导致周围农田一定程度污染

B. 乙汽车生产商发现已售出的汽车制动系统存在设计缺陷，但未采取召回措施，致数位车主发生交通事故

C. 甲酒厂明知白酒存在品质缺陷仍然生产、销售，造成数百人健康严重损害

D. 丁合伙企业故意侵犯他人商标权，对权利人造成一定损害

【解析】明知产品存在缺陷仍然生产、销售，或者没有依据规定采取有效补救措施，造成他人死亡或者健康严重损害的，被侵权人有权请求相应的惩罚性赔偿。

【答案】C

06 机动车交通事故责任（★）

法律依据	机动车发生交通事故造成损害的，依照道路交通安全法律和《民法典》有关规定承担赔偿责任
具体规则（2022年新增）	机动车发生交通事故造成人身伤亡、财产损失的，由保险公司在机动车第三者责任强制保险责任限额范围内予以赔偿；不足的部分，按照下列规定承担赔偿责任： （1）机动车之间发生交通事故的，由有过错的一方承担赔偿责任；双方都有过错的，按照各自过错的比例分担责任 （2）机动车与非机动车驾驶人、行人之间发生交通事故，非机动车驾驶人、行人没有过错的，由机动车一方承担赔偿责任；有证据证明非机动车驾驶人、行人有过错的，根据过错程度适当减轻机动车一方的赔偿责任；机动车一方没有过错的，承担不超过10%的赔偿责任。交通事故的损失是由非机动车驾驶人、行人故意碰撞机动车造成的，机动车一方不承担赔偿责任
所有人、管理人与使用人分离	因租赁、借用等情形机动车所有人、管理人与使用人不是同一人时，发生交通事故造成损害，属于该机动车一方责任的，由机动车使用人承担赔偿责任；机动车所有人、管理人对损害的发生有过错的，承担相应的赔偿责任
转让并交付但未办理登记	当事人之间已经以买卖或者其他方式转让并交付机动车但是未办理登记，发生交通事故造成损害，属于该机动车一方责任的，由受让人承担赔偿责任
挂靠从事道路运输经营	以挂靠形式从事道路运输经营活动的机动车，发生交通事故造成损害，属于该机动车一方责任的，由挂靠人和被挂靠人承担连带责任
未经允许驾驶	未经允许驾驶他人机动车，发生交通事故造成损害，属于该机动车一方责任的，由机动车使用人承担赔偿责任；机动车所有人、管理人对损害的发生有过错的，承担相应的赔偿责任，但是《民法典》另有规定的除外
拼装车、报废车被转让后	以买卖或者其他方式转让拼装或者已经达到报废标准的机动车，发生交通事故造成损害的，由转让人和受让人承担连带责任
盗窃、抢劫或抢夺机动车	盗窃、抢劫或者抢夺的机动车发生交通事故造成损害的，由盗窃人、抢劫人或者抢夺人承担赔偿责任。盗窃人、抢劫人或者抢夺人与机动车使用人不是同一人，发生交通事故造成损害，属于该机动车一方责任的，由盗窃人、抢劫人或者抢夺人与机动车使用人承担连带责任
无偿搭乘	非营运机动车发生交通事故造成无偿搭乘人损害，属于该机动车一方责任的，应当减轻其赔偿责任，但是机动车使用人有故意或者重大过失的除外

07 医疗损害责任（★）

诊疗过错责任	患者在诊疗活动中受到损害，医疗机构或者其医务人员有过错的，由医疗机构承担赔偿责任（医疗机构是医疗损害责任纠纷中的责任主体，对其医务人员的过错承担替代责任，后者属于无过错责任） 【解释】诊疗义务判断标准：医务人员在诊疗活动中未尽到与当时的医疗水平相应的诊疗义务，造成患者损害的，医疗机构应当承担赔偿责任
说明义务	医务人员在诊疗活动中对患者或者其近亲属未尽到必要的说明义务，造成患者损害的，医疗机构应当承担赔偿责任
医疗产品责任	因药品、消毒产品、医疗器械的缺陷，或者输入不合格的血液造成患者损害的，患者可以向药品上市许可持有人、生产者、血液提供机构请求赔偿，也可以向医疗机构请求赔偿。患者向医疗机构请求赔偿的，医疗机构赔偿后，有权向负有责任的药品上市许可持有人、生产者、血液提供机构追偿（无过错责任原则，不真正连带责任）
保护患者隐私及个人信息责任	医疗机构及其医务人员应当对患者的隐私和个人信息保密。泄露患者的隐私和个人信息，或者未经患者同意公开其病历资料的，应当承担侵权责任（过错责任原则，但不存在医疗机构对医务人员的替代责任）

经典题解

【真题·多选题】某医院基于公益目的在一次宣传优生优育图片展览中展出了某性病患者的照片，并在文字说明中用推断性的语言表述其性病系性生活不检点所致。该图片资料未标注患者姓名，照片上患者眼部被遮，但有些观看展览的人仍能辨认出该患者是谁。患者得知这一情况后，精神压力过大，悬梁自尽。为此，患者亲属向法院提起诉讼，要求该医院承担赔偿责任。下列关于侵权行为、侵权责任及法院处理原则的说法，正确的有（　　）。（2012年）

A. 医院侵害了患者的生命权

B. 法院应当适用无过错归责原则处理

C. 医院侵害了患者的隐私权

D. 法院应当采用过错归责原则处理

E. 医院对此不承担侵权责任，因为患者的自杀行为属于意外事件

【解析】医疗机构及其医务人员应当对患者的隐私和个人信息保密。泄露患者的隐私和个人信息，或者未经患者同意公开其病历资料的，应当承担侵权责任（过错责任原则）。

【答案】CD

08 环境污染和生态破坏责任（★）

环境侵权	因污染环境、破坏生态造成他人损害的，侵权人应当承担侵权责任（无过错责任原则）
环境侵权惩罚性赔偿	侵权人违反法律规定故意污染环境、破坏生态造成严重后果的，被侵权人有权请求相应的惩罚性赔偿
第三人过错	因第三人的过错污染环境、破坏生态的，被侵权人可以向侵权人请求赔偿，也可以向第三人请求赔偿。侵权人赔偿后，有权向第三人追偿

09 高度危险责任（高度危险活动、高度危险物）（★）

高度危险作业	从事高度危险作业造成他人损害的，应当承担侵权责任（无过错责任原则）
民用核设施或者核材料致害	民用核设施或者运入运出核设施的核材料发生核事故造成他人损害的，民用核设施的营运单位应当承担侵权责任；但是，能够证明损害是因战争、武装冲突、暴乱等情形或者受害人故意造成的，不承担责任（无过错责任原则，规定免责事由）
民用航空器致害	民用航空器造成他人损害的，民用航空器的经营者应当承担侵权责任；但是，能够证明损害是因受害人故意造成的，不承担责任（无过错责任原则，责任主体是经营者，规定免责事由）
占有或使用高度危险物致害	占有或者使用易燃、易爆、剧毒、高放射性、强腐蚀性、高致病性等高度危险物造成他人损害的，占有人或者使用人应当承担侵权责任；但是，能够证明损害是因受害人故意或者不可抗力造成的，不承担责任（无过错责任原则，规定免责事由）
高度危险作业致害	从事高空、高压、地下挖掘活动或者使用高速轨道运输工具造成他人损害的，经营者应当承担侵权责任；但是，能够证明损害是因受害人故意或者不可抗力造成的，不承担责任（无过错责任原则，规定免责事由）
遗失、抛弃高度危险物致害	遗失、抛弃高度危险物造成他人损害的，由所有人承担侵权责任。所有人将高度危险物交由他人管理的，由管理人承担侵权责任；所有人有过错的，与管理人承担连带责任（无过错责任原则，明确责任主体）
非法占有高度危险物致害	非法占有高度危险物造成他人损害的，由非法占有人承担侵权责任。所有人、管理人不能证明对防止非法占有尽到高度注意义务的，与非法占有人承担连带责任（无过错责任原则，且对所有人、管理人赋予高度注意义务）
高度危险场所安全保障	未经许可进入高度危险活动区域或者高度危险物存放区域受到损害，管理人能够证明已经采取足够安全措施并尽到充分警示义务的，可以减轻或者不承担责任（减责、免责事由的规定，且明确举证责任；也可以理解为高度危险责任抗辩事由的规定）

经典题解

【真题·单选题】根据《民法典》规定，从事高度危险作业造成他人损害的，适用的归责原则是（　　）。（2017年）

A. 过错责任原则

B. 公平责任原则

C. 无过错责任原则

D. 过错推定责任原则

【答案】C

10 饲养动物损害责任（★）

饲养动物损害责任	饲养的动物造成他人损害的，动物饲养人或者管理人应当承担侵权责任；但是，能够证明损害是因被侵权人故意或者重大过失造成的，可以不承担或者减轻责任（无过错责任原则，但规定了免责、减责事由）
未对动物采取安全措施致害	违反管理规定，未对动物采取安全措施造成他人损害的，动物饲养人或者管理人应当承担侵权责任；但是，能够证明损害是因被侵权人故意造成的，可以减轻责任（无过错责任原则，且仅规定减责事由）
禁止饲养的危险动物致害	禁止饲养的烈性犬等危险动物造成他人损害的，动物饲养人或者管理人应当承担侵权责任（无过错责任原则，没有免责、减责事由规定）
动物园动物致害	动物园的动物造成他人损害的，动物园应当承担侵权责任；但是，能够证明尽到管理职责的，不承担侵权责任（过错推定责任原则）
遗弃、逃逸动物致害	遗弃、逃逸的动物在遗弃、逃逸期间造成他人损害的，由动物原饲养人或者管理人承担侵权责任（无过错责任原则，未规定免责、减责事由）
第三人过错	因第三人的过错致使动物造成他人损害的，被侵权人可以向动物饲养人或者管理人请求赔偿，也可以向第三人请求赔偿。动物饲养人或者管理人赔偿后，有权向第三人追偿（第三人：过错责任原则；饲养人或管理人与第三人：不真正连带责任）

11 建筑物和物件损害责任（★★）

建筑物、构筑物等倒塌、塌陷致害	建筑物、构筑物或者其他设施倒塌、塌陷造成他人损害的，由建设单位与施工单位承担连带责任，但是建设单位与施工单位能够证明不存在质量缺陷的除外（过错推定责任原则）
	因所有人、管理人、使用人或者第三人的原因，建筑物、构筑物或者其他设施倒塌、塌陷造成他人损害的，由所有人、管理人、使用人或者第三人承担侵权责任（过错责任原则）

物件脱落、坠落致害	建筑物、构筑物或者其他设施及其搁置物、悬挂物发生脱落、坠落造成他人损害，所有人、管理人或者使用人不能证明自己没有过错的，应当承担侵权责任（过错推定责任原则）
高空抛物	禁止从建筑物中抛掷物品。从建筑物中抛掷物品或者从建筑物上坠落的物品造成他人损害的，由侵权人依法承担侵权责任；经调查难以确定具体侵权人的，除能够证明自己不是侵权人的外，由可能加害的建筑物使用人给予补偿。可能加害的建筑物使用人补偿后，有权向侵权人追偿（过错推定责任原则）
堆放物致害	堆放物倒塌、滚落或者滑落造成他人损害，堆放人不能证明自己没有过错的，应当承担侵权责任（过错推定责任原则）
公共道路妨碍通行	在公共道路上堆放、倾倒、遗撒妨碍通行的物品造成他人损害的，由行为人承担侵权责任。公共道路管理人不能证明已经尽到清理、防护、警示等义务的，应当承担相应的责任（过错推定责任原则）
林木等致人损害	因林木折断、倾倒或者果实坠落等造成他人损害，林木的所有人或者管理人不能证明自己没有过错的，应当承担侵权责任（过错推定责任原则）
地面施工致害	在公共场所或者道路上挖掘、修缮安装地下设施等造成他人损害，施工人不能证明已经设置明显标志和采取安全措施的，应当承担侵权责任（过错推定责任原则）
地下设施致害	窨井等地下设施造成他人损害，管理人不能证明尽到管理职责的，应当承担侵权责任（过错推定责任原则）

【总结】

侵权责任	归责原则
产品缺陷责任（包括医疗产品损害责任）	无过错责任原则
医疗损害责任（医疗产品损害责任、医疗机构对其医务人员的过错承担的替代责任除外）	过错责任原则
医疗机构对其医务人员的过错承担的替代责任	无过错责任原则
环境污染和生态破坏责任	无过错责任原则
高度危险责任	无过错责任原则
饲养动物损害责任（动物园动物损害责任除外）	无过错责任原则
动物园动物损害责任	过错推定责任原则
建筑物和物件损害责任（因所有人、管理人、使用人或者第三人的原因除外）	过错推定责任原则

经典题解

【真题1·单选题】甲在自家开放式阳台上养了数盆花，一日刮大风，一盆花被风吹落，将楼下路过的行人乙头部砸伤，乙到医院缝了5针，支付医药费若干。此案中，若追究甲的赔偿责任，应适用的归责原则是（　　）。（2014年）

A. 过错责任原则

B. 过错推定责任原则

C. 无过错责任原则

D. 公平责任原则

【解析】建筑物、构筑物或者其他设施及其搁置物、悬挂物发生脱落、坠落造成他人损害，所有人、管理人或者使用人不能证明自己没有过错的，应当承担侵权责任。

【答案】B

【真题2·多选题】根据《民法典》规定，下列侵权行为中，适用过错推定责任的有（　　）。（2020年）

A. 抛弃剧毒物品造成他人损害

B. 动物园的动物造成他人损害

C. 林木折断造成他人损害

D. 产品缺陷造成他人损害

E. 堆放物倒塌造成他人损害

【解析】选项AD：适用无过错责任原则。

【答案】BCE

【真题3·多选题】根据《民法典》相关规定，下列侵权行为中，适用过错推定责任的有（　　）。（2021年）

A. 乙坐在路边乘凉被脱落的大楼外墙砖砸伤

B. 丙的汽车被安装于某大楼上的广告牌砸坏

C. 戊驾车为本公司送货途中撞毁路边护栏

D. 丁在景区游玩时被景区饲养的猴子抓伤

E. 甲在网络上发表不当言论抵毁某选秀明星名誉

【解析】（1）选项AB：建筑物、构筑物或者其他设施及其搁置物、悬挂物发生脱落、坠落造成他人损害，所有人、管理人或者使用人不能证明自己没有过错的，应当承担侵权责任（过错推定责任）。（2）选项C：用人单位的工作人员因执行工作任务造成他人损害的，由用人单位承担侵权责任（无过错责任）。（3）选项D：动物园的动物造成他人损害的，动物园应当承担侵权责任；但是，能够证明尽到管理职责的，不承担侵权责任（过错推定责任）。（4）选项E：网络用户、网络服务提供者利用网络侵害他人民事权益的，应当承担侵权责任。法律另有规定的，依照其规定。

【答案】ABD

12 侵权责任的承担方式（2022年新增）（★★）

侵权责任承担方式	损害赔偿（最主要的责任方式）、停止侵害、排除妨碍、消除危险、返还财产、恢复原状、赔礼道歉、消除影响、恢复名誉	
损害赔偿	以有损害后果作为前提，包括：补偿性损害赔偿、惩罚性赔偿和精神损害赔偿	
损害赔偿的适用	人身损害赔偿	（1）侵害他人造成人身损害的，应当赔偿医疗费、护理费、交通费、营养费、住院伙食补助费等为治疗和康复支出的合理费用，以及因误工减少的收入。造成残疾的，还应当赔偿辅助器具费和残疾赔偿金；造成死亡的，还应当赔偿丧葬费和死亡赔偿金 （2）因同一侵权行为造成多人死亡的，可以以相同数额确定死亡赔偿金
	人身权益损害赔偿	侵害他人人身权益造成财产损失的，按照被侵权人因此受到的损失或者侵权人因此获得的利益赔偿；被侵权人因此受到的损失以及侵权人因此获得的利益难以确定，被侵权人和侵权人就赔偿数额协商不一致，向人民法院提起诉讼的，由人民法院根据实际情况确定赔偿数额
	精神损害赔偿	侵害自然人人身权益造成严重精神损害的，被侵权人有权请求精神损害赔偿。因故意或者重大过失侵害自然人具有人身意义的特定物造成严重精神损害的，被侵权人有权请求精神损害赔偿
	财产损害赔偿	侵害他人财产的，财产损失按照损失发生时的市场价格或者其他合理方式计算
	惩罚性赔偿	法律规定惩罚性赔偿的，依照其规定： （1）故意侵害他人知识产权，情节严重的 （2）明知产品存在缺陷仍然生产、销售，或者没有依据规定采取有效补救措施，造成他人死亡或者健康严重损害的 （3）侵权人违反法律规定故意污染环境、破坏生态造成严重后果的
损害赔偿的原则	完全赔偿原则	侵权人对其侵权行为所造成的实际财产损失，应向受害人予以全部赔偿（损害赔偿的一般原则）
	损益相抵原则	赔偿权利人基于同一侵权行为受有利益的，应将该利益从损害赔偿数额中予以扣除，赔偿义务人仅就差额部分予以赔偿
	过失相抵原则	在确定损害赔偿数额时，应将被侵权人的过失所造成的损害从侵权人应承担的赔偿数额中予以扣除。被侵权人对同一损害的发生或者扩大有过错的，可以减轻侵权人的责任

本章小结

用"会计云课堂"App扫码学习

您已成功完成"第九章"的学习，本章共49个考点，您都学会了吗？

为了让您对本章有更清晰的理解，加倍巩固。本书作者陈小球老师将通过"电台音频课"的方式，带您回顾重要考点。

名师点拨，高效提分。

※ 欢迎扫码免费学习。

同步强化练习题

使用"会计云课堂"App或"微信"扫码快速做题、对答案、看解析、掌握解题思路，开启轻松过关之旅。

一、单项选择题

1. 根据《民法典》关于客运合同的相关规定，承运人在运输过程中，应当尽力救助患有急病、分娩、遇险的旅客属于（　　）。
   A. 从给付义务
   B. 次给付义务
   C. 附随义务
   D. 后合同义务

2. 根据合同理论，下列各项中属于次给付义务的是（　　）。
   A. 根据甲、乙之间订立的相机买卖合同，甲向乙交付相机的义务
   B. 根据甲、乙之间订立的相机买卖合同，甲向乙交付相机说明书的义务
   C. 甲依法解除合同后而产生的恢复原状的义务
   D. 在订立合同前，甲对乙的说明、告知等义务

3. 甲对乙的债务清偿期已届满却未履行，乙欲就甲对他人享有的到期债权提起代位权诉讼。根据债权法律制度的规定，甲享有的下列债权中，乙可代位行使的是（　　）。
   A. 抚恤金请求权
   B. 劳动报酬请求权
   C. 人身伤害赔偿请求权
   D. 财产损害赔偿请求权

4. 甲公司向乙银行借款20万元，借款期限为2年。借款期满后，甲公司无力偿还借款本息，此时甲公司对丙公司享有到期债权10万元，却不积极主张，乙银行

拟行使代位权。下列关于乙银行行使代位权的表述中，符合债权法律制度规定的是（　　）。

A. 乙银行应当直接以甲公司的名义行使对丙公司的债权

B. 乙银行行使代位权应取得甲公司的同意

C. 乙银行应自行承担行使代位权所支出的必要费用

D. 乙银行必须通过诉讼方式行使代位权

5. 根据《民法典》规定，下列债务人实施的影响债权人债权实现的不当行为中，以债务人的相对人知道或者应当知道相应情形为债权人行使撤销权法定条件的是（　　）。

A. 以明显不合理的低价受让他人财产

B. 为他人的债务提供担保

C. 恶意延长其到期债权的履行期限

D. 放弃债权担保

6. 甲公司欠乙公司 30 万元货款，一直无力偿付。现与甲公司有关联关系的丙公司欠甲公司 20 万元且已到期，但甲公司明示放弃对丙公司的债权。对于甲公司放弃债权的行为，乙公司拟行使撤销权的下列表述中，正确的是（　　）。

A. 乙公司可以请求人民法院判令丙公司偿还乙公司 30 万元

B. 乙公司可以请求人民法院撤销甲公司放弃债权的行为

C. 乙公司行使撤销权的必要费用应由丙公司承担

D. 乙公司应在知道或应当知道甲公司放弃债权的 2 年内行使撤销权

7. 根据合同法律制度规定，关于保证合同，下列说法中，不正确的是（　　）。

A. 保证合同是单务、无偿、诺成、要式合同

B. 第三人单方以书面形式向债权人作出保证，债权人接收且未提出异议的，保证合同成立

C. 以公益为目的的非营利法人、非法人组织不得为保证人

D. 当事人在保证合同中对保证方式没有约定或者约定不明确的，按照连带责任保证承担保证责任

8. 根据债权法律制度规定，关于保证人，下列说法中，不正确的是（　　）。

A. 机关法人在任何情况下均不得为保证人

B. 机关法人经国务院批准为使用外国政府或者国际经济组织贷款进行转贷时可以成为保证人

C. 以公益为目的的非营利法人不得为保证人

D. 以公益为目的的非法人组织不得为保证人

9. 根据债权法律制度规定，关于主合同变更对保证责任的影响，下列说法中不正确的是（　　）。

A. 债权人转让全部或者部分债权，未通知保证人的，该转让对保证人发生效力

B. 保证人与债权人约定禁止债权转让，债权人未经保证人书面同意转让债权的，保证人对受让人不再承担保证责任

C. 债权人未经保证人书面同意，允许债务人转移全部或者部分债务，保证人对未经其同意转移的债务不再承担保证责任，但是债权人和保证人另有约定的除外

D. 第三人加入债务的，保证人的保证责任不受影响

10. 关于定金与预付款，下列说法正确的是（　　）。

A. 预付款具有担保作用
B. 交付定金是定金合同成立要件
C. 预付款适用金钱履行义务合同，也适用其他合同
D. 预付款不得超过主合同标的额的 20%

11. 根据合同法律制度规定，关于提存的效力，下列说法中不正确的是（　　）。
A. 标的物提存后，毁损、灭失的风险由债权人承担
B. 提存期间，标的物的孳息归债权人所有
C. 提存费用由债务人负担
D. 债权人领取提存物的权利，自提存之日起 5 年内不行使而消灭

12. 下列合同中属于诺成合同的是（　　）。
A. 保管合同
B. 自然人之间的借款合同
C. 赠与合同
D. 定金合同

13. 根据合同法律制度规定，下列要约中，可以撤销的是（　　）。
A. 要约人以确定承诺期限明示要约不可撤销
B. 要约人在要约中载明该要约不可撤销
C. 以非对话方式作出的撤销要约的意思表示，在受要约人作出承诺之前到达受要约人
D. 受要约人有理由认为要约是不可撤销的，并已经为履行合同做了合理准备工作

14. 根据合同法律制度规定，关于承诺，下列说法中，不正确的是（　　）。
A. 受要约人在承诺期限内发出承诺，按照通常情形不能及时到达要约人的，除要约人及时通知受要约人因承诺超过期限不接受该承诺外，该承诺有效
B. 受要约人在承诺期限内发出承诺，按照通常情形能够及时到达要约人，但是因其他原因致使承诺到达要约人时超过承诺期限的，除要约人及时通知受要约人因承诺超过期限不接受该承诺外，该承诺有效
C. 受要约人对要约的内容作出实质性变更的，为新要约
D. 承诺对要约的内容作出非实质性变更的，除要约人及时表示反对或者要约表明承诺不得对要约的内容作出任何变更外，该承诺有效，合同的内容以承诺的内容为准

15. 北京的甲公司与上海的乙公司订立了一份位于天津的不动产的买卖合同。商讨完毕内容后，甲公司打印合同文本并签名、盖章后快递至乙公司处签名、盖章。该合同中约定合同成立地点位于重庆。根据合同法律制度规定，该合同成立地点为（　　）。
A. 北京　　B. 上海
C. 天津　　D. 重庆

16. 《民法典》规定：“当事人互负债务，有先后履行顺序，应当先履行债务一方未履行的，后履行一方有权拒绝其履行请求。先履行一方履行债务不符合约定的，后履行一方有权拒绝其相应的履行请求”。该规定中当事人享有的权利是（　　）。
A. 同时履行抗辩权
B. 不安抗辩权
C. 顺序履行抗辩权
D. 形成权

17. 北京甲公司与上海乙公司订立了一台小汽车的买卖合同，合同中并未约定价款支付及标的物交付的先后顺序。在甲公

司尚未足额支付合同款项前，甲公司请求乙公司向其交付标的物，乙公司拒绝交付。根据合同法律制度规定，乙公司行使的权利属于（　　）。

A. 同时履行抗辩权
B. 顺序履行抗辩权
C. 不安抗辩权
D. 先诉抗辩权

18. 甲公司与乙银行订立了借款合同，丙公司以保证人身份在订有保证条款的甲公司与乙银行之间的借款合同上签名、盖章，但合同中并未明确保证方式、保证期间和保证范围。根据合同法律制度规定，下列说法中，不正确的是（　　）。

A. 由于没有单独订立书面保证合同，因此丙公司与乙银行之间的保证合同不成立
B. 按照一般保证承担保证责任
C. 保证期间为甲公司债务履行期限届满之日起6个月
D. 保证的范围包括主债权及其利息、违约金、损害赔偿金和实现债权的费用

19. 根据合同法律制度的规定，下列关于买卖合同中标的物风险负担的说法中，错误的是（　　）。

A. 因买受人的原因致使标的物未按照约定的期限交付的，买受人应当自违反约定时起承担标的物毁损、灭失的风险
B. 出卖人出卖交由承运人运输的在途标的物，除当事人另有约定的以外，毁损、灭失的风险自合同成立时起由买受人承担
C. 当事人没有约定交付地点或者约定不明确，标的物需要运输的，出卖人将标的物交付给第一承运人后，标的物毁损、灭失的风险由买受人承担
D. 出卖人按照约定或者依照法律规定将标的物置于交付地点，买受人违反约定没有收取的，标的物毁损、灭失的风险由出卖人承担

20. 根据合同法律制度的规定，下列关于买卖合同解除规则的说法中，不正确的是（　　）。

A. 出卖人分批交付标的物的，出卖人对其中一批标的物不交付或者交付不符合约定，致使该批标的物不能实现合同目的的，买受人可以就该批标的物解除
B. 出卖人不交付其中一批标的物或者交付不符合约定，致使之后其他各批标的物的交付不能实现合同目的的，买受人可以就该批以及之后其他各批标的物解除
C. 标的物为数物，其中一物不符合约定的，买受人可以就该物解除，但该物与他物分离使标的物的价值显受损害的，买受人可以就数物解除合同
D. 买受人如果就其中一批标的物解除，该批标的物与其他各批标的物相互依存的，买受人只能就该批以及未交付的其他各批标的物解除

21. 根据合同法律制度的规定，下列关于试用买卖合同的说法中，正确的是（　　）。

A. 对试用期限没有约定或者约定不明确，依据规定仍不能确定的，由买受人确定
B. 试用期限届满，买受人对是否购买标的物未作表示的，视为拒绝购买
C. 试用买卖的当事人对标的物使用费没有约定或者约定不明确的，出卖人有权请求买受人支付
D. 标的物在试用期内毁损、灭失的风险由出卖人承担

22. 根据合同法律制度的规定，下列合同中可以任意撤销的是（　　）。
A. 在赠与财产的权利转移之前，附义务的赠与合同
B. 因救灾而成立的赠与合同
C. 因扶贫而成立的赠与合同
D. 经过公证的赠与合同

23. 根据合同法律制度的规定，下列关于自然人之间借款合同的说法中，正确的是（　　）。
A. 自然人之间的借款合同为诺成合同
B. 自然人之间借贷对利息约定不明，出借人主张支付利息的，人民法院不予支持
C. 自然人之间的借贷对支付利息约定不明确，当事人不能达成补充协议的，按照当地或者当事人的交易方式、交易习惯、市场利率等因素确定利息
D. 出借人请求借款人按照合同约定利率支付利息的，人民法院一律应予支持

24. 根据合同法律制度规定，关于租赁合同，下列说法中错误的是（　　）。
A. 租赁期限不得超过20年；超过20年的，超过部分无效
B. 租赁期限届满，当事人可以续订租赁合同；但是，约定的租赁期限自续订之日起不得超过20年
C. 当事人对租赁期限没有约定或者约定不明确，依据法律规定仍不能确定的，视为不定期租赁
D. 租赁期限6个月以上的，应当采用书面形式；当事人未采用书面形式，租赁合同无效

25. 根据合同法律制度规定，下列情形中，出租人出卖租赁房屋的，承租人享有以同等条件优先购买的权利的是（　　）。
A. 房屋按份共有人行使优先购买权
B. 出租人将房屋出卖给孙女
C. 出租人将房屋出卖给侄子
D. 出租人履行通知义务后，承租人在15日内未明确表示购买

26. 应收账款债权人就同一应收账款订立多个保理合同，致使多个保理人主张权利。根据合同法律制度规定，下列说法中正确的是（　　）。
A. 已经登记的先于未登记的取得应收账款
B. 均已经登记的，按照保理融资款或者服务报酬的比例取得应收账款
C. 均未登记的，由最先成立的保理合同中载明的保理人取得应收账款
D. 既未登记也未通知的，只能按照保理合同中服务报酬的比例取得应收账款

27. 根据合同法律制度规定，下列关于保理合同的说法中，正确的是（　　）。
A. 对于有追索权的保理合同，保理人只能向应收账款债务人主张应收账款债权
B. 对于有追索权的保理合同，保理人向应收账款债务人主张应收账款债权，保理人取得超过保理融资款本息和相关费用的部分，无须向应收账款债权人返还
C. 对于无追索权的保理合同，保理人向应收账款债务人主张应收账款债权，在扣除保理融资款本息和相关费用后有剩余的，剩余部分应当返还给应收账款债权人
D. 对于无追索权的保理合同，保理人应当向应收账款债务人主张应收账款债权

28. 根据合同法律制度规定，下列关于承揽合同的说法中，正确的是（　　）。

A. 承揽人未经定作人同意，将其承揽的主要工作交由第三人完成的，定作人可以解除合同
B. 承揽人将其承揽的辅助工作交由第三人完成的，应当就该第三人完成的工作成果与第三人向定作人承担连带责任
C. 共同承揽人对定作人只能承担连带责任，不得承担按份责任
D. 定作人可以随时解除合同，造成承揽人损失的，应当赔偿损失

29. 根据合同法律制度规定，下列关于物业服务合同的说法中，正确的是（　　）。
A. 物业服务人已经按照约定和有关规定提供服务，业主可以以未接受相关物业服务为由拒绝支付物业费
B. 诺成、有偿、双务、不要式合同
C. 当事人可以随时解除不定期物业服务合同，但是应当提前 60 日书面通知对方
D. 经催告在合理期限内仍不支付物业费的，物业服务人可以采取停止供电、供水、供热、供燃气等方式催交物业费

30. 根据合同法律制度规定，关于中介合同，下列说法中错误的是（　　）。
A. 中介人故意隐瞒与订立合同有关的重要事实或者提供虚假情况，损害委托人利益的，不得请求支付报酬并应当承担赔偿责任
B. 中介人促成合同成立的，委托人应当按照约定支付报酬
C. 中介人未促成合同成立的，一律自己承担从事中介活动所支出的必要费用
D. 委托人在接受中介人的服务后，利用中介人提供的交易机会或者媒介服务，绕开中介人直接订立合同的，应当向中介人支付报酬

31. 甲出资购买了一台货车与乙合伙经营，双方签署的书面协议约定：货车经营所得按照 1 : 1 的比例分配。不料，乙在使用该货车拉货过程中，由于违章驾驶，致使第三人丙受伤。下列关于甲与乙对丙的责任承担的说法中，正确的是（　　）。
A. 只有甲需要对丙承担赔偿责任
B. 只有乙需要对丙承担赔偿责任
C. 甲与乙对丙承担按份赔偿责任
D. 甲与乙对丙承担连带赔偿责任

32. 下列法律原则中，不属于侵权责任的归责原则的是（　　）。
A. 按份责任原则
B. 过错责任原则
C. 过错推定责任原则
D. 无过错责任原则

33. 大学生甲在学校与同学踢足球，由于同学乙正常的铲球导致甲骨折。根据侵权法律制度规定，关于乙责任承担的说法中，正确的是（　　）。
A. 乙承担过错责任，甲需要举证证明乙存在过错
B. 乙承担过错推定责任，乙需要证明自己没有过错方可免责
C. 乙承担无过错责任
D. 乙不承担侵权责任

34. 甲、乙二人将研究生同学丙殴打致轻伤，已知甲、乙、丙均为完全民事行为能力人。关于甲、乙二人承担的侵权责任，下列说法中错误的是（　　）。
A. 如事后调查系甲、乙二人共同实施殴打行为，则甲、乙二人应当承担连带责任
B. 如事后调查系甲的殴打行为致丙损害，则由甲承担侵权责任
C. 如事后调查系甲、乙二人先后殴打丙，且甲、乙每人的殴打行为都足

以造成丙全部损害的，甲、乙二人按份承担责任

D. 如事后调查系甲、乙二人先后殴打丙，甲的殴打行为造成丙80%损害、乙的殴打行为造成丙20%损害，甲承担80%的侵权责任、乙承担20%的侵权责任

35. 甲雇佣同村的乙在农忙季节帮忙采摘自己果园的水果，乙在工作中不慎将路过的丙砸伤，下列关于甲与乙对丙的责任承担的说法中，正确的是（　　）。

A. 由甲对丙承担赔偿责任

B. 由甲与乙对丙承担按份赔偿责任

C. 由乙对丙承担赔偿责任

D. 由甲与乙对丙承担连带赔偿责任

36. 甲公司职工乙在执行工作任务时超速行驶，发生交通事故，致使丙受伤。下列关于甲公司与乙对丙的责任承担的说法中，正确的是（　　）。

A. 由甲公司对丙承担赔偿责任

B. 由甲公司与乙对丙承担按份赔偿责任

C. 由乙对丙承担赔偿责任

D. 由甲公司与乙对丙承担连带赔偿责任

37. 根据侵权法律制度规定，下列说法中，不正确的是（　　）。

A. 甲患心脏病，需每天按时服药，医生禁止其骑自行车外出；但是，甲未按医嘱服药并骑车外出，结果途中心脏病发作，在丧失意识后摔倒并撞上一行人，甲应当承担侵权责任

B. 乙平日身体健康，某日在路上行走时突发癫痫，在丧失意识期间造成路人丙摔伤，乙对此应承担侵权责任

C. 丁醉酒后驾驶小汽车出门，撞伤张三，丁应当承担侵权责任

D. 戊过量使用麻醉药品后陷入幻境，将李四打伤，戊应当承担侵权责任

38. 根据侵权法律制度规定，下列各项中，学校或其他教育机构需要承担过错推定责任的是（　　）。

A. 无民事行为能力人在学校或者其他教育机构学习、生活期间受到人身损害

B. 限制民事行为能力人在学校或者其他教育机构学习、生活期间受到人身损害

C. 无民事行为能力人在幼儿园、学校或者其他教育机构学习、生活期间，受到幼儿园、学校或者其他教育机构以外的第三人人身损害

D. 限制民事行为能力人在幼儿园、学校或者其他教育机构学习、生活期间，受到幼儿园、学校或者其他教育机构以外的第三人人身损害

39. 根据《民法典》规定，因污染环境、破坏生态造成他人损害的，适用的归责原则是（　　）。

A. 过错责任原则

B. 公平责任原则

C. 无过错责任原则

D. 过错推定责任原则

40. 甲在自家门口堆放废旧垃圾，因垃圾过多倒塌砸伤路过的邻居乙，为此乙支付医药费若干。此案中，若追究甲的赔偿责任，应适用的归责原则是（　　）。

A. 过错责任原则

B. 过错推定责任原则

C. 无过错责任原则

D. 公平责任原则

二、多项选择题

1. 在债法上，能引起债发生的法律事实有（　　）。
   A. 侵权行为　　B. 无因管理
   C. 不当得利　　D. 单方允诺
   E. 先占

2. 下列属于法定之债的有（　　）。
   A. 合同
   B. 侵权行为之债
   C. 遗赠
   D. 无因管理之债
   E. 不当得利之债

3. 根据《民法典》的规定，关于连带之债，下列说法中正确的有（　　）。
   A. 连带债务人之间的份额难以确定的，视为份额相同
   B. 实际承担债务超过自己份额的连带债务人，有权就超出部分在其他连带债务人未履行的份额范围内向其追偿，并相应地享有债权人的权利，但是不得损害债权人的利益
   C. 部分连带债务人的债务被债权人免除的，在该连带债务人应当承担的份额范围内，其他债务人对债权人的债务不消灭
   D. 部分连带债务人的债务与债权人的债权同归于一人的，债权人对其他债务人的债权不再存在
   E. 部分连带债务人履行、抵销债务或者提存标的物的，其他债务人对债权人的债务在相应范围内消灭

4. 下列有关给付义务类型的说法中，正确的有（　　）。
   A. 因合同解除而产生的恢复原状的义务属于从给付义务
   B. 合同履行完毕后的保密义务属于次给付义务
   C. 承运人在运输过程中，应当尽力救助患有急病的旅客属于附随义务
   D. 宾馆对旅客财产的安全保障义务属于后合同义务
   E. 当事人为订立合同而进行接触、磋商时所负担的说明、告知、保护、注意等义务属于前合同义务

5. 根据债权法律制度规定，债权人依法提起代位权诉讼，应当符合的条件有（　　）。
   A. 债务人的债权不是专属于债务人自身的债权
   B. 债务人事先书面同意
   C. 债务人的债权已到期
   D. 债务人怠于行使其到期债权，影响债权人的到期债权实现的
   E. 债权人对债务人的债权合法

6. 根据债权法律制度规定，关于债权人撤销权，下列说法中正确的有（　　）。
   A. 撤销权的行使范围以债权人的债权为限
   B. 债权人行使撤销权的必要费用，由债务人负担
   C. 债务人影响债权人的债权实现的行为被撤销的，自被撤销之日起没有法律约束力
   D. 撤销权自债权人知道或者应当知道撤销事由之日起1年内行使
   E. 自债务人的行为发生之日起3年内没有行使撤销权的，该撤销权消灭

7. 债务人以明显不合理的低价转让财产，影响债权人债权实现的，根据合同法律制度的规定，下列说法中正确的有（　　）。
   A. 不论债务人的相对人是否知情，债权人均可行使撤销权

B. 只有债务人的相对人对此知道或应当知道的，债权人才可以行使撤销权
C. 债权人撤销权以通知方式行使
D. 债权人可以请求人民法院撤销债务人的行为
E. 撤销权的行使范围以债权人的债权为限

8. 根据债法总论，下列属于财产担保的有（　　）。
A. 抵押　　B. 质押
C. 留置　　D. 保证
E. 定金

9. 根据合同法律制度规定，关于保证合同，下列说法中，正确的有（　　）。
A. 保证合同中关于保证期间没有约定或者约定不明确的，保证期间为主债务履行期限届满之日起6个月
B. 一般保证的债权人在保证期间届满前对债务人提起诉讼或者申请仲裁的，从债权人主张权利之日起，开始计算保证债务的诉讼时效
C. 债权人和债务人变更主债权债务合同的履行期限，未经保证人书面同意，缩短债务履行期限的，保证期间相应缩短
D. 保证人与债权人约定禁止债权转让，债权人未经保证人书面同意转让债权的，保证人对受让人不再承担保证责任
E. 债权人未经保证人书面同意，允许债务人转移全部或者部分债务，保证人对未经其同意转移的债务不再承担保证责任，但是债权人和保证人另有约定的除外

10. 甲公司与乙银行订立了借款合同，为担保债务履行，丙公司以保证人身份与乙银行订立保证合同，合同中约定禁止乙银行转让债权，其他事项未做明确约定。根据合同法律制度规定，下列说法中正确的有（　　）。
A. 丙公司不享有先诉抗辩权
B. 乙银行未经丙公司书面同意，允许甲公司转移50%的债务至戊公司，丙公司对未经其同意转移的债务不再承担保证责任
C. 如乙银行未经丙公司书面同意转让债权至丁银行，保证人对受让人不再承担保证责任
D. 如甲公司与乙银行协商免除债务利息，则丙公司只需对变更后的债务承担保证责任
E. 如甲公司与乙银行协商提高债务利息，则丙公司需要对变更后的债务承担保证责任

11. 甲公司由于生产经营需要，拟向乙银行申请100万元贷款。为担保债务履行，甲公司以自有小汽车提供抵押，双方订立了书面的抵押合同，但未办理登记。丙公司以保证人身份在甲公司与乙银行的借款合同上签字并盖章，已知该借款合同中有保证条款，但该保证条款并未约定保证方式。根据债权法律制度规定，下列说法中正确的有（　　）。
A. 甲公司与乙银行之间关于小汽车的抵押合同成立
B. 甲公司与乙银行之间关于小汽车的抵押合同生效
C. 该小汽车的抵押权已经设立，但未经登记，不得对抗善意第三人
D. 丙公司与乙银行之间的保证合同已经成立
E. 丙公司的保证方式为连带责任保证

12. 根据债权法律制度规定，一般保证的保证人在主合同纠纷未经审判或者仲裁，并就债务人财产依法强制执行仍不能履

行债务前，有权拒绝向债权人承担保证责任，但具有法定情形除外，下列属于该法定情形的有（　　）。

A. 债务人下落不明

B. 债权人已经向人民法院申请债务人破产

C. 债权人有证据证明债务人的财产不足以履行全部债务或者丧失履行债务能力

D. 当事人在保证合同中对保证方式没有约定或者约定不明确

E. 保证人书面表示放弃先诉抗辩权

13. 根据债权法律制度规定，关于保证期间，下列说法中正确的有（　　）。

A. 约定的保证期间早于主债务履行期限或者与主债务履行期限同时届满的，视为没有约定，保证期间为主债务履行期限届满之日起 6 个月

B. 保证期间约定不明确的，保证期间为主债务履行期限届满之日起 2 年

C. 保证期间是确定保证人承担保证责任的期间，适用诉讼时效中止、中断和延长的规定

D. 债权人与债务人对主债务履行期限没有约定的，保证期间自债权人请求债务人履行债务的宽限期届满之日起计算

E. 债权人与债务人对主债务履行期限约定不明确的，保证期间自债权人请求债务人履行债务的宽限期届满之日起计算

14. 根据债权法律制度规定，关于定金，下列说法中正确的有（　　）。

A. 定金合同自实际交付定金时成立

B. 定金的数额由当事人约定；但是，定金的数额超过主合同标的额 20% 的，定金合同无效

C. 实际交付的定金数额多于或者少于约定数额的，视为变更约定的定金数额

D. 给付定金的一方不履行债务或者履行债务不符合约定，致使不能实现合同目的的，无权请求返还定金

E. 当事人既约定违约金，又约定定金的，一方违约时，对方可以同时适用违约金和定金条款

15. 根据债权法律制度规定，关于债的移转，下列说法中正确的有（　　）。

A. 债务人将债务的全部或者部分转移给第三人的，应当经债权人同意

B. 新债务人应当承担与主债务有关的从债务，但是该从债务专属于原债务人自身的除外

C. 新债务人可以主张原债务人对债权人的抗辩权

D. 原债务人对债权人享有债权的，新债务人不得向债权人主张抵销

E. 第三人向债权人表示愿意加入债务，债权人未在合理期限内明确拒绝的，债权人可以请求第三人在其愿意承担的债务范围内承担按份责任

16. 根据债权法律制度规定，关于抵销，下列说法中，正确的有（　　）。

A. 法定抵销要求当事人互负债务，该债务的标的物种类、品质相同

B. 符合法定抵销条件下，任何一方可以将自己的债务与对方的到期债务抵销；但是，根据债务性质、按照当事人约定或者依照法律规定不得抵销的除外

C. 当事人主张法定抵销的，应当通知对方

D. 抵销可以附条件或者附期限

E. 当事人互负债务，标的物种类、品质不相同的，经协商一致，也可以抵销

17. 根据合同法律制度规定，下列属于要约邀请的有（　　）。
A. 招股说明书
B. 债券募集办法
C. 基金招募说明书
D. 投标公告
E. 寄送的价目表

18. 根据合同法律制度规定，下列情形会导致要约失效的有（　　）。
A. 要约被拒绝
B. 要约被依法撤销
C. 要约人明示要约不可撤销
D. 承诺期限届满，受要约人未作出承诺
E. 受要约人对要约的内容作出非实质性变更

19. 根据合同法律制度规定，承诺的构成要件有（　　）。
A. 承诺须由受要约人向要约人作出
B. 承诺不得对要约内容作出非实质性变更
C. 承诺须在承诺期限内发出
D. 承诺的内容应当与要约的内容一致
E. 承诺须在承诺期限内到达要约人

20. 根据合同法律制度规定，关于合同成立的时间，下列说法中正确的有（　　）。
A. 当事人采用合同书形式订立合同的，自当事人均签名、盖章或者按指印时合同成立
B. 当事人采用合同书形式订立合同的，在签名、盖章或者按指印之前，当事人一方已经履行主要义务，该合同成立
C. 法律、行政法规规定或者当事人约定合同应当采用书面形式订立，当事人未采用书面形式但是一方已经履行主要义务，对方接受时，该合同成立
D. 当事人采用信件、数据电文等形式订立合同要求签订确认书的，签订确认书时合同成立
E. 当事人一方通过互联网等信息网络发布的商品或者服务信息符合要约条件的，对方选择该商品或者服务并提交订单成功时合同成立，但是当事人另有约定的除外

21. 根据合同法律制度规定，下列格式条款无效的有（　　）。
A. 采用格式条款订立合同，提供格式条款的一方未履行提示或者说明义务，致使对方没有注意或者理解与其有重大利害关系的条款
B. 提供格式条款一方不合理地免除或者减轻其责任、加重对方责任、限制对方主要权利的格式条款
C. 提供格式条款一方排除对方主要权利的格式条款
D. 造成对方人身损害的免责条款
E. 因故意或者重大过失造成对方财产损失的免责条款

22. 根据合同法律制度的规定，合同成立后，应当先履行债务的当事人，有确切证据证明对方有法定情形的，可以中止履行，该法定情形包括（　　）。
A. 经营状况严重恶化
B. 丧失商业信誉
C. 转移财产、抽逃资金，以逃避债务
D. 不能按期足额缴纳税款
E. 有一笔未清偿的到期债务

23. 根据合同法律制度规定，当事人可以解除合同的情形有（　　）。
A. 发生不可抗力的情形
B. 在履行期限届满前，当事人一方明确表示或者以自己的行为表明不履行主要债务
C. 当事人一方迟延履行主要债务，经催告后在合理期限内仍未履行

D. 当事人一方迟延履行债务致使不能实现合同目的
E. 当事人一方有违约行为致使不能实现合同目的

24. 根据合同法律制度规定，下列关于合同解除权的说法中，正确的有（　　）。
A. 法律规定或者当事人约定解除权行使期限，期限届满当事人不行使的，该权利消灭
B. 法律没有规定或者当事人没有约定解除权行使期限，自解除权人知道或者应当知道解除事由之日起 1 年内不行使，或者经对方催告后在合理期限内不行使的，该权利消灭
C. 当事人一方依法主张解除合同的，应当通知对方，合同自通知发出时解除
D. 通知载明债务人在一定期限内不履行债务则合同自动解除，债务人在该期限内未履行债务的，合同自通知载明的期限届满时解除
E. 当事人一方未通知对方，直接以提起诉讼或者申请仲裁的方式依法主张解除合同，人民法院或者仲裁机构确认该主张的，合同自法律文书生效时解除

25. 根据合同法律制度规定，关于赠与合同，下列说法中正确的有（　　）。
A. 赠与合同是实践、无偿、单务、不要式合同
B. 赠与人在赠与财产的权利转移之前可以撤销赠与，但经过公证的赠与合同或者依法不得撤销的具有救灾、扶贫、助残等公益、道德义务性质的赠与合同不得撤销
C. 受赠人严重侵害赠与人或者赠与人亲属的合法权益，赠与人可以撤销赠与
D. 因受赠人的违法行为致使赠与人死亡或者丧失民事行为能力的，赠与人的继承人或者法定代理人可以撤销赠与
E. 赠与人的经济状况显著恶化，严重影响其生产经营或者家庭生活的，可以不再履行赠与义务

26. 根据合同法律制度的规定，下列受赠人的行为中，赠与人可以依法撤销赠与的有（　　）。
A. 严重侵害赠与人的合法权益
B. 严重侵害赠与人亲属的合法权益
C. 对赠与人有扶养义务而不履行
D. 不履行赠与合同约定的义务
E. 因受赠人的违法行为致使赠与人丧失民事行为能力

27. 根据合同法律制度规定，关于租赁合同，下列说法中正确的有（　　）。
A. 出租人应当履行租赁物的维修义务，但是当事人另有约定的除外
B. 承租人无正当理由未支付或者迟延支付租金的，出租人可以请求承租人在合理期限内支付；承租人逾期不支付的，出租人可以解除合同
C. 租赁物在承租人按照租赁合同占有期限内发生所有权变动的，不影响租赁合同的效力
D. 承租人应当妥善保管租赁物，因保管不善造成租赁物毁损、灭失的，应当承担赔偿责任
E. 承租人经出租人同意转租的，承租人与出租人之间的租赁合同继续有效；第三人造成租赁物损失的，第三人应当赔偿损失

28. 根据合同法律制度规定，关于融资租赁合同，下列说法中，正确的有（　　）。
A. 租赁物不符合约定或者不符合使用目的的，出租人不承担责任；但是，

承租人依赖出租人的技能确定租赁物或者出租人干预选择租赁物的除外

B. 承租人按照约定行使索赔权利的，出租人无须协助

C. 出租人应当履行占有租赁物期间的维修义务

D. 出租人对租赁物享有的所有权，未经登记，不得对抗善意第三人

E. 对租赁物的归属没有约定或者约定不明确，依据法律规定仍不能确定的，租赁物的所有权归承租人

29. 根据合同法律制度的规定，下列关于融资租赁合同的说法中，正确的有（　　）。

A. 融资租赁合同可以采用口头形式订立

B. 租赁物不符合约定或者不符合使用目的的，出租人一律不承担责任

C. 出租人和承租人对租赁物的归属没有约定或者约定不明确，依照《民法典》的规定仍不能确定的，租赁物的所有权归出租人

D. 融资租赁期间，出租人享有租赁物所有权

E. 承租人经催告后在合理期限内仍不支付租金的，出租人可以解除合同，收回租赁物

30. 根据合同法律制度的规定，下列项目中，必须进行招标的有（　　）。

A. 中小型基础设施项目

B. 关系公众安全的项目

C. 全部或者部分使用国有资金投资的项目

D. 使用外国政府贷款的项目

E. 使用国际组织援助资金的项目

31. 根据合同法律制度规定，下列关于建设工程合同的说法中，正确的有（　　）。

A. 发包人不得将应当由一个承包人完成的建设工程支解成若干部分发包给数个承包人

B. 承包人不得将其承包的全部建设工程转包给第三人

C. 承包人不得将其承包的全部建设工程支解以后以分包的名义分别转包给第三人

D. 禁止承包单位将其承包的工程分包

E. 建设工程主体结构的施工必须由承包人自行完成

32. 甲欲出售祖传青花瓷花瓶，遂和乙订立了行纪合同，由乙处理花瓶买卖事宜。甲指定了销售价格为市场价 1 万元。根据合同法律制度规定，下列说法中正确的有（　　）。

A. 如乙未经甲同意以 9000 元价格与丙成交，乙补偿 1000 元差额的，该买卖对甲发生效力

B. 如乙以 1.2 万元价格出售该花瓶，在合同没有约定且依据《民法典》规定仍不能确定的情况下，超出指定价格的 2000 元归甲所有

C. 除甲有相反的意思表示外，乙可以作为买受人买入该花瓶，但无权请求甲支付报酬

D. 除甲有相反的意思表示外，乙可以作为买受人买入该花瓶，且有权请求甲支付报酬

E. 除甲有相反的意思表示外，乙不得作为买受人买入该花瓶

33. 甲系乙公司的职工，被乙公司派遣至丙公司驾驶班车接送单位员工通勤。某日在驾驶途中，甲因操作不当与一辆劳斯莱斯汽车追尾。关于责任承担，下列说法中正确的有（　　）。

A. 甲承担侵权责任

B. 乙公司承担侵权责任

C. 乙公司有过错的，承担相应的责任
D. 丙公司承担侵权责任
E. 丙公司有过错的，承担相应的责任

34. 甲在某网站注册用户名“我爱爆料皮肤好”，以该 id 发布关于某明星整容等不实信息，侵害了该明星民事权益。根据侵权法律制度规定，下列说法中正确的有（　　）。
A. 甲应当承担侵权责任
B. 该明星有权通知该网站采取删除、屏蔽、断开链接等必要措施
C. 该明星向该网站发送的通知应当包括构成侵权的初步证据及权利人的真实身份信息
D. 如该网站在收到该明星发来的通知后未及时采取必要措施的，应与甲承担连带责任
E. 如该网站知道或者应当知道甲利用其网络服务侵害他人民事权益，但为了博取流量未采取必要措施的，则该网站与甲承担连带责任

35. 下列侵权行为中，应当适用无过错责任原则的有（　　）。
A. 产品缺陷责任
B. 机动车交通事故责任
C. 医疗损害责任
D. 环境污染和生态破坏责任
E. 高度危险责任

三、综合分析题

（一）

2016 年 8 月 8 日，甲在乙的礼品店看到一个原装进口水晶花瓶，精致典雅，标价 3 万元，遂决定购买，作为送给妹妹丙的结婚礼物。甲当即向乙表示购买，并表明是赠送给丙的礼物，稍后让丙直接与乙联系花瓶交付事宜。乙同意。当晚，甲告诉丙赠与花瓶一事，丙欣然接受。后来，丙即与乙联系，双方商定于 8 月 12 日 10 时由乙将甲订购的花瓶送至丙家。

8 月 12 日，乙派店员丁按约定的时间将花瓶送至丙家，丙因临时有急事出门不在家而不能受领。丁在返回途中，不幸被违章超速行驶的快递员戊驾车撞倒，致水晶花瓶完全损毁。因乙要求甲支付 3 万元购买花瓶价款遭拒而引发纠纷。

请根据上述案情，回答下列问题：

1. 本案中，甲乙之间关于花瓶的合同属于（　　）。
A. 诺成合同
B. 典型合同
C. 有偿合同
D. 要式合同
E. 双务合同

2. 本案中，甲丙之间关于花瓶的合同属于（　　）。
A. 实践合同
B. 非典型合同
C. 无偿合同
D. 不要式合同
E. 单务合同

3. 本案中，乙享有的权利包括（　　）。
A. 对丁的侵权损害赔偿请求权
B. 请求丙支付购买花瓶的 3 万元价款的权利
C. 对戊的侵权损害赔偿请求权
D. 请求甲支付购买花瓶的 3 万元价款的权利
E. 对花瓶的所有权

4. 本案中，丙享有的权利包括（　　）。
   A. 请求甲交付花瓶的权利
   B. 请求乙让与其对戊的侵权损害赔偿请求权的权利
   C. 请求乙交付花瓶的权利
   D. 请求乙承担违约责任的权利
   E. 对花瓶的所有权

（二）

甲、乙系同事，合租丙的一套两居室住房，经丙同意，甲、乙请丁对该两居室进行简单装修。丁找来戊等3名装修工人进行具体施工。在装修过程中，戊嫌甲养的一盆绿色植物碍事，遂将其搬到阳台的窗台上。一日，狂风大作，将该盆绿色植物吹落，砸伤楼下躲避不急的骑车人庚，庚在躲避掉落的植物时，庚的自行车又将路旁停的辛的轿车剐蹭，相关当事人对赔偿事项各持己见，发生纠纷。

请根据上述案情，回答下列问题：

1. 根据民法相关理论，甲、乙与丙之间的租赁法律关系属于（　　）。
   A. 按份之债
   B. 法定之债
   C. 特定物之债
   D. 连带之债
   E. 选择之债

2. 根据民法相关规定，庚所受的人身损害所属的责任形态为（　　）。
   A. 过错推定责任
   B. 过错责任
   C. 无过错推定责任
   D. 补充责任
   E. 公平责任

3. 本案中依法应当对庚所受人身损害承担侵权赔偿责任的有（　　）。
   A. 丙　　B. 甲
   C. 乙　　D. 戊
   E. 丁

4. 本案中应对辛所受财产损害承担侵权赔偿责任的有（　　）。
   A. 庚　　B. 甲
   C. 乙　　D. 戊
   E. 丁

同步强化练习题参考答案及解析

使用“会计云课堂”App或“微信”扫码对答案、看解析、掌握解题思路，开启轻松过关之旅。

一、单项选择题

1. C　【解析】附随义务是指根据诚实信用原则，依债的关系发展情形所发生的对相对人的告知、照顾、保护等义务。

2. C　【解析】次给付义务是指当原给付义务在履行过程中，因特定事由发生变化而产生的义务。

3. D 【解析】专属于债务人自身的债权（基于扶养关系、抚养关系、赡养关系、继承关系产生的给付请求权和劳动报酬、退休金、养老金、抚恤金、安置费、人寿保险、人身伤害赔偿请求权等权利），债权人不得行使代位权，故A、B、C选项错误。

4. D 【解析】（1）选项A：债权人可以向人民法院请求以自己的名义代位行使债务人对相对人的权利。（2）选项B：代位权的行使不需要债务人同意。（3）选项C：债权人行使代位权的必要费用，由债务人负担。

5. B 【解析】债务人以明显不合理的低价转让财产、以明显不合理的高价受让他人财产或者为他人的债务提供担保，影响债权人的债权实现，债务人的相对人知道或者应当知道该情形的，债权人可以请求人民法院撤销债务人的行为。

6. B 【解析】（1）选项AB：债务人以放弃其债权、放弃债权担保、无偿转让财产等方式无偿处分财产权益，或者恶意延长其到期债权的履行期限，影响债权人的债权实现的，债权人可以请求人民法院撤销债务人的行为。（2）选项C：债权人行使撤销权的必要费用，由债务人负担。（3）选项D：撤销权自债权人知道或者应当知道撤销事由之日起1年内行使。自债务人的行为发生之日起5年内没有行使撤销权的，该撤销权消灭。

7. D 【解析】当事人在保证合同中对保证方式没有约定或者约定不明确的，按照一般保证承担保证责任。

8. A 【解析】（1）选项AB：机关法人不得为保证人，但是经国务院批准为使用外国政府或者国际经济组织贷款进行转贷的除外。（2）选项CD：以公益为目的的非营利法人、非法人组织不得为保证人。

9. A 【解析】债权人转让全部或者部分债权，未通知保证人的，该转让对保证人不发生效力。

10. B 【解析】（1）选项A：预付款不具有担保作用。（2）选项C：预付款仅适用金钱履行义务合同。（3）选项D：定金的数额可以由当事人约定，但是不得超过主合同标的额的20%，超过部分不产生定金的效力。关于预付款主要取决于当事人意思自治，法律并无相关规定。

11. C 【解析】提存费用由债权人负担。

12. C 【解析】选项ABD：属于实践合同。

13. C 【解析】要约可以撤销，但是有下列情形之一的除外：（1）要约人以确定承诺期限或者其他形式明示要约不可撤销；（2）受要约人有理由认为要约是不可撤销的，并已经为履行合同做了合理准备工作。

14. A 【解析】受要约人超过承诺期限发出承诺，或者在承诺期限内发出承诺，按照通常情形不能及时到达要约人的，为新要约；但是，要约人及时通知受要约人该承诺有效的除外。

15. D 【解析】当事人采用合同书形式订立合同的，最后签名、盖章或者按指印的地点为合同成立的地点，但是当事人另有约定的除外。

16. C 【解析】顺序履行抗辩权是指当事人互负债务，有先后履行顺序，应当先履行债务一方未履行的，后履行一方有权拒绝其履行请求。先履行一方履行债务不符合约定的，后履行一方有权拒绝其相应的履行请求。

17. A 【解析】当事人互负债务，没有先后履行顺序的，应当同时履行。一方在对方履行之前有权拒绝其履行请求。一方在对方履行债务不符合约定时，有权拒绝其相应的履行请求。

18. A 【解析】保证合同可以是单独订立的书面合同，也可以是主债权债务合同中的保证条款。

19. D 【解析】选项D：出卖人按照约定或者依照《民法典》的规定将标的物置于交付地点，买受人违反约定没有收取的，标的物毁损、灭失的风险自违反约定时起由买受人承担。

20. D 【解析】选项D：买受人如果就其中一批标的物解除，该批标的物与其他各批标的物相互依存的，可以就已经交付和未交付的各批标的物解除。

21. D 【解析】（1）选项A：对试用期限没有约定或者约定不明确，依据规定仍不能确定的，由出卖人确定。（2）选项B：试用期限届满，买受人对是否购买标的物未作表示的，视为购买。（3）选项C：试用买卖的当事人对标的物使用费没有约定或者约定不明确的，出卖人无权请求买受人支付。

22. A 【解析】赠与人在赠与财产的权利转移之前可以撤销赠与。但经过公证的赠与合同或者依法不得撤销的具有救灾、扶贫、助残等公益、道德义务性质的赠与合同，不得撤销。

23. B 【解析】（1）选项A：自然人之间的借款合同为实践合同。（2）选项BC：自然人之间借贷对利息约定不明，出借人主张支付利息的，人民法院不予支持。除自然人之间借贷的外，借贷双方对借贷利息约定不明，出借人主张利息的，人民法院应当结合民间借贷合同的内容，并根据当地或者当事人的交易方式、交易习惯、市场报价利率等因素确定利息。（3）选项D：出借人请求借款人按照合同约定利率支付利息的，人民法院应予支持，但是双方约定的利率超过合同成立时1年期贷款市场报价利率（LPR）4倍的除外。

24. D 【解析】租赁期限6个月以上的，应当采用书面形式。当事人未采用书面形式，无法确定租赁期限的，视为不定期租赁。

25\. C 【解析】出租人出卖租赁房屋的，应当在出卖之前的合理期限内通知承租人，承租人享有以同等条件优先购买的权利；但是，房屋按份共有人行使优先购买权或者出租人将房屋出卖给近亲属的除外。配偶、父母、子女、兄弟姐妹、祖父母、外祖父母、孙子女、外孙子女为近亲属。

26\. A 【解析】应收账款债权人就同一应收账款订立多个保理合同，致使多个保理人主张权利：（1）已经登记的先于未登记的取得应收账款；（2）均已经登记的，按照登记时间的先后顺序取得应收账款；（3）均未登记的，由最先到达应收账款债务人的转让通知中载明的保理人取得应收账款；（4）既未登记也未通知的，按照保理融资款或者服务报酬的比例取得应收账款。

27\. D 【解析】

有追索权保理	当事人约定有追索权保理的，保理人可以向应收账款债权人主张返还保理融资款本息或者回购应收账款债权，也可以向应收账款债务人主张应收账款债权。保理人向应收账款债务人主张应收账款债权，在扣除保理融资款本息和相关费用后有剩余的，剩余部分应当返还给应收账款债权人
无追索权保理	当事人约定无追索权保理的，保理人应当向应收账款债务人主张应收账款债权，保理人取得超过保理融资款本息和相关费用的部分，无须向应收账款债权人返还

28\. A 【解析】（1）选项 B：承揽人将其承揽的辅助工作交由第三人完成的，应当就该第三人完成的工作成果向定作人负责。（2）选项 C：共同承揽人对定作人承担连带责任，但是当事人另有约定的除外。（3）选项 D：定作人在承揽人完成工作前可以随时解除合同，造成承揽人损失的，应当赔偿损失。

29\. C 【解析】（1）选项 A：物业服务人已经按照约定和有关规定提供服务的，业主不得以未接受或者无须接受相关物业服务为由拒绝支付物业费。（2）选项 B：诺成、有偿、双务、要式合同。（3）选项 D：物业服务人不得采取停止供电、供水、供热、供燃气等方式催交物业费。

30\. C 【解析】选项 C：中介人未促成合同成立的，不得请求支付报酬；但是，可以按照约定请求委托人支付从事中介活动支出的必要费用。

31\. D 【解析】合伙人对合伙债务承担连带责任。

32\. A

33\. D 【解析】自愿参加具有一定风险的文体活动，因其他参加者的行为受到损害的，受害人不得请求其他参加者承担侵权责任；但是，其他参加者对损害的发生有故意或者重大过失的除外。

34. C 【解析】(1)选项A：二人以上共同实施侵权行为，造成他人损害的，应当承担连带责任。(2)选项B：二人以上实施危及他人人身、财产安全的行为，其中一人或者数人的行为造成他人损害，能够确定具体侵权人的，由侵权人承担责任；不能确定具体侵权人的，行为人承担连带责任。(3)选项C：二人以上分别实施侵权行为造成同一损害，每个人的侵权行为都足以造成全部损害的，行为人承担连带责任。(4)选项D：二人以上分别实施侵权行为造成同一损害，能够确定责任大小的，各自承担相应的责任；难以确定责任大小的，平均承担责任。

35. A 【解析】个人之间形成劳务关系，提供劳务一方因劳务造成他人损害的，由接受劳务一方承担侵权责任。

36. A 【解析】用人单位的工作人员因执行工作任务造成他人损害的，由用人单位承担侵权责任。

37. B 【解析】(1)选项AB：完全民事行为能力人对自己的行为暂时没有意识或者失去控制造成他人损害有过错的，应当承担侵权责任；没有过错的，根据行为人的经济状况对受害人适当补偿。(2)选项CD：完全民事行为能力人因醉酒、滥用麻醉药品或者精神药品对自己的行为暂时没有意识或者失去控制造成他人损害的，应当承担侵权责任。

38. A 【解析】无民事行为能力人在幼儿园、学校或者其他教育机构学习、生活期间受到人身损害的，幼儿园、学校或者其他教育机构应当承担侵权责任；但是，能够证明尽到教育、管理职责的，不承担侵权责任。

39. C 【解析】因污染环境、破坏生态造成他人损害的，侵权人应当承担侵权责任(无过错责任原则)。

40. B 【解析】堆放物倒塌、滚落或者滑落造成他人损害，堆放人不能证明自己没有过错的，应当承担侵权责任。

二、多项选择题

1. ABCD 【解析】债的发生原因包括：合同、缔约过失、单方允诺、侵权行为、无因管理、不当得利。

2. BDE 【解析】选项AC：属于意定之债。

3. ABE 【解析】(1)选项C：部分连带债务人的债务被债权人免除的，在该连带债务人应当承担的份额范围内，其他债务人对债权人的债务消灭。(2)选项D：部分连带债务人的债务与债权人的债权同归于一人的，在扣除该债务人应当承担的份额后，债权人对其他债务人的债权继续存在。

4. CE　【解析】（1）选项 A：因合同解除而产生的恢复原状的义务属于次给付义务。（2）选项 B：后合同义务，是指合同之债消灭后，当事人为了维护给付效果或者为了协助相对方终了善后事务所负担的作为或者不作为义务。（3）选项 D：宾馆对旅客财产的安全保障义务属于附随义务。

5. ACDE　【解析】债权人依法提起代位权诉讼，应当符合下列条件：（1）债权人对债务人的债权合法；（2）债务人怠于行使其到期债权，影响债权人的到期债权实现的；（3）债务人的债权已到期；（4）债务人的债权不是专属于债务人自身的债权。

6. ABD　【解析】（1）选项 C：债务人影响债权人的债权实现的行为被撤销的，自始没有法律约束力。（2）选项 E：自债务人的行为发生之日起 5 年内没有行使撤销权的，该撤销权消灭。

7. BDE　【解析】选项 ABC：债务人以明显不合理的低价转让财产、以明显不合理的高价受让他人财产或者为他人的债务提供担保，影响债权人的债权实现，债务人的相对人知道或者应当知道该情形的，债权人可以请求人民法院撤销债务人的行为。

8. ABCE　【解析】财产担保的方式：抵押、质押、留置和定金。

9. ADE　【解析】（1）选项 B：一般保证的债权人在保证期间届满前对债务人提起诉讼或者申请仲裁的，从保证人拒绝承担保证责任的权利消灭之日起，开始计算保证债务的诉讼时效。（2）选项 C：债权人和债务人变更主债权债务合同的履行期限，未经保证人书面同意的，保证期间不受影响。

10. BCD　【解析】（1）选项 A：当事人在保证合同中对保证方式没有约定或者约定不明确的，按照一般保证承担保证责任。（2）选项 DE：债权人和债务人未经保证人书面同意，协商变更主债权债务合同内容，减轻债务的，保证人仍对变更后的债务承担保证责任；加重债务的，保证人对加重的部分不承担保证责任。

11. ABCD　【解析】当事人在保证合同中对保证方式没有约定或者约定不明确的，按照一般保证承担保证责任。

12. CE　【解析】一般保证的保证人在主合同纠纷未经审判或者仲裁，并就债务人财产依法强制执行仍不能履行债务前，有权拒绝向债权人承担保证责任，但是有下列情形之一的除外：（1）债务人下落不明，且无财产可供执行（A 选项错误）；（2）人民法院已经受理债务人破产案件（B 选项错误）；（3）债权人有证据证明债务人的财产不足以履行全部债务或者丧失履行债务能力；（4）保证人书面表示放弃先诉抗辩权。

13. ADE　【解析】（1）选项 AB：债权人与保证人可以约定保证期间，但是约定的保证期间早于主债务履行期限或者与主债务履行期限同时届满的，视为没有约定；没有约定或者约定不明确的，保证期间为主债务履行期限届满之日起6个月。（2）选项 C：保证期间是确定保证人承担保证责任的期间，不发生中止、中断和延长。

14. ACD　|　【解析】（1）选项 B：定金的数额由当事人约定；但是，不得超过主合同标的额的20%，超过部分不产生定金的效力。（2）选项 E：当事人既约定违约金，又约定定金的，一方违约时，对方可以选择适用违约金或者定金条款，二者不能同时主张。

15. ABCD　|　【解析】第三人向债权人表示愿意加入债务，债权人未在合理期限内明确拒绝的，债权人可以请求第三人在其愿意承担的债务范围内和债务人承担连带债务。

16. ABCE　|　【解析】选项 D：抵销不得附条件或者附期限。

17. ABCE　|　【解析】拍卖公告、招标公告、招股说明书、债券募集办法、基金招募说明书、商业广告和宣传、寄送的价目表等为要约邀请（商业广告和宣传的内容符合要约条件的，构成要约）。

18. ABD　|　【解析】有下列情形之一的，要约失效：（1）要约被拒绝；（2）要约被依法撤销；（3）承诺期限届满，受要约人未作出承诺；（4）受要约人对要约的内容作出实质性变更。

19. ADE　|　【解析】承诺的构成要件：（1）承诺须由受要约人向要约人作出；（2）承诺的内容应当与要约的内容一致；（3）承诺须在承诺期限内到达要约人。

20. ACDE　|　【解析】选项 B：在签名、盖章或者按指印之前，当事人一方已经履行主要义务，对方接受时，该合同成立。

21. BCDE　|　【解析】采用格式条款订立合同的，提供格式条款的一方应当遵循公平原则确定当事人之间的权利和义务，并采取合理的方式提示对方注意免除或者减轻其责任等与对方有重大利害关系的条款，按照对方的要求，对该条款予以说明。提供格式条款的一方未履行提示或者说明义务，致使对方没有注意或者理解与其有重大利害关系的条款的，对方可以主张该条款不成为合同的内容。

22. ABC　|　【解析】应当先履行债务的当事人，有确切证据证明对方有下列情形之一的，可以中止履行：（1）经营状况严重恶化；（2）转移财产、抽逃资金，以逃避债务；（3）丧失商业信誉；（4）有丧失或者可能丧失履行债务能力的其他情形。

23. BCDE　|　【解析】有下列情形之一的，当事人可以解除合同：（1）因不可抗力致使不能实现合同目的（A 选项错误）；（2）在履行期限届满前，当事人一方明确

表示或者以自己的行为表明不履行主要债务；（3）当事人一方迟延履行主要债务，经催告后在合理期限内仍未履行；（4）当事人一方迟延履行债务或者有其他违约行为致使不能实现合同目的；（5）法律规定的其他情形。

24. ABD 【解析】（1）选项C：当事人一方依法主张解除合同的，应当通知对方，合同自通知到达对方时解除。（2）选项E：当事人一方未通知对方，直接以提起诉讼或者申请仲裁的方式依法主张解除合同，人民法院或者仲裁机构确认该主张的，合同自起诉状副本或者仲裁申请书副本送达对方时解除。

25. BDE 【解析】（1）选项A：赠与合同是诺成合同。（2）选项C：受赠人严重侵害赠与人或者赠与人近亲属的合法权益，赠与人可以撤销赠与。

26. ACD 【解析】（1）受赠人有下列情形之一的，赠与人可以撤销赠与：①严重侵害赠与人或者赠与人近亲属的合法权益；②对赠与人有扶养义务而不履行；③不履行赠与合同约定的义务。（2）因受赠人的违法行为致使赠与人死亡或者丧失民事行为能力的，赠与人的继承人或者法定代理人可以撤销赠与。

27. ABCD 【解析】选项E：承租人经出租人同意，可以将租赁物转租给第三人。承租人转租的，承租人与出租人之间的租赁合同继续有效；第三人造成租赁物损失的，承租人应当赔偿损失。

28. AD 【解析】（1）选项B：出租人、出卖人、承租人可以约定，出卖人不履行买卖合同义务的，由承租人行使索赔的权利。承租人行使索赔权利的，出租人应当协助。（2）选项C：承租人应当履行占有租赁物期间的维修义务。（3）选项E：出租人和承租人可以约定租赁期限届满租赁物的归属；对租赁物的归属没有约定或者约定不明确，依据民法典规定仍不能确定的，租赁物的所有权归出租人。

29. CDE 【解析】（1）选项A：融资租赁合同应当采用书面形式。（2）选项B：租赁物不符合约定或者不符合使用目的的，出租人不承担责任，但承租人依赖出租人的技能确定租赁物或者出租人干预选择租赁物的除外。

30. BCDE 【解析】必须招标的项目有：（1）大型基础设施、公用事业等关系社会公共利益、公众安全的项目；（2）全部或者部分使用国有资金投资或者国家融资的项目；（3）使用国际组织或者外国政府贷款、援助资金的项目。

31. ABCE 【解析】选项D：总承包人或者勘察、设计、施工承包人经发包人同意，可以将自己承包的部分工作交由第三人完成；第三人就其完成的工作成果与总承包人或者勘察、设计、施工承包人向发包人承担连带责任。

32. ABD 【解析】（1）选项A：行纪人低于委托人指定的价格卖出或者高于委托人指定的价格买入的，应当经委托人同意；未经委托人同意，行纪人补偿其差额的，该买卖对委托人发生效力。（2）选项B：行纪人高于委托人指定的价格卖出或者低于委托人指定的价格买入的，可以按照约定增加报酬；没有约定或者约定不明确，依据《民法典》的规定仍不能确定的，该利益属于委托人。(3) 选项CDE：行纪人卖出或者买入具有市场定价的商品，除委托人有相反的意思表示外，行纪人自己可以作为买受人或者出卖人；行纪人有前述情形的，仍然可以请求委托人支付报酬。

33. CD 【解析】劳务派遣期间，被派遣的工作人员因执行工作任务造成他人损害的，由接受劳务派遣的用工单位承担侵权责任；劳务派遣单位有过错的，承担相应的责任。

34. ABCE 【解析】(1) 选项B：网络用户利用网络服务实施侵权行为的，权利人有权通知网络服务提供者采取删除、屏蔽、断开链接等必要措施。(2) 选项C：通知应当包括构成侵权的初步证据及权利人的真实身份信息。(3) 选项D：网络服务提供者接到通知后，应当及时将该通知转送相关网络用户，并根据构成侵权的初步证据和服务类型采取必要措施；未及时采取必要措施的，对损害的扩大部分与该网络用户承担连带责任。(4) 选项E：网络服务提供者知道或者应当知道网络用户利用其网络服务侵害他人民事权益，未采取必要措施的，与该网络用户承担连带责任。

35. ADE

三、综合分析题

(一)

1. ABCE 【解析】甲乙之间成立的是“花瓶买卖合同”，属于诺成、不要式、典型（有名）、有偿、双务合同。

2. CDE 【解析】甲丙之间成立的是“花瓶赠与合同”，属于诺成、典型（有名）、无偿、单务、不要式合同。

3. CDE 【解析】(1) 选项A：丁无侵权的故意，也未实施侵权的行为，丁不承担侵权损害赔偿责任。(2) 选项B：乙与丙之间不存在买卖花瓶的合同关系，无论花瓶是否毁损，乙均无权要求丙支付花瓶的价款3万元。(3) 选项CE：花瓶尚未交付，其所有权仍归乙。在花瓶遭戊撞毁之后，乙有权基于其物权受侵害而向戊主张侵权损害赔偿。(4) 选项D：根据规定，因买受人的原因致使标的物未按照约定的期限交付的，买受人应当自违反约定时起承担标的物毁损、灭失的风险。故乙不承担花瓶毁损的风险，其已经如约履行送货义务，有权要求甲支付花瓶的价款。

4. B 【解析】(1) 选项AC：花瓶已经毁损，甲、乙无法实现交付该特定标的物。(2) 选项B：在丙受领迟延发生时，花瓶毁损的风险已转移至买方甲，并基于丙与甲之间的赠与关系，在同一时点转移至受赠人丙承担；故丙无权再次要求甲和乙向自己交付赠与标的物花瓶，但可请求乙让渡对戊的侵权损害赔偿请求权。(3) 选项 D：乙不存在任何违约行为，因此不需要承担违约责任。(4) 选项 E：因交付未完成，丙不享有花瓶的所有权。

（二）

1. CD

【解析】(1) 选项 AD：按份之债，是指多数债权人或多数债务人各自按照一定的份额享有债权或负担债务的债。连带之债是指当债的当事人一方或双方为数人时，各债权人均得请求债务人为全部债务的履行，各债务人均负有为全部履行的义务，并且全部债权债务关系因一次全部履行而归于消灭的债，本题属于连带之债。(2) 选项 B：意定之债，是指债的发生及其内容由当事人依其自由意思决定的债。法定之债，是指债的发生及其内容均由法律直接规定的债。本题属于意定之债。(3) 选项 C：特定物之债是指以特定物为标的的债；种类物之债是指以种类物为标的的债。本题属于特定物之债。(4) 选项 E：简单之债，是指债的标的只有一宗，当事人只能按照该宗标的履行的债。选择之债，是指债的标的有数宗，当事人可以选择其中之一为履行标的的债。本题属于简单之债。

2. A

【解析】建筑物、构筑物或者其他设施及其搁置物、悬挂物发生脱落、坠落造成他人损害，所有人、管理人或者使用人不能证明自己没有过错的，应当承担侵权责任（过错推定责任）。

3. E

【解析】建筑物、构筑物或者其他设施及其搁置物、悬挂物发生脱落、坠落造成他人损害，所有人、管理人或者使用人不能证明自己没有过错的，应当承担侵权责任。本题中，甲乙与丙之间成立租赁关系，甲乙与丁之间成立加工承揽关系，丁与戊之间成立个人用工关系。戊等 3 人在施工期间对建筑物及相应物件具有直接管理义务，作为管理人应承担物件致人损害的侵权责任；但根据个人用工责任的规定“个人之间形成劳务关系，提供劳务一方因劳务造成他人损害的，由接受劳务一方承担侵权责任（丁承担无过错的替代责任）”。故庚所受人身损害承担赔偿责任的应为丁。

4. E

【解析】因紧急避险造成损害的，由引起险情发生的人承担责任。庚不承担责任，戊的责任由丁替代承担。丁承担责任后可向戊进行追偿。

第十章　婚姻家庭与继承法

本章学习指南

一、考情概况

本章近3年平均考查分值为7.0分，考查题型通常为单选题、多选题和综合分析题。曾经在2020年度的考试中完整测试了一道关于婚姻家庭法律制度的案例（综合分析题）。

本章为重点章节，内容包括婚姻家庭法律制度和继承法律制度的相关知识；考题较为灵活，理解与记忆难度适中。

最近3年题型题量分析表

题型	2021年	2020年	2019年
单项选择题	3.0分	3.0分	3.0分
多项选择题	2.0分	2.0分	——
综合分析题	——	8.0分	——
合计	5.0分	13.0分	3.0分

二、教材变动

1. 根据《民法典婚姻家庭编司法解释（一）》调整相关内容；
2. 个别文字调整。

核心考点精讲

第一单元　婚姻家庭法

查看本单元视频，快速GET知识点
使用“会计云课堂”App或“微信”扫码

01 婚姻家庭法基本理论（★）

（一）婚姻家庭法律制度的基本原则

1. 婚姻家庭受国家保护原则；
2. 婚姻自由原则（结婚自由、离婚自由）；

3. 一夫一妻制原则；
4. 男女平等原则；
5. 保护妇女、未成年人、老年人和残疾人的合法权益原则
禁止家庭暴力，禁止家庭成员间的虐待和遗弃。

（二）家庭成员间相互关系的倡导性规定

1. 家庭应当树立优良家风，弘扬家庭美德，重视家庭文明建设。

2. 夫妻应当互相忠实，互相尊重，互相关爱；家庭成员应当敬老爱幼，互相帮助，维护平等、和睦、文明的婚姻家庭关系。

（三）亲属

1. 亲属：配偶、血亲和姻亲。
2. 近亲属：配偶、父母、子女、兄弟姐妹、祖父母、外祖父母、孙子女、外孙子女。
3. 家庭成员：配偶、父母、子女和其他共同生活的近亲属。

02 结婚的要件（★★）

1. 完全自愿：结婚应当男女双方完全自愿，禁止任何一方对另一方加以强迫，禁止任何组织或者个人加以干涉。（一男一女、完全自愿）

2. 法定婚龄：结婚年龄，男不得早于22周岁，女不得早于20周岁。

3. 禁止结婚：直系血亲或者三代以内的旁系血亲禁止结婚。

4. 婚姻登记（形式要件）：要求结婚的男女双方应当亲自到婚姻登记机关申请结婚登记。符合民法典规定的，予以登记，发给结婚证。完成结婚登记，即确立婚姻关系。未办理结婚登记的，应当补办登记。

（1）男女双方依据民法典规定补办结婚登记的，婚姻关系的效力从双方均符合民法典所规定的结婚的实质要件时起算。

（2）未依据民法典规定办理结婚登记而以夫妻名义共同生活的男女，提起诉讼要求离婚的，应当区别对待：

①1994年2月1日民政部《婚姻登记管理条例》公布实施以前，男女双方已经符合结婚实质要件的，按事实婚姻处理。（2022年教材未收录此情形）

②1994年2月1日民政部《婚姻登记管理条例》公布实施以后，男女双方符合结婚实质要件的，人民法院应当告知其补办结婚登记。未补办结婚登记的，依据“解除同居关系”的规定处理。

03 无效婚姻和可撤销婚姻（★★★）

（一）无效婚姻

1. 有下列情形之一的，婚姻无效：（1）重婚；（2）有禁止结婚的亲属关系；（3）未到法定婚龄。

考点提示

此处“重婚”仅限于法律重婚，即与他人办理结婚登记后又再次与第三方办理结婚登记。如仅以夫妻名义同居生活并未办理结婚登记，属于同居法律关系，不构成此处所指的重婚。

2. 有权依据民法典规定向人民法院就已办理结婚登记的婚姻请求确认婚姻无效的主体，包括婚姻当事人及利害关系人。其中，利害关系人包括：（1）以重婚为由的，为当事人的近亲属及基层组织；（2）以未到法定婚龄为由的，为未到法定婚龄者的近亲属；（3）以有禁止结婚的亲属关系为由的，为当事人的近亲属。

3. 人民法院受理请求确认婚姻无效案件后，原告申请撤诉的，不予准许。（2022年新增）

4. 对婚姻效力的审理不适用调解，应当依法作出判决。涉及财产分割和子女抚养的，可以调解。调解达成协议的，另行制作调解书；未达成调解协议的，应当一并作出判决。

5. 人民法院受理离婚案件后，经审理确属无效婚姻的，应当将婚姻无效的情形告知当事人，并依法作出确认婚姻无效的判决。

（二）可撤销婚姻

撤销婚姻须有撤销行为，仅有可撤销的事由而无撤销行为的，婚姻的效力并不消灭。撤销权人行使撤销权的意思表示须向人民法院作出，而非向相对人作出。

1. 胁迫婚姻

因胁迫结婚的，受胁迫的一方可以向人民法院请求撤销婚姻。请求撤销婚姻的，应当自胁迫行为终止之日起1年内提出。被非法限制人身自由的当事人请求撤销婚姻的，应当自恢复人身自由之日起1年内提出。

【解释】行为人以给另一方当事人或者其近亲属的生命、身体、健康、名誉、财产等方面造成损害为要挟，迫使另一方当事人违背真实意愿结婚的，可以认定为“胁迫”。

考点提示

因受胁迫而请求撤销婚姻的，只能是受胁迫一方的婚姻关系当事人本人。

2. 隐瞒疾病

一方患有重大疾病的，应当在结婚登记前如实告知另一方；不如实告知的，另一方可以向人民法院请求撤销婚姻。请求撤销婚姻的，应当自知道或者应当知道撤销事由之日起1年内提出。

（三）婚姻无效和被撤销的法律后果

1. 无效的或者被撤销的婚姻自始没有法律约束力，当事人不具有夫妻的权利和义务。

【解释】“自始没有法律约束力”，是指无效婚姻或者可撤销婚姻在依法被确认无效或者被撤销时，才确定该婚姻自始不受法律保护。

2. 同居期间所得的财产，由当事人协议处理；协议不成的，由人民法院根据照顾无过错方的原则判决。当事人所生的子女，适用民法典关于父母子女的规定。

3. 被确认无效或者被撤销的婚姻，当事人同居期间所得的财产，除有证据证明为当事人一方所有的以外，按共同共有处理。对重婚导致的无效婚姻的财产处理，不得侵害合法婚姻当事人的财产权益。

4. 婚姻无效或者被撤销的，无过错方有权请求损害赔偿。

04 夫妻关系（★★★）

（一）配偶身份权

1. 夫妻独立姓名权和婚姻姓氏权。
2. 夫妻人身自由权。
3. 夫妻双方有平等的婚姻住所决定权。
4. 夫妻日常家事代理权

夫妻一方因家庭日常生活需要而实施的民事法律行为，对夫妻双方发生效力，但是夫妻一方与相对人另有约定的除外。夫妻之间对一方可以实施的民事法律行为范围的限制，不得对抗善意相对人。

5. 夫妻之间有相互继承遗产的权利。
6. 配偶同居、忠实的权利和义务。
7. 夫妻之间有相互扶养的权利和义务

需要扶养的一方，在另一方不履行扶养义务时，有要求其给付扶养费的权利。

（二）财产关系（约定财产制→法定共同财产制）

1. 约定财产制

（1）男女双方可以约定婚姻关系存续期间所得的财产以及婚前财产归各自所有、共同所有或者部分各自所有、部分共同所有。约定应当采用书面形式。没有约定或者约定不明确的，适用民法典关于夫妻共同财产、夫妻个人财产的规定。

（2）对内效力：夫妻对婚姻关系存续期间所得的财产以及婚前财产的约定，对双方具有法律约束力。

（3）对外效力：夫妻对婚姻关系存续期间所得的财产约定归各自所有，夫或者妻一方对外所负的债务，相对人知道该约定的，以夫或者妻一方的个人财产清偿。

考点提示

“相对人知道该约定的”，夫妻一方对此负有举证责任。

2. 夫妻共同财产

（1）夫妻在婚姻关系存续期间所得的下列财产，为夫妻的共同财产，归夫妻共同所有：①工资、奖金、劳务报酬；②生产、经营、投资的收益；③知识产权的收益；④继承或者受赠的财产，但是遗嘱或者赠与合同中确定只归一方的财产除外；⑤其他应当归共同所有的财产。

【解释】“知识产权的收益”，是指婚姻关系存续期间，实际取得或者已经明确可以取得的财产性收益。

（2）婚姻关系存续期间，下列财产属于民法典规定的“其他应当归共同所有的财产”：①一方以个人财产投资取得的收益；②男女双方实际取得或者应当取得的住房补贴、住房公积金；③男女双方实际取得或者应当取得的基本养老金、破产安置补偿费。

（3）夫妻一方个人财产在婚后产生的收益，除孳息和自然增值外，应认定为夫妻共同财产。

（4）涉及房屋的相关规定

①由一方婚前承租、婚后用共同财产购买的房屋，登记在一方名下的，应当认定为夫妻共同财产。

②当事人结婚前，父母为双方购置房屋出资的，该出资应当认定为对自己子女个人的赠与，但父母明确表示赠与双方的除外。

③当事人结婚后，父母为双方购置房屋出资的，依照约定处理；没有约定或者约定不明确的，按照民法典关于夫妻在婚姻关系存续期间继承或者受赠的财产处理（原则上作为共同财产，但遗嘱或者赠与合同中确定只归一方的财产除外）。

（5）夫妻对共同财产，有平等的处理权。

3. 夫妻一方个人财产

（1）下列财产为夫妻一方的个人财产：①一方的婚前财产；②一方因受到人身损害获得的赔偿或者补偿；③遗嘱或者赠与合同中确定只归一方的财产；④一方专用的生活用品；⑤其他应当归一方的财产。

（2）军人的伤亡保险金、伤残补助金、医药生活补助费属于个人财产。

（3）夫妻一方的个人财产不因婚姻关系的延续而转化为夫妻共同财产。但当事人另有约定的除外。

4. 夫妻共同债务

（1）夫妻双方共同签名或者夫妻一方事后追认等共同意思表示所负的债务，以及夫妻一方在婚姻关系存续期间以个人名义为家庭日常生活需要所负的债务，属于夫妻共同债务。

夫妻一方在婚姻关系存续期间以个人名义超出家庭日常生活需要所负的债务，不属于夫妻共同债务；但是，债权人能够证明该债务用于夫妻共同生活、共同生产经营或者基于夫妻双方共同意思表示的除外。

（2）债权人就一方婚前所负个人债务向债务人的配偶主张权利的，人民法院不予支持。但债权人能够证明所负债务用于婚后家庭共同生活的除外。

（3）夫妻一方与第三人串通，虚构债务，第三人主张该债务为夫妻共同债务的，人民法院不予支持。夫妻一方在从事赌博、吸毒等违法犯罪活动中所负债务，第三人主张该债务为夫妻共同债务的，人民法院不予支持。

（4）当事人的离婚协议或者人民法院生效判决、裁定、调解书已经对夫妻财产分割问题作出处理的，债权人仍有权就夫妻共同债务向男女双方主张权利。

一方就夫妻共同债务承担清偿责任后，主张由另一方按照离婚协议或者人民法院的法律文书承担相应债务的，人民法院应予支持。

（5）夫或者妻一方死亡的，生存一方应当对婚姻关系存续期间的夫妻共同债务承担清偿责任。

经典题解

【真题1·单选题】 根据《民法典》相关规定，在夫妻关系存续期间，下列依法取得的财产中，属于夫妻共同财产的是（　　）。（2021年）

A. 一方专用的生活用品　　B. 一方获得的伤残补助金

C. 一方获得的医疗生活补助费　　D. 一方依法定继承取得的财产

【解析】 下列财产为夫妻一方的个人财产：（1）一方的婚前财产；（2）一方因受到人身损害获得的赔偿或者补偿（选项BC）；（3）遗嘱或者赠与合同中确定只归一方的财产；（4）一方专用的生活用品（选项A）；（5）其他应当归一方的财产。

【答案】 D

【真题2·单选题】 下列婚姻关系存续期间夫妻一方取得的财产中，属于夫妻一方单独所有的是（　　）。（2019年）

A. 奖金　　B. 知识产权收益

C. 生产、经营收益　　D. 因身体受到伤害获赔的医疗费

【答案】 D

05 离婚（★★★）

（一）协议离婚

1. 夫妻双方自愿离婚的，应当签订书面离婚协议，并亲自到婚姻登记机关申请离婚登记。离婚协议应当载明双方自愿离婚的意思表示和对子女抚养、财产以及债务处理等事项协商一致的意见。

2. 离婚冷静期

（1）自婚姻登记机关收到离婚登记申请之日起30日内，任何一方不愿意离婚的，可以向婚姻登记机关撤回离婚登记申请。

（2）上述规定期限届满后30日内，双方应当亲自到婚姻登记机关申请发给离婚证；未申请的，视为撤回离婚登记申请。

3. 离婚登记

（1）婚姻登记机关查明双方确实是自愿离婚，并已经对子女抚养、财产以及债务处理等事项协商一致的，予以登记，发给离婚证。

（2）完成离婚登记，即解除婚姻关系。

（二）诉讼离婚

1. 夫妻一方要求离婚的，可以由有关组织进行调解或者直接向人民法院提起离婚诉讼。

2. 人民法院审理离婚案件，应当进行调解；如果感情确已破裂，调解无效的，应当准予离婚。有下列情形之一，调解无效的，应当准予离婚：（1）重婚或者与他人同居；（2）实施家庭暴力或者虐待、遗弃家庭成员；（3）有赌博、吸毒等恶习屡教不改；（4）因感情不和分居满2年；（5）其他导致夫妻感情破裂的情形。

3. 一方被宣告失踪，另一方提起离婚诉讼的，应当准予离婚。

4. 经人民法院判决不准离婚后，双方又分居满1年，一方再次提起离婚诉讼的，应当准予离婚。

5. 离婚判决书、调解书生效，即解除婚姻关系。

6. 女方在怀孕期间、分娩后1年内或者终止妊娠后6个月内，男方不得提出离婚；但是，女方提出离婚或者人民法院认为确有必要受理男方离婚请求的除外。

7. 现役军人的配偶要求离婚，应当征得军人同意，但是军人一方有重大过错的除外。

（三）离婚后父母子女关系

1. 父母与子女间的关系，不因父母离婚而消除。离婚后，子女无论由父或者母直接抚养，仍是父母双方的子女。

2. 离婚后，父母对于子女仍有抚养、教育、保护的权利和义务。

3. 子女抚养

离婚后，不满2周岁的子女，以由母亲直接抚养为原则。已满2周岁的子女，父母双方对抚养问题协议不成的，由人民法院根据双方的具体情况，按照最有利于未成年子女的原则判决。子女已满8周岁的，应当尊重其真实意愿。

4. 离婚后，子女由一方直接抚养的，另一方应当负担部分或者全部抚养费。负担费用的多少和期限的长短，由双方协议；协议不成的，由人民法院判决。

上述规定的协议或者判决，不妨碍子女在必要时向父母任何一方提出超过协议或者判决原定数额的合理要求。

5. 离婚后，不直接抚养子女的父或者母，有探望子女的权利，另一方有协助的义务。行使探望权利的方式、时间由当事人协议；协议不成的，由人民法院判决。

父或者母探望子女，不利于子女身心健康的，由人民法院依法中止探望；中止的事由消失后，应当恢复探望。

（四）离婚时财产分割、债务承担

1. 离婚时，夫妻的共同财产由双方协议处理；协议不成的，由人民法院根据财产的具体情况，按照照顾子女、女方和无过错方权益的原则判决。

对夫或者妻在家庭土地承包经营中享有的权益等，应当依法予以保护。

2. 家务劳动补偿

夫妻一方因抚育子女、照料老年人、协助另一方工作等负担较多义务的，离婚时有权向另一方请求补偿，另一方应当给予补偿。具体办法由双方协议；协议不成的，由人民法院判决。

3. 共同债务

离婚时，夫妻共同债务应当共同偿还。共同财产不足清偿或者财产归各自所有的，由双方协议清偿；协议不成的，由人民法院判决。

4. 经济帮助

离婚时，如果一方生活困难，有负担能力的另一方应当给予适当帮助。具体办法由双方协议；协议不成的，由人民法院判决。

5. 损害赔偿

有下列情形之一，导致离婚的，无过错方有权请求损害赔偿：（1）重婚；（2）与他人同居；（3）实施家庭暴力；（4）虐待、遗弃家庭成员；（5）有其他重大过错。

6. 夫妻一方隐藏、转移、变卖、毁损、挥霍夫妻共同财产，或者伪造夫妻共同债务企图侵占另一方财产的，在离婚分割夫妻共同财产时，对该方可以少分或者不分。离婚后，另一方发现有上述行为的，可以向人民法院提起诉讼，请求再次分割夫妻共同财产。

06 父母子女关系和其他（★）

1. 父母不履行抚养义务的，未成年子女或者不能独立生活的成年子女，有要求父母给付抚养费的权利。成年子女不履行赡养义务的，缺乏劳动能力或者生活困难的父母，有要求成年子女给付赡养费的权利。

【解释 1】尚在校接受高中及其以下学历教育，或者丧失、部分丧失劳动能力等非因主观原因而无法维持正常生活的成年子女，可以认定为“不能独立生活的成年子女”。

【解释 2】“抚养费”包括子女生活费、教育费、医疗费等费用。

2. 父母有教育、保护未成年子女的权利和义务。未成年子女造成他人损害的，父母应当依法承担民事责任。

3. 子女应当尊重父母的婚姻权利，不得干涉父母离婚、再婚以及婚后的生活。子女对父母的赡养义务，不因父母的婚姻关系变化而终止。

4. 父母子女之间有相互继承遗产的权利。

5. 非婚生子女享有与婚生子女同等的权利，任何组织或者个人不得加以危害和歧视。

不直接抚养非婚生子女的生父或者生母，应当负担未成年子女或者不能独立生活的成年子女的抚养费。

6. 继父母与继子女间，不得虐待或者歧视。

继父或者继母和受其抚养教育的继子女间的权利义务关系，适用民法典关于父母子女关系的规定。

7. 请求否认/确认亲子关系

（1）父或者母向人民法院起诉请求否认亲子关系，并已提供必要证据予以证明，另一方没有相反证据又拒绝做亲子鉴定的，人民法院可以认定否认亲子关系一方的主张成立。

（2）父或者母以及成年子女起诉请求确认亲子关系，并提供必要证据予以证明，另一方没有相反证据又拒绝做亲子鉴定的，人民法院可以认定确认亲子关系一方的主张成立。

8. 婚姻关系存续期间，夫妻双方一致同意进行人工授精，所生子女应视为婚生子女，父母子女间的权利义务关系适用民法典的有关规定。

9. 有负担能力的祖父母、外祖父母，对于父母已经死亡或者父母无力抚养的未成年孙子女、外孙子女，有抚养的义务。

有负担能力的孙子女、外孙子女，对于子女已经死亡或者子女无力赡养的祖父母、外祖父母，有赡养的义务。

10. 有负担能力的兄、姐，对于父母已经死亡或者父母无力抚养的未成年弟、妹，有扶养的义务。由兄、姐扶养长大的有负担能力的弟、妹，对于缺乏劳动能力又缺乏生活来源的兄、姐，有扶养的义务。

07 收养（★★）

（一）收养关系的成立

1. 被收养人的范围

下列未成年人，可以被收养：（1）丧失父母的孤儿；（2）查找不到生父母的未成年人；（3）生父母有特殊困难无力抚养的子女。

2. 送养

（1）送养人的范围

下列个人、组织可以作送养人：①孤儿的监护人；②儿童福利机构；③有特殊困难无力抚养子女的生父母。

（2）监护人送养未成年人的特殊规定

未成年人的父母均不具备完全民事行为能力且可能严重危害该未成年人的，该未成年人的监护人可以将其送养。

（3）监护人送养孤儿的特殊规定

监护人送养孤儿的，应当征得有抚养义务的人同意。有抚养义务的人不同意送养、监护人不愿意继续履行监护职责的，应当依照民法典的规定另行确定监护人。

（4）生父母送养子女

生父母送养子女，应当双方共同送养。生父母一方不明或者查找不到的，可以单方送养。

3. 收养

（1）收养人的条件

收养人应当同时具备下列条件：①无子女或者只有1名子女；②有抚养、教育和保护被收养人的能力；③未患有在医学上认为不应当收养子女的疾病；④无不利于被收养人健康成长的违法犯罪记录；⑤年满30周岁。

（2）收养子女的人数

①无子女的收养人可以收养2名子女；有子女的收养人只能收养1名子女。

②收养孤儿、残疾未成年人或者儿童福利机构抚养的查找不到生父母的未成年人，可以不受上述规定和民法典规定的“收养人无子女或者只有1名子女”的限制。

（3）共同收养

有配偶者收养子女，应当夫妻共同收养。

（4）无配偶者收养异性子女

无配偶者收养异性子女的，收养人与被收养人的年龄应当相差40周岁以上。

（5）继父母收养继子女的特殊规定

继父或者继母经继子女的生父母同意，可以收养继子女，并可以不受民法典规定的“被收养人为生父母有特殊困难无力抚养的子女”“送养人为有特殊困难无力抚养子女的生父母”“收养人应同时具备的条件”和“无子女的收养人可以收养2名子女；有子女的收养人只能收养1名子女”的限制。

（6）收养三代以内旁系同辈血亲子女的特殊规定

①收养三代以内旁系同辈血亲的子女，可以不受民法典规定的“被收养人为生父母有特殊困难无力抚养的子女”“送养人为有特殊困难无力抚养子女的生父母”和“无配偶者收养异性子女的，收养人与被收养人的年龄应当相差40周岁以上”的限制。

②华侨收养三代以内旁系同辈血亲的子女，还可以不受“收养人无子女或者只有1名子女”的限制。

4. 收养人收养与送养人送养，应当双方自愿。收养8周岁以上未成年人的，应当征得被收养人的同意。

5. 登记

（1）收养应当向县级以上人民政府民政部门登记。收养关系自登记之日起成立。

（2）收养查找不到生父母的未成年人的，办理登记的民政部门应当在登记前予以公告。

（3）收养关系当事人愿意签订收养协议的，可以签订收养协议。

（4）收养关系当事人各方或者一方要求办理收养公证的，应当办理收养公证。

（5）县级以上人民政府民政部门应当依法进行收养评估。

6. 被收养人户口登记

收养关系成立后，公安机关应当按照国家有关规定为被收养人办理户口登记。

7. 抚养优先权（不是“收养”）

配偶一方死亡，另一方送养未成年子女的，死亡一方的父母有优先抚养的权利。

8. 保密

收养人、送养人要求保守收养秘密的，其他人应当尊重其意愿，不得泄露。

经典题解

【真题·单选题】下列关于收养的说法中，符合《民法典》规定的是（　　）。（2020年）

A. 无子女的收养人可以收养两名子女

B. 收养人应当年满40周岁

C. 配偶一方可以独自收养子女

D. 监护人不得将未成年子女送养

【解析】（1）选项A：无子女的收养人可以收养2名子女；有子女的收养人只能收养1名子女。（2）选项B：收养人应当年满30周岁。（3）选项C：有配偶者收养子女，应当夫妻共同收养。（4）选项D：未成年人的父母均不具备完全民事行为能力且可能严重危害该未成年人的，该未成年人的监护人可以将其送养。

【答案】A

（二）收养的效力

1. 收养的效力

（1）自收养关系成立之日起，养父母与养子女间的权利义务关系，适用民法典关于父母子女关系的规定；养子女与养父母的近亲属间的权利义务关系，适用民法典关于子女与父母的近亲属关系的规定。

（2）养子女与生父母以及其他近亲属间的权利义务关系，因收养关系的成立而消除。

2. 养子女的姓氏

养子女可以随养父或者养母的姓氏，经当事人协商一致，也可以保留原姓氏。

3. 无效收养行为

有民法典关于民事法律行为无效规定情形或者违反民法典婚姻家庭编规定的收养行为无效。无效的收养行为自始没有法律约束力。

（三）收养关系的解除

1. 当事人协议解除

收养人在被收养人成年以前，不得解除收养关系，但是收养人、送养人双方协议解除的除外。养子女8周岁以上的，应当征得本人同意。

2. 因违法行为而解除

收养人不履行抚养义务，有虐待、遗弃等侵害未成年养子女合法权益行为的，送养人有权要求解除养父母与养子女间的收养关系。送养人、收养人不能达成解除收养关系协议的，可以向人民法院提起诉讼。

3. 关系恶化而协议解除

养父母与成年养子女关系恶化、无法共同生活的，可以协议解除收养关系。不能达成协议的，可以向人民法院提起诉讼。

4. 解除收养关系登记

当事人协议解除收养关系的，应当到民政部门办理解除收养关系登记。

5. 解除收养关系后的身份效力

收养关系解除后，养子女与养父母以及其他近亲属间的权利义务关系即行消除，与生父母以及其他近亲属间的权利义务关系自行恢复。但是，成年养子女与生父母以及其他近亲属间的权利义务关系是否恢复，可以协商确定。

6. 解除收养关系后的财产效力

（1）收养关系解除后，经养父母抚养的成年养子女，对缺乏劳动能力又缺乏生活来源的养父母，应当给付生活费。因养子女成年后虐待、遗弃养父母而解除收养关系的，养父母可以要求养子女补偿收养期间支出的抚养费。

（2）生父母要求解除收养关系的，养父母可以要求生父母适当补偿收养期间支出的抚养费；但是，因养父母虐待、遗弃养子女而解除收养关系的除外。

第二单元　继承法

01 继承的一般规定（★★）

1. 继承开始的时间及死亡先后的推定

（1）继承从被继承人死亡时开始。死亡为继承开始的唯一原因。

（2）相互有继承关系的数人在同一事件中死亡，难以确定死亡时间的，推定没有其他继承人的人先死亡。都有其他继承人，辈份不同的，推定长辈先死亡；辈份相同的，推定同时死亡，相互不发生继承。

2. 继承开始的地点

因继承遗产纠纷提起的诉讼，由被继承人死亡时住所地或者主要遗产所在地人民法院管辖。

3. 遗产

遗产是自然人死亡时遗留的个人合法财产；依照法律规定或者根据其性质不得继承的遗产，不得继承。

4. 继承方式

法定继承	在被继承人未立遗嘱的情况下，直接按照法律规定的继承人范围、继承人顺序、遗产分配原则进行的遗产继承方式
遗嘱继承	按照被继承人生前所立的合法有效的遗嘱进行继承的一种方式（遗嘱继承人只能在法定继承人之中选择）
遗赠	自然人以遗嘱的方式将个人合法财产的一部分或全部赠送给国家、集体或者法定继承人以外的组织、个人的一种遗产处理方式（遗赠从遗赠人死亡之日发生法律效力）
遗赠扶养协议	遗赠人生前与扶养人订立的关于扶养人承担遗赠人生养死葬义务，并于遗赠人死亡后享有受遗赠权利的协议（遗赠扶养协议是一种诺成、双务、有偿的民事法律行为；遗赠扶养协议从协议成立之日起发生法律效力）

继承开始后，按照法定继承办理；有遗嘱的，按照遗嘱继承或者遗赠办理；有遗赠扶养协议的，按照协议办理。被继承人生前与他人订有遗赠扶养协议，同时又立有遗嘱的，继承开始后，如果遗赠扶养协议与遗嘱没有抵触，遗产分别按协议和遗嘱处理；如果有抵触，按协议处理，与协议抵触的遗嘱全部或者部分无效。

考点提示

继承开始后，一般按先后顺序处理遗产：遗赠扶养协议优先考虑，遗嘱或遗赠次之，法定继承最后考虑。

经典题解

【真题·单选题】根据《民法典》规定，受遗赠人（　　）。（2021 年）

A. 应当是法定继承人范围之内的人

B. 既可以是自然人，也可以是国家和集体

C. 不能拒绝受遗赠

D. 可以直接参与遗产分配

【解析】（1）选项 AB：受遗赠人可以是法定继承人以外的任何自然人，也可以是国家或者集体，但不能是法定继承人范围之内的人。（2）选项 C：受遗赠人应当在知道受遗赠后 60 日内，作出接受或者放弃受遗赠的表示；到期没有表示的，视为放弃受遗赠。（3）选项 D：受遗赠人不能直接参与遗产的分配，而是从遗嘱执行人处取得受遗赠的财产。

【答案】B

5. 继承的接受和放弃

（1）继承开始后，继承人放弃继承的，应当在遗产处理前，以书面形式作出放弃继承的表示；没有表示的，视为接受继承。

（2）受遗赠人应当在知道受遗赠后60日内，作出接受或者放弃受遗赠的表示；到期没有表示的，视为放弃受遗赠。

6. 继承权的丧失

（1）继承人有下列行为之一的，丧失继承权：①故意杀害被继承人；②为争夺遗产而杀害其他继承人；③遗弃被继承人，或者虐待被继承人情节严重；④伪造、篡改、隐匿或者销毁遗嘱，情节严重；⑤以欺诈、胁迫手段迫使或者妨碍被继承人设立、变更或者撤回遗嘱，情节严重。

（2）继承人有上述第③~⑤项行为，确有悔改表现，被继承人表示宽恕或者事后在遗嘱中将其列为继承人的，该继承人不丧失继承权。

（3）受遗赠人有上述第（1）项规定行为的，丧失受遗赠权。

02 法定继承（★）

1. 法定继承的适用范围

有下列情形之一的，遗产中的有关部分按照法定继承办理：①遗嘱继承人放弃继承或者受遗赠人放弃受遗赠；②遗嘱继承人丧失继承权或者受遗赠人丧失受遗赠权；③遗嘱继承人、受遗赠人先于遗嘱人死亡或者终止；④遗嘱无效部分所涉及的遗产；⑤遗嘱未处分的遗产。

2. 法定继承人和继承顺序

遗产按照下列顺序继承：（1）第一顺序：配偶、子女、父母；（2）第二顺序：兄弟姐妹、祖父母、外祖父母。

丧偶儿媳对公婆，丧偶女婿对岳父母，尽了主要赡养义务的，作为第一顺序继承人。

继承开始后，由第一顺序继承人继承，第二顺序继承人不继承；没有第一顺序继承人继承的，由第二顺序继承人继承。

【解释1】民法典继承编所称子女，包括婚生子女、非婚生子女、养子女和有扶养关系的继子女。

【解释2】民法典继承编所称父母，包括生父母、养父母和有扶养关系的继父母。

【解释3】民法典继承编所称兄弟姐妹，包括同父母的兄弟姐妹、同父异母或者同母异父的兄弟姐妹、养兄弟姐妹、有扶养关系的继兄弟姐妹。

3. 司法解释相关规定

（1）被收养人对养父母尽了赡养义务，同时又对生父母扶养较多的，除可以依照民法典规定继承养父母的遗产外，还可以依照民法典规定分得生父母适当的遗产。

（2）继子女继承了继父母遗产的，不影响其继承生父母的遗产。继父母继承了继子女遗产的，不影响其继承生子女的遗产。

（3）养子女与生子女之间、养子女与养子女之间，系养兄弟姐妹，可以互为第二顺序继承人。被收养人与其亲兄弟姐妹之间的权利义务关系，因收养关系的成立而消除，不能互为第二顺序继承人。

（4）继兄弟姐妹之间的继承权，因继兄弟姐妹之间的扶养关系而发生。没有扶养关系的，不能互为第二顺序继承人。继兄弟姐妹之间相互继承了遗产的，不影响其继承亲兄弟姐妹的遗产。

4. 代位继承

（1）被继承人的子女先于被继承人死亡的，由被继承人的子女的直系晚辈血亲代位继承。

（2）被继承人的兄弟姐妹先于被继承人死亡的，由被继承人的兄弟姐妹的子女代位继承。

（3）代位继承人一般只能继承被代位继承人有权继承的遗产份额。

（4）被继承人的孙子女、外孙子女、曾孙子女、外曾孙子女都可以代位继承，代位继承人不受辈数的限制。

（5）被继承人的养子女、已形成扶养关系的继子女的生子女可以代位继承；被继承人亲生子女的养子女可以代位继承；被继承人养子女的养子女可以代位继承；与被继承人已形成扶养关系的继子女的养子女也可以代位继承。

（6）代位继承人缺乏劳动能力又没有生活来源，或者对被继承人尽过主要赡养义务的，分配遗产时，可以多分。

（7）继承人丧失继承权的，其晚辈直系血亲不得代位继承。如该代位继承人缺乏劳动能力又没有生活来源，或者对被继承人尽赡养义务较多的，可以适当分给遗产。

（8）丧偶儿媳对公婆、丧偶女婿对岳父母，无论其是否再婚，依照民法典规定作为第一顺序继承人时，不影响其子女代位继承。

5. 转继承

继承开始后，继承人于遗产分割前死亡，并没有放弃继承的，该继承人应当继承的遗产转给其继承人，但是遗嘱另有安排的除外。

6. 遗产分配原则

（1）同一顺序继承人继承遗产的份额，一般应当均等。

（2）对生活有特殊困难又缺乏劳动能力的继承人，分配遗产时，应当予以照顾。

（3）对被继承人尽了主要扶养义务或者与被继承人共同生活的继承人，分配遗产时，可以多分。

【解释】对被继承人生活提供了主要经济来源，或者在劳务等方面给予了主要扶助的，应当认定其尽了主要赡养义务或主要扶养义务。

（4）继承人有扶养能力和扶养条件，愿意尽扶养义务，但被继承人因有固定收入和劳动能力，明确表示不要求其扶养的，分配遗产时，一般不应因此而影响其继承份额。有扶养能力和扶养条件的继承人虽然与被继承人共同生活，但对需要扶养的被继承人不尽扶养义务，分配遗产时，可以少分或者不分。

（5）继承人协商同意的，也可以不均等。

（6）对继承人以外的依靠被继承人扶养的人，或者继承人以外的对被继承人扶养较多的人，可以分给适当的遗产。

7. 继承人应当本着互谅互让、和睦团结的精神，协商处理继承问题。遗产分割的时间、办法和份额，由继承人协商确定；协商不成的，可以由人民调解委员会调解或者向人民法院提起诉讼。

03 遗嘱继承和遗赠（★★★）

1. 以遗嘱形式处分个人财产

（1）自然人可以依照民法典规定立遗嘱处分个人财产，并可以指定遗嘱执行人。

（2）自然人可以立遗嘱将个人财产指定由法定继承人中的一人或者数人继承。

（3）自然人可以立遗嘱将个人财产赠与国家、集体或者法定继承人以外的组织、个人。（遗赠人必须是自然人，遗赠受领人既可以是自然人，也可以是法人）

（4）自然人可以依法设立遗嘱信托。

考点提示

遗嘱是被继承人死后发生法律效力的单方民事法律行为。

2. 遗嘱形式（除自书遗嘱、公证遗嘱外，其他形式的遗嘱都需要2个以上见证人）

自书遗嘱	自书遗嘱由遗嘱人亲笔书写，签名，注明年、月、日 【提示】自然人在遗书中涉及死后个人财产处分的内容，确为死者的真实意思表示，有本人签名并注明了年、月、日，又无相反证据的，可以按自书遗嘱对待
代书遗嘱	代书遗嘱应当有2个以上见证人在场见证，由其中一人代书，并由遗嘱人、代书人和其他见证人签名，注明年、月、日
打印遗嘱	打印遗嘱应当有2个以上见证人在场见证。遗嘱人和见证人应当在遗嘱每一页签名，注明年、月、日
录音录像遗嘱	以录音录像形式立的遗嘱，应当有2个以上见证人在场见证。遗嘱人和见证人应当在录音录像中记录其姓名或者肖像，以及年、月、日
口头遗嘱	遗嘱人在危急情况下，可以立口头遗嘱。口头遗嘱应当有2个以上见证人在场见证。危急情况消除后，遗嘱人能够以书面或者录音录像形式立遗嘱的，所立的口头遗嘱无效
公证遗嘱	公证遗嘱由遗嘱人经公证机构办理

下列人员不能作为遗嘱见证人：（1）无民事行为能力人、限制民事行为能力人以及其他不具有见证能力的人；（2）继承人、受遗赠人；（3）与继承人、受遗赠人有利害关系的人。

考点提示

继承人、受遗赠人的债权人、债务人，共同经营的合伙人，也应当视为与继承人、受遗赠人有利害关系，不能作为遗嘱的见证人。

3. 遗嘱的无效

（1）无民事行为能力人或者限制民事行为能力人所立的遗嘱无效。

考点提示

遗嘱人立遗嘱时必须具有完全民事行为能力。无民事行为能力人或者限制民事行为能力人所立的遗嘱，即使其本人后来具有完全民事行为能力，仍属无效遗嘱。遗嘱人立遗嘱时具有完全民事行为能力，后来成为无民事行为能力人或者限制民事行为能力人的，不影响遗嘱的效力。

（2）遗嘱必须表示遗嘱人的真实意思，受欺诈、胁迫所立的遗嘱无效。

（3）伪造的遗嘱无效。

（4）遗嘱被篡改的，篡改的内容无效。

（5）遗嘱人以遗嘱处分了国家、集体或者他人财产的，应当认定该部分遗嘱无效。

4. 遗嘱应当为缺乏劳动能力又没有生活来源的继承人保留必要的遗产份额。

遗嘱人未保留缺乏劳动能力又没有生活来源的继承人的遗产份额，遗产处理时，应当为该继承人留下必要的遗产，所剩余的部分，才可参照遗嘱确定的分配原则处理。继承人是否缺乏劳动能力又没有生活来源，应当按遗嘱生效时该继承人的具体情况确定。

5. 遗嘱不生效的情形

（1）遗嘱继承人、受遗赠人先于被继承人死亡，但遗嘱另有规定的除外，如指定有候补继承人或者候补受遗赠人。

（2）遗嘱继承人、受遗赠人在遗嘱成立之后丧失继承权或者受遗赠权。

（3）附解除条件的遗嘱，在遗嘱人死亡之前该条件已经成就。

（4）附停止条件的遗嘱，遗嘱继承人、受遗赠人在条件成就前死亡。

（5）遗嘱人死亡时，遗嘱处分的财产标的已经不复存在。

6. 遗嘱的撤回、变更

（1）遗嘱人可以撤回、变更自己所立的遗嘱。

（2）立遗嘱后，遗嘱人实施与遗嘱内容相反的民事法律行为的，视为对遗嘱相关内容的撤回。

（3）立有数份遗嘱，内容相抵触的，以最后的遗嘱为准。

7. 附义务遗嘱

遗嘱继承或者遗赠附有义务的，继承人或者受遗赠人应当履行义务。没有正当理由不履行义务的，经利害关系人或者有关组织请求，人民法院可以取消其接受附义务部分遗产的权利。附义务的遗嘱继承或者遗赠，如义务能够履行，而继承人、受遗赠人无正当理由不履行，经受益人或者其他继承人请求，人民法院可以取消其接受附义务部分遗产的权利，由提出请求的继承人或者受益人负责按遗嘱人的意愿履行义务，接受遗产。

经典题解

【真题1·多选题】下列遗嘱形式中，依法须有2个以上见证人见证的有（　　）。（2020年）

A. 代书遗嘱　　B. 口头遗嘱

C. 打印遗嘱　　D. 录音录像遗嘱

E. 自书遗嘱

【解析】除公证遗嘱、自书遗嘱外，其他形式的遗嘱都需要有2个以上见证人。

【答案】ABCD

【真题2·单选题】下列有关遗赠的说法中，正确的是（　　）。（2019年）

A. 遗赠是双方法律行为　　B. 遗赠受领人是法定继承人

C. 遗赠于遗赠人死亡时生效　　D. 受遗赠人只能是自然人

【解析】（1）选项A：遗赠是一种单方民事法律行为。（2）选项BD：受遗赠人可以是法定继承人以外的任何自然人，也可以是国家或者集体，但不能是法定继承人范围之内的人。

【答案】C

04 遗赠扶养协议（★）

1. 自然人可以与继承人以外的组织或者个人签订遗赠扶养协议。按照协议，该组织或者个人承担该自然人生养死葬的义务，享有受遗赠的权利。

2. 遗赠扶养协议是双方民事法律行为，从协议成立之日起发生法律效力。

3. 遗赠扶养协议签订后，扶养人应当按照约定尽扶养义务，扶养标准应当按照协议确定，协议未约定的，应当不低于当地的最低生活水平为标准。

05 遗产的处理规则（★★★）

继承开始后，遗产转归全体继承人共同共有。没有特殊约定的，遗产的适用、收益和处分应当由全体继承人共同为之或者经全体继承人一致同意才能进行。

1. 遗产管理人

（1）遗产管理人的选任

①继承开始后，遗嘱执行人为遗产管理人；没有遗嘱执行人的，继承人应当及时推选遗产管理人；继承人未推选的，由继承人共同担任遗产管理人；没有继承人或者继承人均放弃继承的，由被继承人生前住所地的民政部门或者村民委员会担任遗产管理人。

②对遗产管理人的确定有争议的，利害关系人可以向人民法院申请指定遗产管理人。

（2）遗产管理人的职责

遗产管理人应当履行下列职责：①清理遗产并制作遗产清单；②向继承人报告遗产情况；③采取必要措施防止遗产毁损、灭失；④处理被继承人的债权债务；⑤按照遗嘱或者依照法律规定分割遗产；⑥实施与管理遗产有关的其他必要行为。

（3）遗产管理人未尽职责的责任

遗产管理人应当依法履行职责，因故意或者重大过失造成继承人、受遗赠人、债权人损害的，应当承担民事责任。

（4）遗产管理人的报酬

遗产管理人可以依照法律规定或者按照约定获得报酬。

经典题解

【真题·单选题】下列关于确定遗产管理人的说法中，正确的是（　　）。（2020 年）

A. 对遗产管理人的确定有争议的，利害关系人可以申请被继承人生前住所地的民政部门指定

B. 继承人均放弃继承的，由被继承人生前住所地的居民委员会担任遗产管理人

C. 没有遗嘱执行人，继承人又未推选遗产管理人的，由继承人共同担任遗产管理人

D. 没有继承人的，由被继承人生前工作单位担任遗产管理人

【解析】（1）选项 A：对遗产管理人的确定有争议的，利害关系人可以向“人民法院”申请指定遗产管理人。（2）选项 BCD：继承开始后，遗嘱执行人为遗产管理人；没有遗嘱执行人的，继承人应当及时推选遗产管理人；继承人未推选的，由继承人共同担任遗产管理人；没有继承人或者继承人均放弃继承的，由被继承人生前住所地的“民政部门或者村民委员会”担任遗产管理人。

【答案】C

2. 通知

继承开始后，知道被继承人死亡的继承人应当及时通知其他继承人和遗嘱执行人。继承人中无人知道被继承人死亡或者知道被继承人死亡而不能通知的，由被继承人生前所在单位或者住所地的居民委员会、村民委员会负责通知。

3. 遗产

（1）夫妻共有财产、家庭共有财产的分割

夫妻共同所有的财产，除有约定的外，遗产分割时，应当先将共同所有的财产的一半分出为配偶所有，其余的为被继承人的遗产。

遗产在家庭共有财产之中的，遗产分割时，应当先分出他人的财产。

（2）清偿税款、债务

①分割遗产，应当清偿被继承人依法应当缴纳的税款和债务；但是，应当为缺乏劳动能力又没有生活来源的继承人保留必要的遗产。

②执行遗赠不得妨碍清偿遗赠人依法应当缴纳的税款和债务。

③继承人以所得遗产实际价值为限清偿被继承人依法应当缴纳的税款和债务。超过遗产实际价值部分，继承人自愿偿还的不在此限。继承人放弃继承的，对被继承人依法应当缴纳的税款和债务可以不负清偿责任。

④既有法定继承又有遗嘱继承、遗赠的，由法定继承人清偿被继承人依法应当缴纳的税款和债务；超过法定继承遗产实际价值部分，由遗嘱继承人和受遗赠人按比例以所得遗产清偿。

（3）遗产分割、无人继承遗产的归属

①遗产分割应当有利于生产和生活需要，不损害遗产的效用。不宜分割的遗产，可以采取折价、适当补偿或者共有等方法处理。

②遗产分割自由。继承人可以在继承开始后随时请求分割遗产。

③遗产分割时，应当保留胎儿的继承份额。应当为胎儿保留的遗产份额没有保留的，应从继承人所继承的遗产中扣回。为胎儿保留的遗产份额，如胎儿出生后死亡的，由其继承人继承；如胎儿娩出时是死体的，由被继承人的继承人继承。

④无人继承又无人受遗赠的遗产，归国家所有，用于公益事业；死者生前是集体所有制组织成员的，归所在集体所有制组织所有。

经典题解

【真题·多选题】下列关于遗产归属和处理规则的说法中，正确的有（　　）。（2021年）

A. 遗产管理人应向继承人报告遗产情况

B. 遗产管理人应当按照遗嘱或法律规定分割遗产

C. 遗产管理人无权处理被继承人的债权债务

D. 遗产自继承开始时转归全体继承人共同共有

E. 继承人可以在继承开始后随时请求分割遗产

【答案】ABDE

本章小结

用“会计云课堂”App 扫码学习

您已成功完成“第十章”的学习，本章共 12 个考点，您都学会了吗？

为了让您对本章有更清晰的理解，加倍巩固。本书作者陈小球老师将通过“电台音频课”的方式，带您回顾重要考点。

名师点拨，高效提分。

※ 欢迎扫码免费学习。

同步强化练习题

使用“会计云课堂”App 或“微信”扫码快速做题、对答案、看解析、掌握解题思路，开启轻松过关之旅。

一、单项选择题

1. 根据婚姻家庭法律制度规定，下列不属于无效婚姻的是（　　）。
   A. 未到法定婚龄
   B. 有禁止结婚的亲属关系
   C. 胁迫结婚
   D. 重婚

2. 22 周岁的甲（男）与 19 周岁的乙（女）在老家双方亲朋好友见证下举办婚礼，并开始以夫妻名义共同生活；一年后诞下男婴丙。因丙办理户籍需要，甲、乙二人补办了结婚登记手续。根据婚姻家庭法律制度规定，下列关于甲、乙婚姻关系效力起算的说法中，正确的是（　　）。
   A. 从双方举办婚礼之日起算
   B. 从丙出生之日起算
   C. 从乙年满 20 周岁之日起算
   D. 从补办结婚登记之日起算

3. 甲乙二人系夫妻，甲在婚姻关系存续期间以个人名义超出家庭日常生活需要负担债务，根据婚姻家庭法律制度规定，关于该债务的性质，下列说法中，不正确的是（　　）。
   A. 该债务原则上属于夫妻共同债务
   B. 如债权人能够证明该债务用于甲乙共同生活，则属于夫妻共同债务
   C. 如债权人能够证明该债务用于甲乙共同生产经营，则属于夫妻共同债务
   D. 如债权人能够证明该债务系基于甲乙双方共同意思表示，则属于夫妻共同债务

4. 甲乙二人拟协议离婚，根据婚姻家庭法律制度的规定，下列说法中，不正确的是（　　）。
   A. 甲乙应当签订书面离婚协议并亲自到婚姻登记机关申请离婚登记
   B. 自婚姻登记机关收到离婚登记申请之日起 30 日内，任何一方不愿意离婚的，可以向婚姻登记机关撤回离婚登记申请
   C. 离婚冷静期届满后 15 日内，甲乙双方未能亲自到婚姻登记机关申请发给离婚证，视为撤回离婚登记申请
   D. 离婚冷静期届满后 30 日内，甲乙双方应当亲自到婚姻登记机关申请发给离婚证

5. 根据继承法律制度规定，关于以遗嘱形式处分个人财产的下列说法中，不正确的是（　　）。
   A. 遗嘱人在 2 个以上见证人在场见证下，以口头形式所立的遗嘱一律有效
   B. 自然人可以立遗嘱将个人财产指定由法定继承人中的一人或者数人继承
   C. 遗赠人必须是自然人，遗赠受领人既可以是自然人，也可以是法人
   D. 自然人可以依法设立遗嘱信托

6. 根据继承法律制度规定，关于遗赠和遗赠扶养协议，下列说法正确的是（　　）。
   A. 遗赠扶养协议和遗赠均系从遗赠人死亡之日起发生法律效力
   B. 遗赠扶养协议和遗赠均系双方民事法律行为
   C. 遗赠人可以是自然人，也可以是法人
   D. 遗赠扶养协议是生前行为和死后行为的统一

7. 根据继承法律制度规定，继承开始后，应首先按照（　　）办理。
   A. 法定继承
   B. 遗嘱继承
   C. 遗赠
   D. 遗赠扶养协议

8. 根据继承法律制度规定，下列关于继承的说法中，不正确的是（　　）。
   A. 继承从被继承人死亡时开始
   B. 相互有继承关系的数人在同一事件中死亡，难以确定死亡时间的，推定没有其他继承人的人先死亡
   C. 因继承遗产纠纷提起的诉讼，应由被继承人死亡时住所地人民法院管辖
   D. 相互有继承关系的数人在同一事件中死亡，难以确定死亡时间且都有其他继承人时，辈份相同的，推定同时死亡，相互不发生继承

二、多项选择题

1. 下列各项中，属于我国婚姻家庭法律制度基本原则的有（　　）。
   A. 婚姻自由原则
   B. 男女平等原则
   C. 保护妇女、未成年人、老年人、残疾人的合法权益原则
   D. 禁止重婚原则
   E. 一夫一妻制原则

2. 根据婚姻家庭法律制度规定，下列婚姻中，属于无效婚姻的有（　　）。
   A. 重婚
   B. 有禁止结婚的亲属关系
   C. 未到法定婚龄
   D. 受胁迫结婚
   E. 一方患有重大疾病但未如实告知

3. 根据婚姻家庭法律制度规定，夫妻在婚姻关系存续期间所得的下列财产，属于夫妻共同财产的有（　　）。
   A. 赠与合同中确定只归一方的财产
   B. 工资
   C. 劳务报酬
   D. 一方因受到人身损害获得的赔偿
   E. 生产、经营的收益

4. 根据婚姻家庭法律制度规定，下列属于夫妻一方个人财产的有（　　）。
   A. 一方的婚前财产
   B. 一方取得的劳务报酬
   C. 一方专用的生活用品
   D. 一方取得的投资的收益
   E. 一方取得的知识产权的收益

5. 根据婚姻家庭法律制度规定，下列属于夫妻共同债务的有（　　）。
   A. 夫妻双方共同签名所负的债务
   B. 夫妻一方事后追认所负的债务
   C. 夫妻一方在婚姻关系存续期间以个人名义为家庭日常生活需要所负的债务
   D. 夫妻一方在婚姻关系存续期间以个人名义超出家庭日常生活需要所负的债务，但债权人能够证明该债务基于夫妻双方共同意思表示

E. 夫妻一方在婚姻关系存续期间以个人名义超出家庭日常生活需要所负的债务，且债权人不能证明该债务用于夫妻共同生活、共同生产经营或者基于夫妻双方共同意思表示

6. 根据继承法律制度规定，继承人的下列行为中，丧失继承权的有（　　）。
A. 故意杀害被继承人
B. 为争夺遗产而杀害其他继承人
C. 虐待被继承人情节严重，但确有悔改表现，被继承人表示宽恕
D. 篡改遗嘱，情节严重
E. 以欺诈、胁迫手段妨碍被继承人设立、变更或者撤回遗嘱，但被继承人事后在遗嘱中将其列为继承人

同步强化练习题参考答案及解析

使用“会计云课堂”App 或“微信”扫码对答案、看解析、掌握解题思路，开启轻松过关之旅。

一、单项选择题

1. C　【解析】有下列情形之一的，婚姻无效：（1）重婚；（2）有禁止结婚的亲属关系；（3）未到法定婚龄。

2. C　【解析】男女双方依据《民法典》规定补办结婚登记的，婚姻关系的效力从双方均符合《民法典》所规定的结婚的实质要件时起算。

3. A　【解析】夫妻一方在婚姻关系存续期间以个人名义超出家庭日常生活需要所负的债务，不属于夫妻共同债务；但是，债权人能够证明该债务用于夫妻共同生活、共同生产经营或者基于夫妻双方共同意思表示的除外。

4. C　【解析】离婚冷静期届满后30日内，双方应当亲自到婚姻登记机关申请发给离婚证；未申请的，视为撤回离婚登记申请。

5. A　【解析】遗嘱人在“危急情况”下，可以立口头遗嘱，口头遗嘱应当有2个以上见证人在场见证。危急情况消除后，遗嘱人能够以书面或者录音录像形式立遗嘱的，所立的口头遗嘱无效。

6. D　【解析】（1）选项A：遗赠扶养协议是从协议成立之日起发生法律效力，遗赠是从遗赠人死亡之日起发生法律效力。（2）选项B：遗赠扶养协议为双方民事法律行为，但遗赠为单方民事法律行为。（3）选项C：遗赠人必须是自然人。

7. D　【解析】继承开始后，按照法定继承办理；有遗嘱的，按照遗嘱继承或者遗赠办理；有遗赠扶养协议的，按照协议办理。

8. C　【解析】选项C：因继承遗产纠纷提起的诉讼，由被继承人死亡时住所地或者主要遗产所在地人民法院管辖。

二、多项选择题

1. ABCE

2. ABC

3. BCE　【解析】夫妻在婚姻关系存续期间所得的下列财产，为夫妻的共同财产，归夫妻共同所有：(1) 工资、奖金、劳务报酬；(2) 生产、经营、投资的收益；(3) 知识产权的收益；(4) 继承或者受赠的财产，但是遗嘱或者赠与合同中确定只归一方的财产除外；(5) 其他应当归共同所有的财产。

4. AC　【解析】下列财产为夫妻一方的个人财产：(1) 一方的婚前财产；(2) 一方因受到人身损害获得的赔偿或者补偿；(3) 遗嘱或者赠与合同中确定只归一方的财产；(4) 一方专用的生活用品；(5) 其他应当归一方的财产。

5. ABCD　【解析】(1) 夫妻双方共同签名或者夫妻一方事后追认等共同意思表示所负的债务，以及夫妻一方在婚姻关系存续期间以个人名义为家庭日常生活需要所负的债务，属于夫妻共同债务。(2) 夫妻一方在婚姻关系存续期间以个人名义超出家庭日常生活需要所负的债务，不属于夫妻共同债务；但是，债权人能够证明该债务用于夫妻共同生活、共同生产经营或者基于夫妻双方共同意思表示的除外。

6. ABD　【解析】继承人有下列行为之一的，丧失继承权：(1) 故意杀害被继承人；(2) 为争夺遗产而杀害其他继承人；(3) 遗弃被继承人，或者虐待被继承人情节严重；(4) 伪造、篡改、隐匿或者销毁遗嘱，情节严重；(5) 以欺诈、胁迫手段迫使或者妨碍被继承人设立、变更或者撤回遗嘱，情节严重。继承人有第 (3) 项至第 (5) 项行为，确有悔改表现，被继承人表示宽恕或者事后在遗嘱中将其列为继承人的，该继承人不丧失继承权。

0104060120227258

2022年税务师职业资格考试轻松过关®系列

责任编辑　韩　晖

封面设计　晓　莉

轻松过关®1

2022年税务师职业资格考试
应试指导及全真模拟测试

涉税服务相关法律

（下册）

陈小球　主编
东奥会计在线　编

北京科学技术出版社

目录
CONTENTS

第二部分　考点精讲及同步训练

第三部分 跨章节主观题演练

第四部分 全真模拟测试题及参考答案

第十一章　个人独资企业法

本章学习指南

一、考情概况

本章近 3 年平均考查分值约 2.8 分，考查题型通常为单选题。

本章为非重点章节，内容包括个人独资企业法律制度的相关知识；考题难度一般，理解与记忆难度不大。

最近 3 年题型题量分析表

题型	2021 年	2020 年	2019 年
单项选择题	1.5 分	1.5 分	1.5 分
多项选择题	——	——	2.0 分
综合分析题	——	——	2.0 分
合计	1.5 分	1.5 分	5.5 分

二、教材变动

1. 新增个人独资企业的权利和义务；
2. 个别文字调整。

核心考点精讲

查看本章视频，快速 GET 知识点，使用“会计云课堂” App 或“微信”扫码。

01 个人独资企业法基础（★★）

1. 个人独资企业的概念与特征

概念	依照《个人独资企业法》在中国境内设立，由1个自然人投资，财产为投资人个人所有，投资人以其个人财产对企业债务承担无限责任的经营实体

特征	个人独资企业的出资人是1个自然人（以家庭财产投资的，也只能以1个自然人名义投资） 【解释】该自然人须为中国公民并且不能是法律、行政法规禁止从事营利性活动的人：国家公务员、党政机关领导干部、警官、检察官、法官、商业银行工作人员等不得作为投资人申请设立个人独资企业
	个人独资企业的财产归投资人个人所有
	投资人以其个人财产对企业债务承担无限责任 【解释】无限责任，是指当个人独资企业的财产不足以清偿个人独资企业所负的债务时，投资人就必须以其个人财产来清偿债务（如果以家庭共有财产作为个人出资的，应当以家庭共有财产对企业债务承担无限责任）
	个人独资企业是一个经营实体，不具有法人资格 【提示】个人独资企业可以起字号，可以自己的名义从事民事活动，进行诉讼
	个人独资企业的内部机构设置简单，经营管理方式灵活

2. 个人独资企业与个体工商户的区别

	个人独资企业	个体工商户
出资人	只能是1个自然人	1个自然人，也可以是家庭共同出资设立
责任财产范围	以出资人个人财产对企业债务承担无限责任；申请企业设立登记时明确以其家庭共有财产作为个人出资的，依法以家庭共有财产对企业债务承担无限责任	个体工商户的债务，个人经营的以个人财产承担；家庭经营的以家庭财产承担；无法区分的以家庭财产承担
设立依据	《个人独资企业法》	《个体工商户条例》
法律地位	具有企业组织形态的经营实体	不采用企业形式

3. 个人独资企业与合伙企业的区别

	个人独资企业	合伙企业
出资人	1个自然人	2个以上的自然人、法人或其他组织
企业财产	投资人的个人财产与企业财产不分离	合伙人的财产与合伙企业的财产相对分离
责任承担	投资人原则上以个人财产对企业债务承担无限责任	当合伙企业财产不足以清偿合伙企业债务时，普通合伙人对合伙企业债务承担无限连带责任，法律另有规定除外
出资形式	不得以劳务出资	普通合伙人可以以劳务出资
名称	不得使用“有限”“有限责任”“公司”等字样	标明合伙企业的类型，如“特殊普通合伙”“有限合伙”等

4. 个人独资企业与一人有限责任公司的区别

	个人独资企业	一人有限责任公司
投资主体	1 个自然人	1 个自然人或 1 个法人
企业名称	不得使用“有限”“有限责任”，或者“公司”的字样，常见的个人独资企业的名称体现为：厂、部、店、中心、吧、工作室等	须在公司名称中表明“有限责任公司”或者“有限公司”的字样
主体资格	非法人组织	法人
组织机构	依自己的意志设立企业的组织机构	依《公司法》规定执行
承担责任形式	个人独资企业主对企业债务以自己的个人财产承担无限责任	一人有限责任公司的股东通常仅以对公司出资额为限对公司债务承担有限责任，其不能证明公司财产独立于股东自己财产的，应当对公司债务承担连带责任
法律适用	《个人独资企业法》	《公司法》
税收缴纳	个人独资企业比照个体工商户生产经营所得征收个人所得税，不征收企业所得税	公司利润要缴纳企业所得税，公司股东的盈利分配收入还要缴纳个人所得税

经典题解

【真题·单选题】下列关于个人独资企业特征及其设立的说法中，正确的是（　　）。（2018 年）

A. 个人独资企业的企业财产归投资者个人所有

B. 个人独资企业应按照《民法典》的规定设立

C. 个人独资企业的投资人只能是法人

D. 家庭可以申请设立个人独资企业

【解析】（1）选项 B：个人独资企业应按照《个人独资企业法》的规定设立；（2）选项 CD：个人独资企业的投资人是一个自然人。

【答案】A

02 个人独资企业的设立（★★）

1. 设立条件

（1）投资人为 1 个自然人；（2）有合法的企业名称；（3）有投资人申报的出资；（4）有固定的生产经营场所和必要的生产经营条件；（5）有必要的从业人员。

2. 申请文件

（1）投资人签署的个人独资企业设立申请书；（2）投资人身份证明；（3）企业住所证明和生产经营场所使用证明等文件；（4）国家市场监督管理总局规定提交的其他文件。

考点提示

1. 个人独资企业投资人以个人财产出资或者以家庭共有财产作为个人出资的，应当在设立申请书中予以明确。

2. 从事法律、行政法规规定须报经有关部门审批的业务的，应当提交有关部门的批准文件；委托代理人申请设立登记的，应当提交投资人的委托书和代理人的身份证明或者资格证明。

3. 工商登记

（1）登记机关收到设立申请文件后，对符合规定条件的，予以核准登记，发给营业执照。个人独资企业的营业执照的签发日期，为个人独资企业成立日期。

（2）在领取个人独资企业营业执照前，投资人不得以个人独资企业名义从事经营活动。

经典题解

【真题·单选题】 下列关于个人独资企业成立时间的说法中，正确的是（　　）。（2021 年）

A. 收到《营业执照》之日为企业成立日

B.《营业执照》签发之日为企业成立日

C. 提交申请设立文件之日为企业成立日

D. 出资到位之日为企业成立日

【答案】 B

4. 分支机构登记

（1）个人独资企业设立分支机构，应当由投资人或者其委托的代理人向分支机构所在地的登记机关提出设立申请登记。

（2）登记事项：分支机构的名称、经营场所、负责人姓名和居所、经营范围及方式。

（3）提交文件：①分支机构设立申请书。②登记机关加盖印章的个人独资企业营业执照复印件。③经营场所证明。④国家市场监督管理总局规定提交的其他文件。⑤个人独资企业投资人委派分支机构负责人的，应当提交投资人委派分支机构负责人的委托书及其身份证明。⑥委托代理人申请设立登记的，应当提交投资人的委托书和代理人的身份证明或者资格证明。

考点提示

分支机构从事法律、行政法规规定须报经有关部门审批的业务的，应当提交有关部门的批准文件。

（4）登记机关应当在收到投资人所提交且符合法律规定的全部文件之日起 15 日内，对符合条件的予以核准登记，发给营业执照。

03 个人独资企业的事务管理（★★★）

企业财产所有权	个人独资企业投资人对本企业的财产依法享有所有权，其有关权利可以依法进行转让或继承
责任财产	个人独资企业投资人在申请企业设立登记时明确以其家庭共有财产作为个人出资的，应当依法以家庭共有财产对企业债务承担无限责任
事务管理	（1）个人独资企业投资人可以自行管理企业事务，也可以委托或者聘用其他具有民事行为能力的人负责企业的事务管理；（2）投资人委托或者聘用他人管理个人独资企业事务，应当与受托人或者被聘用的人签订书面合同，明确委托的具体内容和授予的权利范围；（3）受托人或者被聘用的人员应当履行诚信、勤勉义务，按照与投资人签订的合同负责个人独资企业的事务管理；（4）投资人对受托人或者被聘用的人员职权的限制，不得对抗善意第三人
会计账簿	个人独资企业应当依法设置会计账簿，进行会计核算

经典题解

【真题1·单选题】下列关于个人独资企业出资、权限和事务管理的说法中，正确的是（　　）。（2020年）

A. 个人独资企业的名称中可以使用“有限”字样

B. 个人独资企业出资人可以自行管理个人独资企业事务

C. 个人独资企业出资人可以以劳务出资

D. 个人独资企业出资人对受聘人员职权的限制，可以对抗第三人

【解析】（1）选项A：个人独资企业的名称中不得使用“有限”“有限责任”或“公司”等字样。（2）选项B：个人独资企业投资人可以自行管理企业事务，也可以委托或者聘用其他具有民事行为能力的人负责企业的事务管理。（3）选项C：个人独资企业不得以劳务作为出资。（4）选项D：投资人对受托人或者被聘用人员职权的限制，不得对抗善意第三人。

【答案】B

【真题2·单选题】根据《个人独资企业法》规定，下列有关个人独资企业的说法中，正确的是（　　）。（2019年）

A. 投资人对个人独资企业财产所享有的财产权利可以依法转让

B. 投资人不能委托他人管理个人独资企业

C. 个人独资企业具有法人资格

D. 投资人对所聘用人员职权的限制，可以对抗第三人

【解析】（1）选项B：个人独资企业投资人可以自行管理企业事务，也可以委托或者聘用其他具有民事行为能力的人负责企业的事务管理。（2）选项C：个人独资企业是一个经营实体，不具有法人资格。（3）选项D：投资人对受托人或者被聘用的人员职权的限制，不得对抗善意第三人。

【答案】A

【真题3·单选题】甲是应届毕业大学生，为响应国家“千人创业，万人创新”号召，准备创办一家个人独资企业从事软件开发，经查阅相关资料后，甲对个人独资企业法律规定有了一定了解，下列关于甲对个人独资企业法律规定的理解中，错误的是（　　）。（2015年）

A. 个人独资企业投资人只能是一个自然人

B. 个人独资企业财产归投资人个人所有

C. 个人独资企业投资人须自行管理企业事务

D. 个人独资企业投资人对企业债务承担无限责任

【答案】C

【真题4·多选题】甲欲开饭店，与高级厨师乙商量请其加盟，并说：“你无须投资，店面、餐具和资金由我负责，你只负责炒菜就行，利润三七分成，我得七，你得三。”乙应允。此后，甲以投资人的名义开了饭店，饭店的营业执照上登记为丙个人独资企业。第一年，饭店获利颇丰，按三七分成，甲获利21万元，乙获利9万元。第二年，饭店经营期间发生中毒事件，顾客丁索赔70万元。根据规定，下列有关丁索赔的说法中，正确的有（　　）。（2012年）

A. 丁应向丙企业索赔

B. 丁应首先向丙企业索赔，不足部分向乙索赔

C. 丁应向甲索赔49万元，向乙索赔21万元

D. 丁应向乙、丙企业共同索赔70万元

E. 丁不能向乙索赔，因为乙与丁之间不存在直接的法律关系

【解析】（1）由于是饭店经营期间发生的中毒事件，应以丙个人独资企业为侵权责任主体，受害人应向丙企业主张赔偿；（2）个人独资企业的债务由其投资人承担无限责任；因此丁可以向丙个人独资企业的投资人甲索赔；（3）乙“无须投资”，并非投资人，只是其劳动报酬与企业利润挂钩而已，应将乙作为丙企业（用人单位）劳动者对待，用人单位的工作人员因执行工作任务造成他人损害的，由用人单位承担侵权责任，因此，乙与丁不存在直接的法律关系。

【答案】AE

04 个人独资企业的权利和义务（2022年新增）（★）

1. 个人独资企业的权利

（1）财产所有权。（2）依法享有自主经营和对企业的管理权。（3）个人独资企业可以申请贷款、取得土地使用权。（4）个人独资企业有权拒绝摊派。（5）法律法规规定的其他权利。

2. 个人独资企业的义务

（1）遵守法律、法规，遵守诚实信用原则，不得损害社会公共利益。（2）依法履行纳税义务。（3）个人独资企业应当依法设置会计账簿，进行会计核算。（4）个人独资企业应当依法保障职工权益。个人独资企业招用职工的，应当依法与职工签订劳动合同，保障职工的劳动安全，按时、足额发放职工工资。（5）个人独资企业应当按照国家规定参加社会保险，为职工缴纳社会保险费。

05 个人独资企业的变更（★）

1. 个人独资企业存续期间登记事项发生变更的，应当办理变更登记。

2. 申请文件

（1）投资人签署的变更登记申请书；（2）国家市场监督管理总局规定提交的其他文件。

考点提示

从事法律、行政法规规定须报经有关部门审批的业务的，应当提交有关部门的批准文件。委托代理人申请变更登记的，应当提交投资人的委托书和代理人的身份证明或者资格证明。

3. 变更登记

登记机关应当在收到投资人所提交且符合法律规定的全部文件之日起15日内，对符合条件的予以核准的，换发营业执照。

06 个人独资企业的营业转让（★★）

1. 个人独资企业投资人对本企业的财产依法享有所有权，其有关权利可以依法进行转让或继承。

2. 债权债务转移

个人独资企业虽以企业名义经营，但企业所形成的债权债务事实上属于原企业主的个人债权债务。债权债务如要发生转移，应当符合《民法典》有关债权转让和债务承担的规则处理：（1）对于债权转让，由于转让不会影响转让人的债务人的利益，转让无须得到债务人的同意。（2）对于债务承担，由于转让会影响转让人的债权人的利益，因此，应当得到转让人的债权人的同意，才能产生转让的效力。

3. 继承

个人独资企业作为遗产，只能是营业的概括继承。

07 个人独资企业的终止（★★★）

解散情形	（1）投资人决定解散；（2）投资人死亡或者被宣告死亡，无继承人或者继承人决定放弃继承；（3）被依法吊销营业执照；（4）法律、行政法规规定的其他情形
清算人	个人独资企业解散，由投资人自行清算或者由债权人申请人民法院指定清算人进行清算
通知公告	投资人自行清算的，应当在清算前15日内书面通知债权人，无法通知的，应当予以公告。债权人应当在接到通知之日起30日内，未接到通知的应当在公告之日起60内，向投资人申报其债权
清算期间的活动限制	清算期间，个人独资企业不得开展与清算目的无关的经营活动；清偿债务前，投资人不得转移、隐匿财产

财产清偿顺序	（1）所欠职工工资和社会保险费用；（2）所欠税款；（3）其他债务
解散后债务承担	个人独资企业解散后，原投资人对个人独资企业存续期间的债务仍应承担偿还责任，但债权人在5年内未向债务人提出偿债请求的，该责任消灭

经典题解

【真题·多选题】 根据《个人独资企业法》规定，导致个人独资企业解散的情形有（　　）。（2017年）

A. 被依法吊销营业执照
B. 投资人死亡且无继承人
C. 投资人决定解散
D. 投资人丧失行为能力
E. 投资人被宣告死亡且其继承人放弃继承

【答案】 ABCE

本章小结

用“会计云课堂”App 扫码学习

您已成功完成“第十一章”的学习，本章共7个考点，您都学会了吗？

为了让您对本章有更清晰的理解，加倍巩固。本书作者陈小球老师将通过“电台音频课”的方式，带您回顾重要考点。

名师点拨，高效提分。

※ 欢迎扫码免费学习。

同步强化练习题

使用“会计云课堂”App或“微信”扫码快速做题、对答案、看解析、掌握解题思路，开启轻松过关之旅。

一、单项选择题

1. 根据个人独资企业法律制度规定，关于个人独资企业特征的下列说法中，错误的是（　　）。

A. 个人独资企业的出资人只要是一名自然人即可
B. 个人独资企业的财产归投资人个人所有

C. 投资人以其个人财产对企业债务承担无限责任

D. 个人独资企业是一个经营实体，不具有法人资格

2. 根据个人独资企业法律制度规定，下列关于个人独资企业特征的说法中，正确的是（　　）。

A. 以家庭财产投资的，可以以家庭名义投资

B. 投资人以出资为限对企业债务承担有限责任

C. 个人独资企业是一个经营实体，具有法人资格

D. 个人独资企业的财产归投资人个人所有

3. 甲系某个人独资企业聘用的职员，该个人独资企业对甲对外订立经济合同的授权权限为5万元以下。某日，甲代表该个人独资企业与乙订立了10万元的原材料采购合同，乙对个人独资企业对甲签订合同授权权限完全不知情。根据个人独资企业法律制度规定，该合同效力为（　　）。

A. 有效　　B. 无效

C. 可撤销　　D. 效力待定

4. 根据个人独资企业法律制度规定，下列有关个人独资企业的说法中，正确的是（　　）。

A. 个人独资企业可以以劳务出资

B. 个人独资企业具有独立法人资格

C. 个人独资企业投资人对本企业的财产依法享有所有权，其有关权利可以依法进行转让或继承

D. 个人独资企业投资人在申请企业设立登记时明确以其家庭共有财产作为个人出资的，应当以其个人财产对企业债务承担无限责任

5. 个人独资企业解散后，原投资人对个人独资企业存续期间的债务仍应承担偿还责任，但债权人在（　　）内未向债务人提出偿债请求的，该责任消灭。

A. 1年　　B. 2年

C. 3年　　D. 5年

二、多项选择题

根据个人独资企业法律制度规定，关于个人独资企业，下列说法中，正确的有（　　）。

A. 个人独资企业投资人对本企业的财产依法享有所有权，其有关权利可以依法进行转让或继承

B. 个人独资企业投资人在申请企业设立登记时明确以其家庭共有财产作为个人出资的，应当依法以家庭共有财产中的个人部分对企业债务承担无限责任

C. 个人独资企业应当由投资人自行管理企业事务

D. 个人独资企业出资人可以劳务出资

E. 个人独资企业以家庭财产投资的，只能以一个自然人名义投资

同步强化练习题参考答案及解析

使用“会计云课堂”App或“微信”扫码对答案、看解析、掌握解题思路，开启轻松过关之旅。

一、单项选择题

1. A 【解析】选项A：作为个人独资企业出资人的自然人不能是法律、行政法规禁止从事营利性活动的人。

2. D 【解析】（1）选项A：以家庭财产投资的，只能以一个自然人名义投资。（2）选项B：投资人以其个人财产对企业债务承担无限责任。（3）选项C：个人独资企业是一个经营实体，不具有法人资格。

3. A 【解析】投资人对受托人或者被聘用的人员职权的限制，不得对抗善意第三人。

4. C 【解析】（1）选项A：个人独资企业不得以劳务出资。（2）选项B：个人独资企业不具有法人资格。（3）选项D：个人独资企业投资人在申请企业设立登记时明确以其家庭共有财产作为个人出资的，应当依法以家庭共有财产对企业债务承担无限责任。

5. D

二、多项选择题

AE 【解析】（1）选项B：个人独资企业投资人在申请企业设立登记时明确以其家庭共有财产作为个人出资的，应当依法以家庭共有财产对企业债务承担无限责任。（2）选项C：个人独资企业投资人可以自行管理企业事务，也可以委托或者聘用其他具有民事行为能力的人负责企业的事务管理。（3）选项D：个人独资企业出资人不得以劳务出资。

第十二章　合伙企业法

本章学习指南

一、考情概况

本章近 3 年平均考查分值约为 7.2 分，考查题型通常为单选题、多选题，但 2021 年考试中完整考查了一道关于合伙企业法的综合分析题。

本章为作为重点章节，内容包括普通合伙企业与有限合伙企业的相关知识；考题灵活度一般，理解与记忆难度适中。

最近 3 年题型题量分析表

题型	2021 年	2020 年	2019 年
单项选择题	3.0 分	3.0 分	1.5 分
多项选择题	2.0 分	2.0 分	2.0 分
综合分析题	8.0 分	——	——
合计	13.0 分	5.0 分	3.5 分

二、教材变动

1. 删除合伙企业的法律地位相关表述；
2. 个别文字调整。

核心考点精讲

第一单元　普通合伙企业

查看本单元视频，快速 GET 知识点
使用“会计云课堂”App或“微信”扫码

01　合伙企业概述（★）

概念	自然人、法人和其他组织依照《合伙企业法》在中国境内设立的普通合伙企业和有限合伙企业	
特征	（1）全体合伙人订立书面合伙协议 （2）合伙人共同出资、共担风险、共享经营收益、合伙经营 （3）合伙企业是不具备法人资格的营利性经济组织：合伙企业属于商事合伙组织，其从事较为固定的营利性活动；不具有法人资格；具有人合的团体性；组织形式的持续存在性 （4）普通合伙人对合伙企业债务承担无限连带责任（合伙企业与其他企业最主要的区别）	
法律地位	合伙企业作为民事主体，以自己的名义独立从事经营活动，从而享受权利承担义务的资格	
分类	普通合伙企业	普通合伙企业由普通合伙人组成，合伙人对合伙企业债务承担无限连带责任；《合伙企业法》对普通合伙人承担责任的形式有特别规定的，从其规定（主要是指特殊的普通合伙企业相关规定） 【解释 1】无限责任，是指所有合伙人不仅以自己投入合伙企业的资金和合伙企业的其他资产对债权人承担清偿责任，而且在不够清偿时，须以合伙人自己所有的财产对债权人承担清偿责任（2022 年新增） 【解释 2】连带责任，是指所有合伙人对合伙企业的债务都有责任向债权人偿还，不论合伙人个人在合伙协议中的分担比例如何。承担连带责任的，权利人有权请求部分或者全部连带责任人承担责任（2022 年新增）
	有限合伙企业	有限合伙企业由普通合伙人和有限合伙人组成，普通合伙人对合伙企业债务承担无限连带责任，有限合伙人以其认缴的出资额为限对合伙企业债务承担责任

经典题解

【真题·单选题】下列关于合伙企业特征的说法中，正确的是（　　）。（2018 年）

A. 合伙企业从事非固定的营利性活动

B. 合伙企业属于非商事合伙

C. 普通合伙人对合伙企业债务通常承担无限连带责任

D. 合伙企业具有资合的团体性

【解析】（1）选项A：合伙企业从事较为固定的营利性活动。（2）选项B：合伙企业属于商事合伙组织。（3）选项D：合伙企业具有人合的团体性。

【答案】C

02 普通合伙企业的设立条件（★★）

<table>
<tr><th>要素</th><th colspan="3">规定</th></tr>
<tr><td>人</td><td colspan="3">（1）有2个以上（≥2，无上限）合伙人（合伙人为自然人的，应当具有完全民事行为能力）
（2）国有独资公司、国有企业、上市公司以及公益性的事业单位、社会团体不得成为普通合伙人</td></tr>
<tr><td rowspan="4">钱</td><td colspan="3">有合伙人认缴或者实际缴付的出资</td></tr>
<tr><td>出资形式</td><td colspan="2">合伙人可以用货币、实物、知识产权、土地使用权或者其他财产权利出资，也可以用劳务出资</td></tr>
<tr><td rowspan="2">评估作价</td><td>非货币财产</td><td>合伙人以实物、知识产权、土地使用权或者其他财产权利出资，需要评估作价的，可以由全体合伙人协商确定，也可以由全体合伙人委托法定评估机构评估（全体协商/共同委托评估机构）</td></tr>
<tr><td>劳务</td><td>合伙人以劳务出资的，其评估办法由全体合伙人协商确定（仅限全体协商）</td></tr>
<tr><td rowspan="3">协议</td><td>形式</td><td colspan="2">书面合伙协议</td></tr>
<tr><td>生效</td><td colspan="2">合伙协议经全体合伙人签名、盖章后生效</td></tr>
<tr><td>修改/补充</td><td colspan="2">修改或者补充合伙协议，应当经全体合伙人一致同意；但是，合伙协议另有约定的除外</td></tr>
<tr><td>名称</td><td colspan="3">有合伙企业的名称，合伙企业名称中应当标明“普通合伙”字样</td></tr>
<tr><td>地点</td><td colspan="3">有合伙企业的生产经营场所</td></tr>
<tr><td>其他</td><td colspan="3">合伙企业的经营范围中有属于法律、行政法规规定在登记前须经批准的项目的，该项经营业务应当依法经过批准，并在登记时提交批准文件（2022年新增）</td></tr>
</table>

经典题解

【真题·单选题】下列关于普通合伙企业的说法中，正确的是（　　）。（2013年）

A. 普通合伙企业的设立只能由两个以上的自然人组成

B. 普通合伙企业的合伙人只能是法人或者其他组织，且国有企业、上市公司均不得成为普通合伙人

C. 设立普通合伙企业，合伙人应当签订书面合伙协议

D. 普通合伙企业的合伙人不得以劳务作为出资

【解析】（1）选项AB：普通合伙人可以是自然人、法人或者其他组织，但国有独资公

司、国有企业、上市公司以及公益性的事业单位、社会团体不得成为普通合伙人。(2) 选项D：普通合伙企业的合伙人可以劳务作为出资。

【答案】C

03 合伙企业财产（★★★）

（一）合伙企业财产

1. 合伙人的出资、以合伙企业名义取得的收益和依法取得的其他财产，均为合伙企业的财产。

(1) 原始财产，是指全体合伙人的出资。

(2) 积累财产，是指合伙企业成立以后以合伙企业的名义依法取得的全部收益以及依法取得的其他财产。

2. 合伙人在合伙企业清算前私自转移或者处分合伙企业财产的，合伙企业不得以此对抗善意第三人。

（二）普通合伙人财产份额

对内转让	合伙人之间转让在合伙企业中的全部或者部分财产份额时，应当通知其他合伙人（不需要征得其他合伙人同意）
对外转让	除合伙协议另有约定外，合伙人向合伙人以外的人转让其在合伙企业中的全部或者部分财产份额时，须经其他合伙人一致同意
	合伙人向合伙人以外的人转让其在合伙企业中的财产份额的，在同等条件下，其他合伙人有优先购买权；但是，合伙协议另有约定的除外
出质	合伙人以其在合伙企业中的财产份额出质的，须经其他合伙人一致同意；未经其他合伙人一致同意，其行为无效，由此给善意第三人造成损失的，由行为人依法承担赔偿责任

经典题解

【真题1·单选题】根据《合伙企业法》规定，下列有关普通合伙企业财产、财产份额转让以及出质的说法中，正确的是（　　）。(2019年)

A. 合伙企业的原始财产是指以合伙企业名义依法取得的全部收益

B. 合伙人之间转让在合伙企业中的财产份额的，须经其他合伙人同意

C. 合伙人以其在合伙企业中的财产份额出质的，须经其他合伙人一致同意

D. 合伙人向合伙人以外的人转让其在合伙企业中的财产份额的，应当通知其他合伙人

【解析】(1) 选项A：合伙企业的原始财产是指全体合伙人的出资。(2) 选项B：合伙人之间转让在合伙企业中的全部或者部分财产份额时，应当通知其他合伙人。(3) 选项D：除合伙协议另有约定外，合伙人向合伙人以外的人转让其在合伙企业中的全部或者部分财产份额时，须经其他合伙人一致同意。

【答案】C

【真题 2 · 单选题】根据合伙企业法律制度的规定，除合伙协议另有约定外，普通合伙人向合伙人以外的人转让其在合伙企业中的全部或者部分财产份额时，须经（　　）同意。（2010 年）

A. 所有其他合伙人　　B. 1/3 以上合伙人

C. 2/3 以上合伙人　　D. 半数以上合伙人

【答案】A

04 合伙企业事务执行（★★★）

（一）合伙事务的执行方式

1. 全体合伙人共同执行，合伙人对执行合伙事务享有同等的权利。

2. 按照合伙协议的约定或者经全体合伙人决定，可以委托一个或者数个合伙人对外代表合伙企业，执行合伙事务，其他合伙人不再执行合伙事务。

考点提示

作为合伙人的法人、其他组织执行合伙事务的，由其委派的代表执行。

3. 聘任合伙人以外的人执行合伙事务。由合伙协议约定或者经过全体合伙人一致同意，可以聘请合伙人以外的人执行合伙事务。

（二）权利义务

1. 由一个或者数个合伙人执行合伙事务的，执行事务合伙人应当定期向其他合伙人报告事务执行情况以及合伙企业的经营和财务状况，其执行合伙事务所产生的收益归合伙企业，所产生的费用和亏损由合伙企业承担。

2. 合伙人为了解合伙企业的经营状况和财务状况，有权查阅合伙企业会计账簿等财务资料。

3. 合伙人分别执行合伙事务的，执行事务合伙人可以对其他合伙人执行的事务提出异议。提出异议时，应当暂停该项事务的执行。如果发生争议，按照合伙协议约定的表决办法办理。合伙协议未约定或者约定不明确的，实行合伙人一人一票并经全体合伙人过半数通过的表决办法决定。

考点提示

不执行合伙事务的合伙人不享有提出异议的权利。

4. 不执行合伙事务的合伙人有权监督执行事务合伙人执行合伙事务的情况。

5. 受委托执行合伙事务的合伙人不按照合伙协议或者全体合伙人的决定执行事务的，其他合伙人可以决定撤销该委托。

（三）合伙事务决议规则

一般事项	合伙人对合伙企业有关事项作出决议，按照合伙协议约定的表决办法办理；合伙协议未约定或者约定不明确的，实行合伙人一人一票并经全体合伙人过半数通过的表决办法

特殊事项	除合伙协议另有约定外，合伙企业的下列事项应当经全体合伙人一致同意：（1）改变合伙企业的名称；（2）改变合伙企业的经营范围、主要经营场所的地点；（3）处分合伙企业的不动产；（4）转让或者处分合伙企业的知识产权和其他财产权利；（5）以合伙企业名义为他人提供担保；（6）聘任合伙人以外的人担任合伙企业的经营管理人员

（四）普通合伙人忠实义务

自我交易	除合伙协议另有约定或者经全体合伙人一致同意外，合伙人不得同本合伙企业进行交易（相对禁止）
竞业禁止	合伙人不得自营或者同他人合作经营与本合伙企业相竞争的业务（绝对禁止）

（五）普通合伙企业损益分配

原则	合伙企业的利润分配、亏损分担，按照合伙协议的约定办理；合伙协议未约定或者约定不明确的，由合伙人协商决定；协商不成的，由合伙人按照实缴出资比例分配、分担；无法确定出资比例的，由合伙人平均分配、分担（约定→协商→实缴出资比例→平均）
禁止规定	合伙协议不得约定将全部利润分配给部分合伙人或者由部分合伙人承担全部亏损

（六）增加、减少出资

合伙人按照合伙协议的约定或者经全体合伙人决定，可以增加或者减少对合伙企业的出资。

经典题解

【真题1·单选题】根据《合伙企业法》规定，在合伙协议没有特别约定时，下列关于执行合伙事务合伙人的说法中，正确的是（　　）。（2021年）

A. 可以作为企业的法定代表人对外开展业务

B. 法人合伙人执行合伙事务的，须由其法定代表人执行

C. 向其他合伙人报告合伙企业财务状况

D. 可以与本企业进行交易

【解析】（1）选项A：合伙企业有执行事务合伙人，无法定代表人。（2）选项B：作为合伙人的法人、其他组织执行合伙事务的，由其委派的代表执行。（3）选项D：除合伙协议另有约定或者经全体合伙人一致同意外，合伙人不得同本合伙企业进行交易（执行合伙事务合伙人一定为普通合伙人，因此适用关于普通合伙人的交易限制性规定）。

【答案】C

【真题 2 · 多选题】 根据《合伙企业法》规定，下列有关普通合伙企业合伙事务执行的说法中，正确的有（　　）。（2019 年）

A. 不执行合伙事务的合伙人有权对执行合伙事务的合伙人执行合伙事务情况进行监督

B. 执行合伙事务的合伙人必须是自然人

C. 经全体合伙人决定，可以委托一个或者数个合伙人对外代表合伙企业，执行合伙事务

D. 执行合伙事务的合伙人应当定期向其他合伙人报告事务执行情况

E. 作为合伙人的法人、其他组织不能对外代表合伙企业执行合伙事务

【解析】 选项 BCE：按照合伙协议的约定或者经全体合伙人决定，可以委托一个或者数个合伙人对外代表合伙企业，执行合伙事务；作为合伙人的法人、其他组织执行合伙事务的，由其委派的代表执行。

【答案】 ACD

【真题 3 · 多选题】 根据《合伙企业法》规定，下列关于合伙事务执行及合伙企业管理的说法中，正确的有（　　）。（2018 年）

A. 受托执行合伙事务的合伙人是合伙企业的负责人

B. 合伙人一律不得同本合伙企业进行交易

C. 合伙人可以分别执行合伙事务

D. 执行事务合伙人对其他合伙人执行合伙事务提出异议时，其他合伙人应当暂停该事务的执行

E. 按照合伙协议的约定或者经全体合伙人决定，可以委托一个或数个合伙人对外代表合伙企业，执行合伙事务

【解析】（1）选项 A：受托执行合伙企业事务的合伙人不是合伙企业的负责人或者法定代表人，受托执行合伙企业事务的合伙人与合伙企业之间是一种基于委托而产生的代理关系。（2）选项 B：除合伙协议另有约定或者经全体合伙人一致同意外，普通合伙人不得同本合伙企业进行交易。

【答案】 CDE

05 合伙企业与第三人的关系（★★）

（一）合伙企业与第三人的关系

<table>
<tr><td>事务执行</td><td colspan="2">合伙企业对合伙人执行合伙事务以及对外代表合伙企业权利的限制，不得对抗善意第三人</td></tr>
<tr><td rowspan="2">债务清偿</td><td>对外</td><td>合伙企业对其债务，应先以其全部财产进行清偿；合伙企业不能清偿到期债务的，合伙人承担无限连带责任（合伙企业财产→合伙人无限连带责任）</td></tr>
<tr><td>对内</td><td>合伙人由于承担无限连带责任，清偿数额超过其亏损分担比例的，有权向其他合伙人追偿</td></tr>
</table>

经典题解

【真题·单选题】甲为某普通合伙企业的执行事务合伙人。该合伙企业对甲执行合伙事务的权利作了一定限制。某日，甲超越权限代表合伙企业与乙公司签订了一份房屋租赁合同，乙公司对甲超越权限并不知情。根据规定，该合同的效力应为（　　）。（2018年）

A. 无效　　B. 可撤销　　C. 效力待定　　D. 有效

【解析】合伙企业对合伙人执行合伙事务以及对外代表合伙企业权利的限制，不得对抗善意第三人。

【答案】D

（二）合伙人个人债务

不得抵销、不得代位	合伙人发生与合伙企业无关的债务，相关债权人不得以其债权抵销其对合伙企业的债务；也不得代位行使合伙人在合伙企业中的权利
收益清偿	合伙人的自有财产不足清偿其与合伙企业无关的债务的，该合伙人可以以其从合伙企业中分取的收益用于清偿
强制执行	债权人可以依法请求人民法院强制执行该合伙人在合伙企业中的财产份额用于清偿
	人民法院强制执行合伙人的财产份额时，应当通知全体合伙人，其他合伙人有优先购买权；其他合伙人未购买，又不同意将该财产份额转让给他人的，依照规定为该合伙人办理退伙结算，或者办理削减该合伙人相应财产份额的结算

06 入伙（★★）

入伙规则	新合伙人入伙，除合伙协议另有约定外，应当经全体合伙人一致同意，并依法订立书面入伙协议
如实披露	订立入伙协议时，原合伙人应当向新合伙人如实告知原合伙企业的经营状况和财务状况
法律后果	入伙的新合伙人与原合伙人享有同等权利，承担同等责任。入伙协议另有约定的，从其约定
	新合伙人对入伙前合伙企业的债务承担无限连带责任

经典题解

【真题·单选题】在合伙协议没有特别约定的情况下，下列关于合伙企业入伙规则的说法中，正确的是（　　）。（2020年）

A. 新入伙的合伙人与原合伙人享有同等权利，但不承担同等义务

B. 新入伙的合伙人对其入伙前合伙企业债务不承担责任

C. 新合伙人入伙应得到2/3以上原合伙人同意

D. 签订入伙协议时，原合伙人应当向新合伙人如实告知原合伙企业的经营状况、财务状况

【解析】(1) 选项 A：入伙的新合伙人与原合伙人享有同等权利，承担同等责任。入伙协议另有约定的，从其约定。(2) 选项 B：新合伙人对入伙前合伙企业的债务承担无限连带责任。(3) 选项 C：新合伙人入伙，除合伙协议另有约定外，应当经全体合伙人一致同意，并依法订立书面入伙协议。

【答案】D

07 退伙（★★★）

<table>
<tr><td rowspan="2">自愿退伙</td><td>协议退伙</td><td colspan="2">合伙协议约定合伙期限的，在合伙企业存续期间，有下列情形之一的，合伙人可以退伙：(1) 合伙协议约定的退伙事由出现；(2) 经全体合伙人一致同意；(3) 发生合伙人难以继续参加合伙的事由；(4) 其他合伙人严重违反合伙协议约定的义务</td></tr>
<tr><td>声明退伙</td><td colspan="2">合伙协议未约定合伙期限的，合伙人在不给合伙企业事务执行造成不利影响的情况下，可以退伙，但应当提前30日通知其他合伙人</td></tr>
<tr><td rowspan="5">强制退伙</td><td rowspan="2">当然退伙</td><td colspan="2">普通合伙人有下列情形之一的，当然退伙：
(1) 作为合伙人的自然人死亡或者被依法宣告死亡
(2) 个人丧失偿债能力（有限合伙人当然退伙不包括本项）
(3) 作为合伙人的法人或者其他组织依法被吊销营业执照、责令关闭、撤销，或者被宣告破产
(4) 法律规定或者合伙协议约定合伙人必须具有相关资格而丧失该资格
(5) 合伙人在合伙企业中的全部财产份额被人民法院强制执行
【提示 1】普通合伙人丧失民事行为能力不属于其当然退伙的法定情形：普通合伙人被依法认定为无民事行为能力人或者限制民事行为能力人的，经其他合伙人一致同意，可以依法转为有限合伙人，普通合伙企业依法转为有限合伙企业。其他合伙人未能一致同意的，该无民事行为能力或者限制民事行为能力的合伙人退伙
【提示 2】作为有限合伙人的自然人在有限合伙企业存续期间丧失民事行为能力的，其他合伙人不得因此要求其退伙</td></tr>
<tr><td colspan="2">退伙事由实际发生之日为退伙生效日</td></tr>
<tr><td rowspan="3">除名退伙</td><td>除名情形</td><td>合伙人有下列情形之一的，经其他合伙人一致同意，可以决议将其除名：
(1) 未履行出资义务
(2) 因故意或者重大过失给合伙企业造成损失
(3) 执行合伙事务时有不正当行为
(4) 发生合伙协议约定的事由</td></tr>
<tr><td>退伙生效</td><td>对合伙人的除名决议应当书面通知被除名人。被除名人接到除名通知之日，除名生效，被除名人退伙</td></tr>
<tr><td>异议</td><td>被除名人对除名决议有异议的，可以自接到除名通知之日起30日内，向人民法院起诉
【提示】该 30 日为除斥期间，自接到除名通知之日起算，超出该期限被除名人失去诉权</td></tr>
</table>

经典题解

【真题1·多选题】根据《合伙企业法》规定，可能导致合伙人被除名的事由有（　　）。（2020年）

A. 因故意给合伙企业造成损失
B. 因重大过失给合伙企业造成损失
C. 执行合伙事务时有不正当行为
D. 未履行出资义务
E. 合伙人个人丧失偿债能力

【解析】合伙人有下列情形之一的，经其他合伙人一致同意，可以决议将其除名：（1）未履行出资义务（选项D）；（2）因故意或者重大过失给合伙企业造成损失（选项AB）；（3）执行合伙事务时有不正当行为（选项C）；（4）发生合伙协议约定的事由。

【答案】ABCD

【真题2·多选题】甲、乙、丙3人订立合伙协议共同投资设立一家普通合伙企业。经营一年后，甲欲将其在合伙企业中的财产份额转让给合伙人之外的丁。合伙协议中没有关于份额转让的相关约定。根据《合伙企业法》规定，下列关于甲之份额转让条件及效力的说法中，正确的有（　　）。（2017年）

A. 甲转让其份额必须经乙和丙一致同意
B. 乙、丙在同等条件下享有优先购买权
C. 甲将其份额转让给丁之后，甲对合伙企业以前的债务即不再承担责任
D. 丁购得甲转让的份额之后，丁对合伙企业以前的债务不承担责任
E. 若甲欲将其份额转让给乙，则无须征得丙的同意

【解析】（1）选项A：除合伙协议另有约定外，合伙人向合伙人以外的人转让其在合伙企业中的全部或者部分财产份额时，须经其他合伙人一致同意。（2）选项B：合伙人向合伙人以外的人转让其在合伙企业中的财产份额的，在同等条件下，其他合伙人有优先购买权；但是，合伙协议另有约定的除外。（3）选项C：退伙人对基于其退伙前的原因发生的合伙企业债务，承担无限连带责任。（4）选项D：新合伙人对入伙前合伙企业的债务承担无限连带责任。（5）选项E：合伙人之间转让在合伙企业中的全部或者部分财产份额时，应当通知其他合伙人。

【答案】ABE

08 继承（★）

继承	普通合伙人死亡或者被依法宣告死亡的，对该合伙人在合伙企业中的财产份额享有合法继承权的继承人，按照合伙协议的约定或者经全体合伙人一致同意，从继承开始之日起，取得该合伙企业的合伙人资格
	有下列情形之一的，合伙企业应当向普通合伙人的继承人退还被继承合伙人的财产份额： （1）继承人不愿意成为合伙人 （2）法律规定或者合伙协议约定合伙人必须具有相关资格，而该继承人未取得该资格 （3）合伙协议约定不能成为合伙人的其他情形

无民、限民	普通合伙人的继承人为无民事行为能力人或者限制民事行为能力人的，经全体合伙人一致同意，可以依法成为有限合伙人，普通合伙企业依法转为有限合伙企业。全体合伙人未能一致同意的，合伙企业应当将被继承合伙人的财产份额退还该继承人

09 特殊的普通合伙企业（★★）

<table>
<tr><td>概念</td><td colspan="3">以专业知识和专门技能为客户提供有偿服务的专业服务机构，可以设立为特殊的普通合伙企业（非专业服务机构不能采取特殊的普通合伙企业形式）</td></tr>
<tr><td>名称</td><td colspan="3">特殊的普通合伙企业名称中应当标明“特殊普通合伙”字样</td></tr>
<tr><td rowspan="3">责任承担</td><td rowspan="2">因故意或重大过失造成合伙企业债务</td><td>一个合伙人或者数个合伙人（因故意或重大过失造成合伙企业债务的行为人）</td><td>承担无限责任或者无限连带责任</td></tr>
<tr><td>其他合伙人</td><td>以其在合伙企业中的财产份额为限承担责任</td></tr>
<tr><td>非因故意或者重大过失造成的合伙企业债务</td><td>全体合伙人</td><td>承担无限连带责任（其本质上仍属于普通合伙企业）</td></tr>
<tr><td rowspan="2">风险防范</td><td colspan="3">特殊的普通合伙企业应当建立执业风险基金、办理职业保险</td></tr>
<tr><td colspan="3">执业风险基金用于偿付合伙人执业活动造成的债务；执业风险基金应当单独立户管理</td></tr>
</table>

经典题解

【真题 1 · 单选题】 下列关于特殊普通合伙企业的性质、法律责任承担的说法中，正确的是（ ）。（2018 年）

A. 某一合伙人在执业活动中因故意造成合伙企业债务的，由全体合伙人承担无限连带责任

B. 数个合伙人在执业活动中因重大过失造成合伙企业债务的，由全体合伙人承担无限连带责任

C. 某一合伙人在执业活动中因故意造成合伙企业债务的，该合伙人承担无限责任，其他合伙人不承担责任

D. 它是以专业知识和专门技能为客户提供有偿服务的专业服务机构性质的合伙企业

【解析】 选项 ABC：一个合伙人或者数个合伙人在执业活动中因故意或者重大过失造成合伙企业债务的，应当承担无限责任或者无限连带责任，其他合伙人以其在合伙企业中的财产份额为限承担责任。

【答案】 D

【真题 2 · 单选题】 下列关于特殊的普通合伙企业的说法中，正确的是（ ）。（2013 年）

A. 特殊的普通合伙企业以从事融资服务为主要特征

B. 在特殊的普通合伙企业中，合伙人对所有债务承担有限责任

C. 特殊的普通合伙企业建立的执业风险基金用于偿付合伙人执业活动造成的债务

D. 非专业机构经过批准也可以成立特殊的普通合伙企业

【解析】（1）选项AD：特殊的普通合伙企业，是指以专业知识和专门技能为客户提供有偿服务的专业机构性质的合伙企业；非专业服务机构不能采取特殊的普通合伙企业形式。（2）选项B：在特殊的普通合伙企业中，一个合伙人或者数个合伙人在执业活动中因故意或者重大过失造成合伙企业债务的，应当承担无限责任或者无限连带责任，其他合伙人以其在合伙企业中的财产份额为限承担责任；合伙人在执业活动中非因故意或者重大过失造成的合伙企业债务以及合伙企业的其他债务，由全体合伙人承担无限连带责任。

【答案】 C

查看本单元视频，快速GET知识点

使用“会计云课堂”App或“微信”扫码

第二单元　有限合伙企业

01 有限合伙企业的设立（★★）

要素	规定	
人	（1）有限合伙企业由2个以上50个以下（$2 \leqslant Y \leqslant 50$）合伙人设立；但是，法律另有规定的除外 （2）有限合伙企业至少应当有1个普通合伙人和1个有限合伙人（有限合伙企业仅剩有限合伙人的，应当解散；有限合伙企业仅剩普通合伙人的，转为普通合伙企业）	
钱	出资形式	（1）有限合伙人可以用货币、实物、知识产权、土地使用权或者其他财产权利作价出资 （2）有限合伙人不得以劳务出资
	欠缴出资	有限合伙人应当按照合伙协议的约定按期足额缴纳出资；未按期足额缴纳的，应当承担补缴义务，并对其他合伙人承担违约责任 【提示】有限合伙企业登记事项中应当载明有限合伙人的姓名或者名称及认缴的出资额
名称	有限合伙企业名称中应当标明“有限合伙”字样	

经典题解

【真题·多选题】下列关于有限合伙企业设立和出资规则的说法中，正确的有（　　）。（2021年）

A. 有限合伙企业名称中应当标明“有限合伙”的字样

B. 国有独资公司不得成为有限合伙企业的普通合伙人

C. 有限合伙人可以用劳务出资

D. 有限合伙人未按期足额缴付出资的，对其他合伙人承担违约责任

E. 有限合伙企业中普通合伙人人数不得少于1人

【解析】选项C：有限合伙人不得以劳务出资，普通合伙人可以以劳务出资。

【答案】ABDE

02 有限合伙企业的事务执行（★★）

普通合伙人	有限合伙企业由普通合伙人执行合伙事务；执行事务合伙人可以要求在合伙协议中确定执行事务的报酬及报酬提取方式
有限合伙人	有限合伙人不执行合伙事务，不得对外代表有限合伙企业（不执行、不代表）
	【表见代表】第三人有理由相信有限合伙人为普通合伙人并与其交易的，该有限合伙人对该笔交易承担与普通合伙人同样的责任
	有限合伙人的下列行为，不视为执行合伙事务：（1）参与决定普通合伙人入伙、退伙；（2）对企业的经营管理提出建议；（3）参与选择承办有限合伙企业审计业务的会计师事务所；（4）获取经审计的有限合伙企业财务会计报告；（5）对涉及自身利益的情况，查阅有限合伙企业财务会计账簿等财务资料；（6）在有限合伙企业中的利益受到侵害时，向有责任的合伙人主张权利或者提起诉讼；（7）执行事务合伙人怠于行使权利时，督促其行使权利或者为了本企业的利益以自己的名义提起诉讼；（8）依法为本企业提供担保
损益分配	有限合伙企业不得将全部利润分配给部分合伙人；但是，合伙协议另有约定的除外

经典题解

【真题·单选题】根据《合伙企业法》规定，下列关于有限合伙人权利和义务的说法中，正确的是（　　）。（2021年）

A. 有限合伙人不得以知识产权出资

B. 有限合伙人在对外交往中可以代表合伙企业

C. 有限合伙人不享有对普通合伙人入伙和退伙的表决权

D. 有限合伙人不参与合伙事务的管理

【解析】（1）选项A：有限合伙人可以用货币、实物、知识产权、土地使用权或者其他财产权利作价出资。（2）选项B：有限合伙人不执行合伙事务，不得对外代表有限合伙企业。（3）选项C：有限合伙人参与决定普通合伙人入伙、退伙，不视为执行合伙事务。

【答案】D

03 合伙人财产份额（★）

		普通合伙人	有限合伙人
转让	对内	合伙人之间转让在合伙企业中的全部或者部分财产份额时，应当通知其他合伙人	
	对外	除合伙协议另有约定外，合伙人向合伙人以外的人转让其在合伙企业中的全部或者部分财产份额时，须经其他合伙人一致同意(在同等条件下，其他合伙人有优先购买权；但是，合伙协议另有约定的除外）	有限合伙人可以按照合伙协议的约定向合伙人以外的人转让其在有限合伙企业中的财产份额，但应当提前30日通知其他合伙人（有限合伙企业的其他合伙人有优先购买权）
出质		合伙人以其在合伙企业中的财产份额出质的，须经其他合伙人一致同意(合伙协议不得另有约定）	有限合伙人可以将其在有限合伙企业中的财产份额出质；但是，合伙协议另有约定的除外

04 合伙人忠实义务（★）

	普通合伙人	有限合伙人
竞业	合伙人不得自营或者同他人合作经营与本合伙企业相竞争的业务（绝对禁止）	有限合伙人可以自营或者同他人合作经营与本有限合伙企业相竞争的业务；但是，合伙协议另有约定的除外（原则上允许）
自我交易	除合伙协议另有约定或者经全体合伙人一致同意外，合伙人不得同本合伙企业进行交易（相对禁止）	有限合伙人可以同本有限合伙企业进行交易；但是，合伙协议另有约定的除外（原则上允许）

05 合伙人个人债务清偿（★）

	普通合伙人	有限合伙人
不得抵销、不得代位	合伙人发生与合伙企业无关的债务，相关债权人不得以其债权抵销其对合伙企业的债务；也不得代位行使合伙人在合伙企业中的权利	
债权人可以主张	合伙人的自有财产不足清偿其与合伙企业无关的债务的，该合伙人可以以其从合伙企业中分取的收益用于清偿；债权人也可以依法请求人民法院强制执行该合伙人在合伙企业中的财产份额用于清偿	
人民法院强制执行财产份额	人民法院强制执行合伙人的财产份额时，应当通知全体合伙人，其他合伙人有优先购买权；其他合伙人未购买，又不同意将该财产份额转让给他人的，依照规定为该合伙人办理退伙结算，或者办理削减该合伙人相应财产份额的结算	人民法院强制执行有限合伙人的财产份额时，应当通知全体合伙人。在同等条件下，其他合伙人有优先购买权

06 合伙人入伙、退伙法律后果（★）

	普通合伙人	有限合伙人
入伙	新入伙的普通合伙人对入伙前合伙企业的债务承担无限连带责任	新入伙的有限合伙人对入伙前有限合伙企业的债务，以其认缴的出资额为限承担责任
退伙	普通合伙人退伙后，对基于其退伙前的原因发生的合伙企业债务，承担无限连带责任	有限合伙人退伙后，对基于其退伙前的原因发生的有限合伙企业债务，以其退伙时从有限合伙企业中取回的财产承担责任

【总结】"有限责任"

企业类型	合伙人	行为	责任承担
有限合伙企业	有限合伙人	设立、入伙	以其认缴的出资额为限对合伙企业债务承担责任
	有限合伙人	退伙	对基于其退伙前的原因发生的有限合伙企业债务，以其退伙时从有限合伙企业中取回的财产承担责任
特殊的普通合伙企业	"无辜"合伙人	一个或数个合伙人在执业活动中因故意或重大过失造成合伙企业债务	以其在合伙企业中的财产份额为限承担责任

07 有限合伙人资格继承（★）

作为有限合伙人的自然人死亡、被依法宣告死亡或者作为有限合伙人的法人及其他组织终止时，其继承人或者权利承受人可以依法取得该有限合伙人在有限合伙企业中的资格。

08 合伙人身份转变（★）

决议规则	除合伙协议另有约定外，普通合伙人转变为有限合伙人，或者有限合伙人转变为普通合伙人，应当经全体合伙人一致同意
责任承担	有限合伙人转变为普通合伙人的，对其作为有限合伙人期间有限合伙企业发生的债务承担无限连带责任
	普通合伙人转变为有限合伙人的，对其作为普通合伙人期间合伙企业发生的债务承担无限连带责任

考点提示

转换之前无限连带，转换之后看身份。

经典题解

【真题·多选题】 根据《合伙企业法》的规定，下列关于有限合伙企业及合伙人的说法中，正确的有（　　）。（2011年）

A. 有限合伙企业只有有限合伙人的，应当解散

B. 有限合伙企业没有有限合伙人的，应当变更为普通合伙企业

C. 有限合伙企业由有限合伙人执行合伙事务

D. 有限合伙企业由有限合伙人和普通合伙人组成

E. 有限合伙企业各合伙人有平等的管理权、经营权、表决权和代表权

【解析】 选项CE：有限合伙人不执行合伙事务，不得对外代表有限合伙企业。

【答案】 ABD

09 合伙企业解散、清算（★★）

解散概念	合伙企业因某种法律事实的发生而使其民事主体资格归于消灭的法律行为
解散情形	（1）合伙期限届满，合伙人决定不再经营；（2）合伙协议约定的解散事由出现；（3）全体合伙人决定解散；（4）合伙人已不具备法定人数满30天；（5）合伙协议约定的合伙目的已经实现或者无法实现；（6）依法被吊销营业执照、责令关闭或者被撤销；（7）法律、行政法规规定的其他原因
清算	合伙企业解散，应当由清算人进行清算
清算人	清算人由全体合伙人担任；经全体合伙人过半数同意，可以自合伙企业解散事由出现后15日内指定1个或者数个合伙人，或者委托第三人，担任清算人
	自合伙企业解散事由出现之日起15日内未确定清算人的，合伙人或者其他利害关系人可以申请人民法院指定清算人
清算人职责	（1）清理合伙企业财产，分别编制资产负债表和财产清单；（2）处理与清算有关的合伙企业未了结事务；（3）清缴所欠税款；（4）清理债权、债务；（5）处理合伙企业清偿债务后的剩余财产；（6）代表合伙企业参加诉讼或者仲裁活动
	清算期间，合伙企业存续，但不得开展与清算无关的经营活动
通知公告	清算人自被确定之日起10日内将合伙企业解散事项通知债权人，并于60日内在报纸上公告。债权人应当自接到通知书之日起30日内，未接到通知书的自公告之日起45日内，向清算人申报债权
清偿顺序	（1）清算费用；（2）职工工资、社会保险费用、法定补偿金；（3）缴纳所欠税款；（4）清偿债务；（5）分配剩余财产
责任	合伙企业注销后，原普通合伙人对合伙企业存续期间的债务仍应承担无限连带责任
不能清偿到期债务	合伙企业不能清偿到期债务的，债权人可以依法向人民法院提出破产清算申请，也可以要求普通合伙人清偿
	合伙企业依法被宣告破产的，普通合伙人对合伙企业债务仍应承担无限连带责任

经典题解

【真题 1 · 单选题】下列关于合伙企业解散的说法中，正确的是（　　）。（2020 年）

A. 合伙企业解散是中止民事主体资格的法律行为

B. 合伙企业解散应得到 2/3 以上合伙人同意

C. 合伙企业经营亏损的，合伙人不得通过协议解散合伙企业

D. 合伙企业解散是消灭民事主体资格的法律行为

【答案】D

【真题 2 · 多选题】下列有关合伙企业清算的说法中，正确的有（　　）。（2013 年）

A. 合伙企业解散，经全体合伙人过半数同意，可以在法定期限内委托第三人担任清算人

B. 合伙企业解散后不能在规定时间内确定清算人的，其他利害关系人可以申请人民法院指定清算人

C. 合伙企业进入清算后，应由清算人代表合伙企业参加诉讼活动

D. 清算人应自被确定之日起 15 日内将合伙企业解散事项通知债权人

E. 清算开始，则合伙企业消灭

【解析】（1）选项 D：清算人自被确定之日起 10 日内将合伙企业解散事项通知债权人，并于 60 日内在报纸上公告。（2）选项 E：清算期间，合伙企业存续，但不得开展与清算无关的经营活动（合伙企业经注销登记后消灭）。

【答案】ABC

本章小结

用“会计云课堂”App 扫码学习

您已成功完成“第十二章”的学习，本章共 18 个考点，您都学会了吗？

为了让您对本章有更清晰的理解，加倍巩固。本书作者陈小球老师将通过“电台音频课”的方式，带您回顾重要考点。

名师点拨，高效提分。

※ 欢迎扫码免费学习。

同步强化练习题

使用“会计云课堂”App 或“微信”扫码快速做题、对答案、看解析、掌握解题思路，开启轻松过关之旅。

一、单项选择题

1. 根据合伙企业法律制度规定，下列可以作为普通合伙人的是（　　）。
   A. 15 周岁的甲，以劳动收入作为主要生活来源
   B. 乙国有独资公司
   C. 丙民营企业，系创业板上市公司
   D. 丁有限合伙企业

2. 根据合伙企业法律制度规定，下列投资主体中，可以劳务出资的是（　　）。
   A. 普通合伙人
   B. 有限合伙人
   C. 个人独资企业的出资人
   D. 有限责任公司的股东

3. 根据合伙企业法律制度的规定，下列普通合伙企业合伙人的出资形式中，只能由全体合伙人协商确定评估办法的是（　　）。
   A. 实物
   B. 知识产权
   C. 劳务
   D. 土地使用权

4. 根据合伙企业法律制度的规定，下列关于普通合伙人出资的说法中，正确的是（　　）。
   A. 普通合伙人可以用货币、实物、知识产权、土地使用权或者其他财产权利出资，但不得以劳务出资
   B. 普通合伙人以土地使用权出资，需要评估作价的，可以由一个或数个合伙人委托法定评估机构评估
   C. 普通合伙人以实物出资，需要评估作价的，可以由全体合伙人协商确定
   D. 普通合伙人以劳务出资的，可以由一个或数个合伙人委托法定评估机构进行评估

5. 根据合伙企业法律制度规定，下列关于普通合伙企业合伙人财产份额的说法中，错误的是（　　）。
   A. 合伙人之间转让在合伙企业中的全部或者部分财产份额时，应当通知其他合伙人
   B. 除合伙协议另有约定外，合伙人向合伙人以外的人转让其在合伙企业中的全部或者部分财产份额时，须经其他合伙人一致同意
   C. 合伙人向合伙人以外的人转让其在合伙企业中的财产份额的，在同等条件下，其他合伙人有优先购买权；但是，合伙协议另有约定的除外
   D. 除合伙协议另有约定外，合伙人以其在合伙企业中的财产份额出质的，须经其他合伙人一致同意

6. 甲、乙、丙、丁四人共同出资设立了某普通合伙企业，约定由甲、乙分别执行合伙事务，对外代表合伙企业。根据合

伙企业法律制度规定，下列说法中，不正确的是（　　）。

A. 甲、乙对执行合伙事务享有同等的权利

B. 甲、乙应当定期向其他合伙人报告事务执行情况以及合伙企业的经营和财务状况

C. 对于甲执行合伙事务，乙、丙、丁均可以提出异议

D. 如甲不按照合伙协议或者全体合伙人的决定执行事务的，其他合伙人可以决定撤销委托

7. 根据合伙企业法律制度规定，下列关于合伙人忠实义务的表述中，正确的是（　　）。

A. 普通合伙人可以自营或者同他人合作经营与本合伙企业相竞争的业务

B. 有限合伙人不得同本合伙企业进行交易

C. 有限合伙人可以同本有限合伙企业进行交易；但是，合伙协议另有约定的除外

D. 在合伙协议没有相关约定的情况下，有限合伙人不得自营或者同他人合作经营与本有限合伙企业相竞争的业务

8. 甲系乙普通合伙企业的合伙人，甲因个人原因对丙负有 10 万元个人债务；丙因业务往来，对乙普通合伙企业有 15 万元尚未支付的货款。根据合伙企业法律制度规定，下列说法中，不正确的是（　　）。

A. 丙可以主张以其对甲的债权抵销其对合伙企业的债务

B. 丙不得代位行使甲在合伙企业中的权利

C. 甲的自有财产不足清偿其对丙的债务的，甲可以以其从合伙企业中分取的收益用于清偿

D. 甲的自有财产不足清偿其对丙的债务的，丙可以依法请求人民法院强制执行其在合伙企业中的财产份额用于清偿

9. 根据合伙企业法律制度规定，关于新合伙人入伙的下列说法中，正确的是（　　）。

A. 应当经全体合伙人一致同意

B. 除合伙协议另有约定外，应当经全体合伙人一致同意

C. 应当经全体合伙人过半数同意

D. 除合伙协议另有约定外，应当经全体合伙人过半数同意

10. 根据合伙企业法律制度规定，下列关于合伙企业损益分配的表述中，正确的是（　　）。

A. 普通合伙企业可以将全部利润分配给部分合伙人

B. 有限合伙企业可以约定将全部利润分配给部分合伙人

C. 普通合伙企业可以由部分合伙人承担全部亏损

D. 有限合伙企业可以由部分合伙人承担全部亏损

11. 根据合伙企业法律制度规定，下列各项中，不属于合伙企业法定解散情形的是（　　）。

A. 合伙协议约定的合伙目的已经实现

B. 合伙协议约定的合伙目的无法实现

C. 合伙企业依法被吊销营业执照

D. 合伙人已不具备法定人数达 15 日

12. 根据合伙企业法律制度规定，下列关于合伙企业解散、清算的说法中，正确的是（　　）。

A. 经全体合伙人过半数同意，可以自合伙企业解散事由出现后 30 日内指定一个或者数个合伙人，或者委托第三人，担任清算人

B. 合伙人已不具备法定人数满 30 天，合伙企业应当解散

C. 合伙协议约定的合伙目的无法实现，不属于合伙企业法定解散情形

D. 合伙企业财产应当首先支付职工工资、社会保险费用、法定补偿金

二、多项选择题

1. 根据合伙企业法律制度规定，下列关于合伙企业特征的说法中，正确的有（　　）。
   A. 合伙企业从事较为固定的营利性活动
   B. 合伙企业具有法人资格
   C. 合伙企业具有人合的团体性
   D. 具有组织形式的持续存在性
   E. 合伙人对合伙企业债务承担有限责任

2. 根据合伙企业法律制度规定，关于普通合伙企业设立的下列说法中，正确的有（　　）。
   A. 合伙人为自然人的，应当具有完全民事行为能力
   B. 合伙协议依法由全体合伙人协商一致，以书面形式订立
   C. 合伙人可以用货币、实物、知识产权、土地使用权或者其他财产权利出资，但不可以用劳务出资
   D. 有合伙企业的名称
   E. 有合伙企业的生产经营场所

3. 根据合伙企业法律制度规定，下列关于普通合伙人财产份额的说法中，正确的有（　　）。
   A. 合伙人之间转让在合伙企业中的全部或者部分财产份额时，应当提前 30 日通知其他合伙人
   B. 除合伙协议另有约定外，合伙人向合伙人以外的人转让其在合伙企业中的全部或者部分财产份额时，须经其他合伙人一致同意
   C. 合伙人向合伙人以外的人转让其在合伙企业中的全部或者部分财产份额时，须经其他合伙人一致同意
   D. 除合伙协议另有约定外，合伙人以其在合伙企业中的财产份额出质的，须经其他合伙人一致同意
   E. 合伙人以其在合伙企业中的财产份额出质的，须经其他合伙人一致同意

4. 根据合伙企业法律制度规定，关于普通合伙企业事务执行的说法中，正确的有（　　）。
   A. 合伙人对执行合伙事务享有同等的权利
   B. 委托一个或者数个合伙人执行合伙事务的，其他合伙人不再执行合伙事务，但有权监督执行事务合伙人执行合伙事务的情况
   C. 合伙人分别执行合伙事务的，合伙人可以对其他合伙人执行的事务提出异议
   D. 受委托执行合伙事务的合伙人不按照合伙协议或者全体合伙人的决定执行事务的，其他合伙人可以决定撤销该委托
   E. 由一个或者数个合伙人执行合伙事务的，执行事务合伙人无须向其他合伙人报告事务执行情况以及合伙企业的经营和财务状况，但合伙人为了解合伙企业的经营状况和财务状况，有权查阅合伙企业会计账簿等财务资料

5. 根据合伙企业法律制度规定，除合伙协议另有约定外，普通合伙企业的下列事项应

当经全体合伙人一致同意的有（　　）。

A. 改变合伙企业的经营范围、主要经营场所的地点

B. 聘任合伙人以外的人担任合伙企业的经营管理人员

C. 处分合伙企业的动产

D. 转让合伙企业的知识产权

E. 以合伙企业名义为他人提供担保

6. 根据合伙企业法律制度的规定，下列关于合伙人财产份额的表述中，不正确的有（　　）。

A. 除合伙协议另有约定外，普通合伙人向合伙人以外的人转让其在合伙企业中的全部或者部分财产份额时，须经其他合伙人一致同意

B. 除合伙协议另有约定外，普通合伙人以其在合伙企业中的财产份额出质的，须经其他合伙人一致同意

C. 除合伙协议另有约定外，有限合伙人可以将其在有限合伙企业中的财产份额出质

D. 有限合伙人可以按照合伙协议的约定向合伙人以外的人转让其在有限合伙企业中的财产份额，但须经其他合伙人一致同意

E. 除合伙协议另有约定外，普通合伙人向合伙人以外的人转让其在合伙企业中的财产份额的，在同等条件下，其他合伙人有优先购买权

7. 根据合伙企业法律制度规定，下列选项中，属于事前协议退伙情形的有（　　）。

A. 合伙协议约定的退伙事由出现

B. 作为合伙人的自然人死亡或者被依法宣告死亡

C. 经全体合伙人一致同意

D. 在不给合伙企业事务执行造成不利影响的情况下，提前30日通知其他合伙人

E. 发生合伙人难以继续参加合伙的事由

8. 根据合伙企业法律制度规定，下列选项中，属于普通合伙人当然退伙情形的有（　　）。

A. 作为合伙人的自然人失踪

B. 个人丧失偿债能力

C. 作为合伙人的法人或者其他组织依法被申请破产

D. 法律规定或者合伙协议约定合伙人必须具有相关资格而丧失该资格

E. 合伙人在合伙企业中的全部财产份额被人民法院强制执行

9. 某会计师事务所是特殊的普通合伙企业，有甲、乙、丙、丁4名合伙人。甲、乙二人在执业活动中因重大过失造成合伙企业债务。根据合伙企业法律制度规定，下列关于该特殊的普通合伙企业合伙人责任承担的表述中，正确的有（　　）。

A. 甲、乙应当承担无限连带责任

B. 甲、乙以其在合伙企业中的财产份额为限承担责任

C. 丙、丁应当承担无限连带责任

D. 丙、丁以其认缴的出资额为限承担责任

E. 丙、丁以其在合伙企业中的财产份额为限承担责任

10. 根据合伙企业法律制度规定，下列选项中，属于有限合伙人出资形式的有（　　）。

A. 货币

B. 实物

C. 知识产权

D. 劳务

E. 土地使用权

11. 根据合伙企业法律制度规定，有限合伙人的下列行为中，不视为执行合伙事务的有（　　）。

A. 独立选择承办有限合伙企业审计业务的会计师事务所

B. 参与决策合伙企业为他人提供担保
C. 执行事务合伙人怠于行使权利时，督促其行使权利或者为了本企业的利益以自己的名义提起诉讼
D. 对涉及自身利益的情况，查阅有限合伙企业财务会计账簿等财务资料
E. 参与决定普通合伙人入伙、退伙

12. 根据合伙企业法律制度规定，下列关于普通合伙人与有限合伙人身份转变的表述中，正确的有（　　）。
A. 除合伙协议另有约定外，普通合伙人转变为有限合伙人，应当经全体合伙人一致同意
B. 有限合伙人转变为普通合伙人，应当经全体合伙人半数以上同意
C. 有限合伙人转变为普通合伙人的，对其作为有限合伙人期间有限合伙企业发生的债务承担无限连带责任
D. 普通合伙人转变为有限合伙人的，对其作为普通合伙人期间合伙企业发生的债务承担无限连带责任
E. 有限合伙人转变为普通合伙人的，对其作为普通合伙人期间有限合伙企业发生的债务承担无限连带责任

13. 根据合伙企业法律制度规定，在合伙企业清算过程中，合伙企业财产在支付清算费用后、缴纳所欠税款前应清偿的有（　　）。
A. 清偿债务
B. 职工工资
C. 向合伙人分配剩余财产
D. 社会保险费用
E. 法定补偿金

同步强化练习题参考答案及解析

使用“会计云课堂”App或“微信”扫码对答案、看解析、掌握解题思路，开启轻松过关之旅。

一、单项选择题

1. D　【解析】（1）选项A：甲系限制民事行为能力人，普通合伙人为自然人的，应当具有完全民事行为能力。（2）选项BC：国有独资公司、国有企业、上市公司以及公益性的事业单位、社会团体不得成为普通合伙人。

2. A　【解析】普通合伙人可以用货币、实物、知识产权、土地使用权或者其他财产权利出资，也可以用劳务出资。

3. C　【解析】普通合伙人以劳务出资的，其评估办法由全体合伙人协商确定，并在合伙协议中载明。

4. C　【解析】（1）普通合伙人可以用货币、实物、知识产权、土地使用权或者其

他财产权利出资，也可以用劳务出资，选项 A 错误。（2）普通合伙人以实物、知识产权、土地使用权或者其他财产权利出资，需要评估作价的，可以由全体合伙人协商确定，也可以由全体合伙人委托法定评估机构评估，选项 B 错误，选项 C 正确。（3）普通合伙人以劳务出资的，其评估办法由全体合伙人协商确定，并在合伙协议中载明，选项 D 错误。

5. D　【解析】合伙人以其在合伙企业中的财产份额出质的，须经其他合伙人一致同意；未经其他合伙人一致同意，其行为无效，由此给善意第三人造成损失的，由行为人依法承担赔偿责任。

6. C　【解析】选项 C：合伙人分别执行合伙事务的，执行事务合伙人可以对其他合伙人执行的事务提出异议。

7. C　【解析】（1）选项 A：普通合伙人不得自营或者同他人合作经营与本合伙企业相竞争的业务。（2）选项 BC：有限合伙人可以同本有限合伙企业进行交易；但是，合伙协议另有约定的除外。（3）选项 D：有限合伙人可以自营或者同他人合作经营与本有限合伙企业相竞争的业务；但是，合伙协议另有约定的除外。

8. A　【解析】选项 A：合伙人发生与合伙企业无关的债务，相关债权人不得以其债权抵销其对合伙企业的债务；也不得代位行使合伙人在合伙企业中的权利。

9. B　【解析】新合伙人入伙，除合伙协议另有约定外，应当经全体合伙人一致同意，并依法订立书面入伙协议。

10. B　【解析】选项 B：有限合伙企业不得将全部利润分配给部分合伙人；但是，合伙协议另有约定的除外。

11. D　【解析】合伙企业有下列情形之一的，应当解散：（1）合伙期限届满，合伙人决定不再经营；（2）合伙协议约定的解散事由出现；（3）全体合伙人决定解散；（4）合伙人已不具备法定人数满 30 天；（5）合伙协议约定的合伙目的已经实现或者无法实现；（6）依法被吊销营业执照、责令关闭或者被撤销；（7）法律、行政法规规定的其他原因。

12. B　【解析】（1）选项 A：经全体合伙人过半数同意，可以自合伙企业解散事由出现后 15 日内指定一个或者数个合伙人，或者委托第三人，担任清算人。（2）选项 BC：合伙企业有下列情形之一的，应当解散：①合伙期限届满，合伙人决定不再经营；②合伙协议约定的解散事由出现；③全体合伙人决定解散；④合伙人已不具备法定人数满 30 天；⑤合伙协议约定的合伙目的已经实现或者无法实现；⑥依法被吊销营业执照、责令关闭或者被撤销；⑦法律、行政法规规定的其他原因。（3）选项 D：合伙企业财产在支付清算费用和职工工资、社会保险费用、法定补偿金以及缴纳所欠税款、清偿债务后的剩余财产，依照规定进行分配。

二、多项选择题

1. ACD 【解析】（1）选项 B：合伙企业不具有法人资格。（2）选项 E：普通合伙人对合伙债务通常承担无限连带责任。

2. ABDE 【解析】合伙人可以用货币、实物、知识产权、土地使用权或者其他财产权利出资，也可以用劳务出资。

3. BE 【解析】（1）选项 A：合伙人之间转让在合伙企业中的全部或者部分财产份额时，应当通知其他合伙人。（2）选项 BC：除合伙协议另有约定外，合伙人向合伙人以外的人转让其在合伙企业中的全部或者部分财产份额时，须经其他合伙人一致同意。（3）选项 DE：合伙人以其在合伙企业中的财产份额出质的，须经其他合伙人一致同意；未经其他合伙人一致同意，其行为无效，由此给善意第三人造成损失的，由行为人依法承担赔偿责任。

4. ABD 【解析】（1）选项 C：合伙人分别执行合伙事务的，执行事务合伙人可以对其他合伙人执行的事务提出异议。（2）选项 E：由一个或者数个合伙人执行合伙事务的，执行事务合伙人应当定期向其他合伙人报告事务执行情况以及合伙企业的经营和财务状况。

5. ABDE 【解析】除合伙协议另有约定外，合伙企业的下列事项应当经全体合伙人一致同意：（1）改变合伙企业的名称；（2）改变合伙企业的经营范围、主要经营场所的地点；（3）处分合伙企业的不动产；（4）转让或者处分合伙企业的知识产权和其他财产权利；（5）以合伙企业名义为他人提供担保；（6）聘任合伙人以外的人担任合伙企业的经营管理人员。

6. BD 【解析】（1）选项 B：普通合伙人以其在合伙企业中的财产份额出质的，须经其他合伙人一致同意。（2）选项 D：有限合伙人可以按照合伙协议的约定向合伙人以外的人转让其在有限合伙企业中的财产份额，但应当提前 30 日通知其他合伙人。

7. ACE 【解析】合伙协议约定合伙期限的，在合伙企业存续期间，有下列情形之一的，合伙人可以退伙：（1）合伙协议约定的退伙事由出现；（2）经全体合伙人一致同意；（3）发生合伙人难以继续参加合伙的事由；（4）其他合伙人严重违反合伙协议约定的义务。

8. BDE 【解析】合伙人有下列情形之一的，当然退伙：（1）作为合伙人的自然人死亡或者被依法宣告死亡；（2）个人丧失偿债能力；（3）作为合伙人的法人或者其他组织依法被吊销营业执照、责令关闭、撤销，或者被宣告破产；（4）法律规定或者合伙协议约定合伙人必须具有相关资格而丧失该资格；（5）合伙人在合伙企业中的全部财产份额被人民法院强制执行。

9. AE　【解析】一个合伙人或者数个合伙人在执业活动中因故意或者重大过失造成合伙企业债务的，应当承担无限责任或者无限连带责任，其他合伙人以其在合伙企业中的财产份额为限承担责任。

10. ABCE　【解析】（1）有限合伙人可以用货币、实物、知识产权、土地使用权或者其他财产权利出资。（2）有限合伙人不得以劳务出资。

11. CDE　【解析】有限合伙人的下列行为，不视为执行合伙事务：（1）参与决定普通合伙人入伙、退伙；（2）对企业的经营管理提出建议；（3）参与选择承办有限合伙企业审计业务的会计师事务所；（4）获取经审计的有限合伙企业财务会计报告；（5）对涉及自身利益的情况，查阅有限合伙企业财务会计账簿等财务资料；（6）在有限合伙企业中的利益受到侵害时，向有责任的合伙人主张权利或者提起诉讼；（7）执行事务合伙人怠于行使权利时，督促其行使权利或者为了本企业的利益以自己的名义提起诉讼；（8）依法为本企业提供担保。

12. ACDE　【解析】（1）除合伙协议另有约定外，普通合伙人转变为有限合伙人，或者有限合伙人转变为普通合伙人，应当经全体合伙人一致同意。（2）有限合伙人转变为普通合伙人的，对其作为有限合伙人期间有限合伙企业发生的债务承担无限连带责任。普通合伙人转变为有限合伙人的，对其作为普通合伙人期间合伙企业发生的债务承担无限连带责任。

13. BDE　【解析】合伙企业财产在支付清算费用和职工工资、社会保险费用、法定补偿金以及缴纳所欠税款、清偿债务后的剩余财产，依照规定进行分配。

第十三章　公司法

本章学习指南

一、考情概况

本章近 3 年平均考查分值为 7.5 分，考查题型通常为单选题、多选题和综合分析题。

本章为重点章节，内容包括公司基础、公司设立、股东权利、公司组织机构、公司运行、股权转让与股份转让和公司变更与解散的相关知识。考题较为灵活、综合性强、理解与记忆难度高。

最近 3 年题型题量分析表

题型	2021 年	2020 年	2019 年
单项选择题	4.5 分	3.0 分	3.0 分
多项选择题	2.0 分	2.0 分	4.0 分
综合分析题	——	——	4.0 分
合计	6.5 分	5.0 分	11.0 分

二、教材变动

1. 新增公司特征、公司法适用范围；
2. 新增公司经营范围的相关表述；
3. 新增公司资本制度、调整公司资本原则。

核心考点精讲

查看本单元视频，快速 GET 知识点
使用“会计云课堂”App或“微信”扫码

第一单元　公司法基础

01　公司的概述（★★）

概念	公司是企业法人，有独立的法人财产，享有法人财产权
特征	公司具有法人资格、营利性和社团性（2022 年新增）

责任承担	公司以其全部财产对公司的债务承担责任
股东 有限责任	有限责任公司的股东以其认缴的出资额为限对公司承担责任；股份有限公司的股东以其认购的股份为限对公司承担责任
公司法人 人格否定	公司股东滥用公司法人独立地位和股东有限责任，逃避债务，严重损害公司债权人利益的，应当对公司债务承担连带责任
人格混同 考虑因素	（1）股东无偿使用公司资金或者财产，不作财务记载 （2）股东用公司的资金偿还股东的债务，或者将公司的资金供关联公司无偿使用，不作财务记载 （3）公司账簿与股东账簿不分，致使公司财产与股东财产无法区分 （4）股东自身收益与公司盈利不加区分，致使双方利益不清 （5）公司的财产记载于股东名下，由股东占有、使用 （6）人格混同的其他情形 【解释】在出现人格混同的情况下，往往同时出现以下混同：公司业务和股东业务混同；公司员工与股东员工混同，特别是财务人员混同；公司住所与股东住所混同。人民法院在审理案件时，关键要审查是否构成人格混同，而不要求同时具备其他方面的混同，其他方面的混同往往只是人格混同的补强
	公司控制股东对公司过度支配与控制，操纵公司的决策过程，使公司完全丧失独立性，沦为控制股东的工具或躯壳，严重损害公司债权人利益，应当否认公司人格，由滥用控制权的股东对公司债务承担连带责任
过度支配与 控制的认定	（1）母子公司之间或者子公司之间进行利益输送 （2）母子公司或者子公司之间进行交易，收益归一方，损失却由另一方承担 （3）先从原公司抽走资金，然后再成立经营目的相同或者类似的公司，逃避原公司债务 （4）先解散公司，再以原公司场所、设备、人员及相同或者相似的经营目的另设公司，逃避原公司债务 （5）过度支配与控制的其他情形
	控制股东或实际控制人控制多个子公司或者关联公司，滥用控制权使多个子公司或者关联公司财产边界不清、财务混同，利益相互输送，丧失人格独立性，沦为控制股东逃避债务、非法经营，甚至违法犯罪工具的，可以综合案件事实，否认子公司或者关联公司法人人格，判令承担连带责任

经典题解

【真题·多选题】下列公司、股东的行为中，可以作为公司人格混同认定依据的有（　　）。（2020年）

A. 股东无偿使用公司资金，不作财务记载

B. 股东用公司的资金偿还股东债务，不作财务记载

C. 控制股东操纵公司决策过程

D. 母子公司之间进行利益输送

E. 不区分公司账簿与股东账簿

【解析】（1）选项ABE：在认定是否构成人格混同时，应当综合考虑以下因素：①股东无偿使用公司资金或者财产，不作财务记载的；②股东用公司的资金偿还股东的债务，或者将公司的资金供关联公司无偿使用，不作财务记载的；③公司账簿与股东账簿不分，“致使公司财产与股东财产无法区分的”（选项E表述不完整）；④股东自身收益与公司盈利不加区分，致使双方利益不清的；⑤公司的财产记载于股东名下，由股东占有、使用的；⑥人格混同的其他情形。（2）选项CD：公司控制股东对公司过度支配与控制，操纵公司的决策过程，使公司完全丧失独立性，沦为控制股东的工具或躯壳，严重损害公司债权人利益，应当否认公司人格，由滥用控制权的股东对公司债务承担连带责任。母子公司之间或者子公司之间进行利益输送是实践中常见的过度支配与控制情形。

【答案】 AB

02 公司资本（★）

<table>
<tr><td>公司资本制度</td><td colspan="2">法定资本制（我国采用，分为：严格的法定资本制、变革的法定资本制）、授权资本制、折中资本制（2022年新增）</td></tr>
<tr><td rowspan="3">公司资本原则</td><td>资本确定原则</td><td>确保公司资本的真实可靠，防止公司设立中的欺诈和投机行为（2022年新增）</td></tr>
<tr><td>资本维持原则</td><td>保证公司有足够的偿债能力，以达到保护公司债权人利益、维护公司信用基础的目的；同时防止股东对盈余分配的过高要求而可能导致公司资本的实质性减少（2022年新增）</td></tr>
<tr><td>资本不变原则</td><td>公司资本总额一旦确定，非经法定程序变更章程，不得改变，强调资本不能随意变动（2022年调整）</td></tr>
</table>

03 依法保护公司法人财产权（★★）

<table>
<tr><th>事项</th><th>决议</th></tr>
<tr><td>向其他企业投资</td><td rowspan="2">（1）依照公司章程的规定，由董事会或者股东会、股东大会决议
（2）公司章程对投资或者担保的总额及单项投资或者担保的数额有限额规定的，不得超过规定的限额</td></tr>
<tr><td>为他人提供担保</td></tr>
<tr><td>为公司股东或者实际控制人提供担保</td><td>（1）必须经股东会或者股东大会决议
（2）接受担保的股东或者受实际控制人支配的股东，不得参加该事项的表决
（3）该项表决由出席会议的其他股东所持表决权的过半数（>1/2）通过</td></tr>
</table>

经典题解

【真题1·单选题】 根据《公司法》规定，下列关于公司提供担保的说法中，正确的是（ ）。（2016年）

A. 公司不得为公司实际控制人提供担保

B. 公司为他人提供担保，由董事长决定

C. 公司可以为股东提供担保，担保数额由董事会决定

D. 公司为股东提供担保，须经出席股东会议的其他股东所持表决权的过半数通过

【答案】 D

【真题2·多选题】 根据《公司法》规定，下列关于公司提供担保的说法，正确的有（ ）。（2012年）

A. 公司可以对外提供担保，但不可以为本公司股东或者实际控制人提供担保

B. 董事会、股东会或者股东大会均有权决定公司对外提供担保事宜

C. 公司章程可以对公司提供担保的数额作出限制性规定

D. 公司为公司股东提供担保，必须经股东会或者股东大会决议通过，且接受担保的股东不得参加担保事项的表决

E. 公司股东会或者股东大会可以决定为本公司股东提供担保，但是具体事项表决时需由公司半数以上股东同意才能通过

【解析】（1）选项ADE：公司为公司股东或者实际控制人提供担保的，必须经股东会或者股东大会决议；接受公司担保的股东或者受实际控制人支配的股东不得参加表决，该项表决由"出席"会议的"其他股东"所持表决权的"过半数"（>1/2）通过。（2）选项B：根据规定，公司为他人（非股东、非实际控制人）提供担保的，"按照公司章程的规定"，由董事会或者股东（大）会决议，因此，如公司章程规定任何担保事项均由股东（大）会决议，该规定合法有效。

【答案】 CD

04 其他考点（★★）

经营范围	公司的经营范围由公司章程规定，并依法登记
	公司经营范围分为一般经营项目和许可经营项目，由公司办理设立登记时按照市场监督管理总局发布的经营范围规范目录所属行业或者经营特征自主选择（2022年新增）
	公司的经营范围中属于法律、行政法规规定须经批准的项目，应当依法经过批准
超越经营范围订立合同	当事人超越经营范围订立合同，为了保护善意相对人的利益，人民法院不因此认定合同无效；但是违反国家限制经营、特许经营以及法律、行政法规禁止经营规定的除外
改变经营范围	（1）公司可以修改公司章程，改变经营范围，但是应当办理变更登记 （2）变更登记的范围属于依法须经批准的项目的，应当自批准之日起30日内申请变更登记（2022年调整）

法定代表人	公司法定代表人依照公司章程的规定，由董事长、执行董事或者经理担任，并依法登记。公司法定代表人变更，应当办理变更登记
子公司	子公司具有法人资格，依法独立承担民事责任
分公司	分公司不具有法人资格，其民事责任由总公司承担
	设立分公司，应当向公司登记机关申请登记，领取营业执照

经典题解

【真题1·单选题】下列关于公司经营范围的说法中，正确的是（　　）。（2018年）

A. 公司的经营范围由公司章程规定

B. 公司申请登记的经营范围由出资人决定

C. 公司超越经营范围订立的合同一律无效

D. 公司的经营范围不得改变

【解析】（1）选项AB：公司的经营范围由公司章程规定，并依法登记。（2）选项C：如果当事人超越经营范围订立合同，为了保护善意相对人的利益，人民法院不因此认定合同无效，但是违反国家限制经营、特许经营以及法律、行政法规禁止经营规定的除外。（3）选项D：公司可以修改公司章程，改变经营范围，但是应当办理变更登记。

【答案】A

【真题2·单选题】甲公司在苹果社区完成一项防水工程后，将剩余的防水材料卖给了苹果社区的乙物业公司。经查，甲公司营业执照登记的经营范围并不包括销售防水材料。根据《民法典》相关规定，甲乙公司间防水材料买卖合同（　　）。（2021年）

A. 无效　　　　B. 效力待定

C. 有效　　　　D. 可撤销

【解析】当事人超越经营范围订立合同，为了保护善意相对人的利益，人民法院不因此认定合同无效；但是违反国家限制经营、特许经营以及法律、行政法规禁止经营规定的除外。

【答案】C

第二单元　公司设立

查看本单元视频，快速GET知识点

使用“会计云课堂”App或“微信”扫码

01 有限责任公司的设立条件（★★）

要素	规定
人	有限责任公司由50个以下（1≤Y≤50）股东出资设立

要素	规定
钱	有符合公司章程规定的全体股东认缴的出资额；法律、行政法规以及国务院决定对有限责任公司注册资本实缴、注册资本最低限额另有规定的，从其规定
	股东可以用货币出资，也可以用实物、知识产权、土地使用权等可以用货币估价并可以依法转让的非货币财产作价出资；但是，法律、行政法规规定不得作为出资的财产除外；股东不得以劳务、信用、自然人姓名、商誉、特许经营权或者设定担保的财产等作价出资
文件	股东共同制定公司章程，股东应当在公司章程上签名、盖章
	公司章程对公司、股东、董事、监事、高级管理人员具有约束力
	股东会会议作出修改公司章程的决议，须经代表 2/3 以上表决权的股东通过
名称	有公司名称，建立符合有限责任公司要求的组织机构
地点	有公司住所

经典题解

【真题 1 · 单选题】根据《公司法》，股东可以（　　）出资。（2011 年）

A. 劳务　　B. 管理技能

C. 信用　　D. 非专利技术

【解析】股东可以用货币出资，也可以用实物、知识产权、土地使用权等可以用货币估价并可以依法转让的非货币财产作价出资，但不得以劳务、信用、自然人姓名、商誉、特许经营权或者设定担保的财产等作价出资。

【答案】D

【真题 2 · 多选题】公司章程是公司必备的基本法律文件。关于有限责任公司章程的说法，正确的有（　　）。（2012 年）

A. 公司章程由全体股东共同制定

B. 公司经营范围由公司营业执照确定，公司章程无权规定

C. 公司章程修改，应由董事会表决通过

D. 公司章程修改，须经出席会议股东半数以上通过

E. 公司章程变更涉及公司登记事项的，公司应当向原公司登记机关申请变更登记

【解析】（1）选项 B：公司的经营范围由公司章程规定，并依法登记。（2）选项 CD：有限责任公司修改公司章程属于股东会的职权，须经代表 2/3 以上表决权的股东通过。

【答案】AE

【真题 3 · 多选题】根据《公司法》规定，下列关于公司章程和股东责任的说法中，正确的有（　　）。（2018 年）

A. 公司股东滥用股东有限责任，逃避债务，严重损害公司债权人利益的，应当对公司债务承担连带责任

B. 股份有限公司章程由发起人制订，采用募集方式设立的，须经创立大会通过

C. 公司章程具有普遍约束力

D. 有限责任公司修改公司章程的，须经代表 2/3 以上的表决权的股东通过

E. 设立公司必须依法制定公司章程

【解析】选项 C：公司章程作为公司内部规章，对公司、股东、董事、监事、高级管理人员具有约束力，效力仅及于公司和相关当事人，不具有普遍约束力。

【答案】ABDE

02 非货币财产出资（★★）

评估作价		对作为出资的非货币财产应当评估作价，核实财产，不得高估或者低估作价；法律、行政法规对评估作价有规定的，从其规定
未依法评估作价		出资人以非货币财产出资，未依法评估作价，公司、其他股东或者公司债权人请求认定出资人未履行出资义务的，人民法院应当委托具有合法资格的评估机构对该财产评估作价。评估确定的价额显著低于公司章程所定价额的，人民法院应当认定出资人未依法全面履行出资义务
出资贬值		出资人以符合法定条件的非货币财产出资后，因市场变化或者其他客观因素导致出资财产贬值，公司、其他股东或者公司债权人请求该出资人承担补足出资责任的，人民法院不予支持。但是，当事人另有约定的除外
瑕疵出资	无处分权	出资人以不享有处分权的财产出资，当事人之间对于出资行为效力产生争议的，人民法院可以参照善意取得制度予以认定
	犯罪所得	出资人以贪污、受贿、侵占、挪用等违法犯罪所得的货币出资后取得股权的，司法机关对违法犯罪行为予以追究、处罚时，应当采取拍卖或者变卖的方式处置其股权（本规定并非针对非货币出资形式）
	权利负担	出资人以划拨土地使用权出资，或者以设定权利负担的土地使用权出资，公司、其他股东或者公司债权人主张认定出资人未履行出资义务的，人民法院应当责令当事人在指定的合理期间内办理土地变更手续或者解除权利负担；逾期未办理或者未解除的，人民法院应当认定出资人未依法全面履行出资义务
交付 vs 权属变更手续		出资人以房屋、土地使用权或者需要办理权属登记的知识产权等财产出资，已经交付公司使用但未办理权属变更手续，公司、其他股东或者公司债权人主张认定出资人未履行出资义务的，人民法院应当责令当事人在指定的合理期间内办理权属变更手续；在上述期间内办理了权属变更手续的，人民法院应当认定其已经履行了出资义务；出资人主张自其实际交付财产给公司使用时享有相应股东权利的，人民法院应予支持
		出资人以上述财产出资，已经办理权属变更手续但未交付给公司使用，公司或者其他股东主张其向公司交付、并在实际交付之前不享有相应股东权利的，人民法院应予支持

股权出资条件	（1）出资的股权由出资人合法持有并依法可以转让 （2）出资的股权无权利瑕疵或者权利负担 （3）出资人已履行关于股权转让的法定手续 （4）出资的股权已依法进行了价值评估	
	股权出资不符合上述第（1）、（2）、（3）项的规定，公司、其他股东或者公司债权人请求认定出资人未履行出资义务的，人民法院应当责令该出资人在指定的合理期间内采取补正措施，以符合上述条件；逾期未补正的，人民法院应当认定其未依法全面履行出资义务	
	股权出资不符合上述第（4）项的规定，公司、其他股东或者公司债权人请求认定出资人未履行出资义务的，人民法院应当按照非货币财产出资"未依法评估作价"的规定处理	
股权出资限制	（1）股权所在公司注册资本尚未缴足；（2）已被设立质权；（3）已被冻结；（4）股权所在公司章程约定不得转让；（5）法律、行政法规或者国务院决定规定，股权所在公司股东转让股权应当报经批准而未经批准；（6）法律、行政法规或者国务院决定规定不得转让的其他情形	
债权出资条件	转为公司股权的债权应当符合下列情形之一：（1）债权人已经履行债权所对应的合同义务，且不违反法律、行政法规、国务院决定或者公司章程的禁止性规定；（2）经人民法院生效裁判或者仲裁机构裁决确认；（3）公司破产重整或者和解期间，列入经人民法院批准的重整计划或者裁定认可的和解协议	
	用以转为公司股权的债权有2个以上债权人的，债权人对债权应当作出分割	
	债权转为公司股权的，公司应当增加注册资本	

经典题解

【真题·多选题】下列关于股权出资规则的说法中，正确的有（　　）。（2021年）

A. 可以用注册资本尚未缴足的公司的股权出资

B. 可以用已设立质权的股权出资

C. 不可以用已被冻结的股权出资

D. 可以用出资人合法持有并依法可转让的股权出资

E. 不可以用公司章程约定不得转让的股权出资

【答案】CDE

03 欠缴出资、抽逃出资（★★）

按期、足额缴纳出资	股东应当按期足额缴纳公司章程中规定的各自所认缴的出资额。股东以货币出资的，应当将货币出资足额存入有限责任公司在银行开设的账户；以非货币财产出资的，应当依法办理其财产权的转移手续

<table>
<tr><td rowspan="3">设立时欠缴出资</td><td>公司、其他股东</td><td>股东未履行或者未全面履行出资义务，公司或者其他股东请求其向公司依法全面履行出资义务的，人民法院应予支持</td></tr>
<tr><td>债权人</td><td>公司债权人请求未履行或者未全面履行出资义务的股东在未出资本息范围内对公司债务不能清偿的部分承担补充赔偿责任的，人民法院应予支持；未履行或者未全面履行出资义务的股东已经承担上述责任，其他债权人提出相同请求的，人民法院不予支持（有限责任、补充责任、一次性责任）</td></tr>
<tr><td>发起人</td><td>（1）股东在公司设立时未履行或者未全面履行出资义务，依照规定提起诉讼的原告，请求公司的发起人与被告股东承担连带责任的，人民法院应予支持；公司的发起人承担责任后，可以向被告股东追偿
（2）作为设立公司出资的非货币财产的实际价额显著低于公司章程所定价额的，应当由交付该出资的发起人补足其差额；其他发起人承担连带责任</td></tr>
<tr><td colspan="2">增资时欠缴出资</td><td>股东在公司增资时未履行或者未全面履行出资义务，依照规定提起诉讼的原告，请求未尽公司法规定的义务而使出资未缴足的董事、高级管理人员承担相应责任的，人民法院应予支持；董事、高级管理人员承担责任后，可以向被告股东追偿</td></tr>
<tr><td colspan="2">抽逃出资情形</td><td>（1）制作虚假财务会计报表虚增利润进行分配
（2）通过虚构债权债务关系将其出资转出
（3）利用关联交易将出资转出
（4）其他未经法定程序将出资抽回的行为</td></tr>
<tr><td rowspan="2">抽逃出资</td><td>公司、其他股东</td><td>股东抽逃出资，公司或者其他股东请求其向公司返还出资本息、协助抽逃出资的其他股东、董事、高级管理人员或者实际控制人对此承担连带责任的，人民法院应予支持</td></tr>
<tr><td>债权人</td><td>公司债权人请求抽逃出资的股东在抽逃出资本息范围内对公司债务不能清偿的部分承担补充赔偿责任、协助抽逃出资的其他股东、董事、高级管理人员或者实际控制人对此承担连带责任的，人民法院应予支持；抽逃出资的股东已经承担上述责任，其他债权人提出相同请求的，人民法院不予支持</td></tr>
<tr><td colspan="2" rowspan="2">法律责任</td><td>股东未履行或者未全面履行出资义务或者抽逃出资，公司根据公司章程或者股东会决议对其利润分配请求权、新股优先认购权、剩余财产分配请求权等股东权利作出相应的合理限制，该股东请求认定该限制无效的，人民法院不予支持（记忆口诀“新剩利”）</td></tr>
<tr><td>有限责任公司的股东未履行出资义务或者抽逃全部出资，经公司催告缴纳或者返还，其在合理期间内仍未缴纳或者返还出资，公司以股东会决议解除该股东的股东资格，该股东请求确认该解除行为无效的，人民法院不予支持</td></tr>
</table>

经典题解

【真题·单选题】下列关于股东抽逃出资的认定和效力的说法中，正确的是（　　）。（2021 年）

A. 通过虚构债权债务关系将出资转出的，不属于抽逃出资

B. 股东抽逃出资的，应当剥夺其利润分配请求权

C. 股东抽逃出资的，应当返还出资本息

D. 利用关联交易将出资转出的，不属于抽逃出资

【解析】（1）选项 AD：公司成立后，公司、股东或者公司债权人以相关股东的行为符合下列情形之一且损害公司权益为由，请求认定该股东抽逃出资的，人民法院应予支持：①制作虚假财务会计报表虚增利润进行分配；②通过虚构债权债务关系将其出资转出；③利用关联交易将出资转出；④其他未经法定程序将出资抽回的行为。（2）选项 B：股东抽逃出资，公司根据公司章程或者股东会决议对其利润分配请求权作出相应的合理限制（只是作出合理限制，并非剥夺），该股东请求认定该限制无效的，人民法院不予支持。

【答案】C

04 公司设立中的民事责任（★）

<table>
<tr><th colspan="2">民事责任</th><th colspan="2">责任承担</th></tr>
<tr><td rowspan="2">合同之债</td><td>以发起人名义订立</td><td colspan="2">发起人为设立公司以自己名义对外签订合同，合同相对人请求该发起人承担合同责任的，人民法院应予支持；公司成立后合同相对人请求公司承担合同责任的，人民法院应予支持</td></tr>
<tr><td>以设立中公司名义订立</td><td colspan="2">（1）公司成立后，公司承担合同责任
（2）公司成立后有证据证明发起人利用设立中公司的名义为自己的利益与相对人签订合同，公司以此为由主张不承担合同责任的，人民法院应予支持，但相对人为善意的除外</td></tr>
<tr><td rowspan="2">公司因故未设立之债</td><td>对外</td><td colspan="2">全体或者部分发起人对设立公司行为所产生的费用和债务承担连带清偿责任</td></tr>
<tr><td>对内</td><td colspan="2">（1）部分发起人依照规定承担责任后，请求其他发起人分担的，人民法院应当判令其他发起人按照约定的责任承担比例分担责任；没有约定责任承担比例的，按照约定的出资比例分担责任；没有约定出资比例的，按照均等份额分担责任
（2）因部分发起人的过错导致公司未成立，其他发起人主张其承担设立行为所产生的费用和债务的，人民法院应当根据过错情况，确定过错一方的责任范围</td></tr>
<tr><td rowspan="3">侵权之债</td><td rowspan="2">对外</td><td>公司成立后</td><td>公司承担侵权赔偿责任</td></tr>
<tr><td>公司未能成立</td><td>全体发起人承担连带赔偿责任</td></tr>
<tr><td>对内</td><td colspan="2">公司或者无过错的发起人承担赔偿责任后，可以向有过错的发起人追偿</td></tr>
</table>

经典题解

【真题·单选题】根据《公司法》及司法解释的规定，下列关于发起人在设立公司阶段订立合同的责任承担的说法中，正确的是（　　）。（2015年）

A. 发起人为设立公司以个人名义与他人订立合同的，应由成立后的公司承担合同责任

B. 发起人为设立公司以设立中公司名义与他人订立合同的，由成立后的公司承担合同责任

C. 发起人以设立中公司名义为自己的利益与善意相对人签订合同，由发起人承担合同责任

D. 不论发起人与他人订立合同以何种名义，均由成立后的公司承担责任

【解析】（1）选项AD：发起人为设立公司以自己名义对外签订合同，合同相对人请求该发起人承担合同责任的，人民法院应予支持；公司成立后合同相对人请求公司承担合同责任的，人民法院应予支持。（2）选项BC：发起人以设立中公司名义对外签订合同，公司成立后合同相对人请求公司承担合同责任的，人民法院应予支持。公司成立后有证据证明发起人利用设立中公司的名义为自己的利益与相对人签订合同，公司以此为由主张不承担合同责任的，人民法院应予支持，但相对人为善意的除外。

【答案】B

05 名义股东与实际出资人（★★）

代持股协议效力	有限责任公司的实际出资人与名义出资人订立合同，约定由实际出资人出资并享有投资权益，以名义出资人为名义股东，实际出资人与名义股东对该合同效力发生争议的，如无法律规定的无效情形，人民法院应当认定该合同有效
投资权益归属	实际出资人与名义股东因投资权益的归属发生争议，实际出资人以其实际履行了出资义务为由向名义股东主张权利的，人民法院应予支持。名义股东以公司股东名册记载、公司登记机关登记为由否认实际出资人权利的，人民法院不予支持
隐名股东显名化	实际出资人未经公司其他股东半数以上同意，请求公司变更股东、签发出资证明书、记载于股东名册、记载于公司章程并办理公司登记机关登记的，人民法院不予支持
名义股东处分股权	（1）名义股东将登记于其名下的股权转让、质押或者以其他方式处分，实际出资人以其对于股权享有实际权利为由，请求认定处分股权行为无效的，人民法院可以参照善意取得制度的规定处理 （2）名义股东处分股权造成实际出资人损失，实际出资人请求名义股东承担赔偿责任的，人民法院应予支持

06 股份有限公司的设立条件（★）

设立方式	发起设立	由发起人认购公司应发行的全部股份而设立公司
	募集设立	由发起人认购公司应发行股份的一部分，其余股份向社会公开募集或者向特定对象募集而设立公司

人	设立股份有限公司，应当有2人以上200人以下为发起人，其中须有半数以上的发起人在中国境内有住所（≠中国公民）	
钱	有符合公司章程规定的全体发起人认购的股本总额或者募集的实收股本总额	
	（1）以募集设立方式设立股份有限公司的，发起人认购的股份不得少于公司股份总数的35%；但是，法律、行政法规另有规定的，从其规定 （2）采取发起设立方式设立股份有限公司的，在发起人认购的股份缴足前，不得向他人募集股份	
	发起人向社会公开募集股份，应当由依法设立的证券公司承销，签订承销协议	
	股份有限公司的认股人未按期缴纳所认股份的股款，经公司发起人催缴后在合理期间内仍未缴纳，公司发起人对该股份另行募集的，人民法院应当认定该募集行为有效。认股人延期缴纳股款给公司造成损失，公司请求该认股人承担赔偿责任的，人民法院应予支持	
文件	发起方式	发起人制订公司章程
	募集方式	发起人制订公司章程→创立大会通过
名称	有公司名称，建立符合股份有限公司要求的组织机构	
地点	有公司住所	

考点提示

发起人责任	公司不能成立时，对设立行为所产生的债务和费用负连带责任
	公司不能成立时，对认股人已缴纳的股款，负返还股款并加算银行同期存款利息的连带责任
	在公司设立过程中，由于发起人的过失致使公司利益受到损害的，应当对公司承担赔偿责任

07 创立大会（★★）

验资	发行股份的股款缴足后，必须经依法设立的验资机构验资并出具证明（募集方式才需要验资）
召开	发起人应当自股款缴足之日起30日内主持召开公司创立大会
组成	创立大会由发起人、认股人组成
通知	发起人应当在创立大会召开15日前将会议日期通知各认股人或者予以公告
举行	创立大会应有代表股份总数过半数的发起人、认股人出席，方可举行

职权	（1）审议发起人关于公司筹办情况的报告；（2）通过公司章程；（3）选举董事会成员；（4）选举监事会成员；（5）对公司的设立费用进行审核；（6）对发起人用于抵作股款的财产的作价进行审核；（7）发生不可抗力或者经营条件发生重大变化直接影响公司设立的，可以作出不设立公司的决议
决议	必须经出席会议的认股人所持表决权过半数通过
返还股款	发行的股份超过招股说明书规定的截止期限尚未募足的，或者发行股份的股款缴足后，发起人在30日内未召开创立大会或者创立大会决议不设立公司的，认股人可以按照所缴股款并加算银行同期存款利息，要求发起人返还
抽回股本	发起人、认股人缴纳股款或者交付抵作股款的出资后，除未按期募足股份、发起人未按期召开创立大会或者创立大会决议不设立公司的情形外，不得抽回其股本
登记	创立大会通过后，董事会应当于创立大会结束后30日内向公司登记机关申请设立登记

经典题解

【真题1·单选题】下列有关股份有限公司设立规则的说法中，正确的是（　　）。（2019年）

A. 采取发起方式设立的，设立前发起人应缴足公司章程规定其认购的股份

B. 采取募集方式设立的，发起人向社会公开募集股份时，应公告招股说明书，可以由发起人自行承销

C. 采取募集方式设立的，注册资本为在公司登记机关登记的实收股本总额

D. 采取募集方式设立的，创立大会仅由发起人组成，不包括认股人

【解析】（1）选项A：采取发起方式设立的，由发起人认购公司应发行的全部股份而设立公司（不要求实缴）。（2）选项B：采取募集方式设立的，发起人向社会公开募集股份，应当由依法设立的证券公司承销，签订承销协议。（3）选项D：采取募集方式设立的，创立大会由发起人、认股人组成。

【答案】C

【真题2·多选题】甲公司为国有企业，为了改制需要，拟通过募集方式设立股份有限公司。根据《公司法》，下列关于股份有限公司设立的做法中，正确的有（　　）。（2014年）

A. 甲公司与国内乙公司、丙公司、丁公司订立协议，作为发起人，设立股份有限公司

B. 发起人按协议制订章程，认购部分股份，公告招股说明书，签订股票承销协议、代收股款协议

C. 发起人召开创立大会，对选举董事会成员事项作出决议，应经出席会议的认股人所持表决权1/3通过

D. 发行股份的股款缴足后，发起人召开创立大会，应代表股份总数1/3的认股人出席

E. 发起人委托丙公司在创立大会结束后2个月内，申请办理公司设立登记手续

【解析】（1）选项A：设立股份有限公司，应当有2人以上200人以下为发起人，其中

须有半数以上的发起人在中国境内有住所。(2) 选项 C：选举董事会成员应当经出席会议的认股人所持表决权过半数（>1/2）通过。(3) 选项 D：创立大会应有代表股份总数过半数的发起人、认股人出席，方可举行。(4) 选项 E：董事会应于创立大会结束后 30 日内，向公司登记机关申请设立登记。

【答案】 AB

第三单元 股东权利

查看本单元视频，快速 GET 知识点
使用“会计云课堂”App或“微信”扫码

01 股东知情权（★★）

1. 股东查阅权

	有限责任公司股东	股份有限公司股东
公司章程	查阅、复制	查阅
股东名册	——	查阅
公司债券存根	——	查阅
股东（大）会会议记录	查阅、复制	查阅
董事会会议决议	查阅、复制	查阅
监事会会议决议	查阅、复制	查阅
财务会计报告	查阅、复制	查阅
会计账簿	查阅（没有复制）	——

2. 依法保护股东查阅权

有限责任公司股东请求查阅公司会计账簿	有限责任公司股东可以要求查阅公司会计账簿。股东要求查阅公司会计账簿的，应当向公司提出书面请求，说明目的。公司有合理根据认为股东查阅会计账簿有不正当目的，可能损害公司合法利益的，可以拒绝提供查阅，并应当自股东提出书面请求之日起 15 日内书面答复股东并说明理由。公司拒绝提供查阅的，股东可以请求人民法院要求公司提供查阅
不正当目的	(1) 股东自营或者为他人经营与公司主营业务有实质性竞争关系业务的，但公司章程另有规定或者全体股东另有约定的除外 (2) 股东为了向他人通报有关信息查阅公司会计账簿，可能损害公司合法利益 (3) 股东在向公司提出查阅请求之日前 3 年内，曾通过查阅公司会计账簿，向他人通报有关信息损害公司合法利益 (4) 股东有不正当目的的其他情形
不得实质性剥夺	公司章程、股东之间的协议等实质性剥夺股东依据公司法规定查阅或者复制公司文件材料的权利，公司以此为由拒绝股东查阅或者复制的，人民法院不予支持

判决具有可执行性	股东依据人民法院生效判决查阅公司文件材料的，在该股东在场的情况下，可以由会计师、律师等依法或者依据执业行为规范负有保密义务的中介机构执业人员辅助进行。辅助股东查阅公司文件材料的会计师、律师等泄露公司商业秘密导致公司合法利益受到损害，公司请求其赔偿相关损失的，人民法院应当予以支持
董、高未依法制作文件材料	公司董事、高级管理人员等未依法履行职责，导致公司未依法制作或者保存公司法规定的公司文件材料，给股东造成损失，股东依法请求负有相应责任的公司董事、高级管理人员承担民事赔偿责任的，人民法院应当予以支持

02 公司决议效力（★★）

决议效力	具体情形
不成立	（1）公司未召开会议的，但依据公司法或者公司章程规定可以不召开股东会或者股东大会而直接作出决定，并由全体股东在决定文件上签名、盖章的除外 （2）会议未对决议事项进行表决的 （3）出席会议的人数或者股东所持表决权不符合公司法或者公司章程规定的 （4）会议的表决结果未达到公司法或者公司章程规定的通过比例的 （5）导致决议不成立的其他情形
无效	公司股东会或者股东大会、董事会的决议内容违反法律、行政法规的无效 【解释】公司股东、董事、监事等请求确认股东会或者股东大会、董事会决议无效或者不成立的，人民法院应当依法予以受理
可撤销	股东会或者股东大会、董事会的会议召集程序、表决方式违反法律、行政法规或者公司章程，或者决议内容违反公司章程的，股东可以自决议作出之日起60日内，请求人民法院撤销 【提示1】该60日为除斥期间，自决议作出之日起算，超过该期间，股东即丧失起诉权 【提示2】股东请求撤销股东会或者股东大会、董事会决议，符合规定的，人民法院应当予以支持，但会议召集程序或者表决方式仅有轻微瑕疵，且对决议未产生实质影响的，人民法院不予支持

易错易混

股东（大）会、董事会	违反法律、行政法规	违反公司章程
决议内容	无效	可撤销
会议召集程序、表决方式	可撤销	可撤销

经典题解

【真题·多选题】若公司董事会作出的决议存在违反公司章程的瑕疵，则可以对该决议提起撤销之诉的人员有（　　）。（2016年）

A. 公司非控股股东
B. 列席董事会会议的非股东监事
C. 出席董事会会议具有表决权的非股东董事
D. 出席董事会会议的股东
E. 受决议内容影响的股东

【解析】股东会或者股东大会、董事会的会议召集程序、表决方式违反法律、行政法规或者公司章程，或者决议内容违反公司章程的，股东可以自决议作出之日起 60 日内，请求人民法院撤销。

【答案】ADE

03 新股优先认购权（★）

有限责任公司股东	有限责任公司新增资本时，股东有权优先按照实缴的出资比例认缴出资；但是，全体股东约定不按照出资比例优先认缴出资的除外
股份有限公司股东	股份有限公司发行新股，股东大会应当对向原有股东发行新股的种类及数额作出决议（股份有限公司股东并不当然享有新股优先认购权，须通过股东大会会议决议方享有此权利）

04 临时提案权（★）

提案主体	单独或者合计持有公司3%以上股份的股东，可以在股东大会召开10 日前提出临时提案并书面提交董事会
议案提交	董事会应当在收到提案后 2 日内通知其他股东，并将该临时提案提交股东大会审议
提案内容	临时提案的内容应当属于股东大会职权范围，并有明确议题和具体决议事项

05 异议股东回购请求权（★）

有限责任公司股东	股份有限公司股东
有下列情形之一的，对股东会该项决议投反对票的股东可以请求公司按照合理的价格收购其股权： （1）公司连续5 年不向股东分配利润，而公司该5 年连续盈利，并且符合规定的分配利润条件的 （2）公司合并、分立、转让主要财产的 （3）公司章程规定的营业期限届满或者章程规定的其他解散事由出现，股东会会议通过决议修改章程使公司存续的 【提示】自股东会会议决议通过之日起 60 日内，股东与公司不能达成股权收购协议的，股东可以自股东会会议决议通过之日起 90 日内向人民法院提起诉讼，要求公司收购股权	股东因对股东大会作出的公司合并、分立决议持异议，要求公司收购其股份

经典题解

【真题·多选题】根据《公司法》，有（　　）情形的，对股东会该项决议投反对票的股东，可以请求公司按照合理的价格收购其股权。（2011 年）

A. 在公司连续 5 年不向股东分配利润、该 5 年连续盈利，且符合《公司法》规定的分配利润条件的情况下，股东会会议决议不向股东分配利润

B. 股东会会议决议与其它公司合并，或者公司分立、转让主要财产

C. 股东会会议决议为公司股东或者实际控制人提供担保

D. 公司章程规定的营业期限届满或者章程规定的其他解散事由出现，股东会会议通过决议修改章程使公司存续

E. 股东会会议决议减少注册资本

【答案】ABD

06 股东代表诉讼（★★★）

穷尽公司内部救济	董、高	董事、高级管理人员执行公司职务时违反法律、行政法规或者公司章程的规定，给公司造成损失的，有限责任公司的股东、股份有限公司连续 180 日以上单独或者合计持有公司 1% 以上股份的股东，可以书面请求监事会或者不设监事会的有限责任公司的监事向人民法院提起诉讼
	监	监事执行公司职务时违反法律、行政法规或者公司章程的规定，给公司造成损失的，上述股东可以书面请求董事会或者不设董事会的有限责任公司的执行董事向人民法院提起诉讼
股东代表诉讼	监事会、不设监事会的有限责任公司的监事，或者董事会、执行董事收到上述股东书面请求后拒绝提起诉讼，或者自收到请求之日起30 日内未提起诉讼，或者情况紧急、不立即提起诉讼将会使公司利益受到难以弥补的损害的，上述股东有权为了公司的利益以自己的名义直接向人民法院提起诉讼（应当列公司为第三人参加诉讼）	
他人	他人侵犯公司合法权益，给公司造成损失的，上述股东可以依照规定向人民法院提起诉讼	
应用	公司的控股股东、实际控制人、董事、监事、高级管理人员不得利用其关联关系损害公司利益。违反规定，给公司造成损失的，应当承担赔偿责任	
	（1）关联交易损害公司利益，原告公司有权依据规定请求控股股东、实际控制人、董事、监事、高级管理人员赔偿所造成的损失 （2）公司没有提起诉讼的，符合公司法规定条件的股东，可以依据公司法规定向人民法院提起诉讼	
	关联交易合同存在无效、可撤销或者对公司不发生效力的情形，公司没有起诉合同相对方的，符合公司法规定条件的股东，可以依据公司法规定向人民法院提起诉讼	

07 股东直接诉讼（★★）

股东代表诉讼	董、监、高执行公司职务时违反法律、行政法规或者公司章程的规定，给公司造成损失，股东代表诉讼的目的是为了公司的利益
股东直接诉讼	董、高违反法律、行政法规或者公司章程的规定，损害股东利益，股东直接诉讼的目的是为了股东自己的利益

经典题解

【真题1·单选题】根据《公司法》规定，有限责任公司股东可直接向法院提起诉讼的情形是（　　）。（2016年）

A. 公司董事违反法律、行政法规规定，损害股东利益的

B. 公司董事执行公司职务时违反法律、行政法规，给公司造成损失的

C. 公司董事执行公司职务时违反公司章程，给公司造成损失的

D. 公司连续3年盈利依法经股东会决议不向股东分配利润的

【答案】A

【真题2·单选题】根据《公司法》，下列关于公司股东诉讼及事由的说法中，正确的是（　　）。（2014年）

A. 认为股东会的决议内容违反法律、行政法规规定的，股东可自决议作出之日起60日内，请求人民法院判决撤销

B. 认为股东会的表决方式违反法律、行政法规规定的，股东可自决议作出之日起60日内，请求人民法院判决撤销

C. 认为公司高管执行职务时违反公司章程规定，给公司造成损失的，股东可以直接向人民法院提起诉讼

D. 认为公司高管执行职务时违反法律、行政法规规定，损害股东利益的，股东须请求监事会向人民法院提起诉讼，情况紧急除外

【解析】（1）选项AB：股东（大）会、董事会的决议内容违反法律、行政法规的无效；股东（大）会、董事会的会议召集程序、表决方式违反法律、行政法规或者公司章程，或者决议内容违反公司章程的，股东可以自决议作出之日起60日内，请求人民法院撤销。（2）选项C：董事、高级管理人员执行公司职务时违反法律、行政法规或者公司章程的规定，给公司造成损失的，股东可提起股东代表诉讼。（3）选项D：董事、高级管理人员违反法律、行政法规或者公司章程的规定，损害股东利益的，股东可以直接向人民法院提起诉讼。

【答案】B

【真题3·多选题】根据公司法律制度的规定，下列关于股东提起诉讼的说法中，正确的有（　　）。（2014年）

A. 股东认为股东会表决方式违反公司章程规定的，可以向人民法院提起公司决议无效诉讼

B. 股东认为公司监事违反章程规定，损害公司利益的，应以自己的名义直接向人民法院提起诉讼

C. 对股东会转让公司主要财产的决议投反对票的股东，在规定时间内与公司不能达成股权收购协议的，可自股东会决议通过之日起 90 日内向人民法院提起诉讼

D. 公司董事执行职务时违反章程规定，给公司造成损失的，有限责任公司股东应以自己的名义直接向人民法院提起诉讼

E. 公司高管执行公司职务时违反公司章程，给公司造成损失的，有限责任公司股东可以书面请求监事会向人民法院提起诉讼

【解析】（1）选项 A：股东（大）会、董事会的会议召集程序、表决方式违反法律、行政法规或者公司章程，或者决议内容违反公司章程的，股东可以自决议作出之日起 60 日内，请求人民法院撤销。（2）选项 B：监事侵犯公司利益的，先找董事会或执行董事，在其不作为或情况紧急时，符合条件的股东可直接起诉。（3）选项 DE：董事、高管侵犯公司利益的，先找监事会或不设监事会的有限责任公司的监事，在其拒绝提起诉讼，或者自收到请求之日起 30 日内未提起诉讼，或者情况紧急、不立即提起诉讼将会使公司利益受到难以弥补的损害的，符合条件的股东可直接起诉。

【答案】 CE

【真题 4 · 多选题】 根据《公司法》的规定，股东可提起撤销公司决议诉讼，其适用的情形包括（　　）。（2013 年）

A. 公司高级管理人员侵占公司财产

B. 董事会会议的召集程序违反法律、行政法规或者公司章程

C. 董事会决议的表决方式违反法律、行政法规或者公司章程

D. 公司高级管理人员损害股东利益

E. 股东会或者股东大会的决议内容违反公司章程

【解析】（1）选项 BCE：股东（大）会、董事会的会议召集程序、表决方式违反法律、行政法规或者公司章程，或者决议内容违反公司章程的，股东可以自决议作出之日起 60 日内，请求人民法院撤销。（2）选项 A：应当考虑股东代表诉讼。（3）选项 D：应当考虑股东直接诉讼。

【答案】 BCE

08 解散公司诉讼（★）

解散公司诉讼情形	单独或者合计持有公司全部股东表决权 10% 以上的股东，以下列事由之一提起解散公司诉讼，并符合公司法规定的，人民法院应予受理： （1）公司持续 2 年以上无法召开股东会或者股东大会，公司经营管理发生严重困难的 （2）股东表决时无法达到法定或者公司章程规定的比例，持续 2 年以上不能做出有效的股东会或者股东大会决议，公司经营管理发生严重困难的 （3）公司董事长期冲突，且无法通过股东会或者股东大会解决，公司经营管理发生严重困难的 （4）经营管理发生其他严重困难，公司继续存续会使股东利益受到重大损失的情形

不予受理	股东以知情权、利润分配请求权等权益受到损害，或者公司亏损、财产不足以偿还全部债务，以及公司被吊销企业法人营业执照未进行清算等为由，提起解散公司诉讼的，人民法院不予受理

经典题解

【真题·多选题】根据《公司法》有关司法解释的规定，对股东因下列理由提起解散公司的诉讼，法院依法不予受理的有（　　）。（2013 年）

A. 股东利润分配请求权受到损害

B. 公司持续 2 年以上无法召开股东会或者股东大会，经营管理发生严重困难，继续存续会使股东利益受到重大损失，通过其他途径不能解决

C. 公司财产不足以偿还全部债务

D. 公司被市场监督管理局吊销企业法人营业执照后，未依法成立清算组进行清算

E. 公司董事之间长期冲突，且无法通过股东会或者股东大会解决，经营管理发生严重困难，继续存续会使股东利益受到重大损失，通过其他途径不能解决

【答案】ACD

09 股东资格的丧失（★）

股东资格丧失的情形：（1）公司法人资格消灭，如解散、破产、被合并；（2）自然人股东死亡或法人股东终止；（3）股东将其所持有的股权转让（部分股权转让不可以）；（4）股权被人民法院强制执行（部分股权强制执行不可以）；（5）法律规定的其他情形。

经典题解

【真题·单选题】根据《公司法》及有关规定，导致公司股东资格丧失的情形是（　　）。（2017 年）

A. 公司股东将其所持有的部分股权转让给他人

B. 公司股东的部分股权被法院强制执行

C. 公司的法人股东终止

D. 公司的法人股东设立分支机构

【解析】股东资格丧失的情形有：（1）公司法人资格消灭，如解散、破产、被合并；（2）自然人股东死亡或法人股东终止；（3）股东将其所持有的股权转让（部分股权转让不可以）；（4）股权被人民法院强制执行（部分股权强制执行不可以）；（5）法律规定的其他情形。

【答案】C

第四单元　公司组织机构

查看本单元视频，快速 GET 知识点
使用“会计云课堂”App或“微信”扫码

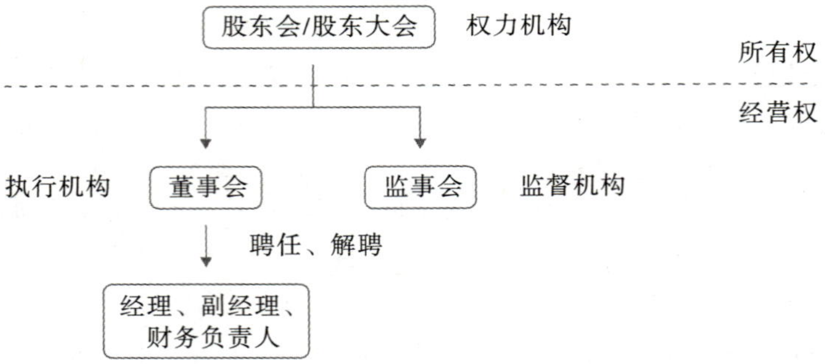

01 股东（大）会（★★）

1. 股东（大）会职权 vs 董事会职权

股东（大）会职权	董事会职权
（1）决定公司的经营方针和投资计划 （2）选举和更换非由职工代表担任的董事、监事，决定有关董事、监事的报酬事项 （3）审议批准董事会的报告 （4）审议批准监事会或者监事的报告 （5）审议批准公司的年度财务预算方案、决算方案 （6）审议批准公司的利润分配方案和弥补亏损方案 （7）对公司增加或者减少注册资本作出决议 （8）对发行公司债券作出决议 （9）对公司合并、分立、解散、清算或者变更公司形式作出决议 （10）修改公司章程 （11）公司章程规定的其他职权	（1）召集股东（大）会会议，并向股东（大）会报告工作 （2）执行股东（大）会的决议 （3）决定公司的经营计划和投资方案 （4）制订公司的年度财务预算方案、决算方案 （5）制订公司的利润分配方案和弥补亏损方案 （6）制订公司增加或者减少注册资本以及发行公司债券的方案 （7）制订公司合并、分立、解散或者变更公司形式的方案 （8）决定公司内部管理机构的设置 （9）决定聘任或者解聘公司经理及其报酬事项，并根据经理的提名决定聘任或者解聘公司副经理、财务负责人及其报酬事项 （10）制定公司的基本管理制度 （11）公司章程规定的其他职权

考点提示

有限责任公司股东对股东会职权范围内的事项以书面形式一致表示同意的，可以不召开股东会会议，直接作出决定，并由全体股东在决定文件上签名、盖章。

2. 股东（大）会会议

	股东会会议	股东大会会议
定期会议	依照公司章程的规定按时召开	股东大会应当每年召开 1 次年会
临时会议	（1）代表1/10 以上表决权的股东提议召开 （2）1/3 以上的董事提议召开 （3）监事会或者不设监事会的公司的监事提议召开	有下列情形之一的，应当在 2 个月内召开临时股东大会： （1）董事人数不足公司法规定人数或者公司章程所定人数的2/3 （2）公司未弥补的亏损达实收股本总额1/3 （3）单独或者合计持有公司10%以上股份的股东请求 （4）董事会认为必要 （5）监事会提议召开 （6）公司章程规定的其他情形
召集、主持	（1）首次股东会会议由出资最多的股东召集和主持 （2）有限责任公司设立董事会的，股东会会议由董事会召集，董事长主持；董事长不能履行职务或者不履行职务的，由副董事长主持；副董事长不能履行职务或者不履行职务的，由半数以上董事共同推举一名董事主持；有限责任公司不设董事会的，股东会会议由执行董事召集和主持 （3）董事会或者执行董事不能履行或者不履行召集股东会会议职责的，由监事会或者不设监事会的公司的监事召集和主持；监事会或者不设监事会的公司的监事不召集和主持的，代表 1/10 以上表决权的股东可以自行召集和主持	（1）股东大会会议由董事会召集，董事长主持；董事长不能履行职务或者不履行职务的，由副董事长主持；副董事长不能履行职务或者不履行职务的，由半数以上董事共同推举 1 名董事主持 （2）董事会不能履行或者不履行召集股东大会会议职责的，监事会应当及时召集和主持；监事会不召集和主持的，连续 90 日以上单独或者合计持有公司 10%以上股份的股东可以自行召集和主持
通知	召开股东会会议，应当于会议召开 15 日前通知全体股东；但是，公司章程另有规定或者全体股东另有约定的除外	召开股东大会会议，应当将会议召开的时间、地点和审议的事项于会议召开 20 日前通知各股东；临时股东大会应当于会议召开 15 日前通知各股东；发行无记名股票的，应当于会议召开 30 日前公告会议召开的时间、地点和审议事项
表决权	股东会会议由股东按照出资比例行使表决权；但是，公司章程另有规定的除外	股东出席股东大会会议，所持每一股份有一表决权。但是，公司持有的本公司股份没有表决权

	股东会会议	股东大会会议
一般事项决议规则	由公司章程规定	经出席会议的股东所持表决权过半数通过
特殊事项决议规则	（1）修改公司章程；（2）增加或者减少注册资本；（3）公司合并、分立、解散；（4）变更公司形式	
	经代表2/3以上表决权的股东通过	经出席会议的股东所持表决权的2/3以上通过

3. 其他

累积投票制	股东大会选举董事或者监事时，每一股份拥有与应选董事或者监事人数相同的表决权，股东拥有的表决权可以集中使用
	股东大会选举董事、监事，可以依照公司章程的规定或者股东大会的决议，实行累积投票制
委托代理人出席	股东可以委托代理人出席股东大会会议，代理人应当向公司提交股东授权委托书，并在授权范围内行使表决权
公司董事无因解除	（1）董事任期届满前被股东会或者股东大会有效决议解除职务，其主张解除不发生法律效力的，人民法院不予支持 （2）董事职务被解除后，因补偿与公司发生纠纷提起诉讼的，人民法院应当依据法律、行政法规、公司章程的规定或者合同的约定，综合考虑解除的原因、剩余任期、董事薪酬等因素，确定是否补偿以及补偿的合理数额

经典题解

【真题1·单选题】 下列有关股东会或股东大会的说法中，正确的是（　　）。（2019年）

A. 有限责任公司选举职工监事，由参加股东会的股东表决通过

B. 全体股东以书面形式一致同意修改公司章程的，可以不召开股东会会议

C. 股东大会选举董事可以实行累积投票制，但选举监事不可以实行累积投票制

D. 股东大会表决时，公司持有的本公司股份具有同等表决权

【答案】 B

【真题2·单选题】 下列职权中，不属于有限责任公司股东会职权的是（　　）。（2011年）

A. 决定公司的经营方针和投资计划

B. 审议批准监事会或者监事的报告

C. 聘任或者解聘公司总经理

D. 修改公司章程

【答案】 C

02 董事会（★★★）

1. 董事会职权（详见本单元考点 1）

2. 董事会其他规定

<table>
<tr><th></th><th>有限责任公司董事会</th><th>股份有限公司董事会</th></tr>
<tr><td>设置</td><td>可以不设：股东人数较少或者规模较小的有限责任公司，可以设 1 名执行董事，不设董事会</td><td>应当设董事会</td></tr>
<tr><td>任期</td><td colspan="2">（1）董事任期由公司章程规定，但每届任期不得超过 3 年
（2）董事任期届满，连选可以连任</td></tr>
<tr><td>成员</td><td>3～13 人</td><td>5～19 人</td></tr>
<tr><td>职工代表</td><td>（1）两个以上的国有企业或者两个以上的其他国有投资主体投资设立的有限责任公司，其董事会成员中应当有公司职工代表（并未有比例要求）
（2）国有独资公司董事会成员中应当有公司职工代表
（3）其他有限责任公司董事会成员中可以有公司职工代表</td><td>董事会成员中可以有公司职工代表</td></tr>
<tr><td>职工代表产生</td><td colspan="2">职工代表大会、职工大会或者其他形式民主选举产生</td></tr>
<tr><td rowspan="2">董事长</td><td colspan="2">董事会设董事长 1 人，可以设副董事长</td></tr>
<tr><td>董事长、副董事长的产生办法由公司章程规定</td><td>董事长和副董事长由董事会以全体董事的过半数选举产生</td></tr>
<tr><td>定期会议</td><td>—</td><td>董事会每年度至少召开 2 次会议（会议召开 10 日前通知全体董事和监事）</td></tr>
<tr><td>临时会议</td><td>—</td><td>（1）代表 1/10 以上表决权的股东提议召开
（2）1/3 以上董事提议召开
（3）监事会提议召开
（董事会召开临时会议，可以另定召集董事会的通知方式和通知时限）</td></tr>
<tr><td>召集、主持</td><td colspan="2">董事会会议由董事长召集和主持；董事长不能履行职务或者不履行职务的，由副董事长召集和主持；副董事长不能履行职务或者不履行职务的，由半数以上董事共同推举一名董事召集和主持</td></tr>
</table>

	有限责任公司董事会	股份有限公司董事会
决议规则	（1）董事会决议的表决，实行一人一票 （2）董事会的议事方式和表决程序除公司法有规定的外，由公司章程规定	（1）董事会会议应有过半数的董事出席方可举行（董事因故不能出席，可以书面委托其他董事代为出席，委托书中应载明授权范围） （2）董事会决议的表决，实行一人一票 （3）董事会作出决议，必须经全体董事的过半数通过
会议记录	董事会应当对所议事项的决定作成会议记录，出席会议的董事应当在会议记录上签名	

经典题解

【真题1·多选题】下列有关公司设立规则的说法中，正确的有（　　）。（2019年）

A. 股份有限公司发起人未按照公司章程的规定缴足出资的，应当补缴，但其他发起人不承担连带责任

B. 采取发起设立方式设立股份有限公司的，公司章程由发起人制订

C. 设立有限责任公司时，股东以非货币资产出资的，应当依法办理其财产权的转移手续

D. 股份有限公司规模较小，股东人数较少，可以不设董事会和监事会

E. 发起人为设立公司以自己名义对外签订合同，合同相对人请求该发起人承担合同责任的，人民法院应予支持；公司成立后合同相对人请求公司承担合同责任的，人民法院应予支持

【解析】（1）选项A：股份有限公司成立后，发起人未按照公司章程的规定缴足出资的，应当补缴；其他发起人承担连带责任。（2）选项D：股份有限公司必须“三会”健全。

【答案】BCE

【真题2·多选题】下列关于公司董事会召开会议的说法中，符合法律规定的有（　　）。（2016年）

A. 应当在会议记录上签名的董事仅限于出席会议并投赞成票的董事

B. 董事会应当对所议事项的决定作成会议记录

C. 董事会会议议事方式一律由法律规定

D. 董事会决议的表决实行一人一票

E. 董事会会议表决程序一律由公司章程规定

【解析】（1）选项AB：董事会应当对所议事项的决定作成会议记录，出席会议的董事应当在会议记录上签名（不论是否投赞成票）。（2）选项CE：在有限责任公司中，董事会的议事方式和表决程序，除法律另有规定的外，由公司章程规定。在股份有限公司中，董事会作出决议，必须经全体董事的过半数通过。

【答案】BD

03 经理（★）

	有限责任公司经理	股份有限公司经理
职权	（1）主持公司的生产经营管理工作，组织实施董事会决议 （2）组织实施公司年度经营计划和投资方案 （3）拟订公司内部管理机构设置方案 （4）拟订公司的基本管理制度 （5）制定公司的具体规章 （6）提请聘任或者解聘公司副经理、财务负责人 （7）决定聘任或者解聘除应由董事会决定聘任或者解聘以外的负责管理人员 （8）董事会授予的其他职权 公司章程对经理职权另有规定的，从其规定；经理列席董事会会议	
设置	可以设，执行董事可以兼任公司经理	应当设，公司董事会可以决定由董事会成员兼任经理
聘任、解聘	董事会决定聘任或者解聘	

04 监事会（★）

	有限责任公司监事会	股份有限公司监事会
设置	可以不设：股东人数较少或者规模较小的有限责任公司，可以设 1～2 名监事，不设监事会	应当设监事会
成员	不得少于 3 人	
	董事、高级管理人员不得兼任监事	
任期	3 年，监事任期届满，连选可以连任	
职工代表	监事会应当包括股东代表和适当比例的公司职工代表，其中职工代表的比例不得低于 1/3，具体比例由公司章程规定	
	由公司职工通过职工代表大会、职工大会或者其他形式民主选举产生	
主席	监事会设主席 1 人，由全体监事过半数选举产生	监事会设主席 1 人，可以设副主席；监事会主席和副主席由全体监事过半数选举产生
定期会议	监事会每年度至少召开 1 次会议	监事会每 6 个月至少召开一次会议
临时会议	监事可以提议召开临时监事会会议	

	有限责任公司监事会	股份有限公司监事会
召集、主持	监事会主席召集和主持监事会会议；监事会主席不能履行职务或者不履行职务的，由半数以上监事共同推举一名监事召集和主持监事会会议	监事会主席召集和主持监事会会议；监事会主席不能履行职务或者不履行职务的，由监事会副主席召集和主持监事会会议；监事会副主席不能履行职务或者不履行职务的，由半数以上监事共同推举一名监事召集和主持监事会会议
决议规则	（1）监事会决议应当经半数以上监事通过 （2）监事会的议事方式和表决程序，除公司法有规定的外，由公司章程规定	
会议记录	监事会应当对所议事项的决定作成会议记录，出席会议的监事应当在会议记录上签名	

经典题解

【真题1·单选题】 某股份有限公司董事会由11名董事组成。2005年8月20日，公司董事长胡某召集并主持董事会会议，共有8名董事出席会议，其他3名董事因事请假。董事会会议讨论了下列事项：一是鉴于公司董事会成员工作任务加重，拟给每位董事涨工资30%；二是鉴于监事会成员中的职工代表张某生病，拟由公司职工王某替换张某担任监事；三是鉴于公司发展的实际情况，拟将公司与另一公司合并，组建新的公司。经表决，有6名董事同意而通过前述事项。董事会就此作出最终决定。本案董事会的做法中，符合《公司法》规定的是（　　）。（2013年）

A. 公司董事长召集并主持董事会会议

B. 董事会决定给每位董事涨工资

C. 董事会决定公司职工王某参加监事会

D. 董事会决定公司合并

【解析】（1）选项BD：属于股东大会的职权。（2）选项C：监事会中的职工代表由公司职工代表大会、职工大会或者其他形式民主选举产生。

【答案】 A

【真题2·单选题】 某有限责任公司董事会由11名董事组成。2010年8月，董事长王某召集并主持召开董事会会议。关于此次会议召开及讨论决议事项的做法，符合《公司法》规定的是（　　）。（2012年）

A. 制订公司的利润分配方案

B. 确定公司对外投资计划，经表决，有6名董事同意，决议获得通过

C. 根据公司经营情况，会议决定从9月起每位董事提高30%的报酬

D. 鉴于监事会成员中的职工代表张某生病致短时间内不能正常履行职责，会议决定将监事张某更换为本公司职工王某

【解析】（1）选项BC：属于股东会职权。（2）选项D：由职工代表担任的董事、监事，由职工代表大会、职工大会或者其他形式民主选举产生。

【答案】 A

05 一人有限责任公司（★★★）

概念	一人有限责任公司，是指只有一个自然人股东或者一个法人股东的有限责任公司
计划生育 一子绝孙	（1）一个自然人只能投资设立一个一人有限责任公司 （2）该一人有限责任公司不能投资设立新的一人有限责任公司
股东身份	一人有限责任公司应在公司登记中注明自然人独资或者法人独资，并在营业执照中载明
公司章程	一人有限责任公司章程由股东制定
股东决议	（1）一人有限责任公司不设股东会 （2）股东作出属于股东会职权范围之决定时，应当采用书面形式，并由股东签名后置备于公司
强制审计	一人有限责任公司应当在每一会计年度终了时编制财务会计报告，并经会计师事务所审计
人格混同	一人有限责任公司的股东不能证明公司财产独立于股东自己的财产的，应当对公司债务承担连带责任

经典题解

【真题1·单选题】一人有限责任公司是有限责任公司的特殊形式。下列关于一人有限责任公司设立的说法中，正确的是（　　）。（2018年）

A. 一个自然人可以出资设立多个一人有限责任公司

B. 合伙企业可以出资设立一人有限责任公司

C. 一个法人可以出资设立多个一人有限责任公司

D. 一人有限责任公司只能由一个自然人出资设立

【解析】（1）选项A：一个自然人只能投资设立1个一人有限责任公司，该一人有限责任公司不能作为唯一股东再投资设立新的一人有限责任公司，但可与其他股东共同投资设立其他公司。（2）选项B：个人独资企业、合伙企业、非法人外商投资企业不能投资设立一人有限责任公司。（3）选项D：一人有限责任公司的股东可以是一个自然人或者一个法人。

【答案】C

【真题2·单选题】根据《公司法》及相关规定，下列关于公司设立及股东出资的说法中，正确的是（　　）。（2017年）

A. 有限责任公司登记时需要提交验资机构验资证明

B. 公司股东可以用劳务作价出资设立公司

C. 公司股东不得以非货币财产出资设立有限责任公司

D. 1个自然人股东只能投资设立一个一人有限责任公司

【解析】（1）选项A：《公司法》已经取消了有限责任公司登记时验资证明的规定。（2）选项B：股东不得以劳务、信用、自然人姓名、商誉、特许经营权或者设定担保的财产等作价出资。(3) 选项C：股东可以用货币出资，也可以用实物、知识产权、土地使用权等可以用货币估价并可以依法转让的非货币财产作价出资；但是，法律、行政法规规定不得作为出资的财产除外。

【答案】 D

【真题3·单选题】 根据《公司法》规定，设立一人有限责任公司须符合的条件之一是(　　)。(2015年)

A. 出资最低限额为人民币10万元

B. 股东应当一次性全额缴纳出资

C. 一个自然人只能投资设立一个一人有限责任公司

D. 出资人只限于自然人

【解析】 选项AB：现行《公司法》取消了最低注册资本和一次性缴足出资的规定。

【答案】 C

【真题4·多选题】 根据《公司法》的规定，自然人或者法人均可投资设立一人有限责任公司。下列关于一人有限责任公司的说法中，正确的有(　　)。(2014年)

A. 一个自然人可以投资设立多个一人有限责任公司

B. 自然人投资设立的一人有限责任公司不能再投资设立新的一人有限责任公司

C. 法人投资设立的一人有限责任公司可以投资设立新的一人有限责任公司

D. 一人有限责任公司不设股东会

E. 一人有限责任公司章程由董事会制定

【解析】 (1) 选项ABC：一个"自然人"只能投资设立1个一人有限责任公司，该一人有限责任公司不能再投资设立新的一人有限责任公司。法人投资设立的一人有限责任公司可以投资设立新的一人有限责任公司。(2) 选项D：一人有限责任公司不设股东会，股东作出决定时，应当采用书面形式，并由股东签名后置备于公司。(3) 选项E：一人有限责任公司章程由股东制定。

【答案】 BCD

【真题5·多选题】 下列关于有限责任公司设立、组织机构及公司章程的说法中，正确的有(　　)。(2018年)

A. 所有一人有限责任公司均可以再投资设立新的一人有限责任公司

B. 设立董事会的，其成员为3~13人

C. 公司章程应由全体股东共同制定

D. 有限责任公司均应当设立监事会

E. 股东人数不超过50人

【解析】 (1) 选项A：根据规定，1个自然人只能投资设立1个一人有限责任公司。该一人有限责任公司不能作为唯一股东再投资设立新的一人有限责任公司，但可与其他股东共同投资设立其他公司。(2) 选项D：股东人数较少或者规模较小的有限责任公司，可以设1~2名监事，不设监事会。(3) 选项E：有限责任公司由50个以下股东出资设立。

【答案】 BCE

06 国有独资公司（★）

<table>
<tr><td>概念</td><td colspan="2">国家单独出资、由国务院或者地方人民政府授权本级人民政府国有资产监督管理机构履行出资人职责的有限责任公司</td></tr>
<tr><td>公司章程</td><td colspan="2">由国有资产监督管理机构制定，或者由董事会制订报国有资产监督管理机构批准</td></tr>
<tr><td>不设股东会</td><td colspan="2">国有独资公司不设股东会，由国有资产监督管理机构行使股东会职权。国有资产监督管理机构可以授权公司董事会行使股东会的部分职权，决定公司的重大事项，但公司的合并、分立、解散、增加或者减少注册资本和发行公司债券，必须由国有资产监督管理机构决定；其中，重要的国有独资公司合并、分立、解散、申请破产的，应当由国有资产监督管理机构审核后，报本级人民政府批准</td></tr>
<tr><td rowspan="4">董事会</td><td>董事</td><td>董事每届任期不得超过 3 年；董事会成员由国有资产监督管理机构委派</td></tr>
<tr><td>职工代表</td><td>董事会成员中应当有公司职工代表（职工代表由公司职工代表大会选举产生）</td></tr>
<tr><td rowspan="2">董事长</td><td>董事会设董事长 1 人，可以设副董事长</td></tr>
<tr><td>董事长、副董事长由国有资产监督管理机构从董事会成员中指定</td></tr>
<tr><td rowspan="2">经理</td><td colspan="2">国有独资公司设经理，由董事会聘任或者解聘</td></tr>
<tr><td colspan="2">经国有资产监督管理机构同意，董事会成员可以兼任经理</td></tr>
<tr><td>董、高兼职</td><td colspan="2">国有独资公司的董事长、副董事长、董事、高级管理人员，未经国有资产监督管理机构同意，不得在其他有限责任公司、股份有限公司或者其他经济组织兼职</td></tr>
<tr><td rowspan="3">监事会</td><td colspan="2">国有独资公司监事会成员不得少于5 人，其中职工代表的比例不得低于1/3，具体比例由公司章程规定</td></tr>
<tr><td>成员</td><td>由国有资产监督管理机构委派；但是，监事会成员中的职工代表由公司职工代表大会选举产生</td></tr>
<tr><td>主席</td><td>由国有资产监督管理机构从监事会成员中指定</td></tr>
</table>

易错易混

组织机构	有限责任公司	股份有限公司
股东（大）会	一人有限责任公司：不设 国有独资公司：不设 其他：设	设
董事会	设；股东人数较少或者规模较小的有限责任公司，可以设 1 名执行董事，不设董事会	设
监事会	设；股东人数较少或者规模较小的有限责任公司，可以设 1~2 名监事，不设监事会	设

经典题解

【真题1·单选题】下列关于国有独资公司的表述中，正确的是（　　）。（2015年）

A. 国有独资公司所有董事会成员均由国有资产监督管理机构指定

B. 国有独资公司经理由国有资产监督管理机构聘任

C. 国有独资公司监事会成员不得少于3人

D. 国有资产监督管理机构可以授权公司董事会行使股东会的部分职权

【解析】(1) 选项A：董事会成员由国有资产监督管理机构委派；但是，董事会成员中的职工代表由公司职工代表大会选举产生。(2) 选项B：国有独资公司设经理，由董事会聘任或者解聘。(3) 选项C：国有独资公司监事会成员不得少于5人。

【答案】D

【真题2·单选题】根据《公司法》的规定，关于国有独资公司的说法中，正确的是（　　）。（2012年）

A. 董事会可以制定公司章程，但需报国有资产监督管理机构批准

B. 公司不设股东会，其职权由董事会行使

C. 董事会所有成员均须由国有资产监督管理机构委派

D. 监事会成员中的职工代表比例不得低于1/2

【解析】(1) 选项B：国有独资公司不设股东会，由国有资产监督管理机构行使股东会职权，国有资产监督管理机构可以授权董事会行使股东会的"部分职权"，但合并、分立、解散、增减注册资本和发行公司债券，必须由国有资产监督管理机构决定。(2) 选项C：董事会中的职工代表由职工代表大会选举产生；其他董事由国有资产监督管理机构委派。(3) 选项D：国有独资公司监事会成员不得少于5人，其中职工代表的比例不得低于1/3，具体比例由公司章程规定。

【答案】A

查看本单元视频，快速GET知识点
使用"会计云课堂"App或"微信"扫码

第五单元　公司运行

01 董事、监事、高级管理人员（★）

不得担任董、监、高	(1) 无民事行为能力或者限制民事行为能力 (2) 因贪污、贿赂、侵占财产、挪用财产或者破坏社会主义市场经济秩序，被判处刑罚，执行期满未逾5年，或者因犯罪被剥夺政治权利，执行期满未逾5年（"贪贿侵挪破"） (3) 担任破产清算的公司、企业的董事或者厂长、经理，对该公司、企业的破产负有个人责任的，自该公司、企业破产清算完结之日起未逾3年 (4) 担任因违法被吊销营业执照、责令关闭的公司、企业的法定代表人，并负有个人责任的，自该公司、企业被吊销营业执照之日起未逾3年 (5) 个人所负数额较大的债务到期未清偿

义务	忠实义务、勤勉义务
忠实义务	董、监、高不得利用职权收受贿赂或者其他非法收入，不得侵占公司的财产
	董事、高级管理人员不得有下列行为： （1）挪用公司资金 （2）将公司资金以其个人名义或者以其他个人名义开立账户存储 （3）违反公司章程的规定，未经股东会、股东大会或者董事会同意，将公司资金借贷给他人或者以公司财产为他人提供担保 （4）违反公司章程的规定或者未经股东会、股东大会同意，与本公司订立合同或者进行交易 （5）未经股东会或者股东大会同意，利用职务便利为自己或者他人谋取属于公司的商业机会，自营或者为他人经营与所任职公司同类的业务 （6）接受他人与公司交易的佣金归为己有 （7）擅自披露公司秘密 （8）违反对公司忠实义务的其他行为 董事、高级管理人员违反上述规定所得的收入应当归公司所有

02 公司财务会计（★）

立制	公司应当依照法律、行政法规和国务院财政部门的规定建立本公司的财务、会计制度	
编制报表、依法审计	公司应当在每一会计年度终了时编制财务会计报告，并依法经会计师事务所审计；财务会计报告应当依照法律、行政法规和国务院财政部门的规定制作	
股东获取财务会计报告	有限责任公司	依照公司章程规定的期限将财务会计报告送交各股东
	股份有限公司	在召开股东大会年会的 20 日前置备于本公司，供股东查阅
	上市公司	公开发行股票的股份有限公司必须公告其财务会计报告
不得另立账簿	公司除法定的会计账簿外，不得另立会计账簿	
公司资产	对公司资产，不得以任何个人名义开立账户存储	
事务所	公司聘用、解聘承办公司审计业务的会计师事务所，依照公司章程的规定，由股东会、股东大会或者董事会决定	

03 利润分配（★）

利润分配顺序	公司当年税后利润分配的法定顺序： （1）弥补亏损，即在公司已有的法定公积金不足以弥补上一年度亏损时，先用当年利润弥补亏损 （2）提取法定公积金 （3）提取任意公积金 （4）支付股利，即将所余利润分配给股东

<table>
<tr><td rowspan="2">利润分配原则</td><td>有限责任公司</td><td>股东按照实缴的出资比例分取红利；但是，全体股东约定不按照出资比例分取红利的除外</td></tr>
<tr><td>股份有限公司</td><td>按照股东持有的股份比例分配，但股份有限公司章程规定不按持股比例分配的除外；公司持有的本公司股份不得分配利润</td></tr>
<tr><td rowspan="2">利润分配时间</td><td colspan="2">（1）分配利润的股东会或者股东大会决议作出后，公司应当在决议载明的时间内完成利润分配
（2）决议没有载明时间的，以公司章程规定的为准
（3）决议、章程中均未规定时间或者时间超过 1 年的，公司应当自决议作出之日起1 年内完成利润分配</td></tr>
<tr><td colspan="2">决议中载明的利润分配完成时间超过公司章程规定时间的，股东可以依据规定请求人民法院撤销决议中关于该时间的规定（公司决议可撤销情形，允许部分撤销）</td></tr>
<tr><td rowspan="2">利润分配诉讼</td><td>提交载明具体分配方案的股东（大）会的有效决议</td><td>公司拒绝分配利润且其关于无法执行决议的抗辩理由不成立的，人民法院应当判决公司按照决议载明的具体分配方案向股东分配利润</td></tr>
<tr><td>未提交载明具体分配方案的股东（大）会决议</td><td>人民法院应当驳回其诉讼请求，但违反法律规定滥用股东权利导致公司不分配利润，给其他股东造成损失的除外</td></tr>
</table>

04 公积金（★★）

<table>
<tr><td colspan="2"></td><td>计提规则</td><td>使用规则</td></tr>
<tr><td colspan="2">资本公积金</td><td>股份有限公司以超过股票票面金额的发行价格发行股份所得的溢价款以及国务院财政部门规定列入资本公积金的其他收入，应当列为公司资本公积金</td><td>（1）用途：扩大公司生产经营、转为增加公司资本
（2）资本公积金不得用于弥补公司的亏损</td></tr>
<tr><td rowspan="2">盈余公积金</td><td>法定公积金</td><td>（1）公司分配当年税后利润时，应当提取利润的 10%列入公司法定公积金（不需要经过股东会/股东大会决议）
（2）公司法定公积金累计额为公司注册资本的50%以上的，可以不再提取</td><td>（1）用途：弥补公司的亏损、扩大公司生产经营、转为增加公司资本
（2）法定公积金转为资本时，所留存的该项公积金不得少于转增前公司注册资本的 25%</td></tr>
<tr><td>任意公积金</td><td>公司从税后利润中提取法定公积金后，经股东会或者股东大会决议，还可以从税后利润中提取任意公积金</td><td>用途：弥补公司的亏损、扩大公司生产经营、转为增加公司资本</td></tr>
</table>

经典题解

【真题·单选题】下列关于公司财务会计制度的说法中，正确的是（　　）。（2021 年）

A. 资本公积金可以用于弥补公司亏损、转为增加公司资本

B. 法定公积金应当从税前利润中提取，任意公积金应当从税后利润中提取

C. 公开发行股票的股份有限公司必须公告其财务会计报告

D. 公司持有的本公司股份可以分配利润

【解析】（1）选项 A：资本公积金不得用于弥补公司的亏损。（2）选项 B：公司从税后利润中提取法定公积金后，经股东会或者股东大会决议，还可以从税后利润中提取任意公积金。（3）选项 D：股份有限公司，按照股东持有的股份比例分配，但公司章程规定不按持股比例分配的除外，公司持有的本公司股份不得分配利润。

【答案】 C

第六单元 股权转让与股份转让

查看本单元视频，快速 GET 知识点

使用“会计云课堂”App或“微信”扫码

01 股权转让（★★★）

转让	公司章程		公司章程对股权转让另有规定的，从其规定
	对内转让		有限责任公司的股东之间可以相互转让其全部或者部分股权
	对外转让	征求同意	股东向股东以外的人转让股权，应当经其他股东过半数同意
			股东应就其股权转让事项以书面或者其他能够确认收悉的合理方式通知其他股东征求同意，其他股东自接到书面通知之日起满30日未答复的，视为同意转让。其他股东半数以上不同意转让的，不同意的股东应当购买该转让的股权；不购买的，视为同意转让
		优先购买权	（1）经股东同意转让的股权，在同等条件下，转让股东以外的其他股东主张优先购买的，人民法院应当予以支持，但转让股东依据规定放弃转让的除外 （2）两个以上股东主张行使优先购买权的，协商确定各自的购买比例；协商不成的，按照转让时各自的出资比例行使优先购买权 （3）有限责任公司的股东向股东以外的人转让股权，未就其股权转让事项征求其他股东意见，或者以欺诈、恶意串通等手段，损害其他股东优先购买权，其他股东主张按照同等条件购买该转让股权的，人民法院应当予以支持，但其他股东自知道或者应当知道行使优先购买权的同等条件之日起30日内没有主张，或者自股权变更登记之日起超过1年的除外
强制执行	人民法院依照法律规定的强制执行程序转让股东的股权时，应当通知公司及全体股东，其他股东在同等条件下有优先购买权。其他股东自人民法院通知之日起满20日不行使优先购买权的，视为放弃优先购买权		

继承	(1) 自然人股东死亡后，其合法继承人可以继承股东资格；但是，公司章程另有规定的除外 (2) 其他股东优先购买权原则上排除适用：有限责任公司的自然人股东因继承发生变化时，其他股东主张依据公司法规定行使优先购买权的，人民法院不予支持，但公司章程另有规定或者全体股东另有约定的除外
一股二卖	(1) 股权转让后尚未向公司登记机关办理变更登记，原股东将仍登记于其名下的股权转让、质押或者以其他方式处分，受让股东以其对于股权享有实际权利为由，请求认定处分股权行为无效的，人民法院可以参照民法典善意取得制度的规定处理 (2) 原股东处分股权造成受让股东损失，受让股东请求原股东承担赔偿责任、对于未及时办理变更登记有过错的董事、高级管理人员或者实际控制人承担相应责任的，人民法院应予支持；受让股东对于未及时办理变更登记也有过错的，可以适当减轻上述董事、高级管理人员或者实际控制人的责任

经典题解

【真题·单选题】下列关于有限责任公司股权转让的说法中，正确的是（　　）。（2017年）

A. 有限责任公司的股东之间不得相互转让其全部或者部分股权

B. 法院依照强制执行程序转让股东的股权时，应当通知公司及全体股东，其他股东在同等条件下有优先购买权

C. 自然人股东死亡后，其合法继承人不可以继承其股东资格

D. 股东向股东以外的人转让股权，依法应当经公司全部股东同意

【解析】(1) 选项A：除公司章程另有规定外，有限责任公司的股东之间可以相互转让其全部或者部分股权。(2) 选项C：除公司章程另有规定外，自然人股东死亡后，其合法继承人可以继承股东资格。(3) 选项D：除公司章程另有规定外，股东向股东以外的人转让股权，应当经其他股东过半数同意。

【答案】B

02 股份转让限制（★★）

发起人	发起人持有的本公司股份，自公司成立之日起1年内不得转让
既有股份	公司公开发行股份前已发行的股份，自公司股票在证券交易所上市交易之日起1年内不得转让
董监高	(1) 在任职期间每年转让的股份不得超过其所持有本公司股份总数的25% (2) 所持本公司股份自公司股票上市交易之日起1年内不得转让 (3) 离职后半年内，不得转让其所持有的本公司股份

经典题解

【真题·单选题】 根据《公司法》规定，下列关于股份转让的说法中，正确的是（　　）。（2016 年）

A. 发起人持有的本公司股份，自公司成立之日起 2 年内不得转让

B. 公司经理在任职期间不得转让其所持有的本公司股份

C. 公司董事所持有的本公司股份，自公司股票上市交易之日起 1 年内不得转让

D. 公司监事离职后 1 年内不得转让其所持有的原任职公司股份

【解析】（1）选项 A：发起人持有的本公司股份，自公司成立之日起 1 年内不得转让。（2）选项 B：公司董事、监事、高级管理人员应当向公司申报所持有的本公司的股份及其变动情况，在任职期间每年转让的股份不得超过其所持有本公司股份总数的 25%。（3）选项 D：公司董事、监事、高级管理人员离职后半年内，不得转让其所持有的本公司股份。

【答案】 C

03 公司收购本公司股份（★★）

<table>
<tr><td rowspan="7">公司收购本公司股份</td><td>原则</td><td colspan="2">公司不得收购本公司股份</td></tr>
<tr><td rowspan="6">例外情形</td><td>减少公司注册资本</td><td>自收购之日起 10 日内注销</td></tr>
<tr><td>与持有本公司股份的其他公司合并</td><td rowspan="2">在 6 个月内转让或者注销</td></tr>
<tr><td>股东因对股东大会作出的公司合并、分立决议持异议，要求公司收购其股份</td></tr>
<tr><td>将股份用于员工持股计划或者股权激励</td><td rowspan="3">（1）可以依照公司章程的规定或者股东大会的授权，经 2/3 以上董事出席的董事会会议决议
（2）公司合计持有的本公司股份数不得超过本公司已发行股份总额的 10%
（3）在 3 年内转让或者注销</td></tr>
<tr><td>将股份用于转换上市公司发行的可转换为股票的公司债券</td></tr>
<tr><td>上市公司为维护公司价值及股东权益所必需</td></tr>
<tr><td colspan="2">质押</td><td colspan="2">公司不得接受本公司的股票作为质押权的标的</td></tr>
</table>

经典题解

【真题·单选题】 根据《公司法》规定，下列公司可以收购本公司股份的情形中，应当自收购之日起 10 日内注销所收购股份的是（　　）。（2020 年）

A. 上市公司为维护公司价值所必需

B. 与持有本公司股份的其他公司合并

C. 减少公司注册资本

D. 将股份用于员工持股计划或者股权激励

【答案】 C

第七单元 公司变更与解散

查看本单元视频，快速 GET 知识点
使用“会计云课堂”App或“微信”扫码

01 合并、分立（★★）

<table>
<tr><th></th><th colspan="2">公司合并</th><th>公司分立</th></tr>
<tr><td>类型</td><td colspan="2">吸收合并、新设合并</td><td>新设分立、派生分立</td></tr>
<tr><td>决议主体</td><td colspan="3">股东（大）会（有限责任公司：代表2/3以上表决权的股东通过；股份有限公司：须经出席会议的股东所持表决权的2/3以上通过）</td></tr>
<tr><td>文件</td><td colspan="3">编制资产负债表、财产清单</td></tr>
<tr><td>通知、公告</td><td colspan="3">自作出合并决议之日起10日内通知债权人，并于30日内在报纸上公告</td></tr>
<tr><td rowspan="2">债权人保护</td><td colspan="2">债权人自接到通知书之日起30日内，未接到通知书的自公告之日起45日内，可以要求公司清偿债务或者提供相应的担保</td><td rowspan="2">公司分立前的债务由分立后的公司承担连带责任。但是，公司在分立前与债权人就债务清偿达成的书面协议另有约定的除外</td></tr>
<tr><td colspan="2">公司合并时，合并各方的债权、债务，应当由合并后存续的公司或者新设的公司承继</td></tr>
</table>

经典题解

【真题1·多选题】 下列有关公司合并、分立规则的说法中，正确的有（　　）。（2019年）

A. 有限责任公司分立，应由股东会作出决议

B. 公司合并时，合并各方的债权、债务由合并后存续的公司或者新设的公司承继

C. 股份有限公司合并的决议，需经该公司代表2/3以上表决权的股东通过

D. 公司分立，应当编制资产负债表及财产清单

E. 公司分立时，通知债权人和公告是必经程序

【解析】 选项C：股东大会作出公司合并、分立的决议，必须经“出席”会议的股东所持表决权“2/3以上”通过。

【答案】 ABDE

【真题2·单选题】 下列关于公司合并的表述中，正确的是（　　）。（2015年）

A. 应当经董事会全体董事一致通过

B. 公司应当自作出合并决议之日起30日内通知各自的债权人

C. 未接到通知书的债权人，自公告之日起45日内，可以要求公司清偿债务

D. 应当经全体股东过半数同意

【解析】（1）选项AD：公司合并的决议，须经有限责任公司代表2/3以上表决权的股东通过；股份有限公司须经出席会议的股东所持表决权的2/3以上通过。（2）选项BC：公司

应当自作出合并决议之日起10日内通知债权人，并于30日内在报纸上公告。债权人自接到通知书之日起30日内，未接到通知书的自公告之日起45日内，可以要求公司清偿债务或者提供相应的担保。

【答案】 C

【真题3·单选题】 下列关于甲股份有限公司成立、增发股份、合并的说法中，符合《公司法》规定的是（　　）。（2014年）

A. 甲股份有限公司于2009年5月20日成立，股本总额为人民币8000万元，其中6000万元系向社会公开募集

B. 2010年3月28日，为进行技术改造，甲股份有限公司董事会决议增发股份筹资2000万元

C. 2012年3月10日，甲股份有限公司决议与乙股份有限公司合并，成立丙股份有限公司，并于4月1日通知各自债权人

D. 2012年3月10日，甲股份有限公司决议与乙股份有限公司合并，自2012年4月6日开始，在报纸上连续刊登合并公告3次

【解析】（1）选项A：以募集设立方式设立股份有限公司的，除法律、行政法规另有规定外，发起人认购的股份不得少于公司股份总数的35%。（2）选项B：增加注册资本属于股东大会的特别决议事项，董事会无权决定。（3）选项CD：合并各方应当自合并决议作出之日起"10日内"通知债权人，并于"30日内"在报纸上公告。

【答案】 D

02 增资、减资（★）

	增资	减资
决议主体	股东（大）会	股东（大）会
文件	——	编制资产负债表、财产清单
通知、公告	——	自作出减少注册资本决议之日起10日内通知债权人，并于30日内在报纸上公告
债权人保护	——	债权人自接到通知书之日起30日内，未接到通知书的自公告之日起45日内，有权要求公司清偿债务或者提供相应的担保

03 公司解散与清算（★）

解散情形	（1）公司章程规定的营业期限届满或者公司章程规定的其他解散事由出现 （2）股东会或者股东大会决议解散 （3）因公司合并或者分立需要解散 （4）依法被吊销营业执照、责令关闭或者被撤销 （5）人民法院依照公司法的规定予以解散（指解散公司诉讼） 【提示】公司有上述第（1）项情形的，可以通过修改公司章程而存续

自行清算	公司应当在解散事由出现之日起15日内成立清算组，开始清算	
	有限责任公司	清算组由股东组成
	股份有限公司	清算组由董事或者股东大会确定的人员组成
指定清算	有下列情形之一，债权人、公司股东、董事或其他利害关系人申请人民法院指定清算组进行清算的，人民法院应予受理：（1）公司解散逾期不成立清算组进行清算的；（2）虽然成立清算组但故意拖延清算的；（3）违法清算可能严重损害债权人或者股东利益的	
	清算组成员	（1）公司股东、董事、监事、高级管理人员 （2）依法设立的律师事务所、会计师事务所、破产清算事务所等社会中介机构 （3）依法设立的律师事务所、会计师事务所、破产清算事务所等社会中介机构中具备相关专业知识并取得执业资格的人员
清算组职权	（1）清理公司财产，分别编制资产负债表和财产清单；（2）通知、公告债权人；（3）处理与清算有关的公司未了结的业务；（4）清缴所欠税款以及清算过程中产生的税款；（5）清理债权、债务；（6）处理公司清偿债务后的剩余财产；（7）代表公司参与民事诉讼活动	
通知公告	清算组应当自成立之日起10日内通知债权人，并于60日内在报纸上公告	
	债权人应当自接到通知书之日起30日内，未接到通知书的自公告之日起45日内，向清算组申报其债权（在申报债权期间，清算组不得对债权人进行清偿）	
清算财产	公司解散时，股东尚未缴纳的出资均应作为清算财产。股东尚未缴纳的出资，包括到期应缴未缴的出资，以及依照规定分期缴纳尚未届满缴纳期限的出资	
清算程序	清算组在清理公司财产、编制资产负债表和财产清单后，应当制定清算方案，并报股东会、股东大会或者人民法院确认；未经确认的清算方案，清算组不得执行	
宣告破产	（1）清算组在清理公司财产、编制资产负债表和财产清单后，发现公司财产不足清偿债务的，应当依法向人民法院申请宣告破产 （2）人民法院指定的清算组在清理公司财产、编制资产负债表和财产清单时，发现公司财产不足清偿债务的，可以与债权人协商制作有关债务清偿方案。债务清偿方案经全体债权人确认且不损害其他利害关系人利益的，人民法院可依清算组的申请裁定予以认可。清算组依据该清偿方案清偿债务后，应当向人民法院申请裁定终结清算程序。债权人对债务清偿方案不予确认或者人民法院不予认可的，清算组应当依法向人民法院申请宣告破产	
公司终止	公司清算结束后，清算组应当制作清算报告，报股东会、股东大会或者人民法院确认，并报送公司登记机关，申请注销公司登记，公告公司终止	

本章小结

用“会计云课堂”App扫码学习

您已成功完成“第十三章”的学习，本章共36个考点，您都学会了吗？

为了让您对本章有更清晰的理解，加倍巩固。本书作者陈小球老师将通过“电台音频课”的方式，带您回顾重要考点。

名师点拨，高效提分。

※ 欢迎扫码免费学习。

同步强化练习题

使用“会计云课堂”App或“微信”扫码快速做题、对答案、看解析、掌握解题思路，开启轻松过关之旅。

一、单项选择题

1. 根据公司法律制度的规定，下列关于注册资本的说法中，错误的是（　　）。
   A. 有限责任公司的注册资本为在公司登记机关登记的全体股东认缴的出资额
   B. 有限责任公司的注册资本为在公司登记机关登记的全体股东实缴的出资额
   C. 股份有限公司采取发起设立方式设立的，注册资本为在公司登记机关登记的全体发起人认购的股本总额
   D. 股份有限公司采取募集方式设立的，注册资本为在公司登记机关登记的实收股本总额

2. 张某为甲股份有限公司的实际控制人，公司股东大会决定为张某提供担保，下列选项中，正确的是（　　）。
   A. 张某应当参与表决，应经全体股东过半数通过
   B. 张某不得参与表决，应经出席会议的其他股东过半数通过
   C. 张某应当参与表决，应经出席会议的全体股东所持表决权的过半数通过
   D. 张某不得参与表决，应经出席会议的其他股东所持表决权的过半数通过

3. 根据公司法律制度规定，下列关于公司为其控股股东提供担保时，需要履行的审批程序的说法中，错误的是（　　）。
   A. 该决议必须由公司股东（大）会作出，董事会无权就该事项进行决议
   B. 接受担保的股东无权参与该事项表决

C. 该事项决议规则系经出席会议的其他股东过半数通过

D. 该事项决议规则系经出席会议的其他股东所持表决权过半数通过

4. 根据公司法律制度规定，股东可以用（　　）出资。

A. 商誉

B. 自然人姓名

C. 实物

D. 特许经营权

5. 甲、乙、丙三人拟设立一有限责任公司。在公司设立过程中，甲在搬运为公司购买的办公家具时，不慎将丁撞伤。根据公司法律制度的规定，下列关于对丁的侵权责任承担的表述中，正确的是（　　）。

A. 若公司未成立，丁仅能请求甲承担该侵权责任

B. 若公司成立，则由公司承担该侵权责任

C. 若公司未成立，丁应先向甲请求赔偿，不足部分再由乙、丙承担

D. 无论公司是否成立，该侵权责任应由甲、乙、丙共同承担

6. 根据公司法律制度规定，关于创立大会的下列说法中，错误的是（　　）。

A. 创立大会应有代表股份总数过半数的发起人、认股人出席，方可举行

B. 发生不可抗力或者经营条件发生重大变化直接影响公司设立的，可以作出不设立公司的决议

C. 采取募集方式设立的，发行股份的股款缴足，必须经依法设立的验资机构验资并出具证明后，方可举行创立大会

D. 创立大会对法定事项作出决议，必须经出席会议的认股人所持表决权2/3以上通过

7. 根据公司法律制度规定，下列不属于发起人、认股人缴纳股款或者交付抵作股款的出资后，可以抽回股本的情形的是（　　）。

A. 未按期募足股份

B. 发起人未按期召开创立大会

C. 创立大会决议不设立公司

D. 创立大会未通过发起人用于抵作股款的财产的作价议案

8. 根据公司法律制度规定，下列关于公司决议效力的说法中，正确的是（　　）。

A. 公司董事会的决议内容违反法律、行政法规的无效

B. 公司股东会或者股东大会的决议内容违反公司章程的无效

C. 公司董事会会议召集程序、表决方式违反法律、行政法规的无效

D. 公司股东会或者股东大会会议召集程序、表决方式违反公司章程的无效

9. 根据公司法律制度的规定，下列关于股份有限公司股东代表诉讼的说法中，不正确的是（　　）。

A. 董事、高级管理人员执行公司职务时违反法律、行政法规或者公司章程的规定，给公司造成损失的，连续180日以上单独或者合计持有公司1%以上股份的股东，可以书面请求监事会向人民法院提起诉讼

B. 监事会收到符合条件的股东书面请求后拒绝提起诉讼，或者自收到请求之日起30日内未提起诉讼，或者情况紧急、不立即提起诉讼将会使公司利益受到难以弥补的损害的，符合条件的股东有权为了公司的利益以公司的名义向人民法院提起诉讼

C. 关联交易损害公司利益，原告公司有权依据规定请求控股股东、实际控制人、董事、监事、高级管理人员赔偿

所造成的损失，公司没有提起诉讼的，连续180日以上单独或者合计持有公司1%以上股份的股东，有权为了公司的利益以自己的名义向人民法院提起诉讼

D. 股东依法提起股东代表诉讼的，股东请求被告直接向其承担民事责任的，人民法院不予支持

10. 根据公司法律制度的规定，有限责任公司股东可直接向法院提起诉讼的情形是（　　）。

A. 公司董事违反法律、行政法规规定，损害股东利益的

B. 公司董事执行公司职务时违反法律、行政法规规定，给公司造成损失的

C. 公司董事执行公司职务时违反公司章程规定，给公司造成损失的

D. 公司控股股东、实际控制人利用关联关系损害公司利益的

11. 根据公司法律制度规定，下列属于股东大会职权的是（　　）。

A. 决定公司的投资计划

B. 决定公司的经营计划

C. 制定公司的基本管理制度

D. 决定公司内部管理机构的设置

12. 根据公司法律制度规定，下列关于董事会的说法中，正确的是（　　）。

A. 股东人数较少或者规模较小的有限责任公司，可以设1~2名执行董事，不设董事会

B. 董事任期5年，董事任期届满，连选可以连任

C. 两个以上的国有企业或者两个以上的其他国有投资主体投资设立的有限责任公司，其董事会成员中应当有公司职工代表

D. 有限责任公司董事长和副董事长由董事会以全体董事的过半数选举产生

13. 根据公司法律制度的规定，下列关于股份有限公司董事会的说法中，正确的是（　　）。

A. 股份有限公司设董事会，其成员为3~13人

B. 股份有限公司董事会成员中应当有公司职工代表

C. 股份有限公司董事会会议应有过半数的董事出席方可举行

D. 股份有限公司董事会作出决议，必须经出席会议的董事过半数通过

14. 根据公司法律制度的规定，下列关于股份有限公司董事会、监事会的说法中，正确的是（　　）。

A. 股份有限公司董事会每6个月至少召开一次会议

B. 股份有限公司董事会应当于会议召开15日前通知全体董事和监事

C. 股份有限公司监事会决议应当经半数以上监事通过

D. 股份有限公司监事会每年度至少召开两次会议

15. 根据公司法律制度规定，自然人或者法人均可投资设立一人有限责任公司。下列关于一人有限责任公司的说法中，不正确的是（　　）。

A. 一个自然人可以投资设立多个一人有限责任公司

B. 自然人投资设立的一人有限责任公司不能再投资设立新的一人有限责任公司

C. 法人投资设立的一人有限责任公司可以投资设立新的一人有限责任公司

D. 一人有限责任公司不设股东会

16. 根据公司法律制度的规定，关于有限责任公司组织机构的说法中，不正确的是（　　）。

A. 两个以上的国有企业或者两个以上

的其他国有投资主体投资设立的有限责任公司不设股东会

B. 国有独资公司不设股东会

C. 股东人数较少或者规模较小的有限责任公司，可以设1名执行董事，不设董事会

D. 股东人数较少或者规模较小的有限责任公司，可以设1～2名监事，不设监事会

17. 根据公司法律制度的规定，下列人员中，符合公司董事、监事、高级管理人员任职资格的是（　　）。

A. 张某，曾为甲大学教授，现已退休

B. 王某，曾为乙企业厂长，因其决策失误导致乙企业破产清算，自乙企业破产清算完结之日起未逾3年

C. 李某，曾为丙公司董事，因贷款炒股，个人负有到期债务1000万元尚未偿还

D. 赵某，曾担任丁国有企业总会计师，因贪污罪被判处有期徒刑，执行期满未逾5年

18. 根据公司法律制度的规定，下列各项中，错误的是（　　）。

A. 有限责任公司全体股东可约定不按照出资比例分取红利

B. 公司持有的本公司股份可以分配利润

C. 法定公积金转为资本时，所留存的该项公积金不得少于转增前公司注册资本的25%

D. 资本公积金不得用于弥补公司的亏损

19. 根据公司法律制度的规定，下列关于公司利润分配的说法中，错误的是（　　）。

A. 分配利润的股东会或者股东大会决议作出后，决议没有载明时间的，公司应当在公司章程规定的时间内完成利润分配

B. 分配利润的股东会或者股东大会决议作出后，决议、章程中均未规定时间或者时间超过1年的，公司应当自决议作出之日起1年内完成利润分配

C. 决议中载明的利润分配完成时间超过公司章程规定时间的，股东应当请求人民法院确认决议中关于该时间的规定无效

D. 分配利润的股东会或者股东大会决议作出后，公司应当在决议载明的时间内完成利润分配

20. 根据公司法律制度规定，下列关于公司公积金的说法中，正确的是（　　）。

A. 股份有限公司以超过股票票面金额的发行价格发行股份所得的溢价款应当列为公司资本公积金

B. 公司分配当年税后利润时，应当提取利润的10%列入公司法定公积金；公司法定公积金累计额为公司注册资本的25%以上的，可以不再提取

C. 资本公积金可以用于弥补公司的亏损、扩大公司生产经营、转为增加公司资本

D. 法定公积金转为资本时，所留存的该项公积金不得大于转增前公司注册资本的50%

21. 根据公司法律制度规定，下列关于有限责任公司股权转让的说法中，正确的是（　　）。

A. 有限责任公司的股东之间相互转让其全部或者部分股权，应当经其他股东过半数同意

B. 股东向股东以外的人转让股权，应当经其他股东半数以上同意

C. 股东应就其股权转让事项以书面或者其他能够确认收悉的合理方式通知其他股东征求同意

D. 股东自接到其他股东就股权转让事项书面通知之日起满 30 日未答复的，视为不同意转让

二、多项选择题

1. 公司控制股东对公司过度支配与控制，操纵公司的决策过程，使公司完全丧失独立性，沦为控制股东的工具或躯壳，严重损害公司债权人利益，实践中常见的情形有（　　）。
   A. 母子公司之间进行利益输送
   B. 子公司之间进行交易，收益归一方，损失却由另一方承担
   C. 先从原公司抽走资金，然后再成立经营目的相同或者类似的公司，逃避原公司债务
   D. 先解散公司，再以原公司场所、设备、人员及相同或者相似的经营目的另设公司，逃避原公司债务
   E. 公司账簿与股东账簿不分，致使公司财产与股东财产无法区分

2. 根据公司法律制度的规定，下列选项中，股东可以作为出资的有（　　）。
   A. 知识产权
   B. 特许经营权
   C. 土地使用权
   D. 商誉
   E. 劳务

3. 根据公司法律制度的规定，公司章程对特定主体具有约束力，该特定主体有（　　）。
   A. 股东
   B. 公司债权人
   C. 监事
   D. 经理
   E. 实际控制人

4. 根据公司法律制度规定，出资人以其他公司股权出资，应当符合的条件有（　　）。
   A. 出资的股权由出资人合法持有并依法可以转让
   B. 出资的股权无须评估作价
   C. 出资的股权已依法进行了价值评估
   D. 出资人已履行关于股权转让的法定手续
   E. 出资的股权无权利瑕疵或者权利负担

5. 根据公司法律制度规定，公司成立后，股东的下列行为中，属于抽逃出资的有（　　）。
   A. 用以出资的非货币财产的实际价额显著低于公司章程所定价额
   B. 制作虚假财务会计报表虚增利润进行分配
   C. 通过虚构债权债务关系将其出资转出
   D. 利用关联交易将出资转出
   E. 不履行或不全面履行出资义务

6. 甲、乙、丙三人计划设立 A 有限责任公司（以下简称“A 公司”），甲负责办理新公司办公室租赁事宜，甲以设立中 A 公司名义与房东丁订立了写字楼租赁合同。已知甲之所以选择与丁订立合同乃是为了自己个人利益，但丁对此并不知情。根据公司法律制度规定，下列说法中，正确的有（　　）。
   A. A 公司成立后，丁可要求甲承担合同责任
   B. A 公司成立后，丁可要求 A 公司承担合同责任

C. A公司成立后，丁可在甲和A公司之间选择一方承担合同责任
D. A公司成立后，如A公司有证据证明甲为自己的利益与丁签订合同，A公司可以此为由拒绝承担合同责任
E. A公司成立后，即使A公司有证据证明甲为自己的利益与丁签订合同，A公司也不得以此为由拒绝承担合同责任

7. 根据公司法律制度的规定，下列关于股份有限公司设立的说法中，正确的有（　　）。
A. 设立股份有限公司，应当有2人以上200人以下为发起人，其中须有半数以上的发起人为中国公民
B. 以募集设立方式设立股份有限公司的，发起人认购的股份不得少于公司股份总数的25%
C. 由发起人制订公司章程，采用募集方式设立的须经创立大会通过
D. 有公司名称，建立符合股份有限公司要求的组织机构
E. 有公司住所

8. 根据公司法律制度规定，下列关于创立大会的说法中，正确的有（　　）。
A. 发起人应当自股款缴足之日起30日内主持召开公司创立大会
B. 发起人应当在创立大会召开10日前将会议日期通知各认股人或者予以公告
C. 创立大会由发起人、认股人组成
D. 创立大会应有代表股份总数过半数的发起人、认股人出席，方可举行
E. 创立大会作出决议，必须经出席会议的认股人所持表决权过半数通过

9. 根据公司法律制度的规定，下列各项中，股份有限公司的所有股东均有权查阅的有（　　）。
A. 股东名册
B. 股东大会会议记录
C. 董事会会议记录
D. 监事会会议记录
E. 公司债券存根

10. 根据公司法律制度规定，下列属于公司决议可撤销情形的有（　　）。
A. 股东大会会议召集程序违反公司章程
B. 董事会的表决方式违反法律、行政法规
C. 股东大会决议内容违反法律、行政法规
D. 董事会决议内容违反公司章程
E. 股东大会表决方式违反公司章程

11. 根据公司法律制度规定，对有限责任公司股东会的有关决议投反对票的股东，可以请求公司按照合理的价格收购其股权。下列各项中，属于该有关决议的有（　　）。
A. 连续5年不向股东分配利润，而公司该5年连续盈利，并符合法定分配利润条件
B. 合并、分立
C. 购买重大财产
D. 增加、减少注册资本
E. 章程规定的营业期限届满，股东会会议通过决议修改章程使公司存续

12. 根据公司法律制度规定，单独或者合计持有公司全部股东表决权10%以上的股东，以下列事由提起解散公司诉讼，并且符合公司法规定，人民法院应予受理的有（　　）。
A. 公司持续2年以上无法召开股东会或者股东大会，公司经营管理发生严重困难
B. 公司亏损，财产不足以偿还全部债务
C. 公司被吊销企业法人营业执照未进行清算

D. 股东表决时无法达到法定或者公司章程规定的比例，持续 2 年以上不能作出有效的股东会或者股东大会决议，公司经营管理发生严重困难

E. 公司董事长期冲突，且无法通过股东会或者股东大会解决，公司经营管理发生严重困难

13. 根据公司法律制度规定，下列选项中，属于股东会职权的有（　　）。

A. 决定公司的经营计划和投资方案

B. 决定聘任或者解聘公司经理及其报酬事项

C. 审议批准公司的年度财务预算方案、决算方案

D. 对发行公司债券作出决议

E. 审议批准公司的利润分配方案和弥补亏损方案

14. 根据公司法律制度规定，下列情形中，有限责任公司应当召开股东会临时会议的有（　　）。

A. 代表 1/10 以上表决权的股东提议召开临时会议

B. 董事人数不足公司法规定人数或者公司章程所定人数的 2/3

C. 董事会提议召开临时会议

D. 监事会提议召开临时会议

E. 公司未弥补的亏损达实收股本总额 1/3

15. 根据公司法律制度规定，股东大会作出决议时，必须经出席会议的股东所持表决权的 2/3 以上通过的事项有（　　）。

A. 修改公司章程

B. 增加或者减少注册资本

C. 公司合并、分立、解散

D. 变更公司形式

E. 更换非由职工代表担任的董事

16. 根据公司法律制度规定，关于股份有限公司董事会的下列表述中，正确的有（　　）。

A. 董事会每年度至少召开 2 次会议，每次会议应当于会议召开 10 日前通知全体董事和监事

B. 董事因故不能出席，可以书面委托其他董事代为出席，委托书中应载明授权范围

C. 代表 1/10 以上表决权的股东、1/3 以上董事或者监事会，可以提议召开董事会临时会议

D. 董事会会议应有过半数的董事出席方可举行

E. 董事会作出决议，必须经出席会议的董事过半数通过

17. 根据公司法律制度规定，关于监事会的下列表述中，正确的有（　　）。

A. 股东人数较少或者规模较小的有限责任公司，可以设 1～2 名监事，不设监事会

B. 股份有限公司设监事会，其成员不得少于 3 人

C. 监事会应当包括股东代表和适当比例的公司职工代表，其中职工代表的比例不得低于 1/3，具体比例由公司章程规定

D. 监事的任期每届不超过 3 年

E. 董事、高级管理人员不得兼任监事

18. 根据公司法律制度规定，下列关于一人有限责任公司的说法中，正确的有（　　）。

A. 一个自然人只能投资设立一个一人有限责任公司

B. 一个自然人投资设立的一人有限责任公司不能投资设立新的一人有限责任公司

C. 一人有限责任公司的股东应当对公司债务承担连带责任

D. 一人有限责任公司应当在每一会计

年度终了时编制财务会计报告，并经会计师事务所审计

E. 一个法人投资设立的一人有限责任公司不能投资设立新的一人有限责任公司

19. 根据公司法律制度规定，下列关于国有独资公司的说法中，正确的有（　　）。

A. 董事会成员中可以有公司职工代表

B. 董事长、副董事长由国有资产监督管理机构从董事会成员中指定

C. 经董事会同意，董事会成员可以兼任经理

D. 国有独资公司的董事长、副董事长、董事、高级管理人员，未经国有资产监督管理机构同意，不得在其他有限责任公司、股份有限公司或者其他经济组织兼职

E. 国有独资公司监事会成员不得少于5人

20. 根据公司法律制度规定，下列关于有限责任公司股权转让的说法中，正确的有（　　）。

A. 有限责任公司的股东之间可以相互转让其全部或者部分股权

B. 股东向股东以外的人转让股权，应当经其他股东半数以上同意

C. 股东应就其股权转让事项以书面或者其他能够确认收悉的合理方式通知其他股东征求同意，其他股东自接到书面通知之日起满30日未答复的，视为同意转让

D. 其他股东半数以上不同意转让的，不同意的股东应当购买该转让的股权；不购买的，视为同意转让

E. 经股东同意转让的股权，在同等条件下，转让股东以外的其他股东主张优先购买的，人民法院应当予以支持，但转让股东依据规定放弃转让的除外

21. 根据公司法律制度规定，下列关于股份有限公司股份转让的说法中，正确的有（　　）。

A. 发起人持有的本公司股份，自公司成立之日起1年内不得转让

B. 公司公开发行股份前已发行的股份，自公司股票在证券交易所上市交易之日起1年内不得转让

C. 公司董事、监事、高级管理人员应当向公司申报所持有的本公司的股份及其变动情况，在任职期间每年转让的股份不得超过其所持有本公司股份总数的25%

D. 公司董事、监事、高级管理人员所持本公司股份，自公司股票上市交易之日起半年内不得转让

E. 公司董事、监事、高级管理人员离职后半年内，不得转让其所持有的本公司股份

22. 根据公司法律制度规定，下列选项中，属于公司可以收购本公司股份的情形有（　　）。

A. 增加注册资本

B. 与持有本公司股份的其他公司合并

C. 将股份用于员工持股计划或者股权激励

D. 将股份用于转换上市公司发行的可转换为股票的公司债券

E. 上市公司为维护公司价值及股东权益所必需

23. 根据公司法律制度规定，下列有关公司合并、分立规则的说法中，正确的有（　　）。

A. 公司合并、分立的决议由股东（大）会作出

B. 债权人自接到公司合并通知书之日

起 30 日内，可以要求公司清偿债务或者提供相应的担保

C. 公司分立前的债务一律由分立后的公司承担连带责任

D. 公司应当自作出分立决议之日起 30 日内通知债权人，并于 45 日内在报纸上公告

E. 公司合并、分立的，应当编制资产负债表、财产清单

三、综合分析题

2019 年 5 月，甲、乙、丙、丁、戊 5 家公司出资组建 A 有限责任公司（以下简称“A 公司”），注册资本 2000 万元。其中，甲公司以货币出资 500 万元，乙公司以厂房作价出资 600 万元，丙公司以专利技术作价出资 400 万元；丁公司以设备作价出资 200 万元，戊公司以商标权作价出资 300 万元。公司成立后，发现股东丁公司用以出资的设备在出资时的实际价额仅为 50 万元。

A 公司章程规定：董事会由 5 家股东单位派代表共 9 人组成，监事会由 2 名成员组成；其中 1 名由甲公司派出担任董事的人兼任，另 1 名由戊公司派员出任，负责日常监事事务；股东按章程规定分配利润；公司决议应经全体股东过半数通过。

2020 年 10 月，为了扩大公司规模，A 公司董事会制订了增资方案，董事长李某单独提议召开临时股东会进行决议。A 公司于临时股东会召开 10 日前通知所有股东，告知会议内容及议程。临时股东会对增资方案表决时，甲公司、丙公司、丁公司赞成，乙公司、戊公司反对，股东会通过增资决议。

2022 年 8 月，A 公司监事会在例行检查公司财务时，发现总经理王某擅自将公司 300 万元资金借给其亲属使用，收取好处费 10 万元。因该亲属遇车祸死亡，致使该笔借款无法收回。

请根据上述案情，回答下列问题：

1. 下列有关 A 公司设立出资的说法中，正确的有（　　）。

A. A 公司股东的出资方式符合《公司法》要求

B. 股东戊公司以商标权出资不符合要求，应以其他出资方式补足，并对已按期足额缴纳出资的股东承担违约责任

C. 丁公司的出资未达到要求，丁公司应按约定补足该差额

D. 丁公司的出资未达到要求，其他股东不承担责任

E. A 公司股东货币出资金额未达到要求

2. 下列有关 A 公司章程规定的说法中，正确的有（　　）。

A. 董事会由 5 家股东单位派代表共 9 人组成符合规定

B. 监事会的组成人员符合规定

C. 由甲公司派出担任董事的人兼任监事的做法不符合规定

D. 公司章程不得规定股东会的表决方式

E. 股东可以按章程规定而不按出资比例分取红利

3. 下列有关 A 公司增资决议和临时股东会会议的说法中，正确的有（　　）。

A. 董事长李某有权提单独议召开临时股东会会议

B. 增资决议有效，因表决方式符合公司章程规定

C. 增资决议无效，必须经代表2/3以上表决权的股东通过

D. 召开临时股东会会议通知发出的时间符合《公司法》规定

E. A公司1/3以上的董事可提议召开临时股东会会议

4. 下列有关A公司总经理王某擅自出借300万元资金行为的说法中，正确的有（　　）。

A. A公司可针对该行为向人民法院提起诉讼

B. 总经理王某对该行为给公司造成的损失应当承担赔偿责任

C. 该行为损害了公司利益，各股东均可书面请求监事会向人民法院提起诉讼

D. 该行为违反了法律规定，其所得好处费10万元应收归公司所有

E. 该行为没有违反《公司法》规定的高级管理人员应尽的义务

同步强化练习题参考答案及解析

使用“会计云课堂”App或“微信”扫码对答案、看解析、掌握解题思路，开启轻松过关之旅。

一、单项选择题

1. B　【解析】选项AB：有限责任公司的注册资本为在公司登记机关登记的全体股东“认缴”的出资额，而非“实缴”的出资额。

2. D　【解析】公司为公司股东或者实际控制人提供担保的，必须经股东会或者股东大会决议。接受担保的股东或者受实际控制人支配的股东，不得参加该事项的表决。该项表决由出席会议的其他股东所持表决权的过半数通过。

3. C　【解析】公司为公司股东或者实际控制人提供担保的，必须经股东会或者股东大会决议。接受担保的股东或者受实际控制人支配的股东，不得参加该事项的表决。该项表决由出席会议的其他股东所持表决权的过半数通过。

4. C　【解析】（1）股东可以用货币出资，也可以用实物、知识产权、土地使用权等可以用货币估价并可以依法转让的非货币财产作价出资；但是，法律、行政法规规定不得作为出资的财产除外。（2）股东不得以劳务、信用、自然人姓名、商誉、特许经营权或者设定担保的财产等作价出资。

5. B　【解析】发起人因履行公司设立职责造成他人损害，公司成立后受害人请求公司承担侵权赔偿责任的，人民法院应予支持；公司未成立，受害人请求全体发起人承担连带赔偿责任的，人民法院应予支持。

6. D 【解析】选项D：创立大会对法定事项作出决议，必须经出席会议的认股人所持表决权过半数通过。

7. D 【解析】发起人、认股人缴纳股款或者交付抵作股款的出资后，除未按期募足股份、发起人未按期召开创立大会或者创立大会决议不设立公司的情形外，不得抽回其股本。

8. A 【解析】选项BCD：股东会或者股东大会、董事会的会议召集程序、表决方式违反法律、行政法规或者公司章程，或者决议内容违反公司章程的，股东可以自决议作出之日起60日内，请求人民法院撤销。

9. B 【解析】（1）董事、高级管理人员执行公司职务时违反法律、行政法规或者公司章程的规定，给公司造成损失的，有限责任公司的股东、股份有限公司连续180日以上单独或者合计持有公司1%以上股份的股东，可以书面请求监事会或者不设监事会的有限责任公司的监事向人民法院提起诉讼，选项A正确。（2）监事会、不设监事会的有限责任公司的监事，或者董事会、执行董事收到前述股东书面请求后拒绝提起诉讼，或者自收到请求之日起30日内未提起诉讼，或者情况紧急、不立即提起诉讼将会使公司利益受到难以弥补的损害的，前述股东有权为了公司的利益以自己的名义直接向人民法院提起诉讼，选项B错误。（3）关联交易损害公司利益，公司依据规定请求控股股东、实际控制人、董事、监事、高级管理人员赔偿所造成的损失，被告仅以该交易已经履行了信息披露、经股东会或者股东大会同意等法律、行政法规或者公司章程规定的程序为由抗辩的，人民法院不予支持。公司没有提起诉讼的，符合公司法规定条件的股东，可以依据公司法规定向人民法院提起诉讼，选项C正确。（4）股东依法提起股东代表诉讼的，胜诉利益归属于公司。股东请求被告直接向其承担民事责任的，人民法院不予支持，选项D正确。

10. A 【解析】选项A：公司董事、高级管理人员违反法律、行政法规或者公司章程的规定，损害股东利益的，股东可以直接向人民法院提起诉讼。

11. A 【解析】选项BCD：系董事会职权。

12. C 【解析】（1）选项A：股东人数较少或者规模较小的有限责任公司，可以设1名执行董事，不设董事会。（2）选项B：董事任期由公司章程规定，但每届任期不得超过3年。（3）选项D：有限责任公司董事长和副董事长的产生办法由公司章程规定。

13. C 【解析】（1）选项A：股份有限公司设董事会，其成员为5~19人。（2）选项B：股份有限公司董事会成员中可以有公司职工代表。（3）选项D：董事会作出决议，必须经全体董事的过半数通过。

14. C 【解析】（1）选项AB：董事会每年度至少召开两次会议，每次会议应当于会议召开10日前通知全体董事和监事。（2）选项D：监事会每6个月至少召开一次会议。

15. A　【解析】（1）选项ABC：一个“自然人”只能投资设立1个一人有限责任公司，该一人有限责任公司不能再投资设立新的一人有限责任公司。法人投资设立的一人有限责任公司可以投资设立新的一人有限责任公司。（2）选项D：一人有限责任公司不设股东会，股东作出决定时，应当采用书面形式，并由股东签名后置备于公司。

16. A　【解析】选项A：两个以上的国有企业或者两个以上的其他国有投资主体投资设立的有限责任公司应当设股东会。

17. A　【解析】（1）选项B：担任破产清算的公司、企业的董事或者厂长、经理，对该公司、企业的破产负有个人责任，自该公司、企业破产清算完结之日起未逾3年的，不得担任公司的董事、监事、高级管理人员。（2）选项C：个人所负数额较大的债务到期未清偿的，不得担任公司的董事、监事、高级管理人员。（3）选项D：因贪污、贿赂、侵占财产、挪用财产或者破坏社会主义市场经济秩序，被判处刑罚，执行期满未逾5年的，不得担任公司的董事、监事、高级管理人员。

18. B　【解析】（1）选项A：有限责任公司股东按照实缴的出资比例分取红利；但是，全体股东约定不按照出资比例分取红利的除外。（2）选项B：公司持有的本公司股份不得分配利润。（3）选项C：法定公积金转为资本时，所留存的该项公积金不得少于转增前公司注册资本的25%。（4）选项D：公司的公积金主要用于弥补公司的亏损、扩大公司生产经营或者转为增加公司资本。但是，资本公积金不得用于弥补公司的亏损。

19. C　【解析】分配利润的股东会或者股东大会决议作出后，公司应当在决议载明的时间内完成利润分配。决议没有载明时间的，以公司章程规定的为准。决议、章程中均未规定时间或者时间超过1年的，公司应当自决议作出之日起1年内完成利润分配。决议中载明的利润分配完成时间超过公司章程规定时间的，股东可以依据公司法请求人民法院撤销决议中关于该时间的规定。

20. A　【解析】（1）选项A：股份有限公司以超过股票票面金额的发行价格发行股份所得的溢价款以及国务院财政部门规定列入资本公积金的其他收入，应当列为公司资本公积金。（2）选项B：公司分配当年税后利润时，应当提取利润的10%列入公司法定公积金。公司法定公积金累计额为公司注册资本的50%以上的，可以不再提取。（3）选项C：公司的公积金用于弥补公司的亏损、扩大公司生产经营或者转增公司资本。但是，资本公积金不得用于弥补公司的亏损。（4）选项D：法定公积金转为资本时，所留存的该项公积金不得少于转增前公司注册资本的25%。

21. C　【解析】（1）选项A：有限责任公司的股东之间可以相互转让其全部或者部分股权。（2）选项B：股东向股东以外的人转让股权，应当经其他股东过半数同意。（3）选项CD：股东应就其股权转让事项以书面或者其他能够确认收悉的合理方式通知其他股东征求同意，其他股东自接到书面通知之日起满30日未答复的，视为同意转让。

二、多项选择题

1. ABCD　【解析】公司控制股东对公司过度支配与控制，操纵公司的决策过程，使公司完全丧失独立性，沦为控制股东的工具或躯壳，严重损害公司债权人利益，应当否认公司人格，由滥用控制权的股东对公司债务承担连带责任。实践中常见的情形包括：（1）母子公司之间或者子公司之间进行利益输送的；（2）母子公司或者子公司之间进行交易，收益归一方，损失却由另一方承担的；（3）先从原公司抽走资金，然后再成立经营目的相同或者类似的公司，逃避原公司债务的；（4）先解散公司，再以原公司场所、设备、人员及相同或者相似的经营目的另设公司，逃避原公司债务的；（5）过度支配与控制的其他情形。

2. AC　【解析】（1）股东可以用货币出资，也可以用实物、知识产权、土地使用权等可以用货币估价并可以依法转让的非货币财产作价出资；但是，法律、行政法规规定不得作为出资的财产除外。（2）股东不得以劳务、信用、自然人姓名、商誉、特许经营权或者设定担保的财产等作价出资。

3. ACD　【解析】公司章程对公司、股东、董事、监事、高级管理人员具有约束力。

4. ACDE　【解析】出资人以其他公司股权出资，符合下列条件的，人民法院应当认定出资人已履行出资义务：（1）出资的股权由出资人合法持有并依法可以转让；（2）出资的股权无权利瑕疵或者权利负担；（3）出资人已履行关于股权转让的法定手续；（4）出资的股权已依法进行了价值评估。

5. BCD　【解析】公司成立后，公司、股东或者公司债权人以相关股东的行为符合下列情形之一且损害公司权益为由，请求认定该股东抽逃出资的，人民法院应予支持：（1）制作虚假财务会计报表虚增利润进行分配；（2）通过虚构债权债务关系将其出资转出；（3）利用关联交易将出资转出；（4）其他未经法定程序将出资抽回的行为。

6. BE　【解析】发起人以设立中公司名义对外签订合同，公司成立后合同相对人请求公司承担合同责任的，人民法院应予支持。公司成立后有证据证明发起人利用设立中公司的名义为自己的利益与相对人签订合同，公司以此为由主张不承担合同责任的，人民法院应予支持，但相对人为善意的除外。

7. CDE　【解析】（1）选项A：设立股份有限公司，应当有2人以上200人以下为发起人，其中须有半数以上的发起人在中国境内有住所。（2）选项B：以募集设立方式设立股份有限公司的，发起人认购的股份不得少于公司股份总数的35%；但是，法律、行政法规另有规定的，从其规定。

8. ACDE　【解析】选项B：发起人应当在创立大会召开15日前将会议日期通知各认股人或者予以公告。

9. ABE

10. ABDE　【解析】股东会或者股东大会、董事会的会议召集程序、表决方式违反法律、行政法规或者公司章程，或者决议内容违反公司章程的，股东可以自决议作出之日起60日内，请求人民法院撤销。

11. ABE　【解析】有下列情形之一的，对股东会该项决议投反对票的股东可以请求公司按照合理的价格收购其股权：（1）公司连续5年不向股东分配利润，而公司该5年连续盈利，并且符合法定分配利润条件的；（2）公司合并、分立、转让主要财产的；（3）公司章程规定的营业期限届满或者章程规定的其他解散事由出现，股东会会议通过决议修改章程使公司存续的。

12. ADE　【解析】单独或者合计持有公司全部股东表决权10%以上的股东，以下列事由之一提起解散公司诉讼，并符合公司法规定的，人民法院应予受理：（1）公司持续2年以上无法召开股东会或者股东大会，公司经营管理发生严重困难的；（2）股东表决时无法达到法定或者公司章程规定的比例，持续2年以上不能作出有效的股东会或者股东大会决议，公司经营管理发生严重困难的；（3）公司董事长期冲突，且无法通过股东会或者股东大会解决，公司经营管理发生严重困难的；（4）经营管理发生其他严重困难，公司继续存续会使股东利益受到重大损失的情形。

13. CDE　【解析】股东会职权：（1）决定公司的经营方针和投资计划；（2）选举和更换非由职工代表担任的董事、监事，决定有关董事、监事的报酬事项；（3）审议批准董事会的报告；（4）审议批准监事会或者监事的报告；（5）审议批准公司的年度财务预算方案、决算方案；（6）审议批准公司的利润分配方案和弥补亏损方案；（7）对公司增加或者减少注册资本作出决议；（8）对发行公司债券作出决议；（9）对公司合并、分立、解散、清算或者变更公司形式作出决议；（10）修改公司章程；（11）公司章程规定的其他职权。

14. AD　【解析】代表1/10以上表决权的股东、1/3以上的董事、监事会或者不设监事会的公司的监事提议召开股东会临时会议的，应当召开临时会议。

15. ABCD　【解析】股东大会作出修改公司章程、增加或者减少注册资本的决议，以及公司合并、分立、解散或者变更公司形式的决议，必须经出席会议的股东所持表决权的2/3以上通过。

16. ABCD 【解析】选项 E：董事会作出决议，必须经全体董事的过半数通过。

17. ABCE 【解析】选项 D：监事的任期每届为3 年。

18. ABD 【解析】(1) 选项 C：一人有限责任公司的股东不能证明公司财产独立于股东自己的财产的，应当对公司债务承担连带责任。(2) 选项 E：一个自然人投资设立的一人有限责任公司不能投资设立新的一人有限责任公司，一个法人投资设立的一人有限责任公司可以投资设立新的一人有限责任公司。

19. BDE 【解析】(1) 选项 A：董事会成员中应当有公司职工代表。(2) 选项 C：经国有资产监督管理机构同意，董事会成员可以兼任经理。

20. ACDE 【解析】选项 B：股东向股东以外的人转让股权，应当经其他股东过半数同意。

21. ABCE 【解析】选项 D：公司董事、监事、高级管理人员所持本公司股份，自公司股票上市交易之日起1 年内不得转让。

22. BCDE 【解析】公司不得收购本公司股份。但是，有下列情形之一的除外：(1) 减少公司注册资本；(2) 与持有本公司股份的其他公司合并；(3) 将股份用于员工持股计划或者股权激励；(4) 股东因对股东大会作出的公司合并、分立决议持异议，要求公司收购其股份；(5) 将股份用于转换上市公司发行的可转换为股票的公司债券；(6) 上市公司为维护公司价值及股东权益所必需。

23. ABE 【解析】(1) 选项 C：公司分立前的债务由分立后的公司承担连带责任。但是，公司在分立前与债权人就债务清偿达成的书面协议另有约定的除外。(2) 选项 D：公司应当自作出分立决议之日起 10 日内通知债权人，并于30 日内在报纸上公告。

三、综合分析题

1. AC 【解析】(1) 选项 AB：股东或发起人可以用货币出资，也可以用实物、知识产权（如商标权）、土地使用权等可以用货币估价并可以依法转让的非货币财产作价出资，但不得以劳务、信用、自然人姓名、商誉、特许经营权或者设定担保的财产等作价出资。(2) 选项 CD：公司成立后，发现作为设立公司出资的非货币财产的实际价额显著低于公司章程所定价额的，应当由交付该出资的股东或者发起人补足其差额，公司设立时的其他股东或者发起人承担连带责任。(3) 选项 E：现行《公司法》没有对“货币出资”最低限额的要求。

2. ACE 【解析】(1) 选项 A：有限责任公司董事会成员为3～13 人（只设 1 名执行董事情况除外），本题中，董事会由 5 家股东单位派代表共 9 人组成，符合规定。(2) 选项 B：有限责任公司设立监事会的，其成员不得少于3 人；监事会应当包括股东代表和职工代表，其中职工代表的比例不得低于1/3；在本题中，监事会成员只有2人，且没有职工代表，不符合规定。(3) 选项C：董事、高级管理人员不得兼任本公司监事。(4) 选项D：股东会的议事方式和表决程序，除《公司法》另有规定的外，由公司章程规定。(5) 选项E：有限责任公司股东按照实缴的出资比例分取红利，但是，全体股东约定不按照出资比例分取红利的除外。

3. CE　【解析】(1) 选项AE：有限责任公司临时股东会由代表10%以上表决权的股东、1/3以上的董事、监事会或者不设监事会的公司监事提议召开。(2) 选项BC：增加注册资本是股东会的特别决议事项，应当经代表2/3以上表决权的股东通过；有限责任公司股东会会议由股东按照出资比例行使表决权，但公司章程另有规定的除外；在本题中，赞成该决议的股东甲公司、丙公司、丁公司所代表的表决权未达到2/3，增资决议不能通过。(3) 选项D：有限责任公司召开股东会会议，应当于会议召开15日前通知全体股东，但公司章程另有规定或者全体股东另有约定的除外。

4. ABCD　【解析】(1) 选项ABDE：董事、高级管理人员不得违反公司章程的规定，未经股东（大）会或者董事会同意，将公司资金借贷给他人或者以公司财产为他人提供担保；否则所得收入应当归公司所有，给公司造成损失的，应当承担赔偿责任。(2) 选项C：董事、高级管理人员侵害公司利益，有限责任公司的股东可以书面请求监事会向人民法院提起诉讼。

第十四章 破产法

本章学习指南

一、考情概况

本章近3年平均考查分值约9.3分，考查题型通常为单选题、多选题和综合分析题，是商法部分涉及考核综合分析题可能性较高的章节。

本章为重点章节，内容包括破产法总则与破产法分则（重整、和解与破产清算）的相关知识。

最近3年题型题量分析表

题型	2021年	2020年	2019年
单项选择题	1.5分	1.5分	3.0分
多项选择题	2.0分	2.0分	2.0分
综合分析题	8.0分	8.0分	——
合计	11.5分	11.5分	5.0分

二、教材变动

本章2022年无实质性变化，仅个别文字调整。

核心考点精讲

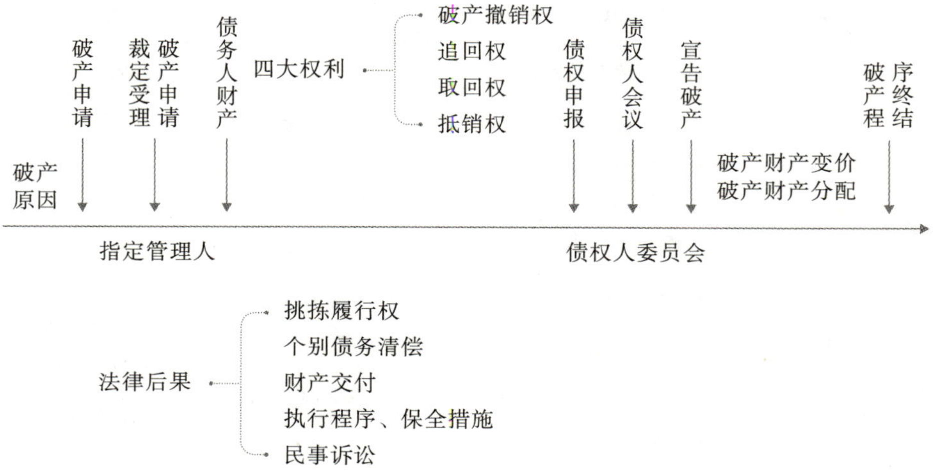

第一单元　破产法总则

查看本单元视频，快速 GET 知识点
使用“会计云课堂”App或“微信”扫码

01 破产原因（★）

破产原因	企业法人不能清偿到期债务，并且资产不足以清偿全部债务或者明显缺乏清偿能力
不能清偿到期债务	下列情形同时存在的，人民法院应当认定债务人不能清偿到期债务： （1）债权债务关系依法成立 （2）债务履行期限已经届满 （3）债务人未完全清偿债务
资不抵债	债务人的资产负债表，或者审计报告、资产评估报告等显示其全部资产不足以偿付全部负债的，人民法院应当认定债务人资产不足以清偿全部债务，但有相反证据足以证明债务人资产能够偿付全部负债的除外
明显缺乏清偿能力	债务人账面资产虽大于负债，但存在下列情形之一的，人民法院应当认定其明显缺乏清偿能力： （1）因资金严重不足或者财产不能变现等原因，无法清偿债务 （2）法定代表人下落不明且无其他人员负责管理财产，无法清偿债务 （3）经人民法院强制执行，无法清偿债务 （4）长期亏损且经营扭亏困难，无法清偿债务 （5）导致债务人丧失清偿能力的其他情形

02 破产申请（★★★）

时间	申请主体		申请程序
初始申请	债务人（具备破产原因）		破产清算、重整、和解
	债权人	债务人不能清偿到期债务	破产清算、重整
		企业法人已解散但未清算或者未在合理期限内清算完毕，债权人申请债务人破产清算的，除债务人在法定异议期限内举证证明其未出现破产原因外，人民法院应当受理	破产清算
	依法负有清算责任的人（企业法人已解散但未清算或者未清算完毕，资产不足以清偿债务）		破产清算
	国务院金融监管机构（商业银行、证券公司、保险公司等金融机构具有破产原因的）		破产清算、重整

时间	申请主体	申请程序
后续申请	债务人	重整、和解
	出资额占债务人注册资本 1/10 以上的出资人	重整
	【提示 1】重整程序限制：债权人首先申请对债务人进行破产清算 【提示 2】时间限制：人民法院受理破产申请后、宣告债务人破产前	
管辖	破产案件由债务人住所地人民法院管辖	
撤回	人民法院受理破产申请前，申请人可以请求撤回申请	

经典题解

【真题 1 · 单选题】 当债务人不能清偿到期债务，并且资产不足以清偿全部债务时，可以向人民法院提出和解申请的是（　　）。(2019 年)

A. 管理人　　B. 债权人

C. 清算组　　D. 债务人

【解析】 债务人可以依照规定，直接向人民法院申请和解；也可以在人民法院受理破产申请后、宣告债务人破产前，向人民法院申请和解。

【答案】 D

【真题 2 · 单选题】 根据《企业破产法》及相关规定，下列主体中，不能作为破产申请人的是（　　）。(2017 年)

A. 债权人的出资人　　B. 依法对债务人负有清算责任的人

C. 债权人　　D. 债务人

【解析】（1）选项 B：企业法人已解散但未清算或者未清算完毕，资产不足以清偿债务的，依法负有清算责任的人应当向人民法院申请破产清算。（2）选项 C：债务人不能清偿到期债务，债权人可以向人民法院提出对债务人进行重整或者破产清算的申请。（3）选项 D：债务人具有破产原因，可以向人民法院提出重整、和解或者破产清算申请。

【答案】 A

【真题 3 · 单选题】 债务人尚未解散，但不能清偿到期债务且明显缺乏清偿能力，属于破产原因之一。这种情况下，可以依法提出破产申请的主体是（　　）。(2013 年)

A. 债权人　　B. 债务人的债务人

C. 依法负有清算责任的人　　D. 债务人的出资人

【解析】 债务人不能清偿到期债务，债权人可以向人民法院提出对债务人进行重整或者破产清算的申请。

【答案】 A

【真题 4 · 单选题】 根据企业破产法律制度的规定，下列有关重整申请人的表述中，正确的是（　　）。(2012 年)

A. 进入破产程序前，债务人可以直接向人民法院申请重整

B. 人民法院受理破产申请后、宣告债务人破产前，破产管理人可以向人民法院申请重整

C. 人民法院受理债权人提出的破产申请后、宣告债务人破产前，出资额占债务人注册资本5%以上的出资人，可以向人民法院申请重整

D. 人民法院受理债权人提出的破产申请后，债务人不能向人民法院申请重整

【解析】（1）选项A："债务人或者债权人"可以直接向人民法院申请对债务人进行重整。（2）选项BCD：债权人申请对债务人进行破产清算的，在人民法院受理破产申请后、宣告债务人破产前，"债务人或者出资额占债务人注册资本1/10以上的出资人"（不包括破产管理人），可以向人民法院申请重整。

【答案】 A

【真题5·单选题】 破产申请是破产程序开始的前提。根据企业破产法律制度的规定，下列有关破产申请及管辖的表述中，正确的是（ ）。（2012年）

A. 破产申请只能由债务人向人民法院提出

B. 破产申请在人民法院受理前不能撤回

C. 破产案件由债务人住所地人民法院管辖

D. 破产案件由破产财产所在地人民法院管辖

【解析】（1）选项A：债务人不能清偿到期债务，"债权人"可以向人民法院提出重整或者破产清算的申请。（2）选项B：申请人可以在人民法院"受理破产申请以前"请求撤回申请。（3）选项CD：破产案件由"债务人住所地"人民法院管辖。

【答案】 C

03 破产申请的受理（★★★）

受理时限	债权人提出申请	人民法院应当自收到申请之日起5日内通知债务人；债务人对申请有异议的，应当自收到人民法院的通知之日起7日内向人民法院提出；人民法院应当自异议期满之日起10日内裁定是否受理
	其他主体提出申请	人民法院应当自收到破产申请之日起15日内裁定是否受理
裁定受理	（1）人民法院受理破产申请的，应当自裁定作出之日起5日内送达申请人 （2）债权人提出申请的，人民法院应当自裁定作出之日起5日内送达债务人	
提交材料	债务人应当自裁定送达之日起15日内，向人民法院提交财产状况说明、债务清册、债权清册、有关财务会计报告以及职工工资的支付和社会保险费用的缴纳情况；债务人拒不提交的，人民法院可以对债务人的直接责任人员采取罚款等强制措施	
指定管理人	人民法院裁定受理破产申请的，应当同时指定管理人	
通知、公告	人民法院应当自裁定受理破产申请之日起25日内通知已知债权人，并予以公告	
民事诉讼	人民法院受理破产申请后，有关债务人的民事诉讼，只能向受理破产申请的人民法院提起	

裁定不予受理	人民法院裁定不受理破产申请的，应当自裁定作出之日起 5 日内送达申请人并说明理由。申请人对裁定不服的，可以自裁定送达之日起 10 日内向上一级人民法院提起上诉
裁定驳回	人民法院受理破产申请后至破产宣告前，经审查发现债务人不具有破产原因的，可以裁定驳回申请。申请人对裁定不服的，可以自裁定送达之日起 10 日内向上一级人民法院提起上诉

经典题解

【真题 1·单选题】法院受理破产申请后，首先应做的一项工作是（　　）。（2015 年）

A. 作出破产宣告　　B. 冻结债务人资产

C. 指定管理人　　D. 裁定批准或者不批准重整申请

【解析】人民法院裁定受理破产申请的，应当同时指定管理人。

【答案】C

【真题 2·单选题】根据《企业破产法》及相关规定，破产管理人确定模式是（　　）。（2017 年）

A. 由债权人委员会确定　　B. 由债权人会议选任

C. 由债务人选任　　D. 由法院指定

【解析】人民法院裁定受理破产申请的，应当同时指定管理人。

【答案】D

【真题 3·单选题】根据企业破产法律制度的规定，下列有关破产申请受理程序的表述中，正确的是（　　）。（2012 年）

A. 除法律另有规定外，人民法院应当自收到破产申请之日起 5 日内裁定是否受理

B. 法院不予受理破产申请和驳回破产申请均应以裁定形式作出

C. 债务人应在人民法院受理破产申请的裁定送达之日起 45 日内，向人民法院提交财产状况说明、债务清册、债权清册、财务会计报告等资料

D. 人民法院裁定受理破产申请后，应当自裁定受理破产申请之日起 30 日内通知已知债权人，并予以公告

【解析】（1）选项 A：一般情况下，人民法院应当“自收到破产申请之日起 15 日内”裁定是否受理；债权人提出破产申请，债务人对申请有异议的，人民法院应当“自债务人异议期满之日起 10 日内”裁定是否受理。（2）选项 C：债务人应当在人民法院受理破产申请的裁定送达之日起 15 日内，向人民法院提交财产状况说明、债务清册、债权清册、有关财务会计报告以及职工工资的支付和社会保险费用的缴纳情况。（3）选项 D：人民法院裁定受理破产申请后，应当自裁定受理破产申请之日起 25 日内通知已知债权人，并予以公告。

【答案】B

04 破产申请受理的法律后果（★★★）

个别清偿	人民法院受理破产申请后，债务人对个别债权人的债务清偿无效，但是，债务人以其财产向债权人提供物权担保的，其在担保物市场价值内向债权人所作的债务清偿，不受上述规定限制
债务人的债务人、财产持有人	（1）人民法院受理破产申请后，债务人的债务人或者财产持有人应当向管理人清偿债务或者交付财产 （2）债务人的债务人或者财产持有人故意违反上述规定向债务人清偿债务或者交付财产，使债权人受到损失的，不免除其清偿债务或者交付财产的义务
管理人的挑拣履行权	（1）人民法院受理破产申请后，管理人对破产申请受理前成立而债务人和对方当事人均未履行完毕的合同有权决定解除或者继续履行，并通知对方当事人 （2）管理人自破产申请受理之日起2个月内未通知对方当事人，或者自收到对方当事人催告之日起30日内未答复的，视为解除合同 （3）管理人决定继续履行合同的，对方当事人应当履行；但是，对方当事人有权要求管理人提供担保。管理人不提供担保的，视为解除合同
执行程序、保全措施	人民法院受理破产申请后，有关债务人财产的保全措施应当解除，执行程序应当中止
未决民事诉讼	人民法院受理破产申请后，已经开始而尚未终结的有关债务人的民事诉讼或者仲裁应当中止；在管理人接管债务人的财产后，该诉讼或者仲裁继续进行
	破产申请受理前，债权人就债务人财产提起下列诉讼，破产申请受理时案件尚未审结的，人民法院应当中止审理： （1）主张次债务人代替债务人直接向其偿还债务的 （2）主张债务人的出资人、发起人和负有监督股东履行出资义务的董事、高级管理人员，或者协助抽逃出资的其他股东、董事、高级管理人员、实际控制人等直接向其承担出资不实或者抽逃出资责任的 （3）以债务人的股东与债务人法人人格严重混同为由，主张债务人的股东直接向其偿还债务人对其所负债务的 （4）其他就债务人财产提起的个别清偿诉讼
	（1）债务人破产宣告后，人民法院应当依照规定判决驳回债权人的诉讼请求。但是，债权人一审中变更其诉讼请求为追收的相关财产归入债务人财产的除外 （2）债务人破产宣告前，人民法院依据规定裁定驳回破产申请或者终结破产程序的，上述中止审理的案件应当依法恢复审理
提起新诉	破产申请受理后，债权人就债务人财产向人民法院提起民事诉讼的，人民法院不予受理

经典题解

【真题 1 · 单选题】 法院裁定受理破产申请后，下列有关各方的做法中，符合法律要求的是（　　）。(2013 年)

A. 债务人的债务人向债务人清偿债务

B. 债务人指定破产管理人

C. 对管理人决定继续履行的合同，对方当事人要求债务人提供担保

D. 对破产申请受理前成立而双方均未履行完毕的合同，管理人决定解除

【解析】（1）选项 A：人民法院受理破产申请后，债务人的债务人或者财产持有人应当向“管理人”清偿债务或者交付财产。（2）选项 B：“人民法院”裁定受理破产申请的，应当同时指定管理人。（3）选项 CD：人民法院受理破产申请后，管理人对破产申请受理前成立而债务人和对方当事人均未履行完毕的合同有权决定解除或者继续履行，并通知对方当事人。管理人决定继续履行合同的，对方当事人应当履行；但对方当事人有权要求“管理人”提供担保，管理人不提供担保的，视为解除合同。

【答案】 D

【真题 2 · 单选题】 2010 年 8 月 20 日，红光公司不能支付到期债务，向法院提出破产申请，法院于 2010 年 9 月 1 日受理其破产申请，同时指定了破产管理人，破产管理人接管红光公司后查明：红光公司有一笔到期货款 380 万元没有支付，被甲公司起诉至法院，2010 年 8 月 10 日，法院终审判决红光公司支付甲公司欠款及违约金共计 400 万元，后红光公司因不履行判决被甲公司申请强制执行，法院对红光公司办公楼予以查封。法院受理红光公司破产申请时，此判决尚未执行，根据《企业破产法》，法院受理破产申请后，对红光公司办公楼的正确处理是（　　）。(2014 年)

A. 将红光公司办公楼用于偿还所欠甲公司的货款

B. 将办公楼计入破产财产，解除对红光公司办公楼的查封

C. 不将办公楼计入破产财产，继续对红光公司办公楼予以执行

D. 将红光公司办公楼拍卖偿付破产费用

【解析】 人民法院受理破产申请后，有关债务人财产的保全措施应当解除，执行程序应当中止。

【答案】 B

【真题 3 · 多选题】 法院裁定受理破产申请后，下列关于法律后果的说法中，正确的有（　　）。(2013 年)

A. 有关债务人财产的保全措施应当解除

B. 有关债务人财产的执行程序可以终止

C. 有关债务人的刑事诉讼应当中止

D. 债务人未履行完毕的合同，不得解除

E. 有关债务人的仲裁应当中止

【解析】（1）选项 AB：人民法院受理破产申请后，有关债务人财产的保全措施应当解除，执行程序“应当中止”。（2）选项 CE：人民法院受理破产申请后，已经开始而尚未

终结的有关债务人的“民事”诉讼或者仲裁应当中止；在管理人接管债务人的财产后，该诉讼或者仲裁继续进行。(3) 选项D：人民法院受理破产申请后，管理人对破产申请受理前成立而债务人和对方当事人均未履行完毕的合同有权决定解除或者继续履行，并通知对方当事人。

【答案】AE

05 管理人（★★★）

1. 管理人的指定与资格

概念	除重整、和解程序中债务人经人民法院许可自行管理财产和营业事务外，管理人成为债务人财产的实际控制者，依法管理和处分债务人财产
基本要求	管理破产财产，管理人必须具有独立的法律地位，在破产案件中与债权人、债务人等不存在可能影响其公正从事管理活动的利害关系，并具有相应的专业能力
指定	管理人由人民法院指定，对人民法院负责
更换	债权人会议认为管理人不能依法、公正执行职务或者有其他不能胜任职务情形的，可以申请人民法院予以更换
可以担任	(1) 有关部门、机构的人员组成的清算组 (2) 依法设立的律师事务所、会计师事务所、破产清算事务所等社会中介机构 (3) 社会中介机构具备相关专业知识并取得执业资格的人员（个人担任管理人的，应当参加职业责任保险）
不得担任	(1) 因故意犯罪受过刑事处罚 (2) 曾被吊销相关专业执业证书 (3) 与本案有利害关系 (4) 人民法院认为不宜担任管理人的其他情形
利害关系	社会中介机构、清算组成员有下列情形之一，可能影响其忠实履行管理人职责的，人民法院可以认定为有利害关系： (1) 与债务人、债权人有未了结的债权债务关系 (2) 在人民法院受理破产申请前3年内，曾为债务人提供相对固定的中介服务 (3) 现在是或者在人民法院受理破产申请前3年内曾经是债务人、债权人的控股股东或者实际控制人 (4) 现在担任或者在人民法院受理破产申请前3年内曾经担任债务人、债权人的财务顾问、法律顾问 (5) 人民法院认为可能影响其忠实履行管理人职责的其他情形

利害关系	清算组成员的派出人员、社会中介机构的派出人员、个人管理人有下列情形之一，可能影响其忠实履行管理人职责的，人民法院可以认定为有利害关系： （1）具有上述所列 5 种情形 （2）现在担任或者在人民法院受理破产申请前 3 年内曾经担任债务人、债权人的董事、监事、高级管理人员 （3）与债权人或者债务人的控股股东、董事、监事、高级管理人员存在夫妻、直系血亲、三代以内旁系血亲或者近姻亲关系 （4）人民法院认为可能影响其公正履行管理人职责的其他情形
不宜担任的其他情形	（1）因执业、经营中故意或者重大过失行为，受到行政机关、监管机构或者行业自律组织行政处罚或者纪律处分之日起未逾 3 年 （2）因涉嫌违法行为正被相关部门调查 （3）因不适当履行职务或者拒绝接受人民法院指定等原因，被人民法院从管理人名册除名之日起未逾 3 年 （4）缺乏担任管理人所应具备的专业能力 （5）缺乏承担民事责任的能力 （6）人民法院认为可能影响履行管理人职责的其他情形
申请回避	（1）进入指定管理人程序后，社会中介机构或者个人发现与本案有利害关系的，应主动申请回避并向人民法院书面说明情况 （2）人民法院认为社会中介机构或者个人与本案有利害关系的，不应指定该社会中介机构或者个人为本案管理人

经典题解

【真题 1 · 单选题】 下列机构中，可以担任破产管理人的是（　　）。（2021 年）

A. 法院受理破产申请时，对债务人享有 100 万元债权的乙税务师事务所

B. 在法院受理破产案件申请 5 年前，担任过债务人合同纠纷诉讼代理人的丁律师事务所

C. 在法院受理破产案件申请前 2 年内，为债务人提供常年中介服务的甲会计师事务所

D. 法院受理破产申请时，担任债务人法律顾问的丙律师事务所

【解析】（1）选项 A：与债务人、债权人有未了结的债权债务关系，不得担任管理人。（2）选项 BD：现在担任或者在人民法院受理破产申请前 3 年内曾经担任债务人、债权人的财务顾问、法律顾问，不得担任管理人。（3）选项 C：在人民法院受理破产申请前 3 年内，曾为债务人提供相对固定的中介服务，不得担任管理人。

【答案】 B

【真题 2 · 单选题】 管理人不能依法、公正执行职务或者有其他不能胜任职务情形的，有关主体可以申请人民法院予以更换。该主体是（　　）。（2018 年）

A. 债权人会议　　B. 债权人

C. 债务人　　D. 债权人委员会

【答案】 A

【真题3·单选题】根据《企业破产法》及司法解释规定，下列关于管理人的说法中，错误的是（　　）。（2018年）

A. 管理人可以由财政、审计部门担任

B. 管理人可以由依法设立的社会中介机构担任

C. 管理人可以由有关部门、机构人员组成的清算组担任

D. 个人依法也可以担任管理人

【解析】(1) 选项B：管理人可以由依法设立的律师事务所、会计师事务所、破产清算事务所等社会中介机构担任。(2) 选项C：管理人可以由有关部门、机构的人员组成的清算组担任。(3) 选项D：人民法院根据债务人的实际情况，可以在征询有关社会中介机构的意见后，指定该机构具备相关专业知识并取得执业资格的人员担任管理人。

【答案】A

2. 管理人职责

基本职责	(1) 接管债务人的财产、印章和账簿、文书等资料；(2) 调查债务人财产状况，制作财产状况报告；(3) 决定债务人的内部管理事务；(4) 决定债务人的日常开支和其他必要开支；(5) 在第一次债权人会议召开之前，决定继续或者停止债务人的营业；(6) 管理和处分债务人的财产；(7) 代表债务人参加诉讼、仲裁或者其他法律程序；(8) 提议召开债权人会议；(9) 人民法院认为管理人应当履行的其他职责
特定职责	(1) 对破产申请受理前成立而债务人和对方当事人均未履行完毕的合同，有权决定是否解除或者继续履行；(2) 自人民法院裁定债务人重整之日起6个月内，向人民法院和债权人会议提交重整计划草案；由债务人提出重整计划草案的，管理人需监督债务人对财产的管理和营业事务以及重整计划的执行；(3) 拟订破产财产变价方案；(4) 拟订破产财产分配方案
履职要求	管理人依法执行职务，向人民法院报告工作
	管理人应当列席债权人会议，向债权人会议报告职务执行情况，并接受债权人会议和债权人委员会的监督，并回答询问
	破产程序中确实需要聘请中介机构对债务人财产进行审计、评估的，根据《破产法》规定，经人民法院许可后，管理人可以自行公开聘请，但是应当对聘请的中介机构相关行为进行监督。聘请的中介机构因不当履行职责给债务人、债权人或者第三人造成损害的，应当承担赔偿责任。管理人在聘用过程中存在过错的，应当在其过错范围内承担相应的补充赔偿责任
赔偿责任	(1) 管理人或者相关人员在执行职务过程中，因故意或者重大过失不当转让他人财产或者造成他人财产毁损、灭失，导致他人损害产生的债务作为共益债务，由债务人财产随时清偿不足弥补损失，权利人向管理人或者相关人员主张承担补充赔偿责任的，人民法院应予支持 (2) 上述债务作为共益债务由债务人财产随时清偿后，债权人以管理人或者相关人员执行职务不当导致债务人财产减少给其造成损失为由提起诉讼，主张管理人或者相关人员承担相应赔偿责任的，人民法院应予支持

经典题解

【真题·多选题】根据《企业破产法》规定，管理人的职责有（ ）。（2015 年）

A. 决定债务人与对方当事人在破产受理前所设立的合同是否继续履行

B. 拟订破产财产分配方案

C. 拟订破产财产变价方案

D. 向法院提出和解申请

E. 批准重整计划

【解析】（1）选项 A：对破产申请受理前成立而债务人和对方当事人“均未履行完毕的合同”，管理人有权决定解除或者继续履行。（2）选项 DE：管理人无权向人民法院提出和解申请以及批准重整计划。

【答案】BC

3. 管理人报酬

确定	管理人的报酬由人民法院确定
异议	债权人会议对管理人的报酬有异议的，有权向人民法院提出：债权人会议对管理人的报酬有异议的，应当向人民法院书面提出具体的请求和理由，并附有相应的债权人会议决议
调整	人民法院可以根据破产案件和管理人履行职责的实际情况对管理人报酬进行调整，由管理人接到人民法院通知后 3 日内向债权人委员会或者债权人会议主席报告调整内容
保障	管理人报酬属于破产费用，由债务人财产随时清偿
	在和解、重整程序中，管理人报酬方案内容应列入和解协议草案或重整计划草案报债权人会议审查通过

06 债务人财产（★★）

概念	破产申请受理时属于债务人的全部财产，以及破产申请受理后至破产程序终结前债务人取得的财产，为债务人财产（紧盯“所有权”）
财产形态	除债务人所有的货币、实物外，债务人依法享有的可以用货币估价并可以依法转让的债权、股权、知识产权、用益物权等财产和财产权益，人民法院均应认定为债务人财产
不应认定	（1）债务人基于仓储、保管、承揽、代销、借用、寄存、租赁等合同或者其他法律关系占有、使用的他人财产 （2）债务人在所有权保留买卖中尚未取得所有权的财产 （3）所有权专属于国家且不得转让的财产 （4）其他依照法律、行政法规不属于债务人的财产

设定担保	债务人已依法设定担保物权的特定财产，人民法院应当认定为债务人财产。对债务人的特定财产在担保物权消灭或者实现担保物权后的剩余部分，在破产程序中可用以清偿破产费用、共益债务和其他破产债权
共有	债务人对按份享有所有权的共有财产的相关份额，或者共同享有所有权的共有财产的相应财产权利，以及依法分割共有财产所得部分，人民法院均应认定为债务人财产 【提示】因分割共有财产导致其他共有人损害产生的债务，其他共有人请求作为共益债务清偿的，人民法院应予支持
执行回转	破产申请受理后，有关债务人财产的执行程序未依照规定中止的，采取执行措施的相关单位应当依法予以纠正。依法执行回转的财产，人民法院应当认定为债务人财产

经典题解

【真题1·单选题】根据《企业破产法》及相关规定，下列关于债务人财产认定的说法中，正确的是（　　）。（2017年）

A. 所有权专属于国家且不得转让的财产，法院不应认定为债务人财产

B. 债务人基于租赁合同占有、使用的他人财产，法院应认定为债务人财产

C. 债务人已依法设定担保物权的特定财产，法院不应认定为债务人财产

D. 债务人在所有权保留买卖中尚未取得所有权的财产，法院应认定为债务人财产

【解析】（1）选项B：债务人基于仓储、保管、承揽、代销、借用、寄存、租赁等合同或者其他法律关系占有、使用的他人财产，不应认定为债务人财产。（2）选项C：债务人已依法设定担保物权的特定财产，人民法院应当认定为债务人财产。（3）选项D：债务人在所有权保留买卖中尚未取得所有权的财产，不应认定为债务人财产。

【答案】A

【真题2·单选题】根据《企业破产法》及司法解释的规定，属于债务人财产的是（　　）。（2015年）

A. 债务人为他人保管的财产

B. 他人抵押给债务人的财产

C. 债务人以分期付款方式购买但尚未办理过户的房屋

D. 债务人已依法设定担保物权的特定财产

【答案】D

07 破产撤销权（★★）

破产撤销权	人民法院受理破产申请前1年内，涉及债务人财产的下列行为，管理人有权请求人民法院予以撤销： （1）无偿转让财产的（无偿转） （2）以明显不合理的价格进行交易的（低价让） （3）对没有财产担保的债务提供财产担保的（设担保） （4）对未到期的债务提前清偿的（提前偿） （5）放弃债权的（弃债权） 【解释】对现有债务提供担保，系指对先前已经存在的债务，以后又设定担保；如果债务人的债务与担保同时发生，则不受此规定的限制
	人民法院受理破产申请前6个月内，债务人具有破产原因，仍对个别债权人进行清偿的，管理人有权请求人民法院予以撤销。但是，个别清偿使债务人财产受益的除外
不应撤销	债务人对以自有财产设定担保物权的债权进行的个别清偿，管理人请求撤销的，人民法院不予支持。但是，债务清偿时担保财产的价值低于债权额的除外
	债务人经诉讼、仲裁、执行程序对债权人进行的个别清偿，管理人请求撤销的，人民法院不予支持。但是，债务人与债权人恶意串通损害其他债权人利益的除外
	债务人对债权人进行的以下个别清偿，管理人请求撤销的，人民法院不予支持：（1）债务人为维系基本生产需要而支付水费、电费等的；（2）债务人支付劳动报酬、人身损害赔偿金的；（3）使债务人财产受益的其他个别清偿
起算点	债务人经过行政清理程序转入破产程序的，企业破产法规定的可撤销行为的起算点，为行政监管机构作出撤销决定之日
	债务人经过强制清算程序转入破产程序的，企业破产法规定的可撤销行为的起算点，为人民法院裁定受理强制清算申请之日
竞合	破产申请受理前1年内债务人提前清偿的未到期债务，在破产申请受理前已经到期，管理人请求撤销该清偿行为的，人民法院不予支持。但是，该清偿行为发生在破产申请受理前6个月内且债务人具有破产原因的除外
债权人撤销权	（1）破产申请受理后，管理人未请求撤销债务人无偿转让财产、以明显不合理价格交易、放弃债权行为的，债权人依据民法典规定提起诉讼，请求撤销债务人上述行为并将因此追回的财产归入债务人财产的，人民法院应予受理 （2）相对人以债权人行使撤销权的范围超出债权人的债权抗辩的，人民法院不予支持
无效行为	涉及债务人财产的下列行为无效：（1）为逃避债务而隐匿、转移财产的；（2）虚构债务或者承认不真实的债务的

经典题解

【真题1·多选题】根据《企业破产法》及司法解释规定，针对债务人处理财产的有关行为，管理人提出请求撤销而法院不予支持的情形有（　　）。（2016年）

A. 债务人支付劳动报酬

B. 债务人经执行程序对债权人进行个别清偿

C. 债务人因经营失误而支付赔偿金

D. 债务人为维系基本生产需要而支付水、电费

E. 债务人支付人身损害赔偿金

【答案】ADE

【真题2·单选题】根据《企业破产法》的规定，下列涉及债务人财产的行为中，无效的是（　　）。（2013年）

A. 债务人明显缺乏清偿能力，仍对个别债权人清偿

B. 债务人放弃债权

C. 债务人为逃避债务而隐匿、转移财产

D. 债务人对没有财产担保的债务提供财产担保

【解析】（1）选项A：如果发生在人民法院受理破产申请前6个月内且债务人具有破产原因，管理人有权请求人民法院予以撤销，但个别清偿使债务人财产受益的除外。（2）选项BD：如果发生在人民法院受理破产申请前1年内，管理人有权请求人民法院予以撤销。

【答案】C

08 追回权（★★）

追可撤销行为取得财产	管理人提起诉讼，请求撤销涉及债务人财产的相关行为并由相对人返还债务人财产的，人民法院应予支持
	人民法院根据管理人的请求撤销涉及债务人财产的以明显不合理价格进行的交易的，买卖双方应当依法返还从对方获取的财产或者价款；因撤销该交易，对于债务人应返还受让人已支付价款所产生的债务，受让人请求作为共益债务清偿的，人民法院应予支持
追无效行为取得财产	管理人提起诉讼，主张被隐匿、转移财产的实际占有人返还债务人财产，或者主张债务人虚构债务或者承认不真实债务的行为无效并返还债务人财产的，人民法院应予支持
主张赔偿责任	管理人代表债务人可以债务人的法定代表人和其他直接责任人员对所涉债务人财产的相关行为存在故意或者重大过失造成债务人财产损失为由提起诉讼，主张上述责任人员承担相应赔偿责任

追出资人	人民法院受理破产申请后，债务人的出资人尚未完全履行出资义务的，管理人应当要求该出资人缴纳所认缴的出资，而不受出资期限的限制
	管理人代表债务人提起诉讼，主张出资人向债务人依法缴付未履行的出资或者返还抽逃的出资本息，出资人以认缴出资尚未届至公司章程规定的缴纳期限或者违反出资义务已经超过诉讼时效为由抗辩的，人民法院不予支持
	管理人依据公司法的相关规定代表债务人提起诉讼，主张公司的发起人和负有监督股东履行出资义务的董事、高级管理人员，或者协助抽逃出资的其他股东、董事、高级管理人员、实际控制人等，对股东违反出资义务或者抽逃出资承担相应责任，并将财产归入债务人财产的，人民法院应予支持
追董监高	对债务人的董事、监事和高级管理人员利用职权从企业获取的非正常收入和侵占的企业财产，管理人应当追回
	债务人具有破产原因，债务人的董事、监事和高级管理人员利用职权获取的以下收入，人民法院应当认定为企业破产法规定的非正常收入： （1）绩效奖金（因返还形成的债权可以作为普通破产债权清偿） （2）普遍拖欠职工工资情况下获取的工资性收入（因返还形成的债权，按照该企业职工平均工资计算的部分作为拖欠职工工资清偿；高出该企业职工平均工资计算的部分，可以作为普通破产债权清偿） （3）其他非正常收入（因返还形成的债权可以作为普通破产债权清偿） 债务人的董事、监事和高级管理人员拒不向管理人返还上述债务人财产，管理人主张上述人员予以返还的，人民法院应予支持
取回设定担保的财产	人民法院受理破产申请后，管理人可以通过清偿债务或者提供为债权人接受的担保，取回质物、留置物
	管理人拟通过清偿债务或者提供担保取回质物、留置物，或者与质权人、留置权人协议以质物、留置物折价清偿债务等方式，进行对债权人利益有重大影响的财产处分行为的，应当及时报告债权人委员会。未设立债权人委员会的，管理人应当及时报告人民法院

经典题解

【真题·单选题】对因《企业破产法》规定的可撤销行为、无效行为而取得的债务人财产行使追回权的主体是（　　）。（2018 年）

A. 债权人　　B. 管理人

C. 破产申请人　　D. 债务人

【解析】管理人提起诉讼，请求撤销涉及债务人财产的相关行为并由相对人返还债务人财产的，人民法院应予支持。管理人提起诉讼，主张被隐匿、转移财产的实际占有人返还债务人财产，或者主张债务人虚构债务或者承认不真实债务的行为无效并返还债务人财产的，人民法院应予支持。

【答案】B

09 取回权（★★）

1. 一般取回权、特殊取回权

一般取回权	人民法院受理破产申请后，债务人占有的不属于债务人的财产，该财产的权利人可以通过管理人取回。但是，企业破产法另有规定的除外（主要指重整期间取回权受限）
	权利人行使取回权时未依法向管理人支付相关的加工费、保管费、托运费、委托费、代销费等费用，管理人拒绝其取回相关财产的，人民法院应予支持（同时履行抗辩权、留置权）
	权利人行使取回权，应当在破产财产变价方案或者和解协议、重整计划草案提交债权人会议表决前向管理人提出。权利人在上述期限后主张取回相关财产的，应当承担延迟行使取回权增加的相关费用
特殊取回权	人民法院受理破产申请时，出卖人已将买卖标的物向作为买受人的债务人发运，债务人尚未收到且未付清全部价款的，出卖人可以取回在运途中的标的物。但是，管理人可以支付全部价款，请求出卖人交付标的物
	通过通知承运人或者实际占有人中止运输、返还货物、变更到达地，或者将货物交给其他收货人等方式，对在运途中标的物主张了取回权但未能实现，或者在货物未达管理人前已向管理人主张取回在运途中标的物，在买卖标的物到达管理人后，出卖人向管理人主张取回的，管理人应予准许
	出卖人对在运途中标的物未及时行使取回权，在买卖标的物到达管理人后向管理人行使在运途中标的物取回权的，管理人不应准许

经典题解

【真题·多选题】 根据《企业破产法》及司法解释规定，下列关于追回权和取回权的说法中，正确的有（　　）。（2018年）

A. 除另有规定外，人民法院受理破产申请后，债务人占有的不属于债务人的财产，该财产的权利人可以通过管理人取回

B. 人民法院受理破产申请后，债务人的出资人尚未完全履行出资义务的，管理人应当要求其缴纳认缴的出资，该出资不受出资期限的限制

C. 权利人主张取回权，管理人不予认可的，权利人有权以管理人为被告提起诉讼，请求行使取回权

D. 权利人行使取回权，应当在破产财产变价方案或者和解协议、重整计划草案提交债权人会议表决前提出

E. 对因《企业破产法》规定的无效行为而取得的债务人的财产，管理人有权追回

【解析】 选项C：权利人依法向管理人主张取回相关财产，管理人不予认可，权利人以“债务人”为被告向人民法院提起诉讼请求行使取回权的，人民法院应予受理。

【答案】 ABDE

2. 财产被违法转让

善意取得	债务人占有的他人财产被违法转让给第三人，依据善意取得制度第三人已善意取得财产所有权，原权利人无法取回该财产的，人民法院应当按照以下规定处理： （1）转让行为发生在破产申请受理前的，原权利人因财产损失形成的债权，作为普通破产债权清偿 （2）转让行为发生在破产申请受理后的，因管理人或者相关人员执行职务导致原权利人损害产生的债务，作为共益债务清偿
未能善意取得	债务人占有的他人财产被违法转让给第三人，第三人已向债务人支付了转让价款，但依据善意取得制度未取得财产所有权，原权利人依法追回转让财产的，对因第三人已支付对价而产生的债务，人民法院应当按照以下规定处理： （1）转让行为发生在破产申请受理前的，作为普通破产债权清偿 （2）转让行为发生在破产申请受理后的，作为共益债务清偿

3. 代偿取回权

可区分	债务人占有的他人财产毁损、灭失，因此获得的保险金、赔偿金、代偿物尚未交付给债务人，或者代偿物虽已交付给债务人但能与债务人财产予以区分的，权利人主张取回就此获得的保险金、赔偿金、代偿物的，人民法院应予支持
不可区分	保险金、赔偿金已经交付给债务人，或者代偿物已经交付给债务人且不能与债务人财产予以区分的，人民法院应当按照以下规定处理： （1）财产毁损、灭失发生在破产申请受理前的，权利人因财产损失形成的债权，作为普通破产债权清偿 （2）财产毁损、灭失发生在破产申请受理后的，因管理人或者相关人员执行职务导致权利人损害产生的债务，作为共益债务清偿
	债务人占有的他人财产毁损、灭失，没有获得相应的保险金、赔偿金、代偿物，或者保险金、赔偿物、代偿物不足以弥补其损失的部分，人民法院应当按照上述规定处理

4. 所有权保留的买卖合同的处理

挑拣履行权	买卖合同双方当事人在合同中约定标的物所有权保留，在标的物所有权未依法转移给买受人前，一方当事人破产的，该买卖合同属于双方均未履行完毕的合同，管理人有权决定解除或者继续履行合同

出卖人破产	继续履行	出卖人破产，其管理人决定继续履行所有权保留买卖合同的，买受人应当按照原买卖合同的约定支付价款或者履行其他义务
		买受人未依约支付价款或者履行完毕其他义务，或者将标的物出卖、出质或者作出其他不当处分，给出卖人造成损害，出卖人管理人依法主张取回标的物的，人民法院应予支持。但是，买受人已经支付标的物总价款75%以上或者第三人善意取得标的物所有权或者其他物权的除外
		因上述规定未能取回标的物，出卖人管理人依法主张买受人继续支付价款、履行完毕其他义务，以及承担相应赔偿责任的，人民法院应予支持
	解除合同	出卖人破产，其管理人决定解除所有权保留买卖合同，并要求买受人向其交付买卖标的物的，人民法院应予支持
		买受人以其不存在未依约支付价款或者履行完毕其他义务，或者将标的物出卖、出质或者作出其他不当处分情形抗辩的，人民法院不予支持
		买受人依法履行合同义务并依据上述规定将买卖标的物交付出卖人管理人后，买受人已支付价款损失形成的债权作为共益债务清偿。但是，买受人违反合同约定，出卖人管理人主张上述债权作为普通破产债权清偿的，人民法院应予支持
买受人破产	继续履行	买受人破产，其管理人决定继续履行所有权保留买卖合同的，原买卖合同中约定的买受人支付价款或者履行其他义务的期限在破产申请受理时视为到期，买受人管理人应当及时向出卖人支付价款或者履行其他义务
		买受人管理人无正当理由未及时支付价款或者履行完毕其他义务，或者将标的物出卖、出质或者作出其他不当处分，给出卖人造成损害，出卖人依据规定主张取回标的物的，人民法院应予支持。但是，买受人已支付标的物总价款75%以上或者第三人善意取得标的物所有权或者其他物权的除外
		因上述规定未能取回标的物，出卖人依法主张买受人继续支付价款、履行完毕其他义务，以及承担相应赔偿责任的，人民法院应予支持。对因买受人未支付价款或者未履行完毕其他义务，以及买受人管理人将标的物出卖、出质或者作出其他不当处分导致出卖人损害产生的债务，出卖人主张作为共益债务清偿的，人民法院应予支持
	解除合同	买受人破产，其管理人决定解除所有权保留买卖合同，出卖人主张取回买卖标的物的，人民法院应予支持
		出卖人取回买卖标的物，买受人管理人主张出卖人返还已支付价款的，人民法院应予支持。取回的标的物价值明显减少给出卖人造成损失的，出卖人可从买受人已支付价款中优先予以抵扣后，将剩余部分返还给买受人；对买受人已支付价款不足以弥补出卖人标的物价值减损损失形成的债权，出卖人主张作为共益债务清偿的，人民法院应予支持

10 抵销权（★★）

概念	债权人在破产申请受理前对债务人负有债务的，可以向管理人主张抵销（管理人不得主动抵销债务人与债权人的互负债务，但抵销使债务人财产受益的除外）
抵销生效	管理人收到债权人提出的主张债务抵销的通知后，经审查无异议的，抵销自管理人收到通知之日起生效
异议	管理人对抵销主张有异议的，应当在约定的异议期限内或者自收到主张债务抵销的通知之日起 3 个月内向人民法院提起诉讼。无正当理由逾期提起的，人民法院不予支持
	债权人主张抵销，管理人以下列理由提出异议的，人民法院不予支持： （1）破产申请受理时，债务人对债权人负有的债务尚未到期 （2）破产申请受理时，债权人对债务人负有的债务尚未到期 （3）双方互负债务标的物种类、品质不同
不得抵销	债权人在破产申请受理前对债务人负有债务的，可以向管理人主张抵销。但是，有下列情形之一的，不得抵销： （1）债务人的债务人在破产申请受理后取得他人对债务人的债权的 （2）债权人已知债务人有不能清偿到期债务或者破产申请的事实，对债务人负担债务的；但是，债权人因为法律规定或者有破产申请 1 年前所发生的原因而负担债务的除外 （3）债务人的债务人已知债务人有不能清偿到期债务或者破产申请的事实，对债务人取得债权的；但是，债务人的债务人因为法律规定或者有破产申请 1 年前所发生的原因而取得债权的除外
	破产申请受理前 6 个月内，债务人具有破产原因，债务人与个别债权人以抵销方式对个别债权人清偿，其抵销的债权债务属于上述第（2）、（3）项规定的情形之一，管理人在破产申请受理之日起 3 个月内向人民法院提起诉讼，主张该抵销无效的，人民法院应予支持
	债务人的股东主张以下列债务与债务人对其负有的债务抵销，债务人管理人提出异议的，人民法院应予支持： （1）债务人股东因欠缴债务人的出资或者抽逃出资对债务人所负的债务 （2）债务人股东滥用股东权利或者关联关系损害公司利益对债务人所负的债务
不得抵销之例外	企业破产法所列不得抵销情形的债权人，主张以其对债务人特定财产享有优先受偿权的债权，与债务人对其不享有优先受偿权的债权抵销，债务人管理人以抵销存在企业破产法规定的不得抵销情形提出异议的，人民法院不予支持。但是，用以抵销的债权大于债权人享有优先受偿权财产价值的除外

经典题解

【真题1·单选题】 根据《企业破产法》及司法解释规定，法院受理破产申请后，下列关于管理人职责及债务人财产的说法中，错误的是（　　）。（2016年）

A. 债务人的债务人在破产申请受理后取得他人对债务人的债权的，可以向管理人主张抵销

B. 债务人占有的不属于债务人的财产，该财产的权利人可以通过管理人取回，但《企业破产法》另有规定的除外

C. 债务人的出资人尚未完全履行出资义务的，管理人应当要求该出资人缴纳所认缴的出资而不受出资期限的限制

D. 债务人的董事侵占的企业财产，管理人应当追回

【解析】 选项A：债务人的债务人在破产申请受理后取得他人对债务人的债权的，不得抵销。

【答案】 A

【真题2·单选题】 根据《企业破产法》的规定，法院受理破产申请后，下列涉及债务人财产的说法中，正确的是（　　）。（2013年）

A. 债务人的债务人已知债务人有不能清偿到期债务或者破产申请的事实，对债务人取得债权的，可以向管理人主张抵销

B. 债务人的高级管理人员利用职权从债务人获取的非正常收入，管理人应当追回

C. 债务人占有的不属于债务人的财产，该财产的权利人可以向债务人取回

D. 债务人的债务人在破产申请受理后取得他人对债务人的债权的，可以向管理人主张抵销

【解析】（1）选项A：债务人的债务人已知债务人有不能清偿到期债务或者破产申请的事实，对债务人取得债权的，不得抵销；但债务人的债务人因为法律规定或者有破产申请1年前所发生的原因而取得债权的除外。（2）选项C：人民法院受理破产申请后，债务人占有的不属于债务人的财产，该财产的权利人可以通过"管理人"取回；但法律另有规定的除外。（3）选项D：债务人的债务人在破产申请受理后取得他人对债务人的债权的，不得抵销。

【答案】 B

11 破产费用、共益债务（★★）

破产费用	人民法院受理破产申请后发生的下列费用为破产费用： （1）破产案件的诉讼费用 （2）管理、变价和分配债务人财产的费用 （3）管理人执行职务的费用、报酬和聘用工作人员的费用
	人民法院裁定受理破产申请的，此前债务人尚未支付的公司强制清算费用、未终结的执行程序中产生的评估费、公告费、保管费等执行费用，可以参照企业破产法关于破产费用的规定，由债务人财产随时清偿

共益债务	人民法院受理破产申请后发生的下列债务为共益债务： （1）因管理人或者债务人请求对方当事人履行双方均未履行完毕的合同所产生的债务 （2）债务人财产受无因管理所产生的债务 （3）因债务人不当得利所产生的债务 （4）为债务人继续营业而应支付的劳动报酬和社会保险费用以及由此产生的其他债务 （5）管理人或者相关人员执行职务致人损害所产生的债务 （6）债务人财产致人损害所产生的债务
	破产申请受理后，经债权人会议决议通过，或者第一次债权人会议召开前经人民法院许可，管理人或者自行管理的债务人可以为债务人继续营业而借款。提供借款的债权人主张参照上述第（4）项的规定优先于普通破产债权清偿的，人民法院应予支持，但其主张优先于此前已就债务人特定财产享有担保的债权清偿的，人民法院不予支持
	管理人或者自行管理的债务人可以为前述借款设定抵押担保，抵押物在破产申请受理前已为其他债权人设定抵押的，债权人主张按照民法典规定的顺序清偿，人民法院应予支持
清偿规则	（1）破产费用和共益债务由债务人财产随时清偿 （2）债务人财产不足以清偿所有破产费用和共益债务的，先行清偿破产费用 （3）债务人财产不足以清偿所有破产费用或者共益债务的，按照比例清偿 （4）债务人财产不足以清偿破产费用的，管理人应当提请人民法院终结破产程序。人民法院应当自收到请求之日起 15 日内裁定终结破产程序，并予以公告；债务人财产不足以支付所有破产费用，但破产案件的债权人、管理人、债务人的出资人或者其他利害关系人愿意垫付相关费用的，经人民法院同意，破产程序可以继续进行

经典题解

【真题 1 · 多选题】法院受理破产申请后，为全体债权人共同利益而支出的费用为破产费用，包括（　　）。（2016 年）

A. 为债务人继续营业而支付的劳动报酬和社保费

B. 管理人员执行职务的费用

C. 破产案件诉讼费用

D. 债务人财产变价费用

E. 债务人财产致人损害所产生的费用

【解析】破产费用：（1）破产案件的诉讼费用；（2）管理、变价和分配债务人财产的费用；（3）管理人执行职务的费用、报酬和聘用工作人员的费用。

【答案】BCD

【真题 2 · 单选题】根据《企业破产法》的规定，在人民法院受理破产申请后发生的下列费用中，属于破产费用的是（　　）。（2014 年）

A. 管理人执行职务致人损害应支付的费用

B. 管理人请求对方当事人履行双方均未履行完毕的合同应支付的费用

C. 管理人聘用工作人员应支付的费用

D. 债务人财产受无因管理应支付的费用

【解析】选项 ABD：属于共益债务。

【答案】C

12 债权申报规则（★★★）

申报期限	自人民法院发布受理破产申请公告之日起计算，最短不得少于 30 日，最长不得超过 3 个月
补充申报	在人民法院确定的债权申报期限内，债权人未申报债权的，可以在破产财产最后分配前补充申报；但是，此前已进行的分配，不再对其补充分配；为审查和确认补充申报债权的费用，由补充申报人承担
申报要求	债权人申报债权时，应当书面说明债权的数额和有无财产担保，并提交有关证据
职工劳动债权不必申报	债务人所欠职工的工资和医疗、伤残补助、抚恤费用，所欠的应当划入职工个人账户的基本养老保险、基本医疗保险费用，以及法律、行政法规规定应当支付给职工的补偿金，不必申报，由管理人调查后列出清单并予以公示。职工对清单记载有异议的，可以要求管理人更正；管理人不予更正的，职工可以向人民法院提起债权确认诉讼
未到期	未到期的债权，在破产申请受理时视为到期
附利息	（1）附利息的债权自破产申请受理时起停止计息 （2）人民法院受理债务人破产案件后，债权人请求担保人承担担保责任，担保人主张担保债务自人民法院受理破产申请之日起停止计息的，人民法院对担保人的主张应予支持 （3）无利息的债权，无论是否到期，均以本金申报债权
未确定、未到期	附条件、附期限的债权和诉讼、仲裁未决的债权，债权人可以申报
滞纳金	破产申请受理后，债务人欠缴款项产生的滞纳金，包括债务人未履行生效法律文书应当加倍支付的迟延利息和劳动保险金的滞纳金，债权人作为破产债权申报的，人民法院不予确认
欠缴税款滞纳金	破产企业在破产案件受理前因欠缴税款产生的滞纳金属于普通破产债权（不享有与欠缴税款相同的优先受偿地位）
	破产案件受理后，欠缴税款的滞纳金应当停止计算，在破产程序中不得作为破产债权清偿
连带债权	连带债权人可以由其中一人代表全体连带债权人申报债权，也可以共同申报债权（申报的债权是连带债权的，应当说明）
求偿权申报	（1）债务人的保证人或者其他连带债务人已经代替债务人清偿债务的，以其对债务人的求偿权申报债权 （2）债务人的保证人或者其他连带债务人尚未代替债务人清偿债务的，以其对债务人的将来求偿权申报债权。但是，债权人已经向管理人申报全部债权的除外（不得重复申报）

连带债务人破产	连带债务人数人被裁定适用企业破产法规定的程序的，其债权人有权就全部债权分别在各破产案件中申报债权
保证人破产	保证人被裁定进入破产程序的，债权人有权申报其对保证人的保证债权
	主债务未到期的，保证债权在保证人破产申请受理时视为到期。一般保证的保证人主张行使先诉抗辩权的，人民法院不予支持，但债权人在一般保证人破产程序中的分配额应予提存，待一般保证人应承担的保证责任确定后再按照破产清偿比例予以分配
	保证人被确定应当承担保证责任的，保证人的管理人可以就保证人实际承担的清偿额向主债务人或其他债务人行使求偿权
保证人、债务人均破产	债务人、保证人均被裁定进入破产程序的，债权人有权向债务人、保证人分别申报债权
	债权人向债务人、保证人均申报全部债权的，从一方破产程序中获得清偿后，其对另一方的债权额不作调整，但债权人的受偿额不得超出其债权总额。保证人履行保证责任后不再享有求偿权
挑拣履行权	管理人或者债务人解除合同的，对方当事人以因合同解除所产生的损害赔偿请求权申报债权
委托合同	债务人是委托合同的委托人，被裁定适用企业破产法规定的程序，受托人不知该事实，继续处理委托事务的，受托人以由此产生的请求权申报债权
付款人	债务人是票据的出票人，被裁定适用企业破产法规定的程序，该票据的付款人继续付款或者承兑的，付款人以由此产生的请求权申报债权

经典题解

【真题 1 · 单选题】下列关于破产债权申报的说法中，正确的是（　　）。（2020 年）

A. 债权人应当在法院确定的债权申报期限内向法院申报债权

B. 债权人应当在法院确定的债权申报期限内向债权人委员会申报债权

C. 债权人应当在法院确定的债权申报期限内向债权人会议申报债权

D. 债权人应当在法院确定的债权申报期限内向管理人申报债权

【答案】D

【真题 2 · 多选题】下列关于破产债权申报的说法中，正确的有（　　）。（2020 年）

A. 连带债权人可以由其中一人代表全体连带债权人申报债权

B. 债权人在确定的债权申报期限内未申报债权的，可以在破产财产最后分配前补充申报

C. 债权人在确定的债权申报期限内未申报债权的，可以在破产财产最后分配后补充申报

D. 债权人申报债权时，应当书面说明债权数额和有无财产担保，并提交有关证据

E. 债权人在确定的债权申报期限内未申报债权的，此前已经进行的分配，不再对其补充分配

【解析】选项C：在人民法院确定的债权申报期限内，债权人未申报债权的，可以在破产财产最后分配前补充申报；但是，此前已进行的分配，不再对其补充分配。

【答案】ABDE

【真题3·单选题】根据《企业破产法》及司法解释规定，可以作为破产债权的是（　　）。（2016年）

A. 破产申请受理时诉讼时效已经届满的债权

B. 破产申请受理前成立的质押担保债权

C. 未到期债权在破产申请受理后产生的利息

D. 因管理人在破产申请受理后变卖破产财产形成的债权

【解析】(1) 选项A：诉讼时效已经届满的债权不得作为破产债权确认。(2) 选项B：有财产担保的债权和无财产担保的债权均可作为破产债权。(3) 选项C：附利息的债权，自破产申请受理时停止计息。(4) 选项D：破产申请受理后，管理人为破产财产的管理、变价、分配而进行的必要民事活动中形成的债权，属于破产费用，优先从破产财产中拨付，不在破产债权之列。

【答案】B

【真题4·多选题】甲公司因经营管理不善，长期亏损，不能清偿到期债务，遂于2009年6月20日，向法院提出破产申请，法院于2009年6月25日裁定受理此案并予以公告。根据《企业破产法》，法院与管理人的下列做法或者说法中，正确的有（　　）。（2014年）

A. 法院于2009年7月1日通知所有已知债权人，并进行公告，确定债权申报期限为2009年7月1日至2009年7月25日

B. 管理人发现甲公司于2008年11月1日无偿转让150万元财产，遂向法院申请予以撤销，追回财产

C. 2009年6月1日甲公司与乙企业签订一份买卖合同，双方均未履行完毕，管理人决定继续履行该合同

D. 2009年6月5日甲公司与丙企业签订了一份加工承揽合同，双方均未履行完毕，管理人决定解除该合同

E. 在债权申报期间，甲公司库房堆积货物倒塌，砸中一位工作人员，造成其椎骨骨折，需要支付医疗费等相关费用20万元，管理人认为该费用属于破产债权

【解析】(1) 选项A：人民法院裁定受理破产申请后，应当自裁定受理破产申请之日起25日内通知已知债权人，并予以公告。债权申报期限自人民法院发布受理破产申请公告之日起计算，最短不得少于30日，最长不得超过3个月。(2) 选项B：人民法院受理破产申请前1年内，债务人无偿转让财产的，管理人有权请求人民法院予以撤销。(3) 选项CD：人民法院受理破产申请后，管理人对破产申请受理前成立而债务人和对方当事人均未履行完毕的合同有权决定解除或者继续履行，并通知对方当事人。(4) 选项E：人民法院受理破产申请后，债务人财产致人损害所产生的债务，属于共益债务。

【答案】BCD

13 债权申报、核查与确认（★）

登记造册	管理人应当对所申报的债权进行登记造册，详尽记载申报人的姓名、单位、代理人、申报债权额、担保情况、证据、联系方式等事项，形成债权申报登记册，不允许以其认为债权超过诉讼时效或不能成立等为由拒绝编入债权申报登记册
编制债权表	管理人应当对债权的性质、数额、担保财产、是否超过诉讼时效期间、是否超过强制执行期间等情况进行审查、编制债权表并提交债权人会议核查
确认原则	已经生效法律文书确定的债权，管理人应当予以确认
	管理人认为债权人据以申报债权的生效法律文书确定的债权错误，或者有证据证明债权人与债务人恶意通过诉讼、仲裁或者公证机关赋予强制执行力公证文书的形式虚构债权债务的，应当依法通过审判监督程序向作出该判决、裁定、调解书的人民法院或者上一级人民法院申请撤销生效法律文书，或者向受理破产申请的人民法院申请撤销或者不予执行仲裁裁决、不予执行公证债权文书后，重新确定债权
核查	管理人依法编制的债权表，应当提交第一次债权人会议核查
批准	债务人、债权人对债权表记载的债权无异议的，由人民法院裁定确认
异议	债务人、债权人对债权表记载的债权有异议的，应当说明理由和法律依据。经管理人解释或调整后，异议人仍然不服的，或者管理人不予解释或调整的，异议人应当在债权人会议核查结束后15日内向人民法院提起债权确认的诉讼。当事人之间在破产申请受理前订立有仲裁条款或仲裁协议的，应当向选定的仲裁机构申请确认债权债务关系

14 债权人会议（★）

成员	（1）依法申报债权的债权人为债权人会议的成员，有权参加债权人会议，享有表决权 （2）凡是申报债权者均有权参加第一次债权人会议，有权参加对其债权的核查、确认活动，并可依法提出异议	
主席	（1）债权人会议设主席1人，由人民法院从有表决权的债权人中指定 （2）债权人会议主席主持债权人会议	
会议召开	第一次	第一次债权人会议由人民法院召集，自债权申报期限届满之日起15日内召开
	以后	以后的债权人会议，在人民法院认为必要时，或者管理人、债权人委员会、占债权总额1/4以上的债权人向债权人会议主席提议时召开
职权	（1）核查债权；（2）申请人民法院更换管理人，审查管理人的费用和报酬；（3）监督管理人；（4）选任和更换债权人委员会成员；（5）决定继续或者停止债务人的营业；（6）通过重整计划；（7）通过和解协议；（8）通过债务人财产的管理方案；（9）通过破产财产的变价方案；（10）通过破产财产的分配方案；（11）人民法院认为应当由债权人会议行使的其他职权	
通知	召开债权人会议，管理人应当提前15日通知已知的债权人	

<table>
<tr><td>表决方式</td><td colspan="2">债权人会议的决议除现场表决外，可以由管理人事先将相关决议事项告知债权人，采取通信、网络投票等非现场方式进行表决。采取非现场方式进行表决的，管理人应当在债权人会议召开后的 3 日内，以信函、电子邮件、公告等方式将表决结果告知参与表决的债权人</td></tr>
<tr><td rowspan="3">决议规则</td><td colspan="2">债权人会议的决议，由出席会议的有表决权的债权人过半数（>1/2）通过，并且其所代表的债权额占无财产担保债权总额的 1/2 以上（≥1/2）。但是，法律另有规定的除外</td></tr>
<tr><td>重整计划草案</td><td>（1）出席会议的同一表决组的债权人过半数（>1/2）同意重整计划草案，并且其所代表的债权额占该组债权总额的 2/3 以上（≥2/3）的，即为该组通过重整计划草案
（2）各表决组均通过重整计划草案时，重整计划即为通过</td></tr>
<tr><td>和解协议</td><td>债权人会议通过和解协议的决议，由出席会议的有表决权的债权人过半数（>1/2）同意，并且其所代表的债权额占无财产担保债权总额的 2/3 以上（≥2/3）</td></tr>
<tr><td rowspan="2">决议撤销</td><td colspan="2">债权人认为债权人会议的决议违反法律规定，损害其利益的，可以自债权人会议作出决议之日起 15 日内，请求人民法院裁定撤销该决议，责令债权人会议依法重新作出决议（债权人申请撤销债权人会议决议的，应当提出书面申请。债权人会议采取通信、网络投票等非现场方式进行表决的，债权人申请撤销的期限自债权人收到通知之日起算）</td></tr>
<tr><td colspan="2">债权人会议的决议具有以下情形之一，损害债权人利益，债权人申请撤销的，人民法院应予支持：（1）债权人会议的召开违反法定程序；（2）债权人会议的表决违反法定程序；（3）债权人会议的决议内容违法；（4）债权人会议的决议超出债权人会议的职权范围
人民法院可以裁定撤销全部或者部分事项决议，责令债权人会议依法重新作出决议</td></tr>
<tr><td>决议效力</td><td colspan="2">债权人会议的决议，对于全体债权人均有约束力</td></tr>
<tr><td>人民法院裁定</td><td colspan="2">（1）债务人财产的管理方案、破产财产的变价方案，经债权人会议表决未通过的，由人民法院裁定
（2）破产财产的分配方案，经债权人会议二次表决仍未通过的，由人民法院裁定</td></tr>
</table>

经典题解

【真题 1 · 单选题】 根据《企业破产法》，债权人会议可以行使的职权是（　　）。（2014 年）

A. 监督债务人财产的管理和处分

B. 审查管理人的费用和报酬

C. 批准重整计划

D. 监督破产财产分配

【解析】（1）选项 AD：属于债权人委员会的职权。（2）选项 C：重整计划由人民法院批准。

【答案】 B

【真题2·单选题】 根据企业破产法律制度的规定，在债权人会议上经表决不能通过而需由人民法院裁定的事项是（　　）。（2012年）

A. 更换债权人委员会成员方案

B. 破产财产的变价方案

C. 重整计划方案

D. 监督管理人方案

【解析】“债务人财产的管理方案、破产财产的变价方案”，经债权人会议表决未通过的，由人民法院裁定。

【答案】 B

15 债权人委员会（★）

设立	债权人会议可以决定设立债权人委员会（选任机关、常设机构、监督职责）
成员	债权人会议选任的债权人代表和1名债务人的职工代表或者工会代表
	债权人委员会成员不得超过9人（≤9人）
	债权人委员会成员应当经人民法院书面决定认可
职权	（1）监督债务人财产的管理和处分 （2）监督破产财产分配 （3）提议召开债权人会议 （4）债权人会议委托的其他职权
	债权人会议可以依照规定，委托债权人委员会行使企业破产法规定的部分债权人会议职权，包括：（1）申请人民法院更换管理人，审查管理人的费用和报酬；（2）监督管理人；（3）决定继续或者停止债务人的营业
	债权人会议不得作出概括性授权，委托债权人委员会行使债权人会议所有职权
决议	债权人委员会决定所议事项应获得全体成员过半数通过，并作成议事记录。债权人委员会成员对所议事项的决议有不同意见的，应当在记录中载明
管理人报告	管理人实施下列行为，应当及时报告债权人委员会： （1）涉及土地、房屋等不动产权益的转让 （2）探矿权、采矿权、知识产权等财产权的转让 （3）全部库存或者营业的转让 （4）借款 （5）设定财产担保 （6）债权和有价证券的转让 （7）履行债务人和对方当事人均未履行完毕的合同 （8）放弃权利 （9）担保物的取回 （10）对债权人利益有重大影响的其他财产处分行为 【提示】未设立债权人委员会的，管理人实施上述行为应当及时报告人民法院

管理人处分财产	（1）管理人处分企业破产法规定的债务人重大财产的，应当事先制作财产管理或者变价方案并提交债权人会议进行表决，债权人会议表决未通过的，管理人不得处分 （2）管理人实施处分前，应当提前10日书面报告债权人委员会或者人民法院。债权人委员会可以依照企业破产法的规定，要求管理人对处分行为作出相应说明或者提供有关文件依据 （3）债权人委员会认为管理人实施的处分行为不符合债权人会议通过的财产管理或变价方案的，有权要求管理人纠正。管理人拒绝纠正的，债权人委员会可以请求人民法院作出决定 （4）人民法院认为管理人实施的处分行为不符合债权人会议通过的财产管理或变价方案的，应当责令管理人停止处分行为。管理人应当予以纠正，或者提交债权人会议重新表决通过后实施

经典题解

【真题1·单选题】债权人委员会是对破产程序进行监督的机构。下列关于债权人委员会的说法中，正确的是（　　）。（2011年）

A. 是否设置债权人委员会，应由债权人会议根据需要决定

B. 债权人会议必须决定设立债权人委员会

C. 债权人委员会由债权人会议选定的债权人代表组成

D. 债权人委员会应当经人民法院判决认可后方可设置

【解析】（1）选项BD：债权人委员会为破产程序中的选任机关，是对破产程序进行监督的常设机构，债权人委员会是否设置，由债权人会议根据案件具体情况确定。（2）选项C：债权人会议决定设立债权人委员会的，债权人委员会由债权人会议选任的债权人代表和1名债务人的职工代表或者工会代表组成，不得超过9人，由人民法院以书面决定认可。

【答案】A

【真题2·多选题】根据《企业破产法》，在第一次债权人会议召开之前，管理人实施的下列行为中，应当经人民法院许可的有（　　）。（2014年）

A. 决定继续或者停止债务人的营业

B. 转让全部库存或者营业

C. 设定财产担保事项

D. 决定债务人的日常开支和其他必要开支

E. 履行债务人和对方当事人均未履行完毕的合同

【解析】（1）管理人实施下列行为，应当及时报告债权人委员会：①涉及土地、房屋等不动产权益的转让；②探矿权、采矿权、知识产权等财产权的转让；③全部库存或者营业的转让；④借款；⑤设定财产担保；⑥债权和有价证券的转让；⑦履行债务人和对方当事人均未履行完毕的合同；⑧放弃权利；⑨担保物的取回；⑩对债权人利益有重大影响的其他财产处分行为。（2）未设立债权人委员会的，管理人实施前述规定的行为应当及时报告人民法院。（3）在第一次债权人会议召开之前，管理人决定继续或者停止债务人的营业，或者有上述行为之一的，应当经人民法院许可。

【答案】ABCE

第二单元 破产法分则

查看本单元视频，快速 GET 知识点
使用“会计云课堂”App或“微信”扫码

01 重整期间（★★★）

概念	自人民法院裁定债务人重整之日起至重整程序终止，为重整期间
管理财产、营业事务	（1）在重整期间，经债务人申请，人民法院批准，债务人可以在管理人的监督下自行管理财产和营业事务（已接管债务人财产和营业事务的管理人应当向债务人移交财产和营业事务，管理人的职权由债务人行使） （2）管理人负责管理财产和营业事务的，可以聘任债务人的经营管理人员负责营业事务
担保权暂停行使	在重整期间，对债务人的特定财产享有的担保权暂停行使。但是，担保物有损坏或者价值明显减少的可能，足以危害担保权人权利的，担保权人可以向人民法院请求恢复行使担保权
借款担保	在重整期间，债务人或者管理人为继续营业而借款的，可以为该借款设定担保
取回权	债务人合法占有的他人财产，该财产的权利人在重整期间要求取回的，应当符合事先约定的条件
出资人	在重整期间，债务人的出资人不得请求投资收益分配
董监高	在重整期间，债务人的董事、监事、高级管理人员不得向第三人转让其持有的债务人的股权。但是，经人民法院同意的除外
终止重整程序	在重整期间，有下列情形之一的，经管理人或者利害关系人请求，人民法院应当裁定终止重整程序，并宣告债务人破产： （1）债务人的经营状况和财产状况继续恶化，缺乏挽救的可能性 （2）债务人有欺诈、恶意减少企业财产或者其他显著不利于债权人的行为 （3）由于债务人的行为致使管理人无法执行职务

经典题解

【真题1·单选题】下列关于破产重整的说法中，正确的是（　　）。（2015年）

A. 破产重整期间是指法院受理破产申请至重整程序终止的期间

B. 破产重整期间，除债务人管理破产财产受管理人监督外，债务人的营业事务不受管理人干预

C. 破产重整期间，债务人的出资人请求投资收益分配的权利受保护

D. 破产重整期间，债务人可以决定内部管理事务

【解析】（1）选项A：重整期间，是指自人民法院裁定债务人重整之日（而非受理破产申请之日）起至重整程序终止。（2）选项B：在重整期间，经债务人申请，人民法院批准，债务人可以在管理人的监督下自行管理财产和营业事务。管理人负责管理财产和营业事务

的，可以聘任债务人的经营管理人员负责营业事务。(3) 选项C：在重整期间，债务人的出资人不得请求投资收益分配。

【答案】 D

【真题2·单选题】 对具有破产原因而又有再生希望的企业，经利害关系人申请，人民法院可以依法裁定重整。下列有关债务人及其出资人重整期间权利义务的表述中，正确的是(　　)。(2012年)

A. 债务人合法占有他人财产，该财产的权利人要求取回，债务人应当无条件予以返还

B. 债务人的出资人不能请求投资收益分配

C. 债务人为继续营业而借款的，不得为该借款提供担保

D. 经人民法院批准，债务人可以自行管理财产而不接受管理人的监督

【解析】 (1) 选项A：重整期间，债务人合法占有的他人财产，该财产的权利人在重整期间要求取回的，应当符合事先约定的条件。(2) 选项C：重整期间，债务人或者管理人为继续营业而借款的，可以为该借款设定担保。(3) 选项D：重整期间，经债务人申请，人民法院批准，债务人可以在管理人的监督下自行管理财产和营业事务。

【答案】 B

02 重整计划草案的制作、决议、批准（★★）

草案制作	(1) 债务人自行管理财产和营业事务的，由债务人制作重整计划草案 (2) 管理人负责管理财产和营业事务的，由管理人制作重整计划草案
	债务人或者管理人应当自人民法院裁定债务人重整之日起6个月内，同时向人民法院和债权人会议提交重整计划草案；期限届满，经债务人或者管理人请求，有正当理由的，人民法院可以裁定延期3个月
	债务人或者管理人未按期提出重整计划草案的，人民法院应当裁定终止重整程序，并宣告债务人破产
分组表决	(1) 对债务人的特定财产享有担保权的债权 (2) 债务人所欠职工的工资和医疗、伤残补助、抚恤费用，所欠的应当划入职工个人账户的基本养老保险、基本医疗保险费用，以及法律、行政法规规定应当支付给职工的补偿金 (3) 债务人所欠税款 (4) 普通债权
	人民法院在必要时可以决定在普通债权组中设小额债权组对重整计划草案进行表决
	重整计划不得规定减免债务人欠缴的纳入社会统筹账户的社会保险费用；该项费用的债权人不参加重整计划草案的表决
表决	人民法院应当自收到重整计划草案之日起30日内召开债权人会议，对重整计划草案进行表决

<table>
<tr><td rowspan="2">出资人</td><td>列席</td><td>债务人的出资人代表可以列席讨论重整计划草案的债权人会议</td></tr>
<tr><td>表决</td><td>重整计划草案涉及出资人权益调整事项的，应当设出资人组，对该事项进行表决</td></tr>
<tr><td>决议规则</td><td colspan="2">（1）出席会议的同一表决组的债权人过半数同意重整计划草案，并且其所代表的债权额占该组债权总额的 2/3 以上的，即为该组通过重整计划草案
（2）出资人组对重整计划草案中涉及出资人权益调整事项进行表决时，经参与表决的出资人所持表决权 2/3 以上通过的，即为该组通过重整计划草案
（3）各表决组均通过重整计划草案时，重整计划即为通过</td></tr>
<tr><td>批准</td><td colspan="2">自重整计划通过之日起 10 日内，债务人或者管理人应当向人民法院提出批准重整计划的申请。人民法院经审查认为符合规定的，应当自收到申请之日起 30 日内裁定批准，终止重整程序，并予以公告（重整计划执行不计入重整期间）</td></tr>
<tr><td>二次表决</td><td colspan="2">部分表决组未通过重整计划草案的，债务人或者管理人可以同未通过重整计划草案的表决组协商。该表决组可以在协商后再表决一次。双方协商的结果不得损害其他表决组的利益</td></tr>
<tr><td>强制批准</td><td colspan="2">（1）未通过重整计划草案的表决组拒绝再次表决或者再次表决仍未通过重整计划草案，但重整计划草案符合法定条件的，债务人或者管理人可以申请人民法院批准重整计划草案
（2）人民法院经审查认为重整计划草案符合规定的，应当自收到申请之日起 30 日内裁定批准，终止重整程序，并予以公告</td></tr>
<tr><td>终止重整</td><td colspan="2">重整计划草案未获得通过且未获得批准，或者债权人会议通过的重整计划未获得人民法院批准的，人民法院应当裁定终止重整程序，并宣告债务人破产</td></tr>
</table>

03 重整计划草案的执行（★）

<table>
<tr><td>执行</td><td>重整计划由债务人负责执行；人民法院裁定批准重整计划后，已接管财产和营业事务的管理人应当向债务人移交财产和营业事务</td></tr>
<tr><td rowspan="3">监督</td><td>自人民法院裁定批准重整计划之日起，在重整计划规定的监督期内，由管理人监督重整计划的执行；在监督期内，债务人应当向管理人报告重整计划执行情况和债务人财务状况</td></tr>
<tr><td>经管理人申请，人民法院可以裁定延长重整计划执行的监督期限</td></tr>
<tr><td>监督期届满时，管理人应当向人民法院提交监督报告；自监督报告提交之日起，管理人的监督职责终止（管理人向人民法院提交的监督报告，重整计划的利害关系人有权查阅）</td></tr>
</table>

效力	经人民法院裁定批准的重整计划，对债务人和全体债权人均有约束力
	债权人未依照规定申报债权的，在重整计划执行期间不得行使权利；在重整计划执行完毕后，可以按照重整计划规定的同类债权的清偿条件行使权利
	债权人对债务人的保证人和其他连带债务人所享有的权利，不受重整计划的影响
	按照重整计划减免的债务，自重整计划执行完毕时起，债务人不再承担清偿责任
不执行、不能执行	债务人不能执行或者不执行重整计划的，人民法院经管理人或者利害关系人请求，应当裁定终止重整计划的执行，并宣告债务人破产；但为重整计划的执行提供的担保继续有效
	人民法院裁定终止重整计划执行的，债权人在重整计划中作出的债权调整的承诺失去效力
	债权人因执行重整计划所受的清偿仍然有效，债权未受清偿的部分作为破产债权；上述债权人只有在其他同顺位债权人同自己所受的清偿达到同一比例时，才能继续接受分配

经典题解

【真题·多选题】下列关于重整计划的说法中，正确的有（　　）。（2021 年）

A. 管理人负责管理财产和营业事务的，由管理人制作重整计划草案

B. 债权人未依照规定申报债权的，在重整计划执行期间不得行使权利

C. 重整计划执行人不执行重整计划的，经利害关系人请求，法院应当更换执行人继续执行重整计划

D. 重整计划草案未获得法院批准的，法院应宣告债务人破产

E. 债权人依照债权分类，对重整计划分组进行表决

【解析】选项 C：重整计划由债务人负责执行。债务人不能执行或者不执行重整计划的，人民法院经管理人或者利害关系人请求，应当裁定终止重整计划的执行，并宣告债务人破产。

【答案】ABDE

04 和解（★★）

申请	和解只能由债务人提出；债务人申请和解，应当提出和解协议草案
裁定和解	人民法院经审查认为和解申请符合规定的，应当裁定和解，予以公告，并召集债权人会议讨论和解协议草案
	对债务人的特定财产享有担保权的权利人，自人民法院裁定和解之日起可以行使权利
决议规则	债权人会议通过和解协议的决议，由出席会议的有表决权的债权人过半数同意，并且其所代表的债权额占无财产担保债权总额的 2/3 以上

终止和解程序	债权人会议通过和解协议的，由人民法院裁定认可，终止和解程序，并予以公告；管理人应当向债务人移交财产和营业事务，并向人民法院提交执行职务的报告
	和解协议草案经债权人会议表决未获得通过，或者已经债权人会议通过的和解协议未获得人民法院认可的，人民法院应当裁定终止和解程序，并宣告债务人破产
执行	经人民法院裁定认可的和解协议，对债务人和全体和解债权人均有约束力 【解释】和解债权人，是指人民法院受理破产申请时对债务人享有无财产担保债权的人
	和解债权人未申报债权的，在和解协议执行期间不得行使权利；在和解协议执行完毕后，可以按照和解协议规定的清偿条件行使权利
	和解债权人对债务人的保证人和其他连带债务人所享有的权利，不受和解协议的影响
和解协议无效	因债务人的欺诈或者其他违法行为而成立的和解协议，人民法院应当裁定无效，并宣告债务人破产；有前述情形的，和解债权人因执行和解协议所受的清偿，在其他债权人所受清偿同等比例的范围内，不予返还
终止执行	债务人不能执行或者不执行和解协议的，人民法院经和解债权人请求，应当裁定终止和解协议的执行，并宣告债务人破产；但为和解协议的执行提供的担保继续有效
	人民法院裁定终止和解协议执行的，和解债权人在和解协议中作出的债权调整的承诺失去效力
	和解债权人因执行和解协议所受的清偿仍然有效，和解债权未受清偿的部分作为破产债权；上述债权人，只有在其他债权人同自己所受的清偿达到同一比例时，才能继续接受分配

经典题解

【真题1·单选题】根据《企业破产法》及相关规定，下列关于和解的说法中，正确的是（　　）。（2017年）

A. 经法院裁定认可的和解协议，对债务人和全体和解债权人均有约束力，但和解债权人对债务人的保证人所享有的权利，不受和解协议的影响

B. 债权人会议通过和解协议的决议，由出席会议的有表决权的债权人一致同意

C. 法院裁定终止和解协议执行的，和解债权人在和解协议中作出的债权调整的承诺失去效力，和解债权人因执行和解协议所受的清偿无效

D. 债权人可以直接向法院申请和解，但不能在法院受理破产申请后、宣告债务人破产前，向法院申请和解

【解析】（1）选项B：债权人会议通过和解协议的决议，由出席会议的有表决权的债权人过半数同意，并且其所代表的债权额占无财产担保债权总额的2/3以上。（2）选项C：人民法院裁定终止和解协议执行的，和解债权人在和解协议中作出的债权调整的承诺失去效力；和解债权人因执行和解协议所受的清偿仍然有效。（3）选项D：债权人无权提出和解申

请；债务人可以在法院受理破产申请后、宣告债务人破产前，向法院申请和解，也可以直接向法院申请和解。

【答案】A

【真题2·多选题】根据《企业破产法》，下列关于和解与和解协议的说法中，正确的有（　　）。（2014年）

A. 和解以债权人向人民法院提出和解申请为前提

B. 和解协议须由人民法院裁定许可

C. 和解协议须经债权人会议决议通过

D. 人民法院裁定终止和解协议执行的，为和解协议的执行提供的担保无效

E. 按照和解协议减免的债务，自和解协议执行完毕时起，原则上债务人不再承担清偿责任

【解析】（1）选项A：和解以“债务人”向人民法院提出和解申请为前提，债权人无权向人民法院提出和解申请。（2）选项D：人民法院裁定终止和解协议执行的，为和解协议的执行提供的担保继续有效。

【答案】BCE

05 破产清算（★★★）

裁定终结破产程序	破产宣告前，有下列情形之一的，人民法院应当裁定终结破产程序，并予以公告： （1）第三人为债务人提供足额担保或者为债务人清偿全部到期债务的 （2）债务人已清偿全部到期债务的
破产宣告	人民法院宣告债务人破产的，应当自裁定作出之日起5日内送达债务人和管理人，自裁定作出之日起10日内通知已知债权人，并予以公告 【提示】债务人被宣告破产后，债务人称为破产人，债务人财产称为破产财产，人民法院受理破产申请时对债务人享有的债权称为破产债权
别除权	对破产人的特定财产享有担保权的权利人，对该特定财产享有优先受偿的权利
	别除权人行使优先受偿权利未能完全受偿的，其未受偿的债权作为普通债权；放弃优先受偿权利的，其债权作为普通债权
破产财产变价	（1）管理人应当及时拟订破产财产变价方案，提交债权人会议讨论 （2）管理人应当按照债权人会议通过的或者人民法院裁定的破产财产变价方案，适时变价出售破产财产
	（1）变价出售破产财产应当通过拍卖进行。但是，债权人会议另有决议的除外 （2）破产企业可以全部或者部分变价出售。企业变价出售时，可以将其中的无形资产和其他财产单独变价出售

清偿顺序	（1）破产费用 （2）共益债务 （3）破产人所欠职工的工资和医疗、伤残补助、抚恤费用，所欠的应当划入职工个人账户的基本养老保险、基本医疗保险费用，以及法律、行政法规规定应当支付给职工的补偿金（职工债权） （4）破产人欠缴的除上述规定以外的社会保险费用和破产人所欠税款 （5）普通破产债权
	破产财产不足以清偿同一顺序的清偿要求的，按照比例分配
破产财产分配	破产财产的分配应当以货币分配方式进行。但是，债权人会议另有决议的除外
	（1）管理人应当及时拟订破产财产分配方案，提交债权人会议讨论 （2）债权人会议通过破产财产分配方案后，由管理人将该方案提请人民法院裁定认可 （3）破产财产分配方案经人民法院裁定认可后，由管理人执行

经典题解

【真题·单选题】 在破产程序中，对破产财产中已经设定担保物权的财产，债权人可以行使的权利是（　　）。（2019年）

A. 别除权　　　　B. 追回权

C. 抵销权　　　　D. 取回权

【答案】 A

本章小结

用“会计云课堂”App 扫码学习

您已成功完成“第十四章”的学习，本章共20个考点，您都学会了吗？

为了让您对本章有更清晰的理解，加倍巩固。本书作者陈小球老师将通过“电台音频课”的方式，带您回顾重要考点。

名师点拨，高效提分。

※ 欢迎扫码免费学习。

同步强化练习题

使用“会计云课堂”App或“微信”扫码快速做题、对答案、看解析、掌握解题思路，开启轻松过关之旅。

一、单项选择题

1. 根据企业破产法律制度规定，债务人具有破产原因，可以向人民法院提出和解申请的是（　　）。
A. 债权人
B. 债务人
C. 依法对债务人负有清算责任的人
D. 国务院金融监督管理机构

2. 根据企业破产法律制度规定，债权人申请对债务人进行破产清算的，在人民法院受理破产申请后、宣告债务人破产前，债务人或者出资额占债务人注册资本1/10以上的出资人，可以向人民法院申请的破产程序是（　　）。
A. 破产清算
B. 强制清算
C. 重整
D. 和解

3. 根据企业破产法律制度规定，破产管理人确定模式是（　　）。
A. 人民法院指定
B. 债权人会议决议
C. 债权人委员会决议
D. 债务人聘请

4. 根据企业破产法律制度规定，可以申请人民法院更换管理人的是（　　）。
A. 债权人
B. 债权人会议
C. 债务人
D. 债权人委员会

5. 根据企业破产法律制度规定，可以担任A公司破产案件管理人的是（　　）。
A. 甲曾因盗窃罪受到刑事处罚，执行期满5年
B. 乙曾被吊销相关专业执业证书，但已经依法再次取得相关专业执业证书
C. 丙律师去年曾在执业活动中因故意行为被予以行政处罚
D. 丁会计师事务所为A公司提供过财务会计报告审计服务，已于5年前终止一切业务活动

6. 根据企业破产法律制度规定，人民法院裁定受理破产申请后，下列说法中不正确的是（　　）。
A. 债务人对个别债权人的债务清偿无效
B. 债务人的债务人应当向管理人清偿债务
C. 有关债务人财产的保全措施应当解除，执行程序应当中止
D. 债务人的财产持有人应当向债务人交付财产

7. 根据企业破产法律制度规定，认为管理人不能依法、公正执行职务或者有其他不能胜任职务情形，可以申请人民法院予以更换的是（　　）。

A. 债权人会议
B. 债权人委员会
C. 出资额占债务人注册资本 1/10 以上的出资人
D. 债权额占无财产担保债权总额 1/10 以上的债权人

8. 根据企业破产法律制度规定，债务人的董事、监事和高级管理人员利用职权在普遍拖欠职工工资情况下获取的工资性收入，应由（　　）追回。
A. 债权人会议
B. 债权人委员会
C. 职工代表大会或全体职工代表
D. 管理人

9. 根据企业破产法律制度规定，下列关于取回权的说法中，不正确的是（　　）。
A. 出卖人对在运途中标的物未及时行使取回权，在买卖标的物到达管理人后向管理人行使在运途中标的物取回权的，管理人不应准许
B. 债务人占有的他人财产毁损、灭失，因此获得的保险金、赔偿金、代偿物尚未交付给债务人，权利人有权主张取回就此获得的保险金、赔偿金、代偿物
C. 人民法院受理破产申请后，债务人占有的不属于债务人的财产，该财产的权利人可以通过管理人取回，法律另有规定的除外
D. 债务人重整期间，权利人主张通过管理人取回债务人合法占有的权利人的财产的，管理人必须同意

10. 根据企业破产法律制度规定，人民法院受理破产申请前 1 年内，涉及债务人财产的下列行为中，管理人有权请求人民法院予以撤销的是（　　）。
A. 对未到期的债务提前清偿，该债务在破产申请受理 6 个月前已经到期
B. 为逃避债务而隐匿财产
C. 承认不真实的债务
D. 无偿转让财产

11. 根据企业破产法律制度规定，下列情形中，可以抵销的是（　　）。
A. 债权人在破产申请受理前对债务人负有债务的
B. 在破产申请受理前 1 年内，债权人已知债务人有不能清偿到期债务或者破产申请的事实，对债务人负担债务
C. 在破产申请受理前 1 年内，债务人的债务人已知债务人有不能清偿到期债务或者破产申请的事实，对债务人取得债权
D. 债务人的债务人在破产申请受理后取得他人对债务人的债权

12. 根据企业破产法律制度规定，人民法院裁定受理破产申请的，此前债务人尚未支付的公司强制清算费用、未终结的执行程序中产生的评估费、公告费、保管费等执行费用，可以参照企业破产法关于（　　）的规定，由债务人财产随时清偿。
A. 破产费用
B. 共益债务
C. 职工劳动债权
D. 普通破产债权

13. 破产债权是通过破产程序，能从破产财产中获得公平清偿的可强制执行的财产请求权。根据《企业破产法》的规定，下列债权中，属于破产债权的是（　　）。
A. 破产申请受理前产生的加工合同履行请求权
B. 破产申请受理前成立的仅由保证人作担保的债权

C. 破产申请受理后以债务人名义进行民事活动所发生的债权

D. 破产申请受理后管理人为管理破产财产所形成的债权

14. 根据企业破产法律制度规定，下列债权中，无须申报的是（　　）。

A. 职工劳动债权

B. 普通债权

C. 税款债权

D. 就债务人特定财产享有担保权的债权

15. 根据企业破产法律制度规定，下列关于重整期间的说法中，错误的是（　　）。

A. 在重整期间，对债务人的特定财产享有的担保权原则上暂停行使

B. 在重整期间，债务人的出资人不得请求投资收益分配

C. 在重整期间，只能由管理人管理财产和营业事务

D. 在重整期间，债务人的董事、监事、高级管理人员原则上不得向第三人转让其持有的债务人的股权

二、多项选择题

1. 根据企业破产法律制度规定，下列各项中，人民法院应当认定债务人明显缺乏清偿能力的有（　　）。

A. 长期亏损且经营扭亏困难，无法清偿债务

B. 经人民法院强制执行，无法清偿债务

C. 法定代表人下落不明且无其他人员负责管理财产，无法清偿债务

D. 审计报告、资产评估报告等显示债务人全部资产不足以偿付全部负债

E. 因资金严重不足或者财产不能变现等原因，无法清偿债务

2. 根据企业破产法律制度规定，债权人申请对债务人进行破产清算的，在人民法院受理破产申请后、宣告债务人破产前，可以向人民法院申请重整的有（　　）。

A. 债务人

B. 出资额占债务人注册资本1/10以上的出资人

C. 负有清算责任的人

D. 管理人

E. 国务院金融监管机构

3. 根据企业破产法律制度规定，商业银行、证券公司、保险公司等金融机构具有破产原因的，国务院金融监督管理机构可以向人民法院提出（　　）的申请。

A. 破产清算　　B. 重整

C. 和解　　D. 清偿债务

E. 强制执行

4. 根据企业破产法律制度规定，人民法院受理破产申请后，下列说法中，正确的有（　　）。

A. 有关债务人财产的保全措施应当解除

B. 债务人对个别债权人的债务清偿无效

C. 有关债务人财产的执行程序应当中止

D. 管理人对债务人和对方当事人订立的合同有权决定解除或者继续履行

E. 债务人的债务人或者财产持有人应当及时向债务人清偿债务或者交付财产

5. 根据企业破产法律制度规定，管理人的职责有（　　）。

A. 决定债务人的内部管理事务

B. 通过破产财产变价方案

C. 在第一次债权人会议召开之前，决定继续或者停止债务人的营业

D. 管理和处分债务人的财产
E. 提议召开债权人会议

6. 根据企业破产法律制度规定，下列选项中，属于债务人财产的有（　　）。
A. 债务人基于仓储关系占有的他人财产
B. 债务人已依法设定担保物权的特定财产
C. 债务人对按份享有所有权的共有财产的相关份额
D. 债务人在所有权保留买卖中尚未取得所有权的财产
E. 所有权专属于国家且不得转让的财产

7. 根据企业破产法律制度规定，针对债务人处理财产的有关行为，管理人请求撤销而法院不予支持的情形有（　　）。
A. 债务人对以自有财产设定担保物权的债权在担保财产价值范围内进行的个别清偿
B. 债务人与债权人恶意串通对该债权人进行清偿，损害其他债权人利益的
C. 债务人为维系基本生产需要而支付水费
D. 债务人支付劳动报酬
E. 债务人支付人身损害赔偿金

8. 根据企业破产法律制度规定，下列关于追回权的说法中，正确的有（　　）。
A. 管理人可以提起诉讼，请求撤销涉及债务人财产的相关行为并由相对人返还债务人财产
B. 管理人可以提起诉讼，主张被隐匿、转移财产的实际占有人返还债务人财产
C. 人民法院受理破产申请后，债务人的出资人尚未完全履行出资义务的，管理人应当要求该出资人缴纳所认缴的出资，而不受出资期限的限制
D. 债务人的董事、监事和高级管理人员利用职权从企业获取的非正常收入和侵占的企业财产，管理人应当追回
E. 债务人的董事、监事和高级管理人员因返还普遍拖欠职工工资情况下获取的工资性收入形成的债权，作为拖欠职工工资清偿

9. 根据企业破产法律制度规定，法院受理破产申请后，为全体债权人共同利益而支出的费用为破产费用，包括（　　）。
A. 破产案件的诉讼费用
B. 债务人财产受无因管理所产生的债务
C. 为债务人继续营业而应支付的劳动报酬和社会保险费用
D. 管理、变价和分配债务人财产的费用
E. 管理人或者相关人员执行职务致人损害所产生的债务

10. 根据企业破产法律制度规定，下列属于共益债务的有（　　）。
A. 因管理人请求对方当事人履行双方均未履行完毕的合同所产生的债务
B. 为债务人继续营业而应支付的劳动报酬和社会保险费用
C. 管理人聘用工作人员的费用
D. 因债务人不当得利所产生的债务
E. 管理人执行职务的费用

11. 根据企业破产法律制度规定，下列关于债权人债权申报的说法中，正确的有（　　）。
A. 人民法院确定的债权申报期限，最短不得少于30日，最长不得超过60日
B. 债务人所欠职工的工资和医疗、伤残补助、抚恤费用，不必申报，由管理人调查后列出清单并予以公示
C. 未到期的债权，在破产申请受理时视为到期
D. 附利息的债权自破产申请受理时起停止计息
E. 连带债权人应当共同申报债权

12. 甲公司向丙银行借款100万元，借款期限一年，为担保甲公司日后按时还本付息，乙公司向丙银行就该笔债务提供了保证。根据企业破产法律制度规定，下列关于债权人债权申报的说法中，正确的有（　　）。
   A. 如人民法院裁定受理关于甲公司的破产申请，乙公司在任何情况下都可以申报债权
   B. 如人民法院裁定受理关于甲公司的破产申请，且丙银行并未向管理人申报债权，则不论乙公司是否已经代替甲公司清偿该笔债务，均可以申报债权
   C. 如人民法院分别裁定受理关于甲公司、乙公司的破产申请，则丙银行有权向甲公司、乙公司分别申报债权
   D. 如人民法院裁定受理关于乙公司的破产申请，丙银行有权申报债权
   E. 如人民法院裁定受理关于乙公司的破产申请，则丙银行只有在乙公司的保证方式为连带责任保证时方有权申报债权

13. 甲公司向丙银行借款100万元，借款期限一年；为担保甲公司日后按时还本付息，乙公司向丙银行就该笔债务提供了一般保证。一个月后，人民法院裁定受理乙公司的破产申请。根据企业破产法律制度规定，下列关于债权人债权申报的说法中，正确的有（　　）。
   A. 丙银行有权申报其对乙公司的保证债权
   B. 甲公司与丙银行之间的主债务未到期，但丙银行的保证债权在乙公司破产申请受理时视为到期
   C. 由于乙公司提供一般保证，故乙公司管理人可以主张行使先诉抗辩权
   D. 丙银行在乙公司破产程序中的分配额应予提存
   E. 如乙公司被确定应当承担保证责任的，乙公司的管理人可以就乙公司实际承担的清偿额向甲公司行使求偿权

14. 根据企业破产法律制度规定，下列属于债权人会议职权的有（　　）。
   A. 通过债务人财产的管理方案
   B. 决定债务人的内部管理事务
   C. 通过破产财产的变价方案
   D. 在第一次债权人会议召开之前，决定继续或者停止债务人的营业
   E. 决定债务人的日常开支和其他必要开支

15. 根据企业破产法律制度规定，下列关于债权人会议的说法中，正确的有（　　）。
   A. 第一次债权人会议由人民法院召集，自债权申报期限届满之日起25日内召开
   B. 债权人会议的决议除现场表决外，应当由管理人事先将相关决议事项告知债权人，采取通信、网络投票等非现场方式进行表决
   C. 第一次债权人会议以后的债权人会议，在人民法院认为必要时，或者管理人、债权人委员会、占债权总额1/10以上的债权人向债权人会议主席提议时召开
   D. 债权人会议的决议，对于全体债权人均有约束力
   E. 除《企业破产法》另有规定外，债权人会议的决议，由出席会议的有表决权的债权人过半数通过，并且其所代表的债权额占无财产担保债权总额的1/2以上

16. 根据企业破产法律制度规定，债权人认为债权人会议的决议违反法律规定，损害其利益的，可以自债权人会议作出决

议之日起15日内，请求人民法院裁定撤销该决议。下列选项中，属于该情形的有（　　）。
A. 债权人会议的召开违反法定程序
B. 债权人会议的决议内容违法
C. 债权人会议的表决违反法定程序
D. 债权人会议的决议内容违反公司章程
E. 债权人会议的决议超出债权人会议的职权范围

17. 根据企业破产法律制度规定，下列职权中，属于债权人会议可以依照规定委托债权人委员会行使的有（　　）。
A. 申请人民法院更换管理人
B. 监督债务人财产的管理和处分
C. 审查管理人的费用和报酬
D. 监督破产财产分配
E. 监督管理人

18. 根据企业破产法律制度规定，重整期间，管理债务人财产和营业事务的主体可能有（　　）。
A. 债权人会议　　B. 债务人
C. 管理人　　D. 债权人委员会
E. 人民法院

19. 根据企业破产法律制度规定，自人民法院裁定债务人重整之日起至重整程序终止为重整期间，下列关于重整期间的说法中，正确的有（　　）。
A. 在重整期间，经债务人申请，人民法院批准，债务人可以在管理人的监督下自行管理财产和营业事务
B. 在重整期间，对债务人的特定财产享有的担保权原则上暂停行使
C. 在重整期间，债务人合法占有的他人财产，该财产的权利人在重整期间不得要求取回
D. 在重整期间，债务人的出资人不得请求投资收益分配
E. 在重整期间，债务人的董事、监事、高级管理人员不得向第三人转让其持有的债务人的股权，经人民法院同意的除外

20. 根据企业破产法律制度规定，破产财产在优先清偿破产费用和共益债务后，首先应予清偿的有（　　）。
A. 所欠职工的工资
B. 医疗、伤残补助、抚恤费用
C. 所欠的应当划入职工个人账户的基本养老保险、基本医疗保险费用
D. 所欠税款
E. 法律、行政法规规定应当支付给职工的补偿金

三、综合分析题

卓力有限公司（以下简称“卓力公司”）成立于2006年11月，注册资本300万元，主要销售孕婴系列乳品。为了扩大规模，2008年2月1日，卓力公司向恒达公司借款1000万元，期限1年。2008年9月，由于受三聚氰胺事件影响，卓力公司经营业绩一落千丈，向恒达公司的借款到期后一直未还，恒达公司以卓力公司未能履行还款义务、已经丧失清偿能力为由，向法院申请卓力公司破产。

请根据上述案情，回答下列问题：

1. 关于本案破产申请及撤回、受理的说法中，正确的有（　　）。
A. 恒达公司作为债权人无权提出破产申请
B. 恒达公司作为债权人可向卓力公司住所地法院提出卓力公司破产申请

C. 恒达公司提出的破产申请，在法院受理前不能撤回
D. 是否受理恒达公司提出的破产申请，一般由法院在15日内裁定
E. 恒达公司作为债权人提出破产申请须由其全体董事共同提出

2. 关于恒达公司破产申请受理的说法中，正确的有（　　）。
A. 法院收到破产申请后，应在10日内进行审查，裁定是否受理
B. 恒达公司提出破产申请后，法院应当自收到破产申请之日起5日内通知债务人卓力公司
C. 法院受理破产申请后，应当自受理破产申请之日起30日内通知已知的其他债权人，并予以公告
D. 对法院不予受理破产申请的裁定和驳回破产申请裁定不服的，恒达公司均可提出上诉
E. 法院受理破产申请后，卓力公司应当向恒达公司清偿债务

3. 关于破产管理人的说法中，正确的有（　　）。
A. 破产管理人由债权人会议选举产生，对债权人会议负责并报告工作
B. 破产管理人负责管理债务人的全部财产，接受债权人会议的监督
C. 破产管理人不能依法公正执行职务的，法院无权更换
D. 破产管理人有权提议召开债权人会议，列席并回答有关询问
E. 破产管理人履行职责获得的报酬列入破产财产分配方案，从债务人财产中优先支付

4. 有关债权申报的下列说法中，正确的有（　　）。
A. 债权申报期限自法院裁定受理破产申请之日起计算，最长不得超过3个月
B. 债权人应当在确定的债权申报期限内向法院申报债权
C. 债权人在确定的债权申报期限内未申报债权的，可以在破产财产最后分配前补充申报
D. 为审查和确认补充申报债权的费用，由补充申报人承担
E. 已经代替债务人清偿债务的保证人，可以其对债务人的求偿权申报债权

同步强化练习题参考答案及解析

使用“会计云课堂”App或“微信”扫码对答案、看解析、掌握解题思路，开启轻松过关之旅。

一、单项选择题

1. B　【解析】债务人具有破产原因，债务人可以向人民法院提出重整、和解或者破产清算申请。

2. C 【解析】债权人申请对债务人进行破产清算的，在人民法院受理破产申请后、宣告债务人破产前，债务人或者出资额占债务人注册资本 1/10 以上的出资人，可以向人民法院申请重整。

3. A 【解析】人民法院裁定受理破产申请的，应当同时指定管理人。

4. B 【解析】债权人会议认为管理人不能依法、公正执行职务或者有其他不能胜任职务情形的，可以申请人民法院予以更换。

5. D 【解析】（1）有下列情形之一的，不得担任管理人：①因故意犯罪受过刑事处罚；②曾被吊销相关专业执业证书；③与本案有利害关系；④人民法院认为不宜担任管理人的其他情形。（2）社会中介机构及个人具有下列情形之一的，属于“人民法院认为不宜担任管理人的其他情形”：①因执业、经营中故意或者重大过失行为，受到行政机关、监管机构或者行业自律组织行政处罚或者纪律处分之日起未逾 3 年；②因涉嫌违法行为正被相关部门调查；③因不适当履行职务或者拒绝接受人民法院指定等原因，被人民法院从管理人名册除名之日起未逾 3 年；④缺乏担任管理人所应具备的专业能力；⑤缺乏承担民事责任的能力；⑥人民法院认为可能影响履行管理人职责的其他情形。

6. D 【解析】选项 D：人民法院受理破产申请后，债务人的债务人或者财产持有人应当向管理人清偿债务或者交付财产。

7. A 【解析】债权人会议认为管理人不能依法、公正执行职务或者有其他不能胜任职务情形的，可以申请人民法院予以更换。

8. D 【解析】债务人的董事、监事和高级管理人员利用职权从企业获取的非正常收入和侵占的企业财产，管理人应当追回。

9. D 【解析】债务人重整期间，权利人要求取回债务人合法占有的权利人的财产，不符合双方事先约定条件的，人民法院不予支持。

10. D 【解析】（1）选项 A：破产申请受理前 1 年内债务人提前清偿的未到期债务，在破产申请受理前已经到期，管理人请求撤销该清偿行为的，人民法院不予支持。但是，该清偿行为发生在破产申请受理前 6 个月内且债务人具有破产原因情形的除外。（2）选项 BC：涉及债务人财产的下列行为无效：①为逃避债务而隐匿、转移财产的；②虚构债务或者承认不真实的债务的。

11. A 【解析】有下列情形之一的，不得抵销：（1）债务人的债务人在破产申请受理后取得他人对债务人的债权的；（2）债权人已知债务人有不能清偿到期债务或者破产申请的事实，对债务人负担债务的；但是，债权人因为法律规定或者有破产申请 1 年前所发生的原因而负担债务的除外；（3）债务人的债务人已知债务人有不能清偿到期债务或者破产申请的事实，对债务人取得债权的；但是，债务人的债务人因为法律规定或者有破产申请 1 年前所发生的原因而取得债权的除外。

12. A　【解析】人民法院裁定受理破产申请的，此前债务人尚未支付的公司强制清算费用、未终结的执行程序中产生的评估费、公告费、保管费等执行费用，可以参照企业破产法关于破产费用的规定，由债务人财产随时清偿。

13. B　【解析】破产债权是依破产程序启动前原因成立的，经依法申报确认，从破产财产中获得公平清偿的可强制执行的财产请求权。

14. A　【解析】债务人所欠职工的工资和医疗、伤残补助、抚恤费用，所欠的应当划入职工个人账户的基本养老保险、基本医疗保险费用，以及法律、行政法规规定应当支付给职工的补偿金，不必申报，由管理人调查后列出清单并予以公示。

15. C　【解析】选项 C：在重整期间，经债务人申请，人民法院批准，债务人可以在管理人的监督下自行管理财产和营业事务。

二、多项选择题

1. ABCE　【解析】债务人账面资产虽大于负债，但存在下列情形之一的，人民法院应当认定其明显缺乏清偿能力：（1）因资金严重不足或者财产不能变现等原因，无法清偿债务；（2）法定代表人下落不明且无其他人员负责管理财产，无法清偿债务；（3）经人民法院强制执行，无法清偿债务；（4）长期亏损且经营扭亏困难，无法清偿债务；（5）导致债务人丧失清偿能力的其他情形。

2. AB　【解析】债权人申请对债务人进行破产清算的，在人民法院受理破产申请后、宣告债务人破产前，债务人或者出资额占债务人注册资本 1/10 以上的出资人，可以向人民法院申请重整。

3. AB　【解析】商业银行、证券公司、保险公司等金融机构具有破产原因的，国务院金融监督管理机构可以向人民法院提出对该金融机构进行重整或者破产清算的申请。

4. ABC　【解析】（1）选项 D：人民法院受理破产申请后，管理人对破产申请受理前成立而债务人和对方当事人均未履行完毕的合同有权决定解除或者继续履行。（2）选项 E：人民法院受理破产申请后，债务人的债务人或者财产持有人应当向管理人清偿债务或者交付财产。

5. ACDE　【解析】管理人的职责主要包括：（1）接管债务人的财产、印章和账簿、文书等资料；（2）调查债务人财产状况，制作财产状况报告；（3）决定债务人的内部管理事务；（4）决定债务人的日常开支和其他必要开支；（5）在第一次债权人会议召开之前，决定继续或者停止债务人的营业；（6）管理和处分债务人的财产；（7）代表债务人参加诉讼、仲裁或者其他法律程序；（8）提议召开债权人会议；（9）人民法院认为管理人应当履行的其他职责。

6. BC 【解析】下列财产不应认定为债务人财产：（1）债务人基于仓储、保管、承揽、代销、借用、寄存、租赁等合同或者其他法律关系占有、使用的他人财产；（2）债务人在所有权保留买卖中尚未取得所有权的财产；（3）所有权专属于国家且不得转让的财产；（4）其他依照法律、行政法规不属于债务人的财产。

7. ACDE 【解析】（1）选项A：债务人对以自有财产设定担保物权的债权进行的个别清偿，管理人请求撤销的，人民法院不予支持。但是，债务清偿时担保财产的价值低于债权额的除外。（2）选项B：债务人经诉讼、仲裁、执行程序对债权人进行的个别清偿，管理人请求撤销的，人民法院不予支持。但是，债务人与债权人恶意串通损害其他债权人利益的除外。（3）选项CDE：债务人对债权人进行的以下个别清偿，管理人请求撤销的，人民法院不予支持：①债务人为维系基本生产需要而支付水费、电费等的；②债务人支付劳动报酬、人身损害赔偿金的；③使债务人财产受益的其他个别清偿。

8. ABCD 【解析】选项E：因返还普遍拖欠职工工资情况下获取的工资性收入形成的债权，按照该企业职工平均工资计算的部分作为拖欠职工工资清偿；高出该企业职工平均工资计算的部分，可以作为普通破产债权清偿。

9. AD 【解析】人民法院受理破产申请后发生的下列费用，为破产费用：（1）破产案件的诉讼费用；（2）管理、变价和分配债务人财产的费用；（3）管理人执行职务的费用、报酬和聘用工作人员的费用。

10. ABD 【解析】人民法院受理破产申请后发生的下列债务为共益债务：（1）因管理人或者债务人请求对方当事人履行双方均未履行完毕的合同所产生的债务；（2）债务人财产受无因管理所产生的债务；（3）因债务人不当得利所产生的债务；（4）为债务人继续营业而应支付的劳动报酬和社会保险费用以及由此产生的其他债务；（5）管理人或者相关人员执行职务致人损害所产生的债务；（6）债务人财产致人损害所产生的债务。

11. BCD 【解析】（1）选项A：人民法院受理破产申请后，应当确定债权人申报债权的期限。债权申报期限自人民法院发布受理破产申请公告之日起计算，最短不得少于30日，最长不得超过3个月。（2）选项E：连带债权人可以由其中一人代表全体连带债权人申报债权，也可以共同申报债权。

12. BCD 【解析】（1）选项A：债务人的保证人或者其他连带债务人尚未代替债务人清偿债务的，以其对债务人的将来求偿权申报债权。但是，债权人已经向管理人申报全部债权的除外。（2）选项E：保证人被裁定进入破产程序的，债权人有权申报其对保证人的保证债权。

13. ABDE 【解析】选项C：一般保证的保证人主张行使先诉抗辩权的，人民法院不予支持。

14. AC　【解析】债权人会议行使下列职权：（1）核查债权；（2）申请人民法院更换管理人，审查管理人的费用和报酬；（3）监督管理人；（4）选任和更换债权人委员会成员；（5）决定继续或者停止债务人的营业；（6）通过重整计划；（7）通过和解协议；（8）通过债务人财产的管理方案；（9）通过破产财产的变价方案；（10）通过破产财产的分配方案；（11）人民法院认为应当由债权人会议行使的其他职权。

15. DE　【解析】（1）选项 A：第一次债权人会议由人民法院召集，自债权申报期限届满之日起 15 日内召开。（2）选项 B：债权人会议的决议除现场表决外，可以由管理人事先将相关决议事项告知债权人，采取通信、网络投票等非现场方式进行表决。（3）选项 C：第一次债权人会议以后的债权人会议，在人民法院认为必要时，或者管理人、债权人委员会、占债权总额 1/4 以上的债权人向债权人会议主席提议时召开。

16. ABCE　【解析】债权人会议的决议具有以下情形之一，损害债权人利益，债权人申请撤销的，人民法院应予支持：（1）债权人会议的召开违反法定程序；（2）债权人会议的表决违反法定程序；（3）债权人会议的决议内容违法；（4）债权人会议的决议超出债权人会议的职权范围。

17. ACE　【解析】债权人会议可以依照规定，委托债权人委员会行使企业破产法规定的部分债权人会议职权，包括：（1）申请人民法院更换管理人，审查管理人的费用和报酬；（2）监督管理人；（3）决定继续或者停止债务人的营业。

18. BC

19. ABDE　【解析】选项 C：债务人合法占有的他人财产，该财产的权利人在重整期间要求取回的，应当符合事先约定的条件。

20. ABCE　【解析】破产财产在优先清偿破产费用和共益债务后，依照下列顺序清偿：（1）破产人所欠职工的工资和医疗、伤残补助、抚恤费用，所欠的应当划入职工个人账户的基本养老保险、基本医疗保险费用，以及法律、行政法规规定应当支付给职工的补偿金；（2）破产人欠缴的除上述规定以外的社会保险费用和破产人所欠税款；（3）普通破产债权。

三、综合分析题

1. B　【解析】（1）选项 A：债务人不能清偿到期债务，债权人可以向人民法院提出对债务人进行重整或者破产清算的申请。（2）选项 B：破产案件由债务人住所地人民法院管辖。（3）选项 C：申请人可以在人民法院“受理破产申请以前”请求撤回破产申请。（4）选项 D：由“债权人”提出破产申请的，人民法院应当自收到申请之日起 5 日内通知债务人；债务人对申请有异议的，应当自收到人民法院的通知之日起 7 日内向人民法院提出；人民法院应当自异议期满之日起10日内裁定是否受理。（5）选项E：没有该规定，直接以恒达公司名义提出即可。

2. BD　【解析】（1）选项AB：由“债权人”提出破产申请的，人民法院应当自收到申请之日起5日内通知债务人；债务人对申请有异议的，应当自收到人民法院的通知之日起7日内向人民法院提出；人民法院应当自异议期满之日起10日内裁定是否受理。（2）选项C：人民法院裁定受理破产申请后，应当自裁定受理破产申请之日起25日内通知已知债权人，并予以公告。（3）选项D：申请人对“不予受理”“驳回申请”的裁定不服的，有权向上一级人民法院提出上诉。（4）选项E：人民法院受理破产申请后，债务人对债权人的个别清偿无效，恒达公司应当向管理人申报债权。

3. BDE　【解析】（1）选项A：管理人由人民法院在裁定受理破产申请时“指定”。（2）选项B：接管债务人的财产、印章和账簿、文书等资料是管理人的基本职责之一；管理人依法执行职务，向人民法院报告工作，并接受债权人会议和债权人委员会的监督。（3）选项C：人民法院可以根据债权人会议的申请或者依职权径行决定更换管理人。（4）选项D：提议召开债权人会议是管理人的基本职责之一；管理人应当列席债权人会议，向债权人会议报告职务执行情况，并回答询问。（5）选项E：管理人的报酬应列入破产财产分配方案，从债务人财产中优先支付。

4. CDE　【解析】（1）选项A：债权申报期限自人民法院“发布受理破产申请公告之日”起计算，最短不得少于30日，最长不得超过3个月。（2）选项BCD：债权人应当在人民法院确定的债权申报期限内向“管理人”申报债权；在确定的债权申报期限内未申报债权的，可以在破产财产最后分配前补充申报；但是，此前已进行的分配，不再对其补充分配；为审查和确认补充申报债权的费用，由补充申报人承担。（3）选项E：债务人的保证人或者其他连带债务人已经代替债务人清偿债务的，可以其对债务人的求偿权申报债权。

第十五章　电子商务法

本章学习指南

一、考情概况

本章近3年平均考查分值约1.8分，考查题型通常为单选题、多选题。

本章为非重点章节，内容为电子商务法相关知识；考核分值较少，且侧重记忆型考查。

最近3年题型题量分析表

题型	2021年	2020年	2019年
单项选择题	1.5分	——	——
多项选择题	2.0分	——	2.0分
综合分析题	——	——	——
合计	3.5分	——	2.0分

二、教材变动

1. 调整电子商务合同成立的表述；
2. 新增电子商务争议解决；
3. 个别文字调整。

核心考点精讲

查看本章视频，快速GET知识点，使用“会计云课堂”App或“微信”扫码。

01 电子商务法的适用范围（★）

1. 中华人民共和国境内的电子商务活动，适用《电子商务法》。

考点提示

电子商务活动的境内外属性不以主体国籍为判断标准，而以行为所在地划分境内、境外的界限。

2. 金融类产品和服务，利用信息网络提供新闻信息、音视频节目、出版以及文化产品等内容方面的服务，不适用《电子商务法》。

02 电子商务经营主体（★）

1. 电子商务经营者的种类

电子商务平台经营者	在电子商务中为交易双方或者多方提供网络经营场所、交易撮合、信息发布等服务，供交易双方或者多方独立开展交易活动的法人或者非法人组织（自然人不能成为电子商务平台经营者）
平台内经营者	通过电子商务平台销售商品或者提供服务的电子商务经营者
其他电商经营者	通过自建网站、其他网络服务销售商品或者提供服务的电子商务经营者

2. 市场主体登记

电子商务经营者应当依法办理市场主体登记（性质上属于市场准入登记，而非主体设立登记）。但是，个人销售自产农副产品、家庭手工业产品，个人利用自己的技能从事依法无须取得许可的便民劳务活动和零星小额交易活动，以及依照法律、行政法规不需要进行登记的除外。

考点提示

没有办理市场主体登记的经营者从事电子商务活动的，属于违法经营，要承担相应的法律责任。

03 电子商务平台经营者（★）

1. 电子商务平台经营者知道或者应当知道平台内经营者销售的商品或者提供的服务不符合保障人身、财产安全的要求，或者有其他侵害消费者合法权益行为，未采取必要措施的，依法与该平台内经营者承担连带责任。

2. 对关系消费者生命健康的商品或者服务，电子商务平台经营者对平台内经营者的资质资格未尽到审核义务，或者对消费者未尽到安全保障义务，造成消费者损害的，依法承担相应的责任。

04 电子商务经营一般规则（★）

1. 行政许可

电子商务经营者从事经营活动，依法需要取得相关行政许可的，应当依法取得行政许可；如从事药品批发零售、食品销售等事项。

2. 纳税登记、纳税申报

依照规定不需要办理市场主体登记的电子商务经营者在首次纳税义务发生后，应当依照税收征收管理法律、行政法规的规定申请办理税务登记，并如实申报纳税。

3. 依法纳税

电子商务经营者应当依法履行纳税义务，并依法享受税收优惠。

4. 经营信息公示

（1）电子商务经营者应当在其首页显著位置，持续公示营业执照信息、与其经营业务有关的行政许可信息、属于依照规定不需要办理市场主体登记情形等信息，或者上述信息的链接标识。

（2）前述规定的信息发生变更的，电子商务经营者应当及时更新公示信息。

（3）电子商务经营者自行终止从事电子商务的，应当提前30日在首页显著位置持续公示有关信息。

5. 经营凭据的出具

电子商务经营者销售商品或者提供服务应当依法出具纸质发票或者电子发票等购货凭证或者服务单据。电子发票与纸质发票具有同等法律效力。

6. 不得默认搭售商品或服务

电子商务经营者搭售商品或者服务，应当以显著方式提请消费者注意，不得将搭售商品或者服务作为默认同意的选项。

7. 用户信息管理

（1）电子商务经营者收集、使用其用户的个人信息，应当遵守法律、行政法规有关个人信息保护的规定。

（2）自然人的个人信息受法律保护。任何组织或者个人需要获取他人个人信息的，应当依法取得并确保信息安全，不得非法收集、使用、加工、传输他人个人信息，不得非法买卖、提供或者公开他人个人信息。

8. 安全保障和环境保护

（1）安全商品和安全服务提供义务；（2）危险防范义务；（3）危险排除义务；（4）止损协助义务；（5）电子商务经营者销售的商品或者提供的服务应当符合环境保护要求。

05 电子商务合同的订立与履行（★★）

1. 电子商务当事人订立和履行合同，适用《民法典》《电子商务法》《电子签名法》等法律的规定。还应遵守行政法规、部门规章；最高人民法院司法解释；交易习惯和国际惯例。

2. 电子商务当事人使用自动信息系统订立或者履行合同的行为对使用该系统的当事人具有法律效力。

3. 在电子商务中推定当事人具有相应的民事行为能力。但是，有相反证据足以推翻的除外。

4. 合同成立

当事人一方通过互联网等信息网络发布的商品或者服务信息符合要约条件的，对方选择该商品或者服务并提交订单成功时合同成立，但是当事人另有约定的除外。（2022年调整）

5. 合同订立中数据电文的处理

（1）数据电文有下列情形之一的，视为发件人发送：①经发件人授权发送的；②发件人的信息系统自动发送的；③收件人按照发件人认可的方法对数据电文进行验证后结果相符的。当事人对前述规定的事项另有约定的，从其约定。

（2）法律、行政法规规定或者当事人约定数据电文需要确认收讫的，应当确认收讫。发件人收到收件人的收讫确认时，数据电文视为已经收到。

（3）数据电文进入发件人控制之外的某个信息系统的时间，视为该数据电文的发送时间。收件人指定特定系统接收数据电文的，数据电文进入该特定系统的时间，视为该数据电文的接收时间；未指定特定系统的，数据电文进入收件人的任何系统的首次时间，视为该数据电文的接收时间。当事人对数据电文的发送时间、接收时间另有约定的，从其约定。

（4）发件人的主营业地为数据电文的发送地点，收件人的主营业地为数据电文的接收地点。没有主营业地的，其经常居住地为发送或者接收地点。当事人对数据电文的发送地点、接收地点另有约定的，从其约定。

6. 电子商务经营者应当保证用户在提交订单前可以更正输入错误。

7. 交付时间

（1）合同标的为交付商品并采用快递物流方式交付的，收货人签收时间为交付时间。

（2）合同标的为提供服务的，生成的电子凭证或者实物凭证中载明的时间为交付时间；前述凭证没有载明时间或者载明时间与实际提供服务时间不一致的，实际提供服务的时间为交付时间。

（3）合同标的为采用在线传输方式交付的，合同标的进入对方当事人指定的特定系统并且能够检索识别的时间为交付时间。

（4）合同当事人对交付方式、交付时间另有约定的，从其约定。

8. 快递物流方式交付商品

（1）电子商务当事人可以约定采用快递物流方式交付商品。

（2）快递物流服务提供者为电子商务提供快递物流服务，应当遵守法律、行政法规，并应当符合承诺的服务规范和时限。快递物流服务提供者在交付商品时，应当提示收货人当面查验；交由他人代收的，应当经收货人同意。

（3）快递物流服务提供者应当按照规定使用环保包装材料，实现包装材料的减量化和再利用。

（4）快递物流服务提供者在提供快递物流服务的同时，可以接受电子商务经营者的委托提供代收货款服务。

经典题解

【真题·多选题】根据《电子签名法》规定，下列关于数据电文发送和接收的说法中，正确的有（　　）。（2021 年）

A. 当事人未指定特定系统接收的，以最先进入收件人任一系统的时间为接收时间

B. 经发件人授权发送的，视为发件人发送

C. 当事人对发送或接收有特别约定的，从其约定

D. 发件人的信息系统自动发送的，视为发件人发送

E. 收件人经常居住地与主营业地不一致的，应以经常居住地为数据电文的接收地点

【解析】(1) 选项A：收件人指定特定系统接收数据电文的，数据电文进入该特定系统的时间，视为该数据电文的接收时间；未指定特定系统的，数据电文进入收件人的任何系统的首次时间，视为该数据电文的接收时间。(2) 选项BCD：数据电文有下列情形之一的，视为发件人发送：①经发件人授权发送的；②发件人的信息系统自动发送的；③收件人按照发件人认可的方法对数据电文进行验证后结果相符的。当事人对前述规定的事项另有约定的，从其约定。(3) 选项E：发件人的主营业地为数据电文的发送地点，收件人的主营业地为数据电文的接收地点。没有主营业地的，其经常居住地为发送或者接收地点。

【答案】ABCD

06 电子签名和电子认证规则（★★）

1. 电子签名的概念

电子签名，是指数据电文中以电子形式所含、所附用于识别签名人身份并表明签名人认可其中内容的数据。

【解释】数据电文，是指以电子、光学、磁或者类似手段生成、发送、接收或者储存的信息。

2. 电子签名的适用范围

(1) 民事活动中的合同或者其他文件、单证等文书，当事人可以约定使用或者不使用电子签名、数据电文。当事人约定使用电子签名、数据电文的文书，不得仅因为其采用电子签名、数据电文的形式而否定其法律效力。

(2) 不适用电子签名的文书

①涉及婚姻、收养、继承等人身关系的；

②涉及停止供水、供热、供气等公用事业服务的；

③法律、行政法规规定的不适用电子文书的其他情形。

3. 可靠的电子签名

电子签名同时符合下列条件的，视为可靠的电子签名：

(1) 电子签名制作数据用于电子签名时，属于电子签名人专有；

(2) 签署时电子签名制作数据仅由电子签名人控制；

(3) 签署后对电子签名的任何改动能够被发现；

(4) 签署后对数据电文内容和形式的任何改动能够被发现。

【解释】当事人也可以选择使用符合其约定的可靠条件的电子签名。

4. 可靠的电子签名与手写签名或者盖章具有同等的法律效力。

5. 电子认证服务机构的设立应具备的条件

(1) 取得企业法人资格；

(2) 具有与提供电子认证服务相适应的专业技术人员和管理人员；

（3）具有与提供电子认证服务相适应的资金和经营场所；

（4）具有符合国家安全标准的技术和设备；

（5）具有国家密码管理机构同意使用密码的证明文件；

（6）法律、行政法规规定的其他条件。

6. 电子签名认证证书的申请

（1）电子签名人向电子认证服务提供者申请电子签名认证证书，应当提供真实、完整和准确的信息。

（2）电子认证服务提供者收到电子签名认证证书申请后，应当对申请人的身份进行查验，并对有关材料进行审查。

经典题解

【真题·单选题】下列民事活动中，可以适用电子签名方式的是（　　）。（2021 年）

A. 订立收养协议　　B. 停止供燃气服务

C. 销售机器　　D. 订立离婚协议

【解析】不适用电子签名的文书：（1）涉及婚姻、收养、继承等人身关系的；（2）涉及停止供水、供热、供气等公用事业服务的；（3）法律、行政法规规定的不适用电子文书的其他情形。

【答案】C

07 电子支付（★）

1. 电子支付法律关系

（1）主体

主体	含义
发端人	发端人系电子支付中的付款人，是指根据其与发端人银行所订立的服务协议，向发端人银行发出付款指示的人
受益人	受益人系电子支付中的收款人，是指根据其与受益人银行的服务协议，要求受益人银行适当接受所划拨资金的人
银行	包括发端人银行、受益人银行和中间银行，是指电子支付中承担支付中介和结算中介的金融信用机构
认证机构	是指在网上为参与电子商务各方提供各种认证要求、证书服务、确认用户身份而建立的一种权威的、可信赖的、公正的第三方机构

（2）法律关系内容

①发端人与受益人的商务合同；②发端人、受益人与银行之间的金融服务合同；③认证机构与用户之间的认证服务合同。

（3）电子支付法律关系的客体，是指电子支付行为。

2. 相关规定

（1）电子支付服务提供者为电子商务提供电子支付服务，应当依法依规，告知用户电子支付服务的功能、使用方法、注意事项、相关风险和收费标准等事项，不得附加不合理交易条件。

（2）电子支付服务提供者应当确保电子支付指令的完整性、一致性、可跟踪稽核和不可篡改。

（3）电子支付服务提供者应当向用户免费提供对账服务以及最近3年的交易记录。

（4）电子支付服务提供者提供电子支付服务不符合国家有关支付安全管理要求，造成用户损失的，应当承担赔偿责任。

（5）支付指令发生错误的，电子支付服务提供者应当及时查找原因，并采取相关措施予以纠正。造成用户损失的，电子支付服务提供者应当承担赔偿责任，但能够证明支付错误非自身原因造成的除外。

（6）电子支付服务提供者完成电子支付后，应当及时准确地向用户提供符合约定方式的确认支付的信息。

（7）未经授权的支付造成的损失，由电子支付服务提供者承担；电子支付服务提供者能够证明未经授权的支付是因用户的过错造成的，不承担责任。

（8）电子支付服务提供者发现支付指令未经授权，或者收到用户支付指令未经授权的通知时，应当立即采取措施防止损失扩大。电子支付服务提供者未及时采取措施导致损失扩大的，对损失扩大部分承担责任。

08 电子商务税收规则（★★★）

<table>
<tr><th>一般原则</th><th colspan="2">基本内容</th></tr>
<tr><td>中性原则</td><td colspan="2">（1）课税应在电子商务与常规商务之间，寻求中性和公平
（2）从事类似交易、处于类似情况下的纳税人应缴纳类似水平的税款</td></tr>
<tr><td rowspan="2">公平效率原则</td><td>税收公平</td><td>税法对具有同等纳税能力的人应当规定相同的税收负担，其有两项要求：（1）非歧视性；（2）按纳税能力实行区别对待</td></tr>
<tr><td>税收效率</td><td>国家征税应使社会承担的非税款负担为最小，即以最少的成本损失取得依法应有的税收收入，税收效率包括：（1）税收的经济效率（税收要以对经济最小的负面影响而获取最大的税收收入）；（2）税收的行政效率</td></tr>
<tr><td>税收法定原则</td><td colspan="2">征税主体必须依照法律的规定征税，纳税主体依照法律的规定纳税，内容包括：（1）课税要素法定；（2）课税要素明确；（3）税收程序合法</td></tr>
<tr><td>灵活原则</td><td colspan="2">（1）税收制度应具备灵活性，以保证税制与技术和商业共同发展：以现行税制为基础，不单独开征新税
（2）处理国际税收关系：坚持收入来源地优先征税原则
（3）处理国内税收关系：确立流转税对供货方和劳务提供方征收的原则</td></tr>
</table>

经典题解

【真题·多选题】电子商务税收规则包括（　　）。（2019 年）

A. 公序良俗原则　　B. 公平效率原则

C. 中性原则　　D. 过错责任原则

E. 意思自治原则

【答案】BC

09 电子商务争议解决（2022 年新增）（★）

1. 电子商务争议可以通过协商和解，请求消费者组织、行业协会或者其他依法成立的调解组织调解，向有关部门投诉，提请仲裁，或者提起诉讼等方式解决。

2. 消费者在电子商务平台购买商品或者接受服务，与平台内经营者发生争议时，电子商务平台经营者应当积极协助消费者维护合法权益。

3. 民事诉讼管辖

因电子商务合同纠纷引起的诉讼，由被告住所地或者合同履行地人民法院管辖。如电子商务涉外，形成涉外诉讼，当事人可用书面协议选择与争议有实际联系地点的法院管辖。选择内地法院管辖的，不得违反《民事诉讼法》对级别管辖和专属管辖的规定。

4. 仲裁

当事人也可在电子商务合同中订有仲裁条款或在事后达成书面仲裁协议，选择仲裁委员会，用仲裁方式解决纠纷。

5. 电子商务经营者的资料提供义务

在电子商务争议处理中，电子商务经营者应当提供原始合同和交易记录。因电子商务经营者丢失、伪造、篡改、销毁、隐匿或者拒绝提供前述资料，致使人民法院、仲裁机构或者有关机关无法查明事实的，电子商务经营者应当承担相应的法律责任。

本章小结

用“会计云课堂”App 扫码学习

您已成功完成“第十五章”的学习，本章共 9 个考点，您都学会了吗？

为了让您对本章有更清晰的理解，加倍巩固。本书作者陈小球老师将通过“电台音频课”的方式，带您回顾重要考点。

名师点拨，高效提分。

※ 欢迎扫码免费学习。

同步强化练习题

使用“会计云课堂”App或“微信”扫码快速做题、对答案、看解析、掌握解题思路，开启轻松过关之旅。

一、单项选择题

1. 根据电子商务法律制度的规定，下列选项中，适用《电子商务法》的是（　　）。
   A. 某网站利用信息网络提供出版以及文化产品
   B. 某个人在淘宝网开设的店铺销售个人手工艺品
   C. 某网站利用信息网络提供新闻信息服务
   D. 某视频网站利用信息网络提供音视频节目服务

2. 下列关于电子商务合同的说法中，正确的是（　　）。
   A. 在电子商务中一律推定当事人具有相应的民事行为能力
   B. 电子商务经营者应当保证用户在提交订单后可以更正输入错误
   C. 合同标的为交付商品并采用快递物流方式交付的，交付快递物流时间为交付时间
   D. 除当事人另有约定外，电子商务经营者发布的商品或者服务信息符合要约条件的，用户选择该商品或者服务并提交订单成功，合同成立

3. 下列关于电子商务税收规则的说法中，错误的是（　　）。
   A. 课税应在电子商务与常规商务之间，寻求中性和公平
   B. 对于国际税收关系，坚持收入来源地优先征税原则
   C. 以现行税制为基础，根据实际情况适时开征新税
   D. 从事类似交易、处于类似情况下的纳税人应缴纳类似水平的税款

4. 课税应在电子商务与常规商务之间，寻求公平，属于电子商务税收规则的（　　）。
   A. 中性原则
   B. 公平效率原则
   C. 税收法定原则
   D. 灵活原则

二、多项选择题

1. 关于电子支付，下列说法中，正确的有（　　）。
   A. 电子支付服务提供者为电子商务提供电子支付服务，不得附加不合理交易条件
   B. 电子支付服务提供者应当确保电子支付指令的完整性、一致性、可跟踪稽核和不可篡改
   C. 电子支付服务提供者应当向用户免费提供对账服务以及最近1年的交易记录
   D. 未经授权的支付造成的损失，由电子

支付服务提供者承担；电子支付服务提供者能够证明未经授权的支付是因用户的过错造成的，不承担责任

E. 电子支付服务提供者发现支付指令未经授权，或者收到用户支付指令未经授权的通知时，应当立即采取措施防止损失扩大

2. 下列各项中不适用电子签名的文书有（　　）。

A. 婚前财产协议

B. 离婚协议

C. 子女收养协议

D. 停止供电合同

E. 停止供热合同

同步强化练习题参考答案及解析

使用“会计云课堂”App或“微信”扫码对答案、看解析、掌握解题思路，开启轻松过关之旅。

一、单项选择题

1. B　【解析】金融类产品和服务、利用信息网络提供新闻信息、音视频节目、出版以及文化产品等内容方面的服务，不适用《电子商务法》。

2. D　【解析】（1）选项A：在电子商务中推定当事人具有相应的民事行为能力。但是，有相反证据足以推翻的除外。（2）选项B：电子商务经营者应当保证用户在提交订单前可以更正输入错误。（3）选项C：合同标的为交付商品并采用快递物流方式交付的，收货人签收时间为交付时间。

3. C　【解析】选项C：以现行税制为基础，不单独开征新税。

4. A

二、多项选择题

1. ABDE　【解析】选项C：电子支付服务提供者应当向用户免费提供对账服务以及最近3年的交易记录。

2. BCDE　【解析】不适用电子签名的文书：（1）涉及婚姻、收养、继承等人身关系的；（2）涉及停止供水、供热、供气等公用事业服务的；（3）法律、行政法规规定的不适用电子文书的其他情形。

第十六章　社会保险法

本章学习指南

一、考情概况

本章近3年平均考查分值约2.5分（剔除2021年教材未收录本章内容的影响），考查题型通常为单选题、多选题。

本章为非重点章节，内容包括社会保险法相关知识；考题难度一般，理解与记忆难度中等。本章核心考点：工伤认定及工伤保险待遇、职工基本养老保险、医疗保险制度。

最近3年题型题量分析表

题型	2021年	2020年	2019年
单项选择题	——	1.5分	1.5分
多项选择题	——	2.0分	——
综合分析题	——	——	——
合计	——	3.5分	1.5分

二、教材变动

本章系2022年新增章节（本章内容在2019年、2020年教材中有所收录，但在2021年教材中被删除，因此对于2022年教材而言属于新增章节）。

核心考点精讲

查看本章视频，快速GET知识点，使用“会计云课堂”App或“微信”扫码。

01　社会保险法基本理论（★★）

概念	调整社会保险法律关系的总称
特征	国家干预性、广泛的社会性、人道性、实体法和程序法的统一性、特定的立法技术

原则	普遍保障性原则	对公民实行普遍的社会保障
	基本保障原则	国家和社会给予公民的保障首先是满足基本生活需要和提供基本生存条件的保障
	多层次原则	社会保险除了基本保险外，还可建立补充保险：补充养老保险（企业年金、职业年金）、补充医疗保险、商业人寿、健康保险
	合理性原则	社会保险水平应当与经济社会发展水平相适应，系基本保障方针的具体化
	社会化原则	社会保险资金来源社会化、社会保险管理社会化、社会保险责任社会化
	国家承担最终责任原则	国家不仅是社会保险制度的发起者和监督者，也是社会保险制度的资助者和保证者，是最终责任的承担者
征收	2019 年 1 月 1 日起，税务部门统一征收各项社会保险费	

经典题解

【真题·单选题】社会保险除基本保险之外，还可以建立补充保险（如补充养老保险、补充医疗保险，商业人寿、健康保险等），这体现的是社会保险的（　　）。（2020 年）

A. 普遍保障原则　　B. 合理保障原则

C. 基本保障原则　　D. 多层次原则

【解析】多层次原则，是指社会保险除了基本保险之外，还可以建立补充保险。

【答案】D

02 基本养老保险（★★）

（一）职工基本养老保险

适用范围	各类企业及职工	国有企业、城镇集体企业、外商投资企业、城镇私营企业等
	事业单位及其工作人员	不包括公务员、参照《公务员法》管理的工作人员（参公管理）
	灵活就业人员	非全日制、临时性、季节性、弹性工作等灵活多样的形式实现就业的人员，包括无雇工的个体工商户，非全日制从业人员以及律师、会计师、自由撰稿人、演员等自由职业者
	中国境内就业的外国人	
基本养老保险基金	（1）用人单位和个人缴费；（2）基本养老保险费利息和其他收益；（3）财政补贴；（4）滞纳金；（5）其他可以纳入基本养老保险基金的资金	
基本养老保险待遇给付条件	（1）达到国家法定退休年龄并办理相关手续 （2）基本养老保险费累计缴费满 15 年	

经典题解

【真题·单选题】下列人员中，属于职工基本养老保险适用对象的是（ ）。（2019年）

A. 公务员

B. 参照公务员法管理的工作人员

C. 城镇非从业居民

D. 企业职工

【答案】D

（二）新型农村社会养老保险

参保对象	年满16周岁（不含在校学生）、未参加城镇职工基本养老保险的农村居民，可以在户籍地自愿参加新型农村社会养老保险
筹资方式	个人缴费、集体补助、政府补贴
领取条件及参保缴费方式	年满60周岁、未享受城镇职工基本养老保险待遇的农村有户籍的老年人，可以按月领取养老金
	新型农村社会养老保险制度实施时： （1）已年满60周岁、未享受城镇职工基本养老保险待遇的，不用缴费，可以按月领取基础养老金，但其符合参保条件的子女应当参保缴费 （2）距领取年龄不足15年的，应按年缴费，允许补缴，累计缴费不超过15年 （3）距领取年龄超过15年的，应按年缴费，累计缴费不少于15年

（三）城镇居民社会养老保险

参保对象	年满16周岁（不含在校学生）、不符合职工基本养老保险参保条件的城镇非从业居民，可以在户籍地自愿参加城镇居民养老保险
筹资方式	个人缴费、政府补贴
领取条件及参保缴费方式	参加城镇居民养老保险的城镇居民，年满60周岁，可按月领取养老金
	城镇居民养老保险制度实施时： （1）已年满60周岁，未享受职工基本养老保险待遇以及国家规定的其他养老待遇的，不用缴费，可按月领取基础养老金 （2）距领取年龄不足15年的，应按年缴费，允许补缴，累计缴费不超过15年 （3）距领取年龄超过15年的，应按年缴费，累计缴费不少于15年

03 医疗保险（★★）

<table>
<tr><td>医疗保险特征</td><td colspan="3">（1）以实现公民的物质帮助权为目的；（2）权利与义务不对等；（3）法律关系从形式到内容的强制性；（4）法律规范的科学技术性</td></tr>
<tr><td rowspan="5">城镇职工
基本医疗保险</td><td rowspan="2">参保
范围</td><td>应当</td><td>职工应当参加职工基本医疗保险，由用人单位和职工按照国家规定共同缴纳基本医疗保险费</td></tr>
<tr><td>可以</td><td>无雇工的个体工商户、未在用人单位参加职工基本医疗保险的非全日制从业人员以及其他灵活就业人员可以参加职工基本医疗保险，由个人按照国家规定缴纳基本医疗保险费</td></tr>
<tr><td rowspan="3">适用
范围</td><td colspan="2">被保险人在自然生病时享受基本的医疗服务</td></tr>
<tr><td colspan="2">符合基本医疗保险药品目录、诊疗项目、医疗服务设施标准以及急诊、抢救的医疗费用，按照国家规定从基本医疗保险基金中支付</td></tr>
<tr><td colspan="2">下列医疗费用不纳入基本医疗保险基金支付范围：（1）应当从工伤保险基金中支付的；（2）应当由第三人负担的；（3）应当由公共卫生负担的；（4）在境外就医的</td></tr>
<tr><td>新型农村
合作医疗</td><td colspan="3">覆盖全体农村居民，所有农村居民都可以家庭为单位自愿参加，一般采取以县（市）为单位进行统筹</td></tr>
<tr><td>城镇居民
医疗保险</td><td colspan="3">不属于城镇职工基本医疗保险制度覆盖范围的中小学阶段的学生（包括职业高中、中专、技校学生）、少年儿童和其他非从业城镇居民可自愿参加城镇居民基本医疗保险</td></tr>
</table>

经典题解

【真题·多选题】下列关于医疗保险特征的说法中，正确的有（　　）。（2020年）

A. 参保人员获得保险利益具有无偿性

B. 保险条款的内容体现科学性

C. 保险金筹集和支付规则体现参保人享受权利与承担义务的不一致性

D. 医疗保险以实现对公民的物质帮助为目的

E. 法律关系的形式和内容具有强制性

【解析】医疗保险具有如下法律特征：（1）以实现公民的物质帮助权为目的（选项D）。（2）权利与义务不对等。医疗保险法对保险金的筹集与支付的规定体现了参保人所享受的权利与他所承担的义务的不一致性（选项C）。（3）法律关系从形式到内容的强制性（选项E）。（4）法律规范的科学技术性（选项B）。

【答案】BCDE

04 工伤保险（仅用人单位缴纳）（★）

<table>
<tr><td>基本原则</td><td colspan="2">（1）无过错雇主责任原则；（2）严格区别工伤与非工伤原则；（3）工伤补偿与预防、康复相结合原则；（4）严格科学的工伤认定与鉴定标准原则</td></tr>
<tr><td>适用范围</td><td colspan="2">中国境内的企业、事业单位、社会团体、民办非企业单位、基金会、律师事务所、会计师事务所等组织和有雇工的个体工商户（不包括公务员、参照《公务员法》管理的工作人员）</td></tr>
<tr><td>工伤认定</td><td colspan="2">（1）在工作时间和工作场所内，因工作原因受到事故伤害的
（2）工作时间前后在工作场所内，从事与工作有关的预备性或者收尾性工作受到事故伤害的
（3）在工作时间和工作场所内，因履行工作职责受到暴力等意外伤害的
（4）患职业病的
（5）因工外出期间，由于工作原因受到伤害或者发生事故下落不明的
（6）在上下班途中，受到非本人主要责任的交通事故或者城市轨道交通、客运轮渡、火车事故伤害的
（7）法律、行政法规规定应当认定为工伤的其他情形</td></tr>
<tr><td>视同工伤</td><td colspan="2">（1）在工作时间和工作岗位，突发疾病死亡或者在 48 小时之内经抢救无效死亡的
（2）在抢险救灾等维护国家利益、公共利益活动中受到伤害的
（3）职工原在军队服役，因战、因公负伤致残，已取得革命伤残军人证，到用人单位后旧伤复发的</td></tr>
<tr><td>不得认定</td><td colspan="2">（1）因故意犯罪受到伤害的；（2）因醉酒或者吸毒受到伤害的；（3）自残或者自杀的；（4）法律、行政法规规定的其他情形</td></tr>
<tr><td rowspan="2">申请</td><td>用人单位</td><td>——</td></tr>
<tr><td>其他主体</td><td>用人单位未按规定提出工伤认定申请的，工伤职工或者其近亲属、工会组织在事故伤害发生之日或者被诊断、鉴定为职业病之日起 1 年内，可以直接向用人单位所在地统筹地区社会保险行政部门提出工伤认定申请</td></tr>
<tr><td>举证责任</td><td colspan="2">职工或者其近亲属认为是工伤，用人单位不认为是工伤的，由用人单位承担举证责任</td></tr>
<tr><td>工伤保险基金</td><td colspan="2">职工应当参加工伤保险，由用人单位缴纳工伤保险费，职工不缴纳工伤保险费</td></tr>
<tr><td rowspan="2">工伤保险待遇</td><td>工伤保险基金负担</td><td>工伤医疗康复待遇、辅助器具配置待遇、伤残待遇、死亡待遇</td></tr>
<tr><td>用人单位负担</td><td>停工留薪期内的工资福利及陪护、难以安排工作的，由用人单位按月发给伤残津贴、一次性伤残就业补助金</td></tr>
</table>

05 失业保险（★）

<table>
<tr><td rowspan="1">领取条件</td><td colspan="2">（1）按照规定参加失业保险，所在单位和本人已按照规定履行缴费义务满 1 年
（2）非因本人意愿中断就业
（3）已办理失业登记，并有求职要求</td></tr>
<tr><td rowspan="5">给付期限</td><td>累计缴费时间 Y</td><td>领取失业保险金的期限</td></tr>
<tr><td>1 年≤Y<5 年</td><td>≤12 月</td></tr>
<tr><td>5 年≤Y<10 年</td><td>≤18 月</td></tr>
<tr><td>Y≥10 年</td><td>≤24 月</td></tr>
<tr><td colspan="2">重新就业后，再次失业的，缴费时间重新计算，领取失业保险金的期限可以与前次失业应领取而尚未领取的失业保险金的期限合并计算，但是最长不得超过 24 个月</td></tr>
<tr><td>停止享受</td><td colspan="2">（1）重新就业的；（2）应征服兵役的；（3）移居境外的；（4）享受基本养老保险待遇的；（5）无正当理由，拒不接受当地人民政府指定的部门或者机构介绍的适当工作的或者提供的培训的</td></tr>
<tr><td>失业保险费的缴纳</td><td colspan="2">（1）城镇企业事业单位按照本单位工资总额的 2%缴纳失业保险费
（2）城镇企业事业单位职工按照本人工资的 1%缴纳失业保险费</td></tr>
</table>

06 生育保险（仅用人单位缴纳）（★）

申请主体	参加了生育保险的职工或职工的未就业配偶
保险待遇	生育医疗费用、生育津贴
保险基金	主要来自用人单位缴纳的生育保险费

本章小结

用“会计云课堂”App 扫码学习

您已成功完成“第十六章”的学习，本章共 6 个考点，您都学会了吗？

为了让您对本章有更清晰的理解，加倍巩固。本书作者陈小球老师将通过“电台音频课”的方式，带您回顾重要考点。

名师点拨，高效提分。

※ 欢迎扫码免费学习。

同步强化练习题

使用“会计云课堂”App 或“微信”扫码快速做题、对答案、看解析、掌握解题思路，开启轻松过关之旅。

一、单项选择题

1. 下列各项中，不属于社会保险法原则的是（　　）。
   A. 普遍保障性原则
   B. 基本保障原则
   C. 社会化原则
   D. 个人承担最终责任原则

2. 下列人员中，不属于职工基本养老保险适用对象的是（　　）。
   A. 公务员
   B. 非参照公务员法管理的事业单位职工
   C. 非全日制就业人员
   D. 企业职工

3. 下列各项中，纳入基本医疗保险基金支付范围的是（　　）。
   A. 被保险人在自然生病时享受基本的医疗服务
   B. 应当从工伤保险基金中支付的
   C. 应当由第三人负担的
   D. 在境外就医的

4. 甲失业保险的累计缴费时间达到10年，不考虑其他因素，其领取失业保险金的期限最长为（　　）。
   A. 6个月
   B. 12个月
   C. 18个月
   D. 24个月

二、多项选择题

根据社会保险法律制度的规定，下列社会保险中，缴费义务全部由用人单位承担的有（　　）。
A. 职工基本养老保险
B. 职工基本医疗保险
C. 工伤保险
D. 失业保险
E. 生育保险

同步强化练习题参考答案及解析

使用“会计云课堂”App 或“微信”扫码对答案、看解析、掌握解题思路，开启轻松过关之旅。

一、单项选择题

1. D　【解析】社会保险法原则包括：普遍保障性原则、基本保障原则、多层次原则、合理性原则、社会化原则、国家承担最终责任原则。

2. A　【解析】职工基本养老保险对象不包括公务员、参照《公务员法》管理的工作人员。

3. A　【解析】下列医疗费用不纳入基本医疗保险基金支付范围：（1）应当从工伤保险基金中支付的；（2）应当由第三人负担的；（3）应当由公共卫生负担的；（4）在境外就医的。

4. D

二、多项选择题

CE　【解析】工伤保险、生育保险的缴费义务全部由用人单位承担。

第十七章　民事诉讼法

本章学习指南

一、考情概况

本章近3年平均考查分值约为3.5分，考查题型通常为单选题、多选题，偶尔在综合分析题中测试。从过去几年的考情看，本章为非重点章节，内容包括民事诉讼法基础、民事诉讼参加人、民事诉讼证据和证明以及民事诉讼程序的相关知识；考题覆盖面较广，侧重记忆型考查。今年本章根据最新修订的《民事诉讼法》及司法解释进行了大量调整，不排除考查综合分析题的可能，请考生务必重视本章的学习。

最近3年题型题量分析表

题型	2021年	2020年	2019年
单项选择题	1.5分	1.5分	1.5分
多项选择题	——	——	4.0分
综合分析题	——	——	1.5分
合计	1.5分	1.5分	7.0分

二、教材变动

1. 新增民事诉讼法的共有原则与特有原则；
2. 新增民事审判基本制度；
3. 新增人民法院应予受理的特殊情形；
4. 新增缺席判决；
5. 调整第一审普通程序；
6. 调整简易程序；
7. 删除支持起诉原则；
8. 删除反诉；
9. 删除小额诉讼程序；
10. 个别文字调整。

核心考点精讲

第一单元　民事诉讼法基础

查看本单元视频，快速 GET 知识点
使用“会计云课堂”App或“微信”扫码

01　民事诉讼法的基本原则（★）

共有原则 （2022 年新增）	（1）审判权由法院行使原则；（2）法院对案件独立进行审判原则；（3）以事实为根据，以法律为准绳原则；（4）使用本民族语言进行诉讼原则；（5）为推动现代科学技术在诉讼中的应用原则：经当事人同意，民事诉讼活动可以通过信息网络平台在线进行。民事诉讼活动通过信息网络平台在线进行的与线下诉讼活动具有同等法律效力
特有原则 （2022 年新增）	（1）当事人诉讼权利平等原则；（2）辩论原则；（3）诚实信用原则；（4）处分原则；（5）法院调解原则；（6）民事检察监督原则

（一）当事人诉讼权利平等原则

民事诉讼当事人有平等的诉讼权利。人民法院审理民事案件，应当保障和便利当事人行使诉讼权利，对当事人在适用法律上一律平等。

1. 双方当事人的诉讼地位平等。
2. 双方当事人诉讼权利义务平等。（平等≠相同）
3. 人民法院应当保障和便利当事人能够平等地行使诉讼权利。

（二）辩论原则

法院审理民事案件时，当事人有权进行辩论。

1. 辩论权的行使贯穿于诉讼的整个过程中，并不限于开庭审理阶段。
2. 辩论的内容包括程序事项和实体争议。
3. 辩论的形式可以是口头的，也可以是书面的。
4. 法院应当保障当事人充分行使辩论权。

（三）诚实信用原则

民事诉讼应当遵循诚信原则。

1. 对当事人：（1）不得滥用诉讼权利，恶意制造诉讼状态；（2）禁止伪证行为和虚假陈述；（3）禁止矛盾行为，即禁反言；（4）不得实施突袭诉讼行为；（5）不得实施其他滥用诉讼权利的行为。

2. 对法院：（1）禁止滥用审判权；（2）禁止突袭裁判；（3）禁止滥用自由裁量权；（4）法官裁判民事案件都要对法律进行理解、解释。

（四）处分原则

当事人有权在法律规定的范围内处分自己的民事权利和诉讼权利。处分原则的内容：

1. 处分权是双方当事人都享有的权利。
2. 当事人在整个诉讼过程中都可依法行使处分权。
3. 处分权的对象是当事人所享有的民事实体权利和民事诉讼权利：

（1）原告对实体权利的处分：可以自由确定诉讼请求的范围以及诉讼请求的实体法律关系的性质，变更、增加或放弃诉讼请求；

（2）被告对实体权利的处分：可以反驳、全部或者部分承认诉讼请求，决定是否提出反诉；

（3）对诉讼权利的处分：当事人对程序的开始（如原告起诉）、进行（如上诉人的上诉）、结束（如当事人撤诉）有选择权，当事人可以决定诉讼权利如何行使。

4. 当事人对自己权利的处分应符合法律规定。

（五）法院调解原则（2022年调整）

法院审理民事案件，应当根据自愿和合法的原则进行调解；调解不成的，应当及时判决。

考点提示

法院调解活动贯穿审判程序整个过程。

（六）民事检察监督原则

人民检察院有权对民事诉讼实行法律监督。民事检察监督原则的内容：

1. 监督审判人员违法行为；
2. 监督人民法院审判活动；
3. 监督生效判决和裁定；
4. 检察院有权对生效调解书实行法律监督；
5. 对民事执行活动实施法律监督。

经典题解

【真题·单选题】下列关于民事诉讼法基本原则的说法中，正确的是（　　）。（2012年）

A. 当事人诉讼权利平等原则意味着当事人拥有相同的诉讼权利

B. 处分原则意味着法院无权干涉当事人民事权利或者诉讼权利的行使

C. 原告提起诉讼与被告进行答辩是辩论原则的表现

D. 调解原则适用于民事审判程序和民事执行程序

【解析】（1）选项A：双方当事人诉讼权利义务平等（平等≠相同）。人民法院应当保障和便利当事人能够平等地行使诉讼权利。（2）选项B：当事人有权在法律规定的范围内处分自己的民事权利和诉讼权利。（3）选项D：人民法院审理民事案件时，应当根据自愿和合法的原则进行调解；调解不成的，应当及时判决。调解原则在民事审判程序中适用；民事执行程序中不适用调解。

【答案】C

02 民事审判基本制度（2022年新增）（★★★）

人民法院审理民事案件,依照法律规定实行合议、回避、公开审判和两审终审制度。

（一）审判公开制度

1. 人民法院审理民事案件，除涉及国家秘密、个人隐私或者法律另有规定的以外，应当公开进行。

2. 离婚案件，涉及商业秘密的案件，当事人申请不公开审理的，可以不公开审理。

3. 人民法院对公开审理或者不公开审理的案件，一律公开宣告判决。

（二）合议制度

1. 合议制 vs 独任制

（1）人民法院审理第一审民事案件，由审判员、陪审员共同组成合议庭或者由审判员组成合议庭。合议庭的成员人数，必须是单数。

考点提示

人民法院审理第二审民事案件，由审判员组成合议庭。合议庭的成员人数，必须是单数。

（2）适用简易程序审理的民事案件，由审判员一人独任审理。基层人民法院审理的基本事实清楚、权利义务关系明确的第一审民事案件，可以由审判员一人适用普通程序独任审理。

（3）中级人民法院对第一审适用简易程序审结或者不服裁定提起上诉的第二审民事案件，事实清楚、权利义务关系明确的，经双方当事人同意，可以由审判员一人独任审理。

（4）依照特别程序审理的案件，选民资格案件或者重大、疑难的案件，由审判员组成合议庭审理；其他案件由审判员一人独任审理。

（5）适用公示催告程序审理案件，可由审判员一人独任审理；判决宣告票据无效的，应当组成合议庭审理。

2. 不得独任审理的情形

人民法院审理下列民事案件，不得由审判员一人独任审理：

（1）涉及国家利益、社会公共利益的案件；

（2）涉及群体性纠纷，可能影响社会稳定的案件；

（3）人民群众广泛关注或者其他社会影响较大的案件；

（4）属于新类型或者疑难复杂的案件；

（5）法律规定应当组成合议庭审理的案件；

（6）其他不宜由审判员一人独任审理的案件。

3. 独任制向合议制转化

（1）人民法院在审理过程中，发现案件不宜由审判员一人独任审理的，应当裁定转由合议庭审理。

（2）当事人认为案件由审判员一人独任审理违反法律规定的，可以向人民法院提出异议。人民法院对当事人提出的异议应当审查，异议成立的，裁定转由合议庭审理；异议不成立的，裁定驳回。

（三）回避制度

1. 审判人员有下列情形之一的，应当自行回避，当事人有权用口头或者书面方式申请他们回避：

（1）是本案当事人或者当事人、诉讼代理人近亲属的；

（2）与本案有利害关系的；

（3）与本案当事人、诉讼代理人有其他关系，可能影响对案件公正审理的。

2. 审判人员接受当事人、诉讼代理人请客送礼，或者违反规定会见当事人、诉讼代理人的，当事人有权要求他们回避。

考点提示

上述规定，适用于书记员、翻译人员、鉴定人、勘验人。

（四）两审终审制

按照小额诉讼程序、特别程序、督促程序以及公示催告程序审理的案件，一律实行一审终审。

03 级别管辖（★）

1. 基层人民法院管辖第一审民事案件，但民事诉讼法另有规定的除外。

2. 中级人民法院管辖下列第一审民事案件：（1）重大涉外案件；（2）在本辖区有重大影响的案件；（3）最高人民法院确定由中级人民法院管辖的案件。

【解释】重大涉外案件，包括争议标的额大的案件、案情复杂的案件，或者一方当事人人数众多等具有重大影响的案件。

3. 高级人民法院管辖在本辖区有重大影响的第一审民事案件。

4. 最高人民法院管辖下列第一审民事案件：（1）在全国有重大影响的案件；（2）认为应当由本院审理的案件。

5. 专利纠纷案件由知识产权法院、最高人民法院确定的中级人民法院和基层人民法院管辖。

6. 海事、海商案件由海事法院管辖。

04 地域管辖（★★）

（一）一般地域管辖（普通管辖）

一般地域管辖的原则是被告所在地人民法院管辖。（原告就被告）

1. 对公民提起的民事诉讼，由被告住所地人民法院管辖；被告住所地与经常居住地不一致的，由经常居住地人民法院管辖。

【解释 1】公民的住所地，是指公民的户籍所在地。

【解释 2】公民的经常居住地，是指公民离开住所地至起诉时已连续居住 1 年以上的地方，但公民住院就医的地方除外。

2. 对法人或者其他组织提起的民事诉讼，由被告住所地人民法院管辖。

【解释】法人或者其他组织的住所地是指法人或者其他组织的主要办事机构所在地。法人或者其他组织的主要办事机构所在地不能确定的，法人或者其他组织的注册地或者登记地为住所地。

3. 对没有办事机构的个人合伙、合伙型联营体提起的诉讼，由被告注册登记地人民法院管辖。没有注册登记，几个被告又不在同一辖区的，被告住所地的人民法院都有管辖权。

4. 例外规定

（1）下列民事诉讼，由原告住所地人民法院管辖；原告住所地与经常居住地不一致的，由原告经常居住地人民法院管辖：①对不在中华人民共和国领域内居住的人提起的有关身份关系的诉讼；②对下落不明或者宣告失踪的人提起的有关身份关系的诉讼；③对被采取强制性教育措施的人提起的诉讼；④对被监禁的人提起的诉讼；⑤被告一方被注销户籍。

（2）夫妻一方离开住所地超过 1 年，另一方起诉离婚的案件，可以由原告住所地人民法院管辖。

（3）追索赡养费、扶养费、抚养费案件的几个被告住所地不在同一辖区的，可以由原告住所地人民法院管辖。

经典题解

【真题·单选题】 自然人离开住所地后连续居住（　　）以上的地方为经常居住地，但住院治病的地方除外。（2012 年）

A. 6 个月　　B. 1 年　　C. 2 年　　D. 5 年

【答案】 B

（二）特殊地域管辖（特别管辖）

特殊地域管辖，是指以诉讼标的所在地、争议的法律事实发生地为标准确定的管辖。

1. 因合同纠纷提起的诉讼，由被告住所地或者合同履行地人民法院管辖。

（1）合同约定履行地点的，以约定的履行地点为合同履行地。

（2）合同对履行地点没有约定或者约定不明确，争议标的为给付货币的，接收货币一方所在地为合同履行地；交付不动产的，不动产所在地为合同履行地；其他标的，履行义务一方所在地为合同履行地。即时结清的合同，交易行为地为合同履行地。

（3）合同没有实际履行，当事人双方住所地都不在合同约定的履行地的，由被告住所地人民法院管辖。

（4）财产租赁合同、融资租赁合同以租赁物使用地为合同履行地。合同对履行地有约定的，从其约定。

（5）以信息网络方式订立的买卖合同，通过信息网络交付标的的，以买受人住所地为合同履行地；通过其他方式交付标的的，收货地为合同履行地。合同对履行地有约定的，从其约定。

2. 因保险合同纠纷提起的诉讼，由被告住所地或者保险标的物所在地人民法院管辖。

（1）因财产保险合同纠纷提起的诉讼，如果保险标的物是运输工具或者运输中的货物，可以由运输工具登记注册地、运输目的地、保险事故发生地人民法院管辖。

（2）因人身保险合同纠纷提起的诉讼，可以由被保险人住所地人民法院管辖。

3. 因票据纠纷提起的诉讼，由票据支付地或者被告住所地人民法院管辖。

4. 因公司设立、确认股东资格、分配利润、解散、股东名册记载、请求变更公司登记、股东知情权、公司决议、公司合并、公司分立、公司减资、公司增资等纠纷提起的诉讼，由公司住所地人民法院管辖。

5. 因铁路、公路、水上、航空运输和联合运输合同纠纷提起的诉讼，由运输始发地、目的地或者被告住所地人民法院管辖。

6. 因侵权行为提起的诉讼，由侵权行为地或者被告住所地人民法院管辖。

【解释】侵权行为地，包括侵权行为实施地、侵权结果发生地。

（1）信息网络侵权行为实施地包括实施被诉侵权行为的计算机等信息设备所在地，侵权结果发生地包括被侵权人住所地。

（2）因产品、服务质量不合格造成他人财产、人身损害提起的诉讼，产品制造地、产品销售地、服务提供地、侵权行为地和被告住所地人民法院都有管辖权。

7. 因铁路、公路、水上和航空事故请求损害赔偿提起的诉讼，由事故发生地或者车辆、船舶最先到达地、航空器最先降落地或者被告住所地人民法院管辖。

8. 因船舶碰撞或者其他海事损害事故请求损害赔偿提起的诉讼，由碰撞发生地、碰撞船舶最先到达地、加害船舶被扣留地或者被告住所地人民法院管辖。

9. 因海难救助费用提起的诉讼，由救助地或者被救助船舶最先到达地人民法院管辖。

10. 因共同海损提起的诉讼，由船舶最先到达地、共同海损理算地或者航程终止地的人民法院管辖。

经典题解

【真题·多选题】下列关于民事诉讼地域管辖的说法中，正确的有（　　）。（2018年）

A. 因侵权行为提起的诉讼，应由侵权结果地法院管辖

B. 追索扶养费、抚养费、赡养费案件的几个被告住所地不在同一辖区的，可以由原告住所地法院管辖

C. 因公司解散、公司合并、公司分立、公司增资、公司减资、公司决议、股东知情权等纠纷提起的诉讼，由公司住所地法院管辖

D. 因合同纠纷提起的诉讼，由被告住所地或者合同履行地法院管辖

E. 因票据纠纷提起的诉讼，由票据支付地或者被告住所地法院管辖

【解析】选项A：因侵权行为提起的诉讼，由侵权行为地或者被告住所地人民法院管辖。侵权行为地包括侵权行为实施地、侵权结果发生地。

【答案】BCDE

（三）协议管辖

协议管辖，是指当事人在争议发生之前或发生之后，用书面协议的方式，选择管辖法院。

1. 合同或者其他财产权益纠纷的当事人可以书面协议选择被告住所地、合同履行地、合同签订地、原告住所地、标的物所在地等与争议有实际联系的地点的人民法院管辖，但不得违反级别管辖和专属管辖的规定。

【解释】书面协议，包括书面合同中的协议管辖条款或者诉讼前以书面形式达成的选择管辖的协议。

2. 经营者使用格式条款与消费者订立管辖协议，未采取合理方式提请消费者注意，消费者主张管辖协议无效的，人民法院应予支持。

3. 管辖协议约定由一方当事人住所地人民法院管辖，协议签订后当事人住所地变更的，由签订管辖协议时的住所地人民法院管辖，但当事人另有约定的除外。

4. 合同转让的，合同的管辖协议对合同受让人有效，但转让时受让人不知道有管辖协议，或者转让协议另有约定且原合同相对人同意的除外。

5. 当事人因同居或者在解除婚姻、收养关系后发生财产争议，约定管辖的，可以适用民事诉讼法协议管辖的规定确定管辖。

（四）专属管辖

专属管辖，是指基于法律规定，某些案件必须由特定的人民法院管辖，其他法院无权管辖，也不准许当事人协议变更管辖。

1. 因不动产纠纷提起的诉讼，由不动产所在地人民法院管辖。

【解释】不动产纠纷是指因不动产的权利确认、分割、相邻关系等引起的物权纠纷。农村土地承包经营合同纠纷、房屋租赁合同纠纷、建设工程施工合同纠纷、政策性房屋买卖合同纠纷，按照不动产纠纷确定管辖。

考点提示

不动产已登记的，以不动产登记簿记载的所在地为不动产所在地；不动产未登记的，以不动产实际所在地为不动产所在地。

2. 因港口作业发生纠纷提起的诉讼，由港口所在地人民法院管辖。

3. 因继承遗产纠纷提起的诉讼，由被继承人死亡时住所地或者主要遗产所在地人民法院管辖。

经典题解

【真题·多选题】根据民事诉讼法的规定，下列管辖规则中，属于特别管辖的有（　　）。（2013 年）

A. 因不动产纠纷提起的诉讼，由不动产所在地人民法院管辖

B. 因票据纠纷提起的诉讼，由票据支付地人民法院管辖

C. 因港口作业发生纠纷提起的诉讼，由港口所在地人民法院管辖

D. 因合同纠纷提起的诉讼，由被告住所地人民法院管辖

E. 因合同纠纷提起的诉讼，由合同履行地人民法院管辖

【解析】（1）选项 AC：属于专属管辖。（2）选项 D：因合同纠纷提起的诉讼，由被告住所地人民法院管辖属于普通管辖。

【答案】 BE

（五）共同管辖、选择管辖

1. 两个以上人民法院都有管辖权的诉讼（共同管辖），原告可以向其中一个人民法院起诉（选择管辖）。

2. 原告向两个以上有管辖权的人民法院起诉的，由最先立案的人民法院管辖。

3. 两个以上人民法院都有管辖权的诉讼，先立案的人民法院不得将案件移送给另一个有管辖权的人民法院。

4. 人民法院在立案前发现其他有管辖权的人民法院已先立案的，不得重复立案；立案后发现其他有管辖权的人民法院已先立案的，裁定将案件移送给先立案的人民法院。

05 移送管辖（“纠错”）（★）

人民法院发现受理的案件不属于本院管辖的，应当移送有管辖权的人民法院，受移送的人民法院应当受理。受移送的人民法院认为受移送的案件依照规定不属于本院管辖的，应当报请上级人民法院指定管辖，不得再自行移送。

06 指定管辖（★★）

1. 有管辖权的人民法院由于特殊原因，不能行使管辖权的，由上级人民法院指定管辖。

2. 人民法院之间因管辖权发生争议，由争议双方协商解决；协商解决不了的，报请它们的共同上级人民法院指定管辖。（逐级进行、裁定方式作出）

对报请上级人民法院指定管辖的案件，下级人民法院应当中止审理。指定管辖裁定作出前，下级人民法院对案件作出判决、裁定的，上级人民法院应当在裁定指定管辖的同时，一并撤销下级人民法院的判决、裁定。

3. 管辖权“下→上”转移

（1）上级人民法院有权审理下级人民法院管辖的第一审民事案件。

（2）下级人民法院对它所管辖的第一审民事案件，认为需要由上级人民法院审理的，可以报请上级人民法院审理。

4. 管辖权“上→下”转移

确有必要将本院管辖的第一审民事案件交下级人民法院审理的，应当报请其上级人民法院批准。上级人民法院批准后，人民法院应当裁定将案件交下级人民法院审理：（1）破产程序中有关债务人的诉讼案件；（2）当事人人数众多且不方便诉讼的案件；（3）最高人民法院确定的其他类型案件。

经典题解

【真题 1 · 多选题】下列有关民事诉讼管辖类型的说法中，正确的有（ ）。(2019 年)

A. 两个法院依法对同一诉讼都有管辖权的管辖是共同管辖

B. 上级法院指定其辖区内下级法院管辖的是级别管辖

C. 以当事人的所在地与法院辖区的联系确定的管辖是普通管辖

D. 以诉讼标的所在地、争议的法律事实发生地为标准确定的管辖是特别管辖

E. 依法必须由特定人民法院管辖的管辖是专属管辖

【解析】选项 B：属于指定管辖。

【答案】ACDE

【真题 2 · 单选题】下列关于民事诉讼管辖的说法中，正确的是（ ）。(2017 年)

A. 对同一案件两个以上法院都有管辖权的，称为协议管辖

B. 法院受理案件后发现无管辖权时，将案件移送给有管辖权的法院审理，称为移送管辖

C. 对同一案件两个以上法院都有管辖权的，当事人选择其中一个法院起诉的，是指定管辖

D. 对同一案件两个以上法院都有管辖权的，当事人选择其中一个法院起诉的，是专属管辖

【解析】(1) 选项 A：属于共同管辖。(2) 选项 CD：属于选择管辖。

【答案】B

第二单元 民事诉讼参加人

查看本单元视频，快速 GET 知识点

使用“会计云课堂”App 或“微信”扫码

01 当事人的诉讼权利能力与诉讼行为能力（★）

<table>
<tr><td rowspan="3">诉讼权利能力</td><td colspan="2">具有诉讼权利能力，即是作为民事诉讼当事人的法律资格</td></tr>
<tr><td>自然人</td><td>(1) 公民的诉讼权利能力始于出生，终于死亡
(2) 自然人作为诉讼当事人的情形还有：①以经营者身份作为当事人；②以接受劳务一方作为当事人；③以直接责任人员作为当事人；④《民法典》规定的遗产继承中享有的民事权利能力的胎儿</td></tr>
<tr><td>法人、其他组织</td><td>始于依法成立，终于解散或撤销</td></tr>
</table>

<table>
<tr><td rowspan="3">诉讼行为能力</td><td colspan="2">以自己的行为行使诉讼权利、履行诉讼义务的能力，即亲自进行诉讼活动的能力</td></tr>
<tr><td>自然人</td><td>（1）始于成年，终于死亡或宣告无行为能力
（2）未成年人、精神病人，虽有诉讼权利能力，但没有诉讼行为能力，只能由其法定代理人代理其诉讼</td></tr>
<tr><td>法人、其他组织</td><td>（1）始于依法成立，终于解散或撤销
（2）法人的诉讼行为能力，通过其法定代表人的诉讼行为来实现
（3）其他组织的诉讼行为能力，通过其主要负责人的诉讼行为来实现</td></tr>
</table>

02 共同诉讼（★）

（一）必要的共同诉讼

1. 必要的共同诉讼，是指当事人一方或双方为2人以上，其诉讼标的是共同的，人民法院认为必须合并审理，并作出同一判决的诉讼。在必要的共同诉讼中，共同诉讼人必须一同起诉或者一同应诉，彼此有连带关系，其中1人的诉讼行为经其他共同诉讼人承认，对其他共同诉讼人发生效力。

2. 必要的共同诉讼主要包括：

（1）在劳务派遣期间，被派遣的工作人员因执行工作任务造成他人损害的，以接受劳务派遣的用工单位为当事人。当事人主张劳务派遣单位承担责任的，该劳务派遣单位为共同被告。

（2）个体工商户营业执照上登记的经营者与实际经营者不一致的，以登记的经营者和实际经营者为共同诉讼人。

（3）在诉讼中，未依法登记领取营业执照的个人合伙的全体合伙人为共同诉讼人。个人合伙有依法核准登记的字号的，应在法律文书中注明登记的字号。全体合伙人可以推选代表人；被推选的代表人，应由全体合伙人出具推选书。

（4）企业法人分立的，因分立前的民事活动发生的纠纷，以分立后的企业为共同诉讼人。

（5）借用业务介绍信、合同专用章、盖章的空白合同书或者银行账户的，出借单位和借用人为共同诉讼人。

（6）因保证合同纠纷提起的诉讼，债权人向保证人和被保证人一并主张权利的，人民法院应当将保证人和被保证人列为共同被告。保证合同约定为一般保证，债权人仅起诉保证人的，人民法院应当通知被保证人作为共同被告参加诉讼；债权人仅起诉被保证人的，可以只列被保证人为被告。

（7）无民事行为能力人、限制民事行为能力人造成他人损害的，无民事行为能力人、限制民事行为能力人和其监护人为共同被告。

（8）在继承遗产的诉讼中，部分继承人起诉的，人民法院应通知其他继承人作为共同原告参加诉讼；被通知的继承人不愿意参加诉讼又未明确表示放弃实体权利的，人民法院仍应将其列为共同原告。

（9）原告起诉被代理人和代理人，要求承担连带责任的，被代理人和代理人为共同被告。

（10）共有财产权受到他人侵害，部分共有权人起诉的，其他共有权人为共同诉讼人。

（11）以挂靠形式从事民事活动，当事人请求由挂靠人和被挂靠人依法承担民事责任的，该挂靠人和被挂靠人为共同诉讼人。

（二）普通的共同诉讼

1. 普通的共同诉讼，是指诉讼标的属于同一种类，人民法院认为可以合并审理并经当事人同意的诉讼。普通的共同诉讼当事人之间没有共同权利义务，其中 1 人的诉讼行为对其他共同诉讼人不发生效力。

2. 普通的共同诉讼必须同时具备以下条件：（1）诉讼标的属于同一种类（不能是共同的）；（2）几个诉讼必须属于同一人民法院管辖；（3）几个诉讼必须适用同一种诉讼程序；（4）合并审理能够达到简化诉讼程序、节省时间和费用的目的。

经典题解

【真题·多选题】 下列关于普通共同诉讼特征的表述中，正确的有（　　）。（2015 年）

A. 其诉讼标的是共同的

B. 2 人以上应诉，其相互间有连带关系

C. 2 人以上起诉，其相互间有连带关系

D. 其诉讼案件适用同一种诉讼程序

E. 其诉讼案件必须属于同一人民法院管辖

【解析】 选项 ABC：属于必要共同诉讼的特征。

【答案】 DE

03 代表人诉讼（★）

1. 当事人一方人数众多（一般指 10 人以上）的共同诉讼，可以由当事人推选代表人进行诉讼。代表人的诉讼行为对其所代表的当事人发生效力，但代表人变更、放弃诉讼请求或者承认对方当事人的诉讼请求，进行和解，必须经被代表的当事人同意。

2. 人数确定的代表人诉讼

当事人一方人数众多在起诉时确定的，可以由全体当事人推选共同的代表人，也可以由部分当事人推选自己的代表人；推选不出代表人的当事人，在必要的共同诉讼中可以自己参加诉讼，在普通的共同诉讼中可以另行起诉。

3. 人数不确定的代表人诉讼

（1）诉讼标的是同一种类、当事人一方人数众多在起诉时人数尚未确定的，人民法院可以发出公告，说明案件情况和诉讼请求，通知权利人在一定期间向人民法院登记。公告期间根据案件的具体情况确定，但不得少于 30 日。

（2）向人民法院登记的权利人可以推选代表人进行诉讼；当事人推选不出的，可以由人民法院提出人选与当事人协商；协商不成的，也可以由人民法院在起诉的当事人中指定代表人。

（3）人民法院的裁判在登记范围内执行。未参加登记的权利人在诉讼时效期间提起诉讼的，适用该判决、裁定。

4. 代表人为2~5人，每位代表人可以委托1~2人作为诉讼代理人。

04 民事公益诉讼（★）

1. 诉权

（1）对污染环境、侵害众多消费者合法权益等损害社会公共利益的行为，法律规定的机关和有关组织可以向人民法院提起诉讼。（公民个人不得提起公益诉讼）

人民检察院在履行职责中发现破坏生态环境和资源保护、食品药品安全领域侵害众多消费者合法权益等损害社会公共利益的行为，在没有前述规定的机关和组织或者前述规定的机关和组织不提起诉讼的情况下，可以向人民法院提起诉讼。

（2）根据民事诉讼法规定提起公益诉讼，符合下列条件的，人民法院应当受理：①有明确的被告；②有具体的诉讼请求；③有社会公共利益受到损害的初步证据；④属于人民法院受理民事诉讼的范围和受诉人民法院管辖。

2. 管辖

（1）公益诉讼案件由侵权行为地或者被告住所地中级人民法院管辖，但法律、司法解释另有规定的除外。

（2）因污染海洋环境提起的公益诉讼，由污染发生地、损害结果地或者采取预防污染措施地海事法院管辖。

（3）对同一侵权行为分别向两个以上人民法院提起公益诉讼的，由最先立案的人民法院管辖，必要时由它们的共同上级人民法院指定管辖。

3. 人民法院受理公益诉讼案件后，应当在10日内书面告知相关行政主管部门。

4. 人民法院受理公益诉讼案件后，依法可以提起诉讼的其他机关和有关组织，可以在开庭前向人民法院申请参加诉讼。人民法院准许参加诉讼的，列为共同原告。

5. 人民法院受理公益诉讼案件，不影响同一侵权行为的受害人根据民事诉讼法的规定提起诉讼。

6. 和解、调解

（1）对公益诉讼案件，当事人可以和解，人民法院可以调解。

（2）当事人达成和解或者调解协议后，人民法院应当将和解或者调解协议进行公告。公告期间不得少于30日。

（3）公告期满后，人民法院经审查，和解或者调解协议不违反社会公共利益的，应当出具调解书；和解或者调解协议违反社会公共利益的，不予出具调解书，继续对案件进行审理并依法作出裁判。

7. 公益诉讼案件的原告在法庭辩论终结后申请撤诉的，人民法院不予准许。

8. 公益诉讼案件的裁判发生法律效力后，其他依法具有原告资格的机关和有关组织就同一侵权行为另行提起公益诉讼的，人民法院裁定不予受理，但法律、司法解释另有规定的除外。

05 第三人诉讼（★）

1. 对当事人双方的诉讼标的，第三人认为有独立请求权的，有权提起诉讼。有独立请求权的第三人在诉讼中的地位相当于原告，而以本诉中的原告和被告为共同被告。

2. 对当事人双方的诉讼标的，第三人虽然没有独立请求权，但案件处理结果同他有法律上的利害关系的，可以申请参加诉讼，或者由人民法院通知他参加诉讼。人民法院判决承担民事责任的第三人，有当事人的诉讼权利义务。

考点提示

在一审诉讼中，无独立请求权的第三人无权提出管辖异议，无权放弃、变更诉讼请求或者申请撤诉，被判决承担民事责任的，有权提起上诉。

06 诉讼代理人（★★★）

（一）法定诉讼代理人

无诉讼行为能力人由他的监护人作为法定代理人代为诉讼。

（二）委托诉讼代理人

1. 当事人、法定代理人可以委托1~2人作为诉讼代理人。

2. 下列人员可以被委托为诉讼代理人：（1）律师、基层法律服务工作者；（2）当事人的近亲属或者工作人员；（3）当事人所在社区、单位以及有关社会团体推荐的公民。

3. 委托他人代为诉讼，必须向人民法院提交由委托人签名或者盖章的授权委托书。

授权委托书必须记明委托事项和权限。诉讼代理人代为承认、放弃、变更诉讼请求，进行和解，提起反诉或者上诉，必须有委托人的特别授权。

当事人向人民法院提交的授权委托书，应当在开庭审理前送交人民法院。授权委托书仅写“全权代理”而无具体授权的，诉讼代理人无权代为承认、放弃、变更诉讼请求，进行和解，提出反诉或者提起上诉。

4. 适用简易程序审理的案件，双方当事人同时到庭并径行开庭审理的，可以当场口头委托诉讼代理人，由人民法院记入笔录。

5. 委托诉讼代理权在下列情况下归于消灭：（1）诉讼终结；（2）委托代理人死亡或者丧失诉讼行为能力；（3）委托代理人辞却或解除委托。

6. 辞却或解除委托，当事人应当书面告知人民法院，并由人民法院通知对方当事人，否则，不发生辞却或解除的效力。

经典题解

【真题1·单选题】下列关于民事诉讼委托代理的说法中，正确的是（　　）。（2016年）

A. 授权委托书中写明“全权代理”的，意味着代理人享有代为承认、放弃、变更诉讼请求的权利

B. 解除委托诉讼代理关系，应当书面告知人民法院，否则不发生解除效力

C. 委托诉讼代理权于委托人死亡时消灭

D. 未成年人可以委托其父母作为诉讼代理人参加民事诉讼

【解析】（1）选项A：授权委托书仅写“全权代理”而无具体授权的，诉讼代理人无权代为承认、放弃、变更诉讼请求，进行和解，提出反诉或者提起上诉。（2）选项C：“委托代理人”死亡的，委托诉讼代理权随之消灭（“委托人死亡”的，委托代理权并不当然消灭）。（3）选项D：无诉讼行为能力人由他的监护人作为法定代理人代为诉讼。

【答案】 B

【真题2·单选题】 下列有关民事诉讼当事人的说法中，正确的是（　　）。（2019年）

A. 胎儿不能作为诉讼当事人

B. 以未成年人为被告的诉讼，未成年人的法定代理人是当事人

C. 当事人应当具有民事诉讼权利能力

D. 以无民事行为能力人为被告的诉讼，无民事行为能力人的监护人是当事人

【解析】（1）选项A：《民法典》规定的遗产继承中享有的民事权利能力的胎儿系自然人作为诉讼当事人的情形之一。（2）选项BD：未成年人的法定代理人、无民事行为能力人的监护人，代理其进行诉讼，但非当事人。当事人应为该未成年人、无民事行为能力人。

【答案】 C

第三单元　民事诉讼证据和证明

查看本单元视频，快速GET知识点
使用“会计云课堂”App或“微信”扫码

01 民事诉讼证据的特征、作用和理论分类（★）

特征	（1）客观性：证据的形式和内容必须是客观存在的事实 （2）关联性：证据必须与待证的案件事实存在联系 （3）合法性：证据必须具备法定形式、证据必须依据法定程序和方法调查收集、当事人提交的证据必须经过法定程序才能作为定案根据		
作用	（1）证明当事人的事实主张；（2）反驳对方当事人的事实主张；（3）有助于法院查明事实真相		
理论分类	能否单独、直接证明待证事实	直接证据	能够单独、直接证明待证事实的证据
		间接证据	不能直接、单独证明待证事实，需要与其他证据相结合才可以证明待证事实的证据
	是否直接来源于案件事实	原始证据	直接来源于案件事实的证据
		派生证据	不直接来源于案件事实，经过中间环节辗转得来的证据
	证据与当事人主张的关系	本证	能够证明当事人一方所主张的事实存在的证据
		反证	证明当事人一方所主张的事实不存在的证据

02 民事诉讼证据的法定分类（★★）

（一）当事人陈述

当事人陈述，是指当事人在诉讼中向人民法院所作的关于案件事实的叙述。

（二）书证

1. 凡是用文字、符号、图画在某一物体上表达人的思想，其内容可以证明待证事实的部分或者全部的，称为书证。

2. 书证的特点：（1）反映书证本质属性的是书证记载的内容或表达的思想；（2）书证具有较强的稳定性；（3）书证往往能够直接证明案件的主要事实。

3. 书证应当提交原件。提交原件确有困难的，可以提交复制品、照片、副本、节录本。

4. 提交外文书证，必须附有中文译本。

（三）物证

1. 凡是用物品的外形、特征、质量等证明待证事实的一部分或全部的，称为物证。

2. 物证的特点：（1）具有较强的客观性；（2）具有较强的稳定性；（3）具有特定性和不可替代性。

3. 物证应当提交原物。提交原物确有困难的，可以提交复制品、照片。

（四）视听资料

1. 凡是利用录像、录音磁带反映出的图像和音像，或以计算机储存的资料来证明待证事实的证据，称为视听资料。

2. 视听资料包括录音资料和影像资料。

（五）电子数据

1. 电子数据，是指通过电子邮件、电子数据交换、网上聊天记录、博客、微博客、手机短信、电子签名、域名等形成或者存储在电子介质中的信息。存储在电子介质中的录音资料和影像资料，适用电子数据的规定。

2. 电子数据包括下列信息、电子文件：（1）网页、博客、微博客等网络平台发布的信息；（2）手机短信、电子邮件、即时通信、通讯群组等网络应用服务的通信信息；（3）用户注册信息、身份认证信息、电子交易记录、通信记录、登录日志等信息；（4）文档、图片、音频、视频、数字证书、计算机程序等电子文件；（5）其他以数字化形式存储、处理、传输的能够证明案件事实的信息。

（六）证人证言

1. 诉讼参加人以外的其他人知道本案的有关情况，应由人民法院传唤，到庭所作的陈述，或者向人民法院提交的书面陈述，称为证人证言。

2. 凡是知道案件情况的单位和个人，都有义务出庭作证。

3. 证人证言的特征：（1）证人证言属于言词证据；（2）证人证言的证明力受多种因素影响；（3）证人证言具有不可替代性。

（七）鉴定意见

人民法院审理民事案件，对某些专门性问题，指定具有专业知识的人进行鉴定，从而作出科学的分析，提出结论性的意见，称为鉴定意见。

（八）勘验笔录

1. 人民法院审判人员为了查明案情，对与争议有关的现场或者物品，亲自进行勘查检验，进行拍照、测量，将勘验情况和结果制成笔录，称为勘验笔录。

2. 勘验笔录的特征：（1）具有较强的客观性和准确性；（2）具有综合证明能力。

经典题解

【真题·多选题】下列民事诉讼证据中，属于物证的有（　　）。（2016年）

A. 证明甲、乙婚姻关系存在的结婚证

B. 证明甲伤害乙侵权事实的沾上乙血迹的木棒

C. 证明甲公司财务情况的会计账簿

D. 证明甲、乙谈话内容的录音

E. 证明甲、乙在共同伤人现场的鞋印

【解析】（1）选项BE：属于物证，是用物品的外形、特征、质量等证明待证事实的部分或全部。（2）选项AC：属于书证，是以其内容证明待证事实的部分或者全部。（3）选项D：属于视听资料。

【答案】BE

03 民事诉讼证明（★★）

1. 当事人对自己提出的主张，有责任提供证据。原告向人民法院起诉或者被告提出反诉，应当提供符合起诉条件的相应的证据。

2. 当事人因客观原因不能自行收集的证据，可申请人民法院调查收集。当事人及其诉讼代理人申请人民法院调查收集证据，应当在举证期限届满前提交书面申请。

3. 自认

（1）在诉讼过程中，一方当事人陈述的于己不利的事实，或者对于己不利的事实明确表示承认的，另一方当事人无须举证证明。在证据交换、询问、调查过程中，或者在起诉状、答辩状、代理词等书面材料中，当事人明确承认于己不利的事实的，适用前述规定。

（2）一方当事人对于另一方当事人主张的于己不利的事实既不承认也不否认，经审判人员说明并询问后，其仍然不明确表示肯定或者否定的，视为对该事实的承认。

（3）当事人委托诉讼代理人参加诉讼的，除授权委托书明确排除的事项外，诉讼代理人的自认视为当事人的自认。当事人在场对诉讼代理人的自认明确否认的，不视为自认。

4. 下列事实，当事人无须举证证明：（1）自然规律以及定理、定律；（2）众所周知的事实；（3）根据法律规定推定的事实；（4）根据已知的事实和日常生活经验法则推定出的另一事实；（5）已为仲裁机构的生效裁决所确认的事实；（6）已为人民法院发生法律效力的裁判所确认的事实；（7）已为有效公证文书所证明的事实。

上述第（2）～（4）项事实，当事人有相反证据足以反驳的除外；第（5）～（7）项事实，当事人有相反证据足以推翻的除外。

5. 相关要求与规定

（1）当事人向人民法院提供证据，应当提供原件或者原物。如需自己保存证据原件、原物或者提供原件、原物确有困难的，可以提供经人民法院核对无异的复制件或者复制品。

（2）以动产作为证据的，应当将原物提交人民法院。原物不宜搬移或者不宜保存的，当事人可以提供复制品、影像资料或者其他替代品。人民法院在收到当事人提交的动产或者替代品后，应当及时通知双方当事人到人民法院或者保存现场查验。

（3）当事人以不动产作为证据的，应当向人民法院提供该不动产的影像资料。人民法院认为有必要的，应当通知双方当事人到场进行查验。

（4）当事人以视听资料作为证据的，应当提供存储该视听资料的原始载体。

（5）当事人以电子数据作为证据的，应当提供原件。电子数据的制作者制作的与原件一致的副本，或者直接来源于电子数据的打印件或其他可以显示、识别的输出介质，视为电子数据的原件。

经典题解

【真题·单选题】根据民事诉讼法律制度的规定，下列事实中，当事人无须举证证明的是（　　）。（2020年）

A. 习惯

B. 当事人主张的实体权益所根据的事实

C. 当事人主张的具有程序性质的法律事实

D. 自然规律

【解析】民事诉讼中证明对象范围：①当事人主张的民事实体权益所根据的事实；②当事人主张的具有程序性质的法律事实；③证据性事实；④外国法律和地方性法规、习惯。

【答案】D

04 证据的保全（★）

1. 提出申请

当事人或者利害关系人申请采取查封、扣押等限制保全标的物使用、流通等保全措施，或者保全可能对证据持有人造成损失的，人民法院应当责令申请人提供相应的担保。

2. 证据保全

（1）人民法院进行证据保全，可以要求当事人或者诉讼代理人到场。

（2）根据当事人的申请和具体情况，人民法院可以采取查封、扣押、录音、录像、复制、鉴定、勘验等方法进行证据保全，并制作笔录。在符合证据保全目的的情况下，人民法院应当选择对证据持有人利益影响最小的保全措施。

05 举证时限与证据交换（★）

（一）举证时限

1. 举证期限的确定

（1）人民法院应当在审理前的准备阶段确定当事人的举证期限。举证期限可以由当事人协商，并经人民法院准许。

（2）人民法院确定举证期限，第一审普通程序案件不得少于15日（≥15日），当事人提供新的证据的第二审案件不得少于10日（≥10日）。

适用简易程序审理的案件不得超过15日（≤15日），小额诉讼案件的举证期限一般不得超过7日（≤7日）。

（3）举证期限届满后，当事人对已经提供的证据，申请提供反驳证据或者对证据来源、形式等方面的瑕疵进行补正的，人民法院可以酌情再次确定举证期限，该期限不受一般规定的期间限制。

2. 举证期限的延长

（1）当事人在举证期限内提供证据确有困难的，可以申请延长举证期限：在举证期限届满前向人民法院提出书面申请。

（2）申请理由成立的，人民法院应当准许，适当延长举证期限，并通知其他当事人。延长的举证期限适用于其他当事人。

（3）申请理由不成立的，人民法院不予准许，并通知申请人。

3. 当事人逾期提供证据

（1）当事人因故意或者重大过失逾期提供的证据，人民法院不予采纳。但该证据与案件基本事实有关的，人民法院应当采纳，并依照民事诉讼法的规定予以训诫、罚款。

（2）当事人非因故意或者重大过失逾期提供的证据，人民法院应当采纳，并对当事人予以训诫。

（3）当事人一方要求另一方赔偿因逾期提供证据致使其增加的交通、住宿、就餐、误工、证人出庭作证等必要费用的，人民法院可予支持。

（4）当事人因客观原因逾期提供证据，或者对方当事人对逾期提供证据未提出异议的，视为未逾期。

4. 特殊规定

（1）当事人依照民事诉讼法的规定提出管辖权异议的，举证期限中止，自驳回管辖权异议的裁定生效之日起恢复计算。

（2）追加当事人、有独立请求权的第三人参加诉讼或者无独立请求权的第三人经人民法院通知参加诉讼的，人民法院应当依照规定为新参加诉讼的当事人确定举证期限，该举证期限适用于其他当事人。

（3）发回重审的案件，第一审人民法院可以结合案件具体情况和发回重审的原因，酌情确定举证期限。

（4）当事人增加、变更诉讼请求或者提出反诉的，人民法院应当根据案件具体情况重新确定举证期限。

（5）公告送达的，举证期限自公告期届满之次日起计算。

（二）证据交换

1. 通过组织证据交换进行审理前准备的，证据交换之日举证期限届满。证据交换的时间可以由当事人协商一致并经人民法院认可，也可以由人民法院指定。当事人申请延期举证经人民法院准许的，证据交换日相应顺延。

2. 证据交换应当在审判人员的主持下进行。在证据交换的过程中，审判人员对当事人无异议的事实、证据应当记录在卷；对有异议的证据，按照需要证明的事实分类记录在卷，并记载异议的理由。通过证据交换，确定双方当事人争议的主要问题。

3. 当事人收到对方的证据后有反驳证据需要提交的，人民法院应当再次组织证据交换。

06 质证（★）

1. 证据应当在法庭上出示，由当事人互相质证。

【解释】质证，是指当事人、诉讼代理人在法庭的主持下，对所提供的证据进行宣读、展示、辨认、质疑、说明、辩驳等活动。

2. 涉及国家秘密、商业秘密、个人隐私或者法律规定应当保密的证据，不得公开质证（≠不质证）。

3. 不能正确表达意思的人，不能作为证人。待证事实与其年龄、智力状况或者精神健康状况相适应的无民事行为能力人和限制民事行为能力人，可以作为证人。

4. 人民法院应当要求证人出庭作证，接受审判人员和当事人的询问。证人在审理前的准备阶段或者人民法院调查、询问等双方当事人在场时陈述证言的，视为出庭作证。双方当事人同意证人以其他方式作证并经人民法院准许的，证人可以不出庭作证。无正当理由未出庭的证人以书面等方式提供的证言，不得作为认定案件事实的根据。

经典题解

【真题·单选题】下列关于民事诉讼证人作证规则的说法中，正确的是（　　）。（2021 年）

A. 未成年人不得作为证人出庭作证

B. 不论证人是否出庭作证，法院均可将其书面证言作为定案事实根据

C. 证人拒绝签署保证书的，不得作证

D. 涉及商业秘密的，证人可以拒绝作证

【解析】（1）选项 A：待证事实与其年龄、智力状况或者精神健康状况相适应的无民事行为能力人和限制民事行为能力人，可以作为证人。（2）选项 B：无正当理由未出庭的证人以书面等方式提供的证言，不得作为认定案件事实的根据。（3）选项 D：凡是知道案件情况的单位和个人，都有义务出庭作证。

【答案】C

07 证据的审核认定（认证）（★）

认证，是指法庭对经过质证的各种证据材料作出判断和决定，确认其能否作为认定案件

事实的根据。

1. 当事人对于欺诈、胁迫、恶意串通事实的证明，以及对于口头遗嘱或赠与事实的证明，人民法院确信该待证事实存在的可能性能够排除合理怀疑的，应当认定该事实存在。

2. 与诉讼保全、回避等程序事项有关的事实，人民法院结合当事人的说明及相关证据，认为有关事实存在的可能性较大的，可以认定该事实存在。

3. 审判人员对单一证据可以从下列方面进行审核认定：（1）证据是否为原件、原物，复制件、复制品与原件、原物是否相符；（2）证据与本案事实是否相关；（3）证据的形式、来源是否符合法律规定；（4）证据的内容是否真实；（5）证人或者提供证据的人与当事人有无利害关系。

4. 审判人员对案件的全部证据，应当从各证据与案件事实的关联程度、各证据之间的联系等方面进行综合审查判断。

5. 下列证据不能单独作为认定案件事实的根据：（1）当事人的陈述；（2）无民事行为能力人或者限制民事行为能力人所作的与其年龄、智力状况或者精神健康状况不相当的证言；（3）与一方当事人或者其代理人有利害关系的证人陈述的证言；（4）存有疑点的视听资料、电子数据；（5）无法与原件、原物核对的复制件、复制品。

6. 电子数据存在下列情形的，人民法院可以确认其真实性，但有足以反驳的相反证据的除外：（1）由当事人提交或者保管的于己不利的电子数据；（2）由记录和保存电子数据的中立第三方平台提供或者确认的；（3）在正常业务活动中形成的；（4）以档案管理方式保管的；（5）以当事人约定的方式保存、传输、提取的。

考点提示

电子数据的内容经公证机关公证的，人民法院应当确认其真实性，但有相反证据足以推翻的除外。

7. 一方当事人控制证据无正当理由拒不提交，对待证事实负有举证责任的当事人主张该证据的内容不利于控制人的，人民法院可以认定该主张成立。

8. 人民法院认定证人证言，可以通过对证人的智力状况、品德、知识、经验、法律意识和专业技能等的综合分析作出判断。

查看本单元视频，快速 GET 知识点
使用“会计云课堂”App或“微信”扫码

第四单元　民事诉讼程序

01 起诉（★）

1. 起诉条件：（1）原告是与本案有直接利害关系的公民、法人和其他组织；（2）有明确的被告；（3）有具体的诉讼请求和事实、理由；（4）属于人民法院受理民事诉讼的范围和受诉人民法院管辖。

2. 起诉应当向人民法院递交起诉状，并按照被告人数提出副本。书写起诉状确有困难的，可以口头起诉，由人民法院记入笔录，并告知对方当事人。

3. 起诉状应当记明下列事项：(1) 原告的姓名、性别、年龄、民族、职业、工作单位、住所、联系方式，法人或者其他组织的名称、住所和法定代表人或者主要负责人的姓名、职务、联系方式；(2) 被告的姓名、性别、工作单位、住所等信息，法人或者其他组织的名称、住所等信息；(3) 诉讼请求和所根据的事实与理由；(4) 证据和证据来源，证人姓名和住所。

经典题解

【真题·单选题】 根据《民事诉讼法》的规定，提起民事诉讼的原告应当符合的条件是(　　)。(2015 年)

A. 与本案有直接利害关系　　B. 与本案有民事法律关系

C. 与被告有民事法律关系　　D. 与被告有权利义务关系

【答案】 A

02 受理 (★★)

1. 受理期限

(1) 符合法定条件的，应当在 7 日内立案，并通知当事人；不符合起诉条件的，应当在 7 日内作出裁定书，不予受理；原告对裁定不服的，可以提起上诉。

(2) 人民法院接到当事人提交的民事起诉状时，对符合民事诉讼法的规定，且不属于法律规定的特别情形的，应当登记立案；对当场不能判定是否符合起诉条件的，应当接收起诉材料，并出具注明收到日期的书面凭证。

(3) 需要补充必要相关材料的，人民法院应当及时告知当事人。在补齐相关材料后，应当在 7 日内决定是否立案。

(4) 原告提供被告的姓名或者名称、住所等信息具体明确，足以使被告与他人相区别的，可以认定为有明确的被告。起诉状列写被告信息不足以认定明确的被告的，人民法院可以告知原告补正。原告补正后仍不能确定明确的被告的，人民法院裁定不予受理。

2. 人民法院对下列起诉，分别情形，予以处理：

(1) 依照行政诉讼法的规定，属于行政诉讼受案范围的，告知原告提起行政诉讼；

(2) 依照法律规定，双方当事人达成书面仲裁协议申请仲裁、不得向人民法院起诉的，告知原告向仲裁机构申请仲裁；

(3) 依照法律规定，应当由其他机关处理的争议，告知原告向有关机关申请解决；

(4) 对不属于本院管辖的案件，告知原告向有管辖权的人民法院起诉；

(5) 对判决、裁定、调解书已经发生法律效力的案件，当事人又起诉的，告知原告申请再审，但人民法院准许撤诉的裁定除外；

(6) 依照法律规定，在一定期限内不得起诉的案件，在不得起诉的期限内起诉的，不予受理；

(7) 判决不准离婚和调解和好的离婚案件，判决、调解维持收养关系的案件，没有新情况、新理由，原告在 6 个月内又起诉的，不予受理。

3. 人民法院应予受理的特殊情形(2022 年新增)

(1) 裁定不予受理、驳回起诉的案件，原告再次起诉，符合起诉条件且不属于《民事诉讼法》规定情形的，人民法院应予受理。

（2）原告撤诉或者人民法院按撤诉处理后，原告以同一诉讼请求再次起诉的，人民法院应予受理。

（3）夫妻一方下落不明，另一方诉至人民法院，只要求离婚，不申请宣告下落不明人失踪或者死亡的案件，人民法院应当受理，对下落不明人公告送达诉讼文书。

（4）赡养费、扶养费、抚养费案件，裁判发生法律效力后，因新情况、新理由，一方当事人再行起诉要求增加或者减少费用的，人民法院应作为新案受理。

（5）当事人超过诉讼时效期间起诉的，人民法院应予受理。受理后对方当事人提出诉讼时效抗辩，人民法院经审理认为抗辩事由成立的，判决驳回原告的诉讼请求。

4. 立案后发现不符合起诉条件或者属于民事诉讼法规定的特定情形的，裁定驳回起诉。（纠错，用“裁定驳回起诉”）

5. 对本院没有管辖权的案件，告知原告向有管辖权的人民法院起诉；原告坚持起诉的，裁定不予受理；立案后发现本院没有管辖权的，应当将案件移送有管辖权的人民法院（移送管辖）。

6. 裁定不予受理、驳回起诉的案件，原告再次起诉，符合起诉条件且不属于民事诉讼法规定的特定情形的，人民法院应予受理。

7. 原告应当预交而未预交案件受理费，人民法院应当通知其预交，通知后仍不预交或者申请减、缓、免未获批准而仍不预交的，裁定按撤诉处理。

8. 原告撤诉或者人民法院按撤诉处理后，原告以同一诉讼请求再次起诉的，人民法院应予受理。原告撤诉或者按撤诉处理的离婚案件，没有新情况、新理由，6个月内又起诉的，比照民事诉讼法的规定不予受理。

9. 当事人在书面合同中订有仲裁条款，或者在发生纠纷后达成书面仲裁协议，一方向人民法院起诉的，人民法院应当告知原告向仲裁机构申请仲裁，其坚持起诉的，裁定不予受理，但仲裁条款或者仲裁协议不成立、无效、失效、内容不明确无法执行的除外。

经典题解

【真题1·单选题】下列关于民事诉讼起诉和受理的说法中，正确的是（　　）。（2018年）

A. 不符合起诉条件的，法院应当裁定驳回原告诉讼请求

B. 起诉应有明确的被告

C. 起诉状列写被告信息不明确的，法院可以判决驳回起诉

D. 符合起诉条件的，法院应当在3日内立案

【解析】（1）选项A：不符合起诉条件的，应当在7日内作出裁定书，不予受理。（2）选项B：起诉必须符合下列条件：①原告是与本案有直接利害关系的公民、法人和其他组织；②有明确的被告；③有具体的诉讼请求和事实、理由；④属于人民法院受理民事诉讼的范围和受诉人民法院管辖。（3）选项C：起诉状列写被告信息不足以认定明确的被告的，人民法院可以告知原告补正。原告补正后仍不能确定明确的被告的，人民法院裁定不予受理。（4）选项D：符合起诉条件的，应当在7日内立案，并通知当事人。

【答案】B

【真题 2 · 多选题】根据《民事诉讼法》的规定，下列关于起诉的说法中，正确的有（　　）。（2013 年）

A. 起诉必须有明确的被告

B. 起诉必须递交起诉状，不得口头起诉

C. 未成年人不得以自己的名义起诉

D. 超过诉讼时效的案件不得起诉

E. 立案后发现不符合起诉条件的，法院应裁定驳回起诉

【解析】（1）选项 B：起诉应当向人民法院递交起诉状，并按照被告人数提出副本。书写起诉状确有困难的，可以口头起诉，由人民法院记入笔录，并告知对方当事人。（2）选项 C：未成年人也可以当原告，由其法定代理人代理参加诉讼。（3）选项 D：当事人超过诉讼时效期间起诉的，人民法院应予受理。受理后对方当事人提出诉讼时效抗辩，人民法院经审理认为抗辩事由成立的，判决驳回原告的诉讼请求。

【答案】AE

03 第一审普通程序（★★）

（一）审理前的准备

1. 发送起诉状副本、答辩状副本

（1）人民法院应当在立案之日起 5 日内将起诉状副本发送被告，被告应当在收到之日起 15 日内提出答辩状。

（2）人民法院应当在收到答辩状之日起 5 日内将答辩状副本发送原告。

2. 人民法院对决定受理的案件，应当在受理案件通知书和应诉通知书中向当事人告知有关的诉讼权利义务，或者口头告知。

3. 审判人员确定后，应当在 3 日内告知当事人。（2022 年调整）

4. 必须共同进行诉讼的当事人没有参加诉讼的，人民法院应当通知其参加诉讼，或者由当事人向法院申请追加。（2022 年调整）

5. 程序分流（2022 年新增）

人民法院对受理的案件，分别情形，予以处理：

（1）当事人没有争议，符合督促程序规定条件的，可以转入督促程序；

（2）开庭前可以调解的，采取调解方式及时解决纠纷；

（3）根据案件情况，确定适用简易程序或者普通程序；

（4）需要开庭审理的，通过要求当事人交换证据等方式，明确争议焦点。

6. 庭前会议（2022 年新增）

根据案件具体情况，庭前会议可以包括下列内容：

（1）明确原告的诉讼请求和被告的答辩意见；

（2）审查处理当事人增加、变更诉讼请求的申请和提出的反诉，以及第三人提出的与本案有关的诉讼请求；

（3）根据当事人的申请决定调查收集证据，委托鉴定，要求当事人提供证据，进行勘验，进行证据保全；

（4）组织交换证据；

（5）归纳争议焦点；

（6）进行调解。

考点提示

庭前会议的本质是为了简化程序而进行的庭审程序的前移。由于其采用非公开的方式进行，与正式的开庭审理相比，法官的职权应受到一定程度的限制，如未经当事人同意不能对证人进行询问，不能对最终的实体问题作出判断等。

（二）开庭审理

1. 人民法院审理民事案件，除涉及国家秘密、个人隐私或者法律另有规定的以外，应当公开进行。离婚案件，涉及商业秘密的案件，当事人申请不公开审理的，可以不公开审理。（注意区分应当不公开与可以不公开的情形）

【解释】公开审理，是指开庭审理时向群众和社会公开，允许群众旁听，允许新闻媒体对案件审理的情况进行采访报道，将案情公之于众。不公开审理，是指庭审过程不向社会公开，禁止群众旁听和新闻媒体采访报道。（2022年新增）

2. 人民法院审理民事案件，应当在开庭3日前通知当事人和其他诉讼参与人。公开审理的，应当公告当事人姓名、案由和开庭的时间、地点。

3. 开庭审理前，书记员应当查明当事人和其他诉讼参与人是否到庭，宣布法庭纪律。开庭审理时，由审判长或者独任审判员核对当事人，宣布案由，宣布审判人员、书记员名单，告知当事人有关的诉讼权利义务，询问当事人是否提出回避申请。（2022年调整）

4. 法庭调查按照下列顺序进行：（1）当事人陈述；（2）告知证人的权利义务，证人作证，宣读未到庭的证人证言；（3）出示书证、物证、视听资料和电子数据；（4）宣读鉴定意见；（5）宣读勘验笔录。

5. 当事人在法庭上可以提出新的证据。当事人经法庭许可，可以向证人、鉴定人、勘验人发问。当事人要求重新进行调查、鉴定或者勘验的，是否准许，由人民法院决定。

6. 原告增加诉讼请求，被告提出反诉，第三人提出与本案有关的诉讼请求，可以合并审理。

7. 法庭辩论按照下列顺序进行：（1）原告及其诉讼代理人发言；（2）被告及其诉讼代理人答辩；（3）第三人及其诉讼代理人发言或者答辩；（4）互相辩论。法庭辩论终结，由审判长或者独任审判员按照原告、被告、第三人的先后顺序征询各方最后意见。（2022年调整）

8. 法庭辩论终结，应当依法作出判决。判决前能够调解的，还可以进行调解，调解不成的，应当及时判决。

9. 书记员应当将法庭审理的全部活动记入笔录，由审判人员和书记员签名。

（三）判决和裁定

1. 判决书内容包括：（1）案由、诉讼请求、争议的事实和理由；（2）判决认定的事实和理由、适用的法律和理由；（3）判决结果和诉讼费用的负担；（4）上诉期间和上诉的法院。判决书由审判人员、书记员署名，加盖人民法院印章。

2. 裁定适用于下列范围：（1）不予受理；（2）对管辖权有异议的；（3）驳回起诉；（4）保全和先予执行；（5）准许或者不准许撤诉；（6）中止或者终结诉讼；（7）补正判决书中的笔误；（8）中止或者终结执行；（9）撤销或者不予执行仲裁裁决；（10）不予执行公证机关赋予强制执行效力的债权文书；（11）其他需要裁定解决的事项。对第（1）~（3）项裁定，可以上诉。

裁定书应当写明裁定结果和作出该裁定的理由。

3. 人民法院对公开审理或者不公开审理的案件，一律公开宣告判决。当庭宣判的，应当在 10 日内发送判决书；定期宣判的，宣判后立即发给判决书。宣告判决时，必须告知当事人上诉权利、上诉期限和上诉的法院。宣告离婚判决，必须告知当事人在判决发生法律效力前不得另行结婚。

4. 审限

人民法院适用普通程序审理的案件，应当在立案之日起 6 个月内审结。有特殊情况需要延长的，经本院院长批准，可以延长 6 个月；还需要延长的，报请上级人民法院批准。

经典题解

【真题·多选题】 下列民事诉讼事项中，法院应当采用裁定方式处理的有（　　）。（2019 年）

A. 不予受理　　B. 驳回诉讼请求

C. 驳回起诉　　D. 诉讼中止

E. 先予执行

【解析】 选项 B：驳回诉讼请求应以“判决”方式作出。

【答案】 ACDE

（四）特殊情形

1. 撤诉

（1）申请撤诉

宣判前，原告申请撤诉的，是否准许，由人民法院裁定。人民法院裁定不准许撤诉的，原告经传票传唤，无正当理由拒不到庭的，可以缺席判决。

（2）按撤诉处理

原告经传票传唤，无正当理由拒不到庭的，或者未经法庭许可中途退庭的，可以按撤诉处理。被告反诉的，可以缺席判决。

2. 缺席判决（2022 年新增）

（1）被告提出反诉，法院已经把反诉和本诉合并审理，而原告经合法传唤，无正当理由拒不到庭的，或未经法庭许可中途退庭，对反诉可以缺席判决。

（2）不是必须到庭的被告经合法传唤，无正当理由拒不到庭的，或未经法庭许可中途退庭的。

（3）法院裁定不准撤诉的，原告经合法传唤，无正当理由拒不到庭的。

（4）无民事行为能力的被告人的法定代理人，经合法传唤无正当理由拒不到庭的。

（5）无民事行为能力的离婚诉讼，当事人的法定代理人不能到庭的。

3. 延期审理

有下列情形之一的，可以延期开庭审理：(1) 必须到庭的当事人和其他诉讼参与人有正当理由没有到庭的；(2) 当事人临时提出回避申请的；(3) 需要通知新的证人到庭，调取新的证据，重新鉴定、勘验，或者需要补充调查的；(4) 其他应当延期的情形。

4. 诉讼中止

有下列情形之一的，中止诉讼：(1) 一方当事人死亡，需要等待继承人表明是否参加诉讼的；(2) 一方当事人丧失诉讼行为能力，尚未确定法定代理人的；(3) 作为一方当事人的法人或者其他组织终止，尚未确定权利义务承受人的；(4) 一方当事人因不可抗拒的事由，不能参加诉讼的；(5) 本案必须以另一案的审理结果为依据，而另一案尚未审结的；(6) 其他应当中止诉讼的情形。中止诉讼的原因消除后，恢复诉讼。

5. 诉讼终结

有下列情形之一的，终结诉讼：(1) 原告死亡，没有继承人，或者继承人放弃诉讼权利的；(2) 被告死亡，没有遗产，也没有应当承担义务的人的；(3) 离婚案件一方当事人死亡的；(4) 追索赡养费、扶养费、抚养费以及解除收养关系案件的一方当事人死亡的。(2022年调整)

经典题解

【真题·多选题】下列关于民事诉讼一审开庭、审理及判决事项的说法中，正确的有(　　)。(2016年)

A. 被告提出反诉的，法院可以合并审理

B. 判决书应当写明判决理由

C. 庭前进行证据交换的，当事人在庭审中不得再提出证据

D. 驳回原告起诉的，应当采用判决方式

E. 法院审理民事案件，应当在开庭3日前通知当事人和其他诉讼参与人

【解析】(1) 选项C：当事人在法庭上可以提出新的证据。(2) 选项D：驳回原告起诉的，应当采用裁定方式。

【答案】ABE

04 简易程序 (★)

1. 适用范围

(1) 基层人民法院和它派出的法庭审理事实清楚、权利义务关系明确、争议不大的简单的民事案件，适用简易程序。

【解释】事实清楚，是指当事人对争议的事实陈述基本一致，并能提供相应的证据，无须人民法院调查收集证据即可查明事实；权利义务关系明确是指能明确区分谁是责任的承担者，谁是权利的享有者；争议不大是指当事人对案件的是非、责任承担以及诉讼标的争执无原则分歧。(2022年新增)

(2) 基层人民法院和其派出的法庭审理法定适用简易程序以外的民事案件，当事人双方

也可以约定适用简易程序。

当事人双方约定适用简易程序的，应当在开庭前提出。口头提出的，记入笔录，由双方当事人签名或者捺印确认。(2022年新增)

2. 排除适用(2022年新增)

下列案件，不适用简易程序：(1) 起诉时被告下落不明的；(2) 发回重审的；(3) 当事人一方人数众多的；(4) 适用审判监督程序的；(5) 涉及国家利益、社会公共利益的；(6) 第三人起诉请求改变或者撤销生效判决、裁定、调解书的；(7) 其他不宜适用简易程序的案件。

3. 可以口头起诉

对简单的民事案件，原告可以口头起诉。当事人双方可以同时到基层人民法院或者它派出的法庭，请求解决纠纷。基层人民法院或者它派出的法庭可以当即审理，也可以另定日期审理。

原告口头起诉的，人民法院应当将当事人的姓名、性别、工作单位、住所、联系方式等基本信息，诉讼请求，事实及理由等准确记入笔录，由原告核对无误后签名或者捺印。对当事人提交的证据材料，应当出具收据。(2022年新增)

4. 举证期限(2022年新增)

(1) 适用简易程序案件的举证期限由人民法院确定，也可以由当事人协商一致并经人民法院准许，但不得超过15日。被告要求书面答辩的，人民法院可在征得其同意的基础上，合理确定答辩期间。

(2) 当事人双方均表示不需要举证期限、答辩期间的，人民法院可以立即开庭审理或者确定开庭日期。

5. 简便方式传唤、通知、送达(2022年调整)

基层人民法院和它派出的法庭审理简单的民事案件，可以用简便方式传唤当事人和证人、送达诉讼文书、审理案件，但应当保障当事人陈述意见的权利。

6. 开庭审理(2022年新增)

适用简易程序审理的民事案件，应当一次开庭审结，但法院认为确有必要再次开庭的除外。

7. 宣判(2022年新增)

适用简易程序审理的民事案件，判决结案的，应当公开宣判。宣判的方式有当庭宣判和定期宣判两种。除法院认为不宜当庭宣判的以外，应当当庭宣判。

8. 裁判文书适当简化(2022年新增)

适用简易程序审理的案件，有下列情形之一的，人民法院在制作判决书、裁定书、调解书时，对认定事实或者裁判理由部分可以适当简化：

(1) 当事人达成调解协议并需要制作民事调解书的；

(2) 一方当事人明确表示承认对方全部或者部分诉讼请求的；

(3) 涉及商业秘密、个人隐私的案件，当事人一方要求简化裁判文书中的相关内容，人民法院认为理由正当的；

(4) 当事人双方同意简化的。

9. 审限(2022年新增)

人民法院适用简易程序审理案件，应当在立案之日起3个月内审结。有特殊情况需要延

长的，经本院院长批准，可以延长1个月。（2022年调整）

【解释】适用简易程序审理的案件，审理期限到期后，有特殊情况需要延长的，经本院院长批准，可以延长审理期限。延长后的审理期限累计不得超过4个月。（2022年调整）

10. 简易程序转普通程序

（1）依职权转换（2022年调整）

人民法院发现案件不宜适用简易程序，需要转为普通程序审理的，应当在审理期限届满前作出裁定并将审判人员及相关事项书面通知双方当事人。案件转为普通程序审理的，审理期限自人民法院立案之日计算。

（2）依申请转换（2022年新增）

当事人就案件适用简易程序提出异议，人民法院经审查，异议成立的，裁定转为普通程序；异议不成立的，裁定驳回。裁定以口头方式作出的，应当记入笔录。

转为普通程序的，人民法院应当将审判人员及相关事项以书面形式通知双方当事人。

考点提示

转为普通程序前，双方当事人已确认的事实，可以不再进行举证、质证。

05 第二审程序（★）

（一）上诉的提起

1. 期限

（1）当事人不服地方人民法院第一审判决的，有权在判决书送达之日起15日内向上一级人民法院提起上诉。

（2）当事人不服地方人民法院第一审裁定的，有权在裁定书送达之日起10日内向上一级人民法院提起上诉。

2. 递交上诉状

（1）上诉应当递交上诉状。上诉状应当通过原审人民法院提出，并按照对方当事人或者代表人的人数提出副本。

（2）当事人直接向第二审人民法院上诉的，第二审人民法院应当在5日内将上诉状移交原审人民法院。

3. 原审人民法院收到上诉状后的工作

（1）原审人民法院收到上诉状，应当在5日内将上诉状副本送达对方当事人，对方当事人在收到之日起15日内提出答辩状。人民法院应当在收到答辩状之日起5日内将副本送达上诉人。对方当事人不提出答辩状的，不影响人民法院审理。

（2）原审人民法院收到上诉状、答辩状，应当在5日内连同全部案卷和证据，报送第二审人民法院。

4. 诉讼地位

（1）双方当事人和第三人都提起上诉的，均列为上诉人。人民法院可以依职权确定第二审程序中当事人的诉讼地位。

（2）必要共同诉讼人的一人或者部分人提起上诉的，按下列情形分别处理：

①上诉仅对与对方当事人之间权利义务分担有意见，不涉及其他共同诉讼人利益的，对方当事人为被上诉人，未上诉的同一方当事人依原审诉讼地位列明；

②上诉仅对共同诉讼人之间权利义务分扌有意见，不涉及对方当事人利益的，未上诉的同一方当事人为被上诉人，对方当事人依原审诉讼地位列明；

③上诉对双方当事人之间以及共同诉讼人之间权利义务承担有意见的，未提起上诉的其他当事人均为被上诉人。

（二）上诉案件的审理

1. 审判组织

（1）人民法院审理第二审民事案件，由审判员组成合议庭。合议庭的成员人数，必须是单数。

（2）中级人民法院对第一审适用简易程序审结或者不服裁定提起上诉的第二审民事案件，事实清楚、权利义务关系明确的，经双方当事人同意，可以由审判员一人独任审理。（2022年新增）

（3）发回重审的案件，原审人民法院应当按照第一审程序另行组成合议庭。

（4）审理再审案件，原来是第一审的，按照第一审程序另行组成合议庭；原来是第二审的或者是上级人民法院提审的，按照第二审程序另行组成合议庭。

2. 审查、审理

第二审人民法院应当对上诉请求的有关事实和适用法律进行审查。第二审人民法院应当围绕当事人的上诉请求进行审理。当事人没有提出请求的，不予审理，但一审判决违反法律禁止性规定，或者损害国家利益、社会公共利益、他人合法权益的除外。

3. 原则上开庭审理

第二审人民法院对上诉案件应当开庭审理。经过阅卷、调查和询问当事人，对没有提出新的事实、证据或者理由，人民法院认为不需要开庭审理的，可以不开庭审理。

（三）上诉案件的裁判

1. 第二审人民法院对上诉案件，经过审理，按照下列情形，分别处理：

（1）原判决、裁定认定事实清楚，适用法律正确的，以判决、裁定方式驳回上诉，维持原判决、裁定；

（2）原判决、裁定认定事实错误或者适用法律错误的，以判决、裁定方式依法改判、撤销或者变更；

（3）原判决认定基本事实不清的，裁定撤销原判决，发回原审人民法院重审，或者查清事实后改判；

（4）原判决遗漏当事人或者违法缺席判决等严重违反法定程序的，裁定撤销原判决，发回原审人民法院重审。

原审人民法院对发回重审的案件作出判决后，当事人提起上诉的，第二审人民法院不得再次发回重审。

【解释】下列情形，可以认定为民事诉讼法规定的严重违反法定程序：①审判组织的组成不合法的；②应当回避的审判人员未回避的；③无诉讼行为能力人未经法定代理人代为诉讼的；④违法剥夺当事人辩论权利的。

2. 第二审人民法院对不服第一审人民法院裁定的上诉案件的处理，一律使用裁定。

3. 调解

第二审人民法院审理上诉案件，可以进行调解。调解达成协议，应当制作调解书，由审判人员、书记员署名，加盖人民法院印章。调解书送达后，原审人民法院的判决即视为撤销。

4. 特殊情形的处理

(1) 对当事人在第一审程序中已经提出的诉讼请求，原审人民法院未作审理、判决的，第二审人民法院可以根据当事人自愿的原则进行调解；调解不成的，发回重审。

(2) 必须参加诉讼的当事人或者有独立请求权的第三人，在第一审程序中未参加诉讼，第二审人民法院可以根据当事人自愿的原则予以调解；调解不成的，发回重审。

(3) 在第二审程序中，原审原告增加独立的诉讼请求或者原审被告提出反诉的，第二审人民法院可以根据当事人自愿的原则就新增加的诉讼请求或者反诉进行调解；调解不成的，告知当事人另行起诉。双方当事人同意由第二审人民法院一并审理的，第二审人民法院可以一并裁判。

(4) 一审判决不准离婚的案件，上诉后，第二审人民法院认为应当判决离婚的，可以根据当事人自愿的原则，与子女抚养、财产问题一并调解；调解不成的，发回重审。双方当事人同意由第二审人民法院一并审理的，第二审人民法院可以一并裁判。

5. 人民法院依照第二审程序审理案件，认为依法不应由人民法院受理的，可以由第二审人民法院直接裁定撤销原裁判，驳回起诉。

6. 撤回上诉：第二审人民法院判决宣告前，上诉人申请撤回上诉的，是否准许，由第二审人民法院裁定。

7. 第二审人民法院的判决、裁定，是终审的判决、裁定。

8. 审限

(1) 人民法院审理对判决的上诉案件，应当在第二审立案之日起3个月内审结。有特殊情况需要延长的，由本院院长批准。

(2) 人民法院审理对裁定的上诉案件，应当在第二审立案之日起30日内作出终审裁定。

06 审判监督程序（★）

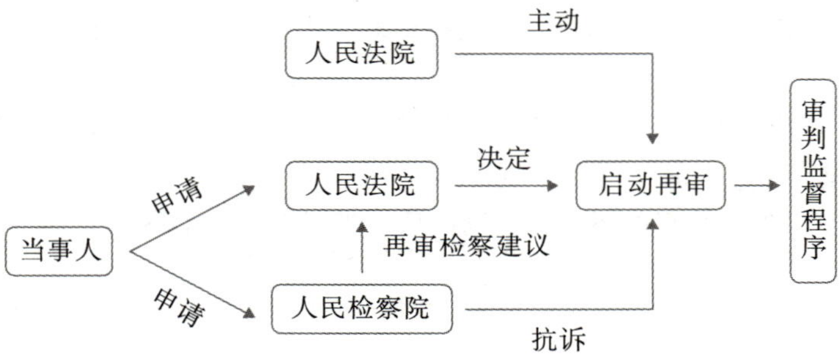

（一）决定是否启动再审

1. 人民法院决定再审

（1）各级人民法院院长对本院已经发生法律效力的判决、裁定、调解书，发现确有错误，认为需要再审的，应当提交审判委员会讨论决定。

（2）最高人民法院对地方各级人民法院已经发生法律效力的判决、裁定、调解书，上级人民法院对下级人民法院已经发生法律效力的判决、裁定、调解书，发现确有错误的，有权提审或者指令下级人民法院再审。

2. 当事人申请再审

（1）当事人对已经发生法律效力的判决、裁定，认为有错误的，可以向上一级人民法院申请再审；当事人一方人数众多或者当事人双方为公民的案件，也可以向原审人民法院申请再审。当事人申请再审的，不停止判决、裁定的执行。

考点提示

当事人一方人数众多或者当事人双方为公民的案件，当事人分别向原审人民法院和上一级人民法院申请再审且不能协商一致的，由原审人民法院受理。

（2）当事人申请再审，一般应当在判决、裁定发生法律效力后6个月内提出。（申请再审期间不适用中止、中断和延长的规定）

（3）应当再审的情形

当事人的申请符合下列情形之一的，人民法院应当再审：①有新的证据，足以推翻原判决、裁定的；②原判决、裁定认定的基本事实缺乏证据证明的；③原判决、裁定认定事实的主要证据是伪造的（主要证据，是指人民法院认定案件基本事实所必须的证据）；④原判决、裁定认定事实的主要证据未经质证的；⑤对审理案件需要的主要证据，当事人因客观原因不能自行收集，书面申请人民法院调查收集，人民法院未调查收集的；⑥原判决、裁定适用法律确有错误的；⑦审判组织的组成不合法或者依法应当回避的审判人员没有回避的；⑧无诉讼行为能力人未经法定代理人代为诉讼或者应当参加诉讼的当事人，因不能归责于本人或者其诉讼代理人的事由，未参加诉讼的；⑨违反法律规定，剥夺当事人辩论权利的；⑩未经传票传唤，缺席判决的；⑪原判决、裁定遗漏或者超出诉讼请求的；⑫据以作出原判决、裁定的法律文书被撤销或者变更的；⑬审判人员审理该案件时有贪污受贿，徇私舞弊，枉法裁判行为的。

（4）人民法院经审查再审申请书等材料，认为申请再审事由成立的，应当进行裁定再审。当事人申请再审超过规定的期限，或者超出再审事由范围的，人民法院应当裁定驳回再审申请。

3. 检察院提出再审检察建议或抗诉

（1）最高人民检察院对各级人民法院已经发生法律效力的判决、裁定，上级人民检察院对下级人民法院已经发生法律效力的判决、裁定，发现有民事诉讼法规定的情形之一的，或者发现调解书损害国家利益、社会公共利益的，应当提出抗诉。

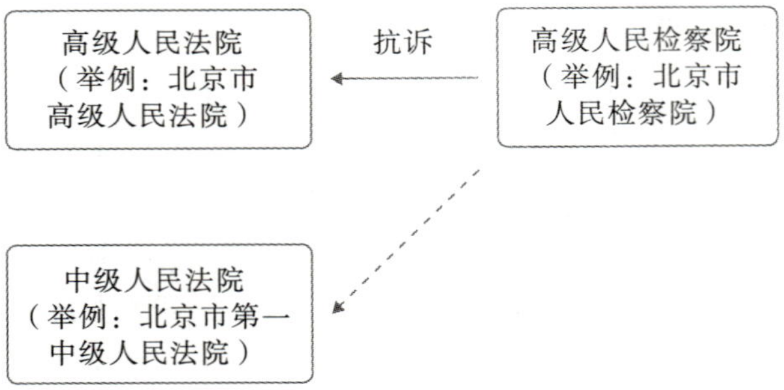

（2）地方各级人民检察院对同级人民法院已经发生法律效力的判决、裁定，发现有民事诉讼法规定的情形之一的，或者发现调解书损害国家利益、社会公共利益的，可以向同级人民法院提出检察建议，并报上级人民检察院备案；也可以提请上级人民检察院向同级人民法院提出抗诉。

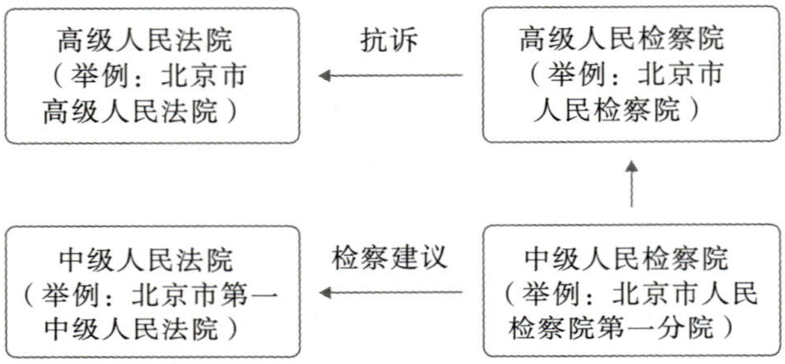

（3）各级人民检察院对审判监督程序以外的其他审判程序中审判人员的违法行为，有权向同级人民法院提出检察建议。

（4）当事人向人民检察院申请检察建议或者抗诉

有下列情形之一的，当事人可以向人民检察院申请检察建议或者抗诉：①人民法院驳回再审申请的；②人民法院逾期未对再审申请作出裁定的；③再审判决、裁定有明显错误的。（当事人只能在“检察建议”和“抗诉”之间选择一个向人民检察院提出申请）

人民检察院对当事人的申请应当在 3 个月内进行审查，作出提出或者不予提出检察建议或者抗诉的决定。当事人不得再次向人民检察院申请检察建议或者抗诉。

（5）人民检察院提出抗诉的案件，接受抗诉的人民法院应当自收到抗诉书之日起 30 日内作出再审的裁定；有法律规定情形的，可以交下一级人民法院再审，但经该下一级人民法院再审的除外。

（6）人民检察院决定对人民法院的判决、裁定、调解书提出抗诉的，应当制作抗诉书。

（7）人民检察院提出抗诉的案件，人民法院再审时，应当通知人民检察院派员出席法庭。

（二）再审

1. 按照审判监督程序决定再审的案件，裁定中止原判决、裁定、调解书的执行，但追索赡养费、扶养费、抚养费、抚恤金、医疗费用、劳动报酬等案件，可以不中止执行。（2022 年调整）

2. 人民法院按照审判监督程序再审的案件，发生法律效力的判决、裁定是由第一审法院作出的，按照第一审程序审理，所作的判决、裁定，当事人可以上诉；发生法律效力的判决、裁定是由第二审法院作出的，按照第二审程序审理，所作的判决、裁定，是发生法律效力的判决、裁定；上级人民法院按照审判监督程序提审的，按照第二审程序审理，所作的判决、裁定是发生法律效力的判决、裁定。

3. 人民法院审理再审案件，应当另行组成合议庭。

本章小结

用“会计云课堂”App 扫码学习

您已成功完成“第十七章”的学习，本章共 25 个考点，您都学会了吗？

为了让您对本章有更清晰的理解，加倍巩固。本书作者陈小球老师将通过“电台音频课”的方式，带您回顾重要考点。

名师点拨，高效提分。

※ 欢迎扫码免费学习。

同步强化练习题

使用“会计云课堂”App 或“微信”扫码快速做题、对答案、看解析、掌握解题思路，开启轻松过关之旅。

一、单项选择题

1. 根据民事诉讼法的基本原则，下列关于当事人诉讼权利平等原则的说法中，不正确的是（　　）。
   A. 民事诉讼当事人有相同的诉讼权利
   B. 人民法院应当保障和便利当事人能够平等地行使诉讼权利
   C. 双方当事人的诉讼地位平等
   D. 对当事人在适用法律上一律平等

2. 根据民事诉讼法律制度的规定，下列关于民事诉讼法基本原则的说法中，正确的是（　　）。
   A. 民事检察监督原则是指人民检察院有权监督人民法院的审判活动、生效判决和裁定，对民事执行活动实施法律监督，但不包括对生效调解书实行法律监督
   B. 当事人诉讼权利平等原则要求双方当事人诉讼权利义务相同
   C. 辩论原则贯穿于诉讼的整个过程中，并不限于开庭审理阶段

D. 处分原则中处分权的对象是当事人所享有的民事实体权利，但不包括民事诉讼权利

3. 根据民事诉讼法的基本原则，下列关于辩论原则的说法中，正确的是（　　）。
A. 辩论权限于开庭审理阶段
B. 辩论的内容限于实体争议
C. 辩论的形式限于口头形式
D. 人民法院应当保障当事人充分行使辩论权

4. 根据民事诉讼法的基本原则，下列关于处分原则的说法中，不正确的是（　　）。
A. 处分权是双方当事人都享有的权利，当事人在整个诉讼过程中都可依法行使处分权
B. 原告对实体权利的处分体现在可以自由确定诉讼请求的范围以及诉讼请求的实体法律关系的性质，变更、增加或放弃诉讼请求
C. 被告对实体权利的处分体现在可以反驳、全部或者部分承认诉讼请求，决定是否提出反诉
D. 处分权的对象限于当事人所享有的民事实体权利

5. 根据民事检察监督原则，地方各级人民检察院对同级人民法院已经发生法律效力的判决、裁定，发现有民事诉讼法规定的情形之一的，或者发现调解书损害国家利益、社会公共利益的，可以向（　　）提出检察建议。
A. 同级人民检察院
B. 同级人民法院
C. 上一级人民检察院
D. 上一级人民法院

6. 根据民事诉讼法律制度的规定，下列关于一般地域管辖的表述中，不正确的是（　　）。
A. 对公民提起的民事诉讼，由被告住所地人民法院管辖；被告住所地与经常居住地不一致的，由经常居住地人民法院管辖
B. 公民的经常居住地，是指公民离开住所地至起诉时已连续居住1年以上的地方，包括公民住院就医的地方
C. 对下落不明或者宣告失踪的人提起的有关身份关系的诉讼，由原告住所地人民法院管辖；原告住所地与经常居住地不一致的，由原告经常居住地人民法院管辖
D. 对没有办事机构的个人合伙、合伙型联营体提起的诉讼，由被告注册登记地人民法院管辖；没有注册登记，几个被告又不在同一辖区的，被告住所地的人民法院都有管辖权

7. 根据民事诉讼法律制度的规定，下列关于特殊地域管辖的说法中，错误的是（　　）。
A. 因合同纠纷提起的诉讼，由被告住所地或者合同履行地人民法院管辖
B. 因财产保险合同纠纷提起的诉讼，如果保险标的物是运输工具或者运输中的货物，可以由运输工具登记注册地、运输目的地、保险事故发生地人民法院管辖
C. 因公司设立、确认股东资格、分配利润等纠纷提起的诉讼，由公司住所地人民法院管辖
D. 因票据纠纷提起的诉讼，由出票人住所地或者被告住所地人民法院管辖

8. 根据民事诉讼法律制度的规定，下列说法中，错误的是（　　）。
A. 对不在中华人民共和国领域内居住的人提起的有关身份关系的诉讼，由原告住所地人民法院管辖
B. 对被监禁的人提起的诉讼，由原告住所地人民法院管辖

C. 夫妻一方离开住所地超过 1 年，另一方起诉离婚的案件，应由被告住所地人民法院管辖

D. 追索赡养费、抚养费、扶养费案件的几个被告住所地不在同一辖区，可由原告住所地人民法院管辖

9. 根据民事诉讼法律制度的规定，下列说法中，错误的是（　　）。

A. 特殊地域管辖，是指以诉讼标的所在地、争议的法律事实发生地为标准确定的管辖

B. 指定管辖，是指上级人民法院依照法律规定，指定其辖区内下级人民法院对某一具体案件行使管辖权

C. 选择管辖，是指当事人在争议发生之前或发生之后，用书面协议的方式，选择管辖法院

D. 共同管辖，是指两个以上人民法院都有管辖权

10. 根据民事诉讼法律制度规定，下列关于代表人诉讼的说法中，错误的是（　　）。

A. 当事人一方 10 人以上的共同诉讼，可以由当事人推选 1～5 名代表人进行诉讼

B. 代表人诉讼的代表人应为 2～5 人，每位代表人可以委托 1～2 人作为诉讼代理人

C. 代表人的诉讼行为对其所代表的当事人发生效力，但代表人变更、放弃诉讼请求或者承认对方当事人的诉讼请求，进行和解，必须经被代表的当事人同意

D. 诉讼标的是同一种类、当事人一方人数众多在起诉时人数尚未确定的，人民法院可以发出公告，说明案件情况和诉讼请求，通知权利人在一定期间向人民法院登记

11. 甲对乙提起请求偿还借款的诉讼。根据民事诉讼法律制度的规定，下列相关当事人提供的证据中，属于直接证据的是（　　）。

A. 甲向法院提交的其向乙的银行卡转款的银行凭条

B. 丙向法院提供的曾听甲说乙要向甲借钱的证词

C. 甲向法院提交的乙向其借款时出具的借据复印件

D. 丁向法院提供的曾陪同甲到银行汇款给乙的证词

12. 根据民事诉讼法律制度规定，下列关于民事诉讼证明的说法中，错误的是（　　）。

A. 在诉讼过程中，一方当事人陈述的于己不利的事实，或者对于己不利的事实明确表示承认的，另一方当事人无须举证证明

B. 一方当事人对于另一方当事人主张的于己不利的事实既不承认也不否认，经审判人员说明并询问后，其仍然不明确表示肯定或者否定的，视为对该事实的承认

C. 当事人在场对诉讼代理人的自认明确否认的，视为自认

D. 当事人委托诉讼代理人参加诉讼的，除授权委托书明确排除的事项外，诉讼代理人的自认视为当事人的自认

13. 下列关于民事诉讼起诉和受理的说法中，错误的是（　　）。

A. 符合起诉条件的，应当在 7 日内立案，并通知当事人

B. 起诉状列写被告信息不足以认定明确的被告的，人民法院可以告知原告补正。原告补正后仍不能确定明确的被告的，人民法院裁定不予受理

C. 判决不准离婚和调解和好的离婚案件，判决、调解维持收养关系的案件，没有新情况、新理由，原告在1年内又起诉的，不予受理

D. 对本院没有管辖权的案件，告知原告向有管辖权的人民法院起诉；原告坚持起诉的，裁定不予受理

14. 根据民事诉讼法律制度规定，下列关于举证期限的说法中，不正确的是（　　）。

A. 第一审普通程序审理的案件，举证期限不得少于15日

B. 当事人提供新的证据的第二审案件，举证期限不得少于10日

C. 适用简易程序审理的案件，举证期限不得超过15日

D. 小额诉讼案件的举证期限一般不得超过10日

15. 根据民事诉讼法律制度规定，下列关于质证的说法中，正确的是（　　）。

A. 涉及国家秘密的证据，不得质证

B. 涉及个人隐私的证据，可以公开质证

C. 待证事实与其年龄、智力状况或者精神健康状况相适应的无民事行为能力人和限制民事行为能力人，可以作为证人

D. 无正当理由未出庭的证人以书面等方式提供的证言，可以作为认定案件事实的根据

16. 根据民事诉讼法律制度规定，关于简易程序的说法中，不正确的是（　　）。

A. 基层人民法院和其派出的法庭审理的法定适用简易程序之外的民事案件，当事人双方不得约定适用简易程序

B. 简单的民事案件由审判员一人独任审理，并不受有关普通程序的审理规则的限制

C. 基层人民法院和它派出的法庭审理简单的民事案件，可以用简便方式传唤当事人和证人、送达诉讼文书、审理案件，但应当保障当事人陈述意见的权利

D. 对简单的民事案件，原告可以口头起诉

17. 根据民事诉讼法律制度规定，当事人不服地方人民法院第一审判决的，有权在判决书送达之日起（　　）内向上一级人民法院提起上诉。

A. 5日　　B. 7日

C. 10日　　D. 15日

二、多项选择题

1. 根据民事诉讼法律制度规定，下列选项中，属于中级人民法院管辖的第一审民事案件的有（　　）。

A. 争议标的额大的涉外案件

B. 案情复杂的涉外案件

C. 一方当事人人数众多具有重大影响的涉外案件

D. 在本辖区有重大影响的案件

E. 海事、海商案件

2. 根据民事诉讼法律制度规定，下列关于特殊地域管辖的说法中，正确的有（　　）。

A. 因合同纠纷提起的诉讼，由被告住所地或者合同履行地人民法院管辖

B. 因保险合同纠纷提起的诉讼，由被告住所地或者保险标的物所在地人民法院管辖

C. 因票据纠纷提起的诉讼，由票据支

付地或者出票人住所地人民法院管辖
D. 因侵权行为提起的诉讼，由侵权行为地或者被告住所地人民法院管辖
E. 因海难救助费用提起的诉讼，由救助地或者被救助船舶航程终止地人民法院管辖

3. 根据民事诉讼法律制度规定，下列关于指定管辖的说法中，正确的有（　　）。
A. 有管辖权的人民法院由于特殊原因，不能行使管辖权的，由上级人民法院指定管辖
B. 下级人民法院对它所管辖的第一审民事案件，认为需要由上级人民法院审理的，应当报请最高人民法院审理
C. 上级人民法院无权审理下级人民法院管辖的第一审民事案件
D. 确有必要将本院管辖的第一审民事案件交下级人民法院审理的，应当报请其上级人民法院批准
E. 人民法院之间因管辖权发生争议，由争议双方协商解决；协商解决不了的，报请它们的共同上级人民法院指定管辖

4. 在民事诉讼中，普通的共同诉讼必须具备的条件有（　　）。
A. 诉讼标的属于同一种类
B. 几个诉讼必须属于同一人民法院管辖
C. 几个诉讼必须适用同一种诉讼程序
D. 当事人双方均为 2 人以上
E. 共同诉讼人之间具有共同的权利和义务

5. 根据民事诉讼法律制度的规定，诉讼代理人的下列行为中，必须有委托人特别授权的有（　　）。
A. 承认诉讼请求
B. 放弃诉讼请求
C. 变更诉讼请求
D. 进行调解
E. 提起反诉或者上诉

6. 根据民事诉讼法律制度的规定，可以被委托为诉讼代理人的有（　　）。
A. 律师
B. 当事人的亲属
C. 当事人的工作人员
D. 当事人所在社区、单位以及有关社会团体推荐的公民
E. 基层法律服务工作者

7. 下列关于民事诉讼委托代理的说法中，不正确的有（　　）。
A. 当事人的近亲属可以被委托为诉讼代理人
B. 诉讼代理人的权限如果变更或者解除，当事人应当书面告知人民法院，并由人民法院通知对方当事人
C. 委托人死亡或者丧失诉讼行为能力，委托诉讼代理权归于消灭
D. 授权委托书中写明“全权代理”的，意味着代理人享有代为承认、放弃、变更诉讼请求的权利
E. 委托他人代为诉讼，必须向人民法院提交由委托人签名或者盖章的授权委托书

8. 根据民事诉讼法律制度规定，下列各项中，属于民事诉讼证据类型的有（　　）。
A. 电子数据
B. 视听资料
C. 证人证言
D. 勘验笔录
E. 现场笔录

9. 下列民事诉讼证据中，属于书证的有（　　）。
A. 证明甲与乙公司劳动关系存在的劳动合同

B. 证明甲伤害乙的沾上乙血迹的会议纪要
C. 证明丙公司财务情况的会计账簿
D. 证明甲婚内出轨的照片
E. 证明甲伤人的围观群众拍摄的手机视频

10. 根据民事诉讼法律制度规定，下列事实中，当事人无须举证证明的有（　　）。
A. 根据已知的事实和日常生活经验法则推定出的另一事实，当事人有相反证据足以反驳的除外
B. 根据法律规定推定的事实，当事人有相反证据足以反驳的除外
C. 众所周知的事实，当事人有相反证据足以反驳的除外
D. 当事人主张的具有程序性质的法律事实
E. 自然规律以及定理、定律

11. 根据民事诉讼法律制度规定，下列证据中，不能单独作为认定案件事实的根据的有（　　）。
A. 当事人的陈述
B. 无民事行为能力人或者限制民事行为能力人所作的与其年龄、智力状况或者精神健康状况相当的证人证言
C. 与一方当事人或者其代理人有利害关系的证人陈述的证言
D. 存有疑点的视听资料、电子数据
E. 无法与原件、原物核对的复制件、复制品

12. 根据民事诉讼法律制度规定，当事人向人民法院起诉，必须符合的法定条件有（　　）。
A. 原告是与本案有直接利害关系的公民、法人和其他组织
B. 有明确的被告
C. 有具体的诉讼请求和事实、理由
D. 有书面起诉状
E. 属于人民法院受理民事诉讼的范围和受诉人民法院管辖

13. 根据民事诉讼法律制度规定，适用第一审普通程序审理的下列案件中，经当事人申请，可以不公开审理的有（　　）。
A. 离婚案件
B. 涉及国家秘密的案件
C. 涉及商业秘密的案件
D. 涉及个人隐私的案件
E. 法律另有规定不得公开审理的案件

三、综合分析题

家住在海沂市A区的甲（户籍在大明市B区，经常居住地在海沂市A区），因急需一笔资金进口服装，找到来海沂市C区做建材生意不到半年的同乡乙（户籍在大明市D区）向其借款人民币50万元。2021年10月1日，甲、乙双方签订了借款合同，合同约定：甲向乙借款人民币50万元，从10月1日起，借期6个月。应乙要求，甲将位于海沂市E区的一套价值30万元的一居室单元房抵押给乙。双方于10月8日办理了房屋抵押登记。10月9日，甲的妹妹丙又与乙签订了一份质押合同，由丙将价值15万元的家用轿车质押给乙。因乙在海沂市C区的住处无处停车，所以该轿车仍存放于丙家的车库内。乙于10月10日在甲处将50万元人民币交付给甲，之后，乙又以两份担保仍然不足为由，要求甲再提供一份担保。于是，甲找到朋友丁，请求丁为自己向乙提供保证。丁欣然应允，丁在出具给乙的担保书中承诺：如果甲到期不向乙还款且无其他财产可供执行，

丁愿承担还款责任。10 月 12 日，丁在保证书上签字。

2022 年 2 月，甲因着急用钱，将作为抵押物的一居室单元房作价 25 万元卖给了戊，戊一次性交付房款后入住；乙对此不知情，戊也不知道房屋抵押一事。同年 4 月 10 日，乙按约要求甲偿还 50 万元借款，并要求其支付 5 万元利息。甲称无钱还款，无奈之下，乙起诉至法院。

请根据上述案情，回答下列问题：

1. 根据相关法律的规定，乙的下列诉讼请求中，能获得法院支持的有（　　）。
A. 请求拍卖丙质押的家用轿车抵债
B. 请求甲支付借款利息 5 万元
C. 请求丁代甲偿还借款 50 万元
D. 请求甲偿还 50 万元
E. 要求拍卖已由戊居住的一居室单元房偿债

2. 根据相关法律的规定，本案中，丁作为保证人可以依法进行的抗辩为（　　）。
A. 同时履行抗辩权
B. 先诉抗辩权
C. 顺序履行抗辩权
D. 债务履行期限尚未届至
E. 不安抗辩权

3. 根据《民法典》及有关规定，本案中，甲、乙之间借款合同的成立时间为（　　）。
A. 2021 年 10 月 9 日
B. 2021 年 10 月 8 日
C. 2021 年 10 月 10 日
D. 2021 年 10 月 1 日
E. 2021 年 10 月 12 日

4. 根据《民事诉讼法》的相关规定，对本案有管辖权的法院为（　　）。
A. 大明市 B 区人民法院
B. 海沂市 C 区人民法院
C. 大明市 D 区人民法院
D. 海沂市 A 区人民法院
E. 海沂市 E 区人民法院

同步强化练习题参考答案及解析

使用“会计云课堂”App 或“微信”扫码对答案、看解析、掌握解题思路，开启轻松过关之旅。

一、单项选择题

1. A　【解析】民事诉讼当事人有平等的诉讼权利，而非相同的诉讼权利。

2. C　【解析】(1) 选项 A：检察院有权对生效调解书实行法律监督。(2) 选项 B：当事人诉讼权利平等原则要求双方当事人诉讼权利义务平等（平等≠相同）。(3) 选项 D：处分权的对象是当事人所享有的民事实体权利和民事诉讼权利。

3. D　【解析】（1）选项A：辩论权的行使贯穿于诉讼的整个过程中，并不限于开庭审理阶段。（2）选项B：辩论的内容包括程序事项和实体争议。（3）选项C：辩论的形式可以是口头的，也可以是书面的。

4. D　【解析】选项D：处分权的对象是当事人所享有的民事实体权利和民事诉讼权利。

5. B　【解析】地方各级人民检察院对同级人民法院已经发生法律效力的判决、裁定，发现有民事诉讼法规定的情形之一的，或者发现调解书损害国家利益、社会公共利益的，可以向同级人民法院提出检察建议，并报上级人民检察院备案；也可以提请上级人民检察院向同级人民法院提出抗诉。

6. B　【解析】选项B：公民的经常居住地，是指公民离开住所地至起诉时已连续居住1年以上的地方，但公民住院就医的地方除外。

7. D　【解析】因票据纠纷提起的诉讼，由票据支付地或者被告住所地人民法院管辖。

8. C　【解析】夫妻一方离开住所地超过1年，另一方起诉离婚的案件，可以由原告住所地人民法院管辖。

9. C　【解析】选项C：属于协议管辖。

10. A　【解析】选项AB：当事人一方10人以上的共同诉讼，可以由当事人推选代表人进行诉讼，代表人应为2～5人，每位代表人可以委托1～2人作为诉讼代理人。

11. C　【解析】（1）选项A：转款不一定是因为借款，故需其他证据佐证。（2）选项B：听说不一定真的会借，需其他证据佐证。（3）选项D：为什么汇款不清楚，故为间接证据。

12. C　【解析】当事人在场对诉讼代理人的自认明确否认的，不视为自认。

13. C　【解析】选项C：判决不准离婚和调解和好的离婚案件，判决、调解维持收养关系的案件，没有新情况、新理由，原告在6个月内又起诉的，不予受理。

14. D　【解析】选项D：小额诉讼案件的举证期限一般不得超过7日。

15. C　【解析】（1）选项AB：涉及国家秘密、商业秘密、个人隐私或者法律规定应当保密的证据，不得公开质证。（2）选项D：无正当理由未出庭的证人以书面等方式提供的证言，不得作为认定案件事实的根据。

16. A　【解析】选项A：基层人民法院和其派出的法庭审理法定适用简易程序以外的民事案件，当事人双方也可以约定适用简易程序。

17. D　【解析】当事人不服地方人民法院第一审判决的，有权在判决书送达之日起15日内向上一级人民法院提起上诉。

二、多项选择题

1. ABCD　【解析】中级人民法院管辖下列第一审民事案件：（1）重大涉外案件（包括争议标的额大的案件、案情复杂的案件，或者一方当事人人数众多等具有重大影响的案件）；（2）在本辖区有重大影响的案件；（3）最高人民法院确定由中级人民法院管辖的案件。

2. ABD　【解析】（1）选项C：因票据纠纷提起的诉讼，由票据支付地或者被告住所地人民法院管辖。（2）选项E：因海难救助费用提起的诉讼，由救助地或者被救助船舶最先到达地人民法院管辖。

3. ADE　【解析】（1）选项B：下级人民法院对它所管辖的第一审民事案件，认为需要由上级人民法院审理的，可以报请上级人民法院审理。（2）选项C：上级人民法院有权审理下级人民法院管辖的第一审民事案件。

4. ABC　【解析】（1）选项D：共同诉讼指原告或者被告一方为2人以上，并不要求当事人双方均为2人以上。（2）选项E：普通的共同诉讼当事人之间没有共同的权利义务，因而，其中1人的行为，对其他共同诉讼人不发生效力。

5. ABCE　【解析】诉讼代理人代为承认、放弃、变更诉讼请求，进行和解，提起反诉或者上诉，必须有委托人的特别授权。

6. ACDE　【解析】下列人员可以被委托为诉讼代理人：（1）律师、基层法律服务工作者；（2）当事人的近亲属或者工作人员；（3）当事人所在社区、单位以及有关社会团体推荐的公民。

7. CD　【解析】（1）选项C：委托代理人死亡或者丧失诉讼行为能力，委托诉讼代理权归于消灭。（2）选项D：授权委托书仅写“全权代理”而无具体授权的，诉讼代理人无权代为承认、放弃、变更诉讼请求，进行和解，提出反诉或者提起上诉。

8. ABCD　【解析】（1）民事诉讼证据包括：①当事人的陈述；②书证；③物证；④视听资料；⑤电子数据；⑥证人证言；⑦鉴定意见；⑧勘验笔录。（2）现场笔录是行政诉讼中特有的法定证据。

9. AC　【解析】（1）AC：属于书证，是以其内容证明待证事实的部分或者全部。（2）选项B：属于物证，是用物品的外形、特征、质量等证明待证事实的部分或全部。（3）选项DE：属于视听资料。

10. ABCE　【解析】下列事实，当事人无须举证证明：（1）自然规律以及定理、定律；（2）众所周知的事实；（3）根据法律规定推定的事实；（4）根据已知的事实和日常生活经验法则推定出的另一事实；（5）已为仲裁机构的生效裁决所确认的事实；（6）已为人民法院发生法律效力的裁判所确认的基本事实；

（7）已为有效公证文书所证明的事实。上述第（2）～（4）项事实，当事人有相反证据足以反驳的除外；第（5）～（7）项事实，当事人有相反证据足以推翻的除外。

11. ACDE 【解析】下列证据不能单独作为认定案件事实的根据：（1）当事人的陈述；（2）无民事行为能力人或者限制民事行为能力人所作的与其年龄、智力状况或者精神健康状况不相当的证言；（3）与一方当事人或者其代理人有利害关系的证人陈述的证言；（4）存有疑点的视听资料、电子数据；（5）无法与原件、原物核对的复制件、复制品。

12. ABCE 【解析】起诉必须符合以下条件：（1）原告是与本案有直接利害关系的公民、法人和其他组织；（2）有明确的被告；（3）有具体的诉讼请求和事实、理由；（4）属于人民法院受理民事诉讼的范围和受诉人民法院管辖。

13. AC 【解析】人民法院审理民事案件，除涉及国家秘密、个人隐私或者法律另有规定的以外，应当公开进行。离婚案件，涉及商业秘密的案件，当事人申请不公开审理的，可以不公开审理。

三、综合分析题

1. DE 【解析】（1）选项A：因轿车未交付，质权尚未设立，故无权请求拍卖丙质押的家用轿车抵债。（2）选项B：借款合同对支付利息没有约定的，视为没有利息。（3）选项C：丁提供的是一般保证，享有先诉抗辩权。

2. B 【解析】丁作为一般保证人，享有先诉抗辩权。

3. C 【解析】自然人之间的借款合同，自贷款人提供借款时成立。

4. D 【解析】因合同纠纷提起的诉讼，由被告住所地或者合同履行地（海沂市A区）人民法院管辖。被告住所地（大明市B区）与经常居住地（海沂市A区）不一致的，由经常居住地人民法院管辖。

第十八章　刑　法

本章学习指南

一、考情概况

本章近 3 年平均考查分值约 15.5 分，考查题型通常为单选题、多选题和综合分析题。

本章为重点章节，内容包括刑法基础、犯罪构成、刑罚种类、量刑、涉税犯罪和涉税职务犯罪的相关知识。刑事法律制度的综合分析题通常会以本章为主线展开，故要求考生有较为扎实的基础。本章考题灵活、综合性强，重点突出，通过历年真题的训练可以拿下大部分分值。

最近 3 年题型题量分析表

题型	2021 年	2020 年	2019 年
单项选择题	6.0 分	3.0 分	7.5 分
多项选择题	4.0 分	2.0 分	4.0 分
综合分析题	8.0 分	4.0 分	8.0 分
合计	18.0 分	9.0 分	19.5 分

二、教材变动

本章 2022 年无实质性变化，仅个别文字调整，并删除若干内容。

核心考点精讲

第一单元　刑法基础

01 刑法基本原则（★）

原则	含义
罪刑法定原则	法律明文规定为犯罪行为的，依照法律定罪处刑；法律没有明文规定为犯罪行为的，不得定罪处刑（法无明文规定不为罪，法无明文规定不处罚）

原则	含义
平等适用刑法原则	对任何人犯罪，在适用法律上一律平等；不允许任何人有超越法律的特权
罪刑相当原则	刑罚的轻重，应当与犯罪分子所犯罪行和承担的刑事责任相适应

经典题解

【真题·单选题】刑法的基本原则是在刑事立法和刑事司法中必须遵循的具有全局性和根本性的准则。下列原则中，属于刑法基本原则的是（　　）。（2019年）

A. 公开审判原则　　　　B. 罪刑法定原则

C. 疑罪从无原则　　　　D. 认罪从宽原则

【答案】B

02 追诉时效（★★★）

<table>
<tr><td rowspan="6">追诉时效</td><td colspan="3">犯罪经过下列期限不再追诉（超过追诉时效的，一般不再追究犯罪分子的刑事责任）</td></tr>
<tr><td colspan="2">法定最高刑</td><td>追诉时效</td></tr>
<tr><td rowspan="3">有期徒刑</td><td>不满5年（<5）</td><td>5年</td></tr>
<tr><td>5年以上不满10年（5≤Y<10）</td><td>10年</td></tr>
<tr><td>10年以上（≥10）</td><td>15年</td></tr>
<tr><td colspan="2">无期徒刑、死刑</td><td>20年（20年以后认为必须追诉的，须报请最高人民检察院核准）</td></tr>
<tr><td>追诉时效起算</td><td colspan="3">（1）追诉期限从犯罪之日起计算
（2）犯罪行为有连续或者继续状态的，从犯罪行为终了之日起计算</td></tr>
<tr><td>追诉时效的中断</td><td colspan="3">在追诉期限以内又犯罪的，前罪追诉的期限从犯后罪之日起计算
【提示】犯罪分子在实施犯罪行为后，在追诉时效期限内又犯罪的，前罪的追诉时效就此中断，并从后罪成立之日起重新计算</td></tr>
<tr><td>不受追诉期限的限制</td><td colspan="3">（1）在人民检察院、公安机关、国家安全机关立案侦查或者在人民法院受理案件以后，逃避侦查或者审判的，不受追诉期限的限制
（2）被害人在追诉期限内提出控告，人民法院、人民检察院、公安机关应当立案而不予立案的，不受追诉期限的限制</td></tr>
</table>

经典题解

【真题1·单选题】根据《刑法》规定，法定最高刑为无期徒刑、死刑的犯罪，经过20年的，不再追诉。如果20年以后认为必须追诉的，须报请核准。该核准机关是（　　）。（2017年）

A. 最高人民法院　　B. 最高人民检察院
C. 公安部　　D. 司法部

【答案】B

【真题 2·单选题】根据《刑法》规定，在追诉期限内又犯罪的，计算前罪追诉期限的起点是（　　）。（2018 年）

A. 犯后罪之日　　B. 前罪行为结束之日
C. 前罪行为开始之日　　D. 犯前罪之日

【解析】在追诉期限以内又犯罪的，前罪追诉的期限从犯后罪之日起计算。

【答案】A

【真题 3·多选题】根据《刑法》及有关规定，下列关于追诉时效的说法中，正确的有（　　）。（2018 年）

A. 连续或继续状态的犯罪，追诉时效从犯罪行为终了之日起计算
B. 一般犯罪的追诉时效，从犯罪之日起计算
C. 法定最高刑为 10 年以上有期徒刑的，追诉时效为 20 年
D. 在追诉时效期限内又犯罪的，前罪追诉的期限从犯后罪之日起计算
E. 超过追诉时效的，一般不再追究犯罪分子的刑事责任

【解析】选项 C：法定最高刑为 10 年以上有期徒刑的，追诉时效为 15 年。

【答案】ABDE

第二单元　犯罪构成

查看本单元视频，快速 GET 知识点
使用“会计云课堂”App或“微信”扫码

01　犯罪构成概述（★★）

犯罪特征	（1）严重的社会危害性；（2）刑事违法性；（3）应受刑罚处罚性
犯罪构成要件	四要件：犯罪客体、犯罪客观方面、犯罪主体、犯罪主观方面

经典题解

【真题 1·多选题】犯罪必须具有的特征有（　　）。（2017 年）

A. 刑事违法性　　B. 应受刑罚处罚性
C. 主观故意性　　D. 严重的社会危害性
E. 一般违法性

【答案】ABD

【真题2·多选题】根据刑法理论，犯罪构成要件通常包括（　　）。（2019年）

A. 犯罪客体　　B. 犯罪动机

C. 犯罪主体　　D. 犯罪主观方面

E. 犯罪客观方面

【解析】任何犯罪的成立都必须具备四个方面的构成要件：犯罪客体、犯罪客观方面、犯罪主体、犯罪主观方面。

【答案】ACDE

02 犯罪客体（★）

概念		《刑法》所保护的而为犯罪行为所侵害的社会主义社会关系	
分类	一般客体	一切犯罪行为共同侵犯的客体，即《刑法》所保护的社会主义社会关系的统一整体（体现了犯罪社会危害性的共性）	
	同类客体	某一类犯罪所共同侵犯的某一类社会关系（进行犯罪分类、确立《刑法》分则体系的基本依据）（如危害税收征管罪侵犯的客体均为国家的税收征管制度）	
	直接客体	具体犯罪所直接侵犯的具体的社会主义社会关系	
		简单客体	一个犯罪行为只侵犯一种具体的社会关系（如逃税罪侵犯了我国税收征收管理制度）
		复杂客体	一个犯罪行为同时侵犯两种以上具体的社会关系（如抗税罪既侵犯了国家税收征管制度，又侵犯了依法执行征税职务活动的税务人员的人身权利）

03 犯罪客观方面（★）

犯罪客观方面	指犯罪行为和由这种行为所造成的危害结果	
必备要件	危害行为	表现人的意识或意志的危害社会的行为，包括作为和不作为
	危害结果	危害行为对《刑法》所保护的具体社会关系所造成的损害
	危害行为与危害结果之间的因果关系	危害行为与危害结果之间存在的引起与被引起、决定与被决定的关系
选择性犯罪要件	犯罪的时间、地点和方法不是所有犯罪构成的必备要件，仅是某些犯罪构成所必需	

04 犯罪主体（★★★）

1. 自然人犯罪主体

（1）刑事责任年龄

①已满16周岁（≥16）的人犯罪，应当负刑事责任。

②已满14周岁不满16周岁（14≤Y<16）的人，犯故意杀人、故意伤害致人重伤或者死亡、强奸、抢劫、贩卖毒品、放火、爆炸、投放危险物质罪的，应当负刑事责任。（“杀、伤、强、抢、毒、火、爆、危”）

③已满12周岁不满14周岁（12≤Y<14）的人，犯故意杀人、故意伤害罪，致人死亡或者以特别残忍手段致人重伤造成严重残疾，情节恶劣，经最高人民检察院核准追诉的，应当负刑事责任。

④对依照上述规定追究刑事责任的不满18周岁（<18）的人，应当从轻或者减轻处罚。

⑤因不满16周岁不予刑事处罚的，责令其父母或者其他监护人加以管教；在必要的时候，依法进行专门矫治教育。

⑥已满75周岁（≥75）的人故意犯罪的，可以从轻或者减轻处罚；过失犯罪的，应当从轻或者减轻处罚。

易错易混

<table>
<tr><th>年龄（A）</th><th colspan="3">刑事责任</th></tr>
<tr><td>A<12</td><td colspan="2">不负刑事责任</td><td rowspan="3">因不满16周岁不予刑事处罚的，责令其父母或者其他监护人加以管教；在必要的时候，依法进行专门矫治教育</td></tr>
<tr><td>12≤A<14</td><td colspan="2">犯故意杀人、故意伤害罪，致人死亡或者以特别残忍手段致人重伤造成严重残疾，情节恶劣，经最高检核准追诉的，应当负刑事责任</td></tr>
<tr><td>14≤A<16</td><td colspan="2">“杀、伤、强、抢、毒、火、爆、危”，应当负刑事责任</td></tr>
<tr><td>A≥16</td><td colspan="3">应当负刑事责任</td></tr>
<tr><td>A<18</td><td colspan="3">（1）应当从轻或者减轻处罚
（2）（犯罪时）不满18周岁的人不适用死刑、不作为累犯
（3）符合缓刑条件的，应当予以缓刑</td></tr>
<tr><td rowspan="3">A≥75</td><td>故意</td><td colspan="2">可以从轻或者减轻处罚</td></tr>
<tr><td>过失</td><td colspan="2">应当从轻或者减轻处罚</td></tr>
<tr><td colspan="3">（1）符合缓刑条件的，应当予以缓刑
（2）（审判时）已满75周岁的人，不适用于死刑，但以特别残忍手段致人死亡除外</td></tr>
</table>

（2）刑罚的具体运用

①累犯：犯罪时不满18周岁（<18）的人不作为累犯。

②缓刑：对不满 18 周岁（<18）的人、怀孕的妇女和已满 75 周岁（≥75）的人，符合缓刑条件的，应当宣告缓刑。

③死刑限制：犯罪的时候不满 18 周岁的人和审判的时候怀孕的妇女，不适用死刑。审判的时候已满 75 周岁的人，不适用死刑，但以特别残忍手段致人死亡的除外。

④免除前科报告义务：犯罪的时候不满 18 周岁（<18）被判处 5 年有期徒刑以下刑罚的人，免除前科报告义务。

（3）刑事责任能力

①精神病人在不能辨认或者不能控制自己行为的时候造成危害结果，经法定程序鉴定确认的，不负刑事责任，但是应当责令他的家属或者监护人严加看管和医疗；在必要的时候，由政府强制医疗。

②间歇性的精神病人在精神正常的时候犯罪，应当负刑事责任。

③尚未完全丧失辨认或者控制自己行为能力的精神病人犯罪的，应当负刑事责任，但是可以从轻或者减轻处罚。

④醉酒的人犯罪，应当负刑事责任。

⑤又聋又哑的人或者盲人犯罪，可以从轻、减轻或者免除处罚。

经典题解

【真题 1·多选题】根据《刑法》规定，下列关于对未成年人犯罪案件处理的说法中，正确的有（　　）。（2017 年）

A. 犯罪时不满 18 周岁的人，即使以特别残忍手段致人死亡，也不适用死刑

B. 已满 16 周岁的人犯罪，应当负刑事责任

C. 因犯罪时不满 16 周岁，不予刑事处罚的，责令其父母或者其他监护人加以管教

D. 对未成年人犯罪，应当免除处罚

E. 对未成年人犯罪，应当判处缓刑

【解析】（1）选项 D：已满 12 周岁不满 18 周岁的人犯罪（应当追究刑事责任的），应当从轻或者减轻处罚，而非“免除”。（2）选项 E：不满 18 周岁的人犯罪符合缓刑条件的，应当宣告缓刑。

【答案】 ABC

【真题 2·单选题】根据《刑法》及相关法律规定，下列关于未成年人和老年人犯罪的定罪与量刑的说法中，正确的是（　　）。（2014 年）

A. 犯罪时不满 18 周岁的人，可以作为一般累犯

B. 犯罪时不满 16 周岁的人，不负刑事责任

C. 审判时已满 75 周岁的被告人，一般不适用死刑

D. 已满 75 周岁的被告人故意犯罪，应当减轻处罚

【解析】（1）选项 A：累犯不适用于犯罪时不满 18 周岁的人。（2）选项 B：已满 14 周岁不满 16 周岁的人，犯故意杀人、故意伤害致人重伤或者死亡、强奸、抢劫、贩卖毒品、放火、爆炸、投放危险物质罪的，应当负刑事责任。（3）选项 C：审判时已满 75 周岁的人，不适用死刑，但以特别残忍手段致人死亡的除外。（4）选项 D：已满 75 周岁的人故意犯罪

的，“可以”从轻或者减轻处罚。

【答案】C

【真题3·多选题】下列关于刑事责任能力的说法中，正确的有（　　）。（2017年）

A. 盲人犯罪的，可以从轻、减轻或免除处罚

B. 醉酒的人犯罪的，应当负刑事责任

C. 尚未完全丧失控制自己行为能力的精神病人犯罪的，应当负刑事责任

D. 间歇性的精神病人在精神正常时犯罪，应当负刑事责任

E. 年满75周岁的人犯罪的，不负刑事责任

【解析】选项E：已满75周岁的人故意犯罪的，可以从轻或者减轻处罚；过失犯罪的，应当从轻或者减轻处罚。

【答案】ABCD

2. 单位犯罪主体

（1）犯罪主体必须是公司、企业、事业单位、机关、团体。

考点提示

个人盗用单位名义实施犯罪，违法所得由实施犯罪的个人私分的，不属于单位犯罪。

（2）主观方面必须有为本单位谋取非法利益的故意，由单位集体或者其负责人作出犯罪决定，并通过直接责任人员加以实施。

考点提示

单位一般成员实施的犯罪，不属于单位犯罪；与单位的经营管理活动没有任何关系的犯罪，不可能成为单位犯罪；仅仅为单位个别或少数成员谋取非法利益，也不是单位犯罪。

（3）必须限于《刑法》或其他法律的特别规定：只有特别规定可以由单位实施的犯罪，才能认定为单位犯罪。

单位犯罪的处罚原则为两罚制：对单位判处罚金，并对其直接负责的主管人员和其他直接责任人员判处刑罚。

05 犯罪主观方面（★★）

故意	直接故意	行为人明知自己的行为会发生危害社会的结果，并且希望这种结果发生的心理态度
	间接故意	行为人明知自己的行为可能会发生危害社会的结果，并且放任这种结果发生的心理态度
过失	疏忽大意的过失	行为人应当预见自己的行为可能会发生危害社会的结果，因为疏忽大意而没有预见，以致发生这种结果的心理态度
	过于自信的过失	行为人已经预见到自己的行为可能会发生危害社会的结果，但是轻信能够避免，以致发生这种结果的心理态度

易错易混

犯罪目的	行为人希望通过实施犯罪行为达到某种危害社会的结果（犯罪目的只存在于直接故意犯罪中）
犯罪动机	刺激行为人实施犯罪行为以达到犯罪目的的内心冲动或者起因（犯罪动机只存在于直接故意犯罪中）

查看本单元视频，快速GET知识点
使用"会计云课堂"App或"微信"扫码

第三单元　刑罚种类

01 主刑（★★）

主刑，是对犯罪分子适用的主要刑罚方法，包括：管制、拘役、有期徒刑、无期徒刑和死刑5种。

主刑只能独立适用，不能附加适用。对一个犯罪只能适用一个主刑，不能同时适用两个或两个以上的主刑。

（一）管制（不予关押，但限制一定的人身自由，依法实行社区矫正）

1. 期限：3个月以上2年以下，数罪并罚时不超过3年。管制的刑期，从判决执行之日起计算；判决执行以前先行羁押的，羁押1日折抵刑期2日。

2. 对判处管制的犯罪分子，依法实行社区矫正。

3. 被判处管制的犯罪分子，在执行期间，应当遵守下列规定：（1）遵守法律、行政法规，服从监督；（2）未经执行机关批准，不得行使言论、出版、集会、结社、游行、示威自由的权利；（3）按照执行机关规定报告自己的活动情况；（4）遵守执行机关关于会客的规定；（5）离开所居住的市、县或者迁居，应当报经执行机关批准。

4. 禁止令：判处管制，可以根据犯罪情况，同时禁止犯罪分子在执行期间从事特定活动，进入特定区域、场所，接触特定的人。

（1）禁止令由司法行政机关指导管理的社区矫正机构负责执行。人民检察院对社区矫正机构执行禁止令的活动实行监督。

（2）禁止令的期限：可以与管制执行期限相同，也可以短于管制执行的期限，但不得少于3个月。判决执行以前先行羁押以致执行期限少于3个月的，禁止令的期限不受最短期限的限制。

考点提示

禁止令的执行期限从管制执行之日起计算。

（3）违反禁止令的，由负责执行禁止令的社区矫正机构所在地的公安机关依照《治安管理处罚法》的规定处罚。

5. 对于被判处管制的犯罪分子，在劳动中应当同工同酬。

6. 被判处管制的犯罪分子，管制期满，执行机关应即向本人和其所在单位或者居住地的群众宣布解除管制。

经典题解

【真题·单选题】根据《刑法》规定，下列有关禁止令的说法中，正确的是（　　）。（2020 年）

A. 禁止令的期限必须与管制的期限相同

B. 禁止令由公安机关负责执行

C. 对判处管制的犯罪分子，可以根据犯罪情况，同时宣布禁止令

D. 检察院对公安机关执行禁止令的活动进行监督

【解析】（1）选项 A：禁止令的期限，既可以与管制执行期限相同，也可以短于管制执行的期限，但不得少于 3 个月。（2）选项 BD：禁止令由司法行政机关指导管理的社区矫正机构负责执行，人民检察院对社区矫正机构执行禁止令的活动实行监督。

【答案】C

（二）拘役

1. 拘役的期限：1 个月以上 6 个月以下，数罪并罚时不能超过 1 年。拘役的刑期，从判决执行之日起计算；判决执行以前先行羁押的，羁押 1 日折抵刑期 1 日。

2. 被判处拘役的犯罪分子，由公安机关就近执行。

3. 在执行期间，被判处拘役的犯罪分子每月可以回家 1~2 天；参加劳动的，可以酌量发给报酬。

（三）有期徒刑

1. 有期徒刑的期限：一般为 6 个月以上 15 年以下。数罪并罚时，有期徒刑总和刑期不满 35 年的，最高不能超过 20 年；总和刑期在 35 年以上的，最高不能超过 25 年。有期徒刑的刑期，从判决执行之日起计算；判决执行以前先行羁押的，羁押 1 日折抵刑期 1 日。

2. 被判处有期徒刑的犯罪分子，在监狱或者其他执行场所执行；执行期间，凡有劳动能力的，都应当参加劳动，接受教育和改造。

（四）无期徒刑

1. 无期徒刑须与附加刑中的剥夺政治权利同时适用。

2. 被判处无期徒刑的犯罪分子，在监狱或者其他执行场所执行；凡有劳动能力的，都应当参加劳动，接受教育改造。

易错易混

<table>
<tr><th></th><th>执行</th><th>期限</th><th>刑期计算</th></tr>
<tr><td>管制</td><td>社区矫正</td><td>3个月≤Y≤2年
数罪并罚≤3年</td><td>判决执行之日起计算
先行羁押的，羁押1日折抵刑期2日</td></tr>
<tr><td>拘役</td><td>公安机关</td><td>1个月≤Y≤6个月
数罪并罚≤1年</td><td rowspan="2">判决执行之日起计算
先行羁押的，羁押1日折抵刑期1日</td></tr>
<tr><td>有期徒刑</td><td>监狱、
其他执行场所</td><td>6个月≤Y≤15年
数罪并罚≤20年（总和<35年）
数罪并罚≤25年（总和≥35年）</td></tr>
<tr><td>无期徒刑</td><td>监狱、
其他执行场所</td><td></td><td>先行羁押不折抵刑期</td></tr>
</table>

（五）死刑

1. 死刑

（1）不适用死刑的情况：①犯罪的时候不满18周岁的人和审判的时候怀孕的妇女，不适用死刑。②审判的时候已满75周岁的人，不适用死刑，但以特别残忍手段致人死亡的除外。

（2）死刑案件由中级以上人民法院进行一审，基层人民法院不得判处被告人死刑。

（3）死刑除依法由最高人民法院判决的以外，都应当报请最高人民法院核准。

2. 死刑缓期执行

（1）对于应当判处死刑的犯罪分子，如果不是必须立即执行的，可以判处死刑同时宣告缓期2年执行。

（2）死刑缓期执行的，可以由高级人民法院判决或者核准。

（3）判处死刑缓期执行的，在死刑缓期执行期间，如果没有故意犯罪，2年期满以后，减为无期徒刑；如果确有重大立功表现，2年期满以后，减为25年有期徒刑；如果故意犯罪，情节恶劣的，报请最高人民法院核准后执行死刑；对于故意犯罪未执行死刑的，死刑缓期执行的期间重新计算，并报最高人民法院备案。

（4）死刑缓期执行的期间，从判决确定之日起计算。死刑缓期执行减为有期徒刑的刑期，从死刑缓期执行期满之日起计算。

（5）限制减刑

对被判处死刑缓期执行的累犯以及因故意杀人、强奸、抢劫、绑架、放火、爆炸、投放危险物质或者有组织的暴力性犯罪被判处死刑缓期执行的犯罪分子，人民法院根据犯罪情节等情况可以同时决定对其限制减刑。

02 附加刑（★★）

附加刑，是补充主刑适用的刑罚方法，包括罚金、剥夺政治权利、没收财产和驱逐出境4种。

附加刑既可以独立适用，也可以附加适用。附加适用时，对一个犯罪可以适用两个或者两个以上的附加刑。

（一）罚金

1. 罚金在判决指定的期限内一次或者分期缴纳。期满不缴纳的，强制缴纳。对于不能全部缴纳罚金的，人民法院在任何时候发现被执行人有可以执行的财产，应当随时追缴。

2. 由于遭遇不能抗拒的灾祸等原因缴纳确实有困难的，经人民法院裁定，可以延期缴纳、酌情减少或者免除。

（二）剥夺政治权利

1. 剥夺政治权利是剥夺下列权利：

（1）选举权和被选举权；（2）言论、出版、集会、结社、游行、示威自由的权利；（3）担任国家机关职务的权利；（4）担任国有公司、企业、事业单位和人民团体领导职务的权利。

2. 对于危害国家安全的犯罪分子，应当附加剥夺政治权利；对于故意杀人、强奸、放火、爆炸、投毒、抢劫等严重破坏社会秩序的犯罪分子，可以附加剥夺政治权利。

3. 对于被判处死刑、无期徒刑的犯罪分子，应当剥夺政治权利终身。在死刑缓期执行减为有期徒刑或者无期徒刑减为有期徒刑的时候，应当把附加剥夺政治权利的期限改为3年以上10年以下。

4. 剥夺政治权利的期限：一般为1年以上5年以下。判处管制附加剥夺政治权利的，剥夺政治权利的期限与管制的期限相等，同时执行。

考点提示

附加剥夺政治权利的刑期，从徒刑、拘役执行完毕之日或者从假释之日起计算；剥夺政治权利的效力当然施用于主刑执行期间。

（三）没收财产

1. 没收财产是没收犯罪分子个人所有财产的一部分或者全部。没收全部财产的，应当对犯罪分子个人及其扶养的家属保留必需的生活费用。

考点提示

没收财产是没收犯罪分子合法所有并没有用于犯罪的财产。在没收财产时，不得以追缴犯罪所得、没收违禁品和供犯罪所用的本人财物来代替或者折抵。

2. 在判处没收财产的时候，不得没收属于犯罪分子家属所有或者应有的财产。

3. 没收财产以前犯罪分子所负的正当债务，需要以没收的财产偿还的，经债权人请求，应当偿还。

（四）驱逐出境

对于犯罪的外国人，可以独立适用或者附加适用驱逐出境。

经典题解

【真题1·单选题】下列关于附加刑适用的说法中，正确的是（　　）。（2021年）

A. 罚金应在判决指定的期限内一次缴纳

B. 罚金不可以单独适用

C. 对危害国家安全的犯罪分子，应当附加剥夺政治权利

D. 在没收财产时，可以用追缴犯罪所得来代替

【解析】（1）选项A：罚金在判决指定的期限内一次或者分期缴纳。（2）选项B：罚金既可以独立适用，也可以附加适用。（3）选项D：在没收财产时，不得以追缴犯罪所得、没收违禁品和供犯罪所用的本人财物来代替或者折抵。

【答案】C

【真题2·多选题】根据《刑法》，下列有关刑罚的说法中，正确的有（　　）。（2011年）

A. 刑罚有主刑与附加刑之分，管制、拘役属于附加刑

B. 对一个犯罪不能同时适用两个或者两个以上的主刑

C. 主刑可以独立适用，也可以附加适用

D. 附加刑不能独立适用，只能附加适用

E. 对犯罪的外国人，可以独立适用或者附加适用驱逐出境

【解析】（1）选项A：管制和拘役都是主刑，不是附加刑。（2）选项C：主刑只能独立适用，不能附加适用。（3）选项D：附加刑既可以独立适用，也可以附加适用。

【答案】BE

第四单元　刑罚适用

查看本单元视频，快速GET知识点

使用“会计云课堂”App或“微信”扫码

01 累犯（★★★）

一般累犯	概念	被判处有期徒刑以上刑罚的犯罪分子，刑罚执行完毕或者赦免以后，在5年以内再犯应当判处有期徒刑以上刑罚之罪的，是累犯，应当从重处罚，但是过失犯罪和不满18周岁的人犯罪的除外
	成立条件	（1）前罪和后罪都必须是故意犯罪（过失犯罪不成立累犯） （2）前罪被判处的刑罚、后罪应当被判处的刑罚，都必须是有期徒刑以上的刑罚（如有被判处拘役、管制或者单处附加刑的情况，不成立累犯） （3）后罪必须发生在前罪刑罚执行完毕或者赦免以后的5年之内。规定的5年期限，对于被假释的犯罪分子，从假释期满之日起计算 （4）累犯不适用于不满18周岁的人犯罪的情况

特别累犯	概念	危害国家安全犯罪、恐怖活动犯罪、黑社会性质的组织犯罪的犯罪分子，在刑罚执行完毕或者赦免以后，在任何时候再犯上述任一类罪的，都以累犯论处
	成立条件	（1）前罪和后罪都必须是危害国家安全犯罪、恐怖活动犯罪、黑社会性质的组织犯罪 （2）后罪必须发生在前罪刑罚执行完毕或者赦免以后

经典题解

【真题 1 · 单选题】 下列有关对累犯适用刑罚的说法中，正确的是（　　）。（2019 年）

A. 可以酌情适用缓刑　　B. 可以适用假释

C. 可以从重处罚　　D. 应当从重处罚

【解析】 被判处有期徒刑以上刑罚的犯罪分子，刑罚执行完毕或者赦免以后，在 5 年以内再犯应当判处有期徒刑以上刑罚之罪的，是累犯，应当从重处罚，但是过失犯罪和不满 18 周岁的人犯罪的除外。

【答案】 D

【真题 2 · 单选题】 根据《刑法》以及相关规定，下列关于累犯的适用情形和量刑的说法中，正确的是（　　）。（2014 年）

A. 前罪被判处拘役，后罪被判处 8 年有期徒刑适用累犯

B. 前罪被判处 6 年有期徒刑，后罪被判处拘役适用累犯

C. 对累犯应当从重处罚

D. 对累犯可以从重处罚

【解析】（1）选项 AB：累犯要求前罪被判处的刑罚和后罪应当判处的刑罚都必须是"有期徒刑以上"的刑罚。（2）选项 CD：对累犯"应当"从重处罚；不得缓刑、不得假释。

【答案】 C

02 自首（★★★）

一般自首	犯罪以后自动投案，如实供述自己的罪行的行为
视为自动投案	（1）犯罪嫌疑人向其所在单位、城乡基层组织或者其他有关负责人员投案 （2）犯罪嫌疑人因病、伤或者为了减轻犯罪后果，委托他人先代为投案，或者先以信电投案 （3）罪行尚未被司法机关发觉，仅因形迹可疑被有关组织或者司法机关盘问、教育后，主动交代自己的罪行 （4）犯罪后逃跑，在被通缉、追捕过程中，主动投案 （5）经查实确已准备去投案，或者正在投案途中，被公安机关捕获 （6）并非出于犯罪嫌疑人主动，而是经亲友规劝、陪同投案 （7）公安机关通知犯罪嫌疑人的亲友，或者亲友主动报案后，将犯罪嫌疑人送去投案 （8）犯罪后主动报案，虽未表明自己是作案人，但没有逃离现场，在司法机关询问时交代自己罪行

视为自动投案	(9) 明知他人报案而在现场等待，抓捕时无拒捕行为，供认犯罪事实 (10) 在司法机关未确定犯罪嫌疑人，尚在一般性排查询问时主动交代自己罪行 (11) 因特定违法行为被采取劳动教养、行政拘留、司法拘留、强制隔离戒毒等行政、司法强制措施期间，主动向执行机关交代尚未被掌握的犯罪行为 (12) 其他符合立法本意，应当视为自动投案的情形
特别自首	被采取强制措施的犯罪嫌疑人、被告人和正在服刑的罪犯，如实供述司法机关尚未掌握的本人其他罪行的，以自首论 【解释】其他罪行，是指供述的罪行在犯罪性质或者罪名上与司法机关已掌握的或者判决确定的罪行不同 【提示】如实供述的罪行与司法机关已掌握的或者判决确定的罪行属同种罪行的，可以酌情从轻处罚；如实供述的同种罪行较重的，一般应当从轻处罚
量刑规定	(1) 对于自首的犯罪分子，可以从轻或者减轻处罚。其中，犯罪较轻的，可以免除处罚 (2) 犯罪嫌疑人虽不具有规定的自首情节，但是如实供述自己罪行的，可以从轻处罚；因其如实供述自己罪行，避免特别严重后果发生的，可以减轻处罚 (3) 共同犯罪案件的犯罪分子到案后，揭发同案犯共同犯罪事实的，可以酌情予以从轻处罚

经典题解

【真题1·单选题】被采取强制措施的犯罪嫌疑人、被告人和正在服刑的罪犯，如实供述司法机关尚未掌握的本人其他罪行的行为，属于（　　）。（2017年）

A. 一般自首　　B. 重大立功

C. 特别自首　　D. 一般立功

【答案】C

【真题2·多选题】犯罪后自动投案是认定为自首的必要条件。下列情形中，应当视为自动投案的有（　　）。（2017年）

A. 正在投案途中，被公安机关捕获的

B. 犯罪后逃跑，在被通缉、追捕的过程中，主动投案的

C. 犯罪后逃至亲属家中，在亲属家中被公安机关抓获的

D. 并非出于犯罪嫌疑人主动，而是经亲友规劝，陪同其投案的

E. 亲友主动报案后，将犯罪嫌疑人送去投案的

【答案】ABDE

03 立功（★★）

犯罪分子有揭发他人犯罪行为，查证属实的，或者提供重要线索，从而得以侦破其他案件等立功表现的，可以从轻或者减轻处罚；有重大立功表现的，可以减轻或者免除处罚。

一般立功 （可以从、减）	（1）检举、揭发他人犯罪行为，包括共同犯罪案件中的犯罪分子揭发同案犯共同犯罪以外的其他犯罪，经查证属实 （2）提供侦破其他案件的重要线索，经查证属实 （3）阻止他人犯罪活动 （4）协助司法机关抓捕其他犯罪嫌疑人（包括同案犯） （5）具有其他有利于国家和社会的突出表现
重大立功 （可以减、免）	（1）检举、揭发他人重大犯罪行为，经查证属实 （2）提供侦破其他重大案件的重要线索，经查证属实 （3）阻止他人重大犯罪活动 （4）协助司法机关抓捕其他重大犯罪嫌疑人（包括同案犯） （5）对国家和社会有其他重大贡献等表现

经典题解

【真题·多选题】下列立功表现中，可以作为免除处罚理由的有（　　）。（2021年）

A. 检举他人重大犯罪行为，经查证属实

B. 协助公安机关抓捕同案其他重大犯罪嫌疑人

C. 阻止他人重大犯罪活动

D. 提供侦破其他案件的重要线索，经查证属实

E. 协助公安机关抓捕非同案其他犯罪嫌疑人

【解析】有重大立功表现的，可以减轻或者免除处罚。重大立功主要表现：（1）检举、揭发他人重大犯罪行为，经查证属实（选项A）；（2）提供侦破其他重大案件的重要线索，经查证属实；（3）阻止他人重大犯罪活动（选项C）；（4）协助司法机关抓捕其他重大犯罪嫌疑人（包括同案犯）（选项B）；（5）对国家和社会有其他重大贡献等表现。

【答案】ABC

04 数罪并罚（★）

一般原则	主刑+主刑（同种类）	判决宣告以前一人犯数罪的，除判处死刑和无期徒刑的以外，应当在总和刑期以下、数刑中最高刑期以上，酌情决定执行的刑期	
		管制	≤3年
		拘役	≤1年
		有期徒刑（总和刑期<35年）	≤20年
		有期徒刑（总和刑期≥35年）	≤25年
	主刑+主刑（不同种类）	（1）数罪中有判处有期徒刑和拘役的，执行有期徒刑 （2）数罪中有判处有期徒刑和管制，或者拘役和管制的，有期徒刑、拘役执行完毕后，管制仍须执行	
	主刑+附加刑	数罪中有判处附加刑的，附加刑仍须执行。其中附加刑种类相同的，合并执行，种类不同的，分别执行	

旧罪+漏罪（先并后减）	判决宣告以后，刑罚执行完毕以前，发现被判刑的犯罪分子在判决宣告以前还有其他罪没有判决的，应当对新发现的罪作出判决，把前后两个判决所判处的刑罚，依照规定，决定执行的刑罚。已经执行的刑期，应当计算在新判决决定的刑期以内
旧罪+新罪（先减后并）	判决宣告以后，刑罚执行完毕以前，被判刑的犯罪分子又犯罪的，应当对新犯的罪作出判决，把前罪没有执行的刑罚和后罪所判处的刑罚，依照规定，决定执行的刑罚

经典题解

【真题·多选题】《刑法》规定的刑罚分为主刑和附加刑两类，其适用原则有（　　）。(2012 年)

A. 主刑只能独立适用，不能附加适用

B. 附加刑既能附加适用，也能独立适用

C. 数罪并罚时，必须同时适用主刑和附加刑

D. 数罪并罚时，附加刑种类相同的，合并执行；种类不同的，分别执行

E. 对犯罪的外国人，驱逐出境可以独立适用，不能附加适用

【解析】(1) 选项 CD：对数罪宣告的刑罚中有附加刑的（不一定都有），附加刑仍须执行，附加刑的种类相同的，合并执行，种类不同的，分别执行。(2) 选项 E：附加刑（包括驱逐出境）既可以独立适用，也可以附加适用。

【答案】ABD

05 缓刑（★★★）

1. 对于被判处拘役、3 年以下有期徒刑的犯罪分子，同时符合下列条件的，可以宣告缓刑，对其中不满 18 周岁的人、怀孕的妇女和已满 75 周岁的人，应当宣告缓刑：

(1) 犯罪情节较轻；

(2) 有悔罪表现；

(3) 没有再犯罪的危险；

(4) 宣告缓刑对所居住社区没有重大不良影响。

2. 被宣告缓刑的犯罪分子，如果被判处附加刑，附加刑仍须执行。

3. 对于累犯和犯罪集团的首要分子，不适用缓刑。

4. 缓刑考验期

(1) 拘役的缓刑考验期限为原判刑期以上 1 年以下，但是不能少于 2 个月。

(2) 有期徒刑的缓刑考验期限为原判刑期以上 5 年以下，但是不能少于 1 年。

(3) 缓刑考验期限，从判决确定之日起计算。

5. 被宣告缓刑的犯罪分子，应当遵守下列规定：

(1) 遵守法律、行政法规，服从监督；

(2) 按照考察机关的规定报告自己的活动情况；

(3) 遵守考察机关关于会客的规定；

（4）离开所居住的市、县或者迁居，应当报经考察机关批准。

6. 对宣告缓刑的犯罪分子，在缓刑考验期限内，依法实行社区矫正，如果没有撤销缓刑的情形，缓刑考验期满，原判的刑罚就不再执行，并公开予以宣告。

7. 禁止令

（1）宣告缓刑，可以根据犯罪情况，同时禁止犯罪分子在缓刑考验期限内从事特定活动，进入特定区域、场所，接触特定的人。

（2）禁止令的期限，可以与缓刑考验的期限相同，也可以短于缓刑考验的期限，但不得少于 2 个月。禁止令的执行期限，从缓刑执行之日起计算。

【对比】管制的禁止令期限，既可以与管制执行期限相同，也可以短于管制执行的期限，但不得少于 3 个月。

（3）被宣告禁止令的犯罪分子被依法减刑时，禁止令的期限可以相应缩短，由人民法院在减刑裁定中确定新的禁止令期限。

8. 缓刑的撤销

（1）被宣告缓刑的犯罪分子，在缓刑考验期限内，违反法律、行政法规或者国务院有关部门关于缓刑的监督管理规定，或者违反人民法院判决中的禁止令，情节严重的，应当撤销缓刑，执行原判刑罚。

（2）被宣告缓刑的犯罪分子，在缓刑考验期限内犯新罪或者发现判决宣告以前还有其他罪没有判决的，应当撤销缓刑，对新犯的罪或者新发现的罪作出判决，把前罪和后罪所判处的刑罚，依照规定，决定执行的刑罚。

经典题解

【真题 1 · 单选题】根据《刑法》规定，下列有关缓刑的说法中，正确的是（ ）。（2020 年）

A. 对犯罪时已满 70 周岁的人应当适用缓刑

B. 累犯不适用缓刑

C. 被宣告缓刑的犯罪分子，附加刑不需要执行

D. 缓刑适用于法定刑为拘役或者 5 年以下有期徒刑的犯罪

【解析】（1）选项 AD：对被判处拘役、“3 年以下有期徒刑”（是宣告刑而不是法定刑）的犯罪分子，同时符合下列条件的，可以宣告缓刑；对其中不满 18 周岁的人、怀孕的妇女和“已满 75 周岁”的人，应当宣告缓刑：①犯罪情节较轻；②有悔罪表现；③没有再犯罪的危险；④宣告缓刑对所居住社区没有重大不良影响。（2）选项 B：累犯和犯罪集团的首要分子不适用缓刑。（3）选项 C：缓刑的效力不及于附加刑，即被宣告缓刑的犯罪分子，如果被判处附加刑，附加刑仍须执行。

【答案】B

【真题 2 · 单选题】根据《刑法》的规定，下列罪犯中，可以宣告缓刑的是（ ）。（2013 年）

A. 被判处 3 年以下有期徒刑的罪犯

B. 被判处 5 年有期徒刑且已满 75 周岁的罪犯

C. 累犯

D. 犯罪集团的首要分子

【解析】（1）选项 AB：对被判处拘役或者 3 年以下有期徒刑的犯罪分子，同时符合缓刑的法定条件的，可以宣告缓刑；对其中不满 18 周岁的人、怀孕的妇女和已满 75 周岁的人，应当宣告缓刑。（2）选项 CD：累犯和犯罪集团的首要分子不适用缓刑。

【答案】 A

【真题 3·多选题】 根据《刑法》相关规定，下列关于刑罚适用的说法中，正确的有（　　）。（2018 年）

A. 对审判时已满 75 周岁的人，一律不适用死刑

B. 附加刑既可以独立适用，也可以附加适用

C. 对于自首的犯罪分子，应当从轻或减轻处罚

D. 被判处拘役或者 3 年以下有期徒刑的犯罪分子，符合条件的，可以宣告缓刑

E. 主刑只能独立适用，不能附加适用

【解析】（1）选项 A：审判的时候已满 75 周岁的人，不适用死刑，但以特别残忍手段致人死亡的除外。（2）选项 C：对于自首的犯罪分子，可以（而非应当）从轻或者减轻处罚。

【答案】 BDE

06 减刑（★）

1. 减刑对象与条件

被判处管制、拘役、有期徒刑、无期徒刑的犯罪分子，在执行期间，如果认真遵守监规，接受教育改造，确有悔改表现的，或者有立功表现的，可以减刑。

2. 减刑起始时间

（1）有期徒刑

被判处有期徒刑的罪犯减刑起始时间为：

①不满 5 年有期徒刑的，应当执行 1 年以上方可减刑；

②5 年以上不满 10 年有期徒刑的，应当执行 1 年 6 个月以上方可减刑；

③10 年以上有期徒刑的，应当执行 2 年以上方可减刑；

④原具有国家工作人员身份犯贪污贿赂罪的罪犯，被判处 10 年以上有期徒刑，符合减刑条件的，执行 3 年以上方可减刑；被判处不满 10 年有期徒刑，符合减刑条件的，执行 2 年以上方可减刑。

考点提示

有期徒刑减刑的起始时间自判决执行之日起计算。

（2）无期徒刑

①被判处无期徒刑的罪犯在刑罚执行期间，符合减刑条件的，执行 2 年以上，可以减刑。

②原具有国家工作人员身份犯贪污贿赂罪的罪犯被判处无期徒刑，符合减刑条件的，执行4年以上方可减刑。

（3）死刑缓期执行

①被判处死刑缓期执行的罪犯减为无期徒刑后，符合减刑条件的，执行3年以上方可减刑。

②原具有国家工作人员身份犯贪污贿赂罪的罪犯被判处死刑缓期执行的，减为无期徒刑后，符合减刑条件的，执行4年以上方可减刑。

（4）数罪并罚死刑缓期执行

数罪并罚被判处死刑缓期执行的罪犯，减为无期徒刑后，符合减刑条件的，执行3年以上方可减刑。

（5）被限制减刑的死刑缓期执行

被限制减刑的死刑缓期执行罪犯，减为无期徒刑后，符合减刑条件的，执行5年以上方可减刑。

3. 减刑间隔时间

（1）有期徒刑

①被判处不满10年有期徒刑的罪犯，两次减刑间隔时间不得少于1年。

②被判处10年以上有期徒刑的罪犯，两次减刑间隔时间不得少于1年6个月。

③减刑间隔时间不得低于上次减刑减去的刑期。

④原具有国家工作人员身份犯贪污贿赂罪的罪犯被判处10年以上有期徒刑的，两次减刑之间应当间隔2年以上；被判处不满10年有期徒刑的，两次减刑之间应当间隔1年6个月以上。

⑤罪犯有重大立功表现的，可以不受上述减刑起始时间和间隔时间的限制。

（2）无期徒刑

①无期徒刑罪犯减为有期徒刑后再减刑时，两次减刑间隔时间不得少于2年。

②原具有国家工作人员身份犯贪污贿赂罪被判处无期徒刑的罪犯减为有期徒刑后再减刑时，减刑幅度比照有期徒刑执行。两次减刑之间应当间隔2年以上。

③罪犯有重大立功表现的，可以不受上述减刑起始时间和间隔时间的限制。

（3）死刑缓期执行

①被判处死刑缓期执行的罪犯减为有期徒刑后再减刑时，两次减刑间隔时间不得少于2年。

②原具有国家工作人员身份犯贪污贿赂罪被判处死刑缓期执行的罪犯减为有期徒刑后再减刑时，减刑幅度比照有期徒刑执行。两次减刑之间应当间隔2年以上。

（4）数罪并罚死刑缓期执行

减为有期徒刑后再减刑时，减刑幅度从严掌握，一次不超过1年有期徒刑，两次减刑之间应当间隔2年以上。

（5）被限制减刑的死刑缓期执行

①被限制减刑的死刑缓期执行罪犯，减为无期徒刑后，符合减刑条件的，减刑间隔时间依照规定执行；减为有期徒刑后再减刑时，两次减刑间隔时间不得少于2年。有重大立功表现的，间隔时间可以适当缩短。

②原具有国家工作人员身份犯贪污贿赂罪的罪犯有重大立功表现的，减刑时可以不受上

述间隔时间的限制。

4. 减刑幅度（被判处有期徒刑的罪犯）

（1）确有悔改表现或者有立功表现的，一次减刑不超过 9 个月有期徒刑；

（2）确有悔改表现并有立功表现的，一次减刑不超过 1 年有期徒刑；

（3）有重大立功表现的，一次减刑不超过 1 年 6 个月有期徒刑；

（4）确有悔改表现并有重大立功表现的，一次减刑不超过 2 年有期徒刑；

（5）原具有国家工作人员身份犯贪污贿赂罪的罪犯被判处有期徒刑，确有悔改表现或者有立功表现的，一次减刑不超过 6 个月有期徒刑；确有悔改表现并有立功表现的，一次减刑不超过 9 个月有期徒刑；有重大立功表现的，一次减刑不超过 1 年有期徒刑。

5. 减刑后实际执行的刑期

减刑以后实际执行的刑期不能少于下列期限：

（1）判处管制、拘役、有期徒刑的，不能少于原判刑期的 1/2；

（2）被判处拘役或者3 年以下有期徒刑，并宣告缓刑的罪犯，一般不适用减刑。上述罪犯在缓刑考验期内有重大立功表现的，可以参照《刑法》规定予以减刑，同时应当依法缩减其缓刑考验期限。缩减后，拘役的缓刑考验期限不得少于 2 个月，有期徒刑的缓刑考验期限不得少于 1 年；

（3）判处无期徒刑的，不能少于13 年（无期徒刑减为有期徒刑的刑期，从裁定减刑之日起计算）；

（4）被判处死刑缓期执行的罪犯经过一次或者几次减刑后，其实际执行的刑期不得少于 15 年，死刑缓期执行期间不包括在内；

（5）限制减刑的被判处死刑缓期执行的犯罪分子，缓期执行期满后依法减为无期徒刑的，不能少于 25 年，缓期执行期满后依法减为 25 年有期徒刑的，不能少于 20 年；

（6）被判处有期徒刑罪犯减刑时，对附加剥夺政治权利的期限可以酌减。酌减后剥夺政治权利的期限，不得少于 1 年；

（7）被判处死刑缓期执行、无期徒刑的罪犯减为有期徒刑时，应当将附加剥夺政治权利的期限减为 7 年以上 10 年以下，经过一次或者几次减刑后，最终剥夺政治权利的期限不得少于 3 年。

易错易混

<table>
<tr><th colspan="2"></th><th>实际执行刑期</th><th>备注</th></tr>
<tr><td colspan="2">管制、拘役、有期徒刑</td><td>≥原判刑期的 1/2</td><td>——</td></tr>
<tr><td colspan="2">拘役+缓刑</td><td>缓刑考验期≥2 个月</td><td>一般不适用减刑</td></tr>
<tr><td colspan="2">3 年以下有期徒刑+缓刑</td><td>缓刑考验期≥1 年</td><td>一般不适用减刑</td></tr>
<tr><td colspan="2">无期徒刑</td><td>≥13 年</td><td>——</td></tr>
<tr><td rowspan="3">死刑缓期执行</td><td>未被限制减刑</td><td>≥15 年</td><td rowspan="3">死刑缓期执行期间不包括在内</td></tr>
<tr><td rowspan="2">限制减刑</td><td>依法减为无期徒刑，≥25 年</td></tr>
<tr><td>依法减为 25 年有期徒刑，≥20 年</td></tr>
</table>

经典题解

【真题·多选题】下列关于刑罚适用的说法中，正确的有（ ）。（2021 年）

A. 对于自首的犯罪分子，可以从轻或减轻处罚

B. 累犯不适用于未满 18 周岁的人犯罪

C. 刑罚执行完毕后又犯罪的，应予数罪并罚

D. 对累犯不适用缓刑

E. 有期徒刑减刑的起始时间自判决执行之日起计算

【解析】选项 C：刑罚执行完毕以后又犯罪的，考虑是否构成累犯，而非数罪并罚。

【答案】ABDE

07 假释（★★）

1. 被判处有期徒刑的犯罪分子，执行原判刑期 1/2 以上，被判处无期徒刑的犯罪分子，实际执行 13 年以上，如果认真遵守监规，接受教育改造，确有悔改表现，没有再犯罪的危险的，可以假释。如果有特殊情况，经最高人民法院核准，可以不受上述执行刑期的限制。

2. 对累犯以及因故意杀人、强奸、抢劫、绑架、放火、爆炸、投放危险物质或者有组织的暴力性犯罪被判处10 年以上有期徒刑、无期徒刑的犯罪分子，不得假释。对原具有国家工作人员身份犯贪污贿赂罪的罪犯适用假释时，应当从严掌握。

易错易混

对于累犯，应当从重处罚，不适用缓刑、不得假释，对被判处死刑缓期执行的累犯可以决定对其限制减刑。

3. 对于生效裁判中有财产性判项，罪犯确有履行能力而不履行或者不全部履行的，不予假释。对原具有国家工作人员身份犯贪污贿赂罪的罪犯拒不认罪悔罪的，或者确有履行能力而不履行或者不全部履行生效裁判中财产性判项的，不予假释，一般不予减刑。

4. 有期徒刑的假释考验期限，为没有执行完毕的刑期；无期徒刑的假释考验期限为 10 年。假释考验期限，从假释之日起计算。

5. 对假释的犯罪分子，在假释考验期限内，依法实行社区矫正，如果没有撤销假释的情形，假释考验期满，就认为原判刑罚已经执行完毕，并公开予以宣告。

6. 假释的撤销

（1）被假释的犯罪分子，在假释考验期限内犯新罪，应当撤销假释，依照规定实行数罪并罚。

（2）在假释考验期限内，发现被假释的犯罪分子在判决宣告以前还有其他罪没有判决的，应当撤销假释，依照规定实行数罪并罚。

（3）被假释的犯罪分子，在假释考验期限内，有违反法律、行政法规或者国务院有关部门关于假释的监督管理规定的行为，尚未构成新的犯罪的，应当依照法定程序撤销假释，收监执行未执行完毕的刑罚。

7. 假释的职业禁止

因利用职业便利实施犯罪，或者实施违背职业要求的特定义务的犯罪被判处刑罚的，人民法院可以根据犯罪情况和预防再犯罪的需要，禁止其自刑罚执行完毕之日或者假释之日起从事相关职业，期限为3~5年。

【总结】

	缓刑	减刑	假释
适用对象	可以：拘役、3年以下有期徒刑（可以）；应当：不满18周岁的人、怀孕的妇女和已满75周岁的人	管制、拘役、有期徒刑、无期徒刑	有期徒刑、无期徒刑
主要条件	（1）犯罪情节较轻 （2）有悔罪表现 （3）没有再犯罪的危险 （4）宣告缓刑对所居住社区没有重大不良影响	认真遵守监规，接受教育改造，确有悔改表现的，或者有立功表现的，可以减刑	（1）有期徒刑：执行原判刑期1/2以上 （2）无期徒刑：实际执行13年以上
排除适用	（1）累犯 （2）犯罪集团的首要分子	可以决定对被判处死刑缓期执行的累犯以及因故意杀人、强奸、抢劫、绑架、放火、爆炸、投放危险物质或者有组织的暴力性犯罪被判处死刑缓期执行的犯罪分子限制减刑	（1）累犯 （2）因故意杀人、强奸、抢劫、绑架、放火、爆炸、投放危险物质或者有组织的暴力性犯罪被判处10年以上有期徒刑、无期徒刑的犯罪分子
期限	考验期限： （1）拘役：原判刑期以上1年以下，但是不能少于2个月 （2）有期徒刑：原判刑期以上5年以下，但是不能少于1年	减刑后实际执行刑期： （1）判处管制、拘役、有期徒刑：不能少于原判刑期的1/2 （2）无期徒刑：不能少于13年	考验期限： （1）有期徒刑：没有执行完毕的刑期 （2）无期徒刑：10年
社区矫正	√	×	√
禁止	2个月≤禁止令≤缓刑考验期限	×	职业禁止（3~5年）

经典题解

【真题1·单选题】下列关于假释适用的说法中，正确的是（　　）。（2021年）

A. 假释适用于被判处拘役、有期徒刑或者无期徒刑的罪犯

B. 对被判处有期徒刑的罪犯，须执行原刑期 2/3 以上，才可以假释

C. 对未全部履行罚金判决的罪犯，一律不得假释

D. 对因抢劫犯罪被判处无期徒刑的罪犯，不得假释

【解析】（1）选项 AB：被判处有期徒刑的犯罪分子，执行原判刑期 1/2 以上，被判处无期徒刑的犯罪分子，实际执行 13 年以上，如果认真遵守监规，接受教育改造，确有悔改表现，没有再犯罪的危险的，可以假释。如果有特殊情况，经最高人民法院核准，可以不受上述执行刑期的限制。（2）选项 C：对于生效裁判中有财产性判项，罪犯确有履行能力而不履行或者不全部履行的，不予假释。（3）选项 D：对累犯以及因故意杀人、强奸、抢劫、绑架、放火、爆炸、投放危险物质或者有组织的暴力性犯罪被判处 10 年以上有期徒刑、无期徒刑的犯罪分子，不得假释。

【答案】 D

【真题 2·单选题】 根据法律规定，被判处有期徒刑或者无期徒刑的犯罪分子，符合规定条件的，可以予以假释。下列可以适用假释的犯罪情形是（　　）。（2014 年）

A. 因抢劫罪被判处 8 年有期徒刑的犯罪分子，实际已经执行 5 年刑期，狱中表现良好，确有悔改表现

B. 因暴力抢劫被判处 10 年有期徒刑的犯罪分子，实际已经执行 6 年刑期，狱中表现良好，确有悔改表现

C. 因受贿罪被判处 15 年有期徒刑的犯罪分子，实际已经执行 5 年刑期，狱中表现良好，确有悔改表现

D. 被判处无期徒刑的犯罪分子，实际已经执行 12 年刑期，狱中表现良好，确有悔改表现

【解析】（1）选项 B：对累犯以及因故意杀人、强奸、抢劫、绑架、放火、爆炸、投放危险物质或者有组织的暴力性犯罪被判处 10 年以上有期徒刑、无期徒刑的犯罪分子，不得假释。（2）选项 CD：被判处有期徒刑的犯罪分子，执行原判刑期 1/2 以上，被判处无期徒刑的犯罪分子，实际执行 13 年以上，如果认真遵守监规，接受教育改造，确有悔改表现，没有再犯罪的危险的，可以假释。

【答案】 A

【真题 3·单选题】 根据《刑法》的规定，下列有关减刑、假释适用对象的说法中，正确的是（　　）。（2013 年）

A. 减刑只适用于被判处有期徒刑和无期徒刑的犯罪分子

B. 累犯不适用减刑

C. 假释只适用于被判处管制、拘役和有期徒刑的犯罪分子

D. 累犯不适用假释

【解析】（1）选项 AC：减刑适用于被判处管制、拘役、有期徒刑或者无期徒刑的犯罪分子；假释适用于被判处有期徒刑或者无期徒刑的犯罪分子。（2）选项 BD：对累犯应当从重处罚；不得“缓刑”（而非“减刑”）、不得假释。

【答案】 D

【真题4·多选题】2006年6月，梁某因交通肇事罪被判入狱服刑4年，2011年11月，因虚开普通发票罪被判处有期徒刑4年。下列有关梁某的刑罚适用及执行的说法中，正确的有（　　）。（2013年）

A. 构成累犯　　　　B. 不构成累犯

C. 可以适用假释　　　　D. 可以适用缓刑

E. 执行期间不得减刑

【解析】（1）选项AB：一般累犯的成立条件是前罪和后罪均为故意犯罪；梁某所犯前罪为过失犯罪，不构成累犯。（2）选项C：假释适用于被判处有期徒刑或者无期徒刑的犯罪分子，依法不得假释的情况除外。（3）选项D：缓刑适用于被判处拘役或者3年以下有期徒刑的犯罪分子，梁某被判有期徒刑4年，不适用缓刑。（4）选项E：减刑适用于被判处管制、拘役、有期徒刑或者无期徒刑的犯罪分子，但对被判处拘役或者3年以下有期徒刑、并宣告缓刑的犯罪分子，一般不适用减刑，如在缓刑考验期内确有重大立功表现的，可以参照《刑法》的规定予以减刑。

【答案】BC

【总结1】从轻、减轻、免除情形

<table>
<tr><th>主体</th><th colspan="2">应当/可以</th><th>从轻</th><th>减轻</th><th>免除</th></tr>
<tr><td>应当追究刑事责任，已满12周岁不满18周岁（12≤Y<18）</td><td colspan="2">应当</td><td>√</td><td>√</td><td>——</td></tr>
<tr><td rowspan="2">已满75周岁（≥75）</td><td>故意</td><td>可以</td><td>√</td><td>√</td><td>——</td></tr>
<tr><td>过失</td><td>应当</td><td>√</td><td>√</td><td>——</td></tr>
<tr><td>尚未完全丧失辨认或者控制自己行为能力的精神病人</td><td colspan="2">可以</td><td>√</td><td>√</td><td>——</td></tr>
<tr><td>又聋又哑</td><td colspan="2">可以</td><td>√</td><td>√</td><td>√</td></tr>
<tr><td>盲人</td><td colspan="2">可以</td><td>√</td><td>√</td><td>√</td></tr>
<tr><td>自首</td><td colspan="2">可以</td><td>√</td><td>√</td><td>√（较轻）</td></tr>
<tr><td>立功</td><td colspan="2">可以</td><td>√</td><td>√</td><td>——</td></tr>
<tr><td>重大立功</td><td colspan="2">可以</td><td>——</td><td>√</td><td>√</td></tr>
</table>

【总结2】特殊主体关于缓刑、减刑和假释的适用

主体	缓刑	减刑	假释
不满18周岁（<18）	（符合条件）应当	——	——
已满75周岁（≥75）	（符合条件）应当	——	——
怀孕的妇女	（符合条件）应当	——	——
犯罪集团首要分子	不适用	——	——

主体	缓刑	减刑	假释
累犯	不适用	（死缓）可以限制	不得
故意杀人、强奸、抢劫、绑架、放火、爆炸、投放危险物质或者有组织的暴力性犯罪	——	（死缓）可以限制	（10 年以上有期徒刑，无期）不得
管制	——	√	——
拘役	√	√	——
有期徒刑	（≤3 年）√	√	（≥1/2）√
无期徒刑	——	√	（≥13 年）√
死刑缓期执行	——	√	——

第五单元　涉税犯罪

查看本单元视频，快速 GET 知识点
使用“会计云课堂”App或“微信”扫码

01　危害税收征管罪（涉税犯罪）（★）

1. 危害税收征管罪，是指违反国家税收征收管理法律、法规，采取各种方式、方法，逃避缴纳税款、逃避缴纳欠税、骗取出口退税、抗税以及虚开、出售发票，破坏国家税收征收管理制度，扰乱市场经济秩序，情节严重的一类犯罪的总称。危害税收征管罪包括：逃税罪、抗税罪、逃避追缴欠税罪、骗取出口退税罪和相关涉票类犯罪。

考点提示

涉税犯罪，是学理上的概念；在《刑法》中，主要指危害税收征管罪。

2. 犯罪构成

<table>
<tr><td>犯罪客体</td><td colspan="2">国家的税收征管制度</td></tr>
<tr><td>犯罪客观方面</td><td colspan="2">行为人采取各种方式、方法，逃避缴纳税款、逃避缴纳欠税、骗取出口退税、抗税以及虚开、出售发票，情节严重的行为</td></tr>
<tr><td rowspan="5">犯罪主体</td><td colspan="2">一般主体或特殊主体，既包括单位，也包括个人</td></tr>
<tr><td>逃税罪</td><td>特殊主体：纳税人、扣缴义务人</td></tr>
<tr><td>抗税罪</td><td>特殊主体：纳税人、扣缴义务人</td></tr>
<tr><td>逃避追缴欠税罪</td><td>特殊主体：纳税人（扣缴义务人不能成为逃避追缴欠税罪主体）</td></tr>
<tr><td>骗取出口退税罪</td><td>一般主体</td></tr>
<tr><td>犯罪主观方面</td><td colspan="2">故意，过失不构成危害税收征管罪</td></tr>
</table>

经典题解

【真题1·单选题】 根据刑法理论，下列对危害税收征管罪特征的表述中，正确的是（　　）。（2011年）

A. 侵犯的客体是国家公共财产所有权

B. 客观方面表现为行为人采取各种方法拖欠税款的行为

C. 犯罪主体只能是单位

D. 过失不能构成本罪

【解析】（1）选项A：危害税收征管罪侵犯的客体是国家的税收征管制度。（2）选项B：客观方面表现为行为人采取各种方式、方法，逃避缴纳税款、逃避缴纳欠税、骗取出口退税、抗税以及虚开、出售发票，情节严重的行为。（3）选项C：犯罪的主体是一般主体或特殊主体，既包括单位，也包括个人。

【答案】 D

【真题2·单选题】 根据《刑法》规定，下列关于危害税收征管犯罪的说法中，正确的是（　　）。（2018年）

A. 骗取出口退税罪、虚开增值税专用发票罪都属于危害税收征管犯罪

B. 主体只能是单位

C. 行为人在主观方面存在故意或者过失

D. 侵犯的客体是市场经济秩序

【解析】（1）选项B：危害税收征管犯罪的主体可以是单位也可以是自然人。（2）选项C：危害税收征管犯罪的主观方面只能是故意。（3）选项D：危害税收征管犯罪侵犯的客体是国家税收征管制度。

【答案】 A

【真题3·单选题】 危害税收征管罪是《刑法》规定的破坏国家税收征管制度的一类犯罪。下列罪名中，不属于危害税收征管罪的是（　　）。（2019年）

A. 持有伪造的发票罪

B. 非法出售发票罪

C. 徇私舞弊不征、少征税款罪

D. 虚开发票罪

【解析】 选项C：属于涉税职务犯罪。

【答案】 C

02 逃税罪（★★★）

考点提示

目前我国刑法没有“偷税罪”，但《税收征管法》中仍然有“偷税行为”。

1. 犯罪构成

犯罪客体	税收征收管理制度
犯罪客观方面（立案追诉）	（1）纳税人采取欺骗、隐瞒手段进行虚假纳税申报或者不申报，逃避缴纳税款，数额在5万元以上并且占各税种应纳税总额10%以上，经税务机关依法下达追缴通知后，不补缴应纳税款、不缴纳滞纳金或者不接受行政处罚（纳税人：金额+比例+知错不改）（纳税人在公安机关立案后再补缴应纳税款、缴纳滞纳金或者接受行政处罚的，不影响刑事责任的追究） （2）纳税人5年内因逃避缴纳税款受过刑事处罚或者被税务机关给予2次以上行政处罚，又逃避缴纳税款，数额在5万元以上并且占各税种应纳税总额10%以上（纳税人：金额+比例+前科） 【提示】对于纳税人：只有金额≥5万元且比例≥10%，才有可能构成逃税罪，否则，仅成立一般逃税违法行为（按照《税收征管法》追究行政责任） （3）扣缴义务人采取欺骗、隐瞒手段，不缴或者少缴已扣、已收税款，数额在5万元以上（对于扣缴义务人：只要逃税金额≥5万元就达到立案追诉标准，不适用不予追究刑事责任的特别条款）
犯罪主体	特殊主体：纳税人和扣缴义务人（可以是自然人，也可以是单位）
犯罪主观方面	直接故意（确因疏忽而没有纳税申报，属于漏税，依法补缴即可，其行为不构成犯罪）
不予追究刑事责任的特别条款	纳税人有采取欺骗、隐瞒手段进行虚假纳税申报或者不申报，逃避缴纳税款，数额在5万元以上并且占各税种应纳税总额10%以上之行为，经税务机关依法下达追缴通知后，补缴应纳税款，缴纳滞纳金，已受行政处罚的，不予追究刑事责任；但是，5年内因逃避缴纳税款受过刑事处罚或者被税务机关给予2次以上行政处罚的除外

2. 逃税罪与徇私舞弊不征、少征税款罪的区别

罪名	涉及主体	行为
逃税罪	税务机关工作人员作为共犯	与逃税人勾结，故意不履行依法征税的职责，不征、少征税款
徇私舞弊不征、少征税款罪	税务机关工作人员	知道行为人的逃税行为，但出于私利佯装不知，对行为人的逃税行为采取放任态度，因此不征、少征税款

经典题解

【真题1·单选题】下列纳税人的行为中，可能构成逃税罪的是（　　）。（2021年）

A. 聚众抗拒缴纳税款

B. 隐匿财产致使税务机关无法追缴到其欠缴的税款

C. 威胁税务工作人员抗拒缴纳税款

D. 采用欺骗手段不缴纳税款

【解析】逃税罪，是指纳税人采取欺骗、隐瞒手段进行虚假纳税申报或者不申报，逃避缴纳税款，使国家税收受到侵害，数额较大的一种犯罪。

【答案】D

【真题2·单选题】王某5年内因逃税被税务机关给予3次行政处罚后，又采取欺骗手段进行虚假纳税申报。逃税20万元，占各税种应纳税总额8%，下列有关是否追究王某刑事责任的做法中，正确的是（　　）。（2019年）

A. 按逃税罪追究王某刑事责任

B. 对王某不予追究刑事责任

C. 按诈骗罪追究王某刑事责任

D. 按逃避追缴欠税罪追究王某刑事责任

【解析】纳税人5年内因逃避缴纳税款受过刑事处罚或者被税务机关给予2次以上行政处罚，又逃避缴纳税款，数额在5万元以上并且占各税种应纳税总额10%以上的，应予立案追诉。本题中，逃税数额占各税种应纳税总额8%，未达到10%，属于一般逃税违法行为，应按照《税收征管法》的规定承担行政责任，而非追究刑事责任。

【答案】B

【真题3·多选题】根据《刑法》及司法解释规定，下列关于逃税罪的说法中，正确的有（　　）。（2018年）

A. 本罪主观方面必须出于故意

B. 本罪犯罪主体只能是纳税人

C. 从逃税额看，只有纳税人的逃税额在5万元以上且占各税种应纳税总额10%以上的，才能构成本罪

D. 对于初次逃税行为，经税务机关依法下达追缴通知书后，补缴税款及滞纳金，已受行政处罚的，不予追究刑事责任

E. 本罪侵犯的客体是税收征管秩序

【解析】选项B：逃税罪的主体可以是纳税人，也可以是扣缴义务人。

【答案】ACDE

【真题4·单选题】根据《刑法》及有关规定，下列罪名中，表述错误的是（　　）。（2017年）

A. 偷税罪

B. 非法购买增值税专用发票罪

C. 虚开增值税专用发票罪

D. 持有伪造的发票罪

【解析】《刑法修正案（七）》将之前我国“偷税”行为表述改为“逃避缴纳税款”，之前的“偷税罪”改为“逃税罪”。

【答案】A

03 抗税罪（★）

1. 犯罪构成

犯罪客体	复杂客体：税收征管制度、依法执行征税职务活动的税务人员的人身权利
犯罪客观方面	以暴力、威胁方法拒不缴纳税款的行为： （1）暴力的最大限度只能是造成轻伤害，如果超过这一限度则可能成立故意伤害罪、故意杀人罪等 （2）单独以暴力威胁方法阻碍税务人员执行公务的行为，构成妨害公务罪
犯罪主体	纳税人、扣缴义务人（单位不能成为抗税罪犯罪主体）
犯罪主观方面	直接故意

2. 抗税罪与税收争议

纳税人过错引起的争议	出于对税收法律政策不清楚或者曲解，在应纳税所得额、税率等纳税问题上与征税人发生歧义，并不具有抗税的故意，即使出现一些暴力或者威胁行为，也不宜认定为抗税罪。如果造成伤害，可考虑按伤害罪论处。如果是无理取闹、扩大事态，主观上具备了抗税故意，在客观要件具备的情况下，可以认定为抗税罪
征税人过错导致的争议	构成抗税罪的前提是行为人应当缴纳税款，而错征税款是因税务人员疏忽或者不熟悉税法等原因搞错征税对象、征税项目和应税数额，造成税额计算错误、多征或者重复征税等情况引起纳税人拒缴税款，这种情况下，不应以抗税罪论处，如果造成税务人员伤亡的，应以伤害罪或者杀人罪追究其刑事责任

3. 抗税罪与妨害公务罪

	抗税罪	**妨害公务罪**
主体	特殊主体（纳税人、扣缴义务人）	一般主体
主观目的	逃避缴纳税款非法获利	使国家工作人员不能依法执行职务
犯罪对象	执行税收征管任务的税务人员	执行职务的国家工作人员
侵犯客体	国家税收征收管理制度	国家机关的公务活动

04 逃避追缴欠税罪（★★）

1. 犯罪构成

犯罪客体	复杂客体：税收征管制度、国家财产所有权
犯罪客观方面	在欠缴应纳税款的情况下，纳税人采取转移或者隐匿财产手段，致使税务机关无法追缴欠缴的税款，数额在 1 万元以上的行为（逃避追缴欠税数额不足 1 万元的，由税务机关依照《税收征管法》规定处理，而不能以犯罪论处）

犯罪主体	纳税人（扣缴义务人不能成为逃避追缴欠税罪主体）
犯罪主观方面	直接故意： （1）明知自己有补缴所欠税款义务，为逃避税务机关追缴欠税而故意隐瞒转移财产，以达到非法获利目的 （2）因财力不足，客观上无力缴纳税款，致使税务机关无从收缴欠缴税款，或者对纳税期限不清楚，过失导致欠缴税款，不构成本罪

2. 逃避追缴欠税罪与欠税行为

逃避追缴欠税罪与欠税：两者都是明知没有缴纳税款而不予缴纳，区别在于逃避追缴欠税罪中行为人采取了转移或者隐匿财产的手段致使税务机关无法追缴欠缴的税款，而欠税的行为人则没有采取上述手段，只是暂时拖欠，无逃避缴纳税款的故意。

3. 逃避追缴欠税罪与逃税罪

	逃避追缴欠税罪	逃税罪
主体	纳税人	纳税人、扣缴义务人
主观目的	逃避税务机关追缴其所欠缴的应纳税款的目的	通过欺骗、隐瞒手段，达到不缴或少缴应纳税款的目的
客观要件	采取转移或者隐匿财产的手段致使税务机关无法追缴其所欠缴的应纳税款	采取伪造、变造、隐匿、擅自销毁账簿记账凭证，在账簿上多列支出或者不列、少列收入，经税务机关通知申报而拒不申报或者进行虚假申报手段，不缴或者少缴应纳税款
构成犯罪	数额较大	情节严重

4. 逃避追缴欠税罪与抗税罪

	逃避追缴欠税罪	抗税罪
客体	国家税收征收管理制度、国家财产所有权	国家税收征收管理制度、依法执行征税职务活动的税务人员的人身权利
客观要件	采取转移或者隐匿财产的手段致使税务机关无法追缴其所欠缴的应纳税款	以暴力、威胁方法拒不缴纳税款
构成犯罪	数额较大	以暴力、威胁方法拒不缴纳税款

经典题解

【真题·单选题】根据《刑法》规定，犯罪主体仅限于纳税人的犯罪是（　　）。（2021年）

A. 逃税罪　　B. 逃避追缴欠税罪

C. 骗取出口退税罪　　D. 抗税罪

【解析】（1）逃税罪的犯罪主体：纳税人和扣缴义务人；（2）骗取出口退税罪的犯罪主

体：一般主体（纳税人、非纳税人均可）。（3）抗税罪的犯罪主体：纳税人和扣缴义务人。

【答案】 B

05 骗取出口退税罪（★★）

1. 犯罪构成

<table>
<tr><td>犯罪客体</td><td colspan="2">复杂客体：国家出口退税管理制度、公共财产所有权</td></tr>
<tr><td rowspan="3">犯罪客观方面</td><td colspan="2">利用国家出口退税制度，以假报出口或者其他欺骗手段，骗取国家出口退税款，数额在5万元以上（行为+结果；没有达到起刑标准的，属于一般骗取出口退税行为，税务机关依照《税收征管法》《行政处罚法》等法律规定处罚）</td></tr>
<tr><td>假报出口</td><td>（1）伪造或者签订虚假的买卖合同
（2）以伪造、变造或者其他欺骗手段取得出口货物报关单、出口收汇核销单、出口货物专用缴款书等有关出口退税单据、凭证
（3）虚开、伪造、非法购买增值税专用发票或者其他可以用于出口退税的发票
（4）其他虚构已税货物出口事实的行为</td></tr>
<tr><td>其他欺骗手段</td><td>（1）骗取出口货物退税资格
（2）将未纳税或者免税货物作为已税货物出口
（3）虽有货物出口，但虚构该货物的品名、数量、单价等要素，骗取未实际纳税部分出口退税款
（4）以其他手段骗取国家出口退税款</td></tr>
<tr><td>犯罪主体</td><td colspan="2">一般主体（纳税人、非纳税人均可）：自然人、单位（不限于是否具有进出口经营权）</td></tr>
<tr><td>犯罪主观方面</td><td colspan="2">故意，且具有骗取国家出口退税款的目的</td></tr>
</table>

2. 需要注意的几个问题

<table>
<tr><td>逃税罪 vs 骗取出口退税罪</td><td colspan="2">纳税人缴纳税款后，以假报出口或者其他欺骗手段，骗取所缴纳的税款的，依照逃税罪定罪处罚；骗取税款超过所缴纳的税款部分，依照骗取出口退税罪的规定处罚</td></tr>
<tr><td>未实际取得出口退税款</td><td colspan="2">实施骗取国家出口退税行为，没有实际取得出口退税款的，可以比照既遂犯从轻或者减轻处罚</td></tr>
<tr><td>竞合</td><td colspan="2">实施骗取出口退税犯罪，同时构成虚开增值税专用发票罪等其他犯罪的，依照刑法按处罚较重的罪名定罪处罚</td></tr>
<tr><td rowspan="2">善意取得虚开增值税专用发票</td><td>构成要件</td><td>（1）发票记载事项与客观实际完全相符
（2）购货方不知道发票为虚开，且没有能力知道发票为虚开
（3）发票经过税务机关认证为真发票</td></tr>
<tr><td>法律后果</td><td>如果没有证据表明购货方知道销货方提供的专用发票是以非法手段获得的，则对购货方不以骗取出口退税罪论处</td></tr>
</table>

经典题解

【真题1·单选题】 纳税人缴纳税款后，实施假报出口手段骗取出口退税。骗取税款数额超过其缴纳的税款部分，涉嫌构成（　　）。（2018年）

A. 骗取出口退税罪

B. 虚开用于骗取出口退税、抵扣税款发票罪

C. 抗税罪

D. 逃避缴纳税款罪

【解析】 纳税人缴纳税款后，以假报出口或者其他欺骗手段，骗取所缴纳的税款的，依照逃税罪定罪处罚；骗取税款超过所缴纳的税款部分，依照骗取出口退税罪的规定处罚。

【答案】 A

【真题2·单选题】 根据《刑法》规定，采取假报出口或者其他欺骗手段，骗取国家出口退税款数额5万元以上的行为，构成骗取出口退税罪。下列情形中，属于此罪客观方面"其他欺骗手段"的是（　　）。（2017年）

A. 以伪造手段取得出口货物报关单的

B. 签订虚假的买卖合同的

C. 虚开增值税专用发票的

D. 骗取出口货物退税资格的

【解析】 具有下列情形之一的，应当认定为"其他欺骗手段"：（1）骗取出口货物退税资格的；（2）将未纳税或者免税货物作为已税货物出口的；（3）虽有货物出口，但虚构该出口货物的品名、数量、单价等要素，骗取未实际纳税部分出口退税款的；（4）以其他手段骗取国家出口退税款的。

【答案】 D

06 涉票类犯罪（★★★）

对于涉票类犯罪，首先可以根据票据是真票还是假票进行分类记忆；其次区分清楚票据类型：究竟是增值税专用发票、用于骗取出口退税、抵扣税款发票还是其他普通发票；最后，应看清具体行为属于"制造""出售""购买"和"持有"中的哪一行为。据此结合不同罪名进行学习，考生可先跳至本考点最后总结表格，先建立宏观概念，再深入学习各个具体犯罪。

（一）虚开增值税专用发票或者虚开用于骗取出口退税、抵扣税款发票罪

1. 犯罪构成

犯罪客体	复杂客体（主流观点）：国家税收征管制度、国家税收制度
犯罪客观方面	行为人实施了虚开增值税专用发票或者虚开用于骗取出口退税、抵扣税款的其他发票，虚开的税款数额在5万元以上的行为

犯罪客观方面	虚开增值税专用发票	为他人虚开、为自己虚开、让他人为自己虚开、介绍他人虚开增值税专用发票： （1）没有货物购销或者没有提供或接受应税劳务而为他人、为自己、让他人为自己、介绍他人开具增值税专用发票（全部无中生有） （2）有货物购销或者提供或接受了应税劳务但为他人、为自己、让他人为自己、介绍他人开具数量或者金额不实的增值税专用发票（部分无中生有） （3）进行了实际经营活动，但让他人为自己代开增值税专用发票（相对无中生有）
犯罪主体	一般主体：单位和个人均可构成	
犯罪主观方面	故意。一般情况下，都是为了达到骗取出口退税款、抵扣税款或者其他非法利益的目的（对于有实际生产经营活动的企业为虚增业绩、融资、贷款等非骗税目的且没有造成税款损失的虚开增值税专用发票行为，不以虚开增值税专用发票罪定性处理，依法作出不起诉决定的，移送税务机关给予行政处罚）	

2. 几个值得注意的问题

（1）利用虚开的增值税专用发票抵扣税款或者骗取出口退税的，依虚开增值税专用发票罪定罪处罚。

（2）盗窃、诈骗增值税专用发票或者其他发票后，又实施了规定的虚开、出售等犯罪行为的，按照其中的重罪定罪处罚，不实行数罪并罚。

（3）增值税专用发票犯罪分子与骗取税款犯罪分子均应当对虚开的税款数额和实际骗取的国家税款数额承担刑事责任。

经典题解

【真题·单选题】2010 年 8 月，被告人李某为非法获利在无注册资金的情况下申请注册成立了甲公司，并担任法定代表人。2010 年 12 月至 2011 年 7 月期间，李某经王某介绍，在无货物交易的情况下，采取按发票面额收取开票费的方法，以甲公司名义为 M 市乙公司开具增值税专用发票 18 份。乙公司将其中的 16 份发票向当地税务部门申报抵扣。2011 年 10 月至 2012 年 2 月期间，李某采取上述同样方法，为 N 市丙公司开具增值税专用发票 22 份，丙公司将上述发票向税务部门全部申报抵扣。下列关于涉案公司与李某的相关行为性质的说法中，正确的是（　　）。（2016 年）

A. 乙公司的行为属于为他人虚开

B. 甲公司的行为属于为他人虚开

C. 丙公司的行为属于介绍他人为自己虚开

D. 李某的行为属于为他人虚开

【解析】个人为进行违法犯罪活动而设立公司、企业实施犯罪的，不以单位犯罪论处。故李某的行为构成为他人虚开。乙公司、丙公司的行为属于让他人为自己虚开。

【答案】D

（二）虚开发票罪

犯罪客体	国家普通发票管理制度	
犯罪客观方面	虚开普通发票情节严重的行为	
	虚开	为他人虚开、为自己虚开、让他人为自己虚开、介绍他人虚开
	情节严重	（1）虚开发票100份以上或者虚开金额累计在40万元以上 （2）虽未达到上述数额标准，但在5年内因虚开发票行为受过行政处罚2次以上，又虚开发票 （3）其他情节严重的情形
犯罪主体	一般主体：任何单位或者个人	
犯罪主观方面	直接故意（间接故意和过失不构成本罪）	

考点提示

利用虚开普通发票手段逃税，包括了2个犯罪行为（虚开发票、虚列成本偷逃税款），不实行数罪并罚，按照其触犯数罪中处罚较重的罪名所规定的刑罚从重处罚。

（三）非法出售增值税专用发票罪

犯罪客体	复杂客体：国家税收征管秩序、国家对增值税专用发票的管理制度
犯罪客观方面	行为人违反增值税专用发票管理规定，无权出售增值税专用发票而非法出售，或者有权出售增值税专用发票的税务人员，违法出售增值税专用发票，数量在25份以上或者票面额累计在10万元以上的行为
犯罪主体	持有增值税专用发票的单位或者个人；出售增值税专用发票的税务机关工作人员，也可以成为本罪主体
犯罪主观方面	直接故意，且以营利为目的（间接故意或者过失，不构成本罪）

考点提示

非法出售，是指行为人将增值税专用发票提供给他人，并收取一定价款的行为。出售的专票（犯罪对象）必须是“真票”，否则构成出售伪造的增值税专用发票罪而非本罪。出售的“真票”必须是空白的专票，如果是填好的专票应按虚开增值税专用发票罪论处。

（四）非法出售用于骗取出口退税、抵扣税款发票罪

犯罪客体	复杂客体：国家税收征管秩序、国家发票管理制度
犯罪客观方面	行为人为达到营利目的，非法出售用于骗取出口退税、抵扣税款的非增值税专用发票，数量在50份以上或者票面额累计在20万元以上的行为
犯罪主体	一般主体：任何单位或者个人
犯罪主观方面	直接故意，且以营利为目的（间接故意和过失不构成本罪）

（五）非法出售发票罪

犯罪客体	复杂客体：国家税收征管秩序、国家发票管理制度
犯罪客观方面	行为人为达到营利目的，非法出售普通发票，数量在 100 份以上或者票面额累计在 40 万元以上的行为
犯罪主体	一般主体：任何单位或者个人
犯罪主观方面	直接故意，且以营利为目的（间接故意和过失不构成本罪）

（六）伪造、出售伪造的增值税专用发票罪

<table>
<tr><td>犯罪客体</td><td colspan="2">复杂客体：国家税收征管秩序、国家对增值税专用发票的管理规定</td></tr>
<tr><td rowspan="2">犯罪客观方面</td><td colspan="2">行为人违反增值税专用发票管理规定，伪造增值税专用发票，或者明知自己所持有的是伪造的增值税专用发票，而仍然出售，数量在 25 份以上或者票面额累计在 10 万元以上的行为（伪造并出售同一宗增值税专用发票的，数量或者票面额不重复计算）</td></tr>
<tr><td>伪造</td><td>（1）伪造，是指仿照增值税专用发票的基本内容、专用纸、形状等样式，使用印刷、复印、描绘、拓印等制作方法，非法制造假增值税专用发票，冒充真增值税专用发票的行为
（2）增值税专用发票由国家税务总局指定的企业印制，其他单位或者个人私自印制的，即构成伪造
（3）变造增值税专用发票的，按照伪造增值税专用发票行为处理</td></tr>
<tr><td>犯罪主体</td><td colspan="2">一般主体：任何单位或者个人</td></tr>
<tr><td>犯罪主观方面</td><td colspan="2">直接故意，且具有营利目的</td></tr>
</table>

（七）非法制造、出售非法制造的用于骗取出口退税、抵扣税款发票罪

<table>
<tr><td>犯罪客体</td><td colspan="2">复杂客体：国家税收征管秩序、国家发票管理制度</td></tr>
<tr><td rowspan="3">犯罪客观方面</td><td colspan="2">行为人伪造、擅自制造或者出售伪造、擅自制造的用于骗取出口退税、抵扣税款的增值税专用发票，数量在 50 份以上或者票面额累计在 20 万元以上的行为</td></tr>
<tr><td>伪造</td><td>没有印制权的单位或者个人印制足以使一般人误认为是可以用于出口退税、抵扣税款的发票（伪造的对象是“假发票”）</td></tr>
<tr><td>擅自制造</td><td>发票印制的指定企业，超出税务机关批准的范围私自印制可以用于出口退税、抵扣税款的发票（擅自制造的对象是“真发票”，只是超出授权而制造）</td></tr>
<tr><td>犯罪主体</td><td colspan="2">一般主体：任何单位或者个人</td></tr>
<tr><td>犯罪主观方面</td><td colspan="2">直接故意，且具有营利目的（间接故意和过失均不构成本罪）</td></tr>
</table>

【解释】非法制造的发票，除了包括伪造的发票外，还包括擅自制造的发票。

（八）非法制造、出售非法制造的发票罪

犯罪客体	复杂客体：国家税收征管秩序、国家发票管理制度	
犯罪客观方面	行为人为达到营利目的，非法制造或者出售非法制造的不具有骗取出口退税、抵扣税款功能的普通发票，数量在 100 份以上或者票面额累计在 40 万元以上的行为	
	伪造	无权印制普通发票的单位或者个人仿照真实的普通发票，印制用以冒充真发票的假发票的行为
	擅自制造	印制发票的企业未经有关主管税务机关批准，私自印制普通发票，或虽经批准，但私自超量加印普通发票
犯罪主体	一般主体：任何单位或者个人	
犯罪主观方面	直接故意，且具有营利目的（间接故意和过失均不构成本罪）	

（九）非法购买增值税专用发票或者购买伪造的增值税专用发票罪

1. 犯罪构成

犯罪客体	复杂客体：国家税收征管秩序、国家对增值税专用发票的管理制度
犯罪客观方面	行为人违反增值税专用发票管理规定，从合法或者非法拥有真增值税专用发票的单位或者个人手中购买增值税专用发票或者购买伪造的增值税专用发票，数量在 25 份以上或者票面额累计在 10 万元以上的行为（非法购买真、伪两种增值税专用发票的，数量累计计算，不实行数罪并罚）
犯罪主体	一般主体：任何单位或者个人
犯罪主观方面	故意，且具有营利目的

2. 非法购买增值税专用发票或者购买伪造的增值税专用发票又虚开或者出售的，分别依照《刑法》第 205 条（虚开增值税专用发票罪）、第 206 条（出售伪造的增值税专用发票罪）、第 207 条（非法出售增值税专用发票罪）的规定定罪处罚。

易错易混

行为人购买伪造的增值税专用发票又虚开，构成“虚开增值税专用发票罪”，此时虚开“假票”也构成了虚开增值税专用发票罪。

经典题解

【真题 1 · 多选题】根据刑法理论，构成伪造、出售伪造的增值税专用发票罪，必须有伪造、出售伪造的增值税专用发票的行为。下列行为中，属于伪造、出售伪造的增值税专用发票行为或者按照该行为处理的有（　　）。（2019 年）

A. 变造增值税专用发票

B. 公司擅自印制增值税专用发票

C. 个人私自印制增值税专用发票

D. 明知系伪造的增值税专用发票仍购买或虚开

E. 明知增值税专用发票系伪造仍出售

【解析】 选项D：明知是伪造的增值税专用发票而购买的，构成购买伪造的增值税专用发票罪。

【答案】 ABCE

【真题2·单选题】 2006年4月以来，陶某等人分别以自己或者家庭成员名义，先后注册15家公司，从税务机关骗购各类普通发票共计2.4万份，以200元至1000元不等的价格对外出售9000余份，涉案金额近亿元，非法获利200余万元。本案中，陶某涉嫌的罪名是（ ）。（2013年）

A. 非法出售发票罪

B. 非法购买发票罪

C. 出售伪造发票罪

D. 出售抵扣税款发票罪

【解析】（1）选项B：不存在"非法购买发票罪"，对非法购买发票行为入罪的，只有增值税专用发票（非法购买增值税专用发票罪或者购买伪造的增值税专用发票罪），本项应予排除。（2）选项C：本案所涉2.4万份普通发票，全部从税务机关取得，应为"真票"，本项应予排除。（3）选项D：本案所涉发票为"普通发票"，而非"抵扣税款发票"，本项应予排除。

【答案】 A

（十）持有伪造的发票罪

<table>
<tr><td>犯罪客体</td><td colspan="2">国家税收征管制度</td></tr>
<tr><td>犯罪客观方面</td><td colspan="2">明知是伪造的发票（不包括非法制造的"真发票"）而持有，数量较大的行为：
（1）持有伪造的增值税专用发票50份以上或者票面额累计在20万元以上的
（2）持有伪造的可以用于骗取出口退税、抵扣税款的其他发票100份以上或者票面额累计在40万元以上的
（3）持有其他伪造的普通发票200份以上或者票面额累计在80万元以上的</td></tr>
<tr><td rowspan="2">犯罪客观方面</td><td>持有</td><td>行为人对伪造的发票处于占有、支配、控制的一种状态。可以随身携带，放置或藏匿在某一地点，也可以委托他人保管，只要在行为人控制之下即可</td></tr>
<tr><td>伪造</td><td>伪造的发票，是指仿造发票的内容、纸张、油墨、形状、图案、色彩、版式等，使用印刷、制作、变造等非法手段制造的假发票</td></tr>
<tr><td>犯罪主体</td><td colspan="2">一般主体：任何单位或者个人</td></tr>
<tr><td>犯罪主观方面</td><td colspan="2">直接故意（行为人明知是伪造的发票而持有，间接故意和过失不构成本罪；如果行为人主观上不知道是伪造的发票，而是受欺骗、蒙蔽，误以为是真发票而持有的，不能认定为犯罪）</td></tr>
</table>

考点提示

"以营利为目的"或"为牟取非法经济利益"不是本罪构成要件。

【解释】非法制造的发票，除了伪造的“假发票”，还包括：税务机关指定的企业超额私自加印的发票；税务机关以外的部门私自决定印制的发票；没有印制发票决定权的地方税务部门决定印制的发票等。

【总结】

<table>
<tr><th colspan="2"></th><th>“制造”</th><th>“出售”</th><th>“购买”</th><th>“持有”</th></tr>
<tr><td rowspan="3">真票</td><td>增值税专用发票</td><td rowspan="2">虚开增值税专用发票或者虚开用于骗取出口退税、抵扣税款发票罪（数额≥5万元）（特殊情形下假票也可构成虚开增值税专用发票罪）</td><td>非法出售增值税专用发票罪（≥10万元或≥25份）</td><td>非法购买增值税专用发票罪（≥10万元或≥25份）</td><td>——</td></tr>
<tr><td>用于骗取出口退税、抵扣税款发票</td><td>非法出售用于骗取出口退税、抵扣税款发票罪（≥20万元或≥50份）</td><td>——</td><td>——</td></tr>
<tr><td>普通发票</td><td>虚开发票罪（≥40万元或≥100份；前科+虚开）</td><td>非法出售发票罪（≥40万元或≥100份）</td><td>——</td><td>——</td></tr>
<tr><td rowspan="3">假票</td><td>增值税专用发票</td><td colspan="2">伪造、出售伪造的增值税专用发票罪（≥10万元或≥25份）</td><td>购买伪造的增值税专用发票罪（≥10万元或≥25份）</td><td rowspan="3">持有伪造的发票罪</td></tr>
<tr><td>用于骗取出口退税、抵扣税款发票</td><td colspan="2">非法制造、出售非法制造的用于骗取出口退税、抵扣税款发票罪（≥20万元或≥50份）</td><td>——</td></tr>
<tr><td>普通发票</td><td colspan="2">非法制造、出售非法制造的发票罪（≥40万元或≥100份）</td><td>——</td></tr>
</table>

第六单元 涉税职务犯罪

查看本单元视频，快速GET知识点

使用“会计云课堂”App或“微信”扫码

01 徇私舞弊不征、少征税款罪（★★）

1. 犯罪构成

犯罪客体	国家税务机关正常的税收征管秩序
犯罪客观方面	行为人违反税收法规徇私舞弊，不征或者少征应征税款，致使国家税收遭受重大损失： （1）徇私舞弊不征、少征应征税款，致使国家税收损失累计达10万元以上 （2）上级主管部门工作人员指使税务机关工作人员徇私舞弊不征、少征应征税款，致使国家税收损失累计达10万元以上

犯罪客观方面	(3) 徇私舞弊不征、少征应征税款不满 10 万元，但具有索取或者收受贿赂或者其他恶劣情节 (4) 其他致使国家税收遭受重大损失的情形
犯罪主体	税务机关工作人员(非税务人员超越职权，擅自作出减免税决定，造成不征或少征税款的，应当追究责任人员滥用职权罪的法律责任)
犯罪主观方面	故意（行为人明知纳税人应当缴纳税款，却为徇私情私利而故意不征或者少征税款；主观上故意或者过失是区别本罪与玩忽职守罪的标志）
	在税务机关采用定期定额征收方式导致少征税款或者纳税人提供虚假材料骗取减免税出现的不征或者少征税款以及因税务人员业务素质原因造成的少征税款等情况下，因税务人员不具有主观故意，不能认定为有罪

2. 几个值得注意的问题

(1) 税务人员与纳税人勾结，不征或少征应征税款，应按徇私舞弊不征、少征税款罪和逃避追缴税款罪或者逃避追缴欠税罪的共犯论处，从一重罪定罪处罚。

(2) 税务人员利用职务上的便利，索取、收受纳税人财物，不征、少征应征税款，致使国家税收遭受重大损失的，应当以徇私舞弊不征、少征税款罪和受贿罪数罪并罚。

(3) 税务机关工作人员在办理发售发票、抵扣税款、出口退税工作中接受贿赂而实施徇私舞弊不征、少征税款的，按照规定实行数罪并罚。

经典题解

【真题 1 · 单选题】 税务人员徇私舞弊是徇私舞弊不征、少征税款罪的客观方面要件之一，下列情形中，构成本罪客观方面要件的是（　　）。(2017 年)

A. 纳税人提供虚假材料骗取减免税导致不征或少征税款

B. 税务人员工作严重不负责任导致不征或少征税款

C. 税务人员为照顾朋友违规决定不征或少征税款

D. 税务人员因税收业务不熟造成不征或少征税款

【解析】 (1) 选项 AD：在税务机关采用定期定额征收方式导致少征税款或者纳税人提供虚假材料骗取减免税出现的不征或者少征税款以及因税务人员业务素质原因造成的少征税款等情况下，因税务人员没有徇私舞弊的主观故意，不能认定为有罪。(2) 选项 B：税务人员在税收工作中严重不负责任，不征或者少征税款，致使国家税收遭受重大损失的，对责任人员应追究玩忽职守罪。

【答案】 C

【真题 2 · 多选题】 下列情形中，符合徇私舞弊不征、少征税款罪的“重大损失”要件的有（　　）。(2014 年)

A. 税务机关工作人员超越职权，擅自作出减免税决定，造成不征或者少征税款不满 10 万元的

B. 上级主管部门领导指使下级税务机关工作人员徇私舞弊不征或者少征税款，致使国

家税收损失累计达10万元以上的

C. 地方政府领导要求税务机关工作人员不征或者少征税款，致使国家税收损失累计达10万元以上的

D. 税务人员徇私舞弊不征或者少征税款，致使国家税收损失累计达10万元以上的

E. 税务人员徇私舞弊不征或者少征税款不满10万元，但有索贿或者受贿情节的

【解析】（1）选项ABDE：徇私舞弊不征、少征税款罪的重大损失表现为：①徇私舞弊不征、少征应征税款，致使国家税收损失累计达10万元以上的；②“上级主管部门工作人员”指使税务机关工作人员徇私舞弊不征、少征应征税款，致使国家税收损失累计达10万元以上的；③徇私舞弊不征、少征应征税款不满10万元，但具有索取或者收受贿赂或者其他恶劣情节的；④其他致使国家税收遭受重大损失的情形。（2）选项C：非税务人员超越职权，擅自作出减免税决定，造成不征或少征税款的，应当追究责任人员滥用职权罪的法律责任。

【答案】 BDE

【真题3·单选题】 根据《刑法》和刑法理论，下列有关徇私舞弊不征、少征税款罪的表述中，正确的是（　　）。（2011年）

A. 侵犯的客体是国家税务机关的税收征管秩序

B. 客观方面表现为行为人违反规定，不征或者少征税款的行为

C. 犯罪主体不限于税务机关工作人员

D. 过失也可构成此罪

【解析】（1）选项B：客观上表现为行为人违反税收法规徇私舞弊，不征或者少征应征税款，致使国家税收遭受重大损失的行为。（2）选项C：本罪的主体是税务机关的工作人员。（3）选项D：本罪在主观上是故意，具体表现为行为人明知纳税人应当缴纳税款，却为徇私情私利而故意不征或者少征税款。

【答案】 A

02 徇私舞弊发售发票、抵扣税款、出口退税罪（★★）

1. 犯罪构成

犯罪客体	税收征管秩序
犯罪客观方面	违反法律、行政法规的规定，在办理发售发票、抵扣税款、出口退税工作中徇私舞弊，致使国家利益遭受重大损失的行为： （1）徇私舞弊，致使国家税收损失累计达10万元以上 （2）徇私舞弊，致使国家税收损失累计不满10万元，但发售增值税专用发票25份以上或者其他发票50份以上或者增值税专用发票与其他发票合计50份以上，或者具有索取、收受贿赂或者其他恶劣情节 （3）其他致使国家利益遭受重大损失的情形
犯罪主体	税务机关的工作人员
犯罪主观方面	故意（过失不构成本罪，但可能构成玩忽职守罪）

2. 税务机关工作人员在办理发售发票、抵扣税款、出口退税工作中接受贿赂而实施徇私舞弊发售发票、抵扣税款、出口退税罪的，按照规定实行数罪并罚。

03 徇私舞弊不移交刑事案件罪（★）

<table>
<tr><td>犯罪客体</td><td colspan="2">行政机关的行政执法活动秩序、司法机关正常的刑事司法活动秩序</td></tr>
<tr><td rowspan="2">犯罪客观方面</td><td colspan="2">行政执法人员利用职务之便，徇私情私利、伪造材料、隐瞒情况、弄虚作假，对依法应当移交司法机关追究刑事责任的案件不移交，情节严重的行为：
（1）对依法可能判处 3 年以上有期徒刑、无期徒刑、死刑的犯罪案件不移交
（2）不移交刑事案件涉及 3 人次以上
（3）司法机关提出意见后，无正当理由仍然不予移交
（4）以罚代刑，放纵犯罪嫌疑人，致使犯罪嫌疑人继续进行违法犯罪活动
（5）行政执法部门主管领导阻止移交
（6）隐瞒、毁灭证据，伪造材料，改变刑事案件性质
（7）直接负责的主管人员和其他直接责任人员为牟取本单位私利而不移交刑事案件，情节严重
（8）其他情节严重的情形</td></tr>
<tr><td>不移交</td><td>行政执法人员在履行职责的过程中，明知违法行为已经构成犯罪，应当移送司法机关追究刑事责任而不移送</td></tr>
<tr><td>犯罪主体</td><td colspan="2">行政执法人员，具体是指市场监督（工商）、税务、监察等依法具有行政执法权的行政机关中承担执法工作的公务人员</td></tr>
<tr><td>犯罪主观方面</td><td colspan="2">故意</td></tr>
</table>

04 违法提供出口退税凭证罪（★）

犯罪客体	税务机关的税收征管制度
犯罪客观方面	违反国家规定，在提供出口货物报关单、出口收汇核销单等出口退税凭证的工作中徇私舞弊，致使国家利益遭受重大损失的行为： （1）徇私舞弊，致使国家税收损失累计达 10 万元以上 （2）徇私舞弊，致使国家税收损失累计不满 10 万元，但具有索取、收受贿赂或者其他恶劣情节 （3）其他致使国家利益遭受重大损失的情形
犯罪主体	海关、外汇管理等国家机关工作人员
犯罪主观方面	故意

【总结】

罪名	犯罪主体
徇私舞弊不征、少征税款罪	税务机关工作人员
徇私舞弊发售发票、抵扣税款、出口退税罪	税务机关工作人员
徇私舞弊不移交刑事案件罪	行政执法人员
违法提供出口退税凭证罪	海关、外汇管理等国家机关工作人员

经典题解

【真题 1 · 多选题】 根据《刑法》规定，下列职务犯罪中，犯罪主体必须是税务机关工作人员的有（　　）。（2020 年）

A. 徇私舞弊不移交刑事案件罪

B. 逃税罪

C. 违法提供出口退税凭证罪

D. 徇私舞弊发售发票、抵扣税款、出口退税罪

E. 徇私舞弊不征、少征税款罪

【答案】 DE

【真题 2 · 单选题】 下列渎职犯罪中，犯罪主体须为税务机关工作人员的是（　　）。（2018 年）

A. 玩忽职守罪

B. 徇私舞弊发售发票、抵扣税款、出口退税罪

C. 违法提供出口退税凭证罪

D. 徇私舞弊不移交刑事案件罪

【答案】 B

本章小结

用“会计云课堂”App 扫码学习

您已成功完成“第十八章”的学习，本章共 26 个考点，您都学会了吗？

为了让您对本章有更清晰的理解，加倍巩固。本书作者陈小球老师将通过“电台音频课”的方式，带您回顾重要考点。

名师点拨，高效提分。

※ 欢迎扫码免费学习。

同步强化练习题

使用“会计云课堂”App 或“微信”扫码快速做题、对答案、看解析、掌握解题思路，开启轻松过关之旅。

一、单项选择题

1. 刑法的基本原则是在刑事立法和刑事司法中必须遵循的具有全局性和根本性的准则。下列原则中，不属于刑法基本原则的是（　　）。
   A. 平等适用刑法原则
   B. 认罪认罚从宽原则
   C. 罪刑法定原则
   D. 罪刑相当原则

2. 根据刑事法律制度规定，下列关于追诉时效的说法中，不正确的是（　　）。
   A. 超过追诉时效的，一般不再追究犯罪分子的刑事责任
   B. 犯罪行为有连续或者继续状态的，追诉时效期限从犯罪行为终了之日起计算
   C. 在追诉期限以内又犯罪的，前罪追诉的期限从犯后罪之日起计算
   D. 在人民检察院、公安机关、国家安全机关立案侦查或者在人民法院受理案件以后，逃避侦查或者审判的，受追诉期限的限制

3. 根据刑事法律制度规定，已满 12 周岁不满 14 周岁的人，犯故意杀人、故意伤害罪，致人死亡或者以特别残忍手段致人重伤造成严重残疾，情节恶劣，经（　　）核准追诉的，应当负刑事责任。
   A. 最高人民法院
   B. 最高人民检察院
   C. 公安部
   D. 司法部

4. 根据《刑法》及有关规定，下列关于老年人犯罪适用强制措施和量刑的说法中，正确的是（　　）。
   A. 审判时已满 75 周岁的人不适用死刑，但以特别残忍手段致人死亡的除外
   B. 犯罪时已满 75 周岁的人，不得对其宣告缓刑
   C. 审判时已满 70 周岁的人不适用死刑，但以特别残忍手段致人死亡的除外
   D. 犯罪时已满 70 周岁的人，不得对其宣告缓刑

5. 根据刑法理论，下列不属于犯罪构成要件的是（　　）。
   A. 犯罪客体
   B. 犯罪动机
   C. 犯罪主体
   D. 犯罪客观方面

6. 对被判处管制的犯罪分子，可以根据犯罪情况，同时宣布禁止令，禁止其在执行期间从事特定活动，进入特定区域、场所，接触特定的人。下列关于禁止令的期限与执行的说法中，正确的是（　　）。
   A. 禁止令的期限可以与管制执行期限相

同，也可以短于管制执行期限，但不得少于3个月

B. 禁止令的期限应当与管制执行期限相同

C. 禁止令由人民检察院指导管理的社区矫正机构执行

D. 禁止令的执行由公安机关进行监督

7. 根据《刑法》及有关规定，被采取强制措施的犯罪嫌疑人、被告人和正在服刑的罪犯，如实供述司法机关尚未掌握的本人其他罪行，属于（　　）。

A. 一般自首

B. 特别自首

C. 一般立功

D. 重大立功

8. 禁止令是人民法院根据犯罪情况，对犯罪分子作出的禁止其在一定期间内从事特定活动，进入特定区域、场所，接触特定的人的一种司法措施。下列关于适用禁止令的说法，正确的是（　　）。

A. 禁止令可以与假释同时适用

B. 禁止令不得与主刑同时适用

C. 禁止令可以与拘役同时适用

D. 禁止令可以与宣告缓刑同时适用

9. 根据《刑法》的有关规定，被判处有期徒刑或者无期徒刑的犯罪分子，符合规定条件的，可以予以假释。下列可以适用假释的犯罪情形是（　　）。

A. 因受贿罪被判处15年有期徒刑，实际已经执行5年刑期，狱中表现良好，确有悔改表现，不致再危害社会

B. 因贪污罪被判处无期徒刑的非国家工作人员犯罪分子，实际已经执行12年刑期，狱中表现良好，确有悔改表现，不致再危害社会

C. 因抢劫罪被判处9年有期徒刑的犯罪分子，实际已经执行5年刑期，狱中表现良好，确有悔改表现，不致再危害社会

D. 因绑架罪被判处12年有期徒刑的犯罪分子，实际已经执行8年刑期，狱中表现良好，确有悔改表现，不致再危害社会

10. 据刑事法律制度的规定，下列各项中，不得假释的是（　　）。

A. 故意杀人的犯罪分子

B. 强奸的犯罪分子

C. 累犯

D. 抢劫的犯罪分子

11. 甲因犯骗取出口退税罪被判处5年有期徒刑。刑满释放后第3年，甲又因犯危险驾驶罪被判处拘役3个月。下列关于甲的行为是否构成累犯，是否可以适用缓刑、假释的说法中，正确的是（　　）。

A. 构成累犯，可以适用假释

B. 构成累犯，可以适用缓刑

C. 不构成累犯，可以适用假释

D. 不构成累犯，可以适用缓刑

12. 王某作为扣缴义务人逃税20万元，占各税种应纳税总额8%，下列有关是否追究王某刑事责任的说法中，正确的是（　　）。

A. 按逃税罪追究王某刑事责任

B. 对王某不予追究刑事责任

C. 按诈骗罪追究王某刑事责任

D. 按逃避追缴欠税罪追究王某刑事责任

13. 根据《刑法》的有关规定，下列关于逃税罪的说法中，不正确的是（　　）。

A. 逃税罪侵犯我国税收征收管理制度

B. 行为人确因疏忽而没有纳税申报，其行为不构成逃税罪

C. 逃税罪的犯罪主体只能是自然人，包括纳税人和扣缴义务人

D. 逃税罪的主观方面要求直接故意

14. 行为人逃避缴纳税款，符合法定犯罪构成要件的，构成逃税罪。根据《刑法》规定，下列关于该罪客观方面的表述中，正确的是（　　）。

A. 纳税人5年内因逃避缴纳税款被税务机关给予2次以上行政处罚，又逃避缴纳税款，数额须达10万元以上

B. 纳税人采取隐瞒手段不申报纳税，逃避缴纳税款数额须达50万元且占各税种应纳税总额10%以上

C. 扣缴义务人采取欺骗、隐瞒手段，不缴或者少缴已扣、已收税款，数额须达5万元以上

D. 纳税人采取欺骗手段进行虚假纳税申报，逃避缴纳税款数额须达10万元

15. 甲因逃避缴纳税款受过刑事处罚，10年前刑满释放；2022年甲采取欺骗手段进行虚假纳税申报，逃税20万元，占各税种应纳税总额12%，经税务机关依法下达追缴通知后，甲补缴应纳税款，缴纳滞纳金，受领行政处罚。下列有关是否追究甲刑事责任的做法中，正确的是（　　）。

A. 按逃税罪追究甲刑事责任

B. 对甲不予追究刑事责任

C. 按诈骗罪追究甲刑事责任

D. 按逃避追缴欠税罪追究甲刑事责任

16. 根据《刑法》的有关规定，下列选项中，正确的是（　　）。

A. 纳税人缴纳税款后，以假报出口或者其他欺骗手段，骗取所缴纳的税款的，依照骗取出口退税罪定罪处罚

B. 纳税人缴纳税款后，以假报出口或者其他欺骗手段，骗取税款超过所缴纳的税款部分，依照骗取出口退税罪的规定处罚

C. 实施骗取国家出口退税行为，没有实际取得出口退税款的，应当比照既遂犯从轻或者减轻处罚

D. 实施骗取出口退税犯罪，同时构成虚开增值税专用发票罪等其他犯罪的，实行数罪并罚

二、多项选择题

1. 根据《刑法》的有关规定，下列关于追诉时效的说法中，正确的有（　　）。

A. 法定最高刑为10年以上有期徒刑的，犯罪经过15年不再追诉

B. 追诉期限从犯罪之日起计算；犯罪行为有连续或者继续状态的，从犯罪行为终了之日起计算

C. 在追诉期限以内又犯罪的，前罪追诉的期限从犯后罪之日起计算

D. 法定最高刑为无期徒刑、死刑的，如果20年以后认为必须追诉的，须报请最高人民法院核准

E. 超过追诉时效的，一般不再追究犯罪分子的刑事责任

2. 根据刑法理论，任何犯罪的成立都必须具备的构成要件包括（　　）。

A. 犯罪客体

B. 因果关系

C. 犯罪主体

D. 犯罪主观方面

E. 犯罪客观方面

3. 根据刑法理论，下列属于犯罪特征的有（　　）。
A. 严重的社会危害性
B. 刑事违法性
C. 过罚相当性
D. 应受刑罚处罚性
E. 罪刑法定性

4. 根据《刑法》的有关规定，已满14周岁不满16周岁的人，应当负刑事责任的犯罪有（　　）。
A. 故意杀人
B. 故意伤害
C. 走私毒品
D. 放火
E. 抢劫

5. 根据《刑法》的有关规定，关于未成年人犯罪的说法中，正确的有（　　）。
A. 已满14周岁不满18周岁的人犯罪，可以从轻或者减轻处罚
B. 犯罪时不满18周岁的人不适用死刑
C. 不满18周岁的人和已满75周岁的人犯罪，应当予以缓刑
D. 犯罪时不满18周岁的人不作为累犯
E. 未满18周岁的人犯罪的，免除其前科报告义务

6. 根据《刑法》的有关规定，下列关于未成年人和老年人犯罪的定罪与量刑的说法中，正确的有（　　）。
A. 已满75周岁的人犯罪的，应当从轻或者减轻处罚
B. 不满12周岁的人犯罪，不负刑事责任
C. 已满14周岁的人犯罪，应当负刑事责任
D. 对审判时已满75周岁的人，一律不适用死刑
E. 已满12周岁不满14周岁的人犯罪经最高人民检察院核准追诉的，应当从轻或者减轻处罚

7. 根据刑事法律制度规定，下列关于刑事责任年龄与刑事责任能力的说法中，不正确的有（　　）。
A. 犯罪时不满16周岁的人可以作为一般累犯
B. 犯罪的时候不满18周岁的人，不适用死刑
C. 已满75周岁的人故意犯罪的，应当从轻或者减轻处罚
D. 审判的时候已满75周岁的人，不适用死刑，但以特别残忍手段致人死亡的除外
E. 又聋又哑的人或者盲人犯罪，应当从轻或者减轻处罚

8. 根据《刑法》的有关规定，下列关于刑事责任能力的说法中，正确的有（　　）。
A. 精神病人在不能辨认或者不能控制自己行为的时候造成危害结果，经法定程序鉴定确认的，不负刑事责任
B. 醉酒的人犯罪，应当负刑事责任
C. 尚未完全丧失辨认或者控制自己行为能力的精神病人犯罪的，应当负刑事责任，但是可以从轻或者减轻处罚
D. 聋或哑的人犯罪，可以从轻、减轻或者免除处罚
E. 间歇性的精神病人在精神正常的时候犯罪，应当负刑事责任

9. 根据刑事法律制度的规定，下列选项中，不属于主刑的有（　　）。
A. 管制　　B. 禁止令
C. 拘役　　D. 拘传
E. 逮捕

10. 根据《刑法》的有关规定，下列关于刑罚的说法中，正确的有（　　）。
A. 附加刑不可以独立适用
B. 主刑只能独立适用，不能附加适用
C. 附加刑可以附加适用

D. 对一个犯罪只能适用一个主刑，不能同时适用两个或两个以上的主刑

E. 对一个犯罪可以适用两个或者两个以上的附加刑

11. 根据刑事法律制度的规定，关于管制，下列说法中，正确的有（ ）。

A. 管制的期限为3个月以上2年以下，数罪并罚时不超过3年

B. 对判处管制的犯罪分子，依法实行社区矫正

C. 对判处管制的犯罪分子，在执行期间离开所居住的市、县或者迁居，应当报经执行机关批准

D. 对判处管制的犯罪分子，可以根据犯罪情况，同时禁止犯罪分子在执行期间进入特定区域、场所

E. 被判处管制的犯罪分子，管制期满，执行机关应即向本人和其户籍所在地的群众宣布解除管制

12. 根据《刑法》的有关规定，对被判处管制的犯罪分子，可以根据犯罪情况，同时宣布禁止令。下列关于禁止令的说法中，正确的有（ ）。

A. 禁止令由公安机关指导管理的社区矫正机构负责执行

B. 人民法院对社区矫正机构执行禁止令的活动实行监督

C. 禁止令的期限可以与管制执行期限相同，也可以短于管制执行的期限，但不得少于3个月

D. 判决执行以前先行羁押以致执行期限少于3个月的，禁止令的期限不受最短期限的限制

E. 违反禁止令的，由负责执行禁止令的社区矫正机构所在地的公安机关依照规定处罚

13. 根据《刑法》的有关规定，下列关于刑期的说法中，正确的有（ ）。

A. 管制的期限为3个月以上2年以下，数罪并罚时不超过3年

B. 拘役的期限为1个月以上6个月以下，数罪并罚时不能超过1年

C. 有期徒刑的期限一般为6个月以上15年以下

D. 有期徒刑数罪并罚时，总和刑期不满30年的，最高不能超过25年

E. 有期徒刑数罪并罚时，总和刑期在30年以上的，最高不能超过25年

14. 根据《刑法》的有关规定，下列关于死刑的说法中，正确的有（ ）。

A. 犯罪的时候不满18周岁的人不适用死刑

B. 审判的时候怀孕的妇女不适用死刑

C. 审判的时候已满75周岁的人一律不适用死刑

D. 基层人民法院不得判处被告人死刑

E. 死刑都应当报请最高人民法院核准

15. 根据《刑法》的有关规定，下列关于一般累犯的说法中，正确的有（ ）。

A. 前罪和后罪都必须是故意犯罪

B. 前罪被判处的刑罚、后罪应当被判处的刑罚，都必须是有期徒刑以上的刑罚

C. 前罪或后罪中如有被判处拘役、管制或者单处附加刑的情况，不成立累犯

D. 被判处有期徒刑以上刑罚的犯罪分子，刑罚执行完毕或者赦免以后，在5年以内再犯应当判处有期徒刑以上刑罚之罪的是累犯

E. 可以从重处罚

16. 被判处有期徒刑以上刑罚的犯罪分子，刑罚执行完毕或者赦免以后，在5年以内再犯应当判处有期徒刑以上刑罚之罪的，是累犯。根据刑事法律制度的规定，关于累犯，下列说法中，正确的有（ ）。

A. 对于累犯，应当从重处罚
B. 过失犯罪不适用累犯
C. 不满18周岁的人犯罪不适用累犯
D. 过失犯罪可以成立累犯
E. 规定的5年期限，对于被假释的犯罪分子，从假释之日起计算

17. 根据刑事法律制度的规定，累犯可以适用的有（　　）。
A. 自首　　B. 立功
C. 减刑　　D. 假释
E. 缓刑

18. 根据刑事法律制度规定，下列选项中，应当视为自动投案的有（　　）。
A. 罪行尚未被司法机关发觉，仅因形迹可疑被有关组织或者司法机关盘问、教育后，主动交代自己的罪行
B. 并非出于犯罪嫌疑人主动，而是经亲友规劝、陪同投案
C. 正在投案途中，被公安机关捕获
D. 公安机关通知犯罪嫌疑人的亲友，将犯罪嫌疑人送去投案
E. 犯罪后逃至亲属家中，在亲属家中被公安机关抓获

19. 根据刑事法律制度规定，下列选项中，应当视为自动投案的有（　　）。
A. 犯罪嫌疑人向其所在单位、城乡基层组织或者其他有关负责人员投案
B. 犯罪后逃跑，在逃跑途中被公安机关抓获
C. 在司法机关未确定犯罪嫌疑人，尚在一般性排查询问时主动交代自己罪行
D. 犯罪后主动报案，虽未表明自己是作案人，但没有逃离现场，在司法机关询问时交代自己罪行
E. 明知他人报案而在现场等待，抓捕时无拒捕行为，供认犯罪事实

20. 根据刑事法律制度规定，下列选项中，属于一般立功的有（　　）。
A. 检举、揭发他人重大犯罪行为，经查证属实
B. 提供侦破其他案件的重要线索，经查证属实
C. 协助司法机关抓捕其他重大犯罪嫌疑人
D. 阻止他人犯罪活动
E. 对国家和社会有其他重大贡献等表现

21. 根据《刑法》的有关规定，下列选项中，符合缓刑条件，应当宣告缓刑的有（　　）。
A. 不满18周岁的人
B. 累犯
C. 怀孕的妇女
D. 已满75周岁的人
E. 犯罪集团首要分子

22. 根据刑事法律制度的规定，下列关于缓刑的说法中，正确的有（　　）。
A. 对于被判处拘役、3年以下有期徒刑的犯罪分子，符合法定条件的，应当宣告缓刑
B. 被宣告缓刑的犯罪分子，如果被判处附加刑，附加刑仍须执行
C. 缓刑的禁止令期限，既可以与管制执行期限相同，也可以短于管制执行的期限，但不得少于3个月
D. 被宣告缓刑的犯罪分子，在缓刑考验期限内犯新罪或者发现判决宣告以前还有其他罪没有判决的，应当撤销缓刑
E. 有期徒刑的缓刑考验期限为原判刑期以上5年以下，但是不能少于1年

23. 根据《刑法》的有关规定，下列选项中，不得假释的有（　　）。
A. 累犯

B. 犯罪集团首要分子
C. 因抢劫被判处 8 年有期徒刑
D. 因故意杀人被判处无期徒刑
E. 因贩卖毒品被判处 15 年有期徒刑

24. 根据刑事法律制度的规定，下列属于危害税收征管罪的有（　　）。
A. 逃税罪
B. 徇私舞弊不征、少征税款罪
C. 抗税罪
D. 违法提供出口退税凭证罪
E. 逃避追缴欠税罪

25. 根据《刑法》的规定，依逃税罪追究刑事责任须具备法定情形，这些法定情形有（　　）。
A. 纳税人采取假报出口手段，骗取国家出口退税款，数额在 5 万元以上的
B. 纳税人采取欺骗、隐瞒手段不进行纳税申报，逃避缴纳税款数额在 5 万元以上并且占各税种应纳税总额 10%以上的，经税务机关依法下达追缴通知后，不补缴应纳税款、不缴纳滞纳金或者不接受行政处罚的
C. 扣缴义务人采取欺骗、隐瞒手段不缴或者少缴已扣、已收税款，数额 5 万元以上的
D. 纳税人采取欺骗、隐瞒手段不进行纳税申报，逃避缴纳税款数额在 5 万元以上，经税务机关依法下达追缴通知后，补缴应纳税款，缴纳滞纳金，并已受行政处罚的
E. 纳税人采取欺骗手段进行虚假纳税申报，逃避缴纳税款数额在 5 万元以上并且占应纳税额 5%以上的

26. 根据刑事法律制度规定，下列选项中，不需要追究刑事责任的有（　　）。
A. 纳税人甲 3 年前曾因逃税被税务机关给予行政处罚，经调查发现甲又采取隐瞒手段进行虚假纳税申报逃避缴纳税款，数额为 8 万元，占各税种应纳税总额 8%，经税务机关依法下达追缴通知后，不补缴应纳税款、不缴纳滞纳金
B. 纳税人乙 5 年内因逃避缴纳税款受过刑事处罚，又逃避缴纳税款，数额为 4 万元并且占各税种应纳税总额 15%
C. 纳税人丙 5 年内未曾有过因逃避缴纳税款受过刑事处罚或者被税务机关给予 2 次以上行政处罚之情形，但经调查发现其不申报，逃避缴纳税款，数额为 100 万元并且占各税种应纳税总额 20%，经税务机关依法下达追缴通知后，补缴应纳税款、缴纳滞纳金并接受行政处罚
D. 纳税人丁 5 年内因逃避缴纳税款被税务机关给予 2 次行政处罚，又逃避缴纳税款，数额为 10 万元并且占各税种应纳税总额 8%
E. 扣缴义务人戊采取欺骗、隐瞒手段，不缴或者少缴已扣、已收税款，数额 8 万元

27. 根据刑事法律制度规定，下列关于抗税罪的说法中，正确的有（　　）。
A. 出于对税收法律政策不清楚或者曲解，在应纳税所得额、税率等纳税问题上与征税人发生歧义，并不具有抗税的故意，即使出现一些暴力或者威胁行为，也不宜认定为抗税罪
B. 出于对税收法律政策不清楚或者曲解，在应纳税所得额、税率等纳税问题上与征税人发生歧义，并不具有抗税的故意，如果造成伤害，可考虑按伤害罪论处
C. 出于对税收法律政策不清楚或者曲解，在应纳税所得额、税率等纳税问题与征税人发生歧义，无理取闹、

扩大事态，主观上具备了抗税故意，在客观要件具备的情况下，可以认定为抗税罪

D. 因税务人员疏忽或者不熟悉税法等原因搞错征税对象、征税项目和应税数额，造成税额计算错误、多征或者重复征税等情况引起纳税人拒缴税款，不应以抗税罪论处

E. 因税务人员疏忽或者不熟悉税法等原因搞错征税对象、征税项目和应税数额，造成税额计算错误、多征或者重复征税等情况引起纳税人拒缴税款，造成税务人员伤亡的，应以妨害公务罪追究其刑事责任

28. 根据刑事法律制度规定，下列选项中，构成骗取出口退税罪中假报出口情形的有（　　）。

A. 签订虚假的买卖合同

B. 将未纳税或者免税货物作为已税货物出口

C. 以变造手段取得出口货物报关单等有关出口退税单据

D. 非法购买增值税专用发票

E. 骗取出口货物退税资格

29. 根据刑事法律制度规定，下列选项中，说法正确的有（　　）。

A. 非法购买增值税专用发票又虚开的，按照虚开增值税专用发票罪定罪处罚

B. 非法购买增值税专用发票又出售的，按照非法出售增值税专用发票罪定罪处罚

C. 购买伪造的增值税专用发票又出售的，按照出售伪造的增值税专用发票罪定罪处罚

D. 非法购买增值税专用发票又虚开的，按照非法购买增值税专用发票罪与虚开增值税专用发票罪数罪并罚

E. 购买伪造的增值税专用发票又出售的，按照购买伪造的增值税专用发票罪与出售伪造的增值税专用发票罪数罪并罚

30. 根据刑事法律制度规定，下列选项中，属于涉税职务犯罪的有（　　）。

A. 骗取出口退税罪

B. 徇私舞弊不征、少征税款罪

C. 徇私舞弊发售发票、抵扣税款、出口退税罪

D. 逃税罪

E. 徇私舞弊不移交刑事案件罪

31. 根据刑事法律制度规定，要求税务机关的工作人员作为犯罪主体的涉税职务犯罪有（　　）。

A. 徇私舞弊发售发票、抵扣税款、出口退税罪

B. 徇私舞弊不征、少征税款罪

C. 违法提供出口退税凭证罪

D. 徇私舞弊不移交刑事案件罪

E. 逃税罪

32. 税务机关工作人员徇私舞弊是徇私舞弊不征、少征税款罪的客观方面要件之一，下列情形中，构成本罪客观方面要件的有（　　）。

A. 徇私舞弊不征、少征应征税款，致使国家税收损失累计达10万元以上

B. 上级主管部门工作人员指使税务机关工作人员徇私舞弊不征、少征应征税款，致使国家税收损失累计达10万元以上

C. 税务机关采用定期定额征收方式导致少征税款

D. 纳税人提供虚假材料骗取减免税出现的不征或者少征税款

E. 徇私舞弊不征、少征应征税款不满10万元，但具有索取贿赂情节

33. 根据刑事法律制度规定，下列关于徇私舞弊不征、少征税款罪说法中，正确的有（ ）。

A. 主观上故意或者过失是区别本罪与玩忽职守罪的标志

B. 非税务人员超越职权，擅自作出减免税决定，造成不征或少征应征税款的，应当追究责任人员徇私舞弊不征、少征税款罪的法律责任

C. 税务人员利用职务上的便利，索取、收受纳税人财物，不征或少征税款，致使国家税收遭受重大损失的，应当以徇私舞弊不征、少征税款罪和受贿罪数罪并罚

D. 纳税人提供虚假材料骗取减免税出现的不征或者少征税款，因税务人员没有徇私舞弊的主观故意，所以不能认定税务人员有罪

E. 因税务人员业务素质原因造成的少征税款，不能认定其有罪

同步强化练习题参考答案及解析

使用“会计云课堂”App或“微信”扫码对答案、看解析、掌握解题思路，开启轻松过关之旅。

一、单项选择题

1. B 【解析】刑法基本原则包括：罪刑法定原则、平等适用刑法原则和罪刑相当原则。

2. D 【解析】在人民检察院、公安机关、国家安全机关立案侦查或者在人民法院受理案件以后，逃避侦查或者审判的，不受追诉期限的限制。

3. B 【解析】在本章中，“核准追诉的机关”均是最高人民检察院。

4. A 【解析】（1）选项CD：“老年人”的分界线是75周岁。（2）选项B：对被判处拘役或者3年以下有期徒刑的犯罪分子，同时符合缓刑的法定条件的，可以宣告缓刑；对其中不满18周岁的人、怀孕的妇女和已满75周岁的人，应当宣告缓刑。

5. B 【解析】任何犯罪的成立都必须具备四个方面的构成要件：犯罪客体、犯罪客观方面、犯罪主体、犯罪主观方面。

6. A 【解析】（1）选项AB：禁止令的期限，既可以与管制执行期限相同，也可以短于管制执行的期限，但不得少于3个月。（2）选项CD：禁止令由司法行政机关指导管理的社区矫正机构负责执行，人民检察院对社区矫正机构执行禁止令的活动实行监督。

7. B　【解析】(1) 选项 A：一般自首，是指犯罪以后自动投案，如实供述自己的罪行的行为。(2) 选项 B：特别自首，是指被采取强制措施的犯罪嫌疑人、被告人和正在服刑的罪犯，如实供述司法机关尚未掌握的本人其他罪行的行为。

8. D　【解析】适用禁止令的情形包括管制和缓刑。

9. C　【解析】(1) 选项 ABC：被判处有期徒刑的犯罪分子，执行原判刑期 1/2 以上，被判处无期徒刑的犯罪分子，实际执行 13 年以上，如果认真遵守监规，接受教育改造，确有悔改表现，没有再犯罪的危险的，可以假释。如果有特殊情况，经最高人民法院核准，可以不受上述执行刑期的限制。(2) 选项 D：对累犯以及因故意杀人、强奸、抢劫、绑架、放火、爆炸、投放危险物质或者有组织的暴力性犯罪被判处 10 年以上有期徒刑、无期徒刑的犯罪分子，不得假释。对原具有国家工作人员身份犯贪污贿赂罪的罪犯适用假释时，应当从严掌握。

10. C　【解析】对累犯以及因故意杀人、强奸、抢劫、绑架、放火、爆炸、投放危险物质或者有组织的暴力性犯罪被判处 10 年以上有期徒刑、无期徒刑的犯罪分子，不得假释。

11. D　【解析】(1) 选项 AB：对累犯，不得缓刑、不得假释。(2) 选项 C：假释适用于被判处有期徒刑或者无期徒刑的犯罪分子。

12. A　【解析】扣缴义务人采取欺骗、隐瞒手段，不缴或者少缴已扣、已收税款，数额在5 万元以上的，应以逃税罪立案追诉。

13. C　【解析】选项 C：逃税罪的犯罪主体系特殊主体，包括纳税人和扣缴义务人。可以是自然人，也可以是单位。

14. C　【解析】逃避缴纳税款，涉嫌下列情形之一的，应予立案追诉：(1) 纳税人采取欺骗、隐瞒手段进行虚假纳税申报或者不申报，逃避缴纳税款，数额在5 万元以上并且占各税种应纳税总额10% 以上，经税务机关依法下达追缴通知后，不补缴应纳税款、不缴纳滞纳金或者不接受行政处罚的；(2) 纳税人5 年内因逃避缴纳税款受过刑事处罚或者被税务机关给予2 次以上行政处罚，又逃避缴纳税款，数额在5 万元以上并且占各税种应纳税总额10% 以上的；(3) 扣缴义务人采取欺骗、隐瞒手段，不缴或者少缴已扣、已收税款，数额在5 万元以上的。

15. B　【解析】纳税人有采取欺骗、隐瞒手段进行虚假纳税申报或者不申报，逃避缴纳税款，数额在 5 万元以上并且占各税种应纳税总额 10% 以上之行为，经税务机关依法下达追缴通知后，补缴应纳税款，缴纳滞纳金，已受行政处罚的，不予追究刑事责任；但是，5 年内因逃避缴纳税款受过刑事处罚或者被税务机关给予 2 次以上行政处罚的除外。

16. B 【解析】(1) 选项 AB：纳税人缴纳税款后，以假报出口或者其他欺骗手段，骗取所缴纳的税款的，依照逃税罪定罪处罚；骗取税款超过所缴纳的税款部分，依照骗取出口退税罪的规定处罚。(2) 选项 C：实施骗取国家出口退税行为，没有实际取得出口退税款的，可以比照既遂犯从轻或者减轻处罚。(3) 选项 D：实施骗取出口退税犯罪，同时构成虚开增值税专用发票罪等其他犯罪的，依照刑法按处罚较重的罪名定罪处罚。

二、多项选择题

1. ABCE 【解析】法定最高刑为无期徒刑、死刑的，经过 20 年，不再追诉。如果 20 年以后认为必须追诉的，须报请最高人民检察院核准。

2. ACDE 【解析】任何犯罪的成立都必须具备四个方面的构成要件：犯罪客体、犯罪客观方面、犯罪主体、犯罪主观方面。

3. ABD

4. ADE 【解析】已满 14 周岁不满 16 周岁的人，犯故意杀人、故意伤害致人重伤或者死亡、强奸、抢劫、贩卖毒品、放火、爆炸、投放危险物质罪的，应当负刑事责任。

5. BD 【解析】(1) 选项 A：对依照规定追究刑事责任的不满 18 周岁的人犯罪，应当从轻或者减轻处罚。(2) 选项 C：不满 18 周岁的人和已满 75 周岁的人犯罪，只要符合缓刑条件的，应当宣告缓刑。(3) 选项 E：犯罪的时候不满 18 周岁被判处 5 年有期徒刑以下刑罚的，免除其前科报告义务。

6. BE 【解析】(1) 选项 A：已满 75 周岁的人故意犯罪的，可以从轻或者减轻处罚；过失犯罪的，应当从轻或者减轻处罚。(2) 选项 C：已满 16 周岁的人犯罪，应当负刑事责任。已满 14 周岁不满 16 周岁的人，犯故意杀人、故意伤害致人重伤或者死亡、强奸、抢劫、贩卖毒品、放火、爆炸、投放危险物质罪的，应当负刑事责任。(3) 选项 D：对审判时已满 75 周岁的人，不适用死刑，但以特别残忍手段致人死亡的除外。

7. ACE 【解析】(1) 选项 A：犯罪时不满 18 周岁的人不作为累犯。(2) 选项 C：已满 75 周岁的人故意犯罪的，可以从轻或者减轻处罚。(3) 选项 E：又聋又哑的人或者盲人犯罪，可以从轻、减轻或者免除处罚。

8. ABCE 【解析】选项 D：又聋又哑的人或者盲人犯罪，可以从轻、减轻或者免除处罚。

9. BDE 【解析】主刑，是对犯罪分子适用的主要刑罚方法，包括：管制、拘役、有期徒刑、无期徒刑和死刑 5 种。

10. BCDE　【解析】选项A：附加刑既可以独立适用，也可以附加适用。

11. ABCD　【解析】选项E：被判处管制的犯罪分子，管制期满，执行机关应即向本人和其所在单位或者居住地的群众宣布解除管制。

12. CDE　【解析】（1）选项A：禁止令由司法行政机关指导管理的社区矫正机构负责执行。（2）选项B：人民检察院对社区矫正机构执行禁止令的活动实行监督。

13. ABC　【解析】选项DE：数罪并罚时，有期徒刑总和刑期不满35年的，最高不能超过20年；总和刑期在35年以上的，最高不能超过25年。

14. ABD　【解析】（1）选项C：审判的时候已满75周岁的人，不适用死刑，但以特别残忍手段致人死亡的除外。（2）选项E：死刑除依法由最高人民法院判决的以外，都应当报请最高人民法院核准。

15. ABCD　【解析】被判处有期徒刑以上刑罚的犯罪分子，刑罚执行完毕或者赦免以后，在5年以内再犯应当判处有期徒刑以上刑罚之罪的，是累犯，应当从重处罚，但是过失犯罪和不满18周岁的人犯罪的除外。

16. ABC　【解析】（1）选项D：前罪和后罪都必须是故意犯罪。（2）选项E：规定的5年期限，对于被假释的犯罪分子，从假释期满之日起计算。

17. ABC　【解析】选项DE：累犯不得缓刑、假释。

18. ABCD　【解析】下列情形应当视为自动投案：（1）犯罪嫌疑人向其所在单位、城乡基层组织或者其他有关负责人员投案的；（2）犯罪嫌疑人因病、伤或者为了减轻犯罪后果，委托他人先代为投案，或者先以信电投案的；（3）罪行尚未被司法机关发觉，仅因形迹可疑被有关组织或者司法机关盘问、教育后，主动交代自己的罪行的；（4）犯罪后逃跑，在被通缉、追捕过程中，主动投案的；（5）经查实确已准备去投案，或者正在投案途中，被公安机关捕获的；（6）并非出于犯罪嫌疑人主动，而是经亲友规劝、陪同投案的；（7）公安机关通知犯罪嫌疑人的亲友，或者亲友主动报案后，将犯罪嫌疑人送去投案的；（8）犯罪后主动报案，虽未表明自己是作案人，但没有逃离现场，在司法机关询问时交代自己罪行；（9）明知他人报案而在现场等待，抓捕时无拒捕行为，供认犯罪事实；（10）在司法机关未确定犯罪嫌疑人，尚在一般性排查询问时主动交代自己罪行；（11）因特定违法行为被采取劳动教养、行政拘留、司法拘留、强制隔离戒毒等行政、司法强制措施期间，主动向执行机关交代尚未被掌握的犯罪行为；（12）其他符合立法本意，应当视为自动投案的情形。

19. ACDE

20. BD　【解析】一般立功包括：（1）检举、揭发他人犯罪行为，包括共同犯罪案件中的犯罪分子揭发同案犯共同犯罪以外的其他犯罪，经查证属实；（2）提供侦破其他案件的重要线索，经查证属实；（3）阻止他人犯罪活动；（4）协助司法机关抓捕其他犯罪嫌疑人（包括同案犯）；（5）具有其他有利于国家和社会的突出表现。

21. ACD 【解析】对于被判处拘役、3 年以下有期徒刑的犯罪分子，符合条件的，可以宣告缓刑，对其中不满 18 周岁的人、怀孕的妇女和已满 75 周岁的人，应当宣告缓刑。

22. BDE 【解析】（1）选项 A：对于被判处拘役、3 年以下有期徒刑的犯罪分子，符合法定条件的，“可以”宣告缓刑。（2）选项 C：缓刑的禁止令期限，可以与缓刑考验的期限相同，也可以短于缓刑考验的期限，但不得少于 2 个月。

23. AD 【解析】对累犯以及因故意杀人、强奸、抢劫、绑架、放火、爆炸、投放危险物质或者有组织的暴力性犯罪被判处 10 年以上有期徒刑、无期徒刑的犯罪分子，不得假释。

24. ACE 【解析】危害税收征管罪包括：逃税罪、抗税罪、逃避追缴欠税罪、骗取出口退税罪和相关涉票类犯罪。

25. BC 【解析】（1）选项 A：构成骗取出口退税罪。（2）选项 DE：纳税人采取欺骗、隐瞒手段进行虚假纳税申报或者不申报，逃避缴纳税款，数额在 5 万元以上并且占各税种应纳税总额 10% 以上，经税务机关依法下达追缴通知后，不补缴应纳税款、不缴纳滞纳金或者不接受行政处罚的，应予立案追诉。

26. ABCD 【解析】（1）选项 AC：纳税人采取欺骗、隐瞒手段进行虚假纳税申报或者不申报，逃避缴纳税款，数额在 5 万元以上并且占各税种应纳税总额 10% 以上，经税务机关依法下达追缴通知后，不补缴应纳税款、不缴纳滞纳金或者不接受行政处罚，应予立案追诉。（2）选项 BD：纳税人 5 年内因逃避缴纳税款受过刑事处罚或者被税务机关给予 2 次以上行政处罚，又逃避缴纳税款，数额在 5 万元以上并且占各税种应纳税总额 10% 以上，应予立案追诉。（3）选项 E：扣缴义务人采取欺骗、隐瞒手段，不缴或者少缴已扣、已收税款，数额在 5 万元以上，应予立案追诉。

27. ABCD 【解析】因税务人员疏忽或者不熟悉税法等原因搞错征税对象、征税项目和应税数额，造成税额计算错误、多征或者重复征税等情况引起纳税人拒缴税款，这种情况下，不应以抗税罪论处，如果造成税务人员伤亡的，应以伤害罪或者杀人罪追究其刑事责任。

28. ACD 【解析】假报出口，是指以虚构已税货物出口事实为目的，具有下列情形之一的行为：（1）伪造或者签订虚假的买卖合同；（2）以伪造、变造或者其他欺骗手段取得出口货物报关单、出口收汇核销单、出口货物专用缴款书等有关出口退税单据、凭证；（3）虚开、伪造、非法购买增值税专用发票或者其他可以用于出口退税的发票；（4）其他虚构已税货物出口事实的行为。

29. ABC　【解析】非法购买增值税专用发票或者购买伪造的增值税专用发票又虚开或者出售的，分别依照《刑法》第205条（虚开增值税专用发票罪）、第206条（出售伪造的增值税专用发票罪）、第207条（非法出售增值税专用发票罪）的规定定罪处罚。

30. BCE　【解析】选项AD：系涉税犯罪（危害税收征管罪）。

31. AB　【解析】

罪名	犯罪主体
徇私舞弊发售发票、抵扣税款、出口退税罪	税务机关的工作人员
徇私舞弊不征、少征税款罪	税务机关的工作人员
违法提供出口退税凭证罪	海关、外汇管理等国家机关工作人员
徇私舞弊不移交刑事案件罪	行政执法人员

32. ABE　【解析】选项CD：在税务机关采用定期定额征收方式导致少征税款或者纳税人提供虚假材料骗取减免税出现的不征或者少征税款以及因税务人员业务素质原因造成的少征税款等情况下，因税务人员不具有主观故意，不能认定为有罪。

33. ACDE　【解析】选项B：非税务人员超越职权，擅自作出减免税决定，造成不征或少征税款的，应当追究责任人员滥用职权罪的法律责任。

第十九章　刑事诉讼法

本章学习指南

一、考情概况

本章近 3 年平均考查分值约 4.3 分，考查题型通常为单选题、多选题。

本章为非重点章节，内容包括刑事诉讼法基础、刑事辩护制度、强制措施、侦查与提起公诉和审判程序等相关知识；本章内容较多，和日常工作、生活距离较远，所以理解与记忆难度较高。但本章考查分值较低，属于性价比较低的章节，建议考生在最后冲刺阶段对本章重要知识点进行背诵记忆。

最近 3 年题型题量分析表

题型	2021 年	2020 年	2019 年
单项选择题	3.0 分	3.0 分	3.0 分
多项选择题	2.0 分	2.0 分	——
综合分析题	——	——	——
合计	5.0 分	5.0 分	3.0 分

二、教材变动

1. 新增辩护人的责任；
2. 调整刑事辩护制度相关内容；
3. 调整拘留、取保候审、监视居住、逮捕及强制措施变更相关内容；
4. 调整公诉案件第一审程序；
5. 调整简易程序；
6. 调整速裁程序；
7. 删除第二审程序部分内容；
8. 删除认罪认罚从宽制度部分内容；
9. 个别文字调整。

核心考点精讲

第一单元　刑事诉讼法基础

查看本单元视频，快速 GET 知识点
使用"会计云课堂"App或"微信"扫码

01　刑事诉讼法的基本原则（★）

1. 侦查权、检察权、审判权由专门机关依法行使

（1）对刑事案件的侦查、拘留、执行逮捕、预审，由公安机关负责。

国家安全机关依照法律规定，办理危害国家安全的刑事案件，可行使与公安机关相同的职权。

（2）检察机关直接受理案件的侦查，批准逮捕、审查起诉和提起公诉，由人民检察院负责。

①人民检察院法定侦查权

人民检察院在对诉讼活动实行法律监督中发现的司法工作人员利用职权实施的非法拘禁、刑讯逼供、非法搜查等侵犯公民权利、损害司法公正的犯罪，可以由人民检察院立案侦查。

②人民检察院机动侦查权

对于公安机关管辖的国家机关工作人员利用职权实施的重大犯罪案件，需要由人民检察院直接受理的时候，经省级以上人民检察院决定，可以由人民检察院立案侦查。

（3）审判由人民法院负责。

自诉案件，由人民法院直接受理。

（4）除法律特别规定的以外，其他任何机关、团体和个人都无权行使这些权力。

2. 以事实为根据、以法律为准绳

人民法院、人民检察院和公安机关进行刑事诉讼，必须以事实为根据，以法律为准绳。

3. 审判公开

（1）人民法院审判案件，除《刑事诉讼法》另有规定的以外，一律公开进行。

考点提示

人民法院审判案件应当公开进行，是指除向当事人和诉讼参与人公开，允许其公开陈述作证、进行辩论、行使其诉讼权利外，还应当允许公民到庭旁听，允许新闻记者进行采访和报道（≠电视台实况转播）。

（2）人民法院审判第一审案件应当公开进行。但是有关国家秘密或者个人隐私的案件，不公开审理；涉及商业秘密的案件，当事人申请不公开审理的，可以不公开审理。

（3）开庭审理时被告人不满18周岁的案件，一律不公开审理。

考点提示

经未成年被告人及其法定代理人同意，未成年被告人所在学校和未成年人保护组织可以派代表到场。

（4）不公开审理的案件，应当当庭宣布不公开审理的理由。

（5）宣告判决，一律公开进行。

4. 犯罪嫌疑人、被告人有权获得辩护

侦查机关、人民检察院、人民法院应当告知犯罪嫌疑人、被告人有权获得辩护，人民法院有义务保证被告人获得辩护。

5. 未经法院判决不得确定任何人有罪

未经人民法院依法判决，对任何人都不得确定有罪。

6. 具有法定情形不追究刑事责任

有下列情形之一的，不追究刑事责任，已经追究的，应当撤销案件，或者不起诉，或者终止审理，或者宣告无罪：（1）情节显著轻微、危害不大，不认为是犯罪的；（2）犯罪已过追诉时效期限的；（3）经特赦令免除刑罚的；（4）依照刑法告诉才处理的犯罪，没有告诉或者撤回告诉的；（5）犯罪嫌疑人、被告人死亡的；（6）其他法律规定免予追究刑事责任的。

经典题解

【真题 1 · 单选题】根据《刑事诉讼法》及有关规定，下列关于审判公开的说法中，正确的是（　　）。（2015 年）

A. 人民法院审判案件，一审、二审都应当公开进行

B. 人民法院审判案件，应当允许新闻媒体实况转播

C. 不公开审理的案件，应当当庭宣布不公开审理的理由

D. 涉及未成年人犯罪的案件，人民法院可以不公开审理

【解析】（1）选项 A：①人民法院审判第一审案件应当公开进行，但是有关国家秘密或者个人隐私的案件，不公开审理；涉及商业秘密的案件，当事人申请不公开审理的，可以不公开审理；②第二审人民法院审判上诉或者抗诉案件的程序，除已有规定的以外，参照第一审程序的规定进行。（2）选项 B：人民法院审判案件应当公开进行，是指除向当事人和诉讼参与人公开，允许其公开陈述作证、进行辩论、行使其诉讼权利外，还应当允许公民到庭旁听，允许新闻记者进行采访和报道（≠电视台实况转播）。（3）选项 D：开庭审理时被告人不满 18 周岁的案件，一律不公开审理。

【答案】C

【真题 2 · 单选题】根据《刑事诉讼法》规定，下列选项中，属于依法不予追究刑事责任的情形是（　　）。（2015 年）

A. 犯罪嫌疑人身患疾病的

B. 经特赦令免除刑罚的

C. 行为人年满 75 周岁的

D. 犯罪情节轻微，危害较小的

【答案】B

02 刑事诉讼当事人与其他刑事诉讼参与人（★★）

（一）刑事诉讼当事人

刑事诉讼当事人，是指与案件事实和诉讼结果有切身利害关系，在诉讼中处于控告或者被控告地位的诉讼参与人，包括被害人、自诉人、犯罪嫌疑人、被告人、附带民事诉讼的原告人和被告人。

1. 被害人

被害人，是指其合法权益遭受被指控的犯罪行为侵害的人。

2. 自诉人

（1）自诉人，是指以个人名义直接向人民法院提起诉讼，要求追究被告人刑事责任的人。通常情况下，自诉人是该案件的被害人，或者是被害人的法定代理人。

（2）自诉人是自诉案件的一方当事人，具有独立的诉讼地位，在诉讼中执行控诉职能。

3. 犯罪嫌疑人、被告人

犯罪嫌疑人、被告人，是指对因涉嫌犯罪而受到刑事追诉的人在不同的刑事诉讼程序中的两种不同称谓。在公诉案件中，因涉嫌犯罪而受到刑事追诉的人，在人民检察院向人民法院提起公诉以前，是犯罪嫌疑人；在人民检察院向人民法院提起公诉以后，是被告人。

（二）其他刑事诉讼参与人

其他刑事诉讼参与人，是指刑事诉讼当事人以外的、根据法律规定和诉讼需要而参加诉讼活动的人。包括法定代理人、诉讼代理人、辩护人、证人、鉴定人和翻译人员。

考点提示

刑事诉讼中的诉讼参与人不包括侦查人员、检察人员和审判人员（审判人员包括审判员和人民陪审员）。

1. 法定代理人

法定代理人，是指被代理人的父母、养父母、监护人和负有保护责任的机关、团体的代表。法定代理人参加诉讼时，享有申请回避、提出上诉等独立的诉讼权利。

2. 诉讼代理人

诉讼代理人，是指公诉案件的被害人及其法定代理人或者近亲属、自诉案件的自诉人及其法定代理人委托代为参加诉讼的人和附带民事诉讼的当事人及其法定代理人委托代为参加诉讼的人。

【解释】“近亲属”是指夫、妻、父、母、子、女、同胞兄弟姊妹。

3. 辩护人

辩护人，是指依法接受委托或指定，参加诉讼并为犯罪嫌疑人或被告人进行辩护的诉讼参与人。犯罪嫌疑人、被告人除自己行使辩护权以外，还可以委托1~2人作为辩护人。辩护人的责任是根据事实和法律，提出犯罪嫌疑人、被告人无罪、罪轻或者减轻、免除其刑事责任的材料和意见，维护犯罪嫌疑人、被告人的诉讼权利和其他合法权益。

4. 证人

证人，是指当事人以外的、就自己知道的案件情况向司法机关作证的人。证人只能是自然人，生理上、精神上有缺陷或者年幼，不能辨别是非、不能正确表达的人，不能作证人。

5. 鉴定人

鉴定人，是指受司法机关的指派或者聘请，运用专门知识和技能，对案件中的专门性问题进行鉴别判断的诉讼参与人。

6. 翻译人员

翻译人员，是指接受司法机关委托，在刑事诉讼中进行语言、文字翻译的诉讼参与人。

考点提示

翻译人员和鉴定人适用《刑事诉讼法》关于回避的规定。

经典题解

【真题·单选题】根据《刑事诉讼法》规定，下列人员中，不属于诉讼参与人的是（　　）。（2018年）

A. 鉴定人　　B. 证人

C. 书记员　　D. 辩护人

【解析】"诉讼参与人"是指当事人、法定代理人、诉讼代理人、辩护人、证人、鉴定人和翻译人员。

【答案】C

查看本单元视频，快速GET知识点

使用"会计云课堂"App或"微信"扫码

第二单元　刑事辩护制度

01 辩护种类（★）

1. 自行辩护

犯罪嫌疑人、被告人为自己进行的辩护。自行辩护贯穿于刑事诉讼整个过程。

2. 委托辩护

犯罪嫌疑人、被告人依法委托律师或者其他具有法定资格的公民担任辩护人。

3. 指定辩护

（1）可以指定辩护

具有下列情形之一，被告人没有委托辩护人的，人民法院可以通知法律援助机构指派律师为其提供辩护：①共同犯罪案件中，其他被告人已经委托辩护人的；②案件有重大社会影响的；③人民检察院抗诉的；④被告人的行为可能不构成犯罪的；⑤有必要指派律师提供辩护的其他情形。

（2）应当指定辩护

对下列没有委托辩护人的犯罪嫌疑人、被告人，人民法院、人民检察院和公安机关应当通知法律援助机构指派律师为其提供辩护：①盲、聋、哑人；②尚未完全丧失辨认或者控制自己行为能力的精神病人；③可能被判处无期徒刑、死刑的人。

高级人民法院复核死刑案件，被告人没有委托辩护人的，应当通知法律援助机构指派律师为其提供辩护。死刑缓期执行期间故意犯罪的案件，适用上述规定。

考点提示

审判时不满18周岁的未成年被告人没有委托辩护人的，人民法院应当通知法律援助机构指派熟悉未成年人身心特点的律师为其提供辩护（教材未涉及，建议了解）。

（3）值班律师制度

法律援助机构可以在人民法院、看守所等场所派驻值班律师。犯罪嫌疑人、被告人没有委托辩护人，法律援助机构没有指派律师为其提供辩护的，由值班律师为犯罪嫌疑人、被告人提供法律咨询、程序选择建议、申请变更强制措施、对案件处理提出意见等法律帮助。人民法院、人民检察院、看守所应当告知犯罪嫌疑人、被告人有权约见值班律师，并为犯罪嫌疑人、被告人约见值班律师提供便利。

02 辩护人的范围及限制（★★★）

1. 犯罪嫌疑人、被告人除自己行使辩护权以外，还可以委托1~2人作为辩护人。1名辩护人不得为2名以上的同案被告人，或者未同案处理但犯罪事实存在关联的被告人辩护。

2. 下列的人可以被委托为辩护人：（1）律师；（2）人民团体或者犯罪嫌疑人、被告人所在单位推荐的人；（3）犯罪嫌疑人、被告人的监护人、亲友。

3. 下列人员不得担任辩护人：（1）正在被执行刑罚或者处于缓刑、假释考验期间的人；（2）依法被剥夺、限制人身自由的人；（3）被开除公职或者被吊销律师、公证员执业证书的人；（4）人民法院、人民检察院、监察机关、公安机关、国家安全机关、监狱的现职人员；（5）人民陪审员；（6）与本案审理结果有利害关系的人；（7）外国人或者无国籍人；（8）无行为能力或者限制行为能力的人。

第（3）项至第（7）项规定的人员，如果是被告人的监护人、近亲属，由被告人委托担任辩护人的，可以准许。

4. 审判人员和人民法院其他工作人员从人民法院离任后2年内，不得以律师身份担任辩护人。审判人员和人民法院其他工作人员从人民法院离任后，不得担任原任职法院所审理案件的辩护人，但系被告人的监护人、近亲属的除外。

审判人员和人民法院其他工作人员的配偶、子女或者父母不得担任其任职法院所审理案件的辩护人，但系被告人的监护人、近亲属的除外。

经典题解

【真题1·单选题】下列关于刑事诉讼参与人及其诉讼地位的说法中，正确的是（　　）。（2021年）

A. 证人可以是自然人，也可以是法人

B. 被害人本人能作为自诉人，但其法定代理人不能作为自诉人

C. 在刑事诉讼中，法定代理人不具有独立的诉讼地位

D. 人民团体推荐的人，可以担任刑事诉讼的辩护人

【解析】(1) 选项A:证人只能是自然人,不能是法人。(2) 选项B:通常情况下,自诉人是该案件的被害人,或者是被害人的法定代理人。(3) 选项C:法定代理人有独立的诉讼地位,享有一定的诉讼权利,负担一定的诉讼义务。

【答案】D

【真题2·单选题】在刑事诉讼中,犯罪嫌疑人、被告人有权委托辩护人。下列有关委托辩护人的说法中,正确的是( )。(2020年)

A. 犯罪嫌疑人、被告人可以委托其在法院任职的监护人担任辩护人

B. 犯罪嫌疑人、被告人可以委托其正处于缓刑考验期的亲友担任辩护人

C. 犯罪嫌疑人、被告人可以委托已从法院离职1年的朋友以律师的身份担任辩护人

D. 犯罪嫌疑人、被告人可以委托人民陪审员担任辩护人

【解析】(1) 选项ABD:下列人员不得担任辩护人:①正在被执行刑罚或者处于缓刑、假释考验期间的人(选项B);②依法被剥夺、限制人身自由的人;③被开除公职或者被吊销律师、公证员执业证书的人;④人民法院、人民检察院、监察机关、公安机关、国家安全机关、监狱的现职人员;⑤人民陪审员(选项D);⑥与本案审理结果有利害关系的人;⑦外国人或者无国籍人;⑧无行为能力或者限制行为能力的人。第③项至第⑦项规定的人员,如果是被告人的监护人、近亲属,由被告人委托担任辩护人的,可以准许(选项A)。(2) 选项C:审判人员和人民法院其他工作人员从人民法院离任后2年内,不得以律师身份担任辩护人。

【答案】A

03 委托辩护人(★★)

1. 犯罪嫌疑人自被侦查机关第一次讯问或者采取强制措施之日起,有权委托辩护人;在侦查期间,只能委托律师作为辩护人。被告人有权随时委托辩护人。

2. 侦查机关在第一次讯问犯罪嫌疑人或者对犯罪嫌疑人采取强制措施的时候,应当告知犯罪嫌疑人有权委托辩护人。人民检察院自收到移送起诉案件材料之日起3日内,应当告知犯罪嫌疑人有权委托辩护人。人民法院自受理案件之日起3日内,应当告知被告人有权委托辩护人。犯罪嫌疑人、被告人在押期间要求委托辩护人的,人民检察院和公安机关应当及时、人民法院应当在3日以内向其监护人、近亲属或者其指定的人员转达要求。

3. 犯罪嫌疑人、被告人在押的,也可以由其监护人、近亲属代为委托辩护人。

考点提示

对法律援助机构指派律师为被告人提供辩护,被告人的监护人、近亲属又代为委托辩护人的,应当听取被告人的意见,由其确定辩护人人选。

4. 辩护人接受犯罪嫌疑人、被告人委托后,应当及时告知办理案件的机关。

经典题解

【真题·单选题】在刑事诉讼中，犯罪嫌疑人自被侦查机关第一次讯问或采取强制措施之日起，有权委托辩护人。侦查期间能够担任其辩护人的是（ ）。（2019年）

A. 单位推荐的人　　B. 监护人

C. 律师　　D. 亲友

【答案】C

04 辩护人的责任、权利与义务（★★）

（一）辩护人的责任

根据事实和法律，提出犯罪嫌疑人、被告人无罪、罪轻或者减轻、免除其刑事责任的材料和意见，维护犯罪嫌疑人、被告人的诉讼权利和其他合法权益。

（二）辩护人的权利

1. 侦查期间辩护律师的权利

辩护律师在侦查期间可以为犯罪嫌疑人提供法律帮助；代理申诉、控告；申请变更强制措施；向侦查机关了解犯罪嫌疑人涉嫌的罪名和案件有关情况，提出意见。（不能核实证据，因为此时尚处在侦查期间）

2. 会见、通信权（原则上辩护律师不需要经许可）

（1）辩护律师可以同在押的犯罪嫌疑人、被告人会见和通信。其他辩护人经人民法院、人民检察院许可，也可以同在押的犯罪嫌疑人、被告人会见和通信。

考点提示

危害国家安全犯罪、恐怖活动犯罪案件，在侦查期间辩护律师会见在押的犯罪嫌疑人，应当经侦查机关许可。上述案件，侦查机关应当事先通知看守所。

（2）辩护律师持律师执业证书、律师事务所证明和委托书或者法律援助公函要求会见在押的犯罪嫌疑人、被告人的，看守所应当及时安排会见，至迟不得超过48小时。

（3）辩护律师会见在押的犯罪嫌疑人、被告人，可以了解案件有关情况，提供法律咨询等；自案件移送审查起诉之日起，可以向犯罪嫌疑人、被告人核实有关证据。辩护律师会见犯罪嫌疑人、被告人时不被监听。

3. 查阅案件材料权（辩护律师不需要经许可）

辩护律师自人民检察院对案件审查起诉之日起，可以查阅、摘抄、复制案卷材料。其他辩护人经人民法院、人民检察院许可，也可以查阅、摘抄、复制上述材料。

（1）人民检察院检察委员会的讨论记录、人民法院合议庭、审判委员会的讨论记录以及其他依法不公开的材料不得查阅、摘抄、复制。

（2）复制案卷材料可以采用复印、拍照、扫描、电子数据拷贝等方式。

（3）辩护律师可以申请查阅作为证据材料向人民法院移送的讯问录音录像，值班律师可以查阅案卷材料。（2022年新增）

（4）查阅、摘抄、复制案卷材料，涉及国家秘密、商业秘密、个人隐私的，应当保密；对不公开审理案件的信息、材料，或者在办案过程中获悉的案件重要信息、证据材料，不得违反规定泄露、披露，不得用于办案以外的用途。（2022年新增）

4. 申请调取证据权

辩护人认为在调查、侦查、审查起诉期间监察机关、公安机关、人民检察院收集的证明犯罪嫌疑人、被告人无罪或者罪轻的证据材料未随案移送，申请人民法院调取的，应当以书面形式提出，并提供相关线索或者材料。（2022年调整）

5. 调查取证权（仅辩护律师享有调查取证权）

（1）辩护律师经证人或者其他有关单位和个人同意，可以向他们收集、调取与本案有关的材料，也可以申请人民检察院、人民法院收集、调取证据，或者申请人民法院通知证人出庭作证。

（2）辩护律师经人民检察院或者人民法院许可，并且经被害人或者其近亲属、被害人提供的证人同意，可以向他们收集与本案有关的材料。

（三）辩护人的义务

1. 辩护人或者其他任何人，不得帮助犯罪嫌疑人、被告人隐匿、毁灭、伪造证据或者串供，不得威胁、引诱证人作伪证以及进行其他干扰司法机关诉讼活动的行为。

2. 辩护人收集的有关犯罪嫌疑人不在犯罪现场、未达到刑事责任年龄、属于依法不负刑事责任的精神病人的证据，应当及时告知公安机关、人民检察院、人民法院。

3. 辩护律师对在执业活动中知悉的委托人的有关情况和信息，有权予以保密。但是，辩护律师在执业活动中知悉委托人或者其他人，准备或者正在实施危害国家安全、公共安全以及严重危害他人人身安全的犯罪的，应当及时告知司法机关。

经典题解

【真题1·单选题】在刑事诉讼的不同阶段，辩护律师提供法律服务的内容是不同的。辩护律师可以向犯罪嫌疑人、被告人核实证据的时间起点是（　　）。（2017年）

A. 自侦查机关第一次讯问之日起　　B. 自被依法采取强制措施之日起

C. 自案件移送审查起诉之日起　　D. 自提起公诉之日起

【解析】辩护律师会见在押的犯罪嫌疑人、被告人，可以了解案件有关情况，提供法律咨询等；自案件移送审查起诉之日起，可以向犯罪嫌疑人、被告人核实有关证据。

【答案】C

【真题2·多选题】在刑事诉讼中，犯罪嫌疑人的辩护律师享有多种诉讼权利。下列关于辩护律师诉讼权利的说法中，正确的有（　　）。（2013年）

A. 自案件移送审查起诉之日起，可以向犯罪嫌疑人、被告人核实有关证据

B. 经人民法院、人民检察院许可，可以查阅、摘抄、复制本案的案卷材料

C. 可以申请人民检察院、人民法院调取公安机关、人民检察院未提交的在侦查、审查起诉期间收集的证明犯罪嫌疑人无罪或者罪轻的证据材料

D. 可以向侦查机关了解犯罪嫌疑人涉嫌的罪名和案件有关情况，提出意见

E. 经人民法院、人民检察院许可，可以同在押的犯罪嫌疑人会见和通信

【解析】(1) 选项B：辩护律师自人民检察院对案件审查起诉之日起，可以查阅、摘抄、复制本案的案卷材料（不需要经许可）。(2) 选项E：辩护律师可以同在押的犯罪嫌疑人、被告人会见和通信（原则上不需要经许可）。

【答案】ACD

第三单元 强制措施

查看本单元视频，快速GET知识点
使用"会计云课堂"App或"微信"扫码

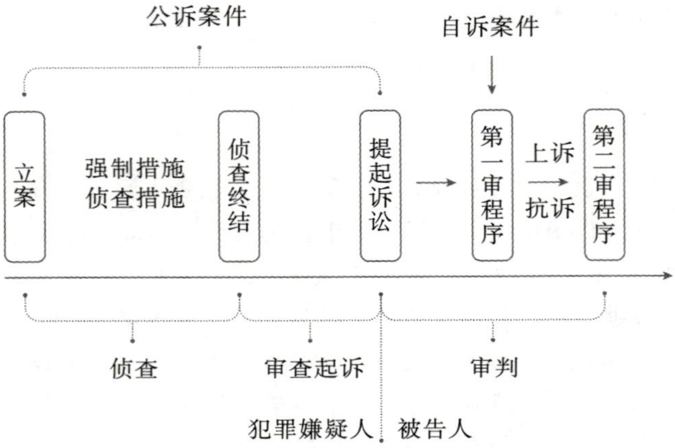

刑事诉讼分为：立案、侦查、起诉、审判、执行五个阶段

强制措施，是指公安机关、人民检察院和人民法院为了保证刑事诉讼的顺利进行，根据案件情况，依法对犯罪嫌疑人、被告人或者现行犯、重大犯罪嫌疑分子所采取的强制性限制其人身自由或者暂时剥夺其人身自由的各种法定强制方法。强制措施包括拘传、拘留、取保候审、监视居住和逮捕。

经典题解

【真题·多选题】根据《刑事诉讼法》规定，刑事强制措施包括（ ）。(2020年)

A. 拘传　　B. 拘留

C. 讯问　　D. 传唤

E. 拘役

【答案】AB

01 拘传（★★）

拘传，是指公安机关、人民检察院和人民法院对未被逮捕、拘留的犯罪嫌疑人、被告人强制其到案接受讯问（≠询问）的一种强制措施。

考点提示

人民法院、人民检察院和公安机关根据案件情况，对犯罪嫌疑人、被告人可以拘传。

1. 批准与执行

对犯罪嫌疑人、被告人实施拘传，须经人民法院、人民检察院、公安机关的负责人审批，签发拘传证（票）后方可执行。

拘传时，应当有2人以上的执行人员执行，应当向被拘传人出示拘传证（票），对抗拒拘传的，可以使用械具，强制到案。

2. 次数与时间

（1）拘传犯罪嫌疑人、被告人持续的时间不得超过12小时；案情特别重大、复杂，需要采取拘留、逮捕措施的，拘传持续的时间不得超过24小时。

（2）拘传犯罪嫌疑人、被告人，应当保证被拘传人的饮食和必要的休息时间，不得以连续拘传的形式变相拘禁犯罪嫌疑人、被告人。

3. 地点

拘传应在犯罪嫌疑人、被告人所在的市、县的地点进行。如果犯罪嫌疑人、被告人的工作单位、户籍地与居住地不在同一市、县的，拘传应当在犯罪嫌疑人、被告人的工作单位所在地的市、县内进行；特殊情况下，也可以在犯罪嫌疑人、被告人户籍地或者居住地所在的市、县内进行。

4. 处理

公安机关、人民检察院和人民法院将犯罪嫌疑人、被告人拘传到案后，应当立即讯问。讯问结束后，应根据案件的情况作出不同的处理：（1）认为依法应当限制或剥夺其人身自由的，可以采用其他相应的强制措施；（2）在拘传期间决定不采取其他强制措施的，拘传期限届满，应当结束拘传。

考点提示

需要对被拘传的犯罪嫌疑人变更强制措施的，应当在拘传期限内办理变更手续。

02 拘留（★★）

拘留，是指公安机关、检察机关在特定情况下，对现行犯或者重大嫌疑分子采取的临时限制其人身自由的一种强制措施。

1. 公安机关实施的拘留

公安机关对于现行犯或者重大嫌疑分子，如果有下列情形之一的，可以先行拘留：（1）正在预备犯罪、实行犯罪或者在犯罪后即时被发觉的；（2）被害人或者在场亲眼看见的人指认他犯罪的；（3）在身边或者住处发现有犯罪证据的；（4）犯罪后企图自杀、逃跑或者在逃的；（5）有毁灭、伪造证据或者串供可能的；（6）不讲真实姓名、住址，身份不明的；（7）有流窜作案、多次作案、结伙作案重大嫌疑的。

2. 检察机关实施的拘留

人民检察院对犯罪后企图自杀、逃跑或者在逃和有毁灭、伪造证据或者串供可能的犯罪嫌疑人，可以决定拘留。

3. 执行

拘留由公安机关执行；公安机关拘留人的时候，必须出示拘留证。

公安机关在异地执行拘留时，应当通知被拘留人所在地的公安机关，被拘留人所在地的公安机关应当予以配合。（2022 年新增）

4. 期限

（1）对于现行犯或者重大嫌疑分子的拘留，或者根据人民检察院决定做出的拘留，公安机关均应当立即将被拘留人送看守所羁押，至迟不得超过 24 小时。（2022 年调整）

（2）除无法通知或者涉嫌危害国家安全犯罪、恐怖活动犯罪通知可能有碍侦查的情形以外，公安机关、人民检察院应当在拘留后 24 小时以内，通知被拘留人的家属。公安机关在有碍侦查的情形消失以后，应当立即通知被拘留人的家属。人民检察院无法通知的，应当将原因写明附卷。无法通知的情形消除后，应当立即通知其家属。

（3）公安机关、检察机关对被拘留的人，应当在拘留后的 24 小时以内进行讯问。在发现不应当拘留的时候，必须立即释放，发给释放证明。

（4）人民检察院直接受理侦查的案件，拘留犯罪嫌疑人的羁押期限为 14 日，特殊情况下可以延长 1~3 日。

03 取保候审（★★）

取保候审，是指在刑事诉讼中，公安机关、人民检察院和人民法院对未被逮捕或逮捕后需要变更强制措施的犯罪嫌疑人、被告人，为防止其逃避侦查、起诉和审判，责令其提出保证人或者缴纳保证金，并出具保证书，保证随传随到，对其不予羁押或暂时解除其羁押的一种强制措施。

1. 取保候审的情形

人民法院、人民检察院和公安机关对有下列情形之一的犯罪嫌疑人、被告人，可以取保候审：（1）可能判处管制、拘役或者独立适用附加刑的；（2）可能判处有期徒刑以上刑罚，采取取保候审不致发生社会危险性的；（3）患有严重疾病、生活不能自理，怀孕或者正在哺乳自己婴儿的妇女，采取取保候审不致发生社会危险性的；（4）羁押期限届满，案件尚未办结，需要采取取保候审的。

公安机关对累犯，犯罪集团的主犯，以自伤、自残办法逃避侦查的犯罪嫌疑人，严重暴力犯罪以及其他严重犯罪的犯罪嫌疑人不得取保候审。人民检察院对于严重危害社会治安的犯罪嫌疑人，以及其他犯罪性质恶劣、情节严重的犯罪嫌疑人不得取保候审。

2. 申请

被羁押、监视居住以及被逮捕后的犯罪嫌疑人、被告人及其法定代理人、近亲属或者辩护人有权向公安机关、人民检察院、人民法院申请取保候审。

3. 决定

（1）公安机关、人民检察院、人民法院在接到取保候审的申请书后，应当在 3 日之内作出是否同意的答复。对不符合取保候审法定条件，不同意取保候审的，应当告知申请人，并说明不同意的理由。

（2）公安机关决定对犯罪嫌疑人取保候审，案件移送人民检察院审查起诉后，对于需要继续取保候审的，人民检察院应当依法重新作出取保候审决定，并对犯罪嫌疑人办理取保候审手续。取保候审的期限应当重新计算并告知犯罪嫌疑人。对继续采取保证金方式取保候审的，被取保候审人没有违反《刑事诉讼法》规定的，不变更保证金数额，不再重新收取保证金。

（3）人民检察院、公安机关已经对犯罪嫌疑人取保候审，案件起诉至人民法院后，需要继续取保候审的，人民法院应当在7日以内作出决定，并通知人民检察院、公安机关。人民法院决定继续取保候审、监视居住的，应当重新办理手续，期限重新计算；继续使用保证金保证的，不再收取保证金。

4. 保证

（1）对犯罪嫌疑人、被告人决定取保候审的，应当责令其提出保证人或者交纳保证金。对同一犯罪嫌疑人决定取保候审，不得同时使用保证人保证与保证金保证。

（2）对下列被告人决定取保候审的，可以责令其提出1～2名保证人：①无力交纳保证金的；②未成年或者已满75周岁的；③不宜收取保证金的其他被告人。

（3）保证人必须符合下列条件：①与本案无牵连；②有能力履行保证义务；③享有政治权利，人身自由未受到限制；④有固定的住处和收入。

（4）采取保证金保证方式的，保证金的数额由取保候审的决定机关综合考虑保证诉讼活动正常进行的需要、被取保候审人的社会危险性、案件的性质情节、可能判处刑罚的轻重、被取保候审人的经济状况等情况确定。提供保证金的人应当将保证金一次性存入公安机关指定银行的专门账户。犯罪嫌疑人在取保候审期间未违反《刑事诉讼法》规定的，取保候审结束时，凭解除取保候审通知或者有关法律文书到银行领取退还的保证金。（2022年调整）

5. 执行

（1）取保候审由公安机关执行。

（2）被取保候审的犯罪嫌疑人、被告人应当遵守以下规定：①未经执行机关批准不得离开所居住的市、县；②住址、工作单位和联系方式发生变动的，在24小时以内向执行机关报告；③在传讯的时候及时到案；④不得以任何形式干扰证人作证；⑤不得毁灭、伪造证据或者串供。

（3）被取保候审的犯罪嫌疑人、被告人有正当理由需要离开所居住的市、县，应当经执行机关批准。如果取保候审是由人民检察院、人民法院决定的，执行机关在批准犯罪嫌疑人、被告人离开所居住的市、县的，应当征得决定机关同意。

（4）人民法院、人民检察院和公安机关可以根据案件情况，责令被取保候审的犯罪嫌疑人、被告人遵守以下一项或者多项规定：①不得进入特定的场所；②不得与特定的人员会见或者通信；③不得从事特定的活动；④将护照等出入境证件、驾驶证件交执行机关保存。

（5）人民检察院发现犯罪嫌疑人违反上述规定，已交纳保证金的，应当书面通知公安机关没收部分或者全部保证金，并且根据案件的具体情况，责令犯罪嫌疑人具结悔过，重新交纳保证金、提出保证人，或者决定对其监视居住、予以逮捕。

人民法院发现被保证人有违反上述规定的行为，保证人未履行保证义务的，应当书面通知公安机关依法处理。根据案件事实和法律规定，认为已经构成犯罪的被告人在取保候审期间逃匿的，如果系保证人协助被告人逃匿，或者保证人明知被告人藏匿地点但拒绝向司法机关提供，对保证人应当依法追究责任。（2022年新增）

人民法院发现使用保证金保证的被取保候审人违反《刑事诉讼法》规定的，应当书面通知公安机关依法处理。人民法院收到公安机关已经没收保证金的书面通知或者变更强制措施的建议后，应当区别情形，在5日以内责令被告人具结悔过，重新交纳保证金或者提出保证人，或者变更强制措施，并通知公安机关。但拒绝向司法机关提供，对保证人应当依法追究责任。（2022年新增）

6. 期限与解除

（1）人民法院、人民检察院和公安机关对犯罪嫌疑人、被告人取保候审最长不得超过12个月。

（2）在取保候审期间，不得中断对案件的侦查、审查起诉和审理。

（3）对于发现不应当追究刑事责任或者取保候审期限届满的，应当及时解除或者撤销取保候审。解除或者撤销取保候审的决定，应当及时通知执行机关，并将解除或者撤销取保候审的决定书送达犯罪嫌疑人；有保证人的，应当通知保证人解除保证义务。

经典题解

【真题1·单选题】 下列关于取保候审适用规则的说法中，正确的是（　　）。（2021年）

A. 公安机关对犯罪嫌疑人取保候审的，不得中断对案件的侦查

B. 公安机关对累犯可以适用取保候审

C. 对犯罪嫌疑人取保候审的，最长不得超过6个月

D. 对犯罪嫌疑人决定取保候审的，应当要求其提出保证人并交纳保证金

【解析】（1）选项B：公安机关对累犯，犯罪集团的主犯，以自伤、自残办法逃避侦查的犯罪嫌疑人，严重暴力犯罪以及其他严重犯罪的犯罪嫌疑人不得取保候审。（2）选项C：人民法院、人民检察院和公安机关对犯罪嫌疑人、被告人取保候审最长不得超过12个月。（3）选项D：对犯罪嫌疑人、被告人决定取保候审的，应当责令其提出保证人或者交纳保证金。对同一犯罪嫌疑人决定取保候审，不得同时使用保证人保证与保证金保证。

【答案】 A

【真题2·多选题】 取保候审是刑事强制措施之一，根据《刑事诉讼法》的规定，下列关于取保候审的说法中，正确的有（　　）。（2014年）

A. 可能判处有期徒刑以上刑罚，采取取保候审不致发生社会危险性的，可以适用取保候审

B. 犯罪嫌疑人被逮捕的，其聘请的律师不得为其申请取保候审

C. 取保候审的最长期限为6个月

D. 公安机关、人民检察院、人民法院均可作出取保候审决定

E. 取保候审的执行机关为公安机关

【解析】（1）选项B：被逮捕的犯罪嫌疑人聘请的辩护人可以为其申请取保候审。（2）选项C：人民法院、人民检察院和公安机关对犯罪嫌疑人、被告人取保候审最长不得超过12个月。

【答案】 ADE

04 监视居住（★★）

监视居住，是指人民法院、人民检察院、公安机关限令犯罪嫌疑人、被告人在规定的期限内不得离开住处或者指定的居所，并对其行为加以监视、限制其人身自由的一种强制措施。

1. 监视居住的情形

（1）人民法院、人民检察院和公安机关对符合逮捕条件，有下列情形之一的犯罪嫌疑人、被告人，可以监视居住：①患有严重疾病、生活不能自理的；②怀孕或者正在哺乳自己婴儿的妇女；③系生活不能自理的人的唯一扶养人；④因为案件的特殊情况或者办理案件的需要，采取监视居住措施更为适宜的；⑤羁押期限届满，案件尚未办结，需要采取监视居住措施的。

（2）对符合取保候审条件，但犯罪嫌疑人、被告人不能提出保证人，也不交纳保证金的，可以监视居住。

2. 执行

（1）监视居住由公安机关执行。

（2）执行场所

监视居住应当在犯罪嫌疑人、被告人的住处执行；无固定住处的，可以在指定的居所执行。对于涉嫌危害国家安全犯罪、恐怖活动犯罪，在住处执行可能有碍侦查的，经上一级公安机关批准，也可以在指定的居所执行。但是，不得在羁押场所、专门的办案场所执行。

（3）执行方法

执行机关对被监视居住的犯罪嫌疑人、被告人，可以采取电子监控、不定期检查等监视方法，对其遵守监视居住规定的情况进行监督；在侦查期间，可以对被监视居住的犯罪嫌疑人通信进行监控。

（4）被监视居住的犯罪嫌疑人、被告人应当遵守以下规定：①未经执行机关批准不得离开执行监视居住的处所；②未经执行机关批准不得会见他人或者通信；③在传讯的时候及时到案；④不得以任何形式干扰证人作证；⑤不得毁灭、伪造证据或者串供；⑥将护照等出入境证件、身份证件、驾驶证件交执行机关保存。被监视居住的犯罪嫌疑人、被告人违反前述规定，情节严重的，可以予以逮捕；需要予以逮捕的，可以对犯罪嫌疑人、被告人先行拘留。

3. 通知与监督

（1）指定居所监视居住的，除无法通知的以外，人民检察院、人民法院应当在执行监视居住后24小时以内，将监视居住的原因和处所通知被监视居住人的家属。出现“被监视居住人无家属；与其家属无法取得联系；受自然灾害等不可抗力阻碍”情形无法通知的，应当记录在案。

（2）人民检察院对指定居所监视居住的决定和执行是否合法实行监督。

4. 期限与解除

（1）人民法院、人民检察院和公安机关对犯罪嫌疑人、被告人监视居住最长不得超过6个月。

（2）在监视居住期间，不得中断对案件的侦查、审查起诉和审理。

（3）对于发现不应当追究刑事责任或者监视居住期限届满的，应当及时解除监视居住。解除监视居住的决定应当及时通知监视居住人和有关单位。

05 逮捕（★★★）

逮捕，是指司法机关依法对犯罪嫌疑人、被告人实行羁押，暂时剥夺人身自由的一种强制措施。逮捕犯罪嫌疑人、被告人，必须经过人民检察院批准或者人民法院决定，由公安机关执行。

1. 逮捕情形

（1）对有证据证明有犯罪事实，可能判处徒刑以上刑罚的犯罪嫌疑人、被告人，采取取保候审尚不足以防止发生下列社会危险性的，应当予以逮捕：①可能实施新的犯罪的；②有危害国家安全、公共安全或者社会秩序的现实危险的；③可能毁灭、伪造证据，干扰证人作证或者串供的；④可能对被害人、举报人、控告人实施打击报复的；⑤企图自杀或者逃跑的。

（2）对有证据证明有犯罪事实，可能判处 10 年有期徒刑以上刑罚的，或者有证据证明有犯罪事实，可能判处徒刑以上刑罚，曾经故意犯罪或者身份不明的，应当予以逮捕。

（3）对可能判处徒刑以下刑罚的被告人，违反取保候审、监视居住规定，严重影响诉讼活动正常进行的，可以决定逮捕。被取保候审、监视居住的犯罪嫌疑人、被告人违反取保候审、监视居住规定，情节严重的，可以予以逮捕。（2022 年调整）

2. 提请逮捕

（1）期限：公安机关对被拘留的人，认为需要逮捕的，应当在拘留后的 3 日以内，提请人民检察院审查批准。在特殊情况下，提请审查批准的时间可以延长 1～4 日。对于流窜作案、多次作案、结伙作案的重大嫌疑分子，提请审查批准的时间可以延长至 30 日。

（2）程序：公安机关要求逮捕犯罪嫌疑人的时候，应当写出提请批准逮捕书，连同案卷材料、证据，一并移送同级人民检察院审查批准。

3. 逮捕的审查与决定

（1）审查

人民检察院审查批准逮捕，可以讯问犯罪嫌疑人；有下列情形之一的，应当讯问犯罪嫌疑人：①对是否符合逮捕条件有疑问的；②犯罪嫌疑人要求向检察人员当面陈述的；③侦查活动可能有重大违法行为的。

人民检察院审查批准逮捕，可以询问证人等诉讼参与人，听取辩护律师的意见；辩护律师提出要求的，应当听取辩护律师的意见。

（2）决定

人民检察院应当自接到公安机关提请批准逮捕书后的 7 日以内，作出批准逮捕或者不批准逮捕的决定。人民检察院审查批准逮捕犯罪嫌疑人由检察长决定；重大案件应当提交检察委员会讨论决定。

人民法院对符合规定情形的被告人有权决定逮捕。人民法院作出逮捕决定后，应当将逮捕决定书等相关材料送交公安机关执行，并将逮捕决定抄送人民检察院。（2022 年调整）

（3）不批准逮捕情形

犯罪嫌疑人涉嫌的罪行较轻，且没有其他重大犯罪嫌疑，具有下列情形之一的，可以作出不批准逮捕或者不予逮捕的决定：①属于预备犯、中止犯，或者防卫过当、避险过当的；②主观恶性较小的初犯，共同犯罪中的从犯、胁从犯，犯罪后自首、有立功表现或者积极退赃、赔偿损失、确有悔罪表现的；③过失犯罪的犯罪嫌疑人，犯罪后有悔罪表现，有效控制损失或者积极赔偿损失的；④犯罪嫌疑人与被害人双方根据《刑事诉讼法》的有关规定达成和解协议，经审查，认为和解系自愿、合法且已经履行或者提供担保的；⑤犯罪嫌疑人认罪认罚的；⑥犯罪嫌疑人系已满 14 周岁未满 18 周岁的未成年人或者在校学生，本人有悔罪表现，其家庭、学校或者所在社区、居民委员会、村民委员会具备监护、帮教条件的；⑦犯罪嫌疑人系已满 75 周岁的人。

（4）不批准逮捕的处理（2022 年新增）

人民检察院不批准逮捕的，公安机关应当在接到通知后立即释放，并且将执行情况及时通知人民检察院。对于需要继续侦查，并且符合取保候审、监视居住条件的，依法取保候审或者监视居住。

公安机关对人民检察院不批准逮捕的决定，认为有错误的时候，可以要求复议，但是必须将被拘留的人立即释放。如果意见不被接受，可以向上一级人民检察院提请复核。上级人民检察院应当立即复核，作出是否变更的决定，通知下级人民检察院和公安机关执行。

4. 逮捕的执行

（1）对于批准逮捕的决定，公安机关应当立即执行，并且将执行情况及时通知人民检察院。人民法院作出逮捕决定后，应当将逮捕决定书等相关材料送交公安机关执行，并将逮捕决定书抄送人民检察院。

（2）公安机关逮捕人的时候，必须出示逮捕证。

（3）逮捕后，应当立即将被逮捕人送看守所羁押。除无法通知的以外，应当在逮捕后 24 小时以内，通知被逮捕人的家属。人民法院逮捕被告人后，应当将逮捕的原因和羁押的处所，在 24 小时以内通知其家属；确实无法通知的，应当记录在案。

（4）人民法院、人民检察院对于各自决定逮捕的人，公安机关对于经人民检察院批准逮捕的人，都应当在逮捕后的 24 小时以内进行讯问。发现不应当逮捕的，必须立即释放，发给释放证明。必要时，可以依法变更强制措施。

（5）违反取保候审规定，需要对犯罪嫌疑人予以逮捕的，可以先行拘留；已交纳保证金的，同时书面通知公安机关没收保证金。

经典题解

【真题 1 · 单选题】根据《刑事诉讼法》规定，逮捕的执行机关是（　　）。（2017 年）

A. 司法行政机关　　B. 公安机关

C. 人民检察院　　D. 人民法院

【解析】逮捕犯罪嫌疑人、被告人，必须经过人民检察院批准或者人民法院决定，由公安机关执行。

【答案】B

【真题 2 · 单选题】根据《刑事诉讼法》的规定，关于刑事强制措施的说法中，正确的是（　　）。（2012 年）

A. 公安机关在办案中，可以采取拘传措施，对没有被逮捕的犯罪嫌疑人，依法强制其到案接受询问

B. 被羁押的犯罪嫌疑人聘请的律师可以为其申请取保候审，但犯罪嫌疑人的近亲属不能申请

C. 公安机关对经人民检察院批准逮捕的人，必须在逮捕后24小时内进行讯问

D. 对流窜作案、多次作案、结伙作案的重大嫌疑人，公安机关可以采取拘留措施，但拘留的时间不得超过24小时

【解析】（1）选项A：对犯罪嫌疑人是“讯问”，而非“询问”。（2）选项B：被羁押、监视居住以及被逮捕后的犯罪嫌疑人、被告人及其法定代理人、近亲属或者辩护人有权向公安机关、人民检察院、人民法院申请取保候审。（3）选项C：人民法院、人民检察院对于各自决定逮捕的人，公安机关对于经人民检察院批准逮捕的人，都必须在逮捕后的24小时以内进行讯问；在发现不应当逮捕的时候，必须立即释放，发给释放证明。（4）选项D：对于流窜作案、多次作案、结伙作案的重大嫌疑分子，提请审查批准的时间可以延长至30日。人民检察院应当自接到公安机关提请批准逮捕书后的7日以内作出批准逮捕或者不批准逮捕的决定，故拘留时间最长为37日。

【答案】 C

【真题3·多选题】 根据《刑事诉讼法》的规定，关于拘留和逮捕的说法中，正确的有（　　）。（2012年）

A. 公安机关在侦查案件过程中，发现重大嫌疑分子犯罪后企图逃跑的，可以先行拘留

B. 人民检察院在侦查直接受理案件时，需要拘留犯罪嫌疑人的，有权作出拘留决定并自行执行

C. 逮捕犯罪嫌疑人、被告人，必须经人民检察院批准或者人民法院决定，由公安机关执行

D. 犯罪嫌疑人应当逮捕，但患有严重疾病，公安及司法机关可以采取取保候审措施

E. 公安机关对于被拘留的人，应当在拘留后12小时内进行讯问；逮捕犯罪嫌疑人、被告人的，应当在24小时内进行讯问

【解析】（1）选项B：拘留由“公安机关”执行。（2）选项D：人民法院、人民检察院和公安机关对患有严重疾病、生活不能自理，怀孕或者正在哺乳自己婴儿的妇女，“采取取保候审不致发生社会危险性的”，可以取保候审。（3）选项E：公安机关对被拘留的人，应当在拘留后的24小时以内进行讯问；在发现不应当拘留的时候，必须立即释放，发给释放证明。

【答案】 AC

06 逮捕的变更（★）

1. 变更的情形

（1）犯罪嫌疑人、被告人被逮捕后，人民检察院仍应当对羁押的必要性进行审查。对不需要继续羁押的，应当建议予以释放或者变更强制措施。有关机关应当在10日以内将处理情况通知人民检察院。

（2）被逮捕的被告人具有下列情形之一的，人民法院应当立即释放；必要时，可以依法变更强制措施：第一审人民法院判决被告人无罪、不负刑事责任或者免予刑事处罚的；第一审人民法院判处管制、宣告缓刑、单独适用附加刑，判决尚未发生法律效力的；被告人被羁押的时间已到第一审人民法院对其判处的刑期期限的；案件不能在法律规定的期限内审结的。

人民法院决定释放被告人的，应当立即将释放通知书送交公安机关执行。

（3）被逮捕的被告人具有下列情形之一的，人民法院可以变更强制措施：患有严重疾病、生活不能自理的；怀孕或者正在哺乳自己婴儿的；系生活不能自理的人的唯一扶养人。

（4）犯罪嫌疑人、被告人被羁押的案件，不能在《刑事诉讼法》规定的侦查羁押、审查起诉、一审、二审期限内办结的，对犯罪嫌疑人、被告人应当予以释放；需要继续查证、审理的，对犯罪嫌疑人、被告人可以取保候审或者监视居住。

2. 犯罪嫌疑人、被告人及其法定代理人、近亲属或者辩护人有权申请变更强制措施。人民法院、人民检察院和公安机关收到申请后，应当在3日以内作出决定；不同意变更强制措施的，应当告知申请人，并说明不同意的理由。

3. 人民法院、人民检察院或者公安机关对被采取强制措施法定期限届满的犯罪嫌疑人、被告人，应当予以释放、解除取保候审、监视居住或者依法变更强制措施。

4. 变更解除（2022年新增）

被采取强制措施的被告人，被判处管制、缓刑的，在社区矫正开始后，强制措施自动解除；被单处附加刑的，在判决、裁定发生法律效力后，强制措施自动解除；被判处监禁刑的，在刑罚开始执行后，强制措施自动解除。

第四单元　侦查与提起公诉

查看本单元视频，快速 GET 知识点

使用“会计云课堂”App或“微信”扫码

01 侦查措施（★）

（一）侦查措施

1. 讯问犯罪嫌疑人

（1）一般规定

讯问犯罪嫌疑人必须由人民检察院的检察人员或者公安机关的侦查人员负责进行。讯问的时候，侦查人员或者检察人员不得少于2人。

（2）讯问同案的犯罪嫌疑人，应当个别进行。

（3）犯罪嫌疑人被送交看守所羁押以后，讯问应当在看守所内进行。

（4）传唤

①对不需要逮捕、拘留的犯罪嫌疑人，可以传唤到犯罪嫌疑人所在市、县内的指定地点或者到他的住处进行讯问，但是应当出示人民检察院或者公安机关的证明文件。对在现场发现的犯罪嫌疑人，经出示工作证件，可以口头传唤，并将传唤的原因和依据告知被传唤人。

②传唤持续的时间不得超过12小时；案情特别重大、复杂，需要采取拘留、逮捕措施

的，传唤持续的时间不得超过24 小时。两次传唤间隔的时间一般不得少于 12 小时。

（5）讯问聋、哑的犯罪嫌疑人，应当有通晓聋、哑手势的人参加，并且将这种情况记明笔录。

（6）讯问笔录应当交犯罪嫌疑人核对，对于没有阅读能力的，应当向他宣读。如果记载有遗漏或者差错，犯罪嫌疑人可以提出补充或者改正。犯罪嫌疑人承认笔录没有错误后，应当签名或者盖章。侦查人员也应当在笔录上签名。犯罪嫌疑人请求自行书写供述的，应当准许。必要的时候，侦查人员也可以要求犯罪嫌疑人亲笔书写供词。

（7）侦查人员在讯问犯罪嫌疑人的时候，可以对讯问过程进行录音或者录像；对于可能判处无期徒刑、死刑的案件或者其他重大犯罪案件，应当对讯问过程进行录音或者录像。

（8）人民检察院办理直接受理侦查的案件，应当在每次讯问犯罪嫌疑人时，对讯问过程实行全程录音、录像，并在讯问笔录中注明。

2. 询问证人、被害人

（1）侦查人员询问证人，可以在现场进行，也可以到证人所在单位、住处或者证人提出的地点进行，在必要的时候，可以通知证人到人民检察院或者公安机关提供证言。在现场询问证人，应当出示工作证件，到证人所在单位、住处或者证人提出的地点询问证人，应当出示人民检察院或者公安机关的证明文件。

（2）人民检察院询问证人，应当由检察人员负责进行。询问时，检察人员或者检察人员和书记员不得少于2 人。

（3）询问证人应当个别进行。

（4）询问证人，应当问明证人的基本情况以及与当事人的关系，并且告知证人应当如实提供证据、证言和故意作伪证或者隐匿罪证应当承担的法律责任，但是不得向证人泄露案情，不得采用拘禁、暴力、威胁、引诱、欺骗以及其他非法方法获取证言。询问重大或者有社会影响的案件的重要证人，应当对询问过程实行全程录音、录像，并在询问笔录中注明。

3. 勘验、检查

（1）侦查人员、检察人员对于与犯罪有关的场所、物品、人身、尸体应当进行勘验或者检查。在必要的时候，可以指派或者聘请具有专门知识的人，在侦查人员、检察人员的主持下进行勘验、检查。

勘验时，人民检察院应当邀请 2 名与案件无关的见证人在场。勘查现场，应当拍摄现场照片。勘查的情况应当写明笔录并制作现场图，由参加勘查的人和见证人签名。勘查重大案件的现场，应当录像。

（2）侦查人员执行勘验、检查，必须持有人民检察院或者公安机关的证明文件。

（3）对于死因不明的尸体，公安机关、检察机关有权决定解剖，并且通知死者家属到场。

人民检察院解剖死因不明的尸体，应当通知死者家属到场，并让其在解剖通知书上签名或者盖章。死者家属无正当理由拒不到场或者拒绝签名、盖章的，不影响解剖的进行，但是应当在解剖通知书上记明。对于身份不明的尸体，无法通知死者家属的，应当记明笔录。

（4）为了确定被害人、犯罪嫌疑人的某些特征、伤害情况或者生理状态，可以对人身进行检查，可以提取指纹信息，采集血液、尿液等生物样本。必要时，可以指派、聘请法医或者医师进行人身检查。采集血液等生物样本应当由医师进行。

犯罪嫌疑人如果拒绝检查，侦查人员、检察人员认为必要的时候，可以强制检查。

检查妇女的身体，应当由女工作人员或者医师进行。

（5）勘验、检查的情况应当写成笔录，由参加勘验、检查的人和见证人签名或者盖章。

（6）人民检察院审查案件的时候，对公安机关的勘验、检查，认为需要复验、复查时，可以要求公安机关复验、复查，并且可以派检察人员参加。

（7）为了查明案情，在必要的时候，经公安机关负责人、检察机关负责人批准，可以进行侦查实验。必要时侦查实验可以聘请有关专业人员参加，也可以要求犯罪嫌疑人、被害人、证人参加。侦查实验的情况应当写成笔录，由参加实验的人签名或者盖章。

4. 搜查

（1）为了收集犯罪证据、查获犯罪人，侦查人员可以对犯罪嫌疑人以及可能隐藏罪犯或者犯罪证据的人的身体、物品、住处和其他有关的地方进行搜查。

（2）进行搜查，必须向被搜查人出示搜查证。执行搜查，人员不得少于2人，可以有司法警察参加，必要时可以指派检察技术人员参加或者邀请当地公安机关、有关单位协助进行。

在执行逮捕、拘留的时候，遇有紧急情况，不另用搜查证也可以进行搜查。

（3）在搜查的时候，应当有被搜查人或者他的家属、邻居或者其他见证人在场，并且对被搜查人或者其家属说明阻碍搜查、妨碍公务应负的法律责任。

搜查妇女的身体，应当由女工作人员进行。

（4）搜查的情况应当写成笔录，由侦查人员和被搜查人或者他的家属、邻居或者其他见证人签名或者盖章。如果被搜查人或者他的家属在逃或者拒绝签名、盖章，应当在笔录上注明。

5. 调取、查封、扣押、查询、冻结

（1）检察人员可以凭人民检察院的证明文件，向有关单位和个人调取能够证明犯罪嫌疑人有罪或者无罪以及犯罪情节轻重的证据材料，并且可以根据需要拍照、录像、复印和复制。

（2）在侦查活动中发现的可用以证明犯罪嫌疑人有罪或者无罪的各种财物、文件，应当查封、扣押；与案件无关的财物、文件，不得查封、扣押。

（3）对查封、扣押的财物、文件，应当会同在场见证人和被查封、扣押财物、文件持有人查点清楚，当场开列清单一式二份，由侦查人员、见证人和持有人签名或者盖章。

（4）侦查人员认为需要扣押犯罪嫌疑人的邮件、电报的时候，经公安机关或者人民检察院批准，即可通知邮电机关将有关的邮件、电报检交扣押。不需要继续扣押的时候，应即通知邮电机关。

（5）人民检察院、公安机关根据侦查犯罪的需要，可以依照规定查询、冻结犯罪嫌疑人的存款、汇款、债券、股票、基金份额等财产。有关单位和个人应当配合。犯罪嫌疑人的存款、汇款、债券、股票、基金份额等财产已被冻结的，不得重复冻结，但可以轮候冻结。

（6）对查封、扣押的财物、文件、邮件、电报或者冻结的存款、汇款、债券、股票、基金份额等财产，经查明确实与案件无关的，应当在3日以内解除查封、扣押、冻结，予以退还，并通知财产所有人。

6. 鉴定

（1）为了查明案情，需要解决案件中某些专门性问题的时候，应当指派、聘请有鉴定资格的人进行鉴定。鉴定人进行鉴定后，应当写出鉴定意见，并且签名。鉴定人故意作虚假鉴定的，应当承担法律责任。

（2）侦查机关应当为鉴定人提供必要条件，及时向鉴定人送交有关检材和对比样本等原始材料，介绍与鉴定有关的情况，并明确提出要求鉴定解决的问题，但是不得暗示或者强迫鉴定人作出某种鉴定意见。对于鉴定意见，侦查人员、检察人员应当进行审查，必要时可以进行补充鉴定或者重新鉴定。重新鉴定的，应当另行指派或者聘请鉴定人。

（3）侦查机关应当将用作证据的鉴定意见告知犯罪嫌疑人、被害人。被害人死亡或者没有诉讼行为能力的，应告知其法定代理人、近亲属或诉讼代理人。犯罪嫌疑人、被害人或被害人的法定代理人、近亲属、诉讼代理人提出申请，可以补充鉴定或者重新鉴定，鉴定费用由请求方承担。但原鉴定违反法定程序的，由侦查机关承担。

（4）犯罪嫌疑人的辩护人或者近亲属以犯罪嫌疑人有患精神病可能而申请对犯罪嫌疑人进行鉴定的，鉴定费用由申请方承担。对犯罪嫌疑人作精神病鉴定的期间不计入羁押期限和办案期限。

7. 技术侦查措施

（1）适用范围

危害国家安全犯罪、恐怖活动犯罪、黑社会性质的组织犯罪、重大毒品犯罪或者其他严重危害社会的犯罪案件；利用职权实施的严重侵犯公民人身权利的重大犯罪案件；追捕被通缉或者批准、决定逮捕的在逃的犯罪嫌疑人、被告人的案件。

检察机关立案后，对于利用职权实施的严重侵犯公民人身权利的重大犯罪案件，经过严格的批准手续，可以采取技术侦查措施，交有关机关执行。检察机关办理直接受理侦查的案件，需要追捕被通缉或者决定逮捕的在逃犯罪嫌疑人、被告人的，经过批准，可以采取追捕所必需的技术侦查措施，不受前述案件范围的限制。

（2）期限

批准决定自签发之日起3个月以内有效。对于不需要继续采取技术侦查措施的，应当及时解除；对采取技术侦查措施获取的与案件无关的材料，必须及时销毁，并对销毁情况制作记录。

对于复杂、疑难案件，期限届满仍有必要继续采取技术侦查措施的，应当在期限届满前10日以内制作呈请延长技术侦查措施期限报告书，写明延长的期限及理由，经过原批准机关批准，有效期可以延长，每次不得超过3个月。

（3）采取技术侦查措施收集的材料，在刑事诉讼中可以作为证据使用。作为证据使用的，批准采取技术侦查措施的法律文书应当附卷，辩护律师可以依法查阅、摘抄、复制。

如果使用该证据可能危及特定人员的人身安全、涉及国家秘密或者公开后可能暴露侦查秘密或者严重损害商业秘密、个人隐私的，应当采取不暴露有关人员身份、技术方法等保护措施，必要时可以建议不在法庭上质证，由审判人员在庭外对证据进行核实。

（4）为了查明案情，在必要的时候，经公安机关负责人决定，可以由有关人员隐匿其身份实施侦查。但是，不得诱使他人犯罪，不得采用可能危害公共安全或者发生重大人身危险的方法。对涉及给付毒品等违禁品或者财物的犯罪活动，公安机关根据侦查犯罪的需要，可以依照规定实施控制下交付。

8. 通缉

（1）侦查机关对依法应当逮捕而在逃的或者已被逮捕又脱逃的犯罪嫌疑人有权决定通缉。其他任何机关、团体、单位、组织和个人都无权决定通缉。各级侦查机关在本辖区内通缉犯罪嫌疑人的，可以直接决定通缉；需要在本辖区外通缉犯罪嫌疑人的，应当报请有权决定的上级机关发布。

（2）检察机关决定通缉的，应当将通缉通知书和通缉对象的照片、身份、特征、案情简况送达公安机关，由公安机关发布通缉令，追捕归案。

经典题解

【真题 1 · 多选题】根据《刑事诉讼法》规定，下列关于侦查措施的说法中，符合法律规定的有（　　）。（2016 年）

A. 侦查人员询问证人，可以在现场进行

B. 在犯罪嫌疑人家属、邻居或者其他见证人在场的情况下，侦查人员可以对犯罪嫌疑人住所进行搜查，并且对被搜查人或者其家属说明阻碍搜查、妨碍公务应负的法律责任

C. 对发现的犯罪嫌疑人，侦查人员可以强制带离现场讯问

D. 侦查人员在侦查中不得查封、扣押与案件无关的财物、文件

E. 侦查人员讯问抓获的犯罪嫌疑人，必须在看守所内进行

【解析】（1）选项 A：侦查人员询问证人，可以在现场进行，也可以到证人所在单位、住处或者证人提出的地点进行，在必要的时候，可以通知证人到人民检察院或者公安机关提供证言。（2）选项 B：侦查人员可以对犯罪嫌疑人以及可能隐藏罪犯或者犯罪证据的人的身体、物品、住处和其他有关的地方进行搜查。搜查时，应当有被搜查人或者他的家属、邻居或者其他见证人在场，并且对被搜查人或者其家属说明阻碍搜查、妨碍公务应负的法律责任。（3）选项 C：对在现场发现的犯罪嫌疑人，经出示工作证件，可以“口头传唤”，并将传唤的原因和依据告知被传唤人。（4）选项 D：与案件无关的财物、文件，不得查封、扣押。（5）选项 E：犯罪嫌疑人被送交看守所羁押以后，侦查人员对其进行讯问，应当在看守所内进行。对于不需要逮捕、拘留的犯罪嫌疑人，可以传唤到犯罪嫌疑人所在市、县内的指定地点或者到他的住处进行讯问。

【答案】ABD

【真题 2 · 单选题】根据《刑事诉讼法》的规定，下列关于公安机关侦查的说法中，正确的是（　　）。（2013 年）

A. 必要时，可以通知证人到公安机关提供证言

B. 为了查明案情，在必要的时候可以进行侦查实验，但须经同级人民检察院批准

C. 侦查人员讯问任何犯罪嫌疑人，均应对讯问过程进行录音或者录像

D. 在侦查活动中发现的可用以证明犯罪嫌疑人有罪或者无罪的各种财物、文件，可以决定不予查封、扣押

【解析】（1）选项 A：侦查人员询问证人，可以在现场进行，也可以到证人所在单位、住处或者证人提出的“地点”（任意地点）进行，在必要的时候，可以通知证人到“人民检察院或者公安机关”（不得是其他处所）提供证言。（2）选项 B：为了查明案情，在必要的

时候，经“公安机关负责人、检察机关负责人”批准，可以进行侦查实验。（3）选项C：侦查人员在讯问犯罪嫌疑人的时候，“可以”对讯问过程进行录音或者录像；但对于可能判处无期徒刑、死刑的案件或者其他重大犯罪案件，“应当”对讯问过程进行录音或者录像。（4）选项D：侦查人员在侦查活动中发现可用以证明犯罪嫌疑人有罪或者无罪的各种财物、文件的，应当查封、扣押；与案件无关的财物、文件，不得查封、扣押。

【答案】A

（二）侦查期限

1. 期限：对犯罪嫌疑人逮捕后的侦查羁押期限不得超过2个月。

2. 延长

（1）案情复杂、期限届满不能终结的案件，可以经上一级人民检察院批准延长1个月。

（2）下列案件在规定的期限届满不能侦查终结的，经省、自治区、直辖市人民检察院批准或者决定，可以延长2个月：①交通十分不便的边远地区的重大复杂案件；②重大的犯罪集团案件；③流窜作案的重大复杂案件；④犯罪涉及面广，取证困难的重大复杂案件。

（3）对犯罪嫌疑人可能判处10年有期徒刑以上刑罚，依照规定延长期限届满，仍不能侦查终结的，经省、自治区、直辖市人民检察院批准或者决定，可以再延长2个月。

3. 重新计算：在侦查期间，发现犯罪嫌疑人另有重要罪行的，自发现之日起依照规定重新计算侦查羁押期限。

02 侦查终结（★）

（一）公安机关侦查案件

1. 移送人民检察院审查起诉

公安机关侦查终结的案件，应当做到犯罪事实清楚，证据确实、充分，并且写出起诉意见书，连同案卷材料、证据一并移送同级人民检察院审查决定；同时将案件移送情况告知犯罪嫌疑人及其辩护律师。犯罪嫌疑人自愿认罪的，应当记录在案，随案移送，并在起诉意见书中写明有关情况。

2. 听取辩护律师意见

在案件侦查终结前，辩护律师提出要求的，侦查机关应当听取辩护律师的意见，并记录在案。辩护律师提出书面意见的，应当附卷。

3. 撤销案件

在侦查过程中，发现不应对犯罪嫌疑人追究刑事责任的，应当撤销案件；犯罪嫌疑人已被逮捕的，应当立即释放，发给释放证明，并且通知原批准逮捕的人民检察院。

（二）人民检察院自侦案件

人民检察院侦查终结的案件，应当作出提起公诉、不起诉或者撤销案件的决定。

1. 提起公诉

检察机关经过侦查，认为犯罪事实清楚，证据确实、充分，依法应当追究刑事责任的，应当写出侦查终结报告，并且制作起诉意见书，报检察长批准。

2. 不起诉

对于犯罪情节轻微，依照《刑法》规定不需要判处刑罚或者免除刑罚的案件，应当写出侦查终结报告，并且制作不起诉意见书，报检察长批准。

3. 撤销案件

人民检察院在侦查过程中或者侦查终结后，发现具有下列情形之一的，负责侦查的部门应当制作拟撤销案件意见书，报请检察长决定：（1）具有《刑事诉讼法》第 16 条规定情形之一的；（2）没有犯罪事实的，或者依照《刑法》规定不负刑事责任或者不是犯罪的；（3）虽有犯罪事实，但不是犯罪嫌疑人所为的。

人民检察院直接受理侦查的案件，撤销案件以后，又发现新的事实或者证据，认为有犯罪事实需要追究刑事责任的，可以重新立案侦查。

03 提起公诉（★）

（一）审查起诉

1. 人民检察院审查案件，应当讯问犯罪嫌疑人，听取辩护人或者值班律师、被害人及其诉讼代理人的意见，并记录在案。辩护人或者值班律师、被害人及其诉讼代理人提出书面意见的，应当附卷。

2. 补充侦查

（1）检察机关认为犯罪事实不清、证据不足或者存在遗漏罪行、遗漏同案犯罪嫌疑人等情形需要补充侦查的或者对监察机关移送起诉的案件，检察机关认为需要补充调查的，应当退回公安机关或者监察机关 1 个月内完成补充侦查或者补充调查。补充侦查或者补充调查完毕移送起诉后，审查起诉期限重新计算。

（2）补充侦查或者补充调查以2 次为限。对已经退回公安机关或者监察机关 2 次补充侦查或者补充调查的案件，在审查起诉中又发现新的犯罪事实，应当将线索移送公安机关或者监察机关。对已经查清的犯罪事实，应当依法提起公诉。

3. 自行侦查

对公安机关移送起诉的案件，检察机关也可以自行侦查。自行侦查的，应当在审查起诉期限内侦查完毕，必要时可以要求公安机关提供协助。对监察机关移送起诉的案件，必要时，人民检察院可以自行补充侦查，并可以商请监察机关提供协助。

4. 非法证据排除

检察机关在审查起诉中发现有应当排除的非法证据，应当依法排除，同时可以要求监察机关或者公安机关另行指派调查人员或者侦查人员重新取证。必要时，也可以自行调查取证。

5. 审查时限

人民检察院对于监察机关、公安机关移送起诉的案件，应当在 1 个月以内作出决定，重大、复杂的案件，1 个月以内不能作出决定的，可以延长 15 日；犯罪嫌疑人认罪认罚，符合速裁程序适用条件的，应当在 10 日以内作出决定，对可能判处的有期徒刑超过 1 年的，可以延长至 15 日。

（二）起诉

1. 人民检察院认为犯罪嫌疑人的犯罪事实已经查清，证据确实、充分，依法应当追究刑事责任的，应当作出起诉决定。

2. 人民检察院在办理公安机关移送起诉的案件中，发现遗漏罪行或者有依法应当移送起诉的同案犯罪嫌疑人未移送起诉的，应当要求公安机关补充侦查或者补充移送起诉。对于犯罪事实清楚，证据确实、充分的，也可以直接提起公诉。

3. 量刑建议

人民检察院提起公诉的案件，可以向人民法院提出量刑建议。除有减轻处罚或者免除处罚情节外，量刑建议应当在法定量刑幅度内提出。建议判处有期徒刑、管制、拘役的，可以具有一定的幅度，也可以提出具体确定的建议。

（三）不起诉

1. 法定不起诉

人民检察院对于监察机关或者公安机关移送起诉的案件，发现犯罪嫌疑人没有犯罪事实，或者有下列法定不起诉情形之一的，经检察长批准，人民检察院应当作出不起诉决定：（1）情节显著轻微、危害不大，不认为是犯罪的；（2）犯罪已过追诉时效期限的；（3）经特赦令免除刑罚的；（4）依照刑法告诉才处理的犯罪，没有告诉或者撤回告诉的；（5）犯罪嫌疑人、被告人死亡的；（6）其他法律规定免予追究刑事责任的。

2. 酌定不起诉

对于犯罪情节轻微，依照刑法规定不需要判处刑罚或者免除刑罚的，经检察长批准，人民检察院可以作出不起诉决定。

（四）监察机关移送案件

人民检察院经审查，认为需要补充核实的，应当退回监察机关补充调查，必要时可以自行补充侦查。对于补充调查的案件，应当在1个月内补充调查完毕。补充调查以2次为限。

第五单元　审判程序

查看本单元视频，快速GET知识点
使用“会计云课堂”App或“微信”扫码

01 公诉案件第一审普通程序（★）

1. 审查受理

（1）对公诉案件是否受理，应当在7日以内审查完毕。

（2）人民法院对提起公诉的案件审查后，对起诉书中有明确的指控犯罪事实的，应当决定开庭审判。

（3）人民法院决定开庭审判后，应当确定合议庭的组成人员，将人民检察院的起诉书副本至迟在开庭10日以前送达被告人及其辩护人。

（4）人民法院确定开庭日期后，应当将开庭的时间、地点通知人民检察院，传唤当事人，通知辩护人、诉讼代理人、证人、鉴定人和翻译人员，传票和通知书至迟在开庭3日以前送达。

（5）公开审判的案件，应当在开庭3日以前先期公布案由、被告人姓名、开庭时间和地点。

上述活动情形应当写入笔录，由审判人员和书记员签名。

2. 庭前准备（2022年调整）

（1）人民法院对公诉案件决定开庭审判后，开庭审理前审判人员可以召集公诉人、当事人和辩护人、诉讼代理人，对回避、出庭证人名单、非法证据排除等与审判相关的问题，了解情况，听取意见。

（2）案件具有下列情形之一的，人民法院可以决定召开庭前会议：①证据材料较多、案情重大复杂的；②控辩双方对事实、证据存在较大争议的；③社会影响重大的；④需要召开庭前会议的其他情形。根据案件情况，庭前会议可以通知被告人参加。

控辩双方可以申请人民法院召开庭前会议，提出申请应当说明理由。人民法院经审查认为有必要的，应当召开庭前会议；决定不召开的，应当告知申请人。

（3）召开庭前会议，审判人员可以就下列问题向控辩双方了解情况，听取意见：是否对案件管辖有异议；是否申请有关人员回避；是否申请不公开审理；是否申请排除非法证据；是否提供新的证据材料；是否申请重新鉴定或者勘验；是否申请收集、调取证明被告人无罪或者罪轻的证据材料；是否申请证人、鉴定人、有专门知识的人、调查人员、侦查人员或者其他人员出庭，是否对出庭人员名单有异议；是否对涉案财物的权属情况和人民检察院的处理建议有异议；与审判相关的其他问题。

（4）庭前会议一般不公开进行。庭前会议中，人民法院可以开展附带民事调解。审判人员可以询问控辩双方对证据材料有无异议，对有异议的证据，应当在庭审时重点调查；无异议的，庭审时举证、质证可以简化。庭前会议准备就非法证据排除了解情况、听取意见，或者准备询问控辩双方对证据材料的意见的，应当通知被告人到场。有多名被告人的案件，可以根据情况确定参加庭前会议的被告人。

对上述可能导致庭审中断的程序性事项，人民法院可以在庭前会议后依法作出处理，并在庭审中说明处理决定和理由。控辩双方没有新的理由，在庭审中再次提出有关申请或者异议的，法庭可以在说明庭前会议情况和处理决定理由后，依法予以驳回。

庭前会议情况应当制作笔录，由参会人员核对后签名。

3. 法庭审判

（1）开庭（2022年调整）

审判长应当告知当事人及其法定代理人、辩护人、诉讼代理人在法庭审理过程中依法享有下列诉讼权利：可以申请合议庭组成人员、法官助理、书记员、公诉人、鉴定人和翻译人员回避；可以提出证据，申请通知新的证人到庭、调取新的证据，申请重新鉴定或者勘验；被告人可以自行辩护；被告人可以在法庭辩论终结后作最后陈述。

（2）法庭调查（2022年调整）

①依申请：公诉人可以提请法庭通知证人、鉴定人、有专门知识的人、调查人员、侦查人员或者其他人员出庭作证或者出示证据。被害人及其法定代理人、诉讼代理人、附带民事诉讼的原告人及其诉讼代理人也可以提出申请。

申请有专门知识的人出庭，不得超过2人。有多种类鉴定意见的，可以相应增加人数。

②依职权：为查明案件事实、调查核实证据，人民法院可以依职权通知证人、鉴定人、有专门知识的人、调查人员、侦查人员或者其他人员出庭。

③经人民法院通知，证人没有正当理由不出庭作证的，人民法院可以强制其到庭，但是被告人的配偶、父母、子女除外。

④证人具有下列情形之一，无法出庭作证的，人民法院可以准许其不出庭：庭审期间身患严重疾病或者行动极为不便的；居所远离开庭地点且交通极为不便的；身处国外短期无法回国的；有其他客观原因，确实无法出庭的。具有前述情形的，可以通过视频等方式作证。

⑤证人、鉴定人、有专门知识的人、调查人员、侦查人员或者其他人员不得旁听对本案的审理。有关人员作证或者发表意见后，审判长应当告知其退庭。

⑥对可能影响定罪量刑的关键证据和控辩双方存在争议的证据，一般应当单独举证、质证，充分听取质证意见。

⑦法庭审理过程中，控辩双方申请通知新的证人到庭，调取新的证据，申请重新鉴定或者勘验的，应当提供证人的基本信息，证据的存放地点，说明拟证明的事项，申请重新鉴定或者勘验的理由。法庭认为有必要的，应当同意，并宣布休庭；根据案件情况，可以决定延期审理；不同意的，应当说明理由并继续审理。

（3）法庭辩论

法庭审理过程中，对与定罪、量刑有关的事实、证据都应当进行调查、辩论。经审判长许可，公诉人、当事人和辩护人、诉讼代理人可以对证据和案件情况发表意见并且可以互相辩论。

（4）被告人最后陈述

法庭辩论终结后，被告人有最后陈述的权利。

（5）评议和宣判（2022年调整）

被告人最后陈述后，审判长应当宣布休庭，由合议庭进行评议。合议庭根据已经查明的事实、证据和有关法律规定，在充分考虑控辩双方意见的基础上，确定被告人是否有罪、构成何罪，有无从重、从轻、减轻或者免除处罚情节，应否处以刑罚、判处何种刑罚，附带民事诉讼如何解决，查封、扣押、冻结的财物及其孳息如何处理等，并依法作出判决、裁定。

对第一审公诉案件，人民法院审理后，分别作出以下判决：

①起诉指控的事实清楚，证据确实、充分，依据法律认定指控被告人的罪名成立的，应当作出有罪判决；

②起诉指控的事实清楚，证据确实、充分，但指控的罪名不当的，应当依据法律和审理认定的事实作出有罪判决；

③案件事实清楚，证据确实、充分，依据法律认定被告人无罪的，应当判决宣告被告人无罪；

④证据不足，不能认定被告人有罪的，应当以证据不足、指控的犯罪不能成立，判决宣告被告人无罪；

⑤案件部分事实清楚，证据确实、充分的，应当作出有罪或者无罪的判决；

⑥对事实不清、证据不足部分，不予认定；

⑦被告人因未达到刑事责任年龄，不予刑事处罚的，应当判决宣告被告人不负刑事责任；

⑧被告人是精神病人，在不能辨认或者不能控制自己行为时造成危害结果，不予刑事处罚的，应当判决宣告被告人不负刑事责任；

⑨被告人符合强制医疗条件的，应当依照规定进行审理并作出判决；犯罪已过追诉时效期限且不是必须追诉，或者经特赦令免除刑罚的，应当裁定终止审理；

⑩属于告诉才处理的案件，应当裁定终止审理，并告知被害人有权提起自诉；

⑪被告人死亡的，应当裁定终止审理；但有证据证明被告人无罪，经缺席审理确认无罪的，应当判决宣告被告人无罪。

判决作出后，宣告判决一律公开进行。

4. 补充起诉或者变更起诉

审理公诉案件期间，人民法院发现新的事实，可能影响定罪的，人民检察院可以要求补充起诉或者变更起诉，人民法院可以建议人民检察院补充起诉或者变更起诉。人民法院建议人民检察院补充起诉或者变更起诉的，人民检察院应当在 7 日内回复意见。

5. 延期审理

在法庭审判过程中，遇有下列情形之一，影响审判进行的，可以延期审理：（1）需要通知新的证人到庭，调取新的物证，重新鉴定或者勘验的；（2）检察人员发现提起公诉的案件需要补充侦查，提出建议的；（3）由于申请回避而不能进行审判的；（4）被告人揭发他人犯罪行为或者提供重要线索，人民检察院认为需要进行查证，建议补充侦查的。

延期审理的案件，人民检察院应当在 1 个月以内补充侦查完毕。

6. 中止审理

在审判过程中，有下列情形之一，致使案件在较长时间内无法继续审理的，可以中止审理：（1）被告人患有严重疾病，无法出庭的；（2）被告人脱逃的；（3）自诉人患有严重疾病，无法出庭，未委托诉讼代理人出庭的；（4）由于不能抗拒的原因。

中止审理的原因消失后，应当恢复审理。中止审理的期间不计入审理期限。

7. 审理期限

（1）人民法院审理公诉案件，应当在受理后 2 个月以内宣判，至迟不得超过 3 个月。对于可能判处死刑的案件或者附带民事诉讼的案件，以及有《刑事诉讼法》第 158 条规定情形之一的，经上一级人民法院批准，可以延长 3 个月；因特殊情况还需要延长的，报请最高人民法院批准。

考点提示

《刑事诉讼法》第 158 条：下列案件在规定的期限届满不能侦查终结的，经省、自治区、直辖市人民检察院批准或者决定，可以延长 2 个月：①交通十分不便的边远地区的重大复杂案件；②重大的犯罪集团案件；③流窜作案的重大复杂案件；④犯罪涉及面广，取证困难的重大复杂案件。

（2）人民法院改变管辖的案件，从改变后的人民法院收到案件之日起计算审理期限。

（3）人民检察院补充侦查的案件，补充侦查完毕移送人民法院后，人民法院重新计算审理期限。

02 认罪认罚从宽制度（★★）

认罪认罚从宽，是指犯罪嫌疑人、被告人自愿如实供述自己的犯罪，对指控的犯罪事实没有异议，同意检察机关的量刑意见并签署具结书的案件，可以依照规定，在程序上从简、实体上从宽处理。

（一）适用范围

认罪认罚从宽制度贯穿刑事诉讼全过程，适用于所有刑事案件的侦查、起诉、审判各个阶段，没有适用罪名和可能判处刑罚的限定。

（二）适用条件

1. “认罪”

（1）认罪认罚从宽制度中的“认罪”，是指犯罪嫌疑人、被告人自愿如实供述自己的罪行，对指控的犯罪事实没有异议。承认指控的主要犯罪事实，仅对个别事实情节提出异议，或者虽然对行为性质提出辩解但表示接受司法机关认定意见的，不影响“认罪”的认定。

（2）犯罪嫌疑人、被告人犯数罪，仅如实供述其中一罪或部分罪名事实的，全案不作“认罪”的认定，不适用认罪认罚从宽制度，但对如实供述的部分，人民检察院可以提出从宽处罚的建议，人民法院可以从宽处罚。

2. “认罚”

（1）认罪认罚从宽制度中的“认罚”，是指犯罪嫌疑人、被告人真诚悔罪，愿意接受处罚。在侦查阶段表现为表示愿意接受处罚；在审查起诉阶段表现为接受人民检察院拟作出的起诉或不起诉决定，认可人民检察院的量刑建议，签署认罪认罚具结书；在审判阶段表现为当庭确认自愿签署具结书，愿意接受刑罚处罚。

（2）“认罚”考察的重点是犯罪嫌疑人、被告人的悔罪态度和悔罪表现，应当结合退赃退赔、赔偿损失、赔礼道歉等因素来考量。

（3）犯罪嫌疑人、被告人享有程序选择权，不同意适用速裁程序、简易程序的，不影响“认罚”的认定。

3. “从宽”

（1）从宽处理既包括实体上从宽处罚，也包括程序上从简处理。

（2）认罪认罚的从宽幅度一般应当大于仅有坦白，或者虽认罪但不认罚的从宽幅度。对犯罪嫌疑人、被告人具有自首、坦白情节，同时认罪认罚的，应当在法定刑幅度内给予相对更大的从宽幅度。认罪认罚与自首、坦白不作重复评价。

（3）对罪行较轻、人身危险性较小的，特别是初犯、偶犯，从宽幅度可以大一些；罪行较重、人身危险性较大的，以及累犯、再犯，从宽幅度应当从严把握。

（三）权益保障

1. 犯罪嫌疑人、被告人

（1）人民法院、人民检察院、公安机关办理认罪认罚案件，应当保障犯罪嫌疑人、被告人获得有效法律帮助，确保其了解认罪认罚的性质和法律后果，自愿认罪认罚。

犯罪嫌疑人、被告人自愿认罪认罚，没有辩护人的，人民法院、人民检察院、公安机关（看守所）应当通知值班律师为其提供法律咨询、程序选择建议、申请变更强制措施等法律帮助。符合通知辩护条件的，应当依法通知法律援助机构指派律师为其提供辩护。

（2）对于被羁押的犯罪嫌疑人、被告人，在不同诉讼阶段，可以由派驻看守所的同一值班律师提供法律帮助。对于未被羁押的犯罪嫌疑人、被告人，前一诉讼阶段的值班律师可以在后续诉讼阶段继续为犯罪嫌疑人、被告人提供法律帮助。

（3）犯罪嫌疑人、被告人自愿认罪认罚，没有委托辩护人，拒绝值班律师帮助的，人民法院、人民检察院、公安机关应当允许，记录在案并随案移送。但是审查起诉阶段签署认罪认罚具结书时，人民检察院应当通知值班律师到场。

2. 被害方权益保障

（1）办理认罪认罚案件，应当听取被害人及其诉讼代理人的意见，并将犯罪嫌疑人、被告人是否与被害方达成和解协议、调解协议或者赔偿被害方损失，取得被害方谅解，作为从宽处罚的重要考虑因素。人民检察院、公安机关听取意见情况应当记录在案并随案移送。

（2）对符合当事人和解程序适用条件的公诉案件，犯罪嫌疑人、被告人认罪认罚的，人民法院、人民检察院、公安机关应当积极促进当事人自愿达成和解。对其他认罪认罚案件，人民法院、人民检察院、公安机关可以促进犯罪嫌疑人、被告人通过向被害方赔偿损失、赔礼道歉等方式获得谅解，被害方出具的谅解意见应当随案移送。

（3）被害人及其诉讼代理人不同意对认罪认罚的犯罪嫌疑人、被告人从宽处理的，不影响认罪认罚从宽制度的适用。犯罪嫌疑人、被告人认罪认罚，但没有退赃退赔、赔偿损失，未能与被害方达成调解或者和解协议的，从宽时应当予以酌减。犯罪嫌疑人、被告人自愿认罪并且愿意积极赔偿损失，但由于被害方赔偿请求明显不合理，未能达成调解或者和解协议的，一般不影响对犯罪嫌疑人、被告人从宽处理。

3. 强制措施的适用

（1）人民法院、人民检察院、公安机关应当将犯罪嫌疑人、被告人认罪认罚作为其是否具有社会危险性的重要考虑因素。对于罪行较轻、采用非羁押性强制措施足以防止发生《刑事诉讼法》规定的社会危险性的犯罪嫌疑人、被告人，根据犯罪性质及可能判处的刑罚，依法可不适用羁押性强制措施。

（2）犯罪嫌疑人认罪认罚，公安机关认为罪行较轻、没有社会危险性的，应当不再提请人民检察院审查逮捕。对提请逮捕的，人民检察院认为没有社会危险性不需要逮捕的，应当作出不批准逮捕的决定。

（3）已经逮捕的犯罪嫌疑人、被告人认罪认罚的，人民法院、人民检察院应当及时审查羁押的必要性，经审查认为没有继续羁押必要的，应当变更为取保候审或者监视居住。

（四）侦查机关职责

1. 公安机关在侦查过程中，应当告知犯罪嫌疑人享有的诉讼权利、如实供述罪行可以从宽处理和认罪认罚的法律规定，听取犯罪嫌疑人及其辩护人或者值班律师的意见，记录在案并随案移送。

对在非讯问时间、办案人员不在场情况下，犯罪嫌疑人向看守所工作人员或者辩护人、值班律师表示愿意认罪认罚的，有关人员应当及时告知办案单位。

2. 公安机关在侦查阶段应当同步开展认罪教育工作，但不得强迫犯罪嫌疑人认罪，不得作出具体的从宽承诺。犯罪嫌疑人自愿认罪，愿意接受司法机关处罚的，应当记录在案并附卷。

3. 对移送审查起诉的案件，公安机关应当在起诉意见书中写明犯罪嫌疑人自愿认罪认罚情况。认为案件符合速裁程序适用条件的，可以在起诉意见书中建议人民检察院适用速裁程序办理，并简要说明理由。

对可能适用速裁程序的案件，公安机关应当快速办理，对犯罪嫌疑人未被羁押的，可以集中移送审查起诉，但不得为集中移送拖延案件办理。

（五）人民检察院职责

1. 案件移送审查起诉后，人民检察院应当告知犯罪嫌疑人享有的诉讼权利和认罪认罚的法律规定，保障犯罪嫌疑人的程序选择权。

2. 犯罪嫌疑人认罪认罚的，人民检察院应当就下列事项听取犯罪嫌疑人、辩护人或者值班律师的意见，记录在案并附卷：（1）涉嫌的犯罪事实、罪名及适用的法律规定；（2）从轻、减轻或者免除处罚等从宽处罚的建议；（3）认罪认罚后案件审理适用的程序；（4）其他需要听取意见的情形。

人民检察院未采纳辩护人、值班律师意见的，应当向其说明理由。

3. 对认罪认罚后没有争议，不需要判处刑罚的轻微刑事案件或者免除刑罚的刑事案件，人民检察院可以依法作出不起诉决定。人民检察院应当加强对案件量刑的预判，对其中可能判处免刑的轻微刑事案件，可以依法作出不起诉决定。对认罪认罚后案件事实不清、证据不足的案件，应当依法作出不起诉决定。

4. 犯罪嫌疑人自愿认罪，同意量刑建议和程序适用的，应当在辩护人或者值班律师在场的情况下签署认罪认罚具结书。犯罪嫌疑人被羁押的，看守所应当为签署具结书提供场所。具结书应当包括犯罪嫌疑人如实供述罪行、同意量刑建议、程序适用等内容，由犯罪嫌疑人、辩护人或者值班律师签名。

犯罪嫌疑人认罪认罚，有下列情形之一的，不需要签署认罪认罚具结书：（1）犯罪嫌疑人是盲、聋、哑人，或者是尚未完全丧失辨认或者控制自己行为能力的精神病人的；（2）未成年犯罪嫌疑人的法定代理人、辩护人对未成年人认罪认罚有异议的；（3）其他不需要签署认罪认罚具结书的情形。上述情形犯罪嫌疑人未签署认罪认罚具结书的，不影响认罪认罚从宽制度的适用。

5. 人民检察院向人民法院提起公诉的，应当在起诉书中写明被告人认罪认罚情况，提出量刑建议，并移送认罪认罚具结书等材料。量刑建议书可以另行制作，也可以在起诉书中写明。

6. 犯罪嫌疑人认罪认罚的，人民检察院应当就主刑、附加刑、是否适用缓刑等提出量刑建议。

办理认罪认罚案件，人民检察院一般应当提出确定刑量刑建议。对新类型、不常见犯罪案件，量刑情节复杂的重罪案件等，也可以提出幅度刑量刑建议。提出量刑建议，应当说明理由和依据。

犯罪嫌疑人认罪认罚没有其他法定量刑情节的，人民检察院可以根据犯罪的事实、性质等，在基准刑基础上适当减让提出确定刑量刑建议。有其他法定量刑情节的，人民检察院应当综合认罪认罚和其他法定量刑情节，参照相关量刑规范提出确定刑量刑建议。

犯罪嫌疑人在侦查阶段认罪认罚的，主刑从宽的幅度可以在上述基础上适当放宽；被告人在审判阶段认罪认罚的，在上述基础上可以适当缩减。建议判处罚金刑的，参照主刑的从宽幅度提出确定的数额。

7. 犯罪嫌疑人认罪认罚，人民检察院经审查，认为符合速裁程序适用条件的，应当在10日以内作出是否提起公诉的决定；对可能判处的有期徒刑超过1年的，可以在15日以内作出是否提起公诉的决定。

（六）人民法院职责

1. 认罪认罚的审查

（1）法庭审理时应当告知被告人享有的诉讼权利和认罪认罚的法律规定，审查认罪认罚的自愿性和认罪认罚具结书内容的真实性、合法性。

（2）对认罪认罚案件，人民检察院起诉指控的事实清楚，但指控的罪名与审理认定的罪名不一致的，人民法院应当听取人民检察院、被告人及其辩护人对审理认定罪名的意见，依法作出判决。

2. 量刑建议的审查

对于人民检察院提出的量刑建议，人民法院应当依法进行审查。对于事实清楚，证据确实、充分，指控的罪名准确，量刑建议适当的，人民法院应当采纳。具有下列情形之一的，不予采纳：（1）被告人的行为不构成犯罪或者不应当追究刑事责任的；（2）被告人违背意愿认罪认罚的；（3）被告人否认指控的犯罪事实的；（4）起诉指控的罪名与审理认定的罪名不一致的；（5）其他可能影响公正审判的情形。

对于人民检察院起诉指控的事实清楚，量刑建议适当，但指控的罪名与审理认定的罪名不一致的，人民法院可以听取人民检察院、被告人及其辩护人对审理认定罪名的意见，依法作出裁判。

3. 量刑建议的调整

人民法院经审理，认为量刑建议明显不当，或者被告人、辩护人对量刑建议有异议且有理有据的，人民检察院可以调整量刑建议。人民检察院不调整或者调整后仍然明显不当的，人民法院应当依法作出判决。

考点提示

对量刑建议是否明显不当，应当根据审理认定的犯罪事实、认罪认罚的具体情况，结合相关犯罪的法定刑、类似案件的刑罚适用等作出审查判断。

适用速裁程序审理的，人民检察院调整量刑建议应当在庭前或者当庭提出。调整量刑建议后，被告人同意继续适用速裁程序的，不需要转换程序处理。

4. 速裁程序

基层人民法院管辖的可能判处3年有期徒刑以下刑罚的案件，案件事实清楚，证据确实、充分，被告人认罪认罚并同意适用速裁程序的，可以适用速裁程序，由审判员一人独任审判。人民检察院提起公诉时，可以建议人民法院适用速裁程序。

5. 简易程序

基层人民法院管辖的被告人认罪认罚案件，事实清楚、证据充分，被告人对适用简易程序没有异议的，可以适用简易程序审判。

6. 普通程序

适用普通程序办理认罪认罚案件，可以适当简化法庭调查、辩论程序。

7. 程序转换

（1）适用速裁程序审理的，人民法院发现有被告人的行为不构成犯罪或者不应当追究刑事责任、被告人违背意愿认罪认罚、被告人否认指控的犯罪事实情形的，应当转为普通程序审理。发现其他不宜适用速裁程序但符合简易程序适用条件的，应当转为简易程序重新审理。发现有不宜适用简易程序审理情形的，应当转为普通程序审理。

（2）被告人违背意愿认罪认罚，或者认罪认罚后又反悔，依法需要转换程序的，应当按照普通程序对案件重新审理。发现存在刑讯逼供等非法取证行为的，依照法律规定处理。

8. 审判程序中认罪认罚案件的处理

被告人在人民检察院提起公诉前未认罪认罚，在审判阶段认罪认罚的，人民法院可以不再通知人民检察院提出或者调整量刑建议，应当根据审理查明的事实，就定罪量刑听取控辩双方意见，根据规定作出判决。

9. 第二审程序中被告人认罪认罚案件的处理

被告人在第一审程序中未认罪认罚，在第二审程序中认罪认罚的案件，应当根据其认罪认罚的具体情况决定是否从宽，并依法作出裁判。确定从宽幅度时应当与第一审程序认罪认罚有所区别。

10. 审理要求

（1）对认罪认罚案件，人民法院一般应当对被告人从轻处罚；符合非监禁刑适用条件的，应当适用非监禁刑；具有法定减轻处罚情节的，可以减轻处罚。

（2）对认罪认罚案件，应当根据被告人认罪认罚的阶段早晚以及认罪认罚的主动性、稳定性、彻底性等，在从宽幅度上体现差异。

（3）共同犯罪案件，部分被告人认罪认罚的，可以依法对该部分被告人从宽处罚，但应当注意全案的量刑平衡。

（七）认罪认罚的反悔处理

1. 决定不起诉后反悔的处理

因犯罪嫌疑人认罪认罚，人民检察院依照《刑事诉讼法》作出不起诉决定后，犯罪嫌疑人否认指控的犯罪事实或者不积极履行赔礼道歉、退赃退赔、赔偿损失等义务的，人民检察院应当进行审查，区分下列情形依法作出处理：

（1）发现犯罪嫌疑人没有犯罪事实，或者符合《刑事诉讼法》第16条规定的情形之一的，应当撤销原不起诉决定，依法重新作出不起诉决定；

（2）认为犯罪嫌疑人仍属于犯罪情节轻微，依照刑法规定不需要判处刑罚或者免除刑罚的，可以维持原不起诉决定；

（3）排除认罪认罚因素后，符合起诉条件的，应当根据案件具体情况撤销原不起诉决定，依法提起公诉。

2. 起诉前反悔的处理

犯罪嫌疑人认罪认罚，签署认罪认罚具结书，在人民检察院提起公诉前反悔的，具结书失效，人民检察院应当在全面审查事实证据的基础上，依法提起公诉。

3. 审判阶段反悔的处理

案件审理过程中，被告人不再认罪认罚的，人民法院应当根据审理查明的事实，依法作出裁判。需要转换程序的，依照相关规定处理。

经典题解

【真题·多选题】下列关于认罪认罚从宽制度适用的说法中，正确的有（　　）。（2021 年）

A. 认罪认罚从宽制度适用于起诉和审判阶段，不适用于侦查阶段

B. 犯罪嫌疑人自愿认罪并同意量刑建议和程序适用的，可以独自签署认罪认罚具结书

C. 认罪认罚与自首、坦白不作重复评价

D. 对认罪认罚案件，适用速裁程序和简易程序，不适用普通程序

E. 认罪认罚从宽制度要求在程序上从简、实体上从宽

【解析】（1）选项 A：认罪认罚从宽制度贯穿刑事诉讼全过程，适用于所有刑事案件的侦查、起诉、审判各个阶段，没有适用罪名和可能判处刑罚的限定。（2）选项 B：犯罪嫌疑人自愿认罪，同意量刑建议和程序适用的，应当在辩护人或者值班律师在场的情况下签署认罪认罚具结书。（3）选项 D：对认罪认罚案件，应当根据具体情况，依法适用速裁程序、简易程序、普通程序。

【答案】CE

03 简易程序（★）

1. 适用范围

（1）基层人民法院受理公诉案件后，经审理认为案件符合下列条件的，可以适用简易程序审判：①案件事实清楚、证据充分的；②被告人承认自己所犯罪行，对指控的犯罪事实没有异议的；③被告人对适用简易程序没有异议的。

对适用简易程序，被告人及其辩护人享有申请权。

人民检察院在提起公诉的时候，可以建议人民法院适用简易程序。

（2）有下列情形之一的，不适用简易程序：①被告人是盲、聋、哑人的；②被告人是尚未完全丧失辨认或者控制自己行为能力的精神病人的；③案件有重大社会影响的；④共同犯罪案件中部分被告人不认罪或者对适用简易程序有异议的；⑤辩护人作无罪辩护的；⑥被告人认罪，但经审查认为可能不构成犯罪的；⑦不宜适用简易程序审理的其他情形。（2022 年调整）

2. 审判组织

适用简易程序审理案件，对可能判处 3 年有期徒刑以下刑罚的，可以组成合议庭进行审判，也可以由审判员一人独任审判；对可能判处的有期徒刑超过 3 年的，应当组成合议庭进行审判。

3. 审判要求(2022年调整)

(1) 在将起诉书副本送达被告人或者法庭审理时，应当询问被告人对指控的犯罪事实的意见，告知被告人适用简易程序审理的法律规定，确认被告人是否同意适用简易程序；

(2) 被告人因经济困难或者其他原因没有委托辩护人的，应当告知被告人及其近亲属可以申请法律援助；

(3) 庭审可以适当简化，不受《刑事诉讼法》关于送达期限、讯问被告人、询问证人、鉴定人、出示证据、法庭辩论程序规定的限制。经审判人员许可，被告人及其辩护人可以同公诉人、自诉人及其诉讼代理人互相辩论；

(4) 一般应当当庭宣判，但在判决宣告前应当听取被告人的最后陈述；

(5) 裁判文书可以简化。

4. 审限

适用简易程序审理案件，人民法院应当在受理后20日以内审结；对可能判处的有期徒刑超过3年的，可以延长至一个半月。

5. 程序转换(2022年新增)

人民法院在审理过程中，发现具有下列情形之一不宜适用简易程序的，应当按照规定转为普通程序审理：(1) 被告人的行为可能不构成犯罪的；(2) 被告人可能不负刑事责任的；(3) 被告人当庭对起诉指控的犯罪事实予以否认的；(4) 案件事实不清、证据不足的；(5) 不应当或者不宜适用简易程序的其他情形。

决定转为普通程序审理的案件，审理期限应当从作出决定之日起算。

04 速裁程序(★★★)

1. 速裁程序适用的条件

基层人民法院管辖的可能判处3年有期徒刑以下刑罚的案件，案件事实清楚，证据确实、充分，被告人认罪认罚并同意适用速裁程序的，可以适用速裁程序，由审判员一人独任审判。

考点提示

速裁程序是对一审程序的简化。

被告人及其辩护人可以向人民法院提出适用速裁程序的申请。人民检察院在提起公诉的时候，可以建议人民法院适用速裁程序。

对人民检察院未建议适用速裁程序的案件，人民法院经审查认为符合速裁程序适用条件的，可以决定适用速裁程序，并在开庭前通知人民检察院和辩护人。

2. 有下列情形之一的，不适用速裁程序：(1) 被告人是盲、聋、哑人的；(2) 被告人是尚未完全丧失辨认或者控制自己行为能力的精神病人的；(3) 被告人是未成年人的；(4) 案件有重大社会影响的；(5) 共同犯罪案件中部分被告人对指控的犯罪事实、罪名、量刑建议或者适用速裁程序有异议的；(6) 被告人与被害人或者其法定代理人没有就附带民事诉讼赔偿等事项达成调解或者和解协议的；(7) 辩护人作无罪辩护的；(8) 其他不宜适用速裁程序审理的。(2022年调整)

3. 审理程序特殊规定

（1）适用速裁程序审理案件，不受《刑事诉讼法》规定的送达期限的限制，一般不进行法庭调查、法庭辩论，但在判决宣告前应当听取辩护人的意见和被告人的最后陈述意见。

（2）适用速裁程序审理案件，可以在向被告人送达起诉书时一并送达权利义务告知书、开庭传票，并核实被告人自然信息等情况。根据需要，可以集中送达。

（3）适用速裁程序审理案件，可以集中开庭，逐案审理。人民检察院可以指派公诉人集中出庭支持公诉。公诉人简要宣读起诉书后，审判人员应当当庭询问被告人对指控事实、证据、量刑建议以及适用速裁程序的意见，核实具结书签署的自愿性、真实性、合法性，并核实附带民事诉讼赔偿等情况。

（4）适用速裁程序审理案件，应当当庭宣判。集中审理的，可以集中当庭宣判。宣判时，根据案件需要，可以由审判员进行法庭教育。裁判文书可以简化。

（5）人民法院在审理过程中，发现有被告人的行为不构成犯罪或者不应当追究其刑事责任、被告人违背意愿认罪认罚、被告人否认指控的犯罪事实、案件疑难复杂或者对适用法律有重大争议以及其他不宜适用速裁程序审理的情形的，应当转为普通程序或者简易程序审理。审理期限从作出决定之日起计算。

4. 审限

适用速裁程序审理案件，人民法院应当在受理后 10 日以内审结；对可能判处的有期徒刑超过 1 年的，可以延长至 15 日。

经典题解

【真题·单选题】下列有关速裁程序的说法中，正确的是（　　）。（2020 年）

A. 被告人为未成年人的，可以适用速裁程序

B. 对犯罪嫌疑人可能判处 3 年以下有期徒刑的刑事案件，应当适用速裁程序

C. 被告人是盲、聋、哑人的，不适用速裁程序

D. 速裁程序既可以在一审程序中适用，也可以在二审程序中适用

【解析】（1）有下列情形之一的，不适用速裁程序：①被告人是盲、聋、哑人（选项 C 正确）；②被告人是尚未完全丧失辨认或者控制自己行为能力的精神病人的；③被告人是未成年人的（选项 A 错误）；④案件有重大社会影响的；⑤共同犯罪案件中部分被告人对指控的犯罪事实、罪名、量刑建议或者适用速裁程序有异议的；⑥被告人与被害人或者其法定代理人没有就附带民事诉讼赔偿等事项达成调解或者和解协议的；⑦辩护人作无罪辩护的；⑧其他不宜适用速裁程序审理的。（2）基层人民法院管辖的可能判处 3 年有期徒刑以下刑罚的案件，案件事实清楚，证据确实、充分，被告人认罪认罚并同意适用速裁程序的，“可以”适用速裁程序（选项 B 错误）。（3）速裁程序是对一审程序的简化（选项 D 错误）。

【答案】C

05 第二审程序（★）

（一）提起

1. 上诉

（1）被告人、自诉人及其法定代理人，不服地方各级人民法院第一审的判决、裁定，有权用书状或者口头向上一级人民法院提出上诉。被告人的辩护人和近亲属，经被告人同意，可以提出上诉。

（2）附带民事诉讼的当事人及其法定代理人，可以对地方各级人民法院第一审的判决、裁定中的附带民事诉讼部分，提出上诉。

（3）对被告人的上诉权，不得以任何借口加以剥夺。

2. 抗诉

（1）地方各级人民检察院认为本级人民法院第一审的判决、裁定确有错误的时候，应当向上一级人民法院提出抗诉，提请人民法院进行重新审判。

（2）被害人及其法定代理人不服地方各级人民法院第一审的判决的，自收到判决书后5日以内，有权请求人民检察院提出抗诉。人民检察院自收到被害人及其法定代理人的请求后5日以内，应当作出是否抗诉的决定并且答复请求人。

3. 期限

不服判决的上诉和抗诉的期限为10日，不服裁定的上诉和抗诉的期限为5日，从接到判决书、裁定书的第2日起算。

4. 上诉抗诉的撤回

（1）上诉人在上诉期满后要求撤回上诉的，第二审人民法院经审查，认为原判认定事实和适用法律正确，量刑适当的，应当裁定准许；认为原判确有错误的，应当不予准许，继续按照上诉案件审理。

（2）人民检察院在抗诉期限内要求撤回抗诉的，人民法院应当准许。人民检察院在抗诉期满后要求撤回抗诉的，第二审人民法院可以裁定准许，但是认为原判存在将无罪判为有罪、轻罪重判等情形的，应当不予准许，继续审理。

经典题解

【真题·单选题】刑事案件的二审程序，必须由特定主体提起才能启动。下列上诉、抗诉的提出中，符合法律规定的是（　　）。（2017年）

A. 被害人提出上诉

B. 被告人提出上诉

C. 被告人的近亲属未经被告人同意提出上诉

D. 被害人的近亲属提出抗诉

【解析】被告人、自诉人和他们的法定代理人，不服地方各级人民法院第一审的判决、裁定，有权用书状或者口头向上一级人民法院上诉。被告人的辩护人和近亲属，经被告人同意，可以提出上诉。

【答案】B

（二）审理

1. 第二审人民法院应当就第一审判决认定的事实和适用法律进行全面审查，不受上诉或者抗诉范围的限制。共同犯罪的案件只有部分被告人上诉的，应当对全案进行审查，一并处理。

2. 审理方式

第二审人民法院对于下列案件，应当组成合议庭，开庭审理：（1）被告人、自诉人及其法定代理人对第一审认定的事实、证据提出异议，可能影响定罪量刑的上诉案件；（2）被告人被判处死刑的上诉案件；（3）人民检察院抗诉的案件；（4）应当开庭审理的其他案件。

被判处死刑的被告人没有上诉，同案的其他被告人上诉的案件，第二审人民法院应当开庭审理。

第二审人民法院决定不开庭审理的，应当讯问被告人，听取其他当事人、辩护人、诉讼代理人的意见。

3. 人民检察院提出抗诉的案件或者第二审人民法院开庭审理的公诉案件，同级人民检察院都应当派员出席法庭。

（三）处理

1. 第二审人民法院对不服第一审判决的上诉、抗诉案件，经过审理后，应当按照下列情形分别处理：（1）原判决认定事实和适用法律正确、量刑适当的，应当裁定驳回上诉或者抗诉，维持原判；（2）原判决认定事实没有错误，但适用法律有错误，或者量刑不当的，应当改判；（3）原判决事实不清楚或者证据不足的，可以在查清事实后改判；也可以裁定撤销原判，发回原审人民法院重新审判。

原审人民法院对于依照上述第（3）项规定发回重新审判的案件作出判决后，被告人提出上诉或者人民检察院提出抗诉的，第二审人民法院应当依法作出判决或者裁定，不得再发回原审人民法院重新审判。

2. 第二审人民法院发现第一审人民法院的审理有下列违反法律规定的诉讼程序的情形之一的，应当裁定撤销原判，发回原审人民法院重新审判：（1）违反《刑事诉讼法》有关公开审判的规定的；（2）违反回避制度的；（3）剥夺或者限制了当事人的法定诉讼权利，可能影响公正审判的；（4）审判组织的组成不合法的；（5）其他违反法律规定的诉讼程序，可能影响公正审判的。

3. 上诉不加刑

第二审人民法院审理被告人或其法定代理人、辩护人、近亲属提出上诉的案件，不得对被告人的刑罚作出实质不利的改判，并应当执行下列规定：（1）同案审理的案件，只有部分被告人上诉的，既不得加重上诉人的刑罚，也不得加重其他同案被告人的刑罚；（2）原判认定的罪名不当的，可以改变罪名，但不得加重刑罚或者对刑罚执行产生不利影响；（3）原判认定的罪数不当的，可以改变罪数，并调整刑罚，但不得加重决定执行的刑罚或者对刑罚执行产生不利影响；（4）原判对被告人宣告缓刑的，不得撤销缓刑或者延长缓刑考验期；（5）原判没有宣告职业禁止、禁止令的，不得增加宣告；原判宣告职业禁止、禁止令的，不得增加内容、延长期限；（6）原判对被告人判处死刑缓期执行没有限制减刑、决定终身监禁的，不得限制减刑、决定终身监禁；（7）原判判处的刑罚不当、应当适用附加刑而没有适用的，不得直接加重刑罚、适用附加刑。原判判处的刑罚畸轻，必须依法改判的，应当在第二审判决、裁定生效后，依照审判监督程序重新审判。

人民检察院提出抗诉或者自诉人提出上诉的案件，不受上述规定的限制。

4. 重审

原审人民法院对于发回重新审判的案件，应当另行组成合议庭，依照第一审程序进行审判。对于重新审判后的判决，依照规定可以上诉、抗诉。

第二审人民法院发回原审人民法院重新审判的案件，除有新的犯罪事实，人民检察院补充起诉的以外，原审人民法院也不得加重被告人的刑罚。

对前述案件，原审人民法院对上诉发回重新审判的案件依法作出判决后，人民检察院抗诉的，第二审人民法院不得改判为重于原审人民法院第一次判处的刑罚。

5. 对裁定的二审

第二审人民法院对不服第一审裁定的上诉或者抗诉，经过审查后，应当参照《刑事诉讼法》规定，分别情形用裁定驳回上诉、抗诉，或者撤销、变更原裁定。

6. 审限

（1）第二审人民法院受理上诉、抗诉案件，应当在 2 个月以内审结。对于可能判处死刑的案件或者附带民事诉讼的案件，以及有《刑事诉讼法》规定情形之一的，经省、自治区、直辖市高级人民法院批准或者决定，可以延长 2 个月；因特殊情况还需要延长的，报请最高人民法院批准。

（2）最高人民法院受理上诉、抗诉案件的审理期限，由最高人民法院决定。

7. 第二审的判决、裁定和最高人民法院的判决、裁定，都是终审的判决、裁定。

8. 速裁案件的二审程序

被告人不服适用速裁程序作出的第一审判决提出上诉的案件，可以不开庭审理。第二审人民法院审查后，按照下列情形分别处理：

（1）发现被告人以原判决事实不清或者证据不足为由提出上诉的，可以在查清事实后改判，也可以裁定撤销原判，发回原审人民法院适用普通程序重新审判，不再按认罪认罚案件从宽处罚；（2022 年调整）

（2）发现被告人以量刑不当为由提出上诉的，原判量刑适当的，应当裁定驳回上诉，维持原判；原判量刑不当的，经审理后依法改判。

本章小结

用“会计云课堂”App 扫码学习

您已成功完成“第十九章”的学习，本章共 20 个考点，您都学会了吗？

为了让您对本章有更清晰的理解，加倍巩固。本书作者陈小球老师将通过“电台音频课”的方式，带您回顾重要考点。

名师点拨，高效提分。

※ 欢迎扫码免费学习。

同步强化练习题

使用“会计云课堂”App 或“微信”扫码快速做题、对答案、看解析、掌握解题思路，开启轻松过关之旅。

一、单项选择题

1. 根据刑事诉讼法律制度规定，关于审判公开原则，下列说法中，不正确的是（　　）。
   A. 有关国家秘密或者个人隐私的案件，不公开审理
   B. 涉及商业秘密的案件，当事人申请不公开审理的，可以不公开审理
   C. 开庭审理时被告人不满 18 周岁的案件，一律不公开审理
   D. 不公开审理的案件，宣告判决亦非公开进行

2. 根据刑事诉讼法律制度规定，关于侦查权、检察权、审判权行使机关的说法中，不正确的是（　　）。
   A. 对刑事案件的侦查、拘留、执行逮捕、预审，由公安机关负责
   B. 检察机关直接受理案件的侦查和提起公诉，由人民检察院负责
   C. 审判由人民法院负责
   D. 自诉案件，由人民检察院、人民法院直接受理

3. 刑事诉讼参与人是指依法参加刑事诉讼，享有一定诉讼权利和承担一定诉讼义务的人，其包括（　　）。
   A. 翻译人员
   B. 侦查人员
   C. 公诉人员
   D. 审判人员

4. 根据刑事诉讼法律制度规定，下列各项中，被告人没有委托辩护人的，不属于人民检察院和公安机关应当通知法律援助机构指派律师为其提供辩护的情形是（　　）。
   A. 犯罪嫌疑人、被告人是盲、聋、哑人
   B. 犯罪嫌疑人、被告人是尚未完全丧失辨认或者控制自己行为能力的精神病人
   C. 犯罪嫌疑人、被告人可能被判处无期徒刑、死刑
   D. 案件有重大社会影响

5. 根据刑事诉讼法律制度规定，下列各项中，不可以接受被告人委托担任辩护人的是（　　）。
   A. 处于假释考验期间的甲，系被告人的爷爷
   B. 被开除公职的乙，系被告人的监护人
   C. 监狱的现职人员丙，系被告人的配偶
   D. 人民陪审员丁，系被告人的父亲

6. 根据刑事诉讼法律制度规定，侦查期间能够为犯罪嫌疑人担任辩护人的是（　　）。
   A. 配偶、父母、子女
   B. 同胞兄弟姊妹
   C. 律师
   D. 所在单位的工作人员

7. 根据刑事诉讼法律制度的规定，辩护律师可以向犯罪嫌疑人、被告人核实有关证据的时间起点是（　　）。
   A. 自案件移送审查起诉之日
   B. 犯罪嫌疑人依法被采取强制措施之日
   C. 犯罪嫌疑人依法被第一次讯问之日
   D. 案件侦查终结，被移送审查起诉之日

8. 根据刑事诉讼法律制度规定，下列关于刑事诉讼强制措施的说法中，不正确的是（　　）。
   A. 人民检察院直接受理侦查的案件，拘留犯罪嫌疑人的羁押期限为7日，特殊情况下可以延长1~3日
   B. 人民法院、人民检察院和公安机关对犯罪嫌疑人、被告人取保候审最长不得超过12个月
   C. 人民法院、人民检察院对于各自决定逮捕的人，公安机关对于经人民检察院批准逮捕的人，都必须在逮捕后的24小时以内进行讯问
   D. 人民法院、人民检察院和公安机关对犯罪嫌疑人、被告人监视居住最长不得超过6个月

9. 根据刑事诉讼法律制度规定，逮捕的执行机关是（　　）。
   A. 公安机关
   B. 人民检察院
   C. 监察机关
   D. 人民法院

10. 根据刑事诉讼法律制度规定，下列关于逮捕的说法中，不正确的是（　　）。
   A. 对有证据证明有犯罪事实，可能判处10年有期徒刑以上刑罚的应当予以逮捕
   B. 公安机关对被拘留的人，认为需要逮捕的，应当在拘留后的3日以内，提请人民检察院审查批准；在特殊情况下，提请审查批准的时间可以延长7日
   C. 对于流窜作案、多次作案、结伙作案的重大嫌疑分子，提请审查批准的时间可以延长至30日
   D. 人民检察院应当自接到公安机关提请批准逮捕书后的7日以内，作出批准逮捕或者不批准逮捕的决定

11. 根据刑事诉讼法律制度规定，下列关于讯问犯罪嫌疑人的说法中，正确的是（　　）。
   A. 讯问同案的犯罪嫌疑人，可以个别进行
   B. 传唤持续的时间不得超过24小时；案情特别重大、复杂，需要采取拘留、逮捕措施的，传唤持续的时间不得超过48小时
   C. 讯问聋、哑的犯罪嫌疑人，应当有通晓聋、哑手势的人参加，并且将这种情况记明笔录
   D. 人民检察院办理直接受理侦查的案件，可以在讯问犯罪嫌疑人时对讯问过程进行录音或者录像

12. 根据刑事诉讼法律制度规定，下列关于速裁程序的说法中，正确的是（　　）。
   A. 适用速裁程序审理案件，应当集中开庭，逐案审理
   B. 适用速裁程序审理案件，可以当庭宣判
   C. 适用速裁程序审理案件，裁判文书可以简化
   D. 适用速裁程序审理案件，人民法院应当在受理后20日以内审结；对可能判处的有期徒刑超过1年的，可以延长至一个半月

二、多项选择题

1. 根据刑事诉讼法律制度规定，下列各项中，依法不予追究刑事责任的情形有（　　）。
   A. 犯罪时不满16周岁的犯罪嫌疑人、被告人
   B. 犯罪嫌疑人死亡
   C. 依照刑法告诉才处理的犯罪
   D. 情节显著轻微、危害不大，不认为是犯罪
   E. 犯罪已过追诉时效期限

2. 根据刑事诉讼法律制度规定，属于刑事诉讼当事人的有（　　）。
   A. 被害人
   B. 自诉人
   C. 犯罪嫌疑人
   D. 附带民事诉讼的原告人
   E. 法定代理人

3. 根据刑事诉讼法律制度规定，下列各项中，属于刑事诉讼参与人的有（　　）。
   A. 被告人
   B. 被害人
   C. 诉讼代理人
   D. 翻译人员
   E. 人民陪审员

4. 根据刑事诉讼法律制度规定，关于刑事辩护，下列说法中，正确的有（　　）。
   A. 犯罪嫌疑人自被侦查机关第一次讯问或者采取强制措施之日起，有权委托辩护人
   B. 在侦查期间，只能委托律师作为辩护人
   C. 被告人有权随时委托辩护人
   D. 人民检察院自收到移送审查起诉的案卷材料之日起7日以内，应当告知犯罪嫌疑人有权委托辩护人
   E. 犯罪嫌疑人、被告人在押的，可以由其监护人、近亲属代为委托辩护人

5. 在刑事诉讼中，犯罪嫌疑人、被告人有权委托辩护人。根据刑事诉讼法律制度的规定，下列有关委托辩护人的说法中，正确的有（　　）。
   A. 周某委托身为人民陪审员的老战友担任辩护人
   B. 李某委托加拿大国籍的监护人担任辩护人
   C. 孙某委托在监察委员会工作的老同学担任辩护人
   D. 钱某委托被开除公职的母亲担任辩护人
   E. 赵某委托正处于假释考验期的父亲担任辩护人

6. 根据刑事诉讼法律制度规定，下列关于辩护律师的权利的说法中，正确的有（　　）。
   A. 辩护律师可以同在押的犯罪嫌疑人、被告人会见和通信
   B. 自侦查机关立案之日起，可以向犯罪嫌疑人、被告人核实有关证据
   C. 辩护律师经人民检察院或者人民法院许可，并且经被害人或者其近亲属、被害人提供的证人同意，可以向他们收集与本案有关的材料
   D. 辩护律师自人民检察院对案件审查起诉之日起，经人民法院、人民检察院许可，方可查阅、摘抄、复制本案的案卷材料
   E. 在侦查期间，向侦查机关了解犯罪嫌疑人涉嫌的罪名和案件有关情况，提出意见，核实有关证据

7. 根据刑事诉讼法律制度规定，下列关于拘传与传唤的说法中，正确的有（　　）。
   A. 对犯罪嫌疑人、被告人实施拘传，须经人民法院、人民检察院、公安机关的负责人审批
   B. 对在现场发现的犯罪嫌疑人，经出示工作证件，可以口头传唤，并将传唤的原因和依据告知被传唤人
   C. 拘传持续的时间不得超过24小时；案情特别重大、复杂，需要采取拘留、逮捕措施的，拘传持续的时间不得超过48小时
   D. 拘传犯罪嫌疑人，应当保证犯罪嫌疑人的饮食和必要的休息时间，不得以连续拘传的形式变相拘禁犯罪嫌疑人
   E. 需要对被拘传的犯罪嫌疑人变更强制措施的，应当在拘传期限内办理变更手续

8. 根据刑事诉讼法律制度规定，公安机关对于具有法定情形的现行犯或者重大嫌疑分子，可以先行拘留。下列各项中，属于该情形的有（　　）。
   A. 正在实行犯罪的
   B. 被害人指认他犯罪的
   C. 在住处发现有犯罪证据的
   D. 犯罪后企图逃跑的
   E. 患有严重疾病、生活不能自理的

9. 根据刑事诉讼法律制度规定，下列关于取保候审的说法中，正确的有（　　）。
   A. 被羁押的犯罪嫌疑人、被告人及其法定代理人、近亲属有权向公安机关、人民检察院、人民法院申请取保候审
   B. 公安机关、人民检察院、人民法院在接到取保候审的申请书后，应当在3日之内作出是否同意的答复
   C. 人民检察院决定对犯罪嫌疑人取保候审，应当责令犯罪嫌疑人提出保证人或者交纳保证金；对犯罪嫌疑人，可以视实际情况同时使用保证人保证与保证金保证
   D. 取保候审由公安机关、检察机关执行
   E. 人民法院、人民检察院和公安机关对犯罪嫌疑人、被告人取保候审最长不得超过6个月

10. 根据刑事诉讼法律制度的规定，关于监视居住的下列说法中，正确的有（　　）。
   A. 公安机关、人民检察院、人民法院均可作出监视居住决定
   B. 对符合取保候审条件且能提出保证人的被告人，可以监视居住
   C. 监视居住由公安机关执行
   D. 对于涉嫌危害国家安全犯罪、恐怖活动犯罪，在专门的办案场所指定居所监视居住
   E. 对犯罪嫌疑人、被告人监视居住最长不得超过12个月

11. 根据刑事诉讼法律制度的规定，可以批准或决定逮捕犯罪嫌疑人、被告人的有（　　）。
   A. 司法行政机关
   B. 公安机关
   C. 人民检察院
   D. 人民法院
   E. 人大常委会

12. 根据刑事诉讼法律制度规定，关于人民检察院审查批准逮捕，下列说法中，正确的有（　　）。
   A. 侦查活动可能有重大违法行为的，人民检察院应当讯问犯罪嫌疑人
   B. 犯罪嫌疑人要求向检察人员当面陈述的，人民检察院应当讯问犯罪嫌疑人
   C. 对是否符合逮捕条件有疑问的，人民检察院可以讯问犯罪嫌疑人

D. 人民检察院审查批准逮捕，可以询问证人等诉讼参与人，听取辩护律师的意见

E. 辩护律师提出要求的，人民检察院可以听取辩护律师的意见

13. 根据刑事诉讼法律制度规定，关于拘留和逮捕的下列说法中，正确的有（　　）。

A. 拘留后，应当立即将被拘留人送看守所羁押，至迟不得超过 12 小时

B. 公安机关、检察机关对被拘留的人，应当在拘留后的 24 小时以内进行讯问

C. 人民检察院直接受理侦查的案件，拘留犯罪嫌疑人的羁押期限为 7 日，特殊情况下可以延长 1~3 日

D. 公安机关对于经人民检察院批准逮捕的人，必须在逮捕后 24 小时内进行讯问

E. 对流窜作案、多次作案、结伙作案的重大嫌疑人，公安机关可以采取拘留措施，但拘留的时间不得超过 30 日

14. 根据刑事诉讼法律制度规定，关于侦查措施，下列说法中，正确的有（　　）。

A. 在执行逮捕、拘留的时候，遇有紧急情况，不另用搜查证也可以进行搜查

B. 与案件无关的财物、文件，不得查封、扣押

C. 犯罪嫌疑人的存款、汇款、债券、股票、基金份额等财产已被冻结的，不得重复冻结，但可以轮候冻结

D. 技术侦查措施批准决定自签发之日起 6 个月以内有效

E. 询问重大或者有社会影响的案件的重要证人，可以对询问过程实行全程录音、录像，并在询问笔录中注明

15. 根据刑事诉讼法律制度的规定，下列关于侦查措施的说法中，正确的有（　　）。

A. 进行搜查，必须向被搜查人出示搜查证，在执行逮捕、拘留的时候，遇有紧急情况，不另用搜查证也可以进行搜查

B. 侦查人员询问证人，应当通知证人到人民检察院或者公安机关提供证言

C. 侦查人员在讯问犯罪嫌疑人的时候，应当对讯问过程进行录音或者录像

D. 讯问犯罪嫌疑人必须由侦查人员或者检察人员负责进行，讯问的时候，侦查人员或者检察人员不得少于 2 人

E. 在案件侦查终结前，侦查机关可以听取辩护律师的意见，并记录在案

16. 根据刑事诉讼法律制度规定，关于速裁程序，下列说法中，正确的有（　　）。

A. 速裁程序，由审判员一人独任审判

B. 适用速裁程序审理案件，在判决宣告前应当听取辩护人的意见和被告人的最后陈述意见

C. 被告人是盲、聋、哑人，被告人认罪认罚并同意适用速裁程序的，可以适用速裁程序

D. 适用速裁程序审理案件，人民法院应当在受理后 10 日以内审结；对可能判处的有期徒刑超过 1 年的，可以延长至 15 日

E. 适用速裁程序审理案件，应当当庭宣判

17. 根据刑事诉讼法律制度规定，关于认罪认罚从宽制度，下列说法中，正确的有（　　）。

A. 认罪认罚从宽制度贯穿刑事诉讼全过程，适用于侦查、起诉、审判各个阶段

B. 认罪认罚从宽制度中的“认罚”，是指犯罪嫌疑人、被告人真诚悔罪，愿意接受处罚

C. 从宽处理仅包括实体上从宽处罚

D. 认罪认罚从宽制度中的“认罪”，是指犯罪嫌疑人、被告人自愿如实供述自己的罪行，对指控的犯罪事实没有异议

E. 认罪认罚从宽制度没有适用罪名和可能判处刑罚的限定

18. 根据刑事诉讼法律制度规定，下列关于第二审程序的说法中，正确的有（ ）。

A. 被告人、自诉人及其法定代理人，不服地方各级人民法院第一审的判决、裁定，有权用书状或者口头向上一级人民法院上诉

B. 被告人的辩护人和近亲属，可以直接提出上诉

C. 地方各级人民检察院认为本级人民法院第一审的判决、裁定确有错误的时候，应当向上一级人民法院提出上诉

D. 被害人及其法定代理人不服地方各级人民法院第一审的判决的，自收到判决书后10日以内，有权请求人民检察院提出抗诉

E. 附带民事诉讼的当事人和他们的法定代理人，可以对地方各级人民法院第一审的判决、裁定中的附带民事诉讼部分，提出上诉

三、综合分析题

2009年5月，某市税务局稽查局在一次检查中发现，浩华公司于2005年6月至2007年1月期间，以2万元价格从威力公司购买增值税专用发票75份，涉及税额近120万元，已全部抵扣。2005年6月至2009年2月，在没有货物交易的情况下，浩华公司向7人开具增值税专用发票100多份，涉及税款230余万元。案发后，负责查处此案的税务人员成某受朋友刘某之托，对浩华公司仅处以罚款即结案。根据举报查实，税务人员成某有巨额受贿行为。现成某在逃，税务机关将此案移送公安机关处理。

请根据上述案情，回答下列问题：

1. 根据《刑法》及有关规定，浩华公司的行为已构成（ ）。

A. 虚开增值税专用发票罪

B. 虚开用于抵扣税款发票罪

C. 购买伪造的增值税专用发票罪

D. 非法购买增值税专用发票罪

E. 非法出售增值税专用发票罪

2. 根据《刑法》及有关规定，税务人员成某的行为已构成（ ）。

A. 徇私舞弊不征、少征税款罪

B. 徇私舞弊发售发票罪

C. 徇私舞弊出口退税罪

D. 徇私舞弊抵扣税款罪

E. 徇私舞弊不移交刑事案件罪

3. 若涉嫌徇私舞弊不移交刑事案件罪。根据有关司法解释，下列情形中，应予立案的有（ ）。

A. 直接负责的主管人员为牟取本单位私利而不移交刑事案件

B. 以罚代刑，放纵犯罪嫌疑人，致使其继续进行违法犯罪活动

C. 不移交刑事案件涉及2人次以上

D. 对依法可能判处2年以上有期徒刑的犯罪案件不移交

E. 司法机关提出意见后，无正当理由仍然不移交

4. 本案中，侦查机关在查办涉税犯罪案件时，为了查明案情、收集证据，可以依法采取（　　）的侦查措施。

A. 讯问举报人

B. 搜查成某住处

C. 拘留成某

D. 通缉成某

E. 讯问成某邻居

同步强化练习题参考答案及解析

使用"会计云课堂"App 或"微信"扫码对答案、看解析、掌握解题思路，开启轻松过关之旅。

一、单项选择题

1. D　【解析】选项 D：不公开审理的案件，宣告判决一律公开进行。

2. D　【解析】选项 D：自诉案件，由人民法院直接受理。

3. A　【解析】（1）选项 A：翻译人员属于"其他诉讼参与人"。（2）选项 BCD：侦查人员、公诉人、审判人员（包括审判员和人民陪审员）均不属于刑事诉讼参与人。

4. D　【解析】（1）对下列没有委托辩护人的犯罪嫌疑人、被告人，人民法院、人民检察院和公安机关应当通知法律援助机构指派律师为其提供辩护：①盲、聋、哑人；②尚未完全丧失辨认或者控制自己行为能力的精神病人；③可能被判处无期徒刑、死刑的人。（2）审判时不满 18 周岁的未成年被告人没有委托辩护人的，人民法院应当通知法律援助机构指派熟悉未成年人身心特点的律师为其提供辩护。

5. A　【解析】下列人员不得担任辩护人：（1）正在被执行刑罚或者处于缓刑、假释考验期间的人；（2）依法被剥夺、限制人身自由的人；（3）被开除公职或者被吊销律师、公证员执业证书的人；（4）人民法院、人民检察院、监察机关、公安机关、国家安全机关、监狱的现职人员；（5）人民陪审员；（6）与本案审理结果有利害关系的人；（7）外国人或者无国籍人；（8）无行为能力或者限制行为能力的人。第（3）项至第（7）项规定的人员，如果是被告人的监护人、近亲属，由被告人委托担任辩护人的，可以准许。

6. C　【解析】选项 C：在侦查期间，只能委托律师作为辩护人。

7. A　【解析】选项A：自案件移送审查起诉之日起，可以向犯罪嫌疑人、被告人核实有关证据。

8. A　【解析】选项A：人民检察院直接受理侦查的案件，拘留犯罪嫌疑人的羁押期限为14日，特殊情况下可以延长1~3日。

9. A　【解析】对于批准逮捕的决定，公安机关应当立即执行，并且将执行情况及时通知人民检察院。

10. B　【解析】选项B：在特殊情况下，提请审查批准的时间可以延长1~4日。

11. C　【解析】（1）选项A：讯问同案的犯罪嫌疑人，应当个别进行。（2）选项B：传唤持续的时间不得超过12小时；案情特别重大、复杂，需要采取拘留、逮捕措施的，传唤持续的时间不得超过24小时。（3）选项D：人民检察院办理直接受理侦查的案件，应当在每次讯问犯罪嫌疑人时，对讯问过程实行全程录音、录像，并在讯问笔录中注明。

12. C　【解析】（1）选项A：适用速裁程序审理案件，可以集中开庭，逐案审理。（2）选项B：适用速裁程序审理案件，应当当庭宣判。（3）选项D：适用速裁程序审理案件，人民法院应当在受理后10日以内审结；对可能判处的有期徒刑超过1年的，可以延长至15日。

二、多项选择题

1. BDE　【解析】有下列情形之一的，不追究刑事责任，已经追究的，应当撤销案件，或者不起诉，或者终止审理，或者宣告无罪：（1）情节显著轻微、危害不大，不认为是犯罪的；（2）犯罪已过追诉时效期限的；（3）经特赦令免除刑罚的；（4）依照刑法告诉才处理的犯罪，没有告诉或者撤回告诉的；（5）犯罪嫌疑人、被告人死亡的；（6）其他法律规定免予追究刑事责任的。

2. ABCD　【解析】（1）选项ABCD：刑事诉讼当事人是指被害人、自诉人、犯罪嫌疑人、被告人、附带民事诉讼的原告人和被告人。（2）选项E：法定代理人属于其他诉讼参与人。

3. ABCD　【解析】“诉讼参与人”是指当事人、法定代理人、诉讼代理人、辩护人、证人、鉴定人和翻译人员。

4. ABCE　【解析】选项D：人民检察院自收到移送审查起诉的案卷材料之日起3日以内，应当告知犯罪嫌疑人有权委托辩护人。

5. BD　【解析】下列人员不得担任辩护人：（1）正在被执行刑罚或者处于缓刑、假释考验期间的人；（2）依法被剥夺、限制人身自由的人；（3）被开除公职或者被吊销律师、公证员执业证书的人；（4）人民法院、人民检察院、监察机关、公安机关、国家安全机关、监狱的现职人员；（5）人民陪审员；（6）与本案审理结果有利害关系的人；（7）外国人或者无国籍人；（8）无行为能力或者限制行为能力的人。第（3）项至第（7）项规定的人员，如果是被告人的监护人、近亲属，由被告人委托担任辩护人的，可以准许。

6. AC　【解析】（1）选项 D：辩护律师自人民检察院对案件审查起诉之日起，可以查阅、摘抄、复制本案的案卷材料。（2）选项 BE：辩护律师在侦查期间可以向侦查机关了解犯罪嫌疑人涉嫌的罪名和案件有关情况，提出意见。自案件移送审查起诉之日起，可以向犯罪嫌疑人、被告人核实有关证据。

7. ABDE　【解析】选项 C：拘传持续的时间不得超过 12 小时；案情特别重大、复杂，需要采取拘留、逮捕措施的，拘传持续的时间不得超过 24 小时。

8. ABCD　【解析】公安机关对于现行犯或者重大嫌疑分子，如果有下列情形之一的，可以先行拘留：（1）正在预备犯罪、实行犯罪或者在犯罪后即时被发觉的；（2）被害人或者在场亲眼看见的人指认他犯罪的；（3）在身边或者住处发现有犯罪证据的；（4）犯罪后企图自杀、逃跑或者在逃的；（5）有毁灭、伪造证据或者串供可能的；（6）不讲真实姓名、住址，身份不明的；（7）有流窜作案、多次作案、结伙作案重大嫌疑的。

9. AB　【解析】（1）选项 C：对同一犯罪嫌疑人决定取保候审，不得同时使用保证人保证与保证金保证。（2）选项 D：取保候审由公安机关执行。（3）选项 E：人民法院、人民检察院和公安机关对犯罪嫌疑人、被告人取保候审最长不得超过12 个月。人民法院、人民检察院和公安机关对犯罪嫌疑人、被告人监视居住最长不得超过6 个月。

10. AC　【解析】（1）选项 B：对符合取保候审条件，但犯罪嫌疑人、被告人不能提出保证人，也不交纳保证金的，可以监视居住。（2）选项 D：对于涉嫌危害国家安全犯罪、恐怖活动犯罪，在住处执行可能有碍侦查的，经上一级公安机关批准，也可以在指定的居所执行。但是，不得在羁押场所、专门的办案场所执行。（3）选项 E：对犯罪嫌疑人、被告人监视居住最长不得超过 6 个月。

11. CD　【解析】逮捕犯罪嫌疑人、被告人，必须经过人民检察院批准或者人民法院决定，由公安机关执行。

12. ABD　【解析】（1）选项 ABC：人民检察院审查批准逮捕，可以讯问犯罪嫌疑人；有下列情形之一的，应当讯问犯罪嫌疑人：①对是否符合逮捕条件有疑问的；②犯罪嫌疑人要求向检察人员当面陈述的；③侦查活动可能有重大违法行为的。（2）选项 DE：人民检察院审查批准逮捕，可以询问证人等诉讼参与人，听取辩护律师的意见。辩护律师提出要求的，人民检察院应当听取辩护律师的意见。

13. BD 【解析】（1）选项A：拘留后，应当立即将被拘留人送看守所羁押，至迟不得超过24小时。（2）选项C：人民检察院直接受理侦查的案件，拘留犯罪嫌疑人的羁押期限为14日，特殊情况下可以延长1~3日。（3）选项E：对于流窜作案、多次作案、结伙作案的重大嫌疑分子，提请审查批准的时间可以延长至30日。人民检察院应当自接到公安机关提请批准逮捕书后的7日以内作出批准逮捕或者不批准逮捕的决定，故拘留时间最长为37日。

14. ABC 【解析】（1）选项D：批准决定自签发之日起3个月以内有效。（2）选项E：询问重大或者有社会影响的案件的重要证人，应当对询问过程实行全程录音、录像，并在询问笔录中注明。

15. AD 【解析】（1）选项B：侦查人员询问证人，可以在现场进行，也可以到证人所在单位、住处或者证人提出的地点进行，在必要的时候，可以通知证人到人民检察院或者公安机关提供证言。（2）选项C：侦查人员在讯问犯罪嫌疑人的时候，可以对讯问过程进行录音或者录像；对于可能判处无期徒刑、死刑的案件或者其他重大犯罪案件，应当对讯问过程进行录音或者录像。（3）选项E：在案件侦查终结前，辩护律师提出要求的，侦查机关应当听取辩护律师的意见，并记录在案。

16. ABDE 【解析】选项C：被告人是盲、聋、哑人，或者是尚未完全丧失辨认或者控制自己行为能力的精神病人，不适用速裁程序。

17. ABDE 【解析】选项C：从宽处理既包括实体上从宽处罚，也包括程序上从简处理。

18. AE 【解析】（1）选项B：被告人的辩护人和近亲属，经被告人同意，可以提出上诉。（2）选项C：地方各级人民检察院认为本级人民法院第一审的判决、裁定确有错误的时候，应当向上一级人民法院提出抗诉。（3）选项D：被害人及其法定代理人不服地方各级人民法院第一审的判决的，自收到判决书后5日以内，有权请求人民检察院提出抗诉。

三、综合分析题

1. AD 【解析】（1）选项A：2005年6月至2009年2月，在没有货物交易的情况下，浩华公司向7人开具增值税专用发票100多份，涉及税款230余万元，成立虚开增值税专用发票罪。（2）选项D：浩华公司于2005年6月至2007年1月期间，以2万元价格从威力公司购买增值税专用发票75份，涉及税额近120万元，已全部抵扣，成立非法购买增值税专用发票罪。

2. E 【解析】徇私舞弊不移交刑事案件罪客观方面表现为行政执法人员利用职务之便，徇私情私利、伪造材料、隐瞒情况、弄虚作假，对依法应当移交司法机关追究刑事责任的案件不移交，情节严重的行为。成某的行为构成徇私舞弊不移交刑事案件罪。

3. BE　【解析】涉嫌下列情形之一的，应予立案：（1）对依法可能判处3年以上有期徒刑、无期徒刑、死刑的犯罪案件不移交的；（2）不移交刑事案件涉及3人次以上的；（3）司法机关提出意见后，无正当理由仍然不予移交的；（4）以罚代刑，放纵犯罪嫌疑人，致使犯罪嫌疑人继续进行违法犯罪活动的；（5）行政执法部门主管领导阻止移交的；（6）隐瞒、毁灭证据，伪造材料，改变刑事案件性质的；（7）直接负责的主管人员和其他直接责任人员为牟取本单位私利而不移交刑事案件，情节严重的；（8）其他情节严重的情形。

4. BD　【解析】（1）选项AE：讯问都是针对犯罪嫌疑人的。（2）选项C：拘留是刑事强制措施，不属于侦查措施。（3）选项BD：搜查和通缉都是侦查措施。

03

第三部分

跨章节主观题演练

跨章节主观题演练

使用“会计云课堂”App 或“微信”扫码快速做题、对答案、看解析、掌握解题思路，开启轻松过关之旅。

专题一　行政法律制度

【综合分析题 1】（2021 年综合分析题）

甲公司拥有商铺若干间，对外出租经营。当承租人索要发票时，甲公司就以公司账户收取租金，按照会计制度规定核算租金收入，并开具发票；当承租人不需要开具发票时，甲公司就以公司法定代表人、实际控制人李某指定的私人账户收取租金，租金收入不登记入账，不开具发票。接到实名举报后，市税务稽查局（以下简称“稽查局”）对甲公司立案检查。经查实，甲公司隐瞒收入少缴税款的行为构成偷税。稽查局向甲公司送达《税务行政处罚事项告知书》，告知违法事实、处罚依据及其享有的陈述、申辩权利。甲公司未在规定期限内提出陈述、申辩意见。2021 年 7 月 12 日，稽查局向甲公司送达《税务处理决定书》，限其 15 日内缴纳少缴的税款和滞纳金；向甲公司送达《税务行政处罚决定书》，限其 15 日内缴清罚款。若到期不缴纳罚款，每日按罚款数额的 3% 加处罚款。

期限届满，甲公司未缴纳任何税款、滞纳金和罚款。稽查局决定对其强制执行，并向其送达催告文书。甲公司置之不理。

2021 年 8 月 24 日，稽查局作出划拨存款决定，通知甲公司开户银行，将甲公司存款划入财政专户抵缴部分罚款。对于未执行的税款、滞纳金和剩余罚款，稽查局决定扣押并拍卖甲公司办公车辆用以抵缴。稽查局另外查明，李某名下有住宅 8 套，车辆 1 部。

请根据上述案情，回答下列问题：

1. 下列有关本案加处罚款的说法中，正确的有（　　）。

A. 稽查局加处罚款属于行政强制措施

B. 稽查局加处罚款属于行政处罚

C. 稽查局加处罚款属于行政强制执行

D. 稽查局可以在不损害公共利益和他人合法权益的情况下，与甲公司达成执行协议，甲公司采取补救措施的，可以减免加处的罚款

E. 稽查局加处罚款不得超出罚款的数额

2. 下列有关甲公司对罚款不服的行政救济和稽查局对罚款强制执行的说法中，正确的有（　　）。

A. 甲公司对罚款不服的，必须先申请行政复议

B. 甲公司在稽查局限定的期限内不缴纳罚款，稽查局可当即对罚款强制执行

C. 甲公司收到处罚决定书之日起满60日不申请行政复议的，稽查局可当即对罚款强制执行

D. 甲公司对罚款不服的，可以直接提起行政诉讼

E. 甲公司对罚款不服的，必须先足额缴纳罚款，才能申请行政救济

3. 根据《行政强制法》规定，下列有关本案催告的说法中，正确的有（　　）。

A. 稽查局催告甲公司履行义务，可以采用口头方式作出

B. 稽查局催告甲公司履行义务，应当告知甲公司享有陈述权和申辩权

C. 在催告甲公司履行义务期间，对有证据证明有转移或者隐匿财物迹象的，稽查局可以作出立即强制执行决定

D. 事先催告甲公司履行义务，是稽查局实施强制措施的必经程序

E. 事先催告甲公司履行义务，是稽查局实施强制执行的必经程序

4. 下列有关本案扣押、拍卖财产的说法中，正确的有（　　）。

A. 稽查局扣押财产发生的保管费用由甲公司负担

B. 根据《行政强制法》规定，稽查局扣押财产的期限一般不得超过30日

C. 若稽查局未尽妥善保管义务造成扣押财产损失的，应当承担赔偿责任

D. 稽查局拍卖财产发生的费用由甲公司负担

E. 稽查局有权将李某的房产或者车辆查封、扣押、拍卖

【综合分析题2】（2020年综合分析题）

2020年6月3日，甲县税务局向怡和公司送达《税务处理决定书》，要求该公司于15日内补缴税款360万元，以及相应的滞纳金。怡和公司届期未缴纳。6月24日，甲县税务局送达催告文书，限期10日内补缴税款及滞纳金。怡和公司届期仍未缴纳。7月14日，甲县税务局送达《税收强制执行决定书》。该决定书中载明应补缴税款和滞纳金的金额，以及怡和公司依法享有的权利等事项，但没有载明税收强制执行所依据的法律、法规。当日，甲县税务局书面通知银行将上述税款、滞纳金从怡和公司的银行账户中扣缴入库。8月25日，怡和公司以税收强制执行行为程序违法为由，向甲县法院提起行政诉讼，请求判决撤销《税收强制执行决定书》，退还全部税款、滞纳金，并赔偿利息损失。法院受理案件后，通知甲县税务局应诉。甲县税务局提交答辩状，并提供相关证据、依据。法院公开审理该案并依法作出判决。

分析以上案情材料，结合相关法律规定，回答下列问题：

1. 根据行政法原理，下列有关税收强制执行行为属性的说法中，正确的有（　　）。

A. 属于损益行政行为

B. 属于非要式行政行为

C. 属于作为行政行为

D. 属于具体行政行为

E. 属于依职权的行政行为

2. 下列有关怡和公司享有的权利和税收强制执行的说法中，正确的有（　　）。

A. 本案中，甲县税务局可以委托法院代履行税收强制执行

B. 怡和公司收到催告文书后，有权进行陈述和申辩

C. 在催告期间内，若有证据证明怡和公司有转移或者隐匿财物迹象，则甲县税务局可以作出立即强制执行决定

D. 怡和公司的开户银行接到甲县税务局划拨存款决定后，应当立即划拨

E. 税收强制执行由法律设定

3. 下列有关本案行政诉讼的说法中，正确的有（　　）。

A. 若怡和公司先提出行政复议申请且被受理，在法定复议期间内又向法院起诉的，法院应当不予受理

B. 怡和公司应当在收到《税收强制执行决定书》之日起 6 个月内提起行政诉讼

C. 若怡和公司先提出行政复议申请，在复议决定作出前又要求撤回申请，且复议机关准予撤回的，则怡和公司在法定期限内提起诉讼，法院应当受理

D. 若怡和公司就税收强制执行既提起诉讼又申请复议的，则由法院优先管辖

E. 法院审理该案可以适用简易程序

4. 下列有关本案税收强制执行行为及法院判决的说法中，正确的有（　　）。

A. 法院应判决确认被诉行政行为合法有效，驳回怡和公司的诉讼请求

B. 本案税收强制执行行为轻微违反法定程序，且对怡和公司的重要程序性权利不产生实质损害

C. 法院应当判决确认被诉行政行为违法，但不得判决撤销

D. 法院应判决撤销被诉行政行为，理由是税收强制执行行为缺乏事实根据

E. 法院应当判决确认被诉行政行为无效，理由是税收强制执行行为没有法律依据

【综合分析题 3】（2019 年综合分析题）

某加油站系个人独资企业，投资人是李某。2018 年 9 月 11 日，Z 市税务局第一稽查局决定对该加油站涉嫌偷税问题进行立案调查。经调查取证，第一稽查局于 2018 年 12 月 29 日作出税务处理决定，决定追缴增值税若干，并于同日送达《税务处理决定书》。该加油站向 Z 市税务局依法提出复议申请。Z 市税务局经复议审查后作出复议决定，维持了第一稽查局作出的上述税务处理决定。李某不服，遂提起行政诉讼。

一审法院查明，该加油站已于 2018 年 8 月 13 日办理企业注销登记；第一稽查局在作出税务决定之前，并不知道该加油站已被注销登记。一审法院依据《中华人民共和国行政诉讼法》第 70 条第（一）项规定，判决如下：一、撤销第一稽查局税务处理决定；二、撤销 Z 市税务局行政复议决定；三、第一稽查局于判决生效后重新作出处理决定。

第一稽查局不服，依法提起上诉。二审法院认为，一审判决认定事实清楚，适用法律正确，故判决驳回上诉，维持原判。

第一稽查局仍不服，以企业注销登记行为违法为由申请再审。理由是，企业注销登记前没有依法先行注销税务登记，且办理企业注销登记时提交的清算报告内容不实，存在骗取注销登记的问题。

分析以上案情，结合相关法律规定，回答下列问题：

1. 下列有关该加油站企业性质、财产归属和债务承担、企业终止和相关责任的说法中，正确的有（　　）。

A. 投资人李某应以其个人所有财产对该加油站的民事债务承担无限责任

B. 无论该加油站被吊销营业执照还是经登记机关注销登记，都导致该个人独资企业终止

C. 该加油站是由一个自然人投资，财产为投资人所有的经营实体

D. 该加油站的债务在法律上包括所欠职工工资和社会保险费用、税款及其他债务

E. 投资人李某应以其个人所有财产对加油站存续期间所欠税款债务承担无限责任

2. 下列有关本案税务处理决定、行政复议决定以及一审法院判决的说法中，正确的有（　　）。

A. 复议决定错误，理由是Z市税务局在复议程序中对税务处理决定的错误未予纠正

B. 税务处理决定错误，因为第一稽查局在该加油站已注销的情况下仍对其作出行政处理决定，于法无据

C. 一审法院判决撤销被诉税务处理决定并无不妥，理由是本案税务处理决定缺乏事实依据和法律依据

D. 税务处理决定正确，理由是该加油站在注销登记前没有依法先行注销税务登记

E. 复议决定正确，理由是第一稽查局对该加油站注销登记不知情，故认定该加油站为处理对象，符合法律规定

3. 下列有关本案的核心争议、诉讼审查和再审处理的说法中，正确的有（　　）。

A. 本案一审、二审的核心争议是该加油站的行为是否涉嫌偷税的问题，再审申请人要求对本案提起再审，于法有据，法院应予支持

B. 再审申请人第一稽查局以企业注销登记行为违法为由要求再审，其理由不能成立，法院应不予支持

C. 本案一审、二审的核心争议是被诉税务处理决定是否存在税务处理对象错误的问题，而企业注销登记行为合法与否是申请再审阶段的重点审查内容

D. 再审法院应当对本案注销登记行为合法与否以及适当与否进行全面审查

E. 企业注销登记行为合法与否，不属于本案申请再审阶段的诉讼审查范围

4. 下列有关再审申请和再审法院如何处理此案的说法中，正确的有（　　）。

A. 再审申请人第一稽查局的再审申请理由成立，再审法院应判决指令一审法院重新审理此案，因为一审、二审判决确有错误

B. 再审法院应裁定驳回再审申请人第一稽查局的再审申请，因为一审、二审判决正确

C. 再审申请人第一稽查局的再审申请不能成立，因为不符合《行政诉讼法》规定的情形

D. 再审法院应判决驳回再审申请人第一稽查局的再审申请，因为再审申请人第一稽查局的再审申请不能成立

E. 再审申请人第一稽查局的再审申请理由成立，再审法院应判决指令二审法院重新审理此案，因为一审、二审判决确有错误

专题二　民事法律制度

【综合分析题 1】（2021 年综合分析题，改编）

1 月 6 日，甲在其一套房屋上为前妻乙设立居住权，双方签订居住权合同并约定：乙若再婚，则居住权消灭。1 月 10 日，双方办理了居住权登记。

3 月 5 日，甲因急需生意周转资金，遂以该房屋抵押向同乡丙借款 500 万元，双方签订了借期 6 个月的借款合同和房屋抵押合同。3 月 8 日，丙将 500 万元汇入甲的账户。3 月 10 日，双方办理了房屋抵押登记。办理抵押登记时，丙方知晓该房屋上存在乙的居住权，遂要求甲另外再提供一份担保。甲于是找到好友丁和戊，请求 2 人为其向丙提供担保。3 月 16 日，丙与丁、戊签订保证合同约定：如果甲到期未能还款，则由丁戊 2 人承担返还本金的保证责任。其余事项未进行约定。

8 月 9 日，甲因车祸离世，其子己继承了上述房屋。8 月 20 日，己将继承的房屋登记到自己名下。借款到期后，丙因追讨欠款与丁、戊、己发生纠纷。

请结合上述案情并根据《民法典》相关规定回答下列问题：

1. 下列关于乙所享有的居住权性质、效力的说法中，正确的有（　　）。

A. 乙的居住权属于财产权，可以抵押，也可以继承

B. 甲为乙设立的居住权因未约定居住权期限，故乙若未再婚即可终生居住

C. 乙的居住权属于支配权，可以自己行使，也可以转让他人

D. 乙的居住权属于用益物权，具有对世性

E. 甲为乙设立的居住权附有解除条件

2. 下列关于涉案房屋物权变动的说法中，正确的有（　　）。

A. 3 月 5 日，丙对房屋的抵押权设立

B. 8 月 20 日，己自登记完成时取得继承房屋的所有权

C. 1 月 6 日，乙的居住权于合同签订时设立

D. 8 月 9 日，己继承取得房屋所有权

E. 1 月 10 日，乙的居住权自登记时设立

3. 下列关于丙、丁、戊间保证合同效力的说法中，正确的有（　　）。

A. 丁、戊须以各自的全部财产承担保证责任

B. 丙在甲没有偿还借款时，可任意选择丁或戊，请求其代甲清偿借款

C. 若丁代甲清偿了全部借款，则可以向戊进行全部追偿

D. 丙仅在甲没有偿还借款时，方可请求丁或戊代甲清偿所欠借款

E. 丁戊对甲的全部借款债务承担保证责任

4. 根据《民法典》相关规定，己继承房屋的法律效果有（　　）。

A. 己取得带有居住权和抵押权负担的房屋所有权

B. 丙仍可以对房屋行使抵押权

C. 丙对房屋的抵押权当然消灭
D. 乙仍可以继续在房屋中居住
E. 乙对房屋的居住权当然消灭

【综合分析题 2】（2020 年综合分析题）

甲与丙房地产公司签订借款合同，向丙房地产公司出借 8000 万元，约定月利率 2.2%，已知合同成立时一年期贷款市场报价利率为 3.85%。乙是丙房地产公司的供货商，丙房地产公司欠乙 5000 万元货款。乙以其对丙房地产公司的 5000 万元货款债权质押向丁银行办理了贷款。两个月后，因资金周转需要，乙将其对丙房地产公司的 5000 万元货款债权转让给甲。至此，甲对丙房地产公司的债权本金合计 1.3 亿元。为保障债权如期实现，甲与丙房地产公司签订了一份商品房预购合同，并办理了预告登记。甲丙双方约定：若将来债权到期，丙房地产公司未能偿还货款及借款本息，则商品房预购合同生效，将债权本金及借款利息经对账清算转化为已付购房款。货款债权和借款债权陆续到期后，因丙房地产公司未偿还货款及借款本息，双方经对账确认丙房地产公司欠甲本息合计 1.8 亿元。按照双方此前约定，将该欠款本息转为已付购房款后，甲尚欠丙房地产公司购房款 2000 万元。甲承诺待办理完所购商品房转移登记后即付清该 2000 万元购房款。丙房地产公司认为折抵购房款的欠款金额包含高额借款利息，要求与甲重新核算购房款遭甲拒绝，丙房地产公司遂拒绝履行商品房买卖合同致双方涉讼。

请根据案情回答下列问题：

1. 下列关于甲与丙房地产公司之间借款合同属性及利率约定效力的说法中，正确的有（　　）。
A. 甲与丙房地产公司的借款合同约定的利率仅部分受法律保护
B. 甲与丙房地产公司的借款合同属于有偿合同
C. 甲与丙房地产公司的借款合同仅在甲向丙房地产公司提供借款时方能成立
D. 甲与丙房地产公司的借款合同约定的利率有效
E. 甲与丙房地产公司的借款合同属于民间借贷合同

2. 下列关于本案甲与丙房地产公司之间商品房预购合同属性及效力的说法中，正确的有（　　）。
A. 甲与丙房地产公司商品房预购合同属于附始期法律行为
B. 甲与丙房地产公司商品房预购合同是借款合同变更的结果
C. 甲与丙房地产公司商品房预购合同属于附生效条件法律行为
D. 甲与丙房地产公司商品房预购合同有效
E. 甲与丙房地产公司商品房预购合同因价款包含高额利息而无效

3. 乙将其对丙房地产公司的 5000 万元货款债权转让给甲，须满足的法律条件有（　　）。
A. 须乙与甲就债权转让达成合意
B. 须乙的债权有效存在
C. 须征得丁银行的同意
D. 须征得丙房地产公司的同意
E. 须乙与丙房地产公司之间无债权不得转让的约定

4. 下列关于丁银行质权设立及甲丙所办理的预告登记效力的说法中，正确的有（　　）。
A. 丁银行的质权自乙与丁签订质押合同时设立
B. 预告登记后，丙未经甲同意以预购商品房为他人设定的抵押权无效
C. 预告登记后，预购商品房的所有权即归属于甲
D. 预告登记后，丙对预购商品房的处分权即丧失
E. 丁银行的质权自乙与丁办理出质登记时设立

【综合分析题 3】（2020 年综合分析题）

2002 年 4 月 3 日，甲（女）19 周岁生日时，与乙（男，23 周岁）在未办理婚姻登记情况下举办了婚礼，开始以夫妻名义共同生活。乙的父母将 50 万元借给乙，用于购买甲乙婚后居住房。
同年 5 月，乙购买房屋并登记在自己名下，甲为该房屋装修花费 3 万元。2002 年 10 月 8 日，乙为投资获取收益，将其个人工资、奖金、劳务报酬等所得 30 万元在当地购置 1 套公寓房并登记在自己名下。2003 年 7 月 5 日甲乙双方办理了婚姻登记，2003 年 8 月乙将所购公寓房出租。2004 年 7 月甲乙的女儿丙出生。2020 年 5 月 10 日，因感情不和，甲向法院提起离婚诉讼，要求抚养丙并请求分割甲乙的共同财产。法院审理查明：
（1）甲乙对婚前和婚后财产归属无书面约定；
（2）甲乙共有银行存款 300 万元（其中 25 万元是 2019 年乙因车祸受伤获得的赔偿金）、公寓房所得租金 20 万元；
（3）2002 年 8 月，乙为购买股票，以个人名义向丁借款 10 万元未还。

请根据案情回答下列问题：

1. 下列关于婚姻登记及婚姻效力的说法中，正确的有（　　）。
A. 2002 年 4 月 3 日至 2003 年 4 月 3 日甲乙婚姻效力待定
B. 结婚登记不得委托他人代理
C. 被撤销的婚姻自始没有法律约束力
D. 2002 年 4 月 3 日甲乙举办婚礼时，甲乙婚姻属于无效婚姻
E. 2003 年 7 月 5 日甲乙补办婚姻登记，其效力可追溯至 2003 年 4 月 3 日

2. 下列关于本案财产和债务归属的说法中，正确的有（　　）。
A. 公寓房所得租金 20 万元属于甲乙夫妻共同财产
B. 公寓房属于甲乙夫妻共同财产
C. 丁的 10 万元借款属于乙的个人债务
D. 乙获赔的 25 万元人身损害赔偿金属于乙的个人财产
E. 乙父母的 50 万元借款属于乙的个人债务

3. 若法院判决甲乙离婚，下列关于抚养和财产处理的说法中，正确的有（　　）。
A. 乙享有居住房所有权，其可以在该房上为甲设立居住权
B. 若法院判决由甲抚养丙，则乙对丙仍有教育、保护的权利和义务
C. 若法院应当判决由甲抚养丙，则乙无须支付抚养费

D. 乙应偿还甲为居住房投入的3万元装修款及其利息
E. 若甲乙对抚养问题协议不成的，由人民法院根据双方的具体情况，按照最有利于未成年子女的原则判决

4. 下列关于本案法院受理及裁判的说法中，正确的有（　　）。
A. 法院审理本案应当先进行调解，调解无效才能判决离婚
B. 若甲乙在起诉离婚前因感情不和已经分居2年，法院经调解无效的，应当判决离婚
C. 本案应由居住房所在地法院管辖
D. 法院判决甲乙离婚的，自判决书生效之日起甲乙婚姻关系解除
E. 若一审法院判决不准离婚，甲乙双方在分居1年后再次提起离婚诉讼的，则法院应准予甲乙离婚

【综合分析题4】（2019年综合分析题）

骑车爱好者甲因一次交通意外致右腿重度伤残，无法再从事骑行活动，遂有意出售其两辆名牌山地车。6月5日，甲在其“骑友微信群”中发信息：“本人有黑色、红色两辆九成新山地车出售，欢迎垂询。”甲还在此条信息下面上传了两辆山地车的图片。骑友乙于6月6日在微信群中向甲询价，甲当即在微信群中回复：“两辆车均卖7000元”。乙觉得有些贵，犹豫两天后，于6月8日私信甲：“若5000元，我就买一辆。”6月9日，甲微信回复乙：“这样吧，我们各让一步，6000元，不能再低了。”乙于6月10日微信回复甲：“好吧，就6000元。至于买哪个颜色的，我再考虑考虑，15日之前告知你。”甲当即表示同意，但要求乙支付2000元定金。6月11日，乙向甲微信转账1500元作为定金，甲即刻微信收款1500元。

6月12日，骑友丙私信甲称：“我参加6月13日的骑行活动，借你的山地车应急用一下，活动一结束就还给你。”甲微信回复丙同意出借。6月13日清早，丙到甲家将黑色山地车骑走。当日，丁驾驶货车闯红灯将丙撞伤，丙所骑山地车被货车辗轧致报废。

6月14日，甲私信乙称：“我不想卖红色山地车了，想留作纪念。”乙表示理解，但双方就定金返还数额主张不一，遂引起纠纷。

请根据案情回答下列问题：

1. 下列有关甲、乙意思表示的性质认定的说法中，正确的有（　　）。
A. 6月8日乙的意思表示属于要约
B. 6月6日甲的意思表示属于要约邀请
C. 6月5日甲的意思表示属于要约邀请
D. 6月10日乙的意思表示属于承诺
E. 6月9日甲的意思表示属于承诺

2. 下列有关甲、乙间买卖合同成立时间及所生之债类型归属的说法中，正确的有（　　）。
A. 甲、乙间买卖合同所生之债在合同成立时属于选择之债
B. 甲、乙间买卖合同在乙确定山地车颜色并告知甲时成立
C. 甲、乙间买卖合同于6月10日成立

D. 甲、乙间买卖合同所生之债在成立时属于任意之债

E. 甲、乙间买卖合同所生之债在黑色山地车受损报废之后属于简单之债

3. 黑色山地车受损报废，对此，下列当事人的索赔主张及其理由中，能获得法律支持的有（　　）。

A. 甲基于侵权向丁主张赔偿

B. 甲基于侵权向丙主张赔偿

C. 甲基于借用合同向丙主张赔偿

D. 丙基于侵权向丁主张赔偿

E. 乙基于侵权向丁主张赔偿

4. 本案中，甲、乙基于合同所提出的下列主张中，能获得法律支持的有（　　）。

A. 甲主张仅向乙返还 1500 元

B. 乙主张甲返还 3000 元

C. 甲以乙未足额交付定金为由，主张乙承担违约责任

D. 乙主张甲返还 2700 元

E. 甲主张仅向乙返还 2400 元

【综合分析题 5】（2019 年综合分析题）

甲公司为扩大生产经营规模而多方筹措资金。其中，以厂房作抵押向乙银行借款 200 万元，双方签订了书面抵押合同，并办理了抵押登记；以其 2 套机器设备（进口、国产各 1 套）作抵押向丙信用社借款 100 万元，双方签订了书面抵押合同，但未办理抵押登记。甲公司还向生意伙伴个体老板丁借款 30 万元，未提供任何担保。抵押期间，甲公司为临时资金周转之需将抵押给丙信用社的国产机器设备出售给戊公司，并完成交付，但未告知戊公司该机器设备已设立抵押的情况。后来，甲公司因其产品滞销回款受阻而无力偿还上述三笔到期借款。于是，乙银行和丙信用社均主张实现抵押权。丁因多次催讨借款无果，强行开走甲公司的一辆奥迪轿车，以迫使甲公司偿还借款。乙银行和丙信用社在主张实现抵押权时发现：甲公司用来抵押的厂房和进口机器设备已被法院查封，原因是甲公司拖欠己公司货款被起诉，且不履行法院生效判决；甲公司的国产机器设备则已被其出售给戊公司。

请根据案情，回答下列问题：

1. 下列关于本案抵押合同效力及抵押权设立与否的说法中，符合法律规定的有（　　）。

A. 甲公司、丙信用社抵押合同因未登记而无效

B. 乙银行对厂房的抵押权已经依法设立

C. 甲公司、乙银行抵押合同有效

D. 丙信用社对 2 套机器设备的抵押权已依法设立，但不能对抗善意第三人

E. 丙信用社对 2 套机器设备的抵押权未依法设立

2. 若法院依法拍卖查封的厂房和进口机器设备，则甲公司的债权人乙银行、丙信用社、丁、己公司就拍卖所得价款所主张的下列权利中，能获法律支持的有（　　）。

A. 丁对全部拍卖所得价款主张优先受偿权

B. 丙信用社对进口机器设备拍卖所得价款主张优先于己公司受偿

C. 乙银行对全部拍卖所得价款主张优先受偿权

D. 乙银行对厂房拍卖所得价款主张优先受偿权

E. 己公司对全部拍卖所得价款主张受偿权

3. 下列关于国产机器设备权利变动及行使的说法中，符合《民法典》规定的有（　　）。

A. 丙信用社因抵押合同的签订而取得对国产机器设备的抵押权

B. 戊公司善意取得国产机器设备的所有权，因其不知该设备已抵押

C. 甲公司将国产机器设备出售并交付给戊公司，构成无权处分

D. 戊公司有权阻止丙信用社对国产机器设备行使抵押权

E. 戊公司自甲公司交付国产机器设备时起继受取得该设备所有权

4. 甲公司和丁对奥迪轿车权利行使的下列主张和做法中，能获得法律支持的有（　　）。

A. 甲公司与丁协商以奥迪轿车抵债

B. 甲公司基于占有返还请求权而请求丁返还奥迪轿车

C. 甲公司基于物权请求权而请求丁返还奥迪轿车

D. 丁基于对奥迪轿车的占有而主张行使留置权

E. 丁基于对奥迪轿车的占有而主张行使质权

专题三　商事法律制度

【综合分析题1】（2021年综合分析题）

张海晨是成长会计师事务所（特殊普通合伙）的合伙人，并担任成长会计师事务所分支机构第一分所的执行合伙人。成长会计师事务所共有24名合伙人。

2018年6月17日，成长会计师事务所召开合伙人会议，除张海晨外，其他合伙人以张海晨逃避支付第一分所业务款项、违反《合伙人协议》约定的合伙人权益分配原则为由，决定将张海晨除名。张海晨认为其他合伙人的行为严重违反《合伙人协议》约定，遂以成长会计师事务所和其他合伙人为共同被告向法院提起诉讼，请求撤销合伙人会议决议。被告则答辩称：原告的起诉已经超过法律规定的期限。

法院在审理案件中查明以下事实：

（1）《合伙人协议》约定，合伙人有下列情形之一的，经全体合伙人过半数同意，可以将其除名：因故意或重大过失给事务所造成损失；执行合伙事务时有不正当行为；违反本协议及事务所规章制度，给事务所或其他合伙人造成严重后果；合伙人在其他会计师事务所执业、在其他单位从事获取工资收入的工作、成为其他负无限连带责任经济组织的出资人等其他严重损害事务所或其他合伙人合法权益的情形。对合伙人除名决议应当书面通知被除名人。自被除名人接到除名通知之日起，除名生效。

（2）历城会计师事务所向法院出具证明：张海晨是历城会计师事务所（有限责任公司，

目前正常经营）的股东，出资10万元，占2%股权。

（3）张海晨称其并未接到参加2018年6月17日合伙人会议通知，2018年10月21日，张海晨收到将其除名的决议，2018年11月3日，张海晨向法院提起诉讼。

（4）成长会计师事务所撤销对张海晨在第一分所的相关授权后，成长会计师事务所要求张海晨办理第一分所的工作交接手续，张海晨以"总所未进行结算"为由拒绝交接，导致第一分所后续处于停止经营状态。

请根据上述案情，回答下列问题：

1. 《合伙企业法》第49条第3款规定：被除名人对除名决议有异议的，可以自接到除名通知之日起30日内，向法院起诉。下列关于上述规定中"30日"期限的法律性质及本案原告起诉、被告答辩的说法中，正确的有（　　）。

A. 《合伙企业法》第49条第3款规定的"30日"期限属于诉讼时效期间

B. 被告答辩中所主张的理由不成立

C. 根据《合伙企业法》第49条第3款规定，原告不得起诉

D. 《合伙企业法》第49条第3款规定的"30日"期限属于除斥期间

E. 被告的答辩主张应当得到法院支持

2. 下列关于张海晨拒绝办理工作交接行为的理由、性质和后果的说法中，正确的有（　　）。

A. 该行为的理由合法

B. 该行为属于行使不安抗辩权

C. 该行为属于行使顺序履行抗辩权

D. 该行为的理由不成立

E. 该行为损害了合伙企业和其他合伙人的权益

3. 根据《合伙企业法》规定，下列关于成长会计师事务所合伙人除名生效时间和除名表决规则的说法中，正确的有（　　）。

A. 2018年6月17日，除名生效

B. 应当经除张海晨之外的其他合伙人一致同意才能生效

C. 应当经会计师事务所24名合伙人一致同意才能生效

D. 2018年10月21日，除名生效

E. 应当经实际出席会议的合伙人一致同意才能生效

4. 下列关于张海晨退伙类型及其效力的说法中，正确的有（　　）。

A. 退伙后，张海晨应当对退伙前的合伙企业债务承担有限责任

B. 属于法定退伙

C. 属于声明退伙

D. 属于协议退伙

E. 退伙后，张海晨应当对退伙前的合伙企业债务承担无限连带责任

【综合分析题 2】（2021 年综合分析题，改编）

宏瑞新材料科技有限责任公司（以下简称“宏瑞公司”），主要生产销售复合彩色钢板。由于市场环境变化，导致宏瑞公司流动资金周转不灵，企业深陷经营困难，负债超过 1 亿元。2018 年 7 月，大维科技有限责任公司（以下简称“大维公司”）起诉宏瑞公司，要求支付货款 363 万元及逾期利息，法院经审理支持了大维公司的诉讼请求。因宏瑞公司未履行生效判决，大维公司遂申请强制执行。法院受理后，发现宏瑞公司没有可供执行的财产。2019 年 5 月 9 日，大维公司向法院申请宣告宏瑞公司破产。2019 年 5 月 15 日，人民法院裁定受理该破产清算申请，并指定大方会计师事务所担任破产管理人。

截止破产申请受理时，宏瑞公司尚有一笔对祥云公司的 189 万元到期货款没有收回。

大方会计师事务所清理债务人债务时发现：宏瑞公司欠利丰公司的 380 万元债务已由保证人张山代为清偿；宏瑞公司于 2019 年 3 月 15 日提前清偿了一笔 540 万元的货款债务，该债务本应于 2019 年 4 月 30 日到期。鉴于宏瑞公司产品还有一定市场前景，股东王武（持股比例 1%）遂提出重整申请。

请根据上述案情，回答下列问题：

1. 本案中，针对宏瑞公司提前清偿 540 万元货款行为以及对方已受领的 540 万元货款，破产管理人可以行使的权利有（　　）。

A. 追回权　　B. 别除权

C. 抵销权　　D. 撤销权

E. 取回权

2. 下列破产管理人的做法中，正确的有（　　）。

A. 调查宏瑞公司财务状况

B. 要求宏瑞公司自行保管其公章

C. 自王武提出重整之日起便自行辞去破产管理人职务

D. 决定宏瑞公司的日常开支

E. 代表宏瑞公司参加诉讼

3. 本案中，可以进行债权申报的债权人有（　　）。

A. 保证人张山　　B. 祥云公司

C. 宏瑞公司　　D. 大维公司

E. 利丰公司

4. 下列有关本案重整申请和程序的说法中，正确的有（　　）。

A. 宏瑞公司可以向债权人会议申请重整

B. 宏瑞公司可以向法院申请重整

C. 债权人会议可依债权人申请决定重整

D. 对王武提出的重整申请，法院应当受理并予以裁定

E. 是否进入重整程序，法院可依职权径行决定

【综合分析题 3】（2020 年综合分析题）

兴华公司于 2012 年 11 月 28 日在甲市企业登记机关注册登记，登记住所为甲市 Y 区，注册资本 5000 万元。

2017 年 5 月兴华公司将主要办事机构迁至乙市 F 区（在乙市企业登记机关注册登记），开发“F 印象”项目。

2019 年 3 月 1 日，兴华公司债权人刘某将其对兴华公司的 100 万元债权转让给张某，并书面通知兴华公司。该债权到期后，经张某多次催告，兴华公司仍不清偿。张某了解到：截至 2019 年 3 月底，以兴华公司为被执行人的案件多达 26 件，涉及标的额 8000 万元；兴华公司开发的业务只有“F 印象”项目，且由于资金链断裂，公司经营举步维艰。

2019 年 4 月 8 日，张某以兴华公司不能清偿到期债务为由，向乙市中级法院提起兴华公司破产申请。2019 年 4 月 11 日，乙市中级法院通知兴华公司，兴华公司于 2019 年 4 月 16 日向乙市中级法院提出异议：一是乙市中级法院没有管辖权，应由甲市中级法院管辖；二是张某债权人身份不合法，不具备申请破产的主体资格；三是张某未能证明兴华公司资不抵债，兴华公司不具备破产的法定要件。兴华公司请求乙市中级法院裁定对张某提出的破产申请不予受理。

请根据案情，回答下列问题：

1. 下列有关张某提起破产申请的说法中，正确的有（　　）。

A. 张某作为兴华公司债权人，无权提起破产申请

B. 张某应当向乙市具有管辖权的人民法院提起破产申请

C. 张某可以兴华公司不能清偿到期债务为由提起破产申请

D. 张某受让刘某债权，无须得到兴华公司同意，有权提起破产申请

E. 张某受让刘某债权，未得到兴华公司同意，不具有破产申请人资格

2. 法院受理兴华公司破产申请的，应当在破产管理人名册中指定破产管理人。下列有关可否担任本案破产管理人的说法中，正确的有（　　）。

A. 龙游律师事务所 2014 年为兴华公司的劳动人事纠纷案件提供过诉讼代理服务，可以担任管理人

B. 西湖破产清算事务所与张某有 30 万元未了结债务，可以担任管理人

C. 荔枝会计师事务所为兴华公司的债权人尚花银行提供过 2013 年度会计报表审计服务，可以担任管理人

D. 东方会计师事务所为兴华公司提供过 2015～2017 年度会计报表审计服务，不能担任管理人

E. 东穗律师事务所在法院受理申请时仍是兴华公司的法律顾问，不能担任管理人

3. 若法院批准兴华公司的重整申请，则兴华公司在自行管理财产和营业事务中，可以实施的行为有（　　）。

A. 管理财产、印章、账簿、文书　　B. 参加诉讼或仲裁

C. 决定日常开支　　D. 管理和处分财产

E. 向特定破产债权人进行个别清偿

4. 兴华公司经法院批准可以进行破产重整。下列有关兴华公司破产重整的说法中，正确的有（　　）。

A. 若兴华公司未按期提交重整计划草案，则法院应裁定终止重整程序，并宣告兴华公司破产

B. 重整期间，兴华公司自行管理财产和营业事务的，重整计划草案应由兴华公司负责制作

C. 重整期间，兴华公司出资人可以要求对兴华公司的经营收益进行分配

D. 重整期间，兴华公司为了继续开发“F印象”项目，可以向他人借款

E. 兴华公司制作的重整计划草案，应在3个月内向法院提交

【综合分析题4】（2019年综合分析题）

2017年3月3日，甲、乙、丙签订投资协议设立海虹有限责任公司（以下简称“海虹公司”），约定每人各认缴出资30万元并于公司成立后3个月内缴齐。2017年3月15日，海虹公司经登记成立。甲任执行董事，乙任经理，丙不参与公司经营管理。公司成立后未召开过股东会。2017年11月，丙以了解公司财务状况和自己不具有会计和法律专业知识为由，向海虹公司提交书面申请，请求由其聘请的律师和会计师代其查阅和复制海虹公司财务会计报告和会计账簿。海虹公司以查阅和复制涉及到公司商业秘密，且该申请未得到甲、乙同意为由，拒绝了丙的请求。2017年12月3日，丙以侵犯其股东知情权为由起诉海虹公司，请求法院判令公司提供查阅。

2017年12月5日，海虹公司因项目需要向河海公司借款130万元，借期5个月，年利率为36%，长捷公司为海虹公司的借款出具《保证责任书》提供担保，没有明确保证方式。已知合同成立时一年期贷款市场报价利率为3.85%。2017年12月7日，河海公司将借款汇入海虹公司的银行账户。借款届期时，海虹公司未还款，河海公司多次催要未果，河海公司于2018年6月将海虹公司、长捷公司诉至法院。法院立案后，河海公司发现仅乙按期足额缴纳出资，而甲、丙的认缴出资未到位，于是追加甲、丙为被告，请求法院判决甲、丙承担责任。

请根据案情，回答下列问题：

1. 下列有关甲、丙出资行为及其后果的说法中，正确的有（　　）。

A. 因甲、丙未出资，海虹公司增资时有权限制甲、丙新股优先认购权

B. 甲、丙未出资行为构成对乙的违约

C. 甲、丙应当向公司足额缴纳出资

D. 因甲、丙未出资，海虹公司有权限制甲、丙的利润分配请求权

E. 甲、丙未出资行为构成对乙的侵权

2. 下列有关查阅、复制公司财务会计报告和会计账簿的请求与拒绝的说法中，正确的有（　　）。

A. 丙查阅、复制不需要经甲、乙同意

B. 海虹公司拒绝丙查阅有法律根据

C. 丙有权查阅，但是不能聘请律师或会计师帮助查阅

D. 海虹公司拒绝丙查阅、复制，侵犯了丙的股东知情权

E. 海虹公司拒绝丙查阅、复制，侵犯了丙的股东决策权

3. 下列有关本案保证方式、保证效力及借款合同生效时间、借款利率的说法中，正确的有（　　）。

A. 河海公司、海虹公司间借款合同于2017年12月5日成立，于2017年12月7日生效

B. 长捷公司在本案中不享有先诉抗辩权

C. 本案保证方式应当视为连带责任保证

D. 本案借款年利率15.4%以下能获得法院支持

E. 本案借款年利率约定超过15.4%，超过部分的利息约定无效

4. 下列有关本案诉讼程序的说法中，正确的有（　　）。

A. 河海公司可以将股东甲、丙追加为共同被告

B. 河海公司可以将股东甲、乙、丙追加为第三人参加诉讼

C. 长捷公司应当以第三人身份参加诉讼

D. 海虹公司应在收到起诉状副本之日起15日内提出答辩状

E. 若被告对管辖权有异议，则应在提交答辩状期间提出

专题四　刑事法律制度

【综合分析题1】（2021年综合分析题）

2017年2月，为了通过买卖发票赚钱，吴某遂与好友费某商议共同成立春燕医药咨询有限公司（以下简称“春燕公司”），以医疗咨询服务和市场推广为由，为有需要的医药公司开具增值税普通发票，并收取开票金额6%的手续费。春燕公司成立后，吴某负责寻找客户，费某负责开具发票。2017年10月至2020年4月，在没有实际交易的情况下，两人先后为44家医药公司累计开具增值税普通发票740份，涉及金额6000万元，实缴税额226.8万元，非法获利120余万元。

在此期间，九通医药公司总经理易某安排员工王某向费某购买医药咨询类增值税普通发票44份，价税合计378万元；周某作为中贵医药营销有限公司（以下简称“中贵公司”）地区代理商，在明知没有真实交易的情况下，帮助中贵公司向费某购买医药咨询类增值税普通发票400份，价税合计3900万元；朱某作为金乡财务公司负责人，在为春燕公司代理记账期间，明知其无实际业务经营，仍安排员工帮助费某代开增值税普通发票。案发后，王某自动投案，如实供述自己的犯罪事实；其他人到案后，亦如实供述自己的犯罪事实。

请根据上述案情，回答下列问题：

1. 本案犯罪嫌疑人费某触犯的罪名有（　　）。

A. 持有伪造发票罪

B. 非法出售发票罪

C. 虚开增值税专用发票罪

D. 虚开发票罪

E. 非法购买发票罪

2. 下列对本案人员行为的认定中，正确的有（　　）。

A. 朱某安排员工帮助他人代开发票的行为构成虚开发票罪

B. 王某购买 44 份发票构成虚开发票罪

C. 王某购买 44 份发票构成非法购买发票罪

D. 吴某的行为构成非法出售发票罪

E. 周某购买发票超过 100 份，构成非法购买发票罪

3. 案发后，王某自动投案，如实供述自己的犯罪事实。王某的行为属于（　　）。

A. 认罪认罚　　B. 重大立功

C. 立功　　D. 坦白

E. 自首

4. 根据《刑法》规定，下列对本案犯罪嫌疑人判处刑罚并适用缓刑的做法中，正确的有（　　）。

A. 判处王某拘役 5 个月，缓刑 4 个月

B. 判处费某 4 年有期徒刑，缓刑 4 年

C. 判处易某 1 年零 3 个月有期徒刑，缓刑 1 年零 3 个月

D. 判处周某 3 年有期徒刑，缓刑 3 年零 8 个月

E. 判处朱某 2 年有期徒刑，缓刑 2 年零 6 个月

【综合分析题 2】（2020 年综合分析题）

【解释】本题根据 2022 年教材进行了修改，删除考查监察法一个小问。

2019 年 7 月，三江市税务局稽查局（以下简称“稽查局”）对丙公司 2018 年度涉税情况进行专案检查。发现公司实际控制人赵某为了使丙公司与丁公司之间的贸易顺利进行，指使公司财务人员给丁公司虚开税额为 1000 万元的增值税专用发票。为避免由此产生纳税义务，在 2018 年 1 月至 2018 年 12 月期间，丙公司在无真实交易的情况下，以购进钢材名义从甲公司、乙公司共计购买虚开税额为 1600 余万元的增值税专用发票。其中 14 份虚开的增值税专用发票（税额 600 多万）已在企业所得税前列支，并抵扣进项税额。

此外，稽查局还发现丙公司使用的发票量和取得的最高开票额度与其公司规模不匹配。经调查发现，丙公司领购发票时获三江市税务局负责发票发售工作的贾某的协助，并为此向贾某支付好处费 10 万元。

2019 年 12 月，三江市税务局重大案件审理委员会对此案进行审理，根据稽查局所查事实，决定以丙公司涉嫌虚开增值税专用发票罪为由将案件移送该市公安机关。

请根据案情，回答下列问题：

1. 本案相关主体涉嫌犯罪的罪名有（　　）。

A. 甲公司涉嫌构成虚开增值税专用发票罪

B. 丙公司涉嫌构成虚开发票罪

C. 乙公司涉嫌构成非法出售发票罪

D. 丙公司涉嫌构成虚开增值税专用发票罪

E. 甲公司涉嫌构成非法出售增值税专用发票罪

2. 贾某涉嫌的犯罪有（　　）。

A. 徇私舞弊不征税款罪

B. 徇私舞弊发售发票罪

C. 违法提供出口退税罪

D. 徇私舞弊少征税款罪

E. 受贿罪

3. 下列有关税务机关对丙公司涉税犯罪案件处理的说法中，正确的有（　　）。

A. 三江市税务局稽查局应当将丙公司涉嫌涉税犯罪案件向该市检察院移送

B. 三江市税务局可以将丙公司涉嫌涉税犯罪案件向该市检察院进行移送

C. 三江市税务局应当根据重大案件审理委员会的审理决定将丙公司涉嫌涉税犯罪案件向该市法院移送

D. 三江市税务局稽查局作为行政执法机关，对查处的涉嫌涉税犯罪案件应当向该市公安机关移送

E. 三江市税务局稽查局必须妥善保存所收集的有关丙公司涉嫌涉税违法行为的证据

【综合分析题 3】（2019 年综合分析题）

丘佛市万亿公司于 2010 年 12 月 20 日成立并办理了税务登记，属一人有限责任公司。法定代表人为汪某，主要从事玻璃制品销售。2015 年至 2016 年期间，万亿公司与税收管理员陈某相互勾结，部分销售收入不开具发票。不按规定入账，未申报纳税。另一税收管理员任某对此知情。任某在接受万亿公司 2000 元红包后，对万亿公司未申报纳税一直放任不管。2017 年 12 月，税务局检查发现：2015 年度，万亿公司瞒报销售收入 580 万元，逃避缴纳税款 110 万元，占该公司 2015 年度应纳税款总额的 24%；2016 年度，万亿公司瞒报销售收入 758 万元，逃避缴纳税款 142 万元，占该公司 2016 年度应纳税款总额的 42%。税务局依法决定追缴，万亿公司及其法定代表人汪某拒不补缴上述税款。

另查明，汪某于 2015 年 1 月 2 日因犯危险驾驶罪被法院判处拘役 1 个月，缓刑 2 个月，并处罚金人民币 3000 元。

公安机关立案后，万亿公司缴清了上述税款及滞纳金。汪某被逮捕后如实供述，同时表示：税务局决定追缴时，万亿公司已濒临破产、无补缴能力，并非故意拒不补缴。

检察机关对万亿公司及汪某以逃税罪提起公诉。

请根据案情，回答下列问题：

1. 下列有关税收管理员陈某、任某涉嫌罪名的说法中，正确的有（　　）。

A. 任某涉嫌逃税罪

B. 陈某涉嫌徇私舞弊不移交刑事案件罪

C. 陈某涉嫌逃税罪

D. 任某涉嫌偷税罪

E. 任某涉嫌徇私舞弊不征、少征税款罪

2. 下列有关万亿公司犯罪及刑事责任的说法中，正确的有（　　）。

A. 万亿公司是一人有限责任公司，因此本案逃税罪是自然人犯罪

B. 万亿公司是一人有限责任公司，因此本案逃税罪是单位犯罪

C. 万亿公司是本案逃税罪的犯罪主体

D. 万亿公司具有犯罪的主观故意

E. 万亿公司在公安机关立案后补缴了税款和滞纳金，因此不应追究刑事责任

3. 本案中，对万亿公司定罪的影响因素有（　　）。

A. 万亿公司瞒报销售收入，对部分收入未申报纳税

B. 2016年度逃避缴纳税款占万亿公司2016年度应纳税款总额的42%

C. 2015年度逃避缴纳税款占万亿公司2015年度应纳税款总额的24%

D. 万亿公司送给税收管理员任某2000元

E. 万亿公司与税收管理员陈某勾结

4. 若检察机关指控汪某的罪名成立，下列有关对汪某量刑的说法中，正确的有（　　）。

A. 汪某如实供述不属于自首

B. 汪某如实供述属于一般自首

C. 汪某如实供述属于一般立功

D. 汪某不属于一般累犯

E. 汪某属于一般累犯

跨章节主观题参考答案及解析

使用“会计云课堂”App或“微信”扫码对答案、看解析、
掌握解题思路，开启轻松过关之旅。

专题一　行政法律制度

【综合分析题1】（2021年综合分析题）

1. CDE　/　**【解析】**（1）选项ABC：加处罚款属于行政强制执行。（2）选项D：实施行政强制执行，行政机关可以在不损害公共利益和他人合法权益的情况下，与当事人达成执行协议。执行协议可以约定分阶段履行；当事人采取补救措施的，可以减免加处的罚款或者滞纳金。（3）选项E：加处罚款或者滞纳金的数额不得超出金钱给付义务的数额。

2. D 【解析】(1) 选项 ADE：罚款行为不属于征税行为，因此甲公司对罚款行为不服的，可以申请行政复议（不需要足额缴纳罚款），也可以直接向人民法院提起行政诉讼。(2) 选项 B：行政机关作出强制执行决定前，应当事先催告当事人履行义务。(3) 选项 C：当事人对税务机关的处罚决定逾期不申请行政复议也不向人民法院起诉、又不履行的，作出处罚决定的税务机关可以采取《税收征管法》规定的强制执行措施，或者申请人民法院强制执行。

3. BCE 【解析】(1) 选项 ABDE：行政机关作出强制执行决定前，应当事先催告当事人履行义务。催告应当以书面形式作出，并载明下列事项：①履行义务的期限；②履行义务的方式；③涉及金钱给付的，应当有明确的金额和给付方式；④当事人依法享有的陈述权和申辩权。(2) 选项 C：在催告期间，对有证据证明有转移或者隐匿财物迹象的，行政机关可以作出立即强制执行决定。

4. BC 【解析】(1) 选项 A：因查封、扣押发生的保管费用由行政机关承担。(2) 选项 B：查封、扣押的期限不得超过 30 日；情况复杂的，经行政机关负责人批准，可以延长，但是延长期限不得超过 30 日。法律、行政法规另有规定的除外。(3) 选项 C：对查封、扣押的场所、设施或者财物，行政机关应当妥善保管，不得使用或者损毁；因未尽妥善保管义务造成损失的，应当承担赔偿责任。(4) 选项 DE：查封、扣押限于涉案的场所、设施或者财物，不得查封、扣押与违法行为无关的场所、设施或者财物（对于甲公司的办公车辆，与其违法行为无关，稽查局无权扣押，更谈不上拍卖）。

【综合分析题 2】（2020 年综合分析题）

1. ACDE 【解析】选项 B：强制执行决定应当以书面形式作出，并载明《行政强制法》规定的法定事项内容，故属于要式行政行为。

2. BCDE 【解析】选项 A：具有行政强制执行权的行政机关在权限范围内依法实施行政强制执行；没有行政强制执行权的行政机关则申请人民法院强制执行（人民法院的强制执行权是其法定职权，并非源自“委托”）。

3. ABC 【解析】(1) 选项 D：公民、法人或其他组织既提起行政诉讼又申请行政复议的，由“先立案”的机关管辖；同时立案的，由公民、法人或者其他组织选择。(2) 选项 E：人民法院审理下列第一审行政案件，认为事实清楚、权利义务关系明确、争议不大的，可以适用简易程序：被诉行政行为是依法当场作出的；案件涉及款额 2000 元以下的；属于政府信息公开案件的。除上述以外的第一审行政案件，当事人各方同意适用简易程序的，可以适用简易程序。本案不属于上述情形，不适用简易程序。

4. BC 【解析】行政行为程序轻微违法，但对原告权利不产生实际影响的，人民法院判决确认违法，但不撤销行政行为。

【综合分析题3】（2019年综合分析题）

1. ACDE 【解析】选项B：（1）经注销登记后，个人独资企业终止。（2）营业执照被吊销后，企业并非当然终止，需要办理注销登记后，企业才终止。

2. ABC 【解析】（1）Z市稽查局的税务处理决定分析：Z市稽查局于2018年12月29日作出税务处理决定，而该加油站已于2018年8月13日办理企业注销登记。根据相关法律规定，企业成立于颁发营业执照之日，消灭于注销营业执照之日，从注销之日起，该站已失去权利能力和行为能力，在该站已注销的情况下，Z市稽查局仍以被注销企业为主体作出行政处理决定，于法无据。（2）Z市税务局的复议决定分析：Z市税务局在行政复议程序中未予纠正市稽查局的上述错误，而是维持了稽查局的税务处理决定，故复议决定依法也应予以撤销。（3）人民法院一审、二审判决认定事实清楚，适用法律正确。

3. BE 【解析】本案的核心争议是被诉处理决定是否存在处理主体错误的问题。注销登记不属于本案审查范围，再审申请人以注销登记行为违法为由要求对本案提起再审，理由不能成立。

4. BC 【解析】（1）当事人的申请符合下列情形之一的，人民法院应当再审：①不予立案或者驳回起诉确有错误的；②有新的证据，足以推翻原判决、裁定的；③原判决、裁定认定事实的主要证据不足、未经质证或者系伪造的；④原判决、裁定适用法律、法规确有错误的；⑤违反法律规定的诉讼程序，可能影响公正审判的；⑥原判决、裁定遗漏诉讼请求的；⑦据以作出原判决、裁定的法律文书被撤销或者变更的；⑧审判人员在审理该案件时有贪污受贿、徇私舞弊、枉法裁判行为的。（2）本题中，生效的判决不存在上述情形，故因为不符合《行政诉讼法》规定的再审申请情形，应裁定（非判决）驳回再审申请人第一稽查局的再审申请。

专题二　民事法律制度

【综合分析题1】（2021年综合分析题，改编）

1. BDE 【解析】（1）选项ACD：居住权是指按照合同约定或者遗嘱，为满足生活需要而对他人的住宅及其附属设施享有占有、使用的用益物权，不得转让、继承。（2）选项B：居住权的期限可由当事人在居住权合同中约定或者在遗嘱中确定，若合同或者遗嘱未对居住权期限予以明确，则推定居住权期限为居住权人的终生。（3）选项E：甲与乙约定乙若再婚，则居住权消灭，属于附解除条件的民事法律行为。

2. DE 【解析】（1）选项A：以建筑物和其他土地附着物、建设用地使用权、海域使用权或者正在建造的建筑物抵押的，应当办理抵押登记，抵押权自登记时（3月10日）设立。（2）选项BD：因继承取得物权的，自继承开始时（8月

9 日）发生效力。(3）选项 CE：设立居住权的，应当向登记机构申请居住权登记；居住权自登记时（1 月 10 日）设立。

3. A 【解析】(1）选项 A：根据民法相关规定，保证人原则上应以其全部财产作为履行债务的担保。(2）选项 BD：①被担保的债权既有物的担保又有人的担保的，债务人不履行到期债务或者发生当事人约定的实现担保物权的情形，债权人应当按照约定实现债权；没有约定或者约定不明确，债务人自己提供物的担保的，债权人应当先就该物的担保实现债权；第三人提供物的担保的，债权人可以就物的担保实现债权，也可以请求保证人承担保证责任。提供担保的第三人承担担保责任后，有权向债务人追偿。②当事人在保证合同中对保证方式没有约定或者约定不明确的，按照一般保证承担保证责任，保证人（丁、戊）享有先诉抗辩权。因此，作为债权人的丙应先实现抵押权，之后就债务纠纷进行民事诉讼或申请仲裁，对诉讼判决或仲裁裁决强制执行仍不能清偿债务的，方可请求丁、戊承担各自的保证责任。(3）选项 C：同一债务有两个以上第三人提供担保，担保人之间未对相互追偿作出约定且未约定承担连带共同担保，但是各担保人在同一份合同书上签字、盖章或者按指印，承担了担保责任的担保人请求其他担保人按照比例分担向债务人不能追偿部分的，人民法院应予支持（不是全部）。(4）选项 E：保证的范围包括主债权及其利息、违约金、损害赔偿金和实现债权的费用；当事人另有约定的，按照其约定。本题中明确约定仅对本金提供保证，不包括利息等其他债务。

4. ABD 【解析】(1）选项 BC：抵押权消灭的条件：主债权消灭、抵押权实现、抵押财产因不可归责于任何人的事由而灭失、抵押权人放弃抵押权。(2）选项 DE：居住权消灭的法定条件：居住权期限届满或者居住权人死亡。

【综合分析题 2】（2020 年综合分析题）

1. ABE 【解析】(1）选项 AD：出借人请求借款人按照合同约定利率支付利息的，人民法院应予支持，但是双方约定的利率超过合同成立时一年期贷款市场报价利率四倍的除外；甲与丙房地产公司之间约定月利率 2.2%，年利率为 26.4%，因此仅在未超过 3.85%×4＝15.4%的部分受到法律保护，超出部分的约定无效。(2）选项 B：由于约定了利息，因此该借款合同属于有偿合同。(3）选项 C：自然人之间借款合同之外的民间借贷合同自合同成立时生效，但当事人另有约定或者法律、行政法规另有规定的除外。(4）选项 E：民间借贷，是指自然人、法人和非法人组织之间进行资金融通的行为。

2. CD 【解析】(1）选项 AC：甲与丙房地产公司约定若将来债权到期，丙房地产公司未能偿还货款及借款本息，则商品房预购合同生效，因此双方订立的商品房预购合同属于附条件法律行为而非附期限法律行为（附始期法律行为）。(2）选项 B：甲与丙房地产公司商品房预购合同是借款合同变更的原因。(3）选项 DE：该商品房预购合同自条件成就时生效，其中价款包含的高额利息不会导致合同无效。

3. ABC　【解析】（1）选项 A：债权让与为双方民事法律行为，因此要求甲乙就该转让达成合意。（2）选项 BC：债权让与的生效要件：①存在有效债权（选项 B）；②让与人对被让与的债权享有处分权；③被让与的债权具有可转让性（选项 C，应收账款出质后，不得转让，但是出质人与质权人协商同意的除外）；④法律、行政法规规定债权让与合同应当办理批准、登记等手续才能生效的，当事人须办理相应的手续。（3）选项 D：债权让与以通知债务人为对债务人生效的要件，不需要征得债务人同意。（4）选项 E：当事人约定金钱债权不得转让的，不得对抗第三人。

4. BE　【解析】（1）选项 AE：以应收账款出质的，质权自办理出质登记时设立。（2）选项 BCD：预告登记后，未经预告登记的权利人同意，处分该不动产的，不发生物权效力。未经预告登记的权利人同意，转让不动产所有权等物权，或者设立建设用地使用权、居住权、地役权、抵押权等其他物权的，应当依照《民法典》的规定，认定其不发生物权效力。

【综合分析题 3】（2020 年综合分析题）

1. BCDE　【解析】（1）选项 AE：男女双方依据《民法典》规定补办结婚登记的，婚姻关系的效力从双方均符合《民法典》所规定的结婚的实质要件时起算。甲乙补办婚姻登记后，其婚姻效力可自甲达到法定婚龄即 2003 年 4 月 3 日起算。故 2002 年 4 月 3 日至 2003 年 4 月 3 日甲乙属于同居关系（同居关系不受法律保护，不享有夫妻间权利和义务）。（2）选项 B：依照法律规定、当事人约定或者民事法律行为的性质，应当由本人亲自实施的民事法律行为，不得代理。（3）选项 C：无效的或者被撤销的婚姻自始没有法律约束力，当事人不具有夫妻的权利和义务。（4）选项 D：有下列情形之一的，婚姻无效：①重婚；②有禁止结婚的亲属关系；③未到法定婚龄。考生应注意本选项强调的是“举办婚礼时”，如果是站在事后去看待，则适用“当事人依据《民法典》规定向人民法院请求确认婚姻无效，法定的无效婚姻情形在提起诉讼时已经消失的，人民法院不予支持”的规定（该规定并未收录在 2022 年教材中，考生无须掌握）。

2. CDE　【解析】（1）选项 A：夫妻一方个人财产在婚后产生的收益，除孳息和自然增值外，应认定为夫妻共同财产。租金作为法定孳息，属于个人财产。（2）选项 B：该公寓房系乙在婚姻有效前取得，因此属于个人财产。（3）选项 C：夫妻一方在婚姻关系存续期间以个人名义超出家庭日常生活需要所负的债务，不属于夫妻共同债务；但是，债权人能够证明该债务用于夫妻共同生活、共同生产经营或者基于夫妻双方共同意思表示的除外。（4）选项 D：一方因受到人身损害获得的赔偿或者补偿为夫妻一方的个人财产。（5）选项 E：鉴于乙的父母将 50 万元借给乙时婚姻关系尚未成立，因此属于乙的个人债务。

3. ABDE　【解析】（1）选项 A：乙可为甲在其住宅上设定居住权。（2）选项 B：离婚后，父母对于子女仍有抚养、教育、保护的权利和义务。（3）选项 C：离婚后，子女由一方直接抚养的，另一方应当负担部分或者全部抚养费。负担费用的多少和期限的长短，由双方协议；协议不成的，由人民法院判决。（4）选项 D：因加工、附合、混合而产生的物的归属，有约定的，按照约定；没有约定或者约定不明确的，依照法律规定；法律没有规定的，按照充分发挥物的效用以及保护无过错当事人的原则确定。因一方当事人的过错或者确定物的归属造成另一方当事人损害的，应当给予赔偿或者补偿。（5）选项 E：已满 2 周岁的子女，父母双方对抚养问题协议不成的，由人民法院根据双方的具体情况，按照最有利于未成年子女的原则判决。

4. ABDE 【解析】（1）选项 A：人民法院审理离婚案件，应当进行调解；如果感情确已破裂，调解无效的，应当准予离婚。（2）选项 B：因感情不和分居满 2 年，调解无效的，应当准予离婚。（3）选项 C：对公民提起的民事诉讼，由被告住所地人民法院管辖。本案由乙住所地法院管辖。（4）选项 D：完成离婚登记，或者离婚判决书、调解书生效，即解除婚姻关系。（5）选项 E：经人民法院判决不准离婚后，双方又分居满 1 年，一方再次提起离婚诉讼的，应当准予离婚。

【综合分析题 4】（2019 年综合分析题）

1. ACD 【解析】（1）6 月 5 日，甲的意思表示属于要约邀请（选项 C 正确）。（2）6 月 6 日，甲表示两辆车均卖 7000 元，对方若同意即可成交，该意思表示属于要约（选项 B 错误）。（3）6 月 8 日，乙的意思表示更改了价格，属于对前述要约的实质性变更，为新要约（选项 A 正确）。（4）6 月 9 日，甲再次更改价格，属于新要约（选项 E 错误）。（5）乙于 6 月 10 日回复表示同意，属于承诺（选项 D 正确）。

2. ACE 【解析】（1）选项 ADE：①简单之债是指债的标的只有一宗，当事人只能按该宗标的履行的债。②选择之债是指债的标的有数宗，当事人可以选择其中之一为履行标的的债。③任意之债是指债权人或债务人可以约定用原定给付之外的其他给付来代替原定给付的债。甲和乙之间的合同，在黑色山地车报废之前，乙可以在黑色和红色山地车之间选择，标的物有数宗，属于选择之债。在黑色山地车报废之后，使标的物变为一宗，成为简单之债。（2）选项 BC：甲、乙之间的买卖合同，在乙同意以 6000 元购买山地车的意思表示到达甲时成立。

3. ACD 【解析】（1）丁将山地车辗轧至报废，构成侵权，侵害了甲的所有权、丙的占有使用权（有权占有），故甲、丙均可基于侵权向丁主张赔偿（选项 AD 正确）。（2）甲、丙之间为借用合同，交通事故属于意外事件，在双方当事人无约定时，意外事件不能作为免责事由，故甲有权基于借用合同向丙主张赔偿（选项 C 正确）。

4. D 【解析】（1）选项 ABDE：①定金不能超过主合同标的额的 20%，超过的部分不发生定金效力。本题中有效定金为6000元×20%=1200元，剩余的300元不发生定金效力。②收受定金一方不履行债务或者履行债务不符合约定，致使不能实现合同目的的，应双倍返还定金。本题中，甲应向乙返还1200元的2倍，即为2400元。同时应返还不发生定金效力的部分款项300元，合计返还2700元。（2）选项C：实际交付的定金数额多于或者少于约定数额的，视为变更定金合同。收受定金一方提出异议并拒绝接受定金的，定金合同不生效。本题中，甲未提出异议并接受了1500元定金，故定金合同生效，属于对定金合同进行了变更，乙的行为不构成违约。

【综合分析题5】（2019年综合分析题）

1. BCD　【解析】（1）选项ADE：以动产抵押，抵押权自抵押合同生效之时设立；未经登记的抵押权不得对抗善意第三人。（2）选项B：以不动产进行抵押，抵押权自登记时设立。（3）选项C：以不动产进行抵押，抵押合同自成立时生效。

2. D　【解析】（1）选项A：丁的债权未设立抵押担保，无权就拍卖所得主张优先受偿。（2）选项BE：丙信用社就设备设立的动产抵押权，未经登记不得对抗善意第三人，故不得对抗己公司。（3）选项CD：乙银行对厂房的抵押权经登记设立，乙银行有权就厂房拍卖所得主张优先受偿，但无权就进口设备主张实现抵押权。

3. ADE　【解析】（1）选项AD：以动产进行抵押，抵押权自抵押合同生效时设立，未经登记，不得对抗善意第三人。（2）选项BC：抵押期间，抵押人可以转让抵押财产。当事人另有约定的，按照其约定。抵押财产转让的，抵押权不受影响。本题中，甲公司与丙信用社并未约定抵押期间抵押财产不得转让，因此，抵押人甲公司未经抵押权人丙信用社同意而进行转让，属于有权处分（善意取得的前提为无权处分，选项BC错误）。（3）选项E：依买卖合同（法律行为）取得所有权，属于继受取得。

4. ABC　【解析】（1）选项A：就债务清偿方式，双方当事人可以协商，法律无明确禁止性规定。（2）选项BC：甲公司是奥迪轿车的所有权人，其对该轿车拥有合法的占有使用权利，故丁以法律禁止的私力强行开走该车侵害了甲公司的所有权及甲公司的合法占有，甲公司有权基于占有返还请求权或者物权请求权请求返还。（3）选项D：留置权要求债权人“合法占有”债务人的动产，丁强行占有该车，属于非法占有，不得主张留置权。（4）选项E：主张行使质权的前提需以该车设立质权，但甲公司向丁借款，未提供任何担保，故丁不得主张行使质权。

专题三 商事法律制度

【综合分析题 1】（2021 年综合分析题）

1. BD　**【解析】**（1）选项 AD：结合题干与合伙企业法的规定，张海晨向人民法院提出的是撤销会议决议的诉讼请求，撤销权系形成权，该权利会因权利人自接到除名通知之日起 30 日期限届满而实体上消灭，因此该 30 日系除斥期间而非诉讼时效期间。（2）选项 BCE：2018 年 10 月 21 日，张海晨收到将其除名的决议，2018 年 11 月 3 日，张海晨向法院提起诉讼，符合“自接到除名通知之日起 30 日内向法院起诉”之规定，因此张海晨依法享有诉权，被告的答辩主张不成立。

2. DE　**【解析】**（1）选项 BC：关于工作交接、结算办理等双方并未签订合同，因此谈不上不安抗辩权和顺序履行抗辩权。（2）选项 ADE：按照一般商业惯例，张海晨应办理工作交接手续后，总所为其办理相关结算工作。张海晨拒绝办理工作交接行为于法无据，导致第一分所后续处于停止经营状态，损害了合伙企业和其他合伙人的权益。

3. BD　**【解析】**（1）选项 BCE：对合伙人除名，是合伙企业的重大事项，必须经其他合伙人的一致同意。此系合伙企业法规定，不得由合伙协议作出其他约定。（2）选项 AD：被除名人自接到除名通知之日起，除名生效，被除名人退伙。2018 年 10 月 21 日，张海晨收到将其除名的决议，因此除名生效日期为 2018 年 10 月 21 日。

4. B　**【解析】**（1）选项 BCD：张海晨退伙属于法定退伙中的除名退伙。（2）选项 AE：在特殊的普通合伙企业中，对于合伙人退伙前合伙企业债务，要区分是否属于由一个或数个合伙人在执业活动中故意或重大过失造成的合伙企业债务，如果属于，则张海晨承担“有限责任（非责任合伙人）”或“无限（连带）责任（责任合伙人）”；如果不属于，则其对退伙前的合伙企业债务承担无限连带责任。选项 AE 过于绝对，因此不选。

【综合分析题 2】（2021 年综合分析题，改编）

1. AD　**【解析】**（1）选项 A：因可撤销行为而取得的债务人的财产，管理人有权追回。（2）选项 B：别除权，是指对破产人的特定财产享有担保权的权利人，对该特定财产享有优先受偿的权利。（3）选项 C：抵销权，债权人在破产申请受理前对债务人负有债务的，可以向管理人主张抵销，但有法定情形除外。原则上，抵销权只能由债权人向管理人主张行使。（4）选项 D：破产申请受理前 1 年内债务人提前清偿的未到期债务，在破产申请受理前已经到期，管理人请求撤销该清偿行为的，人民法院不予支持。但是，该清偿行为发生在破产申请受理前 6 个月内且债务人具有破产原因的除外。

（5）选项 E：取回权，是指人民法院受理破产申请后，债务人占有的不属于债务人的财产，该财产的权利人可以通过管理人取回，破产法另有规定除外。

2. ADE 【解析】（1）管理人履行下列职责：①接管债务人的财产、印章和账簿、文书等资料（选项 B 错误）；②调查债务人财产状况，制作财产状况报告（选项 A 正确）；③决定债务人的内部管理事务；④决定债务人的日常开支和其他必要开支（选项 D 正确）；⑤在第一次债权人会议召开之前，决定继续或者停止债务人的营业；⑥管理和处分债务人的财产；⑦代表债务人参加诉讼、仲裁或者其他法律程序（选项 E 正确）；⑧提议召开债权人会议；⑨人民法院认为管理人应当履行的其他职责。（2）选项 C：管理人没有正当理由不得辞去职务。管理人辞去职务应当经人民法院许可。

3. AD 【解析】（1）选项 AE：债务人的保证人或者其他连带债务人已经代替债务人清偿债务的，以其对债务人的求偿权申报债权。本题中宏瑞公司欠利丰公司的 380 万元债务已由保证人张山代为清偿，因此保证人张山可以进行债权申报，利丰公司债权已获清偿，进而不得申报债权。（2）选项 B：祥云公司系债务人的债务人，不属于债权人，不得申报债权。（3）选项 C：宏瑞公司系债务人不属于债权人，不得申报债权。（4）选项 D：大维公司系人民法院受理破产申请时对债务人享有债权的债权人，故可以申报债权。

4. B 【解析】（1）选项 ABD：债权人申请对债务人进行破产清算的，在人民法院受理破产申请后、宣告债务人破产前，债务人（宏瑞公司）、出资额占债务人注册资本 1/10 以上的出资人，可以向人民法院申请重整。王武持股比例仅为 1%，因此无权申请破产重整。（2）选项 CE：“人民法院”经审查认为重整申请符合规定的，应当裁定债务人重整，并予以公告。

【综合分析题 3】（2020 年综合分析题）

1. BCD 【解析】（1）选项 DE：债权人可以将债权的全部或者部分转让给第三人（无须经债务人同意），但债权人转让债权，未通知债务人的，该转让对债务人不发生效力。本题中，债权人刘某有权将自己债权转让给张某，且已经通知债务人兴华公司，故对其发生效力。（2）选项 AC：债务人不能清偿到期债务，债权人可以向人民法院提出对债务人进行重整或者破产清算的申请；本题中，兴华公司不能清偿对债权人张某的债务，因此张某有权提起破产申请。（3）选项 B：破产案件由债务人住所地人民法院管辖，公司的住所是公司主要办事机构所在地；本题中，债务人兴华公司住所地已更改为乙市 F 区。

2. ACDE 【解析】与本案有利害关系的，不得担任破产管理人。（1）选项 ACD：受理破产申请前 3 年内曾为债务人提供相对固定的中介服务，不得担任破产管理人。本题破产申请受理时间为 2019 年，选项 A 中，龙游律师事务所提供中介服务发生在 2014 年，无利害关系；选项 C 中，为债权人提供中介服务发生在

2013 年，无利害关系；选项 D 中，为债务人提供过 2015~2017 年度的中介服务，在破产申请受理前 3 年内，具有利害关系，不得担任破产管理人。（2）选项 B：与债务人、债权人（张某）有未了结的债权债务关系的，不得担任破产管理人。（3）选项 E：现在或在受理破产申请前 3 年内，担任债务人、债权人的财务顾问、法律顾问的，具有利害关系，不得担任破产管理人。

3. ABCD 【解析】（1）重整期间，债务人行使的主要职权有：①管理财产、印章和账簿、文书等资料（选项 A）；②调查财产状况，制作财产状况报告；③决定内部管理事务；④决定日常开支和其他必要开支（选项 C）；⑤在第一次债权人会议召开之前，决定是否继续营业；⑥管理和处分财产（选项 D）；⑦参加诉讼或者仲裁（选项 B）；⑧自人民法院裁定债务人重整之日起，在 6 个月内同时向人民法院和债权人会议提交重整计划草案；⑨请求召开债权人会议；⑩追回无偿转让的财产，为逃避债务而隐匿、转移的财产；⑪人民法院受理破产申请后，债务人的出资人尚未完全履行出资义务的，应当要求出资人缴纳所认缴的出资，而不受出资期限的限制。（2）选项 E：人民法院受理破产申请后，债务人对个别债权人的债务清偿无效。

4. ABD 【解析】（1）选项 A：债务人或者管理人未按期提出重整计划草案的，人民法院应当裁定终止重整程序，并宣告债务人破产。（2）选项 B：债务人自行管理财产和营业事务的，由债务人制作重整计划草案；管理人负责管理财产和营业事务的，由管理人制作重整计划草案。（3）选项 C：重整期间，债务人的出资人不得请求投资收益分配。（4）选项 D：重整期间，债务人或者管理人有权为继续营业而借款，且可以为该借款设定担保。（5）选项 E：债务人或者管理人应当自人民法院裁定债务人重整之日起 6 个月内，同时向人民法院和债权人会议提交重整计划草案。

【综合分析题 4】（2019 年综合分析题）

1. ABCD 【解析】（1）选项 AD：股东未履行或者未全面履行出资义务，公司可以根据公司章程或者股东会决议，对其利润分配请求权、新股优先认购权、剩余财产分配请求权等股东权利作出相应的合理限制。（2）选项 BCE：有限责任公司股东不按照公司章程规定缴纳出资的，除应当向公司足额缴纳外，还应当向已按期足额缴纳出资的股东（本案中的乙）承担违约责任（而非侵权责任）。

2. D 【解析】（1）选项 AB：①有限责任公司股东有权查阅、复制公司章程、股东会会议记录、董事会会议决议、监事会会议决议和财务会计报告，无须经过公司和其他股东同意，公司不得拒绝；②有限责任公司股东查阅公司会计账簿（无复制权），需书面请求公司同意。（2）选项 C：股东依据人民法院生效判决查阅公司文件材料的，在该股东在场的情况下，可以由会计师、律师等依法或者依据执业行为规范负有保密义务的中介机构执业人员辅助进行。（3）选项 DE：海虹公司拒绝丙查阅、复制，侵犯了丙的股东知情权而非决策权。

3. DE　【解析】（1）选项A：除自然人之间的借款合同之外的民间借贷合同自合同成立时生效，但当事人另有约定或者法律、行政法规另有规定的除外。（2）选项BC：当事人对保证方式没有约定或者约定不明确的，按照“一般保证”方式承担保证责任，享有先诉抗辩权。（3）选项DE：出借人请求借款人按照合同约定利率支付利息的，人民法院应予支持，但是双方约定的利率超过合同成立时一年期贷款市场报价利率四倍（3.85%×4＝15.40%）的除外。

【提示】本题根据2022年教材进行解析和解答，实务中应适用涉案时间所适用的法律、司法解释。

4. ADE　【解析】（1）选项AB：公司债权人请求未履行或者未全面履行出资义务的股东在未出资本息范围内对公司债务不能清偿的部分承担补充赔偿责任的，人民法院应予支持。故河海公司可以将股东甲、丙追加为共同被告。（2）选项C：因保证合同纠纷提起的诉讼，债权人向保证人和被保证人一并主张权利的，人民法院应当将保证人和被保证人列为共同被告。（3）选项D：人民法院应当在立案之日起5日内将起诉状副本发送被告，被告应当在收到之日起15日内提出答辩状。（4）选项E：人民法院受理案件后，当事人对管辖权有异议的，应当在提交答辩状期间提出。

专题四　刑事法律制度

【综合分析题1】（2021年综合分析题）

1. D　【解析】费某没有商品购销或者没有提供、接受劳务、服务而开具增值税普通发票，属于“虚开”行为，且数量达到虚开发票100份以上，虚开金额累计在40万元以上，满足虚开发票罪起刑标准，因此涉嫌虚开发票罪。

2. AB　【解析】（1）选项A：朱某明知费某为他人虚开增值税普通发票，仍然为其提供帮助，安排员工帮助费某代开增值税普通发票，其行为应以虚开发票罪的共犯论处，涉嫌虚开发票罪。（2）选项BC：王某被易某安排从费某处购买其虚开的增值税普通发票，帮助他人购买虚开的增值税普通发票，涉嫌虚开发票罪。（3）选项D：吴某负责寻找客户，费某负责开具发票，属于为他人虚开增值税普通发票，其行为应以虚开发票罪的共犯论处，涉嫌虚开发票罪。（4）选项E：周某在明知没有真实交易的情况下，帮助中贵公司向费某购买医药咨询类增值税普通发票，属于帮助他人购买虚开增值税普通发票，涉嫌虚开发票罪。（5）选项CE：不存在“非法购买发票罪”，对非法购买发票行为入罪的，只有增值税专用发票（非法购买增值税专用发票罪或者购买伪造的增值税专用发票罪）。

3. E　【解析】犯罪以后自动投案，如实供述自己的罪行的，是自首。

4. CDE　【解析】（1）选项A：拘役的缓刑考验期限为原判刑期以上1年以下，但是不能少于 2 个月。判处王某缓刑 4 个月不满足“原判刑期以上”之条件。(2) 选项 B：对于被判处 3 年以下有期徒刑的犯罪分子，同时符合缓刑的法定条件的，可以宣告缓刑。判处费某 4 年有期徒刑，不满足“3 年以下有期徒刑”的条件，不得宣告缓刑。(3) 选项 CDE：有期徒刑的缓刑考验期限为原判刑期以上 5 年以下，但是不能少于 1 年。

【综合分析题 2】(2020 年综合分析题)

1. AD 【解析】(1) 选项 AC：甲公司、乙公司共计虚开税额为 1600 余万元的增值税专用发票，因此涉嫌构成虚开增值税专用发票罪。(2) 选项 BD：丙公司财务人员给丁公司虚开税额为 1000 万元的增值税专用发票，因此丙公司涉嫌构成虚开增值税专用发票罪。(3) 选项 E：非法出售增值税专用发票，出售的必须是空白的增值税专用发票，如果是填好的增值税专用发票，应按虚开增值税专用发票罪论处。

2. BE 【解析】丙公司领购发票时获三江市税务局负责发票发售工作的贾某的协助，并为此向贾某支付好处费 10 万元：税务机关工作人员在办理发售发票工作中接受贿赂而实施徇私舞弊发售发票的，按照规定实施数罪并罚。

3. DE 【解析】(1) 选项 ABCD：行政执法机关移送涉嫌犯罪案件，行政执法机关正职负责人或者主持工作的负责人决定批准移送的，应当在 24 小时内向同级公安机关移送。(2) 选项 E：行政执法机关在查处违法行为过程中，必须妥善保存所收集的与违法行为有关的证据。

【综合分析题 3】(2019 年综合分析题)

1. CE 【解析】(1) 选项 BC：税务机关的工作人员（陈某），如果与逃税人相互勾结，故意不履行其依法征税的职责，不征或少征应征税款的，应该将其作为逃税罪的共犯论处。(2) 选项 ADE：任某对万亿公司未申报纳税知情，且出于某种私利对逃税行为采取放任态度，因此不征或少征应征税款，致使国家税收遭受重大损失的，认定构成徇私舞弊不征、少征税款罪。目前我国刑法中已经取消“偷税罪”。

2. BCD 【解析】(1) 选项 ABC：单位犯罪主体，是指为谋取本单位的非法利益，由单位负责人或者经集体讨论决定，实施了《刑法》规定的危害社会的行为，属于《刑法》明文规定的单位犯罪的公司、企业、事业单位、机关、团体。本题中，万亿公司实施了逃税行为，属于单位犯罪，构成逃税罪的主体。(2) 选项 E：纳税人在公安机关立案后再补缴应纳税款、缴纳滞纳金或者接受行政处罚的，不影响刑事责任的追究。

3. ABC 【解析】纳税人采取欺骗、隐瞒手段进行虚假纳税申报或者不申报，逃避缴纳税款，数额在5 万元以上并且占各税种应纳税总额10%以上的，经税务机关依法下达追缴通知后，不补缴应纳税款、不缴纳滞纳金或者不接受行政处罚的，应予立案追诉。

4. AD　**【解析】**（1）选项ABC：一般自首是指犯罪以后“自动投案”“如实供述”自己罪行的行为；立功是指犯罪分子揭发他人犯罪行为，查证属实，或者提供重要线索，从而得以侦破其他案件的行为。本题中，汪某不存在上述情形。（2）选项DE：一般累犯的成立条件之一要求：前罪被判处的刑罚和后罪应当判处的刑罚都必须是“有期徒刑以上”的刑罚。

04

第四部分
全真模拟测试题及参考答案

2022年税务师职业资格考试

全真模拟测试题（一）

“使用“会计云课堂”App或“微信”扫码快速做题、对答案、看解析、掌握解题思路，开启轻松过关之旅。

扫码做题

● 建议答卷时长 150分钟 ● 答卷开始时间 ________ ● 答卷结束时间 ________

一、单项选择题

共40题，每题1.5分，共60分。每题的备选项中，只有1个最符合题意。

1. 下列各项中符合行政合法性原则的是（　）。

A. 某规章规定行政机关对行政许可事项进行监督时，不得妨碍被许可人正常的生产经营活动

B. 行政机关要求行政处罚听证申请人承担组织听证的费用

C. 行政机关将行政强制措施权委托给其下属事业单位行使

D. 行政机关要求行政许可申请人支付行政许可示范文本使用费100元/份

2. 某建设单位向建设工程项目所在地住建委申请办理工程项目施工许可证，并提交了相关资料。根据行政许可法律制度的规定，下列说法中，正确的是（　）。

A. 该建设单位对其申请材料实质内容的真实性负责

B. 如该建设单位申请材料不齐全，住建委应当当场作出不受理决定

C. 该建设单位不得委托代理人提出行政许可申请

D. 住建委应当自受理行政许可申请之日起45日内作出行政许可决定

3. 某药品监督管理局工作人员在对某药店作出罚款的行政处罚决定前拒绝听取该药店法定代表人甲的陈述、申辩。根据行政处罚法律制度的规定，该行为违反了行政处罚的基本原则是（　）。

A. 处罚法定原则

B. 处罚与教育相结合原则

C. 监督制约、职能分离原则

D. 无救济即无处罚原则

4. 税务机关的下列行为中，属于税务行政处罚的是（　）。

A. 停止出口退税权

B. 停售发票

C. 取消一般纳税人资格

D. 停止抵扣

5. 下列有关行政处罚简易程序的说法中，正确的是（　　）。
A. 除法律另有规定外，违法事实确凿并有法定依据，对公民处以 200 元罚款的行政处罚的，可以当场收缴罚款
B. 当事人拒绝签收行政处罚决定书的，可以在行政处罚决定书上注明
C. 违法事实确凿并有法定依据，对法人处以 3000 元以下罚款或者警告的行政处罚的，可以当场作出行政处罚决定
D. 行政处罚决定书由执法人员签名和盖章

6. 税务局稽查局依据《税收征管法》对某纳税人作出罚款 10 万元的处罚决定，该纳税人对罚款决定不服，向复议机关申请复议。根据行政复议法律制度规定，下列说法中，正确的是（　　）。
A. 该纳税人应当当面递交行政复议申请
B. 该纳税人可以在知道税务机关作出具体行政行为之日起 60 日内提出税务行政复议申请
C. 该纳税人应当先缴纳罚款，再申请行政复议
D. 对于稽查局的决定，该纳税人申请行政复议是向法院起诉的前置程序

7. 根据行政复议法律制度规定，下列对行政处罚决定不服申请行政复议的案件中，当事人向该部门的上一级主管部门申请行政复议的是（　　）。
A. 对生态环境部门作出的具体行政行为不服申请复议的案件
B. 对自然资源部门作出的具体行政行为不服申请复议的案件
C. 对交通运输部门作出的具体行政行为不服申请复议的案件
D. 对国家安全机关作出的具体行政行为不服申请复议的案件

8. 根据行政诉讼法律制度规定，下列关于行政诉讼举证责任的说法中，不正确的是（　　）。
A. 公民、法人或者其他组织向人民法院起诉时，应当提供其符合起诉条件的相应的证据材料，但被告认为原告起诉超过起诉期限的除外
B. 原告可以提供证明行政行为违法的证据。原告提供的证据不成立的，免除被告的举证责任
C. 被告对作出的行政行为负有举证责任，应当提供作出该行政行为的证据和所依据的规范性文件
D. 被告不提供或者无正当理由逾期提供证据，视为没有相应证据。但是，被诉行政行为涉及第三人合法权益，第三人提供证据的除外

9. 根据行政诉讼法律制度的规定，人民法院对起诉行政机关没有依法支付相关费用的案件，权利义务关系明确、不先予执行将严重影响原告生活的，可以根据原告的申请，裁定先予执行。下列各项中，不属于该案件范围的是（　　）。
A. 支付抚恤金的案件
B. 支付最低生活保障金的案件
C. 支付工伤、医疗社会保险金的案件
D. 支付人身损害赔偿金的案件

10. 根据民事法律制度的规定，下列属于民事权利相对消灭的是（　　）。
A. 甲将其购买的手表作为生日礼物赠与乙
B. 丙的汽车因泥石流灭失
C. 丁的专利权保护期间届满
D. 戊因受对方欺诈而订立合同，自知道欺诈之日起 1 年未行使撤销权

11. 根据民法相关理论，下列法律事实中属于民事法律行为的是（　　）。
A. 甲酒后殴打素来与其不睦的邻居乙

B. 丙于某购物网站订购图书一册
C. 丁通知部门同事明早9点开会
D. 戊向客户致函催收应收账款

12. 小赞同学自小艺术天赋颇高，16周岁时参加制造520选秀节目并C位出道，从此便不再上学，以演出收入为自己主要生活来源。已知，在小赞的成长过程中，多有长辈馈赠：6周岁时受赠施坦威钢琴1架，10周岁时受赠某品牌小提琴1把，14周岁时受赠名贵手工限量版大提琴1把。根据《民法典》规定，下列关于小赞民事行为能力及其受赠行为效力的表述中，正确的是（　　）。
A. 小赞出道后年满18周岁之前，不能视为完全民事行为能力人
B. 受赠钢琴的行为无效
C. 受赠小提琴的行为无效，因与其当时的年龄、智力不相适应
D. 受赠大提琴的行为无效，因与其当时的年龄、智力不相适应

13. 根据民事法律制度规定，关于诉讼时效期间起算，下列说法中，不正确的是（　　）。
A. 诉讼时效期间自权利人知道或者应当知道权利受到损害以及义务人之日起计算，法律另有规定的，依照其规定
B. 当事人约定同一债务分期履行的，诉讼时效期间自最后一期履行期限届满之日起计算
C. 无民事行为能力人或者限制民事行为能力人对其法定代理人的请求权的诉讼时效期间，自被代理人具有完全民事行为能力之日起计算
D. 未成年人遭受性侵害的损害赔偿请求权的诉讼时效期间，自受害人年满18周岁之日起计算

14. 下列关于诉讼时效期间与除斥期间的说法中，正确的是（　　）。
A. 解除权、撤销权适用诉讼时效
B. 除斥期间不适用中断、中止、延长
C. 诉讼时效期间届满债权人实体权利消灭
D. 除斥期间届满，发生义务人永久性抗辩权，债权人实体权利不消灭

15. 甲乙二人宅基地相邻。3月8日甲乙二人订立地役权合同，甲在其宅基地上为乙设立眺望地役权，即甲不得兴建超过6米高的建筑物、构筑物及其他设施，以充分保障乙住宅的视野。双方于3月10日办理了地役权登记。根据物权法律制度的规定，下列说法中正确的是（　　）。
A. 地役权于3月8日设立
B. 地役权于3月10日设立
C. 如甲于3月9日将其宅基地使用权及其上住宅转让给村民丙，且丙不知甲乙二人地役权合同，则丙不得在甲原住宅上加盖至9米
D. 如甲于3月11日将其宅基地使用权及其上住宅转让给村民丙，且丙不知甲乙二人地役权合同，则丙可以在甲原住宅上加盖至9米

16. 为担保向乙借款，甲将其自行车向乙设立了抵押权，并办理抵押登记。随后，甲将该自行车出租给丙并完成交付，丙对于该车已经设立抵押权一事不知情。还款期至，甲无力偿还借款，遂与乙协商将该车折价以偿还欠款。乙遂要求丙向其返还该车。根据《民法典》相关规定，下列说法中正确的是（　　）。
A. 抵押期间，抵押财产出租并转移占有的，租赁关系不受该抵押权的影响，因此乙无权主张返还

B. 丙属于善意第三人，因此乙无权主张返还

C. 该抵押权已经登记，且抵押权设立在先，因此乙有权主张返还

D. 甲损害丙的优先购买权，因此乙无权主张返还

17. 甲将祖传青花瓷交乙保管，乙将其送至丙的维修铺进行清洁保养；丙将该花瓶售予知情的丁。下列关于占有的说法中，正确的是（　　）。

A. 甲属于间接占有

B. 乙属于善意占有

C. 丙属于无权占有

D. 丁属于他主占有

18. 根据《民法典》相关规定，下列生活事实中，能够产生债权债务关系的是（　　）。

A. 甲在院子里的违章建筑倒塌砸死乙院中的老母鸡

B. 丙侧方位停车，因丁指挥不当撞上路边护栏

C. 戊答应请己撸串，临时加班无法赴约

D. 庚向辛问路，第一次来出差的辛随便乱指，导致庚多走不少冤枉路

19. 甲欠乙 5 万元迟迟未还，某天二人在路上相遇。因欠款归还问题发生口角，乙将甲打伤，产生治疗费和住院费 3 万元，公安部门认定乙负全责。乙提出以其对甲的 5 万元债权抵销其对甲因侵权而产生的债务。根据《民法典》有关规定，下列说法中正确的是（　　）。

A. 乙行使的是法定抵销权，不需征得甲同意即可抵销

B. 乙行使的是法定抵销权，需征得甲同意方可抵销

C. 乙行使的是约定抵销权，需征得甲同意方可抵销

D. 该债权、债务不得抵销

20. 甲公司向乙公司购买设备一台，金额 100 万元，双方签订了书面的买卖合同。合同中约定双方债权均不得转让。根据《民法典》有关规定，下列说法中正确的是（　　）。

A. 该约定因违反法律强制性规定而无效

B. 该约定有效，故甲公司、乙公司转让其债权的行为自始无效

C. 该约定有效，但甲公司可将其债权转让给知情的第三人

D. 该约定有效，但乙公司可将其债权转让给第三人

21. 甲公司向乙公司出售一台数控机床，双方约定在乙公司付清全部价款前，该数控机床的所有权属于甲公司所有。根据合同法律制度规定，下列说法中，正确的是（　　）。

A. 该数控机床所有权随着交付而转移

B. 如乙公司在付清全部价款前将该数控机床以合理价格卖给了不知情的丙公司并交付，则不论该机床所有权是否登记，丙公司均可依据善意取得制度取得该机床所有权

C. 如乙公司未按照约定支付剩余 10% 价款，经甲公司催告后在合理期限内仍未支付，甲公司可以取回该数控机床

D. 该数控机床毁损、灭失的风险随着交付而转移

22. 甲出租自有住宅一套给乙，租赁期限 1 年。根据《民法典》相关规定，下列说法中错误的是（　　）。

A. 如双方未采用书面形式订立合同，且租赁期限无法确定的，则甲随时可以解除合同

B. 如乙未经甲同意，擅自将房屋中的一间转租给丙，甲随即知晓该情形，

则甲先隐忍不发，6个月后在租赁期限内随时可以解除合同

C. 如双方没有约定，房屋维修义务应由甲负担，但由于乙的过错致使房屋需要维修的除外

D. 如乙无正当理由拒绝支付房租，经催告在合理期限内仍然不支付的，甲可以解除合同

23. 甲在路边行走，被路边果树上坠落的果实砸伤，导致小腿骨折，支付医药费若干。此案中，若追究果树的所有人或者管理人的赔偿责任，应适用的归责原则是（　　）。

A. 过错责任原则

B. 过错推定责任原则

C. 无过错责任原则

D. 公平责任原则

24. 根据继承法律制度规定，下列说法中，不正确的是（　　）。

A. 遗赠扶养协议是双方民事法律行为，从协议成立之日起发生法律效力

B. 遗嘱是单方民事法律行为

C. 自然人可以立遗嘱将个人财产指定由法定继承人中的一人或者数人继承

D. 继承人为争夺遗产而杀害其他继承人，确有悔改表现，被继承人表示宽恕或者事后在遗嘱中将其列为继承人的，该继承人不丧失继承权

25. 关于个人独资企业，下列说法中，正确的是（　　）。

A. 个人独资企业的投资人只能是法人

B. 投资人对受托人或者被聘用的人员职权的限制，不得对抗善意第三人

C. 个人独资企业解散的，财产应当首先清偿所欠税款，其次是所欠职工工资和社会保险费用

D. 个人独资企业解散后，原投资人对个人独资企业存续期间的债务仍应承担偿还责任，但债权人在3年内未向债务人提出偿债请求的，该责任消灭

26. 甲为乙普通合伙企业（以下简称“乙企业”）的执行事务合伙人。甲因私人原因对丙负债20万元到期未清偿，而丙因业务往来欠乙企业20万元货款到期未清偿。根据合伙企业法律制度规定，下列说法中，正确的是（　　）。

A. 丙可以主张以其对甲享有的债权抵销其对乙企业的债务

B. 丙可以主张代位行使甲在乙企业中的相关权利

C. 甲不得以其在乙企业分得的收益清偿对丙的债务

D. 丙可以申请人民法院强制执行甲在合伙企业中的财产份额用于清偿

27. 某国有独资公司与张某共同成立一合伙企业，下列关于该合伙企业的说法中，正确的是（　　）。

A. 该国有独资公司以其实缴的出资额为限对合伙企业债务承担责任

B. 张某应当具有完全民事行为能力

C. 该国有独资公司可以劳务进行出资

D. 该国有独资公司对合伙企业债务承担无限连带责任

28. A公司是由甲、乙、丙、丁四人出资设立的有限责任公司，四人出资比例为10%、25%、15%、50%，公司章程未对表决权的行使作出特别规定。丁因业务需要，申请A公司为其银行贷款提供担保，为此，A公司召开股东会，甲、乙、丙、丁均出席，乙明确表示不同意。根据公司法律制度的规定，下列关于会议决议的表述中，正确的是（　　）。

A. 该决议必须经甲、乙、丙、丁四个股东全部通过，因乙不同意而不能通过

B. 该决议必须经甲、乙、丙三个股东全部通过，因乙不同意而不能通过
C. 该决议必须经全体股东所持表决权的过半数通过，因甲、丙、丁所持表决权占75%，因此通过
D. 该决议必须经甲、乙、丙三个股东所持表决权的过半数通过，因甲、丙所持表决权不符合该法定条件，因此不通过

29. 甲书店内设有文具柜台销售笔、本等文具。乙某次在书店购物中，刚付完笔记本和图书的款项后恰逢当地市场监督管理局执法检查，发现该书店营业执照中不包括文具销售。根据规定，关于甲乙之间笔记本买卖合同效力的说法中，正确的是（　　）。
A. 有效　　B. 无效
C. 可撤销　　D. 效力待定

30. 根据企业破产法律制度规定，经债权人申请，人民法院裁定受理某公司破产案件，在下列各项中可以担任管理人的是（　　）。
A. 甲曾因贪污罪被判刑3年，执行期满已逾5年
B. 乙曾被吊销注册会计师执业资格
C. 丙曾就职于担任债务人财务顾问的事务所，去年离职
D. 丁曾任债务人财务负责人，现已离职满3年

31. 10月7日，甲公司向乙公司借用挖掘机1台，10月11日，甲公司法定代表人将该挖掘机以甲公司名义出售给不知情的丙并完成交付，丙支付了合理价格。因不能清偿到期债务，人民法院在11月5日裁定受理债权人提出的针对甲公司的破产申请，此时乙公司方知挖掘机被甲公司转让的事实。下列乙公司的请求中，符合破产法律制度规定的是（　　）。
A. 请求丙返还挖掘机
B. 请求损失作为破产费用予以清偿
C. 请求损失作为共益债务予以清偿
D. 请求损失作为普通破产债权予以清偿

32. 甲公司自2019年年初具备破产原因，于2019年5月被人民法院裁定受理破产申请。下列涉及甲公司财产的行为，管理人无权请求人民法院予以撤销的是（　　）。
A. 甲公司于2018年1月无偿将某二手水泵转让给乙公司
B. 甲公司于2019年年初以明显不合理的价格与丙公司进行交易
C. 甲公司于2018年年底向丁银行借款，2019年年初应丁银行要求为该笔债务提供财产担保
D. 甲公司于2019年2月提前清偿了所负戊公司的欠款，该欠款于2019年3月届至清偿期

33. 下列说法中，属于电子商务税收原则中中性原则的是（　　）。
A. 税法对具有同等纳税能力的人应当规定相同的税收负担
B. 从事类似交易、处于类似情况下的纳税人应缴纳类似水平的税款
C. 征税主体必须依照法律的规定征税，纳税主体依照法律的规定纳税
D. 以现行税制为基础，不单独开征新税

34. 根据社会保险法律制度规定，下列各项中不属于职工基本养老保险适用对象的是（　　）。
A. 无雇工的个体工商户
B. 公务员
C. 中国境内就业的外国人
D. 演员等自由职业者

35. 根据民事诉讼法律制度规定，下列关于民事诉讼证明的说法中，正确的是（　　）。
A. 当事人及其诉讼代理人申请人民法院调查收集证据，可以在举证期限届满后提交书面申请
B. 在诉讼过程中，一方当事人陈述的于己不利的事实，或者对于己不利的事实明确表示承认的，另一方当事人仍需举证证明
C. 当事人委托诉讼代理人参加诉讼的，除授权委托书明确排除的事项外，诉讼代理人的自认视为当事人的自认
D. 一方当事人对于另一方当事人主张的于己不利的事实既不承认也不否认，经审判人员说明并询问后，其仍然不明确表示肯定或者否定的，视为对该事实的否认

36. 根据刑事法律制度的规定，关于禁止令，下列说法中，不正确的是（　　）。
A. 判处管制，可以根据犯罪情况，同时禁止犯罪分子在执行期间从事特定活动
B. 人民法院对社区矫正机构执行禁止令的活动实行监督
C. 违反禁止令的，由负责执行禁止令的社区矫正机构所在地的公安机关依照规定处罚
D. 禁止令由司法行政机关指导管理的社区矫正机构负责执行

37. 根据刑事法律制度规定，关于一般累犯的下列说法中，正确的是（　　）。
A. 应当从重处罚
B. 可以从重处罚
C. 累犯适用于犯罪时不满18周岁的人犯罪的情况
D. 前罪或后罪均可以是过失犯罪

38. 根据刑事法律制度的规定，关于缓刑的下列说法中，错误的是（　　）。
A. 对于累犯和犯罪集团的首要分子，不适用缓刑
B. 被宣告缓刑的犯罪分子，如果被判处附加刑，附加刑仍须执行
C. 已满75周岁的人，满足缓刑条件的，应当宣告缓刑
D. 宣告缓刑同时颁布禁止令的，禁止令的期限不得少于3个月

39. 根据刑事诉讼法律制度规定，关于辩护律师享有的权利，下列说法中，正确的是（　　）。
A. 未经侦查机关许可，辩护律师不得同在押的犯罪嫌疑人、被告人会见和通信
B. 自接受委托担任辩护律师之日起，可以向犯罪嫌疑人、被告人核实有关证据
C. 自人民检察院对案件审查起诉之日起，可以查阅、摘抄、复制案卷材料
D. 只有经人民检察院或者人民法院许可，并且经证人或者其他有关单位和个人同意，才可以向上述人员或者单位收集与本案有关的材料

40. 根据刑事诉讼法律制度的规定，关于强制措施的下列说法中，正确的是（　　）。
A. 取保候审由公安机关执行
B. 犯罪嫌疑人被逮捕的，其聘请的律师不得为其申请取保候审
C. 取保候审的最长期限为6个月
D. 对同一犯罪嫌疑人决定取保候审，可以同时使用保证人保证与保证金保证

二、多项选择题

共20题，每题2分，共40分。每题的备选项中，有2个或2个以上符合题意，至少有1个错项。错选，本题不得分；少选，所选的每个选项得0.5分。

41. 根据行政许可法律制度的规定，下列各项中，行政机关应当办理行政许可注销手续的有（　　）。
    A. 甲取得注册会计师执业证书后，发生交通事故成为植物人
    B. 乙经营的药店存在大量非法出售处方药的行为，被药品监督管理局吊销药品经营许可证
    C. 丙依法向公安部门申请延续机动车驾驶证，公安部门在规定期限内未予答复
    D. 丁通过行贿取得行政许可证后，被行政机关发现并撤销其许可
    E. 行政机关违反法定程序对戊有限责任公司作出的行政许可

42. 税务机关作出的下列行政行为中，适用行政处罚听证程序的有（　　）。
    A. 税务机关对公民作出2000元罚款的行政处罚
    B. 税务机关对其他组织作出5000元罚款的行政处罚
    C. 税务机关对法人作出吊销税务行政许可证件的行政处罚
    D. 税务机关通知有关部门阻止某公司法定代表人出境
    E. 税务机关决定对某企业停止办理出口退税

43. 根据行政复议法律制度的规定，下列关于税务行政复议的说法中，正确的有（　　）。
    A. 针对核定税额、确定应税所得率等行政复议事项，申请人和被申请人在税务行政复议机关作出行政复议决定以前可以达成和解，税务行政复议机关也可以调解
    B. 行政复议机关以原具体行政行为主要事实不清、证据不足或适用依据错误决定撤销的，被申请人不得重新作出对申请人更为不利的决定
    C. 税务行政复议审理不得采取听证方式
    D. 税务行政复议的审理依据包括税收法律、税收法规、税收部门规章和合法有效的税务规范性文件
    E. 税务行政复议机关应当对被申请人作出的税务具体行政行为所依据的事实及证据、法律程序、法律依据和设定的权利义务内容是否具备合法性、适当性进行全面审查

44. 根据行政诉讼法律制度规定，下列属于行政诉讼受案范围的有（　　）。
    A. 因蔬菜价格上涨销路看好，镇政府要求某村十户居民拔掉麦子改种蔬菜
    B. 为解决残疾人就业难，某市政府发布《促进残疾人就业指导意见》
    C. 税务机关对某公司处以罚款的行政处罚
    D. 某税务机关制定税收规范性文件
    E. 某机关工作人员被所在单位记大过处分

45. 根据《民法典》的规定，下列属于可撤销民事法律行为的有（　　）。
    A. 7周岁的甲在学校门口摊位用零用钱购买橡皮一块
    B. 8周岁的乙精神健康、智力正常，其独立实施的民事法律行为

C. 丙为逃避债务清偿义务，丙、丁订立虚假的买卖合同将丙名下的财产卖予丁，但双方私下约定丙仍享有财产所有权
D. 戊受己胁迫而将祖传青花瓷低价卖给己
E. 庚受辛欺诈而与其订立合同

46. 甲 16 周岁，就读于人大附中。甲利用课余时间从事发明，取得发明专利一项。该发明专利对于乙公司生产有重大帮助，因此乙公司辗转联系到甲，双方于学校门口咖啡店订立了关于专利权独家实施许可合同，乙公司每年向甲支付 100 万元专利实施费。甲父母知晓后，断然拒绝，遂书面通知乙公司解除合同。关于该合同效力的说法中，不正确的有（　　）。
A. 由于应请求人民法院以诉讼方式解除，因此该合同生效
B. 由于甲父母拒绝追认，该合同自始无效
C. 由于甲父母发出了解除通知，该通知到达乙公司时合同解除，权利义务终止
D. 由于甲系限制民事行为能力人，因此该合同可撤销
E. 由于该合同使得甲纯获利益，因此该合同成立并生效

47. 根据物权法律制度规定，下列选项中，一般属于业主共有的有（　　）。
A. 建筑物内住宅
B. 建筑区划内的道路
C. 建筑物内经营性用房
D. 建筑区划内的绿地
E. 建筑区划内的物业服务用房

48. 根据《民法典》规定，下列各项中，能够引起不当得利之债发生的有（　　）。
A. 养子女对亲生父母并无赡养义务而赡养
B. 送报员将甲订的报纸投入乙的报箱
C. 路人丙将摔倒的老大爷丁送医并垫付医药费
D. 因连降暴雨致鱼塘水位升高，戊鱼塘中的鱼跃入相邻的己鱼塘中
E. 庚提前 1 个月清偿欠辛的 10 万元债务

49. 根据合同法律制度规定，下列属于要约的有（　　）。
A. 某商店推出活动：某型号电饭煲 300 元一台，每人限购一台
B. 拍卖行展出的关于古董的拍卖公告
C. 自动售货机标明可乐 3 元/瓶
D. 房地产开发企业向施工单位发出的某项目招标公告
E. 某股份有限公司公告的招股说明书

50. 甲公司向乙公司采购一台价值 80 万元的设备。双方在买卖合同中签订的定金为 10 万元，违约金 20 万元。后甲公司向乙公司支付了 20 万元定金，乙公司接受且未提出异议。设备交付后发现存在重大质量问题，无法实现合同目的，甲公司主张解除合同并要求乙公司承担违约责任。根据《民法典》有关规定，下列违约责任的表述中，正确的有（　　）。
A. 甲公司仅能要求乙公司按照合同约定的 10 万元定金双倍返还
B. 甲公司可以要求乙公司按照收受的 20 万元定金双倍返还
C. 甲公司可以要求乙公司返还 20 万元，并承担违约金 20 万元
D. 甲公司可以要求乙公司返还 20 万元，并罚 16 万元
E. 甲公司可以就定金罚则与违约金一并主张

51. 根据合同法律制度的规定，下列关于租赁合同的说法中，正确的有（　　）。

A. 出租人和承租人可以通过合同约定由承租人承担租赁物的维修义务

B. 承租人未经出租人同意，对租赁物进行改善或者增设他物的，出租人有权请求解除合同

C. 承租人经出租人同意转租，第三人造成租赁物损失的，第三人应当赔偿损失

D. 承租人未经出租人同意转租的，出租人可以解除合同

E. 租赁物在承租人按照租赁合同占有期限内发生所有权变动的，租赁合同失效

52. 根据《民法典》相关规定，下列夫妻关系存续期间取得的财产中，属于夫妻共同财产的有（　　）。

A. 一方因受到人身损害获得的赔偿

B. 接受赠与合同中确定只归一方所获财产

C. 一方因受到财产损害获得的补偿

D. 一方的工资、奖金、劳务报酬

E. 一方生产、经营、投资的收益

53. 根据破产法律制度规定，关于追回权和取回权的下列说法中，正确的有（　　）。

A. 人民法院受理破产申请后，债务人的出资人尚未完全履行出资义务的，管理人应当要求该出资人缴纳所认缴的出资，而不受出资期限的限制

B. 人民法院受理破产申请后，管理人可以通过清偿债务或者提供为债权人接受的担保，取回质物、留置物

C. 权利人行使取回权时未依法向管理人支付相关的加工费、保管费、托运费、委托费、代销费等费用，管理人拒绝其取回相关财产的，人民法院应予支持

D. 出卖人对在运途中标的物未及时行使取回权，在买卖标的物到达管理人后向管理人行使在运途中标的物取回权的，管理人应予准许

E. 权利人依据《企业破产法》规定行使取回权，应当在破产财产变价方案或者和解协议、重整计划草案提交债权人会议表决后向管理人提出

54. 根据合伙企业法律制度规定，下列关于普通合伙企业合伙事务执行的说法中，正确的有（　　）。

A. 合伙企业可以聘请合伙人以外的人执行合伙事务

B. 受委托执行合伙事务的合伙人不按照合伙协议或者全体合伙人的决定执行事务的，其他合伙人可以决定撤销该委托

C. 合伙人分别执行合伙事务的，不执行事务的合伙人可以对其他合伙人执行的事务提出异议

D. 合伙人分别执行合伙事务的，执行事务的合伙人对其他合伙人执行的事务提出异议时，不暂停该项事务的执行

E. 合伙人为了解合伙企业的经营状况和财务状况，有权查阅合伙企业会计账簿等财务资料

55. 甲作为有限合伙人与其他合伙人出资设立某合伙企业，根据合伙企业法律制度规定，下列说法中正确的有（　　）。

A. 法律无特殊规定时，该有限合伙企业有限合伙人应为50人

B. 该有限合伙企业应当至少具有一位普通合伙人

C. 甲可以劳务出资

D. 如甲未按期足额缴纳出资，则应承担补缴义务，但无须向其他主体承担责任

E. 该合伙企业名称中应当表明“有限合伙”字样

56. 根据公司法律制度的规定，公司存在特定情形收购本公司股份，可以依照公司章程的规定或者股东大会的授权，经 2/3 以上董事出席的董事会会议决议。根据公司法律制度规定，属于该特定情形的有（　　）。

A. 减少公司注册资本

B. 与持有本公司股份的其他公司合并

C. 将股份用于员工持股计划或者股权激励

D. 股东因对股东大会作出的公司合并、分立决议持异议，要求公司收购其股份

E. 将股份用于转换上市公司发行的可转换为股票的公司债券

57. 根据民事诉讼法律制度规定，下列关于地域管辖的说法中，正确的有（　　）。

A. 因财产保险合同纠纷提起的诉讼，如果保险标的物是运输工具或者运输中的货物，可以由运输工具登记注册地、运输目的地、保险事故发生地人民法院管辖

B. 因人身保险合同纠纷提起的诉讼，应当由投保人或保险人住所地人民法院管辖

C. 因票据纠纷提起的诉讼，由票据支付地或者被告住所地人民法院管辖

D. 因铁路、公路、水上和航空事故请求损害赔偿提起的诉讼，由事故发生地或者运输目的地或者被告住所地人民法院管辖

E. 因侵权行为提起的诉讼，由侵权行为实施地、侵权结果发生地或者被告住所地人民法院管辖

58. 根据刑事法律制度规定，下列关于刑事责任能力的说法中，正确的有（　　）。

A. 犯罪时不满 18 周岁的人不作为累犯

B. 对不满 18 周岁的人，符合缓刑条件的，应当宣告缓刑

C. 犯罪的时候怀孕的妇女，不适用死刑

D. 犯罪的时候不满 18 周岁的人，一律免除前科报告义务

E. 因不满 16 周岁不予刑事处罚的，责令其父母或者其他监护人加以管教；在必要的时候，依法进行专门矫治教育

59. 根据刑事法律制度的规定，下列关于骗取出口退税罪的说法中，正确的有（　　）。

A. 本罪犯罪主观方面必须出于故意，且具有骗取国家出口退税款的目的

B. 本罪犯罪主体只能是纳税人

C. 利用国家出口退税制度，以假报出口或者其他欺骗手段，骗取国家出口退税款数额在 5 万元以上，才能构成本罪

D. 纳税人缴纳税款后，以假报出口或者其他欺骗手段，骗取所缴纳的税款的，一律依照骗取出口退税罪定罪处罚

E. 本罪侵犯的客体是简单客体，即国家出口退税管理制度

60. 根据刑事诉讼法律制度的规定，下列关于侦查措施的说法中，正确的有（　　）。

A. 讯问犯罪嫌疑人，侦查人员或者检察人员不得少于 2 人

B. 案情特别重大、复杂，需要采取逮捕措施的，传唤持续的时间不得超过 12 小时

C. 侦查人员在讯问犯罪嫌疑人的时候，应当对讯问过程进行录音或者录像

D. 在执行逮捕、拘留的时候，遇有紧急情况，不另用搜查证也可以进行搜查

E. 犯罪嫌疑人被送交看守所羁押以后，讯问应当在看守所内进行

三、综合分析题

共 20 题，每小题 2 分，共 40 分。在每个小题的备选项中，有 1 个或多个最符合题意，错选，本题不得分，少选，所选的每个选项得 0.5 分。

案例（一）

A 市 B 区税务局稽查局在执法检查中发现辖区内甲公司涉嫌偷逃税款，遂对其进行立案调查。在作出行政处罚决定前，税务机关向甲公司送达了《税务行政处罚事项告知书》。由于该案涉及款额重大，经 A 市 B 区税务局重大税务案件审理委员会（以下简称“审理委员会”）审理后，税务机关最终对甲公司作出罚款的行政处罚决定。甲公司不服，拟通过申请行政复议或提起行政诉讼的方式寻求救济。

61. 关于对甲公司作出的行政处罚的说法中，正确的有（　　）。
    - A. 如税务机关对甲公司拟作出的罚款金额在 1 万元以上，甲公司有权申请听证
    - B. 对应当听证的案件，如税务机关不组织听证，则行政处罚决定无效
    - C. 如甲公司申请听证，应由 A 市 B 区税务局重大案件审理委员会组织听证
    - D. 如甲公司申请听证，应由 A 市 B 区税务局稽查局组织听证
    - E. 如甲公司申请听证，应当在《税务行政处罚事项告知书》送达后 7 日内向税务机关书面提出听证申请

62. 关于重大税务案件审理委员会的说法中，正确的有（　　）。
    - A. 审理委员会会议由审理委员会主任或其授权的副主任主持
    - B. 审理纪要由审理委员会主任或其授权的副主任签发
    - C. 审理意见书由审理委员会主任或其授权的副主任签发
    - D. A 市 B 区税务局稽查局应当按照重大税务案件审理意见书制作税务处理处罚决定等相关文书，加盖稽查局印章后送达执行
    - E. A 市 B 区税务局应当按照重大税务案件审理意见书制作税务处理处罚决定等相关文书，加盖税务局印章后送达执行

63. 如甲公司拟申请行政复议，下列说法中正确的有（　　）。
    - A. 甲公司应以 A 市 B 区税务局稽查局为被申请人
    - B. 甲公司应以 A 市 B 区税务局重大税务案件审理委员会为被申请人
    - C. A 市 B 区税务局稽查局不具有行政主体资格
    - D. 甲公司可向 A 市 B 区税务局申请行政复议
    - E. 甲公司可向 A 市税务局申请行政复议

64. 如甲公司拟提起行政诉讼，下列说法中正确的有（　　）。
    - A. 如复议机关作出了维持决定，复议机关应作为共同被告
    - B. 甲公司应先缴纳罚款或提供担保，申请行政复议；对复议决定不服的，再向人民法院提起行政诉讼
    - C. 如本案行政处罚明显不当，人民法院应当判决变更
    - D. 被告承担被诉行政行为合法性的举证责任
    - E. 原告承担被诉行政行为不合法的举证责任

案例（二）

2020 年 8 月，甲公司向乙公司以分期付款的方式购买一台挖掘机，约定当月支付合同金额的 40% 为首付款，余款自 9 月 1 日起至 2021 年 2 月 1 日止，于每月 1 日支付合同金额的 10%，共计 6 次支付完毕。在收到首付款后乙公司向甲公司交付了挖掘机。丙公司应乙公司要求，为甲公司的债务提供保证，并单独签署了保证合同，约定保证期间为 2021 年 2 月 1 日起至 2021 年 4 月 30 日止，并约定禁止转让债权，但并未约定保证方式。

因公司业务不好，甲公司应于 9 月 1 日与 10 月 1 日支付的合同价款迟迟未能支付，期间，乙公司未进行任何催告；10 月底，甲公司与乙公司协议将合同余款的支付期限改为自 2021 年 1 月 1 日起至 6 月 1 日止，于每月 1 日支付合同金额的 10%，共计 6 次支付完毕，但未告知丙公司。2020 年年底，乙公司为尽快回款，将对甲公司所剩应收账款的 50% 卖给丁公司。2021 年 6 月底，乙公司在未曾提起诉讼或申请仲裁的情况下直接联系丙公司要求丙公司承担保证责任。

65. 根据合同法律制度规定，关于甲公司连续 2 个月未能及时支付合同价款，下列说法中，正确的有（　　）。

A. 乙公司不得请求甲公司支付全部价款

B. 乙公司可以请求解除合同

C. 乙公司可以请求解除合同或请求甲公司支付全部价款

D. 乙公司无权请求解除合同

E. 乙公司有权请求解除合同，但不得向甲公司请求支付该标的物的使用费

66. 根据合同法律制度规定，关于乙公司债权转让的表述中，正确的有（　　）。

A. 若未通知甲公司，该转让不生效

B. 若未通知甲公司，该转让对甲公司不发生效力

C. 若未经丙公司书面同意，丙公司对丁公司不再承担保证责任

D. 若未经丙公司书面同意，丙公司对丁公司应承担保证责任，但可以向乙公司主张违约责任

E. 若未经丙公司书面同意，丙公司对丁公司应承担保证责任，且不得向乙公司主张违约责任

67. 根据合同法律制度规定，关于丙公司的保证方式及保证期间的说法中，正确的有（　　）。

A. 丙公司按照一般保证承担保证责任

B. 丙公司按照连带责任保证承担保证责任

C. 丙公司保证期间为 2021 年 2 月 1 日起至 2021 年 4 月 30 日止

D. 由于约定保证期间不足 6 个月，因此丙公司保证期间为 2021 年 2 月 1 日起至 2021 年 8 月 1 日止

E. 由于债务履行期限变更，因此丙公司保证期间相应调整为 2021 年 6 月 1 日起至 2021 年 8 月 31 日止

68. 根据合同法律制度规定，下列关于丙公司最终承担保证责任的说法中，正确的有（　　）。

A. 丙公司不再承担保证责任

B. 鉴于丙公司的一般保证责任，丙公司应承担补充赔偿责任

C. 鉴于丙公司的一般保证责任，丙公司可以行使先诉抗辩权

D. 丙公司应对乙公司未转让的债权承担保证责任

E. 乙公司对丙公司行使保证债权请求权的诉讼时效期间自乙公司向丙公司主张权利时开始起算

案例（三）

甲公司为自建办公楼，以出让方式取得某区一地块的建设用地使用权。特以该地块建设用地使用权向乙银行设立抵押权作为贷款5000万元的担保。双方于2021年4月1日订立了书面的借款合同和抵押合同，借款期限1年，并于同日办理了抵押登记。随后，甲公司利用银行贷款与丙建设公司（以下简称“丙公司”）订立建设工程合同，开工建设办公楼。2021年10月底，办公楼落成使用，甲公司此时资金链异常紧张。

为解决资金短缺，甲公司以新建成的办公楼为抵押向丁公司借款5000万元，双方于2021年10月31日订立书面借款合同和抵押合同，借款期限3个月，于当日办理了抵押登记。双方约定每年借款利息为借款本金的40%，按照借款期限6个月计算，利息应为1000万元，丁公司在向甲公司放款时直接将利息扣除，即向甲公司账户打款4000万元。

2022年5月，甲公司无力偿还乙银行贷款本息、丙公司建设工程价款2000万元以及丁公司借款本息，相关债权人主张实现抵押权，该地块建设用地使用权及办公楼拍卖所得价款共7000万元，其中建设用地使用权拍得4000万元，办公楼拍得3000万元。

已知，2021年10月一年期贷款市场报价利率为3.85%；2022年4月一年期贷款市场报价利率为3.7%。

69. 根据物权法律制度的规定，下列关于物权变动的说法中，正确的有（　　）。
A. 甲公司自建设用地使用权出让合同生效时取得建设用地使用权
B. 甲公司的建设用地使用权自登记时设立
C. 甲公司自办公楼建造完成时取得其所有权
D. 甲公司自办公楼不动产登记时取得其所有权
E. 乙银行对该地块的抵押权自2021年4月1日设立

70. 根据合同法律制度规定，下列关于甲公司与丙公司建设工程合同的说法中，正确的有（　　）。
A. 丙公司不得将其承包的全部建设工程转包给第三人
B. 丙公司不得将其承包的全部建设工程支解以后以分包的名义分别转包给第三人
C. 建设工程主体结构的施工可由具有资质的分包单位完成
D. 丙公司将该工程依法分包的，先由分包单位向甲公司承担责任，不足部分丙公司承担
E. 该办公大楼未经验收，不得交付使用

71. 根据合同法律制度规定，下列关于甲公司与丁公司借款合同的说法中，正确的有（　　）。
A. 甲公司应按照合同约定的5000万元还本付息
B. 甲公司应按照实际借款金额4000万元还本付息
C. 甲公司应按照年化利率24%计算利息
D. 甲公司应按照年化利率14.8%计算利息
E. 甲公司应按照年化利率15.4%计算利息

72. 根据物权、合同法律制度规定，下列关于拍卖所得7000万元价款各债权人受偿的表述中，正确的有（　　）。
A. 乙银行可就7000万元优先受偿
B. 乙银行可就4000万元优先受偿
C. 丙公司可受偿2000万元
D. 丁公司实际仅可就1000万元受偿
E. 丁公司无权优先受偿

案例（四）

甲公司与乙公司于2015年5月订立了关于5套机器设备的《设备买卖合同》。双方约定合同订立后预付总价款20%，提货前再付35%后发货，自设备交付后第三个月起每2个月支付5%，共付9次，直至付清总价款。在货款付清前，乙公司保留设备所有权。

乙公司依约交付设备后，甲公司未能按时付清全部价款，尚有30%的价款未支付，因此，乙公司于2018年6月将甲公司诉至人民法院，要求甲公司支付所欠货款。人民法院审理后支持了乙公司的诉讼请求。

2019年1月，人民法院裁定受理甲公司破产清算案件并指定了管理人。随后，乙公司向甲公司破产管理人致函，询问管理人是否解除或者继续履行《设备买卖合同》。管理人答复：

（1）《设备买卖合同》纠纷已经由人民法院依法作出生效判决书，乙公司明确要求甲公司支付所欠货款，因此乙公司不再享有对标的物的所有权，而仅为请求支付货款的普通债权。

（2）5台设备已于2017年7月抵押给市农商行（该行不知道该设备系所有权保留买卖合同标的物），并办理了抵押登记。

因无法与甲公司管理人达成一致意见，乙公司起诉至人民法院请求确认甲公司欠付的货款作为共益债务清偿。

73. 下列关于设备所有权及其风险负担的说法中，正确的有（　　）。
A. 该设备所有权属于甲公司
B. 该设备所有权属于乙公司
C. 该设备毁损、灭失风险由甲公司负担
D. 该设备毁损、灭失风险由乙公司负担
E. 人民法院裁定受理甲公司破产案件前，乙公司不得行使取回权

74. 关于合同是否继续履行以及乙公司第二次起诉的说法中，正确的有（　　）。
A. 乙公司有权催告管理人确认《设备买卖合同》是否继续履行
B. 管理人自破产申请受理之日起2个月内未通知乙公司，视为继续履行
C. 管理人自收到乙公司催告之日起30日内未答复的，视为解除合同
D. 乙公司有权提起确认甲公司欠付的货款作为共益债务之诉
E. 根据“一事不再理”原则，乙公司无权提起确认甲公司欠付的货款作为共益债务之诉

75. 下列关于市农商行抵押权的说法中，正确的有（　　）。
A. 由于该抵押权已经登记，因此抵押权已经设立
B. 由于该设备所有权属乙公司所有，因此抵押权未设立
C. 抵押权已经设立，但不得对抗乙公司的所有权
D. 抵押权已经设立，乙公司所有权不得对抗该抵押权
E. 乙公司丧失所有权，因此抵押权设立

76. 下列关于乙公司权益保护的说法中，正确的有（　　）。
A. 该债权应作为共益债务进行清偿
B. 该债权应作为有物权担保的债务进行清偿
C. 该债权应作为普通破产债权进行清偿
D. 人民法院裁定受理甲公司破产案件后，乙公司可以主张取回该设备
E. 人民法院裁定受理甲公司破产案件后，乙公司不得主张取回该设备

案例（五）

甲、乙以票面金额 1.1%的价格从丙设立的 A 公司和 B 公司取得增值税专用发票，由甲联系购买增值税专用发票单位，将购票单位信息发送给丙并支付购票款，再以票面金额 1.45%~1.75%的价格卖给受票单位。

丁与甲通过 QQ 群认识，双方商谈好以票面金额 1.3%购买增值税专用发票。与甲见面后，甲变卦，要求丁支付票面金额的 1.6%，随后二人商谈至 1.4%成交。此后，丁在没有真实业务的情况下，以票面金额 1.4%~1.6%的价格从甲、乙处取得增值税专用发票若干。经调查，其购买的增值税专用发票实际抵扣税款若干。

丁交代，其受雇于老板戊，其购票款项系戊每次打款至其银行账户后，丁再转账给甲、乙二人。自己仅收取了 3 万元好处费，应属从犯。经查，戊向丁银行账户转账共计 190 余万元，而其给甲、乙转款仅为 108 万元，剩余款项并不能作合理解释。

最终，丁因犯罪被人民法院判处有期徒刑 3 年，宣告缓刑 5 年，并处罚金人民币 6 万元，缓刑考验期自 2016 年 8 月 2 日至 2021 年 8 月 1 日止。丁在社区矫正期间遵纪守法，服从监督管理，表现良好。

2019 年 11 月 12 日上午，丁在某街道进行社区服务时，发现社区卫生服务站门口的道路上，一辆正在施工的热熔划线工程车上的液化气罐突然起火，危及周边安全。丁见状主动上前施救，并成功排除险情。丁的行为被法院依法认定为重大立功，符合减刑的法定条件。人民法院依法裁定对丁减去有期徒刑 6 个月，缩减缓刑考验期 1 年。

77. 不考虑案涉金额，关于甲乙丙行为评价的说法中正确的有（　　）。
A. 甲涉嫌构成虚开增值税专用发票罪
B. 甲涉嫌构成非法购买增值税专用发票罪
C. 乙涉嫌构成非法购买增值税专用发票罪
D. 丙涉嫌构成虚开增值税专用发票罪
E. 丙涉嫌构成非法出售增值税专用发票罪

78. 不考虑案涉金额，关于丁的行为评价的说法中正确的有（　　）。
A. 丁系任职受雇的职务行为，因此不构成犯罪
B. 丁涉嫌构成虚开增值税专用发票罪
C. 丁涉嫌构成非法购买增值税专用发票罪
D. 丁涉嫌构成非法出售增值税专用发票罪
E. 丁涉嫌构成持有伪造的增值税专用发票罪

79. 关于丁适用缓刑的说法中，正确的有（　　）。
A. 丁可以同时被宣告禁止令
B. 丁被判处 3 年有期徒刑，不得适用缓刑
C. 丁被判处 3 年有期徒刑，可以适用缓刑
D. 丁的缓刑考验期应为原判刑期以上 5 年以下，因此 5 年缓刑考验期符合规定
E. 被宣告禁止令的犯罪分子被依法减刑时，禁止令的期限可以相应缩短

80. 关于丁适用减刑的说法中，正确的有（　　）。
A. 对丁宣告缓刑，则不得对其减刑
B. 对丁宣告缓刑，仍可以对其减刑
C. 缩减后，有期徒刑的缓刑考验期限不得少于 1 年
D. 不满 5 年有期徒刑的，应当执行 1 年以上方可减刑
E. 有期徒刑减刑的起始时间自判决执行之日起计算

答案速查

我做对了 ________ 题　　我得了 ________ 分

一、单项选择题

序号	1	2	3	4	5	6	7	8	9	10
答案	A	A	D	A	C	B	D	B	D	A
序号	11	12	13	14	15	16	17	18	19	20
答案	B	B	C	B	A	C	A	A	D	D
序号	21	22	23	24	25	26	27	28	29	30
答案	D	B	B	D	B	D	B	D	A	D
序号	31	32	33	34	35	36	37	38	39	40
答案	D	A	B	B	C	B	A	D	C	A

二、多项选择题

序号	41	42	43	44	45	46	47	48	49	50
答案	ABD	AC	ADE	AC	DE	ACDE	BDE	BD	AC	CD
序号	51	52	53	54	55	56	57	58	59	60
答案	AD	CDE	ABC	ABE	BE	CE	ACE	ABE	AC	ADE

三、综合分析题

序号	案例（一）				案例（二）			
	61	62	63	64	65	66	67	68
答案	AD	ABD	E	AD	AD	BC	AC	A
序号	案例（三）				案例（四）			
	69	70	71	72	73	74	75	76
答案	BCE	ABE	BE	BCD	BCE	ACD	D	AE
序号	案例（五）							
	77	78	79	80				
答案	AD	B	ACDE	BCDE				

参考答案及解析

使用“会计云课堂”App 或“微信”扫码对答案、看解析、掌握解题思路，开启轻松过关之旅。

扫码看解析

一、单项选择题

1. A

2. A　【解析】(1) 选项 B：申请材料不齐全或者不符合法定形式的，行政机关应当当场或者在 5 日内一次告知申请人需要补正的全部内容，逾期不告知的，自收到申请材料之日起即为受理。(2) 选项 C：申请人可以委托代理人提出行政许可申请。但是，依法应当由申请人到行政机关办公场所提出行政许可申请的除外。(3) 选项 D：除可以当场作出行政许可决定的外，行政机关应当自受理行政许可申请之日起20 日内作出行政许可决定。20 日内不能作出决定的，经本行政机关负责人批准，可以延长 10 日，并应当将延长期限的理由告知申请人。但是，法律、法规另有规定的，依照其规定。

3. D　【解析】行政机关拒绝听取当事人陈述、申辩，违反了“保障相对人权益原则”，该原则又名“无救济即无处罚原则”。

4. A　【解析】税务行政处罚包括：(1) 罚款；(2) 没收违法所得；(3) 停止出口退税权；(4) 吊销税务行政许可证件。

5. C　【解析】(1) 选项 AC：违法事实确凿并有法定依据，对公民处以 200 元以下、对法人或者其他组织处以 3000 元以下罚款或者警告的行政处罚的，可以当场作出行政处罚决定（≠当场收缴罚款）。法律另有规定的，从其规定。(2) 选项 B：当事人拒绝签收行政处罚决定书的，应当在行政处罚决定书上注明。(3) 选项 D：简易程序制作的行政处罚决定书由执法人员签名或者盖章。

6. B　【解析】(1) 选项 A：申请人书面申请行政复议的，可以采取当面递交、邮寄或者传真等方式提出行政复议申请。有条件的行政复议机构可以接受以电子邮件形式提出的行政复议申请。(2) 选项 C：申请人对税务机关作出逾期不缴纳罚款“加处罚款的决定”不服的，应当先缴纳罚款和加处罚款，再申请行政复议。（3）选项D：申请人对税务机关作出的罚款决定不服，可以申请行政复议，也可以直接向人民法院提起行政诉讼。

7. D　【解析】对海关、金融、外汇管理等实行垂直领导的行政机关和国家安全机关的具体行政行为不服的，向上一级主管部门申请行政复议。

8. B　【解析】原告可以提供证明行政行为违法的证据。原告提供的证据不成立的，不免除被告的举证责任。

9. D　【解析】人民法院对起诉行政机关没有依法支付抚恤金、最低生活保障金和工伤、医疗社会保险金的案件，权利义务关系明确、不先予执行将严重影响原告生活的，可以根据原告的申请，裁定先予执行。

10. A　【解析】选项BCD：属于民事权利的绝对消灭。

11. B　【解析】民事法律行为是民事主体通过意思表示设立、变更、终止民事法律关系的行为。

12. B　【解析】（1）选项A：16周岁以上的未成年人（$16 \leqslant X < 18$），以自己的劳动收入为主要生活来源的，视为完全民事行为能力人。（2）选项B：不满8周岁的未成年人为无民事行为能力人，由其法定代理人代理实施民事法律行为；无民事行为能力人实施的民事法律行为无效。（3）选项CD：8周岁以上的未成年人为限制民事行为能力人；限制民事行为能力人实施的纯获利益的民事法律行为或者与其年龄、智力、精神健康状况相适应的民事法律行为有效。

13. C　【解析】选项C：无民事行为能力人或者限制民事行为能力人对其法定代理人的请求权的诉讼时效期间，自该法定代理终止之日起计算。

14. B　【解析】（1）选项A：诉讼时效期间适用于债权请求权，除斥期间适用于形成权，如解除权、撤销权等。（2）选项B：除斥期间不适用中断、中止、延长。（3）选项CD：诉讼时效期间届满，发生义务人永久性抗辩权，债权人实体权利不消灭；除斥期间届满，债权人实体权利消灭。

15. A　【解析】地役权自地役权合同生效时设立。当事人要求登记的，可以向登记机构申请地役权登记；未经登记，不得对抗善意第三人。

16. C　【解析】（1）选项ABC：以动产抵押的，抵押权自抵押合同生效时设立；未经登记，不得对抗善意第三人。（2）选项D：动产承租人不享有同等条件下优先购买权。

17. A　【解析】（1）选项B：乙属于有权占有（善意占有属于无权占有）。（2）选项C：丙属于有权占有。（3）选项D：丁以所有的意思所为占有，因此属于自主占有。

18. A　【解析】选项BCD系好意施惠，不产生民法上债的效果。

19. D　【解析】当事人互负债务，该债务的标的物种类、品质相同的，任何一方可以将自己的债务与对方的到期债务抵销；但是，根据债务性质、按照当事人约定或者依照法律规定不得抵销的除外。

20. D　【解析】(1) 选项C：当事人约定非金钱债权不得转让的，不得对抗善意第三人。(2) 选项D：当事人约定金钱债权不得转让的，不得对抗第三人。

21. D　【解析】(1) 选项A：当事人可以在买卖合同中约定买受人未履行支付价款或者其他义务的，标的物的所有权属于出卖人；(2) 选项B：出卖人对标的物保留的所有权，未经登记，不得对抗善意第三人；(3) 选项C：买受人已经支付标的物总价款的75%以上，出卖人主张取回标的物的，人民法院不予支持。

22. B　【解析】(1) 选项A：租赁期限6个月以上的，应当采用书面形式。当事人未采用书面形式，无法确定租赁期限的，视为不定期租赁。(2) 选项B：承租人未经出租人同意转租的，出租人可以解除合同。出租人知道或者应当知道承租人转租，但是在6个月内未提出异议的，视为出租人同意转租。(3) 选项C：出租人应当履行租赁物的维修义务，但是当事人另有约定的除外。因承租人的过错致使租赁物需要维修的，出租人不承担规定的维修义务。(4) 选项D：承租人无正当理由未支付或者迟延支付租金的，出租人可以请求承租人在合理期限内支付；承租人逾期不支付的，出租人可以解除合同。

23. B　【解析】因林木折断、倾倒或者果实坠落等造成他人损害，林木的所有人或者管理人不能证明自己没有过错的，应当承担侵权责任（过错推定责任原则）。

24. D　【解析】(1) 继承人有下列行为之一的，丧失继承权：①故意杀害被继承人；②为争夺遗产而杀害其他继承人；③遗弃被继承人，或者虐待被继承人情节严重；④伪造、篡改、隐匿或者销毁遗嘱，情节严重；⑤以欺诈、胁迫手段迫使或者妨碍被继承人设立、变更或者撤回遗嘱，情节严重。(2) 继承人有上述第③~⑤项行为，确有悔改表现，被继承人表示宽恕或者事后在遗嘱中将其列为继承人的，该继承人不丧失继承权。

25. B　【解析】(1) 选项A：个人独资企业的出资人是1个自然人。(2) 选项C：个人独资企业解散的，财产应当按照下列顺序清偿：①所欠职工工资和社会保险费用；②所欠税款；③其他债务。(3) 选项D：个人独资企业解散后，原投资人对个人独资企业存续期间的债务仍应承担偿还责任，但债权人在5年内未向债务人提出偿债请求的，该责任消灭。

26. D　【解析】(1) 选项AB：合伙人发生与合伙企业无关的债务，相关债权人不得以其债权抵销其对合伙企业的债务；也不得代位行使合伙人在合伙企业中的权利。（2）选项 CD：合伙人的自有财产不足清偿其与合伙企业无关的债务的，该合伙人可以以其从合伙企业中分取的收益用于清偿；债权人也可以依法请求人民法院强制执行该合伙人在合伙企业中的财产份额用于清偿。

27. B 【解析】（1）国有独资公司、国有企业、上市公司以及公益性的事业单位、社会团体不得成为普通合伙人，因此，该合伙企业为有限合伙企业，国有独资公司为有限合伙人，张某为普通合伙人。（2）有限合伙企业由普通合伙人和有限合伙人组成，普通合伙人对合伙企业债务承担无限连带责任，有限合伙人以其认缴的出资额为限对合伙企业债务承担责任，因此 A 选项错误、D 选项错误。（3）普通合伙人为自然人的，应当具有完全民事行为能力，B 选项正确。（4）有限合伙人不得以劳务出资，C 选项错误。

28. D 【解析】公司为公司股东或者实际控制人提供担保的，必须经股东会或者股东大会决议。接受担保的股东或者受实际控制人支配的股东，不得参加对该担保事项的表决。该项表决由出席会议的其他股东所持表决权的过半数（>1/2）通过。

29. A 【解析】当事人超越经营范围订立合同，为了保护善意相对人的利益，人民法院不因此认定合同无效；但是违反国家限制经营、特许经营以及法律、行政法规禁止经营规定的除外。

30. D 【解析】有下列情形之一的，不得担任管理人：（1）因故意犯罪受过刑事处罚；（2）曾被吊销相关专业执业证书；（3）与本案有利害关系（包括但不限于：①现在担任或者在人民法院受理破产申请前 3 年内曾经担任债务人、债权人的财务顾问、法律顾问；②现在担任或者在人民法院受理破产申请前 3 年内曾经担任债务人、债权人的董事、监事、高级管理人员）；（4）人民法院认为不宜担任管理人的其他情形。

31. D 【解析】债务人占有的他人财产被违法转让给第三人，依据善意取得制度第三人已善意取得财产所有权，原权利人无法取回该财产的，人民法院应当按照以下规定处理：（1）转让行为发生在破产申请受理前的，原权利人因财产损失形成的债权，作为普通破产债权清偿；（2）转让行为发生在破产申请受理后的，因管理人或者相关人员执行职务导致原权利人损害产生的债务，作为共益债务清偿。

32. A 【解析】（1）选项 ABC：人民法院受理破产申请前 1 年内，涉及债务人财产的下列行为，管理人有权请求人民法院予以撤销：①无偿转让财产的；②以明显不合理的价格进行交易的；③对没有财产担保的债务提供财产担保的（指对原来已经成立的债务补充设置物权担保，因其使被提供担保的债权人得到本不享有的优先清偿利益，所以应撤销）；④对未到期的债务提前清偿的；⑤放弃债权的。（2）选项 D：破产申请受理前 1 年内债务人提前清偿的未到期债务，在破产申请受理前已经到期，管理人请求撤销该清偿行为的，人民法院不予支持。但是，该清偿行为发生在破产申请受理前6个月内且债务人具有破产原因的除外。

33. B　【解析】（1）选项A：公平效率原则。（2）选项C：税收法定原则。（3）选项D：灵活原则。

34. B　【解析】公务员及参公管理工作人员养老保险的办法由国务院规定。

35. C　【解析】（1）选项A：当事人及其诉讼代理人申请人民法院调查收集证据，应当在举证期限届满前提交书面申请。（2）选项B：在诉讼过程中，一方当事人陈述的于己不利的事实，或者对于己不利的事实明确表示承认的，另一方当事人无须举证证明。（3）选项D：一方当事人对于另一方当事人主张的于己不利的事实既不承认也不否认，经审判人员说明并询问后，其仍然不明确表示肯定或者否定的，视为对该事实的承认。

36. B　【解析】人民检察院对社区矫正机构执行禁止令的活动实行监督。

37. A　【解析】（1）选项AB：对累犯，应当从重处罚。（2）选项C：犯罪时不满18周岁的人不作为累犯。（3）选项D：前罪和后罪都必须是故意犯罪才可能成立累犯（过失犯罪不成立累犯）。

38. D　【解析】禁止令的期限，可以与缓刑考验的期限相同，也可以短于缓刑考验的期限，但不得少于2个月。

39. C　【解析】（1）选项A：辩护律师可以同在押的犯罪嫌疑人、被告人会见和通信。其他辩护人经人民法院、人民检察院许可，也可以同在押的犯罪嫌疑人、被告人会见和通信。（2）选项B：辩护律师自案件移送审查起诉之日起，可以向犯罪嫌疑人、被告人核实有关证据。（3）选项D：辩护律师经证人或者其他有关单位和个人同意，可以向他们收集、调取与本案有关的材料（无须经人民检察院或者人民法院许可），也可以申请人民检察院、人民法院收集、调取证据，或者申请人民法院通知证人出庭作证。

40. A　【解析】（1）选项B：被逮捕的犯罪嫌疑人聘请的辩护人可以为其申请取保候审。（2）选项C：人民法院、人民检察院和公安机关对犯罪嫌疑人、被告人取保候审最长不得超过12个月。（3）选项D：对同一犯罪嫌疑人决定取保候审，不得同时使用保证人保证与保证金保证。

二、多项选择题

41. ABD　【解析】（1）选项C：行政机关应当根据被许可人的申请，在该行政许可有效期届满前作出是否准予延续的决定；逾期未作决定的，视为准予延续。（2）选项E：违反法定程序作出准予行政许可决定属于“可以”撤销的情形，如“被撤销”才会导致“注销”。

42. AC　【解析】税务行政处罚听证程序适用范围一般限于较大数额的罚款案件［指对公民作出 2000 元以上（含本数）罚款或者对法人或者其他组织作出 1 万元以上（含本数）罚款］、没收较大数额违法所得案件以及吊销税务行政许可证件的案件。

43. ADE　【解析】(1) 选项 B：行政复议机关责令被申请人重新作出具体行政行为的，被申请人不得作出对申请人更为不利的决定；但是行政复议机关以原具体行政行为主要事实不清、证据不足或适用依据错误决定撤销的，被申请人重新作出具体行政行为的除外。(2) 选项 C：符合听证条件的案件，税务行政复议可以采取听证的方式审理。

44. AC　【解析】(1) 选项 BD：系抽象行政行为。(2) 选项 E：系内部行政行为。

45. DE　【解析】(1) 选项 AC：属于无效的民事法律行为。(2) 选项 B：限制民事行为能力人实施的纯获利益或与其年龄、智力和精神健康状况相适宜的民事法律行为有效；依法不得独立实施的民事法律行为属于效力待定。

46. ACDE　【解析】甲系限制民事行为能力人，其独立实施的与其年龄、智力和精神健康状况不相适应的民事法律行为，合同系效力待定。由于甲父母拒绝追认该合同，因此该合同自始无效。

47. BDE　【解析】(1) 选项 AC：业主对建筑物内的住宅、经营性用房等专有部分享有所有权。(2) 选项 BDE：建筑区划内的道路，属于业主共有，但是属于城镇公共道路的除外。建筑区划内的绿地，属于业主共有，但是属于城镇公共绿地或者明示属于个人的除外。建筑区划内的其他公共场所、公用设施和物业服务用房，属于业主共有。

48. BD　【解析】(1) 选项 A：为履行道德义务进行的给付不适用不当得利。(2) 选项 C：构成无因管理。(3) 选项 E：债务到期之前的清偿不适用不当得利。

49. AC　【解析】拍卖公告、招标公告、招股说明书、债券募集办法、基金招募说明书、商业广告和宣传、寄送的价目表属于要约邀请（商业广告和宣传的内容符合要约条件的，构成要约）。

50. CD　【解析】(1) 选项 ABD：定金的数额由当事人约定；但不得超过主合同标的额的 20%，超过部分不产生定金的效力；实际交付的定金数额多于或者少于约定数额的，视为变更约定的定金数额。(2) 选项 CE：当事人既约定违约金，又约定定金的，一方违约时，对方可以选择适用违约金或者定金条款。

51. AD　【解析】(1) 选项 A：出租人应当履行租赁物的维修义务，但当事人另有约定的除外。(2) 选项 B：承租人未经出租人同意，对租赁物进行改善或者增设他物的，出租人可以请求承租人恢复原状或者赔偿损失。(3) 选项 C：承租人经出租人同意，可以将租赁物转租给第三人。承租人转租的，承租人与出租人之间的租赁合同继续有效。第三人造成租赁物损失的，承租人应当赔偿损失。（4）选项D：承租人未经出租人同意转租的，出租人可以解除合同。（5）选项E：租赁物在承租人按照租赁合同占有期限内发生所有权变动的，不影响租赁合同的效力。

52. CDE　|　【解析】（1）夫妻在婚姻关系存续期间所得的下列财产，为夫妻的共同财产，归夫妻共同所有：①工资、奖金、劳务报酬；②生产、经营、投资的收益；③知识产权的收益；④继承或者受赠的财产，但是遗嘱或者赠与合同中确定只归一方的财产除外；⑤其他应当归共同所有的财产。（2）下列财产为夫妻一方的个人财产：①一方的婚前财产；②一方因受到人身损害获得的赔偿或者补偿；③遗嘱或者赠与合同中确定只归一方的财产；④一方专用的生活用品；⑤其他应当归一方的财产。

53. ABC　|　【解析】（1）选项D：出卖人对在运途中标的物未及时行使取回权，在买卖标的物到达管理人后向管理人行使在运途中标的物取回权的，管理人不应准许。（2）选项E：权利人依据《企业破产法》规定行使取回权，应当在破产财产变价方案或者和解协议、重整计划草案提交债权人会议表决前向管理人提出。权利人在上述期限后主张取回相关财产的，应当承担延迟行使取回权增加的相关费用。

54. ABE　|　【解析】选项CD：合伙人分别执行合伙事务的，执行事务合伙人可以对其他合伙人执行的事务提出异议。提出异议时，应当暂停该项事务的执行。

55. BE　|　【解析】（1）选项A：有限合伙企业由2个以上50个以下合伙人设立；但是，法律另有规定的除外。（2）选项C：有限合伙人不得以劳务出资。（3）选项D：有限合伙人应当按照合伙协议的约定按期足额缴纳出资；未按期足额缴纳的，应当承担补缴义务，并对其他合伙人承担违约责任。

56. CE

57. ACE　|　【解析】（1）选项B：因人身保险合同纠纷提起的诉讼，可以由被保险人住所地人民法院管辖。（2）选项D：因铁路、公路、水上和航空事故请求损害赔偿提起的诉讼，由事故发生地或者车辆、船舶最先到达地、航空器最先降落地或者被告住所地人民法院管辖。

58. ABE　|　【解析】（1）选项C：审判的时候怀孕的妇女，不适用死刑。（2）选项D：犯罪的时候不满18周岁被判处5年有期徒刑以下刑罚的人，免除前科报告义务。

59. AC　|　【解析】（1）选项B：本罪犯罪主体为一般主体，即纳税人、非纳税人均可。（2）选项D：纳税人缴纳税款后，以假报出口或者其他欺骗手段，骗取所缴纳的税款的，依照逃税罪定罪处罚；骗取税款超过所缴纳的税款部分，依照骗取出口退税罪的规定处罚。（3）选项E：本罪侵犯的客体是复杂客体，即国家出口退税管理制度和公共财产所有权。

60. ADE 【解析】（1）选项 B：案情特别重大、复杂，需要采取拘留、逮捕措施的，传唤持续的时间不得超过 24 小时；（2）选项 C：侦查人员在讯问犯罪嫌疑人的时候，可以对讯问过程进行录音或者录像；对于可能判处无期徒刑、死刑的案件或者其他重大犯罪案件，应当对讯问过程进行录音或者录像。

三、综合分析题

案例（一）

61. AD 【解析】（1）选项 A：税务机关对公民作出 2000 元以上（含本数）罚款或者对法人或者其他组织作出 1 万元以上（含本数）罚款属于听证范围。（2）选项 B：对应当听证的案件，税务机关不组织听证，行政处罚决定不能成立（而非无效）；当事人放弃听证权利或者被正当取消听证权利的除外。（3）选项 CD：当事人按照法律、法规、规章有关规定要求听证的，由稽查局组织听证。（4）选项 E：要求听证的当事人，应当在《税务行政处罚事项告知书》送达后 5 日内向税务机关书面提出听证。

62. ABD 【解析】（1）选项 C：审理意见书由审理委员会主任签发。（2）选项 DE：稽查局应当按照重大税务案件审理意见书制作税务处理处罚决定等相关文书，加盖稽查局印章后送达执行。

63. E 【解析】（1）选项 ABC：申请人对经重大税务案件审理程序作出的决定不服的，以审理委员会所在税务机关作为被申请人。（2）选项 C：稽查局经法律、法规授权具有行政主体资格。（3）选项 DE：本案被申请人为 A 市 B 区税务局，故复议机关为 A 市税务局。

64. AD 【解析】（1）选项 B：罚款，不属于复议前置型。（2）选项 C：行政处罚明显不当，或者其他行政行为涉及对款额的确定、认定确有错误的，人民法院可以判决变更。（3）选项 DE：被告承担被诉行政行为合法性的举证责任。

案例（二）

65. AD 【解析】分期付款的买受人未支付到期价款的数额达到全部价款的 1/5，经催告后在合理期限内仍未支付到期价款的，出卖人可以请求买受人支付全部价款或者解除合同。出卖人解除合同的，可以向买受人请求支付该标的物的使用费。本题中乙公司未进行任何催告，无权请求甲公司支付全部价款或者解除合同，更谈不上向甲公司请求支付该标的物的使用费。

66. BC 【解析】（1）选项 AB：债权人转让债权，未通知债务人的，该转让对债务人不发生效力。（2）选项 CDE：保证人与债权人约定禁止债权转让，债权人未经保证人书面同意转让债权的，保证人对受让人不再承担保证责任。

67. AC 【解析】（1）选项 AB：当事人在保证合同中对保证方式没有约定或者约定不

明确的，按照一般保证承担保证责任。(2) 选项 CDE：债权人和债务人变更主债权债务合同的履行期限，未经保证人书面同意的，保证期间不受影响。

68. A　【解析】(1) 债权人和债务人变更主债权债务合同的履行期限，未经保证人书面同意的，保证期间不受影响（丙公司的保证期间仍为2021年2月1日起至2021年4月30日止）。(2) 一般保证的债权人未在保证期间对债务人提起诉讼或者申请仲裁的，保证人不再承担保证责任。(3) 一般保证的债权人在保证期间届满前对债务人提起诉讼或者申请仲裁的，从保证人拒绝承担保证责任的权利消灭之日起，开始计算保证债务的诉讼时效。

案例（三）

69. BCE　【解析】(1) 选项 AB：设立建设用地使用权的，应当向登记机构申请建设用地使用权登记；建设用地使用权自登记时设立；登记机构应当向建设用地使用权人发放权属证书。(2) 选项 CD：因合法建造、拆除房屋等事实行为设立或者消灭物权的，自事实行为成就时发生效力。(3) 选项 E：以建筑物和其他土地附着物、建设用地使用权、海域使用权或者正在建造的建筑物抵押的，应当办理抵押登记；抵押权自登记时设立。

70. ABE　【解析】(1) 选项 C：建设工程主体结构的施工必须由承包人自行完成。(2) 选项 D：总承包人或者勘察、设计、施工承包人经发包人同意，可以将自己承包的部分工作交由第三人完成。第三人就其完成的工作成果与总承包人或者勘察、设计、施工承包人向发包人承担连带责任。

71. BE　【解析】(1) 选项 AB：借款的利息不得预先在本金中扣除。利息预先在本金中扣除的，应当按照实际借款数额返还借款并计算利息。(2) 选项 CDE：出借人请求借款人按照合同约定利率支付利息的，人民法院应予支持，但是双方约定的利率超过合同成立时一年期贷款市场报价利率4倍的除外。

72. BCD　【解析】(1) 选项 AB：建设用地使用权抵押后，该土地上新增的建筑物不属于抵押财产。该建设用地使用权实现抵押权时，应当将该土地上新增的建筑物与建设用地使用权一并处分。但是，新增建筑物所得的价款，抵押权人无权优先受偿。(2) 选项 C：发包人未按照约定支付价款的，承包人可以催告发包人在合理期限内支付价款。发包人逾期不支付的，除根据建设工程的性质不宜折价、拍卖外，承包人可以与发包人协议将该工程折价，也可以请求人民法院将该工程依法拍卖。建设工程的价款就该工程折价或者拍卖的价款优先受偿。(3) 选项 DE：以建筑物抵押的，该建筑物占用范围内的建设用地使用权一并抵押。但丁公司的抵押权劣后于乙银行的抵押权（登记在先），亦劣后于丙公司工程价款优先权。

案例（四）

73. BCE　【解析】(1) 选项 AB：由于甲公司尚未完全支付全部设备购买价款，因此所有权属乙公司所有。(2) 选项 CD：标的物毁损、灭失的风险随着交付由甲公司负担。（3）选项 E：第三人依据民法典的规定已经善意取得标的物所有权或者其他物权，出卖人主张取回标的物的，人民法院不予支持。本题中农商行已经善意取得该设备的抵押权，因此乙公司无法主张取回。

74. ACD ｜【解析】（1）ABC：人民法院受理破产申请后，管理人对破产申请受理前成立而债务人和对方当事人均未履行完毕的合同有权决定解除或者继续履行，并通知对方当事人。管理人自破产申请受理之日起 2 个月内未通知对方当事人，或者自收到对方当事人催告之日起 30 日内未答复的，视为解除合同。（2）选项 DE：债务人、债权人对债权表记载的债权有异议的，应当说明理由和法律依据。经管理人解释或调整后，异议人仍然不服的，或者管理人不予解释或调整的，异议人应当在债权人会议核查结束后 15 日内向人民法院提起债权确认的诉讼。第一次起诉是要求甲公司支付所欠货款，第二起诉是确认甲公司欠付的货款作为共益债务，并不是同一个诉讼标的，未违反“一事不再理”原则。

75. D ｜【解析】（1）乙公司享有对该设备的所有权；（2）农商行因善意取得制度取得抵押权；（3）出卖人对标的物保留的所有权，未经登记，不得对抗善意第三人。

76. AE ｜【解析】（1）选项 DE：买受人未依约支付价款或者履行完毕其他义务，或者将标的物出卖、出质或者作出其他不当处分，给出卖人造成损害，出卖人管理人依法主张取回标的物的，人民法院应予支持。但是，买受人已经支付标的物总价款 75%以上或者第三人善意取得标的物所有权或者其他物权的除外。本题中，由于农商行善意取得抵押权，因此乙公司不得主张取回设备。（2）选项 ABC：在出卖人无法取回标的物时，对买受人未支付价款或者未履行完毕其他义务，以及买受人管理人将标的物出卖、出质或者作出其他不当处分导致出卖人损害产生的债务，出卖人主张作为共益债务清偿的，人民法院应予支持。

案例（五）

77. AD ｜【解析】（1）甲乙丙涉嫌构成虚开增值税专用发票罪。（2）非法出售，是指行为人将增值税专用发票提供给他人，并收取一定价款的行为。出售的“真票”必须是空白的专票，如果是填好的专票应按虚开增值税专用发票罪论处。

78. B ｜【解析】丁涉嫌构成虚开增值税专用发票罪（通过层层加价支付报酬方式，联系上家为下家虚开增值税专用发票，放任下家骗取国家税款，已构成虚开增值税专用发票罪的共犯）。

79. ACDE

80. BCDE ｜【解析】选项 AB：宣告缓刑的罪犯，一般不适用减刑；在缓刑考验期内有重大立功表现的，可以参照的规定，予以减刑。

2022 年税务师职业资格考试

全真模拟测试题（二）

使用“会计云课堂”App 或“微信”扫码快速做题、对答案、看解析、掌握解题思路，开启轻松过关之旅。

- 建议答卷时长 150分钟
- 答卷开始时间 ________
- 答卷结束时间 ________

扫码做题

一、单项选择题

共 40 题，每题 1.5 分，共 60 分。每题的备选项中，只有 1 个最符合题意。

1. 下列有关具体行政行为认定的说法中，正确的是（　　）。
   A. 某区税务局对戊公司依法征税的行为属于行政征收
   B. 某区税务局对乙公司依法进行增值税一般纳税人登记属于行政许可
   C. 某区公安局依法对丙、丁之间的道路交通事故责任认定属于依申请的行政确认
   D. 某区市场监督管理局与甲订立劳动合同属于行政协议

2. 下列各项中，属于抽象行政行为的是（　　）。
   A. 全国人大常委会修改《中华人民共和国民事诉讼法》
   B. 财政部、国家税务总局发布《关于中小微企业设备器具所得税税前扣除有关政策的公告》
   C. 某区公安局对甲交通违法行为处以200 元罚款
   D. 某区税务局对辖区内的乙公司进行执法检查

3. 下列行政许可中，应当由国家税务总局实施的是（　　）。
   A. 对纳税人变更纳税定额的核准
   B. 增值税专用发票（增值税税控系统）最高开票限额审批
   C. 企业印制增值税专用发票审批
   D. 对采取实际利润额预缴以外的其他企业所得税预缴方式的核定

4. 根据行政处罚法律制度的规定，下列违法行为人中，可以不予行政处罚的是（　　）。
   A. 不满 14 周岁的未成年人
   B. 初次违法且危害后果轻微并及时改正的行为人
   C. 有证据足以证明其没有主观过错的行为人
   D. 受他人胁迫或者诱骗实施违法行为的行为人

5. 根据行政强制法律制度的规定，下列关于申请人民法院强制执行的说法中，错误的是（　　）。
A. 当事人在法定期限内不申请行政复议或者提起行政诉讼，又不履行行政决定的，没有行政强制执行权的行政机关可以自期限届满之日起 3 个月内，依照规定申请人民法院强制执行
B. 催告书送达 10 日后当事人仍未履行义务的，行政机关方可申请人民法院强制执行
C. 人民法院接到行政机关强制执行的申请，应当在 5 日内受理
D. 对于依法受理的强制执行申请，人民法院均应自受理之日起 7 日内作出执行裁定

6. 某区税务局稽查局对甲公司依法作出罚款 2000 元的行政处罚决定。根据行政法律制度的规定，下列说法中正确的是（　　）。
A. 甲公司可以向该稽查局申请听证
B. 甲公司应当先缴纳罚款，再申请行政复议；对复议决定不服的，方能提起行政诉讼
C. 甲公司可以在缴纳罚款或者提供纳税担保后申请行政复议；或者直接向人民法院提起行政诉讼
D. 甲公司可以直接申请行政复议或者提起行政诉讼

7. 根据行政复议法律制度的规定，下列关于行政复议期间的表述中，不正确的是（　　）。
A. 公民、法人或者其他组织认为具体行政行为侵犯其合法权益的，可以自知道该具体行政行为之日起 60 日内提出行政复议申请；但是法律规定的申请期限超过 60 日的除外
B. 行政复议机关收到行政复议申请后，应当在 5 日内进行审查
C. 被申请人应当自收到申请书副本或者申请笔录复印件之日起 10 日内提出书面答复，并提交当初作出具体行政行为的证据、依据和其他有关材料
D. 情况复杂，不能在规定期限内作出行政复议决定的，经行政复议机关的负责人批准，可以适当延长，并告知申请人和被申请人；但是延长期限最多不超过 60 日

8. 根据行政诉讼法律制度的规定，下列关于行政诉讼代表人的说法中，不正确的是（　　）。
A. 诉讼代表人是本案的当事人，与本案的诉讼标的有法律上的利害关系
B. 当事人一方为 10 人以上的共同诉讼，可以由当事人推选诉讼代表人
C. 诉讼代表人为 1～5 人，可以委托 1～2 人作为诉讼代理人
D. 诉讼代表人变更或者放弃诉讼请求的，应当经被代表的其他当事人同意

9. 某城管大队在对违章摆摊的甲作出行政处罚时，未告知其起诉期限。根据行政诉讼法律制度的规定，关于甲对该行政行为起诉的期限的说法中，正确的是（　　）。
A. 甲应当在收到处罚决定书之日起 15 日内向人民法院提起诉讼
B. 如甲自行政行为作出之日起超过 6 个月提起诉讼的，人民法院不予受理
C. 甲应当自城管大队作出行政行为之日起 6 个月内提出
D. 起诉期限自甲知道或者应当知道起诉期限之日起计算，但从知道或者应当知道行政行为内容之日起最长不得超过 1 年

10. 根据民事法律制度的规定，下列属于完全民事行为能力人的是（　　）。
A. 8 周岁的童星甲，全家靠其参加影视剧演出的酬劳作为生活来源

B. 15周岁的网红乙，靠其直播带货收入作为主要生活来源
C. 17周岁的富二代丙，以其父母房产的租金收入作为主要生活来源
D. 20周岁的大学生丁，靠其父母每月提供的生活费生活

11. 舅舅甲与17周岁的外甥乙2022年5月份口头约定，如今年乙顺利考上一本大学，就赠与乙一辆保时捷911轿车。根据民事法律制度的规定，在高考成绩发布前该民事法律行为效力样态为（　　）。
A. 无效民事法律行为
B. 可撤销民事法律行为
C. 完全生效民事法律行为
D. 待生效民事法律行为

12. 甲将其自行车质押给乙，乙在未通知甲的情况下擅自将其转质给不知情的丙；丙将其卖给不知情的丁，钱货两清；丁骑车回家途中，将车辆停放于便利店门口买饮料，不料该车被戊盗走。根据民事法律制度的规定，下列民事权利中，属于继受取得的是（　　）。
A. 乙对该自行车的质权
B. 丙对该自行车的质权
C. 丁对该车的所有权
D. 戊对该车的所有权

13. 根据民事法律制度的规定，下列属于无效民事法律行为的是（　　）。
A. 王某为了避免自己的房屋被人民法院强制执行，与杨某签订了虚假的房屋买卖合同
B. 李某妻子病重，为了凑医药费不得不低价将祖传玉佩卖给张某
C. 销售员钱某将标价1万元1只的情侣手表，以一对手表1万元的价格出售
D. 10周岁的小学生高某将一瓶冰镇可乐赠与同桌女同学刘某

14. 下列物权变动中，以登记作为对抗要件的是（　　）。
A. 甲通过拍卖取得某地块建设用地使用权，与当地政府签订合同并登记
B. 乙以一层写字楼向债权人设立抵押权，双方订立书面抵押合同并登记
C. 丙、丁订立地役权合同并登记
D. 戊以自有机动车向债权人设立动产质权

15. 根据物权法律制度的规定，下列关于先占的说法中，不正确的是（　　）。
A. 对于所有权不明的不动产，不适用先占
B. 先占系非基于法律行为取得所有权
C. 先占要求行为人以所有的意思先于他人占有无主动产
D. 无民事行为能力人实施的先占无效

16. 根据物权法律制度的规定，小区内物业服务用房属于（　　）。
A. 业主共有
B. 房地产开发商所有
C. 物业服务公司所有
D. 当地房管局所有

17. 甲将自己的房屋以市价的70%卖给某养老机构，同时约定养老机构须以该房屋为甲设立居住权，在甲有生之年仍可居住在该房屋之内。双方6月1日签订了不动产买卖合同和居住权合同，6月10日办理了不动产转移登记和居住权登记。根据物权法律制度规定，下列说法中正确的是（　　）。
A. 养老机构于6月1日取得房屋所有权
B. 甲于6月1日取得房屋居住权
C. 甲6月1日对房屋的占有为善意占有
D. 甲6月10日对房屋的占有为他主占有

18. 甲将手机遗忘在出租车上，遂刊登悬赏广告称给付送回手机者 1000 元作为酬劳。后出租车司机将手机送回。根据《民法典》相关规定，下列说法中，正确的是（　　）。
A. 如甲未主动提出给付 1000 元作为酬劳，出租车司机不得请求甲支付
B. 即使甲主动提出给付 1000 元作为酬劳，出租车司机也不得收取
C. 如甲未主动提出给付 1000 元作为酬劳，出租车司机可以主动请求甲支付
D. 只有甲主动提出给付 1000 元作为酬劳，出租车司机方可收取

19. 甲大学与乙公司签订合同，向其定作 70 年校庆文化衫 5000 件，并约定于校庆日前交付。下列关于甲大学、乙公司所签合同特点及效力的说法中，正确的是（　　）。
A. 由于该文化衫会向社会公众展示，因此即便甲大学要求保密，乙公司亦不负有保密义务
B. 如合同未禁止或限制乙公司将主要工作交由第三人，则乙公司可以将主要工作交由代工厂完成
C. 文化衫制作完成后、交付前，甲大学享有随时解除合同的权利
D. 如甲大学未向乙公司支付报酬，乙公司对完成的文化衫享有留置权

20. 北京的甲公司与上海的乙公司订立了一份小汽车买卖合同，合同中约定甲公司先足额支付价款，乙公司再向其交付标的物。由于甲公司出现急需使用小汽车的情况，在其尚未足额支付合同款项前，便请求乙公司向其交付标的物，乙公司予以拒绝。根据合同法律制度的规定，乙公司行使的抗辩权属于（　　）。
A. 同时履行抗辩权
B. 顺序履行抗辩权
C. 不安抗辩权
D. 先诉抗辩权

21. 根据合同法律制度的规定，债权人行使代位权时，要求债务人的权利不是专属于债务人自身的权利。下列选项中，债权人可以代位行使的权利是（　　）。
A. 车辆财产保险产生的保险金请求权
B. 基于继承关系产生的给付请求权
C. 安置费请求权
D. 人身伤害赔偿请求权

22. 甲公司、乙公司因无权代理须向丙公司承担连带责任 10 万元，甲、乙公司之间的份额难以确定。后乙公司与丙公司新设合并为丁公司。根据《民法典》相关规定，该新设合并的法律后果是（　　）。
A. 甲公司须一次性向丁公司赔偿 10 万元
B. 甲公司作为连带债务人，无须再向丁公司赔偿
C. 甲公司应单独向丁公司赔偿 10 万元
D. 甲公司只须向丁公司赔偿 5 万元

23. 根据婚姻家庭法律制度的规定，下列情形中，不会导致婚姻无效的是（　　）。
A. 重婚
B. 在未办理结婚登记的情况下以夫妻名义共同生活
C. 有禁止结婚的亲属关系
D. 未到法定婚龄

24. 甲、乙二人结婚多年，婚姻关系存续期间，甲独自经营某一人有限责任公司，乙专注于照顾家庭，对公司经营事务从不过问。根据婚姻家庭法律制度的规定，下列债务中，不属于甲、乙夫妻共同债务的是（　　）。
A. 甲、乙共同签名所负的债务
B. 甲单独签名所负、乙事后追认的债务

C. 乙以个人名义为家庭日常生活需要所负的债务

D. 甲在乙不知情的情况下以自己名义所负的超出家庭日常生活需要的债务，该债务用于经营公司

25. 根据《民法典》相关规定，继承人发生法定情形时，如其确有悔改表现，被继承人表示宽恕的，则该继承人不丧失继承权。下列选项中，不属于该“法定情形”的是（　　）。

A. 为争夺遗产而杀害其他继承人

B. 遗弃被继承人

C. 虐待被继承人，情节严重

D. 伪造遗嘱，情节严重

26. 根据个人独资企业法律制度的规定，下列关于个人独资企业的说法中，正确的是（　　）。

A. 投资人对本企业的财产依法享有所有权，其有关权利不得转让或继承

B. 投资人对受托人或者被聘用的人员职权的限制因采用书面形式而可以对抗第三人

C. 投资人在申请企业设立登记时明确以其家庭共有财产作为个人出资的，由于登记投资人是个人，因此仅以其个人财产对企业债务承担无限责任

D. 投资人可以自行管理企业事务

27. 根据合伙企业法律制度的规定，下列关于普通合伙企业事务执行的说法中，不正确的是（　　）。

A. 如合伙协议无特殊约定，改变合伙企业经营范围须经全体合伙人一致同意

B. 合伙协议可以约定将全部利润分配给部分合伙人

C. 合伙协议可以允许合伙人同本合伙企业进行交易

D. 合伙人不得自营或者同他人合作经营与本合伙企业相竞争的业务

28. 根据合伙企业法律制度的规定，下列各项中，有限合伙人不得从事的是（　　）。

A. 参与决定普通合伙人入伙

B. 参与选择承办有限合伙企业审计业务的会计师事务所

C. 查阅有限合伙企业财务会计账簿等财务资料

D. 以合伙企业名义对外提供担保

29. 甲、乙、丙、丁分别以上市公司股票、划拨土地使用权、房屋和祖传青花瓷作为出资，设立某有限责任公司。根据公司法律制度的规定，下列关于上述股东出资形式的表述中，正确的是（　　）。

A. 在四人未作约定的情况下，如甲出资后，因市场萎靡致使股价暴跌，导致出资股票贬值，则甲需承担补足出资的责任

B. 由于乙以划拨土地使用权出资，人民法院应认定乙未依法全面履行出资义务

C. 如丙的出资房屋已经交付公司使用但未办理权属变更手续，经催告后在合理期限内办理完毕相关手续的，丙可以主张自其实际交付财产给公司使用时享有相应的股东权利

D. 如丁出资时未依法对非货币财产评估作价，补办评估后，评估确定的价额显著低于公司章程所定价额的，人民法院应当认定出资人未履行出资义务

30. 根据公司法律制度的规定，股东甲的下列行为中，不构成抽逃出资的是（　　）。

A. 甲指使公司财务总监制作虚假财务会计报表虚增利润进行分配

B. 甲虚构债权债务关系将其出资转出

C. 甲以次充好，将价值明显虚高的实物资产交付公司抵作出资款项

D. 甲借公司股东身份之便，利用关联交易将出资转出

31. 下列各项中，可以设立一人有限责任公司的是（　　）。

A. 民办非企业法人

B. 个人独资企业

C. 特殊的普通合伙企业

D. 自然人设立的一人有限公司

32. 根据公司法律制度的规定，股东未履行或者未全面履行出资义务或者抽逃出资，公司可以根据公司章程或者股东会决议对其股东权利作出相应的合理限制。下列股东权利不属于可以依法予以合理限制的是（　　）。

A. 新股优先认购权

B. 剩余财产分配请求权

C. 股东查阅权

D. 利润分配请求权

33. 根据破产法律制度的规定，管理人的产生方式为（　　）。

A. 由债务人聘请

B. 由债权人委员会委托

C. 由债权人会议决议

D. 由人民法院指定

34. 根据破产法律制度的规定，下列债权人的抵销主张中，管理人应当准予的是（　　）。

A. 债务人的债务人以在破产申请受理后取得他人对债务人的债权与其对债务人所负债务主张抵销

B. 债务人的股东主张因欠缴债务人的出资对债务人所负的债务与债务人对其负有的债务抵销

C. 债务人股东滥用股东权利或者关联关系损害公司利益对债务人所负的债务与债务人对其负有的债务主张抵销

D. 债权人已知债务人有不能清偿到期债务或者破产申请的事实，因为法律规定或者有破产申请 1 年前所发生的原因而负担债务与债务人对其负有的债务主张抵销

35. 根据电子商务法律制度的规定，下列电子商务经营者从事的经营活动中，应当办理市场主体登记的是（　　）。

A. 个人销售自产农副产品

B. 个人销售家庭手工业产品

C. 个人从事食品生产

D. 个人利用自己的技能从事零星小额交易活动

36. 根据民事诉讼法律制度的规定，下列有关民事诉讼管辖类型的说法中，错误的是（　　）。

A. 对同一案件两个以上法院都有管辖权的，称为共同管辖

B. 上级法院指定其辖区内下级法院管辖某一具体案件的，是级别管辖

C. 对同一案件两个以上法院都有管辖权，当事人选择其中一个法院起诉的，是选择管辖

D. 当事人在争议发生之前或之后，用书面协议的方式选择管辖法院的，是协议管辖

37. 根据刑事法律制度的规定，下列关于刑事责任年龄的说法中，不正确的是（　　）。

A. 对依照规定追究刑事责任的不满 18 周岁的人，应当从轻或者减轻处罚

B. 已满 16 周岁的人犯罪，应当负刑事责任

C. 犯罪的时候不满 18 周岁的人，不适用死刑

D. 审判的时候已满 75 周岁的人，一律不适用死刑

38. 根据刑事法律制度的规定，下列关于刑罚的说法中，不正确的是（　　）。
A. 对一个犯罪只能适用一个主刑，不能同时适用两个或两个以上的主刑
B. 附加适用时，对一个犯罪可以适用两个或者两个以上的附加刑
C. 主刑既可以独立适用，也可以附加适用
D. 附加刑既可以独立适用，也可以附加适用

39. 根据刑事诉讼法律制度的规定，关于速裁程序的下列说法中，正确的是（　　）。
A. 被告人是未成年人，但符合认罪认罚制度的，可以适用速裁程序
B. 适用速裁程序审理案件，可以当庭宣判
C. 适用速裁程序审理案件，人民法院应当在受理后10日以内审结；对可能判处的有期徒刑超过1年的，可以延长至15日
D. 对可能判处有期徒刑超过3年的案件，可以适用速裁程序

40. 根据刑事诉讼法律制度的规定，关于逮捕的下列说法中，不正确的是（　　）。
A. 人民检察院应当自接到公安机关提请批准逮捕书后的7日以内，作出批准逮捕或者不批准逮捕的决定
B. 公安机关对被拘留的人，认为需要逮捕的，在一般情况下，应当在拘留后的3日以内，提请人民检察院审查批准
C. 公安机关对被拘留的人，认为需要逮捕的，在特殊情况下，提请审查批准的时间可以延长1~4日
D. 对于流窜作案、多次作案、结伙作案的重大嫌疑分子，公安机关提请审查批准的时间可以延长至60日

二、多项选择题

共20题，每题2分，共40分。每题的备选项中，有2个或2个以上符合题意，至少有1个错项。错选，本题不得分；少选，所选的每个选项得0.5分。

41. 根据行政法基础理论，下列关于行政主体的说法中，正确的有（　　）。
A. 行政机关工作人员具有行政主体资格
B. 省以下税务局的稽查局作为行政机关，具有行政主体资格
C. 高等院校作为事业单位，具有行政主体资格
D. 经《消费者权益保护法》授权，消费者协会具有行政主体资格
E. 村民委员会经《村民委员会组织法》授权，具有行政主体资格

42. 根据行政强制法律制度的规定，下列关于查封、扣押和冻结的说法中，不正确的有（　　）。
A. 不得查封、扣押与违法行为无关的场所、设施或者财物；不得查封、扣押公民个人及其所扶养家属的生活必需品
B. 行政机关在法定权限内，可以委托符合条件的其他行政机关实施冻结存款、汇款
C. 对查封的场所、设施或者财物，行政机关不得委托第三人保管

D. 依照法律规定冻结存款、汇款的，作出决定的行政机关应当在3日内向当事人交付冻结决定书

E. 金融机构接到行政机关依法作出的冻结通知书后，应当立即予以冻结，不得拖延，不得在冻结前向当事人泄露信息

43. 根据行政许可法律制度的规定，下列关于税务行政许可实施的表述中，正确的有（　　）。

A. 申请人可以委托代理人提出申请，税务机关不得拒绝受理

B. 申请人选择由其主管税务机关代为转报申请材料的，一般应当在5个工作日内完成

C. 申请事项属于税务机关管辖范围，但不需要取得税务行政许可的，应当即时告知申请人不予受理，但无须告知其解决的途径

D. 申请人提交的申请材料齐全、符合法定形式，税务机关能够当场作出决定的，应当当场作出书面的税务行政许可决定，出具《税务行政许可受理通知书》

E. 存在争议的或者重大的税务行政许可事项，应当进行合法性审查，并经集体讨论决定

44. 下列违法行为中，对其行为人应当从轻或者减轻行政处罚的有（　　）。

A. 违法行为轻微并及时改正，没有造成危害后果

B. 初次违法且危害后果轻微并及时改正的违法行为

C. 主动消除危害后果的违法行为

D. 受他人胁迫的违法行为

E. 精神病人、智力残疾人在不能辨认或者不能控制自己行为时有违法行为

45. 甲对乙承诺，如果明年乙获得博士学位，甲即赠给乙宝马车一辆。根据《民法典》相关规定，该行为属于（　　）。

A. 附条件法律行为

B. 无偿法律行为

C. 实践性法律行为

D. 附期限法律行为

E. 诺成法律行为

46. 甲系A公司业务员，固定每月月底代理A公司前往B公司与之签订下个月原材料采购合同；某月甲从A公司离职，因工作交接不到位，B公司对甲离职一事不知情。月底，甲利用保留在手的A公司员工工牌和盖有A公司公章的空白合同书照常前往B公司订立下个月的原材料采购合同。关于该合同的下列说法中，正确的有（　　）。

A. B公司可以主张表见代理，要求A公司履行合同

B. 由于甲的行为系狭义无权代理，因此该合同效力待定，需要A公司追认方才有效

C. B公司可以行使善意相对人的撤销权，使得该合同自始无效

D. 如月底签订原材料采购合同行为系甲与B公司恶意串通，则该合同无效

E. 由于甲的行为系狭义无权代理，B公司只能催告A公司确认合同效力

47. 根据物权法律制度的规定，下列属于物权原始取得的有（　　）。

A. 甲在海边捉到一只螃蟹

B. 银行取得乙公司以应收账款设立的权利质权

C. 丙误将邻居丁的油漆刷在自家家具上

D. 戊通过合法建造房屋而取得该房屋的所有权

E. 庚自土地承包经营权人处受让土地经营权

48. 甲与4S店签订了购买某品牌小汽车的买卖合同，下列关于标的物给付义务类型的说法中，正确的有（　　）。
A. 4S店在甲咨询过程中的告知、说明义务属于前合同义务
B. 4S店向甲交付汽车属于主给付义务
C. 甲向4S店给付价款属于次给付义务
D. 4S店向甲交付说明书、产品合格证属于附随义务
E. 在买卖合同履行完毕之后，4S店对于客户甲资料的保密义务属于后合同义务

49. 某汽车4S店因资金紧张，以库房存货10辆待售小汽车为担保向某银行借款500万元，借款期限1个月。4月1日，双方订立了书面的借款合同和抵押合同，银行向4S店放款。4S店分别于4月2日、4月4日、4月8日各销售了一辆抵押小汽车。4月10日，双方办理了剩余车辆的抵押登记。月底，4S店表示无力还款，且抵押的汽车有8辆已销售，其中4月10后销售5辆，目前仅剩2辆于库房。根据物权法律制度的规定，下列说法中正确的有（　　）。
A. 车辆抵押权于4月1日设立
B. 车辆抵押权于4月10日设立
C. 银行可以向4月10日前售出的3辆汽车的买受人主张实现抵押权
D. 银行可以向4月10日后售出的5辆汽车的买受人主张实现抵押权
E. 银行可以向4S店就尚未售出的2辆汽车主张实现抵押权

50. 某大型商场和甲明星订立商演合同，请甲于2022年5月1日在商场内就其代表作3首中的1首进行公开商业演出，具体曲目由甲明星自行决定。根据债法基本理论，甲明星的合同之债属于（　　）。
A. 简单之债　　B. 选择之债
C. 任意之债　　D. 一时之债
E. 持续之债

51. 根据《民法典》规定，下列侵权行为中，适用过错推定责任原则的有（　　）。
A. 从事高度危险作业造成他人损害
B. 因产品存在缺陷造成他人损害
C. 禁止饲养的烈性犬等危险动物造成他人损害
D. 无民事行为能力人在幼儿园、学校或者其他教育机构学习、生活期间受到人身损害
E. 在道路上挖掘造成他人损害

52. 根据公司法律制度规定，关于股权出资，应当满足的条件包括（　　）。
A. 出资的股权应由出资人合法持有
B. 出资的股权应依法可以转让
C. 出资的股权应无权利瑕疵或者权利负担
D. 出资人已履行关于股权转让的法定手续
E. 出资的股权无须评估作价

53. 根据公司法律制度的规定，下列关于国有独资公司的说法中，正确的有（　　）。
A. 国有独资公司不设股东会，由公司董事会行使股东会职权
B. 国有独资公司监事会成员不得少于5人，其中职工代表的比例不得低于1/3
C. 监事会成员中的职工代表由公司职工代表大会选举产生
D. 董事长、副董事长由董事会成员过半数选举产生
E. 经国有资产监督管理机构同意，董事会成员可以兼任经理

54. 根据破产法律制度规定，下列可以向人民法院申请债务人重整的主体有（　　）。
A. 债权人
B. 债务人
C. 负有清算责任的人
D. 国务院金融监督管理机构
E. 出资额占债务人注册资本1/10以上的出资人

55. 根据民事诉讼法律制度规定，下列案件中，属于法律规定的“不得由审判员一人独任审理”的有（　　）。
A. 涉及国家利益的案件
B. 适用简易程序审理的民事案件
C. 涉及群体性纠纷，可能影响社会稳定的案件
D. 人民群众广泛关注的案件
E. 疑难复杂的案件

56. 根据刑事法律制度的规定，已满12周岁不满14周岁的人，实施特定犯罪，致人死亡或者以特别残忍手段致人重伤造成严重残疾，情节恶劣，经最高人民检察院核准追诉的，应当负刑事责任。下列各项中，属于该特定犯罪的有（　　）。
A. 故意杀人罪
B. 故意伤害罪
C. 抢劫罪
D. 强奸罪
E. 逃税罪

57. 根据刑事法律制度的规定，下列情形中，视为自动投案的有（　　）。
A. 犯罪后主动报案，虽未表明自己是作案人，但没有逃离现场，在司法机关询问时未交代自己罪行
B. 犯罪嫌疑人为了减轻犯罪后果，委托他人先行代为投案
C. 亲友主动报案后，在亲友家中被抓捕归案
D. 在司法机关未确定犯罪嫌疑人，尚在一般性排查询问时主动交代自己罪行
E. 并非出于犯罪嫌疑人主动，而是经亲友规劝、陪同投案

58. 根据刑事法律制度的规定，关于逃税罪的下列说法中，正确的有（　　）。
A. 从犯罪的客观方面看，对于扣缴义务人，只要其逃避缴纳税款数额在5万元以上，就应以本罪立案追诉
B. 从犯罪的客观方面看，对于纳税人，只要其逃避缴纳税款数额在5万元以上或者该数额占各税种应纳税总额10%以上，就应以本罪立案追诉
C. 纳税人符合逃税罪的构成要件，但在公安机关立案后补缴应纳税款、缴纳滞纳金或者接受行政处罚的，不予追究刑事责任
D. 本罪的犯罪主体是特殊主体，包括纳税人和扣缴义务人
E. 本罪的犯罪主观方面为直接故意

59. 根据刑事诉讼法律制度的规定，关于监视居住的下列说法中，正确的有（　　）。
A. 对符合取保候审条件，但犯罪嫌疑人、被告人不能提出保证人，也不交纳保证金的，应当监视居住
B. 监视居住由公安机关、监察机关和人民法院执行
C. 执行机关对被监视居住的犯罪嫌疑人、被告人，可以采取电子监控、不定期检查等监视方法，对其遵守监视居住规定的情况进行监督
D. 监视居住应当在犯罪嫌疑人、被告人的住处执行；无固定住处的，可以在指定的居所执行

E. 对于涉嫌危害国家安全犯罪、恐怖活动犯罪，在住处执行可能有碍侦查的，经上一级公安机关批准，也可以在羁押场所、专门的办案场所执行

60. 根据刑事诉讼法律制度的规定，关于取保候审的下列说法中，正确的有（　　）。

A. 取保候审由公安机关执行

B. 对被告人决定取保候审，不得同时使用保证人保证与保证金保证

C. 人民法院、人民检察院和公安机关对犯罪嫌疑人、被告人取保候审最长不得超过6个月

D. 公安机关、人民检察院、人民法院均有权作出取保候审决定

E. 人民法院、人民检察院和公安机关应当责令被取保候审的犯罪嫌疑人、被告人将护照等出入境证件、驾驶证件交执行机关保存

三、综合分析题

共20题，每小题2分，共40分。在每个小题的备选项中，有1个或多个最符合题意，错选，本题不得分，少选，所选的每个选项得0.5分。

案例（一）

甲公司位于A市B区，系增值税一般纳税人，以月为增值税纳税申报期。1997年12月初，甲公司按照当时施行的《增值税暂行条例》的规定申报了11月应纳税款为2439975.08元，但一直未予缴纳。A市B区税务局曾多次催缴，并对甲公司采取暂时扣押和停供增值税专用发票等措施，甲公司多次承诺尽早缴清应纳税款却一直未履行，经上级审批，A市B区税务局将该笔税款列入了呆账税金。

2020年1月21日，A市B区税务局向甲公司送达《税务事项通知书》，要求甲公司限期缴纳1997年11月1日至1997年11月30日的应缴纳税款2439975.08元，并从税款滞纳之日起至缴纳或解缴之日止，按日加收滞纳金与税款一并缴纳。甲公司收到《税务事项通知书》后于2020年2月3日缴纳了税款2439975.08元及滞纳金14397072.96元，共计16837048.04元。A市B区税务局向甲公司出具了盖有其公章的税收完税证明。

甲公司随后向A市税务局申请行政复议，A市税务局作出复议维持决定。甲公司遂向有管辖权的人民法院提起行政诉讼，请求退还滞纳金。

61. 下列关于滞纳金14397072.96元的相关表述，正确的有（　　）。

A. 该滞纳金为行政强制措施

B. 滞纳金的征收标准应当告知当事人

C. 税务机关征收的数额为14397072.96元滞纳金的行为符合法律规定

D. 该滞纳金计算明显不当，滞纳金的数额不得超出滞纳税款的数额

E. 该滞纳金为行政处罚

62. 如甲公司依法申请行政复议，下列说法中正确的有（　　）。

A. 如甲公司未缴纳税款和滞纳金，则应当提供纳税担保，在得到A市B区税务局确认后，方可申请行政复议

B. 甲公司应在缴清税款和滞纳金以后60日内提出行政复议申请

C. 甲公司已经缴清税款和滞纳金，故可以直接向人民法院提起行政诉讼

D. 甲公司应在收到《税务事项通知书》后 60 日内提出行政复议申请
E. 甲公司须先申请行政复议，对复议决定不服的，方能提起行政诉讼

63. 关于甲公司提起的行政诉讼，下列说法中正确的有（　　）。
A. 如甲公司对原行政行为不服，则应以 A 市 B 区税务局为被告
B. 如甲公司对行政复议决定不服，则应以 A 市税务局为被告
C. 本案可由 A 市税务局所在地人民法院管辖
D. 本案只能由 A 市 B 区税务局所在地人民法院管辖
E. 被告可以在收到起诉状副本之日起 20 日内向人民法院提交作出行政行为的证据和所依据的规范性文件，并提出答辩状

64. 人民法院针对甲公司提起的行政诉讼，应当判决（　　）。
A. 变更滞纳金数额
B. 确认 A 市税务局行政复议决定无效
C. 驳回甲公司诉讼请求
D. 撤销 A 市税务局行政复议决定
E. 确认 A 市税务局行政复议决定违法

案例（二）

甲公司于 2021 年 3 月 8 日向乙公司发出传真表示有一批钢材 10 吨，愿意以 5000 元/吨的价格出售，如有意向购买请于 3 月 15 日前答复。传真发出后，因钢材走俏，甲公司随即于 3 月 10 日向乙公司发出传真，称撤销 3 月 8 日发出的要约。在甲公司撤销要约的传真到达乙公司前，乙公司发现有利可图，遂于 3 月 10 日向甲公司发出传真，表示愿意以 4900 元/吨的价格购买该批钢材，由于甲公司撤销要约的传真已经发出，遂对此未予理会。3 月 14 日，乙公司再次向甲公司发出传真，表示愿意以 5000 元/吨购买。甲公司次日回复传真表示同意。3 月底，甲公司请求乙公司先行支付合同价款 5 万元，乙公司拒绝。

为化解僵局，甲公司、乙公司于 4 月 1 日签订了钢材供货合同，明确约定乙公司自合同生效后 3 日内支付 1.5 万元定金，甲公司收到定金后发货，乙公司收货后应于 1 周内验货，无质量问题的，再行支付剩余 3.5 万元价款。乙公司于 4 月 2 日向甲公司支付了定金 1 万元，甲公司当日发货。货物抵达乙公司仓库时，乙公司工作人员发现该批钢材已经腐蚀严重，无法使用，乙公司遂向甲公司提出异议并表示拒收。运输钢材车辆在返回甲公司途中遇到泥石流，车毁人伤，钢材灭失殆尽。

乙公司催促甲公司继续履行合同，但甲公司明确表示应由乙公司承担本次意外损失，否则拒绝再次发货。乙公司遂提出解除合同并要求甲公司双倍返还定金 3 万元。

65. 根据合同法律制度规定，下列关于甲公司、乙公司订立合同的相关表述中，正确的有（　　）。
A. 甲公司 3 月 8 日的要约由于其 3 月 10 日撤销要约的通知而失效
B. 乙公司 3 月 10 日发出的通知属于要约
C. 乙公司 3 月 14 日发出的通知属于承诺
D. 甲公司 3 月 15 日发出的通知属于要约
E. 甲公司、乙公司之间的买卖合同于 3 月 15 日成立并生效

66. 根据合同法律制度规定，关于乙公司 3 月底拒绝支付 5 万元合同价款的下列说

法中，正确的有（　　）。

A. 乙公司应承担缔约过失责任

B. 乙公司应承担违约责任

C. 乙公司行使同时履行抗辩权

D. 乙公司行使顺序履行抗辩权

E. 乙公司行使不安抗辩权

67. 根据合同法律制度规定，下列关于该批钢材损失承担的表述中，正确的有（　　）。

A. 由于甲公司已经发货，因此自货交第一承运人起，货物毁损、灭失风险应由乙公司承担

B. 乙公司工作人员因钢材质量问题而拒收该批钢材，因此钢材毁损、灭失的风险应由甲公司承担

C. 乙公司仅可以甲公司供货存在严重质量瑕疵为由，要求其承担违约责任

D. 由于乙公司实际交付定金1万元的行为违反了合同约定，因此货物毁损、灭失的风险自违反约定时起应由乙公司承担

E. 由于该钢材系由承运人运输，因此自合同成立时起，货物毁损、灭失的风险应由乙公司承担

68. 根据合同法律制度的规定，下列关于乙公司提出解除合同并要求甲公司双倍返还3万元定金的说法中，正确的有（　　）。

A. 乙公司无权解除合同

B. 乙公司有权解除合同

C. 由于实际交付的定金数额与约定不一致，因此定金合同并未成立

D. 定金合同成立，甲公司应当返还3万元

E. 定金合同成立，甲公司应当返还2万元

案例（三）

甲、乙、丙、丁四人出资设立A有限责任公司（以下简称“A公司”）。四人出资额分别为24万元、25万元、26万元和25万元，但在公司章程和投资协议中约定四人享有同等的表决权。甲与戊私下订立合同，约定由戊作为实际出资人出资并享有投资权益，以甲为名义股东。乙、丙、丁三人对于甲、戊二人之间的约定不知情。

后甲、戊二人合作不睦，戊希望甲将其代持的A公司股权转回自己名下。甲以转让需要征得其他股东同意为由拒绝。后戊坚持，甲无奈之下向乙、丙、丁发出书面通知，就其股权转让事宜征求意见。乙同意转让，但提出行使优先购买权。丙、丁自接到书面通知之日起30日内一直未予回复。

见乙欲主张行使优先购买权，甲遂表示放弃转让。乙对此提出异议要求甲不能反悔，甲无奈遂与乙订立了股权转让协议，此事丙、丁并不知情。在甲、乙二人办理股权过户登记手续前，甲为担保自己的债务，已经将持有的股权向债权人己设立了质权并完成了登记手续，己对于甲、乙之间股权转让事宜略有耳闻，但并未细究。

已知A公司章程中规定，股东对外转让股权时须经其他股东一致同意，其他事项未作规定。

69. 根据公司法律制度的规定，甲、戊二人之间订立的合同（　　）。

A. 成立

B. 生效

C. 无效

D. 可撤销

E. 效力待定

70. 根据公司法律制度规定，戊希望甲将A公司股权转回自己名下的说法中，正确的有（　　）。
A. 须经其他股东半数以上同意，丙、丁未予回复，未满足股权转让条件
B. 须经其他股东过半数同意，丙、丁未予回复，满足股权转让条件
C. 须经其他股东一致同意，乙同意，丙、丁未予回复，满足股权转让条件
D. 须经代表过半数表决权的股东同意，仅乙同意，未满足股权转让条件
E. 须经代表三分之二以上表决权的股东同意，仅乙同意，未满足股权转让条件

71. 下列关于甲放弃转让股权行为及其与乙之间的股权转让协议效力的表述中，正确的有（　　）。
A. 甲有权放弃转让股权
B. 甲不得放弃转让股权
C. 甲、乙之间的股权转让协议由于损害丙、丁二人优先购买权而无效
D. 甲、乙之间的股权转让协议由于股权转让事宜未征得丙、丁二人同意而无效
E. 甲、乙之间的股权转让协议可撤销

72. 下列关于甲、己之间的质权的说法中，正确的有（　　）。
A. 甲、己之间订立的股权质权合同有效
B. 甲、己之间订立的股权质权合同效力待定
C. 由于已经完成登记，质权已设立
D. 己不能取得质权
E. 乙可请求人民法院确认该质押行为无效

案例（四）

甲有限责任公司（以下简称“甲公司”）因不能清偿到期债务，被债权人乙公司向具有管辖权的人民法院申请破产。人民法院裁定受理破产申请后，经甲公司最大股东丙（出资额占甲公司注册资本51%）请求，人民法院裁定甲公司重整。

进入重整期间后，甲公司与管理人就管理财产和营业事务的问题产生纠纷，双方就重整计划草案的起草与决议等问题产生较大分歧。

其他债权人发现债务人有恶意减少财产的行为，遂拟向人民法院请求裁定终止重整程序并宣告债务人破产。

73. 根据破产法律制度的规定，下列关于破产申请的说法中，正确的有（　　）。
A. 甲公司可以直接向人民法院申请重整
B. 乙公司可以直接向人民法院申请对甲公司进行重整
C. 丙可以直接向人民法院申请对甲公司进行重整
D. 人民法院裁定受理乙公司对甲公司提出的破产清算申请后，甲公司可以向人民法院申请重整
E. 人民法院裁定受理乙公司对甲公司提出的破产清算申请后，丙可以向人民法院申请重整

74. 根据破产法律制度的规定，下列关于重整期间的说法中，正确的有（　　）。
A. 在重整期间，由管理人负责管理财产和营业事务的，由管理人制作重整计划草案
B. 在重整期间，应由甲公司自行负责管理财产和营业事务
C. 在重整期间，甲公司申请自行负责管理财产和营业事务的，由管理人进行监督

D. 在重整期间，管理人负责管理财产和营业事务的，可以聘任债务人的经营管理人员负责营业事务

E. 在重整期间，债务人有恶意减少财产行为的，经管理人或利害关系人请求，人民法院应当裁定终止重整程序，并宣告债务人破产

75. 下列关于重整期间的相关表述中，正确的有（　　）。

A. 甲公司合法占有的他人财产，该财产的权利人在重整期间不得要求取回

B. 对甲公司的特定财产享有的担保权一律暂停行使

C. 甲公司或管理人为继续营业而借款的，不得为该借款设定担保

D. 大股东丙不得请求投资收益分配

E. 经人民法院同意，甲公司的董事赵某可以将其持有的甲公司股权向第三人转让

76. 下列关于重整计划草案决议的表述中，正确的有（　　）。

A. 重整计划草案应当自人民法院裁定债务人重整之日起3个月内提交

B. 未按期提出重整计划草案的，人民法院应当裁定终止重整程序

C. 如甲公司自行管理财产和营业事务，重整计划草案仍应由管理人制作

D. 重整计划草案表决时应将对债务人的特定财产享有担保权的债权与普通债权分为两个组

E. 出席债权人会议的同一表决组的债权人过半数同意重整计划草案，并且其所代表的债权额占该组债权总额的2/3以上的，即为该组通过重整计划草案

案例（五）

A市B区税务局稽查局工作人员赵某、钱某接到举报，到辖区内C有限责任公司（以下简称“C公司”）进行检查。检查中，C公司财务人员甲主动透露，C公司法定代表人乙指使公司采购部工作人员丙通过供货商D有限责任公司实施以下行为：（1）向C公司虚开增值税专用发票，由出纳丁用于抵扣税款；（2）向C公司虚开普通发票并由丁用于虚增成本、少缴税款。甲明确表示自己并未参与乙、丙、丁的行为。

C公司法定代表人乙在接受检查时表示：甲曾多次向自己建议通过虚列职工工资的方式以达到少缴税款的目的，但被自己断然拒绝。并且甲与公司不睦已久。

检查结束时，丁给赵某、钱某每人2000元购物卡。二人回到稽查局后，未向领导报告C公司及相关人员涉嫌违法犯罪情况。

77. 根据刑事法律制度的规定，不考虑涉案金额，下列关于行为人涉嫌犯罪行为的表述中，正确的有（　　）。

A. 甲涉嫌构成逃税罪

B. 丙涉嫌构成虚开增值税专用发票罪

C. 丁涉嫌构成虚开普通发票罪与逃税罪，应数罪并罚

D. 丁涉嫌构成虚开普通发票罪与逃税罪，应择一重罪处罚

E. 丁涉嫌构成虚开增值税专用发票罪

78. 对于C公司法定代表人乙，不考虑涉案金额，其行为涉嫌构成（　　）。

A. 虚开增值税专用发票罪

B. 虚开普通发票罪

C. 逃税罪

D. 非法购买增值税专用发票

E. 购买伪造的增值税专用发票罪

79. 不考虑涉案金额，赵某、钱某涉嫌构成的犯罪有（　　）。

A. 虚开增值税专用发票罪

B. 徇私舞弊不移交刑事案件罪

C. 逃税罪

D. 徇私舞弊不征、少征税款罪

E. 逃避追缴欠税罪

80. 针对甲的举报行为，应评价为（　　）。

A. 坦白

B. 应当履行的义务

C. 立功

D. 自首

E. 认罪认罚

答案速查

我做对了________题 我得了________分

一、单项选择题

序号	1	2	3	4	5	6	7	8	9	10
答案	A	B	C	B	D	D	D	C	D	D
序号	11	12	13	14	15	16	17	18	19	20
答案	D	A	A	C	D	A	D	C	D	B
序号	21	22	23	24	25	26	27	28	29	30
答案	A	D	B	D	A	D	B	D	C	C
序号	31	32	33	34	35	36	37	38	39	40
答案	A	C	D	D	C	B	D	C	C	D

二、多项选择题

序号	41	42	43	44	45	46	47	48	49	50
答案	DE	BC	ABE	CD	ABE	ACD	ACD	ABE	AE	BD
序号	51	52	53	54	55	56	57	58	59	60
答案	DE	ABCD	BCE	ABDE	ACDE	AB	BDE	ADE	CD	ABD

三、综合分析题

序号	案例（一）				案例（二）			
	61	62	63	64	65	66	67	68
答案	BD	ABE	C	AD	BE	C	B	BE
序号	案例（三）				案例（四）			
	69	70	71	72	73	74	75	76
答案	AB	C	A	ADE	ABDE	ACDE	DE	BDE
序号	案例（五）							
	77	78	79	80				
答案	BDE	ABC	D	B				

参考答案及解析

“使用“会计云课堂”App 或“微信”扫码对答案、看解析、掌握解题思路，开启轻松过关之旅。

扫码看解析

一、单项选择题

1. A　【解析】（1）选项 B：属于依申请的行政登记行为。（2）选项 C：属于依职权的行政确认，而非依申请的行政确认。（3）选项 D：行政协议是指行政机关为实现公共利益或者行政管理目标，因行使行政职权或者在行使行政职权过程中，与公民、法人或其他组织协商订立的具有行政法上权利义务内容的协议。

2. B　【解析】（1）选项 A：系立法行为而非行政行为。（2）选项 CD：属于具体行政行为。

3. C　【解析】（1）选项 AD：由主管税务机关实施。（2）选项 B：由区县税务机关实施。

4. B　【解析】（1）选项 AC：属于不予行政处罚情形而非“可以”不予行政处罚情形。（2）选项 D：应当从轻或减轻处罚。

5. D　【解析】人民法院对行政机关强制执行的申请进行书面审查，对符合规定，且行政决定具备法定执行效力的，除法律规定在作出裁定前可以听取被执行人和行政机关的意见的情形外，人民法院应当自受理之日起 7 日内作出执行裁定。

6. D　【解析】（1）选项 A：税务机关对法人或者其他组织作出 1 万元以上（含本数）罚款方属于税务行政处罚听证程序范围。（2）选项 BCD：行政处罚并非“征税行为”，因此甲公司可以直接申请行政复议或者提起行政诉讼。

7. D　【解析】选项 D：情况复杂，不能在规定期限内作出行政复议决定的，经行政复议机关的负责人批准，可以适当延长，并告知申请人和被申请人；但是延长期限最多不超过 30 日。

8. C　【解析】选项 C：行政诉讼代表人为2~5 人。

9. D 【解析】行政机关作出行政行为时，未告知公民、法人或者其他组织起诉期限的，起诉期限从公民、法人或者其他组织知道或者应当知道起诉期限之日起计算，但从知道或者应当知道行政行为内容之日起最长不得超过 1 年。

10. D

11. D 【解析】本题中系附停止条件的民事法律行为，所附停止条件尚未成就前，其效力样态为尚未完全生效民事法律行为。

12. A 【解析】（1）选项 A：乙系基于甲对该车的所有权而继受取得该车的动产质权。（2）选项 B：丙系善意取得该车的动产质权，属于原始取得。（3）选项 C：丁系善意取得该车所有权，属于原始取得。（4）选项 D：戊并未取得该车所有权。

13. A 【解析】选项 A：行为人与相对人以虚假的意思表示实施的民事法律行为无效。

14. C 【解析】地役权自地役权合同生效时设立。当事人要求登记的，可以向登记机构申请地役权登记；未经登记，不得对抗善意第三人。

15. D 【解析】先占系非基于法律行为取得所有权，故对行为人的民事行为能力没有要求，换言之，无民事行为能力人也可基于先占取得无主动产所有权。

16. A 【解析】建筑区划内的其他公共场所、公用设施和物业服务用房，属于业主共有。

17. D 【解析】（1）选项 A：不动产物权的设立、变更、转让和消灭，经依法登记，发生效力；未经登记，不发生效力，但是法律另有规定的除外。养老机构自 6 月 10 日取得房屋所有权。（2）选项 B：设立居住权的，应当向登记机构申请居住权登记。居住权自登记时设立。甲的居住权自 6 月 10 日设立。（3）选项 C：甲于 6 月 1 日对房屋的占有为有权占有（无权占有区分善意占有与恶意占有）。（4）选项 D：由于 6 月 10 日房屋所有权转移至养老机构，因此甲对该房屋占有为他主占有。

18. C 【解析】悬赏人以公开方式声明对完成特定行为的人支付报酬的，完成该行为的人可以请求其支付。

19. D 【解析】（1）选项 A：承揽人应当按照定作人的要求保守秘密，未经定作人许可，不得留存复制品或者技术资料。（2）选项 B：承揽人应当以自己的设备、技术和劳力，完成主要工作，但是当事人另有约定的除外。（3）选项 C：定作人在承揽人完成工作前可以随时解除合同，造成承揽人损失的，应当赔偿损失。（4）选项 D：定作人未向承揽人支付报酬或者材料费等价款的，承揽人对完成的工作成果享有留置权。

20. B 【解析】顺序履行抗辩权，是指当事人互负债务，有先后履行顺序，应当先履行债务一方未履行的，后履行一方有权拒绝其履行请求。先履行一方履行债务不符合约定的，后履行一方有权拒绝其相应的履行请求。

21. A 【解析】专属于债务人自身的权利，是指基于扶养关系、抚养关系、赡养关系、继承关系产生的给付请求权和劳动报酬、退休金、养老金、抚恤金、安置费、人寿保险、人身伤害赔偿请求权等权利。

22. D 【解析】连带债务人之间的份额难以确定的，视为份额相同；部分连带债务人的债务与债权人的债权同归于一人的，在扣除该债务人应当承担的份额后，债权人对其他债务人的债权继续存在。

23. B 【解析】有下列情形之一的，婚姻无效：（1）重婚；（2）有禁止结婚的亲属关系；（3）未到法定婚龄。

24. D 【解析】（1）夫妻双方共同签名或者夫妻一方事后追认等共同意思表示所负的债务，以及夫妻一方在婚姻关系存续期间以个人名义为家庭日常生活需要所负的债务，属于夫妻共同债务。（2）夫妻一方在婚姻关系存续期间以个人名义超出家庭日常生活需要所负的债务，不属于夫妻共同债务；但是，债权人能够证明该债务用于夫妻共同生活、共同生产经营或者基于夫妻双方共同意思表示的除外。

25. A 【解析】继承人有下列行为之一的，丧失继承权：（1）故意杀害被继承人；（2）为争夺遗产而杀害其他继承人；（3）遗弃被继承人或者虐待被继承人情节严重；（4）伪造、篡改、隐匿或者销毁遗嘱，情节严重；（5）以欺诈、胁迫手段迫使或者妨碍被继承人设立、变更或者撤回遗嘱，情节严重。继承人有上述第（3）~（5）项行为，确有悔改表现，被继承人表示宽恕或者事后在遗嘱中将其列为继承人的，该继承人不丧失继承权。

26. D 【解析】（1）选项A：个人独资企业投资人对本企业的财产依法享有所有权，其有关权利可以依法进行转让或继承。（2）选项B：投资人对受托人或者被聘用的人员职权的限制，不得对抗善意第三人。（3）选项C：个人独资企业投资人在申请企业设立登记时明确以其家庭共有财产作为个人出资的，应当依法以家庭共有财产对企业债务承担无限责任。

27. B 【解析】合伙协议不得约定将全部利润分配给部分合伙人或者由部分合伙人承担全部亏损。

28. D 【解析】有限合伙人的下列行为，不视为执行合伙事务：（1）参与决定普通合伙人入伙、退伙；（2）对企业的经营管理提出建议；（3）参与选择承办有限合伙企业审计业务的会计师事务所；（4）获取经审计的有限合伙企业财务会计报告；（5）对涉及自身利益的情况，查阅有限合伙企业财务会计账簿等财务资料；（6）在有限合伙企业中的利益受到侵害时，向有责任的合伙人主张权利或者提起诉讼；（7）执行事务合伙人怠于行使权利时，督促其行使权利或者为了本企业的利益以自己的名义提起诉讼；（8）依法为本企业提供担保。

29. C　【解析】（1）选项A：出资人以符合法定条件的非货币财产出资后，因市场变化或者其他客观因素导致出资财产贬值，公司、其他股东或者公司债权人请求该出资人承担补足出资责任的，人民法院不予支持。但是，当事人另有约定的除外。（2）选项B：出资人以划拨土地使用权出资，或者以设定权利负担的土地使用权出资，公司、其他股东或者公司债权人主张认定出资人未履行出资义务的，人民法院应当责令当事人在指定的合理期间内办理土地变更手续或者解除权利负担；逾期未办理或者未解除的，人民法院应当认定出资人未依法全面履行出资义务。（3）选项C：出资人以房屋、土地使用权或者需要办理权属登记的知识产权等财产出资，已经交付公司使用但未办理权属变更手续，公司、其他股东或者公司债权人主张认定出资人未履行出资义务的，人民法院应当责令当事人在指定的合理期间内办理权属变更手续；在上述期间内办理了权属变更手续的，人民法院应当认定其已经履行了出资义务；出资人主张自其实际交付财产给公司使用时享有相应股东权利的，人民法院应予支持。（4）选项D：出资人以非货币财产出资，未依法评估作价，公司、其他股东或者公司债权人请求认定出资人未履行出资义务的，人民法院应当委托具有合法资格的评估机构对该财产评估作价。评估确定的价额显著低于公司章程所定价额的，人民法院应当认定出资人未依法全面履行出资义务。

30. C　【解析】公司成立后，公司、股东或者公司债权人以相关股东的行为符合下列情形之一且损害公司权益为由，请求认定该股东抽逃出资的，人民法院应予支持：（1）制作虚假财务会计报表虚增利润进行分配；（2）通过虚构债权债务关系将其出资转出；（3）利用关联交易将出资转出；（4）其他未经法定程序将出资抽回的行为。

31. A　【解析】一人有限责任公司，是指只有一个自然人股东或者一个法人股东的有限责任公司。

32. C　【解析】股东未履行或者未全面履行出资义务或者抽逃出资，公司可以根据公司章程或者股东会决议对其利润分配请求权、新股优先认购权、剩余财产分配请求权等股东权利作出相应的合理限制。

33. D

34. D　【解析】（1）选项AD：债权人在破产申请受理前对债务人负有债务的，可以向管理人主张抵销。但是，有下列情形之一的，不得抵销：①债务人的债务人在破产申请受理后取得他人对债务人的债权的；②债权人已知债务人有不能清偿到期债务或者破产申请的事实，对债务人负担债务的；但是，债权人因为法律规定或者有破产申请1 年前所发生的原因而负担债务的除外；③债务人的债务人已知债务人有不能清偿到期债务或者破产申请的事实，对债务人取得债权的；但是，债务人的债务人因为法律规定或者有破产申请1 年前所发生的原因而取得债权的除外。（2）选项 BC：债务人的股东主张以下列债务与债务人对其负有的债务抵销，债务人管理人提出异议的，人民法院应予支持：①债务人股东因欠缴债务人的出资或者抽逃出资对债务人所负的债务；②债务人股东滥用股东权利或者关联关系损害公司利益对债务人所负的债务。

35. C　【解析】电子商务经营者应当依法办理市场主体登记。但是，个人销售自产农副产品、家庭手工业产品，个人利用自己的技能从事依法无须取得许可的便民劳务活动和零星小额交易活动，以及依照法律、行政法规不需要进行登记的除外。

36. B　【解析】选项 B：属于指定管辖。

37. D　【解析】审判的时候已满 75 周岁的人，不适用死刑，但以特别残忍手段致人死亡的除外。

38. C　【解析】选项 C：主刑只能独立适用，不能附加适用。

39. C　【解析】（1）选项 A：被告人是未成年人的，不适用速裁程序。（2）选项 B：适用速裁程序审理案件，应当当庭宣判。（3）选项 D：基层人民法院管辖的可能判处3 年有期徒刑以下刑罚的案件，案件事实清楚，证据确实、充分，被告人认罪认罚并同意适用速裁程序的，可以适用速裁程序，由审判员一人独任审判。

40. D　【解析】选项 D：对于流窜作案、多次作案、结伙作案的重大嫌疑分子，公安机关提请审查批准的时间可以延长至 30 日。

二、多项选择题

41. DE　【解析】（1）选项 A：行政机关工作人员，即公务员，不具有行政主体资格。（2）选项 B：省以下税务局稽查局属于行政机构（行政机关的内设机构）而非行政机关，其已被法律、法规授予行政主体资格。（3）选项 C：高等院校须由《高等教育法》授权，在授权范围内取得行政主体资格。

42. BC　【解析】（1）选项 B：冻结存款、汇款应当由法律规定的行政机关实施，不得委托给其他行政机关或者组织。（2）选项 C：对查封的场所、设施或者财物，行政机关可以委托第三人保管，第三人不得损毁或者擅自转移、处置。

43. ABE　【解析】（1）选项 C：申请事项属于税务机关管辖范围，但不需要取得税务行政许可的，应当即时告知申请人不受理，同时告知其解决的途径。（2）选项D：申请人提交的申请材料齐全、符合法定形式，税务机关能够当场作出决定的，应当当场作出书面的税务行政许可决定，出具《准予税务行政许可决定书》，不再出具《税务行政许可受理通知书》。

44. CD 【解析】（1）选项AE：属于不予行政处罚的情形。（2）选项B：系“可以不予处罚”而非“应当从轻或者减轻行政处罚”的情形。

45. ABE 【解析】本案的法律事实属于无偿法律行为、诺成法律行为、附条件法律行为。

46. ACD 【解析】（1）选项ABE：甲的行为构成表见代理，合同有效，B公司可以要求A公司履行合同。（2）选项C：B公司可以主张狭义无权代理下的善意相对人的撤销权，进而撤销该民事法律行为；该合同被撤销后自始无效。（3）选项D：行为人与相对人恶意串通，损害他人合法权益的民事法律行为无效。

47. ACD 【解析】（1）选项ACD：物权的原始取得，是指权利人不依赖他人既有的权利和意志，而是基于法律规定的特定法律事实而取得物权（选项A属于先占、选项C属于添附、选项D属于合法建造）。（2）选项BE：物权的继受取得，是指基于他人既有的权利而取得物权（选项B属于设定权利质权、选项E属于合同）。

48. ABE 【解析】（1）选项C：属于主给付义务。（2）选项D：属于从给付义务。

49. AE 【解析】（1）选项ABE：以动产抵押的，抵押权自抵押合同生效时设立；未经登记，不得对抗善意第三人。（2）选项CD：以动产抵押的，不得对抗正常经营活动中已经支付合理价款并取得抵押财产的买受人。

50. BD

51. DE 【解析】ABC：适用无过错责任原则。

52. ABCD 【解析】出资人以其他公司股权出资，符合下列条件的，人民法院应当认定出资人已履行出资义务：（1）出资的股权由出资人合法持有并依法可以转让；（2）出资的股权无权利瑕疵或者权利负担；（3）出资人已履行关于股权转让的法定手续；（4）出资的股权已依法进行了价值评估。

53. BCE 【解析】（1）选项A：国有独资公司不设股东会，由国有资产监督管理机构行使股东会职权。国有资产监督管理机构可以授权公司董事会行使股东会的部分职权，决定公司的重大事项，但公司的合并、分立、解散、增加或者减少注册资本和发行公司债券，必须由国有资产监督管理机构决定。（2）选项D：董事长、副董事长由国有资产监督管理机构从董事会成员中指定。

54. ABDE 【解析】（1）选项A：债务人不能清偿到期债务，债权人可以向人民法院提出对债务人进行重整或者破产清算的申请。（2）选项B：债务人具有破产原因，可以向人民法院提出重整、和解或者破产清算申请。（3）选项C：企业法人已解散但未清算或者未清算完毕，资产不足以清偿债务的，依法负有清算责任的人应当向人民法院申请破产清算。（4）选项D：商业银行、证券公司、保险公司等金融机构具有破产原因的，国务院金融监督管理机构可以向人民法院提出对该金融机构进行重整或者破产清算的申请。（5）选项E：债权人申请对债务人进行破产清算的，在人民法院受理破产申请后、宣告债务人破产前，债务人或者出资额占债务人注册资本1/10以上的出资人，可以向人民法院申请重整。

55. ACDE 【解析】人民法院审理下列民事案件，不得由审判员一人独任审理：（1）涉及国家利益、社会公共利益的案件；（2）涉及群体性纠纷，可能影响社会稳定的案件；（3）人民群众广泛关注或者其他社会影响较大的案件；（4）属于新类型或者疑难复杂的案件；（5）法律规定应当组成合议庭审理的案件；（6）其他不宜由审判员一人独任审理的案件。

56. AB 【解析】已满12周岁不满14周岁的人（12≤X<14），犯故意杀人、故意伤害罪，致人死亡或者以特别残忍手段致人重伤造成严重残疾，情节恶劣，经最高人民检察院核准追诉的，应当负刑事责任。

57. BDE 【解析】（1）选项A：犯罪后主动报案，虽未表明自己是作案人，但没有逃离现场，在司法机关询问时交代自己罪行的，视为自动投案。（2）选项C：公安机关通知犯罪嫌疑人的亲友，或者亲友主动报案后，将犯罪嫌疑人送去投案的，视为自动投案。

58. ADE 【解析】（1）选项B：对于纳税人要求数额5万元以上且占各税种应纳税总额10%以上，并非“或”的关系。而且还需要考虑不予追究刑事责任的特别条款。（2）选项C：纳税人在公安机关立案后再补缴应纳税款、缴纳滞纳金或者接受行政处罚的，不影响刑事责任的追究。

59. CD 【解析】（1）选项A：对符合取保候审条件，但犯罪嫌疑人、被告人不能提出保证人，也不交纳保证金的，可以监视居住。（2）选项B：监视居住由公安机关执行。（3）选项E：对于涉嫌危害国家安全犯罪、恐怖活动犯罪，在住处执行可能有碍侦查的，经上一级公安机关批准，也可以在指定的居所执行。但是，不得在羁押场所、专门的办案场所执行。

60. ABD 【解析】（1）选项C：人民法院、人民检察院和公安机关对犯罪嫌疑人、被告人取保候审最长不得超过12个月。（2）选项E：人民法院、人民检察院和公安机关可以根据案件情况，责令被取保候审的犯罪嫌疑人、被告人遵守以下一项或者多项规定：①不得进入特定的场所；②不得与特定的人员会见或者通信；③不得从事特定的活动；④将护照等出入境证件、驾驶证件交执行机关保存。

三、综合分析题

案例（一）

61. BD　【解析】（1）选项 AE：该滞纳金为行政强制执行。（2）选项 BCD：行政机关依法作出金钱给付义务的行政决定，当事人逾期不履行的，行政机关可以依法加处罚款或者滞纳金。加处罚款或者滞纳金的数额不得超出金钱给付义务的数额。

62. ABE　【解析】（1）选项 ABD：申请人申请行政复议的，必须依照税务机关根据法律、法规确定的税额、期限，先行缴纳或者解缴税款和滞纳金，或者提供相应的担保，才可以在缴清税款和滞纳金以后或者所提供的担保得到作出具体行政行为的税务机关确认之日起 60 日内提出行政复议申请。（2）选项 CE：申请人对规定的征税行为不服的，应当先向行政复议机关申请行政复议；对行政复议决定不服的，可以向人民法院提起行政诉讼。

63. C　【解析】（1）选项 AB：经复议的案件，复议机关决定维持原行政行为的，作出原行政行为的行政机关和复议机关是共同被告。（2）选项 CD：经复议的案件，可由最初作出行政行为的行政机关所在地人民法院管辖，也可以由复议机关所在地人民法院管辖。（3）选项 E：被告应当在收到起诉状副本之日起 15 日内向人民法院提交作出行政行为的证据和所依据的规范性文件，并提出答辩状。

64. AD　【解析】行政处罚明显不当，或者其他行政行为涉及对款额的确定、认定确有错误的，人民法院可以判决变更。

案例（二）

65. BE　【解析】（1）选项 A：要约人以确定承诺期限或者其他形式明示要约不可撤销的，要约不得撤销。（2）选项 B：乙公司 3 月 10 日发出的通知由于对原要约进行了实质性变更而属于新要约。（3）选项 C：乙公司 3 月 10 日的通知对甲公司的要约进行了实质性变更，所以 3 月 14 日发出的通知属于要约。（4）选项 DE：甲公司 3 月 15 日发出的通知属于承诺，承诺生效时合同成立，但是法律另有规定或者当事人另有约定的除外。

66. C　【解析】当事人互负债务，没有先后履行顺序的，应当同时履行。一方在对方履行之前有权拒绝其履行请求。一方在对方履行债务不符合约定时，有权拒绝其相应的履行请求。由于甲公司、乙公司双方并未明确约定双方债务履行顺序，因此，乙公司在甲公司交付标的物并转移所有权之前有权拒绝其履行请求。

67. B　【解析】因标的物不符合质量要求，致使不能实现合同目的的，买受人可以拒绝接受标的物或者解除合同。买受人拒绝接受标的物或者解除合同的，标的物毁损、灭失的风险由出卖人承担。

68. BE 【解析】（1）选项AB：在履行期限届满前，当事人一方明确表示或者以自己的行为表明不履行主要债务，当事人可以解除合同。（2）选项CDE：定金的数额由当事人约定；但是，不得超过主合同标的额的20%，超过部分不产生定金的效力。实际交付的定金数额多于或者少于约定数额的，视为变更约定的定金数额。因此，有效定金为1万元，适用定金罚则，甲公司应返还2万元。

案例（三）

69. AB 【解析】有限责任公司的实际出资人与名义出资人订立合同，约定由实际出资人出资并享有投资权益，以名义出资人为名义股东，实际出资人与名义股东对该合同效力发生争议的，如无法律规定的无效情形，人民法院应当认定该合同有效。

70. C 【解析】股东向股东以外的人转让股权，应当经其他股东过半数同意。股东应就其股权转让事项书面通知其他股东征求同意，其他股东自接到书面通知之日起满30日未答复的，视为同意转让。其他股东半数以上不同意转让的，不同意的股东应当购买该转让的股权；不购买的，视为同意转让。公司章程对股权转让另有规定的，从其规定。根据A公司章程规定，股东对外转让股权时须经其他股东一致同意，乙明确表示同意，丙、丁自接到书面通知之日起满30日未予回复即视为同意转让，因此取得了其他股东的一致同意。

71. A 【解析】（1）选项AB：经股东同意转让的股权，在同等条件下，转让股东以外的其他股东主张优先购买的，人民法院应当予以支持，但转让股东依据规定放弃转让的除外。（2）选项CDE：股权转让后尚未向公司登记机关办理变更登记，原股东将仍登记于其名下的股权转让、质押或者以其他方式处分，受让股东以其对于股权享有实际权利为由，请求认定处分股权行为无效的，人民法院可以参照民法典善意取得制度的规定处理。

72. ADE 【解析】股权转让后尚未向公司登记机关办理变更登记，原股东将仍登记于其名下的股权转让、质押或者以其他方式处分，受让股东以其对于股权享有实际权利为由，请求认定处分股权行为无效的，人民法院可以参照民法典善意取得制度的规定处理。本案中己对甲、乙之间股权转让行为略有耳闻，应认定为“重大过失”，因此己不能善意取得质权。

案例（四）

73. ABDE 【解析】（1）选项AB：债务人或者债权人可以依照破产法规定，直接向人民法院申请对债务人进行重整。（2）选项CDE：债权人申请对债务人进行破产清算的，在人民法院受理破产申请后、宣告债务人破产前，债务人或者出资额占债务人注册资本1/10以上的出资人，可以向人民法院申请重整。

74. ACDE 【解析】选项BC：在重整期间，经债务人申请，人民法院批准，债务人可以在管理人的监督下自行管理财产和营业事务。

75. DE　　【解析】（1）选项A：债务人合法占有的他人财产，该财产的权利人在重整期间要求取回的，应当符合事先约定的条件。（2）选项B：在重整期间，对债务人的特定财产享有的担保权暂停行使。但是，担保物有损坏或者价值明显减少的可能，足以危害担保权人权利的，担保权人可以向人民法院请求恢复行使担保权。（3）选项C：在重整期间，债务人或者管理人为继续营业而借款的，可以为该借款设定担保。（4）选项D：在重整期间，债务人的出资人不得请求投资收益分配。（5）选项E：在重整期间，债务人的董事、监事、高级管理人员不得向第三人转让其持有的债务人的股权。但是，经人民法院同意的除外。

76. BDE　　【解析】（1）选项A：债务人或者管理人应当自人民法院裁定债务人重整之日起6个月内，同时向人民法院和债权人会议提交重整计划草案。（2）选项C：债务人自行管理财产和营业事务的，由债务人制作重整计划草案。管理人负责管理财产和营业事务的，由管理人制作重整计划草案。

案例（五）

77. BDE　　【解析】（1）选项A：甲的行为不构成犯罪。（2）选项B：丙涉嫌构成虚开增值税专用发票罪、虚开普通发票罪。（3）选项CD：利用虚开普通发票手段逃税，包括了2个犯罪行为（虚开发票、虚列成本偷逃税款），不实行数罪并罚，按照其触犯数罪中处罚较重的罪名所规定的刑罚从重处罚。（4）选项E：利用虚开的增值税专用发票抵扣税款的，依虚开增值税专用发票罪定罪处罚，因此丁涉嫌虚开增值税专用发票罪。

78. ABC

79. D　　【解析】（1）选项C：逃税罪要求税务机关工作人员与逃税人勾结，故意不履行依法征税的职责，不征、少征税款。（2）选项BD：知道行为人的逃税行为，但出于私利佯装不知，对行为人的逃税行为采取放任态度，因此构成徇私舞弊不征、少征税款罪。

80. B　　【解析】任何单位和个人发现有犯罪事实或者犯罪嫌疑人，有权利也有义务向公安机关、人民检察院或者人民法院报案或者举报。

❖中教科（保定）印刷股份有限公司